TWEE KAAPSE LEWENS

*Karel Schoeman is 'n Navorsingsgenoot
in die Departement Geskiedenis, Universiteit van die Vrystaat,
asook die Departement Afrikaans en Nederlands,
Duits en Frans aan dieselfde universiteit.*

TWEE KAAPSE LEWENS

Henricus & Aletta Beck
en die samelewing van hul tyd,
1702-1755

KAREL SCHOEMAN

PROTEA BOEKHUIS
PRETORIA
2013

TWEE KAAPSE LEWENS
Henricus & Aletta Beck en die samelewing
van hul tyd, 1702-1755

Eerste uitgawe, eerste druk 2013, Protea Boekhuis
Posbus 35110, Menlopark 0102
Burnettstraat 1067, Hatfield, Pretoria
Minnistraat 8, Clydesdale, Pretoria
protea@intekom.co.za
www.proteaboekhuis.com

Redakteur: Martjie Bosman
Bandontwerp: Hanli Deysel
Uitleg en ontwerp: Hanli Deysel
Geset in 10 op 12 pt ZapfCalligr

Gedruk en gebind deur Interpak, Pietermaritzburg

ISBN 978-1-86919-978-4
© 2013 Karel Schoeman

Geen gedeelte van hierdie boek mag sonder skriftelike verlof
van die uitgewer gereproduseer of in enige vorm of deur
enige elektroniese of meganiese middel weergegee word nie,
hetsy deur fotokopiëring, skyf- of bandopname, of deur
enige ander stelsel vir inligtingsbewaring of -ontsluiting.

Navorsing vir hierdie boek is gedoen met behulp
van 'n subsidie van die Stichting Neerlandia.

Hierdie publikasie is moontlik gemaak deur die
finansiële steun van die Hiemstra Trust.

Inhoud

1. 'Gesont in de leere ende godvruchtich van leven':
   Henricus Beck en die bediening, *11*

2. 'De soeticheydt des buyten-levens':
   Aletta Beck en die digkuns, *33*

3. 'Op desen uythoek van Africa':
   Henricus Beck in Drakenstein, *58*

4. 'Het vier van borgerlicke oneenigheyd':
   die agitasie teen die goewerneur, *93*

5. 'Om van ons Christenryk en gantsch Euroop' te scheiden':
   Aletta Beck se koms na die Kaap, *122*

6. 'De colonie der Eerster Rijwier in Africa':
   Henricus en Aletta Beck in Stellenbosch (i), *142*

7. 'Thee gedronken en wat gesnakt':
   Henricus en Aletta Beck in Stellenbosch (ii), *193*

8. 'Het is seer mieserabel':
   Aletta Beck in die Tafelvallei, 1715–1726, *228*

9. 'Een woesten hoop van huijsen':
   Aletta Beck in die Tafelvallei, 1726–1752, *270*

10. 'Dat cieraat van het Oosten':
    Batavia en die Oosterse agtergrond, *327*

11. 'De Herstelder':
    G.W. baron van Imhoff, *362*

12. 'Swak aan ziels- en lighaamskragten':
    Henricus Beck in die Tafelvallei,   *394*

13. 'Geworden tot duyzenden':
    die Kaapkolonie teen die middel van die eeu,   *428*

14. 'De planken voor de dood kist liggen in voorraad':
    die dood van Henricus Beck,   *443*

Endnote   *465*
Bronne   *537*
Register   *553*

Voorwoord

Ek wil reeds jare lank 'n boek oor Henricus en Aletta Beck skryf, 'n bedoeling wat tot dusver telkens weer in 'n ander rigting ontwikkel het. Die rede vir my belangstelling is nie dat hierdie broer en suster selfs in hul eie tyd besonder belangrik was nie, alhoewel albei 'n sekere aansien in die Kaapse samelewing geniet het en Aletta se gedigte nog tydens haar leeftyd gebundel is. Ook was hul lewens nie besonder aanskoulik nie. Dat hulle my interesseer, is eerder te danke aan die feit dat daar oor hierdie twee lewens fragmentaries en versprei soveel inligting bewaar gebly het dat dit moontlik is om dit soos 'n legkaart te herkonstrueer—vandaar dan dat 'Legkaart' 'n tyd lank as werktitel vir hierdie boek gedien het.

Die beeld wat hieruit ontstaan, is weliswaar nie volledig en aaneensluitend nie, maar nogtans volkome genoeg om 'n indruk van lewensegtheid en -getrouheid te gee, en aan die hand daarvan kan mens bowendien ook heelwat te wete kom oor die lewe aan die Kaap in die vroeë agtiende eeu, veral onder die hoër amptenary van die VOC, 'n onderwerp wat tot dusver nie goed gedokumenteer is nie.

Vir my huidige doel is dit veral die lewenstyl van senior amptenare en die gegoede inwoners van die Tafelvallei en die aangrensende Boland wat belangrik is, aangesien dit hieruit was dat die Kaapse Barok- of sogenaamd 'Kaaps-Hollandse' styl omstreeks die middel van die eeu begin ontwikkel het. As gevolg hiervan is my oorsig natuurlik ook eensydig, alhoewel ek die bestaan van 'n groot seksie onbemiddelde blankes onder die koloniste, 'n groeiende groep vry gekleurdes en 'n nog groter groep slawe geensins wil ontken nie, en waar doenlik ook daaraan probeer herinner. Hulle is egter nie die onderwerp van my boek nie.

In die omstandighede waarin hierdie boek geskryf is, kon ek geen omvangryke argivale navorsing onderneem nie, en het ek dankbaar gebruik gemaak van die groot aantal primêre bronne wat in druk beskikbaar is, of anders (soos die latere resolusies van die Politieke Raad en die Kaapse boedelinventarisse) oor die Internet.

Ek is egter dank verskuldig aan Rina Brink, wat bepaalde dokumente vir my in die Kaapstad-argiefbewaarplek gekopieer het, en bowenal aan Gerald Groenewald, wat altyd bereid was om sy kennis en belangstelling in hierdie verband tot my beskikking te stel en sy aktiewe samewerking te verleen. Ook kon ek dankbaar gebruik maak van die voortgesette navorsing na die lewe en werk van Aletta Beck wat in Nederland onderneem is deur Pieter van Wissing, Milsbeek (Limburg).

Hiernaas moet ek veral Rothea Pelser (destyds van die IBL-diens) en Annette Bester (destyds van die Africana-versameling) by die Universiteit van die Vrystaat in Bloemfontein bedank vir die onvermoeibare hulp en bystand op hul onderskeie terreine, en die Koninklijke Bibliotheek, Den Haag, vir die bereidwillige en uiters professionele diens wat ek ten alle tye van die IBL-personeel en die afdeling Steluwvraag mog ontvang.

Ook moet ek die Stichting Neerlandia opnuut bedank vir die praktiese ondersteuning wat hulle oor die jare by herhaling aan my werk gegee het, en die Universiteit van die Vrystaat vir sy nie minder gewaardeerde bystand.

Ten slotte was dr. Hester Dibbits in Amsterdam so vriendelik om my van 'n fotokopie van haar doktoraalskripsie oor baron Van Imhoff te voorsien; Olf Praamstra in Leiden het my aandag op die geskiedenis van die familie Tutein Nolthenius gevestig en vir my fotokopieë gemaak in 'n tyd toe die briewe van Aletta Beck nog nie op die Internet beskikbaar was nie; en van Kerry Ward, Rice University, Houston, Texas, het ek 'n kopie van haar destyds ongepubliseerde verhandeling oor Oosterse bannelinge gekry. Hierdie welwillende samewerking word besonderlik op prys gestel.

Hier soos elders het ek ten behoewe van die Afrikaanse leser klein veranderings in die eietydse Nederlandse aanhalings aangebring wat betref die gebruik van hoofletters, interpunksie en die aanmekaarskryf van woorde. Aanvullings en verklarings is tussen vierkantige hakies ingevoeg.

Die teks van hierdie boek is omstreeks 2007, en werke wat sedertdien verskyn het, is nie noodwendig konsekwent benut om dit aan te vul nie. Ek troos my egter met die besef dat die vroeë agttiende eeu nie 'n tydperk is wat op die oomblik die intensiewe aandag van Suid-Afrikaanse navorsers en skrywers geniet of waaroor daar veel verskyn nie. Wel het ek, soos gou sal blyk, intensief gebruik gemaak van die transkripsies van boedelinventarisse wat betreklik onlangs op die Internet beskikbaar geword het.* Die feit moet miskien spesifiek genoem word, aangesien Suid-Afrikaanse geskiedskrywing in die verlede op politiek en ekonomie gekonsentreer het, en daar minder aandag aan die sosiale aspekte van die verlede geskenk is, met uitsondering van Caroline Woodward, wie se werk egter nie geredelik beskikbaar is nie. Met behulp van hierdie bron en van die oorvloedige inligting wat dit bied, is dit egter moontlik om 'n verbasend volledige beeld van die verlede op te bou en die wêreld waarin die blankes en vry gekleurdes van die Kaap geleef het, te herskep. Die gebrek aan visuele getuienis oor die agttiende eeu maak hierdie bron van des te groter waarde.

Bloemfontein   Karel Schoeman
13 Augustus 2013

---

*   Sien Seksie 4 van die bronnelys onder 'MOOC'.

Conjuring with ghosts is not orthodox historical methodology, yet it can help us to trace the outlines of a vibrant reality, a reality as vital as any of the reconstitutions that historical method superimposes upon the density of an actual life, by turns dazzling and obscure.

> Daniel Roche, in *Journal of my life,*
> *by Jacques-Louis Ménétra;*
> vert. deur Arthur Goldhammer (1986)

1.
'Gesont in de leere ende godvruchtich van leven':
Henricus Beck en die bediening

Op 13 April 1702 het ds. Henricus Beck uit Nederland in Tafelbaai aangekom as nuwe predikant van die gemeente Drakenstein, en tien dae later het hy die Sondagdiens in die Kasteel waargeneem.

Hiermee het 'n verbintenis met die Kaap begin wat meer as 'n halfeeu lank sou duur; dog met sy aankoms was ds. Beck 'n man van in 38, haas middeljarig volgens die standaarde van sy tyd, met 'n hele leeftyd in Europa agter hom, en waar daar 'n poging aangewend word om sy lewe en werk te beskryf, kan daardie jare nie buite beskouing gelaat word nie.

Hoe ver is dit sinvol om in so 'n geval terug te gaan? Ongeveer 'n honderd jaar wat Henricus Beck betref, na die familie Beck (in eietydse Nederlandse dokumente dikwels ook Bek geskryf) wat sy oorsprong gehad het in die stad Aken (Aachen), in die vaag bepaalde grensgebied waar die moderne state Nederland, België en Duitsland bymekaarkom, en hiervandaan wyd uitgeswerm het oor die Duitssprekende geweste, Nederland, Engeland en Ierland.[1]

In hierdie tyd was grense nog grotendeels informeel, en in die praktyk is dit deur faktore soos kultuur, godsdiens, taalgebruik, handel en vervoer bepaal eerder as politieke oorwegings. Sodoende het die huidige Duitse *Bundesland* Noordryn-Wesfale die agterland van die Nederlandse Republiek uitgemaak, en dit was nie net die bakermat van die familie Beck nie, maar het gedurende die sewentiende eeu ook talle werknemers vir die VOC opgelewer, van wie baie hulle in die vroeë jare aan die Kaap sou bevind.

Vroeg in die sewentiende eeu het lede van 'n vertakking van hierdie familie vanuit die Duitse stad Keulen aan die Ryn na die kleiner stadjie Emmerik (Emmerich) in die grensgebied verhuis, en van daar na die Nederlandse Republiek, waar hulle hul gou ingeburger en vernederlands het. Die mees noemenswaardige onder die eerste generasie immigrante was waarskynlik David Beck, wat in Den Haag 'n sogenaamde 'Franse skool' gehad het, naamlik een waar Frans saam met ander 'moderne' en prakties nuttige vakke onderrig is in teenstelling tot die Latyn wat destyds nog die taal van geleerdes was. Op sy dag het Beck in beperkte kring ook 'n sekere aansien geniet as digter; dog vir die nageslag leef hy vanweë die dagboek waarin hy dwarsdeur die jaar 1624, kort na die dood van sy vrou, elke dag op minutieuse wyse die gebeurtenisse in sy vredige skoolmeestersbestaan beskryf het, om sodoende 'n uitsonderlike beeld van die daaglikse lewe van sy tyd na te laat.[2]

In die dagboek kom daar in die loop van die enkele jaar verwysings na sowat sewentig boeke voor, Frans sowel as Nederlands, wat Beck gelees het, en verder het hy viool gespeel en is daar in sy kring baie in huislike byeenkomste gesing, veral psalms.

In 1625 het David Beck met sy jong kinders na Arnhem in die provinsie Gelderland verhuis saam met sy vriend, die Duitse glasgraveerder en -skilder Herman Jansz Breckerfelt, wat eers in Den Haag gewoon het, maar in hierdie tyd met 'n vrou uit Arnhem getroud is. Hier het Beck ook 'n Franse skool gehou, het hy weer getrou en is hy in 1634 oorlede. So het sy familie se verbintenis met Arnhem ontstaan.

In sy dagboek verwys David Beck gereeld na besoeke aan die naburige stad Delft, waarheen hy met die gebruiklike trekskuit gereis het, of met die 'coets-wagen' of 'n boerewa in die winter wanneer die trekvaart vasgeys was, en meermale selfs te voet. Hier het sy broer Hendrik op soortgelyke wyse soos hy 'n Franse skool gehou. Ook Hendrik Beck het op sy manier en in die styl en smaak van sy tyd gedig, alhoewel sy biograaf in die NNBW sy werk saamvat met die onvriendelike woorde, 'Het weinige dat er van hem over is, doet het niet betreuren dat we niet meer van hem bezitten.'[3]

Hendrik Beck het mettertyd van Delft na Rotterdam verhuis, waar hy eweneens 'n Franse skool gehou en sy kinders grootgeword het. Dit is interessant om op te merk dat een van die eksekuteurs van sy testament wat in 1658 opgestel is Abraham Quevellerius was, 'n onderwyser aan die Latynse skool in hierdie stad, wie se suster getroud was met Jan van Riebeeck, kommandeur van die Kaap. Dit gaan hier egter nie bloot om 'n kollega nie, maar om 'n verwante, want Quevellerius was getroud met 'n suster van Beck se tweede vrou, albei dogters van 'n voormalige predikant wat later rektor van 'n Latynse skool geword het, terwyl 'n broer eweneens aan 'n Latynse skool verbonde was.[4]

Daar was ook nog 'n derde broer, Steven Beck, wat in Den Haag as klerk by 'n rekenmeester gewerk het en later eweneens skoolgehou het. Mens merk by die Becks dus 'n aansienlike mate van beroepsgebondenheid in sowel familie- as vriendekring.

Ten slotte het die drie broers 'n neef gehad wat as koopman in Amsterdam woonagtig was, en konneksies met die skildersfamilie Van Mander in dieselfde stad, en alles in ag genome kry mens uit die beskikbare inligting dus die beeld van 'n opgevoede, ontwikkelde en redelik gegoede familie.

Vermoedelik was dit deur die verbintenis met die Van Manders dat die oudste

1. Henricus Beck en die bediening

seun van Hendrik Beck van Delft en Rotterdam, die vroeggestorwe David, 'n skilder geword het: as sodanig het hy in Londen gewerk in die ateljee van die Suid-Nederlandse kunstenaar Van Dijck wat destyds besonder gewild was aan die Engelse hof, as tekenmeester van die seuns van koning Karel I opgetree, en die Franse en Deense howe besoek het. Van 1647 tot 1653 het hy as hofskilder van koningin Christina van Swede gedien, en onder die vele geleentheidsgedigte van die groot digter Vondel is daar ook werke ter ere van Beck se portrette van die koningin, terwyl 'n mindere digter, Cornelis de Bie, in profetiese stemming met verwysing na Beck geskryf het:

> *sijn rijp verstant dees' Const wist uyt te vueren* [uitvoer]
> *Soodat sijn weerde* [waardige] *Faem sal eeuwichlycken dueren*
> *En nimmermeer vergaen,* [of]*schoon t'lijf in d'aerde leyt* [lê],
> *Sijn werck verbonden blijft aen de onstersfflyckheit*.[5]

Hierdie profesie is egter nie bewaarheid nie, want David Beck is reeds in 1656 op 35-jarige leeftyd in Den Haag oorlede, en van sy werk het feitlik niks behoue gebly nie. Van sy hele familie het hy egter, sover bekend, in sy eie tyd die verste gekom, en hy is oorlede as 'n gegoede man met 'n kunsversameling waarin werke van groot skilders aanwesig was. Sy portret toon 'n mooi jong mannetjie met lang golwende lokke nes dié in die vermeende portret van sy tydgenoot Van Riebeeck.

Hendrik Beck se seun Salomon, die skilder David se broer, was in Nederland as skoolmeester werksaam, maar het hom in 1653 in Batavia (die hedendaagse Jakarta) bevind, vermoedelik in diens van die VOC. 'n Derde seun, Stephan of Stephanus, was omstreeks dieselfde tyd as koopman woonagtig in Hanau, 'n stad in die omgewing van Frankfurt am Main, taamlik diep in die Duitssprekende gebied, wat langs die Main en die Ryn egter ook regstreekse verbintenisse met Nederland gehad het, en waar daar bowendien baie immigrante uit Nederland gewoon het.

In 1654 is hierdie Stephanus Beck te Arnhem getroud met 'n dogter van sy oom David se ou vriend Herman Breckerfelt, waarna hy hom vermoedelik in hierdie stad gevestig het, want al die egpaar se kinders is hier gedoop. Na die vroeë dood van sy vrou is die wewenaar in 1662 getroud met Aletta van Ophuijsen, oor wie niks verder bekend is nie, behalwe dat Henricus Beck in 1700 gemagtig is om met betrekking tot 'n bemaking op te tree namens 'n formidabele aantal mense wat skynbaar almal familie van sy moeder was.[6]

In die verbygaan kan egter genoem word dat die familienaam Van Ophuijsen volgens 'n vinnige soektog op die Internet in die sewentiende eeu dikwels voorgekom het in die ommuurde stadjie Kranenburg in die nabyheid van Nijmegen, wat vandag op Duitse grondgebied is, maar net oorkant die grens tussen die provinsie Gelderland en Duitsland; en dit bestaan ewe goed in die Duitse vorm Ophausen.[7] Die feit is vermeldenswaardig as verdere herinnering dat mens in die sewentiende eeu nie in terme van hedendaagse politieke of taalkundige grense kan dink nie.

Dit is uit hierdie tweede huwelik dat die toekomstige Kaapse predikant en sy suster die digteres gebore is.

Sover dit Henricus Beck betref,[8] word sy geboortejaar soms as 1669 vermeld, aan die hand van 'n testament wat hy in 1713 aan die Kaap opgestel het waarin sy ouderdom as 44 gegee word.[9] Toe hy in 1729 by die Kaapse owerheid aansoek doen om sy emeritaat, het hy egter verklaar 'dat de suppliant reeds de 64 jaren gepasseert [is]',[10] en dit word ondersteun deur die feit dat sy ouers op 7 Desember 1664 in Arnhem 'n seun met die naam Hendrik laat doop het, terwyl geen doop van 'n latere kind met dieselfde naam bekend is nie.[11] Ook is daar laat in 1667 en vroeg in 1670 verdere kinders gedoop, wat die geboorte van 'n seun in 1669 minder waarskynlik maak, sy dit nie sonder meer onmoontlik nie.

Volledigheidshalwe moet daar egter nog bygevoeg word dat toe Henricus Beck hom in 1700 aan die universiteit van Leiden laat inskryf, sy ouderdom as 28 aangegee is, wat 'n ongebruiklike mate van onduidelikheid en verwarring toon in 'n opgevoede man uit die beter stand. Vir die doel van hierdie boek sal 1664 as geboortejaar gehandhaaf word.[12]

Ná Hendrik, wat sy naam vermoedelik verlatyns het nadat hy predikant geword het, het sy ouers oor die jare 1667–76 sewe verdere kinders laat doop, waaronder 'n tweeling.[13] Die naam Eva kom nie minder as drie keer onder hierdie dopelinge voor nie, wat dui op vroeë sterftes, en die enigste van die kinders behalwe Henricus en Aletta wat sover bekend volwasse geword het, is Sara Christina, wat in 1676 gedoop is. Onder Beck se nalatenskap was daar jare later egter 'n portret wat in sy boedelinventaris beskryf is as 'van des overleedene broeder David Bek',[14] en dit is moontlik dat die broer met hierdie naam, wat in 1671 gedoop is,[15] ook die volwasse leeftyd bereik het. Niks meer is oor hom bekend nie.

Een van die tweeling wie se doop op 20 November 1667 opgeteken is, het 'Aletha' geheet, en daar is getwyfel of dit die latere digteres sou kan wees: in 'n verklaring wat laasgenoemde in Januarie 1708 aan die Kaap afgelê het, is sy naamlik beskryf as 'oud 30 jaaren',[16] en toe sy in Januarie 1710 haar testament laat opstel het, is haar ouderdom as 31 jaar aangegee.[17] In briewe wat sy in 1738 geskryf het, het sy egter heeltemal ondubbelsinnig verwys na 'mijne dagen, die reeds 70 gepasseerd zijn',[18] en 'mijne jaren die tot 70 verloopen zijn',[19] en in 1743 na 'de ouderdom van 75 jaren'.[20] Dit lyk dus taamlik seker dat 1667 die juiste geboortejaar is, en dit sal hier as sodanig aanvaar word.[21]

Dit is ongeveer al wat met sekerheid oor die familie Beck van Arnhem bekend is, behalwe dat Stephan Beck in 1680 vir hom en sy gesin burgerskap van die stad verkry het,[22] in hierdie tyd 'n belangrike stap in die bepaling van 'n mens se eie identiteit en van jou posisie in die plaaslike samelewing.

Verder word ene Stephan Beck egter oor die jare 1656–96 as hoof van die Franse skool in Arnhem genoem, waarna hy in 1696–97 deur ene David Beck opgevolg is,

1. Henricus Beck en die bediening

en dit sou in eersgenoemde geval Henricus en Aletta Beck se vader kan wees, wie se eie vader dieselfde beroep uitgeoefen het, nes twee van sy ooms.[23] Dit vermoede dat dit inderdaad om dieselfde persoon gaan, word versterk deur die feit dat Hendrik Beck, die skoolmeester van Rotterdam, in sy testament wat in Januarie 1658 opgestel is 'alles wat zijn vast comptoir [*kantoor*] aengaet ende den schooldienst nut[tigh] en dienstigh kan sijn' aan sy seun Stephanus bemaak het.[24] David Beck sou weer Stephanus se seun kon gewees het, na wie se portret daar hierbo verwys is.

Teen die middel van 1700 was Stephanus Beck dood,[25] en sy weduwee is in 1720 oorlede, terwyl sy broers en susters, soos die duistere Salomon in Batavia, betreklik bejaarde mense was met wie sy kinders moontlik nooit eers kennis gemaak het nie.[26] By gebrek aan voorgrond moet mens jou dus maar tot die agtergrond wend.

Arnhem het teen die middel van die sewentiende eeu sesduisend inwoners en 1300 huise gehad, in 'n tyd toe daar in Den Haag 20 000 mense was, in Delft 25 000 en in Rotterdam 40 000. Volgens moderne maatstawwe was dit dus 'n klein stadjie, maar heel tipies van die Nederlandse 'landprovinsie' Gelderland waar dit geleë was, wat net soos sy bure Utrecht en Overijssel betreklik arm was, sonder nywerhede en afhanklik van landbou, in teenstelling tot die welvarende 'seeprovinsies' Holland en Zeeland met hul betrokkenheid by skeepvaart, oorsese handel en die sake van die VOC. Die ander twee groter Gelderse stede, Nijmegen en Zutphen, was ongeveer ewe groot.

Arnhem was geleë aan die Ryn, en alhoewel dit deur poswaens of -karre wat briewe, passasiers en bagasie vervoer het met Amsterdam verbind is, en ook met Düsseldorf en Keulen in die Duitssprekende binneland, en oor Nijmegen met Kleef, Meurs en Keulen, was die swak toestand van die paaie 'n belemmering. In die winter het die wa nie geloop nie 'wanneer de wegen eenigsins ongemackelijk zijn', en daar word berig dat dit met reënweer soms tot by die asse van die wiele weggesak het.[27] In hierdie omstandighede was die Ryn die stad se vernaamste verbinding met die buitewêreld, en in baie opsigte was Arnhem se verbintenisse met die Duitssprekende gebied sterker as dié met die provinsie Holland.

Na uiterlik is Arnhem in niks onderskei nie van talle ander klein, ommuurde Nederlandse stede van sy tyd met hul kerke, voormalige kloosters en markpleine. Dit was omring deur 'n grag en wal, en het 'n dubbele stadsmuur met ses bolwerke aan die landkant gehad, en aan die rivierkant, wat minder blootgestel was aan gevaar, 'n enkele muur. 'The walks on the walls round the city are very pleasant,' het 'n Engelse besoeker opgemerk.[28] Vier versterkte poorte het toegang tot die stad verleen, en van die Sabelspoort aan die rivierkant, die enigste wat behoue gebly het, het mens onmiddellik op die langwerpige Oude Markt uitgekom met aan die oorkant daarvan die toring van die vyftiende-eeuse Grote of Eusebiuskerk. Cosimo III de' Medici, latere groothertog van Toskane, wat die stad in 1667 besoek het, het dit as die mooiste kerk beskou wat hy nog in Nederland gesien het. Saam met die dubbele toring van die Walburgkerk het die Eusebiustoring die stad vanuit die verte reeds aangekondig en gekenmerk.

Die stadplan van Arnhem was Middeleeus, met smal, slingerende strate wat die natuurlike kontoere gevolg het: 'The houses are most of them old,' het 'n Engelse besoeker in 1698 bondig aangeteken; 'the streets are narrow.'[29] 'De stad zelf moet zeer fraai zijn geweest,' merk 'n moderne skrywer op; 'haar schoonheid wordt door Hollanders en Fransen om beurt geroemd',[30] dog hiervan het daar danksy grootskaalse slopings in die negentiende eeu en ernstige bomskade gedurende die Tweede Wêreldoorlog min behoue gebly behalwe die name van strate en pleine. Rijn-, Vijzel-, Ketel-, Rogge en Beekstraat, St. Jansplein en Korenmarkt herinner nog aan die verlede, saam met die Middeleeuse straatplan, terwyl die eertydse ligging van die stadsmure vasgelê is deur die snelweë wat die ou middestad vandag omsluit.[31]

Min van die inwoners het in daardie tyd rytuie besit, of dit nodig gekry in 'n stad wat maklik te voet deurkruis kon word: die enigste geluide was dus die voetstappe van voetgangers wat teen die huise weerklink, die geroep van kruiers en venters en spelende kinders, kerkklokke, klokkespel en die klank van beuels of trompette by die kaserne. Noudat die grootste deel van die ommuurde stad in voetgangersgebied omskep is, is hierdie aspek van die verlede ten minste in groot mate in die moderne stad herstel.

Binne sy mure was die lewe van Arnhem in die sewentiende eeu ook nog wesenlik Middeleeus, net soos sy straatplan, en dit sou hierdie karakter trouens tot in die negentiende eeu behou, toe die stadsmure gesloop en die spoorweg aangelê is en 'n nuwe era aangebreek het. So het ou volksfeeste wat uit die Middeleeue oorleef het byvoorbeeld nog 'n wesenlike onderdeel van die stadskultuur uitgemaak, soos die skiet na die papegaai buite die mure in die lente omstreeks Pinkster. Saans om negeuur is die stadspoorte gesluit,[32] en gedurende die nag het die ratelwag die strate gepatrolleer en die toringwagter met sy trompet uitgekyk vir tekens van brand. Voetgangers het van fakkels, kerse of pikkranse gebruik gemaak, en eers in 1682 is die stad met lanterns verlig.

Musiek het in hierdie tyd nog 'n groot rol in die openbare lewe gespeel, met orreluitvoerings en klokkespel in die kerke deur musikante wat deur die stadsbestuur aangestel en betaal is, en die militêre musiek van die plaaslike garnisoen. Toe Cosimo de' Medici Arnhem besoek, het tamboers en trompetters saans tydens die maaltyd voor sy herberg gespeel, en met 'n feestelike besoek van Willem III, prins van Oranje, enige jare later is daar vermelding van 'een groote menigte van pijpers en andere speelders die heerlijck opbliesen'.[33] Verder was daar in elk geval in groter Nederlandse stede in hierdie tyd herberge waar daar musiek gemaak is deur ensembles wat uit 'n viool, klavesimbel en basviool bestaan het, terwyl die gebruik van basuin, kornet en skuiftrompet in 1672 by huweliksvierings in Arnhem verbied is in

1. Henricus Beck en die bediening

'n poging van die stadsbestuur om die uitbundigheid van hierdie byeenkomste aan bande te lê.

Verder was daar in Arnhem 'n garnisoen waarvan die grootte volgens omstandighede gewissel het, maar wat tussen 450 en 1050 man bedra het, heelwat van hulle met vroue en kinders. Teen 1679 het daar ook elf jaarmarkte plaasgevind, wat natuurlik 'n groot toeloop van mense en heelwat bedrywigheid veroorsaak het, en waar onder andere perde, beeste en leer verhandel is. Op die gebied van handel en nywerheid het die stad egter agtergebly, en dit is veelseggend dat toe die Franse Vlugtelinge of Hugenote in Nederland begin aankom, die stadsbestuur in 'n poging om die plaaslike ekonomie te stimuleer, besluit het om gratis burgerreg te verleen aan diegene wat bereid was om hulle in Arnhem te vestig. In 'n moderne oorsig word die stad soos dit teen 1700 ontwikkel het nugter beskryf as 'niet veel meer dan een bescheiden plattelandsstad met een klein tot middelgroot garnizoen'.[34]

Gelderland was een van die min provinsies in die Nederlandse Republiek waar die adel nog 'n leidende rol gespeel het, sowel ten opsigte van sy grondbesit as die aktiewe aandeel wat hy aan stedelike sake gehad het. Naas lede van die adel wat hul stadshuise in Arnhem gehad het, het ook senior provinsiale amptenare egter die beeld van die stadjie help bepaal, en die stad het 'n sekere status besit as bestuursetel van een van die sogenaamde kwartiere van die provinsie Gelderland. Sedert die ou dae toe die hertog van Gelre hier hof gehou het, was die provinsiale geregshof en rekenkamer ook hier gevestig, sodat heelwat besoekers hierheen gekom het vir sake en die herberge 'n goeie bestaan kon maak. Dit is miskien veelseggend dat 'n derde van die lede van die stadsbestuur teen 1672 'n doktorsgraad besit het,[35] iets wat nie bloot as kwessie van intellektuele of sosiale snobisme gesien moet word nie, maar werklik iets beteken het in 'n tyd toe geleerdheid geensins algemeen was en die meerderheid van die bevolking nie eers kon lees of skryf nie.

In hierdie kringe was musiekbeoefening algemeen, en die jong neef van Jan baron van Arnhem het byvoorbeeld ghitaarles gekry,[36] terwyl daar nog 'n klavierboek bestaan wat in 1671 saamgestel is vir die vyftienjarige Arnhemse patrisiërsdogter Anna Maria van Eyl, waarin haar musiekonderwyser, die orrelis en klokkespeler van die Eusebiuskerk, 33 komposisies gebundel het: 'Daaronder zijn dansen, geestelijke en wereldlijke liederen, met negen eigen composities.'[37] Ook was daar egter 'n groot verskeidenheid liedereboeke met 'n wêreldse inhoud in die handel beskikbaar, en die Gelderse digterpredikant Willem Sluiter het uitgevaar teen die 'groote menigte van soodanige sangboekjes' wat omstreeks die middel van die eeu in Nederland te koop was, 'die men noemt *Minne-beekjens*, *Lust-hoven*, *Zang-priëeltjes*, *Nachtegaeltjes*, etc.'.[38] Zijlmans verwys na die Franse chansons en Italiaanse madrigale vir twee vroue- en drie manstemme wat in hierdie tyd gewild was.[39]

Terwyl musiekbeoefening in 'n provinsiestad soos Arnhem moontlik konserwatiewer was as elders in Nederland en die moontlikhede meer beperk, is die stad op musikale gebied onderskei deur die 'Caecilia-concert', 'n sogenaamde 'musiekgeselskap' wat in 1591 reeds tot stand gekom en uit gegoede amateur-musici bestaan het. Dit was 'n betreklik klein groepie, wat in 1677 byvoorbeeld net twaalf lede bedra het, bygestaan deur die stadsorrelis en ander beroepsmusikante, en dit het een keer per week bymekaargekom vir musiekbeoefening en soms ook openbare uitvoerings gegee.[40] 'n Musiekgeselskap van hierdie tipe het egter nie net geleentheid gebied om saam musiek te maak nie, soos Zijlmans opmerk, want musiekbeoefening oor die algemeen en lidmaatskap van sodanige geselskap in die besonder het ook 'n sekere kulturele aansien en status verleen.[41] 'Muziek werd beschouwd als een edel en verheffend sociaal spel. Men was van mening dat het beoefenen van de zangkunst en het bespelen van een instrument bij de persoonlijke vorming hoorde.'[42]

In baie opsigte was dit 'n formele tyd wat deur reëls, konvensies, status en eerbetoon oorheers is, 'n tyd van here met lang, helder gekleurde baadjies en groot pruike, en dames met hoë hooftooisels en slepe aan hul tabberds, besig om statig en grasieus oor die toneel te beweeg soos die figure in 'n eietydse stadsgesig of die figurante in een of ander historiese opvoering. Terselfdertyd was dit egter 'n tyd wat volgens moderne maatstawwe deur aansienlike ongerief en ongemak gekenmerk is, deur stank en vlieë en vlooie, kamerpotte en oop riole, ongeneeslike en dikwels afsigtelike siektes, en ook onverbloemde pyn wat eenvoudig verduur is aangesien daar geen alternatief bestaan het en die mense self aan niks anders gewoond was nie. Mense het hulle maklik en nonchalant in toevallige hoeke ontlas, en binneshuis vryelik op die vloer gespoeg, alhoewel hierdie gewoonte in die meer sindelike provinsie Holland nie aangemoedig is nie.

'There is a coarseness of language, and extravagance of humour, and a freedom of manners which cast us back to the Elizabethans,' soos Virginia Woolf opmerk in 'n essay oor die Engelse toneelskrywer Congreve, 'n presiese tydgenoot van die Becks, wie se gestileerde komedies in die laaste dekade van die sewentiende eeu verskyn het. 'Yet it is in a drawing-room, surrounded by all the fopperies and refinements of the most sophisticated society in the world, that these ladies and gentlemen speak so freely, drink so deeply, and smell so strong.'[43]

'n Treffende punt in hierdie verband wat miskien verdien om afsonderlik genoem te word, is dat mense hulle aan tafel oor die algemeen nog met messe en hul vingers behelp het, aangesien vurke pas stadig bekend begin raak het, en Lodewyk XIV van Frankryk het te midde van die prag en praal van Versailles tot die einde van sy lewe sonder vurk klaargekom. Die Becks, die Van der Stels en al hul deftige tydgenote het waarskynlik ewe goed op hierdie manier geëet.

Naas adel, amptenare en lede van die garnisoen het die bevolking van die stad uit min of meer gegoede kleinhandelaars en ambagsmanne met hul leerjonges bestaan, waar die Becks ook êrens ingepas het. Vir 'n aansienlike deel was die inwoners egter arbeiders, armes, werkloses, behoeftiges en bedelaars, wat in daardie tyd as 'n onvermydelike onderdeel van die samelewing beskou is, en vir wie se behoeftes daar hier, soos elders in Nederland, amptelik voorsiening gemaak is: die Borgerhuis vir

1. Henricus Beck en die bediening

bejaardes, die Mannen- en Vrouwenkamer vir verarmdes, die Soldatenhuis waar siek of verwonde soldate vir 4 stuiwers per dag versorg kon word, die Pesthuis vir peslyers, waar die koste dieselfde was, en die Beyer, 'waarin vreemde, doortrekkende armen overnachten en van vuur, licht en bier zullen worden voorzien'.[44]

In tye van politieke onrus of ekonomiese onsekerheid kon hierdie gedeelte van die bevolking op gevaarlike wyse opgehits word en groot skade aanrig, sodat dit soms nodig was om troepe teen hulle in te roep, en vroue het tradisioneel 'n leidende rol by sulke oproer gespeel. Die gedurige aanwesigheid van hierdie groep, nie net verborge in agterbuurte of inrigtings nie, of veilig onderweg op die skepe van die VOC, maar sigbaar op alle openbare plekke, het 'n besondere karakter aan die lewe van die tyd verleen, veral in die stede. In hierdie verband is dit byvoorbeeld opvallend dat die stadsbestuur van Arnhem dit in 1668 nodig geag het om 'n plakkaat of stadsverordening teen 'vloeken en zweren' uit te vaardig waarvolgens 'n eerste oortreding met opsluiting bestraf sou word en 'n tweede met geseling; die derde keer sou, naas geseling, die oortreder se tong ook met 'n els deurboor word.

Kenmerkend van die tyd was veral die wrede strawwe soos hierdie wat oortreders te beurt geval het, alhoewel baie daarvan tot die middel van die negentiende eeu nog toegepas is. Geseling en brandmerk was algemeen, maar veroordeeldes kon ook gewurg word, en in 1669 is 'n vrou wat haar buite-egtelike kind om die lewe gebring het, verdrink, terwyl die ledemate van ernstiger oortreders op 'n rad of wiel gebreek is, dit alles in die openbaar as algemene skouspel. In 1760 is daar vir die beul nog amptelike vergoeding bepaal vir die uitvoer hierdie uiteenlopende strawwe, asook vir die foltering van aangeklaagdes.

Dit was Nederland soos nie net Henricus Beck en sy suster dit geken het nie, maar ook die honderde mans wat hulle in diens van die VOC aan die Kaap bevind en hulle as vryburgers hier gevestig het, en die vroue en kinders wat hulle in baie gevalle gevolg het. Jan van Riebeeck self is byvoorbeeld 'n generasie of twee vroeër gebore in die Gelderse stadjie Culemborg; Jan van Herwerden wat onder hom diens gedoen het as sersant was afkomstig van Zevenaar vlak by Arnhem, wat tans ook in die provinsie Gelderland geleë is, maar destyds onder die Duitse keurvors van Brandenburg geressorteer het, en sy vrou, Jannetje Boddijs, van die Gelderse garnisoenstad Doesburg, tussen Arnhem en Zutphen.

Die rustige gang van sake in die provinsiale kleinstad is gedurende hierdie tydperk slegs een keer wreed versteur, toe Lodewyk XIV van Frankryk die Nederlandse Republiek in die somer van 1672 met 'n leër van 120 000 man binnegeval het. Hy het die Ryn suid van Arnhem oorgesteek, en op sy pad die stadjies Orsoy, Wesel en Emmerik verower wat vandag op Duitse grondgebied is, maar waar daar toe oral Nederlandse garnisoene was, 'n feit wat in die verbygaan genoem moet word aangesien hulle omstreeks hierdie tyd almal onder die amptenare en vryburgers aan die

Kaap verteenwoordig was. Seëvierend het die Franse strydmag deur Gelderland opgetrek met die bedoeling om Amsterdam te verower,[45] en in die algemene verslaenheid en paniek wat gevolg het, is negeduisend man van die Nederlandse vestings langs die IJssel na die ooste teruggeroep, by Arnhem saamgetrek en aangestuur om Amsterdam te help verdedig, terwyl vlugtelinge met hul besittings in paniek noodwaarts gestroom het agter hulle aan. In Arnhem is 'n poging aangewend om die walle met palissades of stormpale te versterk, maar die garnisoen was ondoeltreffend om die stad te verdedig, en die gepeupel het in opstand gekom en geweier om toe te laat dat dit aan beleëring blootgestel word. Volgens gebruik het die Franse 'n trompetter as boodskapper gestuur om die oorgawe van die stad vir 'Sijn Alder Christelijcke Conincklicke Majesteit van Vrankrijck' op te eis, wat geblinddoek binnegelaat is om sy boodskap aan die stadsbestuur oor te dra, en op 16 Junie het die stad oorgegee sonder dat 'n skoot gevuur is, spoedig gevolg deur Doesburg, Deventer en Zutphen. Intussen het die Franse elders reeds dieper in die land ingedring en die stad Utrecht beset, waar koning Lodewyk op 3 Julie triomfantlik binnegetrek het.

Dit was as gevolg van hierdie vyandelikhede in Europa en die gevaar van 'n Franse inval aan die Kaap dat die militêre man Isbrand Goske hier in dieselfde jaar tot goewerneur benoem is, met die opdrag om veral sorg te dra dat die nuwe Kasteel voltooi word.

Arnhem moes ná sy besetting 170 000 gulden betaal om van plundering en brandstigting gevrywaar te wees en gyselaars gee vir die aflossing van hierdie skuld. Intussen is die stad deur Franse troepe beset, die kerkgeboue was gevul met gevangenes, troepe is op die inwoners ingekwartier, drie tot ses man per huis, en huise, geboue en meubels is na behoefte opgekommandeer. In die Eusebiuskerk is die Roomse Mis weer gevier soos voor die Hervorming.

Twee jaar lank het die Franse in die aansienlike deel van Nederland wat deur hulle beset is 'n skrikbewind gevoer, en eers op 1 Mei 1674 het hulle Arnhem as laaste stad in Gelderland ontruim. Op dieselfde dag het een van die stad se predikante nog in die Eusebiuskerk, wat nou weer deur die Gereformeerde Kerk in besit geneem kon word, 'n dankgebed uitgespreek, 'een beweeglycke ende hertgrondelijke danckzegginc (...) over deze so onverwachte ende onverdiende wonderbaerlijke genade',[46] en die volgende dag het plegtige dankdienste soggens en smiddags daar plaasgevind.

Henricus Beck was agt jaar oud ten tye van die Franse inval en sy sussie vyf, oud genoeg om iets te kan verstaan van wat om hulle gebeur, om bewus te wees van die opwinding, onrus en angs, en om heelwat te kan waarneem en te onthou.

Henricus Beck se jeugjare en skoolopleiding is 'n kwessie van gissing en vermoede. Die bestaan van 'n Franse skool in Arnhem is vasgelê, en uit 'n advertensie van 'n soortgelyke skool in 'n dorp naby Rotterdam in 1659 haal Zijlmans 'n leerplan aan wat bestaan uit "'t onderwijsen in 't lesen, schrijven, cijferen, 't Italiaans boekhouden, mitsgaders de fondamenten der musycque, de psalmen Davids te leeren singen op toon en maet'.[47] Dat Beck later beskryf kon word as 'well versed in French and Dutch',[48] en in eersgenoemde taal kon preek, sou op bywoning van hierdie skool kan dui, alhoewel Franken kritiek op sy geskrewe Frans gehad het.[49] Die gebrek aan 'n klassieke opvoeding sou moontlik ook verantwoordelik gehou kan word vir latere probleme op akademiese gebied, aangesien universiteitslesings destyds nog in Latyn gegee is.

Die bestaan van die tradisionele Latynse skool in Arnhem is egter beter gedokumenteer.[50] Van 1657 tot 1668 het hierdie inrigting 'n besondere bloeityd belewe onder rektorskap van Philippus Munckerus uit Siegen in die Duitstalige gebied, te vroeg om relevant te wees vir jong Henricus Beck, maar interessant omrede hy later lede van dieselfde familie aan die Kaap sou terugvind. Munckerus, wat in sy tyd 'n bekende pedagoog en skrywer van Latynse werke was, het onderrig gegee in logika, fisika, die redenaarskuns, geskiedenis, Hebreeus en Grieks, en hy het 600 gulden per jaar gekry en 'n honderd ton turf vir verwarming. Die skool het op hierdie tydstip 121 leerlinge gehad, want 'n klassieke opleiding is nog algemeen as noodsaaklik gesien vir 'n goed opgevoede en beskaafde man, en eksamens het in die openbaar plaasgevind. Daar is ook onderrig gegee in kalligrafie en musiek, wat eweneens as deel van 'n beskaafde opvoeding beskou is, en vanaf 1675 was dit die hoof van die Franse skool wat hier skryfonderrig gegee het, met ander woorde die reeds vermelde Stephan Beck.

As Henricus Beck die Latynse skool bygewoon het, sou dit gewees het onder Wesselius Mobach, wat in 1675 ontslaan is nadat hy 'bij herhaling ernstig berispt [was] over zijn levenswandel',[51] en sy onmiddellike opvolger Jacobus Hoisingius. Net soos predikante en regsgeleerdes was dit in hierdie tyd vir onderwysers en dosente gebruiklik om hul name te verlatyns.

Sover dit die kerklewe van Arnhem betref, was die enigste kerk wat hier soos elders in Nederland toegelaat is die Gereformeerde (Hervormde) Kerk, die sogenaamde 'publieke kerk' van die Republiek,[52] en vir die grootste deel van die eeu het die stad vier predikante gehad, waarby daar in 1696 'n vyfde gevoeg is. Hulle was amptenare wat deur die stadsbestuur aangestel en besoldig is, en die kerkraad het steeds probeer om invloed op stadsake uit te oefen. So is daar byvoorbeeld deur sy toedoen voorgeskryf dat die leerlinge van die Latynse skool, wat onder beheer van die stadsbestuur gestaan het, twee uur katkisasieles per week moes kry, en op aandrang van die predikante is daar later 'n bykomende lesuur op Maandae ingevoeg waarin die preek van die vorige Sondag behandel is.

Die kerke, wat nog Middeleeuse geboue van voor die Hervorming was, was vir die grootste deel van die week openbare wandelruimtes, veral tydens orrelkonserte. In die kerkinterieurs van sewentiende-eeuse Nederlandse skilders is spelende kinders, bedelaars en honde almal ewe opvallend, en onder die laer kerklike ampsbekleërs was daar sogenaamde hondeslaners wat rondloperhonde tydens die kerkdienste uit die gebou moes verwyder. Ewe noodsaaklik in daardie groot, kille, onverwarmde ruimtes was die vroue wat 'n bestaan gemaak het deur die vroulike kerkgangers van voetstofies met gloeiende kole te voorsien. In 1724 moes daar bepaal word dat hulle die stofies nie mog begin verwyder voordat die laaste seën uitgespreek en die kerk heeltemal ontruim was nie.

Dit is nie moeilik om die kerkdiens van die laat sewentiende eeu voor die geestesoog op te roep nie: die predikant in swart toga en golwende gepoeierde pruik wat in die hoë kansel sy preek in die gebruiklike galmtoon van die tyd voordra, die groot, wit, ligdeurstraalde ruimte van die Eusebiuskerk, die gedreun van orrelspel na afloop van die diens, die gekletter van voetstofies, en die geskuifel van voete oor die plaveisel soos die kerkgangers uit beweeg na die sonskyn van die Oude Markt.

Die gebruik in hierdie tyd was dat daar op Sondae sowel 'n oggend- as 'n middagdiens was, waarby daar in die middag oor die Heidelbergse Kategismus gepreek is. In Arnhem is daar in 1661 bowendien 'n 'vroegpredicatie' ingestel, terwyl daar gedurende die winter ook 'n 'avondgebed' was, en ook is daar verskeie kere gedurende die week gepreek. Terwyl die bywoning van die dienste goed was, was daar desondanks dwarsdeur die sewentiende eeu klagtes oor stadsinwoners wat gedurende kerktyd die herberge besoek of buite die stad gaan stap en rumoerigheid deur kinders op die stadswalle. In 1678 het die stadsbestuur selfs besluit om die poorte gedurende die oggend- en middagdiens te sluit en die sleutels in die kerk te laat bewaar.

Hierby moet daar egter aandag gevestig word op 'n kenmerk van die Gereformeerde Kerk in hierdie tyd, naamlik dat hoegenaamd nie almal wat as sogenaamde 'kerkgangers' of 'liefhebbers' die kerkdienste bygewoon het ook lidmate van die Kerk was nie, want belydenis van geloof is as 'n ernstige stap beskou wat aan die oordeel van die betrokke individu oorgelaat is en dit het dikwels eers op betreklik late leeftyd plaasgevind. Ook sover dit Arnhem betref, vestig Van der Kemp in sy kerklike geskiedenis van die stad die aandag op die klein aantal mense wat in die sewentiende en agttiende eeu hier as lidmate aangeneem is. 'Gemiddeld waren het niet meer dan 5 à 6 vóór ieder avondmaal; meermalen zelfs trof ik jaren aan waarin slechts een 4 à 5tal nieuwe leden werden aangenomen.'[53]

Van der Kemp merk verder op 'dat het overal met het godsdienstonderwijs in de 17de eeuw zeer treurig gesteld was',[54] en haal met betrekking tot Arnhem eietydse klagtes aan oor die onmoontlikheid om die jongmense bymekaar te kry vir katkisasie en die baldadigheid en ongeseglikheid van die katkisante. Hierin het daar eers verbetering begin kom onder Joannes d'Outrein, 'n predikant met uitsonderlike gawes, wat in 1691 op 29-jarige leeftyd van die Friese universiteitstadjie Franeker beroep is, waar hy die afgelope vier jaar, soos Schotel dit so beeldend stel, sy tyd verdeel het 'tusschen de zorg voor zijne kudde, den omgang met zijne geleerde vrienden en zijne boekoefeningen op de studeerkamer'.[55]

1. Henricus Beck en die bediening

D'Outrein het tot 1703 in Arnhem gestaan en ook 'n rol gespeel in die lewens van die Becks. Henricus Beck het reeds sy akademiese studies begin toe D'Outrein na Arnhem beroep is, maar sy suster was vroeg in die twintig, 'n tydgenoot van die jong predikant en sy vrou, en sy sou deel van hul persoonlike kring uitmaak, terwyl dit uit inskrywings in Beck se rekeningboek blyk dat hy tot 1722, die jaar van D'Outrein se dood, vanaf die Kaap kontak met hom gehad het.[56] Belangrik soos hy op sy eie dag en in eie kring was, is D'Outrein tans nagenoeg vergete, maar van die Becks se vriendekring in die tyd voordat hulle na die Kaap gekom het, is hy die enigste wie se lewe enigsins bevredigend gedokumenteer is en wat sodoende betreklik relevante inligting oor hul wêreld kan verstrek.

Van der Kemp verwys met waardering na D'Outrein se 'krachtige en vruchtbare werkzaamheid' in die gemeente Arnhem en beskryf hom as 'n 'werkzame, practische man'. Spesifiek noem hy die nuwe predikant se klagtes teenoor die kerkraad 'over de groote onkunde zowel bij de catechisanten als bij de lidmaten', maar D'Outrein se invloed het wyer gestrek as bloot net die verbetering van katkisasie. 'In dit tijdperk,' gaan Van der Kemp verder, '[werd] op initiatief van d'Outrein door gemeenschappelijke samenwerking krachtig de hand aan het werk geslagen om verbetering te brengen in het godsdienst-onderwijs, het peil van het zedelijk leven te verhogen en de belangen van onkundigen, verwaarloosden en weezen te behartigen'.[57] Ook al was daar geen kritiek op die onderskeie predikante nie, het die kerklike lewe in Arnhem dus kennelik behoefte aan hervorming gehad.

So gou het die nuwe predikant reeds 'n indruk op sy nuwe gemeente gemaak en hul guns gewen dat toe hy in 1694 'n beroep na Alkmaar van die hand wys, die stadsbestuur van Arnhem hom uit dankbaarheid 'n silwerskinkkan en -skottel aangebied het.[58]

Soos die meeste meer geleerde, ontwikkelde en ambisieuse predikante van sy tyd het D'Outrein ook veelvoudig gepubliseer, en in sy eie tyd met duidelike welslae. Sy verklarings van die Sendbrief aan die Hebreërs en van die Heidelbergse Kategismus is ook in Latyn vertaal, en laasgenoemde werk het nege drukke belewe, terwyl sy verklaring van die sendbrief aan die Kolossense onder die boeke was wat in 1709 onder die VOC vir die 'inlandse proponente' van die Gereformeerde Kerk in Ceylon voorgeskryf is.[59]

D'Outrein se *Korte schets der goddelijke waarheden*, wat in 1687 reeds verskyn het, was egter in nog breër kringe gewild en het vyftien drukke belewe. Op sy dag is dit nie net in Frans, Duits en Engels vertaal nie, maar ook in Portugees en Maleis, in die laaste twee gevalle vermoedelik vir gebruik onder die inheemse Christengemeentes in die VOC se handelsryk in die Ooste, en in 1749 was daar 'n kopie in die boekery van J.F. Velters, amptenaar van die VOC in Bengale.[60]

Wat die Kaap betref, is daar in 1717 'n honderd eksemplare vir die gemeente Drakenstein bestel:[61] 'Doutrein over de Catechismus', in 'n uitgawe uit 1738, was in 1795 nog aanwesig in die biblioteek van Dirk Westerhof, lid van die Politieke Raad aan die Kaap,⁶² en daar was ewe goed 'n eksemplaar in die boekery van ds. Fleck, wat in 1820 oorlede is.⁶³

Teen die middel van die negentiende eeu kon Schotel D'Outrein nog gelykgestel met 'n gevierde maar intussen weer ewe vergete tydgenoot, Jacques Saurin, en oor hulle uitwei in die konteks van D'Outrein se latere werksaamhede in Dordrecht en Amsterdam en van die verwoede stryd wat destyds in die Gereformeerde Kerk tussen die sogenaamde Coccejane en Voetiane gevoer is.

> D'Outrein, minder groot dan Saurin als redenaar, grooter dan hij als bijbel-uitlegger en godgeleerde, vooral vermaard door zijne gelukkige pogingen om het Coccejanisme dienstbaar te maken aan de wezenlijke bevordering van het verheven doel der Theologische wetenschap, het ware geluk van door het evangelie tot Gods gemeenschap geroepene menschen. Beide zagen zich aan het hoofd van uitgebreide gemeenten, in een luisterrijke werkkring, beide oefenden grooten invloed bij hun kerkgenootschap uit, en verwierven door hunne schier [byna] in alle talen overgezette werken, eene wereldvermaardheid die slechts weinige vaderlandsche godgeleerden vóór hen mogen erlangen.⁶⁴

'D'Outrein,' merk dieselfde skrywer elders meer spesifiek op,

> was door de Voorzienigheid bestemd om eene gewenschte verandering in de predikwijze van zijnen tijd daar te stellen, en in de plaats dier drooge, dorre, doel-, gevoel- en smaakloose Coccejaansche leerredenen, vol ijdele geleerd-heidspraal en zonder toepassing, reine evangelieleer ter beoefening van ware godzaligheid op den predikstoel te brengen.⁶⁵

Volgens die ou Winkler Prins-ensiklopedie se kort artikel oor D'Outrein, wat so laat soos 1952 verskyn het, 'stelde hij tegen de dorre leerstelligheid van zijn dagen een piëtistische, mystieke vroomheid voor. In talrijke verhandelingen bevorderde hij de verbetering van de preekkunde en de catechese'.⁶⁶

Oor die jare het aanpak, styl en smaak egter verander, en latere oordele oor D'Outrein se lewe, werk en publikasies is heelwat meer krities. 'Wetenschappelijk heeft hij (...) geen enkel werk van enige betekenis geschreven,' verklaar een na-slaanwerk byvoorbeeld. 'Groot was daartegenover het aantal van zijn stichtelijke boeken. Zij vonden een uitgebreide lezerskring.'⁶⁷ 'D'Outrein kan eerst wezenlijk gewaardeerd worden door wie zijnen tijd en zijne tijdgenooten kent,' kon 'n ander biograaf vroeg in die twintigste eeu reeds opmerk. 'In de studeerkamer en op den kansel vertoont hij ons veel van het breedsprakige, dorre en hopeloos vervelende der toenmalige theologie en homiletiek, maar bij hem zijn er oasen in de woestijn.'⁶⁸

D'Outrein het verder ook 'n leidende rol gespeel in die godsdienstige kontroverse van sy veelbewoë tyd, 'n tyd toe die geestelike lewe van Noord-Europa by herhaling

1. Henricus Beck en die bediening

in beroering gebring is deur die nuwe teorieë van denkers en wetenskaplikes soos Descartes, Locke, Newton en Leibniz, en veral die jong Portugese Jood Baruch of Bernard Spinoza wat in 1677 in Den Haag oorlede is en wie se werk deur die Provinsiale State van Holland verbied is. Dit was deel van die proses wat Jonathan Israel as die *Radical Enlightenment* beskryf, die oorgang van die era van Middeleeue en Kerkhervorming na die Eeu van die Verligting; dog terwyl dit vir heelwat tydgenote opwindend en stimulerend was, was dit vir vele ander ontwrigtend, ontstellend en selfs troumaties. Ook in die Nederlandse Republiek, wat beroemd was vir sy betreklike verdraagsaamheid, het die owerheid soms verplig gevoel om op aandrang van predikante, kerkrade en sinodes hardhandig teen individuele skrywers op te tree in 'n poging om te groot verdeeldheid in die gemeenskap te verhoed.

Een van die skrywers wat besonder relevant is in Arnhemse konteks is Frederik van Leenhof, predikant in die Overijsselse stad Zwolle, net oor die grens van Gelderland, wat in 1704 in alle onskuld en sonder bybedoelings 'n boekie die lig laat sien met die titel *Den hemel op aerden, of een korte en klaare beschrijving van de waare en standvastige blijdschap* (…), wat heelwat gemoedere gaande gemaak het. 'Men zeide,' so is die gevolglike kontroverse later opgesom,

> dat hij hierin betoogde dat 'ware godsdienst voor den mensch het ware geluk is, en dat reeds het vooruitzicht van dit genot een bron is van zuivere blijdschap'. Tal van predikanten en professoren lazen in deze bespiegelingen de opwekking tot volkomen onderwerping aan een blind noodlot en verklaarden tevens dat deze leer spinozistische en dus goddeloos was.[69]

In die kader van die teologie en filosofie van sy tyd was Van Leenhof se werk belangrik, en volgens Israel 'there can be no balanced account of the European Radical Enlightenment which does not take careful account of Leenhof and his "universal philosophical religion"'.[70] In die storm wat gevolg het, volgens dieselfde bron 'one of the severest doctrinal controversies' in die geskiedenis van die Gereformeerde Kerk van Nederland,[71] is Van Leenhof deur sy kerkraad en die provinsiale bestuur van Overijssel gehandhaaf tot hy in 1711 afgetree het, maar die Sinode van Gelderland het daarop aangedring dat hy onder sensuur geplaas word. Onder die vele predikante en teoloë wat hom op skrif en andersins aangeval het, was die Gelderse dominee-digter Willem Sluiter en Johannes d'Outrein van Arnhem, laasgenoemde in 'n publikasie wat in 1704 reeds verskyn het. Dit was waarskynlik veral deur D'Outrein se betrokkenheid by die stryd dat dit 'n neerslag in Aletta Beck se eietydse poësie gevind het, en onder haar gepubliseerde gedigte is daar een 'Op den *Hemel op aarde* door F. Leenhoff', wat eweneens 1704 gedateer is, en nogal duister is in sy beknoptheid.[72]

Vir geeneen van die twee Becks, broer en suster, was die kontroverse rondom Van Leenhof sover bekend egter van regstreekse belang nie, en die Gereformeerde

Kerk sou sy gang nog etlike generasies lank betreklik onversteurd voortsit, maar dit word genoem as herinnering aan die feit dat die tyd waarin hulle gelewe het, die tyd rondom die wisseling van die sewentiende na die agtiende eeu, vir 'n groot deel van Europa 'n oorgangstyd was, en dat die oorgang soms heftige en selfs gewelddadige vorms kon aanneem.

Dit is teen hierdie agtergrond dat Henricus Beck in een of ander stadium besluit het om self predikant te word, alhoewel die gang van sake aan die hand van die beskikbare getuienis nie duidelik is nie.

Beck tree vir die eerste keer op ondubbelsinnige wyse in die amptelike rekords te voorskyn waar hy in 1687 as student in die teologie ingeskryf is aan die Universiteit van Groningen in die noorde van die Republiek. Volgens Van Lieburg het die gemiddelde student in hierdie tyd die 'gimnasium' of Latynse skool bygewoon tot hy ongeveer sewentien was, waar hy Latyn en 'n bietjie Grieks geleer het en sodoende in staat was om lesings by te woon,[73] sodat Beck op 22 nogal oud was.

Groningen was een van die vyf universiteite wat op hierdie tydstip in Nederland bestaan het, waaronder ook een in Gelderland, naamlik in die stadjie Harderwijk aan die oewers van die destydse Zuiderzee, maar is moontlik verkies weens die ortodoksie van sy teologiese fakulteit. Hier soos elders was lesings in Latyn, en die universiteit het veral Duitssprekende studente aangetrek uit Oos-Friesland en ander aangrensende geweste.

Hierna volg daar 'n tydperk van dertien jaar waarin daar niks oor Beck bekend is nie. In Groningen het hy nooit gepromoveer nie, maar wanneer hy in 1700 weer in die rekords verskyn, is dit wanneer hy hom as proponent aan die meer bekende universiteit in Leiden laat inskryf, en hier is dit dus nodig om ter verheldering iets te sê oor die Nederlandse universiteitsopleiding in dié tydperk, en spesifiek die opleiding van predikante.

Ten eerste was dit vir studente oor die algemeen gebruiklik om lesings by meer as een universiteit by te woon,[74] en Groeneweg gee voorbeelde van Nederlandse predikante wat binne enkele jare soveel soos ses of in een geval selfs dertien universiteite in sowel Nederland as die buiteland besoek het.[75]

Voorts het nie almal wat hulle aan 'n universiteit laat inskryf het die bedoeling gehad om te promoveer nie, iets wat veral adellike studente gekenmerk het: 'Adeldom bepaalde hun leven,' skryf Duinkerken oor hierdie groep, 'niet een academische titel.'[76] Van studente in die teologie het die Gereformeerde Kerk ook nie verwag dat hulle hul akademiese opleiding formeel sal voltooi met die verkryging van 'n graad nie,[77] maar slegs 'n getuigskrif van hul professore verlang om te verklaar dat hulle die lesings in tale, teologie en wysbegeerte 'trouw en met vrucht' bygewoon het, tesame met 'n kerklike attestasie.[78]

Vir studente wat hul teologiese studie aan 'n universiteit op hierdie wyse voltooi

1. Henricus Beck en die bediening

het, het die Kerk sy eie eksamen ingestel wat voorbereidend of 'preparatoir' genoem is, en wat waargeneem is deur 'n klassis, gewoonlik dié waaronder die kandidaat se eie gemeente geressorteer het of anders die universiteit waar hy studeer het. Hierdeur is 'n teologiestudent tot 'proponent' bevorder en gemagtig te preek, en hierna kon hy homself beroepbaar stel as predikant.[79] Dit is miskien kenmerkend van die effens agterlike toestand van die kerk in Gelderland dat dié eksamen hiér 'het laatst en het langzaamst' ingestel is, soos Van Lieburg dit formuleer, eers in 1630 byvoorbeeld deur die Klassis Overveluwe waarvan Arnhem deel uitgemaak het.[80]

Nadat 'n proponent 'n beroep gekry en aanvaar het, is sy bevestiging in die predikantsamp voorafgegaan deur 'n tweede eksamen wat deur die beroepende klassis onderneem is, en wat beslissend of 'peremptoir' genoem is.

In die lig hiervan was Henricus Beck se opleiding heeltemal normaal, en al wat onduidelik is, is die betreklik laat inskrywing by Groningen en die lang tyd wat daarop gevolg het. Ter vergelyking kan mens noem dat sy tydgenoot, François Valentijn uit Dordrecht, met wie sowel Beck as sy suster later bevriend sou wees, wat op vyftien aan die universiteit van Leiden begin studeer het, agtien was toe hy die proponentseksamen aflê en deur die VOC na die Ooste uitgestuur word.[81]

Hiernaas rys egter ook onverbiddelik die vraag op waar en wanneer Beck sy preparatoire eksamen afgelê het en tot die proponentskap toegelaat is, en wat hy hierna gedoen het.

Oor die geestelike beweegredes agter Beck se besluit om predikant te word, kan niemand natuurlik oordeel nie, maar aan die einde van die sewentiende eeu was daar vir 'n standbewuste of ambisieuse man ook besliste sosiale voordele aan die amp verbonde wat makliker nagegaan kan word.

Gedurende die eerste jare ná die Hervorming was die Calviniste afhanklik van die predikante wat hulle kon kry, hoofsaaklik gewese priesters en monnike, skoolmeesters en lekepredikers. In baie gevalle, indien nie die meeste nie, was hulle onopgeleide mans en selfs mense van twyfelagtige gehalte, met die gevolg dat die beroep van predikant oor die algemeen geen hoë aansien geniet het nie. Teen die middel van die sewentiende eeu het die Kerk egter groter beheer verkry oor die individue wat tot die bediening toegelaat is en die opleiding wat hulle ontvang het. Met betrekking tot die Groningse predikant Meinart Thomas Hamrich, wat hy as 'n vroeë verteenwoordiger van die Groningse piëtisme beskryf, merk Van Lieburg op: 'Hij begin zijn loopbaan als provinciaal tuchthuisprediker, maar was in 1678 als één van de laatste zogenaamde "Duytsche [Nederlandse] clercken" zonder academische opleiding toegelaten tot het predikambt.'[82]

Ook is daar omstreeks hierdie tyd 'n minimumleeftyd vir predikante bepaal, wat deur die sinode van Zuid-Holland in 1668 as 31 jaar vir groot stede en 28 jaar vir kleineres vasgestel is, waarin Gelderland gevolg het. Aangesien die voorsiening van predikante hierdeur bedreig is, is die leeftydsgrens in 1680 egter verlaag na 23 jaar vir dorpe, 26 vir klein stede en 28 vir grotes.

Deur die stel van standaarde het die gehalte van predikante gedurende die loop van die eeu gestyg, en gevolglik ook hul aansien in die samelewing. Bowendien het hulle as besoldigde amptenare van die plaaslike bestuur ook op suiwer wêreldlike vlak 'n sekere maatskaplike status geniet, en in die kleiner stede en op die platteland was hulle onder die min opgevoede mense in die plaaslike gemeenskap, wat hul aansien verder verhoog het. Dit was 'n situasie soortgelyk aan dié wat tot in die twintigste eeu in Suid-Afrika aangetref sou word, veral op die platteland.

Die verhoogde vereistes vir predikante en die verbeterings in hul posisie het tewens meegebring dat die bediening 'n beter tipe kandidaat aangetrek het, en waar Groenhuis die Nederlandse gemeenskap van die sewentiende eeu in ses sosiaal-ekonomiese klasse ingedeel het, het hy vasgestel dat die meeste predikante uit die derde afkomstig was. Van Lieburg se meer genuanseerde oordeel plaas hulle egter in die derde en vierde klasse, dus die middelste groepe van die totale maatskaplike hiërargie, wat hy onderskeidelik omskryf as 'de brede of hogere burgerij, waartoe bijvoorbeeld grote winkeliers en gegoede boeren worden gerekend', asook 'literatoren' en Latynse skoolmeesters, en 'die middenstand of kleine burgerij, bevolkt door minder grootschalige winkeliers en boeren, maar ook door lagere ambtenaren, het leger van ambachtslieden, en niet te vergeten de lagere schoolmeesters'. Dit is uit hierdie twee groepe dat die meeste predikante teen die einde van die sewentiende eeu afkomstig was, of waarin hulle danksy hul amp opgeneem is.[83]

Vir mans uit die laer range van die destydse maatskappy het die amp van predikant dus 'n moontlikheid van verbetering van status ingehou, en Van Rooden het dit oor 'een vrijwel permanent zeer hoog aanbod van beroepbare proponenten, dat in stand werd gehouden door recrutering uit sociaal lagere milieus'.[84] Van Lieburg noem dan ook dat ondersoek na die agtergrond van individuele predikante in die praktyk 'een steeds terugkerend patroon van sociale afkomst' oplewer: ten eerste is daar die seuns van predikante, ten tweede amptenare en onderwysers op Latynse skole, en derdens 'vooral winkeliers en ambachtslieden'.[85] In spesifiek Gelderse konteks noem Frijhoff eweneens die verskynsel

> dat kinderen uit het middenstandsmilieu—dat wil zeggen de gezeten winkelier, de betere ambachtsman, de chirurgijn of de geschoolde ambtenaar—gewoonlijk via een studie wijsbegeerte of theologie het academisch milieu wisten binnen te dringen, hetzij als leraar aan de latijnse school hetzij als predikant, eventueel in combinatie met een professoraat in de *artes* of de theologie als bijbaan [newe-beroep].[86]

Groenhuis wys daarop dat regsgeleerdes en medici 'n oorgangsgroep 'tussen de brede burgerij en het burgerlijk patriciaat' uitgemaak het, maar voeg by: 'Zeer gewaardeerde predikanten zoals Crinius in Amersfoort en Smetius in Nijmegen namen waarskynlik een vergelijkbare positie in. Het lijkt niet toevallig dat we hun weduwen als juffrouw vermeld vinden.'[87] 'Juffrou' het naamlik op 'n betreklik hoë rang in die burgerlike samelewing gedui, en aan die Kaap is net die vrou van die kommandeur of goewerneur in hierdie tyd 'juffrou' genoem.

Nogtans was daar in Nederland 53 klassisse wat proponente en predikante kon keur, en vanselfsprekend het die standaarde wat hulle gestel het onderling verskil. Die beste kandidate is ewe vanselfsprekend deur beroepe na groot en goed besoldigde stedelike gemeentes aangelok, maar terwyl daar teen 1700 altesaam 1524 posisies vir predikante in die Republiek was, was slegs 187 in groot stede, naas 184 in kleiner stede en 1153 op die platteland,[88] en kanse op verandering of verbetering was skraal. 'Alleen de best onderlegde predikanten met goede connecties werden na hun eerste beroep nog naar meer dan één andere plaats beroepen of aangesteld aan een universiteit,' merk Spaans op.[89] By al die moontlikhede wat die bediening dus vir 'n begaafde man soos D'Outrein gebied het, was dit vir die meeste predikante in maatskaplike en ekonomiese opsig 'n doodloopstraat, en nie almal het die vooruitsig met dieselfde gelatenheid aanvaar soos die digtende predikant Willem Sluiter in sy plattelandse Gelderse pastorie nie.[90]

Die meeste kandidate was dus bestem om hul lewens op die platteland te slyt, en dorpspredikante is oor die algemeen swak betaal: ds. D'Outrein in Arnhem het byvoorbeeld daarop gewys dat die besoldiging van predikante 'te platte lande op de Veluwe' in hierdie tyd 'seer gebreklyk' was.[91]

Die gevolg hiervan was dat daar in die posisie van die predikant by alle verbeterings nog 'n sekere ambivalensie was, wat waarskynlik veral merkbaar was op die platteland. Soos Van der Kemp in 1896 afkeurend geskryf het,

> liet het zedelijk gedrag der Geldersche predikanten in de 17de en in den aanvang der 18de eeuw dikwerf zeer veel te wenschen over, zoodat wij met ergernis en schaamte over onze Hervormde Kerk de tallooze klachten wegens dronkenschap, diefstal en zedeloosheid der voorgangers der gemeente lezen, terwijl wij ons verbazen dat de Kerkelijke Besturen meestal zelfs de ergerlijkste zaken slechts straften met een schorsing voor den tijd van één jaar en zes weken.[92]

'De geschorste predikanten moesten onder den predikstoel geregeld de godsdienstoefeningen bijwonen en na het einde der schorsing, in tegenwoordigheid van een commissie uit de Classis, een boetpredikatie houden,' voeg hy in 'n voetnoot by, alhoewel hy duidelik maak dat die Arnhemse predikante, in teenstelling tot wat elders in die provinsie voorgekom het, as 'voorbeelden van een christelijk leven' gedien het.

Al wat met sekerheid oor Henricus Beck gesê kan word, is egter dat hy ná die voltooiing van sy studies in Groningen en die aflê van sy preparatoire eksamen nooit 'n benoeming as predikant gekry het nie. Of hy probeer het, en hoe dikwels en hoe hard, moet onbekend bly, en al wat bekend is oor die dertien duistere jare in sy lewe tussen 1687 en 1700 is sy eie verwysing in die verklaring wat hy in 1721, ná sy moeder se dood, as middeljarige man in Stellenbosch afgelê het. Hiervolgens het hy ten gunste van sy twee susters afstand gedoen van sy wettige erfporsie, in ag nemende 'hoe veel voordeelen hij (…) booven zijne twee voorgen[oemd]e susters genooten heeft, soo[wel] in zijne langdurige studiën, verscheijde genoomene en gedaane reijsen, proponents jaaren als zijne uijtrustinge na Indiën [d.w.s. die Kaap]'.[93]

Oor hierdie 'studiën' en reise is niks meer bekend nie, alhoewel dit interessant is dat die Duitser Mentzel wat Beck op sy oudag aan die Kaap geken het hom as '*ein Mann von der Welt*' sou beskryf,[94] wat in die Engelse vertaling van sy boek letterlik genoeg as 'man of the world' weergegee is.[95] Hoe dan ook lyk dit duidelik dat hy gedurende hierdie tydperk op sy moeder se koste geleef het. Dat sy 'n gegoede vrou moet gewees het, word bevestig deur die feit dat sy in 1718, kort voor haar dood, nog 2000 gulden aan haar enigste kleinkind kon bemaak.[96]

Een of ander tyd voor Julie 1700 is Beck se vader egter oorlede,[97] en moontlik het dit die familie se situasie verander en hom tot dadigheid in verband met sy toekoms verplig. In Augustus 1700 is hy in elk geval as proponent by die universiteit in Leiden ingeskryf, en in September 1701 het die Here XVII, die amptelike bestuur van die VOC, tydens hul byeenkoms in Middelburg die Kaap laat weet dat 'n plaasvervanger vir die Franse predikant van Drakenstein soontoe uitgestuur word:[98] alhoewel geen naam hier genoem is nie, het dit in feite gegaan om Henricus Beck. 'De aanmelding voor de overzeese dienst bij VOC en de Classis Amsterdam lijkt dus een beetje op een noodsprong,' merk Pieters & Schutte by hierdie ontwikkelinge op.[99]

Naas die gewone werk in 'n Nederlandse gemeente het die Nederlandse leër en vloot vir predikante 'n beperkte moontlikheid gebied om as kapelaan aangestel te word, alhoewel hierdie vooruitsig vir die meeste van hulle waarskynlik nie baie aantreklik was nie.[100] Bowendien het die Negejarige Oorlog in 1697 geëindig en sou die Spaanse Suksessie-oorlog eers in 1702 begin, en vir Henricus Beck sou daar op hierdie besondere tydstip dus geen goeie vooruitsigte op dié gebied gewees het nie.

Hiernaas het die VOC en op kleiner skaal die Wes-Indiese Kompanjie (WIC) egter 'n moontlikheid vir gemeentelose predikante gebied deurdat hulle albei predikante aangestel het vir die geestelike versorging van hul werknemers in die buiteland: 'eenige personen, gesont in de leere ende godvruchtich van leven (…), die het volck uut den Woorde Gods in de leere der waerheyt onderwijsen', soos dit in die 'Beroepen instructiebrief vir proponenten' geformuleer is; 'tot leering, vermaninge, vertroostinge ende vordere [*verdere*] stichtinge des volcks'.[101]

Diens by een van die handelskompanjieë was oor die algemeen geen aanloklike vooruitsig vir predikante wat eerder 'n beroep in Nederland kon kry nie, onder meer vanweë die lang, gevaarlike seereis en die hoë sterftesyfer onder die werknemers van albei liggame, en terwyl die VOC oor die jare nogtans 'n sekere aantal kandidate

1. Henricus Beck en die bediening

aangetrek het, was hulle nooit toereikend vir sy behoeftes nie. Ook aan die Kaap sou daar gedurende die Kompanjiestyd herhaaldelik lang vakatures ontstaan en sou gemeentes dikwels herderloos wees of aan die sorg van onopgeleide sieketroosters oorgelaat word.

Die gevolg van hierdie tekort was dat die kerklike owerhede skynbaar soepeler standaarde toegepas het by die keuring van kandidate vir diens onder die handelskompanjieë. Volgens Van Boetzelaer, wat sy oordeel vroeg in die twintigste eeu gevel het, 'gingen er toch vele predikanten uit die men hier kwijt wilde zijn of niet met goed fatsoen houden kon. De zoo talrijke schandalen in de [Oost-]Indische predikantenwereld waren er het treurige gevolg van.'[102]

Voornemende predikante is vir diens by die VOC gekeur deur die klassisse van die stede waarin daar Kamers van die Kompanjie bestaan het. In die geval van die Klassis Amsterdam is hulle skynbaar informeel genader deur 'n kleiner komitee wat as die *Deputati ad Res Indicas* bekend gestaan het, wat dan ook hul geskiktheid ondersoek het en op wie se aanbeveling hulle vervolgens deur die Klassis beroep is.

> Te Amsterdam en Middelburg gaven de Deputati aan de predikanten, wanneer zij in het examen voor de Classis hadden voldaan en wanneer zij door de Bewindhebbers [*van die VOC*] waren aangenomen, hunne kerkelijke instructie nadat zij de Formulieren hadden onderteekend, hierna werden zij te Amsterdam in eene openbare samenkomst der gemeente (…), waarbij afgevaardigden der Bewindhebbers tegenwoordig waren, bevestigd.[103]

Dit was vermoedelik op hierdie manier en in 1700 dat die Klassis Amsterdam Henricus Beck vir diens by die VOC aanvaar en aanbeveel het, moontlik op voorwaarde dat hy sy teologiese kennis eers 'n bietjie opknap, wat sy inskrywing in Leiden in Augustus van daardie jaar sou verduidelik. Dit is interessant dat Beck se ouderdom met die inskrywing, soos reeds genoem, as 28 aangegee is. Was dit miskien nie 'n skryf- of transkripsiefout nie, soos Pieters & Schutte veronderstel, maar eerder 'n blyk dat die proponent self effens ongemaklik voel oor die feit dat hy op 36 na die universiteitsbanke terugkeer?

Dat Leiden die naaste beskikbare universiteit was aan Amsterdam, sou miskien 'n verdere aanduiding wees dat die inskrywing met sy aanvaarding deur die Klassis van laasgenoemde stad verband gehou het. Dit was in elk geval die oudste en die beroemdste van die Nederlandse universiteite, wat teen hierdie tyd meer as 300 studente per jaar aangetrek het, 'n bietjie minder as die helfte daarvan uit die buiteland.[104] Dit het ook 'n beroemde botaniese tuin besit, en dit was terloops juis in hierdie tyd dat daar begin is om jaarliks bolle en sade van die Kaap hierheen te versend.[105]

Hier kan mens waarskynlik dus aanneem dat Beck 'n jaar lank lesings gevolg het, en dit was ook in hierdie tyd dat hy deur sy familielede in en om Arnhem gemagtig is om hulle te verteenwoordig in 'n hofsaak in Alkmaar, wat betreklik nabygeleë was.[106]

Voor sy vertrek uit Nederland aan die einde van 1701, het Beck met sy bevestiging die amptelike 'instructiebrief' ontvang waarin die predikante in diens van die VOC vermaan en aangespoor is om

> Godes heylige Woord, vervat in de Schriften des O. & N. Test., te prediken, den menschen in Godes naem de bekeringe tot God ende de versoeninge met Hem door het geloove aan J[esus] C[hristus] te vercondigen, de Sacramenten Doop en Avondmaal, die de Here als segelen Sijner genade heeft ingestelt, te bedienen, de gemeente Christi met openbare gebeden voor te gaen, deselve nevens de ouderlingen en diaconen (…) met haeren [hul] raet ende behulp van dien in goede disciplyne ende ordre te regeren ende te houden, alles na Gods Woord ende in confirmiteyt vande Nederlantsche Kercken confessie ende chr[iste-lycke] catechismus.[107]

2.
'De soeticheydt des buyten-levens':
Aletta Beck en die digkuns

Toe Henricus Beck hom in 1687 as student in Groningen laat inskryf het, was sy susters Aletta en Sara Christina onderskeidelik twintig en elf jaar oud; toe hy as proponent in Leiden ingeskryf is, kort voor sy vertrek na die Kaap, was Aletta 33.[1] Dit is in hierdie laaste jare voor sy afskeid van Nederland dat sy vir die eerste keer aandag trek, en hier moet daar dus 'n poging aangewend word om iets oor haar lewe agter te kom.

By gebrek aan voldoende voorgrond moet mens noodgedwonge na agtergrond kyk, soos ek elders reeds in 'n soortgelyke geval geskryf het; en aangesien daar oor Aletta Beck se vroeë lewe niks meer bekend is as haar doopdatum en die name van haar ouers en hul ander kinders nie, moet mens met besonderhede oor die milieu waarin sy grootgeword het by benadering die ruimte afbaken waarin dit plaasgevind het.

Klein soos wat hy volgens moderne maatstawwe ook was, was Arnhem 'n stad waar dit vir die redelik gegoede seksie van die bevolking moontlik was om, die onderbreking van die Franse besetting in 1672–74 buite beskouing gelaat, aangenaam, vergenoegd en beskaafd te lewe. Miskien kan mens dit in hierdie opsig vergelyk met die effens groter stad Deventer, net oorkant die IJssel in die provinsie Overijssel, waar die predikantdigter Arnold Moonen gewoon en gewerk het en wat deur Stronks opgesom word as 'een relatief ontwikkelde, maar vergeleken bij de hofstad Den Haag toch weinig betekenende provinciestad'.[2]

Dit is duidelik dat Aletta Beck in die konteks van haar tyd 'n goeie opvoeding geniet het en nie net kon lees en skryf, wat vir meisies nog glad nie vanselfsprekend was nie, maar haar ook vlot en selfversekerd in prosa en poësie kon uitdruk, soos nog sal blyk. Waar daar geen besonderhede oor haar opvoeding en onderwys bestaan nie, moet mens egter volstaan met die feit dat 'n lid van 'n vorige generasie, die stigtelike skryfster Sara Nevius, wat in 1632 as predikantsdogter in die Duitstalige gebied gebore is, in 'n Franse skool in Amsterdam onderrig gekry het in 'fijne handwerken, Frans, geschiedenis, lezen en schrijven':[3] dit was die gebruiklike leerplan vir meisies virsover hulle enige formele opvoeding ontvang het, ook nog later in die eeu en vir 'n lang tyd daarna. Aletta se grootvader Hendrik Beck het in Rotterdam trouens ook vir meisies skoolgehou, en volgens berig het daar in sy voorhuis 'n uithangbord gehang met die woorde 'om meysges te leeren'.[4] In haar eie tyd was daar egter min wat sy met hierdie beperkte geleerdheid kon uitrig.

Volgens wat daar van die Becks en hul familie en vriende bekend is, was hulle afkomstig uit 'n kring van skoolmeesters, amateurdigters en kunstenaars, en wat hul maatskaplike posisie betref, skryf Pieters & Schutte, 'behoorde het Arnhemse gezin-Beck duidelijk tot de plaatselijke maatschappelijke en intellectuele middenklasse',[5] dus op die vlak van die geringer amptenare en kleiner winkeliers. Hulle was met ander woorde selfstandige mense met 'n eie inkomste en genoeg vrye tyd om een of ander kunsvorm te kan beoefen, sosiaal gesproke op 'n laer rang as die hoër stedelike en provinsiale amptenare en rektors van Latynse skole, maar met die moontlikheid om deur bevordering, inkomste of 'n gunstige huwelik 'n graad of twee langs die maatskaplike leer te styg.

Dit is interessant om vas te stel dat die Gelderse digter en dorpspredikant Willem Sluiter 'n vers geskryf het vir sy niggie wat in 1673, in die onrustige tyd van die Franse besetting, in Arnhem 'n 'bovenkamertje' in haar huis vir hom beskikbaar gemaak het, en wat getroud was met 'Mons[ieu]r Engel van Ophuisen'.[6] Daar kan nie bewys word dat dit hier gaan om familie van Aletta van Ophuijsen wat getroud was met Stephanus Beck in dieselfde stad nie, alhoewel die voornaam Engel onder haar vermoedelike verwante voorkom;[7] die inligting wat oor Sluiter se agtergrond bekend is, kan egter gebruik word om op praktiese wyse iets verder te illustreer van die bepaalde stand in die provinsiale samelewing waartoe ook die Becks skynbaar behoort het.

'Sluiter was uit gegoede kringen afkomstig,' skryf Blokland in sy biografie van die digter.

> Zijn grootvader was burgemeester van Borculo; zijn vader had een bierbrouwerij en was waarschijnlijk niet alleen door een rijk huwelijk in goede doen [*welgesteld*]; zijn halfbroer Matthias, die in Den Haag woonde, moet, naar we uit de schaarse gegevens over hem toch wel kunnen opmaken, een goede functie gehad hebben. Sluiter zelf was blijkbaar ook niet geheel onbemiddeld: in 1656 schonk hij 100 carolusguldens aan de diaconie van Eibergen.[8]

Bes moontlik sê dit alles ook iets meer oor die Becks van Arnhem.

Terselfdertyd het die oënskynlike voordele van die Becks se maatskaplike posisie egter ook beperkings aan die dogters opgelê wat betref die beoefening van enige gawes wat hulle moontlik besit het; want terwyl daar vir Nederlandse vroue in hierdie tyd in beginsel 'n sekere keuse van beroepe bestaan het, veral op die gebied van kuns, was daar vir die jong vrou of meisie uit wat destyds die 'beter stand'

2. Aletta Beck en die digkuns

genoem is feitlik geen moontlikhede tot kreatiewe dadigheid in die wêreld buite haar ouerhuis nie. Oor die vroue met wie die gegoede digteres Klara Ghyben gedurende die eerste helfte van die agttiende eeu in Dordrecht kontak gehad en vir wie sy gedigte gemaak het, skryf De Jeu byvoorbeeld:

> Afkomstig uit een goed milieu (...) hadden ze voldoende vrije tijd om zich op uiteenlopende gebieden te ontwikkelen. Ze lazen de bijbel, verwierven zich als amateurs een zekere natuurwetenschappelijke kennis om op die manier zo dicht mogelijk tot God te komen, en schreven gedichten. Die waren bestemd voor naaste bekenden en werden binnen de kring gewaardeerd.[9]

'n Heel tipiese voorbeeld van vroulike veelsydigheid en begaafdheid binne beperkte kring word gebied deur Margareta van Godewyck, eweneens uit Dordrecht, wat in 1677 oorlede is en tydens haar lewe geloof is weens haar talekennis, digterlike talent en vele ander gawes: 'Zijnde uitstekende konstig met de naald (...). Kunstig in schilderen, met oly- en water verwe, in teykenen met pot-lood, [houts]kool, en met de penne. Schryvende aardig [vaardig] op glas. Verstaande de maat-zang, en spelende op de clave-cimbel, en wat dies meer en by ons niet gedacht is.'[10]

'n Ander tipiese tydverdryf vir vroue, wat soms tot kunsvorm kon uitgroei of as bron van onderhoud moes dien, was terloops die sogenaamde knip-, papier- of skêrkuns of decoupage. Bekend en selfs beroemd in hul eie tyd was Johanna Koerten of Coerten uit Amsterdam, wat tot 1000 gulden vir 'n geknipte portret ontvang het,[11] en Elisabeth Rhyberg uit Rotterdam wat meer as dit gekry het vir portrette van Willem III en sy vrou Maria Stuart. 'n Engelse besoeker aan Rotterdam in 1707 noem onder die besienswaardighede 'the famous works in paper representing King William and Queen Mary with their several palaces and other curiosities, which indeed are very curiously done'.[12] 'Van haar werk,' merk 'n moderne naslaanwerk op, 'is niets bewaard gebleven.'[13]

Musiekbeoefening was algemeen onder gegoede en ontwikkelde mense, mans sowel as vroue, soos reeds ten opsigte van Arnhem aangedui is, maar sover dit vroue betref, ook net binnenshuis in 'n kleiner kring. Met betrekking tot die sewentiende-eeuse musiekgeselskappe wat sy opgespoor het, noem Zijlmans dat dit slegs dié in Arnhem was wat vroue onder sy lede gehad het en dat hulle 'veruit in de minderheid' was, vier op 'n groottotaal van 82 lede oor die hele eeu.[14]

Namate onderwys verbeter en geletterdheid veral onder gegoede vroue meer algemeen begin raak, het die briefskryfkuns in die loop van die sewentiende eeu ontwikkel as iets wat by uitstek deur huisgebonde vroue beoefen kon word, en een waarin hulle trouens vroeg reeds uitgeblink het, en ook Aletta Beck sou, sover daar aan haar oorgeblewe briewe geoordeel kan word, 'n vaardige briefskryfster word. Waar hulle 'n mate van kreatiewe aanleg of ambisie besit het, was daar egter nog geen tradisie van verhalende prosa waarby hulle kon aansluit nie, met die gevolg dat hulle hul op poësie toegelê het. Die studie oor 'schrijvende vrouwen uit de vroegmoderne tijd' wat in 1997 onder die titel *Met en zonder lauwerkrans* verskyn het, het 62 vroue uit die Noordelike Nederlande in die tydperk 1600–1750 bespreek,[15] waar Annelies de Jeu in die loop van haar meer doelgerigte navorsing drie jaar later nog 136 nuwe name kon byvoeg, onder andere terloops ook dié van Aletta Beck.[16]

Oor die algemeen is daar gedurende die laaste helfte van die sewentiende eeu en daarna 'n verbasende hoeveelheid verse in Nederland geskryf, gepubliseer, gelees, bewonder en geprys. Vir die opgevoede en gegoede mense van hierdie tyd was dit naamlik so natuurlik en vanselfsprekend om hul gevoelens en gedagtes volgens heersende konvensies en voorgeskrewe reëls in die vorm van poësie vir familie en vriende te verwoord soos wat dit in sekere sin vir die moderne mens sou wees om 'n e-pos te stuur of 'n selfoonoproep te maak. 'Het vervaardigen van dergelijke poëzie maakte deel uit van de beschaafde omgangsvormen,' soos De Jeu opmerk. 'Een algemene belezenheid, het vertalen van buitenlands werk of het zelf af en toe schrijven van een gedicht, konden daaraan bijdragen.'[17]

Talle gegoede en ontwikkelde mense met voldoende vrye tyd het hulle in hierdie era dus op onskuldige wyse met die beoefening van die poësie besig gehou en sodoende ook vir mekaar tydverdryf en vermaak verskaf. Veral is dit van toepassing op vroue en predikante, die twee kategorieë wat naas renteniers waarskynlik die meeste vrye tyd gehad het om aan versmakery te wy, en in Tersteeg se oorsig van die Gelderse letterkunde is dit opvallend hoeveel van hierdie provinsie se skrywers in die sewentiende en agttiende eeu aan die kerk of 'n Latynse skool verbonde was.[18]

Ook mans in ander beroepe het ná hul aftrede soms egter hul toevlug tot die letterkunde geneem, nes 'n latere generasie van pensioenarisse hulle tot blokkiesraaisels of genealogiese ondersoek sou wend—die digkuns as uitspanning en nuttige vermaak, soos Prinsen dit noem.[19] 'n Voorbeeld hiervan is Abraham Alewijn, 'een patricisch Amsterdammer', soos Kalff hom beskryf, 'die zich op zijn landhuis te 's-Graveland aan muziek, studie en poëzie wijdde en in 1694 een bundel *Zede- en Harpgezangen* uitgaf'.[20]

'n Nog meer treffende en meer produktiewe voorbeeld is egter die Haagse oudoffisier en dilettant Coenraet Droste. In 1691, toe hy in die vyftig was, het hy op konvensionele wyse 'n verwelkomingsgedig aan die koning-stadhouer Willem III geskryf wat ook gepubliseer is, en in 1695 'n lykdig op laasgenoemde se vrou, Maria Stuart. In die vroeë dekades van die volgende eeu, namate hy ouer word, is dit egter gevolg deur 'n nimmereindigende stroom toneelwerke en gedigte, asook 'n lang berymde outobiografie wat hy op tagtigjarige leeftyd begin en van tyd tot tyd hersien en bygewerk het. 'Zoo vele en zoo omvangrijke werken,' skryf die historikus Fruin wat die outobiografie geredigeer het, 'elkander zoo snel opvolgende, getuigen van de arbeidzaamheid van den schrijver, zoo al niet van zijn dichterlijke gaven.'[21]

2. Aletta Beck en die digkuns

Self het Droste op nogal aandoenlike wyse geskryf,

Al weet ik dat de kunst ontbreekt aen myn gedichten,
't Is my genoeg dat zy myne eensaemheyt verlichten.[22]

Veral gewild onder amateurdigters in alle lae van die samelewing en op alle vlakke van opvoeding en ontwikkeling was geleentheidsverse, wat meestal welwillend ontvang is en waaraan daar nie alte hoë literêre eise gestel is nie. Bowendien was daar ook meer as genoeg aanleiding, want dit kon ter ere van enige denkbare geleentheid opgestel word: by geboortes, sterftes, huwelike, promosies en verhuisings in eie vriende- en familiekring, of as grafskrifte, dank-, lof- en hekeldigte, opdragte, byskrifte by skilderye of ander afbeeldings, of ter ere van boeke, gedigte, bekende persoonlikhede of gedenkwaardige gebeurtenisse soos 'n vorstelike besoek of vredesluiting. 'Er moest immers,' skryf Van Wissing beeldend,

dagelijks gelukgewenst, geprezen, gehuldigd, gefeliciteerd, bejubeld, betreurd, gesmart, getroost en herdacht worden. Gelegenheidskunst kan men zien als toegepaste kunst, op maat gemaakt. Het genre gold als statussymbool voor de gegoede burgerij, maar zo werden ook familieaangelegenheden voor het nageslacht vastgelegd.[23]

Hierdie verskynsel het ook elders as in Nederland voorgekom; 'Maar geen naburig land, behalve misschien Duitschland,' merk Prinsen meewarig op, 'evenaart ons in deze lange, ongenietbare reeks van gelegenheidsverzen'.[24] 'Ik gelove niet,' kon Justus van Effen in 1734 reeds in sy weekblad *De Hollandsche Spectator* uitroep,

dat er in een land van de waereld zo veel, ik zeg niet Digters, maar Vaerzemakers gevonden worden als in 't onze. Daar is kwalyk [*skaars*] in onze steden en zelfs dorpen een schoolmeester of voorlezer die niet nu en dan een Lykdigt of een Bruiloftsdigje voor den dag brengt. Ik weet een zekere Vrouw die, haar man op zyn geboortedag met een vaersje willende verraschen, naar de eerste voorlezer die haar in 't hoofd schoot toestapte, eveneens alsof de Poetische geest aan de bediening gehegt was.[25]

Soortgelyk aan geleentheidsverse was voorts die sogenaamde 'drempeldigte' wat by die verskyning van 'n boek deur die skrywer se familie en vriende verskaf is om voorin afgedruk te word.

Vir ontluikende sowel as reeds gevestigde digters was geleentheidsverse 'n doeltreffende manier om bekendheid te verwerf, veral wanneer dit afsonderlik in druk verskyn het en as vlugskrifte versprei is, en om die steun en beskerming te verkry wat in hierdie tyd vir alle kunstenaars so belangrik was. Ook van gevestigde digters is egter verwag om geleentheidsverse te skryf en het dit nie benede hul waardigheid geag nie. Die destyds gevierde digter en toneelskrywer Pieter Langendijk, effens jonger as Aletta Beck, word deur sy biograaf as 'één van de beste gelegenheidsdichters' beskryf,[26] en toe sy versamelde werk in 1721 in twee lywige dele verskyn, het hierdie verse kenmerkend genoeg nie minder as 237 bladsye van die eerste volume beslaan nie.[27] 'n Heel kenmerkende voorbeeld is 'n herderlike lofsang wat omstreeks 1714 geskryf is vir die verjaardag van 'n jong vriendin wie se man 'n tuin besit het.

> 'k Voeg my dan aan de rei der wakk're veldpoeëten,
> Die vrolyk in den hof op 't groene kruid gezeten
> Den jaardag zegenen der zoete herderin ...[28]

Vroue wat hulle op letterkundige vlak wou uit, het dit egter ook dikwels gedoen in die vorm van geleentheidsverse wat in manuskripvorm beperk in die kring van familie en vriende gesirkuleer het, of hoogstens as drempeldigte of andersins in die gepubliseerde werk van andere opgeneem is,[29] onder die vleuels dus van 'n manlike skrywer.

Die reeds genoemde Maria van Godewyck het byvoorbeeld talle geleentheidsgedigte vir haar stadsgenote en lofdigte op hul prestasies geskryf: 'ze prees het kabinet van de geleerde Andreas Colvius, bezong het clavecimbel van haar muziekleraar Theodorus Tegelbergh, schreef lijkklachten op het overlijden van de predikant Petrus Wassenburgh en de stadsarts Johan van Beverwijck en betreurde het vertrek van rector Johan Rampsius naar Leiden'.[30] Dog hierby is dit slegs billik om te noem dat sy by geleentheid ook buite die mure van haar geboortestad beweeg en groter onderwerpe aangedurf het wat die verbeelding van haar tydgenote aangegryp het, soos in haar vers 'Op de vaart naar de Oost- en West-Indiën' uit 1643:

> Daar ziet gij dat de Faam al van ons daden roemt:
> Het fijnste porcelein al uit die landen komt.
> Hoe menig machtig schip rijst door de sture baren [golwe],
> En komt nog heden zelfs van Ormus afgevaren
> Met kost'lijk parlemoer, en peerlen, edel wit,
> Gelijk het schoon gewas in reine oesters zit.
> Men ziet uw zeilen staag naar Bantam henen wijken,
> Men ziet den Indiaan al voor uw vlaggen strijken,
> Men ziet uw deftig volk te Guinee aan de kust,
> Men ziet hoe uw vernuft t'Arabiën niet rust,
> Men ziet den rijkdom die gij hebt, uw brave schepen,
> Men ziet wat schatten steeds zij uit die landen slepen ...[31]

2. Aletta Beck en die digkuns

Die praktiese aard van haar berymde oorwegings is opvallend.

Vanaf 1617 het geleentheidsgedigte deur vroue soms ook selfstandig in druk verskyn,[32] waarskynlik in 'n beperkte oplaag vir verspreiding in onmiddellike kring, byvoorbeeld onder familielede of huweliksgaste, terwyl dit ook kon gebeur dat werk van godsdienstige aard gepubliseer is, en vroue het gou bekend geraak as skrywers van godsdienstige poësie.

In 1643 het die eerste bundel met nie-godsdienstige gedigte deur 'n vrou verskyn,[33] en in 1654 het 'n bundel verse nog tydens die lewe van die digteres die lig gesien,[34] 'n verskynsel wat algaande meer algemeen begin raak het, alhoewel dit kennelik nog nie heeltemal betaamlik geag is nie. Waar 'n vrou op hierdie wyse tot publikasie oorgaan, was dit dus dikwels met die verskoning dat dit slegs op aandrang van andere gebeur het, wat in individuele gevalle natuurlik op ware skugterheid, beskeidenheid of gebrek aan vertroue sou kan dui, maar ewe goed as literêre konvensie beskou sou kan word.

Lank het dit egter meer gebruiklik gebly dat publikasie slegs ná die dood van 'n digteres plaasgevind, onder die sorg van familie en vriende, sodat wyer bekendheid haar eers postuum te beurt geval het. Terwyl ses toneelstukke deur Katharina Lescailje en twee deur 'n ander vrou, die digteres Catharina Questiers, nog tydens hul lewe in Amsterdam opgevoer is,[35] het sulke roem uitsonderlik gebly: kenmerkend genoeg was dit ná haar dood dat sy wyer bekendheid verwerf het, en haar versamelde *Tooneel- en mengelpoezy* is eers in 1731 deur haar erfgename uitgegee.

As verdere voorbeeld van 'n publikasie van hierdie aard in Aletta Beck se tyd kan daar verwys word na *De dichtkunst van joffrou Anna Morian, op het verzoek van goede vrienden by een gezamelt, en ten [al]gemeenen dienste uitgegeven*, wat in 1698 verskyn het, twee jaar nadat sy op 49-jarige leeftyd oorlede is;[36] onder diegene van wie sy tydens haar lewe aanmoediging gekry het, was die predikantdigter Arnold Moonen.[37] So ook het die piëtistiese predikant Wilhelmus à Brakel, self in sy tyd 'n geliefde en veelgelese skrywer,[38] ná die dood van sy vrou Sara Nevius haar godsdienstige oorpeinsings in 1706 uitgegee, 'n boek wat volgens De Jeu in die agtiende eeu 'zeer geliefd' was en so laat soos 1996 nog herdruk is.[39]

'n Godsdienstige werk wat nog tydens die digteres se lewe verskyn het, is *Kracht in swakheit*, 'n bundel 'bevindelijke zielezuchten en stichtelijke gelegenheidsgedichten', soos De Jeu dit noem, van Henrica van Hoolwerff: dit is in 1694 in beskeie formaat gepubliseer, gevolg deur 'n uitgebreide tweede uitgawe in 1696, en ná haar dood deur een wat nog verder uitgebrei is.[40] Meer strydbaar op kerklike en godsdienstige gebied was Geertruyd Gordon, wat onder andere 'theologische discussiegedichten' geskryf het en in werk wat vanaf 1686 in druk verskyn het kant gekies het vir die destyds opspraakwekkende ds. Pontiaan van Hattem in sy dogmatiese twiste met die Gereformeerde Kerk.[41]

'n Verdere tydgenoot van Aletta Beck wie se literêre lotgevalle hier nie sonder relevansie is nie, is ten slotte Cornelia Leydecker, suster van die destyds bekende godgeleerde Melchior Leydecker:[42] van haar is daar in 1696, nog tydens haar eie lewe, 'n versameling meditasies op die Nagmaalviering gepubliseer.[43]

Dit was dus in hierdie konteks dat Aletta Beck in Arnhem gedigte begin skryf het, dat enkeles daarvan onder haar vriende in druk verskyn het, en dat haar versamelde werk teen die middel van die agtiende eeu uiteindelik in druk sou verskyn, kort voor haar dood, maar heel moontlik sonder haar eie samewerking of selfs medewete.

Groepies soos hierdie sou dwarsdeur die agtiende eeu bly voortbestaan, en dikwels om predikante, hul eggenotes en vroulike gemeentelede opgebou word, soos byvoorbeeld die predikantdigter Ahasuerus van den Berg (1733–1807) wat te Bruchem en Barneveld op die Gelderse platteland en in Arnhem werksaam was.

> Van den Berg vormde een religieus-literair netwerk, met zijn zus Kornelia Sebilla (vertaalster), Petrus Brouwer, hoogleraar theologie, dichter Willem Hendrik Sels en Barones Margriet de Cocq Van Haeften, (dichteres) vrouwe van Landgoed Schaffelaar. Van den Berg had ook contacten met Jan Floris Martinet en Elisabeth Maria Post.[44]

Kenmerkend van die meeste Nederlandse poësie van hierdie eeu was die voorskrifte en reëls wat daarvoor neergelê is, die stiptheid waarmee hierdie reëls nagevolg is en die angsvalligheid wat dikwels uit die stiptheid ontstaan het.

Een van die mees opvallende resultate hiervan vir die moderne leser was dat poësie, net soos preke, in 'n toepaslike statige taal verwoord moes word, 'n verhewe uitdrukkingswyse wat 'parnastaal' genoem is, die taal van die 'Sangberg' Parnassus, woonplek van Apollo en die Muses of Sanggodinne. 'Leert Vondels taal, Parnastaal, spreken,' het die predikantdigter Vollenhove in 'n lyksang op die dood van die ou digter in 1679 die jonger generasie vermaan en aangespoor.

Ewe kenmerkend was egter die wye klassieke en mitologiese verwysingsveld wat die digter wat korrektheid nagestreef het en die nodig indruk wou maak, moes besit of bemeester. "'t Wemelt in zijn verzen,' meld Prinsen byvoorbeeld oor die destyds gevierde Jan Baptista Wellekens,

> van veld- en boschgoden en Heleensche opluistering. Bloem en boomgodinnen, Trytons en Najaden, bosch- en bronnimfen, Vecht- en Amstelgoden, vliet- en veltgodinnen duiken overal te voorschijn, doen beek en bosch weergalmen van hun gejuich en dansen hand in hand.[45]

Kragtens hierdie literêre konvensie kon selfs die digtende predikant Vollenhove vrymoedig die klassieke pantheon inskakel om sy huweliksgedig vir 'n ampsgenoot op te tooi, en heidense mites naas Bybelse verhale in sy werk aanwend,[46] terwyl die digtende predikant Moonen, eweneens in 'n bruilofsgedig, 'n verwysing na God,

2. Aletta Beck en die digkuns

'die in 't groen het geurigh bruitsbed spreidde/ Voor 't eerste paar', naas 'n eksplisiete verwysing na die mite van Venus en Mars kon plaas.[47]

Of, om 'n Kaapse kleur aan hierdie uiteensetting te gee, kan mens verwys na die Nederlandse digter en regsgeleerde Pieter de Neyn, wat in 1672–74 in diens van die VOC hier werksaam was as fiskaal en 'n aantal geleentheidsgedigte vir die verjaarsdae van plaaslike meisies geskryf het waarin Cupido, die 'Bruilofts-God', en ander, onbepaalde gode saam met Helena van Troje, nektar en ambrosyn hul verskyning maak. Wat dit betref, het tydgenote De Neyn se latere probleme met sy gesondheid en sy loopbaan op soortgelyke wyse in eufemistiese beeldspraak aan 'Bacchus ende Venus' toegeskryf, alhoewel dit volgens hom deur die gebreksiekte beri-beri veroorsaak is wat hy in die Ooste opgedoen het.[48]

Onder die meer klinkende name in die destydse poësie was dié van bogenoemde predikante Johannes Vollenhove en Arnold Moonen, wie se versamelde werke onderskeidelik in 1686 en 1700 verskyn het en wat albei vroeg in die agtiende eeu oorlede is.[49] Oor Moonen oordeel Kalff op kenmerkende wyse, 'hij schreef verzen omdat ieder liefhebber van letterkunde dan toen deed',[50] en oor sy kollega is daar nie veel meer te sê nie, maar op hul dag het albei mans onder sowel ontwikkelde lesers van poësie as mededigters erkenning en waardering geniet, Vollenhove in die hofstad Den Haag waar hy sy amp uitgeoefen het, en Moonen in die provinsiestad Deventer, onder 'liefhebbers en kenners van de poëzie, die hij (...) vooral in de bovenlagen van de Overijsselse bevolking vond. Voor het patriciaat van Deventer en omstreken dichtte hij vele gelegenheidsverzen.'[51]

'n Tyd- en ampsgenoot wat meer spesifiek in Gelderse konteks genoem kan word, en wat op sy manier ewe tipies was van sy tyd, is die digterpredikant of predikantdigter Willem Sluiter,[52] wat in Gelderland gebore is en predikant van 'n klein plattelandse gemeente in dié provinsie was van 1652 tot kort voor sy dood in 1673, toe die inval van die Franse en hul bondgenote hom van sy pastorie verdryf het. Hier het hy ná die vroeë dood van sy vrou 'n kluisenaarsbestaan gelei en homself versorg ('Alleen voor het ruwste werk heeft hij een half uur per dag een dienstmaagd,' voeg Te Winkel by[53]), en naas meer as driehonderd godsdienstige liedere ook die voordele van die afgesonderde landelike lewe besing in bundels met die titels *Eensaem huis- en winter-leven* en *Buiten-leven*.[54] Naas hom noem Te Winkel nog 'n hele ry van tydgenootlike plattelandse predikante in Gelderland wat gedigte geskryf en gepubliseer het en tans heeltemal vergete is.[55]

Heelwat meer tipies van die era in sowel sy lewe as sy werk is egter Lucas Rotgans, wat op sy dag heelwat erkenning en aandag geniet het. Nadat hy in die tyd van die Franse inval in 1672 'n paar jaar diens gedoen het as vaandrig, het hy veronreg gevoel omdat hy geen bevordering gekry het nie, en hom na 'n landgoed teruggetrek om hom aan die letterkunde te wy. 'Duidelijker dan elders,' oordeel Kalff oor sy digterlike oeuvre, 'ziet men hier de poëzie voorgesteld als een bijzondere taal die aangeleerd en beoefend kon worden: de onderscheiden genres als ondergeschikt aan bepaalde regels, die men in acht moest nemen.'⁵⁶ Mens vind beeldend 'n illustrasie van wat Kalff bedoel by François Halma, wat in sy uitgawe van Rotgans se versamelde werk in 1715, kort ná die digter se dood, in ewe klinkende prosa na Rotgans se kinders verwys as 'dochterlyke Spruiten' en 'twee gewenschte Telgen van d'Echtkoets', en wyn digterlik omskryf as 'het smaakelyk druivenat' en 'geestwekkend druivenvocht'.⁵⁷

Die 'wonderkind' van die laat sewentiende-eeuse Nederlandse letterkunde, soos die historikus Geyl hom noem, was egter Johannes Antonides van der Goes. 'Maar behalve zijn gave om volle alexandrijnen te schrijven en zijn heerschappij over de geijkte klassicistische wendingen waaronder nu alle lage werkelijkheid verborgen moest worden,' gaan Geyl verder, 'bezat Antonides niet veel.'⁵⁸

Aandag kan desondanks in die verbygaan geskenk word aan Antonides se *Ystroom* uit 1671, 'n lang gedig in 'statige alexandrijnen' oor die rivier wat Amsterdam destyds met die Zuiderzee en die oop see verbind het. Die Tweede Boek is naamlik spesifiek gewy aan die bedrywighede van die VOC in die Ooste, en terwyl dit op die gebruiklike wyse aanvang met verwysings na die windgod Aeolus, 'Eool, gy Grootvorst van de worstelende winden', Venus, Ajax, Hero en Leander, is dit in wese 'n lang, saaklike opsomming, poëties ingeklee, van al die handelsgoedere wat die Ooste aan Nederland opgelewer het. Die handelsware van 'Abissynen' en Egiptenare en die 'Goudkust van Guinee' word eweeens genoem; maar in hierdie verband verdien 'de steile Kaep/ Van Goede Hoop' net in die verbygaan aandag as landmerk op pad na die skatte wat elders aanwesig is. Die benadering is ewe saaklik van aard as sy tydgenoot Maria van Godewyck s'n in haar gedig op 'n aanverwante tema.

Meer tipies van die tyd as epiese sange soos hierdie was egter twee digvorms, die herdersdig en die hofdig, wat op die natuur gerig was, of in elk geval op die sewentiende eeu se eiesoortige siening van die natuur. Vir diegene wat dit kon bekostig, veral onder die patrisiërs en ryk koopmanne van Amsterdam, het dit naamlik modieus begin word om vir hulle 'n verblyf buite die stad aan te skaf soortgelyk aan die landhuise en kastele van die adel, wat mettertyd ook tot statussimbole ontwikkel het, en dit het gepaard gegaan met aktiewe belangstelling nie soseer in die natuur as sodanig nie as die vorming en beheer daarvan deur middel van tuinuitleg.⁵⁹ Dit is 'n ontwikkeling wat nie sonder relevansie was nie vir die VOC se jong kolonie aan die Kaap.

Die begin van 'n nuwe era in hierdie verband is sover dit Nederland betref miskien ingelei met die verskyning in 1669 van die handleiding *Den Nederlantsen hovenier* van die tuinier Jan van der Groen, 'Hovenier van sijn Doorluchtige Hoogheydt den heere Prince van Orangien', waarmee Willem III bedoel is: dit sou tot 1721 nege herdrukke belewe, en in Frans en Duits vertaal word.⁶⁰

Toe hierdie werk verskyn het, was Simon van der Stel, om nou reeds die nodige Kaapse verbande aan te toon, 'n jonggetroude man in Amsterdam, en sy oudste seun, 'n kind van vier, sou grootword in 'n wêreld waar die standaarde vir tuinbou wat in hierdie handleiding aangegee is, nagevolg en uitgevoer is. Tuinbou en die lewe op die platteland, "'t buyten-leven', so skryf Van der Groen, volkome in die styl van sy tyd, 'is naer 't seggen van veel geleerden met vermaeckelijckste, voordelighste, gesondtste, ja menighmaal ook wel het salighste leven dat men sou kunnen wenschen voor diegeene die aen geen beroep in de steden vastgebonden is.'

Dit was in verband met hierdie groeiende belangstelling in tuinbou en die ontwikkeling van 'n eiesoortige Nederlandse tuinboukuns in hierdie tyd dat die ontstaan van sogenaamde 'hofdigte' gesien moet word, waarby 'hof' in die sin van 'n tuin verstaan moet word.[61] In hierdie werke, waarin die landheer self sy landgoed besing het of dit laat doen deur digters wat van sy guns, beskerming en vergoeding afhanklik was, is die tuin en parkuitleg in vermoeiende besonderhede beskryf, alhoewel dit 'n ongeskrewe konvensie skyn te wees dat die huis nooit genoem is nie.[62]

Van Veen wys daarop dat die hofdig, in teenstelling tot die pastorale of herderspoësie met sy mitologiese verwysingsveld wat in hierdie tyd ook gewild was, dikwels 'n uitgesproke godsdienstige inslag gehad het.[63] By alle vleiende verheerliking van die landgoedere wat besing is, was hierdie tipe vers bowendien ook realisties en prakties ingestel, en het dit tuinboumetodes uiteengesit en harde werk beskryf. Net soos die Nederlandse skilders van die tyd verkies het om die lewe van elke dag uit te beeld, met inbegrip van kroegtonele en boerebyeenkomste, eerder as gode, godinne en verhewe historiese gebeurtenisse, so het die Nederlandse hofdig anders as verfynde buitelandse weergawes nooit heeltemal sy voeling met die werklikheid verloor nie.

As voorbeeld hiervan verwys Van Veen na die vroeë digter Van Zevecote: 'dat een man van maatschappelijke en geleerde standing [aansien] in overigens hooggestemde liefdespoëzie een beeld van aardse gelukzaligheid oproepend dit zo nadrukkelijk stoffeert met uien, bieten en andijvie, is op zijn minst opvallend'.[64] En in dieselfde trant skryf hy oor Westerbaen se groot gedig van meer as 4000 versreëls oor sy landgoed buite Den Haag, wat in 1653 verskyn het: 'Tussen een dichter als deze, die (vele) alexandrijnen gebruikt om smakelijk uit te halen [uitwei] over de grote wortels, de asperges en de roomse bonen, waar hij in alle eerlijkheid trots op is, en die 20ste-eeuwse lezer gaapt een wel diepe kloof.'[65] Selfs 'n heelwat groter digter soos Constantijn Huygens kan, waar hy in dieselfde tyd die eikelanings op sy eie landgoed buite dieselfde stad besing, heel prakties en nugter verwys na 'vier wonderlicke dreven/ Van eicken saegbaer hout'. 'Het idyllische en het commerciële gaan op een merkwaardige wijze hand in hand!' merk Van Veen hierby op.[66]

Mens vind terloops dieselfde toon in Van Riebeeck se Dagregister oor die jare 1652–62, die eerste jare van blanke vestiging aan die Kaap, en toevallig in presies dieselfde tyd dat die digters Huygens, Cats en Westerbaen besig was om hul onderskeie landgoedere buite Den Haag in lang hofdigte vol geleerde verwysings te besing. Vanselfsprekend was Van Riebeeck geen digter nie, maar 'n amptenaar wat rekord moes hou van die blankes se moeisame vestiging aan die Kaap, maar waar dit by die digters die saaklike element in hul poësie is wat vir die moderne leser steurend is, word mens in die saaklikheid van Van Riebeeck se joernaal inteendeel getref deur die haas digterlike begeestering waarmee hy die geslaagde resultate van die gemeenskap se eerste tuinboupogings telkens aanteken, die 'esparges [*aspersies*] een vinger dick' en 'cropslae soo vast gesloten als cool ende stijff', 'nieuwe rapen, (...) soo delicaet als in 't vaderlant', rooikool 'soo schoon ende vast gesloten sijnde als in 't vaderlant can wesen', en groenkool 'mals ende delicaet van smaecke als in 't vaderlant'.[67]

Die onderskeie groentesoorte en hul beskrywings sou uit 'n eietydse Nederlandse hofdig te voorskyn kon getree het. Selfs in sy eerste formele lang verslag aan die Here XVII in 1653, die 'Ed[ele] erntfeste, groot achtbare, wel wijse, voorsienige, seer bescheijden Heeren' in Nederland, kan hy sy kenmerkende begeestering in hierdie verband nie onderdruk nie

> 't Is te verwonderen, soo schoon als de croppen [*kropslaai*] hierdie sluijten en ordinaris [*gewoonlik*] 1 à 1½ lb. ijder [*elk*] swaar vallen, als oock de cool soo vast als lever, mitsgaders de rapen ende wortelen sonder eenige de minste wormsteeck ende emmer [*altyd*] soo goet ende delicaet als in 't vaderlandt, mostaert, suijrigh, cleij [*klawer*] en ajuijn [*ui*] ofte preij hebben [*wij*] hier redelijck abondant [*volop*] in 't wilt gevonden.[68]

Ten spyte van die indruk wat mens soms uit die hofdigte kry, is die tuine en landgoedere wat in hierdie tyd uitgelê is nogtans nie in eerste instansie aan praktiese groentebeddings en vrugteboorde gewy nie, maar was dit inteendeel bedoel om sierlik te wees en besoekers te bekoor. Gedurende die laaste dekades van die sewentiende eeu is tuine naamlik op dieselfde manier tot stand gebring as gedigte: volgens vaste reëls, in 'n formele styl, en versier met standbeelde vol mitologiese en allegoriese toespelings, urne, vywers en siergrotte. Ook was dit, waar die eienaars so iets kon bekostig, dikwels voorsien van broeikaste waarvoor daar eksotiese nuwe plantsoorte ingevoer is; onder andere van die Kaap die Goeie Hoop.

In hierdie verband noem Prinsen die aanwysings oor die verfraaiing van modieuse tuine in die *Groot schilderboek* van die modeskilder Gerard de Lairesse, wat in 1707 verskyn het: 'hij praatte uitvoerig over priëelen, grotten, beelden en fonteinen, groepen als Apollo met Daphne, Diana met Endymion werden door hem tot in finesses [*besonderhede*] beschreven (...)',[69] en self het sy dit beeldend oor 'tuinen met doolhoven, berceaux [*priële*], vormbomen, vazen en fonteinen met stroomgoden, dolfijnen, waterkruiken en barokke, overladen mineralen- en schelpengrotten'.[70] Dit was 'n ontwikkeling wat in die agtiende eeu sy hoogtepunt bereik het, maar dit het reeds teen die einde van die sewentiende begin namate die lewe en die smaak

2. Aletta Beck en die digkuns

van meer ontwikkelde en gegoede mense al hoe meer verfynd en esoteries begin raak.

Simon van der Stel uit Batavia wat in die Amsterdamse stadspatrisiaat ingetrou het, het verskeie stukke grond op die platteland rondom die stad besit voordat hy in 1679 kommandeur van die Kaap geword het, en terwyl dit by hom miskien eerder om voordelige beleggings gegaan het as buiteverblywe, het hy beslis belangstelling in tuinbou en boomaanplanting gehad, wat hy aan die Kaap sou kan uitlewe. Sy seun Wilhem Adriaen het ná sy huwelik in 1684 die 'hofstede' Duin en Vaart aangeskaf, ongeveer twaalf hektaar tuin-, bos- en duingrond in die nabyheid van die Noordseekus, waar hy heelwat eksotiese bome en struike aangeplant het, en toe dit in 1697, kort voor sy vertrek na die Kaap, verkoop is, het die vendusie twee dae geduur.[71] Ná sy terugroeping van die Kaap in 1707 het hy in dieselfde omgewing die buiteverblyf Uitermeer gekoop, en vier jaar later Meer en Duin aangeskaf vir sy oudste seun. Dit was alle heel tipiese ontwikkelings van die tyd.

Dit was dan ook onder die twee Van der Stels dat die VOC se praktiese groentetuin in die Tafelvallei oor die tydperk 1679–1707 die karakter van 'n botaniese tuin en siertuin begin aanneem het, wat net van die modetuine van Nederland onderskei is deur die feit dat die uiterste verfynings soos spuitfonteine, doolhowe en godebeelde ontbreek het. Die skeepschirurgyn Abraham Bógaert, wat die Kaap met die retoervloot van 1706 besoek het, beskryf dit dan ook heeltemal in hierdie styl, 'met veele lanen doorsneden, en in verscheide perken verdeelt, bemantelt met hooge en dikke heiningen van een eeuwig groene speklaurier die de gewassen voor de geweldige winden dekken.'[72] Die aanplant van lang lanings en die afbaken van reekse 'groen vertrekke' deur middel van hoë gesnoeide heinings was besondere kenmerke van die Nederlandse tuinkuns in hierdie tyd.[73]

Bógaert se tydgenoot ds. Valentijn, kollega en vriend van Henricus Beck, wat die Kaap tussen 1685 en 1714 vier keer aangedoen het op pad na en van Batavia, maak nes hy verruk melding van eike- en ander lanings en gesnoeide heinings, asook priële en bankies 'onder overdekte en lommerryke plaatzen by deze en gene ruischende beekjens'—'en door den ganschen thuin van boven tot beneden zeer schoone gemetzelde diepe waterleidingen en gaten, door welke men 't water dat van den Tafelberg komt afstroomen door de gansche thuin leiden ziet'.[74] Naas praktiese groente- en kruiebeddings, noem hy ten slotte ook lemoen- en suurlemoenbome en vrugtebome van allerlei Europese en Oosterse soorte.

Dit is volgens dieselfde standaarde van korrektheid, aanvaarbaarheid en wellewendheid dat die idilliese en verfynde pastorale of herderspoësie van hierdie tyd beoordeel is,[75] wat in navolging van klassieke modelle ontstaan het, en 'n duidelike kontras met die meer prakties ingestelde hofdig uitgemaak het. Dit is gekenmerk deur die feit dat dit geleerde en verfynde herders en herderinne en hul verhewe gesprekke behandel, en Prinsen verwys in hierdie verband na die 'geringe herdersknapen' van die destyds gevierde digter Langendijk, '[die] Dichtlief of Kunstlief heeten, "vreemde spraaken spreken", Britsche reizen maken en muntenkabinetten bezitten'.[76]

Volgens Knuvelder was die baanbreker op hierdie gebied die digter Jan Baptista Wellekens wat in 1684, terwyl hy in Rome was, 'n herdersang oor Italië en Nederland geskryf het 'waarmee hij, naar het voorbeeld van Vergilius' *Eclogae*, een nieuw genre: het herdersdicht invoert'.[77] 'n Huweliksang wat Antonides in 1706 gedig het, kan dien as 'n voorbeeld van hierdie gekunstelde genre soos dit by Nederlandse omstandighede aangepas is. 'De jonggehuwden,' skryf Blommendaal opsommend oor hierdie werk, 'krijgen de fraaie pastorale namen Edelhart en Leliane. Edelhart wordt beschreven als een herder ("Myn Herderstaf en Fluit, de vreugt van velt en schapen") die verliefd door de velden doolt, terwijl de beminde Leliane op haar beurt op hazen en konijnen jaagt.'[78] Selfs die digtende predikant Arnold Moonen het sy versamelde *Poëzy*, wat in 1700 verskyn het, met twee seksies pastorale poësie begin, berig Stronks, vir 'n gedeelte in aangepaste vorm: 'op dertien "Heilige Herderszangen" over de geboorte en het sterven van Jezus volgen veertien "Gemengde Herderszangen", gelegenheidsverzen waarin Moonens adressaten in een landelijke, herderlijke omgeving geplaatst zijn'.[79]

Dit was egter nie net deur middel van die tuinbou en die kortstondige aanwesigheid van die digtende amptenaar De Neyn dat die Kaap in die VOC-era met die Europese modes van die tyd in aanraking gebring is nie, want ook die Kaap is, sy dit effens later, deur 'n tydgenootlike digter in die sterk verheerlikende, idealiserende en mitologiserende trant van die era en met gebruik van dieselfde beeldspraak besing. Dit gaan hier om die gedig 'Eerkroon voor de Caab de Goede Hoop' deur die gewese seeman Jan de Marre, 'n werk wat in 1746 verskyn het, toe sowel Henricus Beck as sy suster self nog geleef en aan die Kaap gewoon het, sodat hulle bes moontlik nog daarvan kennis kon dra.[80]

Hoe interessant die 'Eerkroon' vir die hedendaagse Suid-Afrikaanse leser uit plaaslike oogpunt ook is, is dit geheel en al 'n produk van sy gekunstelde tyd wat in dieselfde konteks van beskaafde landelikheid en getemde natuur geskryf is as die pastorale poësie van die vroeë agttiende. In die 'Eerste zang' van sy vers voer De Marre, tussen alledaagse name soos "t Rondeboschje', "t Nieuweland' en 'de Houtbay', byvoorbeeld reeds geykte verwysings na Jupiter en Danaë, Arkadië en Thessalië in, en op ewe geykte wyse besing hy die vermeende voortreflikheid van die landelike lewe.

> *Wat wenschelyke dagen*
> *Geniet de Landman die, bevryd van wreede plagen,*
> *Door nutte werkzaamheid de voedzame akkers bouwt* [bewerk],
> *Of, in een' stil gepeins, des Hemels gunst beschouwt!*
> *(...)*
> *Hy ziet, al wandlend' by 't beploegen zyner landen,*

2. Aletta Beck en die digkuns

By 't dryven van zyn vee, de toppen der waranden [bosse],
Het schaduwryk gebergt' door 't zonnevuur verguld,
De dalen door den daauw gewasschen, en gehuld
Met bloemen die het oog verrukken door haar verven [kleure] ...[81]

Teen hierdie tyd het daar onder 'n aantal van die groot koring-, wyn- en veeboere van die Boland inderdaad 'n hoë lewenstandaard bestaan, soos nog uitvoerig getoon sal word. Dit is egter twyfelagtig of die meeste Kaapse boere selfs teen die middel van die agttiende eeu geredelik hierdie idilliese beskrywing van hul bestaan sou herken het, nog minder die slawe deur wie die akkers in werklikheid geploeg en die vee aangedryf moes word. Die eietydse poësie egter het min verband met die werklikheid gehad, en konvensie en mode het oor blote noukeurigheid geseëvier.

Waar die geïdealiseerde wêreld van die hofdig en die volkome gekunstelde wêreld van die pastorale poësie wel kortstondig en oppervlakkig met die werklikheid in aanraking gekom het, was in die lewe van die digter Hubert Kornelisz Poot,[82] wie se *Mengeldichten* in 1716 verskyn het. Poot was 'n man van eenvoudige herkoms wat 'n bestaan gemaak het van boerdery en dit in sy volle, harde daaglikse erns geken het, maar wat in sy eie kenmerkende beeldspraak nogtans tyd gevind het om 'de handen somwyl [soms] aen de citer te slaen, en Apollo myn offer en yver ootmoedigh aen te bieden.'[83]

Hierdie aanhaling toon hoe ver Poot met sy digwerk van die modderige, morsige en vermoeiende boerewêreld afgedwaal het. Alhoewel hy self geen Grieks of Latyn geken het nie, het hy deur die bestudering van vertalings groot belesenheid in die klassieke digters verkry en die mitologiese verwysingsveld wat in sy tyd onontbeerlik was vir poësie met die nodige grondigheid bemeester. Sy eerste bundel open byvoorbeeld, kenmerkend genoeg, met navolgings van Horatius en Ovidius, en bestaan, naas enkele gedigte met Bybelse temas, hoofsaaklik uit liefdesgedigte ('Mars en Venus beddepraet', 'De Maen by Endymion'), naas verse aan vriende en begunstigers, verjaardag- en bruilofsverse en 'n lyksang, wat alles nie minder kenmerkend van die tyd is nie.

Ten spyte van hierdie uiterlike konformisme het Poot tog 'n duidelik onderskeie stem besit, en die literator Dirk Coster het hom in die twintigste eeu trouens as die eerste moderne Nederlandse digter bestempel.[84] Daarby was hy terloops ook—'n gedagte wat vir medeouteurs nie onbelangrik is nie—die eerste Nederlandse skrywer wat probeer het om deur middel van die letterkunde 'n bestaan te maak: dit wil sê, die vroegste selfstandige skrywer in die moderne sin. In die letterkunde soos elders sien mens dus dat die Becks in 'n oorgangstyd geleef het.

Terwyl dit alles natuurlik taamlik algemeen is en soos reeds gesê is slegs bedoel is om as agtergrond te dien, is daar omstreeks die eeuwisseling, in die tyd toe Aletta Beck se broer na die Kaap vertrek het en sy self ongeveer dertig was, betreklik volledige inligting beskikbaar oor haar dadigheid op letterkundige gebied.

Waar vroue in hierdie tyd die digkuns beoefen het, was dit meestal, soos reeds genoem, in privaat kring, en dikwels in informele groepsverband, 'niet zozeer (…) vast terugkerende gezelschappen,' soos De Jeu hierdie digtersgroepe beskryf, 'maar veeleer (…) losse vriendenkringen die per bijeenkomst van samenstelling gewisseld hebben'.[85] Dit is in hierdie lig dat die klein groepie waarvan Aletta Beck deel uitgemaak het, die 'Arnheimsche Maatschappy' soos haar vriendin Francina van Westrem dit by een geleentheid noem,[86] gesien en verstaan moet word.[87]

Die name van die aspirantdigters en -digteresse wat aan die Arnheimsche Maatschappy behoort het, het in 'n aantal van hul geleentheidspublikasies bewaar gebly. Naas Aletta Beck se suster, Sara Christina, kan daar in die eerste plek melding gemaak word van haar spesiale vriendin, Francina Jacoba van Westrem,[88] die latere vrou van ene F.P. Coets wat in 1679 in Arnhem gebore is en in 1707 predikant in dieselfde stad geword het.[89] In 1725 sou sy 'n eerste bundel liedere onder die titel *Zielsopwekking* uitgee, 'Geen breinrijk mannenwerk, maar vrouwen-huisgezangen', soos sy dit self in een vers noem, 'n liedbundel *Roem des geloofs in Jesus Christus* is in 1732 gepubliseer, en 'n verdere bundel met die titel *Gods ontsachelyke voetstappen, in zyne voorzienigheit en oordeelen eenigzints nagegaan* in 1747.

Dit is kenmerkend van die oorgangstyd waarin die mense van hierdie generasie gelewe het dat Van Westrem in 1732 verkies het om haar bundel vir die 'eenvoudigen' toeganklik te maak deur dit in die ou gotiese lettertipe uit die vorige eeu te laat set liewer as die moderne romeinse letter. Dit was trouens in 1663 dat die Statevertaling van die Bybel, wat in 1638 verskyn het, vir die eerste keer in 'n 'moderne' romeinse lettertipe gedruk is,[90] en geslagte lank sou hierdie nuwigheid vir baie gelowiges onaanvaarbaar bly.

'n Verdere lid van die Arnhemse diggeselskap was ene Wouter of Wolter Zimmers (ook Zimmer of Simmer, 1670–1713): volgens Van Wissing was hy 'huisschilder, glazenier, tekenleraar, schoonschrijver en dichter uit liefhebberij, (…) en had enig aanzien in de stad', saam met sy vrou, Katharina Backer.[91] Zimmers het skynbaar nie veel gepubliseer nie, maar sy werk in 'n fraai versierde manuskripband met die titel 'Ontlasting van moeyelyke besigheden' vasgelê, wat getuig van die vlyt waarin daar in hierdie kringe gedig is. Dat die digtersgroep betreklik vroeg reeds bestaan het, blyk toevallig uit 'n gedig wat hy in 1691 reeds tot Aletta Beck gerig het.[92]

En ten slotte was daar ds. D'Outrein wat in dieselfde jaar na Arnhem beroep is, en naas sy roem as skrywer op sy dag ook 'n sekere faam as digter geniet het. 'Wel bewierookten hem zijn tijdgenooten en vereerden hem niet minder als dichter dan als godgeleerde,' merk die andersins bewonderende Schotel op, maar hy moet self toegee dat D'Outrein se poësie nie 'van hooge vlugt' was nie.[93] 'Zijn gedichten zijn zonder letterkundige waarde,' oordeel die Winkler Prins-ensiklopedie teen die middel van die twintigste eeu;[94] 'Wat ten slotte zijne gedichten aangaat,' lui 'n ander

2. Aletta Beck en die digkuns

oordeel uit hierdie eeu, 'het is goed dat zij vergeten zijn; vooral de *Afmaninge van het kaartspel* is vreeselijk'.[95] Dog modes het intussen weer verander en die moderne smaak is nie meer heeltemal so vinnig om af te keur nie. In Komrij se bloemlesing van sewentiende- en agtiende-eeuse Nederlandse poësie 'in duizend en enige gedichten' wat in 1986 verskyn het, is 'n lang gedig deur D'Outrein opgeneem, twaalf stigtelike verse onder die titel 'Invallende gedagten ter gelegenheid van een vrugtbaren *regen*, na een voorgaande langduurige *droogte*'.[96]

Wat sy digterlike gawes ook was, was D'Outrein ongetwyfeld 'n geleerde en belese man, en as persoon is hy beskryf as 'gansch aangenaam, deftig en bevallig'.[97] Dit wil voorkom dat Aletta Beck, naas die bemoediging wat sy as digteres van hom gekry het, ook boeke by hom geleen het.[98]

D'Outrein se vrou, Geertruida Sluiter, uit Wesel in die Duitse grensgebied, met wie hy in 1689 in die huwelik getree het, het ewe goed 'n sekere literêre roem geniet: vier jaar eerder het sy reeds 'n volume met meer as driehonderd bladsye godsdienstige prosa uitgegee onder die titel *Het geestelyk leven der ziele*, 'tegen myn genegentheid (egter niet zonder myne toestemming)', soos sy dit self gestel het, wat in 1741 'n vyfde druk sou belewe.[99] Volgens De Jeu 'lijkt [ze] daarbij vooral (ongetrouwde) seksgenoten op het oog te hebben gehad'.[100]

Volgens die mode in hierdie kringe en in hierdie tyd het die lede van die Arnheimsche Maatschappy in hul gedigte klassieke of Oud-Hollandse skuilname gebruik,[101] en Aletta Beck is vernoem na Astrea, die godin van die geregtigheid wat die onregverdige aarde ontvlug het en as die sterrebeeld Maagd aan die hemel verewig is. Hierdie hoflike vleiery in vriendekring hoef natuurlik nie ernstig opgeneem te word nie, maar dit skep tog die indruk dat Aletta Beck vanweë haar werklike of vermeende gawes 'n leidinggewende posisie in haar poëtiese kringetjie beklee het of besondere aansien daarin geniet het, des te meer waar D'Outrein haar in 'n vers bowendien as 'staat-juffer der negen sanggodinnen' beskryf, en elders, nie minder bewonderend nie, 'een schrand're maagt in Arnhems stad (…)/ Die met haar poësy braveert [*trotseer*] geleerde mannen.'[102]

In dieselfde trant verwys Francina van Westrem na 'Astrée, voor wiens gedicht ik vaak [*dikwels*] de vlag moest stryken;/ Die voor geen Sapho zelfs in maatzang hoeft te wyken!';[103] en die indruk word versterk deur enkele reëls van die 'Rey' of koorsang waarmee dieselfde gedig eindig.

> *Wie zou haaren kunst niet minnen!*
> *Leefde Flakkus of Virgyl,*
> *Zy vervoerde straks heur* [*hul*] *zinnen*
> *Door den mannelyken styl.*[104]

Die vergelyking met die digters Horatius en Vergilius is nie noodwendig letterlik bedoel nie; maar daardie ongebruiklike aanprysing van Aletta Beck se 'mannelyke styl' maak dit tog duidelik dat haar kenmerkende digterlike gawes haar eie kring beïndruk het.

Dit is terloops in dieselfde gedig van Van Westrem dat al wat selfs by benadering as 'n beskrywing van Aletta Beck beskou kan word, bewaar gebly het, en aangesien daar sover bekend ook geen portret van haar bestaan nie, is dit des te waardevoller.

> *Dat goelyk* [saggeaarde] *meisje, niet min aardig* [aangenaam] *in haar praat*
> *Als handig, rap* [skrander] *en vlug, ook minlyk van gelaat.* [105]

Ook dit moet natuurlik nie te letterlik opgevat of vertolk word nie, maar dit gee tog iets weer van die indruk wat sy op haar tydgenote gemaak het, of in elk geval op 'n welwillende en bewonderende vriendin, en help om 'n bietjie lewe te verleen aan die starre versameling datums en dokumente wat verder al is wat van haar oorgebly het.

Wat die gebruik van digterlike skuilname betref, was Sara Beck vervolgens Sylvia, Francina van Westrem was Galathea, Zimmer het Chlorus geheet en sy vrou Lerinde.[106] Ander lede van die geselskap is Doris en Gulhart genoem, terwyl ds. D'Outrein as Zeegemond bekend gestaan het. Of Henricus Beck voor sy vertrek uit Nederland in enige mate deel gehad het aan die kring en hul bedrywighede is onbekend, maar in 'n gedig word daar na hom verwys as Waarmond,[107] nóg een van die Oud-Hollandse skuilname wat in die pastorale digkuns dikwels op mans toegepas is. Die predikantdigter Moonen het hierdie naam in 'n herdersdig ewe goed vir homself gebruik.[108]

Die mees treffende rekord wat nie net van die bedrywighede van hierdie groepie amateurdigters bewaar gebly het nie, maar spesifiek van Aletta Beck se eie aandeel daaraan, is die manuskripalbum tans in die versameling van die Nasionale Biblioteek van Suid-Afrika in Kaapstad.[109] Dit is in die vorm van 'n oefeningboek wat oorspronklik aan haar grootvader, die digtende skoolmeester Hendrik Beck van Delft en Rotterdam, behoort het, en die eerste 48 bladsye bevat werk wat tussen 1618 en 1639 deur verskillende persone hier opgeteken is, met inbegrip van gedigte deur Hendrik Beck self. Teen die einde van die eeu het dit klaarblyklik in Aletta se besit gekom, wat oor die volgende 35 bladsye 56 van haar eie gedigte daarin opgeteken het, waarvan 47 uit die tyd van haar verblyf in Arnhem afkomstig is en vanaf 24 Desember 1698 tot 1703 gedateer is; 'n verdere sewe verse is die werk van ander lede van die Arnheimsche Maatschappy. In die woorde van Pieters & Schutte is Aletta se eie verse 'overwegend gelegenheidsgedichten, opgedragen aan leden van de dichterlijke vriendenkrans of aan plaatselijke en nationale beroemdheden (...)'.[110]

Die album is nie meer in 'n baie goeie toestand nie,[111] en dit is interessant om op te merk dat die vervaardiger van die boek die rug verstewig het met 'n smal strook wat uit 'n geïllumineerde Middeleeuse manuskrip gesny is. Soos ek reeds meermale opgemerk het, was die Middeleeue naby, so naby dat ou manuskripte algemeen

2. Aletta Beck en die digkuns

beskikbaar was vir utilitêre doeleindes, en dat niemand nog die waarde daarvan besef het nie. Hierdie mense wat gebore is en grootgeword het in 'n Middeleeuse ommuurde stad met sy ou tradisies, gebruike, bestuursvorms en denkpatrone is egter oorlede in 'n tydperk wat reeds die Eeu van die Verligting genoem kan word, en wat nader staan aan die moderne tyd as aan die Middeleeue.

'n Verdere Arnhemse digter of digtende Arnhemmer van hierdie tyd, wat vermoedelik nie lid was die Arnheimsche Maatschappy nie, maar nogtans verbintenisse daarmee gehad het, was Jan baron van Arnhem,[112] telg van 'n ou Gelderse adelsgeslag en een van die rykste manne in Gelderland, al moet sy besit beduidend genoeg beskryf word as 'kleiner dan dat van vermogende kooplieden en regenten van de Hollandse (handels)steden'.[113] Aangesien hy ook die guns van die stadhouer, prins Willem, geniet het, het hy bowendien 'n hele reeks eervolle openbare ampte in die provinsie beklee.

Van Arnhem het meermale as ouderling gedien, en onvermydelik het die vrome edelman en die ywerige ds. D'Outrein in die klein provinsiestad herhaaldelik met mekaar in aanraking gekom, sodat D'Outrein later met die nodige waardering kon getuig van Van Arnhem se 'bysondere hoogagtinge voor den H. Dienst ende de Bedienaars des Evangeliums'.[114] Van sý kant het Van Arnhem kort voor sy dood nog in 'n brief aan 'n adellike vriend, wat kenmerkend van die tyd in Frans geskryf is, verwys na 'Meneer D'Outrein, wat so lank reeds ons besondere en goeie vriend is, sodat ons belangstel in alles wat hom aangaan'.[115]

Ook hierdie gelowige edelman het gedig, of soos Van der Aa dit in die negentiende eeu gestel het, 'beoefende mede de Nederduitsche dichtkunst, hoewel met geen zeer gelukkig gevolg (...).'[116] 'n Aantal stigtelike werkies het teen die einde van die eeu die lig gesien, bes moontlik met die aanmoediging van ds. D'Outrein, en is in 1707 vervolgens onder die titel *Gedachten en gedichten, geestelijke en zedelijke* gebundel. D'Outrein het sy eie *Proefstukken van heilige sinnebeelden* in 1700 op sy beurt weer aan Van Arnhem opgedra, met laasgenoemde se dood 'n 'Treur- en troostreden' oor hom opgestel, en in 'n biografiese oorsig oor die 'weêrgaloose deugden van desen voortreffelyken Heere' uitgewei.[117]

Terwyl Van Arnhem en sy vrou 'n stadshuis net agter die Eusebiuskerk aan die Oude Markt besit het, was hul gebruiklike woonplek, in elk geval in die somer, die landgoed Rosendael op 'n afstand van sowat 'n uur buite die stad, en het hy deur sy huwelik die titel 'heer van Rosendael' verkry. Hy het die ongerieflike ou landhuis hier behou soos hy dit gevind het, deels miskien omdat hy en sy vrou konserwatief van aard was, maar deels moontlik ook omdat hy verkies het om sy geld aan tuinuitleg te bestee. Volgens D'Outrein was hy naamlik

> een seer kundig liefhebber van de landmeetkonst en bouwkunde, mitsgaders

de leidingen en cieraaden van het fonteinwerk; waardoor hy Roosendael tot sulken grooten luister en heerlykheid gebragt heeft, door het aanleggen van hoven, boomgaarden, wandelplaatsen, en allerleye fonteinen; waarby van jaar tot jaar nog al iets nieuws wierd toegevoegt.[118]

Teen 1690 is Rosendael reeds besing in 'Gezang op Roozendaal', 'n hofdig deur die Amsterdamse digter Joan Pluimer, 'n destyds bekende figuur in letterkundige kringe: in sy eie tyd is hy letterlik met louere bekroon, en mededigters soos Vondel, Antonides Van der Goes en Rotgans het met lof na hom verwys, 'een lof dien hij echter door zijn innemenden aard dan door zijn dichterlijke gaven schijnt verdiend te hebben'.[119] Dit is 'n vlot, veralgemenende stuk gerymel, opgetooi met die verpligte verwysings na Phoebus, Pegasus, Helikon, Tempe en Cato.

> *O boom- en bloemryk Roozendaal;*
> *Hoe zal ik best uw lof ophaalen?*
> *Gy proefstuk van natuur, vol praal,*
> *vol klank van duizend Nachtegaalen ...*

'n Veel deegliker stuk werk is die heelwat langer gedig *De Roosendaalsche vermakelykheden* wat ds. D'Outrein in 1700 die lig laat sien het nadat hy vir 'n paar dae daar onthaal is, vir 'n deel waarskynlik as dankbetuiging vir die gasvryheid wat hy geniet het en gedeeltelik om hom verder van die adellike egpaar se guns te verseker, soos die gebruik van hierdie tyd nou eenmaal was. Die gedig het egter die ondertitel gedra 'met een geestelyk (...) oog beschouwd', en die lang beskrywings van tuin en landgoed wat in 'n hofdig gebruiklik was, is afgewissel met uitvoerige kommentaar van moraliserende aard, in die eerste uitgawe kursief gedruk, met Skrifverwysings in die kantlyn en geleerde voetnote in Grieks en Latyn.[120]

Die gedig sou in 1713 en 1718 in aangevulde gedaante herdruk word, sodat dit klaarblyklik iets was wat tydgenootlike lesers kon waardeer,[121] en in 1714 het D'Outrein, wat sy gemeente in Arnhem intussen lankal reeds verlaat het, 'n verdere gedig geskryf 'Op den swaaren brand die het hoogadelyk huis van Roosendael getroffen heeft'.

Wie Rosendael vandag bereik deur die groen, parkagtige buitewyke van Arnhem sal dit moeilik vind om die indruk te besef wat die landgoed in die sewentiende en agttiende eeu op besoekers gemaak het. Die stad self is uitgelê op vrugbare rivierklei langs die oewers van die Ryn, in 'n streek waar landbou en veeteelt beoefen kon word, terwyl die vrugteboorde van die Betuwe na die weste in die sewentiende eeu reeds beroemd was. Noord hiervandaan het die onvrugbare heideveld wat as die Veluwe bekend staan egter uitgestrek tot aan die destydse Zuiderzee, en het 'n yl verspreide landelike bevolking hul hoofsaaklik met kleinskaalse skaapboerdery onderhou.

2. Aletta Beck en die digkuns

Waar Murris dit het oor die indruk wat Gelderland op sewentiende-eeuse Franse besoekers gemaak het, beeld hy die provinsie uit 'te midde van uitgestrekte heidevelde wat vir die Franse geen aanloklikheid besit het nie. Hulle het die uitsig terneerdrukkend gevind, in skelle kontras met die stralende voorkoms van [die provinsie] Holland. Wat 'n woeste land! Die grootste verlatenheid wat 'n mens jou sou kan voorstel. Daar was geen huise te sien nie, slegs duisende skape, wat vir ons besoekers egter 'n skrale troos was.'[122]

Soos D'Outrein dit trouens ook duidelik genoeg stel in die inleiding van sy gedig:

> *Kom ik van Aarnhem af, 'k vind eerst een dorre heyde,*
> *Daar boom nog bloem en wast* [groei]*, geen klaverryke weyde,*
> *Maar woesteny; daar 't wild gedierte sig onthouwd* [ophou]*,*
> *Dat door den landman niet besaaid word nog gebouwd* [bewerk]*.*

Rosendael was egter waterryk en daar was op die landgoed sewe watermeulens wat verpag is en 'n belangrike bron van inkomste uitgemaak het: een daarvan was 'n koringmeul, maar die orige ses is gebruik vir die vervaardiging van papier.

Dit was veral die waterrykheid van Rosendael wat Francina van Westrem later in haar afskeidsgedig vir Aletta Beck beskryf het.

> *Wat landtschap is als dit, door vlakte, berg en dal,*
> *Door woudt en boomgaardt, door woestyn en waterval!*
> *Hier zyn de moeders van veel hondert waterwellen,*
> *Die langs een groene boordt by kleine beekjens snellen,*
> *Al klaterende en zagt, na stroom of vyver-kom ...*[123]

Hierdie waterrykheid was egter nie net 'n welkome bron van inkomste vir die landheer nie, maar het dit vir hom moontlik gemaak om taamlik ambisieuse planne ten opsigte van tuinuitleg te verwesenlik. Die onverwagte aanskoue van die versorgde landgoed met sy lanings, blombeddings en fonteine op die barre heide moet 'n besondere indruk op die besoeker gemaak het.

Sover dit die onderdele van hierdie tuin betref, kan mens volstaan met 'n samevatting van die elemente wat D'Outrein so breedvoerig en met dikwels oordrewe bewondering in sy gedig beskryf: die eikelaning wat na die herehuis toe lei, die linde-, appel- en kersiebome daarvoor, die formele blombeddings wat in ingewikkelde patrone uitgelê is, 'soodat men nauw kan weten/ Waar 't einde is of begin van krul- en bloemcieraad', die vergulde standbeeld van die Fortuin, die beukeheinings, die laning van gesnoeide dennebome, 'geschoren dat sy wedersyds een muur/ Gelyken', en die kunsmatige siergrot opgetooi 'Met schelpen, paarlemoer, zee- horens en koraal'. Veral is dit egter die gedurige verwysings na vywers, spuitfonteine, kaskades en watervalle wat die beskrywing kenmerk, sodat die gedig, net soos die tuin self, gevul is met die geruis van water. 'Hoe bruist het water met geschal/ langs groene heuvelen en daalen!' het Pluimer vroeër reeds uitgeroep.

Terwyl D'Outrein se gedig natuurlik as die vleiery van 'n gunssoeker vertolk sou kan word en dit in onbepaalbare mate waarskynlik ook was, ly dit geen twyfel dat die tuin van Rosendael omstreeks hierdie tyd algemene bekendheid geniet het nie, en ook besoekers van elders aangelok het. Coenraet Droste het in sy reis deur Gelderland in 1700 onder andere "'t vermaeklyk Rosendael' aangedoen, 'Daer miltheyt der natuer verval van waeter geeft'.[124] 'In the house there is not much to be observed,' het 'n Engelse reisiger in 1710 weer geskryf, 'only its antiquity and some good pictures (…). The gardens, which are much admired in this country, are really fine and large,' moes hy egter byvoeg, 'well-planted with several rows of trees, which lead up to several summer-houses. (…) The house and gardens upon the whole are worth the time we took to see them.'[125] Ds. Valentijn het 'Roozendaal (by Aarnhem)' omstreeks dieselfde tyd genoem onder die vyf Nederlandse tuine wat hy self 'met verwondering' besigtig het, maar wat volgens hom nie met die Kompanjiestuin aan die Kaap vergelyk kon word nie.[126]

Terwyl D'Outrein as predikant in die woning van die vrome adellike egpaar op Rosendael ontvang is, en so moontlik ook Henricus Beck in sy hoedanigheid as proponent, is daar geen bewys dat Beck se suster of die ander lede van haar diggeselskap ooit hier besoek afgelê het nie. Aan die ander kant is dit ook nie onmoontlik dat hulle op welwillende wyse toegelaat is om ewe goed as buitelandse reisigers die landgoed te besoek en die tuin te besigtig nie. Al wat bekend is, is dat Aletta by een geleentheid 'n formele en konvensionele geleentheidsgedig geskryf het 'Ter verjaringh van den Hoogh Eedelen Welgeboren Heer, den Heeren Baron Johan van Arnhem, Heere tot de Roosendaal, Karseloo, &c. &c. &c.';[127] wat bes moontlik as dankbetuiging ná 'n besoek vertolk sou kan word. Sy het egter ook 'n gedig opgedra aan Cornelis van Eck, griffier van die Hof van Gelre, wat ewe min hoef te beteken dat hulle deel van dieselfde sosiale kring in Arnhem uitgemaak het of dat hul onderskeie kringe mekaar enigsins geraak het. Met Van Arnhem se dood in 1721 het Francina van Westrem, wie se man toe predikant was in die stad, op haar beurt 'n 'Treur-toon' opgestel, negentig reëls lank, wat deur 'n plaaslike boekverkoper gedruk en uitgegee is.[128]

Rosendael was egter slegs een van 'n hele aantal landgoedere wat die ekonomiese en magspolitieke basis van die adel in die 'landprovinsies' Gelderland, Utrecht en Overijssel uitgemaak het.[129] 'n Ander voorbeeld wat hier ter sake is, is Doorwerth of Dorenweerd, eweneens in die nabyheid van Arnhem, waar D'Outrein en sy vrou ook ontvang is volgens die gedig wat Francina van Westrem later met hul vertrek uit die stad geskryf het,

2. Aletta Beck en die digkuns

> ... 't geneuchlyk Roozendaal,
> Dat meenigwerf [dikwels] dit paar in zyn doorluchte zaal
> Zo heuchelijck ontfing, schynt nu in rouw gezonken!
> En 't vorstlijk Dorenweerd gevoelt het hart omklonken
> Met droefheid.[130]

Willem III het weer as prins van Oranje by Dieren 'n jaghuis besit waar hy dikwels vertoef het wanneer hy op die Veluwe kom jag. Sedert hy in 1675 stadhouer van Gelderland geword het, het hy ook gereeld besoek afgelê op Rosendael, en Jan van Arnhem en sy vrou is tot die persoonlike vriendekring van die prins en sy eggenote Maria Stuart toegelaat, terwyl Van Arnhem verskeie plaaslike opdragte in verband met Willem se jagslotte en grondaankope op die Veluwe moes uitvoer. Die twee mans het belangstelling in jag en tuinuitleg gedeel, en hul onderskeie eggenotes, tekenend genoeg, in godsdiens en die borduurkuns.[131] Nadat Maria koningin van Engeland geword het, het sy vanuit Hampton Court nog aan 'n vriendin in Nederland geskryf, 'The air here is very good, but it lacks many of the conveniences of Dieren (although the house has 4 or 500 rooms), it lacks also as good a neighbour as Madam de Rosendalle [sic].'[132] Verskeie koninklike portrette, 'n toilettafel van palissander- en ebbehout en 'n groot geborduurde kamerskerm in die huis op Rosendael het aan hierdie verhouding herinner.

Terwyl Maria hierna nooit na Nederland teruggekeer het nie, het Willem sy geboorteland nog gereeld besoek en op die Veluwe en by Rosendael kom jag, sodat Van Arnhem in 1698 vir sy gerief 'n stal vir sestien perde laat bou het. 'Ik kan U. Ed. niet genoegh seggen hoe ik naer de Veluwe verlang,' het die prins daardie jaar nog vir hom geskryf, 'hoopende U Ed. en den vrouw van Roosendael haest [binnekort] in goede gesontheyt daer te sien, en verblijve altoos U Ed. goede vrindt, William R.'[133] Ds. D'Outrein het trouens 'n breedsprakige gedig gewy aan die prins se deelname aan die hertejag by Rosendael in 1697, wat selfs deur 'n kritiese latere skrywer onder die 'enkele goede regels en beschrijvingen' in sy poësie gereken word.[134] Diep beïndruk wei hy ook op rym hier uit oor die gesprek wat hy ná afloop van die jagtog met prins Willem mog hê en die seënwense wat hy as predikant oor hom mog uitspreek, en oor die feit dat Willem die aanwesiges so minsaam bejeën het, 'Selfs tot myn Kaatje toe', waarby 'n voetnoot verduidelik: 'Myn dogtertje, toen 3 jaren oud.'

Vir diegene wat in Gelderland gewoon of in Arnhem grootgeword het soos die Becks was die stadhouer, of stadhouer-koning soos hy ná 1688 sou heet, 'n gedurige aanwesigheid op die agtergrond en dikwels genoeg ook prominent op die voorgrond. In 1675, tydens die oorlog teen die Franse, toe die prins Arnhem besoek het om as stadhouer van Gelderland geïnstalleer te word, is hy luisterryk ontvang en 'alle de straten daar sijn Hoogheyt doortrock waren met triumphpoorten, piramide van groente [groenigheid] en ander verciersel van sinspreucken, afbeeltsels, Oranjevlaggen, etc. opgepronckt'.[135] By hierdie geleentheid is daar selfs, 'amid a swirl of effusive deference,' soos Israel dit beskryf,[136] 'n poging aangewend om hom die titel en soewereine waardigheid van hertog van Gelderland aan te bied, wat hy waarskynlik sou aanvaar het was dit nie vir die teenkanting elders nie. Hy het egter wel van sy mag en aansien gebruik gemaak om sy eie gunstelinge en ondersteuners as lede van die stadsbesture en in ander magsposisies in die provinsie aan te stel.

Naas jagtogte en besoeke aan sy adellike vriende by Rosendael en elders in die omgewing, het Willem die stad oor die jare ook meermale in amptelike hoedanigheid besoek, en 'n Engelse reisiger beskryf byvoorbeeld 'n groot wapenskouing van 25 000 troepe, sowel voetsoldate as ruitery, wat die prins in September 1699 waargeneem het 'on the great heath by Arnhem'.[137] Ook hierdie dinge het in die Becks se lewens deel van die agtergrond uitgemaak.

Intussen het Willem egter vir hom en sy eggenote op die Veluwe 'n meer passende verblyf laat bou as dié wat hy reeds by Dieren besit het, en by Het Loo het daar ná 1684 'n paleis tot stand gekom in die styl wat sedert die voltooiing van Versailles oral in Europa nagevolg is, ook al was die skaal in hierdie geval heelwat meer beskeie. Ook hier is daar besondere aandag bestee aan die uitlê van formele tuine volgens die voorskrifte van die tyd. 'The gardens are most sumptuous and magnificent,' het 'n Engelse besoeker in 1699 geskryf, 'adorned with great variety of most noble fountains, cascades, parterres, gravel walks and green walks, groves, statues, urns, paintings, seats, and pleasant prospects into the country.'[138]

Die ontydige dood van koningin Maria in 1694 het 'n besondere vlaag van roudigte ontketen, onder andere *Zions klachte over het zalig afsterven van koninginne Maria Stuart* deur die digteres Cornelia Leydecker, terwyl D'Outrein in Arnhem 'n lykrede uitgespreek het wat in druk verskyn het onder die titel *De Kerk in rouw, getroost over het smertelyk en weergaloos verlies en droevigst afsterven van de grootmagtige Vorstinne Maria* (…).

Dit was gedurende die Negejarige Oorlog; en steeds meer het Willem, die groot oorwinnaar oor die Franse ná die inval van 1672, nou uitgegroei tot die handhawer van die Protestantisme in Europa en teenstander van die ambisies van Lodewyk XIV, sodat sy prestasies ryke stof vir Nederlandse digters gebied het. So het Rotgans oor die jare 1698–1700 vanaf sy landgoed 'n heldedig met die titel *Wilhem de Derde* die wêreld ingestuur wat agt sange en meer as negeduisend verse beslaan: dit moet hierdie werk wees wat goewerneur Wilhem Adriaen van der Stel aan die Kaap in 1700 in twee dele bestel het.[139] So ook het die digteres Geertruida van Halmale, skryfster van 'n vers op die destyds gevierde skêrkuns van Johanna Koerten, die Vrede van Rijswijk waarmee die oorlog in 1697 beëindig is, herdenk met 'n 'sinnespel' of allegoriese toneelstuk waarvan sy skynbaar 'n eksemplaar vir Willem gestuur het, *Algemeene vreugde; ter altyd aangenaame gedachten van het 47ste verjaaren der Allerdoorluchtigste Majesteit William*.[140]

Aletta Beck se manuskripalbum bevat weer 'n gedig met die titel 'Traanen gestort op de lykbus van (…) Willem de Derde',[141] wat verwys na die dood van die stadhouer-koning vroeg in 1702. Die gebruik van sowel die woord as die begrip 'lykbus' is kenmerkend van die plegtige en verhewe toon wat passend geag is vir die poësie van die tyd, want dit beteken eenvoudig 'n houer waarin sy as bewaar is, en die begrip sou ewe goed met die woord doodkis uitgedruk kan word.

3.
'Op desen uythoek van Africa':
Henricus Beck in Drakenstein

Aan die einde van 1701 het Henricus Beck dus in diens van die VOC na die Kaap vertrek. Van die lewe in Nederland soos hy dit bykans veertig jaar lank geken het, het hy afskeid geneem: van die ommuurde stede met hul kerktorings en klokkespel, die groot Middeleeuse kerke met hul leë afgewitte ruimtes, die musiekgeselskappe en diggenootskappe, die Ryn met sy besige skeepvaart, die universiteite waar lesings in Latyn gegee is, die landgoedere met hul ou kastele en nuwe formele tuine, godebeelde en spuitfonteine. Hy het uit Amsterdam vertrek, in diens van die Kamer Amsterdam van die VOC, en soos duisende ander mense voor en ná hom is hy in 'n ligter, 'n klein vaartuig, oor die Zuiderzee na Texel gebring waar die *Reigersdaal*, 'n pinas van die Kamer Amsterdam, gewag het om uit te seil.

Dit was in die Europese winter, en die skip het op 21 Desember 1701 vertrek, die kortste dag van die jaar. Dit was dus 'n land van mis en reën en koue, van modderige paaie en strate, vroeë donker, kers- en lanternlig en turf- en steenkoolvure waarvan Beck afskeid geneem het, en wat hy nooit weer in enige gedaante sou terugsien nie. Daar was 262 opseilendes op die skip, 178 seemanne (van wie ses by aankoms aan die Kaap gedros het) en 78 soldate in diens van die VOC, en ses passasiers.[1]

Waar 'n feitlik middeljarige man hom uitwaag op hierdie avontuur, rys die vraag natuurlik op watter kennis van die Kaap Beck en sy Nederlandse tydgenote besit het of in beginsel kon besit en watter beeld hy daarvan gehad of verwagtings hy daarvan gekoester het.

In eerste instansie het die Dagregisters, joernale van verkenningstogte en amptelike verslae en berigte in die argiewe van die VOC natuurlik 'n onvergelyklike bron van inligting uitgemaak, dog dit was nie vir die publiek toeganklik nie, en die Kompanjie het trouens angsvallig daarteen gewaak dat waardevolle inligting in die hande van sy konkurrente beland. Daarby het Kaapse predikante met die Klassis Amsterdam gekorrespondeer, en dit is moontlik dat Beck as predikant op hierdie manier inligting bekom het, alhoewel hierdie korrespondensie onder die wakende oog van die VOC geskied het, tot gemeentesake beperk was, en nie baie intensief was nie.

Voorts was daar die mondelinge verslae en berigte, saaklik of bygewerk, van diegene wat diens onder die VOC oorleef en na hul woonplekke in Nederland teruggekeer het, soos ds. Valentijn, want die meerderheid het die Kaap ten minste vir 'n paar weke op sowel die heen- as die terugreis aangedoen; of die briewe van mense wat aan die Kaap gewoon en gewerk het aan vriende en familie by die huis, soos dié wat Henricus Beck vermoedelik ook daarvandaan gestuur het.

Die mees algemeen beskikbare bron van inligting was waarskynlik egter die reisverslae wat in alle tale en lande in groot aantalle in druk verskyn het om die onstilbare nuuskierigheid van die meer ontwikkelde leserspubliek te bevredig, en dikwels ook in meer basiese en sensasionele vorm vir minder ontwikkelde lesers. Die vernaamste hiervan, sover dit die Nederlandse taalgebied betref, was die massiewe *Naukeurige beschrijvinge der Afrikaensche gewesten* van die Amsterdamse geleerde Olfert Dapper, wat in 1668 verskyn het en in 1676 herdruk is.[2]

Self het Dapper geen persoonlike kennis hoegenaamd van Afrika besit nie, maar sy werk was 'n nuttige samevatting van alles wat tot dusver in druk oor die onderwerp verskyn het en gee 'n goeie indruk van die kennis oor hierdie geweste wat teen die einde van die eeu bestaan het. Wat Suider-Afrika betref, wei hy in bykans dertig bladsye oor die klimaat, plante, diere en inboorlinge uit, in 'n seksie met die opskrif 'Kaffrarië of lant der Kaffers, anders Hottentots genaemt', met gebruik van 'n Arabiese benaming wat 'ongelowiges' beteken, in die sin van 'nie-Moslems', en aanvanklik algemeen gebruik is om inboorlinge van Afrika aan te dui. Teen die tyd toe sy boek verskyn het, het diegene met kennis van die Kaap egter besef dat die plaaslike Khoikhoi duidelik onderskeie is van die Bantoesprekende 'Cabucquaes of de Groote Caffers' dieper in die binneland met wie die blanke veerowers in 1703 gebots het.[3] Dapper self noem trouens dat hy dit in feite het oor ''s lants inboorlingen die bij d'onzen [*óns mense*] om hunne belemmertheid en wanhebbelijkheit van tale met den naem van Hottentoos of Hottentots gemeenlijk [*algemeen*] bekend zijn, en zonder eenige wetten van Godsdienst leven'.[4]

Die *Reigersdaal* het ná 'n betreklik vinnige reis op 13 April 1702 die Kaap bereik, waar W.A. van der Stel reeds drie jaar lank goewerneur was en begin het om sy landgoed Vergelegen in Hottentots-Holland uit te lê, terwyl sy vader en voorganger, Simon van der Stel, op Constantia (die latere Groot Constantia) geboer het. Naas 586 Kompanjiesdienaars, meestal in die Tafelvallei,[5] en oor die driehonderd slawe in Kompanjiesdiens,[6] het die bevolking van die jong kolonie altesaam 1532 blanke koloniste bedra (waaronder 502 mans), wat in besit was van 850 slawe.[7]

Die aard van die lewe in die jong kolonie waar Beck hom bevind het, kan geïllustreer word aan die hand van enkele verspreide inskrywings in die Kaapse Dagregister en die amptelike korrespondensie met Nederland en Batavia gedurende die paar maande net voor sy aankoms.

Die kolonie was reeds in so 'n mate gevestig en die landbou in die gebied rondom

Tafelbaai so ontwikkeld dat koring, rog en uie van die Kaap uitgevoer kon word na Batavia (die huidige Jakarta), die sentrum van die VOC se bestuur in die Ooste,[8] naas die Kaapse sade en bolle na die universiteit in Leiden wat reeds genoem is. In die onlangs gekoloniseerde Bergriviervallei en die Land van Waveren (Tulbaghvallei) het jagterstamme wat as 'Bosjesmans' of Boesmans bekend gestaan het egter begin om in selfbeskerming vee te roof van die blankes wat die gebied binnetrek en van die Khoikhoi wat tussen hulle versprei was,[9] en dit is waarskynlik vererger deur die kwaai droogte wat die kolonie reeds sedert 1695 geteister het.[10] Ook het die droogte veroorsaak dat wilde diere weer hul verskyning in die nabyheid van die Skiereiland begin maak, en olifante op soek na water het gedurende die somer so ná aan die Kaap gekom dat een in die Tygervallei doodgemaak en na die Kasteel gebring is.[11]

Verder is 'n drosterslaaf gehang, twee van sy maats gegesel, gebrandmerk en na hul meesters teruggestuur, en 'n matroos wat hom aan inbraak en diefstal skuldig gemaak het, gegesel, gebrandmerk en vir tien jaar na Robbeneiland verban.[12]

Ten slotte het die *Noordgauw* vroeg in die jaar 121 slawe na die Kaap gebring wat dit op Madagaskar vir die Kompanjie gaan aankoop het, van wie 31 egter onderweg dood is. 'The rest are for the most part sickly, and were at once, in order to be refreshed and nursed, sent to the hospital,' meld die Dagregister volgens Leibbrandt se Engelse vertaling.[13] 'n Paar weke ná Beck se koms het die Politieke Raad dus besluit om opnuut 'n skip na Madagaskar te stuur.[14]

Op 23 April, tien dae ná sy aankoms, het Beck die Sondagdiens aan die Kaap waargeneem, wat by gebrek aan 'n kerkgebou in hierdie tyd nog altyd in die saal van die Kasteel plaasgevind het, en twee weke later opnuut, 'Rev. Petrus Kalden being absent'.[15] In hierdie verband onthou mens dat Kalden 'n plaas in die distrik Stellenbosch besit het, en dat een van die vryburgers se latere klagtes teen hom was 'dat hy gansch geen werk van den Godsdienst maakt, gemerkt hy hem vry meer met syne landeryen bemoeit als met den predikstoel'.[16] Op die Sondag voor Beck se aankoms het Kalden eweneens nie gepreek nie, en die indruk is dus dat hy al om die ander week dankbaar van die aanwesigheid van 'n plaasvervanger gebruik gemaak het.[17]

Eers op 17 Mei het die gemeente in Drakenstein kennis gekry dat Beck as ds. Simond se opvolger na hulle uitgestuur word, met die opdrag om hom 'daarvoor te accepteeren, erkennen en te respecteeren' en hom 'in deese sijne eerwaardige bediening' behulpsaam te wees.[18]

Wat betref die kerklike situasie aan die Kaap,[19] was die Gereformeerde (Hervormde) Kerk van Nederland hier soos elders in die gesagsgebied van die VOC die enigste kerk wat toegelaat is, en het dit deel uitgemaak van die sogenaamde 'Indiese Kerk', dit wil sê die Gereformeerde Kerk van Nederland soos dit in die handelsgebied van die VOC gevestig was,[20] vernaamlik in die Indonesiese argipel, wat destyds 'Indië' genoem is. Kerksake is gereël deur die Kerkorde van Batavia, wat in 1643 afgekondig

3. Henricus Beck in Drakenstein

is,²¹ en hiervolgens het die owerheid, soos Vorster opmerk, feitlik die gebruiklike plek van klassis en sinode ingeneem.²² Oor die algemeen is daar aan die Kaap Oosterse presedente gevolg, en in 1674 het die Politieke Raad duidelik verwys na 'positijve ordre [*uitdruklike bevel*] van in dese kercke nae d'wijse van India in allen deele t'observeren' en opdrag gegee 'dat de Kerckenraad aen Cabo de Boa Esperance haer [*hom*] daaraan in 't geheel sullen gelieve te [ge]dragen'.²³

Alhoewel die Kerkorde van Batavia aan die Kaap vermoedelik as riglyn gebruik is, is dit volgens Vorster egter nooit amptelik en uitdruklik daarop toegepas en het hier geen regsgeldigheid besit nie.²⁴

Hierteenoor het die Kaap vanweë sy geografiese ligging regstreekse kommunikasie met Nederland gehad, en terwyl daar geen wettige verband met die Nederlandse Kerk bestaan het nie,²⁵ was daar in die praktyk taamlik noue verbintenisse, besonderlik met die Klassisse Amsterdam en Walcheren (Zeeland), en hier soos elders was dit Amsterdam wat die leidende rol gespeel het. Op hierdie manier is die Kaapse Kerk dus gevrywaar van die belemmerings en beperkings wat die sogenaamde 'Hoë Regering' (die Raad van Indië) aan die Kerk in die Ooste opgelê het.²⁶

Predikante is deur die VOC aangestel, alhoewel hulle deur 'n Klassis voorgedra is, en was soos al sy dienaars onderworpe aan die voorskrifte en bepalings van sy Generale Artikelbrief. Soos Vorster dit formuleer: 'Die predikante is beskou as staatsamptenare met die rang van onderkoopman, en was geregtig op die traktement en voorregte aan die rang verbonde. Benewens die traktement het dit ook rantsoene ingesluit.'²⁷ En in Moorrees se uitbreiding hierop:

> Hulle moes die pligte van hul amb [*sic*] waarneem en hulle nie bemoei met regeringsake nie, as staande buite hulle beroep, maar alleen met die godsdiens. Met alle skepe moes hulle verslag doen, sowel aan die Klassis as aan Bewindhebbers, van die staat van kerk en skole; dog oor regering- en handelsake mog hulle nóg aan die Klassis, nóg aan partikuliere, maar alleen aan die Bewindhebbers mededelinge doen.²⁸

Op plaaslike vlak het die Politieke Raad gesag oor kerksake uitgeoefen: die Kerk was, soos Theal dit stel, 'in one sense merely an engine of the State, and it was always and in every case subordinate to the Council of Policy'.²⁹ 'Die Politieke Raad,' bevestig Vorster, 'was die draers van die gesag van die met soewereine mag toegeruste V.O.C. in hierdie uithoek. In die bepaling van die verhouding van Kerk en staat aan die Kaap het ons met hom as die Staat te doen.'³⁰ 'n Amptenaar met die titel politieke kommissaris het die owerheid by kerkraadsvergaderings verteenwoordig,³¹ die helfte van die ouderlinge en diakens moes amptenare wees,³² en eers vanaf 1690 is die kerkrade toegelaat om self hul ouderlinge te kies en die name slegs vir goedkeuring aan die Raad voor te lê.³³ Die Politieke Raad, skryf Vorster oorsigtelik en samevattend, 'het die sieketroosters en die voorlesers aangestel, die aanstelling van kosters goedgekeur, die predikante geplaas en verplaas, oor die doop van heiden-kinders beslis, [en] oor die verskuiwing van dienste geoordeel (…).'[34]

'n Uiteensetting soos hierdie belig egter net die negatiewe kant van die situasie. Ten eerste was dit nie heeltemal so uitsonderlik soos wat dit vir die moderne leser lyk nie, want in Nederland het die staat ook 'n groot rol in die sake van die 'publieke kerk' gespeel, en in die groter stede, besonderlik Amsterdam, het die stadsbestuur groot seggenskap gehad en was die plaaslike kerkrade feitlik uitgeskakel.[35] Verder het die situasie onder die VOC die voordeel ingehou dat die Kerk en bowendien sy ampsdraers op die steun en beskerming van die owerheid kon reken,[36] en dat predikante op sosiale vlak 'n hoë posisie in die plaaslike rangorde van die Kompanjie beklee het, onmiddellik ná die goewerneur en lede van die Politieke Raad. Aan die Kaap het Henricus Beck na verhouding dus 'n belangriker posisie ingeneem as dié waarop hy normaalweg ooit in die Nederlandse samelewing sou kon gehoop het.

Hoe Beck in Drakenstein gekom en hom daar gevestig het en wat sy reaksies op sy eerste gemeente was, is onbekend, wat in laasgenoemde geval jammer is, want dit sou interessant gewees het om die indrukke van die geleerde middeljarige Nederlander op die nogal primitiewe toestande te verneem.

Ná die vestiging van die blankes aan Tafelbaai deur die VOC in 1652 het die boerderye in die Liesbeekvallei lank die uiteinde van hul wêreld uitgemaak. In 1672 het die Kompanjie deur middel van twee bedenklike transaksies met Khoi-kaptyns wat van die blankes afhanklik geword het egter nominaal besit verkry van ongeveer die hele gebied wat as die Boland bekend sou raak. Voorlopig was dit nog bewoon deur die magtige en veeryke Kochokwa-stam, wie se weivelde van Saldanhabaai tot Valsbaai gestrek het, maar dieselfde jaar nog het die Kompanjie 'n buitepos in die vrugbare Hottentots-Holland gestig. Nadat vier afsonderlike strafkommando's vervolgens oor die tydperk 1673–77 teen die Kochokwa uitgestuur is, het hulle die grootste gedeelte van hul veebesit verloor en verarm en verstrooi agtergebly, en hierna kon blanke boere in die binneland begin uitbrei.

In 1679 het die destydse kommandeur, Simon van der Stel, 'n nuwe kolonie aan die Eersterivier gestig waaraan hy die naam Stellenbosch gegee het, en waar daar binne enkele jare 'n landdros en heemrade aangestel is om verantwoordelikheid te neem vir die bestuur van die plaaslike blanke bevolking. Ook is hier 'n gemeente gestig en 'n kerk gebou. In 1687 is 'n tweede kolonie met die naam Drakenstein anderkant Simonsberg in die lewe geroep, en grond is hier langs die Bergrivier toegeken aan 'n aantal voormalige Kompanjiesdienaars wie se kontraktyd uitgedien was en wat op pad terug van die Ooste na Nederland besluit het om hulle as vryburgers aan die Kaap te vestig. Moontlik is hulle mislei deur die welvaart wat 'n gedeelte van die vryburgerbevolking teen hierdie tyd geniet het, want die Kaap was geen aanloklike koloniseringsbied nie, en tot dusver kon dit nooit daarin slaag om 'n beduidende aantal immigrante te trek nie, maar hulle was 'n welkome toevoeging tot die klein groepie koloniste. Volgens Van der Stel het ongeveer vyftig mans aansoek gedoen om hulle hier te mag vestig, maar is toestemming slegs aan 23 van hulle gegee wat getroud was en hul vroue en gesinne uit Nederland kon laat uitkom om by hulle aan te sluit.[37]

Die volgende jaar het die VOC 'n aantal Franse Vlugtelinge of Hugenote na die Kaap uitgestuur wat hul eie land weens geloofsvervolging moes verlaat:[38] Franken beraam die aantal wat uitgekom het op 120,[39] terwyl eietydse dokumentasie na net oor die 150 verwys,[40] wat 'n juister syfer skyn te wees, maar dit was in elk geval 'n beskeie groepie.

Terwyl die totale aantal Franse wat in hierdie tyd na die Nederlandse Republiek gevlug het, tussen 35 000 en 50 000 geskat is,[41] was dit egter slegs met moeite dat selfs hierdie enkelinge aangelok kon word om hulle aan die verre en vreemde Kaap te gaan vestig. Hulle is ook in Drakenstein geplaas, en is uiteindelik vir 'n groot deel gekonsentreer in 'n vallei wat vroeg reeds as die 'France hoek' bekend geraak het (die huidige Franschhoek). 'n Franse predikant, Pierre Simond, het saam met hulle uitgekom, en vir hulle is die gemeente Drakenstein in 1691 in die lewe geroep, wat hoofsaaklik uit Franssprekendes bestaan het, terwyl die Nederlandssprekende inwoners van die streek die dienste in Stellenbosch bygewoon het. Dit was vir hierdie gemeente dat die nuwe predikant bestem was.

Die streek waar die Franse gevestig is, was aan die uiteinde van die destyds gekoloniseerde gebied: volgens Simond was die naaste Franse Vlugtelinge aan Stellenbosch vier uur van die dorp, 'die volgendes vyf en ses en verskeies sewe en meer'.[42] 'Die naastes woon elf uur van die Kaap en verskeies vyftien uur of meer.'[43]

In 'n boek wat in 1897 verskyn het, het die historikus Theal later oor 'the beautiful valley' van die Bergrivier uitgewei. 'A stranger cannot gaze upon it in the pleasant spring-time without feeling a thrill of delight, and if to-day the many homesteads and groves add to its beauty, it has lost almost as much in that rich carpeting of grass and flowers which covered it in 1687.'[44] In 'n boek wat in 1919 verskyn het, skryf die argivaris Botha in nog meer liriese trant:

> Nothing could have charmed the French pioneers more than the vast expanse of country surrounded by mountains whose peaks the sun lit up with all its glory and radiance. (...) How refreshing to have seen the Berg River running its course through the Drakenstein Valley, to have noted the fine trees growing in abundance on the mountain slopes and along the river banks, to have observed the tall peaks standing like sentinels over the valley![45]

Die sewentiende eeu het egter ander standaarde van natuurskoon gehad as die negentiende en twintigste, en buite die grense van die destyds modieuse poësie was daar tydgenote wat soos die besoekende kommissaris, H.A. van Reede, in 1685 ná 'n vermoeiende tog deur die houtbosse aan die agterkant van Tafelberg bewonderend kon skryf:

> In het midden van gemelte bosch daelden nederwaerts een seer aengenaeme waterbeek die, van de Tafelbergh afkomende, over de klippen een vermakelijck gesicht gaff, als lopende onder de schaduwe der hooge boomen nae beneden en verbij het Rondebosken bij de Zoute riviere in de Tafelbhaij.[46]

Dit is meer waarskynlik dat die harte van die eerste Nederlandse en Franse intrekkers in die Drakensteinvallei gesak het by die aanskoue van daardie barre, verlate en onbewerkte wildernis van fynbos en moerasgrond tussen die berge, 'dese woeste geweste des werelts' soos die Franse dit later in 'n versoekskrif genoem het.[47] Bowendien het hulle ook nie hierheen gekom om die natuur te bewonder nie, maar om 'n bestaan te maak, en dit was nie sonder moeite, verdriet en bittere harde arbeid dat 'n aantal van hulle dit oor 'n tydperk van jare reggekry het om hier ingeburger te raak nie.

Toe die vallei van die Eersterivier in 1679 vir kolonisering oopgestel is, was dit reeds 22 jaar ná die instelling van vryburgerskap, met die gevolg dat 'n sekere mate van ekonomiese stabiliteit in die jong kolonie tot stand gekom en 'n aantal betreklik gegoede mans reeds in die burgersamelewing na vore begin tree het. Daarby het die blankes sedert die moeilike aanvangsjare praktiese ervaring opgedoen van boerdery in die nuwe land, en was daar onder die jonger boere trouens 'n nuwe generasie wat aan die Kaap gebore is en geen ander wêreld of werklikheid geken het nie. Alhoewel dit in die distrik Stellenbosch om onbewerkte terrein gegaan het, was die aanpassing dus nie so moeilik of moeisaam soos in die eerste jare nie, en taamlik gou het daar ook hier onder 'n deel van die intrekkers 'n mate van welvaart tot stand gekom.

Toe Drakenstein in 1687 vir verdere ontwikkeling oopgestel is, was dit egter grotendeels onervare en onbemiddelde immigrante wat hier in die grensgebied gevestig is. Wat die Franse Vlugtelinge betref wat die volgende jaar uitgestuur is, het die Here XVII hulle onomwonde beskryf as 'van alles ontbloot synde', en te kenne gegee dat hul behoeftes ook nie groot was nie, 'arbeijtsaeme menschen sijnde en die haer [hulle] met weinigh laeten vernoegen'.[48]

Hulle het soveel grond ontvang soos wat hulle kon bewerk, en landbougereedskap, saadkoring en beeste is op krediet verskaf. 'Om 'n idee te gee wat aan die Franse gelewer is,' skryf Franken met betrekking tot die goedere wat hulle in die Kompanjie se magasyn vir hulle aangeskaf het, 'gee ons hier die lys van Jean Prieur du Plessis',[49] en dit kan volledig aangehaal word ter wille van die lewendige beeld van boerdery en leefomstandighede in die nuwe land waarin die Franse hulle bevind het. Dit bedra vyf mud koring, tien mengele traan (ongeveer tien liter), drie pond peper, vier mengele olyfolie, ses mengele asyn, 'n ysterpot, twee grawe, twee beslane

3. Henricus Beck in Drakenstein

skoppe (dus houtskoppe met metaalbeslag), 'n ryskaaf, vier koksbyle, twee handsae, twee beitels, vyf boorysters, twee vyle, 'n troffel, drie snymesse, 'n graansens, twee sekels, twee dubbelpikke, twee goiingsakke, twee omslae, 'n hamer, twee parrangs (kapmesse), vyftig pond spykers, ses mud koring en ses beeste. En vir Jean Cloudon, wat in vennootskap met drie ander mans geboer het, 'n kwartaandeel in 'n ysterpot, tien beeste en 'n gegewe hoeveelheid skoppe, vaderlandse seilgaring, kabeltou, snaphane (pangewere), snaphaanstene en kruit.[50]

Die inwoners van Drakenstein het vinnig toegeneem, hoofsaaklik as gevolg van huwelike en gesinsuitbreiding, en teen 1700 was daar 'n blanke bevolking van 360, bestaande uit 123 mans, 60 vroue en 177 kinders: 'n aantal van die mans was getroud met sogenaamde vry gekleurde vroue (vrygestelde slavinne), en daar was ook enkele gekleurde egpare, maar die intrekkers was oorwegend blank en meer as die helfte van die plaaseienaars was Franse. '´n Kenmerk van die vryburgers se bevolkingstatistiek,' skryf De Wet met verwysing na die kolonisering in Drakenstein teen die einde van die sewentiende eeu, 'is dat die getal mans redelik bestendig gebly het, terwyl die vrouens en kinders se getalle aansienlik gestyg het.' Oor die jare 1694–1700 is daar plaaslik volgens hom nie minder as 95 kinders gedoop nie.[51]

Ook die aantal slawe het vinnig vermeerder, sy dit nie teen dieselfde tempo nie, en het teen hierdie tyd 80 bedra, van wie 76 mans was wat vir landboudoeleindes benodig is.[52] Soos uit hierdie statistieke duidelik is, was daar nog min slawe-eienaars in die distrik.

Teen hierdie tyd het was die koloniste gevestig oor 'n gebied wat vanaf Franschhoek so ver gestrek het soos Dal Josafat en Wagenmakersvallei (die huidige Wellington) in die noorde, aan albei oewers van die Bergrivier. 'Drakenstijn,' het Beck se onmiddellike opvolger, ds. Le Boucq, verklaar toe hy in 1707 van Batavia hierheen oorgeplaas is,

> en is waarlijck geen plaats om van één predikant naer behooren waargenomen te kunnen werden; want voor eerst en sal men, daar [waar] de huysen bijna het alderdighst staan, in een uer tijts geen vier konnen begaan [besoek], want deselve staan daar seven, aght, ja negen of tien meylen gaans van den anderen; bovendien en is geen predikant in staat om, te peert sijnde en rijdende wat een peert loopen kan, de gemeynte in 12 à 14 dagen tijts te gaan besoeken ende nodigen [na die Nagmaalviering] en dat bijnaar, als veeltijts gebeurt in den quaden tijt, met groot gevaar van leven.[53]

Die gevaar waarna Le Boucq verwys, het in eerste instansie waarskynlik betrekking op die Bergrivier, wat vir 'n groot deel van die jaar ondeurganklik was, sodat diegene wat aan die ander kant gewoon het, nie die meul, kerk of landdros kon bereik nie.[54]

Teen hierdie tyd het veebesittende Khoikhoi nog so goed moontlik in klein groepies of krale hul tradisionele bestaan tussen die blankes voortgesit, alhoewel hulle al hoe meer by blanke boere in diens begin tree het, meestal op tydelike basis en bowenal in die oestyd. Gesien die verskille in kultuur en belange was botsings tussen die twee groepe onvermydelik, en in 1689 reeds is die Fransman Charles Marais oorlede nadat hy met klippe gegooi is in 'n woordewisseling met 'n groepie Khoikhoi wat wilde amandels kom soek het in 'n kloof van Simonsberg bokant sy plaas.[55]

Die tyd toe Beck in Drakenstein aangekom het, is in hierdie opsig noemenswaardig, want dit was juis in 1702 dat 'n Khoi-kaptyn vir die eerste keer voor die hof gedaag is vir 'n beweerde oortreding teen 'n blanke. Die Franse Vlugteling Abraham de Villiers, prominente lid en bowendien ook ouderling van die gemeente in Drakenstein, het naamlik verklaar dat die sogenaamde Kleine Kaptein sy hond doodgeslaan het, 'n vers en 'n lam uit sy kraal gesteel het, en hom in sy huis beledig het met die dreigement, 'Pas maar op u beesten, wij sullen komen en steken u huis in de brand', aantygings wat die Kleine Kaptein ontken het.[56] Die volgehoue aanwesigheid van Khoikhoi word verder getoon deur die feit dat die Franse vryburger Daniël Hugo in dieselfde tyd kon kla oor 'n Khoi-kraal wat naby sy wingerd gemaak is.[57]

Roofdiere het ook nog algemeen in die geweste voorgekom, in so 'n mate dat amptelike belonings uitgeloof is vir diegene wat hulle dood, 25 gulden vir 'n leeu, 15 vir 'n 'tier' (luiperd) en 6 vir 'n 'wolf' (hiëna). Franken noem die name van verskeie Franse wat gedurende die tydperk 1702–10 hierdie belonings verdien het, 'o.a. S. de Gournay vir 1 leeu; P. Rousseau vir 1 leeu en 2 wolwe; G. du Toit—2 leeus, 1 wolf; P. Joubert—1 tier; Louis Baré—1 leeu; Es. Costeux—1 tier'.[58]

Namate hulle begin het om die grond te bewerk, het die meeste van die koloniste in Drakenstein waarskynlik koring en wingerde aangeplant. Van die sieldodende, eentonige en uitputtende aard van die boerewerk in 'n tyd toe alles nog op klein skaal gebeur het en alles met die hand gedoen moes word, gee Franken ook 'n lewendige beeld deur middel van 'n rekening uit 1717, toe die blankes reeds meer as 'n generasie lank in Drakenstein gevestig was. Dit is opgestel deur 'n onbekende Fransman wat deur sy landgenoot Jean Imbert as kneg gehuur is vir los werkies, en lui (vertaal): 'Memorie van wat ek gedoen het vir Jan Inber, 1716 ten eerste 8 dae wingerdkap; dan daarna 15 dae spit; 3 dae vir optel van wingerdstokke. Die jaar 1717, 8 dae vir sny van wingerd en nege dae vir wingerdspit.'[59]

Hul huise moes die intrekkers self bou, en aanvanklik was dit waarskynlik die primitiewe strukture van klei-en-pale, mure van vlegwerk wat met klei toegesmeer is, wat in Noord-Europa algemeen was: daar word vertel dat hulle by gebrek aan vervoermiddels self die benodigde pale en takke moes aandra.[60] Later sou hierdie skamele wonings met eenvoudige kleihuise vervang word, een of twee vertrekke groot en altyd met 'n grasdak, en waar die herd by gebrek aan 'n skoorsteen op die vloer in die middel van die huis gemaak is, soos in 'n Europese boerewoning, het die rook deur die dak opgetrek.

3. Henricus Beck in Drakenstein

Wat die inrigting van hierdie primitiewe en ongerieflike pioniershuise betref, kan heelwat inligting bekom word uit die boedelinventarisse van die tyd,[61] al is dit wat ontbreek gedurende die eerste jare meer opvallend as dit wat opgenoem is. Aan die hand van hierdie gegewens is dit naamlik duidelik dat die meeste inwoners van Drakenstein in die vroeë jare arm was, in teenstelling tot dié in die onmiddellike omgewing van Stellenbosch; of, anders gestel, dat die meeste mense in die landdrosdistrik wat klaarblyklik arm was in Drakenstein gewoon het, en dat die meeste van hulle bowendien Franse was.

Twee voorbeelde uit 1699 kan hier genoem word, elf jaar ná die vestiging van die Franse en drie jaar voor Beck se aankoms in die gemeente. Een is die boedel van 'Pouwel Godefroij' wat in besit was van 'het land met den opstal leggende in 't dal Josevat over de Berg Revier': hy was skynbaar ongetroud, en het in vennootskap of 'maatskap' met sy landgenoot Jacob Labat geboer. Sy deel van hul gemeenskaplike besittings het bestaan uit 'n paar hemde, 'n paar skoene, 'n paar kouse, 'n ou hoed, baadjie en broek, drie leë kiste, 'n ysterpot, 'n emmer, 'n puts (skeepsemmer) van 'n halfaam met 'n boom, 'n roer, twee jukke, 'n trektou, 'n timmermansbeitel, twee ou sakke, 'n halwe mud gars, 'n halwe mud koring, 'n halwe mud boontjies, en '2 ossen waarvan Jacob Labat zijde een hem toebehoorde'.[62]

Uit dieselfde jaar kom die inventaris van 'Pieter Schordan' (Jordaan), wat 'n vrou en vyf minderjarige kinders nagelaat het en in besit was van 'land en daarop staande timmeragie [*gehoue*] onder Drakenstein gen[aam]t Lamoth [*La Motte*], over de Bergrivier aan het Oliphantspat [*Franschhoek*]'. Al wat hier verder noemenswaardig geag is, was agttien stuks swak beeste, vyftig skape, drie perde, 'wijnigh [land]bouw gereetschap' en 'weinigh huisraat', laasgenoemde getakseer op 25 gulden, 'n haas belaglike bedrag.[63]

Relatiewe welvaart word hierteenoor getoon deur die boedel van Andries Goos (Gauche, later Gous), wat in 1698 dood is en 'n vrou en vier kinders nagelaat het, aangesien hy in besit was van 'n slaaf, maar op die slaaf het hy nog die koopsom van 50 riksdaalders (150 gulden) geskuld, en verder boesem niks in die boedel vertroue in nie: 'Een stuk land waarop een huijsken leggende onder het gebied van Drakensteijn, dog weijnig goed laand daarbij om kooren te bouwen', drie perde, 'weijnig huismeubeltjes' wat eweneens op 30 gulden geskat is, en '1 partij oude smits gereetschap, het aanbeeltje geheel aan stukken en het andere alle slegt'.[64]

Relatiewe welvaart in hierdie barre omstandighede spreek ook uit die feit dat Arie Lekkerwijn (Lécrivin), wat in 1697 dood is, in besit was van 'een stuck land, leggende op Drakensteijn, waarop een kleijn huisjen staat; is bezaaijd met 6 mud', asook 33 beeste, maar sy huis- en kombuisgerei het eweneens nie meer as 30 gulden bedra nie.[65]

Groot soos wat die armoede selfs rondom die eeuwisseling nog in Drakenstein was, veral onder die Franse, moet dit egter nie oordrywe word nie. Met die dood van Louis Cordier in 1702 het hy naas agt trekbeeste en twee ongeleerde beeste slegs 'n tafel, 'n bank, 'n veerbed met sy oortreksel, twee ou baadjies, 'n ou broek en 'n hoed besit,[66] terwyl Hercules du Preez met die dood van sy vrou Marie le Febre die vorige jaar daarenteen in besit was van drie stukke grond, 75 beeste, tweehonderd skape en ses perde, en sy huisraad op 400 gulden geskat is.[67] In albei hierdie boedels was daar egter reeds heelwat landbou- en kombuisgereedskap aanwesig, Cordier het 'n wa gehad, en Du Preez was selfs in besit van 'n slaaf ter waarde van 300 gulden.

Nog 'n dokument wat deur Franken aangehaal word, gee op ewe beperkte maar tewens besonder beeldende wyse iets weer van die lewe van 'n meer welvarende intrekker in hierdie grensgebied 'n paar jaar later. Dit is 'n rekening vir goedere wat die Vlugteling Esaie Costeux, wat in 1708 oorlede is, oor 'n onbepaalde tydperk van sy swaer Gerrit Meyer gekoop het, dus 'n generasie ná die koms van die koloniste in Drakenstein, toe Costeux self klaarblyklik 'n betreklik gevestigde man was.[68] Onder sy aankope was daar kabelgaring, 'cobtouwen', ploegwiele, 'n graafsteel, spykers, skoene, tabak, peper, traan, sekels, planke, 'n slot, lyne, 'n mes, sout, koring, 'n kram en sleutel vir 'n ploeg, 'n dosyn pype, twee bottels, 'n kis, twee messe en 'n kam, ses mutsjes brandewyn (byna 'n liter), 'n erdekan, 'n wynglas, 'n spoelkom, 'n paar kouse, swael, 'n pylaken, 'n wa vir 66 riksdaalders (198 gulden), twee bottels wyn, pekelharing, 'n stuk blou bafta ('n Oosterse katoenstof), drie broekvelle, 'een leeren broek voor de knegt', lood, kruit, 'n donderbos (geweer), seildoek, knope en garing, 'n puts (skeepsemmertjie) seep, 'n stuk salempoeris (ook 'n Oosterse tekstielsoort), en 'n erdewerkkandelaar.

Costeux het sy skuld klaarblyklik met goedere vereffen, en sy krediet by Meyer behels onder andere 'n luiperdvel, twee mud meel, 'n lêer wyn, sestien pond botter, twee hamels, nege pond vet, 'n lêer muskadelwyn, 'n bottel brandewyn, en rog.

Alles in ag genome het die leeftoestande in die gemeente die Nederlandse predikant waarskynlik laat dink aan die karige bestaan van die kleinskaalse skaapboere op die heideveld van die Veluwe waarvan hy as stedeling uit Arnhem moontlik beperkte kennis gedra het.

Sover dit Beck se bediening in Drakenstein betref, het die gemeente uit meer as 'n honderd lidmate bestaan.[69] Met die vestiging van die Franse is dienste aanvanklik op geïmproviseerde wyse gehou in wat hulle later 'een verlaten hutte' genoem het, en vervolgens 'bij den eenen landbouwer of den ander die ons een camer leende',[70] terwyl die amptelike korrespondensie (in Leibbrandt se vertaling) dit het oor 'a barn or room of a farmer's dwelling'.[71] Aan die einde van 1694 het die gemeente egter deur bemiddeling van ds. Simond 48 morg grond aan die voet van Simonsberg, in die huidige Simondium, gekry, waar hulle self, soos hulle dit later gestel het, 'n 'hokje' gebou het.[72] In 1713, toe die geboutjie steeds in gebruik was, het hulle in soortgelyke bewoording na 'n 'huttje' verwys,[73] en Franken haal verder nog on-

3. Henricus Beck in Drakenstein

geïdentifiseerde verwysings in dieselfde neerhalende trant aan wat dit het oor 'n 'hok of schuur van zeer sober aansien' en 'n 'seer bouvallige hutte'.[74] Eers in 1720 is 'n nuwe, doelmatige kerkgebou aan die voet van Paarlberg in gebruik geneem, op die perseel van die huidige Strooidakkerk.

In 1695 is daar rondom die kerkgebou ook 'n begraafplaas aangelê, maar in 1713 kon die gemeente nog kla dat 'de graaven der overleedenen door beesten, paarden en schaapen, selfs het wilde gediertte, soo[wel] bij dag als bij nagt betrapt en geschonden werden'.[75] Met die oog hierop is daar toe besluit om dit te laat omring deur 'n sloot agt voet breed en ses voet diep (ongeveer 2,5 en 1,8 meter onderskeidelik).[76]

Met die vestiging van die Vlugtelinge is ene Paul Roux as 'voorleeser en schoolmeester in de Fransche taal' aangestel:[77] oor sy agtergrond is niks met sekerheid bekend nie, maar hy was moontlik van eenvoudige herkoms. Daar bestaan nog 'n doopregister van die gemeente wat hy oor die jare 1694–1713 bygehou het,[78] en in die afwesigheid van 'n predikant kon hy ook in die diens voorgaan en Franse gebede en preke voorlees, 'n taak wat hy tot sy dood in 1723 voortgesit het. Sy dood is beskryf as 'in figuurlike sin ook die dood van die Franse taal in Suid-Afrika.'[79] 'Van '88 tot sy dood in 1723,' merk Franken egter op, 'word daar met geen enkel woord verwys na die "onderwys" van Paul Roux nie.'[80]

In 1700 is die Nederlandse sieketrooster Jacobus de Groot, wat op pad terug was na Europa ná drie-en-'n-halwe jaar diens in die hawestad Galle in Ceylon (Sri Lanka), deur goewerneur Van der Stel as bykomende sieketrooster en skoolmeester vir Drakenstein aangestel, besonderlik met die oog op die behoeftes van die Nederlandssprekende inwoners, alhoewel hy na bewering ook Frans magtig was.[81] Soos dikwels die geval was, het hy 'n vrou in Nederland gehad en gevra dat sy toegelaat word om by hom aan te sluit, maar hierna word daar niks meer van hom gehoor nie.

In Mei 1704 het die Kaap aan die Here XVII berig dat Jan van Hoorn, oor wie daar eweneens niks verder bekend is nie, as Nederlandse sieketrooster van Drakenstein aangestel is, en het hy eweneens gevra dat sy vrou en kinders uitgestuur moet word.[82] Van Hoorn sou hier egter net diens doen tot 1705, toe hy na die Tafelvallei oorgeplaas is,[83] en is toe tydelik vervang met ene Cornelis Stichter, 'a man of proved ability and unblemished conduct'.[84] Ds. Le Boucq, wat vroeg in 1707 as Beck se opvolger hier aangekom het, sestien jaar ná die totstandkoming van die gemeente en vyf jaar nadat Beck diens aanvaar het, het in Drakenstein, volgens sy eie berig aan die Klassis Amsterdam, 'tot mijn leetwesen (...) geen woonhuys voor den predikant nogh kranckbesoeker, jae, selfs geen Duyts [*Nederlandse*] voorleser of kranckbesoeker, en oock geen behoorlyck kerkhof' gevind nie.[85]

Alles in ag genome, is dit nouliks verbasend dat vyftien van die Franse immigrante vroeër of later verkies het om met hul gesinne na Europa terug te keer nie: 'Dit is op 'n getal van ongeveer 120, aangekom tussen 1688 en 1700, ongeveer 12 persent,' soos Franken opmerk.[86] Ewe min kan dit verbaas dat daar heelwat misnoeë en ongeseglikheid onder die agterblywende lidmate van die Franse gemeenskap bestaan het, en wrywing sowel met die owerheid as met die Nederlandssprekende koloniste wat in elk geval vir 'n deel vooringenome was teen die vreemde intrekkers met wie hulle bowendien nie kon kommunikeer nie. Die bestaande wantroue is ongelukkig verder vergroot deur die feit dat Nederland en Frankryk juis in 1688 in die Negejarige Oorlog verwikkeld geraak het, en daar het 'n lewendige vrees bestaan dat as die Franse die Kaap moes binneval, die Vlugtelinge hul landgenote sou bystaan, alle geloofsverskille ten spyt.

In 1827 kon 'n nasaat van die Franse intrekkers aan die hand van familie-oorlewerings nog oor die vyandigheid van die Nederlandse koloniste teenoor die Vlugtelinge uitwei:

> Ja, zelfs hebben zommige zig niet geschaamt uijtdrukkingen te doen dat men van een verstandig mens niet verwagten kan: 'Liever aan een Hottentot en een hond een stuk brood te geven, als aan een Fransman.' (…) [De Fransen] hebben zig bij elkander gehouden en hebben als 't waaren een verbond onder elkander gemaakt om met geen andere dan met Fransche Vlugtelingen te huwelijken. Dat klaar [*duidelik*] uit de geslagslijst komt te blijken.[87]

Ook binne die Franse gemeente was daar in hierdie omstandighede spanning en onenigheid, wat bowenal uiting gevind het in die geskille tussen ds. Simond en een van sy mees vooraanstaande gemeentelede, Jacques de Savoye. In 1691 reeds kon Van der Stel in 'n brief aan die Here XVII opmerk,

> 't is vreemd dat de luijden [*mense*] dewelke om hun geloov so veel geleden, en alles ten gevalle van 't selve verlaten hebben, soo weinig rekkelijk en redelijk zijn dat se selvs tot argernis deser ingesetenen hun balorigen en wrevelmoedigen aard hier niet hebben konnen beteugelen.[88]

Bes moontlik was dit ook onenigheid in sy gemeente wat Simond se skielik en so dringend laat begeer het om na Europa terug te keer.[89] 'Dit was 'n moeilike gemeente, die hele agtiende eeu deur,' soos Engelbrecht in sy oorsig van Kaapse predikante met betrekking tot Drakenstein opmerk.[90]

'n Nuwe reeks probleme het egter vir die gemeente ontstaan met die vertrek van hul Franssprekende predikant en die benoeming van 'n Nederlander in sy plek.

Toe ds. Simond sy begeerte te kenne gee om na Europa terug te keer en die uitsending van sy opvolger aangekondig word, het die Here XVII laasgenoemde aan die Kaapse owerhede beskryf as

> one who, according to your proposition and request, understands both the Dutch and the French languages, not (as we understand it) to preach in the

3. Henricus Beck in Drakenstein

latter language, but only to be able to minister to the aged colonists who do not know our language, by visitations, exhortations and consolations, and by that means, in course of time, to kill that language (*die taal metter tyt te krygen gemortificeert*) and banished thence.[91]

'Te wensen ware het,' het Beck egter in April 1703 aan die Klassis Amsterdam geskryf,

dat de gemeente, die meer as twe[e]derdepart Fransen sijn, de Duytse [*Nederlandse*] taal, immers in een leerreden, beter verstonden, opdat haar [*hulle*] by gebrek van die taalkunde geen traagheid of kleynagtinge omtrent den Godsdienst bekruypen en haar allenskens [*geleidelik*] den openbaren Godsdienst onttrecken mogten.[92]

In Junie 1703 het Beck en sy kerkraad 'n versoek aan die XVII gerig dat hy toegelaat mag word om al om die ander Sondag in Frans te preek, met die argument dat die lede van sy gemeente weens hul afsondering geen kans gekry het om Nederlands te leer nie. 'Van die 116 volwasse en getroude persone,' so gee Franken die inhoud van hierdie dokument weer, 'is daar maar net vyf-en-twintig wat genoeg Hollands verstaan om deur 'n preek in dié taal gestig te word, 'n aantal ander maar baie min, en die res verstaan gladenal niks nie. En dié wat verstaan, verstaan meer die afsonderlike woorde as die verband van wat gesê word.'[93] Die versoek is deur W.A. van der Stel na Nederland aangestuur met die aanbeveling dat dit toegestaan word,[94] waarop die XVII hom in Julie van die volgende jaar voorlopig toestemming gegee het om in hierdie saak na eie goeddunke op te tree, alhoewel hulle by hul oorspronklike standpunt gebly het. Hierna het Beck begin om een keer per maand in Frans te preek,[95] volgens Franken op eie gesag maar met die 'stilswyende goedkeuring' van die goewerneur.[96]

Hoeveel voldoening dit gegee het, is egter onseker, want aan die hand van 'n vertaalde Franse teks deur Beck wat bewaar gebly het, merk Franken op, 'die gehalte van sy gesproke Frans sal, te oordeel na sy geskrewe Frans, na verhouding nie beter gewees het nie',[97] terwyl sy Franse vertaling van die getuigskrif ten gunste van W.A. van der Stel beskryf word as 'n 'ongrammatikale, onidiomatiese vertaling gemaak deur iemand wat die taal nie van huis uit geken het nie, met behulp van 'n woordeboek'.[98] Die keuse was egter tussen 'n preek in ontoereikende of geradbraakte Frans en een in 'n taal wat die gemeente glad nie kon verstaan nie.

Op 4 April 1703 het Beck met sy kerkraad sy eerste amptelike mededeling oor sy gemeente 'op desen uythoek van Africa' aan die Klassis Amsterdam gerig vir versending na Nederland saam met die jaarlikse retoervloot.[99] Dit is 'n betreklik kort maar omslagtige en hoogdrawende dokument wat vermoedelik deur Beck self opgestel is, en wat te midde van alle welluidende gemeenplase eintlik nie veel werklike inligting bevat nie; waarskynlik omdat daar ook nie veel was om oor die klein, verspreide gemeente te sê nie.

> En gelijk wij hebben begonnen, soo gaan wij ook nog onse gemeente voor in den gebede, blijven besig in 't verkondigen van Gods Woort en 't toedienen van de heilige bonttekenen [*bondtekens*] op sijn tijd. Dog dewijl de gemeente wel seven uuren verspreit [is], meest Franse, haar [*hul*] kinderen geen of weinig Duits [*Nederlands*] verstaan, soo is 't vooralsnog [*voorlopig*], hoe nodig en wenselik anders, schier [*byna*] onmooglik, immers swaar, geweest Catechisatie in te stellen, daar wij evenwel onse sorge over laten gaan en werk van maken sullen.[100]

Verder is daar volstaan met die summiere mededeling dat iemand 'van Mohammedaanse ouders gebooren', dus vermoedelik 'n slaaf of vrygestelde slaaf uit die Ooste, belydenis afgelê het, en die vrome dog vae wens dat 'dat onse grote God en herder der schapen de oude opgeseten[en] des lants [*die Khoikhoi*] tot de schaapskooje [*kraal*] van Jezus gelievde te brengen'.[101]

'n Indirekte blyk van Beck se invloed in sy gemeente kan miskien gevind word in die reeds vermelde feit dat 'n honderd eksemplare van die *Korte schets* van D'Outrein, sy voormalige predikant in Arnhem, in 1717 nog vir Drakenstein bestel is, hoewel Beck self teen hierdie tyd reeds na Stellenbosch oorgeplaas was. Van Zijl se indruk is egter dat dié werk aan die Kaap hoofsaaklik in hierdie gemeente gebruik is.[102]

Die Duitser Peter Kolb, wat 'n tydgenoot van Beck aan die Kaap was, skryf oor die predikantsamp onder die VOC op 'n neerhalende wyse wat moontlik gekleur is deur die kritiek wat ds. Kalden in die konteks van die vryburgers se agitasie teen goewerneur W.A. van der Stel uitgelok het.

> De geestelyken, zoowel hier als door gantsch Oost-Indië, hebben van de Voortreffelyke Maatschappy niet alleen 100 of wel 120 gulden ter maand, maar zy genieten daarenboven een fraai maandelyks kostgeld, alsmede speceryen, hout, boter, bier of wyn en andere dingen, waarvan zy ruim leven konnen; daarentegen hebben zy geene voordelen van dopen, begraven enz. te verwachten;[103] dog deze bezolding verdienen zy zeer gemakkelyk, omdat zy maar eens ter week daarvoor behoeven te prediken, tenzy op Ker[st]mis, Paaschen, Pinxteren of dat 't H. Avondmaal uitgedeeld word.[104]

Beck se traktement, wat deur die VOC betaal is, nes die salarisse en gasies van al sy ander werknemers, het aanvanklik egter 90 gulden per maand bedra.[105] Hiernaas het hy volgens die gegewens vir 1710 wat Valentyn verstrek 13 riksdaalders (39 gulden) 'kosgeld' per maand gekry, wat as 'n soort subsidie vir amptenare bedoel

3. Henricus Beck in Drakenstein

was, en 'n maandelikse voorraad lewensmiddele in die vorm van 'n halwe mud koring, tien pond botter, agt kanne wyn, twee kanne olyfolie, vier kanne traan, vier pond kerse en twee vragte brandhout.[106]

Aan die einde van 1702 het die Politieke Raad die landdros van Stellenbosch opdrag gegee dat die burgers van Stellenbosch en Drakenstein hul onderskeie predikante voortaan self van brandhout moes voorsien, 'which cannot very well be sent from the Cape',[107] dog kort hierna moes daar gekla word oor die onwilligheid van die Stellenbosse burgers om hout vir ds. Van Loon aan te ry.[108] Hierdie reëling was klaarblyklik nie geslaagd nie, en later blyk dat dit vir Beck nodig was om vir sy eie hout te betaal en hy slegs vanaf die einde van 1706 'n ekstra toelaag hiervoor geniet het.[109]

Met sy aankoms in Drakenstein moes ds. Le Boucq later vasstel dat 'daer nogh huer- nogh andere ledige huysen sijn om in te trecken';[110] en elders skryf hy dat 'op geheel Drakensteyn geen huys te huer en is, en de menschen hebben niet meer wooning als daarmede sij haer te nouwernood behelpen';[111] Beck self het later verklaar '[dat ik] noit enig verblijff in Drakenstein tot mijn wooning gehad heb'.[112] By gebrek aan 'n pastorie is dit dus moontlik dat hy as vrygesel aanvanklik by een van sy gemeentelede tuisgegaan het. Die latere sieketrooster van Drakenstein, Hermanus Bosman, het met sy aanstelling in 1707 in elk geval onderdak gekry by een van die vooraanstaande lede van die gemeente, Abraham de Villiers, wie se plaas in die nabyheid van die kerkie was.[113]

Dit was egter eers in die winter van 1703, meer as 'n jaar nadat sy aankoms, dat Beck die Politieke Raad versoek het dat hulle 'een woninge aldaer tot zijn verblijff wilden doen opzetten', en dat hy 'n maandelikse subsidie met terugwerkende krag aangevra het. 'n Bedrag van 6 riksdaalders per maand is aan hom toegestaan, 'aenvank nemende van den tijd zijner aenkomst alhier, tot dat bij of omtrent de kerck aldaer een bequaem [geskikte] woonhuijs voor den predicant in der tijd zal zijn gebouwt'.[114] In hul jaarverslag aan die Here XVII in Maart die volgende jaar meld die Politieke Raad, 'We have built a house at Stellenbosch for the Rev. Beck at his request, according to the Resolution of 26th July last',[115] maar niks verder is hieromtrent bekend nie. Dit was kort voordat hy as gevolg van die skielike dood van ds. Van Loon na Stellenbosch oorgeplaas is, en toe ds. Le Boucq in 1707 as sy opvolger in Drakenstein aankom, was daar beslis geen voorsiening vir hom en sy gesin in hierdie gemeente nie, soos hy luidkeels gekla het.[116] Watter reëlings die owerheid vir Beck getref het, is dus onduidelik.

Intussen het Beck, ongeag waar hy woonagtig was, egter volgens reeds gevestigde presedent vir hom 'n plaas aangeskaf.

Beck se voorganger in Drakenstein, Pierre Simond, het met sy aankoms 'n plaas in Banghoek as woonplek gekry en ook geboer, alhoewel hy versigtig genoeg was om die uitdruklike toestemming van die Here XVII hiervoor te kry, aangesien amptenare verbied was om grond te besit.[117] Teen die einde van die negentigerjare het al die senior amptenare egter geboer, met die twee Van der Stels, vader en seun, as die prominentste onder hulle, en laasgenoemdes het hul grond bowendien van besoekende kommissarisse ontvang: in die praktyk is die verbod op grondbesit dus eenvoudig geïgnoreer. Ds. Kalden het later verklaar dat toe hy in 1695 aankom, 'Niet alleen de meeste dienaren van de Edele Compagnie land bezaten, maar ook de Heer Simonds, predikant van Drakensteyn, die wel twee bysondere plaatsen besloeg'.[118] Met Beck se aankoms enkele jare later het sy twee plaaslike ampsgenote onderskeidelik huise in die Tafelvallei en Stellenbosch bewoon, maar het elkeen daarnaas ook 'n plaas besit.

Dit was vermoedelik aan die hand van hierdie presedente dat Beck reeds in April 1703 die plaas Koelenhof gekoop het, sestig morg groot en geleë in die omgewing van Klapmutsberg, dus binne redelik gerieflike bereik van sy kerkie in Drakenstein.[119] 'Daar het 'n ou wapad van "Babylons Toren", waar die kerkgeboutjie van die Franse gemeente gestaan het, oor die voetheuwels van Kanonkop (Simonsberg) na "Natte Vallei" en Klapmuts geloop,' skryf A.M. Hugo. 'Langs hierdie pad was dit maklik om "Koelenhof" te bereik.'[120]

Hoe Beck as produk van die Nederlandse stads- en universiteitslewe by die Kaapse boerdery aangepas het, en met hoeveel welslae, moet eweneens onbeantwoord bly, alhoewel hy op verre na nie die enigste Europeër was wat in hierdie tyd dié aanpassing moes maak nie, en daarby die voordeel bo gewone koloniste geniet het van 'n vaste aanstelling en salaris, sodat hy nie van sy boerdery afhanklik was nie.

Ds. Simond het as predikant van die Franse Vlugtelinge in 1688 spesiale voorregte geniet en spesiale behandeling van die Kaapse owerheid gekry, sodat Beck se posisie nie met syne vergelyk kan word nie, maar iets kan nogtans oor Simond se omstandighede gesê word om 'n indruk van boerdery in hierdie pionierstyd en in hierdie gebied te gee.[121]

Afgesien van die grond wat hy in eiendom ontvang het, het Simond eerstens die dienste van twee van die Kompanjie se timmermans gekry om vir hom 'n woning te bou. Dit sou sestig by twintig voet groot wees en agt voet hoog (sowat agttien, ses en 2,5 meter onderskeidelik), met ander woorde die normale Kaapse huis van hierdie tyd bestaande uit twee of drie kamers op 'n ry. Hiernaas is 'n wa, ses osse en 'n ryperd aan hom geleen. 'Met die wa word sy huisraad vervoer, en hy gebruik dit later om met sy vrou en volk [*plaasknegte*] Sondags kerk-toe te gaan en vir ander doeleindes wat nodig is op sy plaas.'[122]

Simond het twee Franse knegte in diens gehad vir die plaaswerk, wat hy toegelaat het om 'n stuk grond te bewerk ten einde vir hul loon en onderhoud te betaal, en verder het hy 'n betreklik groot aantal slawe aangeskaf, in 'n tyd toe slawebesit reeds vinnig toegeneem het, maar nog nie algemeen of op groot skaal voorgekom het nie. Tussen 1690 en 1698 is nie minder as elf slawe volgens die beskikbare rekords deur hom aangekoop nie, vir pryse tussen 50 en 110 riksdaalders (150–330 gulden) stuk, terwyl slegs een verkoping oor dieselfde tydperk aangeteken is.[123]

3. Henricus Beck in Drakenstein

Met sy vestiging op die plaas het Simond reeds tien beeste van die Kompanjie gekoop teen 240 gulden, en die volgende jaar 'n verdere agt teen 192 gulden. 'Drie jaar ná sy aankoms,' merk Franken op, 'moet die opbrengs van sy plaas meer as voldoende gewees het om van te lewe, want van '92 tot 1702 laat hy sy salaris, of die grootste gedeelte daarvan, uitbetaal in Holland (…).'[124] En met betrekking tot sy terugkeer na Europa in 1702: 'As ons die [betrokke] bedrae saamtel, kom ons tot die bedrag wat hy hier met sy betrekking en die boerdery uitgespaar het ná likwidasie en dekking van onkoste en alle lewenskoste gedurende veertien jaar. Dit is die som van ƒ18,063-18-5.'[125]

Wat hierdie voorbeeld illustreer, en wat vir Beck se biografie relevant is, is die feit dat dit vir 'n predikant aan die Kaap in hierdie tyd moontlik was om naas die bediening op voordelige en winsgewende wyse te boer, ook al het hy geen vroeëre ervaring van die boerdery besit nie. 'Maer daer [*waar*] de baatsught heerst, is den godsdienst verbannen,' het Le Boucq in 1707 nogal bitsig verklaar; 'want [*aangesien*] d'Africaansche predikanten Kalden en Beck haer keuken beter quamp te rooken van een schaggerytjen by de hand te nemen en van de viervoetige schaepen en beesten als van de kudde Christi te weyden'.[126] Die benaming 'schaggerij' is aan die Kaap dikwels vir 'n kroeg of tappery gebruik, maar terwyl dit moontlik is dat daar op die predikante se plase ook drank verkoop is, lyk dit meer waarskynlik dat winsgewende handel oor die algemeen hier bedoel word.

Wat Beck betref, wat sy boerdery op effens ander voorwaardes moes begin, het hy later self genoem dat hy vir die aankoop van die plaas geld geleen het: 'dat hij (…) nog ettelijke penningen had opgenoomen van scheepsvrienden en ook hier te lande, dewelke in 't Vaderland door zijne bovengen[oemd]e waarde moeder naderhand aan scheepsvrienden waaren voldaan ende betaalt',[127] sodat sy moeder se sorg en steun hom nog altyd onderskraag het. Teen hierdie tyd was daar aan die Kaap egter reeds 'n aantal vermoënde boere wat bereid was om op groot skaal geld te leen, en in 1701 het ds. Van Loon byvoorbeeld 2000 gulden aan die vryburger Pieter van der Bijl geskuld.[128]

Mens sien Beck vir 'n oomblik in hierdie tyd, in die lente van 1703, by die grootskaalse vendusie wat plaasgevind het ná die dood van Christina Does, eggenote van luitenant Adriaan van Reede; waarby net terloops genoem kan word dat dit in sekere sin die einde van 'n era in die koloniale geskiedenis uitgemaak het, al sou Beck en sy tydgenote dit nie besef het nie. Christina Does het naamlik nog in Van Riebeeck se tyd as opgeskote meisie of jong vrou uitgekom na die Kaap met haar moeder, wie se tweede man sersant Jan van Herwerden was, en is self getroud met die vry kleremaker Elbert Dircksz Diemer, wat nes Van Herwerden Van Riebeeck se guns geniet het en in 1685 as gegoede en gesiene man oorlede is; die senior amptenaar Van Reede was haar tweede eggenoot. Waarskynlik was Christina Does een van die laaste lewende skakels met die vroeë jare van blanke vestiging gewees naas die vrygestelde slavin Angela van Bengale en dié se dogter Anna de Koning.

Die egpaar Van Reede was baie ryk en hul huis in die Tafelvallei was weelderig ingerig, soos uit die boedelinventaris blyk,[129] terwyl die vendusielys twaalf handgeskrewe bladsye beslaan en totale verkope ter waarde van meer as 27 000 gulden aangee.[130] Onder die kopers wat hier vir hulle die meeste aangeskaf het, was die oorlede vrou se skoonseun, die fiskaal Joan Blesius, en sy swaer, die burgerraad Abraham Diemer, wat uit hoofde van sy amp as 'Monsr. Diemer' verskyn, die Boekhouer Hendrik Munckerus, wat eweneens as 'Monsr. Munckerus' aangeteken is, 'juffrouw Swellengrebel' en 'juffrouw Corssenaer', die eggenotes van senior amptenare, ds. Van Loon van Stellenbosch, en die Kaapse sieketrooster Albert Coopman, wat as weesmeester opgetree het en deur sy sakeondernemings 'n gegoede man geword het; 'die sterk koopmanschapte,' soos Valentijn sarkasties oor hom skryf, 'en naderhand uit nedrigheid een rok [*baadjie*] met gouden knoopen droeg'.[131]

Onder die Kaapse amptenare-élite wat in die lente van 1703 hier saamgedrom het om op die silwerware, porselein, lakwerk, skilderye, Oosterse tekstiel en 'gedrukte boekjes' te bie, was vervolgens ook die predikant van Drakenstein, wat die koper was van ses teekoppies, twee soutvaatjies, twee porseleinskeerbekkens, 'n koperkan en skottel, 'n 'bed en peulewe' (waarmee 'n 'bulsak' of matras en 'n bolster bedoel is), en 'n stuk blou bafta,[132] aankope wat mens sou kan verwag by iemand wat besig was om 'n eie huis in te rig.

Op 'n ander vendusie sien mens twee jaar later egter hoe Beck aandag skenk aan die eise van die boerdery, met die aankoop van twee misvurke, 'n pik en 'n aantal ou sekels.[133]

Wat die werksaamhede op die plaas betref, het Beck in eerste instansie soos baie van sy tydgenote gebruik gemaak van blanke knegte: in 1702–03 het hy die soldaat en latere vryburger Casper Badenhorst uit die Duitse vorstedom Lüneburg vir 'n jaar in diens gehad as leenkneg,[134] en oor die volgende jaar die soldaat Michiel Düring uit Leipzig, wat gedurende hierdie tyd met 'n gekleurde vrou, Cornelia van die Kaap, 'n kind gehad het wat Daniël gedoop is.[135]

In die rekords van die VOC sal daar waarskynlik kontrakte met verdere inligting van hierdie aard gevind kan word, en moontlik ook met sogenaamde vryknegte uit die vryburgersamelewing. Vanselfsprekend het hy van slawearbeid gebruik gemaak, soos enigeen wat die aankoop van slawe kon bekostig teen hierdie tyd reeds gedoen het, maar slegs 'n enkele aankoop is uit hierdie tyd opgeteken, toe hy vroeg in 1703 die bedrag van 60 riksdaalders vir Jan van Malabar betaal het: die verkoper was ene Jan de Bruijn, vermoedelik 'n opvarende op die retoervloot van daardie jaar.

Daar is ook toevallige verwysings na die slaaf Jan, moontlik dieselfde man wat Beck kort gelede aangeskaf het, wat hom aan die einde van 1703 'in 't hok met een sweepstreng aan een balk' opgehang het, en ene David wat die volgende jaar gedros het.[136] Een selfmoord en een drospoging onder wat vermoedelik 'n klein slawetal was, sê nie veel vir die toestande op Koelenhof nie, alhoewel dit in eerste instansie seker toegeskryf moet word aan die knegte wat die plaas in Beck se afwesigheid

3. Henricus Beck in Drakenstein

beheer het. Aan die hand van die drostery van die slaaf David het daar in die Kaapse Dagregister heelwat toevallige inligting bewaar gebly oor die skemerwêreld van die Bolandse slawe, in hierdie geval letterlik al langs die rand van die wêreld van die blanke koloniste. Dit is opgeteken omdat hy die slagoffer geword het van 'n medeslaaf, Daniël van Koromandel, wat van die geregsbode Christoffel Hasewinkel gedros het en as voortvlugtige in die vertroude gebied rondom Klapmutsberg rondgeswerf het. Tydens sy latere verhoor het Daniël verklaar,

> that in the night of 12th March last he had stolen grapes in the Revd. Bek's [sic] garden; that he then went to the Clapmuts mountain to hide himself and there die of hunger; that after lying down half an hour a slave of Rev. Bek met him, named David, who said that he intended to run away also. That the following night they stole some quinces in the garden of Cryn Ras [*Tryn Ras, Joostenbergvlakte*]. That when prisoner wished to return to Clapmuts David prevented him and wished him to show where the sheep were of Mr. Elsevier. That he refused to do so; that thereupon David quarrelled with him and finally beat him; that thereupon he drew his knife and wounded David in the throat. That David thereupon fell down and finally died; that prisoner then went to the land of Mons. Mulder, where he slept; that thereupon he went to meet those sent out to capture him, and so was taken prisoner by the burgher Jurgen Smacky.

Dit alles het in die onmiddellike omgewing van Koelenhof plaasgevind. Die droster Daniël is veroordeel om gehang te word.[137]

In dieselfde tyd het 'n grootskaalse drostery van 'n aantal slawe wat onder andere aan ds. Van Loon en die voormalige landdros Johannes Mulder behoort het in dieselfde omgewing plaasgevind wat heelwat onrus in die plaaslike blanke gemeenskap veroorsaak het. Nadat drie van hulle met die hulp van medeslawe gevang is, het die landdros, Pieter Robbertsz, toestemming gevra om hulle self te mag straf, 'at their masters' request, that they might be scourged, branded or "horned" (*gehoornd*), and that he himself might be allowed to whip his slave, as he is continually running away'.[138] Die 'horing' was 'n metaalband met uitstekende penne of punte wat rondom die nek van die slaaf vasgeklink is om ontvlugting te bemoeilik.[139]

Deur die omswerwings van die drosterslawe David en Daniël word die onmiddellike omgewing van Koelenhof aangedui en daarmee ook iets van ds. Beck se naaste bure en sy sosiale lewe, en dit is seker geen toeval dat hy hom hier tussen die plase van sy Kaapse ampsgenote en 'n aantal senior amptenare bevind het nie.

In eerste instansie het die predikant van Stellenbosch, Hercules van Loon,[140] 'een zeer hups [*aangename*] heer' soos Valentijn hom beskryf,[141] in hierdie omgewing die plase Hercules Pilaar en Waarburg (later Matjieskuil) besit. Hy was afkomstig uit Friesland, was ongeveer ewe oud as Beck en was getroud met Maria Engelbregt, en hulle het 'n seuntjie gehad wat in 1703 gebore is. Sy vrou was skynbaar 'n daadkragtige dame wat haar in latere jare nog in die Kaapse samelewing sou laat geld. 'Voorbij het huijs van Mahieu gaande,' het Adam Tas vroeg in 1706 geskryf, nog voordat daar openlike botsings plaasgevind het, 'zag ik daar zitten de wede. van Loon, dat grootse leppige wijf';[142] wat in die Engelse vertaling met 'that haughty, sour-faced woman' weergegee word: die Nederlandse woordeboek verklaar die moderne vorm 'lebbig' as 'zeer onaangenaam; zuur, bits'.

Van Loon het in 1694–95 diens gedoen aan die Kaap en daarna vir 'n kort tydjie in Batavia, maar het in 1700 saam met sy vrou weer van Nederland uitgekom om die eerste vaste predikant op Stellenbosch te word.

'n Buurman van die twee predikante se plase was die Nederlander Johannes Mulder,[143] voormalige landdros van Stellenbosch, wat in 1682 as soldaat na die Kaap gekom het. Hy was die eerste man wat hierdie amp in die jong dorp beklee het, alhoewel Simon van der Stel heelwat klagtes oor hom gehad het, maar het in 1691 vryburgerskap verkry. 'Reeds die volgende jaar,' skryf dr. Böeseken, 'het hy 5 000 wingerdstokke op sy plaas gehad en oor 'n kudde van 450 skape en beeste beskik.'[144] Na watter plaas dit verwys, is nie duidelik nie, maar vanaf 1700 was hy woonagtig op Hoopenburg, wat later na hom Muldersvlei genoem sou word.[145]

Ten spyte van sy agtergrond in Kompanjiesdiens kan Mulder egter nie van te eenvoudige herkoms gewees het nie, want een van sy susters was die vrou van Samuel Elsevier, 'n senior amptenaar uit die Ooste wat mettertyd sekunde aan die Kaap sou word, en die man van 'n ander was tydelik kommandeur van Jafnapatnam (Jaffna) in Ceylon en vervolgens kommandeur van Malabar aan die weskus van Indië:[146] dit wil voorkom dat die familie Oosterse konneksies gehad het, alhoewel die aard daarvan nie duidelik is nie.[147] Mulder self was getroud met Jacoba Kighelaar of Kichelaar uit Den Haag, maar hulle het geen kinders gehad nie.

'Uit sy handskrif, taalgebruik en algemene optrede kry 'n mens die indruk dat hy nie baie intelligensie gehad het nie,' merk Hugo met betrekking tot Mulder op;[148] alhoewel hy volgens dr. Böeseken, sonder vermelding van bron, op getemperde wyse beskryf is 'as 'n persoon wat 'n voorbeeldige lewe gelei en die vermoë besit het om grond op te meet en bouwerk te onderneem.'[149] Ongeag sy gawes, het hy vanweë sy vroeëre amp egter 'n bepaalde status en aansien in die plaaslike gemeenskap geniet, in 1703–04 het hy as ouderling van Stellenbosch gedien,[150] en in 1711–13 het hy vir 'n tweede termyn diens gedoen as landdros. Die Duitser Peter Kolb wat in hierdie tyd as sekretaris onder hom gewerk het, beskryf hom geesdriftig as 'een man van een uitmuntent verstand en ongemene [*ongebruiklike*] kennis, wiens gelyke te myner tyd Afrika (…) weinig of niet heeft gehad'.[151]

Teen die tyd van sy dood in 1732 was Mulder 'n gegoede man, 'n ontwikkeling wat vermoedelik veel vroeër reeds begin het. Kolb wei met ewe groot geesdrif uit

3. Henricus Beck in Drakenstein

oor Zorgvliet, die 'treffelyke plaats' waar hy teen hierdie tyd gewoon het, met sy huis 'tusschen hoge eekebomen aldus gebolwerkt dat men byna niets daarvan ziet eer en alvorens men dicht daarby komt', en die 'vermakelykste tuin' met gesnoeide bome en 'n siergrot soos wat destyds in Europa die mode was.[152] Mens kan seker aanneem dat hy en sy vrou as Beck se bure op Hoopenburg nie minder stylvol gelewe het nie.

Die laaste van die groepie amptenare wat hier in die omgewing van Klapmutsberg plase besit het, was Mulder se swaer, die sekunde Samuel Elsevier.[153] Elsevier is in 1651 in Den Haag gebore, in gunstiger omstandighede as enige van die ander mans wat as sy Stellenbosse bure opgenoem is. 'Hij werd geboren als kleinzoon van enkele grondleggers van de VOC in de Oost,' som Schutte op,

> groeide op in een kring van grote kooplieden en ondernemers, bestuurders en regenten. Een dergelijke bevoorrechte geboorte leverde als het ware vanzelf de juiste kennis en kennissen: een goede scholing, het bezit van de bijbehorende omgangsvormen en vooroordelen, en een entrée [*toegang*] tot het betere sociale netwerk.[154]

Elsevier het die VOC veertien jaar lank in die Ooste gedien, in hoofsaak skynbaar in Ceylon, en die rang van luitenant bereik. Ook is hy gedurende sy dienstyd getroud met 'n vrou uit die familie Six van Chandelier, wat eweneens goed gevestig was in Kompanjieskringe, en bowendien verwant aan die Nederlandse digter Joannes Six van Chandelier, wat in sy eie dag bekendheid geniet het en nog altyd nie vergete is nie.[155]

In 1689 het die gesin na Europa teruggekeer met drie klein dogtertjies, en op die terugreis is Elsevier se vrou aan die Kaap oorlede en vermoedelik begrawe op die ommuurde perseel wat vir die oprigting van 'n kerkgebou bestem was (die huidige Groote Kerk-perseel). Binne 'n paar jaar ná sy terugkeer in Nederland is die wewenaar met sy jong gesin egter opnuut getroud, en sy nuwe vrou was Anna Christina Mulder, 'n suster van die landdros van Stellenbosch, alhoewel dit onbekend is hoe, waar en wanneer hy haar leer ken het.

Hierdie verbintenis met die Kaap was moontlik een van die redes waarom die pos van sekunde Elsevier aangebied is en waarom hy bereid was om dit te aanvaar, want in hierdie tyd was kontakte, familiekonneksies en invloed van groot belang. Vroeg in 1697 het hy met sy gesin aan die Kaap aangekom, waar hy in die hiërargie van die VOC 'n belangrike plek beklee het as tweede in bevel van die goewerneur, en onder W.A. van der Stel is sy mag en invloed waarskynlik vergroot deur die feit dat Van der Stel sy tyd toenemend deurgebring het op sy landgoed Vergelegen wat hy besig was om op groot skaal volgens Europese standaarde uit te lê.

In 1698 reeds het Elsevier 110 morg grond ontvang, wat in 1701, nadat W.A. van der Stel goewerneur geword het, met 'n verdere sewentig morg vergroot is,[156] en dit is as die plaas Elsenburg ontwikkel.[157] Verder het hy op groot skaal aan grondtransanksies deelgeneem, in die loop waarvan hy op een tydstip ook die eienaar geword het van ds. Simond se voormalige plaas Bethlehem.[158] Ten slotte was hy by slawetransaksies betrokke op 'n skaal wat die indruk gee dat dit nie net om arbeidskragte vir sy plaas gegaan het nie, maar om winsgewende slawehandel tot eie voordeel. Hattingh noem hom as een van die groot slawehandelaars onder die plaaslike amptenare gedurende die sewentiende eeu, met dertien aankope en vyf verkope net oor die eerste vier jaar ná sy aankoms,[159] terwyl Shell besonderhede verstrek van 28 transaksies waarvan hy amptelike rekords kon vind.[160]

In 1700, toe hy sy boerdery begin het en moontlik nog nie oor genoeg slawe vir sy eie doeleindes beskik het nie, het Elsevier vier knegte van die Kompanjie in diens gehad, maar in later jare nooit meer as een of twee nie, afgesien van 'n onbekende aantal leenknegte.[161]

Die teenstanders van W.A. van der Stel onder die vryburgers, wat geen onpartydige getuies was nie, het later beweer dat daar deur Elsevier op sy plaas 'een grote hoffstede is getimmert [gebou], daar hy jaarlyks een meenigte koorn zaait en een grote wyngaard heeft aangelegt, ook is hy rykelyk van vee voorzien'.[162] Leo Fouché, wat ewe min onpartydig was, het op grond van die feit dat Elsevier in 1705 161 mud graan laat maal het, weer bereken dat hy 'op Elsenburg zowat 80 man, blanke knechts en slaven, [zou] kunnen gehad hebben',[163] alhoewel dit nouliks waarskynlik klink. Hoe bevooroordeeld hierdie getuienis ook mag wees, kan daar egter met redelike sekerheid aanvaar word dat iemand met Elsevier se agtergrond en in sy posisie van die kans gebruik sou gemaak het om homself te verryk, en dat hy deftig en stylvol sou geleef het.[164] Ná Elsevier se terugkeer na Europa het Valentijn dit nog altyd oor 'een ongemeene fraaje en voordeelige wooning, die hem jaarlyks (...), en in 't jaar nog, wel 3000 guld. (zoo men zeide) opbragt',[165] en die volgende jaar was hy in sy afwesigheid steeds onder die drie grootste belastingbetalers in die distrik.[166]

Hiernaas het Elsevier terloops ook nog 'n huis en twee erwe in die Tafelvallei besit, wat in 1712 vir 5600 gulden verkoop is.[167]

Wat Elsevier se gesinslewe betref, is sy tweede vrou twee jaar ná hulle aankoms oorlede en is hy met 'n verdere drie jong kinders agtergelaat.[168] Moontlik was dit in hierdie tyd dat sy suster Anna uitgekom het van Nederland om die jong gesin te help versorg, want sy het 'n tyd lank 'n deel van hul kring uitgemaak en is in 1709 self aan die Kaap oorlede.[169] Eers in 1703 het Elsevier opnuut getrou, met ene Maria Wasteau oor wie niks verder bekend is nie as dat sy twee jaar later op haar beurt dood is, 'n opvallende herhaling van sterftes wat bes moontlik telkens in kraambed plaasgevind het, iets wat baie algemeen was in hierdie tyd.

Dit was in die tyd van Elsevier se derde huwelik dat Beck hom en sy gesin as bure van sy nuwe plaas Koelenhof leer ken het, met drie opgeskote dogters uit sy eerste huwelik wat in 1703 tussen 22 en 18 jaar oud sou gewees het, en drie kleiner kinders uit die tweede. Ongetwyfeld moet Elsevier se huis met sy jong meisies en klein

3. Henricus Beck in Drakenstein

kinders die lewendigste en vrolikste gewees van die meestal kinderlose wonings van die amptenare wat hier in die omgewing van Klapmutsberg 'n sosiale kringetjie gevorm het.

Voorts het die destydse fiskaal, Joan Blesius,[170] reeds sedert 1691 in dieselfde omgewing die plaas Stellengift (later Simonsvlei) besit waar hy saam met sy swaer geboer het, alhoewel daar in verband met die plaaslike vriendekring geen verwysings na hom en sy gesin voorkom nie. Hy was 'n tydgenoot van Mulder en Elsevier, wat nes eersgenoemde as soldaat in diens van die Kompanjie uitgekom het, en nes Elsevier voorheen ook 'n paar jaar diens gedoen het in die Ooste. Kolb, wat Stellengift nog in Blesius se tyd geken het, noem dit 'zeer aansienlyk' en het dit oor 'een treffelyk huis' en 'een fraaje wynkelder',[171] terwyl Valentijn skryf van 'overvloed van allerley schoone vrugte, als mede van koorn, boekweit en wyn'.[172] Volgens laasgenoemde het Blesius 24 000 gulden daarvoor gekry toe hy dit verkoop het.

Blesius was getroud met Christina Diemer, 'n dogter van Christina Does wat reeds genoem is en lid van 'n gevestigde en welvarende vryburgersfamilie was, sodat sy belange waarskynlik nouer geïdentifiseer was met dié van die plaaslike bevolking en hy nadere kontak met hulle gehad het as wat die geval was met die ander Nederlandse amptenare in die kring wat hier genoem is. Die egpaar het vyf kinders gehad wat tussen tien en sewentien jaar oud was toe Beck Koelenhof aangeskaf het, en wanneer hulle hul eie plaas besoek het, sou hulle waarskynlik welkome besoekers op Elsenburg gewees en tot die lewendigheid van die by-eenkomste bygedra het.

Nes sy kollega Elsevier het Blesius ampshalwe in die Kaap gewoon, waar hy sy eie huis besit het en nie saam met ander amptenare in die Kasteel ondergebring is nie, en vermoedelik taamlik stylvol gelewe het, want in 'n vendusie wat in 1709 plaasgevind het, word 'de coetsier van d'hr. Blesius' terloops onder die kopers genoem.[173] Waarskynlik het hy dus minder tyd op sy plaas deurgebring as die ander grondeienaars wat hier genoem is en die toesig daarvan aan sy swaer oorgelaat, nes Elsevier vermoedelik sy knegte as plaasopsigters oor die slawe gebruik het.

Die Elsevierkinders sou met hul vader na Nederland terugkeer toe hy in 1707 teruggeroep is, maar Blesius en sy gesin het voorlopig aan die Kaap agtergebly, en die afsydigheid van die burgerlike samelewing wat hierdie amptenare in groot mate gekenmerk het, word getoon deur hul latere huwelike met gebore Nederlanders wat in sommige gevalle ook senior amptenare van die VOC was.[174] Slegs een van die dogters is met 'n plaaslik gebore man getroud, maar hy was dan ook lid van die Politieke Raad met die rang van Onderkoopman, en sy vader was kaptein van die plaaslike garnisoen gewees.[175]

Hierdie kring het egter ewe goed Petrus Kalden ingesluit,[176] wat predikant in die Tafelvallei was, 'aan 't Kasteel' soos Valentijn dit stel,[177] aangesien hy eweneens 'n plaas besit en geboer het, alhoewel dit op 'n afstand van dié van sy ampsgenote geleë was. Hy was 'n effens jonger man, 'n tydgenoot van sy kollegas Beck en Van Loon, en was afkomstig uit die stad Wesel in die Nederlandse-Duitse grensgebied waarvan Beck se familie eweneens gekom het. Lede van sy familie het in Wesel en in die Nederlandse Republiek prominente ampte beklee, en Kalden self was 'n opgevoede man wat 'n Latynse geleentheidsgedig kon skryf indien nodig. Hy was getroud met Cornelia van Benthem, maar in 1708 is daar eenvoudig genoem dat hy met twee kinders na Nederland teruggekeer het,[178] sodat sy skynbaar in die tussentyd oorlede is.

In 1699 het Kalden die plaas Zandvliet naby die mond van die Eersterivier en die kus van Valsbaai gekry, wat later deur W.A. van der Stel vergroot is. Valentijn, wat in 1705 deur Kalden hier ontvang is, skryf oor die 'fraaiheid dezer plaats (die jaarlyks aan koorn, behalven de aanteeling van schaapen, mede zeer veel geld opbragt)', en noem dat Kalden 'n paar jaar later 20 500 gulden daarvoor gekry het.[179] In die konteks van hul agitasie teen die goewerneur het die vryburgers verklaar dat hy hom

> zomtyds veertien dagen en langer op zyn landgoederen onthouden [terugtrek] [kan], alsdan word 'er inde kerk zo maar wat voorgelezen. (...) Men zal zelden zien dat den Gouverneur op zyne land-goederen is, of den Prediker reist ook na zyn hoffstede, en zulks geschied al wat dikwils, hy derst [durf] wel zeggen, als den Gouverneur en Twede Perzoon [sekunde] niet aan de Caap zyn, wat hy 'er dan zoude doen.[180]

Daar sal onthou word dat Beck onmiddellik ná sy aankoms inderdaad ook twee keer vir Kalden aan die Kaap moes preek.

Dat daar ook op Zandvliet 'n drukke sosiale lewe was, blyk uit die verwysing deur die ontstoke vryburgers na 'n verklaring van die fiskaal Blesius,

> dat zyn Eerw. [Kalden] ses weken over eenen boeg zig op zyne landgoederen hadde onthouden, by zig hebbende een gezelschap van jonge jufvrouwe, waaronder zyn E[deles] eigene dogters waren [d.w.s. Blesius s'n]; in alle welke tyd zyn Eerw. niet eens na die kerk quam om te kyken, wy swygen dat dezelve zoude hebben gepreekt.[181]

Oor die onderlinge omgang in die kringetjie by Klapmuts, en die feit dat ook Kalden op die afgeleë Zandvliet daarby ingesluit was, bestaan daar insidentele getuienis uit minder kontroversiële bronne, soos 'n terloopse verwysing in die dagboek van die welgestelde burger Adam Tas, wat in die onmiddellike nabyheid van Stellenbosch geboer het, in 1705. Hiervolgens het die Drakensteinse sieketrooster Jan van Hoorn 'met de paardewagen' daar aangekom, 'nevens zijn huisvrouw en dogter, als mede Mr. [hier: monsieur] van Benthem, de zwager van Kalde [sic], en Keetje, 't kind van Kalde; zij bleeven hier 't middagmaal, en zijn tegen den avond vertrocken.'[182] Volgens die aanspreekvorm was Van Benthem, oor wie niks verder

3. Henricus Beck in Drakenstein

bekend is nie, ewe goed 'n sieketrooster of voorleser as Van Hoorn, wat elders eweneens as 'Mr.' aangedui word.[183]

In 'n ander bron is daar nog duideliker bewys van die onderlinge verbintenisse tussen die lede van die kring, want toe Anna Elsevier, die suster van die sekunde, in 1708 haar testament opstel, het dit bemakings ingesluit aan haar broer se dogters, Maria Engelbreght, die weduwee van ds. Van Loon, en 'Catharina Kalden, jongste dochter van de voormalige Kaapse predikant',[184] wat die 'Keetje' (Kaatje) van Tas se verwysing moet wees.

Aan die Kaap het Elsevier as sekunde onmiddellik op die goewerneur gevolg wat rang en gesag betref; hierop het die verdere lede van die Politieke Raad volgens 'n latere ranglys gevolg, as hoogste plaaslike bron van gesag, maar in die hiërargie van die VOC het predikante onmiddellik ná die raadslede gekom, gevolg deur lede van die Raad van Justisie en die ekwipasiemeester, en daarna die landdros.[185] In Beck se tyd het hierdie indeling seker nie wesenlik verskil nie, en die vyf mans wat op hul plase so te sê bure was, was ook in rang ná genoeg aan mekaar om sosiale omgang selfs in 'n statusbewuste tyd moontlik te maak, en om hulle effens van die omringende burgery te onderskei.

By 'n poging om hierdie klein groepie hooggeplaastes in die omgewing van Klapmutsberg te visualiseer, moet daar gewaak word teen die haas onvermydelike neiging om hul lewens in terme van 'Kaaps-Hollandse' gewelhuise voor te stel, 'n waarskuwing wat in die loop van hierdie boek meermale herhaal sal word. Ook húlle, belangrik en deftig soos hulle was, het op hul plase in die eenvoudige koloniale huise van die tyd gewoon, 'n reeks vertrekke op 'n ry gerangskik onder 'n steil grasdak met 'n laag afhangende dakrand; en selfs in 1722 nog het die opstal op Elsenburg in die boedelinventaris van 'n latere eienaar as 'n huis met vier kamers verskyn, 'voorhuijs', 'kamer aan de linkerhand', 'camer aen de regterhand' en 'combuijs'.[186] Dit beteken natuurlik nie dat hierdie vertrekke nie ruim was of deftig ingerig kon wees nie, en hoewel Elsenburg teen hierdie tyd deur 'n alleenstaande man bewoon was wat eenvoudig geleef het, was daar in die kamer op linkerhand byvoorbeeld onder andere 'n 'kadel met stijlen en behangsel', 'n gewone katel en vyftien stoele.

Wat die kringetjie hier op die platteland rondom Klapmutsberg in Beck se tyd betref, het daar ongelukkig geen meer spesifieke besonderhede in die vorm van boedelinventarisse of dergelike bronne bewaar gebly nie. Die naaste wat mens in hierdie opsig kan kom, is die boedelinventaris van Henricus Munckerus, 'n Nederlandse kollega van Elsevier en Blesius, wat in 1695 na die Kaap gekom het,[187] nes Blesius met 'n Kaaps gebore vrou getroud is, en uiteindelik kassier van die Kompanjie sou word, met die rang van onderkoopman en sitting in die Politieke Raad saam met hulle.

Munckerus was klaarblyklik verwant aan Philippus Munckerus, rektor van die Latynse skool in Arnhem in Henricus Beck se jeug en skrywer van verskeie werke in Latyn, waarvan twee in Henricus Munckerus se boekery aanwesig was. Mens kan verder ook noem dat een van Simon van der Stel se Nederlandse skoonsusters, Alida Six, getroud was met Samuel Munckerus, rektor van die Latynse Skool in Gouda, wat in 1688 'n digbundel gepubliseer het,[188] en onder Henricus Munckerus se nalatenskap was daar eweneens 'n eksemplaar van laasgenoemde werk, sowel as 'n silwergedenkpenning van nog een van Van der Stel se skoonsusters, Cornelia Six, wat in 1681 aan die Kaap oorlede is.[189] Dit sou kan dui op aangetroude verwantskap met die Van der Stels, 'n belangrike faktor in 'n tyd toe sulke dinge ernstig opgeneem is en daadwerklike voordele vir die betrokkenes kon inhou.

Veel meer as hierdie afleidings is daar nie oor Munckerus te sê nie, alhoewel hy natuurlik van tyd tot tyd in eietydse dokumente verskyn, en hy maak byvoorbeeld 'n aantreklike en elegante verskyning by die vendusie van Godfried Meijhuijsen in 1697, twee jaar ná sy aankoms aan die Kaap, waar hy hom naas 'n aantal praktiese en funksionele aankope voorsien het van 'n boek (wat 'n riksdaalder gekos het), twee paar wit handskoene, 'n silwerhoedband, 31 silwerknope, 'n verdere 'partij silwere knopen', 'n poeierdoos (wat vir haarpoeier gebruik is), 'n saal met sy toebehore, twee pistole en 'n bajonet.[190]

Vroeg in 1705 is Munckerus egter oorlede, 'found dead about eight o'clock in his bedroom before his bed,' soos die Dagregister meld,

> (his wife being in the 'Tiger bergen' on her farm). He lay in his underclothing with a Japanese cloak around his body, having fallen forward with his face to the earth. His whole skull, as far as above the nose, was found shot away with a pistol shot and smashed. The brains were scattered about the room.[191]

Daar is verder verwys na 'the presence of a small pistol lying near the body, a small powder horn filled with powder on a chair before the bed, and three pistol bullets found in his pockets'.

Die inventaris wat ná Munckerus se dood opgestel is, is vir die huidige doel interessant vanweë die glimp wat dit bied in die huishouding van 'n senior amptenaar onder W.A. van der Stel;[192] en wat in die eerste plek hier opval, selfs in terme van die meer gegoede inwoners van die Kaap, is die hoeveelheid en verskeidenheid beleggings- en statusobjekte onder die hofies 'goud en silver gemund en ongemund', 'gemunde goud' en 'gemaakt silverwerk'. Onder laasgenoemde was daar ook gebruiksvoorwerpe soos twee kandelare, twee skinkborde en negentien lepels, maar daarteenoor slegs vyf vurke, want soos reeds genoem is, was vurke selfs in deftige kringe nog geensins 'n vanselfsprekende deel van die tafelservies nie.

Van meer persoonlike aard onder die silwerwerk is twee rottangknoppe en 'n snuifdosie, terwyl die groot hoeveelheid silwerknope daaraan herinner dat knope veral 'n geliefde beleggingsobjek was, aangesien dit nie net klein en maklik vervoerbaar was nie, maar ook vir openbare vertoon buitenshuis kon dien, want dit is in groot hoeveelhede aan die lang mansbaadjies en -onderbaadjies van die tyd vasgewerk as sieraad. Toe die welgestelde vryburger Hendrik Sneewind in 1701 dood is, was daar in sy boedel '1 pack gekoleurde kleeren met 78 ps. silvere knopen'—'n pak gekleurde klere, bestaande uit 'n baadjie, onderbaadjie en kniebroek, opgetooi met 78 stuks silwerknope.[193]

Interessant uit die oog van die vroeë Kaapse meubelkuns is die vermelding van 'n hemelbed van Kaapse hout, maar verder was daar soos gebruiklik in hierdie kringe 'n hele aantal meubelstukke van Oosterse houtsoorte of klaarblyklik Oosterse herkoms: 'n kas van rooi ebbehout, 'n kiaathoutkis, 'n 'Tonquinse vergulde en verlakte theetafel', 'n 'geverfde vergulde en verlakte theetafel', vyf ebbehoutstoele, naas 27 'gewone' stoele met los stoelkussings, 'n 'Japans comptoir [*lessenaartjie*] met koper beslag', 'n 'Japans vuurenhoute comptoirtie met koper beslag', en 'n verskeidenheid Oosterse lakwerkmeubels.

Veral noemenswaardig in die konteks van die hoër amptenary is twee groot kiepersolle en 'n kleintjie—dit was die Oosterse 'sommereel', pajong of staatsiesambreel, 'n belangrike statussimbool onder amptenare van die VOC, wat skynbaar omstreeks hierdie tyd aan die Kaap sy verskyning gemaak het. Dit is deur slawe agter die betrokke amptenare en hul vroue aan gedra, en ook burgers wat hoë ampte onder die VOC beklee het, byvoorbeeld as burgerraad, was daarop geregtig.

Verder meld Munckerus se boedel die gebruiklike verskeidenheid porselein, waaronder 36 teekoppies en 42 teepierings (daar het ook ander soorte pierings bestaan), asook agt rooi en vier blou trekpotte, klein teepotjies waarin die tee getrek het, 'n koperkan vir drinksjokolade, 37 'gesorteerde drinkglasen', en nie minder as agttien Bengaalse kwispedoors in verskillende groottes nie, naas 'twee tinne kleinder quispedoors'. Laasgenoemde items herinner aan die spuuggewoontes van die tyd, en maak mens nes die afwesigheid van tafelvurke bewus van die feit dat die gebruike van hierdie era nie dié van die hede was nie.

In 'n Kaapse konteks heel aan die begin van die agttiende eeu moet die groot hoeveelheid bedlinne in Munckerus se boedel voorts as 'n besondere verfyning beskou word, asook die vensterordyne van doerias ('n fyn, gestreepte Oosterse katoenstof) en rooi vlagdoek, en die aansienlike aantal veerbeddens (matrasse) en -kussings van 'Caabse veren' met oortreksels van Oosterse tyk.

Dit alles sou egter in die boedels van ander gegoede Kapenare en hoë amptenare geëwenaar kan word, en wat in Munckerus se geval veral uitstaan, is die hoeveelheid skilderye en boeke wat hy besit het, en die feit dat in die eerste geval die onderwerpe en in die tweede die titels in die inventaris gespesifiseer is.

Waar daar deur Suid-Afrikaanse historici soveel gesê en geskryf is oor die handels- en boerebedrywighede van amptenare onder W.A. van der Stel kan daar ten slotte genoem word dat daar in Munckerus se boedel 'n groot hoeveelheid 'koopmanschappen' van wyd uiteenlopende aard was, dat daar op die 'hoffstede in de Tijgerbergen', wat op 8500 gulden gewaardeer is, twaalf perde, negentig beeste en 'n duisend skape was, en dat die egpaar altesaam agttien slawe besit het, groot en klein.[194] Bes moontlik was dit Munckerus se Kaapse vrou wat handel gedryf het en was dit oorspronklik ook haar plaas, maar dit het alles deel van hul gesamentlike boedel uitgemaak, en nòg die handelswerksaamhede nòg die boerdery is klaarblyklik onbetaamlik geag in 'n senior amptenaar of sy vrou.

Ook die huis op die plaas waar Elsje van Suerwaerden haar met haar man se skielike dood bevind het, was terloops goed ingerig, met veerbeddens, bed- en tafellinne, porselein, skilderye en 'n spieël, en gee die indruk dat sy heelwat tyd hier deurgebring het.

Munckerus was natuurlik nie Elsevier of Blesius nie en sy lewenstyl kan nie sonder meer met hulle s'n gelykgestel word nie, maar dit dien ten minste as benadering daarvan, en illustreer op beeldende wyse een aspek van die wêreld van die amptenary soos Henricus Beck dit met sy aankoms aan die Kaap leer ken het. Ook in die huis van die kinderlose egpaar Munckerus in die Tafelvallei of op hul plaas in die Tygerberg is die nuwe predikant bes moontlik onthaal, ewe goed as deur die egpare Elsevier of Blesius met hul lewendige gesinne.

Die aard van die sosiale lewe in die kring rondom Beck op Koelenhof skemer in Tas se dagboekinskrywings waarskynlik goed genoeg deur, en dit het in hoofsaak seker ewe goed bestaan uit swaar rook deur die mans, en die ruim verbruik van koffie en wyn. Moontlik is daar musiek gemaak, alhoewel eietydse verwysings na musiek aan die Kaap skaars is; dog miskien was musiekbeoefening nog gebruiklik in hoër kringe en onder mense wat uit Europa afkomstig was. Simon van der Stel het die offisiere van die retoervloot in 1695 volgens Valentijn tydens die afskeidsmaal getrakteer het met 'een zeer fraey muzycq van stemmen en instrumenten, (...) by 't welke eenen Blankenburg zeer fray zong',[195] terwyl musiek in 1708 by die Nuwejaarsonthaal in die Kasteel genoem word.[196]

Valentijn gee ook 'n besonder bekoorlike beskrywing van 'n besoek aan die landgoed Constantia (die huidige Groot Constantia) met Johanna Wessels, vrou van Frans van der Stel, en 'n aantal amptenare en besoekers uit Batavia in 1714, ná die dood van haar skoonvader, die ou goewerneur.

> Wy bleven die nacht daar slapen, en 's avonds zong Juffr. van der Stel in een der drie galeryen een zeer fraeye air [*melodie*], waarop de Heer Helmolt in een andere galery met een fraeye (zonder van malkanderen te weten) antwoorde, en zoo ras [*vinnig*] had ik dit niet gehoord, of ik voegde my in den donker in een andere galery, en liet de vrienden hooren wat ik daarvan in myn jeugd geleerd [had], en dat ik het in myn ouder jaaren noch niet vergeten had.

3. Henricus Beck in Drakenstein

Wy quamen daarop met ons driën tezamen, en betuygden ons onderling genoegen, en onze verwondering over die gevallige zang, die nogtans veele van het gezelschap, en zelfs eenige die met het verkeerbord speelden, derwaarts gelokt had, niet wetende waar die fraeye zang vandaan quam, alzoo [aangesien] het by den avond zeer helder doorklonk, dewyl 'er een fraeye wedergalm was.[197]

Aangesien Johanna Wessels aan die Kaap gebore is, dui hierdie passasie op 'n sekere plaaslike musiektradisie en die beskikbaarheid van 'n mate van musiekopleiding, en omstreeks dieselfde tyd is ene Jan Hendrik Noord (Johann Heinrich Nord) as 'leermeester in de musicque' van haar kinders aangestel.[198] 'n Bietjie later in die eeu, maar steeds binne Beck se leeftyd, noem die Duitser Mentzel dat die dogter van goewerneur De la Fontaine, 'a great lover of music and no mean performer herself', op die orrel kon speel,[199] terwyl die dogters van goewerneur Swellengrebel, wat ewe goed aan die Kaap gebore is, fluit gespeel het.[200] Aan boord skip op pad na Nederland in 1751 is die Swellengrebels vermaak deur musiek, 'de hofmeester op de harp, en 3 musicanten op de fiool',[201] wat vir hulle klaarblyklik dus normaal was.

Toenemend sou slawe egter vir hierdie doel ingespan word: die slawe van goewerneur Bax, wat uit Ceylon na die Kaap gekom het, kon in 1676 reeds uitvoerings op die basluit en harp gee en danse in die goewerneurswoning begelei,[202] en Kolb, wat vroeg in die volgende eeu aan die Kaap gewoon het, het dit in verband met huweliksonthale oor 'de muziek welke de slaven geleert hebben om allerhande speeltuig zeer lieflyk te maken'.[203]

In die huise van die predikante sou daar uit beginsel miskien nie gedans word nie, en ewe min kaart gespeel, maar gesien die aanwesigheid van 'n aantal jongmense is daar waarskynlik allerlei bordspeletjies gespeel, soos die destyds so gewilde triktrak, ganseborg of verkeerspel, wat vandag nie meer duidelik van mekaar onderskei kan word nie.[204] In talle Kaapse boedelinventarisse word 'n 'verkeerbort met schijven' egter in hierdie tyd aangegee, soms as hout- of ivoorskywe gespesifiseer, en by geleentheid 'n 'veerkeerbort met koperbeslag',[205] of 'met koperbeslag en ijvore schijven, met 1 koper blakertjie'.[206] Ook word items soos '2 zilvere verkeerborts blakertjies' of '1 kop[eren] verkeerblakertje met een dompertje' soms afsonderlik genoem, waarskynlik klein blakers wat aan die lae rand van die bord vasgeheg kon word.[207] Ewe goed kom 'n dambord van tyd tot tyd in inventarisse voor.

Hierdie speletjies kon egter ook aanleiding gee tot dobbel, wat meegebring het dat daar 'n sekere vooroordeel teenoor hulle bestaan het, en ds. D'Outrein van Arnhem het byvoorbeeld naas kaartspel en dobbel ewe goed teen bordspeletjies te velde getrek, en selfs 'n lang gedig geskryf met die titel 'Afmaning van het kaartspelen, verkeeren, en ander ydel tydverdryf'.[208]

Ook was daar talle ander onbeduidende maar genoeglike speletjies waarmee die tyd omgekry kon word, soos die 'handje plak', 'houtje uitdelen' en 'rijke boere zoontje' waarmee die Swellengrebels en hul skeepsgenote hulle later vermaak het.

Verder kan mens redelik seker wees dat verjaarsdae en ander feestelike geleenthede in die Nederlandse tradisie met die voordra van selfgeskrewe geleentheidsverse herdenk is.

Vir die ongetroude Beck, nuut in 'n vreemde land en vermoedelik alleen in sy woning, moet hierdie ampsgenote en jongmense in sy onmiddellike omgewing 'n aangename geleentheid gebied het om vir 'n tydjie te vergeet van sy onbeheerbare, onbestuurbare en versukkelde Franse gemeente met hul probleme, klagtes en algemene onvergenoegdheid, die lang togte te perd, die modderige paaie, die grasdakhutjies en die armoedige kerkie van Drakenstein.

'n Verdere faktor wat met die betragting van hierdie klein groepie in gedagte gehou moet word, is dat hulle nie net die hoogste Kompanjieskringe en dus die hoogste sosiale kringe in die klein kolonie uitgemaak het nie, maar dat hulle almal Nederlanders was van geboorte en opvoeding. Elsevier se drie oudste dogters, wat in die Ooste gebore is, het in Nederland grootgeword, en selfs Joan Blesius se vrou wat aan die Kaap gebore is, was die dogter van 'n Duitse vader en 'n Nederlandse moeder. Die lewens en gebruike van hierdie mense, en trouens hul hele verwysingsveld, sou dus oorwegend Europees gewees het, en die aansluiting by mekaar des te hegter in die betreklik primitiewe omstandighede waarin hulle hul aan die Kaap bevind het.

Ook sou die lewenstyl van hierdie groepie in baie opsigte vreemd en selfs onbegryplik gewees het vir die koloniste van eenvoudiger herkoms of dié wat andersins onbekend was met die nuutste gebruike in Nederland of Batavia. Dit blyk dikwels duidelik uit die kritiek op die leefwyse van W.A. van der Stel wat in laasgenoemdes se *Contra-deductie* of deur die besoeker Kolb verwoord is,[209] maar dit spreek ewe goed uit die afkeurende inskrywing wat die redelik gesofistikeerde Adam Tas vroeg in 1706 gemaak het oor 'n kerkdiens op Stellenbosch wat bygewoon is deur die deftige Anthonie van der Lith uit Nederland wat hom kort tevore met sy gesin in die distrik gevestig en baie gou heemraad geword het.

> Mr. van der Lith quam in de kerk met Theunis Liefrinck, schipper Salm en eenen Schagen die fiscaal van de retoervloot is, alsmede de twee dochters van van der Lith. De oudste dogter quam met een tamelijke groote hond onder de arm te kerk, slegte zaken.[210]

Dit is vandag nie meer moontlik om jou in te dink in die situasie van die inwoners van daardie betreklik primitiewe Nederlandse handelskolonie nie, wat vir die grootste deel—amptenare, Kompanjiesdienaars en vryburgers—almal Europeërs van die eerste generasie was wat hulle so goed doenlik by nuwe en vreemde omstandighede moes aanpas. As mens moet probeer om enkele van die vernaamste

3. Henricus Beck in Drakenstein

faktore in hul lewens aan te dui, kan daar in eerste instansie gewys word op die klein en yl verspreide blanke bevolking, die afstande, dikwels in bergagtige gebied, en die aanwesigheid van roofdiere selfs in die onmiddellike omgewing van Stellenbosch en selfs nog teen die begin van die agtiende eeu. Aan die ander kant het die Kaapse Skiereiland en sy onmiddellike agterland vir die grootste deel van die jaar egter 'n veel beter klimaat geniet het as Noord-Europa, wat beteken het dat vrugte soos lemoene en suurlemoene hier algemeen beskikbaar was, soos die verwonderde verslae van eietydse reisigers getuig, terwyl dit in Nederland in broeikaste gekweek moes word; en 'n verdere gevolg hiervan was die algemene beskikbaarheid van wyn, wat plaaslik gemaak is, terwyl die algemene huis- en tafeldrank in Nederland in hierdie tyd nog bier was. Die regstreekse verbintenis wat die kolonie danksy die skepe van die VOC met die Ooste gehad het, het weer die beskikbaarheid in die huise van porselein en 'n besonder groot verskeidenheid Oosterse tekstielware meegebring, wat in Nederland wel bekend was, maar nie nagenoeg so algemeen of so maklik bekombaar nie.

Bowenal is die aard van die lewe in die kolonie, en die afsonderlike lewens van elkeen van sy inwoners, egter bepaal deur die aanwesigheid van slawerny. Enkele slawe het in die vroeë vyftigerjare reeds aan die Kaap verskyn, veral in diens van die hoër amptenare, twee groot besendings is in 1658 deur die Kompanie uit Angola en Guinee ingevoer vir sy eie doeleindes, gevolg deur verderes uit Madagaskar vanaf die sewentigerjare, en vanaf omstreeks 1671 het Oosterse slawe al hoe gerediker beskikbaar geraak vir die vryburgers wat hulle kon bekostig.[211] Daar is reeds genoem dat daar met Henricus Beck se aankoms 1532 vryburgers, mans, vroue en kinders, was, met altesaam 850 slawe in hul besit, en hierdie syfer sluit nie die slawe in diens van die Kompanjie in nie, of dié wat die amptenare soos Elsevier of Beck in privaat hoedanigheid aangekoop en besit het.

En wat spesifiek die bevoorregte groepie amptenare betref waarvan Henricus Beck uit die staanspoor reeds danksy sy amp deel uitgemaak het, is hul lewens bepaal deur die feit dat hulle die hoogste verteenwoordigers van die VOC was in 'n afgeleë kolonie waar die Kompanjie oppermagtig was, en daar bowendien min toesig en beheer was oor die plaaslike bestuur. Dit is in hierdie geestelike klimaat dat daar onder baie van die hoër amptenare oor die jare, en besonderlik in die tyd van Simon van der Stel en sy seun en opvolger, 'n geloof ontstaan het dat hulle vry was om na eie goeddunke te handel.

In wat hierbo geskryf is, is daar op die senior amptenare gekonsentreer, wat aan die Kaap Beck se sosiale gelykes uitgemaak het en met wie hy die meeste omgang sou gehad het. Terselfdertyd was daar onder die koloniste egter, ten spyte van die armoede en versukkeldheid wat in hierdie jare nog so algemeen was, 'n aantal individue wat vanweë die ampte wat hulle beklee het, byvoorbeeld as burgerraad, ouderling of offisier in die burgermilisie, ook 'n sekere status in die gemeenskap geniet het, en selfs 'n aantal wat so ryk was, meestal danksy die drankhandel, dat hul lewenstyl dié van die senior amptenare geëwenaar het.

'n Treffende voorbeeld van wat vir 'n immigrant moontlik was, selfs binne die eerste halfeeu van blanke vestiging, word gebied deur Hendrik Sneewind (Heinrich Schneewind) uit die Nederlands-Duitse grensgebied, wat in 1678 reeds as vryburger aan die Kaap vermeld is, waar hy eers met 'n vrou uit dieselfde streek getroud is en daarna met een uit Nederland, en op groot skaal geboer het.[212] Sneewind het as diaken van die Kaapse gemeente gedien, maar eienaardig genoeg wil dit voorkom dat hy geen ander amp beklee en ook nie 'n drank- of vleispag besit het nie, maar nogtans 'n besonder ryk man geword het, vermoedelik in eerste instansie deur harde werk..

Met sy dood in 1701 was Sneewind in besit van plase in die Liesbeekvallei en Tygerberg, sewentien slawemans, wat 'n besonder groot aantal vir hierdie tydperk was, en twee vroue, en 1419 ooie en lammers, naas ander groot- en kleinvee.[213] In sy woonhuis aan die Liesbeek was daar meer as 1300 gulden in kontant, naas 'n stinkhoutledekant met 'n veermatras en elf kopkussings, verdere stinkhoutmeubels, waaronder 'n 'groote kleer kas', skilderye, spieëls, 'n groot hoeveelheid porselein, met inbegrip van ornamentjies, en silwerware, en dit is duidelik dat die egpaar sover dit hul lewenstandaard betref geen rede gehad het om vir enige amptenaar terug te staan nie.

Dit is egter 'n interessante kommentaar op toestande aan die Kaap in wat nog as die pioniersjare beskou kan word dat De Wet skryf: 'Hendrik Sneewind is in 1678 weens diefstal gevonnis, in 1687 weens brandstigting en die volgende jaar, terwyl hy as diaken gedien het, weens sluikhandel, maar in 1693 is hy vir nog 'n termyn as diaken verkies'.[214]

In die winter van 1704 het Henricus Beck vir hom 'n tweede plaas aangeskaf, Kromme Rhee, sestig morg groot, wat aan Koelenhof gegrens het.[215] 'Mens bereik dit maklik as mens van Dutoitstasie gaan langs die Bottelarypad,' het Franken in 1949 geskryf in sy biografie van die Trekkerleier Piet Retief wat die plaas vroeg in die negentiende eeu besit het,

> en regs afslaan by Koelenhof. Die plaas lê langsaan Koelenhof. As Piet Retief 'n oog daarvoor gehad het, moes hy geniet het van die mooi uitsig van daar op Simonsberg en die berge van Jonkershoek. Mens kom oor die Kromriviertjie met sy begroeide oewers by die opstal van 1759.[216]

Die skoonheidsgevoel van die agtiende en negentiende eeu was egter nie dié van die twintigste nie, en dit is twyfelagtige of Beck of enige van die boere en

3. Henricus Beck in Drakenstein

amptenare in sy onmiddellike kring baie waardering vir die romantiek van 'n berglandskap gehad het.

Onmiddellik hierna het daar egter 'n skielike en onverwagte verandering in Beck se lewe gekom met die dood van ds. Van Loon van Stellenbosch.[217]

Ds. Valentijn, wat die Kaap die volgende jaar besoek het, skryf dat Van Loon 'op een wyze welke ik best keure voorby te gaan, aan zyn einde geraakt is',[218] en noem elders een van Van Loon se plase, 'n iet verre van 't welke deze heer, terwyl hy eens van de wagen [*rytuig*] ging, op een wonderlyk [*sonderlinge*] wyze zeer elendig aan zyn einde geraakte'.[219] Kolb, wat enkele jare later in die distrik gewoon en al die plaaslike skinderpraatjies geken het, meld uitvoeriger 'dat hy zich op zyne terugreize van zyn landgoed met een pennemes den hals heeft afgesneden',[220] dit wil sê, met 'n klein messie wat gebruik is om veerpenne mee skerp te maak. Die aanleiding tot hierdie inderdaad 'wonderlyke' dood moet onbekend bly.

Hierna moes Beck afwisselend die Sondagdiens in Stellenbosch en Drakenstein waarneem, 'a rather troublesome task for him,' soos Van der Stel na Nederland geskryf het, 'especially in the rainy season, when it is so cold and wet and the roads are so slippery and full of mud-holes'.[221] Nog meer grafies is die eise wat 'n dubbele bediening van hierdie aard gestel het egter so 'n twintig jaar later deur die Drakensteinse kerkraad uitgebeeld toe hul destydse predikant, wat teen daardie tyd 'n eie pastorie in die Paarlvallei gehad het, in soortgelyke omstandighede ook die Stellenbosse gemeente moes bedien.

> Ja, het waarnemen van de Stellenbossche gemeynte is een zeer groote last voor onzen Eerw. predikant, wijl, Stellenbosch ruym zes uyren van zijne woninge af gelegen zijnde, hij dan genoodzaakt is langs bergen en dalen, door moeyelijke wegen, derwaarts te rijden; 't welk, voornamentlijk in de winter- of regentijt, Zijn Eerw. een groot ongemak veroorzaakt.[222]

Self het Beck later ook van die probleme van sy dubbele bediening getuig,

> sijnde het onmooglik somtijds dat, door de continuele regen en doorslaande [*oorstroomde*] wegen, een spatie van 4 uren sonder het aldergrootste ongemak kan afgeleit [*afgelê*] worden; dat [ik], sulx somtijds ondernomen, maar 10 à 12 mensen in de kerk gevonden [heb], en driemaal geheel doornat geweest ben; dewijl [*aangesien*] [ik] noit enig verblijff in Drakenstein tot mijn wooning gehad heb.[223]

Dit was eers byna 'n jaar ná Van Loon se dood, op 28 Maart 1705, dat Van der Stel die berig daarvan kon deurstuur in die amptelike verslag wat vroeg elke jaar met die retoervloot na Nederland versend is, en ook meld dat Beck gevra het om na Stellenbosch oorgeplaas te mag word. Hy het verder gewys op die eise wat die bediening van twee gemeentes aan Beck stel en die feit dat hulle drie uur uit mekaar is, en 'n nuwe predikant vir Drakenstein aangevra wat sowel Frans as Nederlands ken.[224] Op 28 Oktober is Beck se oorplasing deur die XVII goedgekeur, terwyl ds. E.F. le Boucq wat in Batavia diens gedoen het op sý beurt na die Kaap oorgeplaas sou word om in Drakenstein diens te doen.[225]

Wanneer hierdie berig die Kaap bereik het, is onbekend, maar op 24 Junie 1706, dus twee jaar ná Van Loon se dood, het Van der Stel die XVII formeel bedank.[226] In 'n tyd toe kommunikasie met die gesaghebbers in Nederland en Batavia van lang skeepstogte en onsekere skeepsverbindings afhanklik was, kon niks vinnig gebeur nie.

Terwyl Beck intussen in besit gekom het van twee plase, is Koelenhof teen die einde van 1704 weer verkoop aan die voormalige seekaptein Anthonie van der Lith, wat met sy vrou en kinders hier kom woon het.[227] In dieselfde tyd het Beck ook 'n honderd stuks beeste en vierhonderd skape van die hand gesit,[228] wat dui op taamlik grootskaalse en geslaagde boerdery oor die afgelope agttien maande. Ook impliseer dit dat hy nou nie meer nodig gehad het om op die plaas te woon nie, en skynbaar het hy nou solank in Van Loon se leegstaande pastorie in Stellenbosch ingetrek. Teen die winter van 1705 was hy in elk geval op die dorp gevestig, want in Adam Tas se dagboek, wat in Junie 1705 begin, word daar telkens na hom, sy plaaslike dienste en sy besoeke aan Drakenstein al om die ander week verwys.[229] So teken Tas in die winter van 1706 byvoorbeeld aan:

> 't Heeft desen dag bij buijen geregent en zomtijds daaronder gehageld. Mij is verteld dat de Hr. Bek desen dag op Drakensteijn niet heeft gepreekt, aangezien het te veel heeft geregent. De geestelijke maats in dit land zijn bezonder op haar [*hul*] gemak gezet.[230]

As die kritiek werklik ernstig bedoel is, was dit egter nouliks billik.

Met die aankoms van ds. Le Boucq vroeg in 1707 het Beck volgens laasgenoemde 'in het predikants- of cologniés-huys' op Stellenbosch gewoon, by implikasie dus gratis, maar desondanks steeds die huishuur uitbetaal gekry wat in 1703 aan hom toegestaan is.[231]

4.
'Het vier van borgerlicke oneenigheyd':
die agitasie teen die goewerneur

Die eerste paar jaar van Beck se verblyf op Stellenbosch ná sy oorplasing van Drakenstein het saamgeval met 'n krisis in die ontwikkeling van die jong kolonie waarvan hierdie dorp die brandpunt uitgemaak het.

Die vryburgers aan die Kaap was vry in die sin dat hulle onthef was van die dienskontrakte wat hulle as werknemers van die VOC met die Kompanjie verbind het en die verpligtings wat dit aan hulle opgelê het, maar in alle verdere opsigte was hulle nog volkome onderhewig aan sy verordeninge en die willekeur van sy hoër amptenare. By laasgenoemdes was die vernaamste oorwegings in die beginjare dat die vryburgers genoeg koring moes produseer om die Kaap onafhanklik te maak van ingevoerde rys uit Batavia en die bedryfskoste van die kolonie te verminder, en dat hulle nie in enige opsig die handelsbelange van die Kompanjie moes bedreig of met hom kompeteer nie.

Oor die algemeen was die bestuurstyl van die Kompanjie hooghartig, outokraties en willekeurig, selfs volgens die standaarde van sy eie tyd. Aan die Kaap het senior amptenare bowendien reeds sedert Van Riebeeck se tyd gereeld en by herhaling uit die hoogte oor die vryburgers gekla en hul foute en gebreke gekritiseer, en sedert die vroeë jare het besoekende kommissarisse kritiek uitgespreek op die strengheid waarmee plaaslike wetgewing toegepas en regspraak uitgeoefen is.[1] In 1699 nog, onmiddellik nadat W.A. van der Stel die bewind van sy vader oorgeneem het, het kommissaris Heins ná sy besoek aan die Kaap opgemerk:

> De Justitie had mede wel beeter konnen geadministreert werden, en hebben voorgaande opperhoofden daarinne geheel despotijcq ontrent gehandelt. Seer suspect [*verdag*] quam mij voor dat ik, de criminele rollen en sententiën doorlopende, alle de condemnatiën doorgaens met des fiscals eisch bevond t'accorderen, en die beide veelmalen tegen de beschreve regten of aequiteit [*regverdigheid*].[2]

In die Ooste het dit bowendien gebruiklik geword dat amptenare hul beskeie salarisse en lone aanvul deur grootskaalse omkopery, afpersing en onwettige handel, veral in diamante, en selfs Simon van der Stel wat van 1679 tot 1707 as kommandeur en later goewerneur van die Kaap gedien het en so 'n aansien by die nageslag geniet, was hieraan skuldig. Bowendien was Van der Stel volgens alle beskikbare getuienis 'n opvlieënde en outokratiese man wat in onmin met sy amptenare geleef het, en is hy uiteindelik deur die Here XVII ontslaan, al word daar nie veel publisiteit aan hierdie saak gegee nie, en al is sy seun as sy opvolger aangestel, terwyl hy self toegelaat is om op sy landgoed aan te bly.[3]

Sover dit sy verhouding met die vryburgers betref, is dit moontlik dat die onmin tussen goewerneur en burgers wat onder sy seun tot uitbarsting gekom het sy ontstaan reeds gedurende sy eie bewind gehad het, want in die loop van die agitasie teen W.A. van der Stel in 1705–07 het die onvergenoegdes die kans waargeneem om hulle ook oor sy vader uit te laat.

'n Verdere faktor wat hierby in gedagte gehou moet word, is dat die vroegste vryburgers en koloniste oorwegend mans was wat voorheen by die VOC in diens was, en dus dikwels mense met 'n duistere of twyfelagtige verlede, met 'n aantal uitgesproke kriminele of asosiale tipes onder hulle. Ook moet in gedagte gehou word dat hulle meestal ongetroud was, en by gebrek aan voldoende vroue aan die Kaap in baie gevalle ongetroud sou bly, en sodoende 'n onbestendige lewe lei. Volgens De Wet se berekenings was nie minder as sestig persent van die volwasse manlike vryburgers oor die tydperk 1657–1707 ongetroud nie.[4] Dit was slegs baie geleidelik dat gesinslewe hier tot stand gebring en 'n mate van bestendigheid in die koloniale samelewing ingevoer kon word, waarby die Franse Vlugtelinge van 1688, wat in baie gevalle as gesinne uitgekom het, 'n belangrike rol gespeel het.

In hierdie situasie het daar aan die kant van die burgers dus sedert die aanvangsjare al heelwat misnoeë met die owerheid en sy verteenwoordigers bestaan en was daar 'n aansienlike mate van ongeseglikheid, wat al hoe meer uiting gekry het in wrywing en selfs openlike botsings. Dit is vererger nadat die landdrosdistrik Stellenbosch tot stand gekom het, waar die inwoners nie meer onder die regstreekse toesig van die goewerneur en sy amptenare in die Kasteel gestaan het nie, terwyl selfs die landdros van Stellenbosch nie meer op doeltreffende wyse toesig of beheer kon uitoefen in Drakenstein anderkant Simonsberg nie.

Die wrywing tussen owerheid en onderdane in die distrik Stellenbosch gedurende die beginjare blyk selfs uit Leibbrandt se vertaalde opsommings van die inskrywings in die Kaapse Dagregister en die amptelike korrespondensie tussen die owerheid en die landdros oor die jare 1702–05 wat in druk beskikbaar is, dus nog uit die tyd voordat die agitasie teen die goewerneur vorm aangeneem het.

> Notice sent that the miller Hendrik Scheel and the bricklayer Pieter Willemsz had absconded, and that he [*die landdros*] must do his best to capture them and

all other vagabonds, in order to clear this Government as much as possible from all such lazy fellows and evil-doers.[5]

—The Landdrost examined a fugitive messenger of Stellenbosch and Drakenstein who has absconded with some money entrusted to him, and also a freeman who had harboured him.[6]

—As we have been told that the trees planted in the public streets there are much injured by wanton persons, and provision must be accordingly made in time to prevent this mischief, we have decided, in order to terrify the malefactors, to send you this board, on which the punishment of tree offenders is sketched. You are to place it on a suitable spot on the most frequented of public roads, affixed to a stake. All offenders caught in the act are to be sent to us with the evidence, that they may be punished as they deserve, and the trees be left to grow freely...[7]

—It has been very annoying to us that the Heemraden attend so badly, so that those who come from a distance to obtain justice are disappointed by their absence. This ought not to be, as you are considered to be of the most influential of the inhabitants, and for that reason have been elected to that dignity. By such conduct you bring yourself into disrepute, and act contrary to your office, honour, oath and duty.[8]

—List enclosed of those who failed to make their [census] returns. All to be apprehended and sent to the Cape as malicious and unwilling persons, and brought to their bearings ...[9]

—Greatly dissatisfied that the Stellenbosch people are unwilling to ride on the timber required for their mill, even after having been offered payment for doing so, and that they also refuse to supply the Rev. Minister [*Van Loon*] with fuel, in that manner injuring the public interests. You are therefore authorised, in the interests of the community, to hire a waggon and cattle and charge the same against everyone whose turn it is to ride according to the list framed for this purpose. Should such a person be unwilling to pay, the amount is to be recovered by summary execution. You are likewise to make an exact list of the names of those who are unwilling to provide the minister with fuel.[10]

Sover dit plaaslike deelname betref aan die jaarlikse optrek van die burgermilisie, wat deur die owerheid as noodsaaklik beskou is vir die verdediging van die kolonie, berig De Wet:

In 1700 was 62 uit 'n totaal van 241 vryliede afwesig van die wapenskou van die distrik Stellenbosch, in 1701 was dit 70 uit 'n totaal van 241, in 1702 62, in 1703 16 uit 'n totaal van 256, in 1704 85 en in 1705 42 uit 'n totaal van 281. Die Stellenbosse burgerkrygsraad het elke jaar 'n hele aantal sake van afwesigheid en drossery verhoor.[11]

In individuele gevalle kon haaksheid soos hierdie egter heelwat meer skouspelagtig wees, soos getoon word deur die Duitser Pieter Becker,[12] wat hom tydens die jaarlikse wapenskou van die Stellenbosse burgermilisie aan die einde van 1701 ernstig misdra het. Soos die aanklag in die Dagregister teen hom opgeteken dit stel,

> [he] did not hesitate (…) to cause much trouble, and treat evilly the cornet Jan Stevensz Botma, to whose standard he belonged as a dragoon, and whom he owed proper respect and obedience, but had also openly exclaimed before the whole public that he would not march with the said Botma; and (…) upon that the Commissioners, viz. Captain Oloff Bergh and the junior merchant Jacob Cruse, arrived at the churchyard where the powder was being distributed, and the prisoner in spite of their presence continued to bluster and rave with many invectives, and to such a degree that the Captain could no longer tolerate the insolence of the prisoner, whom he gave a few cuts with his cane in order to remind him of his proper duty; but instead of that the prisoner became hotter and more angry, and went so far as to put his hand to his cutlass and in an angry mood to say, 'If Captain Bergh strikes me again, I will with my cutlass lay his head before his feet.'
>
> That the prisoner while uttering these words of sedition did not appear to be satisfied, but afterwards when the cavalry approached, on their march from the churchyard, the tent in which the Commissioners were with some other company, he went so far beyond the bounds that he fired before the three troopers riding beside him into the tent, so that the sand flew through it.[13]

Of soos Biewenga beeldend uit die oorspronklike Nederlandse aanhaal:, 'is [hij] voor uijt zijn gelit gereeden en heeft zig verstout voor de tent neder te schieten, dat het zand door de tent is gevlogen'.[14]

Openlike uittarting en verset is deur die owerheid in die sewentiende en agttiende eeu ernstig opgeneem, en veral deur die VOC; waarby verder in gedagte gehou moet word dat dit besonder gevaarlik kon wees wanneer die Nederlandse Republiek in 'n Europese oorlog verwikkeld was—soos die Negejarige Oorlog in 1688–97 en die Spaanse Suksessie-oorlog in 1701–14—en die besittings van die Kompanjie orals bedreig was.

Becker se uittarting van die owerheid en sy verteenwoordigers is dan ook ernstig opgeneem en bestraf, en hy is veroordeel om drie keer spitsroei te loop en na Robbeneiland verban te word totdat hy weggestuur kon word na die Kompanjie se buitepos op Mauritius, wat op soortgelyke wyse as strafkolonie gebruik is. Om een of andere duistere rede is die laaste deel van die vonnis egter nooit uitgevoer nie, want toe die skip met die jaarlikse besending goedere na Mauritius in die winter van 1702 gereed was om te vertrek, kon die landdros van Stellenbosch nie daarin slaag om hom betyds na die Kaap te bring nie.[15]

4. Die agitasie teen die goewerneur

Becker sou oor die jare nog by herhaling op ongunstige wyse die aandag trek en met die reg bots totdat hy in 1715 uiteindelik op blywende wyse na Nederland gedeporteer is.[16]

Terwyl hy klaarblyklik 'n afwykende persoonlikheid was wat telkens heelwat verder gegaan het as wat selfs in koloniale toestande toelaatbaar geag is, onder andere met die sadistiese bestrawwing van 'n slavin, was hy in die konteks van die pioniersgemeenskap tog nie heeltemal uitsonderlik nie.

Dit wil egter voorkom dat die owerheid teen die lente van 1701 reeds bewus was van 'n vyandige stemming onder die burgers van Stellenbosch, en dat Pieter Becker se uitbarsting tydens die wapenskou nie as 'n losstaande insident of individuele geval van ongeseglikheid beskou is nie. 'n Aantal ander vryburgers was trouens hierby betrokke, onder andere Wessel Pretorius wat later nog 'n prominente rol in die agitasie teen die goewerneur sou speel.[17]

'To prevent disorder at the military parade' het die Politieke Raad die landdros dus die volgende jaar laat weet dat die infanterie en kavallerie van die burgermilisie van Stellenbosch en Drakenstein afsonderlik in die Tafelvallei moes optrek,[18] alhoewel die gebruiklike skiet na die papegaai in Stellenbosch nog toegestaan is; dog ook in hierdie geval het nie alle weerbare mans opgedaag nie, sodat 'n aantal beboet moes word.[19]

Dit het gebeur net nadat Beck predikant van Drakenstein geword het. In 1704 weer, toe daar toestemming vir die optrek gegee word, is dit nodig geag om die landdros in soortgelyke trant te vermaan, 'All disorder is to be avoided.'[20]

In hierdie verband kan mens ook verwys na die komplekse eietydse dokumentasie in verband met ene Hendrik Jacobsz van Westkerken, 'n voormalige geregsbode en kennelik 'n betreklik gegoede man,[21] en sy seun Jacob Hendriksz, oor die tydperk 1703-09, wat daarmee begin het dat die seun in die loop van 'n gewelddadige skermutseling waarby hy saam met sy vader betrokke was 'n plaaslike skoenmaker 'n doodslag toegedien het met 'n mes, waarna hy lank voortvlugtig was.[22] Toe hy in 1709 in die huwelik wou tree met ene Francina Coopmans het Beck, wat toe sy predikant was, hom teenoor die Politieke Raad beskryf as 'een van d'alderongebondenste [jongemannen] deses lands', en verwys na 'n algemene gerug

> van een beestagtige of onnatuurlicke vermenging tussen vader en soon met moeder en dogter, en dat de dogter den jongeman te naa in bloede sou sijn; een saak veel te gruwelik om te vermoeden als alleen van sulke [mensen] die met met dese lieden sig van God en alle deugt vervreemt toonen.[23]

Waar of nie, wys die gerug in elk geval wat die tonge in Stellenbosch in hierdie tyd besig gehou het.

Die hele geskiedenis het daarmee geëindig dat vader en seun in 1709 vir 25 en vyftig jaar onderskeidelik van die Kaap verban is, kennelik om van hulle ontslae te raak, en 'n gedeelte van albei se besittings in beslag geneem is, waarnaas die seun in gedwonge diens van die Kompanjie na Ceylon (Sri Lanka) gestuur is as soldaat, saam met sy vrou en kind.[24] Hendrik Jacobsz se vrou, Jacomina Frost, was genoodsaak om die volgende jaar by die diakonie aansoek te doen vir steun, met verwysing na 'haar gebrecklicke en ongesonde staat'.[25]

In 1705 meld die Dagregister weer in soortgelyke trant dat die landdros aangesê is om op te tree teen 'a Stellenbosch farmer Jacob Aartsz. Brouwer, who had committed certain hostile and lawless deeds against his wife and other persons',[26] en 'n doelgerigte soektog sou meerdere dergelike gevalle van onbeheersdheid en sinlose geweldpleging kan oplewer.

Die wederstrewige tipe individue waarmee Beck in sy Drakensteinse gemeente te make gehad het en die aard van die probleme waarmee hy hier gekonfronteer is, word weer beeldend geïllustreer deur die geval van Guillaume Loret of Lorée, 'n Franse Katoliek wat nog deur ds. Simond as lidmaat aangeneem is, maar later deur hom en sy kerkraad onder sensuur geplaas is.[27] Onder andere het Loret hom skuldig gemaak aan onwettige ruiltogte na die Khoikhoi, in een waarvan twee Franse na bewering om die lewe gekom het, en die kerkraad het hom beskryf as 'n man 'van een quade reuk, en die door zijn quade conduite [*slegte gedrag*] oorsaak gegeven heeft dat de naam Gods en die van ware gevlugte Franse onder de Hottentots ook om sijnent wil gelastert is'.

Ook kon die heersende ongeseglikheid van die koloniale gemeenskap die vorm aanneem van onwettige handelinge waarby 'n groot gedeelte van die plaaslike blanke gemeenskap betrokke was, soos ruil- en rooftogte na die Khoi-stamme in die binneland.

Die mees skouspelagtige voorbeeld hiervan was die rooftog waaraan 45 bewapende en berede blankes met dieselfde aantal Khoi-knegte vroeg in 1702 deelgeneem het, en wat gefinansier is deur die prominente vryburger Jacob van der Heiden, op wie se plaas Welmoed (by die huidige Lynedoch) die geselskap bymekaargekom het voordat hulle die Hottentots-Hollandberge oorgesteek het.[28] Of dit oorspronklik as 'n vreedsame ruiltog bedoel was, moet 'n ope vraag bly, maar dit was in elk geval onwettig, en in die praktyk het dit op grootskaalse geweldpleging uitgeloop.

Die tog het die geselskap tot diep in die binneland gevoer, 'meer als 120 [Hollandse] mijlen van dese Castele', waar hulle volgens hul eie bewering aangeval is deur vyf- of seshonderd mans van 'sekere natie Cabucquaes of de Groote Caffers genaemt', wat met assegaaie en skilde bewapen was.[29] Die groep het hulle volgens hul eie weergawe van die gebeure verdedig, waarna die aanvallers teruggedryf en agternagesit en 'n groot aantal van hulle om die lewe gekom het; waarna die ruilgroep met 'n aansienlik aantal van die 'Cabucquaes' se vee na die Kaap teruggekeer het, aangevul met verdere beeste wat van die Khoi-stamme wat hulle langs die pad teëgekom het, geroof is.

4. Die agitasie teen die goewerneur

Volgens die historikus Theal was hierdie 'Cabucqaes' in feite 'n afgestigte Xhosa-stam wat in die omgewing van die huidige Somerset-Oos gewoon het;[30] en sover bekend was dit die vroegste kontak tussen die koloniste en 'n inheemse swart stam, en die eerste botsing tussen hulle. Waar daar eerder na mylpale in die koloniale geskiedenis verwys is, moet dit as 'n veel groter en belangriker mylpaal gesinjaleer word as die dood van Christina Does later dieselfde jaar.

Die Politieke Raad het beweer dat die rowers met tweeduisend stuks beeste van hul tog teruggekeer het, en hom uitgelaat oor die 'arme menschen [die] zij met geweld van waapenen hebben overvallen en teegens alle recht, reeden en billikheid van haar [hul] vee beroofd, en het geroofde onder haar geparteert en verdeeld'.[31] Geen stappe is egter teen die oortreders onderneem nie, deels, na bewering, ter wille van hul gesinne en afhanklikes, maar ook omdat daar gevrees is dat hulle in die binneland sou kan vlug. Soos Van der Stel aan die Here XVII berig het:

> In that case this wild, open and mountainous land would become entirely unsafe and the well disposed inhabitants never be secure on their farms. In our opinion the best would be that this matter, being one of such great importance to this colony, should be passed over, on condition that care be taken properly that never again occasion be given for it.[32]

In die berge rondom Stellenbosch en Drakenstein het daar reeds 'n aansienlike aantal gedroste plaasknegte, matrose en soldate geskuil wat na bewering deur koloniste onderhou is en van vuurwapens en ruilmiddels voorsien is om in die binneland te gaan vee ruil of roof.[33] Hoe onbevredigend hierdie besluit ook was uit die oogpunt van reg, regverdigheid en die beheer van die owerheid oor sy onderdane, was dit inderdaad dus 'n praktiese oorweging.

Die inherente swakhede in bestuur en beheer aan die Kaap en die reeds bestaande vyandigheid tussen owerheid en onderdane is verder vererger deur die feit dat daar geen eksterne toesig of beheer oor sake in die kolonie bestaan het nie behalwe wanneer 'n besoekende kommissaris onreëlmatig die Kaap aandoen. Ook teen die lang bewind van Simon van der Stel, wat soveel aansien geniet by historici en by die nageslag oor die algemeen, was daar later klagtes, alhoewel hy ten minste nog in die Ooste grootgeword het as produk van die Kompanjie se handelsryk en as 't ware binne die vertroude sisteem gewerk het. Sy seun en opvolger Wilhem Adriaen was egter 'n gebore Nederlander wat as jong man 'n paar jaar aan die Kaap deurgebring het, maar wat geen kennis van die Ooste en geen beduidende ervaring van die VOC gehad het nie, en hy het die Kaap in die styl van 'n Nederlandse patrisiër bestuur.

'Between Wilhem Adriaan van der Stel and the colonists of South Africa, there is not the slightest feeling of sympathy,' skryf Theal aan die hand van sy eie kennis van die tydperk. 'In all the official documents of the period during which he was at the head of affairs, and the quantity is great, there is not a single expression like "our own Netherlanders" of his father.'[34] As goewerneur het hy hom oor die algemeen dus geensins geliefd of gewild gemaak nie.

Wat betref die gebeure wat uiteindelik sou lei tot Van der Stel se val, was dit eers in 1705 dat opposisie teen die owerheid eksplisiete, doelgerigte en georganiseerde vorm sou begin aanneem.

Oor die agitasie van 'n seksie van die vryburgers teen W.A. van der Stel is daar heelwat geskryf, meestal deur skrywers wat vooraf reeds stelling ingeneem het, gewoonlik ten gunste van die burgers, wat as proto-Afrikaners beskou is, en die gebeure hiervolgens uiteensit en beoordeel.[35] Dit sou nuttig wees as 'n onbevooroordeelde ondersoeker die beskikbare dokumentasie opnuut sou ondersoek en dit herwaardeer in die konteks van plek, tyd en omstandighede, nie volgens die maatstawwe, ideologieë of vooroordele van 'n latere eeu nie. In die omstandighede kan hier net 'n kort chronologiese oorsig van die ontwikkelings gegee word om aan te dui hoe Henricus Beck in Stellenbosch daardeur geraak is of daarby betrokke geraak het.

Watter klagtes daar ook teen Van der Stel se hooghartige en aanmatigende optrede was, het dit vermoedelik nie veel van dié van sy vader of ander bewindhebbers onder die VOC verskil nie, en hom hoogstens ongeliefd en ongewild gemaak. Wat die deurslag gegee het en uiteindelik tot 'n openlike konfrontasie sou lei, was daarenteen sy boerdery; en meer as die blote feit nog die skaal waarop dit deur hom en sy vriende en gunstelinge soos sekunde Elsevier bedrywe is, en die wyse waarop hulle hul posisies en gesag gebruik het om hulself op hierdie terrein te bevoordeel. Teen die eeuwisseling was daar egter 'n aantal vryburgers soos die reeds genoemde Van der Heiden, of sy buurman Henning Hüsing van die plaas Meerlust, destyds die rykste vryburger aan die Kaap, wie se eie ondernemings so 'n groot omvang aangeneem het dat hulle ernstig hierdeur benadeel is. So het Hüsing in 1700 volgens die opgaaf of sensus reeds 24 blanke knegte in diens gehad en 59 slawe, vierhonderd beeste, vyfduisend skape en agt perde besit,[36] waarby in gedagte gehou moet word dat die syfers vir veebesit vir hierdie doel gewoonlik te laag aangegee is. Individue soos hy het nie net sterk genoeg oor hul saak gevoel om openlik teen die korrupsie van amptenare beswaar te maak, maar het as gegoede en gesiene lede van die gemeenskap nogtans genoeg selfvertroue besit om openlik en formeel teen die goewerneur op te tree.

As verdere oorweging wat in hierdie tyd tot 'n openlike botsing gelei het, noem Theal die swak oeste oor die jare 1698 tot 1705, en die langdurige droogte wat eers in 1705 gebreek is.[37] Dit was moontlik bykomende oorsake, maar in 'n gemeenskap wat hoofsaaklik van landbou bestaan het en waarin rykdom op koring- en wingerdbou en veeboerdery gebaseer was, was dit van wesenlike belang.

In die Ooste, waar die vryburgers nie geboer het nie, het daar omstreeks hierdie

4. Die agitasie teen die goewerneur 101

tyd 'n openlike botsing plaasgevind tussen 'n aantal van hulle wat op groot skaal handel gedryf het en die VOC wat probeer het om hul bedrywighede aan bande te lê. In 1703 het 'n aantal van die meer opstandiges onder hulle, wat weens beweerde privaat handel en kritiek op die owerheid gedeporteer is, die Kaap aangedoen op pad na Nederland waar hulle hul stryd teen die Kompanjie verder sou voer.[38] Dit is moontlik geen toeval nie, maar eerder onder aanmoediging van hierdie verwikkelings en aan die hand van hierdie voorbeeld, dat Henning Hüsing, wat weens die skaal van sy bedrywighede die meeste deur die goewerneur bedreig is, die volgende jaar reeds 'n klagskrif na die bewindhebbers van die Kompanjie in Nederland gestuur het. Nog voor die einde van die jaar is daar in Nederland amptelik ondersoek na Van der Stel se werksaamhede onderneem,[39] en die pad sodoende gebaan vir verdere ontwikkelinge, en vroeg in 1705 het Van der Stel persoonlik 'n brief van 'n kontak in VOC-kringe ontvang waarin hy privaat vir sy 'slordige manier van regeeren' berispe is, inligting wat gou reeds onder die burgers bekend geword het.[40] Dit was dus net nadat Beck as gevolg van Van Loon se dood met die sorg vir die gemeente Stellenbosch belas is.

Terwyl Hüsing se protes nog as daad van 'n veronregte en verontwaardigde individu gesien kan word, het die verset intussen meer algemeen geword en die vorm van 'n uitgesproke agitasie begin aanneem toe die Kaapse owerheid in Augustus 1705 besluit om die besonder winsgewende wynpag vir die komende jaar op 'n nuwe manier op te veil. Sodoende sou dit nie meer onder vier pagters verdeel word soos voorheen nie, maar is dit aan 'n enkele individu toegeken, naamlik Johannes Phijffer, 'n gunsteling en lojale ondersteuner van die twee Van der Stels, wat sy wyn grotendeels van hulle en die ander amptenare gekoop het, tot nadeel van die vryburgerboere.[41]

Hierdie ontwikkeling het algemene verontwaardiging onder die wynboere veroorsaak, en ná die openbare veiling in die Kasteel het die onvergenoegde burgers by Hüsing se dorpshuis in die Tafelvallei vergader.[42] Die uiteindelike resultaat was dat daar besluit is om 'n gesamentlike klagskrif te rig aan die Raad van Indië in Batavia, onder wie die Kaap onmiddellik geressorteer het, en van wie daar gouer 'n reaksie verwag sou kan word as van die Here XVII in Nederland.[43] Hierin het Hüsing die leiding geneem, bygestaan deur sy aangetroude neef, Adam Tas, wat as gevolg van 'n gunstige huwelik eweneens 'n gegoede plaaseienaar was, en daarby 'n opgevoede en ontwikkelde man.

Teen die einde van die jaar was die feit van hierdie verset so algemeen bekend dat Van der Stel na bewering op retoriese wyse gedreig het om Hüsing, Tas en 'n aantal ander rusversteurders op te hang, en toe die vleiskontrak waaraan Hüsing sy rykdom grotendeels te danke gehad het in hierdie tyd verval het, is dit ook nie hernuwe nie, wat vir hom vanselfsprekend 'n beduidende terugslag was. In plaas daarvan is daar in Desember 1705 nuwe kontrakte aangegaan met vier 'gepriviligieerde slagters', gunstelinge van die goewerneur wat hul vleis by voorkeur by hom en sy vriende gekoop het. Die benoeming van Van der Heiden en Tas as ouderling en diaken onderskeidelik van die gemeente Stellenbosch is egter deur die Politieke Raad goedgekeur.[44]

Intussen is daar handtekeninge versamel vir 'n klagskrif regstreeks aan die Here XVII, wat vroeg in 1706 met die retoervloot na Nederland gestuur sou kan word, 'n onderneming waarin Tas die voortou geneem het. Toe die retoerskepe aan die begin van Februarie in Tafelbaai aankom uit Batavia en geen reaksie op die vroeëre klagskrif aan die Raad van Indië saambring nie, het dit vir die vryburgers nog belangriker geword om hierdie tweede dokument met dié geleentheid uit te smokkel.

Die tweede klagskrif het bestaan uit 38 paragrawe, en was 'n taamlik breedsprakige uiteensetting van werklike en wesenlike aanklagte teen die goewerneur en ander hoër amptenare, vermeng met 'n sameraapsel van allerlei uiteenlopende persoonlike griewe en willekeurige aantygings, soos byvoorbeeld die bewerings dat Van der Stel verantwoordelik was vir die selfmoord van die amptenaar Hendrik Munckerus en die blindheid van 'n ander amptenaar, Willem Corssenaar.[45] Dit is uiteindelik deur 63 vryburgers onderteken, slegs 11 persent van die 554 mans wat in hierdie tyd in die opgaaf aangegee is nie, en van hulle was 31 bowendien Franse Vlugtelinge.[46] Terwyl laasgenoemdes oor verskeie dinge ontevrede was, is dit egter baie onwaarskynlik dat hulle die belange van die welvarende wynboere van Stellenbosch gedeel het of dat hul eie griewe identiek was met dié wat namens laasgenoemdes in die klagskrif uiteengesit is. Hoe beduidend die aanklagte teen die goewerneur en sy amptenare in wese ook was, was dit 'n betreklik klein groepie wat regstreeks daardeur geraak is en sterk daaroor gevoel het.

Wat die goewerneur betref, het hy met die retoervloot 'n waarskuwing van sy broer Adriaan van der Stel in Batavia ontvang aangaande die aanklag wat daar teen hom ingedien is, en hy het dus besluit om 'n getuigskrif in sy guns te laat opstel wat aan die XVII gestuur kon word om hom in hul oë te regverdig.[47] Dit is inderhaas saamgestel ten einde ook met die retoervloot saamgestuur te kan word, en deur 240 mans of 43 persent van die vry manlike bevolking onderteken,[48] waaronder daar 42 of 45 Franse was na gelang van die kriterium van beoordeling wat gebruik word.[49] 'n Aantal van die ondertekenaars was gunstelinge of beskermelinge van die goewerneur of het op een of ander manier by sy bewind gebaat, maar dit is moontlik dat die meeste van hulle geensins by die kontroverse betrokke was of daarin belang gestel het nie, soos byvoorbeeld die groep vry vissers wat geteken het, onder wie daar 'n aantal gekleurdes was.[50] Waarskynlik het baie van dié mense as gevolg van morele dwang geteken, terwyl die vryburgers in hierdie verband later aantygings van geweld, dreigemente en afpersing gemaak het.

Prominent by die versamel van handtekeninge vir die goewerneur in die distrik Stellenbosch was veral die Duitser Johannes Starrenburg, wat in die winter van 1705 reeds deur Van der Stel as landdros benoem is,[51] en wat in hierdie krisistyd 'n lojale, ywerige en selfs oorywerige dienaar sou blyk te wees.

4. Die agitasie teen die goewerneur

Ook het Van der Stel verdere weerstand probeer smoor deur kragdadig teen sy vernaamste teenstanders op tree, en vroeg in Maart het die Politieke Raad sy stem verhef en beveel

> dat zig niemand in eenig het minste complot, verbintenisse ofte t'zamensweering reets door voors[egde] kwaade geïntentioneerde [*boosaardige*] ingezetenen tegen de overigheijd alhier gesmeed en bij der hand gevat sal hebben te begeeven, of zig in hun heijlloose raad te vervoegen, veel min[der] eenige kwaadaardige of lasterlijcke geschriften te ondertekenen, op poene [*straf*] van daarover als ongehoorsaame muijtineerders, naar bevinding van saken, te sullen worden gecorrigeert [*bestraf*] (…).[52]

Tas is as woordvoerder van die agitasie in hegtenis geneem en veertien maande lank aangehou, en Van der Heiden het 27 dae in die sogenaamde 'Donker Gat' van die Kasteel deurgebring, terwyl ander prominente lede van die verset summier en willekeurig na Mauritius, Batavia of Nederland verban is.[53] Ook is daar met die oog op ordehandhawing besluit,

> [om] alle [all]eenlopende gezellen en lediggangers, soo[wel] hier aan de Caab als buijten ten platten lande heromswervende, vooral desulcke die van geen goed gedrag zijn ende niet sullen kunnen aantoonen om met eeren en fatsoen aan de cost te kunnen koomen, wijl [*aangesien*] van diergelijke zoort van menschen hier in 't gouvernement niets nuts, maar integendeel alle kwaad, te verwagten is, soo nu en dan van de hand te setten, en deselve tot suiveringe deser residentie als soldaten met f9 [*gulden*] ter maand naar India [*Oos-Indië*] te versenden.[54]

Dit was 'n vorm van dissiplinering wat onder die VOC nie ongebruiklik was nie, en wat dwarsdeur die eeu nog aan die Kaap toegepas sou word.

Vroeg in April het die skepe van die retoervloot saam die reis na Nederland voortgesit, met sowel die goewerneur se getuigskrif as die burgers se petisie, wat deur 'n goedgesinde skeepschirurgyn, Abraham Bógaert vir hulle uitgesmokkel is, aan boord, asook 'n aantal verbanne vryburgers, onder wie Hüsing self.

Dit sou 'n jaar duur voordat 'n reaksie van die Here XVII ontvang word, maar intussen het die konflik tussen Van der Stel en sy teenstanders verskerp, en oor die daaropvolgende maande is die lewe aan die Kaap nog deur gereelde botsings en intense opwinding gekenmerk.

In Augustus is daar besluit om 'n verdere nege vryburgers in hegtenis te neem, wat egter na Vier-en-twintig Riviere aan die destydse grens van die kolonie gevlug het, sodat slegs enkeles van hulle gevang kon word, ten spyte van al Starrenburg se inspanning.[55] Dit is in die konteks hiervan dat die verslag van die Duitse geregsbode Christoffel Hasewinkel oor sy besoek aan 'n aantal huise in die distrik Stellenbosch afkomstig is, waar hy in die afwesigheid van die mans wat hy gesoek het deur hul vroue te woord gestaan is, en in Hasewinkel se eiesoortige Nederlands is die opgewonde stemme van 'n aantal van Beck se lidmate en kerkgangers op lewendige wyse vasgelê. As woordvoerder van hierdie groepie kan die weduwee Alida ter Meulen, moeder van die oproerige Elbertsz-broers, gebruik word:

> Mijne kinders die sijn niet te huijs, en sij souden wel opgekoomen hebben, maar de landdrost die heeft aan haer [hulle] gescreven dat sij oproermakers en laandverstoorders waaren, daarom sullen mijne kinderen weg ofte aan de kaant [eenkant] bleijven, dat meen [mens] sien kaan dat sij geene oproermaakers sijn, en willen gij luijn ['gijlieden', julle], laat gij luijn meijne kinderen, die sijn soo e[e]rlijk als der een aan de Ka[a]p sijn.[56]

Heftig ontstoke het landdros Starrenburg by die Raad gekla,

> dat de gemoederen van veele inwoonderen der buijtencoloniën door andere quaadaardige medepligtigen en stoorders van de algemeene rust zoodanig zijn opgeruijt en verdorven geworden dat dezelve, het voorbeeld van die vuijle aanstookers navolgende, alle gehoorsaamhijd, pligt en ontzag schijnen verworpen te hebben, en met obstinate wreevelmoed zig teegens de beveelen van hun overhijd aankanten en haar [hul] deselve op de alleronbetamelijkste wijse koomen te onttrecken.[57]

In hierdie omstandighede is dit nodig gevind om nuwe burgerlike ampsdraers te benoem as gevolg van die 'vuijle, trouweloosen handel en quaade directie van zommige burgerofficieren, zoo[wel] van de Caab als aan Stellenbosch en Drakenstijn; mitsgaders ook de meeste heemraden van die twee laatste coloniën'.[58] Onder die nuut benoemdes was die Nederlander Anthonie van der Lith, die nuwe intrekker in die distrik wat 'n paar jaar tevore Beck se plaas Koelenhof gekoop het en wat nou heemraad en kaptein van die Stellenbosse kavallerie geword het, en die ouderling Abraham de Villiers, wat as heemraad en kaptein van die Drakensteinse infanterie aangestel is. Albei is deur die owerheid dus as lojaal en betroubaar beskou.

Voorts, wat in 'n gemeenskap van slawe-eienaars nog meer onrusbarend en onheilspellend was, het Starrenburg berig,

> Dat men bovendien ten platten landt ook groote stoutighijd [astrantheid] en ongebondene toomeloosheeden in de slaaven begon te vermerken, die haar [hul] pligt koomen te veragten en verwaarloosen, in zoo verre dat veele haar des nagts van hunne meesters abzenteeren en in eenige agterbuurten of huijzen van vrijluijden tezaamen komen om met malkanderen te dobbelen, dronken te

drinken en meer andere vuijle ongereegeltheeden aan te regten. Behalven dat de assurantie [*vermetelheid*] en stoutigheijd van dit quaade gespuijs van slaaven zoo groot is geworden dat ze des Sondags, wanneer ze niet werken, de colonie aan Stellenbosch en daaromheen met vegten, slaan en smijten in groot rumoer brengen, en 's heeren wegen [*openbare paaie*] onvijlig maaken, schroomende zelfs niet den Eerw. Predicant aldaar te mollesteeren en te ontrusten (…).[59]

Die predikant waarna daar verwys is, was natuurlik Henricus Beck. Sover dit die slawe betref, het hulle waarskynlik maar van die heersende onrus gebruik gemaak om 'n bietjie groter vryheid te geniet as wat in normale omstandighede vir hulle moontlik was.

As gevolg van hierdie lewendige klagtes is Starrenburg se diensstaat vermeerder na twee knegte, ses veldwagters en twee 'kaffers' of Kompanjieslawe wat onder die VOC as geregsdienaars gebruik is.[60]

Hierdie ingrypings het die gemoedere natuurlik geensins tot bedaring gebring nie, en dit is moeilik om aan die indruk te ontkom dat daar 'n hele aantal mense in die betrokke distrikte was wat die opwinding bloot as vorm van afwisseling in hul eentonige plattelandse lewens beskou en as sodanig geniet het, naas 'n onbepaalbare aantal vir wie die vooruitsig van geweld opwindend was en wat bereid was om daaraan deel te neem, soos die Politieke Raad gevrees het.

Ongelukkig was dit vir die owerheid juis in hierdie tyd nodig om aan te kondig dat die Raad van Indie as besuinigingsmaatreël opdrag gegee het dat die tradisionele jaarlikse skiet na die papegaai en die gratis voorsiening van wyn en bier wat daarmee gepaard gaan, afgeskaf moes word.[61] Skynbaar is daar in die onsekere omstandighede ook afgesien van die gebruiklike wapenskou of is die reëlings in dié verband uitgestel, en dit is aangegryp as verskoning vir 'n demonstrasie en 'n geleentheid vir die onvergenoegde deel van die gemeenskap om hul gevoelens te lug.

Op 18 September het 'n twintigtal bewapende lede van die Drakensteinse infanterie, vergesel van 'n groep ruiters, maar sonder hul offisiere, vroeg die oggend na Stellenbosch opgetrek, begelei deur 'n tamboer, en in 'n konfrontasie met landdros Starrenburg gevra waarom die gebruiklike wapenskou nie plaasvind nie. In sy verslag oor die gebeure maak Starrenburg veral melding van die lustige getrommel van die tamboer, op maat waarvan sommige mense begin dans het, beskonke mans wat hom lastig geval het, en die leidende aandeel wat twee vroue in die insident gehad het, naamlik Hester ter Winkel en Geertruy Elbertsz, die eggenotes van Pieter van der Bijl en Wessel Pretorius onderskeidelik. 'The talk of the two women (*wyven*) I pass over in order not to trouble you more than the case necessarily requires,' het hy volgens Leibbrandt se Engelse vertaling van sy verslag teenoor Van der Stel opgemerk,[62] en in 'n passasie wat Theal woordeliks aanhaal: 'Maar, Edele Gestrenge Heer, de wyven zyn alsoo [*net so*] gevaarlyk als de mans, en zyn niet stil.'[63]

Op hierdie konfrontasie het verdere nuwe aanstellings in die burgermilisie gevolg.⁶⁴

Al die deelnemers aan hierdie episode en soortgelykes het in een van die twee gemeentes gewoon waarvoor Beck in hierdie tyd verantwoordelik was en het dus vermoedelik ook sy kerkdienste bygewoon, al was hulle volgens die gebruik van die tyd nie noodwendig lidmate nie.⁶⁵ Van die leidende aanvoerders in die stryd was Guillam du Toit, Pieter van der Bijl en J.G. de Grevenbroek bowendien in hierdie tyd ouderlinge van die gemeente Stellenbosch en Wessel Pretorius diaken, sodat ook Beck se kerkraad regstreeks daardeur geraak is.⁶⁶ Hy kon dus onmoontlik afsydig bly van die gebeure, sy dit vanweë sy amp en status of bloot maar net as inwoner van die dorpie en lid van die baie klein blanke gemeenskap.

Wat betref die houding wat Beck ten opsigte van die agitasie aangeneem het, is dit nouliks verrassend dat hy hom as aangestelde van die VOC en senior amptenaar met die amptenary en die goewerneur geïdentifiseer het. Dit was dan eweneens as sodanig dat hy gereageer het op wat in sy oë onvermydelik 'n wanordelike en selfs anargistiese element in die plaaslike samelewing was, wat besig was om die gesag van die wettige owerheid aan te tas en te ondermyn.⁶⁷ Daar was geen enkele rede waarom hy, ten spyte van sy eie boerderybedrywighede, simpatie met die griewe van die burgers sou voel of probeer toon nie, alhoewel dit menslik gesproke verstaanbaar is dat hulle hom vir sy gebrek aan simpatie sou verwyt en hom aanval vanweë die openlike steun wat hy vir die owerheid betuig het.

In die klagskrif aan die Here XVII wat deur Tas en veertien ander onderteken en eers in 1707, ná die terugroeping van die goewerneur, na Nederland versend is, staan daar terugblikkend op die stryd pertinent, met kenmerkende heftigheid en omslagtigheid:

> men spoog overal vuur en vlam tegens de supplianten [*petisionarisse*] en derselver gevangene en versonden [*verbanne*] meedeburgers, daar predicanten niet vrij van waren, dewelke in plaats van dit vuur met den mantel der Christelijke liefde te smooren, hetzelve door haar stant en baatsugtige insigten wonderlijk aanstookten, daar 't haaren Eerwaardens pligt was niet dan eendragt en meedogendheijd tegens sijn evennaadsten te basuijnen en trou omtrent 't gemeenebest en voor de E. Comp. te prediken, en met haar gantzen handel en wandel overal, opentlijk en in 't bijzonder, tijdig en ontijdig, haar [*hul*] aanbevoole gemeente en seer dierbaar aanbetroude schaapkens te leeraren, en daar 't pas gav [*gepas was*] te vermanen, te bestraffen en te troosten.⁶⁸

Dit kan slegs verwys na Beck self, en na ds. Kalden van die Kaapse gemeente, teen wie die vryburgers eksplisiete klagtes gehad het en wat saam met Van der Stel na Nederland teruggeroep sou word; want op hierdie tydstip was hulle twee die enigste predikante aan die Kaap.

4. Die agitasie teen die goewerneur

In die beskikbare dokumentasie oor stryd teen die goewerneur kom daar egter net verspreide verwysings na Beck voor, aangesien hy geen prominente of aktiewe rol daarin gespeel het nie, en die verwysings wat daar is, is bowendien meestal in die vorm van aantygings en gerugte wat van die goewerneur se teenstanders afkomstig is. Volgens Adam Tas het Starrenburg die gegoede vryburger Hans Conterman, wat in Stellenbosch gewoon het, byvoorbeeld na Beck se huis ontbied, waar Conterman 'op sijn sterk aanhouden' oorgehaal is om die getuigskrif vir die goewerneur te onderteken.[69] Verder is dit seker dat Beck die getuigskrif ook in Frans vertaal het vir voorlegging aan die Franssprekendes wat gevra is om dit te onderteken,[70] wat hom deur die vryburgers sterk verkwalik is, en Bógaert noem hom 'de beruchte vertaalder van het afgodisch getuigschrift in de Francoische taale'.[71] Hy het egter geen rede gehad om die versoek of opdrag in hierdie verband te weier nie, en dit is noulliks redelik om te verwag dat hy so iets moes doen.

Voorts het Becks in hierdie tyd ook opgehou om in die Drakensteinse kerk in Frans te preek.

Volgens Beck se eie verslag aan die Klassis Amsterdam het hierdie preke, nadat hy ook die gemeente in Stellenbosch begin bedien het, slegs nog 'n keer elke ses of agt weke plaasgevind, 'houdende de gewoonte om op het Avondmaal des Heeren eens in Duyts [*Nederlands*] en 14 dagen later in 't Frans te prediken. Dog,' het hy bygevoeg in 'n brief wat in Mei 1707 opgestel is,

> wanneer voor omtrent anderhalf jaar op Zaturdag aan Drakestein gekomen om des Sondags in 't Frans te prediken en 't Avondmaal te bedienen, [ik] verstont dat vele misnoegt en schimpende spraken, soo resolveerde [ik] niet meer in 't Frans te prediken, willende voor de moeite en toegevenheyd geen ondank behalen; [ik] liet de voorleser egter een Franse predicatie lesen, dewijl [*aangesien*] alle Fransen waren, waarop [ik] het Avondmaal in 't Frans uytgedeelt heb; d'actie [*diens*] geëindigt, heb [ik] mijn voornemen van niet meer in 't Frans te prediken aan vele buyten de kerk bekent gemaakt.[72]

Waarby natuurlik in gedagte gehou moet word dat die gebruik van Frans nooit formeel deur die Here XVII geoorloof of deur die owerheid goedgekeur is nie, en dat dit dus 'n nie-amptelike karakter gehad het en in laaste instansie van Beck se eie goeddunke en welwillendheid afhanklik was.

Hierdie ontwikkeling kan juister gedateer en sodoende ook gedeeltelik verklaar word deur die dagboekinskrywings van Adam Tas. Dit was naamlik in die tyd kort voor die koms van die retoervloot vroeg in 1706, toe daar onder die burgers ywerig handtekeninge versamel is vir die klagskrif wat na Nederland gestuur moes word, en op Vrydag, 22 Januarie het Tas berig gekry 'datter op Zondag aanstaande een heele partij Franschen aan de post [*veepos*] van Mr. van der Bijl op Drakenstein zouden komen, en dat ik derwaarts moest vertrekken'.[73] Die volgende dag, die dag toe Beck met sy aankoms in Drakenstein 'verstont dat vele misnoegt en schimpende spraken', was Tas aktief doenig met ander leiers van die agitasie en het hy op Van der Bijl se plaas Vredenburg oornag ten einde die volgende oggend self na Drakenstein oor te ry. Sondagoggend, "'s morgens warm weer', het hy en Ferdinandus Appel hulle na Van der Bijl se veepos begewe, waarskynlik Babilons Toren in die nabyheid van die Drakensteinse kerkie.

> Nadat we aldaar een poos geweest waaren, quaamen meer als twintig mannen te paard aanrijden. Ik hebbe, toen de mensen die wat goeds in den zin hadden bij elkanderen waren, een predicatie voorgeleesen daar se alle amen op seiden. (…) Nadat ik mijn zaaken met de Franschen hadde verrigt, zijn ze na beleefdelijk afscheid genoomen en mij ten hoogsten bedankt te hebben, vertrokken. Zij waaren alle goeds moeds en wel in haar schik.[74]

Die 'predicatie' waarna daar verwys word, was natuurlik die klagskrif waarop die Franse 'amen' gesê het deur dit te onderteken. Franken, wat soos heelwat ander skrywers geneig is om alle ontwikkelings in hierdie tyd regstreeks aan die stryd tussen die vryburgers en die goewerneur te koppel, skryf die teenkanting teen Beck en sy reaksie ook hieraan toe.[75] Dit lyk egter meer waarskynlik dat die gang van sake subtieler was, en dat daar in Drakenstein lankal reeds wedersydse misnoeë tussen gemeente en predikant bestaan het wat in die konteks van die vryburgeragitasie openlik uiting gekry het, maar nie noodwendig regstreeks daarmee verband gehou het nie. Die omstandighede hier was dus anders as in die omgewing van Stellenbosch waar die agitasie teen die goewerneur ontstaan het.

Daar is nie veel bekend oor Beck se optrede gedurende die volgende jaar nie, die tyd toe die reaksie van die Here XVII op die burgers se versoekskrif ongeduldig afgewag is, en die inligting wat daar is, neem opnuut die vorm van aantygings aan. Met betrekking tot die aanhouding van Van der Heiden het die burgers byvoorbeeld later in hul *Contra-deductie* beweer,

> dat den predikant Henricus Beck, wiens ouderling vander Heiden was, zoude aangegeven [*voorgestel*] hebben, en daarop in de vergadering [*van die Politieke Raad*] besloten zyn geworden, hem vander Heiden, byaldien [*indien*] hy van zyne halssterrigheid niet was af te krygen, op water en droog brood te zetten, en anders geen kost nog drank te zullen laten toekomen.[76]

Die Nederlandse skeepschirurgyn Bógaert, wat slegs tydens 'n kort oponthoud aan die Kaap kennis van die verwikkelinge opgedoen het, maar 'n ywerige bondgenoot van die vryburgers was, het later in sy gepubliseerde verslag van die gebeure nog verder gegaan en verklaar dat Beck

4. Die agitasie teen die goewerneur

wel opentlyk seggen darde [*gedurf het*] dat men de gevangene Jacob van der Heiden, zyn werkelyke ouderling, met drooge rys en water moest spyzigen en drenken, en 't hangen van den gekerkerden Adam Tas, zynen diaken, als te goed een dood; met naderhand zich te laten ontslippen dat hy tot het vangen der vluchtende vryburgers wel wilde de hand leenen indien 't zyn ampt toeliet.[77]

In dieselfde trant het die vryburgers verwys na Beck se beweerde verklaring 'dat gemelde Henning Husing en de andere vrienden zonder hoofden zouden teruggezonden worden' ná hul verbanning na Nederland.[78]

Gesien Beck se status en die aard van die lewe in die agttiende eeu, besonderlik onder die VOC, is dit op sigself nie onmoontlik of selfs onwaarskynlik dat hy hierdie of soortgelyke bewerings gemaak het nie. Waar of onwaar, toon die aantygings in elk geval wat daar gedurende hierdie tyd oor hom gesê is en geglo kon word.

Op 4 Februarie 1707 is twee van die nege vryburgers wat reeds sedert Augustus deur die owerheid gesoek is as gevangenes na die Kaap gebring en op 'n skip geplaas wat hulle na Mauritius sou neem as bannelinge.[79] Op die 20ste het die nuus dat die Here XVII besluit het om Van der Stel na Nederland terug te roep die Kaap egter informeel met die *Pieter en Paul* bereik, en onmiddellik 'n jubelende reaksie onder sy teenstanders uitgelok. Die volgende dag het ene Albert Gerritsz (waarskynlik Albert Gerritsz van Emmenes) laat dié aand te perd deur die strate van Stellenbosch gejaag met 'n seëvierende kreet van 'Victorij, victorij, victorij!', 'thereby causing great commotion among the residents', soos die nog immer getroue Starrenburg onverwyld aan die Politieke Raad berig het, gevolg deur verdere dade van uittarting en baldadigheid.[80]

Elders weer het Starrenburg meer spesifiek gekla oor die plaaslike jong mans, 'dat jong en eenlopend [*ongetroude*] volkje', en die feit 'dat bij een gedeelte daarvan nog liefde tot deugd nogh schroom voor de justitie nogh agting voor de dienaars derselve meer te vinden is, maar als dolle, driftige, toomeloose menschen sijn, alle baldadigheden en moedwill hare dagelijkse beesigheeden', en dat dit hul gewoonte is 'sigh Sondags dronken te drinken ende dan te paard door de straaten en langs de weegen van Stellenbosch als dolle menschen heen te jagen en andere baldadigheden te pleegen'.[81] Nogmaals: dit was in die tyd toe Beck volgens die beskikbare getuienis as predikant op hierdie dorp gewoon het.

Op 1 Maart het Starrenburg opnuut voor die Politieke Raad verskyn om besonderhede te verstrek van 'de tomelooze ongebondenheid en oproerige bedrijven eeniger seditieuse [*opstandige*] booswigten'. 'En gemerkt [dat] zij met veel lasterlijke scheldwoorden mijn persoon dagelijks dreigen,' het hy welluidend bygevoeg,

kan ik niet nalaten daarvan bijtijds kennis te geeven, opdat ik niet genoodsaekt werde myn persoon volgens de wet der natuur te beschermen, waarvan Cicero segt: Nadien 'er tweederlij wijse van strijden sijn, d'eene door reden, d'ander door geweld, soo moet men tot de laaste sijn toevlugt neemen wanneer men d'eerste niet langer kan gebruiken.[82]

Amptelik was Van der Stel egter nog in beheer, en die Politieke Raad het dit op sy beurt gehad oor 'seer kwaadaardige, seditieuse en enorme bedrijven, in sig behelsende die tot welstand van dit gouvernement behoorden te werden gestut en gedempt', en die landdros opdrag gegee om teen 'alsulke oproerige mensen en stoorders van de gemeene rust' op te tree.[83] Op 4 Maart het Starrenburg dus 'n verdere aangeklaagde na die Kaap gebring om aan te sluit by die twee wat wag op versending na Mauritius, vier dae later gevolg deur twee jong vryburgermans 'apprehended for violence and wantonness committed in the corn mill of Stellenbosch, also for opposition against his person'.[84] Op 22 Maart volg die inskrywing in die Dagregister: 'the three [sic] unmarried men who had committed the offences in the Stellenbosch mill were condemned to be thrashed by the soldiers before the gate of the Fort [Kasteel], and to pay each Rds.12 for the benefit of the plaintiff'.[85]

Eers op 16 April, ná meer as twee maande van toenemende onrus en onsekerheid, is die Here XVII se besluit amptelik bekend gemaak toe die *Kattendijk* aankom met die brief wat hulle reeds op 30 Oktober van die vorige jaar in Nederland onderteken het,[86] waarvolgens sowel die goewerneur as sekunde Elsevier, ds. Kalden, landdros Starrenburg en die goewerneur se broer Frans van der Stel na Nederland teruggeroep is. Starrenburg, wat sy plaaslik gebore vrou kon agterlaat om sy sake te behartig, het dadelik vertrek, terwyl die orige vier mans 'n jaar uitstel gekry het om hul sake te kan afhandel.[87]

In dieselfde maand nog het vyftien van die mees prominente deelnemers aan die agitasie 'n klagskrif aan die Here XVII in Nederland gestuur waarin hulle al hul onlangse klagtes breedvoerig uiteensit, moontlik met die hoop dat dit die XVII sou aanspoor om aktief teen Van der Stel op te tree wanneer hy in Nederland aankom.[88] Dit het nie gebeur nie, en die lang, breedsprakige en onsamehangende dokument is vandag hoofsaaklik interessant vanweë die blyk wat dit gee dat hierdie groepie Bolandse boere vroeg in die agtiende eeu reeds nie net deur die Khoikhoi en die slawe bedreig gevoel het nie, maar ewe goed deur die opkoms van 'n vry gekleurde kleinburgery; ten spyte van die feit dat die koloniale samelewing in hierdie vroeë stadium veelrassig was, dat sosiale omgang tussen die verskillende seksies van die vry gemeenskap nog algemeen was en dat 'gemengde' huwelike, hoewel betreklik seldsaam, aanvaar is, asook die kinders wat daaruit gebore is.

Van die Khoikhoi en die slawe is daar nie veel te verwagte nie, verklaar die ondertekenaars van hierdie dokument waar hulle uitwei oor die gevare wat die kolonie volgens hulle van binne en van buite bedreig, en gaan dan met sonderlinge heftigheid voort:

4. Die agitasie teen die goewerneur

en vrij minder van al de Caffers, Moulattos, Mestico, Casticos en al dat swart gebroeijdsel onder ons woonende, met Europeaanse en Africaans Christenen door huwelijken en andere vermengingen vermaagdschapt, dewelke in vermoogen, getal en hoogmoet t'onser uijterste verwondering aangegroeijd, en neffens de Christenen tot allerhande wapenhandeling en krijgsoeffening tougelaten, geven ons niet duijsterlijk door haar trotze bejegeningen te kennen datse ons, haar slag waarnemende, wel den voet op de nek souden konnen en willen setten, want dat Chams bloet is niet te betrouwen.[89]

Ewe heftig laat hulle hul uit oor die feit 'dat het swart volkje doorgaans voorgetrocken en bevorderd wierd'.

Sover bekend het hierdie geskrif geen regstreekse gevolge gehad nie; maar dit gee blyk van gevoelens, griewe en klagtes onder die blanke gedeelte van die samelewing wat in die loop van die eeu meer algemeen en meer eksplisiet sou word, en uiteindelik wydstrekkende gevolge sou hê.

Op 21 April 1797 kon Beck en die ouderling Johannes Mulder die Klassis Amsterdam 'n taamlike vae en niksbeduidende verskoning vir die gebrek aan eerdere berigte laat kry in 'n brief wat met die retoervloot na Nederland versend is.

d'Oneenigheyd, een tijd lang herwaarts in de Kerk ingedrongen, is oorsaak geweest waarom [wij] geen kennisse van onse staat der Kerke hebben konnen geven. Ten wensen ware 't datter heerlicke dingen van het Africaans Zion vertelt wierden, tot vermeerdering van UWEerws. en onse blijschap. De gemeentens gaan wij voor in de bedieninge des Woorts en der H. Sacramenten, dog te beklagen is d'ijverloosheyd en nalatigheyd in beide. Het vier [vuur] van borgerlicke oneenigheyd heeft den band van ware godsvrugt en opregte liefde verteert.[90]

In Junie 1707 het die nuwe sekunde J.C. d'Ableing (in Nederlandse bronne gewoonlik 'd'Ablaing' geskryf)[91] voorlopig die bestuur by Van der Stel oorgeneem totdat laasgenoemde se opvolger sou aankom; dog hiermee is die langdurige onrus egter nie beëindig nie, en mens kry trouens die indruk dat dit deur sommige individue aan die lewe gehou is bloot vanweë die opwinding wat dit verskaf. Gedurende die eerste maande onmiddellik nadat die terugroeping van die goewerneur bekend gemaak is, is dit bowendien aangewakker deur iemand wat hoegenaamd nie by die stryd betrokke was nie, naamlik die nuwe predikant vir Drakenstein, Engelbert Franciscus le Boucq,[92] wat op 30 Maart 1707 die Kaap bereik het uit Batavia, in die tydjie toe die nuus van die terugroeping nie-amptelik bekend was, maar nog nie formeel bevestig was nie.

In hul brief aan die Politieke Raad het die Here XVII onder andere opdrag gegee dat Beck en Le Boucq afwisselend in Kalden se plek in die Kaapse gemeente moes preek totdat hulle 'n plaasvervanger vir hom sou kan uitstuur.[93] Op Sondag 17 April, die dag toe die terugroeping amptelik deur die Politieke Raad bekend gemaak is, het Kalden nog gepreek, maar aangesien hy nou nie meer in diens van die Kompanjie gestaan het nie,[94] het die siektrooster Jan van Hoorn die volgende Sondag, wat Pase was, by die oggenddiens voorgegaan en Le Boucq dié in die namiddag waargeneem, waarmee hy formeel in die plaaslike gemeenskap ingeskakel is, en die volgende Sondag het Beck van Stellenbosch oorgekom.[95]

Le Boucq was 'n gewese monnik uit die Suidelike Nederlande (by benadering die huidige België), wat na Nederland uitgewyk en tot die Protestantisme oorgegaan het, en in 1703 as predikant in diens van die VOC in Batavia aangekom het; 'vanweë sy uitgesprokenheid', soos sy biograaf dit taktvol stel,[96] het hy egter nie 'n vaste aanstelling gekry nie. 'He could converse in many languages,' som Theal sy gawes en sy lewe op, 'and was unquestionably a man of high ability and learning, but he was of irascible disposition and wherever he went was engaged in controversy and strife',[97] terwyl Biewenga hom as 'rusteloos en hartstochtelijk' beskryf.[98] Aan die hand van sy lang, omslagtige en emosionele briewe en vertoë is mens selfs geneig om hom as ongebalanseerd te wil beskou. Dit was vermoedelik dan ook waarom die owerheid verkies het om hom uit Batavia te verwyder, ten spyte van sy nuttige kennis van Portugees,[99] in die geloof dat hy daar minder skade sou kan aanrig. Aan die Kaap, waar hy hom bevind het op 'n tydstip toe gemoedere nog uiters ontstoke was, het hy egter 'n al te vrugbare teelaarde gevind om verdere onrus te kweek, saam met voldoende onvergenoegdes om hom gehoor te gee, aan te moedig en te ondersteun.[100]

Volgens sy biograaf het Le Boucq reeds vroeër "'n kort tydjie aan die Kaap vertoef',[101] vermoedelik toe hy op pad was na die Ooste. Self het hy later beweer dat hy aansoek gedoen het om as predikant van Stellenbosch benoem te word, wat die indruk gee van kontakte aan die Kaap deur wie hy moontlik ná Van Loon se dood informeel in hierdie verband genader is, maar dat hy deur die XVII 'tegen onsen sin en genegenthijd' in Drakenstein aangestel is.[102] Nadat hy nader kennis gemaak het met die situasie in dié gemeente en die gebrek aan 'n doeltreffende kerkgebou of 'n pastorie, het hy egter summier geweier om sy gesin hierheen oor te plaas of self hier diens te aanvaar, 'dewyl [ik] int open velt niet woonen konde',[103] maar onderneem om die gemeente vier keer per jaar vir die Nagmaalviering te besoek. 'Men sal mischien seggen dat andere predikanten daar noyt over geklaaght en hebben,' het hy trots bygevoeg; "t is waar, maar sij hebben haare gebieders moeten naar d'oogen sien, wilden se haare gunst deelagtigh sijn (…).'[104]

Le Boucq se besware was op sigself nie onbillik nie, gesien die feit dat hy met 'n gesin belas was, en in die onsekere tyd onmiddellik ná die terugroeping van Van der Stel het die owerheid skynbaar ook nie geweet hoe om hierdie besliste weiering te hanteer nie. Le Boucq is kennelik ondergebring in die amptelike predikantswoning in die Tafelvallei wat deur Kalden ontruim is,[105] met die bedoeling dat hy op die Sondae wanneer Beck hier preek sy eie gemeente in Drakenstein sou gaan bearbei.[106] Ook is die sieketrooster Hermanus Bosman, wat met die retoervloot op pad was terug uit die Ooste op aanbeveling van Le Boucq as Nederlandse sieketrooster van Drakenstein aangestel,[107] 'n pos wat hy lank sou beklee, sodat daar ten minste in die basiese behoeftes van hierdie gemeente voorsien is.[108]

Naas die verpligtings van sy bediening het Le Boucq hom egter onmiddellik op geesdriftige wyse begin bemoei met die sake van al drie gemeentes aan die Kaap en met kerklike aangeleenthede oor die algemeen, asook die griewe van die vryburgers op wyer vlak. Veral hy hom nogal luidrugtig geroem op die selfstandigheid van sy mening, in teenstelling tot sy voorgangers en ampsgenote: 'Het is hier de predicanten genoegh geweest wanneer sij bij de overighijd—die, God betere het, eenige jaren geleden niet veel te prijsen is geweest—in aensien waeren, sonder te denken dat sij Gode meer gehoorsaemhijdt dan de menschen verschuldight sijn.'[109]

In Augustus, vier of vyf maande ná sy aankoms, het Le Boucq egter nog verder gegaan toe hy op eie gesag 'n ouderling en diaken van die Kaapse kerkraad uitsit uit hul amp, skynbaar as beweerde ondersteuners van die vorige bewind, en die uitsetting na die Sondagdiens formeel van die preekstoel aankondig, tot ontsteltenis van die aanwesiges;

> so that a certain lady of position [*gequalificeerde juffrouw*] fainted away and had to lie down the whole day in the house of the sexton. Many other women were seen pale and crying and leaving the church quite unnerved, whilst on the other hand some of the malcontents, who are supposed to have been informed beforehand by that minister of this deplorable tragedy, appeared to be tickled with laughter and to enjoy themselves.[110]

Hierna is Le Boucq deur die owerheid verbied om verder sy amp uit te oefen, en in September is Beck, wat nou die enigste beskikbare predikant was, na die Kaap ontbied en aangesê om voortaan alle dienste hier waar te neem, terwyl die sieketrooster hom op Stellenbosch sou vervang deur die Sondagdiens te lei en 'n preek voor te lees.[111]

Van September tot die koms van Kalden se opvolger in Januarie 1708 het Beck dus as predikant van die Kaap gefungeer,[112] en die effens hoër emolumente geniet wat met hierdie posisie gepaard gegaan het, hoofsaaklik skynbaar in die vorm van 'n dubbele rantsoen kerse.[113] Aangesien hy in hierdie tyd egter ook opdrag gekry het om een Sondag Drakenstein te besoek met die oog op doop, huweliksbevestiging en die Nagmaalsviering, is ds. Kalden, hoewel hy nie meer in diens van die Kompanjie gestaan het nie, gevra 'ter liefde van 't gemeen' om die diens in die Kaap dan waar te neem.[114]

Hierdie ontwikkeling het meegebring dat ses ouderlinge, diakens en lidmate van die gemeente Stellenbosch die owerheid in November op eie gesag versoek het om Le Boucq te benoem om Stellenbosch en Drakenstein 'te leeraaren, te troosten en, daar 't nodig is, te straffen', met verwysing na die feit 'dat haar kerk van predikant ontbloot en de heylige sacramenten niet op zijn tijd en na behooren bediend werden'.[115] Van die feit dat Stellenbosch reeds in besit was van 'n predikant is daar geen melding gemaak nie, en in die oë van die ondertekenaars is die reeds ongewilde Beck vermoedelik heeltemal uitgeskakel deur sy voorlopige verpligtings in die Kaap. Dit is veelseggend dat 'n aantal van die prominentste van Hüsing se ondersteuners hierdie versoek onderteken het, met inbegrip van Van der Heiden, Van der Bijl, Wessel Pretorius en De Grevenbroek.

Op hierdie verdere verwikkelings het Le Boucq met sy gebruiklike heftigheid gereageer, tans met persoonlike verontwaardiging vermeng, en verklaar

> dat de Hr. d'Ablijn [*d'Ableing*], beneffens zijnen Raad, de overgeblevene voetstappen van het regt ontrent hem schandelijk van de Caab verbannen en hem slimmer als Turken en heydenen haar leeraren gewoon sijn te doen, sijn eere hadde zoeken te ontvreemden, de kerke te verdrucken, den godsdienst te stremmen, den armen te benadelen, en niet alleen suspecte [*verdagte*] maar onweerdige luyden [*mense*], huurlingen en loontreckers boven hem te maintineeren [*handhaaf*]; omdat zij misschien beter Amen en Ja zeggen konden op de gedoentens van de Hr. d'Ablijn (...).[116]

'De Fransche Cooning Louis de XIV, in 't heetste van zijn vervolgingen, heeft soo onregtmatigh niet gehandelt omtrent de predikanten uit zijn rijk geseten,' het hy in sy verontwaardiging uitgeroep,[117] D'Ableing se optrede vergelyk met dié van die Romeinse keisers wat die Christene vervolg het,[118] en beweer 'dat hy liever vijfentwintig jaren in de Masmoras van Algiers als slaaf onder de Turken soude willen doorbrengen, als soo onder de regeringe van de Hr. d'Ablijn een paar jaaren met sesdubbelde tractementen te vertoeven'.[119] 'Gewapen met 'n sabel en twee pistole en vergesel van 'n lyfwag van twee slawe met ysterbeslaande stokke,' berig Claasen, 'het hy rondgery om ondersteuners te werf wat 'n versoekskrif om sy herstel moes onderteken',[120] terwyl die Politieke Raad dit beeldend gehad het oor 'rossen en rijden, met de houwer [*swaard*] op zij, en van een paar pistolen voorzien'.[121] 'By the more violent members of the party which he espoused,' meld Theal op sy beurt, 'Mr. Le Boucq was now regarded as a martyr.'[122]

In die loop van hierdie getwis het Le Boucq verklaar dat hy Beck 'voor zijn collega in geenen deelen om suffisante [*voldoende*] reedenen herkend',[123] en met verwysing na sy eie Roomse verlede verklaar 'dat hij het pausdom niet en is uytgegaan om een nieuw pausdom hier in Africa in te voeren en do. Beck tot zijn bisschop te erkennen, die—God betert het—moeyte genoeg heeft om zijn bediening van predikant na behooren waar te neemen, soo aan Stellenbos als Drakensteyn'.[124]

Verdere onmin het juis in hierdie tyd in die gemeente Drakenstein ontstaan rondom die Guillaume Loret na wie daar reeds in ongunstige sin verwys is, wat in hierdie tyd by sy landgenoot Pierre Joubert werksaam was as kneg, en vroeg in 1707 getroud is met Joubert se vyftienjarige dogter, ten spyte van 'langdurige' gerugte 'van een onbetamelicke ommegang en gemeenschap met de moeder van sijn bruyd'. Toe Beck die huwelik voltrek, het hy dus nie die gebruiklike huweliksformulier gebruik nie, tot verontwaardiging van die bruid se vader, wat hierna ook 'n paar dae lank in die gemeente rondgery het met 'n klagskrif teen die predikant. Hy is hierin bygestaan deur ene David de Buisson wat as skoolmeester van sy kinders opgetree het en deur die kerkraad beskryf is as 'een jongeling van een los en ongebonden leven, die bij de predicant en kerkenraade dikwels afgewesen is om niet aangenomen te moeten worden tot het Heilige Bondteken des Avondmaals; waarom hy ook de kerkeraad eenige male geïnjurieert [*beledig*] heeft'.[125] Hierdie twee mans, Loret en De Buisson, gee 'n goeie aanduiding van toestande onder 'n sekere gedeelte van die gemeente in Drakenstein, en bied 'n verdere voorbeeld van die ongebonde 'alleenlopende' mans wat in die pioniersjare 'n beduidende seksie van die vryburgerbevolking uitgemaak het, en oor wie se moontlike bydrae tot die agitasie teen die Goewerneur die Politieke Raad reeds eerder bedenkings uitgespreek het. Dit is veelseggend dat die Drakensteinse kerkraad Beck in hierdie saak gesteun het, maar klaarblyklik het heelwat vyandigheid teenoor hom intussen in die gemeente opgebou.

In September 1707 het Beck soos deur die Politieke Raad aangesê Drakenstein besoek om die Nagmaaldiens daar waar te neem,[126] maar toe hy in Januarie van die volgende jaar weer afgevaardig is, het die twee voorlesers skynbaar versuim om die gemeente hiervan in kennis te stel, wat die indruk van opsetlike sabotasie gee.[127] Toe die herderlose gemeente die Politieke Raad in Meimaand 1708 opnuut vra vir die dienste van 'n predikant om die Nagmaal te bedien en kinders te doop,

> Zoo is eenstemmig goedgevonden, ten eersten een brief na de kerkenraad af te zenden, met bekendmaking dat men haar den Eerwe. predict. Bek voornt. [*bogenoem*], ten einde voors. [*bogenoem*] zal laaten toekoomen. Dan vermits men eenige passieusheid [*gevoelens*] tegen deselve predicant vernoomen heeft, is verder verstaan hunluijden bij gez[egde] missive te injungeeren [*aan te sê*], dat sij haar *de facto* in antwoord zouden hebben te declareeren of sijn Eerwe. daartoe begeerden te accepteeren of niet, opdat nog deese regeering, nog de persoon van den predicant voorn[oem]t door enige ontijdige difficulteiten [*moeilikhede*] mogten geprostitueert [*beledig*] werden.[128]

Beck se ampsgenoot ds. Kalden, wat saam met Van der Stel teruggeroep is, is natuurlik ook geen onbevooroordeelde getuie nie, maar in die verweerskrif wat hy later in Nederland gepubliseer het, het hy aan die hand van sy eie waarnemings en ervarings tot sy vertrek in 1708 hieromtrent opgemerk, in woorde wat spesifiek op Drakenstein van toepassing skyn te wees:

> Dus handelt men met den predikant Bek, bescheyden [*geplaas*] aan Stellenbosch, die men met alle lastertaal in schrijven doorhaalt, alle hoon en smaatheyd aandoet, zijn kerk laat ledig staan, van 't Avondmaal afblijft, ja, waardoor men zijn kinderen niet wil laten dopen.[129]

Die oorsake van die vooringenomenheid wat in die ses jaar sedert Beck se aankoms in Drakenstein teen hom ontwikkel het, was waarskynlik kompleks van aard. Die vryburgerparty se weergawe wat enkele jare na die gebeure in hul *Contradeductie* gepubliseer is, gee in elk geval die volgende verklaring, in die loop van een van die vele uitweidings en afdwalings in hierdie dokument wat niks met die agitasie self te make het nie.

> Ook heeft [Beck] om zyne wetenschap in de Godgeleertheid te toonen tegens eenige Fransse ouderlingen en diaconen, hem rede afvragende waarom hy, het Nachtmaal onzes Heeren aan haar [*hulle*] uitdeelende, zelfs niet mede van 't brood en den wyn genoot? geantwoord: dat hy van een vrouw geëxcommuniceert zynde, zulks niet vermogt te genieten. Waarop voorsz[egde] ouderlingen en diaconen repliceerden dat hy dan ook niet bevoegt was om aan haar [*hulle*] des Heeren Nachtmaal uit te deelen voor en al [*alvorens*] hy weder geabsolveert was, ging zyne wetenschap in de Theologie zo verre dat hy, het boekje quyt zynde, zyn paruik [*pruik*] dan hier dan daar draaide, en bot stil sweeg.[130]

In die Gereformeerde Kerk het daar 'n vaste 'Formulier des bans, ofte afsnijdinge vander gemeente', en ook een van 'wederopneming der afgesnede in de gemeente Christi', alhoewel dit aan die hand van Roodenburg se ondersoek na kerktug in die gemeente Amsterdam gedurende die sewentiende eeu nie dikwels toegepas is nie.[131] Die Roomse benaming 'ekskommunikasie' is in hierdie tyd ook in die Gereformeerde Kerk gebruik om sensuur aan te dui, en Guillaume Loret van die gemeente Drakenstein is byvoorbeeld in dieselfde tyd as 'gecensureert (…) en geëxcommuniceerd' beskryf.[132] Dit gaan egter om 'n ernstige straf wat slegs formeel toegepas kon word, en in Beck se geval kan die uitdrukking nie letterlik bedoel wees nie. Waarskynlik het hy sy ondervraers dus net 'n ontwykende antwoord gegee ten einde nie openlik te moet verklaar dat hy in die omstandighede nie bereid was om saam met die weerspannige gemeente aan die sakrament deel te neem nie; en ewe goed sou dit daarop kan dui dat aangesien 'n gedeelte van die gemeente nie meer bereid was om van sy dienste gebruik te maak nie, hy hom as 'geëkskommunikeer' beskou het. Voorts sou dit ook kan beteken dat daar in die gemeente een of ander veldtog of

4. Die agitasie teen die goewerneur

konfrontasie plaasgevind het waarin die voortou geneem is deur een of meer vroue soortgelyk aan die slagvaardige vryburgervroue wat hulle by herhaling in die stryd teen die goewerneur laat geld het.

Kolb gee bostaande weergawe woordeliks weer in sy gesaghebbende boek oor die Kaap, maar het dit klaarblyklik uit die *Contra-deductie* oorgeneem,[133] en verklaar daarby met groot stelligheid, 'de Drakensteensche gemeente (...) wilde den Heer Beek [sic] niet horen of dulden eer en alvorens hy zich van zyne gewaande excommunicatie gepurgeert [*gesuiwer*] had'.[134] Op hierdie wyse het dit dus deel van die uitgebreide folklore van die vryburger-agitasie geword. Twintig jaar later herhaal die Duitser Mentzel, wat die bejaarde Beck self geken het, die inligting in 'n boek wat ewe gesaghebbend sou word as die gerug wat van Kolb afkomstig was:

> In Kolbe's time this parish had its own reformed minister whose name was Beck, and who according to his own admission had the misfortune of being excommunicated by a woman; how far this was justified, I do not know; this however is certain that the congregation would no longer allow him to administer the Sacrament.[135]

Die presiese agtergrond hiervan is nie meer bekend nie en sal seker ook nooit meer na behore vasgestel kan word nie; dog dit is miskien nuttig om opnuut in gedagte te hou wat Engelbrecht in sy oorsig van vroeë Kaapse predikante oor Drakenstein opmerk: 'Dit was 'n moeilike gemeente, die hele agtiende eeu deur.'[136]

Teen hierdie tyd kon Beck klaarblyklik ook nie meer iets goeds in die oë van die seëvierende vryburgerparty doen nie, en Le Boucq het hom vry gevoel om die plaaslike vooringenomenheid teen sy ampsgenoot te wys, 'die sij [*die gemeente Drakenstein*] verworpen hebben, en die oock van de meeste ingesetenen van Stellenbosch verworpen wert'.[137] Daar is selfs gesoek na verdere aanleiding om met hom fout te vind, soos die 'nieuwe rede van misnoegtheid teegen de heer Beek [sic],' waarvan Kolb in sy boek omslagtig berig met verwysing na die Sondagdiens wat hy in Januarie 1708 in die Kaapse kerk gelei het, onmiddellik voor die lang vertraagde aankoms van die nuwe goewerneur, Louis van Assenburgh;

> wanneer hy den 22. dezes na de predikatie in 't formulier van 't gewoone kerkgebed laste: Dat tog God den goeden nieuwen Heer gouverneur, zoo hy nog in 't leven was, geliefde in zynen en onzen gewenschten haven te brengen; welke woorden vele menschen zeer aanstotelyk voorquamen, aangezien hy zulks nooit voorheen gedaan had (...).[138]

Deur Kolb, wat in hierdie tyd self aan die Kaap woonagtig was, en vermoedelik ook sy geesgenote, is hierdie eenvoudige bede as 'schynheilig' bestempel; want Beck is deur hulle sonder meer as aanhanger en ondersteuner van die vorige goewerneur beskou wat die koms van sy opvolger onmoontlik kon verwelkom. Soos Geyer opmerk: 'Ds. Henricus Beck het die onplesierige voorreg dat die opienie van sy vyande aangaande sy werk breedvoerig bewaar gebly is.'[139]

In die loop van sy eerste jaar aan die Kaap het Le Boucq hom reeds so onmoontlik gemaak dat die owerheid besluit het om teen hom op te tree as gevolg van sekere lasterlike opmerkings wat hy na bewering gemaak het aan die huis van een van sy ondersteuners, Maria Lindenhovius. Sy was 'n 'vrome, deftige matrone', soos hy haar self beskryf,[140] lid van 'n gesiene Nederlandse predikantefamilie van geboorte en eggenote van die burger Henning Hüsing, wat op hierdie tydstip nog nie van sy ballingskap in Nederland teruggekeer het nie, en Le Boucq was waarskynlik 'n besoeker aan haar dorpshuis in die Tafelvallei. Die berig oor sy beweerde uitlatings is ingedien deur Maria Engelbregt, 'een weduwe van den droevig om 't leven gekomen predicant Van Loon' en 'de quaataardige en valsche overbriefster', soos hy haar aandui,[141] wat ook teenwoordig was.

Aangesien mevrou Hüsing verklaar het dat sy niks meer van die gesprek onthou nie, is sy eers onder huisarres geplaas en vervolgens vir 'n paar dae aangehou in die Kasteel, wat aanleiding gegee het tot 'n nuwe sensasie in die klein gemeenskap. Daar is 'n petisie vir haar vrylating opgestel waarin sy verder (in Leibbrandt se vertaling) beskryf word as 'an example of virtue and piety to all Cape women' en die weduwee Van Loon se aanklag as 'a dirty, stinking and false pretext'; waarop die Politieke Raad op sy beurt met verwysing na laasgenoemde verklaar het dat '[her] virtue and piety are irreproachable'. Hier ewe goed as elders in die loop van dié gebeure kry mens die indruk van allerlei onverwoorde privaat griewe en nyd.

Die versoekskrif ten gunste van Maria Lindenhovius is onderteken deur 27 vryburgers, onder wie verskeie reeds bekende name uit die tyd van die agitasie voorkom, soos Tas, Van der Heiden, Van der Bijl, Pretorius en De Grevenbroek. Naas vyftien mans het ook twaalf vroue egter geteken, onder wie Tas se eggenote, Elisabeth van Brakel, sy suster Sara Tas, vrou van C.H. Diepenauw, en Van der Bijl se vrou, Hester ter Winkel. In 'n tyd toe geletterdheid nog nie algemeen was nie, veral wat vroue betref, is dit opmerklik dat elf van hulle hul name kon teken,[142] wat dien as verdere aanduiding dat die mense wat aan die agitasie deelgeneem het tot die bevoorregte lede van die vryburgergemeenskap behoort het.

In dit alles het die owerheid hom verbasend lankmoedig getoon, maar vroeg in 1708 is Le Boucq uiteindelik aangesê om hom 'te prepareeren om nevens sijn huysvrouw, slaven en slavinnen, mitsgaders bagagie &c., (…) naer Batavia te vertrecken'.[143] Hy was teen hierdie tyd egter in 'n aantal hofsake verwikkel, onder andere met ds. Kalden, afgesien van die feit dat sy vrou swanger was,[144] sodat sy vertrek noodgedwonge uitgestel is.

In die Kaapse Dagregister, waar al die ontwikkelings in hierdie bewoë tyd uitvoerig opgeteken is, verskyn die beskrywing van die amptelike nuwejaarsonthaal in die Kasteel aan die begin van 1708 soos 'n klein oase van rus, vrede en welwillendheid. Hiervolgens het die amptenare tussen agt- en nege-uur in die oggend reeds hul opwagting by D'Ableing gemaak.

> They dine with him at noon, are well treated, and pass the afternoon with music and sweet enjoyment, unmarred by the slightest quarrel or discord, as none of the malcontent freemen were present or did their duty by calling. In the evening the guests kindly thanked their host and left.[145]

Die geleentheid verdien vermelding omdat dit in die tyd was toe Beck nog die Kaapse gemeente bedien het, en hy waarskynlik onder die hoë gaste was.

Teen die einde van Januarie 1708 het die nuwe predikant van die Kaap, J.G. d'Ailly, aangekom met dieselfde skip soos goewerneur Van Assenburgh: nes soveel ander dienaars van die VOC in hierdie tyd was hy lid van 'n Hugenote-familie, en daarby na bewering van adellike herkoms.[146] Self was hy ongetroud, en hy sou eers in 1721, op 49-jarige leeftyd en enkele jare voor sy dood, in die huwelik tree met die weduwee van 'n predikant; dog 'n broer wat saam met hom uitgekom het, was getroud en is vyf jaar later na die Kaap gevolg deur sy vrou en seuntjie.[147] Dit was heeltemal gebruiklik dat nuwe amptenare op hierdie manier deur familielede, vriende, afhanklikes en gunssoekers vergesel is, soos nog meermale sal blyk.

D'Ailly het aan die Klassis in Amsterdam berig dat hy sy gemeente aan die Kaap 'in twee partijen verdeeld, en van wederzijde wat te driftig' gevind het;[148] dog Beck kon hom hieraan onttrek en na Stellenbosch terugkeer, om vir die eerste keer sedert sy aankoms byna ses jaar tevore 'n betreklik normale bediening te geniet, soos hy dit volgens sy Europese standaarde waarskynlik verstaan het, alhoewel die teenkanting onder 'n seksie van die gemeente hier natuurlik nog groter was.

In April het die voormalige Goewerneur en sy broer Frans, Elsevier en Kalden met hul onderskeie gesinne met die retoervloot na Nederland teruggekeer. Vergelegen sou in opdrag van die XVII verkoop word, en Kalden het Zandvliet op voordelige wyse van die hand gesit;[149] maar Elsevier het 'n bestuurder aangestel om sake op Elsenburg vir hom waar te neem,[150] terwyl Frans van der Stel se plaaslik gebore vrou agtergebly het om sy belange verder te behartig.

In September het ook Le Boucq uiteindelik na Batavia teruggekeer, agttien maande nadat hy aangekom het,[151] en kon 'n verdere mate van rus in plaaslike sake tot stand gebring word. Onder die dokumente wat in dieselfde tyd na Batavia aangestuur is, is egter 'n 'Declaration of the Messenger, Marinus Keestok, concerning the extravagant conduct of Le Boucq on the beach', wat die indruk gee dat ook die predikant se vertrek nie vreedsaam verloop het nie,[152] en in die Ooste sou hy oor die jare vir verdere onrus verantwoordelik wees: 'een twistzoeker die niet gauw opgaf', noem Niemeijer hom.[153] In 'n brief aan die Klassis die volgende maand kon die Kaapse kerkraad die wens uitspreek

> dat die moeyelijke onlusten door den voorn[oemde] predicant Le Boucq in deese colonie gereesen nu ten meerengedeelte sal geëyndigt, de gemeente tot stilstant en onse kerckraad in goede trancquiliteyt [*rustigheid*], mitsgaders sijn voorige ruste, liefde en vrede gebragt zijn.[154]

Die opgehitste en opgewonde teenparty het egter nie so maklik tot bedaring gekom nie, en in 1710 kon Johanna Maria van Riebeeck, wat met haar man, die voormalige goewerneur-generaal Joan van Hoorn, meer as twee maande hier deurgebring het op pad na Nederland, nog altyd skryf dat die inwoners van die Kaap 'malkander seer nijdig sijn'.[155] Hierdie oordeel is op oorwoë wyse bevestig deur haar man se uitspraak in 'n brief aan sy skoonvader en opvolger in die amp, Abraham van Riebeeck: 'En het schijnt dat de confuzie die de heer W.A. van der Stel door quade passiën [*drif*] en eygenbaat [*baatsug*] heeft gedaan nu weder tot gelijke quaat ontrent eenige opiniatieve [*eiesinnige*] en gierige voorname burgers ten deele sijn [*sic*] overgegaan (…).'[156]

Van Hoorn se woorde sluit op interessante en veelseggende wyse aan by die vrees in verband met die seëvierende klein groepie gegoede vryburgers wat kommissaris Simonsz twee jaar tevore reeds uitgespreek: 'dat de mindere borgers (…) door de vermogenste verdrukt en in te groote dependentie [*afhanklikheid*] gehouden wierden'.[157] Ná afloop van die stryd teen die goewerneur was die verdeling in die vryburgergemeenskap naamlik nie meer dié tussen sy teenstanders en ondersteuners sonder meer, soos 'n paar jaar lank die geval was nie, maar het dit al hoe meer uitgegroei tot een tussen die gegoede boere aan die een kant, soos hulle beliggaam is in Hüsing en sy ondersteuners wat as oorwinnaars uit die stryd te voorskyn getree het, en aan die ander deur die nie-gegoedes en onvermoëndes wat al hoe minder seggenskap in plaaslike sake gehad het.

Sover dit die volgehoue rancunes van die seëvierende groepie betref soos dit die terugroeping en vertrek van Van der Stel en sy aanhangers oorleef het, kan as interessante voorbeeld genoem word dat negentien lede van die vryburgergroep wat in hierdie konteks as die bittereinders beskryf sou kan word, onder wie nogmaals Van der Bijl, Pretorius en De Grevenbroek, vroeg in 1708 aan Tas en Van der Heiden volmag gegee het om verder namens hulle op te tree wat hul verdere griewe betref,[158] en die volmagtigdes het na Nederland vertrek met die bedoeling om dit persoonlik aan die Here XVII voor te lê, skynbaar met dieselfde retoervloot waarmee die gewese goewerneur en ander amptenare geseil het.[159] Ná hulle terugkeer het hulle 'n uitvoerige verslag van die gebeure en hul griewe laat opstel wat in 1711 in Amsterdam die lig gesien het as lywige boekwerk met die titel *Contra-deductie*,

4. Die agitasie teen die goewerneur

aangesien dit bedoel was as 'n weerlegging van die *Korte deductie* wat Van der Stel intussen uitgegee het. Dit bevat 'n nuttige versameling beëdigde verklarings en ander eietydse dokumente, oorwegend ten gunste van die vryburgergroepie, maar as geheel is dit 'n luidrugtige, omslagtige geskrif vol ou persoonlike griewe en irrelevansies wat heftig en by geleentheid selfs bitsig opgerakel en aangebied is.

Terwyl Tas en Van der Heiden die benodigde dokumentasie vermoedelik self versamel het, word daar in die geskrif waarin dit aangebied is egter nêrens gesê dat hulle ook self geskryf het nie, en op die titelblad van die boek verskyn hulle slegs as die 'gemachtigden' in wie se besit die dokumente was. Franken was van mening dat die *Contra-deductie* opgestel is deur J.G. de Grevenbroek, voormalige sekretaris van die Politieke Raad, wat teen hierdie tyd skynbaar op Van der Heiden se plaas Welmoed gewoon het en nóú betrokke was by die agitasie, alhoewel hy daarby nie self op die voorgrond getree het nie.[160] Hy was 'n ontwikkelde, opgevoede en enigsins eksentrieke man wat nie net die gawes vir hierdie taak besit het nie, maar ook oor die nodige kennis, kontakte en vrye tyd beskik het, asook die vehemensie waarvan die geskrif getuig.

Die Duitser Kolb het die agitasie slegs van op 'n afstand meegemaak, maar oor die jare 1711–13 het hy as sekretaris van die Landdros & Heemrade van Stellenbosch gedien, en hy het al die betrokkenes by die stryd persoonlik geken en was op hoogte van al die skinderpraatjies en gerugte in verband daarmee. Hy verlustig hom nog steeds in die gebeure in sy verslag oor die Kaap wat in 1719 in Duits verskyn het, in 1727 gevolg deur 'n Nederlandse vertaling, en sodoende het hy verdere lewe aan die ou kontroverse verleen.

Toe Beck vroeg in 1715 deur die nuwe goewerneur, M. Pasques de Chavonnes, oor sy verwaarlosing van die katkisasieonderrig berispe is, kon hy dit nog toeskryf aan 'oneenigheeden onder de burgerij', 'reets zoo veel jaaren gecesseert [*beëindig*]', soos die Politieke Raad hierby opgemerk het;[161] alhoewel hy die alledaagse werklikheid van die situasie in sy gemeente natuurlik anders ervaar het as 'n nuwe aankomeling soos die goewerneur of die amptenare in die verre Kasteel.

Aangesien Henricus Beck baie lank gelewe het, het hy waarskynlik al sy voormalige Kaapse teenstanders oorleef. Terselfdertyd is dit egter ook waarskynlik dat sy optrede gedurende die krisistyd vir die eerste twintig of dertig jaar daarna telkens weer teen hom gebruik is wanneer dit vir sy teenstanders geleë was, en dat hy lank met 'n aansienlike mate van teenkanting en teëwerking onder 'n seksie van sy gemeentelede moes saamleef.

5.
'Om van ons Christenryk en gantsch Euroop' te scheiden':
Aletta Beck se koms na die Kaap

Toe Henricus Beck aan die einde van 1701 uitseil na die Kaap, was sy suster Aletta 34 jaar oud. Sover bekend het sy en hul suster Sara nog by hul moeder in Arnhem gewoon en het Aletta haar digterlike werksaamhede voortgesit, want sy het tot Desember van die volgende jaar nog verse in haar album opgeteken.

Kort ná Beck se vertrek is Willem III in Engeland oorlede, wat 'n nuwe stortvloed van rou- en treurdigte van Nederlandse digters ontlok het, en twee maande later het die Spaanse Suksessie-oorlog begin, waarin die Nederlandse Republiek, saam met Engeland en die Duitse Keiserryk, opnuut teenoor Frankryk te staan gekom het. Reeds in die eerste somer van die oorlog het die Franse 'n Sondagoggend oor die grens 'n aanval op die swak versterkte en bewaakte Nijmegen geloods, wat 'n wesenlike bedreiging vir die nabygeleë Arnhem ingehou het. 'Door de groote hitte en de zware zandwegen werd het leger zeer belemmerd in zijn marsch,' meld 'n latere geskiedskrywer egter, 'terwijl daarenboven een sterke wind geweldige stofwolken opjoeg.'[1] Bowendien het die aanslag onder leiding van 'n jong en onervare kleinseun van Lodewyk XIV gestaan, en die inwoners van die stad het deelgeneem aan die verwoede verset wat uiteindelik gemaak het dat die Franse die aftog moes blaas: die inval en besetting van dertig jaar vroeër is nie herhaal nie.

Hierdie heuglike gebeurtenis is vanselfsprekend deur meerdere digters besing, onder andere in 'n moeisame en omslagtige vers deur die rektor van die plaaslike Latynse skool, wat daarvoor met 50 gulden beloon is deur die stadsbestuur.

> *De Franschen aanloop voor haar wal,*
>   *Vol schrik van binnen en van buyten,*
> *Te keer gaan, en de glory stuyten*
>   *Van den Boergonschen Hannibal ...*

Ook 'n digtende plattelandse predikant wat self deur die inval skade gely het, 'zo[wel] met mijn eygen lijf, in de uitschuddingh mijner klederen, als met de

5. *Aletta Beck se koms na die Kaap* 123

strooping van mijn geheele huis, neffens andere dorpelingen', het hom geuit in 'n gedig wat onder die titel *Gekroonde kloekmoedigheit* (met 'n baie lang beskrywende ondertitel) as brosjure van veertien bladsye gepubliseer is,

> *Was ooit myn dartle Zangheldin in schik,*
> *Belust op Saffoos toon een liedt te kweelen,*
> *Zij is het even op dit oogenblik,*
>   *En vaardt te speelen ...*

Die galjoot *Mercurius*, wat Nederland op 30 Julie 1702 verlaat het, het op 13 Januarie van die volgende jaar die blye nuus aan die Kaap bekend gemaak, waar ds. Beck dit seker 'n week of twee later in Drakenstein kon verneem.[2]

Terwyl Nederland as gevolg van sy aandeel aan die oorlog 'n sware las moes dra en daar in die omliggende gebied kwaai geveg en groot veldslae gelewer is, waaronder dié van Blindheim (die Engelse Blenheim), Ramillies, Oudenaarde en Malplaquet, is die Republiek egter nie weer regstreeks bedreig tot die einde van die stryd in 1713 nie. Ds. D'Outrein, skryf Schotel oor die oorlogsjare, 'trachtte de geestdrift door zijne liederen en het vertrouwen op God door zijne leerredenen en geschriften bij zijne landgenooten gedurende den langdurigen krijg op te wekken en te bevestigen'.[3]

Ná die dood van Willem III is daar in Nederland voorlopig nie weer 'n stadhouer benoem nie, maar het daar 'n magstryd ontstaan tussen diegene wat hul ampte aan sy guns te danke gehad het en hul teenstanders, en dit is met sulke heftigheid gevoer dat die provinsie Gelderland in 1704–05 aan die rand van burgeroorlog gestaan het. Hoe heftig die gevoelens was, kan geïllustreer word deur die feit dat baron van Arnhem van Rosendael in die kerk in hegtenis geneem en as gevangene na Arnhem gebring is, terwyl 'n voormalige burgemeester van Nijmegen onthoof is.

In sy oorsig van Aletta Beck se gepubliseerde gedigte, wei R.J.P. Tutein Nolthenius uit oor hierdie bloedige tyd, en vestig hy die aandag op die nogal verrassende feit dat daar tussen haar herders- en geleentheidsgedigte en godsdienstige verse ook 'n gedig is waarin sy standpunt inneem ten opsigte van hierdie gebeure, en wel aan Republikeinse of 'Staatsgesinde' kant, teen die ondersteuners van die Oranjes.

> Met kracht van wapenen en in bloed werd gesmoord de beweging te Amersfoort. Twee oud-burgemeesters: Pieter van Houten en Richard Saab hebben daar 'Hun hals gestrekt om 't smadig zwaard te kussen', terwyl andere Staatsgezinden als 'verjaagde musschen [*mossies*]' (de vergelijking is wèl teekenend, maar getuigt niet van heldenmoed) gedwongen werden in ballingschap te gaan. En Aletta's 'Groote, vrije, republikeinsche Echo, weerkaatsende op 't leven en dood' der beide magistraten, besluit met dit veelbeteekenend grafschrift:

> *Men vraagt niet wie hier onder slaapt!*
> *Daar Wraak door graf en grafzerk gaapt,*
> *Wat zoen* [soenoffer] *zal 't wraakgericht verzaden* [versadig]*?*
> *'t Vol op, voor wie van Houten smaden.*

En als met een slagzwaard teekent Aletta haar hartstochtelijk gedicht: 'Geen Republik/ Past jok [*juk*] of strik.'[4]

In hierdie konteks gesien, is die heftigheid waarmee die stryd tussen W.A. van der Stel en sy opponente aan die Kaap in dieselfde tyd gevoer is miskien nie so verrassend nie.

Ten spyte van haar klaarblyklike betrokkenheid by hierdie gebeure is Aletta Beck se lewe waarskynlik egter meer direk geraak deur die feit dat ds. D'Outrein Arnhem in 1703 verlaat het. Oor die afgelope jare het die 'volleertsten predikant' landwyd aandag getrek met sy publikasies, met die gevolg dat ander gemeentes hom probeer weglok het van 'Arnhem dat syn dienst en luyster deed praalen, en vanwaar sy sich alom door Nederlands steden verspreidden',[5] en hy beroepe ontvang het van sowel Dordrecht as Haarlem, groot stede met 'n bevolking van ongeveer 20 000 en 38 000 onderskeidelik. D'Outrein het Dordrecht as nuwe werkterrein verkies, en vroeg in 1703 het hy sy afskeidspreek in Arnhem gelewer, wat vervolgens in druk verskyn het saam met sy intreepreek in sy nuwe gemeente.[6]

'Ik spreek u alle te samen aan als *Broeders* en *Susters*,' het hy teenoor sy ou Arnhemse gemeente verklaar,

> en dat wie gy syt, Overheden en Onderdanen; Ryke en Arme; Edele en Borgers; Kerkelijke persoonen en gemeene Leeden der Gemeente. Niet alleen wegens de Gemeenschap van de selve *menschelijke natuure*; maar bysonder wegens de Gemeenschap van de *belydenis* des *gereformeerden Christendoms*; dog allerbysonderst sijn die onse *Broeders* en *Susters* in den Heere die met ons leeden sijn van het verborgene lighaam van Jesus. *Broeders*, seg ik, noeme ik u en *Susters*. En was 'er nog een vriendelijker naam, ik souw se u gaarne [*graag*] geven. Ik segge dan met Paulus: *Mijne geliefde en seer gewenschte Broeders en Susters, mijne blydschap en Kroone*.

Opnuut sien mens die weerklinkende wit ruimte van die Eusebiuskerk in die koue van 'n Januarieoggend, gevul met die helderheid van die winterlig, die predikant met sy groot gepoeierde pruik op die kansel, die pruike van die hoogwaardigheidsbekleërs in die voorste banke, die vroue met donker sluiers oor hul hooftooisels; mens hoor die gedrae stem van die prediker bo die gehoes en geskuifel van voete. Heel tipies van die tyd beslaan die laaste sewe bladsye van die gedrukte teks van hierdie preek dan ook 'n reeks formele 'afscheidswenschingen

5. Aletta Beck se koms na die Kaap

in bysondere aanspraken' gerig aan die 'Edele en Agtbaare heeren Borgermeesteren en Regeerders van deese Stad'; die 'Edele, Mogende en Hoogwaarde Heeren van den Hove, van den Rekenkamer van dit Quartier'; die 'Eerwaarde Heeren en Medebroederen, Leeden van den Kerkenraad'; en ten slotte ook die 'dierbare Gemeinte van Arnhem', vir wie D'Outrein in hierdie onsekere tyd onder andere kon bid, 'Dat God dese Provintie en Stad wil bewaren voor de overvallen van den Vyand en voor sulken Oorlogsgevaar als haar op den XI. van Somermaand [Junie] deeses Jaars gedreigd heeft'.[7]

Die 'afscheids-reeden' beslaan 36 bladsye in sy gedrukte vorm, taamlik dig geset in die tradisionele swart gotiese letter, en die gemeente in daardie groot, onverwarmde kerkgebou het lank gesit om dit aan te hoor.

Die gedrukte weergawe van hierdie twee preke word gevolg deur 'n verdere 26 bladsye met berymde huldeblyke, in eerste instansie van die lede van D'Outrein se kringetjie in Arnhem, wat in die meer moderne romeinse letter gedruk is. Die ereplek hier word ingeneem deur 'Zeegemond en Eerland', 'n 'treurige dogh gulhartige herderinnen-kout' oftewel gesprek tussen die herderinne Galathea en Clarinde, geskryf deur 'Galathea, of naar gewoonte F.J. van Westrem', wat nie minder as agt bladsye beslaan nie. Die titel met sy poëtiese Oud-Hollandse name verwys na D'Outrein en sy vrou:

> Het Gelders herderschap verliest haar eêlste paar!
> Treur, speelgenoot [kameraad], met my, treur, Arnheims herderschaar;
> Nu herder Zegemond met Eerland ons begeeven!
> (De stem besweek schier!) Ach! die twee, zó hoog verheeven!
> Zó zeer geacht, geliefd, van al de Herdery (…).

Net in die verbygaan kan genoem word dat hierdie lang herdersdig waarin D'Outrein as versorger van 'de Opperherders schapen' beskryf word, 'n volkome Christelike karakter besit, afgesien van 'n vlugtige verwysing na die oggendgodin Aurora, terwyl die twee herderinne se dialoog afgesluit word met 'n lied 'naar den trant van psalm 9'.

Hierdie treursang word gevolg deur 'n 'Afscheits zegenwens aan onzen veelgeliefden en dierbaaren leeraar, de heer Johannes d'Outrein, op 't vertrekken van zijn Ew. na Dordregt' deur Aletta Beck wat 120 versreëls beslaan. Haar vers getuig ewe sterk van smart en verlies en is ewe goed op konvensionele lees geskoei, maar emosioneel gesproke is dit 'n sterker gedig, wat besonderlik gekenmerk word deur sy godsdienstige inslag en die volgehoue Oud-Testamentiese beeldspraak.

> Kan nog u hart door geen me[e]doogen breeken?
> Of trekt een Hooger, die de Sterre stichte,
> Dit Albesielent ligt van Arnhems trans,

> *Om elders met een versgebooren glans*
> *Aan 't ryk bespoelde Dort weer voor te ligten?*
> *Wy sien u na! met nat betraande wangen,*
> *Dog laaten los; wie mengt sig in geschil*
> *Met dien die Sterker is? Men leid de wil*
> *Gehoorsaam aan Gods wys bestier gevangen …*

'Dit wenst van gantser harten UE. altyd toegeneege vrindin en dienaresse Aletta Beck' lui die onderskrif. In vergelyking met die pastelkleurige poësie wat haar vriende bygedra het, toon hierdie gedig inderdaad iets van die 'mannelyke styl' wat Francina van Westrem by haar sou aanprys.

'n Derde lid van die Arnhemse diggeselskap, Wouter Zimmers, het hom hier ten slotte uitvoeriger en emosioneler geuit ('Ik sie een schaar van Syons lievelingen/ Met handgewring en weenend' oogen staan!'); maar sover dit hierdie getuienis betref, is Aletta Beck verreweg die knapste en kundigste digter van die drie.

Ná D'Outrein se vertrek het Aletta, soos genoem, 'n jaar lank nog gedigte in haar album uitgeskryf, maar daarna kom daar 'n skielike stilte asof die digtersgroepie finaal ontbind en hul werksaamhede gestaak het. Moontlik was D'Outrein die samebindende faktor en die stukrag in die genootskappie gewees en het dit sy vertrek nie lank formeel oorleef nie. Die Arnhemse digterskringetjie het egter kontak met hul voormalige predikant behou, en Francina Jacoba van Westrem, teen daardie tyd self die eggenote van 'n predikant, het 'n gedig bygedra tot die bundeltjie wat in druk verskyn het toe sy vrou in 1721 oorlede is.[8]

Op Aletta Beck het daar egter 'n toekoms gewag ver buite die ommuurde Nederlandse provinsiestad waar sy grootgeword het.

Intussen het Henricus Beck in April 1702 aangekom aan die Kaap, te laat om nog berig van sy aankoms na Nederland te kan versend met die retoervloot van daardie jaar, wat reeds twee weke tevore vertrek het.[9] Dit sou wel moontlik gewees het met een van die sogenaamde naskepe soos die *Abbekerk* waarop sy voorganger ds. Simond in Meimaand nog met sy gesin vertrek het,[10] maar afgesien hiervan sou sy eerste kans om met sy familie en vriende in verbinding te tree normaal gesproke met die koms van die volgende retoervloot 'n jaar later gewees het, in 1703 dus, toe hy ook sy eerste verslag oor die gemeente Drakenstein aan die Klassis in Amsterdam gestuur het.

Teen hierdie tyd sou dit vir Beck redelik duidelik gewees het wat sy situasie is en wat dit vir hom inhou, en het hy hom klaarblyklik ook hiervolgens begin inburger. In dieselfde maand het hy vir hom die plaas Koelenhof gekoop, en in Julie het hy die owerheid formeel gevra om vir hom 'n huis in Drakenstein te bou en is daar welwillend op die versoek gereageer.

5. Aletta Beck se koms na die Kaap

Hierby sou die praktiese nadele van die lewe as vrygesel ook vir hom duidelik geword het, en veral wat huishouding betref, sy dit op 'n plaas of in 'n pastorie. Vir die meeste alleenstaande mans wat dit kon bekostig, soos met Beck die geval was, sou die vanselfsprekende oplossing gewees het om slawe vir hierdie doel te gebruik, maar vir 'n middeljarige man uit Nederland sou hul diens miskien nie bevredigend gewees het nie, terwyl spesifiek die aanskaf van slavinnne vir Beck as ongetroude predikant waarskynlik moeilik was, indien nie onmoontlik nie. Die gevare daarvan sou duidelik genoeg ondervind word deur sy kollega, ds. Kalden, wat in die loop van die vryburger-agitasie openlik en in druk daarvan beskuldig is dat hy 'n kind met een van sy slavinne gehad het, ondanks die feit dat hy 'n getroude man was met 'n gesin.[11]

In hierdie situasie sou dit natuurlik gewees het dat Beck dit oorweeg het om die hulp van sy ongetroude susters in te roep, en bes moontlik het hy die moontlikheid reeds in April 1703 teenoor hulle geopper. By daardie geleentheid het hy in elk geval met die retoervloot geld oorgemaak na Nederland.[12]

Briewe uit Nederland kon die Kaap ongeveer enige tyd met uitseilende skepe bereik, dus sou Beck in die geval wat hier veronderstel word betreklik gou 'n reaksie op sy voorstel kon gekry het. Normaal gesproke sou dit eers vroeg in 1704 gewees het dat hy weer met die retoervloot na Nederland kon skryf om sake finaal te reël, en sou sy brief of briewe daardie somer in Nederland aangekom het.

Wat ook al presies gebeur het, was dit in elk geval die oudste van die twee susters, Aletta Beck, wat gekies of gevra is of wat self gekies of besluit het om die lang reis na die Kaap te onderneem en haar in 'n vreemde situasie te begewe waarvan sy waarskynlik niks meer geweet het as wat haar broer in sy briewe prysgegee het nie. Haar jonger suster, Sara Christina, was teen hierdie tyd moontlik reeds getroud, maar sou in elk geval mettertyd in die huwelik tree met Pieter van Oudenaarden:[13] 'n dogter uit hul huwelik is in 1712 in Arnhem gedoop.[14]

Dit was rondom die voorbereidings vir Aletta Beck se vertrek uit Nederland dat, sover bekend, die laaste manifestasie van die Arnhemse diggeselskap plaasgevind het, in die vorm van 'n lang treur- en afskeidsang deur Francina van Westrem wat gepubliseer is as pamflet van twaalf bladsye onder die titel *Astrea, of Veldklagte van de Arnheimsche Maatschappy, over het vertrek van mejuffrou Aletta Bek, na de Caap van Goede Hoop*. Dit is gedateer 'In de Arnheimse buurt, den 15de van Lentemaandt [*Maart*], 1705', en die slotreëls gee die indruk dat die publikasie as afskeidsgeskenk bedoel in. Die oplaag kan seker nie meer as tien of twintig eksemplare gewees het nie, wat opnuut die indruk bevestig dat die Becks in Nederland deel van 'n gegoede en ontwikkelde kleinburgerlike kring uitgemaak het.

Die gedig neem die vorm aan van 'n gesprek waaraan Galathea (Van Westrem self) en drie mededigters, Chlorus, Lerinde en Sylvia (Wouter Zimmer en sy vrou, en Sara Christina Beck onderskeidelik), deelneem en waarin die naderende vertrek van Astrea betreur word.

Terwyl al die konvensies en klisjees van die herdersdig hier gehandhaaf word ('de braafste herderin/ Van 't Arenheimse veldt verlaat haar lantgenooten!'), is dit opvallend dat 'n Christelike toon deurgaans gehandhaaf word ('Om van ons Christenryk en gantsch Euroop' te scheiden!'). Meer eksplisiet kom dit na vore waar 'Waarmond' (Henricus Beck) se herderlike werksaamhede aan die verre Kaap in die konvensionele terme van die pastorale poësie beskryf word:

> *Misgun niet dat zy broêr in eenzaamheid verzell':*
> *Een wyl geleên moest hy op Goëls* [die Heiland] *hoog bevel*
> *Op de Afrikaansche kust een deel van 's Lantheers weiden* [weiland]
> *Bewaaken, en veel vee voor Goëls kooy* [skaapkraal] *bereiden ...*

'Kan dat een jonge Maagt, haar landt en volk geneegen,' vra Galathea bewonderend, 'De broeder-liefde alleen tot zulk een tocht beweegen,/ En schrikt geen vrouwen hart voor zulk een dapp're daadt!', en sy stel voor dat Astrea liewer 'Philadelfia' moet heet, wat 'broederliefde' beteken. 'Een Grieksche naam!' roep Chlorus as enigste manlike lid van die geselskap spottend hierby uit. ''k Beken, dat perst me een lachje af./ Ey, zeg my, meisje, leerde u dat de herders staf?', waarop Galathea moet toegee dat sy hierdie kennis aan 'n geleerde man te danke het, 'Van een geleerde knaap, en so 't niet beter weet, van wyse Zegen-mond', oftewel ds. D'Outrein. Hoe ontwikkeld hierdie digtende kringe ook was, is te veel geleerdheid, soos byvoorbeeld deur kennis van Grieks geopenbaar sou word, klaarblyklik nie vir 'n vrou betaamlik geag nie.

Afgesien van die toevallige inligting in hierdie gedig is daar egter niks oor Aletta Beck se vertrek uit Nederland bekend nie, en die verdere buitelyn wat hierbo geskets is, is bloot gissing en vermoede. Oor ds. Valentijn met wie sy sou uitreis, is daar egter heelwat meer bekend, vir 'n groot deel uit sy eie geskrifte, en mens maak dus dankbaar gebruik van wat hierdie bron ons lewer.

Dit sou egter nog 'n volle jaar duur voordat Aletta Beck na die Kaap sou uitseil, wat waarskynlik toegeskryf moet word aan die feit dat dit vir 'n vrou van haar stand ondoenlik was om die lang seereis onbegeleid aan te pak, ook al was sy reeds teen die veertig, en dit bowendien op 'n skip waar sy moontlik die enigste vrou sou wees, sodat dit nodig was om in geselskap uit te reis. Laasgenoemde is bes moontlik deur ds. D'Outrein vir haar gevind, in die vorm van sy kollega in Dordrecht, ds. Valentijn, wat in die somer van 1705 opnuut sou uitreis na die Ooste in diens van die VOC, vergesel van sy gesin.

François Valentijn,[15] 'n feitlik presiese tydgenoot van Henricus Beck, is in 1666 in Dordrecht gebore as seun van 'n latere rektor van die Latynse skool, stadsbibliotekaris en vertaler van Juvenalis, Persius en Ovidius, en het dus 'n effens hoër sosiale status geniet as Beck. Hy het ook meer welslae in sy opleiding en gevolglike loopbaan ondervind, want nadat hy in Leiden in die teologie studeer het, is hy in 1685 reeds as geordende predikant na die Ooste uitgestuur, waar hy op Ambon en Banda in die Molukke (Melaku in Indonesië) gewerk het. 'n Noemenswaardige punt van ooreenkoms met Beck is egter die feit dat hy baie kort hierna gevolg is deur sy suster, wat die huishouding vir hom sou waarneem.[16]

In die Ooste was daar klagtes oor nalatigheid in Valentijn se bediening, veral onder sy kollegas, en De Haan, wat 'n uitstekende kenner van die bronne was, merk op 'dat in de kerkelijke stukken van die dagen geen dominé door zijne ambtgenooten zoo gehavend wordt als Valentijn'.[17] Die ywerige en ambisieuse jong predikant het hom egter toegelê op die studie van Maleis, en 'n vertaling van die Bybel in die algemene omgangstaal Laagmaleis onderneem, 'n prestasie wat sowel deur tydgenote as later deur De Haan betwyfel is; maar hiernaas het hy heel waarskynlik ook reeds begin dink aan die samestelling van 'n omvattende werk oor Ambon, wat uiteindelik sou uitgroei tot die ensiklopediese publikasie oor die handelsryk van die VOC wat hom uiteindelik onsterflik sou maak.[18]

Ewe goed spreek daar egter ambisie uit die latere klagte van Valentijn se kerkraad dat hy 'in de twee laatste jaren van zijn verblijv in Amboina gevrijd heeft na meer als een, en getrouwd is met een rijke weduwe, wiens ommeslag [sake] medebragt dat er daaglijks of dikwijls rekening te doen was, waartoe tijd vereischt [was]'.[19] 'n Voordelige huwelik soos hierdie het meermale onder die VOC voorgekom, en heelwat onbemiddelde jong mans uit Europa het daaraan 'n fortuin te danke gehad.

In 1695 het Valentijn na Nederland teruggekeer en hom in sy geboortestad gevestig. Of hy hier amptelik diens gedoen het as predikant is onduidelik, maar as gegoede man danksy sy huwelik kon hy hom moontlik voltyds aan sy vertaalwerk en ander intellektuele werksaamhede wy, en in 1698 het hy bowendien sy Bybelvertaling teen kritici verdedig deur die publikasie van 'n heftige polemiese werkie met die titel *Deure der Waarhyd, voor 't ooge der Christen-wereld geopend*. In 1704 het hy egter op nogal verrassende wyse besluit om opnuut by die VOC in diens te tree, volgens sy eie verslag 'op de ernstige aandrang van eenige vermogende Heeren'.[20]

In die styl van die tyd het Valentijn van Dordrecht afskeid geneem met 'n preek in die Grote Kerk,[21] wat in druk verskyn het onder die titel *Afscheids-rede tot de aanzienelyke en by hem zeer geliefde gemeynte van zijne geboorte-stad Dordregt*.[22] Eweneens in die styl van die tyd is daar deur sy vriende 'n aantal afskeidsgedigte opgestel en eweneens gepubliseer, met die titel *Afscheids-wensch aan den seer Eerwaardigen Heere den Heere Francois Valentyn, ten anderen male sig sullende begeeven na Amboina, om aldaar den dienst des H. Euangeliums te bekleeden*. 'Soo trekt Gy eindelyk, Heer Valentyn, dan heên,' het sy kollega D'Outrein hom hier aangespreek,

> *En word, nog veel te vroeg, van Dordregt afgesneên* [afgesny],
> *Om met uw waard Gezin de Hemelhooge baaren* [golwe]

> *Des woesten Oceaans naa 't Oosten te bevaaren.*
> *Myn Zangheldinne volgt u met haar zugten naa,*
> *En wenscht, [dat] den Hemel-God u gunstig gade sla ...*

D'Outrein het dit hier oor Valentijn se 'onweêrstaanb're lust (...) om met uwe Ampt-verwanten/ Den Standaart van het Ryk van Jesus 'er te planten', en sy 'groot en onnavolgbaar werk,/ 't Geen g' hebt voltrokken, van de Bijbel te vertolken/ In 't laag Maleitsch'. Nugter beskou, moet die feit dat hy ná tien jaar verkies het om sy gemaklike stadsbestaan opnuut vir diens by die VOC te verruil, met die veelvoudige nadele en beperkings wat dit inhou, waarskynlik eerder toegeskryf word aan die begeerte om die beplande groot naslaanwerk oor Ambon aan te pak en te voltooi, iets wat slegs in die Ooste en in diens van die Kompanjie moontlik sou wees, en mens let daarop dat hy spesifiek gevra het om weer hiér aangestel te word, 'n manier van optrede wat onder die outokratiese VOC glad nie gebruiklik was nie. Die dag nadat hy sy afskeidspreek gelewer het, het hy trouens met 'n plaaslike uitgewer 'n kontrak aangegaan om laasgenoemde binne ses jaar van 'een exacte en complete beschrijving van Ambon en omringende gebieden' te voorsien.[23]

Nog nugterder vermoed daardie groot kenner van die VOC-tyd, dr. De Haan, egter 'dat de geldzaken van zijne vrouw en hemzelf zijne tegenwoordigheid te Ambon wenschelijk maakten'.[24]

Wat Valentijn se vertrek uit Dordrecht betref, kan miskien nog bygevoeg word dat daar ook 'n 'Afscheids-offer' vir hom geskryf is deur Maria de Vries, een van 'n groepie digteresse in die stad, wat die agting van haar tydgenote geniet het, maar van wie niks meer oorlewe het as hierdie enkele vers wat Valentijn later in sy boek oor die Ooste gepubliseer het nie.

> *Ga, ga, myn vriend, wyl 't dog zoo wezen moet,*
> *Het Hemels heir geleid' met snellen spoed*
>   *U door de baren,*
>
> *Met uw geliefde helft en gansch gezin,*
> *Daar onzen wensch u brengt ter hoofd-stad in,*
>   *Van zee-gevaren*
>
> *Verlost, en, ryk van zegening, de baan*
> *In veiligheit betreed, die nog te gaan*
>   *Staat in het leven.*
>
> *En als uw vleesch weêr tot de aarde keerd,*
> *Dat dan de ziel hier boven triumpheerd,*
>   *Uit 't stof verheven.*[25]

5. Aletta Beck se koms na die Kaap

Aan die hand van eietydse verwysings lei De Jeu af 'dat De Vries' aspirasies verder reikten dan af en toe gelegenheidsverzen maken voor familie en vrienden', en beskryf haar as 'een blijkbaar opvallende persoonlijkheid'.[26]

Dit is interessant dat Francina Jacoba van Westrem eweneens 'n poëtiese 'Heilwensch' tot Valentijn gerig het, wat sy onderteken het as 'U Eerw. genege Vrindin', wat 'n verdere aanduiding gee van bande tussen Arnhem en Dordrecht.[27]

Die eerste maande van die nuwe jaar is in beslag geneem met voorbereidings vir die naderende vertrek: in 'Sprokkelmaand' of Februarie het Outrein sy 'Afscheid aan den Hoog-waarden Heere François Valentyn' geskryf, opgetooi met 'n aanhaling uit Horatius, en in 'Lentemaand' of Maart het Valentijn sy afskeidsrede uitgespreek en Francina van Westrem haar lang afskeidsgedig aan Aletta Beck die lig laat sien, terwyl haar 'Heil-wensch' vir Valentijn 'Grasmaand' of April gedateer is.

Op 10 Mei 1705 het Valentijn en sy reisgeselskap uitgeseil op die *Hof van Ilpendam*, 'n pinas van die Amsterdamse Kamer van die VOC wat van Texel vertrek het. Dit was bewapen met 36 kanonne,[28] en daar was 117 seemanne, 86 soldate en negentien passasiers aan boord,[29] met onder laasgenoemdes Valentijn en sy vrou, vyf van sy kinders en stiefkinders, die seuntjie van sy suster wie se vader oorlede was, 'n 'dienstmaagd', en ten slotte Aletta Beck, wat 38 jaar oud was. 'De voornoemde juffr[ouw],' skryf hy, 'ging onder myne bescherming na haren broeder, predikant op Stellenbosch, over', en hy voeg by dat sy deur sy toedoen betyds aansoek gedoen het vir gratis vervoer.[30]

In die lig van die oorlog met Frankryk moes die uitseilende skepe van die VOC en die Wes-Indiese Kompanjie swaarder bewaak word as normaal.

> Wy zeilden uit met een vloot van 9 Oost-Indische en 15 oorlogs-schepen van 't land, waar over de zeevoogd van Almonde 't bevel had, en die ons tot de Straat van Gibraltar geleiden zoude ... Ook was er een fraye getal Curassau- [*Curaçao*-] en Guinea's-vaarders, die met ons zeilden ... Wy telden toen 81 schepen in 't vaarwater ...[31]

Die verwysing is na admiraal Philips van Almonde, die vooraanstaande Nederlandse seeman van sy tyd, wat enkele jare tevore, net na die begin van die oorlog, daarvoor verantwoordelik was dat 'n Spaanse silwervloot op pad terug van Suid-Amerika, beskerm deur Franse oorlogskepe, deur die geallieerdes gedeeltelik verower en gedeeltelik vernietig is.[32]

Die geleide deur oorlogskepe was ook geensins oorbodig nie, want Nederlandse skepe was in hierdie tyd aan wesenlike gevaar blootgestel. Slegs enkele weke voordat die *Hof van Ilpendam* die Kaap bereik het, het die *Wassenaar* byvoorbeeld berig gebring dat die *Berkenrode*, 'n skip van die Kamer Enkhuizen wat aan die begin van die jaar van Texel uitgevaar het, 'n slagoffer van die oorlog geword het—'after a heroic resistance had been taken by two French privateers (…), after the skipper had been killed'.[33]

Heelwat van Aletta Beck se indrukke en ervarings tydens die reis na die Kaap kan herkonstrueer word aan die hand van 'n analoë geval, dié van Maria en Johanna Lammens, twee gegoede, ongetroude susters uit Middelburg, wat in 1736, toe hulle onderskeidelik 27 en 23 jaar oud was, na die Ooste uitgeseil het in die geselskap van hul broer nadat hy tot lid van die Raad van Justisie in Batavia benoem is.[34] In hul skeepsjoernaal beskryf hulle pligsgetrou en taamlik verbeeldingloos, sy dit nie heeltemal sonder humor nie, die lang, eentonige reis en die ongemak van die beperkte en benoude ruimte op die klein, kwesbare seilskippie, krakend en kreunend oor die golwe, soms hulpeloos rondgeslinger deur storms, ander kere weer ure of selfs dae lank deur windstilte oorval. Samevattend maar beeldend skryf Busken Huet in dieselfde trant oor die seereise wat deur Valentijn in sy latere groot werk beskryf is.

> Water en lucht, lucht en water, anders krijgen de togtgenooten niet te zien. Valentyn haalt er de *Treurgedichten* van Ovidius bij aan. Het rijzen en dalen der hooge golven doet hem ''t hart alsmede in den afgrond verzinken'. Alle weekdagen gaat hij 's morgens en 's avonds in het gebed voor. 's Zondags houdt hij volledige godsdienstoefening, met predikatie en psalmgezang. Niet zelden wordt er een matroos, een stuurman, een mede-passagier, 'over boord gezet'.[35]

In ds. Valentijn met sy ervaring van die Ooste en die tydperk van ongeveer twee maande wat hy altesaam reeds aan die Kaap deurgebring het,[36] het Aletta Beck in beginsel 'n goeie leidsman vir haar intrede in die koloniale lewe gehad, terwyl sy vrou in die Ooste grootgeword het. Valentijn het sy lewe lank egter aan seesiekte gely, en ook aan vrees vir water,[37] sodat skeepsreise vir hom pynlik was, en gedurende die uitreis het sy dus moontlik nie veel van sy geselskap geniet nie. Waar mens in gevalle soos hierdie so dikwels slegs nog die bepruikte portrette en die plegtige formele geskrifte van figure uit die verlede ken, is dit altyd goed om op hierdie wyse aan hul menslikheid herinner te word: Valentijn kon terloops ook geen vis verdra nie.[38] Daar was egter genoeg ander passasiers om geselskap te verskaf, terwyl die kinders en jongmense waarskynlik vir heelwat lewendigheid en afwisseling aan boord gesorg het.

Ná 'n reis van sestien weke, wat in daardie tyd heeltemal redelik was, het die *Hof van Ilpendam* op 29 September, vroeg in die Kaapse lente, in Tafelbaai aangekom met veertien sterfgevalle onderweg en sestig siekes aan boord, waarskynlik as gevolg van die destydse so gevreesde en gevaarlike gebreksiekte skeurbuik (skorbuut).

Waar Henricus Beck se vertrek uit Nederland beskryf is, is daar reeds 'n aandui-

5. Aletta Beck se koms na die Kaap

ding gegee van die kennis van die Kaap wat vermoedelik by hom en sy land- en tydgenote bestaan het. As man het Beck egter vryheid geniet, universiteite in Groningen en Leiden bygewoon en skynbaar ook die kans gehad om te reis, terwyl sy suster se ervaring sover bekend tot Arnhem, die vrugbare oewers van die Ryn en die Veluwse heide beperk was, en haar oorplasing na 'de Afrikaansche kust', soos Francina van Westrem dit aangedui het, sou dus 'n groter avontuur gewees en 'n groter aanpassing geverg het.

Wat Aletta Beck betref, bestaan daar op onverwagte wyse egter meer spesifieke inligting oor die kennis van die Kaap wat in haar Arnhemse kring bestaan het, soos dit naamlik in die afskeidsgedig *Astrea* van haar vriendin Van Westrem saamgevat is, waarskynlik aan die hand van reisbeskrywings en mondelinge verslae van reisigers, aangevul uit die briewe van Henricus Beck.

Ná 'n paar geykte poëtiese verwysings na 'de kust van Libiën' en 'Moor [Moslem] en Indiaan', gaan hierdie gedig regstreeks oor na die interessante onderwerp van die Khoikhoi, wat in die terminologie van Dapper beskryf word:

> *Men noemt se Caffers, aan geen God of Wet gebonden.*
> *'t gevloekt geslacht van Cham, huist daar in 't woeste woudt,*
> *En is op menschen-roof zo wel als leeus-muil stout* [trots].

Interessant is hier verder die Bybelse verwysing na Noag se seun Gam en sy vermeende onderwerping aan sy broers, wat in hierdie tyd nogal dikwels in Christelike kringe gebruik is om die feit te regverdig dat blanke Christene van anderkleuriges gebruik maak as slawe.

Uit hierdie reëls blyk tewens die romantiese indruk wat by die digteres bestaan het dat Henricus Beck besig was met sendingwerk onder die heidense inwoners van Suider-Afrika, 'Tot noch toe ongetemt, verslaaft naar geest en lyf,/ Van God en Godsdienst los, maar op heur [hul] zonden styf [trots]'; eerder as heel prosaïese gemeentewerk onder die blanke koloniste. Was dit die indruk wat hy self in sy briewe huis toe geskep het, of die moedswillige vertolking wat die agterblewenes aan sy werksaamhede gegee het?

Wat hiernaas verder in dié gedig uitstaan as kenmerkend van die Kaap is die beskikbaarheid van vrugte, en bowenal die feit dat lemoenbome hier in die vrye natuur blom en vrugte dra. Die verwondering hieroor moet egter gesien word in die konteks van die lemoenboompies in potte wat in dié tyd as ornamente in modieuse siertuine gedien het en in Nederland spesiale gewildheid geniet het omdat die lemoen of 'oranje-appel' as simbool van die prins van Oranje beskou is, maar wat gedurende die winter in verwarmde oranjerieë of broeikaste ondergebring moes word.

> *een schoon oranje laan,*
> *Die in glans de tintelvieren* [-vure]

> *Tart, met goudgeel ooft [vrugte] belaên!*
> *Wyl de druiven en citroenen [suurlemoene]*
> *Zich al lachend bieden aan,*
> *Wenschen slechts haar hand te zoenen*
> *Of op haaren dis [tafel] te staan ...*

'De middelste laan, die men bezwaarlyk ten einde kan zien, is geheel met citroenbomen beplant,' skryf die Nederlandse skeepschirurgyn Abraham Bógaert, wat die Kaap met die retoervloot van 1706 aangedoen het, aangaande die Kompanjiestuin in die Tafelvallei, 'waartusschen de roos haar aangenaame geur verspreit',[39] en ds. Valentijn verwys na 'een soort van kleine citroenen' wat hy met sy eerste besoek aan die Kaap 'uit de hand' geëet het, 'zoo ongemeen lekker en verquikkende dat ik nooit een vrugt die my meer bekoorde en vervoerde, weet gegeten te hebben, alzo [sodat] ik my aan dezelve niet verzadigen kon'.[40]

'Een van de heerlykste vrugten die hier vallen [voorkom], is de druif,' gaan dieselfde skrywer verder, 'die hier ongemeen schoon, ryp en menigerlei [veelsoortig] is': ''t is een lust om door de wynbergen [wingerde], zoo[wel] aan de Tafelbaay (...) als voornamelyk landwaard in te wandelen (...).'[41] Johanna Maria van Riebeeck, wat in die Ooste grootgeword het, is in 1710 tydens 'n uitstappie na die Liesbeekvallei egter ewe goed deur die wingerde getref: 'Tegens hoogtens op siet men een menighte schaapen loopen wijden [*'weiden'*] in vlackten, en de valijyen staan met kooren en druyven beplant en aandere vrughtbomen, soodat dit een seer vrughtbaar lant is.'[42]

Ten spyte van hierdie oppervlakkig paradyslike aspek van die lewe aan die Kaap, was dit egter ''t glansryk Euroope' wat vir hierdie Nederlanders uit die vroeë agtiende eeu nog die sentrum van die wêreld uitgemaak het en die brandpunt van alle godsdiens en beskawing soos hulle dié begrippe verstaan het. Astrea se afskeid van hierdie wêrelddeel is dan ook haas as die heldhaftigste aspek van haar hele onderneming gesien:

> *de braafste herderin*
> *Van 't Arenheimse veldt verlaat haar lantgenooten (...),*
> *Om van ons Christenryk en gantsch Euroop' te scheiden!*

Met talle retoriese uitroepe en uitroeptekens word Europa aangespreek en sy lof besing.

> *Gy zyt de Voedstervrouw van de eêlste wetenschappen!*
> *Geleerdtheit klimt by kunst hier op de hoogste trappen!*
> *Met recht men u alleen de Christe-wereld noemt;*
> *De waare Godsdienst wordt van u eerst recht geroemt!*
> *Wat majesteit, wat glans kan by uw luister haalen [vergelyk]!*

5. Aletta Beck se koms na die Kaap

Maar ook hier beklee Nederland in die oë van die digteres nog 'n besondere plek, en ook vir 'n inwoner van 'n landelike provinsie, afgesonder van die land se handel en skeepvaart en sy groot prestasies op internasionale vlak, 'O Neêrlandt, klein van kring, maar groot van mogentheidt!', wat opnuut herinner aan 'n tydgenoot soos Valentijn, wat sy ensiklopediese werk oor die Nederlandse handelsryk nie so lank hierna nie sou aanpak 'tot verheffing van myne Natie', en om 'dat kleine en als uit de modder opgerezen Nederland zoo sterk en zoo kragtig in zynen helderen dag (...) te stellen'.[43]

Die Nederlandse Goue Eeu was verby, maar die feit het nog nie tot tydgenote deurgedring nie, en selfs aan die begin van die agttiende eeu, en in die loop van die oorlog wat op onverbiddelike wyse 'n einde sou maak aan Nederland se status as Europese moondheid, het die helder glans daarvan nog nageleef. Dit sou lank duur totdat die besef van hierdie verandering en die implikasies daarvan tot die bewussyn van tydgenote deurdring, en sowel Henricus Beck as sy suster het afskeid geneem van 'n land wat nog veerkragtig was en deurstraal van trots en selfvertroue.

Uiteindelik sluit Francina van Westrem haar gedig dan ook af met 'n heel konvensionele pastorale koorsang waarin die verre Afrika tot vertroude Europese terme herlei en alle bedreigings en gevare beswer word: 'Ach, Astré zal van ons scheiden!/ Om in d'Afrikaanse beemd/ Met haar wollig vee te weiden (...),' skryf sy hier heel gemoedelik oor die beplande emigrasie van haar vriendin.

> *Midd'lerwyl* [intussen] *zal op haar snaaren*
> *En betoverend geluidt,*
> *Wolf en tygerdier bedaaren,*
> *Schudden hunne wreedheid uit.*
> *Ja, de woeste Hottentotten,*
> *Schier ontreedende Adamiers,*[44]
> *Zullen hunnen wiltheid knotten* [beëindig],
> *Houden op te blyven diers* [dierlik].

Die beskawende invloed van die Europese snarespel sal met ander woorde op haas vanselfsprekende manier oor die roofdiere en inboorlinge van Afrika seevier.

'Is 'er nu een land in de wereld,' roep Valentijn met betrekking tot die aankoms in Tafelbaai uit,

> dat zich van verre, en zelf ook al is men al in de baai, bar, woest, zeer klippig en rotzig opdoet, zoo is het dat van de Kaap der Goede Hope, daar zich niet dan een swaare rei en schakel van meest aaneenhangende byzondere hooge bergen

vertoont, die van 't Noorden haaren aanvang nemen, en in 't Zuiden by den staart van de Leeuw [*Seinheuwel*] tot in zee eindigen.⁴⁵

Vir iemand wat aan die vrugbare oewers van die Ryn grootgeword het, moet dit inderdaad 'n troostelose aanblik gewees het; waarby verder in gedagte gehou moet word dat Aletta Beck voor hierdie ervaring bes moontlik nooit die see gesien het nie, en na alle waarskynlikheid, soos die meeste Nederlanders, ook geen berge geken het nie, sodat dit in sy geheel vir haar 'n bevreemdende ervaring was.

Johanna Maria van Riebeeck, wat vier of vyf jaar later die Kaap besoek het, beskryf die onelegante landing van passasiers by die seehoof, wat in die nabyheid van die Kasteel in die baai uitgebou was en waar formele onthale gewoonlik plaasgevind het,

> dat seer sleght uytsiet en geen trap aan is, maar houten aan de palen geslagen, wel twee voet van malkanderen, en dat steijl op, soodat wij ons daartegens op mosten laten trecken, en daarbij de holle zee, dat gans niet gemackelijck was.⁴⁶

Die susters Lammens het 'n kwarteu later daarenteen met 'n skeepsboot op die strand geland, waarskynlik in Roggebaai, 'n deel van die kus wat in die moderne Kaapstad onder Thibaultplein verdwyn het,⁴⁷ 'met een lange plank die van onze schuijt op de wal wiert gelegt'.⁴⁸

Ds. Valentijn is met sy aankoms getref deur die vooruitgang wat die klein nedersetting in die Tafelvallei sedert sy vorige besoek tien jaar tevore gemaak het. Opvallend veral was vir hom die deftige woning van fiskaal Blesius en die dorpshuis van die vryburger Henning Hüsing wat intussen hier opgerig is, wat skynbaar albei dubbelverdiepinggeboue was, 'geheel op zyn Amsterdams, met royale onderwooningen';⁴⁹ 'beide prachtig gebouwt,' soos Abraham Bógaert opmerk, 'en hoger dan alle andere opgetrokken'.⁵⁰

Johanna Maria van Riebeeck, wat in die Ooste gebore is en gewoond was aan die lewe in die groot en besig stad Batavia, het egter geen gunstige oordeel oor die klein en skamele nedersetting in die nabyheid van die Kasteel gevel nie, dubbelverdiepinghuise of nie; waarop haar man ten opsigte van die openbare geboue uitbrei.

> Het Casteel, het zeehooft, de watergoten, de equipage- [*voorraad-*] en alle andere pakhuysen, en meest alle sijn hier vrij gebreekig en slegt, tot de corps du gardes [*waghuise*] incluys, ja, de hoofdwagt [*hoofwaghuis*] en uytgekalfde muuren in de landpoort [*toegangspoort van die Kasteel*] en elders, alleen met kleij sonder kalk gemetzeld, dat 'r vrij wat voor 't noodsakelijke aan te arbeyden soude wesen, behalven nog de slegte conditie der gerigtsplaats [*teregstellingsplek*] en ook de begraafplaats voor de Europeën (...).⁵¹

5. *Aletta Beck se koms na die Kaap*

Die omgewing van die Kasteel het hy 'als een molshoop en wildernis' gekenskets; en dit is dus die indruk wat die Kaap in die vroeë agtiende eeu op meer ontwikkelde Europese besoekers gemaak het;

Terwyl die gedagtes en gevoelens van Aletta Beck by haar aankoms onbekend moet bly, soos dié van haar broer drie jaar vroeër, het enkele feite daaromtrent darem danksy ds. Valentijn bewaar gebly. Hierby gee hy die indruk dat Beck sy suster aan die Kaap kom haal het, maar dat hy hulle self tot op Stellenbosch vergesel het:

'Men komt er langs een klippigen, steilen, heuvelagtigen en ten grooten deele zeer ongemakkelyken weg,' het hy jare later terugblikkend oor Stellenbosch geskryf,

> hoewel men hier en daar ook goede streken heeft; egter moet men, om 'er na toe te ryden, wel 5 of 6 paar ossen voor een wagen hebben, wil men 'er komen, en die konnen 'er, by heet weder [*warm weer*] nog wel by nedervallen.
>
> Dit is een zeer eenzaame weg, en 't staat my voor dat ik in 't jaar 1705, te paard met D[s]. Bek hierna toe rydende, een groote vlakte waarop wy ettelyke struisvogels [*volstruise*] van verre zagen, overreedden, daar wy maar een huis op ontmoeteden, alwaar nog maar weinig dagen tevooren 5 olifanten wakker de pypen gestelt hadden [*gebaljaar het*]. Daarna quamen wy aan de Kuil, de plaats van de Heer Berg, die zooveel als halfwegen is, en verder is 't een eenzaame weg.[52]

Die pad het natuurlik oor die Kaapse Vlakte geloop, wat destyds moeilik begaanbaar was; 'de Kuil' was na regte De Kuilen (die huidige Kuilsrivier), 'n voormalige veepos van die Kompanjie wat in 1700 aangekoop is deur Oloff Bergh, kaptein van die garnisoen en lid nie net van die Politieke Raad nie, maar ook van die binnekring rondom goewerneur Van der Stel. 'Wy bleven eenige dagen op Stellenbosch,' skryf Valentijn verder in verband met sy besoek,

> daar ik Juffr. Bek aan haren Heer Broeder, predikant alhier, overgaf; dog [ik] kon wel zien dat haar alles hier nu, alzoo [*aangesien*] haar broeder stond te trouwen met de dochter van de Heer Elzevier, Opper-Koopman en Tweede [*Sekunde*], geheel en al tegenstond, en hoewel ik haar myn huys en verder aanbood met my mede na Batavia te nemen, sloeg zy dit zeer edelmoedig af, in hope dat de zaken zich beter dan zy dacht schikken mochten.[53]

Toe Aletta Beck Nederland verlaat het, het die retoervloot van 1705 naamlik nog nie aangekom nie, en sy kon dus nie op hoogte wees van die verandering wat in haar broer se toekomsplanne plaasgevind het sedert hulle 'n jaar tevore laas van hom gehoor het nie. Gesien haar besluit om tog maar by hom aan te bly in Stellenbosch, kon Valentijn egter niks anders doen nie as om haar by wyse van spreke oor te laat aan haar lot en sy kuier in die distrik voort te sit.

> Ik zag hier de plaats die de Heer Bek bevorens gehad en nu aan Kapiteyn van der Lid [*Lith*] overgelaten en verkogt had. Zy was Koelenhof genaamt; en wy werden daar door den heer en Juffr. van der Lid zeer ordentelyk [*behoorlik*] onthaald; dog in die plaats zelf had ik geen welgevallen. (...)
> Ook onthaalde my de Heer Kalden 8 dagen op zyn buyten-plaats, Sandvliet genaamt (...).[54]

Volgens die Dagregister het Valentijn vervolgens op 11 Oktober, twee weke ná sy aankoms, namens Kalden in die Kaapse kerk gepreek;[55] 'Ik predikte voor zyn Eerw. enige maalen hier,' berig hy self,[56] en mens onthou weer die vryburgers se klagtes oor Kalden se veelvoudige afwesigheid.

Drie dae later was Valentijn een van 'n geselskap van veertig of vyftig besoekers wat uitgery het na Constantia om die oudgoewerneur Simon van der Stel met sy 66ste verjaarsdag geluk te wens, en is hulle 'zeer heerlyk' onthaal ('Great display of bunting in the bay and Fort,' teken die Dagregister aan. 'Salutes, &c.'),[57] en vroeg in November het die goewerneur hom in 'n koets met ses perde uitgeneem na Hottentots-Holland vir 'n kort besigtiging van Vergelegen.[58] 'Zeer minnelyk was ik ook door den Heer Elzevier en meer andere vrienden (die my en myn beminde [*eggenote*] alle beleefdheid en vriendschap bewezen) onthaald,' meld hy ten slotte in sy verslag van hul oponthoud.[59]

Hieruit kan mens iets aflei van die sosiale posisie wat 'n predikant aan die Kaap onder die VOC beklee het; alhoewel daar natuurlik in gedagte gehou moet word dat Valentijn teen hierdie tyd weens sy vroeëre lang verblyf in die Ooste en sy kennis van Maleis ook nie meer 'n heeltemal gewone besoeker was nie.

In 'n tyd toe afkoms, status, geld, invloed en kontakte van die allergrootste belang was, het die betreklik demokratiese stelsel van die Nederlandse Republiek uitsonderlike kanse vir sosiale styging gebied, sodat dit vir die kleinkinders van kaasverkopers en bierbrouers byvoorbeeld moontlik was om as lede van die stadspatrisiaat aanvaar te word. Bowenal geld dit egter met betrekking tot die VOC, waar 'n eenvoudige matroos of soldaat deur middel van sy natuurlike gawes, soms aangehelp deur 'n gunstige huwelik, in meer as een geval tot die hoogste range gestyg het.

Aan die Kaap het daar hiernaas ewe goeie moontlikhede vir vryburgers bestaan, en in hierdie konteks kan mens die voorbeeld noem van Henning Hüsing, 'n Duitser van onbekende herkoms wat die Kompanjie as skaapwagter gedien het,[60] maar as vryburger eer lank die rykste man in die plaaslike samelewing geword het, en sy vrou, die Nederlandse predikantsdogter Maria Lindenhovius, weduwee van 'n sersant in Kompanjiesdiens, wat waarskynlik nooit verwag het om haar in hierdie posisie te bevind nie.

5. Aletta Beck se koms na die Kaap

'n Deel daarvan was te danke aan die persoonlike guns van die twee Van der Stels wat Hüsing geniet het, vermoedelik as gevolg van die feit dat sy vrou met haar huwelik vir Simon van der Stel gewerk het, waarskynlik as huishoudster; maar vir 'n groot deel moet dit aan eenvoudige inspanning en harde werk te danke gewees het. Die belangrikste was egter die blote feite dat sulke moontlikhede aan die Kaap vir 'n man soos Hüsing bestaan het, anders as in Europa, en daar was ook talle ander vryburgers wat hier 'n graad van selfstandigheid en welvaart behaal het wat in Europa volkome buite hul bereik sou gewees het.

Vir amptenare, wat deur middel van hul posisie in die plaaslike hiërargie 'n bevoorregte posisie in die plaaslike samewerking besit het, met nog beter kanse om hulself te verryk, was die kanse natuurlik nog meer belowend, en hiervan het Kaapse predikante ewe goed as ander lede van die amptenary gebruik gemaak.

Ewe goed was die teenoorgestelde gang van sake egter moontlik in die onvoorspelbare wêreld van die Kompanjie en die moeilike pioniersomstandighede aan die Kaap. Die felle kontraste wat hier aangetref kon word, word nogal dramaties geïllustreer deur jong ds. Valentijn wat op Ambon 'n ryk weduwee getrou het en sy verdere lewe sorgeloos kon deurbring, en sy suster Anna Maria wat in 1688 na die Ooste uitgekom het om sy huishouding waar te neem. In 1713 is sy as 'gevalle vrou' met twee van haar dogters in die Bataviase tughuis ondergebring, sonder dat haar broer, wat in hierdie tyd self nog in die Ooste was, sover nagegaan kan word baie aandag hieraan geskenk het.[61]

Ook vir Henricus en Aletta Beck het die sosiale en ekonomiese moontlikhede wat die kolonie aan die Kaap gebied het in beginsel natuurlik sowel op- en afwaarts gestrek, maar Beck is gedra, beskerm en bevoorreg deur sy posisie as predikant, terwyl sy suster twee keer 'n huwelik met 'n senior amptenaar kon aangaan en sodoende ook toegang tot die kring van die amptenary verkry. Albei het dus in die konteks van die plaaslike samelewing vir hulle 'n status verwerf wat hulle in die meer rigiede samelewing van Arnhem nooit geken het nie, en wat in hul geboorteland trouens seker nooit vir hulle haalbaar sou gewees het nie.

Dit het reeds geblyk toe Aletta Beck met haar aankoms aan die Kaap verneem het van haar broer se voorgenome troue met een van die dogters van Samuel Elsevier, lid van 'n aansienlike familie in Nederland, en aan die Kaap, soos reeds genoem, die tweede in rang na die goewerneur self.

Oor Johanna Constantia Elsevier, Beck se aanstaande vrou, is niks meer bekend nie as dat sy in die Ooste gebore en in 1685 gedoop is.[62] Beck het natuurlik veral kontak met die familie gehad wanneer hulle op Elsenburg vertoef het, want sowel Koelenhof as Kromme Rhee was, soos Hugo opmerk, 'feitlik buurplase'.[63] Gesien die beperkte aantal blanke vroue aan die Kaap en die nog beperkter aantal wat geskik was om die eggenote van 'n predikant te word, is dit nouliks verrassend dat hy hier vir hom 'n bruid gesoek en gevind het. Wat moontlik meer verras, is dat Elsevier hom as aanvaarbare huweliksmaat vir sy dogter beskou het.

Verrassend is voorts dat die proses van kennismaking en aanvaarding skynbaar drie jaar in beslag geneem het, en dat dit 'n verdere agttien maande geduur het voordat die huwelik voltrek is. Moontlik kan laasgenoemde toegeskryf word aan die dood van Elsevier se derde vrou, wat vroeër in 1705 oorlede is,[64] alhoewel die aanstaande bruid susters gehad het wat die huishouding vir hul vader en die jonger kinders kon waarneem. Moontlik hou dit egter ook verband met die aankoms van Aletta Beck en haar klaarblyklike onwilligheid om die pastorie met 'n skoonsuster te deel wat bowendien agttien jaar jonger was as sy, sodat die onderlinge verhouding van die betrokkenes eers gereël moes word. Die verlede gee heelwat prys, maar hou altyd nog veel meer verborge.

Aletta Beck het die Kaap bereik kort nadat die toekenning van die wynpag aan Johannes Phijffer soveel misnoeë onder die vryburgers veroorsaak het en in die tyd toe hul klagskrif aan die Raad van Indië opgestel en in die geheim na Batavia gestuur is. Met die koms van die retoervloot 'n paar maande later het die stryd openlik losgebreek rondom die opstel van die tweede versoekskrif en Van der Stel se eie getuigskrif, en vir die volgende jaar sou dit met onverminderde heftigheid in en om Stellenbosch woed, rondom die niksvermoedende aankomeling uit Nederland wat geensins daarby betrokke was nie.

Dit was eers op Sondag, 13 Februarie 1707, en teen hierdie agtergrond, dat die huwelik tussen Henricus Beck en Johanna Constantia Elsevier plaasgevind het, en die Dagregister teken aan dat ds. Kalden na Stellenbosch gereis het om dit te voltrek.[65] Die bruidegom was 43 jaar oud, en die bruid 22.

Aan die hand van wat mens van die betrokkenes en hul lewenstyl af weet, kan daar aangeneem word dat die huwelik 'n deftige geleentheid was; dog teen hierdie tyd was die verdeeldheid in die gemeenskap so groot dat dit onwaarskynlik lyk dat enige lid van die vryburgergroep dit bygewoon het. In feite was dit vermoedelik die laaste formele byeenkoms van die hoër Kaapse amptenary, Elseviers, Blesiusse en Kaldens, want presies 'n week later het die nuus van die goewerneur se terugroeping nie-amptelik bekend geword.

Samuel Elsevier is hierna, soos reeds genoem, toegelaat om vir nog 'n jaar aan te bly ten einde sy sake te reël, maar hy is op 3 Junie deur J.C. d'Ableing as sekunde vervang. Die kosgeld waarop hy ampshalwe geregtig was, is tot die einde van daardie maand nog aan hom toegeken, en sy salaris is uitbetaal tot sy uiteindelike aankoms in Nederland, aangesien hy slegs teruggeroep is en nie ontslaan nie,[66] maar sy rantsoene en byverdienste as sekunde is aan die einde van Mei reeds stopgesit.[67] Sy aansoek om in privaat hoedanigheid aan die Kaap te mag aanbly, is van die hand gewys.[68]

Elsevier het dus met die retoervloot van 1708 die Kaap verlaat, alhoewel hy sowel sy dorpshuis as sy plaas behou en 'n bestuurder daarvoor aangestel het:[69] 'Blijkbaar zag hij de situatie niet al te zwaar in,' merk Schutte aan die hand hiervan op, 'en dacht de tegen hem ingevoerde klachten gemakkelijk te kunnen weerleggen en

5. Aletta Beck se koms na die Kaap

dan weer terug te komen';[70] maar nes sy lotgenote wat dieselfde hoop gekoester het, het hy hom vergis. Elsenburg sou in 1718 verkoop word en Elsevier self is in 1724 in Nederland oorlede. Met sy vertrek het sy nuwe skoonseun 'n magtige en invloedryke beskermer verloor wat vir hom heelwat sou kon beteken het, en die feit dat hy skynbaar nooit besonder ver gekom het nie is in 'n mate moontlik hieraan te wyte.

6.
'De colonie der Eerster Rijwier in Africa':
Henricus en Aletta Beck in Stellenbosch (i)

In 1679, kort nadat hy kommandeur geword het, het Simon van der Stel 'n inspeksietog na die Kompanjie se buitepos in Hottentots-Holland onderneem. Hy het teruggereis na die Kaap met 'n ompad langs die Eersterivier om die vrugbare gebied te verken waaruit die Kochokwa met hul veetroppe 'n paar jaar tevore verdryf is, en op 'n beboste eiland in die rivier oornag. Hier het hy besluit om 'n nuwe kolonie te stig waarheen die blanke koring- en wingerdboere van die Liesbeekvallei sou kan uitbrei, en die bos het hy in sy eie eer Stellenbosch genoem.[1]

Binne die drie jaar 1680–82 is daar in die omgewing van Stellenbosch nie minder as 23 plase uitgegee nie, waarna die verdere ontwikkeling minder skouspelagtig maar gestadig voortgesit is.[2] In 1681 kon Van der Stel egter al teenoor die Politieke Raad melding maak van die 'veel en verscheijde discrepantiën [*meningsverskille*]' onder die 'landtbouwers' wat hulle met hul gesinne hier gevestig het 'om den landtbou ter voors. [*genoemde*] plaatse ijverigh te begrijpen [*aan te pak*]', en sy voorneme uitspreek om sake self te gaan regsien.[3] 'n Jaar later is die Raad van Justisie nog steeds in so 'n mate deur onderlinge twiste in die nuwe 'kolonie', soos dit genoem is, lastig geval dat daar eerstens besluit is om 'n sogenaamde Hof van Klein Sake in te stel, en tweedens om 'vier van de civielste [*mees beskaafde*] daer remorerende [*woonagtige*] vrijborgers (...) onder de benaeminge van heemraeden' aan te stel as verteenwoordigers van die owerheid en sy gesag.[4]

In 1683 het 'n aantal van die inwoners 'van de colonie ofte aanbou der Eerster Rijwier [*sic*] in Africa behoorende onder het district der Caap de Boa Esperanca' die owerheid voorts gevra om hulle van 'n skool te voorsien vir hul kinders en 'n 'schoolmeester' of 'sijketrooster' aan te stel:[5] die Politieke Raad het dit oor 'ontrent de dertigh familiën (...), die meestal zijn beladen met sware huijshoudinge van kinderen'.[6] Die gevolg was die benoeming van Sybrandus Mancadan, 'n Nederlandse predikant wat as gevolg van 'een langen treijn van menigvuldige dronkenschappen en andere grove misdrijven' in Nederland geskors is:[7] as sieketrooster sou hy sowel die kinders onderrig as Sondae in 'n geïmproviseerde kerkgeboutjie, wat as 'n 'opgeslage loots' beskryf is,[8] in die diens voorgaan en 'n goedgekeurde preek voorlees.

In 1684 het ds. Overneij, wat aan die Kaap diens gedoen het, genoem dat 'tot onderhoudingh van den godsdienst aen Stellenbos 9 à 10 uren van 't Casteel in 't land een kerckje aengetimmert [*gebou*] [is], werwaerts sijn Eerw. verschejde maalen in 't jaer genootsaeckt is de visite te gaen doen, en oock bij vervolgh van tijt 't hoogwaerdich sacrament des avontmaels [te] moeten uijtdeelen'.[9] Vir hom was dit klaarblyklik 'n ekspedisie na die uiteinde van die beskaafde gebied. Valentijn spesifiseer dat Stellenbosch nege uur te voet van die Kaap geleë was,[10] wat beteken dat dit teen die begin van die agtiende eeu nog altyd nie ongebruiklik was om die afstand by gebrek aan ander vervoermiddels te voet af te lê nie. Volgens Mentzel was dit agt uur met die ossewa; 'but with a good horse one can do it in four hours'.[11]

In 1695 het Valentijn tydens sy besoek aan die Kaap van ds. Van Loon, wat destyds in die Tafelvallei diens gedoen het, verneem 'dat nu en dan wel wagens met volk, na Stellenbosch of Draakestein gaande, door leeuwen aangedaan [*aangeval*], en door dezelve wel menschen uit zulk een hoop gehaalt zyn'.[12] Wat die onmiddellike omgewing van die dorpie betref, het die vrygestelde slaaf Louis van Bengale, wat in Jan de Jonkershoek geboer het, in 1689 beweer dat 'n 'tier' (luiperd) in een nag 25 van sy skape doodgebyt en 'n 'wolf' (hiëna) 'n koei en 'n kalf gedood het,[13] ervarings wat geensins uitsonderlik was nie.

In die ontstaansjare was die nuwe 'kolonie' niks meer nie as 'n landbougemeenskap met 'n rudimentêre mate van bestuur; dog dit het verander toe die besoekende kommissaris-generaal H.A. van Reede in 1685 vir Johannes Mulder, wat hy as 'landdrost over de buitenposten' aangestel het,[14] aangesê het om ook as voorsitter by die maandelikse vergadering van die heemrade op te tree. In verband hiermee het hy opdrag gegee dat daar op 'het eijlandeken Stellenbosch genaamt' 'n 'gereg[t]shuijs' gebou moet word 'tot wooningh voor den landdroste, en een kamer tot de bijeenkomst der Heemraden': dit was die latere drosdy.[15]

Verder het Van Reede in die onmiddellike omgewing van die drosdy nie net 'n kerkgebou in die vooruitsig gestel nie, maar ook woonhuise vir almal wat hulle 'tot gerieff van de ingesetenen' hier sou vestig, waaronder hy spesifiek 'n predikant, skoolmeester, koster, smid, wamaker en winkelier genoem het. By hierdie geleentheid is die belang van skoolonderrig herhaal, 'ten eijnde de jonghe jeught, die dagelijcx toeneemt in getal, niet en gelaten worde als in een wildernisse, maar als Christenkinderen opgetrocken [*opgevoed*]'.[16]

Soos Temminck Groll in sy oorsig van Nederlandse koloniale argitektuur opmerk: 'Stellenbosch was the very first Compagnie settlement wherever, whose specific aim was to create a centre for agricultural activity. All previous new settlements had served trading and/or military purposes.'[17] Hierdie opmerking dui terselfdertyd op die uitsonderlike posisie wat die Kaap as landbou- en vestigingskolonie tussen die wydgestrekte handelsposte en -kantore van die VOC beklee het.

In 1686 het ds. Overneij in 'n privaat huis in Stellenbosch die eerste erediens gehou, 'onder een tamelijken toeloop van menschen',[18] en in die teenwoordigheid van Van der Stel, en is daar opdrag gegee 'tot den opbouw van Gods- en Compagnieshuijsen',[19] met ander woorde, 'n kerk, drosdy en drie ampswonings, die sogenaamde 'Kolonieshuise'.[20] Hierdie basiese geboue is aangevul met 'n Kompanjiestal en 'n gevangenis in die omgewing van die drosdy, en 'n amptelike koringmeul effens hoër op aan die Eersterivier.

Die kern van die klein gemeenskap was die huidige Kerk- en Ryneveldstraat (destyds die Kleine en Groote Kerkstraat onderskeidelik) wat nou uitgelê is,[21] met die kerk wat die hele blok noordwes van hul kruispunt beslaan, terwyl die drosdy soos genoem op die destydse eiland in die rivier opgerig sou word (op die perseel van die huidige Teologiese Fakulteit).[22] Die huidige Dorpstraat was in hierdie stadium nog maar net 'n pad eerder as 'n straat, volgens Fitchett veel breër as wat dit tans is,[23] alhoewel 'n aantal erwe hier uitgelê is aan die oewers van die Eersterivier.

In 1686 nog is daar op die kerkerf die hoeksteen van 'n kerkgebou gelê,[24] wat 40 by 22 voet sou wees (omtrent sewe by twaalf meter volgens Fransen);[25] of die konsistorie waarna daar later verwys is hierby ingesluit was, is onduidelik. Hugo bereken dat dit plek kon bied aan 100–120 mense.[26] Dit het in die middel van die groot perseel gestaan, en op die nok van die steil grasdak was daar 'n kloktorinkie. Die klok was, soos Hugo opmerk, die enigste in die gemeenskap, en is ook gebruik 'wanneer Landdros & Heemrade "sitdag" gehou het, "tot den ontfangst van schaapen-, beesten-, leeuwen- en tijgergelden"'.[27] Hugo dring daarop aan dat die geboutjie van endgewels voorsien moes gewees het,[28] maar dit verteenwoordig waarskynlik net 'n latere generasie se obsessie met gewels, ongeag die realiteit van Kaapse bouwerk rondom die wisseling na die agtiende eeu. Van Stade se panorama uit 1710 toon dit duidelik met 'n wolwe-entdak.[29]

Hier soos elders aan die Kaap was die bouwerk egter swak, en in 1691 het die westelike muur van die kerkie, waar die hoofingang was, reeds gedreig om in te gee, sodat dit herbou en opnuut gepleister en afgewit moes word.[30]

Slegs vyftien lidmate was aanvanklik as sodanig bekend, maar toe daar vroeg in 1687 doelgerigte voorbereidings getref is vir 'n Nagmaalviering is daar 'n totaal van 52 belydende lidmate van die kerk ontdek.[31] Toe daar omstreeks dieselfde tyd 'n optrek van die burgermilisie plaasgevind het, het 88 weerbare mans hul verskyning gemaak, terwyl daar volgens Hugo 130 blanke mans in die distrik woonagtig was;[32] maar daar moet opnuut herinner word aan die feit dat net 'n klein gedeelte van die kerkgangers in hierdie tyd normaalweg lidmate van die kerk was. Die normale opkoms by 'n kerkdiens sou dus groter gewees het, en in 1698 reeds was die kerkgeboutjie na bewering te klein en is meer as 2000 gulden ingesamel om dit te vergroot.[33]

Jare lank sou die gemeente in Stellenbosch afhanklik bly van 'n besoekende predikant uit die Kaap, en verder so goed doenlik aan die gang gehou word deur die sorg van Mancadan,[34] wat volgens Hugo se latere oordeel '"niet so stigtelijk" geleef het as wat van iemand met sy amp en jare verwag kon word nie'.[35] 'Sijbrand Mankadans handschrift zit vol dikke inktklodders,' skryf Biewenga oor sy werk as sekretaris van Landdros & Heemrade, 'en een vaste hand had hij niet. Misschien heeft dat met veelvuldige dronkenschap te maken.'[36] En oor Jan Jansz Swart, wat hom in 1694 in albei hoedanighede opgevolg het:

> Ook van zijn opvolger Jan Swart weten we dat hij te veel dronk. Swart had nog een ander probleem. Hij had last van woordblindheid. Soms ontbreken er een paar woorden in een tekst, soms ontbreekt een lettergreep in een woord. Ook Swart had geen vaste hand. (...) Pas met de aanstelling van Jan Mahieu in 1701 werd het beter. Diens handschrift was voorbeeldig.[37]

Ook die kerkraad het egter besware teen Swart gehad, en nadat hulle die owerheid 'om een stichtelijker ziekentrooster' gevra het, soos Biewenga dit formuleer, is hy afgedank.[38] Intussen sou dit tot 1700 duur voordat ds. Van Loon as die gemeente se eerste predikant benoem is.

Dit was dus ongeveer so ver soos wat die ontwikkeling van die gemeente gevorder het toe Henricus Beck in 1704 vir Van Loon hier opgevolg het, en dit was die situasie wat hy geërf het. Hy sou altesaam 22 jaar op Stellenbosch woon en sy suster tien jaar, en die oorsig wat volg, vat dus die ontwikkelinge van bykans 'n kwarteeu saam, en hou onvoldoende rekening met die mate waarin sowel die dorpie as die distrik oor hierdie tydperk ontwikkel en verander het. Afgesien van die verwoesting wat die groot brand van 1710 in die dorp veroorsaak het, was die verandering en vooruitgang waarskynlik egter betreklik gering van aard en slegs beduidend volgens koloniale maatstawwe, sodat daar vir die huidige doeleindes gerieflikheidshalwe met 'n samevattende oorsig volstaan kan word.

Tot en met 1704 is altesaam 85 plase in die distrik Stellenbosch uitgegee, wat sodoende die gemeente van die nuwe predikant uitgemaak het.[39] Wat betref die dorpie waar sy kerk en pastorie geleë was, was dit volgens Valentijn in 1705, toe Aletta Beck by haar broer aangesluit het, 'niet groot, alzoo [*aangesien*] 'er by de Kerk toen maar 13 of 14 huizen by my gezien zyn; doch landwaard in zyn hier en daar nog veel enkele huizen en hofsteden die 1 of 2 mylen van malkanderen staan.'[40]

Volgens Biewenga se ontleding van die opgaaf of jaarlikse sensus vir 1704 het elke belastingpligtige vir wie 'n inskrywing gemaak is 'n huishouding van gemiddeld 4,33 mense verteenwoordig; in die huishoudings waarby dit om getroude pare gaan, was die gemiddelde egter 8,72.[41] Die syfers is vermoedelik dié vir die hele distrik, maar dié wat op die dorpie betrekking het, sal nie veel hiervan verskil nie, en selfs al neem mens die hoogste van die gemiddeldes as uitgangspunt, het dit in hierdie tyd nie veel meer as sowat 'n honderd inwoners gehad nie. By hierdie totaal is slawe ingereken, maar slawebesit was vroeg in die agttiende eeu nog minimaal, en na alle waarskynlikheid gaan dit in hoofsaak om blankes, 'n klein groepie mense dus, en volgens die beskikbare getuienis nog oorwegend van Nederlandse herkoms.

Mens kry 'n goeie idee van hoe die jong gemeenskap gelyk het van die panorama uit die weste wat sersant Elias van Stade vroeg in 1710, toe hy die Kaap op pad terug na Europa van die Ooste besoek het, daarvan geteken het, in die tyd toe Beck en sy suster albei nog hier gewoon het, en kort voordat dit gedeeltelik deur brand vernietig is, asook 'n aantal latere herkonstruksies aan die hand daarvan.[42] Op Van Stade se tekening word 22 geboue aangegee,[43] wat nog altyd 'n bevolking van minder as 200 impliseer.

Die huise het meestal bestaan uit twee of meer kamers op 'n ry gerangskik,[44] en is swak gebou van songedroogde bakstene met klei as vernaamste bindmiddel, op vlak fondamente, met lae mure en grasdakke waarvan die rande laag afgehang het: langs die mure was daar dikwels 'n smal strook wat met ronde klippe geplavei is om die mure teen vog te beskerm. Gewels was aanvanklik ongebruiklik en die dakke was wolwe-ente (skilddakke). Vensters was klein en is met binnehortjies of guinese linne afgesluit, alhoewel glas-in-lood teen die begin van die agttiende eeu aan die Kaap algemeen begin raak het.[45] Volgens Fitchett verteenwoordig die dorpie soos dit deur Van Stade vasgelê is 'the last stages of the proto-Cape Dutch period'.[46]

Binne was hierdie huise donker, en dikwels ook vol rook, aangesien die herd in die vroeë jare op die kleivloer in die middel van die woonvertrek was, en plafonne, kaggels en skoorstene geleidelik eers aangebring is. Uit moderne perspektief was die inrigting primitief, maar die meeste van die mense was in Europa aan soortgelyke leefomstandighede gewoond gewees, veral op boerderye en op die platteland.

In 1692 is daar reeds 'n poging aangewend om bome op die kerkterrein aan te plant,[47] maar volgens Fitchett was dit eers in 1701, onder W.A. van der Stel, dat die aanplanting van eike langs die strate onderneem is,[48] en Van Stade se tekening, vir sover dit hierin akkuraat is, toon teen 1710 ook geen merkbare aanwesigheid van bome nie buite die huiserwe en die omgewing van die drosdy op sy eiland.[49]

Teen die eeuwisseling was die kolonisering van die distrik Stellenbosch reeds twintig jaar lank aan die gang, en het daar 'n beperkte mate van inburgering plaasgevind. Ook het daar reeds 'n aantal gegoede boere onder die inwoners voorgekom, soos die welgestelde Henning Hüsing, Jacob van der Heiden en Adam Tas, wat sosiale kontak met senior amptenare soos ds. Beck gehad het en kort hierna die voortou in die agitasie teen die goewerneur geneem het. Die meerderheid van die vryburgers was egter voormalige matrose, soldate en ambagsmanne in diens van die Kompanjie wat ná afloop van hul dienskontrak verkies het om hier agter te bly, en in die meeste gevalle nie veel verder gekom het nie.

6. Henricus en Aletta Beck in Stellenbosch (i)

In die meeste gevalle was werknemers van die VOC mans uit die laer range van die Europese samelewing, 'n feit wat beklemtoon moet word vanweë die illusies wat blanke Suid-Afrikaners steeds geneig is om oor die verre voorgeslag te koester.[50] Dit is wat in eietydse Nederlands geringskattend die *grauw* of die *gemeen* genoem is, wat miskien as 'gepeupel' weergegee kan word, en wat volgens Frans Thuijs se fassinerende studie van die eietydse misdadigerswêreld in Nederland 80 persent van die bevolking uitgemaak het, 'n 'uitzonderlijk bont' groep wat hy nader omskryf as

> neringdoenden [*winkeliers*], ambachtslieden, kleine boeren, de in- en opgezetenen [*inwoners*] van stad en land, een verscheidenheid van keurige [*respektabele*] of minder keurige vast gevestigde bevolking en daaronder nog de groep van zwervende vagebonden en stedelijke randfiguren, alleen bekend vanwege de gewestelijke plakkaten, stedelijke keuren [*ordonnansies*] en de gerechtelijke archieven.[51]

Of, sou mens miskien kan byvoeg, die argiewe van die VOC.

Onder die Kompanjiesdienaars was daar 'n aantal meer ontwikkelde of beter opgevoede mans wat in Europa geen bevredigende bestaan kon maak nie of 'n ander dwingende rede gehad het om daar pad te gee, en heelwat wat ten spyte van 'n moontlik twyfelagtige verlede aan die Kaap 'n nuwe lewe kon begin en die belofte verwesenlik wat die kolonie hulle gebied het. Vir 'n aansienlike deel was hulle egter diegene wat Thuijs welluidend saamvat as 'marginalen die zich uitsluitend ophielden op het platteland, de stedelijke zelfkant en criminelen die stad en land onveilig maakten'.[52] Thuijs verwys na 'nauwe samenwerking' tussen die Kompanjie en die Amsterdamse gereg,[53] en in enige werk oor die sosiale of ekonomiese randfigure in die sewentiende- en agttiende-eeuse Nederland vind mens sonder uitsondering dan ook verwysings na dienaars van die VOC.

So vind mens, om by Thuijs te bly, byvoorbeeld die heel beeldende geval van Hendrik Jansz, 'alias Hein de Oostindischvaarder, alias Hein Knoop, alias Hendrik de Mof', wat volgens laasgenoemde bynaam vermoedelik 'n Duitser was, en wat in 1716 op 29-jarige leeftyd opgehang is.[54] Toe die tabakspinner Hendrik Haas uit Hamburg, volgens Thuijs 'n 'typische marginale migrant, zonder een cent op zak en met zijn ziel onder de arm', in 1724 in Den Haag tot geseling onder die galg, twintig jaar tughuis en twintig jaar verbanning gevonnis is, het hy dit ewe goed as geloofwaardige verskoning beskou om te beweer dat hy op pad was na Middelburg 'voor een schip naar de Oost'.[55]

Mense soos hierdie het hul milieu vir 'n groot deel saam met hulle na die Tafelvallei en die Boland verplaas; en by die betragting van die Stellenbosch soos Henricus Beck dit in die vroeë jare as predikant leer ken het, moet hierdie feit veral in gedagte gehou word. Dit is naamlik hierdie feit wat die gewelddadigheid en kleinskaalse misdadigheid van die vroegkoloniale Kaapse samelewing moet verklaar en geloofwaardig maak.

Terwyl die inwoners van die Tafelvallei 'n prekêre mate van welvaart kon handhaaf deur goedere en dienste aan die opseilendes op besoekende skepe te verskaf en onwettig handel met hulle te dryf, was die omstandighede van die meeste blankes in die agterland bowendien nog altyd moeilik, en die versukkeldes wat hier beland het, het grotendeels versukkeld gebly.

Aan die einde van 1697 kon die Politieke Raad byvoorbeeld besorgdheid uitspreek oor die feit dat 'sommige inwoonderen van Stellenbos en Drakensteijn' hul grond verkoop of andersins daarvan ontslae raak om na die Kaap te verhuis ter wille van die moontlikhede van 'n makliker inkomste uit kleinhandel en drankverkoop wat daar bestaan. Daar is dus besluit dat diegene wat van Stellenbosch verhuis hiervoor 50 gulden moes betaal, alhoewel daar 'n uitsondering gemaak is vir diegene 'dewelcken aldaer niet langer aen de kost te geraken, en haer [hulle] aen de Caap door haren arbeijt en naarstigheijt beter souden connen erneren [onderhou]'.[56] Dit het dus beteken dat die swakker lede van die gemeenskap verplig is om aan te bly in distrikte waar hulle nie 'n bestaan kon maak nie, en slegs die meer gegoedes toegelaat is om na die Tafelvallei uit te wyk en hul situasie verder te verbeter.

As gevolg hiervan kan mens binne die Stellenbosse samelewing 'n taamlik skerp kontras tussen 'n klein groepie gegoedes en 'n groot massa versukkeldes en onvergenoegdes verwag; en uit die beskikbare getuienis lyk dit asof dit inderdaad ook die geval was.

Die landdros en die sekretaris van Landdros & Heemrade het op die dorpie gewoon, asook die predikant, sieketrooster en koster, en ampshalwe het hulle almal 'n sekere status in die gemeenskap geniet; ook die plaaslike chirurgyn was hier woonagtig. Wat die verdere bevolking betref, het skoenmakers, kleremakers en bakkers, vir sover aanwesig, vermoedelik 'n mate van voorafgaande opleiding in Europa geniet, terwyl daar ook individue was wat, opgelei of nie, bou- en timmerwerk onderneem het. Daar het egter min geredelik beskikbare inligting hieroor behoue gebly afgesien van die name waaronder hulle algemeen in die gemeenskap bekend was: 'Frans de smit', 'Philip de draijer', 'Laurens de metselaar of klipbreeker', 'Andries de bakker', 'Claas de timmerman', 'Willem de smit', 'Hans de smit', 'Alber de timmerman', 'Andries de molenaar', 'Evert de melkboer', 'Coenraad de schoenmaker'—die aantal smede is veral opvallend. Heelwat van die mense het deeltyds op klein skaal geboer, of hulle met 'n verskeidenheid los werkies onderhou, terwyl onopgeleide en onvermoënde mans hulle ten slotte as plaasknegte verhuur het.

Toe Johanna Victor, wat getroud was met die voormalige landdros van Stellenbosch, Johannes Starrenburg, in 1709 oorlede is, was daar in haar boedelinventaris ook nog verwysings na skuldenaars wat aangedui is met byname soos 'Hans Tijgervalleij', 'de Cemper boer' en 'Swart Evers Lijs',[57] wat as verdere aanduiding dien van die klein skaal en gemoedelike aard van die destydse samelewing, waar almal mekaar geken het. In laasgenoemde geval gaan dit om 'n dogter van die vrygestelde swart slaaf Evert van Guinee.[58]

Van der Stel het in 1687 berig dat die inwoners 'merendeels jongmans en ongetrouwt' is,[59] en die volgende jaar kon die owerheid hulle nog as 'ruwe gasten [*persone*]' beskryf.[60] Byna driehonderd jaar later het Hugo dit aan die hand van sy eie navorsing opsommend oor 'n 'ongeordende en dikwels ordelose jong vrygeselle-samelewing' gehad.[61] 'n Vlugtige blik in die skemerwêreld van hierdie mans wat aan die rand van die gemeenskap 'n prekêre bestaan gevoer het, word verskaf deur die testament van 'n Duitser wie se naam vermoedelik Kasper Meister was en wat uit Osnabrück gekom het en in diens was by die plaaslike boer Albert Myburgh. Die dokument, wat deur 'n semi-geletterde vir hom opgestel is, toon terselfdertyd die belang wat aan 'n 'eerlike' of eerbare begrafnis geheg is, en die gebruik om 'n sekere bedrag (gewoonlik was dit 50 gulden) aan die armes na te laat. Letterlik getranskribeer in al sy ontroerende eenvoud, sonder poging tot korrigering of standaardisering, lui dit soos volg:

> ik kaes peer meester van osenen brugh heb meijn goet veer mackt aan meijn baes albert mey burgh al het gene daet ick heb en 25 geulde aan den armen van het goet en een eereleke begraeffeniessie aan te doen soo ick kom te sterven want ik heb geen vrinde niet
>
>   dit is het hant merk van Kasper X meestr van osenen brugh
>
> ick christofvel kijser als gedevyen
> ik ijan olivier als gedeuijgen
>
> Ao 1716 den 23 feberiewarie.[62]

'n Ewe aangrypende voorbeeld van die swerwers- en sukkelbestaan wat heelwat alleenlopende mans in hierdie tyd gelei het, is Bartholomeüs Nachtegal uit Dantzig (Gdańsk in Pole), wat in 1690 vryburger geword het,

> zynde een eenlopend gesel, oud in de 40 jaren, zyn substantie [*onderhoud*] niet anders soekende nog ook bekomende als, met een donderbus [*geweer*] mits[gader]s kruyt en loot wel versien zynde, het gehele land te doorkruyssen en sig als een vagabont [*swerwer*] te erneeren [*onderhou*], sonder eenige vaste huysvestinge te hebben.[63]

'In 1696 sentenced to two years' hard labour and to be flogged and branded for assault of a field-guard,' skryf Hoge opsommend en oorsigtelik oor Nachtigall se verdere loopbaan.

In 1702 resident at Drakenstein, in 1710 engaged for three years as a shepherd by Jacobus Coetzee. In 1714 he made a contract with Michiel Basson to the effect that the latter undertook to give him board and lodging and to provide for a proper funeral after his death, in return for which N. bequeathed to him his flock of 300 sheep.[64]

Voorts is dit meldenswaardig dat daar sedert die vroeë jare van die nuwe kolonie ook aan vrygestelde slawe of sogenaamde 'vryswartes' grond hier toegeken is, in 'n doelbewuste poging van die owerheid om die landbou te vestig en te bevorder. Individue uit Angola, Guinee (Wes-Afrika) en Ceylon word genoem, naas lede van 'n latere generasie 'van de Caab', wat plaaslik gebore is.[65]

Vir die oudslawe was dit op begryplike wyse nie maklik om ná 'n lewe van diensbaarheid aan hul skielike vryheid gewoond te raak en hulle in 'n selfstandige bestaan en 'n gemeenskap van vry gebore Europeane te handhaaf nie.[66] Met boerdery het hulle oor die algemeen dan ook nie groot welslae gehad nie, en in die mate dat hul vaardighede of omstandighede dit toegelaat het, het enkele van hulle ook op ander maniere 'n bestaan gemaak. Rantong of Rantom van Bali, 'n voormalige slaaf van Samuel Elsevier, was byvoorbeeld 'n timmerman wat in 1717 en 1718 aan die herbouing van die drosdy gewerk het,[67] terwyl Pieter Willemsz lank werksaam was as karweier.[68]

Na regte dui die naam 'vryswartes' op vrygestelde slawe, en is die naam 'vry gekleurdes' gebruik vir hul kinders en verdere afstammelinge wat in vryheid gebore is, asook ander gekleurdes wat hulle as bannelinge of bandiete aan die Kaap bevind het. Die onderskeid is egter nie konsekwent gehandhaaf nie, sy dit onder die VOC of in die geskrifte van moderne historici, en die benaming 'vryswartes' sal in hierdie boek dus vermy word ten gunste van die omvattende naam 'gekleurdes' of 'vry gekleurdes'. Waar vrygestelde slawe spesifiek onderskei moet word, sal hulle as sodanig aangedui word.

Wat die vry gekleurde bevolking dus betref, is hul aantal in die dorp en distrik moeilik bepaalbaar, want hulle kan nie altyd geredelik aan die hand van hul name uitgeken word nie. Volgens Hattingh was daar in Stellenbosch op die monsterrolle van 1712 egter 'nie minder as sewentien herkenbare name van vryswartes nie, terwyl nie eers almal geïdentifiseer is nie. Wie sou op die naam af kon sê dat Marten de Geus 'n vryswart was?'[69] Volgens Hattingh is hierdie gegewens egter 'in baie opsigte onvolledig', en elders meld hy dat daar 'van die 1718 Stellenboschlys ongeveer 40 volwassenes met slawe herkoms herken [kan] word'.[70]

Sosiaal is gekleurdes in die gemeenskap aanvaar, sy dit in 'n moeilik bepaalbare mate en moontlik met voorbehoude. 'Jan van Ceylon was klaarblyklik 'n gewilde persoonlikheid,' skryf Hattingh byvoorbeeld met verwysing na een van hulle, 'wat dikwels gaste, waaronder veral blankes was, ontvang het. Verskeie voorvalle het by hom aan huis gebeur.'[71] Gekleurdes wat hul belydenis van geloof afgelê het, was

6. Henricus en Aletta Beck in Stellenbosch (i)

ewe goed lidmate van die plaaslike gemeente as blankes, en Biewenga noem as voorbeelde die reeds vermelde Maarten de Geus, asook Groot Armosyn van die Kaap, vrou van die blanke Guilliam Frisnet wat in Agter-Paarl geboer het.[72]

'n Interessante geval uit die later jare van Beck se bediening is die bejaarde Maria van Negapatnam (of van Bengale), 'n voormalige slavin van die pioniervryburger Jan Cornelisz Visser, wat in 1721 in Stellenbosch gedoop is nadat haar dogter, wat Susanna Visser genoem is, met die blanke Hans Hendrik Hattingh getroud is.[73] Volgens J.L. Hattingh was dit

> uitsonderlik in die jare dat 'n bejaarde [volwasse] vryswarte op die platteland gedoop is en sodoende tot die Christendom bekeer is. Vryswartes was wel dikwels die getuies by die doop van blanke kinders en soms blankes weer die getuies vir hul kinders. Maar ons weet nie of vryswartes wel aangesit het by die nagmaaltafel nie, behalwe om dit te vermoed.[74]

Waar vryswartes of ander gekleurdes as plaasknegte by boere in diens getree het, is daar kontrakte aangegaan nes met blankes, waarby daar tussen hul loon en dié van die blankes volgens Hattingh ook 'feitlik geen verskil' was nie.[75] Hulle kon ewe goed soos blankes geld leen,[76] en diensplige gekleurde mans het saam met die blankes deelgeneem aan die verrigtinge van die burgermilisie en dikwels ook 'n ondergeskikte rang daarin beklee.[77]

Aan die ander kant het daar vir gekleurde vroue egter 'n baie wesenlike moontlikheid van sosiale en ekonomiese vooruitgang bestaan deur middel van 'n huwelik met 'n blanke man, want in die beginjare toe blanke vroue skaars was, was sodanige huwelike na gevestigde Oosterse voorbeeld hoegenaamd nie ongebruiklik nie, en is dit ook algemeen aanvaar en erken. Die mees prominente geval was kaptein Oloff Bergh, wat teen hierdie tyd lid van die Politieke Raad was, wat omstreeks 1680 getroud is met Anna de Koning, self in slaverny gebore as dogter van die slavin Angela van Bengale wat later 'n vooraanstaande en gegoede lid van die vry gekleurde bevolking aan die Kaap geword het. Nie net is Bergh se loopbaan geensins deur sy huwelik belemmer nie, maar die egpaar se afstammelinge sou dwarsdeur die agtiende eeu 'n prominente rol in die Kaapse samelewing speel.

Sover dit 'gemengde' huwelike of semi-stabiele verhoudings betref, kan die insidensie hiervan moeilik bepaal word, en kom dit dikwels slegs in die konteks van een of ander oortreding of gewelddadige handeling aan die lig, alhoewel dit die geheelbeeld nie noodwendig skeeftrek nie, gesien die aard van die destydse Kaapse samelewing.

Aan die hand van die opgaaf gee Hattingh agt klaarblyklike gevalle van 'gemengde' huwelike in die Stellenbosse distrik oor die tydperk 1704–11,[78] waarby dit geensins net om onaansienlike lede van die gemeenskap gaan nie: so word die pionier Matthijs Greeff wat getroud was met 'Susanna Claasen (Klaasz) van die

Kaap',[79] deur Hugo as 'n 'bekwame en gesiene man' beskryf,[80] en het hy jare lank as heemraad gedien. Dit geld egter ewe goed die geval van Hans Hendrik Hattingh wat in 1716 getroud is met die voormalige slavin Susanna Visser:[81] ook hy was 'n vooraanstaande boer, en met sy dood in 1731 was hy in besit van die plase Spier en Niet Voorbij, asook nege manslawe.[82]

'Ondanks die feit dat Arrie Cruijtsman [*Arnoldus Kruysman*] met 'n vrou van slaweherkoms getroud was (Maria Vosloo),' skryf Hattingh oor 'n ander tydgenootlike egpaar, 'en soms sosiaal met ander gekleurdes omgegaan het, was hy 'n heemraad vir sy omgewing en boonop ook nog een van die rykste boere in 1716':[83] in 'n later stadium het hy selfs Samuel Elsevier se voormalige plaas Elsenburg besit.[84] Sy vrou, Maria Vosloo, was die dogter van 'n blanke man en 'n gekleurde moeder, Helena van Malabar, terwyl Johannes Pretorius,[85] die jonger halfbroer van Wessel Pretorius wat 'n leidende rol in die vryburgeragitasie gespeel het, seun van 'n prominente vryburger en stiefseun van landdros Starrenburg, weer getroud was met Helena Vosloo, waarskynlik 'n suster of halfsuster van Maria.[86]

'n Soortgelyke geval was dié van H.J. Conterman,[87] nes Kruysman 'n Duitser van herkoms, 'n heemraad en 'n gegoede man, wat tussen 1718 en 1734 nege keer in besit was van die drankpag, een keer vir Drakenstein, maar die orige kere ook vir Stellenbosch:[88] sy tweede vrou, met wie hy in 1720 getroud is, was Maria Beyers, die dogter van 'n Duitse vader en 'n moeder 'van die Kaap'.[89]

By hierdie gevalle van vooraanstaande vryburgers in die distrik sou verdere voorbeelde gevoeg kan word soos dié van Douwe Gerbrandsz Steyn, een van die vroeë intrekkers, wie se vrou Maria Lozee van die Kaap was.[90] In die volgende generasie was daar weer Jan Harmensz Potgieter, seun van die voormalige dorpsmid uit wie se boedel Aletta Beck die opstal van die plaas Voorgelegen sou koop, wat getroud was met Clara Herbst,[91] 'n dogter van Jan Hars of Herfst (Herbst) en 'n gekleurde moeder, Lijsbeth Sanders (Lijsbeth van die Kaap).[92] Die oudste seun van die heemraad Dirk Coetzee het jare lank 'n verhouding gehad met Lijsbeth Louisz, dogter van die vryswarte Louis van Bengale, en in 1720 twee van hul kinders laat doop, voordat hulle vier jaar later getroud is,[93] dit alles dus in die tyd terwyl Beck predikant was op Stellenbosch. In 'n nog later generasie was die Stellenbosse timmerman en koster Adam Albertijn, wat in 1729 oorlede is, weer getroud met Geertruij Loos, 'n dogter van Hendrik Loos en die vryswart vrou Lijsbeth Jansz van die Kaap.[94]

Hier kan nog bygevoeg word dat 'n man van 'gemengde' herkoms, Willem Basson, 'n seun van die reeds genoemde Angela van Bengale, selfs een van die vier vryburgers was aan wie die owerheid in 1705 die hersiene vleiskontrak toegeken het,[95] alhoewel Basson veral bevoorreg was deurdat hy die halfbroer was van Anna de Koning, en sodoende die swaer van Oloff Bergh, lid van die Politieke Raad.

Daar was natuurlik ook onaansienliker 'gemengde' egpare, soos byvoorbeeld die Duitser Andreas Voormeester en Catharina van die Kus van Koromandel, wat in 1688 getroud is, drie kinders gehad het, en in 1699 tot vier maande dwangarbeid veroordeel is vir handel in gesteelde goedere.⁹⁶ Sy was terloops die weduwee van 'n Nederlander, Cornelis Claase uit Utrecht.

Die lewens van die meeste van hierdie mense, blank en gekleurd, was 'n eentonige sukkelbestaan van armoede en skuld, waarin daar betreklik min vreugde, opwinding of afwisseling voorgekom het behalwe dié wat hulle vir hulself kon skep.

In 1686 reeds is daar aan die inwoners van Stellenbosch toestemming gegee vir 'n jaarmark, 'n 'vrijen jaar-merckt' in die lente, wat op 1 Oktober sou begin en vir twee weke duur, en wat met die jaarlikse optrek van die burgermilisie sou saamval.⁹⁷ Vir die plaaslike bevolking was dit waarskynlik die hoogtepunt van die jaar, want uit sosiale oogpunt was dit 'n nog groter byeenkoms as met die Nagmaalviering, en in die beginjare is dit bowendien gekenmerk deur die tradisionele skyf- en papegaaiskiet en verder opgeluister deur die gratis voorsiening van wyn en bier deur die owerheid. Soos reeds genoem, het hierdie byeenkomste egter toenemend aanleiding gegee tot onrus en oproer, totdat die voorsiening van drank in 1706 op bevel van die Raad van Indië in Batavia stopgesit is.⁹⁸

Diegene wat lidmate van die kerk was, het natuurlik gereeld in die dorp bymekaargekom vir die kwartaallikse Nagmaalsviering, maar hulle was voorlopig 'n betreklik klein groepie, en kerk- en Nagmaalsdienste het dus nog nie so 'n groot rol in die openbare lewe gespeel soos wat later die geval sou wees nie. In die beperkte omstandighede van die pioniersjare was die belangrikste sosiale geleenthede in die jong gemeenskap verder seker teraardebestellings, en meer besonderlik die feestelike maaltye waarmee dit tradisioneel afgesluit is.

In hierdie tyd was die kerk nie formeel by begrafnisse ingeskakel nie, alhoewel die kerkraad oor twee lykklede beskik het wat dit wanneer benodig uitgehuur het teen 'n tarief van 3 gulden vir die oue en 6 vir die nuwe.⁹⁹ Wel het die koster ampshalwe as sogenaamde aanspreker opgetree wat die begrafnisgangers van die plegtigheid in kennis moes stel en daarheen uitnooi: ''t aanspreken en noodigen ter begravinge van afgestorvenen, en verder bedienen van 'n sterfhuys'. Hiervoor moes hy soms tot in Drakenstein reis, alhoewel daar in 1724 bepaal is dat dit nie verder as Wagenmakersvallei (Wellington) en Perdeberg sou wees nie; dog aangesien hy naas die normale 5 riksdaalders nog 'n verdere 6 kon vra vanweë die afstand was dit ook net welgestelde mense wat hulle so 'n gebaar kon veroorloof. 'Indien 't sterfhuys begeert dat hij met lampher en handschoenen verschijnt, soo sal hij die mogen eyssen, of anders aanbieden om sig behoorlik daarvan te voorsien, waarvoor [hij] alsdan [blanko] rijxd. sal genieten.'¹⁰⁰

Die manlike roubeklaers het die kis streng volgens rang na die graf gevolg, in roumantels en hoede met lanferbande geklee, en die teraardebestelling bygewoon, maar dit het sonder plegtigheid van kerklike aard plaasgevind, en hierop het die begrafnismaal gevolg, want dit het die uitgenooide verwante en vriende, wat mekaar bes moontlik selde te sien gekry het, 'n verskoning vir 'n feestelike en dikwels uitbundige byeenkoms gebied wat gretig aangegryp is. Selfs behoeftige mense was bereid om in hierdie verband onkoste aan te gaan vir die voedsel, drank, pype en tabak wat betaamlik geag is.

Nadat een van Henning Hüsing se knegte in 1705 in Valsbaai verdrink het, het Adam Tas, as Hüsing se aangetroude neef, nie net in die afwesigheid van verwante of vriende gereël vir die doodkis, graf en draers en die beskikbaarheid van 'n huis naby die kerk waar die kis uitgedra sou kan word nie, maar ook vir

> 't nodige zoo[wel] van wijn als vleesch (...) voor de dragers en degeene die 't lijck zouden volgen. (...) Tegens de middag hebbe ik een ½ aam, daarin 5 emmers, wijn na Stellenbosch gesonden, alsmeede een Caabse ham, 3 bouten gebraden vleesch van een vette hamel en 3 brooden; daar konnen ze haar vrolijk mede maaken.[101]

Van sy eie kneg, wat die begrafnis bygewoon het, het Tas agterna verneem 'datter nog een gedeelte van de cost was overgeschoten, de wijn was uijtgeraakt, zodat Arij nog met goed fatsoen is begraven'. Hierna het hy 'Dirk de coster' (Dirk Simonsz) 7 riksdaalders (21 gulden) betaal 'voor 't graf van Arij, 't doodkleed, en 't aanspreeke'.[102]

'n Gespesifiseerde rekening het bewaar gebly van soortgelyke uitgawes wat in 1714 aangegaan is vir Pieter Abrahams van Schagerbergh, kennelik 'n vrygesel en moontlik ook 'n kneg, wat dood is in die huis van Harman Palmer. Eerstens het dit gegaan om 'n doodkis, 'linnen tot 't bekleden van de kist', "t rijden van 't lijk na Stellenbosch', en huur vir die huis vanwaar dit uitgedra is, maar hiernaas is 40 gulden bestee aan 'n halfaam wyn, glase, 'n hamel, ses hoenders, drie pond botter, brood, twee pond tabak en pype.[103]

In die beskikbare dokumentasie is daar geen spesifieke verwysing na taphuise of kroeë in Stellenbosch soos wat in hierdie tyd in die Tafelvallei en selfs die Liesbeekvallei bestaan het nie. In laasgenoemde gevalle was daar egter 'n potensiële klandisie van matrose en soldate, waardeur hulle 'n meer prominente plek in die plaaslike samelewing verkry het. In teenstelling hiermee was die verskil tussen kommersiële taphuise op die platteland en privaat huise waar vriende en kennisse eenvoudig saam gedrink het in hierdie vroeë stadium waarskynlik nog vaag.

Onder seemanne en lede van die garnisoen was brandewyn in die beginjare veral gewild, en Oosterse arak of rysbrandewyn is ook gedrink en as ruilmiddel met die Khoikhoi gebruik, maar in Stellenbosch sou wyn natuurlik meer vrylik beskikbaar gewees het, selfs al was die gehalte nie noodwendig besonder hoog nie. Hoe dan ook, uit alle beskikbare bronne is dit duidelik dat daar aan die Kaap oor die algemeen graag en swaar gedrink is, en Nederlanders het in hierdie tyd trouens 'n ongunstige reputasie geniet wat die verbruik van drank en tabak en mesvegtery betref.[104]

Wat betref hierdie grootskaalse drankgebruik, ook op sosiale vlak, is dit interessant om te verneem dat die Amsterdamse kerkraad 'n onderskeid gemaak het tussen laakwaardige 'dronkenskap', waarmee daar skynbaar bestendige drankmisbruik bedoel is, en 'beskonkenheid', wat moreel en sosiaal kennelik aanvaarbaar geag is.[105]

As daar onder die welgestelde Adam Tas en sy vriende reeds uitbundig gedrink is, soos uit herhaalde inskrywings in sy dagboek blyk, is dit nouliks verbasend dat drankmisbruik en dronkenskap algemeen onder die ambagsmanne, arbeiders en plaasknegte van die platteland voorgekom het nie, veral as mens die veelvoudige probleme en beproewings van die daaglikse lewe en die gebrek aan afleiding en vermaak in ag neem.

In Stellenbosch het ds. Van Loon met die eerste kerkraadsvergadering ná sy ampsaanvaarding in 1700 klaarblyklik reeds teen heersende misstande in die gemeente opgetree, en wat drankmisbruik betref, skryf Geyer:

> Op die volgende vergadering, drie maande later, word besluit om nie minder as vier lidmate ernstig weens hul dronkenskap te vermaan nie, terwyl andere onder suspens kom. Vyf word in die derde voorkomende resolusies, ses maande na die twede, *in 't suspens gecontinueert*.[106]

Ook op sedelike gebied was die jong gemeenskap egter nog besonder onvolmaak, soos ewe goed uit hierdie notule blyk, waaruit meerdere voorbeelde aangehaal sou kan word, soos deur Geyer opgesom.

> Op die eerste vergadering word besluit om 2 mans en 3 vroue te suspendeer en een vrou te vermaan om 'n stigteliker lewe te lei en nie die gebruik van die Verbondseëls te verwaarloos nie; 'n ander sal 'n *scherpe recommendatie* ontvang om met haar *quaad huijshouden* op te hou.[107]

Wat agter hierdie terminologie verberg is, moet onduidelik bly, maar Hugo het dit meer eksplisiet oor die bode van Landdros & Heemrade, Jasper Gommers, wat in 1702 aangestel is.

> Hy was een van die ongure karakters van wie ons lees dat hy jare lank 'in hoererije en onkuijsheit' met 'n ander man se vrou geleeft het, vier kinders by haar verwek en die kinders skromelik verwaarloos het, sodat hy self uiteindelik onder arres geplaas is, die vrou na Holland gedeporteer is, en die verwaarloosde kinders [in 1712] onder die sorg van die kerkraad geplaas moes word.[108]

Volgens Biewenga het Gommers drie of vier kinders gehad by Aaltie Vissers, die vrou van Jacob Pieterse Bodesteijn: 'Drie waren in Stellenbosch gedoopt door dominee Beck, waarbij Gommers als vader opgegeven was. (…) De zaak was dus alom bekend.'[109]

Wat verder uit eietydse rekords blyk, is die aansienlike mate van onenigheid in die klein gemeenskap waarin almal mekaar maar net te goed geken het en alles van mekaar se sake geweet het, en onder wie daar allerlei persoonlike griewe en vetes ontwikkel en voortgetier het. As beskeie voorbeeld kan genoem word die probleme wat veroorsaak is deur Ary van Wijk, wat 'n Kolonieshuis bewoon het en geweier het om dit te ontruim toe dit deur die landdros benodig is,[110] en sy rusie in dié verband met die heemraad Johannes Bockelberg wat met sy stiefdogter getroud was.[111] 'I felt so insulted,' het Bockelberg volgens Leibbrandt se vertaling ná 'n spesifieke konfrontasie verklaar, 'that I did not consider myself justified in taking any further share in the meetings of the Heemraden, as he addressed me before a lot of scum sitting and drinking in the house to which he had called me.'[112]

Dikwels was botsings soos hierdie egter ook gewelddadig, soos met die geleentheid vroeg in 1704 toe bogenoemde geregsbode Jasper Gommers die sekretaris en siektetrooster Jan Mahieu heftig uitskel en probeer aanval: 'nadat hij Mahieu een stuk van zijn kamizool [*onderbaadjie*] had gescheurd,' berig Biewenga, 'smeet deze hem tegen de grond en gaf hem een paar slagen, tot bloedens toe, en liet hem toen gaan'.[113]

Volgens die standaarde van die tyd sou dit miskien nog gangbaar geag kan word as regmatige tugtiging van 'n onderhorige weens onbehoorlike gedrag teenoor iemand met amptelike status, maar geweldpleging soos hierdie het dikwels op heeltemal onbeheerde wyse voorgekom, soos blyk uit 'n lewendige inskrywing in Adam Tas se dagboek. Hierin beskryf hy, skynbaar aan die hand van 'n verslag wat hy van ds. Beck persoonlik gekry het,

> als dat gisteren namiddag voor 't huijs van Jacobus de schoenmaker een oorlog was ontstaan, gemelde Jan Hagelse [*kragterm*] schoenflicker [*skoenmaker*] was, met zijn boosaardig wijff geadsisteerd, 't wijff van Christiaan Martensz (in de wandeling Mosterts Marij genaamt) op de huijd gekomen [*aangeval*]. 't Wijff van den schoenflicker sloeg Mosterts Marij met een pik tegen 't hoofd dat er 't bloed by neer liep; deselve viel door die slag ter aarden; toen quam de schoenmaker toeloopen en trapten dat nederleggende vrouwe-schepsel met de voeten op de borst, buijk, enz. Ondertusschen was des flickers wijff ook niet stil, maar roerde de vuijsten zoo hard als zij konde, en ongetwijffeld souden se dat schepsel hebben dood geteijstert zoo [*as*] de Hr. Bek niet was op 't mat gekomen [*verskyn het*] en gezegt hadde hiervan kennis te zullen dragen; toen lieten se van haar af. Ondertusschen moest het deerniswaardige schepzel zoo toegetakeld na huijs slenteren.[114]

6. Henricus en Aletta Beck in Stellenbosch (i)

Volgens Hugo was die aanranders die egpaar wat hy in 'n ander konteks beskryf as die 'arme, ongeletterde skoenmaker' Jacobus van den Berg of Van den Bergen en sy vrou Jacomina Caartenier of Cardeniers.[115] Volgens Biewenga was Van den Berg op Stellenbosch werksaam as skoenmaker van 1702 tot sy gewelddadige dood in 'n mesgeveg in 1714 nadat sy 'bijzit', 'een zekere Aale',[116] deur 'n medeburger as 'n 'hoer' uitgeskel is.[117] Gedurende hierdie tyd was hy verskeie kere in hofsake betrokke,[118] terwyl hy self deur die berugte Van Westkerkens aangerand is.[119] In die geval wat hier beskryf is, het hy Maria Bartels, Tas se 'Mosterts Marij', volgens getuies met 'n rottang geslaan en daarna ook met muile, 'dat se heel onsigtbaar was van 't bloeden'.[120] 'Verklarings van ooggetuies kom presies ooreen met wat Tas hier beskrywe,' meld Hugo.[121]

Maria Bartels se bynaam en die neerhalende 'wijff' en 'schepsel' waarmee Tas haar aandui, laat met die lees van sy verwysing reeds die vermoede ontstaan dat dit om 'n gekleurde vrou gaan,[122] en Hoge noem dat dit volgens 'n vermelding in 'n testament inderdaad die geval was.[123] Haar man was 'n Duitser, en waarskynlik die Christiaan Maartens van wie se besittings daar in 1698 'n inventaris opgestel is waarvolgens dit bestaan het uit 'n plaas met sewentienduisend wingerdstokke, ses osse, 'n perd met saal en toom, 'n wa, 'n ploeg, en 'een weijnig coijgoet', alles in ag genome 'n redelike kapitaal vir die tyd.[124] Teen daardie tyd was hy egter reeds insolvent, en die volgende jaar is sy eiendom op 'n openbare vendusie verkoop. In 1701 is hy getroud met Maria Bartels, die weduwee van ene Cornelis Heren, en teen 1707 was hy werksaam as plaaskneg en het Jacob van der Heiden hom meer as 50 gulden loon geskuld.[125]

Soortgelyke gevalle sou vermeerder kan word. So kry mens in dieselfde jaar die geval van 'Susanna Claas, de vrouw van oud-heemraad Matthijs Greef', soos Biewenga haar beskryf, wat deur Jacob Aertsen Bouwer kwaai aangerand is, waarby dit uit ander bronne blyk dat dit om 'n gekleurde vrou gaan, 'Susanna Claasen (Klaasz) van die Kaap';[126] ook na hierdie egpaar is daar reeds verwys. In Biewenga se lapidêre verslag:

> Toen een paar mensen in januari 1705 bij een ruzie bij Jacob Aertsen Brouwer te hulp geroepen werden, troffen zij Susanna Claas, de vrouw van oud-heemraad Matthijs Greef, aan met hangend haar, de muts van het bebloede hoofd en met 'haar arm bont en blauw'. De soldaat Pieter van der Linden vroeg Brouwer, die met twee scheermessen in de hand stond, 'Waarom slaat gij zoo een vrouw zoo deerlijk die haarselven niet weeren en kan?' Reden voor Brouwer om van der Linden met de scheermessen aan te vallen.[127]

Dieselfde jaar nog het Brouwer tereggestaan, 'onder meer', soos Biewenga dit formuleer, weens 'n poging tot moord op sy vrou.[128] Volgens 'n inventaris wat in 1689 opgestel is, was hy, nes bogenoemde Christiaan Maartens, 'n betreklik gegoede boer met sestig morg grond wat hy reeds nege jaar lank bebou het, tweehonderd skape en 'n slaaf,[129] dog klaarblyklik kon hy ewe min die mas opkom, en later word hy as timmerman aangegee.[130]

Wat betref Susanna Claasz, het sy by 'n ander geleentheid op haar beurt ene Jeronimus Stevens met 'n houtmuil te lyf gegaan as beweerde 'kwaatstoker tussen man en vrouw'.[131]

Gevalle soos hierdie sou vermenigvuldig kan word. 'In 1706,' lees mens byvoorbeeld by Biewenga, 'schold Andries Cuijper Lijsbet, de zwangere vrouw van Hendrik Loots, voor "een hoer, een beest en een teef"',[132] en het hy haar so swaar aangerand dat sy later 'n miskraam gehad het. Ook hier blyk dit by nadere ondersoek dat dit gaan om 'n gekleurde vrou, Lijsbeth Jansz van die Kaap, met wie Loos in 1698 getroud is;[133] daar is reeds na hul dogter verwys.

En elders weer, aangaande 'n byeenkoms in 1707 by die huis van Jan Elsevier (wat geen familie van die voormalige sekunde en van ds. Beck se vrou was nie):

> Rond het middaguur kregen de vrijburger Hans Tulken en de leenknecht van Christoffel Groenewald, Christiaan Arnst, ernstige ruzie. Tulken schold Arnst voor schelm, 'gij hebt vleeselijke gemeenschap met uw baas zijn vrouw'. Op Arnsts ontkenning raakten zij in handgemeen, waarbij Tulken met zijn tanden Arnst in het linkeroor beet.[134]

Geweld was geensins ongebruiklik in die vroegkoloniale samelewing nie, ook nie teen vroue nie, en daarby kry mens ook 'n ongemaklike indruk dat terwyl kleur in hierdie vroeë jare nie 'n beslissende faktor in die koloniale samelewing was nie, of in elk geval nie allesbeslissend nie, dit in oomblikke van spanning of druk tog 'n onmiskenbare rol gespeel het, veral onder die minder ontwikkelde deel van die blanke koloniste met hul Europese vooroordele.[135] By die betragting van die gevalle wat hierbo beskryf is, ontstaan egter 'n verdere ongemaklike vermoede, alhoewel dit in die omstandighede niks meer kan wees nie, naamlik dat 'n nieblanke vrou in daardie betreklik primitiewe gemeenskap deur sowel kleur as geslag benadeel was, en sodoende aan 'n dubbele belemmering onderhewig en dubbel kwetsbaar was.

Van die ongeremde en onbeheersde gedrag van individue soos dié wat hier genoem is, vroue sowel as mans, was dit egter slegs 'n paar tree na volkome asosiale en onbeheerbare figure soos Pieter Becker en die Van Westkerkens, vader en seun, oor wie daar reeds uitvoeriger geskryf is.[136]

Beck se vernaamste taak as predikant op Stellenbosch was om tydens die kerkdienste op Sondae voor te gaan, asook dié op Tweede Kersdag en Paas- en Pinkstersondag wat destyds gebruiklik was; in die somermaande, van Oktober tot April, was daar bowendien ook 'n diens op Sondagmiddag.[137] Vier keer per jaar was daar voorts 'n Nagmaalviering, en hiernaas het die predikant die doop en huwelik waargeneem soos benodig. By begrafnisse was die kerk soos reeds genoem, nie betrokke nie, alhoewel teraardebestellings binne of rondom die kerkgebou plaasgevind het.

Aangesien kerkgang in 'n gemeente soos Stellenbosch grotendeels deur praktiese probleme van afstande en vervoer beïnvloed is, en slegs 'n betreklik klein gedeelte van die kerkgangers bowendien belydende lidmate was, was die aantal toehoorders normaalweg seker klein. Nadat die kerkgeboutjie in 1710 afgebrand het, was dit in elk geval moontlik om dienste eers in 'n kamer in die pastorie te hou en daarna jare lank in 'n 'parshuisie' of wynkeldertjie op die dorp, en so laat in Beck se bediening soos 1717 was daar nog maar net oor die vyftig lidmate.[138]

In die afwesigheid van die predikant was die sieketrooster veronderstel om in ooreenstemming met die amptelike riglyne voor te gaan by die diens, soos byvoorbeeld in die tyd toe Beck al om die ander Sondag op Drakenstein moes gaan preek of toe hy aangesê is om diens te doen aan die Kaap. Hierdeur kon kerkbywoning nadelig beïnvloed word, soos blyk uit die dagboek van Adam Tas, wat binne loopafstand van die kerk gewoon het. 'Op dato [*vandag*] isser niemand van ons na de kerk geweest,' het hy byvoorbeeld een Sondag in die winter van 1705 opgeteken,

> gemerkt de Hr. Bek desen dag dienst aan Drakensteijn moeste doen, en voor icmand die leezen kan is 't niet raadzaam om wat [voor]leezen te hooren na de kerk te wandelen. Weshalven [ik] mijn tijd met leezen en een psalm te zingen desen dag hebben doorgebragt.[139]

Toe Beck ná die dood van ds. D'Ailly in 1726 aangesê is om al om die ander Sondag aan die Kaap te gaan preek, in die tyd toe Anthonie Faure sieketrooster was op Stellenbosch, het die Stellenbosse kerkraadslede formeel onderneem

> om bij bequaam weder [*geskikte weer*] den godsdienst, bij [*deur*] den voorleser te verrigten, bij te woonen. Meteen [*terselfdertyd*] is den voorleser belast om een stigtelicke stoffe te verkiesen en sigselvs te bequamen [*oefen*] om die sonder aanstoot of ergernis, vaardig en Godbetamelik te konnen voorlesen.[140]

Klaarblyklik is kerkbywoning in hierdie omstandighede dus nie as vanselfsprekend beskou nie, en kon daar ook nie sonder meer op die gepaste optrede van die voorleser staatgemaak word nie.

Die enigste geleenthede waarby daar in die kerk 'n beduidende opkoms was, was waarskynlik die kwartaallikse Nagmaalvierings, wat vergesel was van 'n voorbereidingsdiens op die voorafgaande Vrydag of Saterdag en 'n nabetragtingsdiens op Sondagmiddag, waarby daar telkens gepreek is:[141] Tas verwys in sy dagboek na 'n 'voorbereijdens leer-reden' om drieuur die middag op die Vrydag voor die Nagmaalviering in die winter van 1705.[142] 'Sonder om syfers te noem,' merk Hugo op, 'kan ons konstateer dat die opbrengste aan kollektegeld by die nagmaaldienste ruim tien maal so groot was as op die gewone Sondae.'[143]

Volgens Biewenga se statistieke vir die tydperk 1704-10, die eerste jare van Beck se bediening, is daar naas 'n totaal van 150 blanke kinders ook twintig slawekinders en drie volwasse slawe gedoop, sowel as 'n enkele Khoi-kind:[144] die syfers is nie besonder indrukwekkend nie, maar in die kerk het daar in hierdie tyd feitlik geen sendingbewussyn bestaan nie, en die doop van slawe en hul kinders is grotendeels aan die inisiatief van die slawe-eienaars oorgelaat. Die kinders van vry gekleurde ouers wat ewe goed onder die lidmate gevind kon word, is by hierdie statistieke vermoedelik onder dié van die blankes gereken en sodoende verdoesel.

Sover dit die toepassing van sensuur betref, het Van Loon skynbaar ywerig opgetree,[145] maar met betrekking tot die kerkboeke het Beck baie jare later verklaar: 'Bij zijn komst ontving hij van Mejuffrouw de Wed. Van Loon eenige losse briefjes en heeft toen van de vroegere opgaven een geheel gemaakt en die later zelf vervolgd.'[146] Pastorale werksaamhede in die moderne sin was onbekend, en 'huisbesoek' was in die praktyk beperk tot die sogenaamde 'omrijding',[147] dit wil sê besoek van gemeentelede aan huis om hulle formeel na die volgende Nagmaalviering uit te nooi.

Hierdie vorm van huisbesoek het ook 'n sterk sosiale element bevat, soos blyk uit Tas se dagboekinskrywing in Julie 1705 toe Beck hom saam met die ouderling Johannes Mulder vir hierdie doel besoek het en hulle met 'wat eeten en drinken' getrakteer is: 'onderwijl geraakten we onder 't smooken van een pijpje dampkruijd [*tabak*] zoo wat aan de praat van verschijde zaaken'.[148] Gesien die pionierstoestande aan die Kaap in hierdie jare en die wydgestrektheid van die plattelandse bevolking het dit in die praktyk egter heelwat van die predikant geverg. 'Wegens de winters zware regentijd en de grote hitte des somers,' is daar byvoorbeeld in 1708 opgeteken, 'is goedgevonden om de nodiging tot des Heeren H. Avondmaal [slechts] tweemaal des jaars te doen.'[149]

Die kerkgebou toe Beck op Stellenbosch predikant geword het, was nog altyd die oorspronklike geboutjie met sy hoë grasdak en kloktorinkie,[150] 'het fraaie kerkje' soos dit later beskryf is.[151] Hugo noem 'n hoë preekstoel wat deur middel van 'n trap bereik is,[152] en waarskynlik was die banke vir die ampsbekleërs en ander mans hier soos elders teen die mure gebou, terwyl die vroue op stoele in die ruimte voor die preekstoel gesit het.[153] Verder noem Hugo dat die vloer met stene plavei was, wat in 1708 met 'plat gebakte teëls' vervang is.[154]

Gegoede gemeentelede is onder die vloer van die kerk begrawe, soos in Nederland ook gebruiklik was, en die onmiddellike omgewing van die preekstoel is hierby as ereplek beskou. Volgens die reglement wat in 1723, by die indiensneming van die latere kerkgebou, vir die koster opgestel is, was hy geregtig op 2 riksdaalders vergoeding vir ''t maaken en 't sinken van een lijk, 't sij dat het een, twe[e] of drie kisten diep is'; en onder die eerste van sy verpligtings wat vermeld is, was 'de opgedolven grafsteden in deselve ten eersten toemaaken en tot een vaste grond aanstampen'.[155]

Jan van Ellewee, wat in 1719 koster geword het, het later verklaar dat die Nagmaalsilwer in sy tyd uit twee silwerbekers en 'n silwer-'piring' of -bord bestaan het, wat in die predikant se huis bewaar is, terwyl daar aan die uiteindes van die Nagmaaltafel twee tinborde vir aalmoese geplaas is; verder is daar ook sprake van 'n silwerdoopvont of -bekken wat deur die koster bewaar is.[156] Volgens Beck self was dit alles nog afkomstig uit die tyd van sy voorganger Van Loon, en hy noem terloops die interessante feit dat die silwer in 'des predicants hokje' gebêre is, waarmee vermoedelik 'n soort in- of aangeboude pakruimte in die pastorie bedoel is, in die trant van die 'afdakke' en 'bottelarytjies' wat so dikwels in boedelinventarisse genoem word.[157]

Hierdie kerkgebou is egter vernietig in die brand wat 'n groot deel van die dorp aan die einde van 1710 verwoes het,[158] en die blok waar dit gestaan het, is mettertyd onderverdeel en bebou. Pogings tot argeologiese ondersoek in 1962 het egter nog enkele fragmente daarvan opgelewer:

> skerwe van besonder dun, liggroen glas met kwaste en blasies soos alleen egte ou glas vertoon, brokke vloersteen van 'n besondere kwaliteit en oppervlakte, ongetwyfeld ingevoerde werk, (…) en, miskien die belangrikste van alles, 'n groot hoeveelheid verkoolde hout van besonder fyn draad en tekstuur, kennelik die oorblyfsels van verbrande timmerhout van eersteklas gehalte.[159]

Sedertdien is verdere argeologiese werk onderneem, en die oorblyfsels wat gevind is, is *in situ* sigbaar in die kelderverdieping van die gebou agter die huidige Oude Werf-hotel in Kerkstraat, alhoewel die identifikasie daarvan deur Fitchett bevraagteken is.[160]

Ná die vernietiging van die kerk het die gemeente aanvanklik in Beck se huis bymekaargekom, en daarna in 'n geboutjie in die hart van die semi-landelike klein gemeenskap, net om die hoek van die pastorie, wat beskryf is as 'een pershuijsje [*parshuisie, wynkelder*] toebehoorende aan den heemraad Jan Botma',[161] en elders as 'een geringh pershuijsje'.[162] In die omstandighede is dit interessant dat daar gou reeds gekla is oor die lawaaierigheid van die straat waar dit geleë is (die huidige Ryneveldstraat), aangesien

> sommigen zig niet en ontsien de stoutheid [*vermetelheid*] te gebruiken van onder de godsdienst voorbij de kerk te jagen, en sterk met swepen te klappen, waardoor niet alleen de Eerw. Predicant, maar ook zelfs de toehoorders in haare aandagt werden gestoort, konnende door zulke geklap nauwelijks Gods woord hooren ofte verstaan …[163]

Hierdie klagte is in 1712 uitgespreek, en mens wonder in hoe 'n mate sulke gedrag as 'n doelbewuste uittarting van die predikant vertolk moet word; uiteraard deur lede van die gemeenskap wat nié sy kerkdienste bygewoon het nie.

Dit was eers in 1717 dat daar met planne vir die oprigting van 'n nuwe kerkgebou begin is,[164] en dat die Politieke Raad vir sy hulp en steun genader is: 'soo wenden sigh de suppl[iante]n [*versoekendes*] in alle onderdanigheijd tot Uwel Edele en Agtbaare Heeren, Uwel Edelens, als voedsterheeren [*beskermers*] van Gods kerke,' het die kerkraad se versoekskrif in die tipies omslagtige en onderdanige formulerings van die tyd gelui.

> Wij bidden God dat Hij uwe herten magh beweegen om alle scheijnbaare verhinderinge [te] overstappen, en [dat u] dit werk, soo heerlik en aangenaam bij God, soo roemelijk en betamelijk voor Christen overheden, soo seer dienstigh en heijlsaam voor de gemeente Gods alhier, soo luisterrijk en cierlijk voor een land, eenmaal gelieft vast te stellen en sijn voortgangh te gunnen.[165]

In die verbygaan moet mens wonder of hierdie omslagtige dokument nie deur die omslagtige ds. Beck opgestel is nie.

Van die owerheid het die kerkraad 'n bedrag van 1647 gulden ontvang uit 'n 'aansienlike som geld' wat die gewese goewerneur-generaal Joan van Hoorn met sy besoek aan die Kaap in 1710 hier agtergelaat het 'om gebruik te word in belang van die openbare godsdiens',[166] en verder is daar met Landdros & Heemrade getwis oor 'n bedrag van meer as 2000 gulden wat in die vorige eeu vir die vergroting van die destydse kerkgebou ingesamel is en na bewering in hulle sorg was.[167]

Voorts is daar 'n beroep op die besonder welvarende Kaapse diakonie gedoen vir 'n lening van 4000 gulden: 'Wij roepen u, helpt ons! Staa ons bij int oprigten van een godshuijs! UEerwaardens zijn de vermoogenden in dit Israël, gesegent met ryckelicke middelen en inkomsten: stercktt en vult dan onse handen.'[168] Ten spyte van die 'hartstogtelike taal' waarin dit verwoord is,[169] het hierdie oproep geen resultate opgelewer nie; dog in 1722 het die owerheid toestemming gegee om 'n lotery vir die kerk te hou, met 'n totaal van agtduisend lootjies teen 'n riksdaalder stuk.[170]

Latere Suid-Afrikaanse skrywers was geneig om bedenkings oor hierdie besondere ontwikkeling uit te spreek,[171] maar indertyd was dit heeltemal gebruiklik en normaal. Sedert die laat sestiende eeu het Nederlandse owerhede gereeld toestemming gegee vir loterye vir liefdadigheidsdoeleindes, wat dikwels kerklik van aard was,[172] terwyl dit ook gebruik is om geld in te samel vir die vrykoop van seemanne wat deur die berugte Moslemseerowers van Noord-Afrika gevange geneem is.[173] In 1694–95, in die tyd toe Beck nog in Nederland gewoon het, is daar landwyd opspraak verwek deur die sogenaamde 'lotery van Giessenburg', waarin 'n edelman wat dringend geld benodig het 'n verskeidenheid ridderlike landgoedere en voorregte as pryse

6. Henricus en Aletta Beck in Stellenbosch (i)

beskikbaar gestel het;[174] terwyl Fockema Andreae dit het oor 'een rage [*mode*] van loterijen' wat in 1720 in Nederland ontstaan het: 'zij verdween weer, maar de grote Hollandse Staatsloterij, tot een vast instituut geworden, bleef ervan over'.[175] Teen 1789 was loterye aan die Kaap selfs so gewild dat dit amptelik deur die owerheid verbied moes word.[176] Wat kerklike voorbeelde betref, is ook die kerk wat in 1736 in Batavia ingewy is met behulp van inkomste uit 'n lotery betaal.[177]

Selfs besoekende Britse offisiere en koopmanne het lootjies gekoop ten behoewe van die Stellenbosse kerk,[178] en terwyl verdere inligting nie geredelik beskikbaar is nie, lees mens vroeg in 1724 in die Dagregister:

> A commencement made in the presence of a commission of the Court of Justice with the drawing of lots in the lottery set on foot by the Church Council of Stellenbosch for the benefit of the building fund of their church.[179]

Daar is altesaam 3200 lootjies verkoop, en daar was 'n totaal van vierhonderd pryse, van 'n hoofprys van 1000 gulden tot 288 van 12 gulden elk.[180] Die organiseerder, Isaak Scheepers, is later 'uyt erkentenis en tot geheugenis' beloon met 'n graf in die kerk 'voor de groote moeite en sorge die hij aanwent in 't collecteren en diregeren van de lotterij'.[181]

Ook aan die lotery, soos aan soveel ander dinge wat met Beck se bediening in verband staan, kleef daar egter 'n indruk dat alles nie heeltemal pluis was nie. 'Tien jaar nadat dit afgehandel was,' berig Fensham, 'word daar nog van die geld en belangrike stukke van B[eck] in die Kaap geëis.'[182]

Ten spyte van alle finansiële en ander probleme het die bou van die nuwe kerk gevorder; dog die vordering was stadig. Hugo meld dat vyftig of sestig wavragte timmerhout teen die einde van 1717 reeds aangery is, en 'solank opgeslaan in die tuin van ds. Beck se pastorie, waar 'n spesiale loods gebou is om dit teen wind en weer te beskerm'.[183] Eers teen die begin van 1719 kon daar egter verder gegaan word en het die kerkraad besluit om 100 000 stene te laat vorm en bak, 'van 'n vaal modderkleur,' soos Hugo dit beskryf, 'ru gevorm met die duidelike merke van die takbesem waarmee dit in die vorm afgevee is'.[184]

In 1719 kon heemraad Pieter van der Bijl namens die goewerneur die eerste steen van die nuwe gebou lê,[185] op 'n perseel aan die bopunt van die huidige Kerkstraat. Hugo beskryf die eindresultaat as "n simmetriese kruis van 20 voet in die breedte by 73 voet in die lengte (Rynlandse mate) [*ongeveer 6 by 22 meter*]. Derhalwe was dit 'n baie klein kerkie, 'n kruis met stomp arms. Elkeen van die arms het net een venster aan weerskante gehad.'[186] Hoe klein dit op sigself miskien ook was, was dit desondanks vier keer so groot soos die vorige geboutjie uit die pioniersjare. Die mure was twintig voet hoog en die nok van die steil grasdak 38 voet,[187] en daar is 'n verwysing na glas-in-loodvensters,[188] maar tot vroeg in die negentiende eeu sou die gebou 'n grondvloer hê.[189]

Die preekstoel en banke kon in 1721 reeds na die nuwe gebou oorgeplaas word, en die kerkraadsnotule verwys na die plasing van die hoë preekstoel met sy klankbord of 'hemel' in die middel van die agterste arm van die kruis, 'en de banken soo[wel] van d'Hr. Gouverneur, Landdrost en Heemraden als van de krijgsraden op de 4 hoecken binnenwaarts'. In die oop ruimte is die stoele van die vroulike kerkgangers voor die diens deur die koster uitgesit, terwyl daar agter in elke vleuel ses banke vir die manlike kerkgangers geplaas is, skynbaar teenaan die mure, en voorsien van deurtjies wat gesluit kon word.[190]

Meer as 'n jaar later is daar voorts besluit om agt kussings, ses kerkbybels en twee kollektesakkies, 'diaconensakjes met haar beugels en hantstocken', aan te skaf, en om navraag te doen of die 'Edele Heer', naamlik goewerneur De Chavonnes, bereid sou wees om 'n koperstaander vir die kanselbybel te skenk.[191] Na alle waarskynlikheid was dit egter eers vroeg in 1723 dat die nuwe gebou in gebruik geneem is.[192]

In 1725 is daar ten slotte aangeteken dat Beck 'n bedrag van meer as 60 riksdaalders laat oormaak het aan 'n 'meester-glasemaker' in Amsterdam 'voor de geschilderde kerkeglasen',[193] waarmee verwys word na sewentien gebrandskilderde vensterruite met die name en in sommige gevalle ook die werklike of vermeende familiewapens van die gemeentelede wat dit geskenk het.[194] Ook in die nuwe gebou is hoogwaardigheidsbekleërs binne die kerk begrawe, en toe Daniël van der Lith in 1753 oorlede is, het sy boedelinventaris naas die drie plase wat hy teen daardie tyd besit het ook melding gemaak van '1 grafsteede in de kerk tot Stellenbosch volgens erfbrief van den 2 December 1730'.[195]

Daar is verder sprake van 'n 'stinkhoute balk om de klok aan op te doen hangen', en die 'beugel waar 't becken in hangt' verwys vermoedelik ook hierna.[196] Terselfdertyd is daar ook 'n tarief vasgestel vir die lui van die kerkklok met begrafnisse, iets wat hier kennelik nes in Nederland ewe goed as statussimbool beskou is. Dit sou 12 skellings bedra vir een keer, 3 riksdaalders vir twee keer en 5 riksdaalders vir drie, en die koster sou een derde van die bedrag ontvang vir sy moeite.[197] Die klok is egter ook nog altyd vir ander doeleindes gebruik en het dus nog altyd tot struweling gelei, soos by die geleentheid in 1719 toe Beck vanweë 'n defek in die balk waaraan dit hang aan sy 'jongens' of slawe opdrag gee om dit af te haal: 'Toe die bode van de hof vroeg die volgende oggend daar kom om die klok te lui, kry hy dit op die grond, en was verplig om twee slawe te gaan haal dat hulle dit omhoog kon hou terwyl hy dit klep.'[198]

Dit was egter eers onder Beck se opvolger dat kerk en kerkhof van 'n ringmuur voorsien sou word, 'dienende soo[wel] tot cieraad van de kerk als eenigermate [tot] conservatie der doode lichamen op het kerkhof leggende'.[199]

Intussen is die ou parshuisie vir 600 gulden van Jan Botma se weduwee gekoop as woning vir die nuwe sieketrooster, Anthonie Faure, en die kerkraad het vier grafte in die nuwe kerkgebou aan haar toegeken as dank vir die jare lange gebruik daarvan.[200]

6. Henricus en Aletta Beck in Stellenbosch (i)

In 1700 is Jan Mahieu uit Amsterdam,[201] wat die vorige jaar aan die Kaap aangekom het, op Stellenbosch as sieketrooster aangestel en terselfdertyd as sekretaris van Landdros & Heemrade, en is daar 'n versoek ingedien om sy vrou en drie kinders te laat uitkom.[202] Mahieu se vrou is skynbaar egter vroeg reeds oorlede, en teen 1705 was hy getroud met 'n plaaslike meisie wie se lewensloop in die verbygaan aandag verdien.

Johanna Meijhuijsen was die dogter van die Duitser Godfried Meijhuijsen wat danksy die pag vir 'brandewijnen, araq en gedistilleerde wateren' 'n gegoede man geword het.[203] In 1697, toe hy in besit was van 'n huis in die Tafelvallei, 'n plaas in Drakenstein met 'n 'nieuwe woonhuijs' en nege slawe en slavinne, en voorts 'n blanke kneg in diens gehad het, is hy egter skuldig bevind aan die dood van sy slaaf Bastiaan van Kanara ná besonder kwaai kastyding en tot lewenslange dwangarbeid op Robbeneiland veroordeel, waar hy in 1701 oorlede is.

Meijhuijsen se dogter is in 1689 gedoop,[204] sodat sy sewe of agt jaar oud moes gewees het toe hierdie aanranding plaasvind, en wat dit veral noemenswaardig maak, is die feit dat die slaaf Bastiaan, nadat hy aan 'n leer vasgebind is, deur alle lede van die plaasgemeenskap agtereenvolgens met 'n bondel koorde gegesel is, met inbegrip van 'sijn [*Meijhuisen*] vrouw, kinderen en d'andre slaven (uijtgenoomen Claas van Paliacatte, die de ladder ondertusschen vasthield)'—dus ook die kind Johanna.[205] In 'n tydperk wat oor die algemeen deur geweld gekenmerk is, en bowenal in 'n slawemaatskappy waar geweld noodsaaklik was om orde te handhaaf en dikwels handuit kon ruk, was 'n lewensloop soos hare egter geensins uitsonderlik nie.

Johanna se moeder is vroeër reeds oorlede, terwyl haar stiefmoeder in 1698 toestemming gekry het om kosteloos na Nederland terug te keer vanweë haar armoede,[206] en wat hierna van Meijhuisen se drie kinders geword het, is onbekend, alhoewel hul erfporsie nie onaansienlik kan gewees het nie.[207] Wanneer Johanna Meijhuijsen opnuut te voorskyn tree, is dit in Augustus 1705, toe sy sestien moes gewees het, as vrou van die sieketrooster Mahieu op Stellenbosch. In sy dagboek beskryf Adam Tas naamlik hoe hy en sy vrou een middag, 'zeer warm', na Stellenbosch oorgestap het: 'wij quamen ten huizen van den krankenbedroever Mahiu [*sic*] en hoorden, voor de deur zijnde, de vrouw een deuntje quinkeleeren [*vrolik sing*]; in 't huijs komende, vonden we 't vrouwtje alleen thuijs; zij zeijde dat haar man desen morgen na de Caab was gereden'.[208]

Johanna Meijhuijsen is in dieselfde tyd as lidmaat van die gemeente ingeskryf as Aletta Beck, wat 'n maand later aan die Kaap sou aankom,[209] dus moet sy teen hierdie tyd nog jonk getroud gewees het, of anders het sy eers ná haar huwelik belydenis afgelê, wat ook nie ongebruiklik was nie. Dit was vermoedelik met behulp van haar erfporsie dat Mahieu in 1704 reeds die Kolonieshuis in Dorpstraat wat hy ampshalwe bewoon het van die owerheid kon koop:[210] onder moderne skrywers is daar verskil van mening oor die presiese ligging daarvan, alhoewel dit by die kruispunt van die huidige Dorp- en Ryneveldstraat was, net om die hoek van Beck se pastorie.[211] In 1705 kon hy dit voorts bekostig om vir hom 'n eie huis op die dorp te laat bou, op 'n erf in die huidige Dorpstraat wat hy van ds. Van Loon se weduwee gekoop het.[212]

In die Stellenbosse doderegister verskyn 'de vrouw van Jan Mahieu' in 1713, die jaar van die groot pokke-epidemie, toe sy 24 sou gewees het,[213] maar daar bestaan ewe goed 'n boedelinventaris vir 'Johanna Mijhuijsen', wat op 15 Augustus 1716, ná Mahieu se oorplasing na die Tafelvallei, opgestel is.[214] Daar is geen ooglopende verduideliking vir hierdie skynbare teenstrydigheid nie; dog terwyl hierdie dokument geen regstreekse verband met sy lewe op Stellenbosch het nie, illustreer dit die ingetoë gerief wat waarskynlik ook sy gesinslewe hier gekenmerk het: vyftien stoele en sewe stoelkussings, twee tafels en vier klein tafeltjies, twee lessenaars en 'een partijtje boeken' wat aan Mahieu se werksaamhede en sy geleerdheid herinner, 'n ledekant of hemelbed, twee katels met bultsakke of matrasse en kussings, 'n 'kinder kooij', twee kassies, vier eenvoudige kiste, twee spieëltjies, 'n paar skilderytjies, porselein op rakkies teen die mure, en 'een wijnigh keuken gereetschap, als ysere potten, panneties, emmers, etca.', tesame 'een oude slaav en een oude slavin, nevens een kleine jonge'.

Dit was dus in 'n omgewing soortgelyk aan hierdie dat mens jou die singende jong mevrou Mahieu op Stellenbosch moet voorstel; waarby mens in die verbygaan tog graag sou wil weet wat dit was wat sy gesing het.

Vanweë sy dubbele amp in Stellenbosch het Mahieu onvermydelik by allerlei twiste in die plaaslike gemeenskap verwikkeld geraak,[215] des te meer omdat hy landdros Starrenburg tydens die vryburgeragitasie ampshalwe bygestaan het en onder andere by die inhegtenisneming van Adam Tas betrokke was. 'Soo is den secretaris en krankbesoeker Jan Mahieu van [deur] eenige [inwoners] aan Stellenbosch mishandelt,' het ds. Kalden later geskryf, 'die zijn muur met gewelt hebben omver geworpen, zijn vrouw, ten uytersten swanger, met de armen ten huyse uyt gesleept, en andere baldadigheden en geweldenaryen meer',[216] waarskynlik met verwysing na die onreëlmatighede vroeg in 1707, en na 'n muur van Mahieu se nuwe huis wat destyds nog in aanbou was.[217]

Hugo noem dat Mahieu se notule van Landdros & Heemrade ''n model van orde en netheid is in vergelyking met die slordigheid van sy voorgangers';[218] maar hy is in 1711 om onduidelike redes uit hierdie amp ontslaan, nadat hy ongeveer tien jaar lank in dié hoedanigheid diens gedoen het,[219] en opgevolg deur die Duitser Peter Kolb,[220] wat met sy terugkeer na Europa 'n standaardwerk oor die Kaap sou skryf. Dit is interessant dat die Fransman Le Vaillant, wat die Kaap byna sewentig jaar later besoek het, neerhalend oor hierdie werk skryf en die indruk skep dat Kolb 'n ongunstige reputasie nagelaat het:

> Men heeft aan de Kaap het verblijf van deezen man in de volkplanting nog niet vergeeten. Men weet dat hij de stad nooit verlaaten had, en ondertusschen

spreekt hij van alles zoo stellig als een ooggetuige doen zoude. Dit is egter ontwijfelbaar dat hij na tien jaaren verblijfs aldaar, niets gedaan hebbende van hetgeen hem belast was, het gemaklijkste en gereedst vond alle likkebroêrs [*suiplappe*] van de volkplanting bij zig te verzoeken, die, terwijl zij hen fopten en zijnen wijn uitdronken, hem van kroeg tot kroeg zijne gedenkschriften opgaven [*dikteer*], hem elk om het zeerste [*in wedywering met mekaar*] de ongerijmdste bijzonderheden op den mouw spelden en hem kundigheden leerden tot de flesschen ledig waren.[221]

Johannes Mulder, wat intussen opnuut as landdros aangestel is en vir Mahieu se ongemagtigde ontslag en vervanging verantwoordelik was, is in 1712 op sy beurt ontslaan weens 'negligentie en sloffigheijd [*nalatigheid*]'. Onder die klagtes teen hom is daar terloops, veelseggend genoeg, genoem dat toe hy die Kaap besoek, hy hom regstreeks na Henning Hüsing se dorpshuis begewe het en hom eers die volgende aand by die waarnemende goewerneur aangemeld het;[222] 'n verdere klein aanduiding van die gevoelige situasie wat meer as vyf jaar ná die herroeping van Van der Stel nog plaaslik bestaan het.

As sieketrooster of voorleser is Mahieu egter 'n paar keer deur Tas gekritiseer. 'De voorzinger heeft deze reijs [*keer*] droevig langzaam en laag gezongen', teken hy by een geleentheid aan,[223] en noem hom 'in al zijn zaaken, tot spreken incluijs, langwerpig', met ander woorde langdradig;[224] sy deelname aan 'n kerkraadsvergadering 'op een hoogdroevige wijs, zeer veelsprekend of talmagtig',[225] word eweneens vermeld.

Voorts was Mahieu in sy hoedanigheid as voorleser verantwoordelik vir 'n insident wat destyds heelwat opspraak in die gemeente veroorsaak het, en wat nogmaals illustreer hoe onbeheerbaar emosies in die sewentiende en vroeë agttiende eeu was en hoe liggeraak baie mense in die gemeente Stellenbosch.

In 1713 het Mahieu tydens 'n Nagmaaldiens ná die Skriflesing opgemerk, "t Is God geklaagt dat 'er buyten de kerke soodanig gepraat werd alsof er een klapschool gehouden werd', wat die ouderling Dirk Coetzee en oud-ouderling Pieter van der Bijl so persoonlik opgeneem het dat hulle meer as 'n jaar lank van die kerkdiens weggebly het. Hiermee het Mahieu skynbaar op skindery gesinspeel, en mens vermoed dat daar weer allerlei persoonlike griewe en onderlinge spannings by die insident betrokke was, maar die twee betrokkenes het gemeen dat hulle in hul amptelike waardigheid geraak word, en as die kommentaar inderdaad gedurende die diens gelewer is, sou dit die saak natuurlik ernstiger gemaak het.[226] Uiteindelik is die gemoedere tot bedaring gebring deurdat Mahieu aangesê is om 'n verskoning wat deur die kerkraad goedgekeur is voor die gemeente te lees.

Dit was skynbaar in 1714 dat Mahieu na die Kaap oorgeplaas is,[227] waar sy vrou soos hierbo genoem twee jaar later oorlede is, ongeveer 27 jaar oud, en hom met vier minderjarige kinders agtergelaat het: dit is waarskynlik om hierdie rede dat hy in

1718 gevra het dat sy dertienjarige seun as jong matroos op die *Witsburg* aangestel moes word, alhoewel sy naam nie onder die opvarendes voorkom nie.[228]

By die owerheid is Jan Mahieu se betroubaarheid en integriteit klaarblyklik hoog geskat, wat sy persoonlike beperkings ook was, want as deel van goewerneur De Chavonnes se plaaslike hervormings is hy in 1718 as 'opsigter over alle 's Comps. thuijnen' aangestel nadat daar oneerlikheid onder die tuiniers gekonstateer is, met 'n salarisverhoging van 40 na 45 gulden per maand, en sy 'goede ijver' is deur die Politieke Raad geloof.[229] Toe die skoolmeester Lambertus Slicher in 1723 as tweede predikant in die Tafelvallei aangestel is en Mahieu se huis aan hom toegesê is, het Mahieu self reeds 'twee of drie huise' hier besit.[230] Hy is in 1742 oorlede, ná wat alles in ag genome as 'n geslaagde loopbaan beskou moet word.

Hier het mens dus toevallig en in die verbygaan twee representatiewe Kaapse menselewens uit die vroeë agttiende eeu, dié van 'n Nederlandse immigrant en die plaaslik gebore vrou met wie hy getroud is.

Met sy vertrek van Stellenbosch is Mahieu as voorleser opgevolg deur ene Jan Kien,[231] wat hom openlik teen Beck verset het met die verklaring 'dat den predicant de godloosen regtveerdigde en den regtveerdigden verdoemde'.[232] Volgens Biewenga was daar klagtes oor Kien se katkisasieonderrig, en het hy en sy kollega wat in die Kaapse hospitaal diens gedoen het bowendien die reputasie gehad 'zich voortdurend dronken te drinken'; hy haal eietydse berigte oor Kien se optrede tydens 'n Sondagdiens aan waarin die getuies verklaar dat hy 'na haerlieder [*hul*] gedagten meer gedronken hadden als behoorlijk quam te wesen, dewijl onder het prediken verscheijde aenstotelijke movementen [*bewegings*] en gebaerden heefft gemaekt, en dat selffs in 't aengesigte van den leerarende predicant'.[233]

Vroeg in 1715 het Beck vir Kien by die Politieke Raad aangekla,[234] as gevolg waarvan hy dieselfde jaar nog ontslaan is. Hierna het Jacob de Rens enige jare lank as sieketrooster diens gedoen, en mettertyd ook as skoolmeester: daar word verwys na sy optrede 'als voorleeser en -sanger in de kerk, alsmeede in de diaconij en schooldienst aldaar'.[235] Sy aanstelling was vermoedelik in groot mate te danke aan die feit dat die voormalige landdros Johannes Mulder na bewering sy oom was,[236] maar ná onenigheid van onduidelike aard het hy in 1719 gevra om na Nederland te mag terugkeer. In 'n brief aan 'n Kaapse kollega het hy homself jare later beskryf as 'wonderlijk verheugt te mogen hooren dat mijn gering onderwijs wegens de sangkonst nogh van dat gevolgh is [*so geslaagd was*] dat er andere sijn door gestight en onderweesen'.[237] Hy is opgevolg deur Anthonie Faure (Antoine Fauré), 'n gebore Fransman wat in 1714 as soldaat aangekom, as bode van die Weeskamer gedien en in 1718 vryburgerskap aangevra het, en eers hierna is daar op dié gebied weer 'n mate van bestendigheid bereik.[238]

Die derde vaste amptenaar van die kerk in die gemeente naas die predikant en die sieketrooster of voorleser was die koster, wat in die tyd toe Beck die gemeente oorgeneem het 'n jaarlikse 'recognitie' van 12 riksdaalders (36 gulden) uit die 'armen-

6. Henricus en Aletta Beck in Stellenbosch (i)

geld' ontvang het.[239] Sy take en pligte was teen hierdie tyd waarskynlik reeds grotendeels dieselfde soos toe dit in 1723 formeel saamgevat en op skrif gestel is:[240] hy moes naamlik die stoele van die vroulike kerkgangers voor die diens regsit volgens die rang van hul onderskeie mans, waarvoor hy jaarliks 'n riksdaalder per stoel kon vra, die 'Heemraats- en andere banken en vrouwenstoelen' skoon hou en elke week afstof, en grafte grawe. Hiernaas het hy ook nog klerklike take gehad wat skryfvaardigheid geverg het, soos die uitskryf van briefies in verband met huwelik, doop en die 'danksegging van een kraamvrou', 'n herinnering aan die 'kerkgang' wat van die Roomse Kerk oorgeneem is, en by begrafnisse as aanspreker optree. Vir al hierdie dienste was hy geregtig op vasgestelde bedrae as vergoeding.

In die vroeë jare is daar sprake van 'n amptenaar met die naam Dirk Simonsz, wat in 1708 deur ds. Le Boucq as 'n 'dronken koster' beskryf is.[241] Hy het in 1708 na die Kaap verhuis,[242] volgens Hugo 'nadat sy naam genoem was in Crim[ineele] Procesen stukken, 1706–1713 onder 1 November 1708',[243] en is vervang deur Bastiaan Cevaal.[244]

Cevaal word in 1693 as skaapwagter genoem, en later as skoolmeester en kleremaker, en het in 1699–1700 reeds as koster van Stellenbosch gedien. In 1705 het die Kaapse kerkraad vir hom en sy gesin 'n gratis passaat aangevra om na Nederland te kan terugkeer, aangesien hy, 'meest siekelyk synde', sy gesin nie as kleremaker kon onderhou nie; maar in Nederland het dit klaarblyklik nie beter gegaan nie. In 1707 het hy as soldaat teruggekeer na die Kaap waar hy opnuut as leenkneg uitgehuur is, maar in die volgende jaar reeds is hy as koster en skoolmeester aangestel in Simonsz se plek, en op dringende versoek van ds. Beck toegelaat om in Stellenbosch as onderwyser op te tree,[245] 'na behoorlicke dienst en vlijt belooft te hebben',[246] net toestemming om die portaal van die kerkgeboutjie as skoolruimte te gebruik.

In Cevaal se aanstelling word verwys na 'den goeden ijver van den Eerwe. Pred[ikan]t Henricus Beck om aldaar een vast schoolmeester te hebben',[247] maar hierdie ywer is waarskynlik geaktiveer deur een van die vele klagtes wat in 1707 deur ds. Le Boucq aan die Politieke Raad voorgelê is, in die loop waarvan hy vra 'dat den crankbesoeker van Stellenbosch magh geordonneert [aangesê] werden school te houden, dewijl [aangesien] de jeugd aldaar als int wilt opwast [opgroei] by manquement [gebrek] van dien'.[248] Hierdie kritiek is uitgespreek nadat Beck reeds drie jaar lank verantwoordelikheid vir die gemeente gedra het.

Cevaal het betreklik lank diens gedoen, maar in 1716 is hy op eie versoek ontslaan en 'vermits zijn onvermogen' toegelaat om in sy vorige rang in diens van die Kompanjie na Nederland terug te keer, waar sy gesin klaarblyklik intussen agtergebly het:[249] 'Being married in Holland, he wishes to return thither on private affairs.'[250] In 1718 het hy egter vir 'n derde keer uitgekom na die Kaap, en tot 1725 was hy as lidmaat van die gemeente Drakenstein aangeteken en as privaat skoolmeester in daardie distrik werksaam,[251] 'n goeie voorbeeld van die sukkelbestaan wat in die vroeë agttiende eeu nog altyd algemeen was.

Nadat Cevaal in 1716 ontslag geneem het, het Landdros & Heemraade op eie gesag ene Pieter van der Schilden of Schelden as sy opvolger benoem, 'dat door het openstaan van die functie geen inconveniënten [*ongerief*] mogten comen te ontstaan', waarop Beck volgens hulle geweier het om die aanstelling te erken of die sleutels aan hom oor te dra, en die kostersdiens 'door sijn kleermaker en andere' laat verrig het:[252] in 'n voetnoot noem Hoge dat Beck 'die kostersdiens een Sondag deur sy kleremaker en die volgende dag deur 'n slaaf laat waarneem het'.[253] Die Politieke Raad het die plaaslike owerheid bondig laat weet om hulle nie met die 'kerkelijke bedieningen' te bemoei nie.[254]

Terwyl hierdie insidentele inligting oor vroeë kerklike ampsdraers op sigself miskien nie van besondere belang is nie, toon dit nogtans grafies die swak gehalte van die mans wat in die beginjare dikwels by gebrek aan alternatief aangestel moes word, asook die gedurige toutrekkery en wedywering tussen Landdros & Heemrade aan die een kant en die kerkraad aan die ander, met die volgehoue poging van eersgenoemdes om hul gesag in die gemeenskap te handhaaf, selfs al het dit by geleentheid botsings met die Politieke Raad veroorsaak.

Soos alle ander werknemers van die VOC het Beck 'n vyfjaarkontrak aangegaan wat met sy aankoms by sy bestemming in werking getree het en gevolglik in April 1707 beëindig is. Dit was egter juis in die bewoë en onsekere tyd van Van der Stel se terugroeping, en eers in Augustus 1708 is hierdie kwessie aanhangig gemaak, sy kontrak hernuwe en sy traktement van 90 na 100 gulden per maand verhoog.[255] 'n Latere versoek om verhoogde emolumente soortgelyk aan dié van die predikant in die Tafelvallei is egter afgewys.[256] Omstreeks 1713 is Beck se kontrak vermoedelik weer hernuwe en sy traktement nogmaals verhoog.[257]

Die Duitser Kolb, wat in 1711–13 in Stellenbosch gewoon het en dus genoeg kans gehad het om Beck van naby te leer ken, in elk geval as predikant, skryf dat hy

> wegens zyne onaangename wyse van prediken weinig toehoorders had, aangezien hy dikwyls de gantsche week aan de Kaap doorbragt, en eerst zaterdag avond t'huis quam, en nogtans den volgenden dag, hoewel genoegaam stamelende, predikte.[258]

Een van hierdie besoeke aan die Kaap is terloops in die dagboek van Adam Tas vasgelê waar hy beskryf hoe hy in die winter van 1705 met die besoekende sieketrooster Simonis oorgestap het na Pieter van der Bijl op die buurplaas Vredenburg, 'alwaar de heer Bek ook quam. Denselven was van meening om mede na de Caab te rijden, zijnde Mr. van der Heijden met Do[minee] [*sieketrooster*] Simonis met de paardewagen desen voormiddag weggereeden en de hr. Bek te paard.'[259]

Skynbaar het Beck se skoonvader, Samuel Elsevier, met sy vertrek na Nederland in 1708 nie net sy plaas voorlopig behou nie, maar ook sy huis en slawe in die

6. Henricus en Aletta Beck in Stellenbosch (i)

Tafelvallei, wat alles onder sy saakgelastigde I.J. Lamotius geressorteer het, en het Beck tydens sy besoeke hier tuisgegaan. Daar bestaan in elk geval 'n rekord van 'n geleentheid in 1710 toe hy om eenuur die oggend, op pad terug van die Kaap, in verontwaardigde toestand op Elsenburg opgedaag het, moontlik onderweg na sy eie nabygeleë plaas Kromme Rhee. Toevallig was sy swaer, landdros De Meurs, en oudlanddros Mulder ook hier, en die nogal heftige woordewisseling wat plaasgevind het, het eweneens in die rekords bewaar gebly.

'Ik heb aan de Caab geweest,' het Beck verklaar,

> alwaar ik komende alles toegesloten vond. Waarop gen[oemde] Lamotius antwoorde, Ik heb van u komst niet geweeten en hebbe de bottelarij [*voorraadkamer*] en een camer(?) open gelaten, ik kon alles voor de slaven niet open laten. Waarop genoemde predicant Beck in grote heftigheid uijtborst, seggende, Gij doet het huijs van mijn Papa affronten [*beledigings*] aan, en ik, die de soon in huijs ben, sal daar all[es] voor opengesloten sijn.[260]

Hierop het hy 'met seer bitse woorde' en 'calumnieuse [*beledigende*] woorde' verder teenoor die bejaarde Lamotius uitgevaar; 'Soodanig dat den E. Land-drost de Meurs voor[noem]t den gemelten S[ieu]r Mulder versogt om den meergenoemde predicant Beck te willen tot bedaren brengen en ter neder setten, daar gent. Mulder op antwoorde, Gij bent er de naaste toe, want gij sijt sijn swager.'

Vir sover mens iets van hierdie effens onduidelike episode en uit die regstaal van die verklaring kan aflei, is dit natuurlik moontlik dat Beck beskonke was, wat in die agttiende eeu geensins ongebruiklik was nie, alhoewel dit in 'n predikant seker nie goedgekeur sou gewees het nie. In elk geval maak hy hier, waar mens hom in 'n volkome wêreldse konteks sien, 'n opvlieënde, liggeraakte en buierige indruk.

Die verdere inligting wat oor sy optrede en persoonlikheid te make het, staan in verband met sy handelinge as predikant, en is hoofsaaklik afkomstig uit die eietydse dagboekaantekeninge van Adam Tas, 'n lid van sy gemeente. Hier vind mens vroeg reeds 'n kritiese noot in die inskrywing waarvolgens Beck van die kansel afgekondig het 'dat de menschen aanstaande Sondag wat vroeg moesten school, ik meen te kerk komen'.[261] 'Met hierdie pragtige klein satiriese panorthosis of selfkorreksie teken Tas die skoolmeesteragtige aard van ds. Beck se optrede ten voete uit,' merk Hugo verruk hierby op.[262]

Elders is Tas se kritiek egter eksplisiet, en het dit spesifiek met Beck se preekstyl te make: 'Hij talmde seer droevig en bleef er verscheide maalen bijna in steeken';[263] 'hij talmde weder niet wijnig';[264] 'Hij talmde zoo wat heen op den ouden trant.'[265] Dit is wel die oordeel van 'n enkele waarnemer, dog mens onthou dat Kolb eweneens opmerk dat Beck 'genoegzaam stamelende predikte'.[266] Dui dit op 'n intellektuele of 'n spraakgebrek; en sou dit miskien verduidelik waarom hy in Nederland geen beroep kon kry nie?

Ewe min as wat daar vandag nog oor Beck se preekstyl geoordeel kan word, kan daar oor die inhoud van sy preke 'n oordeel gevel word, aangesien geen tekste sover bekend bewaar gebly het nie. Die enkele briewe van sy hand wat nog gevind is, word egter gekenmerk deur 'n omslagtigheid en moeisame uitdrukkingswyse wat goed genoeg by bostaande kritiek aansluit.[267]

Aangaande Tas se houding teenoor sy predikant soos dit in sy dagboek vasgelê is, moet daar in alle billikheid teenoor Beck egter gewys word op die baie abrupte verandering in die manier waarop daar oor hom geskryf is. In die herhaalde verwysings na Beck in die vroeë gedeelte van die dagboek (sestien om presies te wees) word daar steeds oor 'de Heer Bek' geskryf, met uitsondering van die een geleentheid toe Tas hom krities uitgelaat het oor Beck se skoolmeesteragtige manier van optrede, waarby hy dit oor 'den kerkredenaar' en 'den preeker' gehad het.[268] Op 11 Desember 1705 word die predikant egter baie skielik 'pater Bek', en hierna kom hy steeds in hierdie vorm voor of met 'n soortgelyke omskrywing soos 'de paap', 'den preeker' of 'den preekmaker'.

In sekere mate kan dit natuurlik aan Tas se gebruiklike luimige of gemaak-luimige styl toegeskryf word, en dit sal nog blyk dat Willem van Putten, Beck se vriend en reisgenoot na die warmbad in 1709, in dieselfde luimige trant na hom verwys as 'den Theologant' en 'den Pater'.[269] Ook die werkwoord 'leeraarde', wat Tas ewe goed in verband met Beck gebruik, hoef nie noodwendig negatief of neerhalend vertolk te word nie: die Stellenbosse kerkraad het die Klassis Amsterdam byvoorbeeld in 1730 meegedeel dat Lambertus Slicher ná Beck se vertrek een keer per maand by hulle 'geleeraart' het.[270]

Met alle toelatings hiervoor is die verandering van toon en woordkeuse in Tas se dagboekinskrywings egter tog baie skielik, en dit is konsekwent volgehou: selfs in 'n verslag van die kerkraadsvergadering wat Tas vroeg in 1706 as nuwe diaken bygewoon het, verskyn Beck bloot as 'de preekmaker' en 'de paap', alhoewel daar formeel en korrek na die ander deelnemers verwys word as 'Mr. [*monseigneur*] van der Bijl', 'Mr. Grevenbroek' en 'Mr. Muller'.[271]

Daarby is dit ook opvallend dat terwyl Tas hom vroeg reeds uitgelaat het oor Beck se sogenaamde 'skoolmeesteragtige aard' en oor sy versuim om op Drakenstein te gaan preek, hierdie nuwe toon gepaard gaan met skerper en meer geïrriteerde inskrywings oor sy manier van optrede wat vanaf 17 Januarie 1706 in die dagboek begin verskyn. Dit was dus juis in die tyd toe die klagskrif teen die goewerneur gestalte gekry en die antagonisme in die plaaslike gemeenskap begin uitkristalliseer het dat hierdie volgehoue negatiewe toon oor die predikant hoorbaar geword het. Bes moontlik was die kritiek heeltemal regverdig op sigself, maar die uiting daarvan is ook deur newefaktore beïnvloed.

Wat moderne skrywers oor die onderwerp betref: 'Herhaaldelike klagtes oor ds. Beck se gemaksug en pligsversuim kom van soveel verskillende kante dat dit wel gegrond moet gewees het,' is Hugo se opsomming.[272] Spesifiek het Hugo kritiek op

6. Henricus en Aletta Beck in Stellenbosch (i)

die 'bedroewend klein' aantal lidmate in Beck se tyd. 'In die jare 1704 en 1705 is nie 'n enkele nuwe lidmaat aangeneem nie; in 1706 was daar darem drie; in 1707 een; in 1708 ses.'[273] Dit is nie seker dat daar volgens die norme van die tyd van Beck verwag is om aktief in hierdie verband op te tree nie; dog wat in elk geval hieruit blyk, is dat daar tydens sy bediening geen sterk aantrekkingskrag van die kerk in Stellenbosch uitgegaan het nie.

Fensham wys daarop dat Beck nagelaat het 'om die tug in die gemeente streng te handhaaf. In die twee-en-twintig jaar van sy bediening op Stellenbosch laat hy niemand onder sensuur plaas nie, wat ongehoord was vir so 'n sedelose tyd';[274] veral maak dit 'n sterk kontras uit met die kragdadige optrede van sy onmiddellike voorganger, Van Loon.[275] ''n Mens sou seker ver moet gaan om kerkboeke met 'n minder kerklike inslag te vind as die resolusies van die Stellenbosse kerkraad gedurende die twee-en-twintig jaar van ds. Henricus Beck se bediening, 1704 tot 1726,' oordeel Hugo nog strenger, en vergelyk Beck in hierdie opsig ook ongunstig met sy onmiddellike opvolger. 'Nie een enkele maal gedurende daardie kwarteeu het die kerkraad enige aspek van die geestelike lewe van die gemeente bespreek nie. Geen enkele besluit rakende die onrusbarende sedelike toestand van die gemeente— ons weet dat dit onrusbarend was—is ooit geneem nie.'[276]

Mens dink ook aan die lang en moeilik verklaarbare gesloer met die herbou van die kerk nadat dit afgebrand het, en aan die feit dat Beck skynbaar niks omtrent die gebrek aan onderwys gedoen het totdat hy deur Le Boucq se kritiek aangespoor is nie, asook die misnoeë wat die owerheid oor die gebrekkige katkisering op Stellenbosch uitgespreek het.

Laasgenoemde het aan die lig gekom nadat goewerneur De Chavonnes in 1714 die bewind oorgeneem en op verskeie terreine hervormings ingevoer het, wat onder andere gelei het tot 'n 'ordre en reglement' en 'n nuwe uniform vir die plaaslike garnisoen,[277] 'n skoolorde,[278] en selfs 'n 'reglementje' vir die Kompanjie se Slawelosie.[279] As onderdeel hiervan het hy aan die Stellenbosse landdros geskryf om vas te stel wat die toestand in verband met katkisasie in die gemeente is, en aan die hand van die antwoord wat ontvang is, het die sekretaris van die Politieke Raad vroeg die volgende jaar vir Beck geskryf om daarop te wys

> dat de jeugt onder de Gereformeerde kerk aldaar gehoorende in den tijd van ses jaaren niet en is gecatheciseert nog te separate [afsonderlike] bijeenkomst in den Godsdienst onderweesen, een zaak regt gantsch niet paralelliseer[en]de [in ooreenstemming] met de pligt nogh instructie der Heeren predikanten.[280]

Beck is dus aangesê om katkisasieklasse op vaste tye op Sondae en een keer gedurende die week in te stel, en sy verontskuldigings in 'n verdere brief drie weke later is as 'vrij onvoldoende' afgemaak.[281]

Volgens Fensham se opsommende oordeel 'lyk dit tog of daar veel geskort het aan die warmte en geestelike ywer van die gemeente',[282] terwyl Geyer meer algemeen verwys na sy 'ongelukkige slag (…) om hom ongewild te maak en om in moeilikheid te kom'.[283] En in 1963 som Hugo hom teen die einde van sy bediening ten slotte op, moontlik 'n bietjie willekeurig, as "'n ongelukkige man, vroeg oud geword, eensaam in die pastorie terwyl sy vrou in Holland woon, ongelukkig en ontuis onder die inwoners van Stellenbosch, en uitsiende na die dag wanneer hy na elders verplaas sou word'.[284]

Met alle toelatings vir die bestaande onenigheid in die gemeente en onder die koloniste van Stellenbosch en Drakenstein oor die algemeen, waarvan ook Beck die slagoffer geword het, is die algehele indruk tog dat hy as predikant ontoereikend was; en sover mens aan die hand van die beskikbare getuienis kan oordeel, maak hy ook as persoon geen sterk indruk nie. Dit is seker nie billik om in die omstandighede 'n oordeel te probeer vel nie, en trouens is daar ná driehonderd jaar seker ook geen noodsaak meer om dit te doen nie. As mens die poging nogtans wil waag, is die tentatiewe slotsom dat Beck waarskynlik min aan sy persoonlike gawes, persoonlikheid of prestasies te danke gehad het. Vermoedelik was dit ook net danksy die aansien wat sy posisie onder die VOC hom in die plaaslike samelewing gegee het en die voordelige huwelik wat hy aangegaan het dat hy selfs die beperkte en betreklike materiële welslae bereik het wat hy 'n halfeeu lank hier mog geniet. Met inagneming van dit alles het die aankomeling uit Arnhem dus tog betreklik ver gevorder, al was dit uitsluitlik in 'n wêreldse konteks.

Terwyl ds. Van Loon en sy gesin gedurende sy diensty as predikant woonagtig was in die Kolonieshuis op die noordoostelike hoek van die huidige Dorp- en Ryneveldstraat, naby die drosdy,[285] het Beck sy intrek geneem in die gerieflikeer geleë Kolonieshuis op die suidwestelike hoek van Kerk- en Ryneveldstraat,[286] vlak oorkant die groot kerkerf, en dit sou hom 22 jaar lank as pastorie dien, aangesien dit nie deur die brand van 1710 geraak is nie. Volgens Hugo het sy drie onmiddellike opvolgers dieselfde huis bewoon, en is 'n nuwe pastorie in Dorpstraat eers in 1753 aangeskaf.[287]

Dit is dus in hierdie huis dat Beck se opvolger ds. Willem van Gendt in 1744 oorlede is, wat volgens die boedelinventaris toe bestaan het uit 'n 'voorhuijs', wat onder andere twee tafels, twee stoele en 'n kis bevat het, 'n 'groote voorcamer' met onder andere vyftien stoele, 'n 'voorcamer ter 's linkerhand' met min meubels, 'n 'binnecamer' en 'n 'agtercamer' elkeen met 'n hemelbed, en 'n 'combuijs'.[288]

Toe ds. Eduard Arentsz vyf jaar later in dieselfde huis oorlede is, is die indeling in die boedelinventaris aangegee as 'n 'voorhuijs', wat slegs vier stoele en 'n koperkan en skottel bevat het, naas 'n 'camer aan de regter hand', 'n 'camer aan de 's linkerhand', 'studeerkamer', 'kleijne agtercamer', 'bottelarije' of spens, en 'combuijs'.[289] Die 'kleijne agtercamer' was groot genoeg om 'n hemelbed, vier stoele en 'n 'leedige

6. Henricus en Aletta Beck in Stellenbosch (i)

vijf voets kist' te kan herberg. In albei gevalle het mens kennelik dus te make met drie kamers op 'n ry aan die voorkant van die huis, waarvan dié regs van die ingang die grootste was, en twee bykomende vertrekke, naas 'n kombuis, wat almal vermoedelik agter aangebou was.

In die Van Gendts se tyd was daar in die 'groote voorcamer' twee 'schuijfgordijnen', en drie in die kamer op linkerhand; by die Arentsze was daar twee 'blauwe gordijnen' in die kamer op regterhand, en twee 'witte gordijnen' in dié op linkerhand. Dit sou as aanduiding van die aantal vensters in die onderskeie vertrekke kan dien, maar dit is nie bekend of dit om verdeelde gordyne in pare of enkele onverdeelde gordyne gaan nie. Volgens Fitchett het albei die ander Kolonieshuise waarskynlik egter simmetriese fasades gehad,[290] wat hier ook die geval kan gewees het, en hy noem dat al drie met kalk afgewit was.[291] Vanselfsprekend het hulle al drie ook die destyds gebruiklike steil grasdakke gehad.

Fitchett verstrek nadere besonderhede van die sogenaamde 'Kolonieshuis 3' op die hoek van Ryneveld- en Dorpstraat wat volgens hom as Van Loon se pastorie gedien het.[292] Hy beskryf dit as 'n hoekhuis met drie vertrekke, wat vroeg in 1710 met 'n vierde vertrek vergroot is: die binnemate van die voorste gedeelte is oorspronklik in die spesifikasies aangegee as elf en tien meter lank en vyf meter diep met mure 3,5 meter hoog (hier alles as afgeronde mate aangegee),[293] en tien kosyne is genoem, 'which probably included both doors and windows'.[294] Die resultaat ná die vergroting was drie kamers op 'n ry aan die voorkant (Ryneveldstraat), met 'n aangeboude vertrek aan die agterkant, en Fitchett noem die moontlikheid dat slegs die voorste gedeelte 'n staandak gehad het en die agterste met 'n skut- of platdak bedek was.

Wat spesifiek Beck se latere pastorie betref, meld Fitchett dat dit in 1701 vergroot is met 'n kamer van ongeveer 7,5 by 5,5 meter en drie meter hoog, en in 1709 met 'n kombuis van 6 by 4,5 meter (alles afgerond);[295] Hattingh noem die betrokkenheid van die plaaslike karweier Pieter Willemsz, 'n vry gekleurde, by laasgenoemde werksaamhede.

> In Mei 1709 is uit die algemene rekening 'n bedrag van ƒ46:8 aan hom uitbetaal vir die 25 vragte messelkalk wat hy teen 24 stuiwers per vrag (ƒ37:8) en twee vragte ronde klippe en 'n vrag riet (ƒ9)—alles ter opbou van die pastorie in Stellenbosch—aangery het.[296]

Van Stade toon die pastorie op sy panorama in 1710 as 'n L-vormige gebou met 'n staandak, maar dit is moontlik dat dit deur latere aanbouings 'n U-vormige plan gekry het: in 1721 is daar in elk geval verwys na 'n aangeboude gedeelte, eweneens onder 'n skut- of platdak.[297]

Dit is egter onduidelik watter veranderings daar tussen Beck se tyd en dié van die boedelinventarisse van sy opvolgers aangebring is, en al wat met sekerheid omtrent

Beck se pastorie gesê kan word, is dat daar in sy tyd 'n kamer was wat so groot was dat die kerkdienste van die klein gemeente onmiddellik ná die brand van 1710 hier gehou kon word, en dat Beck self 'n eie studeerkamer gehad het, want Hugo haal 'n brief uit 1719 aan wat 'Stellenbos uyt mijn studeerkamer' gedateer is.[298] Mens sou graag meer oor hierdie vertrek wil weet; maar terwyl geen vaste inligting beskikbaar is aan die hand waarvan dit herkonstrueer sou kan word nie, is 'n benadering egter wel moontlik as mens bereid is om 'n taamlik wilde sprong oor 'n tydperk van twintig of dertig jaar te waag na die boedelinventarisse van Beck se twee opvolgers wat hierbo genoem is.

Willem van Gendt[299] was 'n skrywer van meerdere teologiese werke wat in 1738 as middeljarige wewenaar met sy kinders na die Kaap gekom het, waar hy predikant van Stellenbosch geword het, met 'n plaaslike vrou getroud is en binne enkele jare oorlede is. In die 'agtercamer' van die pastorie wat in sy tyd volgens die inhoud as studeerkamer fungeer het, was daar naas 'n hemelbed onder andere 'n 'partij boeken', 'n tin-inkkoker, 'n tabakdoos van lood, 'n paar sakpistooltjies, twee ou 'houwers' of degens, '1 doos met 2 paruijken' en '2 paruijke bollen' of pruikstaanders.

Van Gendt se onmiddellike opvolger, Eduard Arentsz,[300] was 'n jonger man wat in 1747 met sy gesin na die Kaap uitgekom het en binne twee jaar op ongeveer 36-jarige leeftyd oorlede is. Die inhoud van sy studeerkamer, wat in die boedelinventaris spesifiek met hierdie naam aangedui is, was soos volg:

>1 ledikant [*hemelbed*] met een rood damast behangsel
>1 leedige lessenaer
>1 blauw linne gordijn
>1 verlakt theeblaadje
>1 schrijflei en een kapstock [*muurrakkie*]
>2 snaphaans
>1 pr. pistoolen
>1 partheij boeken in soort [*ongesorteer*]
>2 houte tobaksdoosen met lood bekleed
>1 lood [*doos?*] met eenige lb. [*pond*] Varinas tobak
>1 kruijthoorn met wat kruijt
>4 gemene [*gewone*] stoele
>1 kelder [*bottelhouer*] met eenige leedige flessen
>4 blikke trommels
>1 leedige vijfvoets kist[301]

Beddens kon aan die Kaap in die agttiende eeu nog in alle vertrekke gevind word, nes in Nederland gedurende die vorige eeu. Gordyne het eers teen die begin van die eeu ingang in modieuse Kaapse huise gevind, en kom met hul 'roeijen' of gordynstokke en koperringe in hierdie tyd ook in inventarisse voor; by een geleentheid is daar selfs vermelding van '18 silvere gardijn ringe weegen[de] 4¼ loot'.[302] Aanvanklik was gordyne onverdeeld, sodat die vermelding van een gordyn op 'n enkele venster dui, soos hier klaarblyklik nog die geval was. Wat die vuurwapens betref, was die besit daarvan sedert die beginjare noodsaaklik as beskerming teen roofdiere, vyandiggesinde Khoikhoi en blanke drosters, rondlopers en rowers, en selfs teen die middel van die agtiende eeu kennelik nog altyd onontbeerlik. En ten slotte was die skeepskis dié wat alle immigrante na die Kaap saamgebring het en wat hier lank nog as sit- en bergmeubel gebruik is: as nuwe aankomelinge het die Arentsze twee in hul besit gehad.

Verdere items in ds. Arentsz se pastorie wat in hierdie verband miskien nog genoem kan word, is veertien boeke skryfpapier, drie skeermesse, en 'n skeerbekken van Japanse porselein.

By die bespreking van Beck se opvolgers gaan dit natuurlik om 'n latere tydperk en 'n volgende generasie, alhoewel mens seker met redelike veiligheid kan aanneem dat veranderings van lewenstyl in hierdie gegoede en konserwatiewe kringe nie talryk of dramaties van aard sou gewees het nie. Dit is egter slegs bedoel as benaderings en omskrywings, in 'n poging om gestalte te gee aan die pastorie in Kerkstraat waar Beck agttien maande lank alleen saam met sy suster gewoon het, en Aletta Beck ná sy huwelik vroeg in 1707 nog byna drie jaar lank ingewoon het by hom en sy vrou.

Hoe die beskikbare ruimte in die Becks se tyd presies benut is, is onbekend, maar by die beoordeling daarvan moet daar van moderne standaarde en voorkeure afgesien word, want die sewentiende en agtiende eeu het geen besondere waarde aan privaatheid geheg nie, en 'n groot deel van elke individu se lewe is in die openbaar deurgebring, of in elk geval in die gedurige geselskap van familie, huisgenote en vriende. Ook is die besit van 'n privaat ruimte nie belangrik geag nie, en mense het onbesorgd kamers en selfs beddens gedeel, terwyl elke vertrek in 'n huis na behoefte heeltemal willekeurig as woon-, eet-, onthaal- en slaapruimte benut kon word, soos deur die alomteenwoordigheid van beddens en tafelgerei in die boedelinventarisse getoon word. Slegs die voorbereiding van kos is in die meeste gevalle so gou doenlik na 'n afsonderlike kookruimte uitgeskuif.

Kolb, wat ná die brand in Stellenbosch gewoon het, beskryf Beck se pastorie, nie sonder 'n sekere bitsigheid nie, as 'n huis

> waarin hy zeer vergenoegt leven kan; aangezien dezelve niet alleen in 't dorp zelf, dicht by de kerk, staat, maar dezelve is ook tamelyk ruim, zoo dat hy zyn letter-oeffeningen stil voortzetten kan; behalven dat hy eenen tuin achter dezelve heeft die met eenen muur omheint is, waarin hy onder de bomen wandelen en godvruchtige gedachten hebben, of zich met den aangenamen zang der vogels verlustigen kan.[303]

Volgens die Van Stade-panorama lyk dit asof die tuin agter die huis tot Dorpstraat deurgeloop het, en was die erf daaragter in elk geval nie bebou nie; dog ná Beck se vertrek het Landdros & Heemrade en die kerkraad in 'n versoek aan die Politieke Raad genoem dat daar geen grond aan die pastorie verbonde was wat as groentetuin benut sou kan word nie.[304]

Wat meer spesifiek die inrigting van die pastorie in Beck se tyd betref, is daar wel 'n rekord van die aankope wat hy en sy vrou in 1708 gedoen het op die vendusie ná die dood van ene Johannes Elsevier, wat sover bekend geen familie van Beck se vrou of sy skoonvader was nie. Dit was klaarblyklik 'n deftige geleentheid, waar die vroue van die welgestelde Adam Tas en Pieter van der Bijl onder die kopers was, en die aankope van Beck se vrou het bestaan uit drie spoelkomme, 'n ketel, teeketel, 'doorslag' of vergiettes en strykyster wat alles van koper was,[305] en twee ysterkettings (waarskynlik herdkettings waaraan ketels oor die vuur opgehang is), terwyl Beck 'n draagkelder met vyftien bottels en 'n halfaam wyn gekoop het.[306] Toe die besittings van 'n opseilende op pad terug van Batavia die volgende jaar verkoop is, het mevrou Beck weer twee Japanse botterpotjies aangeskaf;[307] en verdere aankope op vendusies wat iets van die lewenstyl in die Stellenbosse pastorie weergee, is 'n kis met koperbeslag,[308] en '6 ps. porselijne leewetjies',[309] waarby dit gaan om die Chinese 'hondjies van Fo', wat 'leeutjies' genoem is en in hierdie tyd gewilde ornamente was.[310]

Albei Stellenbosse predikantspare wie se boedelinventarisse hierbo aangehaal is, het in later jare silwerwerk, porselein, veerbeddens en linne besit, en in albei gevalle was hulle klaarblyklik gegoede mense wie se huise gerieflik ingerig was. Meer relevante inligting oor die styl waarin die bekleër van 'n openbare amp in die dorpie in Beck se tyd geleef het, kan egter verkry word uit die boedelinventaris wat opgestel is nadat die nuwe landdros, Dominicus Blesius, seun van die voormalige fiskaal, teen die einde van 1713 as jonggetroude man oorlede is.[311] Volgens die hoeveelheid silwerware wat hy besit het, waaronder 'n skinkbord, twaalf lepels en twaalf vurke, was hy 'n welgestelde man, en die 24 stoele, 'n honderd wyn- en bierglase, tien trek- of teepotte en ses tee- en koffieserviese gee 'n verdere aanduiding van die skaal waarop die jong landdros onthaal het, as dit ten minste nie as handelsartikels vertolk moet word nie. Twee pruikbolle, 'n porseleinskeerbekken en 'n silwerdegen is op hul eie manier ook evokatiewe items.

Die Van Gendts was in die tyd dat hulle die pastorie bewoon het in besit van drie slawemans, twee slavinne en drie kinders, 'n sjaret (ligte rytuig) en vyf perde, terwyl daar 'Over Berg' nog ses perde en sestien beeste was, vermoedelik deel van mevrou Van Gendt se Kaapse erfenis. Na alle waarskynlikheid het Beck en sy vrou hierin nie van hulle verskil nie.

Hierdie verspreide gegewens kan egter aangevul word deur die heelwat meer uitgebreide inligting wat beskikbaar is oor mevrou Beck se tante, Johanna of Anna Elsevier.

6. Henricus en Aletta Beck in Stellenbosch (i)

Met die vertrek van Samuel Elsevier in 1708 het sy suster Johanna, wat op hierdie tydstip 47 jaar oud was,[312] om onbekende redes verkies om aan die Kaap agter te bly, moontlik omdat haar gesondheid nie goed was nie, want sy is die volgende jaar reeds oorlede. Aangesien sy met haar dood in besit was van 210 skape kry mens die indruk dat sy ekonomies selfstandig was, maar die uitgebreide lys goedere wat hierna verkoop is en wat in opgetekende vorm altesaam dertien bladsye beslaan,[313] noem geen grond, slawe of kombuisgerei nie, en dit is dus moontlik dat die skape op Elsenburg geloop en sy self by iemand ingewoon het.

Dit gaan hier klaarblyklik om 'n welgestelde vrou, maar haar goedere is lukraak en verward van die hand gesit en in die vendulys opgeteken, met geen ordenende element soos die kamerindeling van 'n boedelinventaris om met die vertolking van die inligting te help nie. Terwyl die formidabele hoeveelhede porselein, silwer, kledingstowwe en klerasie wat sy nagelaat het volgens Kaapse standaarde miskien nog aanvaarbaar kon wees vir 'n deftige vrou wat baie onthaal, wek die groot hoeveelhede waarin items soos botterpotjies of trekpotte (teepotjies) voorkom egter agterdog, om van die kinderklere te swyg. Mens vermoed dus dat sy handel gedryf het, soos byna elkeen aan die Kaap, en meer spesifiek in tafelgerei, vroue- en kinderklere en bykomstighede soos handskoene en waaiers, veral vir 'n betreklik gegoede en elegante publiek. Hierin sou sy ooreengekom het met die voormalige kassier Henricus Munckerus en sy vrou.[314]

Dit lyk dus waarskynlik dat Johanna Elsevier in die Tafelvallei gewoon het, waarskynlik in haar broer se dorpshuis, wat hy ná sy terugkeer na Nederland nes sy plaas voorlopig aangehou het.[315]

Afgesien van klerasie, sierade en silwerware is die enigste persoonlike besittings wat in Johanna Elsevier se nalatenskap vermeld word, en waaruit mens iets sou kan aflei van haar eie lewenstyl en sodoende ook dié van haar niggie, Beck se vrou, die enkele items wat heel aan die end saam opgenoem word, saam met die skape: 'n hemelbed met behangsel van soesies ('n syagtige, gestreepte Oosterse stof), 'n 'vaderlandse' bed oftewel 'n matras uit Nederland, kopkussings, 'n bolster en 'n wolkombers, 'n stoel, 'n kabinetjie, 'n kas, 'n ebbehoutkis, 'n spieël, 'n paar boeke, 'n leë draagkelder, en '1 porsselijne waterpot'.

Meer ter sake is hier egter die items wat Beck en sy vrou vir hulself aangeskaf het op die twee vendusies van Johanna Elsevier se goedere in Desember waarby die senior amptenare en hul eggenotes mekaar saam met enkele meer gegoede vryburgers verdring het soos op die vendusie ná die dood van Christina Does ses jaar terug. Hier het die egpaar Beck op taamlik uitgebreide skaal gekoop: 'n sisbedsprei, twee 'slaeplakens' van 'Vaderlandse' linne, ses stoelkussings oorgetrek met sajet ('n Europese wolstof), 'n tafelspieël, 'n Nuwe Testamentjie met 'n goue slot, 'n destyds algemene statusimbool wat vir kerkbesoek gebruik is, silwerkandelare, 'n silwerkerssnuiter en -snuiterbak, 'n kan met 'n silwerdeksel, 'n ivoorvysel en -stamper, trekpotjies, botterpotjies (waaronder 'n 'Japanse booterpot vergult') en porselein-oliekannetjies. Ten slotte was daar twaalf tintafelborde, wat herinner aan die feit dat tin tot taamlik diep in die agttiende eeu nog gebruik is voordat dit algemeen deur die meer modieuse porselein vervang is. Met die dood van landdros Blesius in 1713 het hierdie jong egpaar se eetservies skynbaar nog uit die ouderwetse tin bestaan het, terwyl die eweneens welgestelde maar reeds middeljarige Adam Tas met sy dood in 1722 naas 24 tafelborde van porselein nog altyd 37 tinborde in sy huis gehad.[316]

Wat klere en kledingstowwe betref, het mevrou Beck se aankope bestaan uit stukke fyn Guinese linne, sis en fyn moeris (blou katoenstof), drie paar syhandskoene, 'n fontange (die destyds modieuse hoë hooftooisel), 'n sykaper of -sluier, twee 'lobbens' (krae of mansjette), 'n 'neusdoek', 'n 'cabaij' of tabberd, en 'n onvoltooide borsrok.

Die verkope is opgeteken soos hulle plaasgevind het, en mens kry die indruk dat die vendusie uitgerek en vermoeiend was en dat Beck sy vrou teen die einde daarvan afgelos het. Die spieël en kabinetjie is naamlik onder sy naam opgeteken, asook die twee boeke, die laaste item op die baie lang lys, wat miskien onverkoop oorgebly het. Die vendusie het altesaam byna 2000 riksdaalders opgelewer.

In dieselfde tyd het Beck ook van die Weesmeesters 'n aantal bemakings uit die boedel ontvang: 'n tassie met 'n goue knip ('een tas met een goude beugel en sijn tuig') vir sy vrou, twee poeierdose, twee klereborsels, drie haarborseltjies en 'n speldebakkie, alles van silwer, vir sy skoonsuster Samiela Jacoba Elsevier, wat saam met haar vader na Nederland teruggekeer het, en 'n silwertafelkomfoor vir die weduwee van ds. Van Loon.[317] Die poeierdose was bedoel vir die haarpoeier waarmee die deftige manspruike en vrouekapsels van die tyd bepoeier is.

Franken noem sonder nadere besonderhede of datums dat Beck se vrou aan haar suster Samiela Jacoba Elsevier 'n aantal sierade bemaak het wat verder help om 'n benaderde idee van die egpaar Beck se lewenstyl en welvaart te gee: ''t snoer paerlen, een kerk bijbeltje met goud beslaagen, een reuk balletje met goude haak en tuijgh, en een snoer braseletten [armbande] met groene steenen en goude coraelen [krale] tesamen gereegen'.[318] Dit is statussimbole soos wat in hierdie tyd onder die gegoede inwoners van die Kaap gebruiklik was, en wat mens sou verwag om in die besit van die sekunde se dogter te vind,

Dit was waarskynlik aan Beck se vrou te danke, en meer spesifiek as gevolg van erfenisse wat sy van gegoede familielede gekry het, dat die Becks so stylvol kon lewe, want in sy skuldboek is daar in hierdie tyd ewe goed melding van geld wat verskuldig was uit die boedel van 'Moey [tante] Sara Jacoba Six van Chandelier', wat in 1703 in Isfahan oorlede is waar haar man die VOC as direkteur van Persië (Iran) gedien het.[319] Toe hy aan die einde van hul huwelik in sy skuldboek rekenskap gee van 'penninge die mijn vrou Joh. Constantia Elsevier in den boedel ingebragt heeft', was dit meestal in die vorm van erfenisse, en het dit oor die jare 1708–19 'n totaal van byna 24 000 gulden (8000 riksdaalders) beloop.[320]

Wat die lewenstyl van Beck en sy vrou betref, moet daar, afgesien van die feit dat sy die dogter van die voormalige sekunde was en 'n deel van haar jeug in die Ooste deurgebring het, ook in gedagte gehou word dat predikante aan die Kaap soos reeds genoem is onder die senior amptenare gereken is, en dat uiterlike vertoon onder sowel amptenare as vryburgers in 'n vroeë stadium reeds opvallend begin word het. Hierin is die Kaap na alle waarskynlikheid sterk beïnvloed deur wat in koloniale kringe in die Ooste gebruiklik was, besonderlik in Batavia. Wat die posisie daar was, kan aangedui word deur chronologies 'n effense sprong te maak na 1739, toe die Bataviase kerkraad die Here XVII daarvan probeer oortuig het dat die traktement van sy predikante ontoereikend is.[321]

Hier moet mens natuurlik versigtig wees, want 'n vergelyking tussen die Kaap en die Ooste, die gehuggie Stellenbosch en die internasionale koloniale stad Batavia, en die egpaar Beck en predikante van 'n generasie later kan nie sonder meer gemaak word nie. Wat hier ter sake is, is egter nie soseer die bedrae wat genoem is nie as 'n lewenstyl wat, alles in ag genome, in breë trekke en na verhouding waarskynlik tog soortgelyk en vergelykbaar was.

Hoe dan ook, in die geval van 'n Bataviase pastoriepaar is hul jaarlikse uitgawes op net oor die 1300 riksdaalders beraam, waarvan 150 riksdaalders vir klere vir sowel die man as die vrou bereken is, 300 riksdaalders vir die huishouding, 100 riksdaalders vir 'bier, wijn en verdere vaderl[andsche] provisiën' (in 'n noot nader omskrywe as 'brandewijn, jenever, pijpen, toback, glasen, kaas, ham, rookvlees'), 50 riksdaalders vir bed- en tafellinne, tafeldoeke en kussings vir die stoele en banke, en 51 riksdaalders vir die barbier wat die man geskeer het, die pruikmaker en die wassers. Ten slotte is tien slawe nodig geag vir 'n Bataviase huishouding in hierdie kategorie, 'voor kleding en onderhoud dags elk gerekend op 2 stuijvers, bedraagt in 't jaar Rds.150'. 'De intrest van 800 Rds. capitael voor 10 slaven, ½ cento per maand; voor drossen en sterven der slaven' is op 48 riksdalers beraam.[322]

In beginsel sou dit moontlik wees om Beck se lewe tot op 'n sekere hoogte te herkonstrueer deur sy verdere aankope op vendusies oor die jare na te gaan, soos nog gedoen sal word vir sy suster in 'n latere tydperk in haar lewe. So het 'd'heer Beck' in 1718 byvoorbeeld '1 stuk bruijn droguet, 1 stuk swart laken, 4 stel groote knoopen en 4 st. camisools knoopen [met] de koort' gekoop, waarvoor hy altesaam die aansienlike bedrag van 50 riksdaalders betaal het.[323] Hierdie aankope is wat mens van 'n predikant sou verwag ('droguet' of droget was 'n halfwolstof wat onder andere vir roukleding gebruik is), maar in later jare kan mens nooit heeltemal seker wees dat sulke inskrywings wel na hom verwys nie, eerder as na een van twee Duitse broers met dieselfde naam wat omstreeks 1720 in die plaaslike gemeenskap op die voorgrond begin tree het. Bowendien is dit vanweë die uiteenlopende maniere waarop daar na hom verwys is moeilik om 'n rekenaarsoektog uit te voer, terwyl 'n soektog op 'bek', die manier waarop sy naam gewoonlik geskryf is, letterlik honderde bekers en skeerbekkens oplewer. Dit is dus nodig om aan die hand van ander boedelinventarisse en vendurolle uit sy tyd te improviseer.

Beck se eie kleding sou natuurlik bepaal gewees het deur sy status as predikant, maar mens kan 'n aanduiding kry van wat dit waarskynlik behels het uit dit wat te koop aangebied is op die boedelveiling ná die dood van Jan Meyndertsz Cruywagen, 'n gegoede ouerige man, in 1728:

> 2 lakense mansrocken en 2 lakense camisools, 1 swart damast camisool, 4 lakense broeken, 1 gecattoeneerde moorse rok, 1 groene waak rock, 15 hemdrocken, 10 p[aa]r mans koussen, 22 mans hemden, 28 dassen, 28 witte en 12 bonte neusdoeken, en 2 pr. swarte mans handschoenen.[324]

Die 'rok' was die destyds modieuse lang baadjie, die kamisool 'n lang onderbaadjie, die 'moorse rok' 'n gevoerde kamerjas, die waakrok 'n gevoerde jas van geoliede linne, en die hemprok 'n kort werksbaadjie.

Wat betref vroueklere was die verskeidenheid in hierdie tyd veel groter en die kleding van 'n spesifieke vrou dus in veel groter mate afhanklik van persoonlike smaak en voorkeur. Sover dit Beck se vrou betref, kan daar as algemene aanduiding egter verwys word na ene Margareta Blauwpaert, wie se sosiale status aan die Kaap onduidelik is, maar wat klaarblyklik 'n uiters modieuse vrou was. Met haar dood in 1713 was sy in besit van nege 'cabaijen' en sewe 'rocken', waarmee waarskynlik die destyds modieuse oor- en onderrokke onderskeidelik bedoel is, meestal van Oosterse sis, maar in enkele gevalle van stamyn, 'n growwe Europese wolstof, asook 'n paar sykouse, drie paar handskoene, drie kornetmusse, en lint en stroke vir 'n verdere mus.[325] As voorbeeld uit die hoë amptenaarskringe waarin 'n predikant se vrou beweeg het, kan mens egter verwys na Maria Lanij, skoonsuster van die nuwe goewerneur, Maurits Pasques de Chavonnes, wat in 1715 van Nederland uitgekom het. Toe sy dieselfde jaar nog oorlede is, het sy 'n nog groter verskeidenheid kabaaie en rokke nagelaat, naas 'n tabberd van swart damas, veertien 'hemden' (frokkies), agt paar wit kouse, 33 sakdoeke, sewe trekmussies, twee kapers of los sluiers, en twee paar swart handskoene.[326]

Vanselfsprekend het Beck ook nog altyd slawe besit en verhandel, alhoewel die totaal nie bekend is nie; dog vir 'n betreklik kort tydjie ná sy huwelik is ons verbasend goed oor sy transaksies ingelig danksy twee bladsye in sy skuldboek wat hieraan gewy is, albei met die gebruiklik opskrif 'Looft God'. Die krediet-inskrywings begin in 1710, maar is nie verder gedateer nie, terwyl die debiet-inskrywings oor die jare 1710–16 loop, en albei word hier woordeliks weergegee, met alle pryse in riksdaalders (aan die Kaap het die riksdaalder aan 3 gulden gelykgestaan).

Cassa credit

Wegens de slavin Diana 46 rds, do. [*dieselfde*] de slaav Aaron, 90, beide van mijn vrouw

Wegens Marise, 70
Sara gestorven
Maij Jubse gestorven[327]
Corilon aan Pfeil verkogt à 130 rds
Antonij verkogt aan ditto à 100 rds
Jan van Baly, Caatje slavin,
dese beide sijn bij [deur] mijn vrouw gekoosen voor haar

Cassa debet

Over een gekogte slaaf gent. Titus à 65 rds
Over een slavin Marise à 60 rds
over een slavin van Oom Vander Duijn, Sara à 50 rds
over de slavin Jubse van Papa à 30 rds
Wegens de slaav Corilon à 65 rds
wegens Jan Baly à 82 rds
—Prins van Bengale rds 55
—Housaar à 130 rds
—Elias à 70 rds
—Siphron à 110 rds
—Caatje à 110 rds
—Adam van de Cust [75 rds][328]

'Jubse van Papa' sou 'n slavin van Beck se skoonvader Samuel Elsevier kon gewees het, na wie hy gewoonlik as 'Papa' verwys het: in sy skuldboek verskyn daar ook inskrywings vir 'd'Heer Papa Elsevier'.[329]

'Pfeil' was die chirurgyn en heemraad Daniël Pfeil (soms ook Pheil), 'n Sweed wat in 1711 getroud is met 'Anna Maria Six van Chandelier in Bengale', soos sy nogal enigmaties in die genealogie aangedui word.[330] Dit moet gaan om 'n eie niggie van Beck se vrou, wat aan die Kaap agtergebly het op pad terug uit die Ooste met haar vader, en ná haar huwelik met Pfeil het hulle op Samuel Elsevier se plaas Elsenburg kom woon;[331] in sy skuldboek verwys Beck dan ook na 'Neev Pfeil'.[332] Die eerste van die egpaar se tien kinders is in 1717 gedoop.[333]

'Oom Vander Duijn', ten slotte, was na alle waarskynlikheid Adam van der Duijn, wat in die Ooste tot kommandeur van Malabar in Indië gevorder het in diens van die VOC, maar in 1709 afgetree en hierna na Nederland teruggekeer het.[334] Ná die dood van sy eerste vrou in 1702 is hy naamlik getroud met 'n suster van Johannes Mulder, die voormalige landdros van Stellenbosch,[335] terwyl 'n verdere suster die tweede vrou was van Beck se skoonvader, Samuel Elsevier. Mens kan aanneem dat Van der Duijn tydens sy oponthoud aan die Kaap kontak opgeneem het met sy swaer Mulder en met Beck en sy vrou, en klaarblyklik ook 'n slavin van die hand gesit het wat hy uit Batavia saamgebring het.

Hierdie toevallige verwysings na Pfeil en Van der Duijn in Beck se skuldboek, en die besonderhede oor hul onderskeie huwelike, herinner opnuut aan die talle onderlinge verbintenisse tussen amptenare van die VOC, asook die feit dat familieverwantskappe in hierdie tyd ernstig opgeneem is, al was dit maar net aangetroud, en wedersydse verantwoordelikhede en verpligtings opgelê het.

Die inskrywings gee verder die indruk dat Beck oor die tydperk van ongeveer sewe jaar wat daardeur gedek word twaalf slawe aangekoop en drie verkoop het, en dat twee oorlede is, terwyl sy vrou in besit was van vier slawe, van wie twee verkoop is. Vir 'n egpaar sonder kinders was dit 'n betreklik groot aantal, veral in hierdie vroeë jare. Dit verteenwoordig egter nie Beck se totale slawebesit nie, want volgens Shell se lys slawetransaksies, wat klaarblyklik ook nie volledig is nie, het hy twee van die vyf slawe gekoop wat die voormalige direkteur-generaal Abraham Douglas vroeg in 1716 op pad terug na Nederland met die retoervloot hier van die hand gesit het: Housaar van Boegies vir 55 riksdaalders, en Marion van Malabar vir 100 riksdaalders.[336]

Ten slotte meld dieselfde bron dat Beck vir hom Sambo van Madagaskar aangeskaf het toe die weduwee van goewerneur De Chavonnes ná laasgenoemde se dood in 1724 en haar eie terugkeer na Nederland nie minder as 25 slawe van die hand gesit het nie.[337]

Voorts het Beck ampshalwe 'n slaaf van die Kompanjie in diens gehad, en in 1724 is daar in die rekords korrespondensie oor 'sekere jonge gen[aem]t Marcus', wat hom so ernstig met 'n snaphaan beseer het dat sy regterhand afgesit moes word en hy kort daarna oorlede is.[338]

Ten slotte moes Beck vir sy 'omrydings' in die gemeente uiteraard een of meer perde besit, en in 1720 kon hy 'n 'fraije bruijne hengst' vir 70 riksdaalders aan die owerheid verkoop vir aanteeldoeleindes.[339]

Terwyl Beck die plaas Kromme Rhee in 1711 van die hand gesit het,[340] verskyn daar in sy skuldboek vier jaar later die interessante inskrywing 'Hendrik Beck en Daniel Pfeil in compagnie: den 1e October wegens de twe gekogte plaatsen Hoogstede en Brandenburgh, en dat ter somme in drie egale pajen [*paaiemente*], 9125 [gulden]'; in verband hiermee het Beck en Pfeil aansienlike bedrae geld geleen by die amptenare Johannes Swellengrebel en Jan de la Fontaine, wat op hierdie tydstip albei lede van die Politieke Raad was.[341] Waarskynlik was dit ook in verband hiermee dat Beck in 1712 op die vendusie van die weduwee Beeletje Frederiksz vir hom teen 12 riksdaalders 'n koperdistilleerketel aangeskaf het.[342]

Die plase was in die huidige Agter-Paarl geleë, en Pfeil word oor die tydperk 1715–20 as eienaar aangegee, waarna albei deur Theunis Botha oorgeneem is,[343] veelseggend genoeg juis in die jaar toe Beck sy finansiële sake vanweë sy vrou se vertrek na Nederland in oënskou moes neem. Aan die hand van die geredelik beskikbare gegewens is niks meer egter oor hierdie gesamentlike onderneming vasgestel nie.

Met verwysing na die leningsplase wat Pfeil kort hierna in die Sederberge verder na die noorde sou verkry, beskryf Mitchell hom as 'n 'prominent and wealthy burgher'.

> His Cedarberg farms Zeekoe Valleij (1726) and Brakkefontein (1727) were undoubtedly grazing land and not residential locations. According to the opgaaf, or census, in 1725 his primary residence was in the Cape district, where he lived with his wife, three daughters, a knecht (in this case, an overseer), 36 slaves, 16 horses, 100 head of cattle, 400 sheep, and 40 pigs. His farm produced wine, wheat, and barley. On a Stellenbosch district farm he kept an additional 100 cattle and 400 sheep. Two years later his primary farm was still in the Cape district, and he was blessed now with another daughter, three more knechten, fewer horses, more pigs, and no other livestock. He claimed 100 cattle and 200 sheep at a secondary farm in Voor Stellenbosch. He pastured more cattle at Brakkefontein. Pfeil had other loan farms in the 1720s in Tulbagh and Elsenberg [sic], suggesting that he acquired grazing land when and where it was convenient.[344]

Dit was, nogmaals, die kringe waarin die predikant Henricus Beck beweeg het.

Die noukeurige ontleding van Beck se skuldboek, waarin hy oor die tydperk 1708–54, dus van net ná sy huwelik tot kort voor sy dood, sy vernaamste finansiële transaksies opgeteken het, sou ongetwyfeld verdere lig kan werp op sowel sy eie lewe en sy vroeë boerdery as die lewe van sy tyd,[345] maar vir die huidige doel kan volstaan word deur te noem dat hy betreklik gereeld geld uitgeleen het teen rente. Op sigself was dit glad nie ongebruiklik aan die Kaap nie, waar die ekonomie grotendeels deur middel van lenings, voorskotte en skuld aan die gang gehou is, soos in feitlik elke boedelinventaris vasgestel kan word: die groot afrekening het normaalweg elke jaar ná die winsgewende oponthoud van die retoervloot plaasgevind.

Dat amptenare van die Kompanjie, en ook predikante, hierby betrokke was, was soos baie ander dinge in die Kaapse samelewing volgens Oosterse presedent. Soos Habiboe in sy biografie van ds. Valentijn skryf:

> De meerderheid van de Europeanen op Ambon leende geld uit aan de Ambonezen tegen een rentepercentage van circa vijftig procent, De lening liep veelal over een periode van enkele maanden en werd vaak [dikwels] ingekleed als een voorschot op de komende specerijoogst, een oud gebruik. De predikant kon tevens een goed voorbeeld nemen aan de opperchirurgijn van kasteel Victoria, die geld uitleende tegen een hoge rente en handel dreef door middel van de

hem afhankelijke chirurgijns op de buitenposten. Onder zulke omstandigheden kon Valentijn eenvoudig geld uitzetten via zijn schoolmeesters.[346]

Die vernaamste verskil aan die Kaap was dat geld hier meestal aan vryburgers uitgeleen is, en dat die rente meer beskeie was: vyf of ses persent was die gebruiklike rentekoers, hoewel Beck soms van renteheffing afgesien het, soos toe hy in 1729 die bedrag van 200 gulden geleen het aan Hermanus Bosman, 'krankbesoeker' van Drakenstein.

Oor Beck se sosiale lewe toe hy as vrygesel die pastorie op Stellenbosch bewoon het en omstreeks die tyd toe sy suster by hom aangesluit het, is daar verspreide maar interessante gegewens in die dagboek van Adam Tas, wat byvoorbeeld 'n besoek aan die huis van die sieketrooster Mahieu beskryf, 'alwaar de Hr. Bek was', en waar hulle al geselsend vertoef het 'onder 't smooken van een pijp tabak':[347] 'moedertje van den Brink quam ook daar,' voeg hy by, met verwysing na Jannetje van Heyningen, weduwee van Barend Brink van die plaas Oude Molen aan die buitewyke van die dorpie.[348]

By 'n ander geleentheid het Tas saam met die besoekende sieketrooster Joannes Simonis oorgestap om vir Mahieu te besoek:

hij was niet thuijs, maar in de vergadering van landdrost en heemraden. De Hr. Bek was daar in huijs bij juffrw. Mahieu en de oudste dogter van der hr. van der Lit. De heer Bek nam ons mede in huijs, alwaar men aan 't keuvelen [*gesels*] geraakten, onder 't drinken van coffij en 't smooken en een pijpje dampkruijd.[349]

Geertruyt Elisabeth van der Lith,[350] die oudste dogter van die gesin wat Beck se voormalige plaas Koelenhof oorgeneem het, was ongeveer ewe oud as die jong mevrou Mahieu,[351] en by 'n latere geleentheid het Tas haar net voor die Sondagdiens ook hier aangetref.[352]

By 'n derde geleentheid, toe Tas en sy vrou saam by die jong mevrou Mahieu gaan kuier, weer eens in die afwesigheid van haar man, noem hy opnuut die verskyning van die predikant, 'met wien [ik] eenige pijpen tabak hebben gesmookt'.[353]

'Sy moet 'n opgeruimde en aangename geaardheid gehad het,' skryf Hugo oor die jong mevrou Mahieu, 'anders sou die jong vrygesel-predikant-buurman Beck nie so gereeld by sy voorleser aan huis gekom het nie';[354] wat bes moontlik waar is, alhoewel die 'jong predikant' teen hierdie tyd al vroeg in die veertig was. Daarby moet egter ook in gedagte gehou word dat Mahieu met sy tweeledige amp onder die min mense op die dorpie was met wie iemand in Beck se posisie op sosiale vlak kon omgaan; soos trouens ook getoon word deur die kontak wat die weduwee Van Loon ná haar man se dood met die Mahieus behou het, en die feit dat sy aan die einde van 1707 as doopgetuie van hul seuntjie opgetree het,[355] wat terloops Hercules genoem is na haar man.[356] Ook vir die deftige Van der Liths sou die egpaar Mahieu in die besondere omstandighede waarin hulle hul in die jong kolonie bevind het, nie onvanpaste kennisse gewees het nie.

Afgesien van die sieketrooster en sy vrou was die enigste inwoners van die dorpie met wie die predikant gevoeglik kon omgaan waarskynlik die landdros, aanvanklik Pieter Robbertsz,[357] wat in 1705 opgevolg is deur Johannes Starrenburg. Hierdie twee mans was al twee Duitsers van geboorte, alhoewel albei met plaaslike vroue getroud was en geboer het: dit is egter moontlik dat Starrenburg se vrou, Johanna Victor, sosiaal onaanvaarbaar was nadat sy enige jare tevore vir laster gestraf is, wat in hierdie tyd as 'onterend' beskou is, en dat sy in haar huis in die Tafelvallei gewoon het en hom nie na Stellenbosch gevolg het nie.[358] Haar stiefseun Wessel Pretorius sou egter 'n aktiewe rol speel in die agitasie teen die goewerneur.[359]

Adam Tas het ook besoek afgelê by die pastorie, 'ten huijze van de Hr. Bek, alwaar [ik] eenige pijpjes met smookkruijd hebbe verbrand en een glaasje sek [*droë Spaanse wyn*] à twee tusschenbeijden gedronken',[360] terwyl Beck op sy beurt die egpaar Tas besoek het op hul plaas, wat binne gerieflike loopafstand van die dorpie was.

> Des namiddags quam t'onsen huijze de Hr. Bek, de Hr. Stamhorst en Mr. Mahieu; gem[elde] Stamhorst is een soon van den Amsterdamschen Dr. Stamhorst; de vrinden zaten hier een wijl en keuvelden [*gesels*]. Zij bleven des avonds bij ons ten eeten; na den eeten was men, onder 't dampen van een pijpje met smookkruijd, met zoete samenkoutingen [*gesprekke*] nog bezig tot de vrunden eindelijk vertrocken.[361]

Hierdie aantekening dagteken, soos die meeste ander in dieselfde verband, uit die winter van 1705; dog in dié minsame omgang het daar verandering begin kom nadat die gemoedere onder die vryburgers teen die einde van die jaar gaande begin raak teen die owerheid. Toe Beck die egpaar Tas aan die einde van Desember 1705 na die Nagmaalviering kom nooi, dus in die tyd toe die klagskrif teen die goewerneur reeds in die vooruitsig gestel was, teken Tas aan: 'Hij maakte zijn aanspraak vrij wat corter als voor deesen. Nadat hij een pijp tabak à twee gesmookt en eenige glaasjes wijn hadde gedronken, is hij gaan stappen [*vertrek*].'[362]

Die volgende maand, toe daar ywerig handtekeninge vir die klagskrif versamel is, was dit nog moontlik vir Tas om op die dorp met Beck en Starrenburg 'eenige pijpjes smookkruijd' te rook, 'onder 't drincken van verscheide roemers [*glase*] wijn',[363] terwyl Beck te perd op Libertas verskyn het met 'n besoekende skipper, 'die nadat se eenige pijpjes tabak gerookt, een glaasje wijn gedronken en wat gekeuvelt [*gesels*] hadden, met elkanderen zijn vertrokken'.[364] In dieselfde tyd is daar ook nog 'n karba wyn en 'n geskenk van vis van Libertas oorgestuur na die pastorie.[365]

Hierby moet natuurlik in gedagte gehou word dat Tas juis in hierdie tyd diaken geword het,[366] en 'n sekere formele kontak tussen hom en die predikant dus onvermydelik was, ongeag hul persoonlike gevoelens. Mens kry egter die indruk dat die koms van die retoervloot in Februarie 1706, met die haastige opstel van die goewerneur se getuigskrif in reaksie op die burgers se klagskrif, tot openlike skeuring en konfrontasie in die gemeenskap gelei het. Op 18 Februarie teken Tas aan dat Starrenburg die plaaslike vryburger Hans Conterman 'ten huijse van den preeker Bek' oor die klagskrif ondervra het, en hiermee word Starrenburg onmiddellik 'de schoft Landdrost', terwyl hy in die volgende inskrywing as 'den Landdrost Beelzebub' verskyn.[367] Teenoor Beck sou die vyandigheid nie veel minder gewees het nie.

Terwyl Beck as gevolg van die agitasie teen die goewerneur vermoedelik vir korter of langer tyd 'n aansienlike deel van sy werklike of potensiële vriendekring onder die vryburgers verloor het, het sy bande met lede van die hoër amptenary vanselfsprekend behoue gebly, soos in onverwagte en welkome detail geïllustreer word deur 'n verslag van 'n reis na die warmbad in die Overberg (die huidige Caledon) wat hy in Desember 1709 saam met sy vrou en suster en 'n aantal vriende onderneem het.[368] Dit verskaf seldsame persoonlike en informele inligting, en dit kan bowendien aangevul word uit die verslag van 'n soortgelyke tog deur kommissaris Govert Cnoll uit Batavia baie kort daarna.[369]

Solank W.A. van der Stel op Vergelegen in Hottentots-Holland geboer het, is die Overberg anderkant die Hottentots-Hollandberge deur sy veeposte in beslag geneem, maar onmiddellik ná sy val het koloniste met hul veetroppe hier begin intrek. Die heemraad Ferdinand Appel, wat 'n prominente rol in die agitasie gespeel het, by die groot veerooftog van 1702 betrokke was, en 'n leningsplaas naby die huidige Caledon ontvang het, het in 1709 bowendien twaalf morg grond by die plaaslike warmbron gekry met toestemming om dit te eksploiteer ten behoewe van diegene wat dit wou besoek.[370] Dit het gou reeds mense aangetrek, in eerste instansie natuurlik plaaslike inwoners, maar hiernaas ook besoekers van oorsee.

Dit was in November 1709 dat kaptein Adolph Joan van der Laan uit Batavia na die Kaap oorgeplaas is as hoof van die garnisoen en lid van die Politieke Raad,[371] en vermoedelik was hy of sy vrou ongesteld, want die volgende maand het hulle reeds na die warmbad vertrek. Hul reisgenoot was sy kollega Willem van Putten,[372] wat sedert sy aankoms aan die Kaap in 1697 as korporaal vinnig opgang gemaak het en naas lidmaatskap van die Politieke Raad verskeie ampte beklee het, met die rang van Onderkoopman.

Van Putten was, soos heelwat ander amptenare, 'n ontwikkelde man, en voordat die vryburgeragitasie onderlinge verhoudings aan die Kaap vertroebel het, het Adam Tas hom boeke en tydskrifte geleen,[373] maar soos soveel andere amptenare het hy hom tydens die agitasie by 'n seksie van die vryburgers ongewild gemaak. Hul vernaamste klagte het skynbaar gespruit uit die wyse waarop hy as amptenaar die goewerneur bygestaan het; dog hulle gee terloops ook 'n lewendige beeld van sy beweerde uitbarsting teen die agitators: 'Thans begon het bloed in het kleine lighaam van de Heer van Putten door overtollig gal aan 't koken te geraken, nu spoog hy vuur en vlam uit, slaande met de hand op de tafel.'[374] Volgens die skeepschirurgyn Abraham Bógaert, die vryburgers se ywerige en partydige ondersteuner, was hy 'van aart bars, verwaant en bitter, en gehouden voor een der grootste opruiers en raadgevers van den Gouverneur'.[375] Hierdie verslae sou moontlik as partydig beskou kan word, maar interessant genoeg beskryf 'n kollega, die regsgeleerde Nicolaas Oortmans, Van Putten in dieselfde tyd in 'n brief aan die Here XVII as

> een man van kennis, als hij 't gebruijke wilde, dog sijn passie & oplopentheidt niet meester, & daarom des te gevaarlijker, wandt ten quade overslaande, is het list & geweldt die bij de hand genomen werden om staande te bleiven.[376]

Michael Ley, 'n Switser van herkoms, wat een van die vier vryburgers was wat in 1705 die vleiskontrak van W.A. van der Stel gekry het, sou die geselskap as 'wegwijser' dien, vermoedelik omdat hy ervaring gehad het van veeruiltogte in die gebied. Aan die einde van 1705 het hy ook 'n kwart van die wynpag bekom, en hom by 'n gedeelte van die vryburgers sodoende nog verder ongewild gemaak. Dit is hy na wie Adam Tas in sy dagboek neerhalend verwys as 'Michel de Switsersche beenhakker',[377] terwyl Bogaert ewe neerhalend verklaar dat hy Van der Stel in die tyd toe hy hierdie gunste bekom het 'nu al drie jaren (...) als makelaar in schapen gedient had'.[378] In die *Contra-deductie* van die vryburgers verskyn hy as die goewerneur se 'na dato [*agterna*] gewordene volmagt en dapperen voorvegter'.[379]

Volgens Van Putten se joernaal van die uitstappie het hy, die Van der Laans en Ley met 'n 'ligte rijtuig getrocken van 6 frisse paarden' uit die Kaap vertrek, en by De Kuilen 'n middagmaal genuttig. Op Paarl Vallei in Hottentots-Holland, die plaas van die oudgoewerneur se broer, Frans van der Stel, wat saam met hom na Nederland teruggeroep is, het hulle vervolgens hul reisgenote ontmoet, 'den Stellenbossche predikant do. Beck, sijn Eerw. huijsvrouw en suster de bruijd', 'n verwysing na die feit dat Aletta Beck kort hierna in die huwelik sou tree. Die groepie het naas Ley dus skynbaar uit ses mense bestaan, en hier soos elders sien mens dat diegene met wie Beck op sosiale vlak omgegaan het oorwegend hoër amptenare van Nederlandse oorsprong was, of lede, soos Ley, van die groep wat as ondersteuners van die voormalige goewerneur beskou is. Die verdeeldheid wat die agitasie in die Kaapse samelewing tot stand gebring het, was diep en langdurig.

Die geselskap het die eerste nag by 'Piet Snap' deurgebring, 'n koringplaas wat deur W.A. van der Stel indertyd by Vergelegen gevoeg is,[380] waar die tent wat vir hul oornagting opgeslaan is oor die dames ineengestort het. Die volgende dag het hulle so ver moontlik met hul rytuig teen die Hottentots-Hollandberge uitgery, waarna hulle die tog te perd voortgesit het en die laaste deel, 'een halv' uur klouterens', noodgedwonge te voet. Valentijn het dit, vermoedelik van hoorsê, oor 'een steenagtigen en zeer gevaarlyken weg na die Africaansche warme baden'.[381] Die 'bagagie en wagens' is teen die steilte uitgedra, 'n onderwerp waaraan die verslag nie veel aandag skenk nie: dit is vermoedelik gedoen deur slawe wat die reisigers met hulle saamgebring het, en kommissaris Cnoll beskryf hoe 'de reijtuijgen en bagasie, door de ossen getrocken, onder 't behulp van slaven en Hottentots' aan die einde van sy eie besoek weer by die berg af vervoer is.[382]

Oor die Palmiet- en die Botterrivier (Botrivier) het hulle die volgende dag die warmbad bereik, waar hulle tien dae in tente sou deurbring, een waarvan nog 'n keer oor die dames inmekaargesak het, en oordag gebaai het in slote wat hulle deur hul slawe en Khoikhoi laat grawe het om vol te loop met warm water uit die bron. Luimig beskryf Van Putten hoe net hul koppe bo die water uitgesteek het, gehul in 'n verskeidenheid kopbedekkings, waaronder Beck met 'n 'servette muts op 't hoofd'.

Terwyl die Khoikhoi in die onmiddellike omgewing van Hottentots-Holland, hoofsaaklik lede van die Chainokwa-stam, nog selfstandig was en hul tradisionele kultuur geniet het, was hulle teen hierdie tyd reeds sestig jaar lank in aanraking met die blankes gewees en het hulle gereeld besoek van amptelike ruilekspedisies ontvang, sodat Cnoll kon opmerk 'dat men bij geen een Hottentot quam of vonden hem genoegsaam in de Hollandse taal geverseert [vaardig]'.[383]

Op 'n oorgeblewe pos van Van der Stel waar 'n kneg en 'n slaaf nog van die goewerneur se vee opgepas het, is die geselskap met soetmelk, seekoeispek en heuningbier getrakteer, terwyl hulle deur blankes voorsien is van 'n 'vers geschoten bontebok', 'n haas en hoenders. Khoikhoi uit die omgewing het hulle in ruil vir 'n span tabak soveel melk en heuning gebring soos wat hulle verlang het, 'als in 't Land van Canaan', 'melk soo vet als room', 'in haare potten en calabassen tot in onse tente'.

Wat die natuurlewe in hierdie feitlik nog ongerepte streek betref, berig Van Putten oor 'wilde hartebeesten die sig bij troppen van 50, 100 en meer aan ons van verre vertoonden'; 'bonte wilde bokken sagen wij continueel met geheelen troppen,' het Cnoll net ná hulle vollediger opgeteken,

> patrijsen en vesante in abbondantje [menigte], hartebeesten en rheebocken nu en dan, den wolf [hiëna] zat meede [ook] niet stille om ons in den nagt zomwijlen sijn naar geluijt te doen hooren; leeuwen en tijgers [luiperds] waaren hier ook niet verre vandaan, want drie van de trekpaarden wierden gedurende ons aanwesen op seekeren nagt door dat gedierte aangevallen en also [sodoende] swaarlijk gequest.[384]

Alles in ag genome, was dit seker die nááste wat Aletta Beck in Afrika nog ervaar het van die idilliese pastorale lewe waarvan sy en haar digtende vriende in Arnhem eens gedroom het; dog die Overberg is reeds vir die blankes opgestel en hierdie ongereptheid sou nie meer lank duur nie. Die wild sou onverbiddelik deur blanke jagters uitgeroei word, terwyl die weiveld deur blanke boere vir hul eie veetroppe opgeëis is: die Chainokwa het dus op die punt gestaan om hul selfstandigheid te verloor en as plaasarbeiders en afhanklikes in die ekonomie van die optrekkende blankes ingeskakel te word. Ook die VOC het in die potensiaal van die gebied begin belangstel. Vroeg in 1710 sou die Becks se metgeselle op hul tog, Van Putten en Van der Laan, 'tot de ware ondersoeking der houtbosschen' in die binneland benoem word, en hul verslag is 'n jaar later bespreek,[385] terwyl 'n verdere verslag deur Van Putten en die baastuinier Jan Hartog oor die houtbosse in die omgewing van die Sonderendrivier in 1712 voorgelê is.[386]

Naas sosiale kontakte met die plaaslike amptenary soos dié waarvan hierdie uitstappie toevallig getuig, het Beck en sy suster ook kontak met Nederland behou, en in 'n lang lys van inwoners van die Kaap, hoofsaaklik amptenare, wat in 1717 toestemming gekry het 'omme eenige casjes ter groote van een voet in 't vierkant aan hunne vrunden in 't vaderland te mogen senden', kom byvoorbeeld die inskrywing voor '1 vlesje thee van 4 katjes en 1 kasje thee van 4 katjes, predicant Beck':[387] tee was in hierdie tyd nog 'n betreklike luukse en dus 'n waardevolle geskenk. 'n 'Katje', kati of katti was ongeveer 600 gram.

In September 1720 is Beck se moeder oorlede, waarskynlik teen die tagtig jaar oud, en die volgende winter, nadat hierdie nuus vermoedelik aan die Kaap ontvang is, het hy van sy wettige erfdeel afstand gedoen ten gunste van sy twee susters, Aletta aan die Kaap, en Sara Christina in Nederland.[388] Laasgenoemde is intussen getroud met Pieter van Oudenaarden, en in haar testament het die weduwee Beck tweeduisend gulden spesifiek aan hul dogtertjie nagelaat, 'beneffens mijn kist met linnen en clederen tot mijnen lijve gehorende'.[389]

Ook het Beck nog gereeld deur kontakte in Nederland vir hom goedere uit die vaderland bestel, soos die tuinsaad, pruik en twee boeke deur die Engelse predikant en natuurkundige William Derham wat in 1730 in sy skuldboek aangeteken is.[390] Die titels van laasgenoemdes was onderskeidelik *Godgeleerde starrekunde, of Eene betooging van Gods wezen en eigenschappen uit de beschouwing der hemelen*, en *Godleerende natuurkunde, of Eene betooging van Gods wezen en eigenschappen, uit de beschouwing van de werken der scheppinge*, twee nuwe vertalings wat in 1728 verskyn het. Albei is tipies van die groeiende wetenskaplike belangstelling van die era, en van die toenemende behoefte van die Christelike kerke om hulle te weer teen dit wat hulle dikwels as 'n bedreiging ervaar het.

Dit is in hierdie tyd algemeen aanvaar dat 'n predikant 'n boekery sou hê, selfs in omstandighede soos dié aan die Kaap waar boekbesit nie algemeen was nie. So het Beck se kollega ds. D'Ailly hom dan ook in 1717 tot die goewerneur en Politieke Raad gerig om te laat weet dat hy nou eers bewus geword het van die feit dat 'n spesiale toelaag ter somma van hondert en vijftigh caroli guldens tot het kopen van boeken, door de Wel Edele Groot Achtb[ar]e Heeren bewinthebberen der respective Cameren, immers door die van Amsterdam, gunstelijk werd uitgerijkt.[391]

Hy het dus gevra om ook hierdie voorreg te mag geniet.

Die twee titels wat in Beck se skuldboek opgeteken is, word spesiaal genoem omdat dit die enigste twee boeke is wat tot dusver nog met hom in verband gebring kon word, dog dit was nie deel van 'n basiese en pligmatige teologiese boekery vir gebruik by die opstel van sy preke nie. Met sy dood sou hy 'n uitgebreide biblioteek nalaat, hoe, waar en wanneer hy dit ook versamel het, alhoewel daar ongelukkig geen verdere besonderhede van sy boeke bewaar gebly het nie.

Afgesien van hierdie bestellings het Beck ook nog finansiële transaksies met Nederland onderhou, soos deur meerdere inskrywings in sy skuldboek getoon word.[392]

7.
'Thee gedronken en wat gesnakt':
Henricus en Aletta Beck in Stellenbosch (ii)

Ongelukkig eindig die eerste oorgeblewe fragment van Adam Tas se dagboek, waarin hy verskeie besoeke aan en ontmoetings met Beck beskryf, in Augustus 1705, die maand voordat Beck se suster aangekom het, en die volgende fragment begin eers in Desember, toe Tas reeds besig was om handtekeninge vir die klagskrif teen die goewerneur te versamel en skynbaar nie meer sulke intense kontak met die predikant gehad het nie. Hiermee het 'n uitsonderlike bron van moontlike inligting oor Aletta Beck se aankoms en ontvangs in die gemeenskap verlore gegaan.

Gedurende die eerste vier jaar van haar verblyf aan die Kaap maak Aletta sover bekend slegs een keer haar verskyning in eietydse bronne, naamlik in die dokumentasie wat ontstaan het uit die onrus rondom ds. Le Boucq. Dit gaan hier om 'n verklaring wat sy afgelê het saam met haar skoonsuster, Beck se vrou, en laasgenoemde se vader, Samuel Elsevier, en tante, in die tyd toe Elsevier reeds uit sy amp ontslaan was, maar op die volgende retoervloot gewag het om te kan vertrek.[1]

In die lente van 1707, nadat Beck aangesê is om die dienste aan die Kaap in Le Boucq se plek te kom waarneem, het Aletta kennelik met hom saamgekom uit Stellenbosch en moontlik by Elsevier in die Tafelvallei tuisgegaan, en volgens hul verklaring het die vier mense op 30 September besoek afgelê by die huis van Anna de Koning, eggenote van kaptein Oloff Bergh. Moontlik het sy toe reeds in die deftige huis aan die Heerengracht (die latere Adderleystraat) gewoon waar sy in 1733 as baie ryk weduwee oorlede is,[2] terwyl 'n terloopse verwysing elders na die huis van haar buurman Kleinveld die indruk gee dat dit in die nabyheid van die Kasteel geleë was.[3] Bes moontlik het mens hier dus te make met die onderent van die destydse Heerengracht, wat saam met die aangrensende Keizersgracht (Darlingstraat) en Zeestraat (Strandstraat) dwarsdeur die Kompanjiestyd die deftige woonbuurt van die nedersetting sou uitmaak.[4]

Elsevier en sy geselskap het eintlik by die Berghs se twee ongetroude dogters gekuier, alhoewel hul moeder en 'n suster, die weduwee van die voormalige siektrooster Albert Coopman, ook vir 'n tydjie by hulle aangesluit het, en mens sien hulle dus hier terwyl hulle 'des avonds tusschen ses en agt uuren voor het huijs op de stoep (...) sitten te praaten'. Terwyl hulle hier gesit het, het ds. Le Boucq uit die naburige huis, dié van die oudburgerraad Nicolaas Oortmans, gekom, en hom begewe na die huis van die buurman aan die ander kant, die vryburger Valentijn Kleinveld, waar hy op die stoep gesit het met Kleinveld en die vryburger Pieter de Meijer wat die Kompanjie tot onlangs nog as Boekhouer gedien het.[5] In die loop van hul gesprek het Le Boucq luidkeels en uitvoerig sy mening oor plaaslike toestande geuit, bowenal oor die sekunde D'Ableing wat as waarnemende goewerneur opgetree het, en dit was hierdie uitlatings wat tot die verklaring gelei het.

Die verklaring self voeg nie veel by tot wat reeds oor die onstuimige Le Boucq bekend is nie, maar in die verbygaan bied dit 'n bekoorlike beeld van die sosiale lewe aan die Kaap, en die wyse waarop dit nes in die Europese stede van die tyd en in die eietydse Batavia grotendeels op straat voor die huise plaasgevind het, in die skemer en die groeiende warmte van die lenteaand.

Hierna word daar niks meer van Aletta Beck gehoor nie tot die einde 1709, toe sy deelgeneem het aan die tog na die warmbad saam met Van Putten en die egpaar Van der Laan, en dit is interessant om op te merk dat die geselskap hul terugreis op 22 Desember aangepak het, presies 'n week voor haar huwelik met landdros De Meurs van Stellenbosch, wat dus klaarblyklik geen groot ontwrigting in haar lewe meegebring of baie voorbereiding geverg het nie.

Die herkoms van Aletta Beck se eerste man, Samuel Martini de Meurs, is duister, soos dié van die meeste mans wat onder die VOC diens gedoen het. Dit hoef natuurlik nie sonder meer te beteken dat dit ook twyfelagtig was nie, maar 'n moderne redaksionele noot by Valentijn noem, sonder bron, dat hy oor die jare 1701–15 in die monsterrol van Kompanjiesdienaars verskyn as 'Samuel Martiens van Dorth', wat dui op die Nederlandse stad Dordrecht:[6] die familiename Meurs en Van Meurs kom nog altyd in Dordrecht voor. Moontlik het hy sy ware identiteit dus deur die weglating van sy familienaam verdoesel toe hy by die VOC in diens getree het of móés tree, soos baie ander mans voor en ná hom gedoen het; dog aan die ander kant was die gebruik van 'n vadersnaam alleen teen hierdie tyd nog nie heeltemal ongebruiklik nie.

Kolb, wat ywerig die gangbare skinderpraatjies in die distrik oorvertel het, verklaar egter dat De Meurs in feite 'Samuel Martini' geheet het,

> en [hy] wierd wegen slecht leven gevangen op 't schip gebragt waarmede hy hier gekomen is; zyn ampt op 't schip was matroos; in den jare 1706, wanneer hy aanquam, verzocht hy den Heer Olof Berg, kapitein der bezetting, zeer instandig [*dringend*] om hem voor zoldaat aan te nemen, ten einde hy van 't handwerk van matroos, 't welk hy ook niet verstont of hem niet behaagde, zoude ontslagen worden.[7]

In hierdie verband kan daarop gewys word dat die Nationaal Archief se webblad *VOC-opvarenden* inligting verstrek oor ene Samuel Martin uit Genève,[8] wat in 1700 as soldaat in diens van die Kompanjie uitgeseil het op die *Reigersdaal*,[9] en vroeg in 1704, dus voor beëindiging van die normale kontraktyd van vyf jaar in die Ooste, teruggekeer het op die *Abbekerk*:[10] die 'Reden uit dienst' word eenvoudig weergegee as 'Gerepatrieerd', sonder nadere verklaring. Die *Abbekerk* het in Maart 1704 byna vier weke in Tafelbaai die Kaap oorgelê, en dit is moontlik dat De Meurs hier agtergebly het, soos meerdere ander mans oor die jare gedoen het (volgens die amptelike rekords van die skip is vier matrose hier agtergelaat), en in diens geneem is deur kaptein Bergh, lid van die Politieke Raad en gunsteling van die goewerneur.[11]

Volgens die rekords van die VOC se skeepstogte het die *Reigersdaal* op sy uitreis in 1700 egter by Santiago (São Tiago) in die Kaap-Verdiese eiland twee gevangenes aan boord geneem: miskien het hierdie feit op een of ander manier in die kollektiewe geheue van die Kapenaars bewaar gebly, en enkele jaar later verstrengel geraak met die herinnering aan De Meurs se ongebruiklik kort dienstyd, wát die redes daarvoor ook was. Dit is dus ook moontlik dat die gerugte wat Kolb opgeteken het op die loopbaan van hierdie man betrekking het en 'n kern van verwronge waarheid bevat het; maar dit word bloot as hipotese en by gebrek aan alternatiewe hier geopper, tot tyd en wyl nadere inligting in die argiewe opduik. In die konteks van die vroeë agttiende eeu en van die VOC is álles moontlik.

Mens kan slegs opsommend herhaal dat De Meurs se agtergrond duister was, en bes moontlik ook twyfelagtige elemente bevat het, maar dat Aletta Beck vermoedelik soveel daaroor geweet het soos wat vir haar nodig was om te weet of soos wat sy wóú weet, en dat haar broer as haar enigste bloedverwant tevrede was dat De Meurs in die gegewe omstandighede 'n geskikte man vir sy ouerige suster uitgemaak het. In elk geval moes hy 'n redelik opgevoede man gewees het, aangesien hy anders moeilik tot landdros benoem sou gewees het.

Kolb meld dat De Meurs aanvanklik as veldwagter aangestel is, met ander woorde as assistent van die landdros, 'n amp wat aan die Kaap mettertyd tot dié van veldkornet sou ontwikkel, waar hy egter byvoeg dat die substituut-landdros, Janus Adrianus Montanus, kort daarna 'uitgedient had, en na Ceylon vertrekken moest'. In 1706, in 'n tyd van toenemende onrus, is De Meurs in Montanus se plek aangestel[12] om Starrenburg by te staan.

Volgens Kolb 'heeft [De Meurs] zich nergens mee beroemt gemaakt, dan dat hy ten tyde van den Heer van der Stell de inwoners wakker [*lewendig*] heeft helpen plagen, dezelve op 't gruwzaamste gehandelt, en zich eindelyk in de gunst van de Groten gewikkelt'.[13] In die latere *Contra-deductie* van die vryburgers word sy naam nie uitdruklik genoem nie, alhoewel daar ongunstig na die optrede van die 'vice-landdrost' verwys word, 'die de affaires [*sake*] ten platte lande moest waarnemen terwyl den E. Landdrost aan de Caab met gevangen neemen, examineeren en zyn

Ed. [*die goewerneur*] beveelen aan te hooren en uit te voeren genoeg te doen hadde'[14] Met Starrenburg se terugroeping die volgende jaar is De Meurs bevorder, aanvanklik provisioneel of tydelik, maar baie gou permanent:[15] 'land-drost der Caabse buijtenlanden en coloniën van Stellenbosch en Drakenstein' word hy in die notule van die Politieke Raad genoem.[16]

As landdros in hierdie moeilike tyd moes De Meurs hom baie in dieselfde trant as sy voorganger Starrenburg bekla oor die toestand in die oproerige en onrustige distrik, en Leibbrandt het 'n aantal van sy klagtes oor die tydperk Mei tot Oktober 1707 getranskribeer.[17] In 'n berig wat, sover mens aan die hand van 'n vertaalde uittreksel kan oordeel, net so breedspraakig en hoogdrawend was soos Starrenburg s'n, het hy hom op 14 Mei reeds (in Leibbrandt se vertaling) uitgelaat oor

> the miserable condition of this Colony, together with the falseness, deceit, and detestable conduct of some of the inhabitants who do not hesitate to vomit forth every kind of libel and blame against the various boards; yea! even against the Government itself (...). In the meantime all diligence will be displayed in apprehending the offenders, and I doubt not that the All-Wise and Just One shall not leave such wickedness unconcealed.[18]

Elders het hy dit in dieselfde tyd en konteks ewe verontwaardig oor 'taunts and slanders', 'slanderous expressions', en 'enormities and irregularities'.[19]

Soos reeds genoem, het die landdros, die predikant en Jan Mahieu wat as beide koster en sekretaris gedien het, die amptenare-élite van die dorpie uitgemaak, en in die onmiddellike nasleep van die heftige en emosionele agitasie teen die goewerneur was hulle in die klein plaaslike gemeenskap natuurlik nog meer geïsoleerd en nog meer op mekaar aangewese as wat ampshalwe reeds die geval was. In koloniale konteks, en in hierdie omstandighede, was dit dus 'n sosiale gelyke met wie Aletta Beck in die huwelik getree het, ongeag sy moontlike Europese verlede.

Volgens die Nederlandse vertaling van Kolb se boek was De Meurs 'getrouwt'

> met de dogter van den burger en diaken Willem Jagt (...), hoewel hy dezelve naderhand trouwloos verlaten heeft; aangezien de zuster van den Stellenbosschen prediker Hendrik Beek [*sic*] hem beter bekoorde, in hoope dat hy door hare vrienden meer bevordert zoude konnen worden (...).[20]

Die oorspronklike Duits beskryf De Meurs egter as '*ehelich verlobet*',[21] wat verwys na 'n troubelofte, 'n kwessie wat in hierdie tyd ernstig opgeneem is, maar nogtans nie so onherroeplik was soos 'n huwelik nie.[22]

Niemand met die naam Willem Jagt is in die beskikbare bronne opgespoor nie,[23] maar dit is nuttig om in gedagte te hou dat die Nederlander Willem Arnoldus Basson, wat getroud was met Angela van Bengale, 'n voormalige slavin van die Van

Riebeecks en vooraanstaande lid van die klein gekleurde gemeenskap, volgens Upham bekend gestaan het as 'Jagt',[24] en dat byname van hierdie aard soms na die volgende generasie oorgedra is.[25] Hierdie egpaar se oudste seun was Willem Basson, wat in 1670 gedoop is,[26] en wat in die omgang bes moontlik 'Willem Jagt' genoem kon gewees het. Alhoewel hy skynbaar soos baie ander ondernemende vryburgers gediversifiseer en onder andere aan die vissery deelgeneem het,[27] was hy in hierdie tyd 'n taamlik prominente inwoner van die distrik Stellenbosch, waar hy op die plaas Frederiksberg geboer het, volgens Hugo 'naby "Babylons Toren" aan die voet van Simonsberg'.[28] Hy was voorts een van die vier begunstigde vryburgers onder wie die vleiskontrak in 1705 verdeel is, tot verontwaardiging van Hüsing en sy aanhangers, wat seker grotendeels te danke was aan die feit dat sy halfsuster die vrou was van Oloff Bergh.

Daardie lojale ondersteuner van die vryburgergroep, Abraham Bógaert, het later verklaar dat hy tydens die aanwesigheid van die retoervloot vroeg in 1706 gesien het hoe Basson by die Kasteel ingaan as 'geleider van eenige doch meest zwarte vrye visschers (…) om ten verzoeke van den Gebieder ten zynen voordeele te verklaren'.[29] Dit verwys nie na die algemene getuigskrif ten gunste van Van der Stel, wat ook die handtekeninge van gekleurdes bevat nie, maar 'n afsonderlike verklaring wat 'n aantal vry vissers, wit en swart, in dieselfde tyd in sy guns afgelê het, met Basson se naam heel eerste onder die ondertekenaars.[30] Die feit dat gekleurdes toegelaat of selfs versoek is om die getuigskrifte te teken, het Hüsing se aanhangers besonder verontwaardig en gegrief, en hulle het dit telkens weer opgerakel.

Basson word in 1710 inderdaad as diaken van die Kaapse kerk aangegee,[31] in die tyd toe Kolb hom as sodanig sou geken het, en hy sou dus bes moontlik die 'Willem Jagt' kon gewees het na wie Kolb verwys. Hy was getroud met Helena Clements, 'n dogter van die Sweed Matthys Michiels en 'n Nederlandse moeder,[32] alhoewel sowel haar afwykende van as haar bynaam, 'Lena die Sweed',[33] eerder op gekleurde status sou dui. Verder kan genoem word dat haar suster Maria getroud was met Basson se halfbroer, Jacobus van As, eweneens 'n seun van Angela van Bengale.[34] Die oudste seun van Basson en sy vrou, wat in 1693 gedoop is, is op sy beurt getroud met die gekleurde vrou Maria Vosloo,[35] wat die indruk gee dat hierdie familiekompleks, sover daar aan die Kaap reeds duidelike onderskeide bestaan het, oor die algemeen geneig was om hulle met die gekleurde bevolkingsgroep te identifiseer.

Ten slotte kan hier net volledigheidshalwe bygevoeg word dat ene 'Moeder Jagt' in 1719 haar verskyning maak op die vendusie wat gevolg het op die dood van Engela Breda, weduwee van die oudburgerraad Michael Ley, waar sy 'n katel en verskeie klein, eenvoudige items aangeskaf het,[36] en volgens 'n ander bron ook 124 riksdaalders vir die slaaf Adam van Kotsjin betaal het.[37] Geen ander vermelding van hierdie naam is opgespoor nie, wat die indruk versterk dat dit moontlik om 'n bynaam gaan, terwyl die gemoedelike verwysing in hierdie geval nie die indruk gee van iemand met hoë status in die gemeenskap nie.

Geen dogter word vir Willem Basson en sy vrou aangegee wat as huwelikskandidaat vir De Meurs in aanmerking sou kan kom nie,[38] alhoewel dit natuurlik moontlik is dat dit om 'n voor- of buite-egtelike dogter met 'n gekleurde moeder gegaan het. In 'n vroegkoloniale konteks sou so 'n huwelik glad nie ongebruiklik gewees het nie, en selfs voordelig vir 'n onbemiddelde jong buitelander soos De Meurs: mens dink hierby byvoorbeeld aan die voordelige huwelik wat die Duitse immigrant H.O. Eksteen, wat mettertyd die rykste vryburger aan die Kaap sou word, aangegaan het met 'n voor- of buite-egtelike dogter van die gegoede vryburger Paul Heijns en 'n vermoedelik gekleurde moeder.[39]

Die oorspronklike Duitse teks van Kolb se boek wei vollediger uit oor De Meurs se huwelik met Aletta Beck, op 'n wyse wat die Nederlandse weergawe mens nie sou laat vermoed nie, en mens opnuut laat besef hoe ontoereikend laasgenoemde vertaling is:

> aangesien die suster van die Stellenbosse predikant Heinrich Beck hom nie soseer beter behaag het nie, as eerder omrede sy hom meer bekoor het deurdat sy hom daagliks onder oë gekom het, na bewering 'n goeie Duitse [=*Nederlandse*] vers kon maak,[40] en hy deur haar vriende op beter bevordering sou kan hoop.[41]

Dit is verstaanbaar dat die terugroeping van die goewerneur en die omwenteling aan die Kaap De Meurs se situasie ingrypend verander het, terwyl daar met sy aanstelling as assistent-landdros en sy bevordering kort daarna nuwe sosiale moontlikhede vir hom oopgegaan het in die vorm van 'n huwelik met die predikant se ouerige suster. Na alle waarskynlikheid was hy 'n ambisieuse of opportunistiese man, soos die meeste mans in daardie onsekere era was of in elk geval gedwing is om te wees as hulle wou oorlewe en vordering wou maak, en dat sy huwelik berekenend was, sou vir daardie tyd en in daardie omstandighede glad nie ongebruiklik gewees het nie: die feit is waarskynlik ook deur alle betrokkenes erken en aanvaar.

Daar kan net volledigheidshalwe bygevoeg word dat De Meurs eers in die jaar van sy troue as lidmaat van die Gereformeerde Kerk aangeneem is.[42]

Die huwelik het op 29 Desember 1709 plaasgevind, en volgens die genealogie in Kaapstad, nie op Stellenbosch nie,[43] moontlik omdat meer van die egpaar se vriende hier gewoon het. Op 24 Januarie 1710 het die egpaar verder 'n gesamentlike testament laat opstel,[44] waarin die bruid se ouderdom as 31 jaar aangegee is,[45] alhoewel sy in feite 42 was;[46] De Meurs was volgens Biewenga 27 gewees met sy aanstelling in 1706,[47] en op hierdie tydstip dus dertig jaar oud. In die lig hiervan was die huwelik vir Aletta Beck moontlik nie minder berekenend as vir hom nie, en het sy dit gesien as vorm van versekering vir haar toekoms, waardeur sy ekonomies en sosiaal van afhanklikheid van haar broer en skoonsuster bevry sou word.

Ten tye van sy huwelik het De Meurs in die hiërargie van die VOC die lae rang van Assistent gehad teen 24 gulden per maand, maar vroeg in 1710 is hy, met behoud

7. Henricus en Aletta Beck in Stellenbosch (ii)

van sy bestaande gasie, tot 'provisionele vaandrig' bevorder ten einde sy amp meer aansien te gee in die distrik.[48] Dit was slegs enkele weke ná sy huwelik, gedurende die oponthoud aan die Kaap van die voormalige goewerneur-generaal Joan van Hoorn, en volgens Kolb was dit op versoek van Beck dat hy 'tot dit aanzienlyk en voordelig ampt geraakt is'.[49]

Kort hierna is daar terloops ook verwys na 'schriftelijke berigten van den landdrost Samuel Martini de Meurs en baas thuijnier Jan Hartogh' aangaande die 'bosschen wat verre van hier, over 't gebergte van Hottentot Holland',[50] met ander woorde in die geweste wat Aletta Beck net voor haar huwelik saam met haar broer besoek het, een van die min verwysings na De Meurs se amptelike werksaamhede wat geredelik beskikbaar is.

Met haar huwelik het Aletta Beck verhuis na die drosdy op die eiland in die Eersterivier, wat nie net die vergaderruimte en kantoor van Landdros & Heemrade gehuisves het nie, maar ook as eersgenoemde se amptelike woonruimte gedien het. Dit was onder die vroegste geboue wat in die klein nedersetting opgerig is,[61] en is in sy oorspronklike vorm as 'n dubbelverdiepinggebou beskryf, wat destyds nog ongebruiklik was vir die Kaap buite die ampswonings in die Kasteel. Volgens Fitchett was dit egter 'n U-vormige gebou en het net die voorste gedeelte uit twee verdiepings bestaan, nie die twee vleuels aan die agterkant nie.[52]

'n Inventaris van die onderdele van die oorspronklike gebou verwys na 'n totaal van sestien deure, 22 dubbel- en vier enkelswaairame met glas-in-loodruite, ses skoorsteenmantels of kaggels, en twee 'dakkosyntjies' of -venstertjies.[53] Volgens Fitchett het laasgenoemdes as 'dwerggeweltjies' bo die voor- en agteringang gedien,[54] en die gebou, hoe eenvoudig dit miskien ook was, het dus 'n sekere statige simmetrie besit wat aan die Kaap in die pionierstyd ewe min gebruiklik was.

Voor die drosdy, oorkant die tak van die Eersterivier wat dit van die dorp geskei het, was daar 'n ruimte wat destyds eenvoudig as die 'beplante plein' beskryf is (die latere Drosdystraat),[55] en sowel die Kompanjiestal as die gevangenis was in die nabyheid. Hier soos elders was die gehalte van die plaaslike bouwerk egter swak, en teen die einde van 1707 reeds moes De Meurs by die Politieke Raad kla

> dat het Raadhuijs aan Stellenbosch niet alleen door ouderdom en 't deurwateren op verschijde plaatsen seer slegt gesteld en bouwvallig, maar ook reets een gedeelte daar van ter neder gestort was, versoekende dat daar inspectie van gedaan, en vervolgens ordre tot de behoorlijke reparatie mogte gesteld werden (...).

Die Raad het dus besluit om die gebou

> van boven tot de tweede verdieping te doen afbreeken, om daar door het geheel invallen zien voor te komen en het houtwerk, 't geen daar aan nog

meest alles goed is, te preserveeren, en voorts behoorlijke inspectie en ondersoek te laaten doen, of het verdere of onderste gedeelte van dien sal konnen blijven staan en vervolgens indiervoegen weder opgetimmerd [*opgebou*] werden dan of hetselve geheelijk diend afgebrooken en gesloopt te werden; in welken gevalle men daar mede ten eersten sal voortvaaren, en 't selve vervolgens wederom opbouwen, met een verdiepinge minder, waar toe gebruijkt sullen werden al de houtwerken en verdere materialen die van het oude gekomen en ten meerendeele sullen sufficieeren [*toereikend wees*].[56]

Die volgende jaar kom 'n nogal eienaardige verdere versoek van De Meurs in die korrespondensie voor: 'He also wishes that the glazier should be sent over, as many panes of glass in the Council room are broken, and many who are inclined to evil make use of the advantage (in order to listen).'[57]

Nogmaals: die koloniale verlede moet nie geromantiseer word nie. Nie net het die sogenaamde 'Kaaps-Hollandse' tyd in die vroeë agtiende eeu nog nie aangebreek nie, maar in vele opsigte was dit steeds pionierstyd, selfs in die Tafelvallei en die gevestigde dele van die Boland. By alle ontluikende sierlikheid en glans was dit dus ook 'n tydperk van vele ongemakke, waaronder swak bouwerk,[58] togtige huise, rokerige skoorstene, lekkende dakke, en verwaarloosde strate vol slaggate, perdemis en onkruid.

Fitchett se herkonstruksie van die nuwe enkelverdiepinggebou toon steeds 'n simmetriese U-vormige struktuur, met twee kamers aan die voorkant, geskei deur 'n sentrale gang, en twee verderes as vleuels aan die agterkant, 'n voorstel wat waarskynlik lyk, omrede dit voorsiening sou maak vir twee vertrekke vir amptelike doeleindes en twee heeltemal afgeskeides as woonruimte vir die landdros. Op Fitchett se tentatiewe plan is elke vertrek van 'n kaggel voorsien,[59] en hy opper verder die moontlikheid van 'n buitekombuis soos dié by die goewerneur se woning in die Kompanjiestuin in die Tafelvallei (die latere Tuynhuys),[60] wat eweneens nie onwaarskynlik klink nie. Hier soos elders is mens beperk tot moontlikhede en gissing.

Iets meer oor die lewe in die drosdy kan vasgestel word uit eietydse vendurolle, waarvolgens De Meurs tussen Mei 1709 en Augustus 1710, dus juis rondom die tyd van sy huwelik, op vyf vendusies aankope gedoen het: hy verskyn hier afwisselend as 'Samuel Martens de Meurs', 'monsr. De Meurs', 'den landdrost De Meurs' en 'den Landdrost'.[61] Naas 'n aantal kleiner items het sy aankope bestaan uit 'n matras (vir 8 riksdaalders), 'n 'cas' (26 riksdaalders), 'n skildery (5 riksdaalders), twee skeerbekkens, 'n ebbehoutkissie, 'n kissie met 38 dosyn lang pype (4 riksdaalders), 'n koperkandelaar en -konfoortjie, 'n silwerdegen (14 riksdaalders), 'n roer, 'n 'partij boeken', twee koeie en twee kalwers (Rds12.3 saam), en 'n jong reun (Rds 7.4).

Die eerste van hierdie reeks vendusies was dié van Johanna Victor, weduwee van De Meurs se voorganger, Johannes Starrenburg, en onder die ander kopers was die sekunde, J.C. d'Ableing, wat vier koeie gekoop het (vir ongeveer 10 riksdaalders

7. Henricus en Aletta Beck in Stellenbosch (ii)

stuk), en luitenant Slotsboo, Aletta Beck se tweede man, wat die koper was van 'n perd (45 riksdaalders), en 'n saal 'met sijn toebehoren'.

Theal meld dat De Meurs van April 1707 tot Maart 1710 as landdros opgetree het,[62] wat die indruk skep dat hy kort ná sy huwelik kon bekostig om af te tree. Dit is egter moontlik dat hy en sy vrou toegelaat is om voorlopig in die drosdy te bly woon, aangesien daar klaarblyklik gesukkel is om 'n opvolger te vind, want hierna moes die sake van die gemeenskap lank deur een van die heemrade waargeneem word, en dit was eers op 23 Maart 1711 dat De Meurs vervang kon word deur Johannes Mulder, die eerste landdros van die dorpie.[63] Dit sou beteken dat Aletta Beck en haar man ná hul huwelik 'n jaar lank in die herboude drosdy gewoon het, totdat dit in Desember 1710 saam met 'n groot aantal ander geboue op die dorp in 'n brand verwoes is, en dat Kolb se verslag hiervan wesenlik juis is, ook al is die besonderhede nie heeltemal korrek nie.

> De toenmalige Landdrost, Samuel Martinus de Meurs, had door zyn slaaf vuur in zyn vertrek laten brengen om een pyp tabak te roken; doordien nu de Zuidooste wind heftig waaide,[64] de deur van de binnenplaats open stont, en de slaaf na 't vuur niet keek, zoo waaide de wind eenige vonken tegen 't dak, welke 't zelve, omdat alle daken van riet zyn, zoovoort in den brand zettenden, zoodat binnen den tyd van twee uren 't rechthuis [*drosdy*], waarin de brand ontstont, de kerk en 't grootste gedeelte van 't dorp in de assche gelegt was.[65]

Valentijn teken in soortgelyke terme die inligting aan dat die 'landdrostelyk huis' 'door onvoorzigtigheid van een slaave die wat vuur in een tabakskonfoor aanbragt, (…) nevens de kerk en ettelyke huizen daar ontrent afgebrand en in 2 uuren tyds in koolen gelegt [is], zoo dat 'er maar weinig huizen bleven staan'.[66] Dit bevestig die indruk van die buitekombuis waar die vuur gehaal moes word, en mens wonder in die verbygaan of die slaaf hierby gebruik gemaak het van die koperkonfoortjie wat De Meurs die vorige jaar op 'n vendusie gekoop het.

Volgens amptelike gegewens is die drosdy, die kerk, die Kompanjiestal en twaalf ander geboue in hierdie brand verwoes;[67] dog Beck se pastorie, in die boog van die brand soos dit tussen drosdy en kerkgebou beweeg het, was onder dié wat gespaar gebly het.

Fitchett noem die moontlikheid dat die huise wat hierna herbou is, nie meer wolwe-entdakke gehad het nie, maar van gewels in hul endmure voorsien was om die grasdakke beter teen brand te beskerm,[68] en as dit juis is, sou dit 'n beduidende stap wees van die ontwikkeling na die simmetriese 'Kaaps-Hollandse' gewelhuis van later in die eeu. Terselfdertyd is 'n duisend jong akkerbome, 'groot en van vele takke voorsien', van die Kompanjiestuin by Rondebosch aangery om hier aangeplant te word.[69]

Deur hierdie verwoestende brand het Aletta Beck en haar man vermoedelik alles wat hulle besit het, verloor, behalwe slawe en perde, en dit is nie duidelik hoe hulle van die verlies herstel het of wat hulle in die onmiddellike nasleep van die brand gedoen het nie. Dit was in elk geval eers teen die winter van 1715, byna vyf jaar daarna, dat daar met die herbouing van die drosdy begin is, en De Meurs se opvolger was in November 1718 van plan om in te trek,[70] dus lank nadat De Meurs self oorlede is en sy weduwee die dorp verlaat het.

'Wij hebben niet konnen ontwaeren hoedaniger wijze 't voorn[oemde] huijs van Stellenbosch ('t welk eerst in brand raakte) ontvonkt is geworden,' het die Politieke Raad vaag en ontwykend aan die Here XVII berig aangaande die drosdy, aan die hand van 'n verslag deur die kommissie wat hiervoor benoem is en wat bygestaan is deur De Meurs.[71]

Ook in hierdie verhaal is daar heelwat gegewens, veral sover dit Aletta Beck betref, wat danksy die noukeurige boekhouding van die VOC na alle waarskynlikheid êrens vasgelê is en wag om deur middel van argivale navorsing ontsluit te word, maar wat helaas onopgelos moet bly in 'n boek soos hierdie wat in hoofsaak op gepubliseerde bronne berus. Hier veral is daar 'n donker kol, slegs dofweg belig wanneer Biewenga in die verbygaan, sonder bronvermelding, verwys na 'de dood van landdrost Samuel Martini de Meurs rond de jaarwisseling 1710-1711',[72] alhoewel dit moontlik op niks meer berus as die feit dat hy omstreeks hierdie tyd deur Mulder opgevolg is nie. Die redaksionele voetnoot by die uitgawe van Valentijn se verslag oor die Kaap waarna daar reeds verwys is, noem wel dat De Meurs oor die jare 1701-15 op die monsterrol van die Kompanjie voorkom;[73] dog wanneer Aletta Beck vroeg in 1712 weer haar verskyning in die dokumentasie maak, is dit reeds as sy weduwee, en koop sy in hierdie hoedanigheid die oostelike gedeelte van die plaas Voorgelegen vlak buite die dorp waarop die woonhuis geleë was. Die openbare vendusie van die eiendom het vroeg dié jaar plaasgevind, dog dit is eers in Desember in haar naam geregistreer.[74]

Voorgelegen was geleë aan die westelike rand van die nedersetting, langs die pad wat oor die 'steenen' oftewel gemesselde brug oor die Plankenbrugrivier na die Kaap geloop het,[75] in moderne terme die onderent van Dorpstraat, in die omgewing van die huidige Louwstraat.[76] Die Van Stade-panorama uit 1710, vir sover dit in detail soos hierdie betroubaar is,[77] toon 'n eenvoudige en onopvallende huis met twee vensters alkant van 'n sentrale voordeur en 'n dak- of solderkamervenster daarbo; Fransen identifiseer laasgenoemde egter as 'n middelgewel, een van slegs twee wat deur Van Stade hier uitgebeeld is,[78] en Fitchett het dit oor 'an almost fullheight gable'.[79] As die huis inderdaad hierdie simmetriese fasade gehad het, het dit waarskynlik uit drie vertrekke bestaan, of anders 'a narrow central hall flanked by wider rooms on either side' soos Fitchett vermoed,[80] moontlik met 'n aangeboude kombuis aan die agterkant. Op die tekening staan dit effens terug van die pad, met 'n trapvloer en hooimied voor die deur en 'n ry bome daarlangs.[81] Op die restant van die plaas wat nie by die koop ingesluit is nie, is landbouwerksaamhede voortgesit,

7. Henricus en Aletta Beck in Stellenbosch (ii)

en daar word verwys na 'n groot aantal perde, beeste en skape en sestienduisend wynstokke.[82]

As 44-jarige weduwee was dit vir Aletta Beck sosiaal gesproke moontlik om alleen te woon op 'n manier wat vir 'n ongetroude vrou bykans ondoenlik sou gewees het, en dit is duidelik dat sy van hierdie feit gebruik gemaak het. Oor die algemeen het weduwees 'n mate van sosiale en ekonomiese selfstandigheid geniet wat vir ander vroue, getroud of ongetroud, onmoontlik was omrede hulle wetlik steeds onder die voogdy van 'n vader, broer of eggenoot gestaan het, en aan die Kaap sou daar in die VOC-tyd heelwat gegoede weduwees wees wat dié vryheid geniet en tot hul eie voordeel benut het.

In hierdie effens afgeleë huis aan die rand van die dorpie het Aletta Beck sover bekend drie of vier jaar lank as weduwee gewoon, tot haar huwelik met luitenant K.J. Slotsboo.[83] Sover dit Stellenbosch betref, kan mens veronderstel dat sy in eerste instansie met die pastorie kontak gehad het, en haar Sondae, sover die weer dit toelaat, langs die wapad na die dorpie begewe het om dienste in die parshuisie by te woon, moontlik vergesel van 'n slavin om haar kerkboek met silwerbeslag te dra. Dit is egter moeilik om haar bestaan te visualiseer, veral uit moderne perspektief: 'n vrou alleen met een of meer slawe in 'n betreklik groot huis aan die rand van 'n primitiewe dorpie; met vlak anderkant die landerye 'n landskap wat slegs gedeeltelik gekoloniseer was en nog die bedreiging van drosters en roofdiere ingehou het; die stilte, die lang aande by kerslig, die donker van die nag.

Opnuut moet mens hier aan die hand van beskikbare getuienis, van moontlikhede en waarskynlikhede, 'n poging waag om 'n vergane werklikheid te herskep, en hierdie poging is 'n besondere waagstuk, want dit word onderneem aan die hand van 'n skildery, 'n binnenshuise groep deur Nicolaes Verkolje uit ongeveer 1715–20, tans in die Victoria & Albert Museum in Londen, wat uitgebeeld word op die stofomslag van hierdie boek.

Twee dames en 'n heer uit wat vroeër die 'beter stand' genoem is, is formeel rondom 'n teetafel gegroepeer. Die vroue dra eenvoudige tabberds, die een groen, die ander blou, met laag uitgesnyde nekopeninge en wye, geplooide wit mansjette; elkeen dra 'n ewe eenvoudige pêrelhalssnoer, en op haar grys hare, wat waarskynlik gepoeier is, 'n geplooide mussie met lang, breë linte wat agter afhang. Die man is gekleed in 'n lang helderrooi baadjie met wye, geplooide pante en 'n bypassende kniebroek, en sy lang gepoeierde krulpruik is so gerangskik dat dit sierlik oor een skouer val.

Die uitgebreide byskrif by hierdie doek in 'n moderne werk oor die Nederlandse interieur lewer kommentaar soos volg:

> Op de ovale theetafel staat het theegoed in gebruik: vier theekopjes, twee suikerschoteltjes en een spoelkom van Chinees porselein en een trekpotje van rood steengoed. Tussen beide dames in pronkt op een lage *guéridon* [*staander*]

de zilveren waterketel en men kan de kandijsuiker roeren met zilveren theelepeltjes. Het doosje dat de heer aanbiedt bevat waarschijnlijk snuif. Men zit op knopstoelen met een zeer hoge rugleuning.[84]

Verder word verwys na die destydse gewildheid van stoele soos hierdie, 'van een glanzend geboende [*gepoleerde*] hardhoutsoort', met gevlegte rottangsittings en los stoelkussings.

Hierby kan die interessante detail bygevoeg word dat sogenaamde 'koppies' vir tee en koffie in hierdie tyd in feite oorlose kommetjies was, en moderne koppies met ore eers teen die tweede helfte van die eeu algemeen begin word het.[85]

Die skildery het ontstaan ongeveer in die tyd toe Aletta Beck as weduwee in Voorgelegen gewoon het, en dit sou met baie geringe inspanning en aanpassing gesien kan word as uitbeelding van hoe sy in die geselskap van haar skoonsuster die predikantsvrou vir luitenant Slotsboo op besoek ontvang, des te meer omdat militêre mans in hierdie tyd dikwels helderrooi gedra het. Aan die hand van klere en meubelstukke is dit onmoontlik om die doek as Nederlands of Engels te identifiseer, maar terselfdertyd is daar niks van die teegoed of die meubels wat in hierdie tyd en in kringe soos hierdie nie ewe goed aan die Kaap gevind sou kon word nie, en items soos hierdie sou trouens in meerdere Kaapse boedelinventarisse van die tyd opgespoor kan word.

Die beskeie welvaart en ingetoë deftigheid wat hier uitgebeeld is, was bes moontlik ook kenmerkend van Aletta Beck se lewe as weduwee in Voorgelegen; net in haar geval sou die silwerketel met die kookwater aangedra gewees het deur 'n kaalvoet slavin, daar sou slawe in die kombuis gewees het, en die vensters van die vertrek waar hierdie elegante groepie saam verkeer, sou 'n uitsig gebied het op die rommelige dorpie waar mense mekaar met messe en houtmuile te lyf gaan, met anderkant die landerye 'n landskap waar rowers en roofdiere hul in die bosgasie skuil hou.

In dié verband moet mens ook in gedagte hou dat die Kaapse Dagregister juis in hierdie jare herhaalde verwysings na drostery deur slawe en die gewelddade van drosters bevat, wat die lewe vir 'n alleenwonende vrou besonder prekêr moes gemaak het. 'If we bear in mind the heavy punishments now lately and successively inflicted on criminals,' het hierdie bron opgemerk,

> it seems that crime is rapidly assuming large dimensions, in spite of the means used to prevent or suppress it. A clear proof that this Colony mainly consists of evil[ly] disposed, head-strong slaves and the refuse of convicts.[86]

Dog onvermydelik is dit alles versinsel; en aangesien daar niks oor Aletta Beck se finansiële posisie bekend is nie, is dit nie moontlik om verdere gissings oor haar woninginrigting of haar lewenstyl te maak in terme van silwerteepotte of -vurke, veerbeddens of slawebesit nie. Dit is nie eers bekend of dit haar eie geld of die erfenis van haar man was waarmee sy haar huis gekoop en waarvan sy geleef het nie. Gesien haar agtergrond en haar posisie in die samelewing kan mens maar net 'n sekere welvaart veronderstel, sonder om die presiese graad daarvan nader te kan bepaal.

Op 22 Desember 1715 is sy egter te Stellenbosch in die huwelik bevestig met Slotsboo,[87] vermoedelik deur haar broer, in die parshuisie wat die gemeente nog altyd as kerk gedien het; en hierna het sy die dorp verlaat. Slotsboo was 'n Lutheraan, maar in 1719 het hy belydenis van geloof in die Gereformeerde Kerk afgelê, en is hy in die lidmateregister van die Kaapse gemeente ingeskryf.[88] Dit kon onder invloed van sy vrou gebeur het, maar dit is ook moontlik dat dit met die oog op sy loopbaan gebeur het, want in die VOC het daar sterk vooringenomenheid teen Lutherane bestaan en dit was vir hulle moeilik om in die hoogste range vordering te maak.

Soos reeds ten opsigte van Beck aangedui is, was die aantal mense met wie hy as predikant of sy suster op sosiale vlak kon omgaan beperk, en hul kring het in eerste instansie natuurlik uit mede-amptenare en hul gesinne bestaan. Oorwegings van rang en stand was van groot belang in die agttiende eeu, veral in die hiërargiese wêreldjie van die VOC, en Kolb, wat juis in hierdie tyd as landdrosklerk op Stellenbosch gedien het, merk op,

> dat 't ceremonieel wegen den rang alhier, en door gantsch [Oost-]Indië, veel stipter nagekomen word als in Europa; aangezien niemand den anderen zal wyken als zyn rang hem de bovenhand geeft; de wyfjes [*vroutjies*] zyn voornamelyk in dit stuk oplettende, en ten eersten op haar paardje als zy zien dat eene andere aan 't hogerend zit die zo hoog in rang niet is als zy.[89]

Mens kan dus aanneem dat Aletta Beck as suster van die plaaslike predikant en weduwee van die voormalige landdros ook lewendig van haar status in die klein Stellenbosse gemeenskap bewus was, en meer nog haar skoonsuster, wat nie net die predikant se vrou was nie, maar bowendien 'n dogter van die voormalige sekunde.

Tweedens is die kring van die hoër amptenare egter noodgedwonge aangevul uit die geledere van die mees gegoede en prominente vryburgers, soos in die verslag van die Becks se uitstappie na die Overberg reeds geblyk het, alhoewel daar in die nasleep van die agitasie teen W.A. van der Stel waarskynlik in hierdie opsig ook verandering gekom het. Naas die onvergenoegde groepie rondom Hüsing en Tas was daar selfs in die distrik Stellenbosch, en selfs op die hoogtepunt van die agitasie, egter ook gegoede en sosiaal prominente lede van die gemeenskap wat nie aan die agitasie deel gehad het en ook nie in die gevolglike verbittering gedeel het nie.

Bowendien het verskeie van die mans wat 'n prominente rol in die agitasie gespeel het in die jare daarna as kerkraadslede gedien, wat in elk geval formele kontak met hul predikant veronderstel. In die mate dat lede van die vryburgergroep lidmate van die kerk was, sou Beck verder ook ampshalwe by hulle aan huis gekom het wanneer hy hulle op die destyds gebruiklike wyse na die Nagmaalsviering kom uitnooi het.

Ook moet mens nie die saamtrekkende en nivellerende krag van vendusies vergeet in 'n tyd toe dit aan die Kaap uit sowel sosiale as handelsoogpunt sulke belangrike byeenkomste was nie. By 'n vendusie is alle belanghebbendes, blank en gekleurd, ondanks stand, herkoms of persoonlike oortuigings, kortstondig deur dieselfde belange, op een plek verenig en was almal se geld bowendien ewe goed.

As voorbeeld hiervan kan mens die vendusie noem wat in die somer van 1709 'aen't soogenaemde Moddergat' plaasgevind het om die nagelate goedere van die chirurgyn Bockelberg te verkoop.[90] Hier vind mens onder die kopers, twee jaar nadat die agitasie teen Van der Stel sy heftige hoogtepunt bereik het, naas landdros De Meurs die welgestelde Michiel Ley, voormalige gunsteling van W.A. van der Stel, wat vir Beck en sy suster na die warmbad vergesel het, die sekretaris en koster Jan Mahieu, 'de Boode Jan', ook as 'de boode Jan Mos' opgeteken, 'Piet Tamboer', vermoedelik 'n lid van die burgermilisie, en die vryburger Sebastiaan Schreuder, wie se huisie op Stellenbosch nog altyd bestaan, ewe goed as 'n aantal prominente deelnemers aan die agitasie teen die goewerneur: Wessel Pretorius, Claas Elbertsz, Ferdinand Appel, eienaar van die warmbad, en die gegoede Adam Tas en Pieter van der Bijl, laasgenoemdes albei met hul vroue.

Ten slotte was alle lede van die klein blanke en vry gekleurde samelewing in mindere of meerdere mate van mekaar afhanklik, en watter onderlinge vyandigheid of verdeeldheid daar ook was, was dit steeds nodig om saam te staan teenoor gemeenskaplike bedreigings en gevare soos brand, drosterslawe, 'n moontlike aanval deur Khoikhoi of 'n buitelandse inval in tye van Europese oorloë. Wanneer die sosiaal-kulturele ruimte waarin die 22 jaar van Beck se Stellenbosse bediening plaasgevind het, ondersoek word, is dit dus heeltemal veilig om die hele blanke gemeenskap daarby in te sluit, want sover dit die breë patroon van vroegkoloniale samehorigheid betref, het dit 'n enkele geheel uitgemaak, en geen oordrewe waarde moet in hierdie verband aan individuele griewe of vetes toegeken word nie, hoe heftig dit by geleentheid miskien ook was.

Wat mense soos Beck met sy kleinstadse Europese agtergrond en universiteitsopleiding in hierdie gemeenskap die meeste sou getref het, is waarskynlik die feit dat hy hom in 'n kolonie bevind het waar daar in eerste instansie geen stede was nie, en daarby ook die gebrek aan alles wat 'n Europese stad in hierdie tyd gebied het in die vorm van koffiehuise, boekwinkels, drukperse, nuusblaaie, politieke besprekings, teaters en musiekuitvoerings, naas diggeselskappe soos dié waarvan Aletta Beck lid was in Arnhem. Daarby was die aantal opgevoede mans en intellektuele gespreksgenote vir sowel broer as suster betreklik klein, en in die mate dat hulle nie amptenare was wat in die Tafelvallei en die Kasteel gekonsentreer was nie, was hulle wyd versprei en was onderlinge kontak nie altyd maklik om te onderhou nie.

Mens merk hierdie isolasie aan die blydskap waarmee W.A. van der Stel die Duitse geleerde Kolb in 1705 verwelkom het. Volgens Kolb,

> betuigde de Gouverneur my met veel woorden hoe lief hem myne komste was, aangezien nu iemand uit Holland of Europa was gekomen waarmede hy zyne ledige uuren zoude konnen doorbrengen; daar byvoegende dat alle andere vóór my aldaar aangekomen enkelyk en alleen om haar profyt en niet om de merkwaardigste te bezichtigen die reis gedaan hadden.[91]

Die goewerneur kon Kolb 'eene toverlantaarn en eenige verrekykers' leen,[92] en in dieselfde konteks kan mens noem dat Van der Stel aan die Kaap vir hom 'n maankyker vir meer as 60 gulden uit Nederland bestel het, en twee barometers.[93]

Peter Kolb (soms ook Kolbe of Kolben),[94] wat altesaam agt jaar aan die Kaap sou deurbring, was die produk van 'n Latynse skool en die Universiteit van Halle, wat deur 'n Pruisiese edelman aanvanklik na die Kaap gestuur is om astronomiese en meteorologiese waarnemings te doen. Deur sy opdraggewer se dood is hy egter hier gestrand, en deur sy ondersteuning van die vryburgerparty het hy van die goewerneur vervreem geraak.

Aangesien Kolb oor die tydperk 1711-13, onder 'n latere bewind, as sekretaris van die Stellenbosse Landdros & Heemrade gedien het, is dit in beginsel moontlik dat hy nadere kontak met Beck gehad het; dog die neerhalende manier waarop hy hom oor die predikant uitlaat, maak so iets onwaarskynlik. Ná sy terugkeer na Europa het hy egter 'n unieke kans gekry om nie net die kennis van die Kaap wat hy opgedoen het, bekend te stel nie, maar ook om allerlei plaaslike gerugte, skinderpraatjies en griewe tesame met sy eie persoonlike vooroordele te verewig in 'n Duitstalige boek met die Latynse titel *Caput Bonae Spei hodiernum*, wat in 1719 as lywige werk van meer as 800 foliobladsye verskyn het, gevolg deur 'n Nederlandse vertaling in 1727. Vir die buitewêreld sou dit lank die vernaamste bron van inligting oor die Kaap uitmaak, en by al sy beperkings en gebreke bly dit, saam met Valentijn se meer fragmentariese aantekeninge, die mees omvangryke bron van kennis oor die wêreld wat Henricus en Aletta Beck geken het.[95]

'n Oudamptenaar wat deel van Van der Stel se binnekring uitgemaak en sy lojaliteit teenoor hom behou het, was Isaac Joan Lamotius,[96] wat in die Ooste gebore is as seun van 'n sersant-majoor in diens van die VOC, oor die jare 1677-92 onder besonder moeilike omstandighede diens gedoen het as opperhoof van Mauritius, wat destyds onder die gesag van die Kaap gestaan het, en daarna weens beweerde wangedrag etlike jare deurgebring het in 'n afgeleë strafkolonie van die VOC in die Indonesiese argipel. Ná sy vrystelling het hy klaarblyklik 'n heenkome aan die Kaap gevind,[97] en met Samuel Elsevier se vertrek na Nederland in 1708 het Lamotius as sy sakewaarnemer of gemagtigde agtergebly totdat hy self in 1718 na Europa terug is.[98]

Wat Lamotius onderskei het, en bes moontlik ook Van der Stel se aandag getrek het, was sy natuurkundige belangstelling, wat onder andere vasgelê is in 'n groot versameling waterverftekeninge van Oosterse visse en ander seediere wat die bewondering van verskeie tydgenote uitgelok het.[99]

Wat Henricus Beck betref, is dit verder bekend dat hy in elk geval gedurende die eerste jare van sy bediening op Stellenbosch nadere verbintenisse gehad het met die bejaarde J.G. de Grevenbroek.[100] De Grevenbroek se vader was rektor gewees van die Latynse skool in Nijmegen, en hy self het in 1684 op veertigjarige leeftyd, ná 'n veelbewoë loopbaan wat skynbaar nie baie geslaagd was nie, na die Kaap gekom: hier het hy weens sy algemene ontwikkeling tot sy bedanking in 1694 as sekretaris van die Politieke Raad gedien, en 'n geleerde Latynse verhandeling oor die Khoikhoi opgestel in die vorm van 'n brief wat eers in 1933 die lig sou sien.[101] Farrington, sy latere redakteur en vertaler, het dit oor 'dictionary Latin, laboriously compiled by a man of poor taste and inaccurate though very likely wide scholarship',[102] en Van Stekelenburg skryf in dieselfde trant oor 'een zwaar overwrocht Latijn en een overdaad aan klassieke verwijzingen'. 'De brief wemelt van de citaten en toespelingen. Ook hier kende Van Grevenbroek geen maat. Een willekeurige bladzij (296) levert er ten minste acht op: Martialis, Plinius Minor, Cicero, Vergilius, Horatius en Quintilianus.'[103]

Aan die Kaap het De Grevenbroek ook nie ver gekom nie, professioneel of andersins, en teen die tyd dat Beck predikant op Stellenbosch geword het, het die ou man skynbaar by Adam Tas ingewoon op Libertas,[104] sodat hy verskeie kere in Tas se dagboek voorkom. In 1704 en 1705 het hy bowendien as lid van die kerkraad gedien en sodoende nadere kontak met Beck gehad: so beskryf Tas byvoorbeeld 'n besoek wat hy voor die Nagmaal van Beck ontvang het, 'geassisteert [bygestaan] met zijnen ouden grijsen ouderling'.[105]

In De Grevenbroek se Latynse brief herken Van Stekelenburg 'de typische rancune [wrok] van de gepasseerde jegens hen die wel carriére gemaakt [geslaag] hebben';[106] 'De opgekropte woede moet erg geweest zijn,' merk hy elders in dieselfde verband op. Skynbaar het De Grevenbroek ook griewe spesifiek teen die Van der Stels gekoester, en hy het aktief saam met Tas en sy vennote aan die vryburgeragitasie deelgeneem, alhoewel hy nie op die voorgrond getree het nie. Hierna kan daar dus moeilik nog baie noue kontak met Beck gewees het. Alles in ag genome, lyk dit ook heel waarskynlik dat De Grevenbroek, soos Franken vermoed het, die outeur was van die vryburgers se breedsprakige, vehemente en venynige *Contra-deductie* van 1711,[107] te meer aangesien hy omstreeks hierdie tyd op die plaas van Jacob van der Heiden gewoon het, wat saam met Tas formeel vir hierdie dokument verantwoordelik was. Soos Hugo opsom: 'eienaardig was hy wél; sy groot geleerdheid, gepaard met die stille afgesonderdheid van sy plaaslewe as vrygesel, het hom skynbaar al hoe meer eksentriek laat word'.[108]

7. Henricus en Aletta Beck in Stellenbosch (ii)

Alhoewel dit wil voorkom dat De Grevenbroek in sy latere jare van genadebrood geleef het, toon die besittings wat hy in 1714 in sy testament bemaak het,[109] en dié wat hy met sy dood in 1725 of 1726 nagelaat het,[110] nogtans die styl wat vir 'n oudamptenaar gebruiklik was: 'n degen met 'n silwerhandvatsel en twee silwerhake, 'n rottang met 'n silwerknop, goue en silwerknope, 'n silwerlepel, -vurk en -mes, silwergespes, 'n tabaksdoos en sakhorlosie, rooi en blou baadjies met goue omboorsel, 'n 'Japantze nagtrok' of kamerjas, 'n saal, laarse, spore, 'twee scheerdoeken' en 'n slaaf word onder andere in een van hierdie bronne of albei genoem. Die baie bont versameling nagelate goedere in die inventaris, onder meer 'n groot hoeveelheid porselein (151 'porcelijne theepieringjes' en 123 koppies), 44 hemde, 'twee vrouwe rokken' en '17 rottanghs, waarbij drie met knoppen', gee egter die indruk dat hy nes baie ander hooggeplaastes 'n bestaan gemaak of probeer maak het deur handel te dryf.

Ten slotte kan mens onder die handjie vol meer ontwikkelde mans uit Beck se vroeë jare aan die Kaap ook nog melding maak van Johannes Starrenburg,[111] na bewering uit die Duitssprekende gebied, wat in 1695 as adelbors (seekadet) na die Kaap gekom het, vryburgerskap verkry het, en in 1696 reeds Johanna Victor, 'n plaaslike weduwee met vyf kinders getrou het,[112] hoewel skynbaar nog 'n baie jong man—sy geboortedatum word as 'c. 1677' aangegee.[113] Kolb voeg hierby die inligting dat Starrenburg as W.A. van der Stel se sekretaris opgetree het,[114] waarnaas hy ook op een of ander ongespesifiseerde tydstip onder die sekunde Samuel Elsevier 'verantwoordingh over het vaderlands timmerhout' gehad het,[115] vermoedelik as klerk van die houtpakhuis. In 1705 is hy ná die bedanking van Pieter Robbertsz deur Van der Stel as landdros van Stellenbosch aangestel, volgens Kolb voortgedryf door 'zyn eige hovaardy [*eersug*]' en winsbejag.[116]

Kolb meld dat hy self aanvanklik heelwat kontak met Starrenburg gehad, wat hom soos 'een oprechte vriend' gedra het,[117] en kort ná Starrenburg se aanstelling as landdros kom daar in Tas se dagboek ook nogal dikwels verwysings na hom voor: in die klagskrif wat Tas en andere in 1707 na Nederland gestuur het, word daar selfs oor die vroeëre vriendskap tussen die twee mans uitgewei. Volgens die begin van die lang en ingewikkelde sin wat hierna verwys:

> De Landdrost, om blijk sijner gehegtheijt en gehaudenis [*trou*] aan den Gouverneur en desselfs belank [*belange*] te geeven en sig den weg tot hooger waardigheijt, meerder wedde [*salaris*] en grooter rijkdom te baanen, maakte geen swarigheijt om d'alderwaardste in de menschelijke geselligheijd, sijn boesemvriend, aan wien en desselfs geslagt [*familie*] hij door veel weldaden, diensten, heuschen [*hoflike*] beleefdheeden verknogt en verschuld was, ten doele van des Gouverneurs wraak- en belgsugt op te offeren en dat kostelijk pand van vriendschap den schop te geven [*prys te gee*], en den vrijburger Adam Tas [*ens.*].[118]

Die deurslaggewende werkwoord in hierdie klinkende volsin, wat hier slegs gedeeltelik aangehaal is, ontbreek, maar dit kom daarop neer dat Starrenburg vroeg in 1706 in amptelike hoedanigheid vir Tas in hegtenis kom neem het in opdrag van die goewerneur. Die bloemryke en omslagtige prosa gee die indruk dat dit ewe goed Van Grevenbroek se werk was.

Die verwysings in Tas se dagboek skep die indruk dat Starrenburg betreklike bewegingsvryheid geniet het, en dit versterk die vermoede dat sy vrou hom nie na Stellenbosch vergesel het nie, maar dat hy daar 'n soort vrygesellebestaan gelei het. In hierdie verband let mens trouens ook op Kolb se verwysing na 'het misnoegen tusschen hem en zyne eergierige vrouw'.[119]

In die Suid-Afrikaanse geskiedskrywing moes Starrenburg boet vir die uitsonderlike ywer waarmee hy Van der Stel in sy stryd met die vryburgers gedien het, en sy begryplike lojaliteit as amptenaar is ongelukkig toegelaat om sy wesenlike gawes te verduister. Oor sy agtergrond en opleiding is niks bekend nie, maar Kolb, wat hom betreklik goed geken het, verwys na sy 'naarstig doorbladeren van geleerde schriften',[120] en kort voordat die verwydering tussen hom en die vryburgers ingetree het, noem Adam Tas nog in sy dagboek dat hy Starrenburg 'n aflewering laat kry het van die *Boekzaal van Europa*, 'n Nederlandse literêre blad.[121]

Meer spesifiek het Starrenburg kontak gehad met die gegoede en destyds vermaarde Amsterdamse versamelaar Levinus Vincent, en deur Vincent, wat deel was van die wydverspreide internasionale netwerk van geleerdes en versamelaars van die tyd, is hy in aanraking gebring met die ewe ywerige Engelse apteker en botanikus James Petiver. Starrenburg het 'n betreklik intensiewe korrespondensie met Petiver gevoer, in Engels, 'n taal wat op die vasteland van Europa destyds nie algemeen bekend was nie, en hom van Kaapse plante voorsien, en in hul briewe word daar onder andere verwys na 'weather glasses' wat Petiver belowe het om hom te stuur.[122] Ook die Engelse seeman Sir William Dampier het tydens een van sy besoeke aan die Kaap, vermoedelik in 1700, met Starrenburg kennis gemaak en inheemse plante by hom gekry.[123]

Met die ontstaan van die agitasie teen die goewerneur het daar aan die onderlinge kontak tussen die landdros, Kolb en Tas natuurlik abrup 'n einde gekom; dog mens kan jou voorstel dat daar betreklik noue verbintenisse tussen Starrenburg en Beck moet gewees het gedurende die veelbewoë jaar 1706 en die eerste maande van 1707, toe albei mans weens hul ongewildheid taamlik geïsoleerd was in die klein gemeenskap. Dit is op sy beurt beëindig deur Starrenburg se ontslag vroeg in 1707, en anders as sy lotgenote kon hy maklik aan die opdrag gehoor gee en dadelik vertrek, aangesien sy vrou aan die Kaap kon agterbly en sy belange verder behartig.

Vyf individue met die intellektuele ontwikkeling en belangstelling van bogenoemdes is op sigself natuurlik nie baie nie. Dit moet egter tog as 'n betreklik groot getal beskou word in die primitiewe omstandighede van die vroegkoloniale Kaap, en in 'n blanke bevolking wat met Beck se aankoms net 'n bietjie meer as 'n duisend mans bedra het; veral wanneer mens in ag neem dat laasgenoemde groep uit die aard van die koloniale samelewing oorwegend bestaan het uit soldate, matrose, ambagsmanne, boere en plaasknegte wat in baie gevalle nie eers hul name kon skryf nie.

In hierdie omstandighede kan daar aan die Kaap natuurlik ook nie veel verwag word wat betref die aanskaf of besit van boeke nie, die vernaamste kriterium waarvolgens die peil van die intellektuele lewe ná soveel eeue nog beoordeel kan word.

W.A. van der Stel het gedurende sy kort ampstermyn naas klere, pruike en wyn ook 'n betreklik groot aantal boeke uit Nederland bestel wat van 'n wye belangstellingsveld getuig, onder andere die destyds so bekende en gewilde *Korte schets der goddelijke waarheden* van ds. D'Outrein.[124] Baie in dieselfde trant is die nagelate boekery van die kassier Henricus Munckerus wat in 1705 selfmoord gepleeg het.[125] In sy boedelinventaris is sowat sestig titels opgeneem, grotendeels regsboeke, maar ook godsdienstige boeke en werke van klassieke outeurs uit die Oudheid soos Ovidius, Horatius en Aesopus, en 'n ongespesifiseerde 'treurspel' van Vondel uit 1644.

Veel skouspelagtiger was egter De Grevenbroek se nalatenskap, '266 boeken in zoort, 18 dito [*dieselfde*] grooten, 91 boeken in zoort' volgens die inventaris,[126] terwyl Van Stekelenburg dit het oor 'ongeveer 380 in totaal'.[127] Laasgenoemde skrywer merk egter op dat sover hierdie titels nog geïdentifiseer kan word, slegs drie daarvan ná 1684 verskyn het:[128] met ander woorde het De Grevenbroek sy boekery met hom saamgebring na die Kaap en in al sy latere omswerwinge liefdevol bewaar, maar kon hy dit nooit aanvul nie.

Veral was dit predikante en sieketroosters wat boeke besit of aangeskaf het: so, om maar net 'n aantal willekeurige voorbeelde te noem, het Adam Tas in 1703 drie boeke aangekoop op die vendusie van wyle ds. Van Loon se besittings,[129] terwyl ds. Slicher van Drakenstein en die Stellenbosse voorleser Anthonie Faure op Tas se boedelveiling in 1722 elkeen meer as veertig bande aangeskaf het.[130] Die voormalige sieketrooster Gerrit Victor, Starrenburg se swaer, het in 1714 '1 kist met eenige boeken' nagelaat,[131] en in 1724 het Beck aan die owerheid geskryf in verband met 'een kist, merendeels met boeken en papieren, wat die sieketrooster Johannes Kien met sy vertrek in Stellenbosch agtergelaat het.[132] Daar was egter ook '28 boeken' in die boedel van die chirurgyn Bockelberg.[133]

Die enigste nie-amptenaar in hierdie tyd van wie dit bekend is dat hy op beduidende skaal boeke besit of aangekoop het, was Adam Tas. Veelseggend genoeg het hy nie in diens van die VOC na die Kaap gekom nie, maar as onafhanklike immigrant, onder beskerming van sy oom Henning Hüsing, en bloot reeds deur hierdie feit is hy onderskei van die soldate, matrose, ambagsmanne, boere en plaasknegte wat hierbo genoem is, want dit dui op 'n ander sosiale en kulturele agtergrond as hulle s'n. In sy dagboek kom daar verwysings na die aanskaf van boeke voor en kry mens die indruk van 'n sekere belangstelling in intellektuele sake, asook sake buite sy onmiddellike kring,[134] terwyl daar in sy boedel met sy dood in 1722 onder andere '104 zeije neusdoeken [*sysakdoeke*]', 2 kerkstoelen en 23 lot boeken' was;[135] 'n verdere twaalf bundels boeke sou in 1726 van die hand gesit word.[136]

Afgesien van hierdie verspreide enkelinge was boekbesit aan die Kaap volgens die getuienis van die boedelinventarisse seldsaam en toevallig, en gaan dit om klein hoeveelhede wat klaarblyklik nie veel nut of waarde besit het en ook nie veel aandag gekry het nie: '1 partij oude boeken', 'een partijtie boeken', '10 oude boeken', '10 gesorteerde gedrukte boeken' ('op de solder bevonden'), 'twe boeken', '5 boekjes' of bloot net 'eenige boeken'.

'n Verdere probleem van die plaaslike gemeenskap aan die Kaap, in teenstelling tot die ingevoerde amptenare uit Europa en hul gesinne, was natuurlik die gebrek aan formele onderwys, en is die meeste gevalle van enige onderwys hoegenaamd, behalwe dié wat sieketroosters kon verskaf aan die kinders binne hul bereik of wat gegee is deur die oudmatrose of -soldate wat deur meer gegoede boere as huisonderwysers in diens geneem is. 'Owing to the lack of real schools at the Cape,' skryf die Duitser Mentzel, 'n lid van die volgende generasie, 'an Africander has no opportunity to learn anything except reading, writing and arithmetic; he can acquire little knowledge of the polite arts and none at all of politics, finance or jurisprudence.'[137]

Mentzel het in 1734–36 ongeveer agttien maande as skoolmeester deurgebring by die 'ryk boer' Paul Keijser van die plaas Hartenberg in die distrik Stellenbosch,[138] 'n Duitser van geboorte, wat in 1707 as soldaat na die Kaap gekom het en as plaaskneg uitverhuur is, maar mettertyd vryburger geword het en met 'n Duitse vrou getroud is:[139] hulle sou altesaam dertien kinders hê, van wie die oudste dogter in Mentzel se tyd reeds sewentien was en getroud. Hier het Mentzel dus gewoon onder mense wat kinders was toe Henricus Beck op Stellenbosch as predikant gedien het, en sy kennis van die Kaapse boere en hul leefwyse is waarskynlik in hoofsaak aan sy oponthoud op Hartenberg te danke.[140]

'It is amusing to hear with what an air of importance these people discuss among themselves affairs of husbandry, of cattle-rearing, agriculture and hunting,' berig Mentzel as buitelandse waarnemer oor die plaaslike boere, 'of each of which subjects everyone would be a Master of Arts. As soon as the conversation drifts into a different channel upon the appearance of a European visitor, an end is put to all their erudition.'[141]

En meer spesifiek met betrekking tot die seuns van die Bolandse boere:

> It is easy to imagine the kind of conversation that goes on among young African farmers' sons, who are illiterate and have seen and experienced nothing except what they learned in their fathers' house about grain-growing, cattle-rearing and hunting. The head servant of a farmer in Europe is cleverer and speaks

much more sensibly than such human calves, whose usual witticisms are mere coarseness and whose jokes and amusements are mere foolishness to which one cannot listen without disgust.[142]

Aan die ander kant het 'n ontwikkelde man soos Adam Tas wat vir hom boeke en tydskrifte aangeskaf het volgens die getuienis van sy dagboek baie klaarblyklik behae geskep in 'n bestaan wat grotendeels uit meganiese oor en weer gekuier, oppervlakkige gesels, gedrink en gerook bestaan het. Slegs die uitgebreide boekery wat Beck met sy dood nagelaat het, dui daarop dat Beck self moontlik ander belangstellings gehad het, dog toe hy jonger was het selfs hy moontlik soortgelyke bevrediging in 'n meganiese en oppervlakkige sosiale lewe gevind. Aan die hand van die karige beskikbare getuienis kan mens geen finale oordele uitspreek nie, slegs binne 'n bepaalde historiese ruimte en aan die hand van enkele verspreide gegewens die moontlikhede aandui.

As Beck in sy later jare 'n teruggetrokke bestaan tussen die boeke in sy studeerkamer verkies het, was hy egter 'n uitsondering in die samelewing waarin hy hom op sy oudag bevind het. Die kenmerkende koloniale kultuur wat gedurende die loop van die eeu aan die Kaap tot stand gekom het, sou geen noemenswaardige prestasies van intellektuele aard lewer nie, maar byna uitsluitlik materialisties van aard wees, en hoofsaaklik uiting vind in bouwerk, meubelmakery en die produkte van die silwer- en kopersmeekuns. Reeds in Beck se tyd het die tekens in die plaaslike samelewing duidelik in hierdie rigting begin wys.

Wat die sosiale lewe van hierdie tyd betref, is Adam Tas se dagboek onbetwisbaar die beste enkele bron van inligting oor die onderwerp, en hier vind mens herhaalde verwysings na besoekers en kuiergaste wat met perdekarre aankom, alhoewel mans en vrouens albei perd gery het,[143] en roetes tussen twee bepaalde punte het gewoonlik oor die tussenliggende plase gelei om uit te rus, te kuier en nuus uit te ruil.[144] Tas self en sy familie en vriende het egter gereeld van Libertas ingestap na die dorp, wat volgens Hugo ongeveer twee kilometer ver was, 'beslis verder as wat die meeste gegoede mense vandag sal loop',[145] of na die Van der Bijls op die buurplaas Vredenburg.

In die informele sosiale byeenkomste wat by herhaling deur Tas beskryf word, vind mens telkens weer 'n aantal van die mees prominente lede van die agitasie teen die goewerneur oor die komende paar jaar in gesellige verband verenig.

Wij zijn met elkanderen desen voormiddag weder na 't huijs van Mr. van der Heijden gereeden; wij vonden daar ten huijse Mr. van der Beijl en zijn vrouw, als mede Mr. [Wessel] Pretorius en de vrouw; wij hielden daar 't middagmaal; des namiddags geraakten we aan 't kaartspelen tot een tijdkortingje; des avonds zaten we weder aan, en zijn na den eeten met elkanderen vertrocken; 't was omtrent 10 uuren na gissing toen we thuijs quamen.[146]

Soos reeds genoem, was wyn die algemene drank in die omgewing van Stellenbosch met sy wynplase, en is dit volgens Tas aan tafel en by sosiale byeenkomste in groot hoeveelhede gedrink, alhoewel hy by die huis van die vryburger Johannes Phijffer met 'n 'soopje genever' onthaal is.[147] Volgens sy inskrywings het sowel getroude as ongetroude vroue uit sy eie sosiale kring ten volle aan hierdie kuiergeselskappe en ander sosiale byeenkomste deelgeneem, en aan die kaartspel wat dikwels deel daarvan uitgemaak het, en ook wat húlle betref, was wyn die algemene tafeldrank, alhoewel hy hiernaas dikwels na tee verwys. In sy dagboek kom koffie nie so dikwels voor nie.

Verder is daar deur die mans op ewe groot skaal gerook. Die kleipype van die tyd, in deftiger gevalle met lang stele, is slegs een keer gebruik en dan gebreek of weggegooi, sodat dit nodig was om hulle in groot getalle aan te skaf, en in die boedel van Johannes Bockelberg vind mens dus '1 pijpe kas met vijftigh dosijn lange pijpen'.[148] Tas noteer dat Van der Heiden se kneg by een geleentheid na hom gestuur is 'om een gros lange pijpen voor zijn baas te haalen, dewelke door mij aan hem waren toegesegt',[149] en op die vendusie ná Bockelberg se dood het hy vir hom twaalf dosyn langsteelpype aangeskaf.[150]

'Des namiddags is mijn vrouw na 't huijs van van der Beijl gestapt om desselfs vrouw eens te besoeken,' lui 'n heel kenmerkende inskrywing in Tas se dagboek;

> tegens den avond ben ik haar gevolgd, ten eijnde om haar thuijs te haalen; des avonds quamen daar met de paarde wagen Mr. van der Heijden, bij zig hebben den land-drost [*Starrenburg*]; wij bleeven daar ten eeten en zijn met den land-drost na huijs gewandeld.[151]

'Heden is zuster Barbara met de twee nonjes [*jong dames*] van der Beijl na du Toit gereeden om desselfs dogter te verjaaren', teken hy by een geleentheid in 1705 aan, 'n paar maande voordat Aletta Beck by haar broer kom aansluit het.[152] Dit gaan hier om sy sestienjarige skoonsuster Barbara van Brakel en die ouer dogters van sy buurman Pieter van der Bijl, wat ongeveer ewe oud was soos sy, wat oorgery het na die nabygeleë Aan 't Pad (later Cloetesdal) om die vyftiende verjaardag te vier van Helena du Toit. Sy was 'n dogter van die Franse Vlugteling Guillaume du Toit wat ook prominent by die agitasie teen die goewerneur betrokke sou wees, en sou in die loop van die volgende jaar reeds in die huwelik tree.[153]

En weer: 'Des namiddag quamen hier de nonjens Truitje van der Bijl en du Toit; nadat ze thee gedronken, eenige liederen geleezen en wat gesnakt [*gesels*] hadden, zijn ze weder vertrokken';[154] waarby Hugo daarop wys 'dat die liedere nie gesing is nie, maar gelees, d.w.s. voorgelees', en dit het oor die stigtelike liedere van die

Gelderse digterpredikant Willem Sluiter.[155]

In 'n boek wat begin het deur soveel aandag aan poësie, geleentheidsgedigte en versmakery te skenk, kan voorts genoem word dat geleentheidsgedigte op huwelike, verjaarsdae, nuwejaarsvierings en dergelike herdenkings volgens die beskikbare getuienis onder die Nederlandse gemeenskap in Suid-Afrika ewe algemeen was,[156] alhoewel hulle nie in druk verskyn het nie en slegs selde in manuskripvorm bewaar gebly het. Die eerste vroulike digter wat aan die Kaap bekend is, Marie-Jeanne des Prez (du Preez), eggenote van die Franse vryburger Jacques Therond (Theron), was trouens nie eers Nederlands nie, maar self ook die dogter van 'n Franse Vlugteling, alhoewel die gesin skynbaar uit die huidige Vlaams-Franse grensgebied afkomstig was en moontlik dus met 'n vorm van Nederlands grootgeword het.[157]

Aan die Kaap het Des Prez in elk geval by plaaslike gebruike aangesluit met die versies wat sy skynbaar self op die geboorte van haar onderskeie kinders gemaak en wat in 'n Nederlandse weergawe bewaar gebly het, sy dit oorspronklik of vertaal.

O Vader aller weezen, bewaarder aller vromen,
Laat uwen segenshand tot deze kinderen komen,
Brengt haar [hulle] *na volle jaaren in uwe genaderijk,*
Dat zij u eeuwig looven in Hemel al gelijk [almal saam]. [158]

Dit is moeilik om te glo dat Aletta Beck in hierdie omstandighede op Stellenbosch, in die intieme kring van die Elseviers, Blesiusse en Kaldens, nie ewe goed as digteres van haar laat hoor het as in Arnhem nie.

Wat betref die huise waarin hierdie drukke sosiale lewe hom afgespeel het, is dit noodsaaklik om nogmaals aan die feit te herinner dat simmetriese 'Kaaps-Hollandse' huise met gewels en hoë voorstoepe nog 'n generasie of twee in die toekoms was, hoe moeilik dit ook is om mens los te maak van die diep gewortelde oortuiging dat Hüsing en Tas in statige gewelhuise gewoon het. Die plaasopstalle was soortgelyk aan die dorpshuise wat reeds beskryf is, met twee of drie kamers op 'n ry, waarby die vertrek waar besoekers die huis binnegekom het en wat as 'voorhuis' aangedui is ook ten volle as woonruimte benut is. Met verloop van tyd is hierdie huise dikwels op onreëlmatige wyse vergroot met wat gewoonlik as 'binne-' en 'agterkamers' beskryf is, en toe kosbereiding na 'n afsonderlike vertrek verplaas is, is die kombuis skynbaar aan die agterkant van die huis aangebou.

Die huis van die Duitser Matthijs Greeff kan hier as voorbeeld gebruik word.[159] Greeff was een van die vroegste intrekkers in die distrik Stellenbosch, en het sedert 1682 geboer op die plaas Nooitgedacht naby Koelenhof, sodat hy op een tydstip dus 'n buurman van Beck was. Toe hy in 1712 as oudheemraad oorlede is, was hy 'n gegoede man, en die beskrywing wat in die boedelinventaris gegee is, is dié van 'n gerieflike woning volgens destydse standaarde, soos dit oor 'n tydperk van dertig jaar ontwikkel het. Wat mens hier beskryf vind, is 'n opstal bestaande uit 'n voorhuis met 'n groot kamer aan die linker- en twee vertrekke aan die regterkant, drie sogenaamde 'afdakkies', wat egter 'n wesenlike deel van Kaapse huise uitgemaak het en dikwels as pak- of voorraadkamers of kluise gebruik is, 'n kombuis, 'n 'bottelarij onder de trap', waarskynlik 'n soldertrap binne die huis, en 'n ruim solder.[160]

Adam Tas beskryf terloops hoe hy vroeg in 1706 met twee van sy geesgenote hier besoek afgelê het toe hulle besig was om handtekeninge vir hul klagskrif te versamel: 'Daar vonden we de tafel gedekt en gingen meede aansitten, dog alles watter in huis was, was bijna dronken. Na een wijl daar gezeeten te hebben, zij we voort gereeden.'[161]

Daar is 'n beskrywing in soortgelyke trant van die opstal op Tas se ou plaas Libertas in 1731 in die boedelinventaris van Wouter de Vos, wat dit in 1722 ná Tas se dood gekoop het. Hier word 'n 'voorhuijs', 'n 'groote kamer ter linkerhand', 'n 'voorkamertje' en 'n 'slaap camertje', albei 'ter regterhand', 'n 'agterkamertje', 'n 'bottelerijtje [*spens*] in de gang', 'n verdere 'bottelerijtje' en 'n 'combuijs' genoem, wat in dieselfde trant dui op vier vertrekke op 'n ry met aanbousels aan die agterkant.[162] Dit moet ook die basiese vorm van die huis wees soos wat Tas dit geken het, ongeag die veranderings of verbeterings wat De Vos oor die nege jaar van sy verblyf aangebring het.

Dit is interessant dat die voorhuis op Libertas groot genoeg was om in De Vos se tyd dertien stoele met los kussings, 'n rusbank met 'n matras, 'n ovaal tafel, twee muurtafels, en muurrakke met 'n aansienlike hoeveelheid porselein te huisves. Hiernaas was daar ook 'n 'wasvaatje met zijn balij', 'ses roije venster gardijnen', wat die aanwesigheid van drie vensters impliseer as dit moderne verdeelde gordyne was wat in pare opgehang is, en 'n bypassende rooi 'schoorsteenvalletje' wat saam met herdgerei op die aanwesigheid van 'n kaggel dui.[163] Die 'voorhuijs' op Libertas was dus baie duidelik, selfs in dié betreklik laat stadium, geen blote ingangsportaal nie, maar 'n algemene woon- en ontvangruimte in die vroegkoloniale tradisie.

Namate die ekonomiese situasie dit toelaat, is die veestapel gewoonlik eers verbeter en plaas- en kombuisgereedskap en 'n slaaf of twee aangeskaf, ongeveer in hierdie volgorde, en eers daarna is daar met verbeterings ten opsigte van meubels en huisraad begin.[164] Wanneer die ekonomiese situasie van 'n gesin in so 'n mate verbeter het dat daar doelgerigte aandag aan die woninginrigting geskenk kon word, is dit dan gewoonlik op groot en opsigtige skaal aangepak. Wat dit kon impliseer teen die tyd dat Henricus Beck hom op Stellenbosch gevestig het, kan weer eens aan die hand van Matthijs Greeff getoon word.

Met die dood van sy vrou in 1710 was Greeff in besit van altesaam drie plase in die distrik, drie huise in die Tafelvallei, 'n ongespesifiseerde aantal veeposte, negentien slawe, twee slavinne, agttien perde, 533 beeste, 66 'zuijgkalveren', 4373 skape, 1109

7. Henricus en Aletta Beck in Stellenbosch (ii)

hamels en 33 varke, 'klijn en groot'. In sy huis was daar volgens die inventaris op hierdie tydstip onder andere twee hemelbeddens met sisbehangsels, een daarvan van rooielshout, 'veerbeddens' of -matrasse, 'n geelhouttafel, 'n kerkstoel van ebbehout, twaalf stoele van rooielshout, en 'n groot kis met koperbeslag.[165] Toe Greeff self twee jaar later oorlede is, vermoedelik ná 'n boedelverdeling ten behoewe van die kinders en 'n algemene herorganisasie, is daar in die inventaris 'n noukeuriger opgawe verstrek wat ook verwys na skilderye, verlakte meubels, veertien modieuse 'swarte stoelen', en twee hemelbeddens van ebbehout.[166]

Die oudburgerraad Theunis Dirckz van Schalkwijk was met sy dood in 1717 in besit van twee plase, tien slawe, 116 beeste, 454 skape, twee ossewaens, 'n perdewa, 'n kar en 'n sjees ('n ligte perdekar vir twee persone), en terwyl hy teen hierdie tyd kennelik 'n wewenaar was en sy huis eenvoudig ingerig was, was daar 'n stinkhouthemelbed met rooi behangsel, veerbeddens, 'n kis met geelkoperbeslag en heelwat silwerwerk.[167] Die inventaris gee die indruk dat dit hier gaan om 'Doode Kraal' (ook bekend as Door de Kraal) in Tygerberg.

Wanneer mens met hierdie enumerasies aan die hand van boedelinventarisse begin, is dit moeilik om op te hou, maar miskien kan een verdere uitweiding toegestaan word in verband met Hester ter Winkel, wat in 1700 as diensmeisie saam met ds. Van Loon en sy vrou van Nederland uitgekom het met 'n dienskontrak vir drie jaar, en van kontrakbreuk aangekla is toe sy kort daarna met die plaaslike boer Pieter van der Bijl in die huwelik tree.[168] Toe sy in 1744 oorlede is op die plaas Vredenburg, langs Adam Tas se ou plaas Libertas, waar sy nog altyd gewoon het, was dit as baie ryk weduwee van vermoedelik in die sestig, in besit van veertig manslawe, naas 'n aantal vroue en kinders, en meerdere ander plase tot so ver weg soos Vier-en-twintig Riviere en die Sonderendrivier in die Overberg.[169]

Dit was kort voor die einde van die periode wat in hierdie boek onder bespreking is, en terwyl dit hier gaan om 'n lewenstyl wat oor 'n tydperk van bykans 'n halfeeu opgebou is en die inventaris van ouderwetse deeglikheid getuig eerder as modesug of moderniteit, toon dit op treffende wyse die mate van opsigtige welvaart en gerief wat teen die middel van die eeu onder 'n seksie van die Bolandse wyn- en koringboere bereik is en hul konserwatiewe leefwyse gekenmerk het.

Om kort te gaan, vind mens hier 'n huis met ses vertrekke, naas 'n kombuis, waaronder daar 'galdery' was, die sentrale woon- en onthaalruimte wat kort tevore in die Tafelvallei tot kenmerkende element in die koloniale huis begin ontwikkel het,[170] met onder andere twaalf stoele, nege 'vuurstoven' of voetstofies en vyf koperkwispedoors.[171] Die 'voorhuijs' is teen hierdie tyd kennelik nie meer as die vernaamste woon- of ontvangsruimte gebruik nie, maar dit is duidelik dat dit 'n ruim vertrek was, waar daar naas vier tafels en nege stoele ook heelwat porselein was, sowel as 'n koperteeketel met 'n komfoor, 'n 'wasch-baalietje' en 'n 'theebalijtje' van hout, en 'n water-emmer met koperbeslag.

Wat verder in die huis opval, is die aantal kaste waarop daar porseleinkasstelle uitgestal was, die feit dat dit nie minder as sewe beddens bevat het nie—'n ledekant, 'n 'gedraaijde kadel' en verdere 'kadels',—elkeen met 'n aansienlike aantal kussings en beddegoed, oor slegs drie vertrekke verdeel, die groot hoeveelheid linne (68 'slaap-lakens', 111 kussingslope, sestien tafellakens, 93 servette en negentien handdoeke), die aanwesigheid van 39 silwerlepels en -vurke, wat daarop dui dat die gebruik van vurke teen hierdie tyd al ingang gevind het, en die porseleinkamerpotte met deksels en tinkamerpotte, naas '1 stelletje met 1 porceleijne pot'.

Bostaande inventarisse word egter nie aangehaal om die inrigting van 'n 'tipiese' Bolandse plaaswoning te probeer illustreer nie, en selfs nie die woning van 'n 'tipiese' ryk wyn- of koringboer, en dit is gevaarlik om aan die hand daarvan te wil veralgemeen. Dit gee daarenteen inligting oor die manier waarop 'n spesifieke aantal individue onder die gegoede Bolandse boere hul onderskeie huise ingerig het, en aan die hand van hierdie inligting is dit hoogstens moontlik om sekere neigings vas te stel: in die werklikheid het die een geval van die ander verskil as gevolg van 'n verskeidenheid persoonlike faktore wat vandag nie altyd meer bepaal kan word nie.

So kry mens byvoorbeeld aan die een kant die gewese Nederlandse diensmeisie Hester ter Winkel, wat goed getrou en veertig jaar lank in dieselfde huis gewoon het; en aan die ander 'n geval soos dié van die reeds vermelde chirurgyn en heemraad Johannes Bockelberg (later Bockelenberg).[172] Bockelberg was 'n Duitser wat voorheen op Mauritius gewoon het, waar hy getroud was met Magdalena Zaayman, 'n kleindogter van die Khoi-tolkin Krotoa (Eva) en die Deense chirurgyn Pieter van Meerhoff. Op die eiland het hy 'n welvarende man geword danksy die aansien en invloed van sy skoonvader en die feit dat die opperhoof van Mauritius sy swaer was,[173] maar vroeg in die agttiende eeu het hy met sy gesin na Batavia verhuis,[174] en kort hierna na die Kaap. Nadat sy vrou dood is en hom met vier kinders agtergelaat het, is hy opnuut getroud, maar in 1709 is hy self oorlede, toe sy jongste kind nog maar twee jaar oud was.

In Bockelberg se boedelinventaris vind mens 'n hemelbed, 'n tafel en 'n aantal kleiner objekte van ebbehout, waarskynlik herinnerings aan Mauritius, waar hierdie hout verkry is, en twee spieëls, asook porselein, waaronder vyftig teekoppies en -pierings, en heelwat silwer, goud en sierade, maar hy was 'n onlangse immigrant en sy meubels was verder betreklik beperk en eenvoudig, terwyl die 'beddens' of matrasse en die bedkussings gevul was met Oosterse kapok, nie vere nie.[175] Ewe goed soos dié van Hester ter Winkel of enige ander persoon wat hier as illustrasie genoem is, weerspieël hierdie inventaris dus op eiesoortige wyse die lewensloop, lotgevalle, finansiële en maatskaplike posisie en persoonlike verpligtings van 'n individu, naas onbepaalbare faktore soos sy persoonlike smaak, voorkeure en keuses.

Ook moet mens met die gepoogde herkonstruksie van hierdie koloniale wonings onthou dat dit nie gaan om die stylkamers van museums of stelle wat vir 'n film opgebou is nie, maar plaashuise wat bewoon is deur mense wat in laaste instansie 'n bestaan gemaak het van die boerdery en prakties daarby betrokke was, ongeag die feit dat die fisieke arbeid in toenemende mate aan slawe oorgelaat is. Dit word duidelik in die inventarisse weerspieël, soos in die geval van Matthijs Greeff wie se elegante meubels hierbo genoem is. Alle rykdom en deftigheid ten spyt het die inhoud van sy voorhuis, soos in hierdie bron weergegee, bestaan uit drie skilderytjies, 'n ou saal, 'n paar holsters, 'n kis met timmermansgereedskap en '2 steenen tot een mostermolen [*mosterdmeul*]'.[176]

As verdere voorbeeld sou mens die welgestelde koringboer Abraham Diemer kan aanhaal, 'n oudburgerraad wat reeds in 1703 sy verskyning by die boedelvendusie van sy moeder Christina Does gemaak het, en self in 1713 oorlede is.[177] Met sy dood was daar in die voorhuis van sy plaas Groenfontein by Joostenberg sewe mud koring in sakke, drie leë koringsakke, '3 endjes planken', heelwat porselein, wynglase, 'n aantal muurrakkies, 'n vierkantige tafeltjie, 'n tinbotterpot, vier Chinese skilderytjies, 'n witkwas en twee borsels, 'n klein voetbankie en drie stoele, in bonte maar heel kenmerkende verskeidenheid.[178]

Terwyl dit veral die voorhuise van hierdie plaasopstalle is wat op uiters praktiese wyse ingerig en benut is, was die verskeidenheid in ander vertrekke dikwels ook bont, al was dit nie heeltemal so aanskoulik nie. In Diemer se geval was daar 'in de voorkamer aen de linkerhand' byvoorbeeld onder andere (in die volgorde waarin dit opgeteken is) 'n klein hemelbed met sy behangsel, vier stinkhoutplanke, 'n kiaathoutplank, 'n koringsif, 'n hoop koring ('naer gissingh 150 mud'), 'n leë halfaam, '1 halve legger met een restantje wijn', agt skilderytjies, 'n spieël met 'n swart raam, 'n Bybel, 'n 'partij oude boeken', 'n Nederlandse vlag, 'n stoel en 'n 'theebakje'. Op soortgelyke wyse was daar in die 'voorkamer aen de regterhand', wat veral as slaap- en onthaalkamer ingerig was, naas 'n hobo, 'n fluit en tien verdere skilderytjies onder andere 'n seildoeksak met tuinsaad, 'n erdekan, leë bottels, 'n stuk seildoek en 'n kissie met skoenmakersgereedskap.[179]

Dit was terloops die huis waarheen Adam Tas en Jacob van der Heiden een wintermiddag in 1705 oorgery het van Libertas 'om Mr. Diemer eens te besoeken', maar eers na donker aangekom het aangesien hulle verdwaal het. 'Wij geraakten daar aan taaffel,' het Tas in sy dagboek opgeteken, 'en dronken eenige barkemeijers [*bekers*] met wijn, en toen ging men zig ter rust begeeven.' En die volgende dag:

> Wij waren desen morgen al vroeg bezig met een beekertje alssem wijn binnen te gieten; wijders [*verder*] wierde daar een stuk ontbeeten, 't geen met wijn wierde gelardeerd [*veraangenaam*]. Na den eeten dronken we eenige kopjes thee. Voorts zijn we te paard gestegen om onse reijse na huijs voort te setten.[180]

Mens wonder of die besoekers die klein hemelbed in die 'voorkamer aen de linkerhand' gedeel het.

Diemer was in eerste instansie 'n swaer van die voormalige fiskaal Blesius en as sodanig verwant aan die plaaslike amptenare-élite. Self was hy voorts ook in besit van 'n veepos aan die Klapmutsrivier en altesaam 23 slawe, wat bowendien 'n eie slawehuis en -kombuis gehad het, en met sy dood is byna 5000 gulden in kontant in die huis gevind, dus gaan dit hier soos elders duidelik om mense wat iets deftigers kon bekostig het as hulle dit sou begeer het. Volgens die standaarde van die tyd is iemand se aansien en waardigheid egter nie nadelig beïnvloed deur die aanwesigheid van 'n saal en toom of 'n witkwas in sy voorhuis of in 'n hoek van sy ontvangkamer nie.

Wat hier oor woninginrigting gesê is, is in eerste instansie bedoel as korrektief op die romantisering van 'n 'Kaaps-Hollandse' woonkultuur wat teen hierdie tyd nog nie bestaan het nie, en in elk geval grotendeels mities is, en 'n herinnering aan die onverbiddelike werklikheid van die verlede soos sy bewoners dit in hul daaglikse lewe ervaar het. Die saals, sakke saad, planke en kiste met gereedskap wat in inventarisse tussen die hemelbeddens en stinkhoutstoele genoem word, herinner op nuttige wyse aan hierdie feit, en so ook trouens die kamerpotte, soms van tin en soms van porselein, wat teen hierdie tyd al hoe meer dikwels hul verskyning in Kaapse huise maak, of die vuil wasgoed wat mens minder dikwels in boedelinventarisse vermeld vind, meestal, so wil dit voorkom, waar die wakende oog van 'n huisvrou ontbreek het.

In die huis in die Tafelvallei wat twee mans, Jacob van Doorninck en Joris van Stralen, gedeel het, was daar in 1701 'In 't kamertje na de baij' byvoorbeeld die volgende:

> 6 witte linden [*linne*] hembden, sijnde vuijl; 12 witte kussenslopen, sijnde vuijl; 11 witte slaaplakens, sijnde vuijl; 24 witte servietten, sijnde vuijl; 7 witte tafellakens, sijnde vuijl; 5 witte lange dasjes, sijnde vuijl; 5 blaauwe neusdoeken, sijnde vuijl; 2 gestreepte hembdrocken [*kort baadjies*], sijnde vuijl; 1 onderbroeken [*sic*], sijnde vuijl.[181]

Toe die gegoede Hendrik Sneewind dieselfde jaar oorlede is, was daar in sy huis in die Liesbeekvallei 'in de was', '3 mans hembden, 36 kussensloopen, 11 bedt laakens, 3 tafellakens, 34 servietten'.[182] Soos hieruit blyk, is wasgoed in hierdie tyd nie wekliks of selfs maandeliks gewas nie, maar opgespaar totdat dit 'n aansienlike hoeveelheid bedra het.

In 1709 was daar op die plaas van Johanna Victor, vrou van die voormalige landdros Johannes Starrenburg wat na Europa teruggeroep is, 'n ongespesifiseerde 'bondel met vuijlgoed',[183] maar jare later vind mens weer 'n volledige lys van die vuil wasgoed in 'n 'sluijtmant' in die huis in die Tafelvallei waar die ongetroude Augustinus Coebergen, 'n welgestelde kopersmid, alleen gewoon het met vyf manslawe: 'veerthien vuijle hembden; ses vuijle laakens; tien vuijle kussensloopen; seeven vuijle servetten; vier vuijle mutsen; twee paar vuijle coussen; drie vuijle onderbroeken'.[184] Hierdie inventaris is opgestel nadat Coebergen in 1744 kranksinnig verklaar moes word.

Gedurende die eerste kwart van die agttiende eeu is die oorblywende Khoikhoi in die Boland toenemend as plaasarbeiders gebruik, en besonderlik as seisoensarbeiders, wie se dienste veral tydens die oestyd in aanvraag was. Aan die einde van 1705 het Adam Tas byvoorbeeld aangeteken: 'op dato [*vandag*] is 't snijden van de rogge en 't Siciliaanse coorn ten einde gebragt, zodat de Hottentots weder na Juffw. Elbertsz staan te vertrekken',[185] met verwysing na die weduwee Elbertsz, Alida ter Meulen, wat op hierdie tydstip skynbaar op Vredenburg (by die huidige Vlottenburg) gewoon het.[186]

'n Paar dae later is arbeid egter opnuut benodig, en skryf Tas: 'Deeze morgen is Jacob onze knegt om Hottentots na van der Heijden geweest, dog hij heeft niet opgedaan [*niks gekry nie*], omdat de Hottentots daar nog wel agt dagen werk hebben met coorn te snijden'.[187] 'Dezen avond zijn elf Hottentots hier gekomen van Pieter Rochefort om coorn te snijden,' kon hy egter 'n week later opteken,[188] met verwysing na 'n Franse vryburger wat op die plaas Vlottenburg geboer het,[189] en 'n bietjie later, 'Deze voormiddag zijn onze slaven neevens de Hottentots met coorn snijden beezig geweest.'[190]

Individuele Khoikhoi is egter ook op meer vertroulike vlak in diens geneem, en in dieselfde tyd het Samuel Elsevier byvoorbeeld 'n 'Hottentot' van Elsenburg na Libertas gestuur 'om een mudde tarw [*koring*] en een mudde rogge',[191] terwyl Tas self 'Louis de Hottentot' na die Kaap afgevaardig het met briewe vir sy suster en Henning Hüsing.[192] De opvlieënde ds. Le Boucq het trouens verklaar dat Beck sy gemeentelede na die Nagmaalsviering laat uitnooi het 'door een dronken koster, jae, door Hottentots met een brieftie [*briefie*]'.[193]

Effens dieper in die binneland na die noorde kon restante van die selfstandige veebesitters van weleer voorlopig nog aangetref word, en toe landdros Starrenburg in 1705, kort ná sy aanstelling, op 'n veeruiltog uitgestuur is, kon hy hulle nog so ná aan die Kaap vind soos die huidige Darling.[194] Sy reis, wat amptelik beskryf is as 'n 'landtogt na de Gonnemaas [*Kochokwa*], Grigriquas, Namacquaasche Hottentots, enz.' om 'trek- en werkbeesten' vir die Kompanjie te bekom, het sewe of agt weke geduur en hom tot naby die Olifantsrivier gevoer. Die selfstandige Khoi-groepies wat hy hier gevind het, was egter wyd versprei oor die hele gebied, het betreklik min vee gehad, waarvan hulle oor die algemeen onwillig was om afstand te doen, en het hul by hom bekla oor rooftogte deur vryburgers en jagterstamme of 'Boesmans'. Volgens sy eie verslag het hy slegs 179 osse bekom.

Op Sondag, 6 Desember, was Starrenburg terug op Stellenbosch, 'alwaar ik des avonts in den donkeren aanquam':[195] op die dorpie, met ander woorde, waar Aletta Beck slegs 'n paar maande tevore deur ds. Valentijn by haar broer besorg is, en broer en suster op die oomblik saam in die grasdakpastorie oorkant die kerk gewoon het: uit Adam Tas se dagboek lei mens af dat die kerkdiens daardie oggend op Stellenbosch plaasgevind het.[196] Die volgende dag begin die tweede fragment van Tas se dagboek, waarvolgens sy slawe besig was om rog en Siciliaanse koring te oes, en Hester ter Winkel en Abigail Vroom, die vrouens van die vryburgers Pieter van der Bijl en Jacob van der Heiden onderskeidelik, by die egpaar Tas kom eet het. Later dié middag het die landdros saam met hul mans daar aangekom: 'Na en [sic] wijnig keuvelens [gesels] is Mr. [monsieur] van der Bijl en van der Heijden vertrokken, dog den Land-drost bleef hier tot dat het donker wierde (…),'[197] en waarskynlik het hy hulle van sy ruiltog vertel. Dit was kort voordat die koms van die retoervloot van 1706 die koorsagtige bedrywigheid ingelei het wat met die opstel van die klag- en getuigskrifte in verband gestaan en die gemeenskap op so 'n bittere wyse verdeel het.

Mens is geneig om die verlede as staties, reglynig of tweedimensioneel te beskou, veilig vasgelê op papier, en dit is goed om van tyd tot tyd, soos hier, aan die dinamiek, gelyktydigheid of driedimensionaliteit daarvan herinner te word.

Sover dit veeruiltogte betref, sou veeboere hierna al hoe meer noordwaarts uit beweeg en die oorblywende Khoikhoi nog verder uit die gebied verdring, en al hoe minder amptelike ruiltogte sou na die noorde uitgestuur word. In 1712 het 'n verkenningstog in die rigting van die Olifantsrivier onder luitenant Slotsboo nog die hoop gekoester om 'langs de Bergh Rivier in 't Swarte Landt eenige Hottentots kraalen op te doen, om te zien eenige beesten of schaapen voor de E. Comp. te ruijlen', wat na die huidige distrik Malmesbury verwys;[198] dog hierdie geweste het al hoe minder gehad om op te lewer. Voortaan sou die doel van amptelike ruiltogte die veeryk Khoi-stamme anderkant die Hottentots-Hollandberge in die Overberg na die noordooste wees, alhoewel hulle algaande steeds verder van die Kaap opgesoek sou moet word.

Roofdiere sou voorlopig egter in die klowe van die gebergte rondom Stellenbosch uithou en 'n ernstige bedreiging vir die koloniste en hul kuddes uitmaak lank nadat alle gevaar van Khoi-verset verdwyn het. In 1705 nog het Adam Tas, wie se plaas in die onmiddellike omgewing van die dorp was, op 'n 'vers leeuw- of tijgerspoor' afgekom waar hy een oggend met sy vrou rondom hul koringland gaan stap (met 'tijger' is 'n luiperd bedoel),[199] en die volgende jaar kon hy opteken: 'Nadat onze trop schapen een wijnig tijds buijten was geweest, zijn er seeven wilde honden onder geraakt, die twee schaapen hebben gebeeten. De schaapwagter was ook in de klem, aangesien de honden op hem afquamen.'[200]

Vir baie jare het die owerheid amptelike belonings vir die uitroeiing van skadelike diere uitgeloof. 'Op 2 Junie 1704,' berig Hattingh met betrekking tot die voormalige slaaf Jan van Ceylon wat in Jan de Jonkershoek geboer het,

het Jan dertig gulde ontvang vir die twee 'tijgers' wat hy gedood het. In Julie

7. Henricus en Aletta Beck in Stellenbosch (ii)

en Augustus 1709 is hy altesaam ƒ45 betaal vir drie tiere wat sy slagoffers geword het. Nog voor die einde van daardie jaar het hy weer ƒ21 verdien vir nog twee tiere en 'n 'wolf' [*hiëna*]. In Maart 1711 het hy weer vir 'n tier vyftien gulde ontvang en 'n jaar later selfs ƒ24 vir die eerste leeu van daardie jaar.[201]

Vir gekleurdes, wat dikwels gesukkel het met die boerdery, was hierdie belonings 'n belangrike bron van inkomste,[202] soos ook getoon word deur die geval van Jacob van Makassar en Dirk Ruijter wat in 1710 met 40 gulden beloon is vir die dood van 'n leeu en 'n luiperd.[203]

Selfs nadat roofdiere uit die onmiddellike omgewing van Stellenbosch verdrywe is, moes daar nog altyd met hulle rekening gehou word, en toe die Kompanjieslaaf Marcus wat by Beck in diens was in 1724 om onbekende redes na die Overberg gestuur is, was hy van 'n snaphaan voorsien. Beck self beskryf hom in 'n berig aan die owerheid nogal omslagtig as 'weeder komende van over de bergh, en bij zig hebbende een geweer om zig in cas [*geval*] van wild gedierte, dat omtrent de Houthoek [*Houhoek*] en warme bad [*Caledon*] den weg onveijlig maakt, en binne weijnig dagen herwaarts een Hottentot verslonden heeft, te beschermen'.[204]

In 1713 is Henning Hüsing oorlede, en het hy groot bedrae geld aan familielede en aan kerklike liefdadigheidsinstansies nagelaat: 'Die totale bedrag aan legate het meer as 100 000 guldens beloop.'[205] Sy weduwee Maria Lindenhovius het in 1718 met 'n aantal vroulike familielede na Nederland teruggekeer,[206] nadat sy ongeveer veertig jaar van haar lewe aan die Kaap deurgebring het, en goewerneur De la Fontaine kon haar in sy bekommentarieerde opgaaf in 1731 nog beskryf as 'een rijke vrouw, en wel de gegoedste van de Kaap geweest'.[207]

Adam Tas is op sy beurt in 1722 oorlede. 'Uit die inventaris van sy boedel blyk dat hy 'n welgestelde man was,' berig sy biograaf, 'en na finale bereddering word bykans 29 000 gulde ten behoewe van sy kinders aan die weeshere in Amsterdam oorgemaak',[208] wat verband hou met die feit dat hulle op daardie tydstip in Nederland was.

Tas se buurman Pieter van der Bijl is die jaar ná hom dood, en Jacobus van der Heiden in 1727, net nadat Beck na die Tafelvallei oorgeplaas is. Hiermee het van die mees vooraanstaande manne in die distrik en die leidende deelnemers aan die agitasie teen W.A. van der Stel van die toneel verdwyn.

Intussen het 'n jonger Kaapse generasie hom egter gereed gemaak om na vore te tree en die plek van die ouere in te neem, op treffende wyse vergestalt in die Duitser Hendrik Oostwald Eksteen (Heinrich Oswald Eckstein),[209] wat in 1702 as adelbors (seekadet) in Kompanjiesdiens na die Kaap gekom het, dus in dieselfde jaar soos Henricus Beck. In 1704, die jaar waarin Beck predikant van Stellenbosch geword het, het Eksteen vryburgerskap bekom, en Heese teken die moontlikheid aan dat hy die vader was van 'n buite-egtelike kind met die gekleurde vrou Anna Maria Colijn, wat vroeg in 1705 gedoop is.[210] Eweneens in 1704 het hy egter in die huwelik getree met Sara Heijns, 'n voor- of buite-egtelike dogter van Paul Heijns, 'n Duitser wat twee keer agtermekaar met 'n gekleurde vrou getroud was, en haar eie moeder was na alle waarskynlikheid ewe goed van slaweherkoms.[211]

Met hul huwelik het Eksteen en sy vrou sonder besittings in die opgaaf verskyn, maar Heijns was 'n gegoede man wat oor die tydperk 1708-13 meermale in besit was van die winsgewende drankpag,[212] en in 1708 is Eksteen self as brandewynpagter aangegee, waarna hy tot 1721 ononderbroke as pagter opgetree het. Heel waarskynlik was dit deur die aansien, kontakte en bowendien geld van sy skoonvader dat hy hom so vinnig op hierdie wyse gevestig kon kry, en hy het sy kanse ook goed benut. In 1710 kon hy die plaas Lobenstein (Loevenstein) in die Tygerberg koop, en ná sy vrou se vroeë dood is hy getroud met 'n dogter van die besonder gegoede boer, sakeman en drankpagter Jan Meindertsz Cruywagen, wat kenmerkend genoeg van hierdie tyd nie sy naam kon teken nie.[213]

'By 1715,' skryf Guelke & Shell, 'Eksteen was a moderately wealthy man and began to invest money in a wide variety of enterprises.'[214] Drie jaar later, toe hy ook sy tweede vrou verloor het, was hy reeds in besit van drie huise en 'n kelder in die Tafelvallei, vier plase, 'n totaal van 45 slawe, 1600 skape, 350 beeste, dertig perde, 146 lêers 'Caabse wyn', 41½ lêers brandewyn en arak en veertien kelders Franse brandewyn (alles waarskynlik vir verkoop), distilleer- en wynmaakapparaat, 'n 'vaartuyg', en twintig vragte skulpe,[215] wat 'n goeie indruk gee van sy uiteenlopende belange en werksaamhede en van sy ondernemingsgees. Hy was op hierdie tydstip 13 500 gulden aan sy skoonvader verskuldig, maar ná aftrek van alle skuld het die boedel nog altyd meer as 66 000 gulden bedra.

Interessantheidshalwe kan bygevoeg dat die 'zeykamer' van Eksteen se huis, waarvan die ligging nie gespesifiseer is nie, onder andere 'n hemelbed en 'n lessenaar van rooi ebbehout, 'n ovaal kiaathouttafel, 'n ebbehoutrusbank met ses stoele, 'n kis met koperbeslag, drie spieëls, vyf skilderye en 'n stel kaspotte (porseleinornamente) bevat het.

Teen 1731 was Eksteen, wat deur Guelke & Shell as voorbeeld van die 'many aggressive and upwardly mobile individuals' in die destydse Kaapse samelewing uitgesonder word, in besit van sewe plase met 'n totaal van meer as driehonderd morg grond, 'n honderd slawe, vyftig perde, seshonderd osse, 1800 skape en 40 000 wingerdstokke, het hy die vleispag besit, en was hy die rykste man aan die Kaap:[216] 'Is Comp[agnie] slagter en een landbouwer die rijkelijk kan bestaan,' was goewerneur De la Fontaine se kommentaar.[217]

Omstreeks 1713 is Beck se kontrak as werknemer van die Kompanjie vermoedelik weer hernuwe en sy traktement nogmaals verhoog, soos reeds genoem is,[218] maar toe

7. Henricus en Aletta Beck in Stellenbosch (ii)

dit tyd sou gewees het vir 'n verdere hernuwing, het daar 'n verrassende begeerte by hom opgekom 'om de kerke J[esu] C[hristi] onder 't bestier van d'Edle. Oostindise bestierders te mogen bedienen', en vroeg in 1719 het hy die Politieke Raad gevra om sy oorplasing na Batavia by die Here XVII aan te beveel.[219]

Wat die reaksie hierop was, is onbekend, maar in April van die volgende jaar, nadat 'n antwoord moontlik uit Nederland ontvang is, het 'n nog meer onverwagte stap gevolg toe Beck se vrou, 'belang hebbende om na 't vaderland te gaan', by die owerheid toestemming gevra het om met een van die retoerskepe na Nederland terug te keer sonder om kosgeld te moet betaal. Beck self het ook die versoek geteken om te getuig dat dit met sy 'voorkennisse en toestemminge' gebeur.[220] Sy is toegelaat om te vertrek, vermoedelik op die *Hogenes* of die *Spiering*, twee naskepe van die vloot wat vroeg die volgende maand van Tafelbaai uitgeseil het,[221] en om die slavin Catharina van Makassar met haar saam te neem, soos onder hoër amptenare en hul eggenotes gebruiklik was, asook 'n skeepskis vyf voet lank en twee voet hoog en breed, 'n 'plunje kist' of klerekis asook 'n 'fleskelder' wat twaalf bottels kon hou. Sy moes egter kosgeld betaal, en transport- en kosgeld vir die heen- en terugreis van die slavin,[222] en mens wonder of laasgenoemde miskien die 'Caatje slavin' was wat in 'n ongedateerde inskrywing in Beck se rekeningboek verskyn: 'Jan van Baly, Caatje slavin, dese beide sijn bij [*deur*] mijn vrouw gekoosen voor haar.'[223] Hierdie transaksie sou na haar naderende vertrek kan verwys.

Johanna Constantia Elsevier is in die Ooste gebore en het in 1689 met haar familie na Nederland teruggekeer, waar hulle gewoon het totdat haar vader in 1697 sekunde van die Kaap geword het. Sy het dus ongeveer vier jaar van jaar lewe in die Ooste deurgebring, ses of sewe in Nederland, en die laaste 23 aan die Kaap. Waarom sy die skielike begeerte gevoel het om na Nederland te verhuis, is dus nie duidelik nie, alhoewel haar vader in hierdie tyd nog daar gewoon het en eers in 1724 te sterwe sou kom,[224] en haar suster Samiela Jacoba daar getroud was met 'n gegoede amptenaar.[225]

Al wat van Beck se huwelik bekend is, is dat dit kinderloos was; dog wat die verhouding tussen hom en sy vrou betref, onthou mens Kolb se mededeling uit die tyd betreklik kort ná die huwelik dat Beck 'dikwyls de gantsche week aan de Kaap doorbragt, en eerst zaterdag avond t'huis quam'.[226] Terwyl die skielike en ongemotiveerde versoek vir 'n oorplasing na Batavia wat vroeg in 1719 by die Politieke Raad ingedien is die indruk gee dat sy vrou moontlik na die Ooste wou terugkeer, sou dit in die lig van latere ontwikkelings egter ewe goed vertolk kan word as 'n poging aan Beck se kant om weg te kom van die Kaap en van haar: met ander woorde dus as 'n informele maar doeltreffende vorm van skeiding, wat uiteindelik deur haar eie vertrek bewerkstellig is.

Die presiese gang van sake in hierdie verband is duister; dog in Beck se skuldboek is daar in 1720 aantekeninge met die opskrif 'Mijn boedel na de schiftinge' wat onder andere verwys na 'huijsraat aan de Caap verkogt bij venduetie ten huijse van d'Heer van Kervel', wat meer as 'n honderd riksdaalders opgelewer het: Adriaan van Kervel was 'n lid van die Politieke Raad en latere fiskaal en goewerneur wat in hierdie tyd ook as vendumeester of afslaer genoem word.[227] Geen besonderhede van hierdie vendusie kon egter in die rekords gevind word nie, sodat dit vermoedelik gekamoefleer is om nie onnodig opspraak te wek nie.

Verder is daar in hierdie bron spesifieke verwysings na beslissings van die 'Geregte van Amsteldam' en die 'Hooge Raade' aangaande finansiële reëlings tussen Beck en sy vrou.[228] Die indruk is dus dat daar een of ander vorm van formele skeiding tussen hulle plaasgevind het, maar dat die saak ter wille van Beck se reputasie as predikant in Nederland afgehandel is, en die feit miskien amptelik doodgeswyg is aan die Kaap.

'n Gerug uit Nederland wat Beck se gemeente in Stellenbosch bereik het, het verklaar 'dat hij bij [deur] het geregt met klokkeluyden [d.w.s. openlik] van sijn huysvrouw (…) soude sijn gescheiden, alsook dat SijnEerw. van sijn bediening van predicant is afgezet'. Die Stellenbosse kerkraad het die berig egter as 'onwaarheyd' ontken, en Beck beskryf 'een man stigtelijk van leven en op wiens leere noit [sic] iets als prijselijk te seggen geweest is',[229] sonder om egter uit te wei oor wat wél tussen hom en sy vrou gebeur het.

Sover bekend, het Johanna Constantia Elsevier nooit na die Kaap teruggekeer nie, alhoewel sy omstreeks 1740 nog gelewe het en in Den Haag woonagtig was.[230] Ná haar vertrek het Beck nog 35 jaar gelewe; dog hulle het mekaar skynbaar nooit weer gesien nie.

Vroeg in 1724 is Beck se traktement na 120 gulden per maand verhoog;[231] dog die volgende mylpaal in sy betreklik rustige bestaan het 'n verdere omwenteling meegebring, want dit was die dood van ds. D'Ailly, wat sedert Kalden se terugroeping in 1708 diens gedoen het aan die Kaap. Hy is oorlede in die winter van 1726, toe hy 55 jaar oud was.

Hierop het die Politieke Raad besluit om die dienste aan die Kaap voorlopig deur Beck te laat waarneem, en as hierdie reëling bevredigend blyk, die Bewindhebbers te vra om hom permanent hier aan te stel en 'n nuwe predikant vir Stellenbosch of Drakenstein te benoem. Intussen sou die predikant van Drakenstein, Lambertus Slicher, albei laasgenoemde gemeentes behartig.

Beck se permanente oorplasing na die Kaapse gemeente het inderdaad gevolg, waarskynlik teen die einde van dieselfde jaar toe die gebruiklike optrek van die burgermilisie in die lente in Stellenbosch plaasgevind het: self het hy later verwys na die verwarring wat by hom aan huis geheers het 'soo[wel] weegens d'optrek als vendutie', wat betrekking het op die verkoop van sy goedere in verband met die verhuising.[232] Dit sou tot 1732 duur voordat Stellenbosch weer 'n eie predikant gekry het,[233] en dit was vermoedelik gedurende hierdie tyd dat die pastorie sodanig verval het dat die Politieke Raad Landdros & Heemrade in 1731 opdrag moes gee om dit te laat herstel en behoorlik in stand te hou.[234]

Hiermee was die 22-jarige verbintenis tussen Beck en Stellenbosch egter nog nie beëindig nie, want sy vertrek het aanleiding gegee tot 'n finale manifestasie van die onenigheid binne die gemeente self en tussen gemeente en predikant wat deur Hugo as die 'onverkwiklike saak tussen Beck en die Stellenbosse kerkraad' beskryf word.[235] Dit het die vorm aangeneem van uitgerekte korrespondensie oor die kerkboeke en 'n silwerbord wat Beck volgens die kerkraad met hom saamgeneem het en klagtes aan die Politieke Raad dat hy nie op die kerkraad se briewe reageer nie, en dit is eers in 1729 beëindig. Dit was egter nie tot 1736 dat die kerkraad die laaste stukke in verband met die lotery wat twaalf jaar vroeër plaasgevind het van Beck teruggekry het nie.[236]

Alles in ag genome, is die geskiedenis van Beck se lang bediening in Stellenbosch nie besonder verkwiklik nie. Hoe die skuld hiervoor toegeken moet word, is 'n probleem wat nie meer geredelik opgelos kan word nie, maar uit die betreklik karige inligting oor sy optrede en persoonlikheid wat bewaar gebly het, ontstaan daar taamlik konsekwent 'n nogal negatiewe indruk van hoogdrawendheid, futloosheid en kleinlikheid.

8.
'Het is seer mieserabel':
Aletta Beck in die Tafelvallei, 1715–1726

Aan die einde van 1715 het Aletta Beck as gevolg van haar huwelik met kaptein-luitenant Slotsboo die landelike afsondering van die dorpie Stellenbosch verlaat waar sy die afgelope tien jaar deurgebring het en na die Tafelvallei verhuis. Hier het sy uit hoofde van haar man se posisie tot sy dood tien jaar later 'n prominente plek in die kring van die hoër amptenary beklee, en daarna as sy weduwee waarskynlik ewe goed.

Kaje (Caius) Jesse Slotsboo is omstreeks 1668 gebore in Hadersleben, in wat destyds Duits-Deense grensgebied was (Haderslev in die huidige Denemarke), en was dus ongeveer 47 jaar oud, 'n jaar jonger as wat sy nuwe vrou in werklikheid was.[1] As seun het hy by die Nederlandse strydmag aangesluit en volgens sy biograaf tot sersant in die leër van die hertog van Wurtemberg gevorder, maar in 1693 as offisier by die VOC in diens getree en drie jaar in Batavia deurgebring. In 1698 het hy opnuut in diens van die Kompanjie uitgeseil op die skip wat vir W.A. van der Stel na die Kaap gebring het, en is hy aangewys om die lede van die garnisoen te onderrig. Onder die nuwe bewindhebber het hy vinnig vordering gemaak: eer lank was hy bevelvoerder van die goewerneur se lyfwag, met die rang van sersant, en in 1704 het Van der Stel hom tot vaandrig bevorder.
    Hiernaas het Slotsboo oor die jare 'n wye verskeidenheid verdere ampte beklee, wat naas owerheidsguns ook van begaafdheid, veelsydigheid, ondernemingsgees of ambisie aan sý kant sou kan getuig. In die dokumentasie van sy tyd kom hy by herhaling in een van sy vele hoedanighede voor, soos byvoorbeeld Kolb se beskrywing van die begrafnis van Nicolaas Welters, oudkommandeur van Galle in Ceylon, wat in 1708 tydens 'n oponthoud aan die Kaap oorlede is.

> Voor 't lyk (...) gingen twee compagniën zoldaten, waarvan de eerste hele pieken sleepten waaraan lamfers verbonden waren, terwyl de andere de snaphanen [*gewere*] verkeert op schouwder droegen. De vaanderig van de Vesting, Caje Jesse Slotsboo, leide dezelven, en in 't midden had ieder compagnie een

trommelslager, welke trommel met een zwart doek overtrokken was om den klank te verdoven; achter deze twee compagniën volgde een luitenant die 't wapen van den overledenen droeg; deze wierd gevolgt door vaandrigs, waarvan de ene des Commandeurs stok [*kommandostaf*] en de twede deszelfs degen en handschoenen in zyne handen had.²

Die lojaliteit waarmee Slotsboo die goewerneur gedien het, het vanselfsprekend die misnoeë van die vryburgers opgeroep namate hul twis met Van der Stel oplaai, en dit is ongetwyfeld húlle mening wat hul getroue ondersteuner, die skeepschirurgyn Abraham Bógaert, uitspreek wanneer hy Slotsboo skets as

een Jut [*Deen*] van geboorte, en behept met hoovaardye, waanwysheid en een vervaarlyke bohamakerye [*grootpratery*], die, zo men van zyne kennisse naer de bedieningen moet oordelen waarmee hy van den Gouverneur, zedert hy met hem aldaar voor sergiant te lande trat, is opgehoopt, een verstandig man behoorde te wesen; want hy is gevordert tot vaandrig, tot doodgraver, oppergebieder van 't slavenhuis, tot opziender van de steenbakkerye en 't timmerhout der Maatschappye [*Kompanjie*], tot vernufteling [*ingenieur*] der buitenwerken, daartoe verdadediging [*sic*] van 't Kasteel ondernoomen, tot lantmeter, en heeft na myn vertrek de rol van veltwachtmeester in 't beluipen [*besluip*] en 't vangen van eenige vryburgers gespeelt.³

In hul *Contra-Deductie* noem die vryburgers verskeie geleenthede waarby Slotsboo in opdrag van die goewerneur ampshalwe teen hulle opgetree het,⁴ en die sersant Johan Ernst Jering skilder in 'n beëidgde verklaring 'n lewendige beeld van die willekeurige gewelddadigheid waaraan ondergeskiktes in daardie tyd deur hul meerderes onderwerp kon word, en geensins net deur die hooghartige en kortgebonde Van der Stel nie.

In die tyd toe gevoelens aan die Kaap besonder hoog geloop het, het hy verklaar dat Slotsboo hom, nadat een van landdros Starrenburg se veldwagters 'n aanklag teen hom ingedien het, in opdrag van die goewerneur in die vergadersaal van die Kasteel met sy kommandostaf of rottang afgeransel het, in die teenwoordigheid van Van der Stel self:

dat daarop gemelte Vaandrig Slotsboo, op den Deposant [*verklaarder*] aanvallende, hem soo lange heeft geslagen totdat [hy] volkomen moede en afgemat was, dat inmiddels zyn Ed. [*Van der Stel*] den Deposant de passagie [*deurgang*] om te ontspringen, heeft belet, en [hem] met eigen handen na voor[noemde] Slotsboo [heeft] toegestooten, met byvoeginge van deze woorden, Neen, beest, 't is nog niet genoeg, gy moet nog meer hebben. Dat zyn Ed., ziende gemelte Vaandrig Slotsboo afgemat [*zynde*], eindelyk zelfs de rotting heeft genomen, zeggende tegen voorn. Slotsboo, Ik zie dat gy niet meer raken kond, geeft my uw rotting, ik zal zien of ik niet beeter raken kan.[5]

Hierdie gehoorsaamheid en gesagsgetrouheid, wat wesenlik niks meer was as wat van 'n amptenaar en 'n militêre man van sy tyd verwag kon word nie, het Slotsboo by die vryburgers natuurlik net so ongewild gemaak soos die meeste van sy kollegas. As landmeter sou hy later onder 'n nuwe bewind egter ewe goed Van der Stel se landgoed Vergelegen opmeet toe dit verkoop moes word.[6]

Onder Van der Stel se opvolgers het Slotsboo sy geslaagde loopbaan onverstoord voortgesit, en in 1712 het hy byvoorbeeld 'n honderd man noordwaarts gelei na die omgewing van die Olifantsrivier nadat daar klagtes was dat die voorste blanke intrekkers in hierdie gebied deur Khoikhoi aangeval is. Van hierdie tog het 'n verslag en die notule van 'n beraadslaging onderweg bewaar gebly,[7] wat onlangs ook in druk verskyn het,[8] albei in 'n eienaardige geletterde maar sterk verduitste of moontlik verdeense Nederlands wat vermoedelik Slotsboo se eie taalgebruik verteenwoordig. Die berig het egter geblyk 'n vals alarm te wees, wat ontstaan het uit die tog van ene Jacobus Overwij of Overnij 'over de Oliphants Revier med een wagen en 3 Hottentots, om olliphant tanden bijde Bossies mannen van de Klijne Amakquas te ruijlen', in die loop waarvan hy na bewering vyf verse van die Khoikhoi gesteel het.

Weer eens, soos in die geval van landdros Starrenburg se veeruilekspedisie in dieselfde gebied aan die einde van 1705, of die Becks se uitstappie na die warmbad in die Overberg in 1709, word mens herinner aan die bestaan van talryke veebesittende Khoi-stamme wat in hierdie tyd nog al langs die grense van die klein gekoloniseerde gebied hul tradisionele leefwyse voortgesit het.

Onder sy vele verantwoordelikhede was Slotsboo terloops ook belas met "'t opsigt over 's Comps. leijfeijgenen', totdat hy in 1718 op sy eie versoek hiervan onthef is en die slawe oorgedra is aan die Boekhouer Hendrik Frappé.[9] Die getalle van hierdie slawe kon dramaties wissel, maar volgens 'n opname en waardasie wat aan die einde van daardie jaar gedoen is, was daar 556.[10]

Slotsboo is in 1703 getroud met Anna Regina Hartz, wat volgens haar doopdatum ongeveer sestien jaar oud moet gewees het, en wat 'n dogter was van die Duitser Heinrich Hartz of Harts.[11] Haar moeder was ene Judith Marquardt wat nie nader geïdentifiseer kon word nie, alhoewel die genealogie van Heese/Lombard haar in 'n lysie 'ongekoppeldes' opneem as 'Judith Marquardt van die Kaap',[12] met ander woorde by implikasie 'n buite-egtelike gekleurde vrou. Sy word hier egter genoem saam met ene 'Grietje Marquardt van die Kaap' wat omstreeks 1680 met Hendrik Mulder getroud is, 'n inskrywing wat vermoedelik betrekking het op Margaretha Marquardt en H.C. Möller, wat as egpaar uit Hamburg geïmmigreer het en die stamouers sou word van 'n besonder gesiene Kaapse familie in die vroeë agtiende eeu.[13] Dit lyk dus waarskynlik dat daar eweeens 'n vergissing was wat betref Judith Marquardt, en dat sy, en moontlik ook Margaretha Marquardt, op een of ander manier verwant was aan Joachim en Tobias Marquardt,[14] twee vryburgers van Duitse herkoms wat omstreeks hierdie tyd aan die Kaap gewoon het en moontlik broers was.[15]

Die sterfdatum van Slotsboo se vrou is onbekend, maar die egpaar se laaste oorlewende kind is in die winter van 1711 gedoop,[16] en as mens uitgaan van 'n swangerskap elke twee jaar en van sterfte in kraambed, albei deel van 'n destyds algemene patroon, in sy moontlik in 1713 of selfs 1715 oorlede. Teen die tyd van sy tweede huwelik aan die einde van laasgenoemde jaar was hy in elk geval 'n wewenaar met drie oorlewende kinders, Maria Judith, Louisa Adriana en Petrus Jesse Slotsboo, wat onderskeidelik nege, sewe en vier jaar oud was.[17]

In beginsel is alle amptenare en hul gesinne in die Kasteel gehuisves. Volgens Mentzel, wat skryf oor die tydperk van Slotsboo se onmiddellike opvolgers, was die hoof van die plaaslike strydmag voltyds aan diens wanneer daar vreemde skepe of dié van die VOC se waardevolle retoervloot in die baai was en het hy dan aan die goewerneur se tafel geëet. Met ander tye het hy egter ná die taptoe laat in die aand na sy eie huis gegaan en vroeg die volgende oggend teruggekeer wanneer die poort oopgesluit is, en wanneer daar heeltemal geen skepe aanwesig was nie, het hy nog langer van sy pos weggebly.[18]

Onder Simon van der Stel het luitenant Oloff Bergh 'n amptelike woonkwartier in die Kasteel gehad,[19] wat in 1687, toe 'n inventaris van sy besittings opgestel is, uit 'n ruim en goed gemeubileerde woonkamer, twee 'bove kamertjes' en 'n kombuis bestaan het. Vyftig jaar later noem Mentzel in sy beskrywing van die Kasteel 'a double-storied building (...) occupied by the Captain of the military forces, excepting two rooms on the top floor that are used by the secretaries or correspondence clerks. In the basement are located the Captain's kitchen and the quarters for his slaves (...).'[20] Dit moet volgens sy beskrywing die gebou regs van die ingangspoort in die voorste binnehof gewees het.

In dieselfde tyd het die ampswoning van vaandrig R.J. Abel in die Kasteel volgens die boedelinventaris wat in 1733 opgestel is skynbaar uit twee kamers op twee verskillende verdiepings bestaan, wat onderskeidelik as "t bovenste vertrek' en 'omlaag' aangedui is.[21] Eersgenoemde was onder andere voorsien van elf stoele, 'n rusbank met sy matras, 'n staanhorlosie, ses koperkwispedoors, 'n koperhanglamp en twee ophaalgordyne, en laasgenoemde van 'n groot hoeveelheid kombuisgereedskap, maar geen beddens word genoem nie, alhoewel Abel en sy vrou vier kinders tussen die ouderdomme van nege jaar en twee maande gehad het. Hy het egter ook ses slawe en slavinne, agt beeste en 112 skape en bokke besit, wat die indruk gee dat hierdie ruimte soos in Bergh se geval hoofsaaklik vir onthaaldoeleindes gebruik is en die gesin elders gewoon het.

Behalwe in die geval van die goewerneur en sekunde was die woonruimte wat vir amptenare beskikbaar was waarskynlik egter beknop, en dit is moontlik dat van die mans wat dit kon bekostig hul gesinne in 'n huis buite die mure van die Kasteel ondergebring het, soos byvoorbeeld fiskaal Blesius met sy groot en deftige stadswoning.²² Die inhoud van Oloff Bergh se ampswoning gee ook die indruk dat hy dit slegs gebruik het wanneer hy aan diens was, en sy vrou en kinders in die 'thuijnhuijs' gewoon het waarna daar indertyd ook verwys is,²³ en die Becks se metgesel op hul reis na die warmbad, Willem van Putten, het met sy aanstelling as waarnemende fiskaal in 1711 'n huis buite die Kasteel betrek en 'n toelaag vir huisvesting gekry,²⁴ terwyl die Engelsman Barrington in 1737 sy besoek aan die voormalige fiskaal en waarnemende goewerneur Daniël van den Henghel beskryf, 'who lives at his own House in Town'.²⁵

Met betrekking tot hierdie latere tydperk merk Mentzel trouens op dat dit vir 'n amptenaar 'n groot voordeel was om 'n eie woning te besit, aangesien dit hom in staat gestel het om ekstra geld te verdien deur handel te dryf.²⁶

Slotsboo het in elk geval reeds in 1706 'n stuk tuingrond in die Tafelvallei gekry,²⁷ by die Kompanjie se steenbakkerye aan die westelike rand van die Kompanjiestuin, in moderne terme aan die bopunt van Koningin Victoriastraat, heeltemal buite die beboude gebied. 'n Plattegrond van die gemeenskappie in 1767 dui by die 'steenvormerij en pottebakkerij' nog altyd 'n ry 'particuliere thuijnen' aan,²⁸ tussen twee van die bergstrome wat hier uitgeloop het na die baai, en op 'n panorama van die gemeenskap in 1776–77 verskyn daar 'n aantal huise in groot tuine langs die westelike grens van die Kompanjiestuin, tussen laasgenoemde en die huidige Langstraat.²⁹

Wat die situasie vyftig of sestig jaar vroeër was, is onbekend, maar dit is moontlik dat Slotsboo se vrou en kinders hier 'n soort buiteverblyf bewoon het soos ander Kaapse gesinne hoër op in die Tafelvallei, in die omgewing van die huidige Hof- en Meulstraat. Toe 'n brand aan die einde van 1720 aan die voet van Tafelberg uitbreek, kon daar reeds vir 'all the gardens and their dwelling-houses' gevrees word.³⁰

In 1724 is die betrokke perseel op Slotsboo se versoek vergroot met 'seeker reepje erfs, streckende aan desselfs eijgen gekogte erf, groot 118 quadraat roeden en 8 do. [*dito, dieselfde*] voeten, dewijl hetselve aan niemand anders eenig nut of voordeel konde toebrengen'.³¹

Terwyl die grondbesit van amptenare sedert die terugroeping van W.A. van der Stel in 1707 'n netelige saak was wat steeds klagtes aan die kant van die vryburgers uitgelok het en in 1716 ook die aandag van die besoekende kommissaris Abraham Douglas geniet het,³² het dit skynbaar op beperkte skaal voortgeduur, en in 1721 het lede van die Politieke Raad die reg gekry om 'n groentetuintjie van 'n morg of twee aan te hou.³³ 'Hoewel dit later wel voorkom dat amptenare in die besit van groter tuine was as deur die regulasies toegestaan is,' skryf dr. Böeseken egter, 'het hulle dit tog nooit weer gewaag om op groot skaal te boer nie.'³⁴

Beskrywings van die Kaap in die vroeë agtiende eeu is nie so geredelik bekombaar soos vir die sewentiende eeu nie, en wat betref die tyd toe Aletta Beck as Slotsboo se vrou hier kom woon het, is mens dus dankbaar vir die briewe wat die egpaar Van Hoorn tydens hul oponthoud in 1710 geskryf het. In 1713 het die Duitser Kolb ook ná agt jaar aan die Kaap na Europa teruggekeer, waar sy lywige verslag van sy verblyf in 1719 in Duits sou verskyn, terwyl ds. Valentijn in sy meerdelige oorsig van die handelsryk van die VOC, wat in 1724–26 die lig gesien het, sy vier besoeke aan die Kaap beskryf, die laaste daarvan in 1714.[35]

Die leemtes in hierdie basiese verslae kan aangevul word aan die hand van dokumente soos die amptelike Dagregister en die notule van die Politieke Raad. Terloopse verwysings wat in hofsake opgeteken is, kan egter ook waardevolle inligting oor die daaglikse lewe verstrek, terwyl boedelinventarisse en meer nog vendurolle 'n voortreflike bron van interessante en insiggewende inligting uitmaak, wat sover dit laasgenoemdes betref nog nooit na behore benut is nie. Sodoende kan mens 'n weliswaar onvolledige maar nogtans oorsigtelike legkaart van die klein gemeenskap in die Tafelvallei saamstel soos dit gedurende die eerste helfte van die agttiende eeu ontwikkel het.

Die vryburgernedersetting, die Kaapse Vlek soos dit soms genoem is, was geleë op 'n afstand van die Kasteel, geskei daarvan deur die oop ruimte wat in later jare die Parade sou word, maar ewe goed vlak langs die destydse kuslyn van Tafelbaai: 'met een noortweeste [sic] wind en springtij komt de zee tot aan het Casteel,' kon daar in 1723 nog genoem word.[36] Dit het uitgestrek tussen die destydse kus en die Kompanjiestuin, by benadering begrens deur die huidige Plein- of Parlementstraat aan die oosle- en Langstraat aan die westekant.

Die vernaamste openbare geboue, die kerk, die hospitaal en die Slawelosie, saam gegroepeer aan die bopunt van die Heerengracht (Adderleystraat), was almal die eiendom van die Kompanjie, maar volgens Valentijn was daar in die nedersetting tydens sy laaste besoek in 1714 reeds 254 huise, 'zoo[wel] groote als kleine':[37] drie jaar later het die burgerrade egter verklaar dat daar 177 huise was waarvoor daar ratelwaggeld betaal word, met inbegrip van dié wat aan amptenare behoort.[38] Meestal was hulle nog taamlik basiese grasdakhuisies, alhoewel Valentijn ook 'n aantal groter en deftiger 'dubbelhuise' noem,[39] waarvan sommiges skynbaar twee verdiepings gehad het.

In 1710 het die voormalige goewerneur-generaal Joan van Hoorn en sy vrou in die briewe wat hulle van die Kaap geskryf het, verklaar hoe armoedig en vervalle alles vir hulle gelyk het, in elk geval in vergelyking met dit waaraan hulle in die groot en welvarende Batavia gewoond was.[40] 'Dese plaase doet hem van de ree [ankerplek] af te sien mooyer en plesierigh[er] op als wanneer men aan lant is,' het Johanna Maria kort ná die aankoms onomwonde vir haar ouers geskryf.

> Het [is] seer mieserabel; men siet nog lover [blare] nog gras staan, en de wegen overal bij het Casteel en door de stadstraate leg[g]en schuyns en over met gaten, alsoff er de wilde varkens het hadde omgevroet, soodat men met vrees is

van omvallen als men naar de stat sal rijden of [naar] de Companje's tuyne, daar het ook soo fraaij is dat een mens sijn hart toe sluyt.⁴¹

Die opmerking oor die tuin is nie as kompliment bedoel nie. En ná nadere kennismaking, in dieselfde trant: 'De stat is voor dese plaas redelijck groot, maar de wegen overal seer slordigh, vol met gaaten en hoog en laagh, dat lijckt als men rijt alsof men omvallen soude.'⁴² Die Van Hoorns het egter nie die Kaapse winter meegemaak nie, wanneer stormweer die strate soms onbegaanbaar gemaak het, 'so that [they] looked like an ocean'.⁴³

Terwyl hier deftige egpaar waarskynlik vooringenome was, word hul oordeel egter telkens weer deur amptelike bronne bevestig, soos byvoorbeeld die verslag wat Slotsboo self die volgende jaar aan die Politieke Raad voorgelê het, waarin hy op soortgelyke wyse in saaklike trant uitwei oor die bouvalligheid van verskeie openbare geboue en die herstelwerk wat dringend benodig word.⁴⁴ In 1713 het kommissaris Van Steeland hom na sy inspeksie van die Kasteel eweneens uitgelaat oor die 'onordentelykheeden' wat hy hier aangetref het.⁴⁵

Om die destydse toestande in effens groter detail toe te lig, kan daar genoem word dat die Politieke Raad dit in 1714 nodig geag het om 'n plakkaat uit te vaardig waarin dit verbied word om die 'balijs [*balies*] uit de sekreeten in de gragten, ja selfs hier en daar op de straten en wegen uit te gieten', in plaas van in die see,⁴⁶ 'n verbod wat in 1738 herhaal moes word.⁴⁷ Dit was egter eers in 1720 dat daar besluit is om die algemene begraafplaas, waar die Kompanjie se soldate, matrose en slawe begrawe is, en wat volgens Kolb geleë was 'between the town and the Fort in the direction of Table Mountain',⁴⁸ vanweë die 'groote stank' te verskuif na 'n nuwe terrein buite die gemeenskap (die omgewing van die huidige Somersetweg).⁴⁹

In 1720 het goewerneur De Chavonnes hom verder in die Politieke Raad uitgelaat oor die feit

> dat zommige der burgeren, aanhoudende eenige varkens, zigh niet ontsien die swijnen bij nagt en dag en ongeringt [*sonder neusringe*] door dese plaats alomme te laten lopen en wijden [*wei*], veroorsakende niet alleen een groote vuijligheijt en stank, tot merkelijke ongesontheijt der inwoonderen, maar ook bovendien de meeste plijnen en grasvelden zoodanig omvroetende dat de paarden benodig tot de burgercavallerij alhier het gras tot haar onderhoud vereijscht niet langer konnen bekomen.⁵⁰

Dit is tekenend van die wyse waarop die Kompanjie alles onder sy eie beheer probeer hou het dat die goewerneur en sy raad ook as munisipale raad van die gemeenskap in die Tafelvallei moes optree, en dat die burgerrade wat die burgermeenskap verteenwoordig het slegs beperkte verantwoordelikhede geniet het.

In 1724 weer moes 'n plakkaat daarop wys dat die inwoners van die nedersetting haar vee, soo[wel] van ossen, koeijen, kalveren als schaapen, door 's heren weegen [*openbare paaie*] en straaten binnen het vlek van de Caab (...) laten loopen, tot geen geringe stank en vuijligheit, (...) niet alleen, maar ook dat [zij] hunne wagens waar het haar maar goeddunkt komen uijt te spannen en alsoo op de straaten laten staan.

Hierdie gebruike is dus opnuut verbied, met verwysing na vroeëre wetgewing in dié verband, en so ook die jaag met waens of perde, en die gewoonte

> dat veele uijt een soort van baldadigheijt buijten eenige noodsake met hunne sweepen soodanig koomen te klappen ende te slaan dat daardoor de glaasen [*ruite*] der huijsen werden beschadigt, en de passeerende mense in het aangesigt ofte wel andersints [werden] gequetst.[51]

In 1729 is daar tydens 'n byeenkoms van die Politieke Raad aandag gevestig op die feit dat die inwoners wat bokke aanhou 'deselve overal langs de straten weegen van deese plaats sonder hoeder laten lopen en weijden', sodat hulle die bome verniel, en is die gebruik verbied.[52] Nog in 1749, naby die einde van die tydperk wat in hierdie boek onder bespreking is, is die inwoners van die Tafelvallei gewaarsku dat die fiskaal en twee lede van die Raad van Justisie die strate sou inspekteer, 'ten eijnde een ijder de morskuijlen, vulnisnesten en misthoopen voor sijn deur sal kunnen opruijmen en wegmaaken'.[53]

Wat die moderne waarnemer die meeste omtrent die klein nedersetting sou opval, is waarskynlik egter nie soseer die rommeligheid, verwaarlosing of stank nie, as die feit dat dit nog in onmiddellike verbinding gestaan het met die see, want die kus van Tafelbaai het in die nabyheid van die huidige Strandstraat geloop, terwyl die omringende berge oral sigbaar was en bo die lae geboutjies uitgetroon het om 'n heel ander skaal en perspektief aan die nedersetting te gee as dié wat die hedendaagse stad besit.

Omstreeks 1709 het die huidige Groentemarkplein as markplein begin ontwikkel,[54] waar boere hul tuin- en landbouprodukte verkoop of deur die markmeester laat verkoop het of tuineienaars hul slawe gestuur het om dit vir hulle te doen. Hier was daar ook 'n fontein waar die slawe kom water haal het, alhoewel dit volgens Mentzel nie altyd geloop het nie, dog in sy tyd was daar aan die onderent van die Heerengracht, op die latere Parade, ook 'four small pipes, from which water spouts constantly night and day', wat as die vernaamste bron van die gemeenskap se water gedien het.[55]

Verder was 'n beperkte verskeidenheid klerasie, ingevoerde voedingsmiddele en huishoudelike en landbougereedskap in die Kompanjie se magasyne beskikbaar, maar daar was geen winkels in die moderne sin nie. In stede daarvan het die meeste inwoners in hul huise op taamlik improvisatoriese wyse handel gedryf in die uiteenlopende goedere wat hulle van oorsee bestel, op vendusies aangekoop of van besoekers op verbygaande skepe geruil het.[56] 'n Interessante klein vinjet van hierdie handel kan verkry word uit die boedelinventaris wat in 1720 opgestel is ná die dood van Jean le Sage, want in die 'bottelerij' van sy huis in die Tafelvallei was daar dertien gewone manskouse, dertien sakdoeke, vyf pond growwe garing, twintig knipmesse, agttien tonteldose, veertien vuurstene, 25 skêre en sestien Chinese waaiers, alles baie klaarblyklik handelsgoedere: die totale waarde was byna 70 riksdaalders.[57]

Aan hierdie handel het hoog en laag, amptenaar en burger ewe goed deelgeneem: waar daar in 1721 onder die besittings van die Kompanjieschirurgyn Renault Berthault de St. Jean (wie se naam deur die plaaslike amptenare hier as 'Renoberto de Senjan' opgeteken is, alhoewel hy elders as 'monsr. Berthault verskyn) 'n kis met 170 pond Spaanse seep, 'n kis met 170 pond 'poeder' (in hierdie geval vermoedelik haarpoeier), vyftig pond tabak en veertig flessies eau-de-la-reine of reukwater gevind word, kan mens dus redelikerwyse vermoed dat dit vir handelsdoeleindes bedoel was.[58] In 'n boedelinventaris in 1740 was daar aan hom 23 riksdaalders verskuldig 'over zeep',[59] en volgens Mentzel was tabak en seep die basiese handelsartikels aan die Kaap.[60] Dit is verder interessant om op te merk dat Berthault in 1717 in Amsterdam as 'coopman en parfumeurder' opgeteken is, wat waarskynlik die reukwater verklaar.[61]

Meestal het dié handel op betreklik klein skaal plaasgevind, soos getoon word deur die nalatenskap van die middeljarige en betreklik armoedige Roeloft van Hoetingh. Met sy dood in 1720 was daar 'in 't kamertje aan de regterhandt' van sy eenvoudige huis onder andere 'n paar stukke materiaal, garing, 'n dosyn kamme, 132 pond tabak teen 10 stuivers per pond, 'n vaatjie rys, 'n dosie met pype en 'n blik met koffieboontjies.[62] Daar was egter ook mense wat so goed doenlik in die plaaslike omstandighede met hierdie kleinhandel 'n bestaan moes probeer maak, soos Johanna Elsevier, die tante van Beck se vrou, wie se naam reeds tentatief in dié verband genoem is, of Catharina Cruse, weduwee van die onderkoopman en Kompanjieswinkelier Willem Corssenaar, wat na sy dood in 1709 met vyf onmondige kinders nagelaat is.[63]

As weduwee van 'n amptenaar was Catharina Cruse betreklik kapitaalkragtig, en toe sy in 1713 self oorlede is, was daar in die uitvoerige inventaris van haar huis in die Tafelvallei 'n aansienlike hoeveelheid goedere wat as 'In de winkel' aangegee is: dit het oorwegend uit Europese en Oosterse tekstielware, kant, sakdoeke, lint, garing en knope bestaan, en onder andere 105 waaiers, 'n bondel handskoene, 28 paar wit katoenkouse en 'n kis met skoene ingesluit.[64]

Hiernaas was daar egter nog nege kiste 'Op de geslote solder', wat vermoedelik ook handelsware bevat het, met onder meer 65 verdere waaiers, drie verdere pakke kouse, 23 maskers, wat deur modieuse dames gebruik is om die gesig teen wind en weer te beskerm, 45 lyfies en 86 'Suratse vrouwe rocken'. Onder die winkelvoorraad

8. Aletta Beck in die Tafelvallei, 1715–1726

is daar egter ewe goed dertien koperkandelare, 'n aantal kerssnuiters, 'n dosie snare, vyf rolle tabak, drie koperkastrolle, witkwaste, twee pakkies gordynringe, 'n balie tee, 31 pakkies speelkaarte en drie skryfleie genoteer.

Kennelik het die weduwee haar hoofsaaklik op vroueklerasie toegelê, of in elke geval op stowwe en bykomstighede hiervoor, maar nie uitsluitlik nie, en hierdie rommelige veelsydigheid was op alle gebiede tipies van die ontluikende klein kolonie onder die VOC. Tot hierdie rommeligheid het die insidentele en heeltemal onvoorspelbare handel met opseilendes op besoekende skepe bygedra. So berig die Engelsman Daniel Beeckman, wat die Kaap in 1714 besoek het:

> goods, if properly chosen, may produce 50 or 50 per cent profit. Small pale-ale in casks of about 6 lbs per tun, strong-beer in bottles, tobacco, butter, cheese, flint-glasses, watches and other proper sortment of clockwork, with slight scarlet, black or sky-colour stockings, will turn to as good account as anything you can carry thither.[65]

In 1720 kon jong Jacob Mossel, 'n toekomstige goewerneur-generaal, op pad na die Ooste as adelbors (seekadet), weer vanaf die Kaap aan sy familie in Nederland berig:

> De coopmanschap [handel] is hier slegt, [soo]als Spaanze zeep en boter, die is duur, d'pijpe lange, hoewel 't nog goede winst is, doen 54 st[uiver], d'corte 36 st. 't gros, twelk na ordinair [gewone] tijd slegt gerekent wert, tabak goedkoop, 11 à 12 st., 't welk komt doodat er een grote sterfte onder de menze als ook de beeste hier is, 't schapevlees, dat anders 2 st. 't pond is, [is] nu 10 st. à 11 st. Ik zal hier niet verkopen, maar verwagte een beter op Batavia.[66]

Die verwysing is na kleipype met lang en kort stele onderskeidelik.

So 'n tien of twintig jaar later berig Mentzel in soortgelyke trant aangaande die plaaslike winkels:

> One day they may have a stock of tobacco and pipes; a few weeks later gold and silver lace or braid; on another occasion it may be tea, coffee, sugar-candy, and brown sugar; later on we get cloth, lace, gloves, bright silk ribbons, silk or woollen stockings, East Indian cotton goods; or, instead of soft goods, we may find stocks or tin ware, porcelain ware, Dutch cheeses, etc. (...) In short, it is possible to purchase every conceivable article, but never at the same place, or at the same time, or at the same price.[67]

Wie meer gespesialiseerde behoeftes gehad, deftiger standaarde gehandhaaf of meer modieuse eise gestel het as wat aan die Kaap bevredig kon word, het waarskynlik egter nie van die toeval afhanklik gebly nie, maar sy benodigdhede as hy dit kon bekostig regstreeks deur kontakte in Nederland of Batavia bestel. Mens let byvoorbeeld op die feit dat die weduwee Aletta van der Storm volgens 'n boedelinventaris wat in 1725 opgestel is 'n halfaam 'roode Constantiase wijn' aan 'juffr. Udrix' in Batavia gestuur en twee kiepersolle of sonsambrele in gedeeltelike ruil ontvang het.[68]

Alles in ag genome was dit dus moontlik om hier vroeg in die agtiende eeu heeltemal stylvol en gerieflik te lewe, in elk geval vir diegene wat redelik gegoed was en oor die nodige slawearbeid beskik het. Elemente wat die hedendaagse waarnemer sou hinder, soos die slegte paaie en morsige strate, die stank van kleinhuisies en stalle of die kastydings en teregstellings in die openbaar sou vir die mense van daardie tyd nie vreemd gewees het nie, ook nie diegene wat in 'n Europese stad soos Arnhem grootgeword het nie.

Wat die huise in die Tafelvallei betref, kan die opmerkings wat reeds vir Stellenbosch en omgewing gemaak is in breë trekke herhaal word, want naas enkele meer opvallende dorpshuise het dit grotendeels nog uit betreklik eenvoudige, asimmetriese grasdakhuise bestaan soortgelyk aan dié wat dáár beskryf is. By geleentheid kon hulle deftig ingerig wees, maar oor die algemeen maak hulle geen besonder elegante indruk sover dit die getuienis van die boedelinventarisse betref nie. In die huis wat die burgerraad, boer en slawehandelaar Jan Dirckx de Beer en sy vrou bewoon het, was daar in 1701 byvoorbeeld twee volgestoude 'voorkamers', naas 'n goed voorsiene kombuis en 'bottelarij' en twee ander vertrekke, en 'n oorbelaaide solder (vyftig mud koring, dertig koringsekels, '2 sakjes met blaauwsel, 1 kaasbakje met wat drinkglaasjes, 1 pertij stukkent aardewerk, met wat haartsteentjes'), benewens nege slawe; dog die totale inhoud van die 'voorhuijs' het bestaan uit '1 kleer kasjen, 1 oud ledicant, 1 ovaale tafel'.[69]

Terwyl hierdie egpaar moontlik nog 'n ouer tradisie uit die pioniersjare verteenwoordig het, vind mens soortgelyke verskynsels egter ewe goed in latere boedelinventarisse. Met die dood in 1715 van Pieter van der Poel, wat in besit was van ses huise met erwe en tuine in die Tafelvallei, was die 'camer aen de linkerhand' in sy woonhuis byvoorbeeld gevul met meubels, waaronder 'n hemelbed van ebbehout en tien ebbehoutstoele, asook 'n groot hoeveelheid porselein en silwer, maar die 'camer aen de regterhand' het op funksionele wyse twee tafels, banke, 'n leer, twee ysterlampe, 'n kapbord, 'n katel, 'n waterbalie en 'n staander bevat, waarby die tafel en banke die indruk skep dat die vertrek miskien as taphuis gebruik is.[70] Die 'voorhuys' van Pieter Hilikes Kijtema se woning het in dieselfde jaar weer niks anders bevat nie as 'n timmermanskis 'met wat rommeling' en 'n leer,[71] terwyl daar in die voorhuis van Gerrit Meijer in 1714 'n saal, twee tome, 'n lantern, 'n almanak, 'n hewel, 'n stoffer, 'n sagie, 'n tafeltjie, 'n stoel en 'n spieël gevind is.[72]

8. *Aletta Beck in die Tafelvallei, 1715–1726* 239

Interessant in hierdie opsig, en daarby ook besonder Kaaps, was die redelik ruim huis van die gegoede Jean le Sage aan die 'Heergragt' met sy dood in 1720: reeds is daar na die verskeidenheid handelsgoedere in die bottelary verwys, maar ewe interessant is die inhoud van wat as die 'boven camers' beskryf is, wat summier soos volg in die boedelinventaris opgeteken is:

een partij gemott[e] duffeltjes; drie cadels; een paa[r]d met saal en toom; een slaave jonge; een slaavin; een slaave jongetje; [*nogmaals*] een slaave jongetje; agt gemeene [*gewone*] hoeden.[73]

Die 'gemotte duffeltjes' was dik wolstof wat deur motte beskadig is, en die beraamde waarde van hierdie uiteenlopende items het gewissel van 9 riksdaalders vir die gesamentlike drie katels tot 300 vir die manslaaf, wat so veel werd was soos al die ander potensiële handelsgoedere saam.

Mens sou geneig wees om te glo dat dit hier gaan om die boverdieping of solder van die huis waar die slawe saam op die goedkoop katels geslaap het, was dit nie vir die onverklaarde aanwesigheid van die perd in die middel van die lysie nie. Miskien gaan dit dus eerder om 'n buitegebou met 'n stal onder en kamers daarbo, soos by die Koopmans-de Wethuis nog altyd gesien kan word. Die verlede bly vreemd en onverklaarbaar, en in die Tafelvallei ewe goed soos in die distrik Stellenbosch moet mens in elk geval daarteen waak om moderne wanbegrippe en wensdenkery in verband met *gracious living* op die verlede terug te projekteer.

Dit is terloops interessant om te merk hoe gereeld een of meer voëlkoutjies in Kaapse huise aangetref kon word, wat vermoedelik ook voëls bevat het, alhoewel die feit selde aangestip word.

Wat betref die deftiger amptenare in hierdie tyd kan mens die voorbeeld gebruik van die latere sekunde Willem Helot,[74] en sy vrou Christina de Beer, wie se besittings in 1710 ná haar dood geïnventariseer is.[75] Die inventaris gee die indruk dat hulle nes meerdere van hul kollegas 'n ruim huis in die Tafelvallei bewoon het en nie 'n beknopte ampswoning in die Kasteel nie:[76] ses vertrekke, 'n kombuis, bottelary, wynkelder en solder word genoem.[77] Dit was deftig gemeubileer, met die gebruiklike hemelbeddens met behangsel, 'n groot aantal stoele met los kussings, skilderye en spieëls, asook interessante kleinighede soos 'n rakkie porselein 'boven de deur' in die 'groote kamer', vensterpordyne, klere- en hoedeborsels, en twee dosyn pakke speelkaarte. Ook was daar in die 'groote kamer' klaarblyklik 'n kaggel, wat as gevolg van die skaarste aan brandhout nie vanselfsprekend was in Kaapse huise nie, want die inventaris meld 'n skoorsteenkleed met kant en 'n geelkoperherdstel. Die egpaar se tafelgerei het nog op tradisionele wyse uit tinborde en -skottels bestaan, en daar was twee koperkandelare en vyf koperblakers.

Wat die lewenstyl van hierdie egpaar betref, is dit egter belangrik om in gedagte te hou dat dit onvermydelik gekleur is deur die feit dat Christina de Beer in 1677 aan die Kaap gebore is as dogter van die gegoede vryburger Jan Dirckx de Beer wat hierbo reeds genoem is. Sy is egter in 1696 getroud met Hugo de Goyer, wat in 1703 as sekretaris en lid van die Politieke Raad oorlede is,[78] en ná hom met Helot, wat kort ná haar dood tot sekunde bevorder is, sodat sy haar getroude lewe in die kringe van die hoër amptenare deurgebring het, en oorwegend onder mense wat in Nederland gebore is. Weer eens onthou mens dat die een individu nie die ander is nie, dat geval van geval verskil, en dat dit altyd gevaarlik is om te veralgemeen, hoe onvermydelik veralgemening in gevalle soos hierdie dikwels ook is.

Terselfdertyd moet mens ook nie die sterk Oosterse element in die koloniale samelewing vergeet nie, wat ewe goed onder die huisraad van hierdie gebore Nederlander en sy Kaapse vrou verteenwoordig is: so vind mens by die egpaar Helot naas die porselein en die Oosterse behangsel en kledingstowwe ook 'n ebbehoutrusbank, -kas en ledekant, 'n ovaal teetafel van rooi ebbehout en 'n Oosterse kamerskerm, met in die kombuis 'n rysblok en stamper.

'n Nog beter voorbeeld van die Oosterse element in Kaapse huise word egter verstrek deur die welgestelde Aletta van der Storm, weduwee van Claas Nieuwhoff wat onder die VOC die rang van Koopman besit het en aangewys is as leier van die groep wat 'n handelspos van die VOC by Delagoabaai aan die ooskus van Afrika moes vestig (die huidige Maputo-baai in Mosambiek).[79] Nieuwhoff is kort ná sy aankoms oorlede, maar sy vrou en dogter het aangebly aan die Kaap, waar eersgenoemde in 1725 dood is.

Volgens die beskikbare inligting het die gesin na die Kaap uitgereis op die *Elisabeth*, wat van Nederland vertrek en Tafelbaai in die winter van 1720 bereik het,[80] maar die gegewens in die weduwee se boedel gee die indruk van sterk verbintenisse met die Ooste: haar dogter is byvoorbeeld in 1707 in Batavia gebore,[81] en volgens haar boedelinventaris het sy self 'n 'goude ring met 11 diamant steenen' aan Johannes van der Storm 'tot Amboina' nagelaat.[82] Naas verwysings na uitgebreide finansiële transaksies in hierdie stad kom daar in die inventaris verder ook 'n groter persentasie meubelstukke en ander huisraad uit die Ooste voor as wat aan die Kaap gebruiklik was: 'n Ambonese houtkabinet, twee Ambonese kiste met koperbeslag, 23 Chinese stoele, drie kerkstoele van ebbehout, drie Soeratse alkatiewe of tapyte, 'n ebbehoutrusbank met sy matras en kussings, 'n ovaal kiaathouttafel, en, in die kombuis, Chinese pannetjies, 'n Japanse teeketel, '26 Japance bottels', en sewe 'sommerelen' of sonsambrele, wat egter op die solder aangetref is.[83]

Die oorlede vrou se status word verder getoon deur die besit van 'n draagstoel, ses slawe en drie slawekinders, en die feit dat die 'begrafenis onkosten' 600 gulden bedra het.

In die omstandighede is dit natuurlik moontlik dat Aletta van der Storm 'n Oosterse of mestiese vrou was, en die vermoede word versterk wanneer mens vasstel dat haar dogter Dilila of Delia,[84] in 1723, toe sy sestien jaar oud was, getroud is met die amptenaar Hendrik Heijns, vooregtelike seun van die Duitser Paul Heijns en 'n gekleurde moeder, Maria Schalk van die Kaap, wat self die dogter was van die Nederlandse stamvader Willem Schalk van der Merwe en 'n slawevrou.⁸⁵

Terwyl Hendrik Heijns maar net 'n Assistent was, die laagste rang in die hiërargie van die VOC, is hy 'n interessante, sy dit ook seldsame, voorbeeld van 'n amptenaar van 'nie-blanke' herkoms naas die deftige Berghs. Heijns se suster Anna was weer die vrou van Cornelis Doessen, 'n Nederlander met dieselfde rang soos hy.⁸⁶ Waarskynlik is die familie se sosiale status en aansien in eerste instansie egter te danke aan die feit dat Paul Heijns 'n welgestelde man was wat verskeie kere een of meer dele van 'n drankpag besit het, en die feit dat sy oudste dogter die eerste vrou was van die vryburger H.O. Eksteen, wat in hierdie tyd juis besig was om sy fenomenale rykdom te vergaar.⁸⁷

As klein voetnoot by die geskiedenis van Kaapse slawerny kan hier verder genoem word dat Aletta van der Storm in haar testament, wat in 1723 opgestel is, bepaal het dat die slawekind Jacob van die Kaap, wat toe vier jaar oud was, vrygestel moes word wanneer hy 25 word: vermoedelik was hy 'n seuntjie van die 'meijt genaamt Amelia van Macasser met haar 3 kinderen' wat later in die boedelinventaris genoem is.⁸⁸ Dit was egter eers in 1756 dat die oudburgerraad Hendrik Heijns, wat homself (in Leibbrandt se vertaling) as 'heir to his aunt, Aletta van der Storm' beskryf het, en by wie Jacob sedert haar dood in diens was, die nodige toestemming hiervoor aangevra het, met ander woorde toe Jacob reeds 37 was.⁸⁹

In hierdie tyd is vroue- en kinderklere asook sekere items soos manshemde by die huis gemaak, en in Kaapse boedelinventarisse en vendusierolle kom daar van tyd tot tyd verwysings na 'n 'ongemaakte muts' of 'ongemaakte vrouwe rok', of 'gemaakte en ongemaakte klederen' voor.

Sover dit modieuse Kaapse vroue uit die gegoede kringe aangaan, die kringe waarin Aletta Beck beweeg het, is dit vermoedelik nog uit Europa saamgebring, of anders so goed moontlik vervaardig aan die hand van inligting oor die jongste modes wat uit Europa bekom kon word, sy dit van passasiers op verbygaande skepe, of uit briewe of modeplate. Die verskeidenheid materiaal uit sowel Europa as die Ooste wat plaaslik beskikbaar was, was in elk geval groot genoeg, en volgens die inventarisse was daar plaaslik ook 'n wye verskeidenheid band, knope en dergelike bykomstighede verkrygbaar.

Hoe kleurryk hierdie vrouekleding kon wees, blyk uit die nagelate besittings van Christina de Beer in 1710,⁹⁰ waar daar 'n groot aantal tabberds van sy, damas, stamyn en katoenstowwe van Bengale en die Koromandelkus aangeteken en beskryf is: rooi sy met goue blomme, 'n groen kabaai met goud geborduur, en sis met 'n swart blompatroon op 'n wit agtergrond word onder andere genoem, naas verdere gestreepte en geblomde stowwe. Ook meld hierdie elegante inventaris 'n paar 'agesjanten' of *engageantes* (siermoue), 'n fontange, die modieuse hoë hooftooisel van die tyd, met rooigoue lint, fyn kant en linte vir verdere fontanges, en drie paar sy- en drie paar leerhandskoene.

In ander inventarisse en in lyste handelsgoedere vind mens verwysings na sy- en kantsakdoeke, waaiers, reukwaterflessies met silwerbeslag en maskers, bykomstighede wat in hierdie tyd almal ewe noodsaaklik geag is vir 'n deftige of elegante vrou, aan die Kaap net so goed soos in Europa. In een van die kodisille wat die destydse goewerneur Rijk Tulbagh by sy testament gemaak het, vind mens effens later in die eeu weer 'n evokatiewe verwysing na die besittings van sy oorlede vrou, Elizabeth Swellengrebel, naamlik 'n goue snuifdoos en 'een goud moesjes doosje van Kust draatwerk'—met ander woorde, 'n gouddraadhouertjie van die Koromandelkus van Indië vir die opberging van die plakpleistertjies waarmee modieuse dames hul gesigte versier het.[91]

In hierdie konteks kan mens miskien ook melding maak van die kerkstoele wat deur die slawe van die eienaresse voor die diens na die kerk gebring is, in die Kaap nes in Stellenbosch, en dan deur die koster volgens die rang van hul onderskeie mans in die oop ruimte voor die preekstoel gerangskik is: Kolb meld reeds twiste om voorrang in hierdie verband.[92] In eietydse boedelinventarisse vind mens verwysings na die kerkstoel van Christina de Beer, wat danksy haar man se amptelike posisie 'n prominente plek sou beklee het, met 'n gestreepte sykussing,[93] terwyl Aletta van der Storm, soos hierbo genoem, in besit was van drie kerkstoele van ebbehout.[94]

Gedurende die vroeë dekades van die eeu het 'n draagstoel vir 'n elegante Kaapse vrou egter nie minder belangrik geword nie, alhoewel die toestand van die strate in die nedersetting hierby waarskynlik ewe goed 'n oorweging was as status of mode. Wanneer hierdie vervoermiddel vir die eerste keer aan die Kaap verskyn het, is onduidelik, maar in Europa was dit vroeg in die vorige eeu reeds bekend: vanaf 1617 in Parys, waar die swak toestand van die strate berug was, en vanaf 1634 in Londen. Oor die algemeen het dit skynbaar egter eers teen die einde van die eeu werklik gewild begin raak, byvoorbeeld vanaf 1687 in Edinburg, terwyl die keurvors van Brandenburg die volgende jaar aan die Franse Vlugtelinge wat hulle in Berlyn gevestig het die voorreg verleen het om twaalf draagstoele in die stad te bedrywe en uitvoerige regulasies in verband daarmee uitgevaardig het. In Wene is daar in 1689 reeds toestemming gegee vir die gebruik van draagstoele, alhoewel dit skynbaar eers in 1703 ingestel is, met verwysing na die algemene gebruik daarvan in 'Londen, Parys, Düsseldorf, München, Hannover, Brussel en dergelike vername plekke'.[95]

Die vroegste draagstoele wat in Kaapse inventarisse vermeld word, verskyn onderskeidelik in die jare 1721, 1725 (in die boedel van Aletta van der Storm) en 1726, al drie gevalle waar dit om die nalatenskap van welgestelde inwoners gaan,[96] en mens kan waarskynlik aanneem dat dit gedurende die vorige tien jaar of so aangeskaf is. Jy moet dus wonder of dié betreklik nuwe Europese mode nie miskien in

1714 deur goewerneur De Chavonnes en sy gesin hier ingevoer is nie. In 1726 het daar ook al 'n draagstoel op 'n vendusie verskyn, ná die dood van Engela Quint, 'gewesene huijsvrouw van den burger Jan Tempel' en klaarblyklik 'n gegoede vrou, waar dit vir 20 riksdaalders (60 gulden) aangeskaf is deur Jacob van Reenen, 'n onlangse immigrant wat reeds besig was om 'n gesiene en welgestelde man te word.[97]

In Europa was draagstoele dikwels kommersiële voertuie nes huurkoetse, alhoewel welgestelde mense ook hul eie deftige en elegante draagstoele kon laat bou, maar vermoedelik was dié wat aan die Kaap gevind kon word almal in privaat besit, en vermoedelik ook plaaslik gebou. Mens let in hierdie verband op die 'nieuwe draagstoel nog onbekleed' in die boedel van die bejaarde ds. J.P. Serrurier in 1819.[98]

Draagstoele is met behulp van lang draagstokke of pale en bande gedra, en in enkele gevalle vind mens in 'n Kaapse boedelinventaris terloopse verwysings van die tipe 'Een paar nieuwe draagbande voor 'n draagstoel';[99] aan die Kaap waar slawearbeid beskikbaar was, was die draers twee slawe in 'n soort livrei of uniform. Die stoele was egter baie beknop, en soos 'n moderne bron opmerk,

> it would seem that they were not particularly comfortable especially when the chairmen were busy, when they would 'set off at a plunging trot with their load, and as the carrying poles were quite pliant, the extreme bobbing up and down and swinging to and fro of the vehicle, produced an uneasy feeling in the passenger'.[100]

'n Besoeker aan Londen skryf in 1725 van 'the bearers going so fast that you have some difficulty in keeping up with them on foot',[101] en in Wene was daar 'n uitdrukking, 'Hy hardloop soos 'n stoeldraer.'[102]

Verdere besonderhede is nie geredelik bekombaar nie, maar in Europa is draagstoele dikwels afgewerk met 'n destyds gewilde vernis wat as *laque Martin* bekend gestaan het, en wat onder andere ook vir rytuie gebruik is.[103] Volgens wetgewing wat in 1754 in Batavia uitgevaardig is, was stoele met glasruite deftiger as 'ordinaire draagstoelen', en was slegs lede van die Raad van Indië en hul vroue en kinders daarop geregtig.[104]

Dwars deur die agttiende eeu sou draagstoele deel van die Kaapse straatbeeld uitmaak, en sover dit gerekenariseerde inventarisse betref, word dit trouens tot so laat soos 1824 nog vermeld,[105] ongeveer die tyd toe dit uit Europese stede begin verdwyn het; in Wene het hulle egter tot die middel van die negentiende eeu oorleef, en die laaste stoeldraer het na bewering eers in 1888 afgetree.[106]

Sowel Henricus en Aletta Beck as Beck se vrou en sy suster se twee mans was buitelanders en immigrante, en 'n belangrike gevolg van Aletta se huwelik met Slotsboo was dat hulle al twee volgens agttiende-eeuse standaarde plaaslike verwante bekom het deur die familienetwerk van Slotsboo se oorlede eerste vrou Anna Regina Hartz. Laasgenoemde is in 1687 aan die Kaap gedoop,[107] dog 'n belangriker faktor by die 'inburgering' van die Becks sou die twee Marquardt-broers gewees het, as daar inderdaad 'n verwantskap bestaan het, want Joachim Marquardt word so vroeg soos 1663 reeds as vry plaaskneg aan die Kaap genoem.[108]

Deur die feit dat Margaretha Marquardt, moontlik hul suster, getroud was met die latere vryburger en burgerraad H.C. Möller, soos reeds vermeld, sou daar weer verwantskap met 'n uitgebreide familie van plaaslike amptenare en vryburgers ontstaan het,[109] want die egpaar Möller sou uiteindelik nie minder as dertien kinders hê nie, wat sover hulle oorleef het grotendeels voordelige huwelike aangegaan het.

By gebrek aan nadere inligting oor die Marquardts moet hierdie skakels as hipoteties beskou word; maar soos daar nog nader getoon sal word, het Henricus Beck jare later die 'bloedvriende' of verwante wat in sy begrafnisstoet onmiddellik op die kis moes volg, in hierdie netwerk van aangetroude plaaslike families gevind.[110]

Sodanige verwantskappe is in die agtiende eeu algemeen erken en ernstig opgeneem; dog afgesien van hul praktiese waarde in terme van hulp, steun en beskerming is Beck se posisie in die plaaslike samelewing natuurlik op sosiale vlak verseker deur die feit dat hy nie net 'n amptenaar van die Kompanjie was nie, maar as predikant 'n besondere status geniet het en wat rang betref onmiddellik op die goewerneur en lede van die Politieke Raad gevolg het. As eggenote en later weduwee van 'n landdros was sy suster se sosiale posisie eweneens verseker en slegs effens meer beskeie, want 'n landdros het in rang nie ver agter 'n predikant gestaan nie. As eggenote van Slotsboo, wat 'n lid van die Politieke Raad was, is sy egter tot die klein kringetjie van vooraanstaande vroue aan die Kaap bevorder, en ná sy dood het sy as weduwee tot die einde van haar eie lewe hierdie status behou.[111]

Wat betref die klein, eksklusiewe kringetjie in en om die Kasteel waarin Aletta Beck nou beweeg het, het Willem Helot ná die dood van goewerneur Van Assenburgh in 1711 twee jaar lank die amp van waarnemende goewerneur beklee. Dit was eers in September 1713 dat berig ontvang is dat Maurits Pasques de Chavonnes tot nuwe goewerneur benoem is en in die Europese herfs sou vertrek, tesame met die nuus van die Vrede van Utrecht, waarmee die uitgerekte en slopende Spaanse Suksessie-oorlog beëindig is sover dit Nederland betref.[112]

Hierdie blye tyding is met 'n dankdiens en saluutskote gevier, en dit was skynbaar ook in verband hiermee dat Helot in die Kaapse lente 'n soort tuinfees gereël het van 'n tipe wat nie dikwels in die vroeë rekords vermeld word nie. 'Picnic to be given by the Commander in the gardens below Lion's Hill, where a tent of green leaves had been erected,' lui Leibbrandt se opsomming van die betrokke inskrywing in die Dagregister, gevolg deur die mededeling dat dit weens swaar reën gekanselleer moes word: 'guests consequently proceed to Government House. Fireworks, tar barrels, fine suppers, &c., &c.'[113]

8. Aletta Beck in die Tafelvallei, 1715-1726

Niemand het nog besef dat hierdie oorlog die einde van Nederland se rol as Europese moondheid beteken het nie, of dat 'n geleidelike agteruitgang in die sake van die VOC kort hierna merkbaar sou begin word nie wat sou voortduur tot sy ondergang aan die einde van die eeu.[114]

Die nuwe goewerneur het die Kaap vroeg in 1714 bereik, en ds. Valentijn, wat toe juis op pad terug was na Nederland, was 'n getuie van sy landing.

> Zyn Ed. wiert door de Heeren Helot, Valkenier (zeevoogt [admiraal] der retourvloot) en veel andere Heeren, onder 't balderen van 't geschut (doende 't Fort 21, de Admiraal[admiraalschip] 19, de Onderzeevoogt 17, de Schout bij nacht 15, en de verdere schepen der vloot 13 schooten yder, toen zyn Ed. van boord ging) zeer staatelyk afgehaalt (...). Zyn Ed. quam daar met Mevrouw zyne gemaalinne, en ettelyke kinderen, benevens zynen neve, Capitein Chavonnes.[115]

Elders het Valentijn dit oor 'n ontvangs deur 'een groote stoet van heeren en Kaapsche juffers, vrouwen van de raadsperzoonen, en (...) veel andere', en beskryf hy die goewerneur se geselskap as 'bestaande, zoo [ik] meine, in drie dochters en twee zoonen, en twee meyden [diensmeisies]; waar beneven [waarnaas] zyn Ed. broeders zoon als kapiteyn hier leggen quam, brengende zyn vrouw en hare suster mede. Dit gansch gezelschap,' voeg hy by, 'had in die eene kajuyt gelogeert (...)'.[116]

Op 28 Maart, meld die Dagregister, is De Chavonnes formeel as 'Gouverneur dezer uithoek' voorgestel, en het hy sy neef, kaptein Dominicus de Chavonnes, en sy eie seun, vaandrig Pieter Rochus de Chavonnes, aan die bataljon wat voor die Katbalkon van die Kasteel vergader was, bekend gemaak.

> Onderwijle dat meergem[elde] Zijn Ede. van alle gequalificeerden [amptenare] gefeliciteert [gelukgewens] en gecomplimenteert wierd, hoorde men drie salvo's musquetterije, en vervolgens, het Casteel rond losgebrand hebbende, ook de scheepen ter rheede leggende ijder na rang een g'ordonneerd getal canonschooten doen.[117]

Hierdie plegtighede is volgens Valentijn gevolg deur 'een pragtig welkomstmaal ter eere van zyn Ed.'.[118]

Maurits Pasques de Chavonnes, wat teen die sestig jaar oud was, was die kleinseun van 'n Franse markies wat weens geloofsvervolging na Nederland uitgewyk het,[119] en sy aanstelling het dus die tradisie van die benoeming van semi-patrisiërs, patrisiërs en adellikes as goewerneur voortgesit wat in 1676 met Joan Bax begin en met die Van der Stels, Van Assenburgh en laasgenoemde se sekunde D'Ableing voortgesit is. Nadat hy tot die rang van majoor in die Nederlandse leër gevorder het, het hy ná die Vrede van Utrecht na die diens van die VOC oorgegaan, en mens merk in die verbygaan dat sy vrou se moeder 'n lid van die familie Van Beaumont was, sodat die vraag ontstaan of sy verwant was aan die destydse Kaapse fiskaal Cornelis van Beaumont en dit tot haar man se aanstelling bygedra het.

Verskeie lede van hierdie familie was egter by die VOC in diens, terwyl die egpaar se sewentienjarige seun Pieter Rochus de Chavonnes later diens sou doen in die Ooste, tot goewerneur en direkteur van Malakka (Malaka in Maleisië) vorder, en in 1747 in Batavia te sterwe kom as direkteur-generaal, die hoogste amptenaar in Kompanjieskringe naas die goewerneur-generaal.[120]

Die 'neve' na wie Valentyn verwys, was die goewerneur se broerskind, Dominicus (Dominique) Marius Pasques de Chavonnes,[121] wie se vader onder Simon van der Stel reeds vir enige jare as kaptein van die Kaapse garnisoen gedien het, en hy het sy oom nou in dieselfde hoedanigheid vergesel. Sy moeder, die weduwee Maria Lamy van Dunkenay,[122] was skynbaar ook deel van die geselskap, want sy is in die winter van die volgende jaar aan die Kaap oorlede, en dit is interessant om te sien wat hierdie gegoede Nederlandse vrou uit die hoër kringe nagelaat het: naas heelwat klerasie ook 'n katel met 'n veermatras en agt kussings, beddegoed, servette, 'n silwerteelepel en -vurk, 'n silwernaaldekoker en vingerhoed, 'n snuifdosie met silwerbeslag, 'n Bybel in folioformaat, 'n brandglas en 'n hoeveelheid snuif.[123]

'n Paar maande later het 'n verdere vertakking van hierdie familiekompleks die Kaap bereik,[124] naamlik die 27-jarige ds. Peter van Aken,[125] met sy vrou, die predikantsdogter Anna Margareta Bolwerk, met wie hy daardie jaar nog in Nederland getroud is, en wat vermoedelik 'n suster was van Dominicus de Chavonnes se vrou, Isabella Bolwerk;[126] volgens die testament van De Chavonnes se moeder was een van haar dogters bowendien getroud met ene Jacobus Bolwerk.[127] Van Aken is sonder versuim as predikant van Drakenstein aangestel,[128] waar die gemeente sedert Beck se oorplasing tien jaar tevore reeds herderloos was, en onder hom sou daar uiteindelik 'n pastorie en 'n doelmatige kerk in die Paarlvallei gebou word.

Dit wil dus voorkom dat die nuwe goewerneur se familiegeselskap, met inbegrip van Dominicus de Chavonnes se twee klein kinders,[129] uiteindelik uit ten minste vyftien mense bestaan het.

'n Verdere figuur wie se koms na die Kaap oënskynlik met dié van De Chavonnes verband hou, is die latere Kaapse predikant Lambertus Slicher.[130] Die artikel oor Slicher in die *Biografiese woordeboek* is taamlik vaag, maar volgens sy eie verslag en die eietydse dokumentasie wat dit vergesel,[131] was hy in Nederland as predikant werksaam gewees in die garnisoenstad Lillo onder die Klassis Tholen-Bergen op Zoom, dog het hy as gevolg van 'vele stribbelingen' en 'lange en gedurige moeylijkheden met den Commandeur van Lillo' en die 'vele animositeyten' wat as gevolg daarvan plaaslik ontstaan het in 1713 sy ontslag van die Klassis aangevra.

Die volgende jaar het Slicher, 'ten laatsten tot het alleruyterste gebragt zijnde en geen de minste levensmiddelen meer hebbende', as adelbors (seekadet) in diens van die VOC na die Ooste vertrek met die bedoeling om onder die Kompanjie weer as predikant in diens geneem te word; 'en hier aan de Kaap komende,' skryf hy, 'hadde

8. Aletta Beck in die Tafelvallei, 1715–1726

[ik] het geluk van te vinden den Edelen Heer Gouverneur [*De Chavonnes*], die mij in 't vaderlant gekent hadde, en, met mijn ellendigen staat bewogen zijnde, mij aanstelde om onder den naam van Rector het opzigt over de scholen te hebben'.

Dat Slicher die Kaap slegs vier maande ná die nuwe goewerneur en sy geselskap bereik het, sou egter meer as blote toeval kan wees; en die patroon van verbintenisse met Bergen op Zoom en persoonlike begunstiging wat hier deurskemer, word versterk deur die feit dat die naam van Jacobus Bolwerk voorkom op die attestasie waarvan Slicher deur drie predikante in hierdie stad voorsien is.

Hoe dan ook, 'n maand ná Slicher se aankoms is De Chavonnes se 'Ordonnantie van de schoolordening' uitgevaardig, en is Slicher tot hoof van die nuwe Latynse skool benoem. In 1721 is hy toegelaat om te preek, en in 1723, nog altyd tydens De Chavonnes se bewind en by implikasie met sy goedkeuring, is hy deur die Here XVII as predikant aangestel.

Ten slotte bestaan daar 'n moontlikheid dat die onbemiddelde jong Rijk Tulbagh uit Bergen op Zoom, 'n toekomstige goewerneur van die Kaap, wat in 1716 as adelbors in diens van die VOC hier aangekom het, in daardie stad ook reeds konneksies met die familie Bolwerk en met Dominicus de Chavonnes gehad het, en dat dit bygedra het tot die feit dat hy hulle eweneens na die Kaap gevolg het om voordeel uit hul nuwe aansien te trek.[132]

Wat betref die koloniale wêreld waarin die aristokratiese nuwe goewerneur en sy gesin hul waarskynlik heeltemal onvoorbereid bevind het, kan mens aan die hand van inskrywings in die Dagregister ter illustrasie noem dat vier Khoi-kaptyns met name uit die klassieke oudheid in die jaar voor hul aankoms van die VOC ampstawwe ontvang het as blyk van die mate waarin hulle hul gesag teen hierdie tyd reeds aan die blankes te danke gehad het.[133] Een van die leiers van 'n groepie drosterslawe in geëmpaleer en 'n ander se regterhand is afgekap, waarna hy op die kruis gebreek is, terwyl 'n jong blanke vrou, Maria Mouton, veroordeel is om verwurg te word vir die moord op haar man, en haar minnaar en medepligtige, die slaaf Titus van Bengale, eweneens geëmpaleer is, en 'n slaaf is gehang weens inbraak in kaptein-luitenant Slotsboo se huis. In die winter ná De Chavonnes se installasie is die *Leidsman* na Madagaskar gestuur om slawe vir die Kompanjie te gaan aankoop, die volgende lente is 'n verdere sewe slawe vir uiteenlopende oortredings geradbraak, en in November het die *Leidsman* teruggkeer, 'having been very successful in trading for slaves, and buying about 200 of good quality'.[134]

Dog ook in die destydse Europa was wrede strawwe soos hierdie algemeen, en dit sou die aankomelinge uit Nederland geensins ontstel het nie. Al wat vir hulle nuut sou gewees het, was die aanwesigheid van Khoikhoi, en nie slegs die aanwesigheid van slawe nie, maar bowenal die algemene beskikbaarheid van slawearbeid.

'n Interessante lig is op die onderlinge verhoudings in hierdie klein kring van hoë amptenaars in die Tafelvallei gewerp toe die sekunde Willem Helot, wat as goewerneur waargeneem het en hertroud was met Maria Engelbrecht, die weduwee van Ds. van Loon van Stellenbosch, kort ná die koms van die nuwe goewerneur deur hom en die Politieke Raad van oneerlikheid en pligsversuim aangekla is, en hom in 'n brief aan die XVII met aantygings van sy eie kant verweer het. 'De Gouverneur,' het hy hierin geskryf,

> is oom paternel [*aan vaderskant*] van de capt. de Chavonnes; deselve zijn onderling weder bevrind met den Ed. fiskaal de Beaumont, welke verswagerd is met s[eigneu]r Cruse, die wederom met sr. Swellengrebel en den secret[aris] De Meijer, een man so schadelijk voor dit land, dan men hem de principale autheur acht van alle de moeijelijkheden en onrusten welke zedert enige jaeren alhier zijn ontstaen …

'Die sin bly onvoltooi,' merk die redaksionele kommentaar by hierdie aanhaling op, 'maar meld verder dat Slotsboo en De la Fontaine baie bevriend met sekretaris De Meyer is en dat Slotsboo en Swellengrebel sy [*Helot*] bitterste vyande is.'[135] Dit is die klein wêreld van professionele nyd en onderlinge gekonkel in en om die Kasteel waarmee Aletta Beck met haar nuwe huwelik sou beland het, in die mate altans dat sy as suster van 'n predikant en weduwee van 'n landdros nie op Stellenbosch reeds daarby betrokke geraak het nie.

In die lente van 1717 het Dominicus de Chavonnes met sy gesin na die Ooste vertrek nadat hy deur die Here XVII aangewys is om aan die Kompanjie se oorlog aan die Malabarkus van Indië deel te neem, en sy niggie, die goewerneur se dogter, Anna Margaretha Pasques de Chavonnes, het met hulle saam gereis om in Batavia in die huwelik te tree met die raad van Indië en voormalige opperhoof van Japan Ferdinand de Groot.[136] Kaptein De Chavonnes sou egter nooit Malabar bereik nie, want op pad van Batavia saam met sy gesin is hy deur 'n amokmaker aangeval en om die lewe gebring.[137]

Oor Aletta Beck se lewe in die Tafelvallei as vrou van kaptein-luitenant Slotsboo is daar ewe min bekend as oor die vorige tien jaar in Stellenbosch, afgesien van die feit dat 'n seuntjie op 9 Junie 1717 met die name Cajus Henricus gedoop, maar na bewering jonk oorlede is.[138] Die moeder sou teen hierdie tyd ongeveer vyftig jaar oud gewees het.

In dieselfde jaar is haar stiefseuntjie, die sesjarige Petrus Jesse Slotsboo, volgens latere getuienis by die Kompanjie in diens geneem as adelbors (seekadet),[139] alhoewel die aanstelling nouliks ernstig bedoel kon gewees het. Moontlik is dit as guns teenoor sy vader gedoen, ter wille van die finansiële voordeel; alhoewel mens wonder of dit nie miskien 'n manier was om hom by gebrek aan adekwate skole van 'n praktiese opleiding in Kompanjiesdiens te verseker nie.

8. Aletta Beck in die Tafelvallei, 1715-1726

In vroeër jare het daar wel so 'n gebruik bestaan, wat in 1685 verbied is,[140] maar skynbaar het die verbod intussen weer verval. In 1722, toe hy elf was, verskyn jong Slotsboo in elk geval op die monsterrol as Assistent, die laagste rang in die hiërargie van die VOC,[141] wat ewe min ongebruiklik was. Die latere direkteur van Bengale, Anthony Huysman, is as seun van 'n senior amptenaar in die Ooste byvoorbeeld in 1681 op dertienjarige leeftyd as 'jong Assistent' aangestel,[142] terwyl Lequin die geval noem van 'n ander amptenaar in Bengale, Martinus Koning, wat op tienjarige leeftyd reeds 'n aanstelling in diens van die Kompanjie gekry het.[143]

Sover dit die Kaap betref, was Jacobus Möller, die seun van 'n burgerraad, ewe oud soos jong Slotsboo toe hy in 1707 by die Kompanjie in diens getree het,[144] die toekomstige goewerneur, Hendrik Swellengrebel, het in 1713 op dertien 'jong Assistent' geword' en is as 'assistent schrijver' aangestel,[145] en David d'Ailly, broerskind van die plaaslike predikant, is in 1717, toe hy twaalf was, in diens geneem as adelbors.[146] In hierdie konteks meld Lequin dat daar in 1742 'n plakkaat uitgevaardig is om te bepaal dat slegs persone wat self hul amp kon uitoefen in Kompanjiesdiens aangestel mog word.

> Dit plakkaat was door de XVII uitgevaardigd. nadat hun ter ore was gekomen, dat een gezaghebber aan de Kaap zijn 3-jarig zoontje als 'jong assistent' had benoemd en dat diens maandgelden waren gelopen tot een bedrag van ƒ1096,–.[147]

Dit is moontlik dat dit hier gaan om Hendrik Swellengrebel se oudste seuntjie Johannes Willem, gedoop in 1728, wat vanaf 1733 op die monsterrol van die Kompanjie verskyn as soldaat, en in 1738 as assistent van die kassier.[148]

Wat betref die moontlikheid van 'n konvensionele skoolopleiding in Europese sin vir kinders aan het Kaap, is daar in 1714, enige maande ná De Chavonnes se aankoms, soos genoem 'n 'Ordonnantie van de Schoolordening' uitgevaardig in 'n poging om die gehalte van plaaslike onderwys te verhoog en dit onder beheer van die owerheid te bring en te hou.[149] Die standaarde wat hierin gestel is, was egter baie basies, en het nie veel meer behels nie as onderrig in ''t Vader ons, de thien geboden, de articulen des Christelijken geloofs, het avont- en morgengebed, de gebeden voor en na het eten, mitsgaders [*tesame met*] de ordinaris [*gewone*] gebeden om bequaamheit in 't leeren van Gode te verkrijgen', tesame met die kategismus en ''t singen der psalmen'. Die skoolmeesters moes die kinders op Sondae na die kerkdiens vergesel, waar seuns en meisies afsonderlik moes sit.

Dit was skynbaar kragtens hierdie ordonnansie met sy baie basiese vereistes dat daar vervolgens 'n Latynse skool volgens die Nederlandse model in die lewe geroep is met Lambertus Slicher as rektor.[150] Teen 1720 kon hy berig dat hy reeds tweehonderd leerlinge het, en dringend 'n tweede assistent en verdere skryftafels, banke en inkkokers aanvra,[151] dog terselfdertyd het hy met betrekking tot die skool beweer dat 'hetzelve zooveel niet opbrengen [kan] dat [ik] fatsoenlijk af bestaan kan'.[152]

Slicher se werksaamhede was 'om de kinderen te leeren lezen en schrijven, en een stuk of twee Latijn te leeren', soos hy die werk self nogal misprysend beskryf het toe hy in hierdie tyd probeer het om opnuut as predikant aangestel te word,[153] en ambisieuse ouers het kennelik iets meer vir hul seuns verlang as wat hy hulle kon bied. Mettertyd sou dit vir senior amptenare en gegoede vryburgers al hoe meer gebruiklik word om hul seuns na Europa te laat gaan vir hul opvoeding, dikwels op 'n baie vroeë leeftyd; terwyl die soldyboekhouer Jacobus Cruse in 1718 by die Politieke Raad toestemming gevra om sy sewejarige seuntjie Johannes Jacobus na Ceylon te stuur, waar Cruse se swaer Isaak Augustijn Rumph goewerneur was.[154]

Oor die jare ná sy huwelik het Slotsboo sy professionele vordering voortgesit, want ná Dominicus de Chavonnes se vertrek na die Ooste het Slotsboo hom as bevelvoerder van die garnisoen opgevolg, en die volgende jaar is hy tot volle kaptein bevorder;[155] waardeur nie net sy gesag vergroot is nie, maar ook sy aansien in die plaaslike hiërargie.[156] Terselfdertyd is hy verlig van 'n aantal van die veelvoudige verpligtings wat hy tot dusver moes nakom: 'soo[wel] van 't opsigt over 's Comps. lijfeijgenen [slawe] als d'subalterne [ondergeskikte] administratie van 't hout maguasijn, metselsteenen, steenovens wat daarvan dependeerende [afhanklik] is'.[157]

Volgens Mentzel, wat die dekade na Slotsboo se dood behandel:

> The regular military force at the Cape is generally reckoned at two hundred men. This includes all those who actually wear uniform and remain under arms; officers, non-commissioned officers, hautbois players and trumpeters as well as ordinary soldiers. There are in addition about four hundred men who do no military service, but who are employed in various ways (...). Thus if every man connected with the garrison were called to arms, the entire military force available would number at most about six hundred men, and of those less than half would have had any regular military training.[158]

Alhoewel die algemene strekking van hierdie opmerkings waarskynlik juis genoeg is, is Mentzel se skatting vir die totale 'garnisoen' of diensstaat van die Kompanjie egter te laag. In feite het dit gedurende die twintigerjare, in Slotsboo se dienstyd, om die agthonderd man geskommel, terwyl daar volgens die statistieke wat dr. Böeseken verstrek omstreeks seshonderd soldate was, en gedurende Mentzel se tyd was die syfers ooreenkomstig hoër.[159]

As beroepsoldaat, anders as die twee Van der Stels, en as meer pligsgetroue man as wat sy onmiddellike voorganger Van Assenburgh skynbaar was,[160] het De Chavonnes baie gou aandag aan kwessies van militêre organisasie geskenk, en sodoende is heelwat gegewens oor militêre aangeleenthede in Slotsboo se tyd vasgelê. Enkele maande ná De Chavonnes se aankoms is 'n 'Ordre ende reglement op het wagten en andere zaken de militie rakende' reeds uitgevaardig, wat in 58 punte aanwysings gee vir militêre roetine in die Kasteel, vanaf sonop, wanneer die adjutant die sleutels by die huis van die goewerneur of bevelvoerende offisier afgehaal het om die ingangspoort oop te sluit, tot tienuur saans wanneer die taptoe geslaan, die poort gesluit en die nagwagte uitgesit is.[161] Enkele maande hierna is aanwysings oor wapens en ammunisie uitgereik,[162] terwyl De Chavonnes die kwessie van uniforms ook dadelik met die Here XVII opgeneem het.

In die Europese leërs het uniforms eers teen die einde van die vorige eeu gebruiklik begin word, en afgesien van die goewerneur-generaal se lyfwag in Batavia was die VOC se soldate in 'n bont verskeidenheid ou en armoedige klere geklee, en soms selfs kaalvoet: goewerneur-generaal Van Imhoff het hulle as 'veeleer bedelaars dan soldaten' beskryf.[163] So moes De Chavonnes in sy 'Ordre ende reglement' dan ook daarmee volstaan om te spesifiseer dat die lede van die wag op parade moes verskyn met 'de hoeden wel opgetoomt [*rand opgeslaan*], [en] goede koussen en schoenen', iets wat klaarblyklik nie as vanselfsprekend aanvaar kon word nie.

In die lente van 1716 is uniforms egter aan die Kaapse garnisoen uitgereik, alhoewel 'n plakkaat terselfdertyd uitgevaardig is om te verbied dat hulle 'haar eijgene montering, dat blaauw carsaij wesen sal', van die hand sit of verpand;[164] dit wil egter voorkom dat die uniform nie van karsaai (growwe gekeperde laken) was nie, maar van blou sersie ('n dun, gekeperde wolstof), met plat geelkoperknope.[165]

In 1720 is daar volgens Sleigh sprake van lang geel kouse wat by die gebruiklike kniebroeke gedra is, wat hy elders as 'poppy coloured', 'scarlet, or at least a deep orange' of 'pumpkin coloured' vertolk.[166] In die dertigerjare, enige jare ná Slotsboo se tyd, skryf Mentzel dat die paradedrag van offisiere bestaan het uit 'rich scarlet cloth braided with silver', maar die gewone uniforms van offisiere en manskappe was volgens hom van blou karsaai gevoer met blou salempoeris ('n soort Oosterse sis), met kniebroeke en wat hy as 'red knitted hose' beskryf.[167] Die hoede, vermoedelik die destyds gebruiklike driekanthoede, was volgens hom afgewerk met goudgalon.

Sleigh skryf voorts dat die offisiere van swaarde voorsien was, die onderoffisiere van swaarde en seremoniële hellebaarde, en die manskappe van swaarde en muskette (lontgewere).[168]

Terselfdertyd het De Chavonnes ook 'n kompanie grenadiers ingestel met hoë musse wat volgens sy eie verslag met luiperdvel oorgetrek was,[169] alhoewel dit volgens Mentzel waarskynlik eerder tierkatvel was.[170] In Mentzel se tyd het die goewerneur se lyfwag naas die offisiere uit twaalf grenadiere en ses musketiers bestaan.[171]

'Over het algemeen,' skryf Krom in sy biografie van baron Van Imhoff met verwysing na hierdie tyd, 'was het lot van den Compagniessoldaat, zwaar gestraft, slecht betaald en slecht gevoed, allerongelukkigst',[172] en volgens Mentzel, wat in 1733 as soldaat na die Kaap gekom het en uit eie ervaring praat, 'the officer has a soft job, the non commissioned officer is kept moderately busy, but the common soldier has a very hard time indeed'.[173]

Wat betref Slotsboo se kollegas in die Politieke Raad, wat terselfdertyd saam met hul gesinne die onmiddellike sosiale kring van hom en sy vrou in die Tafelvallei uitgemaak het, was daar aan die einde van 1715, in die tyd van sy tweede huwelik, sewe van hulle.

Naas die goewerneur en sy neef, Dominicus Pasques de Chavonnes, het hierdie groepie in eerste instansie bestaan uit die sekunde Willem Helot, wat ná die dood van sy eerste vrou getroud is met Maria Engelbregt, die weduwee van ds. Van Loon: hulle is in 1710 deur Beck te Stellenbosch in die huwelik bevestig.[174] Verder was daar die fiskaal Cornelis van Beaumont,[175] wat voorheen diens gedoen het in Ceylon en met een van die dogters van sy onmiddellike voorganger Joan Blesius getroud was; die Boekhouer Jacobus Cruse,[176] 'n gebore Kapenaar en seun van 'n amptenaar, wie se vrou ook 'n dogter van Blesius was; die dispensier Johannes Swellengrebel,[177] wat eers getroud was met 'n suster van sy latere kollega Cruse, wat in 1713 oorlede is, en vervolgens met 'n Nederlandse vrou; en die pakhuismeester Jan de la Fontaine,[178] wat in 1711 eweneens getroud is met 'n Kaaps gebore vrou, Maria Elisabeth de Man, die dogter van 'n amptenaar, maar deur haar moeder verwant was aan plaaslike vryburgersfamilies.

Van die agt lede van die Raad was slegs Slotsboo self nie 'n Nederlander van geboorte nie, alhoewel Swellengrebel in Moskou gebore is as seun van 'n Nederlandse koopman; van hul eggenotes was vier aan die Kaap gebore, maar almal was Nederlandssprekend. Dit was dus 'n byna uitsluitlik Nederlandse kring waarin Aletta Beck haar hier bevind het, en een wat as gevolg van die agtergrond, ervaring, huwelike en verwantskappe van die betrokke individue bowendien duidelik die stempel van die VOC gedra het.

Binne 'n jaar nadat die nuwe goewerneur oorgeneem het, is sekunde Helot egter van oneerlikheid en pligsversuim aangekla en ontslaan,[179] en in 1715 het hy 'buijten qualiteijt en met afgeschreven gagie',[180] met ander woorde sonder rang of salaris, met sy gesin na Nederland teruggekeer, dus kort voordat Aletta Beck met Slotsboo getroud is en in die Tafelvallei kom woon het.[181] Hy is opgevolg deur Abraham Cranendonk,[182] wat die VOC voorheen in dieselfde hoedanigheid gedien het te Hoegli in Bengale (Noordoos-Indië), en aangesien Bengale bekend gestaan het vir die weelderige leefwyse en verregaande korrupsie van sy amptenare kan die oorplasing na die Kaap vir hom nouliks verblydend gewees het. Sy vrou was Elisabeth Angelica Burlamacchi, lid van 'n Italiaanse koopmansfamilie wat ook in Switserland werksaam was maar hulle mettertyd in Nederland gevestig het, nes die Diodati's en die Calendrini's wat ewe goed by die werksaamhede van die VOC betrokke sou raak.[183] Waarskynlik het sy dus ook besliste opvattings van haar eie status gehad

8. Aletta Beck in die Tafelvallei, 1715–1726

heeltemal afgesien van dit wat haar toekom as eggenote van 'n fiskaal, wat die lewe vir hul onmiddellike omgewing nie maklik sou gemaak het nie.

Cranendonk se siening van sy status in die gemeenskap, wat in die konteks van sy tyd hoegenaamd nie onredelik was nie, het gelei tot 'n kenmerkende klein insident met die aankoms in die winter van 1718 van 'n latere goewerneur van die Kaap, Pieter Gysbert Noodt uit Nijmegen, met sy gesin.[184] Noodt is aangestel as direkteur-ingenieur van fortifikasies oftewel 'directeur der approches en fortificatiën van India [*Oos-Indië*]', en hy het opdrag gekry om op sy uitreis die vestingswerke aan die Kaap te ondersoek en aanbevelings in verband met die verbetering en instandhouding daarvan te doen.[185] Sy verslag, wat mettertyd deur die Here XVII aangestuur is na die Kaap, het heelwat kritiek op bestaande toestande bevat, en het byvoorbeeld weggeval met die verklaring dat hy die 'fort' (Kasteel) 'in sulke slegten staat hebbe gevonden, dat ik geen swarigheijd soude vinden om mij van dat fort meester te maken in tijt van 24 uuren met 5 à 600 mannen',[186] wat goed genoeg by die algemene indruk van verwaarlosing aansluit. Slotsboo in sy hoedanigheid as kaptein en die militêre ingenieur Evert Walraven Cochius het egter uitvoerig en verontwaardig op die aanklagte gereageer.[187]

Noodt se aanwesigheid aan die Kaap is vir die nageslag egter interessanter vanweë die kenmerkende botsing tussen hom en Cranendonk, waaroor albei mans lang geskrewe vertoë aan die Politieke Raad voorgelê het.[188] Cranendonk het gekla dat die militêre wag in die Kasteel groter eer aan Noodt betoon as aan hom, en dat sy vrou se stoel in die kerk in opdrag van Noodt deur dié van laasgenoemde se eggenote vervang is, terwyl die sekunde na regte onmiddellik op die goewerneur moet volg in rang; Noodt weer het verklaar dat hy in rang op die tweede majoor in Batavia gevolg het en dus voorrang geniet het bo 'n kommandeur, voor wie 'n sekunde moes wyk. Die Raad het 'naukeurigh (…) gedelibereert' en in 'n taktvolle formulering ten gunste van Noodt besluit. In die wêreld van die VOC was kwessies soos hierdie van wesenlike belang.

Mens maak in die beskikbare rekords effens nader en uitvoeriger kennis met Slotsboo en sy kollegas in die Politieke Raad deur middel van hul onderskeie reaksies op die vraag wat die Here XVII gestel het aangaande die nut van immigrante aan die Kaap en die moontlikhede met betrekking tot landbou. Die reaksies is in 1717 weggestuur, en die 'Sentimentie van rescriptie' wat Slotsboo in reaksie hierop op skrif gestel het en wat vroeg die volgende jaar na Nederland versend is, begin saaklik-abrup en sonder omhaal, 'Belangende smekolen' [*smeekole, fyn steenkool*], gevolg deur 'n paragraaf waarin hy daarop wys dat dit nie die koste loon om aan die Kaap die fyn en suiwer steenkool te probeer vind wat tot dusver ingevoer is nie. Vervolgens skenk hy aan die hand van sy agttien jaar ervaring van die land op dieselfde saaklike wyse agtereenvolgens aandag aan die moontlike verbouing van koffie, suiker, katoen, indigo, olywe, tabak, vlas, hops en moerbeibome vir die syteelt, maar telkens ewe goed sonder om veel toekoms daarin te sien.[189]

Wat die aanbevelings en kommentaar van die raadslede op die XVII se skrywe belangrik maak vir die verdere ontwikkeling van die Kaap en van Suid-Afrika is egter hul reaksies op die vraag 'Off Europische boere knegts en landbouwers onkostelyker [*goedkoper*] souden vallen [*wees*] dan slaven?'[190] Met die enkele uitsondering van Dominicus Pasques de Chavonnes was hierdie senior amptenare van mening dat dit reeds te laat is om blanke arbeid in te stel soos wat aanvanklik onder Van Riebeeck die bedoeling was, aangesien die blankes reeds van slawearbeid afhanklik geword het.

Hierby kan Slotsboo se uitspraak ter illustrasie aangehaal word; en meer spesifiek die passasie waarin hy daarop wys dat die koloniste nie bereid is om knegtelike werk te verrig nie:

> dat hoe armlijk ymant is, sij haar [*hulle hul*] egter niet kunnen nogh willen gewennen [*gewoond raak*] haar te egaliseeren [*gelykstel*] met een slaavagtige dienst, denkende hierdoor haar [*hulle*] te onderschijden van de lyveygenen [*slawe*], behalven dat de verlatinge harers [*hul*] lands haar doet oordelen een gemaklijker leven te moeten lijden [*sic*] als op haar eygene haarstee [*by die huis*] (...).[191]

Tot die einde van die Kompanjiestyd en vir nog bykans veertig jaar daarna sou slawe en slawerny dus 'n wesenlike onderdeel van die koloniale samelewing uitmaak.

Vroeg in 1716 het twee skepe uit Nederland berig gebring van die dood van die bejaarde Lodewyk XIV van Frankryk, en daarmee ook die einde van 'n era in die geskiedenis van Europa: die Dagregister verwys na 'n koning 'who had reigned so many years, and by his domineering ways so often thrown Europe, and our Fatherland especially, into confusion'.[192] Hiermee is die reeks verwoestende Europese oorloë wat deur Lodewyk se ambisie veroorsaak is, beëindig, en die Kaap kon 'n tydperk van betreklike vrede geniet tot die Oostenrykse Suksessie-oorlog in 1741–48 en die Sewejarige Oorlog van 1756–63 dit opnuut nodig gemaak het om waaksaam te wees teen buitelandse aanvalle. De Wet beskryf die tien jaar van De Chavonnes se bewind as "n tydperk wat gekenmerk word deur 'n geleidelike en rustige vooruitgang van die Kaapse nedersetting',[193] en die goewerneur self as 'diep godsdienstig en stil van aard'.[194]

Volgens Mentzel was die goewerneurswoning in die Kasteel ruim, maar 'as melancholy as a cloister',[195] terwyl Johanna Maria van Riebeeck 'n kwarteeu vroeër geskryf het: 'het Casteel is mede heel aardig [*eienaardig*] en het huys van de gouvernuer [*sic*] lijkent wel [een] doolhuys, men soud er mackelijck in kenne verdwaalt raken'.[196] Dit het desondanks die middelpunt van die amptenare se klein wêreldjie en bowenal van hul sosiale lewe uitgemaak, en hier het daar byvoorbeeld elke jaar op Nuwejaarsdag 'n formele onthaal plaasgevind, waarby die amptenare en vooraanstaande burgers die goewerneur kom gelukwens het en saans met 'n eetmaal onthaal is.

Die grootste en mees opwindende enkele gebeurtenis van die jaar was die oponthoud van die VOC se groot retoervloot: in 1724 het dit byvoorbeeld uit nie minder as 21 skepe bestaan nie, wat goedere ter waarde van meer as vyfmiljoen gulden na Nederland vervoer het;[197] en gedurende die volgende dekade het die Kompanjie altesaam byna sewehonderd skepe in albei rigtings uitgestuur met 'n totaal van meer as honderdduisend mense aan boord,[198] waarvan die meeste die Kaap aangedoen het. Dit lewer 'n gemiddelde op van meer as tienduisend besoekers per jaar, byna uitsluitlik mans, en oorwegend soldate en matrose.

Die sogenaamde 'afskeidsmaal' wat net voor die vertrek van die retoervloot op sy reis na Europa gegee is, was 'n belangrike vaste instelling, en ewe goed dié waarby die goewerneur die amptenare, offisiere en prominente burgers onthaal het ná die optrek of wapenskou van die burgermilisie.[199] By albei geleenthede is daar na destydse gebruik swaar gedrink, en volgens Mentzel het die goewerneur met die oog op hierdie twee amptelike maaltye 1000 gulden onthaalkoste ontvang.[200]

Voorts was daar 'n verdere aantal amptelike plegtighede soos die gelukwensing van die goewerneur op sy verjaardag, die ontvangs van besoekende amptenare van hoë rang, die formele bekendstelling van kommissarisse, en die beëdiging van amptenare en vryburgers wanneer 'n nuwe goewerneur-generaal in Batavia diens aanvaar het.

Wat veral opval in beskrywings van plegtighede aan die Kaap rondom die eeuwisseling en gedurende die eerste dekades van die nuwe eeu, is die vermelding van musiek. So skryf 'n Duitser wat die Kaap in 1710 aangedoen het as soldaat toe Van Assenburgh goewerneur was op effens onduidelike wyse:

Die kommandant of goewerneur was 'n Fransman van die Vlugtelinge. Op die uitreis het hy 8 musikante gehad, en as hy die skeepskaptein of gesagsvoerder en Boekhouer in 'n groot saal [in die Kasteel] aan 'n lang tafel op Europese wyse onthaal het, was daar altesaam 16 musikante, meestal van die soldate, waarby daar vir hierdie amptenare bier en wyn in oorvloed geskink is.[201]

Wat betref die daaglikse roetine in die Tafelvallei is die gemeenskap, soos in ander opsigte, oorheers deur die Kasteel: so is die klok in die toring bo die Kasteelpoort elke uur met die hand gelui, en 'n halfuur lank voordat die poort om tienuur saans gesluit is, het trommels en fluite militêre handelinge en ook die goewerneur se middagete begelei, en het trompetmusiek die dag afgesluit.[202]

Ook in die hospitaal aan die bopunt van die Heerengracht was daar egter 'n klok wat vir maaltye gelui is, en opnuut om nege-uur saans om die einde van die dag aan te dui,[203] en by die Slawelosie is daar bepaal dat die klok om agtuur saans gelui moet word en 'n klepper of ratel geroer as teken vir besoekers om die gebou te verlaat:[204] alhoewel dit nie gespesifiseer is nie, het dit hierby gegaan om blanke mans wat by die slavinne besoek aflê. Vendusies, wat 'n al hoe belangriker deel van die ekonomiese en sosiale lewe aan die Kaap uitgemaak het, is met ghongslag langs die strate aangekondig,[205] en amptelike aankondigings en die bekendstelling van nuwe plakkate met trommelgeroffel.[206] Op Sondae het twee slawe die kerkklokke gelui, en volgens Mentzel 'their peal is heard throughout the Table Valley'.[207]

Teen die einde van die vorige eeu is drie ratelwagte of 'klapwakers' aangestel om die strate van die nedersetting gedurende die nag te patrolleer en teen boosdoeners en brand te waak, soos in Nederland gebruiklik was; in plaaslike omstandighede sou rondloperslawe seker by die lysie gevoeg gewees het. Met verwysing na die dertigerjare skryf Mentzel in soortgelyke trant van die 'night watchman' wat 'after he has covered his beat and called out the hours' stelling ingeneem het in die omgewing van die gebou aan die westekant van die huidige Parade waar die brandblusapparaat gebêre is.[208] In 1696 is daar egter sprake van 'n burgerwag met dieselfde taak, en 'milisie' wat langs die strand moes patrolleer,[209] laasgenoemdes waarskynlik om meer spesifiek op die matrose en soldate in die oproerige hawegebied te let.

Dit alles was egter onderdele van die daaglikse lewe wat vir tydgenote so alledaags en vanselfsprekend was dat mens selde verwysings daarna vind behalwe in die konteks van een of ander oortreding. So is daar in verband met 'n voorval in 1744 heelwat inligting oor die militêre wag bestaande uit vier onderoffisiere wat van tienuur tot middernag die strate as groep gepatrolleer het, vermoedelik met die oog op die nakom van die aandklokreëling, onder toesig van 'n senior offisier.[210] Hulle was voorsien van gewere waarop daar indien nodig bajonette gemonteer kon word.

Afgesien van die bedrywigheid wat deur die aanwesigheid van die garnisoen veroorsaak is, was die lewe in die Tafelvallei oor die algemeen traag en gemoedelik, en die Engelse besoeker Barrington wat in 1737 die sekunde Hendrik Swellengrebel wou spreek, moes byvoorbeeld wag 'till his Afternoon's Nap should be over', wat omtrent drieuur sou wees.[211]

Kerk- en Nagmaalsdienste het nes in Batavia met heelwat opsigtigheid en vertoon gepaard gegaan, en huweliks- en begrafnisvierings het verdere insidentele afwisseling gebied. Waar lede van die amptenary daarby betrokke was, kon dit natuurlik statige openbare geleenthede wees, soos die huwelik van die goewerneur se dogter Johanna Arnoudina Pasques de Chavonnes in 1717 met Nicolaas Joan van Hoorn, kommandeur van die retoervloot en vroeëre opperhoof van Japan,[212] of die begrafnisse van 'n hele aantal lede van die Politieke Raad wat in hierdie jare oorlede is: Jacobus Cruse in 1719,[213] Cranendonk in 1721, en Van Beaumont in 1724.[214] Cranendonk se weduwee het vroeg in 1722 na die Ooste teruggekeer, saam met Cruse se weduwee, Christina Blesius, wie se twee oudste seuns daar in diens was van die Kompanjie,[215] wat natuurlik veranderings en aanpassings in Aletta Beck se onmiddellike kring meegebring het.

In 1724 het 'n era in die plaaslike geskiedenis voorts tot 'n einde gekom met die dood van kaptein Oloff Bergh as hoogbejaarde en baie ryk man, nadat hy hom in 1715 met halwe soldy uit die openbare lewe teruggetrek het met altesaam vyftig jaar diens by die VOC agter die rug.[216]

Die stranding van skepe en die reddings- en bergingspogings wat dit vereis het, het by herhaling ook groot drama en opwinding in die gemeenskap veroorsaak. Telkens weer is dit uitvoerig in die Dagregister beskryf, in elk geval waar dit Kompanjieskepe en hul waardevolle lading betref. Slawe het steeds gedros, by een geleentheid 'n groep van vyftien Kompanjieslawe uit Madagaskar wat gemeen het dat hulle oorland by hul eie land sou kan uitkom,[217] en verskeie pogings tot brandstigting word in die Dagregister vermeld.[218] Oortreders is na gelang van die aard van hul oortredings geradbraak, gehang, gebrandmerk, gegesel of geketen, en soms is 'n droster se regterhakskeensening afgesny om verdere ontsnappingspogings te probeer voorkom.

Hoe onbenullig en selfs primitief die nedersetting aan die Kaap was, het dit teen hierdie tyd egter lankal reeds uitgegroei tot wat Worden beskryf as 'a key component of the VOC's system of settlements and trading posts', en in 1731, tagtig jaar nadat dit tot stand gebring is, was dit sover dit die grootte van die amptelike besetting betref die sesde van die Kompanjie se vestings en handelsposte.[219]

Danksy die herstel van vrede in Europa ná die dood van koning Lodewyk het 'n toenemende aantal buitelandse skepe die Kaap voorts nou begin besoek,[220] en interessante inligting hieroor kan verkry word uit Boucher se ondersoek van die jare 1714–23, dus die tydperk onmiddellik nadat Aletta Beck in die Tafelvallei kom woon het.[221]

Meer as driekwart van die besoekers was Engels, maar teen hierdie tyd het skepe van die Engelse Oos-Indiese Kompanjie die onafhanklike koopvaarders van die vroeë jare verdring,[222] en hulle het betreklik groot bemannings gehad, dikwels negentig man of meer per skip.[223] Hiernaas noem Boucher ook die besoek aan die Kaap van vier Engelse oorlogskepe met 'n totale bemanning van meer as 'n duisend wat in 1721 op versoek van die Engelse Kompanjie uitgestuur is teen die berugte seerowers in die Indiese Oseaan en Rooi See-gebied wie se basis op Madagaskar was.[224]

Belangrik onder die besoekers was egter ook die skepe van die Franse Oos-Indiese Kompanjie, wat reeds lankal in Indië werksaam was, en nadat dit in 1732 opnuut opgerig is met steun van die Franse Kroon 'n monopolie van handel met Indië en China geniet het.[225] Voorts was daar in Tafelbaai gereeld skepe van die Deense Asiatiese Kompanjie, wat in 1732 tot stand gekom het ter vervanging van die ou Deense Oos-Indiese Kompanjie met sy handelsbelange in Indië, en ook handel gedryf het met China.[226] 'n Soortgelyke Sweedse liggaam, wat in 1731 gestig is, was in dieselfde gebied werksaam en het hom ook in hoofsaak toegelê op die aankoop van tee, alhoewel sy skepe skynbaar eers vanaf 1759 die Kaap begin aandoen het.[227]

Daar was egter ook insidentele verteenwoordigers van kleiner handelsliggame met 'n korter lewensduur, soos die Oostendse Kompanjie, wat in 1722 of 1723 in die Oostenrykse Nederlande (die huidige België) opgerig is.[228] Waar die besoek van 'n Pruisiese skip in 1755 en opnuut die volgende jaar aangeteken is, gaan dit vermoedelik om die Brandenburgse Kompanjie, wat in 1682 reeds opgerig is, maar hoofsaaklik met die Goudkus handel gedryf het.[229]

Hoe algemeen die aanwesigheid van handelaars en handelskompanjieë uit Europa teen hierdie tyd in die Ooste was, word getoon deur die feit dat toe vier skepe van die VOC in 1751 by die Chinese hawestad Kanton (Gwangzjoe) aangekom het om handel te drywe, hulle tien Engelse, twee Franse en twee Sweedse skepe en 'n Deen daar aangetref het.[230] Wat die omvang van vreemde skeepsverkeer in Tafelbaai betref, gee Beyers vir 1731, om hierdie jaar as bankmerk te handhaaf, naas 73 Nederlandse vaartuie nog vier Engelse, vier Franse en twee Deense skepe.[231]

Eweneens het die Kaap besoek ontvang van Portugese slaweskepe op pad tussen Madagaskar, waar hulle slawe aangekoop het, en Brasilië,[232] en Engelse skepe wat daar vir Jamaika of Barbados aangekoop het,[233] alhoewel Buenos Aires in Argentinië in later jare ook as bestemming vermeld word.[234] Theal noem weer die geval van die Engelse skip *Elizabeth* wat die Kaap in 1719 aangedoen het op pad van Madagaskar na die Wes-Indiese eilande,

> with six hundred slaves on board. After the ship came to anchor one of her boats was sent to the shore, when the negros, probably apprehending some dreadful fate, rose in revolt, and killed the boatswain and several sailors. The crew, who mustered only ninety-five men all told, in suppressing the insurrection shot a number of them and threw some others overboard.[235]

Van die Kaap is daar ewe goed nog af en toe volgens behoefte 'n skippie na Madagaskar uitgestuur om slawe vir die Kompanjie aan te skaf.[236]

Hierdie besoekers het vanselfsprekend aansienlike bedrywigheid in die plaaslike gemeenskap veroorsaak en 'n beduidende stimulus vir die plaaslike ekonomie uitgemaak, soos lewendig getoon word deur die kasboekinskrywings van die burgerraad J.H. Blanckenberg vir die goedere wat hy aan J.A. Sichterman, voormalige direkteur van Bengale en admiraal van die retoervloot van 1745, gelewer het gedurende die twee maande wat die vloot in Tafelbaai vertoef het, klaarblyklik vir die persoonlike gebruik van Sichterman en sy huisgesin.[237] Dit het veral groente behels, soos verskeie koolsoorte, wortels, rape en beet, naas appels en pere, granate, waatlemoene en suurlemoene, maar ook gedroogde vrugte en neute, hoender- en volstruiseiers, botter en konfyt, en onder die relevante dokumentasie is daar 'n los velletjie papier met die aantekening '600 ockernoten, 50 granaatappelen, 15 lb. pruijmen, wat canstanges [*sic: kastaiings*]'. Opvallend is voorts die inskrywing: '55 schapen, 100 hoenders, 12 gansen, 25 eenden'.

8. Aletta Beck in die Tafelvallei, 1715-1726

Hiernaas het Blanckenberg ook klere laat maak vir die slawe wat die Sichtermans na Europa sou vergesel.

Die aanwesigheid van etlike honderde matrose het egter heelwat merkbaarder gevolge vir die nedersetting gehad as dié van 'n beperkte aantal senior amptenare soos Sichterman met hul gesinne en slawe; want die gemeenskap in die Tafelvallei was so klein dat dit onder aansienlike druk geplaas is, en die koms van besoekers het gou merkbaar geword. Dit is duidelik dat die beeld van die klein nedersetting bloot op grond van getalle normaalweg deur slawe oorheers en bepaal is; dog gedurende die oponthoud van besoekende skepe was dit kortstondig maar heelwat meer dramaties, intens en soms ook gewelddadig deur matrose en ander opvarendes;[238] en ter illustrasie hiervan verwys Worden op beeldende wyse na 'n klein episode uit 1733: 'one incident where sailors hurled racial abuse at the slaves of the Fiscal, calling them *verdoemde swarte aepen* ('damned black apes') when they refused to allow the drunken men into the Fiscal's house to lay a complaint'.[239]

Tydens die oponthoud van hierdie mense is daar natuurlik swaar gedrink, en daar is 'n treffende beskrywing van matrose wat hulle deur 'n plaaslike boot na die land laat voer het, en begin drink het 'soo ras [*gou*] als se voet op 't land geset hadden'.[240] In hierdie omstandighede het geweldpleging dan ook algemeen voorgekom.

Die Nederlanders het in die sewentiende eeu 'n gedugte reputasie as mesvegters geniet, wat moontlik onder werknemers van die VOC voortgeleef het, alhoewel die gewoonte in die moederland begin uitsterf het, terwyl die Duitsers volgens Worden se waarnemings 'n oordrewe eergevoel gehad het, en soldate tradisioneel op matrose neergesien het.[241] Die samesyn aan land het dus dikwels tot botsings gelei, en lede van onderskeie groepe kans gegee om hulle teen mekaar te laat geld: Worden noem die grootskaalse geweldpleging wat ontstaan toe sewentien skepe van die retoervloot met meer as 1300 man aan boord vroeg in 1736 vir meer as sewe weke in Tafelbaai oorgelê het, 'n ongebruiklike lang tyd.

Worden beskryf 'n lewendige klein episode van hierdie aard.

> For example on the evening of 10 February 1736, at the height of the fighting between soldiers and the sailors of the return fleet, one Jan Frans Wentsel with two of his drinking companions from the Company garrison was spoiling for further action. When the three of them met the sailor Abraham van der Tant in the street, Wentsel recognised him as one of a group of sailors that had that afternoon smashed the windows of a house, and hurled a stone at him. The outnumbered Abraham responded with a mixture of fear and attempted appeasement. '*Och mijn god, ben je daer, ik sal [je] een pintje wijn geven*', an offer that the soldiers were happy to accept but which was denied to them when Abraham escaped from their clutches and ran off.[242]

Hierdie inligting is vasgelê omrede Wentsel later daarvan aangekla is dat hy 'n onskuldige burger aangerand het omdat hy gemeen het dit is Van der Tant.

Ene Nicholas van Kinkel uit Mainz, 'n Duitse soldaat, het met die matroos Gerrit Roodenkerk en ander soldate en matrose wyn gedrink in 'n tappery, maar hom later uigeskel as 'een canalje, schelm en buijtelaer' en 'geen brave carel'—geen ordentlike kêrel nie—en hom met 'n mes aangeval en in die kop verwond.[243]

Op soortgelyke wyse berig Worden:

> In March 1740, Godfried Bouer van Gosselaar [*waarskynlik Gottfried Bauer, van Goslar in Duitsland*], a German soldier stationed at the Castle, claimed that he was walking at night past the *tapperij* (tavern) at widow Campher's house near the Company's stables, when he saw three sailors who he did not know standing on the *stoep* who said to each other, '*Daer komt weder een soldaet aen.*' When he asked, '*Dat is waar, wat wilt gij daarvan hebben?*', the sailors simply replied, 'Hit him!', and laid into him before running off. Several of Bouer's *scheepsvrienden* (i.e. other soldiers who had been his particular supporting friends aboard ship on his outward voyage) rallied to his defence and hunted down the sailors in another *tapperij*. They challenged them to a fight and in the process trashed the house. However the Fiscal reported that Bouer's account was suspect in a number of details, not least in that his clothing and body were remarkably unscathed for someone who had been attacked by three men. He concluded that Bouer's over-developed sense of 'esteemed German honour' (*gewaerde* [gewaende?] *duitsche eer*) was to blame, '*had hij maar sagtjes voorbij gegaen, dan was de geheele saek niets geworden, [maer hij] moest als een soldaet revensie* [wraak] *hebben van die mattrosen*'.[244]

Dat daar in die Kaapse Distrik 'n totaal van 26 taphuiseienaars was, die oorgroot meerderheid van hulle waarskynlik in die Tafelvallei,[245] hou gedeeltelik verband met die aanwesigheid van 'n garnisoen wat oor die jare gestadig toegeneem het, maar hoofsaaklik het hulle 'n bestaan gemaak van die onreëlmatige aanwesigheid van besoekende skepelinge in groot getalle. Teun Baartman se oorsig van kriminele sake wat deur die Raad van Justisie oor die tydperk 1730–59 verhoor is, met ander woorde die grootste deel van die jare wat Henricus en Aletta Beck in die Tafelvallei woonagtig was, het naas diefstalle en ander oortredings deur slawe dan ook in beduidende mate te make met gewelddade in taphuise, grotendeels deur besoekende seemanne en lede van die garnisoen.[246]

'In the cheapest type of wine shop,' skryf Mentzel aangaande hierdie tyd,

> wine is sold in four-pint flasks, 30 of these go to the half-aum. The charge is 12 stuivers each, yielding a profit of 1½ Rds. per half-aum. (…) The usual frequenters of such taverns are soldiers, sailors and slaves. The slaves come not so

much to drink as to gamble. They have their master's permission for which they pay 6 stuivers daily and are free to pocket their winnings. (…) I may say that disgraceful scenes often occur at these wineshops and the reason why they do not appear on the surface is because the gamblers and the licensee know how to square the man on the beat.[247]

So laat nog soos 1752, die jaar waarin Aletta Beck oorlede is, was daar nie minder as ses taphuise in die omgewing van die kerkgebou en Slawelosie nie, 'in the heart or middle of the Cape', dus in die omgewing waar ook die weduwee Campher se tappery wat hier bo genoem is, geleë was, naby die Kompanjiestal aan die bopunt van die huidige Parlementstraat. In hierdie verband het die burgerrade hulle verplig gevoel om te wys op die brandgevaar wat hierdie tapperye inhou.

In these places all sorts of excesses are being committed by the low-class Europeans and slaves when under the influence of drink. With burning lunts [lonte] they walk about the streets, and beat them against the door posts; they carry coals of fire from one tap [house] to another, and continually wander about inside those houses, and outside in the streets, with lit pipes (…).[248]

Die mate waarin taphuise of 'schaggerijen' vir die slawe as bymekaarkomplek gedien het, die enigste wat hulle waarskynlik naas die meer publieke waterhaalplekke gehad het, word geïllustreer deur die interessante inligting wat in 1746 in die konteks van 'n saak teen agt drosterslawe vasgelê is.[249] In die loop van die getuienis wat hier gegee is, het een van die aangeklaagdes, Baatjoe van Soembawa, 'lijfeigen van den burger Christiaan Victor, oud naar gissing 40 jaaren', verklaar dat hy,

sig op een Zondag na de middag begeeven hebbende na de schaggerij van den burger Jan Holst, aldaar bij malkander zijn gekoomen den voormelde Isack [van Ternate], mitsgaaders de slaaven Damon [van Batavia] van Marthinus Wessel, Thomas [van Soembawa, van de weduwe Molvanger] en Jephta [van Batavia], toebehoorende den burger Jacobus Steijn, Jason [van Makassar] van Hendrik Hesse, Januarij [van Makassar] van Hans Simonsz, Januarij [van Boegies] van Van der Schijff en Arlequijn [van Batavia] van d'heer Cornelis Eelders, vertoevende sijlieden [hulle] met haar neegenen in gemelten schaggerij tot des avonds omtrent agt uuren, als wanneer sij, den eenen voor en den anderen naar, sig daarvandaan hebben begeeven na 't vlaggemans huijsje agter de clooff, alwaar de afspraak was weeder bij malkander te sullen koomen om gesamentlijk na de Houtbaai te gaan, waarnatoe zij die nagt gemarcheert zijde, met het aenbreken van den dag sijn aengekomen.[250]

Die 'vlaggemans huijsje' waar die mans in die donker bymekaargekom het, was die wagpos in Kloofnek aan die voet van Leeukop, en Hans Simonsz wie se slaaf onder die drosters was, is in die getuienis ook 'Hans de Vlaggeman' genoem. Verder kan net opgemerk word dat al nege hierdie slawe uit die Indonesiese Argipel afkomstig was.

Dit was in hierdie tyd, vroeg in 1724 om presies te wees, dat 'n Duitssprekende van onduidelike herkoms uit Holstein, wat later as Hendrik Schoeman bekend sou staan, die Kaap as matroos bereik het, en hier agtergebly het as 'n plaaskneg wat deur die Kompanjie aan vryburgers uitgehuur is.[251] Alhoewel hy in die distrik Stellenbosch werksaam was, is dit onwaarskynlik dat hy as Lutheraan Henricus Beck se dienste in die nuwe kerkgebou bygewoon het, en ook al het sy pad dié van Beck of die egpaar Slotsboo in die klein blanke gemeenskap miskien in letterlike sin gekruis, was hul onderskeie wêrelde te ver van mekaar verwyder om nadere kontak moontlik te maak. Dit is altyd goed om aan die veelvoudigheid van die verlede en die gelyktydigheid van gebeure herinner te word, ook aan die Kaap in die agtiende eeu; maar dit is effens verrassend om te besef dat die lewe van die plaaskneg eweseer deel van hierdie Kaapse werklikheid uitgemaak het as dié van die predikant in sy pastorie of die hooggeplaaste offisier en sy eggenote in die Tafelvallei.

Dit was juis omstreeks die tyd van Schoeman se aankoms aan die Kaap dat twee aansienlike veranderings in die lewe van Slotsboo en sy gesin plaasgevind het, naamlik die huwelike van albei sy dogters.

Die jongste van die twee Slotsboo-dogters, Louisa Adriana, is op 1 Augustus 1723 getroud, toe sy volgens haar doopdatum vyftien jaar oud was. Dit was weliswaar nogal jonk, maar onder die VOC was daar sowel aan die Kaap as in die Ooste presedente vir vroeë huwelike soos hierdie, en bowendien moet daar onthou word dat dit in die baie klein gemeenskap moeilik was vir die dogter van 'n senior amptenaar om 'n man van geskikte status te vind, sodat enige beskikbare kanse benut moes word.[252]

Terwyl amptenare aan die Kaap meermale met vroue uit prominente vryburgersfamilies getrou het, het dit skynbaar selde gebeur dat 'n vrou uit die amptenarefamilie met 'n vryburger in die huwelik tree, en dit is nie maklik om aan voorbeelde te dink nie. Waar moontlik het hulle hul bruidegomme onder die baie klein groepie ongetroude plaaslike amptenare gevind, en dit was ook die geval met Louisa Adriana. Haar eggenoot was naamlik Josephus de Grandpreez,[253] 'n Fransman uit Valenciennes in Frans-Vlaandere wat in 1720 as soldaat na die Kaap gekom het, twee jaar later as klerk in die sekretariaat aangestel is met 'n salaris van 20 gulden per maand,[254] en ten tye van sy huwelik ongeveer 28 jaar oud was. Die feit dat hy naas Frans en Nederlands ook Portugees kon praat, wat destyds 'n algemene omgangstaal was, veral onder slawe uit die Ooste, het uit beroepsoogpunt waarskynlik as aanbeveling gedien.[255] Mentzel, wat hom geken het, meld dat 'though he knew Dutch very well, he spoke with a strong French accent, so that not everyone could understand what he said'.[256]

De Grandpreez was dus 'n nie-Nederlander en man met 'n onbekende agtergrond en familie, belangrike oorwegings in 'n tyd toe reputasie en eerbaarheid so belangrik geag is, alhoewel Slotsboo vermoedelik verdere inligting oor sy herkoms en verlede besit het en tevrede was sover dit sy eer- en betroubaarheid betref. Ook was sy amptelike situasie beskeie, en sou mens volgens die standaarde van die tyd waarskynlik kan sê dat Slotsboo se dogter benede haar stand getrou het.

Vermoedelik is daar van die mening uitgegaan dat De Grandpreez met sy skoonvader se hulp vordering sou kan maak; dog terwyl dit inderdaad gebeur het, was die vordering stadig en het dit eers ná Slotsboo se dood plaasgevind. In 1727 het De Grandpreez Boekhouer geword, maar dit was nie tot 1729 dat hy die lae rang van Onderkoopman bereik het en as sekretaris van die Raad van Justisie aangestel is nie.[257] Onvermydelik ontstaan die vraag dus of jong Louisa Adriana Slotsboo miskien móés trou, alhoewel daar geen oorlewende kinders uit die huwelik bekend is nie.

Ter ere van hierdie huwelik het Aletta Beck 'n geleentheidsgedig geskryf gevul met die gebruiklike verwysings uit die klassieke, wat sy 'U. Ed. Moeder' onderteken het:

> *Parnassus Berg, belust op Bruiloft Zangen,*
> *Strooit Blom en Loof op al zyn paden uit;*
> *Zyn Nimphen zyn met Feest gewaad omhangen,*
> *Ter eere van den Bruidegom en Bruit.*

Die erotiese toespeling in die slotvers was aan die begin van die agtiende eeu ook geensins ongebruiklik nie, selfs in godsdienstige kringe:

> *Apol [Apollo] in rust verbeid [wag op] den Dageraat,*
> *'t Gordyn is reeds van 't Starrenheir geschooven,*
> *Het Bruitje bloost, als 't Roosje open gaat.*[258]

Terwyl die aantal geskikte huwelikskandidate onder die plaaslike amptenary uiteraard beperk was, soos hierdie huwelik toon, het besoekende amptenare op pad na en van die Ooste dikwels 'n uitkoms gebied wanneer hulle ongetroud was of wewenaars, en dit het gebeur in die geval van Slotsboo se ouer dogter, Maria Judith, wat 'n jaar ná haar suster 'n heelwat meer gepaste en belowende huwelik aangegaan het.

Die bruidegom in hierdie geval was Daniël Nolthenius,[259] 'n 21-jarige Nederlander op pad na die Ooste met die rang van Onderkoopman. 'N[olthenius] kom uit 'n vooraanstaande Amsterdamse koopmansfamilie,' skryf dr. Böeseken, 'en geniet 'n goeie opvoeding', en bowendien het sy familie verskeie waardevolle kontakte met die VOC sowel in Nederland as die Ooste besit, en kon hy sodoende op vinnige vordering reken. Sy ouer broer Balthazar was byvoorbeeld Boekhouer by die Amsterdamse Kamer van die Kompanjie, 'n heelwat aansienliker pos as wat dit klink, en sou in 1748 die rang van Eerste Boekhouer bereik, en 'n suster was getroud met 'n amptenaar wat as pakhuismeester in Bengale gedien het,[260] wat in die konteks van die VOC ook 'n betreklik senior pos was.[261]

Iets van die jong bruidegom se sosiale en intellektuele agtergrond blyk uit die feit dat Balthazar Nolthenius in 1725 in die huwelik getree het met 'n lid van die Nederlandse adel, en ene Willem van Doorn die geleentheid in die styl van die tyd herdenk het met 'n gepubliseerde herderspel. In dieselfde jaar was Balthazar een van 'n aantal dames en here wat bydraes gelewer tot 'n bundel gepubliseerde huweliksange ter ere van 'n ander Amsterdamse huwelik waarin die bruid van adellike herkoms was.[262]

Wat betref Daniël Nolthenius het sy skip op 7 Junie 1724 die Kaap bereik,[263] en op die 26ste het hy reeds van die Politieke Raad toestemming gevra om sy 'huijsvrouw' met hom saam te neem na Batavia, met vermelding van die feit dat hulle die vorige dag getroud is:[264] in omstandighede soos hierdie was vinnige huwelike aan die Kaap egter geensins ongebruiklik nie.[265] Ook in dié geval het Aletta Beck 'n huweliksdig aan die bruidspaar gerig, of moontlik sou dit in hierdie geval juister wees om van 'n afskeidsdig te praat, 'Aan de Heere D. Nolthenius en Me-Juffrouw M.J. Slotsboo, op hare reis naar Batavia', onderteken met 'Uwe Moeder'.[266]

Oor die huwelike van die twee Slotsboo-dogters is niks spesifiek bekend nie, dog Mentzel gee 'n uitgebreide beskrywing van die styl waarin en die skaal waarop huwelike in hierdie tyd aan die Kaap gevier is,[267] met feestelikhede wat reeds met die afkondiging van die eerste gebooie begin het, en gekenmerk is deur musiek, gedans en veral, volgens plaaslike gebruik, die opdien van oordadige hoeveelhede kos.

> So many people throng to the house of the bride's parents on this day that it soon becomes uncomfortably full. There are not enough chairs for everybody to sit on, but there is an ample supply of refreshments: tea, wine, beer, cake and pastries, and, of course, tobacco.[268]

Op die derde Sondag, wanneer die kerklike huweliksvoltrekking plaasgevind het, is die bruidspaar van die kerk begelei deur hul gevolg wat hande vol 'strooisel' oor hulle uitgooi, 'odd pieces of tinfoil and gold-leaf, (...) cut into small bits which, with some spangles and tinsel, are put into four plates', en in die woning van die bruid se ouers, wat vir die geleentheid opgetooi is met vars en papierblomme, mirt, lourier en roosmaryn, is daar dan verder fees gevier en gedans. 'It is almost incredible,' skryf Mentzel, what an infinite variety of foods find their way on to the table at a fashionable wedding. I have myself seen at least 50 different dishes on the table, including the vegetable dishes. (...) Besides the various foods, tea, coffee, wine or beer, and for the gentlemen, pipes and tobacco, are to be had at any time during the evening, trays of these being constantly carried about by slaves. As on the previous occasion, the women do not sit down with the men at table, but remain in the dancing-chamber and partake of refreshments there. After supper dancing is resumed until the party breaks up at midnight or at 1 a.m.[269]

Waar dit gaan om lede van die hoë amptenary soos in die geval van Slotsboo se dogters, sou alles natuurlik nog heelwat deftiger gewees het as in die geval van die gemiddelde vryburger. Die 'prag en praal'-wetgewing wat in 1754 in Batavia uitgevaardig is, het dit in hierdie verband op evokatiewe wyse oor die gebruik van 'strooisel' 'buyten het hek of ringmuur' van die kerk of voor die huis van die bruid, die oprig van 'n praalboog, die gebruik van 'versierde of met linten en quasten opgeschikte wagens [*rytuie*] of paarden' of 'n 'glazen koets' ('n rytuig met glasruite), en

> maaltyden die met kaarssen, met waxe, zyde en papieren bloemen versierd [zyn], waaronder egter geene Chineese bloemen begrepen, maar verstaan werden die alhier aangemaakt [zyn], (...) alwaar ceremonieel de vrienden tot een meerder getal dan vyf en dertig, kinderen ongerekend, verzogt [*uitgenooi*], en het huys ten zodanigen eynde met 't plaatzen van een verheven zitplaats voor de bruyd en speelmeysjes [*bruidsmeisies*] g'appropieerd werden zal.[270]

Dit was alles statussimbole wat in Batavia tot lede van die hoër amptenary beperk was of waarvoor daar spesiale tariewe betaal moes word.

Nolthenius en sy bruid, wat sewentien jaar oud was, het op 1 Julie hul reis na die Ooste voortgesit,[271] waar hy sy geslaagde loopbaan in Kompanjiesdiens begin het met 'n aanstelling in die hawestad Malakka (Malaka in die huidige Maleisië), waarvan die VOC in beheer was sedert hy dit 'n eeu tevore van die Portugese verower het. Die Dagregister se besonder welluidende verslag van die vertrek van die skepe uit Tafelbaai is beeldend genoeg om volledig aan te haal.

> Met het aanbreeken van den dageraad, die bij uijtnemendheid lieffelick aan klaarkimmen oplook, zig een beweeging van z[uid] o[ost] aan de overzijde op het water sien latende, maakten de in gereetheijd leggende scheepen, dewelke duslange op goede wind hadden moeten wagten, klarigheijd om onder zeijl te gaan, 't geen ook van *Berkenroode*, de *Johanna*, *Leijden*, de *Theodora*, *Bentvelt*, *Commerrust*, *Wiekenburg* en de *Zamarithaan* ten eerste gelukte, maar vermits [*vanweë*] de tusschenkomende [wind]stilte moeste *Prattenburg*, de *Jacoba* en

Barbesteijn tot tegens den avond vertoeven, wanneer het lugje weer wat opwakkerde, [en] deselve haar ankers meede opwonden en in zee liepen (…).²⁷²

Die betreklik vredige gang van sake in die klein kolonie is vroeg in die lente van 1724 abrup versteur deur die skielike dood van goewerneur De Chavonnes, 'n bietjie meer as twee maande ná Maria Judith Slotsboo se huwelik met Nolthenius, wat hy en sy gesin vermoedelik bygewoon het. Opdrag is onmiddellik gegee dat die klokke van sowel die kerk as die Kasteel vir ses weke drie keer per dag 'n uur lank gelui moes word en dat alle vlae halfstok moes hang tot die begrafnis plaasgevind het.²⁷³ Dit het ses dae later gebeur, en weer eens sien mens hoe Slotsboo sy plek inneem in 'n lang, plegtige begrafnisstoet wat sy pad met 'n effens omweg van die Kasteel na die kerk aan die Heerengracht baan, onmiddellik ná die onderskeie afdelings van die burgermilisie wat, in swart geklee, aan die hoof van die stoet geloop het.

Toen de ses hoboij [*hobo*] en dulsiaan [*blaasinstrument*] blasers in haar montering.

Daarna de honorabele militie vant Casteel, opgevoer[d] [*aangevoer*] door den E. Capiteijn Kaje Jesse Slotsboo en geslooten door den Luitenant Jan David Fijerabent [*Feyerabend*], werdende de vaandels aangevoert door den vaandrig Evert Walraven Cochius.

Voorts vier trompetters in 't geheel in den rouw en haar trompetten met rouw bekleet.

Rou-perde en draers van die oorledene se ampstekens het hierna gekom, volgens die formele gebruik by die begrafnis van hoogwaardigheidsbekleërs.

Hierop volgde het lijk, staande op een ten dien eijnde klaar gemaakte koets, getrokken door ses paarden met rouwgewaad behangen, werdende gereden door den lijfkoetsier en tweeden coetsier als voorreijder, gaande Zijn Edelens oppassers [*lyfwag*] aan weerskanten van de lijkkoets opgevoerd door haarlieder [*hul*] commandeerend corporaal Frederik Rhenius, voor dien tijt met een hellebaard [*seremoniële strydbyl*] gewapend, ook was het baarkleed behangen met agt quartieren, uijtmakende het stamwapen van hoogstgedagte Zijn Edle en desselfs familie (…).²⁷⁴

Slotsboo se naam word in die verslag nogmaals vermeld, in hierdie geval vermoedelik slegs formaliteitshalwe, onder die lede van die Politieke Raad wat onmiddellik ná die familielede die kis gevolg het, en onmiddellik ná hulle weer, en voor die lede van die Raad van Justisie, verskyn Henricus Beck onder die predikante.

Die verslae van amptelike begrafnisse in hierdie tyd is beperk tot beskrywings van die stoet na die kerk, waaraan slegs mans deelgeneem het, en die teraardebestelling onder die plaveisel, maar hier soos elders in die destydse samelewing was die begrafnismaal wat op die teraardebestelling gevolg het 'n belangrike onderdeel van die plegtighede. 'n Betreklik seldsame beskrywing van hierdie deel van die verrigtinge kom voor in die verslag van die begrafnis van die goewerneurgeneraal Abraham van Riebeeck in Batavia in 1713. In die goewerneurswoning van die Kasteel het die hoogwaardigheidsbekleërs hiervolgens met die weduwee en naasbestaandes gekondoleer; en hierna,

> door een glas wijn sig een weynig ververst hebbende, is ieder na sijn huys wedergekeert, nadat inmiddens de hiervoorengenoemde heeren slip- en ornamentdragers met degenen die tot het dragen van het lijck versogt waaren, genoodigt wierden op het middagmaal in 't Heeren Logement deser stede, ter verversing daer toebereyd (...): ook wierden de timmerlieden die de bhaer [*baar*] hadden gedragen weder na de werff gedimitteerd [*verdaag*], alwaer deselve een behoorlijcke kost en eenige calbassen met dranck wierden geregaleerd [*trakteer*].
>
> Sijnde ook op dese begrafenisse versogt en gekoomen de huysvrouwen van de heeren der Ho[oge] Regeeringen [*Raad van Indië*] buyten die door siekte niet in staet waeren, en verscheyde andere Juffrouwen van het verwantsch[ap] van Sijn Ed[elhei]t Zal[iger]r, gel[y]k als andere, tesamen tot een aantal van 46, die gerecipeerd [*ontvang*] wierden in de voorcamer aen het west eijnde van het huys, geheel met zwarte croonras [*tekstielsoort*] behangen, gelijk mede de groote vergaderzaale van de Ho. Reg., alwaer het lijk van den overledenen Hr. Gouverneur Generl. na de verkiesinge van Sijn Edts, successeur [*opvolger*] was overgebragt.
>
> Geduurende dese uytvaart was gants Batavia als op de been, en een ongemeene [*ongebruiklike*] grooten toeloop van ingesetenen en anderen vervulden de straaten en burgwallen [*stadsmure*] waarlangs de statie [*stoet*] passeerde: buyten nog een ontelbare meenige, soo[wel] van Juffrouwen als andere menschen van alderhande soort, waermede de vensters der huysen beset en andere die op de boomen en selvs op het dak van de kerk en elders geklommen waeren, dog alles is ten eynde gebragt sonder dat men van eenige ongemacken heeft gehoord.[275]

Onder die gepubliseerde gedigte van Aletta Beck is daar 'n lang 'Troostrede aan de Weledele vrouwe, mevrouwe C.B. Kien, over 't afsterven van den Wel. Ed. Geboren Heer, den Heer Maurits Pasques de Chavonnes':

> *Uw heer stond reê* [gereed]*; hy klom met wisse* [seker] *schreden*
> *Op 't Nebo, waar van ver hem in 't verschiet*

't Geloof vertoont, hoe 't ryk der zaligheden
Syn deel bewaart: dat loon hy nu geniet.
Die Stad van God, soo moeilyk te beklimmen,
Voor die syn hart aan aardse schatten hegt,
Betreedt hy nu, verachtende de schimmen:
De Deugt had hem syn voetspoor vast geset (…).[276]

Die persoonlike aanspreekvorm van die gedig dui op 'n betreklik persoonlike verhouding met die goewerneurspaar, asook gedeelde godsdienstige beskouings. Verder is dit opvallend dat daar in hierdie gedig geen mitologiese motiewe voorkom nie, maar dat die beeldspraak suiwer Skriftuurlik is.

Ná De Chavonnes se dood het sy weduwee, Balthazarina Kien, agt slawe van die hand gesit, en kort ná haar terugkeer na Nederland 'n verdere sewentien.[277] As mens in gedagte hou dat die egpaar die Kaap vanuit Nederland bereik het, nooit eerder in die Ooste gewoon het nie en al vyf-en-twintig slawe plaaslik aangeskaf het, gee dit 'n goeie indruk van die styl waarin die goewerneurspaar geleef het en wat hulle vir hulself betaamlik geag het.

Die weduwee het vroeg in 1725 teruggekeer met die retoervloot onder aanvoering van Ewout van Dishoeck, voormalige direkteur van Bengale.[278] 'She is escorted by the Secunde, the members of the Council, their wives, &c., as far as the beach,' meld die Dagregister. '13 guns are fired.'[279]

Hierna het die sekunde Jan de la Fontaine taamlik lank as goewerneur waargeneem, aangesien die berig van De Chavonnes se dood eers in Nederland deur die Here XVII ontvang en verwerk moes word, en die aanstelling van 'n opvolger is verder vertraag deurdat hulle op 'n amptenaar in Batavia besluit het. Intussen is Mattheus de Haan as goewerneur-generaal benoem, en op Maandag, 21 Januarie 1726 teken die notule van die Politieke Raad aan dat De la Fontaine as eerste die eed op hom afgelê het, 'in presentie en ten overstaan van de presente leeden des Politicquen Raads (den E. capn. Kaje Jesse Slotsboo in den gepasseerden nagt sijnde komen te overlijden)'.[280] Klaarblyklik is sy dood deur 'n lang siekbed voorafgegaan, want hy het aan die begin van September 1725 laas 'n Raadsvergadering bygewoon.[281]

Ten tye van sy dood was Slotsboo ongeveer sestig jaar oud, en was hy tien jaar lank met sy tweede vrou getroud gewees. Hy is oorlede in die wete dat hy al drie sy kinders veilig ondergebring het onder die hoede van die VOC, sy seun as amptenaar en sy dogters deur huwelike met amptenare.

Volgens die beskikbare dokumentasie is hierdie tyd deur die beëdigingsplegtighede oorheers, aangesien alle amptenare en burgers opgeroep moes word om die nuwe goewerneur-generaal trou te sweer, en die terloopse en betreklik nonchalante verwysing in die notule van die Politieke Raad is die enigste vermelding wat gevind kon word van die dood van 'n senior amptenaar wat die Kompanjie 27 jaar lank gedien het. Kort hierop is die berig ontvang dat P.G. Noodt, wat in

8. Aletta Beck in die Tafelvallei, 1715-1726

Batavia diens gedoen het, aangestel is as nuwe goewerneur in De Chavonnes se plek.[282]

Slotsboo sou natuurlik plegtig in die kerk begrawe gewees het, soos alle senior amptenare; dog by gebrek aan gegewens hieromtrent is mens aangewese op die Dagregister se verslag van die begrafnis van die fiskaal Van Beaumont agttien maande vroeër, op 'n Sondag in die winter van 1724; met inagneming van die feit dat dit in Slotsboo se geval natuurlik om 'n militêre man gegaan het.

> Na de tweede predicatie werd het lijk (...) op de volgende wijse ter aarden bestelt, namentlijk neegen schippers der aanweesende scheepen benevens den eersten clercq, negotie overdrager en adjunct van den overleedene, dragen 't lijk uijt het sterfhuijs op een daartoe geprepareerde lijkkoets, getrokken door vier met rouwgewaad behangen paarden, en voegden zig vervolgens daarnevens om de slippen van het doodkleed te dragen, staande de militie int geweer gerangeert, dewelke, opgevoert door den luijtenant Jan David Fuijrabend, met sleepend geweer vooruijt marcheerende, gevolgt wierden door drie aanspreekers, daarna bij [*deur*] den equipagiemeester, dragende het wapen, en gevolglijk door de lijkcoets, werdende nog twaalf andere agter deselve getelt, waarin zig bevonden den Edelen Heer Gouverneur, de leeden van de E. Agtb. Politicquen Raad, die hier sijnde bloetvrienden [*bloedverwante*], de predicanten soo van de Caab als de ter rheede leggende scheepen, en eenige andere van de voornaamste dienaren der E. Comp. en burgerije.
>
> Dus onder 't geluij der klokken vant Casteel en de kerk aan laastgenoemde plaats gekomen zijnde, wierd het lijk van de koets op een doodbaar gebragt en alsoo [*op hierdie wyse*] in de kerk bijgeset, waarna door het guarnisoen dat op het kerkhof geschaard stond drie salvoos met het handgeweer wierden gedaan, gelijk ook aan het Casteel, van hetwelke de vlag ter halfstok woeij, in dien tusschentijd neegen maal langsaan met canon wierd geschooten, en daarna van de hier vertoevende scheepen ook onder 't wajen van de vlag ter halver stok i[e]der seeven maal, meede met tusschenpoosingen, (...) en keerde de lijkstatie in selver voegen weer na het sterfhuijs terug, mitsgaders de militie met slaande trommels en den snaphaan verkeert op de schouder na 't Casteel.[283]

Wat Van Beaumont se begrafnis betref, het die Raad van Indië later met misnoeë van die kanonvuur kennis geneem, en daar is 'n plakkaat uitgevaardig om te bepaal dat dit slegs by die begrafnis van 'n goewerneur of van 'n kommandeur van 'n retoervloot mog gebeur.[284]

9.
'Een woesten hoop van huijsen':
Aletta Beck in die Tafelvallei, 1726–1752

In die winter van 1726, dus kort ná Slotsboo se dood, het sy weduwee met die eienaars van die erf onmiddellik naas hare 'n kontrak in verband met 'n gemeenskaplike muur aangegaan. Die betrokke persone was Jan Mahieu, die vroeëre sieketrooster op Stellenbosch, en die vryburger Nicolaas Jansz Mulder, maar geen verdere besonderhede word verstrek nie.[1]

In dieselfde tyd is Aletta Beck se broer met die dood van ds. D'Ailly van Stellenbosch na die gemeente in die Tafelvallei oorgeplaas, en nadat hy sy emeritaat aanvaar het, het hy hier bly woon. Haar jongste stiefdogter was getroud met 'n plaaslike amptenaar van die Kompanjie, en haar stiefseun wat so vroeg reeds deur die Kompanjie in diens geneem is, is in 1730 op negentienjarige leeftyd tot Boekhouer bevorder en klaarblyklik ook bestem om sy lewe as amptenaar hier deur te bring.[2] Feitlik al die ná verwante wat sy nog in die wêreld besit het, was dus in haar onmiddellike omgewing, en daar was nouliks 'n rede vir haar om te wil terugkeer na Nederland wat sy twintig jaar tevore verlaat het.

Twee jaar ná die dood van haar man het Aletta Beck haar egter uit die Tafelvallei teruggetrek met die aankoop van die buiteverblyf Leeuwenhof taamlik hoog teen die hange van Tafelberg, in die rigting van Vlaggemanskloof (die huidige Kloofnek) van waar 'n seinpos die verskyning van skepe met vlagsinjale aan die Kasteel bekend gemaak het.[3]

Leeuwenhof was een van meerdere stukke tuingrond wat oor die jare al langs die strome teen die berghange bokant die Kompanjiestuin in die Tafelvallei aan amptenare en vryburgers toegeken is, en wat mettertyd tot die buitewyke Tuine en Oranjezicht sou ontwikkel. Aanvanklik het dit waarskynlik as funksionele groentetuine gedien en was dit gebruiklik dat die eienaars hul slawe as venters uitstuur om tuinprodukte te verkoop,[4] en in eietydse dokumentasie is daar in hierdie verband eenvoudig na 'tuine' verwys, soos byvoorbeeld 'die tuin Leeuwenhof'. Namate welvaart aan die Kaap toeneem en 'n sekere sofistikasie en elegansie in die koloniale samelewing tot stand kom, het dit egter ook as buiteverblywe begin fungeer, en is dit in al hoe meer gevalle as klein landgoedere in die Europese styl ingerig.[5]

9. Aletta Beck in die Tafelvallei, 1726-1752

Wat Leeuwenhof betref, is dit in 1693 as 'n stuk grond veertien morg groot in lening uitgegee aan die gegoede vryburger, pagter en burgerraad Guillaum Heems,[6] eienaar van Jan van Riebeeck se voormalige plaas Bosheuwel by Wynberg in die Liesbeekvallei: volgens die grondbrief het dit gegrens aan die eiendomme van die destydse fiskaal C.J. Simonsz en die administrateur Andries de Man, en wat as 'het woeste land naar de Leeuwenberg' beskryf is. Dit was skynbaar Heems wat die naam Leeuwenhof daaraan gegee het, met verwysing na die nabyheid van die 'Leeuwenberg' of Leeukop. In 1696 het hy dit egter reeds aan die destydse baastuinier Hendrik Oldenland verkoop,[7] wat byna onmiddellik hierna oorlede is, sodat dit oorgegaan het in die hande van die fiskaal Joan Blesius.

Ná die dood van Blesius se weduwee in 1714 is Leeuwenhof geërf deur hul dogters Christina en Deliana, wat onderskeidelik getroud was met die amptenare Jacobus Cruse en Cornelis van Beaumont, kollegas van K.J. Slotsboo in die Politieke Raad, sodat hulle deel uitgemaak het van die klein kring Nederlandse amptenare waarin Aletta Beck beweeg het. Soos reeds genoem, het Christina Blesius haar ná die dood van haar man na die Ooste begewe, en dit was toe haar suster, teen hierdie tyd eweneens 'n weduwee, in 1728 hertrou het dat Aletta Beck die eiendom vir 7600 gulden by haar gekoop het.

Dit is nie bekend of enige van hierdie opeenvolgende eienaars oor 'n tydperk van 35 jaar self op Leeuwenhof gewoon of geboue op die perseel laat oprig het nie: Blesius het byvoorbeeld 'n deftige woonhuis in die Tafelvallei besit sowel as die plaas Stellengift, en mens kan hoogstens verwag dat hy hier 'n soort somer- of tuinhuis sou gehad het.[8] Gesien die feit dat Aletta Beck Leeuwenhof later vir byna dubbel die prys verkoop het wat sy daarvoor betaal het, lyk dit dus waarskynlik dat sy hier self 'n huis laat bou of 'n bestaande gebou aansienlik laat opknap het.

Op die eienaarskopie van Blesius se titelbewys is 'n eenvoudige langwerpige huis met drie dakvensters ingeteken, soortgelyk aan die opstal wat in 1710 deur Van Stade op Constantia uitgebeeld is,[9] maar dit is nie bekend wanneer of deur wie dit geteken is of hoe akkuraat of betroubaar die tekening is nie. Hier ewe goed soos elders in die vroeë agtiende eeu is dit in elk geval nodig om teen 'Kaaps-Hollandse' fantasieë te waak, of om iets te wil voorstel in die styl van die huidige dubbelverdiepinghuis op die perseel.

Toe die gegoede Engela Breda, weduwee van Michael Ley, in 1719 oorlede is, het sy, as die gegewens in die betrokke boedelinventaris reg vertolk is, 'Inde thuijn gelegen inde Tafel Valleij' nie net op betreklik groot skaal geboer nie, maar in haar 'thuijn huis' ook taamlik stylvol en gerieflik gelewe.[10] Dit het bestaan uit 'n 'groote camer' wat prente, porselein, ebbehoutmeubels en '5 witte venster gordijnen' bevat het, naas 'n 'beneden camertje aan de regterhand', 'n 'kamertje aan die linkerhand', waar daar hoofsaaklik gereedskap gebêre is, 'n kombuis en 'n 'kelder onder de grote kamer': skynbaar was daar dus drie vertrekke afgesien van die kombuis, maar wesenlik het dit uit 'n enkele woon- en leefvertrek bestaan. Verder is daar vermelding van 'n parshuis, 'n slawehuis, 'n waenhuis, 'n skaapkraal, 181 skape, 'soo groot als kleijn', en twee varke, wat in elk geval wys wat in hierdie opsig moontlik was.

Aletta Beck was egter nie so 'n welgestelde vrou soos die weduwee van Michael Ley nie, en haar woonhuis op Leeuwenhof was waarskynlik nie groter of meer indrukwekkend as dié van die meeste van haar ander bure teen die laer berghange nie, soos byvoorbeeld Nooitgedacht, waarvan fragmente bewaar gebly het in die huidige St. Cyprian-school in Belmontweg, Oranjezicht.[11] Volgens Stewart Harris het die opstal hier so laat nog soos 1754 uit niks meer bestaan nie as

> a longhouse with a wing projecting forwards (and an extension to this wing slightly narrower in plan), forming two sides of a werf (...).
> The longhouse had walls 56cm or thicker and varied in width from 4.9 metres to 5.4 metres. It had three large rooms, not quite evenly sized, separated by 46cm walls. (...) No obvious chimney stack is evident.[12]

Daar is soortgelyke getuienis aangaande die nabygeleë huis wat tans Rheezicht in Gorge-weg is. In 1760, toe die eienaar, Michiel Smuts, met sy vrou en een van hul kinders deur hul slawe daar vermoor is, het dit volgens die boedelinventaris eweneens bestaan uit drie kamers op 'n ry, met 'n sentrale voorhuis wat nog groot genoeg was om dertien stoele te bevat, alhoewel dit klaarblyklik nie meer as leefvertrek gebruik is nie, tesame met 'n 'agter camertje', kombuis en solder. Volgens die porselein, skilderye, spieëls en silwerware wat hulle besit het, tesame met sewe slawe, 'n slavin en drie slaweseuntjies, was die egpaar gegoed, en volgens Kaapse maatstawwe sou iets soortgelyk aan hierdie twee huise in Aletta Beck se tyd op Leeuwenhof heeltemal voldoende gewees het vir die behoeftes van 'n welgestelde weduwee met enkele huisgenote en kuiergaste.[13]

Daar word in Michiel Smuts se boedelinventaris nie gesê hoe groot sy 'thuijn en erf' was nie, maar daar was ook 'n skuur, 'n stal, twee perde, 'n ryperd, 'n kar en drie koeie op die perseel, en die aantal slawe gee die indruk van boerdery of grootskaalse tuinboubedrywighede van een of ander aard, soos ewe goed op Leeuwenhof die geval sou kon gewees het.

Met 'n bietjie vindingrykheid, moeite en geduld is dit egter moontlik om nog iets meer oor Aletta Beck se bestaan op Leeuwenhof vas te stel, en bowendien iets meer spesifiek as wat die meeste van bostaande bronne prysgee, naamlik aan die hand van vendurolle uit die tyd toe sy die landgoed aangeskaf het.

Tydens haar huwelik met Slotsboo het hy vermoedelik self vendusies besoek, en hiervan het daar in die rekords ook besonderhede bewaar gebly;[14] maar slegs een is opgespoor waar sy self aankope gedoen het, die vendusie van Engela Breda, wat hierbo reeds genoem is, waar daar 'n onwesenlike hoeveelheid waaiers was, wat vermoedelik vir handelsdoeleindes bedoel was, waarvan Aletta 'n honderd gekoop het, naas 'n koperkoffiekan.[15] Ná Slotsboo se dood het sy weduwee volgens hierdie bronne tussen die jare 1726 en 1732 self aankope op twaalf onderskeie vendusies gedoen, alhoewel sy vermoedelik meer as dit bygewoon het.

Hierby het dit telkens gegaan om die besittings van gegoede amptenare en vryburgers, wat van die hand gesit is tydens verkope wat dikwels meerdere dae geduur het, met oggend- en middagsessies, en groot hoeveelhede silwerware, porselein en kombuisgerei ingesluit het, en by geleentheid ook slawe. Die oordadige rykdom van sekere individue aan die Kaap soos dit in die vendurolle geopenbaar word, selfs in hierdie betreklik vroeë tyd, is werklik verstommend.

Die vendusies is grotendeels bygewoon deur ander gegoede amptenare en vryburgers wat geld gehad het vir die nodige aankope en die behoefte gevoel het om hul eie besittings op gepaste wyse verder aan te vul: sommige kopersname verskyn trouens so herhaaldelik op die vendurolle dat mens selfs geneig sou wees om van kompulsiewe of opsigtige aankope te praat. In baie gevalle was die kopers egter amptenare van oorsee wat kort gelede aangekom het of nuutgetroude egpare, mense wat dus 'n eie woning moes inrig in 'n land waar daar geen winkels in Europese sin bestaan het nie en vakmanne skaars was, sodat hulle grotendeels afhanklik was van wat hulle op vendusies kon vind.

Opvallend onder die kopers op hierdie twaalf vendusies was 'juffrw. Berg d'oude', Anna de Koning, dogter van die vry gekleurde vrou Angela van Bengale en self in slawerny gebore, wat as weduwee van kaptein Oloff Bergh 'n besonder ryk vrou was met 'n volbelaaide huis.[16] As sodanig het sy die vendusies waarskynlik net vir afleiding en geselskap besoek, maar van tyd tot tyd het sy ook ditjies en datjies gekoop. 'Juffrw. Ten Damme', wat op een vendusie vier dosyn leë bottels, agt stoelkussings en 'n ovaal tafel aangeskaf het, en by 'n latere geleentheid 'n honderd leë bottels, was Helena Gulix, weduwee van 'n voormalige opperchirurgyn en gunsteling van W.A. van der Stel, wat op haar dag self opspraak verwek het deur haar verhouding met die goewerneur, en sy was eweneens baie ryk.[17]

'De weed[uw]e Paul Heijns' wat in 1729 op 'n vendusie verskyn het, was in teenstelling hiermee nie 'n amptenaarsvrou nie, maar op háár manier eweneens 'n oorlewende van die vroegkoloniale wêreld aan die Kaap, naamlik die gekleurde vrou Maria Lozee, stammoeder van die familie Steyn in Suid-Afrika en weduwee van die welgestelde boer en wynpagter Paul Heijns na wie daar reeds verwys is.[18] Sy het uitgebreid gekoop, onder ander 'n agtkantige tafeltjie, 'n skerm, 'n 'japon' en 'rok', sisvoorskootjies en 'n klerekas.

Wat verdere hoë amptenare betref, het 'mejuffrouw Fontaine', eggenote van die waarnemende goewerneur, in 1726 'n 'kopere chocolaat kan' aangeskaf, en in 1729 het 'd'edele agtbre. heer Jan de la Fontaine' self sy verskyning gemaak om 12 riksdaalders vir '1 partij glasemakers gereetschap' te betaal. 'n Ywerige koper by die vroegste van hierdie reeks vendusies was weer 'juffrw. Tulbagh', Elizabeth Swellengrebel, wat die vorige jaar in die huwelik getree het met Rijk Tulbagh, sekretaris van die Politieke Raad,[19] en vir haar 'n hele aantal basiese huishoudelike artikels aangeskaf het. In 1731 het 'mijn heer Tulbagh', wat intussen tot lid van die Politieke Raad en Raad van Justisie gevorder het, 'n spieël met 'n swart raam gekoop.

Van vroeg in 1729 verskyn die naam 'Christina Elers' ook by herhaling op die vendurolle, waarvolgens sy onder andere meubels soos 'n ledekant met sy behangsel, ovaal en vierkantige tafels, 'n spieël met 'n swart raam, geelkoperkombuisgereedskap en 'n Bybel met koperbeslag gekoop het. Dit gaan hier om Christina Ehlers, die dogter van 'n plaaslike bakker, en haar aankope hou moontlik verband met die feit dat sy aan die einde van die volgende jaar in die huwelik getree het met J.N. von Dessin, 'n assistent in die 'Secretarije van Justitie', en mettertyd 'n baie gegoede man.[20]

In 1731 word die naam van 'mijn hr. Hartzogenraad' weer by 'n vendusie genoem, waar hy die koper was van 'n silwerbeugeltas, 'n mandjie met boeke en 'n bliktrommel met tuinsaad, ses tinskottels, 'n rooster, twee koperkandelaars, 'n koperskuimspaan, lepel en -rasper, drie koperblakers, 'n tinkoffiekan, 'n ysterpot, 'n lap, 'n saag, 'n blaasbalk en verdere skuimspaan, en 'n stoel met 'n kussing. Dit was die predikant J.W. Hertzogenraedt,[21] 'n baie nuwe aankomeling, want hy het op 15 April sy eerste preek aan die Kaap gelewer en die vendusie het op 8 Mei plaasgevind. Kort hierna is hy in Drakenstein geplaas, en het hy met sy gesin daarheen vertrek.

Hoe volledig en deeglik dit moontlik was om mens se huis deur middel van aankope op vendusies in te rig, word getoon deur ene Pieter Amorini, wat oor die jare 1729–31 agt vendusies bygewoon het, dieselfde soos Aletta Beck oor dieselfde tydperk, en daarby vir hom die volgende aangeskaf het, willekeurig gerangskik in die volgorde waarop die op die vendurolle verskyn:

'n leë kiaatkis, 'n pyprakkie, 'n kapstok (vertoonrakkie), 'n tang, 'n rooster, 'n vierkantige spieël in 'n swart raam, vyf Chinese stoele, 'n kombers, 'n kis met koperbeslag, 'n pruikedoos, 'n hangkassie met 'n paar boeke, twee porseleinskottels, agt gordynstokke, 'n koffiemeul, nog 'n kapstok, twee bennetjies (klein mandjies), 'n vierkantige tafel, 52 swart knope en 'n verdere bennetjie, wat saam aangebied is, vier sisspreie, 3 japonne (waarmee moontlik 'Japonse rokke' of huisjasse bedoel is), ses stoelkussings, twee kase, vier verdere Chinese stoele, 'n koperkomfoortjie, 'n mandjie en 'n trommeltjie saam, 'n leë kis en 'n drankkelder met nege flesse, 'n ledekant, 'n bliklantern, vier verlakte bakkies en vier skilderytjies, 'n verdere ledekant, twee verdere sisspreie, 'n 'partij glase' (deur die moderne transkribeerders onduidelik aangevul met 'kolf met zijn helm'), twee kalbasse, 'n wit porseleinbottel, twee flessies soja, dertien verdere stoelkussings, 'n tweede koffiemeul, 'n Keulse pot en 'n kan, en twee rooi ophaalgordyne met hul planke.

Oor Amorini kon daar niks meer vasgestel word nie, behalwe dat daar in die boedelinventaris van Hermina Herwig ná haar dood in 1731 'n verwysing voorkom na 'n kustingsbrief of verband op 'het huys en tuyn van monsr. Pieter Amurini [sic] ende ses [des?] selfs overleeden huisvrou, Maria van Madagasca [sic], groot 3216 gulds., gepasseert op den 20 Mey 1729'.[22] Blykens die aanspreekvorm 'Monsr.' het hy 'n amptelike status besit, maar hiermee verdwyn hy van die toneel sover dit die inligting van inventarisse en vendurolle betref.

Naas al die amptenare en hul eggenotes, wat op die rolle steeds met die ooreenstemmende titels opgeteken is, is daar ook meerdere burgers, mans en vroue, wie se gereelde aankope by hierdie vendusies opval, totdat hulle ook te sterwe kom en die oorlewendes op húlle beurt weer op hul huise toesak om dit leeg te koop. Feitlik elkeen van hierdie mense sou ewe interessant blyk te wees as mens net lank genoeg by hom of haar kon stilstaan om nadere ondersoek in te stel; en hier moet daar noodgedwonge volstaan word met slegs één gereelde besoeker by hierdie reeks veilings. Dit is die kopersmid J.P. Behrens,[23] 'n Duitser wat in 1720 na die Kaap gekom het; hy was eers getroud met 'n dogter van die bekende vry gekleurde vrou Maria Everts, en in 1728 vervolgens met Hermina Herwig, 'n Nederlandse vrou wat reeds twee mans begrawe het wat albei skoenmakers was, een van wie voorheen ook 'n gekleurde vrou gehad het.[24]

Moontlik was die skoenmakers ryker gewees as wat mens sou vermoed, maar teen die tyd van hul huwelik was Behrens en sy vrou besonder gegoede mense, en dit is opvallend dat hy ná sy tweede huwelik 'n gereelde koper op vendusies was, totdat sy vrou in Mei 1729 skielik in sy plek verskyn het as 'de weed[uw]e. P. C. Behrens'; sy het in eie reg haar plek daar vol gestaan totdat sy in 1731 self oorlede is en daar 'n baie groot en skouspelagtige openbare verkoop van haar besittings plaasgevind het, die voorlaaste in die reeks wat Aletta Beck bygewoon het.

In die nalatenskap van Hermina Herwig was daar sewe manslawe en twee vroue met drie kinders, naas 'n 'jongetje gent. Josep van de Caab', wat gesamentlik oor die 1700 riksdaalders opgelewer het. Die silwerware in hierdie boedel het 78 afsonderlike kawels behels, wat meestal meer as een item ingesluit het, afgesien van sestien ringe en ander klein goue voorwerpe, en hiernaas was daar 25 skilderye, asook 'n aansienlike hoeveelheid leerlooiers- en skoenmakersgereedskap, vermoedelik die erfenis van haar vorige mans.

Die mees skouspelagtige vendusie van hierdie reeks was ongetwyfeld egter die laaste waarby Aletta Beck sover bekend aanwesig was wat in Oktober 1732 ná die dood van Josina van Dam, die vrou van die vryburger Jan van der Swijn plaasgevind het. Haar vorige man was die drankpagter Jan Jacob Stokvliet (Stockfleth) gewees, en self was sy oor die pagjare 1730–31 in besit van meerdere pagte, met die gevolg dat sy 'n besonder ryk vrou was, en die vendusie het nie minder as vyf dae in beslag geneem nie. Van der Swijn het met ander woorde goed getrou, en bowendien op hierdie gunstige konneksie voortgebou deur vir hom oor die jare 1732–47 by herhaling ook nog een of meer verdere pagte geheel of gedeeltelik aan te skaf:²⁵ mens sou dit as 'n tipiese geslaagde loopbaan van die Kaapse agttiende eeu kan beskryf, gekenmerk deur 'n gunstige huwelik en die grootskaalse besit van pagte.

By die nalatenskap van Josina van Dam soos elders in Kaapse huise gaan dit in groot mate waarskynlik om handelsgoedere, maar hier soos elders in soortgelyke gevalle is dit moeilik te onderskei, of om die oorsigtelike inligting van die boedelinventaris volgens kamers met die noukeurig geïtemiseerde vendurolle te vergelyk of te versoen.²⁶

Dit is duidelik dat die egpaar besonder stylvol en ook taamlik werelds geleef het, en daar was onder andere twee tarok- of kaarttafels en 'n biljarttafel in die huis; maar wat moet mens selfs in koloniale konteks dink van 'n 'agterkamer' wat onder andere 48 stoele, ses rusbanke, vier daarvan met matrasse, 'n ledekant, 'n koperkerkkroon (kroonlugter) en vier verkeerborde met hul skywe bevat het? En wat van die goedere wat stuksgewyse of in klein kawels op die daaropvolgende vendusie verkoop is? Hier vind mens, ook onder vele andere, 'n baie groot hoeveelheid silwer en goud, met inbegrip van juwele, 22 lepels en vurke, vyf skinkborde en verdere tafelsilwer, 57 dosyn drinkglase, naas wynkelke en -roemers, bierglase en etlike dosyne kelkies, 4400 porseleinkoppies en pierings (die gegoede Johannes Swellengrebel, vader van die toekomstige goewerneur, het 57 riksdaalders betaal vir 'n duisend), 252 porseleinborde, 45 stoelkussings, 46 skilderye en 17 skilderytjies, meer as vyfhonderd pond koffieboontjies, 33 rolle tabak, vyf mud sout, 680 stene seep, elf dosyn witkwaste, sewentien slawe en twee slavinne.

Dit is egter moontlik dat Aletta Beck slegs deur die opwinding en afwisseling van hierdie besondere byeenkoms aangetrek is, want haar enigste aankoop hier was '2 stucken kleetjes' of tekstiel, waarvoor sy 5 riksdaalders betaal het.

Voordat hierdie ekskurs beëindig word, moet daar egter tog aandag geskenk word aan die enkele nie-blanke kopers op hierdie klein reeks vendusies. Pieter van Bengale was 'n gereelde koper, maar staan veral uit omrede hy in 1726 'n 'siekelijke jonge [*manslaaf*] gent. Miera van Malabar' feitlik present gekry het vir Rds1:2, dieselfde prys wat 'juffrouw Berg d'oude' kort tevore op dieselfde veiling vir 'n koperbekken betaal het, of 'mijnheer Russouw' kort daarna vir '3 oude ploegscharen en 1 moker'. Ander slawepryse wat in hierdie reeks verkope gevind is, het van 40 tot 334 riksdaalders gestrek, en in die meeste gevalle oor 'n honderd riksdaalders beloop.

Pieter van Bengale was waarskynlik die man wie se vrygestelde slavin Francina Janse van die Kaap in 1760 getroud is met die Duitser Andreas Meyer,²⁷ en moontlik ook identies met die vader van Maria Elisabeth Pieterse, wat oor die tydperk 1766-91 agtereenvolgens met twee bakkers van Duitse herkoms getroud is.²⁸ Klaarblyklik is hier dus 'n geval van 'n gegoede vry gekleurde en van opwaartse mobiliteit onder oudslawe.

Die ander gekleurde kopers wat aan hul name as sodanig uitgeken kan word, was die destyds bekende Abraham a de Haan of Addehan (Ibrahim Adahan), nóg 'n gereelde bywoner van vendusies, wat as seun van die verbanne sultan van Tambora nie van slaweherkoms was soos die meeste vry gekleurdes aan die Kaap nie;[29] Carel van Bengale, wat twee vate en '5 Psalm boekjes en wat snuijf' aangeskaf het; en ene Abraham van Makassar. Ten slotte was 'maaij Rebecca', blykens haar naam 'n ouer persoon en 'n bekende in die plaaslike gemeenskap, oor 'n langer tydperk 'n gereelde verskyning op vendusies: bes moontlik gaan dit om Rebecca van Makassar, weduwee van nóg 'n bekende lid van die vry gekleurde gemeenskap, Louis van Bengale.[30] Oor die jare het sy verskeie betreklik klein aankope gedoen, maar by een geleentheid ook 15 riksdaalders betaal vir 'n 'bed' of matras.

By die Van Dam-vendusie het ene Cornelis van Bengale vir die eerste keer sy verskyning gemaak, en naas tekstielware en seep ook twee stoele, vier skilderytjies en 'n kopertertpan met sy deksel gekoop. 'n Ander nuwe naam by hierdie byeenkom was dié van Titus van Makassar, terwyl Titus Jacobsz waarskynlik ook gekleurd was.

Ten slotte kan die gereelde vermelding van die 'Sinees Onsjonko' nog genoem word, waarskynlik een van die klein kolonie Chinese wat die Kaap as bannelinge en bandiete bereik en later soms geslaagde sakemanne geword het.

Alles in ag genome, is dit selfs aan die hand van hierdie twaalf voorbeelde oor die tydperk van enkele jare duidelik dat vendusies 'n groot groep geesdriftige kopers aangelok het, en waarskynlik nog heelwat meer belangstellende en nuuskierige toeskouers; dat dit tussen die aankoms van besoekende skepe hoogtepunte in die stil en beperkte bestaan van die inwoners van die Kaap uitgemaak het; en dat die byeenkomste ten slotte 'n goeie dwarsdeursnee van die plaaslike samelewing uitgemaak het, van die De la Fontaines en die Tulbaghs tot Maai Rebecca en die Chinees Onsjonko. Naas die meer opvallende kopers en skouspelagtige aankope wat hier genoem is, was daar 'n aansienlike aantal Kapenaars wat op saaklike en funksionele wyse op vendusies kom soek het na dinge wat hulle werklik nodig het en wat nie noodwendig baie geld gehad het om daaraan te bestee nie, eenvoudiger, goedkoper en heeltemal onaanskoulike items soos die planke, leë sakke of bottels wat in groot hoeveelhede op die vendurolle vermeld word, die tinkanne, die kis met timmermansgereedskap en die dosie naalde, die skoenmakersgaring, ysterpotte, bliklantern, 'partij kalk', klipvisnette of 'rommeling' wat ewe goed daar bekombaar was, en wat daarna so goed doenlik met hul alledaagse lewens aangegaan het.

Dog terug na die weduwee Slotsboo, wat hier eintlik ter sprake is.

In 1726–27, die eerste twee jaar ná haar man se dood, was Aletta Beck se aankope op vendusies betreklik onbenullig en huishoudelik van aard: 'n katel, sylint, agt 'Kust neusdoeken' (Oosterse sakdoeke), 'n stuk betilles ('n soort sluiergaas) en verdere neusdoeke, twaalf manshandskoene van seemsleer, '1 grote houte doos', en '3 bennetjes'.[31]

In 1728 is geen aankope vir haar opgeteken nie, dog dit was die jaar waarin sy eienares van Leeuwenhof geword het, en oor die volgende drie jaar was daar meerdere aankope van heelwat meer praktiese aard.

In 1729 het haar aanskaffings bestaan uit agt kiaathoutplanke, '3 sakken met wat meel', twaalf stene seep, '5 sommereelen [*kiepersolle*] en 3 manden', 'n martevaan ('n groot erdekruik), '2 opgeslage lijnen', 'n stuk seildoek, twee tinskottels, twee stoelkussings, twee stoele, 'n 'partij boeken', 'n kawel bestaande uit vier porseleinspoelkomme, twee porseleinkwispedoors en twee porseleinsoutvaatjies, 'n tweede met tien porseleinkoppies en -pierings, en 'n koperslaaiemmertjie. Teen die einde van 1730 het sy 'n koperdistilleerketel met slang, 'n tang, 'n skoorsteenketting en 'n spadel, en 'n slonsie ('n afgedekte lanterntjie) en 'n verlakte teebakkie saam met 'n 'partij rommeling' gekoop; en by die groot veiling van Hermina Herwig se besittings vroeg die volgende jaar, tien seildoeksakke, twee rolstokke, twee koperstoofpannetjies, 'n vleisblok met 'n kapmes, 'n skildery (laasgenoemde vir 3 riksdaalders), 'n verdere vier seildoeksakke, twee stoele en 'n vierkantige tafeltjie. Dit lyk duidelik dat dit by die aankope van hierdie laaste jare gaan om benodigdhede vir die nuwe huis en werksaamhede op die landgoed, en in dié beperkte mate kan mens die beeld van haar verblyf op Leeuwenhof dus aanvul.

In die reeks vendurolle wat hier onder bespreking is, verskyn daar terloops ook 'n ongebruiklike hoeveelheid inligting oor alledaagse skoonmaak- en ander huishoudelike apparaat wat vermoedelik ewe goed op Leeuwenhof aanwesig sou gewees het, en waarvan die name hier dus ten slotte ter aanvulling genoem kan word. Kamerbesems en 'n 'stoffer' of 'hand stoffer' kom hier met die grootste reëlmaat voor, saam met 'n 'ragebol' of 'raagbol', 'n bolvormige borsel met 'n lang steel wat veral gebruik is om spinnerakke te verwyder. Dit kon egter ewe goed dien om vensters te was, soos die 'glase borstels' vermoedelik ook, en die 'glase spuijt', wat in Nederland in algemene gebruik was. Teen hierdie tyd het alle deftiger huise in die Tafelvallei seker glasruite gehad, indien nie miskien reeds die meerderheid nie, en sou apparaat van hierdie aard noodsaaklik gewees het.

Aanvullend kan mens ten slotte byvoeg dat die boedel van die gegoede Geertruij de Witt, weduwee van die oudburgerraad Hendrik Bouman, met haar dood in 1733, naas talle veel aanskouliker items, ook heelwat alledaagse huishoudelike artikels ingesluit het, soos '2 stoffers en 2 boenders' (laasgenoemde was skrop- of soortgelyke borsels), 'n 'rotteval', twee 'hoenderhokjies', 'n houttregter, biervate, kalbasse, witkwaste, 'n sakkie vere, 'n 'partij touwerk' en 'n bos rottangs.[32]

Nadat daar so dikwels oor tafelsilwer, porselein en kopergerei uitgewei is, kan dit geen kwaad doen om ter regstelling ook die name van 'n aantal verdere nederige maar onontbeerlike implemente hier by te voeg wat van tyd tot tyd 'n beskeie verskyning in die boedelinventarisse en vendurolle maak: gieters, harke, kruiwaens, tuin- en snoeiskêre of molvalle. En ewe goed moet mens dink aan wat ná die dood van die welgestelde Debora de Koning in 1748 'op de agterplaats' van haar huis gevind is: '1 groote martavaan [*erdekruik*]; 1 houtetrapje; 2 balijs; 1 tobaksmes; 3

ladders in soort; 2 tinne waterpotten; 52 Chinese plankjes [en] 3 jatybalk [*kiaathout*] tot 't maaken van 't stalhuijs'.[33] Dinge soos hierdie sou alles nie minder noodsaaklik gewees het vir die daaglikse werksaamhede op Leeuwenhof nie.

Vir iemand wat so hoog teen die berghang bokant die gemeenskap gewoon het, ver van die kerk en die sosiale lewe, sou een of ander vervoermiddel ten slotte ook nodig gewees het. Geertruij de Witt was in besit gewees van 'n 'draagstoel met zijn stocken', waarvoor kaptein J.T. Rhenius op die vendusie 30 riksdaalders betaal het, en 'n koets en 'n 'bolderwagen', wat onderskeidelik vir 142 en 141 riksdaalders verkoop is;[34] laasgenoemde rytuig, wat taamlik gereeld in Kaapse konteks voorkom, was 'n swaar geboude oordekte perdekar.

Dat 'n vrou in Aletta Beck se sosiale en ekonomiese posisie ook slawe sou besit het, ly geen twyfel nie, maar oor haar slawebesit bestaan daar geen gegewens nie, en dit sou van die presiese aard van die werksaamhede op Leeuwenhof afgehang het. Iets in die trant van Michiel Smuts se sewe slawe en 'n slavin met 'n bykomende aantal kinders sou seker nie onrealisties wees nie.

Waar daar, uitgaande van Aletta Beck se gedokumenteerde aankope op vendusies in so 'n mate geïmproviseer is om 'n skyn van werklikheid aan haar bestaan op Leeuwenhof te probeer gee, kan daar egter nog 'n laaste insiggewende boedelinventaris uit hierdie tyd aangehaal word. In die Kaapse winter van 1734 is Isabella Jamess, 'n moontlik Engelse vrou wat skynbaar hier agtergebly het nadat haar man, die sieketrooster Pieter Strigt of Stricht, na Nederland teruggekeer het,[35] oorlede en is haar besittings op die gebruiklike wyse op 'n vendusie verkoop. Die weduwee van 'n kaptein van die garnisoen was weliswaar iets anders as die eggenote van 'n sieketrooster, maar hierdie beskeie inboedel, wat hoofsaaklik uit klerasie bestaan het, bied seldsame insig in die klein, geslote wêreld van die betreklik gegoede vrou.

> 5 vrouwe rocken, 1 chitse [sis] japon en 1 jackje [*baadjie*]; 5 vrouwe hemden en 1 vrouwe broek; 1 keurslijf [*lyfie*], 2 stijve borsjes; 4 pr. vrouwe koussen, 1 pr. vrouwe handschoenen; 3 pr. vrouwe muijlen; 1 doos met een p[aa]r zijde vrouwe koussen, 2 pr. mouwetjes, 2 kroplappen, 1 neusdoek, 1 ondermutsje met 1 Haagse kap; 1 Haagse kap en 1 Engelse vrouwe mantel; 1 ketting carolijne koralen [*kornalynkrale*] met 1 goud slootje; 2 goude oorcrabbertjies; 2 goude hoepringetjes; 1 Psalmboekje; 2 silvere snuijfdoosen; 1 zilvere beugeltas en 1 ijvore naalde koker; 1 tasbeursje; 1 partij vrouwe rommeling; 1 sak met vuijl linnegoet.[36]

Op Leeuwenhof het Aletta Beck dus moontlik vir etlike jare min of meer alleen gewoon, nogal afgeleë bokant die nedersetting in die Tafelvallei, op 'n afstand van selfs die naburige tuine, en des te meer geïsoleer as gevolg van die swak paaie: die huidige Hofstraat, wat sy naam aan die landgoed te danke het, was destyds moontlik al die pad wat hierheen gelei het. Terwyl die nabygeleë erf waar die huidige

Bellevue in Bo-Kloofstraat later gebou is reeds lankal uitgegee was, is dit nie duidelik of dit teen hierdie tyd al bewoon was nie,³⁷ alhoewel die 'vlaggemans huijsje' in Kloofnek vermoedelik reeds daar was. Omstreeks 1735 was daar ook juis herhaalde klagtes oor drosters en ander slawe wat in die nag groente, vrugte en skape in die tuine kom steel, of in die leegstaande huise inbreek om daar saam te dobbel en drink.³⁸

Ná die dood van haar eerste man het Aletta egter reeds op Voorgelegen aan die rand van Stellenbosch 'n paar jaar lank 'n soortgelyke lewe gelei; en ongeag haar leefomstandighede maak sy aan die hand van die enkele gegewens wat uit hierdie tyd bewaar is die indruk van 'n onafhanklike, selfstandige vrou, en daarby welgesteld. 'Juffrou Aletta Slotsboo was bekend aan die Kaap as 'n besonder gegoede persoon,' skryf De Klerk, sonder vermelding van bron, 'en die huurgeld uit haar verskillende vaste eiendomme moet haar jaarliks 'n aardige bedraggie ingebring het.'³⁹

Sy het egter kontak behou met haar familie in Nederland, wat ná die dood van haar moeder in 1720 in eerste instansie waarskynlik bestaan het uit haar suster Sara Christina en dié se dogter Stevelina (Stevelijne, Stavelijne, Stavelina) van Oudenaarden, wat in 1712 gedoop is,⁴⁰ en haar voornaam vermoedelik aan haar grootvader Stephanus Beck te danke gehad het. In 1727 het Aletta byvoorbeeld toestemming gevra om 'n kissie met die retoervloot saam te stuur,⁴¹ en waarskynlik het die familie van die Kaap geskenke ontvang soortgelyk aan dié wat die egpaar Nolthenius in Malakka in hierdie tyd vir Balthazar Nolthenius in Nederland gestuur het: Oosterse sis, 'n kabaai, 'n bedsprei, en fyner teesoorte soos groen tee en tee boei.⁴²

Weer eens moet die gang van sake van die enkele beskikbare feite afgelei of geraai word, maar mens kry die indruk dat dit in hierdie tyd was dat Stevelina ná die dood van haar eie moeder uitgekom het na die Kaap om by haar tante en oom aan te sluit, en in dié geval het sy waarskynlik op Leeuwenhof ingewoon. Haar vader het egter nog gelewe, want in 'n brief wat in 1743 aan die Kaap geskryf is, word daar verwys na 'n pakkie sis wat aan hom gestuur is in Arnhem,⁴³ alhoewel die ontvangs daarvan 'n paar maande later deur die kuratore van sy boedel erken moes word.⁴⁴ Op 8 Mei 1735, toe sy ongeveer 23 jaar oud was, is Stevelina in elk geval aan die Kaap getroud met haar tante se 24-jarige stiefseun, P.J. Slotsboo, en twee jaar later is hy tot eerste geswore klerk bevorder,⁴⁵ 'n amptenaar wie se rol in die werksaamhede van die VOC soos volg deur Lequin omskryf word.

> De Eerste Gesworen Clerq (Onderkoopman) nam het werk van de Secretaris van Politie [*Politieke Raad*] in bijzondere omstandigheden waar. Hij verzorgde en verwerkte de algemene correspondentie en hield de 'civiele rol' en 'criminele rol' aangaande rechtszaken bij. Hij noteerde de 'confessiën en interrogatoiren' van verdachten en delinquenten [*oortreders*].⁴⁶

Sover vasgestel kan word, het die amp geen besondere aansien in die klein, statusbewuste wêreld van die VOC verleen nie: die 'Gezworen clerquen van de Politicque Secretarije, Justitie en Weeskamer, mitsg[ader]s Venduclercq na derselver ancienniteit [*senioriteit*]', verskyn in elk geval taamlik laag op die ranglys wat in 1786 aan die Kaap uitgevaardig is, net voor die sekretarisse van die Landdroste & Heemrade, die boekhouers van die hospitaal en slaghuis, die diakens, brandmeesters, 'Hofmeester int huis van den Ed. Heer Gouverneur', voorlesers en sieketroosters.[47] Jong Slotsboo het mettertyd egter ook as ouderling gedien,[48] en alles in ag genome, kan hy dus as redelik gesiene en prominente lid van die gemeenskap beskou word.

Dit is geensins onmoontlik dat die egpaar Slotsboo ná hul huwelik op Leeuwenhof bly woon het nie. Soos eerder genoem, was dit 'n tyd van sterk familiegevoel en betreklik min behoefte aan privaatheid, toe meerdere verwante, vriende en afhanklikes dikwels 'n enkele huis gedeel het. Mens let byvoorbeeld daarop dat Aletta Beck 'n brief aan Balthazar Nolthenius in 1738 'op onze hofstede Lewenhof' gedateer het,[49] alhoewel hierdie meervoudsvorm nie noodwendig letterlik opgeneem moet word nie.

In die Ooste het Daniël Nolthenius intussen sy geslaagde loopbaan in Malakka voortgesit, en in 1736 het hy op een tydstip die goewerneur vervang, wat niemand anders was nie as Pieter Rochus de Chavonnes, seun van die voormalige goewerneur van die Kaap.[50] Sy hoop om self hierdie pos te mag beklee, is egter nie verwesenlik nie, na bewering omdat die destydse direkteur-generaal en latere goewerneur-generaal Adriaan Valckenier voorkeur gegee het aan 'n neef van sy eie vrou;[51] dog in 1738 is hy na Batavia oorgeplaas, waar hy in verskeie hoedanighede gedien het. In 1739 het hy as raad-ekstraordinaris lid van die Raad van Indië geword, en in 1744 raad-ordinaris.[52]

Die klein familiekompleks aan die Kaap het nie net hul kontak met hierdie besonder nuttige en invloedryke familielid behou nie, maar ook 'n briefwisseling aangeknoop met Daniël se ewe nuttige broer Balthazar in Amsterdam, wat deur Aletta in haar briefwisseling met hom as 'Mijn heer en geëerde neef' aangespreek is, terwyl sy self as 'UEde. dienaresse en nicht' onderteken het. Daar is egter ewe goed verwysings na 'uw heer vader, onzen geachten neef',[53] en dit is nie duidelik of dit alles op die beskeie fondament van Daniël Nolthenius se huwelik met Maria Judith Slotsboo berus nie.

'n Gedeelte van hierdie korrespondensie het bewaar gebly in 'n enkele volume van Balthazar Nolthenius se brieweboek, wat 104 briewe bevat wat hy oor die tydperk 1737–43 ontvang het, chronologies gerangskik en ingebind in 'een stevig perkamenten band'.[54] Dit sluit briewe in van Daniël Nolthenius en sy vrou in die Ooste en haar broer, swaer en stiefmoeder aan die Kaap, en tien daarvan is afkomstig van Aletta Beck. Hierdie versameling is nog altyd in besit van die familie,[55] en uittreksels daaruit en samevattings daarvan het in die familiegeskiedenis verskyn,[56] en is later op die Internet beskikbaar gemaak.[57]

Aletta Beck se briewe is geskryf in wat mens 'n forse, geoefende handskrif sou kan noem, sonder onnodige sierlikheid maar ewe goed sonder merkbare aarseling, en onderteken met 'Aletta Beck wed. Slotsboo', soos die destydse gebruik was. In die familiegeskiedenis word daar uitgebreide aanhalings verstrek, en die outeur van die boek kenskets haar as 'een dame van ongewone geestesgaven', 'n 'hoogst sympathieke vrouw', 'n 'flinke, frissche Hollandsche vrouw' en iemand 'die nooit een blad voor den mond neemt', en beskryf haar prosa as 'voortreffelijk'.[58]

> Het is een ware verademing, een brief van hare hand tegen te komen, na er sommige te hebben doorgeworsteld van het 17 tal, waarmede onzen voorvader Balthazar lastig viel, haar [stief]zoon Petrus Jesse Slotsboo,[59] toen 1ste klerk op 't Comptoir van politie [administratiewe diens] aan de Kaap, of van het 9 tal door haar schoonzoon gepend [geskryf], de secretaris en lid van den Raad van politie [Politieke Raad] aldaar, W. [sic] de Grandpreez. Want welbeschouwd, zijn deze, gelijk de meeste brieven van Overzee, bedelbrieven, d.w.z. beden om voorspraak.[60]

Die briewe self bevestig hierdie uitsprake ten volle, in elk geval sover dit Aletta Beck betref, en ook die indruk wat van tyd tot tyd ontstaan uit haar gedigte wat behoue gebly het, naamlik een van verfrissende forsheid en kragdadigheid, en selfs van wat mens in die besondere konteks van die agtiende eeu as 'manlikheid' sou wil aandui—vir moderne lesers is die uitspraak waarskynlik seksisties, dog Aletta Beck het nou eenmaal in 'n seksistiese tyd gelewe. Briewe in hierdie formele era het grotendeels uit frases, formules en gemeenplase bestaan, dikwels godsdienstig van aard, en is geneig om teleurstellend te wees vir 'n latere geslag wat groter informaliteit en 'n meer persoonlike toon, asook meer bruikbare inligting, verwag. Aletta Beck het egter min van die gangbare epistolêre konvensies gebruik gemaak, en haar eie menings in haar eie woorde uitgedruk, in 'n lewendige idiomatiese Nederlands wat mens selfs as kragtig en gespierd sou wil beskryf.

Uit hierdie briewe is dit duidelik dat Aletta haar ywerig bemoei het vir die belange van haar stiefskoonseun De Grandpreez aan die Kaap,[61] en eweneens in voeling gebly het met die vordering en vooruitsigte van haar stiefskoonseun Nolthenius in die Ooste, 'Daantje' soos sy hom by geleentheid noem.[62] Hierby is dit ook opvallend hoe goed die inwoners van die Kaap as gevolg van die gedurige skeepsverbindings met Batavia en Ceylon op hoogte was van ontwikkelings in die Ooste, en in hoe 'n mate hulle hul daarby betrokke gevoel het.

As voorbeeld van Aletta Beck se uitgesproke menings en die onomwonde manier waarop sy hulle in haar korrespondensie verwoord het, kan mens aanhaal uit 'n brief uit 1738 waarin sy op kritiese toon skryf oor die onlangse bevordering van die sekunde Van Kervel tot goewerneur van die Kaap ná die dood van De la Fontaine, en die vooruitsigte van Daniël Nolthenius wat hierdie pos betref, alhoewel die verwysings nie deurgaans duidelik is nie.

Men had hier wel een man van noode [*nodig*] die niet alleen met vreugde aangenomen, maar daar men met droefheid van scheiden moet. 't Staat op Batavia heden slecht, en sterft al wat er komt; ook is 't geen vermaak Raad van Indië te zijn. De heeren zijn liever in een gouvernement daar ze, naar den ouden slender [*trant*], niet subject hoeven te zijn; gelijk ik weet dat een van die heeren aldaar al voor deze laatste verkiezing [daar]naar gestaan heeft.

Waarlijk, Afrika had wel een goede bestierder van noode om 't vervallene wat op te beuren. Als een land uitgeput is, dient een goeden tegengift om 't weer op de been te helpen. Ik twijfel niet of daar [*waar*] twee honden om een been vechten, de derde daar wel mee heen loopt.⁶³

Wat verder opval, is die lewendige godsdienssin en geloof waarvan die briewe getuig, en terwyl godsdienstige verwysings en versugtings in hierdie tyd 'n vanselfsprekende deel van briefwisseling uitgemaak het, klink die uitdrukkings waarvan Aletta Beck gebruik maak, in haar briewe ewe goed as in haar gedigte, minder konvensioneel as by haar tydgenote. 'Wij hopen [dat] alles ten genoege zal zijn wat God geeft,' sluit sy byvoorbeeld een brief af, 'Wiens wijze bestieringen over de menschenkinderen wij aanbidden. En moet ieder zich daarin onderschikken.'⁶⁴

Ook Aletta Beck se stiefseun P.J. Slotsboo het van die nuttige kontak met Balthazar Nolthenius gebruik gemaak,⁶⁵ na dit wil voorkom grotendeels om sy eie handelsondernemings te bevorder. Onder die uiteenlopende goedere wat hy van Nolthenius aangevra het, was 21 'keurslijven met ronde borsten, voor kinderen van 6 tot 12 jaren', waarmee lyfies of korsette bedoel is, '25 el gevlamd Rouans tapijt', wat waarskynlik op 'n donkerrooi kleur (rowaan) dui eerder as die Franse stad Rouaan, 'n Bybel in folioformaat met koperplate, '32 hoeden met hooge randen ad [*teen*] ƒ6, ƒ5 en ƒ4 per stuk, zonder de lissen daarbij, alsoo [*aangesien*] [ik] daarvan nog voorzien ben', 500 el trillie [*tekstiel*], 'tweederlei rood, blauw en zwart', met die bykomende spesifikasie 'niet hoog of donker van kleur, maar helder incarnaat rood', '14 stukken gespikkelde greintjes [*tekstiel*], als 4 paar groen en wit, 4 paar blauw en wit, 2 paar bruin en wit', '100 fleschjes oprechte Haarlemsche droppels of balsem Tilly', wat op medikasie dui, '200 fleschjes oprechte Engelse Houghtons bitter à 6 stuivers', twee wit knooppruike van 25 of 30 gulden elk, en twee pond fyn gouddraad.⁶⁶ Toe hy 'n vat Roskamse bier bestel, het hy egter gespesifiseer dat dit vir eie gebruik bedoel was.⁶⁷

In ruil het Slotsboo met 'n sieketrooster wat op pad na Nederland was vir Nolthenius 'twee fraaie—uit meer dan 50 stuks uitgezochte—welgevlekte tijgervellen' laat kry;⁶⁸ wat terloops daarop dui hoe algemeen luiperds teen 1741 nog in die Kaapse binneland was,

In 1741 het Daniël Nolthenius sy vrou verloor toe Maria Judith Slotsboo, 'Mijn waarde Judith, al mijn troost en welbehagen', soos hy haar self noem, op 34-jarige leeftyd oorlede is.⁶⁹ In 'n brief het haar stiefmoeder 'zijn dierbare Mietje' en 'mijne lieve dochter' betreur as 'een lieve en dierbare gezellinne' en 'n dogter 'die ik op 't hoogst beminde'.[70] 'Doch wij moeten hierin stille zijn,' het sy in 'n brief aan Nolthenius bygevoeg:

> dewijl al Gods doen majesteit en heerlijkheid is [en] de wegen Gods rechtvaardigen, die somtijds iemand vóór 't verderf bij hem roept, eer de plasregenen van Zijn rechtvaardigen toorn de landen overstroomt.
> De goede God wil UEde. en ons voor dergelijken of bezoekingen bewaren, en Zijn kastijdende hand ons ten nutte doen zijn.[71]

Die egpaar was kinderloos, maar Nolthenius is agtergelaat met twee aangenome dogtertjies, onderskeidelik sewe en drie jaar oud, 'kinders van verstorven vrienden', en 'n sestigtal slawe, 'goede en kwade', wat iets weergee van die styl waarin hy en sy vrou in die Ooste geleef het.[72] Met hierdie sterfte het die bande tussen die onderskeie lede van die familiekompleks wat deur die huwelik tot stand gebring is egter geensins verslap nie.

Hoewel Aletta Beck ná haar man se dood nie meer regstreekse toegang tot amptelike kringe gehad het nie, het sy as weduwee van 'n hoë amptenaar nogtans 'n duidelik bepaalde plek in die hiërargie van die VOC beklee en ewe onmiskenbare status in die plaaslike gemeenskap besit. Gebeure in die klein wêreldjie van die Kaapse amptenary het haar dus nog altyd geraak.

P.G. Noodt, wat vir De Chavonnes as goewerneur moes opvolg, het die Kaap vroeg in 1727 uit Batavia bereik.[73] Mentzel, wat kort ná sy tyd hier aangekom het, noem hom 'treacherous, gloomy, insolent, coarse and brutal',[74] terwyl die historikus Theal hom opsommend beskryf as 'a coarse, harsh, ill-tempered man, full of pride and self-conceit', en twee keer op dieselfde bladsy opmerk dat hy 'generally disliked' was.[75] Ook 'n moderne skrywer, C.G. de Wet, het dit oor 'n 'hardvogtige en onsimpatieke man met 'n opvlieënde humeur wat dit moeilik gevind het om met ander saam te werk'.[76] 'That Van Noodt [sic] was really unpopular,' merk Mentzel se redakteurs in 'n voetnoot op, 'is evident even in the dry official reports.'[77]

Die mees noemenswaardige gebeurtenis van Noodt se kort bewind was seker sy inspeksietog na die Overberg. Terwyl die vestiging van blanke veeboere in hierdie gebied gestadig voortgeduur het nadat W.A. van der Stel se veeposte opgehef is, het ook die Kompanjie vanaf 1726 hier buiteposte gestig ten behoewe van sy veehandel met die Khoikhoi dieper in die binneland,[78] en toe die Raad van Indië opnuut die aandag gevestig het op die moontlikheid van houtwinning langs die Sonderendrivier het Noodt in 1727 'n verkenningstog hierheen onderneem.

Nadat hy opdrag gegee het dat die paaie gelykgemaak en die driwwe in die riviere reggemaak moes word, het Noodt op 1 November van die Kasteel vertrek met vier waens en 'n perdekar, asook 'n ruim tent wat hy uit die Ooste saamgebring het:[79] volgens Mentzel was hy vergesel van 'n sersant, twee trompetters, 'n korporaal en twaalf grenadiers, sowel as amptenare en dienaars.[80] 'At five o'clock in the morning,' noteer die Dagregister, 'the flag was taken down at the Castle, and the Governor left with a salute of guns.'[81] Ses soldate het hom in 'n draagstoel teen die Hottentots-Hollandberge uitgedra; dog sy verblyf in die Overberg was kort en die aandag wat hy aan die houtbosse geskenk het taamlik summier.[82]

Mentzel se beskrywing van Noodt se ontvangs met sy terugkeer na die Kaap op 1 Desember toon tot hoeveel swier die plaaslike amptenary ook in hul eie klein beslote kring in staat was.

> On the last morning the Governor did not go in the carriage, but mounted a saddle-horse that he had taken with him, and so rode around the Bay and into the Castle. The two trumpeters rode in front, then came the Governor and a member of the Council of Policy, then Herr Allemann [*korporaal*] and the guard, while the Governor's carriage and some of the baggage waggons brought up the rear.
>
> The soldiery had been drawn up outside the Castle to welcome the Governor. A squadron of burgher cavalry and two companies of burgher infantry were there, in addition to the garrison; they were all dressed in their best attire, had their colours flying and their drums and fifes playing. The officers saluted when the Governor rode by; the flags were waved, after the Dutch fashion, the men presented arms, a march was struck up, the cannon on the bastions of the Castle fired a salute. The ships in the Bay were flying many-coloured flags and pennons and made a brave uproar with their cannon.
>
> As soon as the Governor had ridden through the Castle Gate, the soldiers fired three musketry salvos, each of which was answered by a single cannon shot from the Castle. Inside the Castle all the officials were waiting to welcome the Governor: Mijnheer de Tweede [*Sekunde*] was there, and the Independent Fiscal; the Merchants—except the Captain; he had been commanding the soldiery outside—the Under-Merchants, the book-keepers, the assistants, or clerks, and the magistratorales [*burgerrade?*].[83]

Noodt is vroeg in 1729 egter baie skielik in die Tuynhuys oorlede,[84] en terwyl sy dood skynbaar deur niemand betreur is nie, het dit vanweë die dramatiese onverwagtheid daarvan en die ongeliefdheid van die oorledene gou met allerlei legendes omrank geraak.[85] So kon J. Suasso de Lima 'n honderd jaar later in sy *Geschiedenis van de Kaap de Goede Hoop* byvoorbeeld opteken: 'van zynen dood heeft men vele fabelachtige vertellingen verspreid dewelke echter om derzelver ongerymdheden geen geloof verdienen'.[86]

Tydens sy kort ampstermyn het Noodt self twee slawe aan die Kaap verkoop, en oor die tydperk van bykans 'n jaar wat sy hierna aan die Kaap deurgebring het voordat sy kon vertrek, het sy weduwee, Johanna Drabbe, 'n verdere 29 van die hand gesit:[87] die egpaar het etlike jare in die Ooste deurgebring, en dit is dus moontlik dat die meeste van hierdie slawehuishouding hulle met hul aankoms aan die Kaap kort tevore vergesel het. Vroeg in 1730 het sy egter op die gebruiklike wyse met die retoervloot na Nederland teruggekeer.

> This morning Madam Johanna Drabbe, widow of the late Hon. Governor Pieter Gysbert Noodt, in his lifetime Governor of this place, proceeded on board the ship *Groenswaard* with her son; accompanied as far as the beach by the Administrator, the members of the Council and their wives. Fifteen guns were also fired from the Castle.[88]

Noodt is opgevolg deur Jan de la Fontaine, wat in 1710 met die rang van Assistent aan die Kaap aangekom en sedert 1713 als lid van die Politieke Raad gedien het;[89] terselfdertyd is die fiskaal Adriaan van Kervel as sekunde aangestel. 'This not only caused a general joy among the people here,' merk die Dagregister op,

> but also among all the Company's officers [*amptenare*]; and some of the lower ones, with the burghers of rank and others, proceeded to Fontaine's house today and to that of Van Kervel to congratulate them on their promotion to such high offices.[90]

Ook De la Fontaine se bewind is gekenmerk deur 'n inspeksietog van die Overberg, wat hom in die winter van 1734 tot so ver soos Mosselbaai gevoer het waar hy 'n bakenpaal met die monogram van die VOC laat oprig het, 'n reis van meer as agthonderd kilometer heen en terug.[91]

De la Fontaine se vrou, die Kaaps gebore Maria Elizabeth de Man, is in die winter van 1730 oorlede en plegtig in die kerkgebou aan die Heerengracht ter aarde bestel,[92] en hierna het hul dogter Barbara Elizabeth de la Fontaine, die 'jonge juffrouw' soos haar semi-amptelike titel gelui het (haar moeder was as eggenote van die goewerneur die 'juffrouw' gewees), skynbaar as haar vader se gasvrou opgetree. Mentzel, wat haar geken het, beskryf haar as 'beautiful':[93] volgens hom was sy 'a great lover of music' en het haar vader vir haar 'n orreltjie laat bou wat hy met hul vertrek na Nederland vir 500 gulden aan die Kaapse kerk verkoop het.[94]

Wat die lewenstyl van hierdie hoë amptenaar betref, wys Sleigh op die aktiewe manier waarop hy betrokke geraak het by veranderings aan die poshuis by die Kompanjie se groentetuin te Nuweland in die Liesbeekvallei, wat na bewering reeds deur W.A. van der Stel as informele landhuis gebruik is naas die amptelike buiteverblyf Rustenburg by Rondebosch. Toe daar in 1730 besluit is om dit met 'n 'bequame wooning' te vervang, het De la Fontaine self 'n ontwerp voorgelê en hom op ongebruiklike wyse met die beplanning bemoei:

> omdat die buitepos toe reeds 30 jaar oud was en oor 'n volwasse tuin beskik het, is dit nie onmoontlik nie dat die bekende, aangename, windlose somerklimaat en boomryke natuurskoon 'n bedekte motief was vir die goewerneur se belangstelling in die ontwerp van die poshuis, met ander woorde: dat 'n deel of die hele nuwe gebou vir die senior administrateurs as 'n somerverblyf sou dien, terwyl 'n ander deel, of net een van die buitegeboue, as poshuis sou dien.[95]

Die feit dat die verkoop van De la Fontaine se besittings met sy bedanking en terugkeer na Europa in 1737 meerdere dae in beslag geneem het en dit met sy vertrek nog nie alles van die hand gesit was nie, gee 'n verdere aanduiding van die styl waarin daar in hierdie kringe gelewe is: Mentzel het dit as tydgenoot en ooggetuie oor 'n 'vast quantity of articles'.[96]

Volgens Mentzel was dit waarskynlik met die oog op sy dogter se toekoms dat De la Fontaine bedank het, aangesien sy as gevolg van sy hoë rang moeilik 'n geskikte huweliksmaat aan die Kaap sou kan vind.[97] Hierdie probleem is inderdaad opgelos, en waar A.J.C.M. Gabriëls na die Nederlandse edelman Walraven Robbert van Heeckeren van Brantsenburg verwys, merk hy op: 'Door voor de tweede maal te huwen met de schatrijke dochter van de ex-gouverneur van die Kaap de Goede Hoop slaagde hij er in, aan al zijn geldzorgen een einde te maken', waarby die betrokkke dame niemand anders as Barbara Elizabeth was nie. 'Voor Derk Jan, die uit dit huwelijk met deze niet-adellijke dame werd geboren,' moet Gabriëls byvoeg, 'betekende het echter wel dat hij niet kon beschikken over het vereiste aantal "adelicke irreprochable quartieren" om in de ridderschap van het graafschap te worden beschreven.'[98]

Dit was dus die wêreld waarin die hoogste amptenare van die Kompanjie beweeg het, of waarin dit in elk geval vir hulle moontlik was om te beweeg, adellik of nie.

Dit wil voorkom asof Aletta Beck se stiefskoonseun Daniël Nolthenius, wat intussen steeds diens gedoen het in Malakka, op hierdie tydstip gehoop het om self as goewerneur aangestel te word,[99] dog De la Fontaine is opgevolg deur die sekunde Adriaan van Kervel,[100] wie se broer sekunde was van die Ooskus van Java. Hy is aan die Kaap getroud met 'n dogter van die amptenaar Willem Corssenaar en Catharina Cruse, sodat hy aan meerdere vryburgerfamilies en lede van die plaaslike amptenary verwant was: volgens Theal was sy vrou, Aletta Corssenaar, egter 'a confirmed invalid, suffering under mental aberration',[101] en die egpaar se jong dogter Anna Catharina, wat in 1717 gebore is, het as 'jonge juffrouw' dus skynbaar op háár beurt as gasvrou vir haar vader opgetree. Die Lammens-susters het haar met hul besoek aan die Kaap in 1736 as 'een alderliefst mooij meijsje' beskryf,[102] en volgens Mentzel

[she] might with truth have been called the belle of Africa. She was so beautifully formed and possessed such unusual understanding that one could not but regard her with the utmost esteem and admiration. Many naval officers of high rank, not Dutchmen only, but English, French and Danes as well, had the privilege of meeting her, and they all publicly declared that they had never seen a lady who surpassed her in beauty or in intellect.[103]

Van Kervel het sy hoë amp egter slegs vir drie weke beklee en net een keer 'n byeenkoms van die Politieke Raad gepresideer voor sy skielike dood aan 'n beroerte.[104] In ooreenstemming met sy eie wense is hy die aand tussen sewe en agt sonder die gebruiklike prag en praal begrawe:[105] 'in the evening, by lantern-light', berig Mentzel.[106] Sy vrou is in 1739 oorlede,[107] en hierna het hul dogter ook na Europa vertrek.[108]

Met die dood van amptenare is daar normaalweg geen boedelinventaris opgestel nie, sodat dit nie moontlik is om die styl waarin hulle geleef het, te bepaal nie; hoogstens kan mens sodoende nog inligting oor oudamptenare verkry. In die geval van die Van Kervels is dit egter moontlik om effens nader aan die werklikheid te kom, want Aletta Corssenaar is net 'n bietjie meer as twee jaar ná haar man oorlede, en die boedelinventaris wat toe opgestel is, toon vermoedelik ook hoe Van Kervel en sy gesin geleef het toe hy sekunde was en tot goewerneur bevorder is: in 'n boek waarin die lewenstyl van die hoër amptenary van soveel belang is, moet dus hieraan aandag geskenk word.[109] Die betrokke dokument is kennelik onvolledig, want die getranskribeerde weergawe breek in die middel van 'n inskrywing af, maar genoeg is beskikbaar om 'n baie duidelike beeld van die omstandighede te gee.

Die egpaar het hiervolgens 'n huis 'in deese Tafel Valleij' bewoon waarvan die ligging nie aangegee word nie, en dit wil voorkom dat die voorste gedeelte uit twee verdiepings bestaan het en klaarblyklik simmetries was, met op elke verdieping 'n voorhuis met 'n kamer aan elke kant daarvan; daaragter was daar 'n 'galdereij', en twee 'sij kamers' en twee 'agter kamers', wat in elke geval as 'aan de linkerhand' en 'aan de regterhand' beskryf is. Die voorhuis was taamlik eenvoudig ingerig, met agt stoele met hul kussings en 'n paar kleiner items, waaronder vier rakke met porselein, maar in die kamer op linkerhand was daar onder andere twaalf kiaatstoele met los kussings, ses guéridons of kersstaanders, ses koperkwispedoors, twee ledekante, 'n kiaatkabinet met porselein daarop, en 'n draagstoel; in die kamer op regterhand onder andere eweneens twaalf kiaatstoele met kussings, 'n klein ledekant, 'n groot kis met koperbeslag, 'n verdere vier rakke met porselein, 'n stelletjie en 'n tweede draagstoel.

Genoeg is hiermee reeds gesê om aan te toon dat dit volkome verteenwoordigend van 'n deftige Kaapse woonhuis van die dertigerjare was, net veel groter en deftiger as die meeste, en sover mens aan die hand van 'n inventaris kan oordeel, ook styl- en smaakvoller en minder rommelig.

9. Aletta Beck in die Tafelvallei, 1726–1752

Verder kan mens net samevattend en oorsigtelik wys op items soos die agttien Chinese stoele met rooi damaskussings in een vertrek en twaalf neuthoutstoele met geel trypkussings in 'n ander, 'n 'buvet cast met een stel porcelein daarop' en 'n groot hoeveelheid silwer daarin, onder meer 39 messe en vurke, die groot hoeveelheid porselein, onder andere bo-op elke kas, soos byvoorbeeld die kabinet 'waarop een stel blaauw porceleijn en 10 porceleijn commetjes', die skilderye en spieëls met vergulde rame, die ophaalgordyne van rooi armosyn, alhoewel rooi linne en blou gordyne ook genoem word, en twee alkatiewe of Oosterse tapyte. In die sewentiende eeu is alkatiewe meestal oor tafels en kiste gebruik, maar terwyl daar in een van die bovertrekke van die huis slegs '1 groot alcatief' aangegee word, is dit noemenswaardig dat daar in die oorkantse kamer uitdruklike vermelding is van '1 voetbank met een alkatief daarop'; dus weliswaar nie op die vloer nie, maar in elk geval onder die voete.[110]

In sy onvolledige staat vermeld die inventaris 'n totaal van ses ledekante, met rooi behangsels of anders wit linne, rooi linne of rooi seildoek, 'n klein ledekant, 'n 'velt ledikant' en 'n katel, naas 122 stoele deur die huis versprei, meestal twaalf per vertrek.

Dit was dus die huis wat 'n Kaapse sekunde in die dertigerjare van die agtiende eeu bewoon het, die huis waar Anna Catharina van Kervel vermoedelik met haar geestelik versteurde moeder en jonger broer gewoon het, en wat sy met haar vertrek na Europa agtergelaat het.

Deur Van der Kervel se skielike dood is sowel die verdeeldheid in plaaslike amptenaarskringe as die onderskeie ambisies van die amptenare self dramaties aan die lig gebring; want terwyl die sekunde Hendrik Swellengrebel normaalweg sou moet oorneem totdat 'n opvolger benoem is, het die fiskaal, Daniël van den Henghel, hierop aanspraak gemaak.[111]

Volgens Mentzel was Van den Henghel,[112] wat in 1731 uit die Ooste oorgeplaas is, en sy vrou, wat in Batavia gebore is, aan die Kaap berug vir hul hebsug en suinigheid, en moes die barbier en die pruikmaker wat vir hom gewerk het jare lank op hul vergoeding wag.[113] Op amptelike vlak, meld dieselfde bron, het Van den Henghel se kollegas hom in toom probeer hou.

> He was allowed, however, to have his own way, more or less, with runaway slaves and other malefactors of that race, for if the natives are not deterred from ill-doing by the infliction of severe punishments, such as hanging, breaking on the wheel and impaling, no one's life would be safe.[114]

Desondanks was daar 'n groep in die Politieke Raad wat Van den Henghel as regsgeleerde en ontwikkelde man bo Swellengrebel verkies het, want laasgenoemde, soos Mentzel dit formuleer, 'being an Africander, (…) was totally inexperienced, had seen nothing and learnt even less'.[115] Ten einde ernstige verdeeldheid te voorkom, is daar uiteindelik lootjies getrek, as gevolg waarvan Van den Henghel waarnemende goewerneur geword het, en hy het onmiddellik een van sy ondersteuners in sy plek as fiskaal aangestel, waardeur hy beheer oor plaaslike regspraak verkry het.

Dit was na aanleiding van hierdie getwis dat die Here XVII later bepaal het 'dat bij het afsterven van een Gouverneur, den Secunde persoon, soo 'er geen wettige reedenen van verhindering mogte weesen, altijd bij provisie de voorrang zal hebben om het gouvernement [bestuur] op zig te neemen'.[116]

Hierdie twis in hoë kringe het 'n interessante neerslag in die resolusies van die Politieke Raad gevind; want ná Van Kervel se dood het Swellengrebel en sy swaer Tulbagh, wat sy eksekuteurs was, die Kompanjie se baashuistimmerman gevra dat die beeldsnyer wat onder hom gewerk het Van Kervel se familiewapen moes uitsny, skilder en verguld om soos gebruiklik as wapenbord 'alhier in de kerk publicquelijk te worden opgehangen' waar hy begrawe is.[117] Die beeldsnyer was egter in 'n ongespesifiseerde hoedanigheid op Robbeneiland, en met sy terugkeer is hy na bewering deur opdragte van Van den Henghel besig gehou: in hierdie verband word daar verwys na 'ses hangblakertjies voor de raadzaal, ses botervormtjies voor de publicque maaltijden, en een kleijne koets voor Zijn E[dele]s zoon'. In laasgenoemde geval gaan dit om 'n rytuigie wat deur twee swart bokke getrek is, waarna Mentzel ook verwys, met die mededeling: 'The driver was a slave boy of sixteen to eighteen years, clothed in blue livery.'[118]

Mens neem aan dat dit Swellengrebel en Tulbagh 'n sekere genoegdoening gegee het om die toedrag van sake aan Van Kervel se broer in Nederland te meld, wat bewus was van wat sy broer en hul familie toekom, en 'n geskikte wapen uitgestuur het. Terselfdertyd het hy ook 'n klagte by die Here XVII ingedien, wat gehoor gegee het, aangesien hy 'n hoë amptenaar was, en hulle tot Van den Henghel gerig het 'met expres bevel dat Zijn E[dele] sig diesweegens met den eersten souden hebben te verantwoorden'; waarop Van den Henghel op sy beurt op woordryke wyse betuig het

> alle agtinge en veneratie voor de memorie van den overleedenen Heer Gouverneur Van Kervel zal[ige]r over te hebben, en dat het overzulx [bowendien] nooijt in zijn hart was opgeklommen om aan Zijn Edele na desselfs dood soodanig gevoelig ongelijk als dit soude weesen te doen, hetgeen Sijn E. verclaarde ten allen tijde gerustelijk met solemneelen eede te sullen kunnen bevestigen.

Dit is wat in die agttiende eeu en onder die hoë amptenare van die VOC as belangrik beskou is, en waaraan die Here XVII en die Politieke Raad bereid was om tyd af te staan.

Mentzel wy heelwat aandag aan die toutrekkery wat ná Van Kervel se dood onder die hoogste amptenare ontstaan het, vermoedelik omrede sy beskermheer vaandrig

Allemann as ondersteuner van Van den Henghel nóú daarby betrokke was,[119] en verskeie lede van Aletta Beck se kring het hul gehaas om vir Balthazar Nolthenius in Nederland daaroor in te lig. So skryf Josephus de Grandpreez, wat ewe goed met Nolthenius in verbinding gestaan het, byvoorbeeld:

> de droevige staat waarin de welmeenende en oprechte 's Compagnie's dienaren en ingezetenen zich thans te dezer plaatse bevinden, gevoegd bij de geweldige en onrechtvaardige handelingen die onlangs hier gepleegd zijn, mitsgaders de zucht [*verlange*] dewelke ik tot UE. Compagnie's welwezen hebbe, dwingen mij op UEd. een waarachtig bericht te geven van 't geen hier voorgevallen is (…).[120]

De Grandpreez was een van die ondersteuners van Swellengrebel, 'n man wat volgens hom die amp van waarnemende goewerneur 'dubbel waardig was, en dewelke, behalve dat [hij] de daartoe vereischt wordende bekwaamheid en talent bezit, van eene zachtzinnige, openhartige, vredelievende en edelmoedige inborst is'. Volgens hom het Van den Henghel sy doel bereik deur die samewerking van twee lede van die Politieke Raad wat as sy 'werktuigen' gedien het, die dispensier Nicolaas Heijning, 'die tot deze en dergelijke handelingen eene bizondere bekwaamheid bezit', en die pakhuismeester Christoffel Brand, 'de ondankbaarste aller menschen, en die zijne bevordering alleen aan den Heer Swellengrebel verschuldigd is', aangesien Swellengrebel self 'gansch onbekwaam is om iets te doen dat een eerlijk man niet zou passen'.

Ook die Engelsman Charles Barrington wat die Kaap in hierdie tyd aangedoen het, is deur sy plaaslike vriende en kontakte oor die struweling ingelig, en het in sy reisverslag met betrekking tot die aanspraak van Swellengrebel en Van den Henghel opgemerk 'that it is thought that the Company will not make either of them Governour, but appoint some Person from India: that Mr. Van den Hengel [*sic*] will be made a Raad of India, which he is said to seek after'.[121]

Deur sy kontak met Balthazar Nolthenius het De Grandpreez egter probeer sorg dat Swellengrebel tot goewerneur benoem word en nie Van den Henghel nie, en daarby ook om die amp van fiskaal onder die nuwe bewind vir homself te bekom. Aan Nolthenius het hy 1000 riksdaalders gestuur vir sy voorspraak in dié verband, asook 'n kassie porselein, 'dat hij hoopt Balthazar aangenaam zal zijn', volgens die latere samevatting van Tutein Nolthenius. Interessantheidshalwe kan bygevoeg word dat hierdie geskenk bestaan het uit '12 chocolade kopjes met haar pieringtjes en deksels, 4 trekpotten [*klein teepotte*] met hare pieringtjes, 2 roode dito, 9 confijtbakjes, 2 safraan trekpotjes'.[122] Met die familiesolidariteit wat kenmerkend was van die eeu het De Grandpreez se swaer P.J. Slotsboo verder laat weet dat hy bereid was om vir De Grandpreez borg te staan vir 'n totaal van 4000 gulden,[123] terwyl sy stiefskoonmoeder Aletta Beck eweneens Nolthenius se voorspraak vir hom aangevra het.[124]

In hierdie verband verwys De Grandpreez Nolthenius verder na Johanna Constantia Elsevier in Den Haag, 'nicht van den advocaat der Compagnie Hartman',[125] 'aangezien hij gelooft dat deze zich voor hem zal interesseeren'.[126] Die verwysing is na die skoonfamilie van sy stiefskoonmoeder se broer, en dit sou in hierdie besondere geval selfs kan gaan om die bejaarde eggenote van Henricus Beck wat sowat twintig jaar tevore die Kaap verlaat het. Hoe dan ook, toon dit nogmaals op treffende wyse hoe wyd die netwerk van vriendskap en verwantskap in die agttiende eeu kon strek en oor hoe 'n groot afstand verpligtings nog altyd aangevoel is.

Dit alles is as heel normaal en gebruiklik beskou en het min of meer openlik geskied, soos blyk uit Aletta Beck se nugtere opmerking in een van haar briewe dat 'Daantje Nolthenius' tot goewerneur van Ceylon benoem sou kan word toe daar 'n vakature ontstaan: 'Als er lustig in de bus geblazen wordt [*betaal word*], zou 't kunnen lukken [*slaag*]: 't heeft [*is*] nooit zoo publiek geweest dat de meest biedende het lotje kreeg.'[127]

Hoeveel waarde daar in Nederland aan De Grandpreez se menings geheg is, en hoeveel invloed Balthazar Nolthenius direk of indirek by die Here XVII besit het, is onbekend, maar die volgende goewerneur was inderdaad Hendrik Swellengrebel.[128] Daar is egter ook beweer dat sy vader, 'n oudamptenaar van die VOC, 10 000 gulden aan omkoopgeld bestee het om sy aanstelling bewerkstellig te kry.[129]

Die nuus van Swellengrebel se benoeming is laat een aand in 1739 op informele wyse deur 'n besoekende Engelse skip aan die Kaap bekend gemaak. 'The next morning a four o'clock,' skryf Mentzel—'as soon, that is, as the Castle gates were opened—the salute of ninety-seven guns was fired, and about seven o'clock crowds of people began to present themselves to worship the rising sun, or, in other words, to congratulate the new Governor.'[130]

Volgens dieselfde bron, in sy biografie van die destydse vaandrig Allemann, is die nuwe goewerneur se bewindsoorname deur die 'utmost pomp' gekenmerk; 'From the official accounts,' merk 'n redaksionele voetnoot hierby op, 'it is evident that the celebrations were on a lavish scale.' 'Two large tents were put up in a large open space,' skryf Mentzel,

> and several green arbors were constructed. Herr Allemann had the whole of the space bordered with avenues of silver trees, many hundreds of which he had cut down for the purpose. (…)
>
> The festivities were a great success. There was no lack—indeed, there was almost too much—of wine, beer and all kinds of refreshments, as well as of pipes and tobacco. For the men there was shooting and tilting, while the women amused themselves with dancing in the tents. To each company of soldiers in the garrison was given a slaughtered sheep, enough vegetables to go with it, and a legger or pipe of wine.[131]

9. Aletta Beck in die Tafelvallei, 1726–1752

Uit die oogpunt van die nageslag verdien Swellengrebel veral aandag omrede hy soos genoem aan die Kaap gebore is en die enigste Kaapse bewindhebber was in die 144 jaar dat die VOC die kolonie bestuur het. Volgens Mentzel was hy geneig om sy eie familielede te begunstig,[132] 'n verskynsel wat normaal genoeg was in daardie tyd, maar hier natuurlik opgeval het omdat dit ten koste van buitelandse amptenare gebeur het. Watter Kapenare hy ook aangestel het, is dit egter noemenswaardig dat 'n Thomas Swellengrebel, gebore in Archangelsk, vanaf 1739 ook skielik sy verskyning op die monsterrol maak met die rang van Assistent:[133] die familie het handelsbetrekkings met Rusland gehad en die goewerneur se vader is in Moskou gebore.[134]

As gebore Europeër skryf Mentzel nogal afwysend oor die intellektuele beperkings van Hendrik Swellengrebel en die eweneens beperkte opvoeding wat hy plaaslik geniet het.[135] 'Governor Swellengrebel gave contentment to the colonists by his administration,' merk Theal in soortgelyke trant op, 'though his talents were not of a brilliant order.'[136]

Juis op hierdie tydstip het ene Jan David Prins toestemming gekry om aan die Kaap skool te hou nadat hy amptelik ondersoek is,

> en bevonden te zijn litmaat der ware Gereformeerde [*Hervormde*] Kerke, en van reedelijke bequaamheeden om de jeugt in de gronden van den godsdienst te konnen onderwijsen, alsmeede in het schrijven, cijferen, leezen en singen, en dus bequaam om tot het schoolhouden toegelaten te konnen worden.[137]

Hiermee was daar vyf skoolmeesters aan die Kaap met amptelike erkenning, vir 'geen vierhonderd' potensiële leerlinge nie, en het die skolarge wat vir sulke sake verantwoordelik was, aanbeveel dat geen verdere onderwysers voorlopig goedgekeur word nie. Aan die vereistes wat aan Prins gestel het, blyk egter duidelik dat plaaslike standaarde nie hoog was nie, en dit is verstaanbaar dat ambisieuse of vérsiende ouers wat dit kon bekostig, soos reeds genoem, omstreeks hierdie tyd begin het om hul seuns na Europa te stuur vir hul skoolopleiding, al het dit 'n lang afwesigheid van die huis op jeugdige leeftyd geverg. Die seun van die gegoede Nederlandse burger Melt van der Spuij, Petrus, het byvoorbeeld in 1730, toe hy agt jaar oud was, met hierdie doel na Nederland vertrek, en sou eers vyftien jaar later terugkeer, nadat hy in Nederland as predikant georden is.[138] In dieselfde jaar is die veertienjarige P.J. de Wit, seun van die burgerraad Jan de Wit, 'onder betaling van het daartoe staande transport- en costgeld voor 't logement in de cajuijt', na Nederland gestuur, vanwaar hy in 1737 as soldaat in diens van die Kompanjie teruggekom het.[139]

Ook Hendrik Swellengrebel het kennelik besef dat sy eie seuns nie veel kans gehad het om ewe veel welslae aan die Kaap te geniet as hy self nie, en in 1739 verwys Aletta Beck in 'n brief aan Balthazar Nolthenius na 'den Jonkheer Johannes Swellengrebel, zoontje van onzen aanstaanden heer Goeverneur', wat weggestuur word 'om zijne opvoeding verder in Holland voort te zetten'.[140] Dit was Swellengrebel se oudste seun, wat tien of elf jaar oud was, maar die hele familie sou mettertyd in Nederland beland, met inbegrip van Swellengrebel self, en slegs een van die seuns sou baie jare later vir 'n besoek aan sy geboorteland terugkeer.[141]

Met Swellengrebel se benoeming is De Grandpreez op gepaste wyse beloon vir die troue steun wat hy hom in die verlede gegee het, en vanaf die eerste Raadsitting wat onder Swellengrebel plaasgevind het, kom hy reeds as 'Rt. en Secrets.' (raad en sekretaris) voor:[142] volgens P.J. Slotsboo het die goewerneur hierdie aanstelling 'op eigen autoriteit' gedoen.[143] 'Onze heer Gouverneur heeft met deze verandering mijn zoon Grandpreez aangesteld tot secretaris, vendumeester, lid van de raad van Politie [*Politieke Raad*] en van Justitie,' het Aletta Beck daardie winter aan Balthazar Nolthenius berig in 'n brief waarin sy eweneens op die tweedrag onder plaaslike amptenare sinspeel;

> zoo Zijn Ede. zei, op twee sterke recommendaties [*aanbevelings*]. Wie diegeene zijn, of dat ik er mede in besloten mocht zijn, zou mij lief zijn te weten, en dan UEde. dankbaarder zijn. Dit is, waarde neef, een pleister ter verzachting dat hij op zijn verzoek tot fiscaal niet geobtineerd heeft [*nie geslaag het nie*]. Buiten twijfel hebben zijne tegenpartijen alhier hun best gedaan hem daarvan te ontzetten. In zoo een geval is 't beter altijd goede vrienden te blijven als zich daarvan te berooven zonder noodzakelijkheid of genoegzame reden. Men kan den eenen lief hebben en den anderen niet haten. 't Is mijn humeur niet; doch een Hollander verschilt van een Franschman. Mijn zoon op Batavia [*Daniël Nolthenius*] [ge]draagt zich wijslijker. Dit is onder de roos [*in vertroue*], waarde neef.[144]

Met hierdie bevordering het De Grandpreez die plek ingeneem van die nuwe goewerneur se swaer Rijk Tulbagh, wat op sy beurt tot sekunde bevorder is.

Saam met die brief wat hy vroeg in 1740 vir Balthazar Nolthenius geskryf het om hom self hierdie blye nuus mee te deel, het De Grandpreez hom 'een half aam oprechte Constantia rooden wijn' laat kry, 'uit dankbaarheid en met het oog op verdere voorspraak', en terselfdertyd sy nuwe status gevier met 'n uitgebreide bestelling vir klerasie en bykomstighede uit Nederland. Onder die benodigde items was onder andere blou laken 'van de allerbeste soort dat kan gevonden worden', donkerrooi fluweel, silwerlaken van die allerbeste soort, 'hetzelve kan niet te fraai zijn', met wit sy vir voeringmateriaal, 'n stel silwerfraiings 'naar de nieuwste mode' vir 'n lang onderbaadjie, 'n stel goue knope vir 'n baadjie en onderbaadjie, en die perdehaar, dik baai en ander styfmiddels wat destyds gebruik is om die geplooide pante van die lang mansbaadjies te laat uitstaan.[145]

In dieselfde gees het De Grandpreez by Nolthenius navraag gedoen na die prys van silwerkandelare en ander tafelsilwer, en in antwoord verneem dat twaalf kandelare, ses kerssnuiters, twaalf paar lepels en vurke, ses meshewwe, twee skinkborde vir ses koppies en pierings elk en twee komfoortjies op borde (vermoedelik vir gloeiende kole wat by die aansteek van pype gebruik is) saam net oor die 1200 gulden sou kos.[146]

Reeds ná die dood van Van Kervel, toe sy swaer hom vir die pos van fiskaal beywer het, het P.J. Slotsboo probeer om self van die rang van Assistent tot dié van Onderkoopman bevorder te word en Balthazar Nolthenius se voorspraak hierby ingeroep, waarby hy hom 'twee cassen rooden beste Constantia wijn' as geskenk gestuur het.[147] Skynbaar het sy stiefmoeder en haar broer die oudpredikant ook hul invloed in sy guns gebruik, en hy is teleurgestel deur die feit dat Swellengrebel vir De Grandpreez tot lid van die Politieke Raad benoem het, waardeur hy 'n senior amptenaar geword het, terwyl hy self oor die hoof gesien is, ondanks die feit dat hy 'als 1e klerk op dat comptoir [*kantoor*] verscheidene malen bij ziekte dien secretaris had vervangen'.

Dit wil voorkom dat Balthazar Nolthenius ooreenkomstig die versoeke wat tot hom gerig is aanbevelingsbriewe vir albei mans aan Swellengrebel gestuur het, waarop laasgenoemde vroeg in 1740 egter gereageer het, in die samevatting deur Tutein Nolthenius:

> [Hij] is altijd de Grandpreez en Slotsboo genegen geweest, en heeft eerstgenoemde al voor ontvangst van Balthazar's letteren [*briewe*] begunstigd met het ambt van Raad en secretaris van politie, en den tweede weer gepermitteerd een verzoekschrifte te zenden aan Heeren Zeventienen tot obtineering [*verkryging*] van 't onderkoopmanschap. Heeft door het aanstellen van de Grandpreez den ouden prediker Bek en zuster eenigszins tot kwade vrienden gemaakt, 'doch daar ik mij weinig aan stoor; ik heb gezien [*gelet*] op den ouderdom en de bekwaamheid'.[148]

Met Swellengrebel se aanstelling het die waarnemende goewerneur, Daniël van den Henghel, wat gehoop het om self tot goewerneur bevorder te word, sy ontslag aangevra en na Nederland teruggekeer.[149]

Net soos daar heelwat eietydse getuienis oor die Kaap bestaan uit die tyd toe Aletta Beck as vrou van kaptein-luitenant Slotsboo in die Tafelvallei kom woon het, so ook is daar 'n onverwagte konsentrasie van inligting met betrekking tot die dertigerjare toe sy as weduwee woonagtig was op Leeuwenhof aan die rand van die klein gemeenskap.

Wat die lewe in amptelike kringe betref, is waardevolle besonderhede veral afkomstig van die twee Lammens-susters, wat in 1736 van Nederland uitgereis het met hul broer nadat hy as lid van die Raad van Justisie in Batavia benoem is. Danksy sy status is hulle hier naamlik met heelwat pligpleging ontvang en het hulle in dieselfde hoë amptelike kringe beweeg soos Aletta Beck: met sy eerste hoflikheidsbesoek aan die Kasteel is Pieter Lammens byvoorbeeld 'volgens sijn karacter [*waardigheid*] met het uijtkomen der wagten en andere seremoniën seer beleeft en minnelijk [ontfangen]'. Alhoewel die groepie se oponthoud aan die Kaap betreklik kort geduur het, is hul verslag daaroor besonder lewendig en beeldend.

Goewerneur De la Fontaine se dogter, wat 21 was, en dus net effens jonger as hulle, het die susters uitgenooi om een middag om vyfuur tee te drink in die Kasteel, waarheen hulle met die goewerneur se koets gebring is,

> en door de juffrouw aan de voordeur, 'tgeen hier de mode is, ontfangen, en wierden in een groot vertrek gebragt, daar wij den avont heel wel passeerden, onder het nuttigen van thee, coffij, confituuren [*gekonfyte vrugte*] en alderlei gebacktjes en fruijten [*vrugte*], welk den heelen avond door wierden gepresenteert door een heele vloote van swarte geesten [*slawe*].[150]

Hulle is, saam met hul broer en ander lede van hul reisgeselskap, genooi om vir aandete te bly, elkeen met 'n slaaf agter sy stoel aan tafel, soos hulle aanteken, en om elfuur met twee rytuie na hul losiesplek teruggebring.

'n Paar dae later is die susters op soortgelyke wyse in die Kasteel onthaal deur die negentienjarige Anna Catharina van Kervel, wie se vader destyds nog sekunde was met sy eie ampswoning langs dié van die goewerneur. Albei hierdie jong dames het weer op hulle beurt by die susters besoek kom aflê en die aand 'met het speulen van een kaartje' deurgebring.

Die Duitser Mentzel wat as soldaat uitgekom het, het self nie in hierdie kringe beweeg nie, maar was intiem bevriend met die latere kaptein Allemann en sy aangetroude familie die Meijbooms wat wel onder die hoër amptenary verkeer het,[151] en hy beskryf aan die hand van 'n verslag wat hy vermoedelik van die betrokkenes self gekry het hoe goewerneur Noodt informeel besoek afgelê het by die ekwipasie- of kampanjemeester Cornelis Valk, wat getroud was met Geesje (Gesina) Meijboom.

> He entered the dwelling-room unannounced and found there Madame Valck [*sic*], her two sisters, and various other agreeable ladies. The Kampanjemeester himself was not at home. The Governor was made welcome and invited to sit down. He did so, and asked for a pipe of tobacco; he talked to the ladies, drank a couple of dishes of tea, and seemed to be quite satisfied. (…) Meanwhile the Kampanjemeester had been summoned, and when he arrived the Governor went to the Dockyard and the Warehouse with him. When he was leaving he himself opened the door of the parlour, where the company of ladies was still assembled, and took his leave in the usual fashion—'*Vaart wel, Juffers!*' They all rose, said good-bye and accompanied him to the door of the house.[152]

9. Aletta Beck in die Tafelvallei, 1726-1752

In dieselfde konteks beskryf Mentzel 'n geïmproviseerde byeenkoms in die goewerneurswoning in Noodt se tyd:

> the Governor sent a messenger round to the principal gentlemen and servants of the Company, inviting them, together with their wives and grown-up sons and daughters, to attend a ball that was to be held that day in the Castle. The trumpeters and six hautbois players from the Garrison were summoned, and the guests appeared without delay. (...) They amused themselves till midnight with English country dances, which are all the rage at the Cape, and are beautifully danced there (...).[153]

Bostaande gee vermoedelik 'n goeie aanduiding van die sosiale byeenkomste van die tyd op die meeste vlakke van die klein blanke samelewing, met die nodige aanpassings vir die sosiale en ekonomiese status van gasheer en gaste in elke geval.

Aandbyeenkomste is dikwels op maanlignagte gereël, aangesien die paaie en strate van die Tafelvallei nie verlig was nie, of anders het slawe met lanterns of brandende fakkels hul meesters begelei. Met effense inspanning kan mens daardie byeenkomste nog optower: kamers wat benoud gemaak word deur die gloed van die kerse wat dit met flakkerende vlamme verlig maar skemerig laat langs die rande, waaiende skadu's in die hoeke waar die kaalvoet slawe geruisloos beweeg terwyl hulle die gaste bedien, die geluid van musikante en die hakke van die dansers se skoene oor die vloerplanke, 'n wêreld van doflig en halflig wat die moderne waarnemer as geheimsinnig of romanties sou aandoen maar wat vir die mense van die agttiende eeu normaal was.

Net om 'n bietjie perspektief aan hierdie outydse elegansie en romantiek te verleen, kan hier miskien egter bygevoeg word dat die Engelse tydgenoot, die edelman en howeling Lord Hervey, ná 'n aand aan die hof van George II in 1729 in 'n brief berig het: 'At court last night there was dice, dancing, crowding, sweating and stinking in abundance as usual';[154] en in die Kasteel en elders aan die Kaap sou dit alles in ag genome nie juis baie anders gewees het nie.

Wat betref die kort besoek van die susters Lammens is dit verder interessant om die Sondagdiens in die Kaapse kerk beskryf te vind deur hierdie twee nugtere Nederlandse dames wat nie aan koloniale swierigheid gewoond was nie.

> Wij gingen om half negen uijren [uur] daar na toe, vonden daer heel veel stasie [deftigheid], want [het] sijn alle heren en dames, den een van den anderen in kleeren weijnig of niet verscheelende [verskil], alle met tabbaarts, groote baleijne rocken, de tabberts met silver belijt [afgewerk]], al was het maar een stroo breed. Wij voegden ons met ons effene [eenvoudig] kleeding daar ook bij en wierden niet weggesonden.
>
> Als wij korten tijd geseeten hadden, wierden twee groote kerkdeuren ge-

opent, daar welhaast den edelen heer gouverneur met sijn edele dogter uijt de koets met een menigte slaven en slavinnen met kipersollen in de handen in de kerk traden, 'twelk door ons eenvoudige Zeeuwen [*mense uit Zeeland*] met verwonderinge wiert aanschout, wij souden daar haast [*byna*] een groote foute hebben begaan met na ons gewoonte stil te blijven sitten indien wij niet hadden gesien dat al wie in de kerk was overend resen [*opstaan*] tot dien heer in sijn bank sat, wanneer hij sig rond boog.[155]

'The vestibule through which the Governor enters the church has a double door,' bevestig hul tydgenoot Mentzel,

or rather a door with two wings in the centre, which is opened only upon the Governor's arrival. The throwing open of these doors is a signal for the whole congregation to rise, and the Governor is received on all sides with a respectful and deep obeisance.[156]

Die 'baleijne rocken' wat die Lammens-susters noem, verwys na die hoepelrokke wat intussen mode geword het, waarin die raamwerk gevorm is deur balein, 'n buigsame stof wat uit walvisbaard verkry is. 'A Book without a Preface, now a Days, is as unfashionable as a Lady to pretend to be drest *a-la-mode* without a Hoop, or a nice Beau without a Snuff-Box,' het 'n Engelstalige skrywer opgemerk in 'n werk wat in 1727 verskyn het,[157] en in 1733 is daar gekla oor die kompetisie wat die VOC deur sy invoer van walvisbaard aan handelaars in Nederland bied.[158] Uit die dokumentasie in verband met 'n Kaapse hofsaak in 1734 haal Franken weer 'n beeldende stukkie dialoog uit die alledaagse lewe aan, 'burgervrou aan burgervrou', soos hy dit beskryf: 'Wel, jouw grootse juffrouw met jouw balijne rok, wat beelt [*verbeel*] je u wel in, gij denkt een gouverneurs vrouw te weesen en jouw man, maar ik geef er niet om [*dit traak my niks nie*]'.[159]

Met die dood van Catharina Corssenaar in 1713 was daar onder die kledingstowwe 'In de winkel' ook '1 partij balijnen' en 'Op de solder' 'n verdere 'bos balijn', sodat dit teen hierdie tyd klaarblyklik reeds in aanvraag was,[160] maar eers oor die tydperk vanaf 1732 tot 1758 begin baleinrokke taamlik gereeld in Kaapse boedelinventarisse voorkom:[161] daar is terloops 'n besondere konsentrasie in 1755, die jaar van die sogenaamde Prag-en-praalwetgewing, wat in elk geval bevestig dat daar aan die Kaap omstreeks hierdie tyd heelwat opsigtigheid in kleding bestaan het. Balein word ook meermale genoem onder die handelsgoedere wat die Kaapse amptenaar J.N. von Dessin omstreeks dieselfde tyd uit Europa bestel het: '6 pond balijne tot rocke',[162] 'twee balijne rocken van vier ellen wijd en ruijm anderthalve elle lang',[163] en 'een baleijne rock voor een kind van seeven jaaren van een el lang en wijd naar proportie'.[164] Vir sekere seksies van die gemeenskap was dit klaarblyklik selfs te modieus, want Mentzel meld dat vroue en weesmeisies wat deur die plaaslike diakonie onderhou is, nie toegelaat is om hoepelrokke te dra nie.[165]

Onder handelsgoedere en bykomstighede wat in Kaapse boedelinventarisse opgenoem word, kom waaiers egter nie minder gereeld voor nie, en mens is geneig om te vergeet hoe 'n onmisbare deel van die uitset van 'n elegante dame dit in die agttiende eeu was; nie net om praktiese redes nie, maar ook vanweë die moontlikheid wat dit as uitdrukkingsmiddel gebied het in 'n tyd toe vroue uit die hoër klasse 'n betreklik beperkte en gebonde lewe gelei het.

Uit boedelinventarisse blyk duidelik dat waaiers in hierdie tyd ook aan die Kaap gewild was, en mens dink hierby aan die 170 wat Catharina Corssenaar in 1713 in haar winkel en op die solder nagelaat het,[166] om te swyg van die negentig kawels van twintig waaiers elk wat sewe jaar later op die vendusie ná die dood van Engela Breda aangebied is—byna tweeduisend waaiers in totaal.[167] Dit is wel moeilik om te glo dat die Nederlandse dames aan die Kaap hul waaiers met dieselfde koketterie probeer aanwend het as byvoorbeeld hul Franse tydgenote, maar wat Wildeblood uit 'n Engelse werk uit dieselfde tyd aanhaal, is hier seker ook van toepassing. Hierin is jong dames naamlik meegedeel

> [that] the Fan is genteel and useful, therefore it is proper that young ladies should know how to make a genteel and proper Use of it; in order that they may do, I have pointed out to them six Positions of the Fan, genteel and very becoming.[168]

Waar visuele getuienis vir die eerste helfte van die agttiende eeu skraal is sover dit die Kaap betref, en besoekende kunstenaars meestal meer in die uitbeelding van plekke as persone belanggestel het, verwelkom mens des te meer 'n enkele visuele rekord wat bewaar gebly het in die vorm van 'n eietydse skildery van die stranding van die VOC-vaartuig *De Vis* in 1740,[169] of liewer van die groep hooggeplaaste toeskouers wat op die strand bymekaargekom het om die skouspel te sien.

Volgens Theal het die stranding 'above the Castle' plaasgevind,[170] terwyl P.J. Slotsboo dit in 'n eietydse brief slegs aandui as 'hier even buiten de baai':[171] volgens Sleigh was dit egter 'in die omgewing van die huidige Drieankerbaai',[172] terwyl Turner die toneel in sy naslaanwerk oor strandings en skeepswrakke in moderne terme spesifiseer as 'a little to the south of the Green Point lighthouse'.

> Her cargo of specie was saved. Many Dutch silver riders [*munte*] have been recovered from this site, as well as a few bronze breech-loading swivel-guns. Her cargo of granite blocks (measuring about 1m x [0],5m) and also many large cast iron muzzle-loading cannons litter the site.[173]

Die sentrale figuur in die skildery van die stranding is die 'jonge juffrouw' Anna Catharina van Kervel, dogter van die voormalige goewerneur, wat met haar rug na die kyker staan, in 'n hoepelrok van smal groen en wit strepe wat effens wieg in die wind. Volgens Mentzel is sy hier uitgebeeld 'in so natural and realistic a manner that everyone who saw the picture at once exclaimed: "That's the jonge Juffrouw!"',[174] alhoewel dit miskien ook aan haar nogal opvallende tabberd te danke kan wees. 'n Slaaf in 'n soort uniform of livrei, maar met die gebruiklike kaal voete, staan naas haar met die groot Oosterse pajong waarop sy volgens haar rang geregtig was. Ander kaalvoet slawe hou perde vas, en daar is tente langs die kus opgeslaan met driekleurige Nederlandse vaandels aan die tentpale.

Onder die verdere toeskouers op die skildery is daar dames in soortgelyke hoepelrokke, sommiges van geblomde Oosterse sis, met siervoorskootjies en klein mussies, 'n ouer man met 'n lang, vol pruik wat intussen ouderwets begin raak het, 'n lang baadjie waarvan die pante met styflinne gevoer is sodat hulle uitstaan, en 'n langsteelpyp, en 'n elegante jonger man met 'n hoed in die hand, wandelstok en swaard, en 'n pruik wat volgens die nuwe mode in 'n stertjie vasgebind en in 'n sakkie vasgemaak is. Die amptenaar Von Dessin het in hierdie tyd onder andere vir hom 'ses hairsakjes' uit Europa bestel,[175] asook 'vier sijde rottangstricken', wat op hul manier nie minder evokatief van die tydperk is nie.[176]

Dit is deur besittings en klere dat jy die mense van daardie verre verlede die maklikste kan probeer nader, daardie mense vir wie uiterlikhede en voorkoms so belangrik was: hoepelrokke, swaarde, pruike, haarsakkies, kiepersolle en knegte. Onder die verdere toeskouers op die skildery val die rooi kledingstukke op, en terwyl dit miskien nie heeltemal letterlik opgeneem moet word wat sulke detail betref nie, was rooi in hierdie tyd inderdaad 'n gewilde kleur by mans ewe goed as by vroue. Mens moet dink aan die feitlik eietydse portret van Jan Pranger, direkteur van die Goudkus onder die Wes-Indiese Kompanjie, wat in 1742 in 'n helderrooi pak uitgebeeld is, 'n swart dienaar agter hom,[177] en jy onthou Mentzel se verwysing na die feit dat goewerneur De la Fontaine in 1735 vir hom 'n lang baadjie van 'extra fine red Chinese velvet' laat uitsny het, geborduur in silwer.[178]

Verdere bevestiging aangaande die gewildheid van hierdie kleur, en van die kleurigheid van manskleding oor die algemeen, kan gevind word in die boedelinventaris van Pieter Meijer,[179] 'n gegoede vryburger wat meerdere konneksies met die amptenary van die VOC gehad het. Twee van sy dogters was getroud met 'n Assistent en 'n luitenant onderskeidelik, en 'n derde met 'n Onderkoopman in Batavia,[180] en met sy dood in 1745 was daar in sy huis in die Tafelvallei silwerware en 'n slaaf wat beskryf is as 'afkomstig van den ondercoopman s[eigneu]r Philip Rudolf de Savoije'. Onder Meijer se eie klerasie was daar 'n rooi rok of lang baadjie en broek en 'n rooi lakense rok, naas driedelige groen en swart pakke en 'n 'silver camelotte rok, camisool en broek': kamelot was 'n gemengde wolstof, en 'n kamisool die lang onderbaadjie wat onder die rok gedra is.[181] Voorts het die groot hoeveelheid 'juweelen, goud, en silver' wat opgeteken is die gebruiklike goue en silwerknope en 'n rottang met 'n goue knop ingesluit, naas 'n sakhorlosie, snuifdosie, tabakdoos, tandstoker, degenstrik en das-, skoen- en broekgespes alles van silwer.

Visueel is hierdie skildery van die *Vis* seker die beste weergawe van die Kaapse wêreld wat Aletta Beck geken het; dog daar bestaan ook 'n aantal eietydse beskrywings van bepaalde aspekte daarvan, soos die gesteldheid van hierdie hoë amptenare op status en etiket. Mentzel lewer byvoorbeeld as ooggetuie verslag van 'n insident waarby Abbetje Meijboom, eggenote van die destydse vaandrig Allemann, betrokke was.

> She was sitting in a phaeton with her niece, the daughter of Madame Valck [sic], beside her, and was driving her horses herself, when she met a carriage coming in the opposite direction. This carriage was occupied by a man of lower rank than herself, and it was his place, therefore, to make way, but his driver was so ill-mannered that he drove straight on at a full trot. Notwithstanding this, Madame Allemann would not give way and she was very nearly run over as a consequence. A serious accident might have happened had not the owner of the carriage, at the last moment, shouted to his slave to give way.
>
> When a point of honour was not in question, however, Madame Allemann used to associate in a very friendly and genial fashion with people of much lower birth than herself. She treated her slaves generously, and they found the burden of their servitude very light.[182]

Wat betref die gang van sake by sosiale geleenthede soos huweliksvierings, noem dieselfde getuie aan die hand van sy eie waarnemings:

> Until all the ladies have danced once, it is essential not to forget their rank and order of precedence. A mistake would cause a good deal of heart-burning to the one who is overlooked, and she would feel the slight the whole evening.[183]

'Women are very affable and pleasant in their relations to each other at the Cape,' berig hy elders.

> So long as there is no doubt on the score of virtue, they are all equal together. The daughters of Under-Merchants, for example, are familiarly acquainted with girls whose fathers are shoemakers or tailors; they take precedence of their companions, but otherwise there is no distinction between them. On public occasions, such as weddings or the like, I have often seen Under-Merchants, or even officers, dancing with shoemakers' daughters, while their own daughters danced with the sons of tradespeople.[184]

'Pre-eminence is conceded to the Upper-Merchants,' voeg hy hierby, 'since they are members of the Government and the heads of the state, but except for them, no man at the Cape regards himself as better than his neighbours'; waarby mens in gedagte moet hou dat Aletta Beck as eggenote van kaptein Slotsboo natuurlik tot die klein bevoorregte groepie van die Opperkoopmanne en hul eggenotes gereken is.

'n Ewe interessante klein vinjet van die lewe in hoë kringe as die insident met Abbetje Meijboom het te make met Martha Souilliers, tweede vrou van die hoofchirurgyn Renault Berthault de St. Jean, en is afkomstig uit die hofrekords van 'n effens later tydperk. Nadat een van haar slawe in 1754 in hegtenis geneem is,[185] het sy haar in haar draagstoel na die fiskaal se huis laat vervoer, waar sy hom volgens sy eie berig ingevlie het terwyl sy oor die onderdeur na binne leun: 'Ik wil weeten waarom mijn jonge na de tronk moet, ben ik 'er niet goed voor [om borg te staan], wat beelt jij jouw wel in, of meent jij dat jij moogt wat jij wilt? met meer andere diergelijke expressiën [uitdrukkings]'. Hierdie uitval het sy op straat voortgesit,

> als wanneer zij dan, terwijl zij ondertusschen wederom in haar draagstoel was gaan zitten, uijt evengemt. [genoemde] draagstoel overend geresen en ten halve uijtgekoomen sijnde, op een zeer veragtelijke wijse, en volstrekt als ridicuul [bespotlik] met dikmaalige [veelvuldige] herhaalingen is komen uijt te schreeuwen, 't Is goed, mijn heer fiscaal, mijn heer fiscaal (...), latende haar teffens [tewens] door haar jongens met de draagstoel wegdragen, ende zulks ter aanhooringe van een menigte volks [mense], 't welk alomme in de straat als bij den anderen gevloeijt was ...[186]

Martha Souilliers is in 1702 aan die Kaap gebore as dogter van Franse Vlugtelinge,[187] sodat sy 'n tydgenoot van Aletta Beck se stiefkinders was. Wat hier ter sake is, is egter dat dit 'n ouerige vrou van net oor die vyftig en eggenote van 'n senior amptenaar was wat haar in die openbaar op hierdie wyse teenoor 'n amptenaar van nog hoër rang gedra het. Die fiskaal teen wie sy haar so uitgelaat het, was 'n Nederlandse aristokraat, Pieter baron Van Reede van Oudtshoorn, en 'n toekomstige goewerneur, en haar gebruik van die kleinerende aanspreekvorms 'jij' en 'jouw' is veral as beledigend ervaar. Sodanige optrede sal teen die middel van die eeu, toe daar reeds 'n aansienlike mate van elegansie en verfyning in hierdie kringe bestaan het, vermoedelik nie algemeen gewees het nie; maar die episode is interessant omrede die getuienis wat daaromtrent vasgelê is, 'n draagstoel as 't ware in aksie toon as deel van die Kaapse straatbeeld, nes in die bekende tekening van Groentemarkplein deur Johannes Rach wat slegs enkele jare later gemaak is.[188]

Ook buite amptelike kringe is daar uit die dertigerjare egter heelwat inligting beskikbaar aangaande die slordige klein nedersetting in die Tafelvallei met sy insidentele prag, praal en seremonieel, die soldate en matrose in die kroeë, die slawe wat gaan water haal of op die markplein vergader, die visserskuite op die strand by

Roggebaai, die stank van uitgespoelde seebamboes langs die kus, die skielike geweld van die suidoosters, die openbare kastydings en teregstellings, die skepe in die baai.

Aan die hand van die statistieke wat aan die einde van 1731 versamel en vroeg die volgende jaar aan die Here XVII versend is, is daar bereken dat die bevolking van die Tafelvallei bestaan het uit 959 amptenare en ander Kompanjiesdienaars (uitsluitlik blanke mans), 505 blanke vryburgers (mans, vroue en kinders), 200 gekleurdes, 566 Kompanjieslawe, 967 slawe in privaat besit, 80 bandiete of veroordeelde gevangenes, en 'n onbepaalde aantal ontstamde Khoikhoi.[189] Dit maak 'n groottotaal van 3157 mense uit, van wie 1533 slawe was, dus net meer as die helfte.

Alhoewel die aantal inwoners in die Kompanjie se Slawelosie vlak langs die kerkgebou blootgestel was aan gedurige wisseling, kon dit soveel soos seshonderd mense op 'n keer bedra,[190] en dit het die grootste enkele konsentrasie van slawe in die kolonie uitgemaak. Hiernaas was nie minder as sestig persent van die slawe in privaat besit teen die middel van die eeu ook binne die Tafelvallei en die klein Kaapse Distrik gekonsentreer nie.[191] Vir die inwoners van die Tafelvallei was hierdie groot groep 'n gedurige bedreiging vanweë die gevaar van drostery, geweldpleging en brandstigting wat dit ingehou het, en onverpoosde waaksaamheid was nodig om die slawe te probeer beheer.

In die gemeenskappie was daar in 1731 elf bakkers en ses slagters, naas die klere- en skoenmakers, timmermans, draaiers, wamakers, saalmakers, messelaars, dakdekkers en smede wat in 'n nedersetting van hierdie aard verwag kan word.[192] Soos reeds genoem, het 'n groot aantal mense op informele wyse kleinhandel bedrywe, terwyl amper almal kos en onderdak verskaf het wanneer daar besoekende skepe in die baai was, en met die besoekers ruilhandel gedrywe het.

Wat die saaklike statistieke wat vroeg in 1732 met die retoervloot na Nederland gestuur is besonder waardevol maak, is egter die feit dat dit ten behoewe van die Here XVII van kommentaar op die afsonderlike vryburgers en gekleurdes voorsien is deur goewerneur De la Fontaine, wat die plaaslike gemeenskap ná twintig jaar diensityd en sy huwelik met 'n plaaslike vrou seker goed genoeg geken het, al was dit natuurlik uit die nogal hooghartige oogpunt van 'n senior amptenaar.[193] Van die blankes kon veelseggend genoeg slegs veertien in die hele kolonie volgens sy kriteria as gegoede mense beskou word, terwyl hy 55 volgens Schutte se samevatting as 'poor, indigent, decrepit' beskryf het.[194] 'Roughly speaking,' merk Schutte met betrekking tot hierdie tyd op, 'the Cape Town population may be divided into labouring class, a modest middle class and a well-established haute-bourgeoisie',[195] en in hierdie boek is dit laasgenoemde groep, wat die hoër amptenary ingesluit het, en sodoende ook die Becks en Slotsboos, wat veral ter sake is en die aandag geniet.

'De beschrijvinge van de plaats konnen wij niet op ordre doen,' het een van die Lammens-susters met betrekking tot die voorkoms van die nedersetting in 1736 berig, in terme wat baie herinner aan dié van die egpaar Van Hoorn 'n kwarteeu tevore, wijl [ik] niet weet hoe het moet genaamt worden, 't alder eenvoudigste komt ons voor als een woesten hoop van huijsen gelegen aan de voet van de bovengemelde gebergtens, loopt soo al door malkanderen, dan een groen pleijn daar ossen, paarden en alderleij vee op loopt, en dan weer eenige straten.[196]

Die 'groen pleijn' was waarskynlik die oop ruimte (die huidige Parade) tussen die burgernedersetting en die Kasteel, want die susters kon van die huis waar hulle tuisgegaan het, vermoedelik aan die onderent van die Heerengracht, op laasgenoemde uitkyk. Mentzel beskryf dit in dieselfde tyd as 'a wide open space of some thousand square rods, (...) crossed by excavated passages which were in many places so deep that wagons could not be seen from the level when passing along them'.[197] Elders in dieselfde verslag skryf die susters in soortgelyke trant: 'wij bevonden [de Caap] van een weijde uijtgestrektheijt te sijn, dog overal inregulier [*onreëlmatig*], soals [ik] reeds gemelt heb, de straaten bijna ongaenbaer van modder en klipsteenen'.

Wat die huislike lewe van hierdie mense betref, soos die Lammens-susters dit meegemaak het in die woning van 'n klaarblyklik gegoede weduwee met nege kinders, skryf hulle: 'soo als wij opgestaan waaren, kregen [wij] na de Oostindische moode koffij en thee, 'tgeen hele dagen [*heeldag*] door een slavin wert aangebragt, waar men gaat, soowel voor de deur als in huijs'. En wat die hoofmaaltyd van die dag betref:

> Wij gingen des middags na gissing (want klokken sijn hier niet) om twaalf uijren eten, vonden [het eten] seer wel opgedist met negen schotels, soo[wel] groente als vleijs en vis (...). Soo lang wij aten, hadden wij menigten swarte gesigten rond de tafel, soo ontrent de vijf en twintigh, ook stond er een met een waeijer aan een lange stok om de vliegen, die hier menivuldig sijn, van schotels en borden te waeijen.[198]

Ewe goed verwys hulle na 'n informele dans in 'n huis waar hulle onthaal is, op maat van vioolmusiek wat vermoedelik deur slawemusikante verskaf is.[199]

Die inligting wat die susters verstrek oor die sosiale en huislike lewe aan die Kaap maak hul verslag des te waardevoller, want die meeste besoekers het in hul berigte steeds op die besienswaardighede gekonsentreer, en ná die lang, eentonige skeepsreis was dit in hierdie verband die Kompanjiestuin wat in die barre, boomlose Tafelvallei nog altyd die meeste indruk gemaak het. So skryf die Engelsman Pascoe Thomas, 'teacher of Mathematicks on board the *Centurion*', wat op pad om die wêreld was, ná 'n verblyf van 'n paar weke vroeg in 1744:

> I shall here add something to the description already given of the Company's fine garden at the Cape Town, which takes up nineteen acres of ground. Here are the most delicious fruits of Asia and Europe to be found, growing within

squares of bay-hedges so high and thick that the storms coming off the ocean can prejudice them but little; and these hedges afford a most refreshing shade in the hot season. In this garden is also a fine grove of chest-nut trees that the sun cannot penetrate, and secured against the blustering winds that infest this shore. Here are also peaches, pomegranates, citrons, lemons, oranges, with the apples and pears of Europe intermixed, all excellent in their kind; and here is to be seen the crimson Japan apples, which, intermixed with the green leaves, appear exceeding beautiful.[200]

Veral wei hy uit oor die eksotiese piesangs en koejawels.

Nog meer idillies is egter die poëtiese verslag van die Kaap deur Jan de Marre,[201] 'n Nederlandse handelseeman wat oor die jare 1708–31 herhaaldelik die Ooste besoek en sodoende ook die Kaap aangedoen het, vir die laaste keer as vise-admiraal op die *Heesburg*.[202] Hierdie skip het die Kaap aan die einde van 1731 bereik en vyf weke hier oorgelê.[203]

In Nederland het De Marre hierna 'bezoldigd directeur' van die Amsterdamse teater geword, op late leeftyd begin skryf, en 'n aantal uiters gewilde treurspele geproduseer wat hom 'een der meest gevierde dichters van zijn tijd' gemaak het, soos sy biograaf dit stel.[204] Hiernaas was hy ook die skrywer van 'n 'hardersspel [herderspel] in muziek' en 'n bundel kenmerkende geleentheidsverse en gedigte op buiteverblywe onder die titel *Hof- en mengeldichten*; dog sy grootste werk was die gedig *Batavia, begrepen in zes boeken*, wat in 1740 verskyn het, 'een zeer uitvoerige berijmde geschiedenis onzer kolonisatie,' soos dieselfde bron dit beskryf, 'eindigend met een verheerlijking van die V.O.C.'[205] De Roo het dit nugterder oor 'vervaarlijke tooneelverzen'.[206]

In sy literatuurgeskiedenis skryf Te Winkel samevattend oor hierdie lang gedig:

> wanneer men het deels eene berijmde geschiedenis onzer kolonisatie, deels eene geographische en topographische verhandeling over onze koloniën noemt, in vrij goede, maar eenigszins rhetorische alexandrijnen, waarin men soms door niet onverdienstelijke episoden wordt verrast, dan heeft men, naar ik meen, het gedicht naar waarde gekenmerkt.[207]

Die gedig was natuurlik gebaseer op De Marre se eie kennis van en herinnerings aan die Ooste, en so ook 'n korter gedig, 'Eerkroon voor de Caab de Goede Hoop', wat opgeneem is in 'n bundel met die titel *Bespegelingen over Gods wysheid in 't bestier der schepselen*, wat in 1746 verskyn het by die uitgewers van die VOC wat vier jaar later vir die publikasie van Aletta Beck se *Mengel-digten* verantwoordelik sou wees. 'Dit fraai gedrukte werk,' meld De Haan, '(...) bevat een mooi portret; de inhoud is verbazend onbeduidend.'[208]

'De eerste zang,' skryf Te Winkel opsommend oor die 'Eerkroon', geeft eene schets van de Kaapkolonie met hare bloeiende lusthoven en haar heerlijk klimaat, dat er de vruchten van alle werelddeelen doet rijpen. Gedeeltelijk wordt het landschap geschetst door eene beschouwing van het plateau van den Tafelberg af. De tweede zang behandelt de kolonie uit het oogpunt van den zeeman, die in den Tafelbaai eene veilige haven vindt, wanneer hij door den gevaarlijken Zuidooster storm wordt bestookt. (…) In den derden zang vinden wij hoofdzakelijk eene verheerlijking van de Oostindische Compagnie, die het belang van de Kaap voor de zeevaart heeft ingezien, en van den toenmaligen gouverneur der Kaapkolonie, Swellengrebel, die haar met wijs beleid bestuurde.[209]

Hierby kan mens miskien noem dat De Marre ná sy uitdiensttreding oor die jare 1745–63 nog by die VOC diens gedoen het as eksaminator van stuurmanne,[210] 'n aanstelling wat gedeeltelik seker as erkenning van sy gedig oor Batavia vertolk kan word. In sy latere gedig oor die Kaap is die alledaagse werklikheid wat hy met sy besoeke hier ervaar het dus nie net in groot mate aangepas by die eise van die pastorale poësie van sy tyd nie, maar ook gevorm deur 'n duidelike begeerte om niks te sê wat vir die magtige VOC onvleiend sou kan wees nie. Hierby is dit terloops opvallend, soos Te Winkel opmerk, hoe selde die prestasies van die VOC in die eietydse Nederlandse digkuns gevier is, afgesien van die groot *Ystroom* van Antonides van der Goes uit 1670 waarna daar reeds verwys is,[211] en versspreide geleentheidsgedigte van Vondel, 'die niets onbezongen liet'.[212]

Ook De Marre besing natuurlik op haas vanselfsprekende wyse die 'Lusthof der Maatschappy' oftewel Kompanjiestuin.

> *Zwicht voor dees Lusthof en zyne eeuwiggroene dreven* [paaie].
> *Zwygt, Hesperyden! van uw dierbre gouden vrucht.*
> *Zwyg, Babel! van uw' hof, zich vestende in de lucht.*
> *Ja, zwyg, Versailjes! van uw wondre boschgezichten.*
> *Uw schoon moet voor den Hof der Maatschappye zwichten.*[213]

En ook hier word 'de pisang, ananas [*pynappel*], gujave' terloops vir vermelding uitgesonder.[214]

Onderwerpe en pleknme wat op die oog af minder poëties van aard is, maak in hierdie verse egter ewe goed hul verskyning, in die meeste gevalle trouens vir die eerste keer sover dit die poësie betref: nie net die destyds reeds vermaarde Constantia nie—'Constance, een lustpaleis, ô Heerelyk Gesticht!'—maar ook 'Drakenstein, een ver van één verspreid gehucht' en ''t Vermaaklyk Stellenbosch in klaverryke weien [*weivelde*]', die 'schoone Bergrivier', Tygerberg met sy 'vruchtbre dalen', 'de Botlerye', en selfs 'Het eiland daar de straf de boosheid houdt in toom', waarmee die strafkolonie Robbeneiland bedoel word.

'Wie meld den arbeid, die den Landman werkzaam houd?' roep die digter retories uit.

> *Hier ziet men rossen* [perde] *op den gladden dorschvloer zwoegen,*
> *Ginds stieren in 't gareel* [gejukte osse] *het rietryk dal beploegen,*
> *Daar honderd armen met de sikkelen* [sekels] *in 't graan (...).*

Op die gebruiklike versluierende wyse van die pastorale poësie word die feit verberg dat die 'honderd armen' dié van slawe is, en dat die 'werkzaamheid der burgeren' wat so bewonderend besing word in werklikheid op slawearbeid neerkom.

Met sy laaste besoek aan die Kaap is De Marre danksy sy status as vise-admiraal deur die destydse Onderkoopman en pakhuismeester en latere goewerneur Hendrik Swellengrebel op die plasie Klaasenbosch by Wynberg onthaal,[215] wat hy in 'n noot by sy gedig beskryf as 'een landgoed achter den Tafelberg gelegen, behoorende aan de Behuwdmoeder van de Gouverneur, de weduwe ten Damme'.[216] Die verwysing is na Swellengrebel se skoonmoeder Helena Gulix, weduwee van die opperchirurgyn Willem ten Damme, wat kort tevore nog deur goewerneur De la Fontaine beskryf kon word as 'een vrouw die geld heeft'.[217] Sowel die Ten Dammes as hul seuns het van die Van der Stels grond ontvang, en dr. Böeseken maak melding van 'Claasenbosch, vyf-en-sestig morg en 206 vk. roede', wat in 1693 'in volle eiendom' aan Hendrik ten Damme oorgemaak is.[218]

Teen die tyd dat die *Eerkroon* in druk verskyn het, het Swellengrebel natuurlik self goewerneur geword, en De Marre sluit die gedig dan ook af met 'n bloemryke huldebetoon aan die 'waardig Hoofd van deugdzame onderzaten'.

> *Wie schetst de waarde van uw aardsche zaligheden?*
> *Daar Ge in de schaduw van der burgren liefde rust,*
> *Uw naam vereeuwigt, en op dees gewenschte kust,*
> *In 't byzyn van uw Kroost, uwe Ega* [vrou], *Ouders, Magen* [bloedverwante]*,*
> *De vergenoeging hecht aan uwe levensdagen.*
> *Mogt ik, gelyk weleer, by 't lommerig geboomt',*
> *Daar 't kruidenvoedend nat door groene dalen stroomt,*
> *De lauwer ons omringt, in uw gezelschap deelen!*
> *Dan zou myn Zangster, in de geurige priëelen*
> *Van 't welig Klasenbosch, voorheen haar wensch en vreugd,*
> *Blymoedig galmen hoe uw nedrigheid, uw deugd,*
> *Uw trouw, uw yver, U ten eerstoel heeft verheven (...).*[219]

Enkele jare ná die verskyning van die *Eerkroon*, toe Swellengrebel afgetree en met sy gesin in Nederland kom woon het, sou De Marre nog kontak met hom hê en by hom besoek aflê op sy Nederlandse landgoed.[220]

'n Buurman van Klaasenbosch in die Liesbeekvallei was Johann Christoffel Beck, die eienaar van Boshof, 'n plaas van vyftig morg waaraan die herinnering in die vorm van die Boshofhek in Nuweland voortleef, alhoewel dit eers ná sy tyd gebou is. Hy was geen familie van Henricus en Aletta Beck nie, maar 'n Duitser wat in 1724 na die Kaap gekom het en met behulp van die kontakte wat sy broer reeds hier gehad het en sy betrokkenheid by die drankpag skouspelagtige vordering gemaak het.[221] Waar die susters Lammens in 1736 noem dat hulle deur 'de heer Bek' op sy plaas onthaal is, is dit volgens Groenewald J.C. Beck wat hiermee bedoel is. Teen hierdie tyd, twaalf jaar ná sy aankoms, was hy wat Groenewald as 'one of the richest and most successful burghers of the colony' beskryf, met sestigduisend wynstokke op sy grond en 'n jaarlikse opbrengs van 53 leggers wyn, en het hy nie minder as 73 slawe besit nie.

Die susters is na die plaas uitgeneem in 'n sjaret, 'n ligte rytuig met vier perde, 'de wegen waren op sommige plaatsen seer ongemackelijck door de klippen, ook reden [wij] wel door revieren soo diep tot aan den buik der paarden'. By hul bestemming het hul egter 'n landelike idille in die styl van die eietydse pastorale poësie aangetref, met amandelbome in volle bloei, 'een seer groote en rijk geladen orange boom [lemoenboom] met kleijne appelen, hier genaamt narretjes', wingerde, wynkelders, riviere 'soo klaar als cristal en soet als een noot', en 'n 'meenigte' slawe.[222]

Aan die hand van die insiggewende inligting wat uit hofverslae en boedelinventarisse bekom kan word, kan hier nog 'n laaste ekskurs onderneem word om iets weer te gee oor die lewe van die welgestelde inwoners van die Tafelvallei teen die middel van die agtiende eeu, toe Aletta Beck en haar broer hier gewoon het. In hierdie geval gaan dit spesifiek om die huishouding van die prominente vryburger en oudburgerraad Abraham Cloppenburg.[223]

Cloppenburg was 'n Nederlander wat die Kaap as immigrant bereik het, nie in diens van die VOC soos die meeste nuwe aankomelinge nie, wat 'n ongebruiklike gang van sake was, en maak sover bekend sy eerste verskyning in die plaaslike rekords toe hy in 1732 getroud is met Geertruijda Meijboom, lid van die gegoede vryburgersfamilie na wie daar reeds verwys is.[224]

Alhoewel daar geen sekerheid bestaan nie, lyk dit waarskynlik dat dit hier gaan om Abraham Cloppenburg uit Sassenheim in die provinsie Holland, wat aan die einde van 1728 met die rang van Assisten na die Ooste uitgeseil en vroeg in 1731 met die eerste beskikbare retoervloot teruggekeer en klaarblyklik die diens van die VOC verlaat het:[225] sy soldyboek meld slegs 'Gerepatrieerd'. In September 1731 het hy in Amsterdam as 'geweesen assistant' van die Kompanjie saam met 'n kollega 'n verklaring afgelê oor oneerlikheid onder senior amptenare in Ceylon, wat onder andere sou lei tot die skouspelagtige ontslag en terugroeping van die goewerneur-generaal, Diederik Durven.[226]

9. Aletta Beck in die Tafelvallei, 1726-1752

Dit lyk moontlik dat Cloppenburg reeds tydens die uitreis met sy toekomstige vrou kennis gemaak het gedurende die tyd toe sy skip in Tafelbaai oorgelê het en daar toe op 'n huwelik besluit is, wat sou verduidelik waarom hy so gou ontslag geneem en na die Kaap teruggekeer het, waar hul huwelik op 1 Junie 1732 plaasgevind het. By hierdie geleentheid is sy plek van herkoms as Utrecht aangegee.[227]

Ten tye van die huwelik was Geertruijda Meijboom se vader reeds oorlede, maar volgens Mentzel was sy in besit van 'n trop beeste, wat as 'n goeie aanvangskapitaal beskou kan word, en die aansienlike bedrag van 80 000 gulden,[228] en sy het ewe waardevolle konneksies met die plaaslike amptenary gehad: een van haar susters was soos reeds genoem getroud gewees met Cornelis Valk, ekwipasiemeester en lid van die Raad van Justisie,[229] en 'n ander met die Duitser Allemann, wat uiteindelik tot bevelvoerder van die Kaapse garnisoen sou vorder. Cloppenburg self het gou 'n gesiene lid van die plaaslike samelewing geword, en verskeie openbare ampte beklee, met inbegrip van dié van burgerraad,[230] 'n ontwikkeling was waarskynlik in eerste instansie aan die invloed en geld van sy aangetroude familie toegeskryf moet word.

Geertruijda Meijboom is in 1737 reeds oorlede,[231] en dit was by geleentheid van haar man se hertroue aan die einde van 1743 dat 'n insiggewende boedelinventaris met die oog op die erfporsie van hul drie dogtertjies opgestel is.[232]

Cloppenburg het sy verskyning in hierdie boek in eerste instansie te danke aan 'n brokkie inligting oor die huislike lewe van gegoede Kapenaars wat vervat is 'n verklaring wat hy vroeg in 1744, kort ná sy tweede huwelik, afgelê het. Hierin beskryf hy hoedat hy,

> ontrent te thien uuren thuijs gekomen zijnde, aen desselfs huijsvrouw, die in de agterkamer te leesen sat, afgevraagt heeft of de taafel niet gedekt was, en van deselve ten andwoort bekomen hebbende dat de taafel in het voorhuijs gedeckt en dat desselfs slaaf Parcat van Timor haar ten dien eijnde de sleutel van de silver cas al lange afgeeijscht [*gevra*] hadde.[233]

Cloppenburg het met sy gesin 'n huis bewoon in Heerenstraat (die latere Kasteelstraat), in die blok vlak langs die Heerengracht. Dit was in die oudste deel van die nedersetting en was moontlik 'n ouer en effens ouderwetse gebou wat oor die jare vergroot is, want dit maak in die boedelinventaris 'n onreëlmatige indruk, maar dit het ses redelik ruim vertrekke bevat, naas 'n voorhuis, kombuis, 'bottelerij' en solder, terwyl daar op die erf ook 'n pakhuis was. Cloppenburg was egter 'n gegoede man wat verder in besit was van 'n beboude erf in die huidige Parlementstraat, en 'n pakhuis agter die hospitaal (in die omgewing van die huidige Waalstraat); volgens die boedelinventaris was vyf van sy slawe in die pakhuise werksaam, wat dus vermoedelik met Cloppenburg se bron van inkomste te make gehad het. Ten slotte is daar verwys na 'een opstal gent. Bonavantuur geleegen over de Gouwers Rivier', waarmee die Gourits bedoel word, waar blanke boere hulle reeds sedert die einde van die twintigerjare gevestig het, en hier het daar tweehonderd beeste en 'n duisend skape geloop.

In die inventaris van Cloppenburg se besittings vind mens die porselein, bed- en tafellinne, skilderye, spieëls en meubels van Oosterse houtsoorte wat teen dié tyd feitlik vanselfsprekend was in kringe soos hierdie. Wat hier opval, in vergelyking met deftiger Kaapse inventarisse van vroeër in die eeu, is die feit dat daar in die 'voorcamer' geen bed gestaan het nie, maar dit skynbaar uitsluitlik vir onthaaldoeleindes ingerig was, met twee verkeertafels vir die verkeerspel, vier modieuse guéridons of hoë kersstaanders en twaalf stoele met los kussings. Voorts het die huis 'n 'galderij' gehad,[234] met 'n verdere vyftien stoele met los kussings, naas 'n rusbank en 'n verskeidenheid tafels, terwyl daar ook 'n draagstoel en drie 'sommereelen' of kiepersolle gestaan het, sowel as 'n 'bengaalse waeijer', moontlik die tipe waaier met 'n lang steel waarmee die slawe volgens die susters Lammens se verslag gedurende die ete vlieë van die kos weggehou het.

Hiernaas was daar ook nog die 'groote agtercamer' waar Cloppenburg se vrou met sy tuiskoms sit en lees het. Hier kon daar wel 'n hemelbed met sy behangsel gevind word, naas twaalf Chinese stoele met kussings, twee 'speeltafels' vir kaartspel en twee verdere guéridons, terwyl die vermelding van 'n herdstel op die aanwesigheid van 'n kaggel dui.

Verder is dit opvallend dat daar in hierdie huis 'n vertrek was wat, anders as in vroeë Kaapse inventarisse, spesifiek as die 'slaapcamer' beskryf is, maar naas 'n hemelbed met rooi behangsel was daar ook 'n kiaathoutkas met 'n porseleinkasstel daarop en sewe stoele met kussings, sodat dit nogtans volgens Kaapse gebruik ook as onthaalruimte benut kon word. Die sestien koperkwispedoors wat in die kombuis opgeteken is, versterk die indruk van grootskaalse onthale in hierdie huis.

Die familie het kennelik egter in die voorhuis geëet, waar die slaaf Barkat of Parkat die tafel gedek het, soos ook deur die Lammens-susters beskryf is in die geval van die huis waar hulle kort tevore self tuisgegaan het: 'regt over de voordeur een groote camer daar wij met open deuren na de Caapse moode spijsden [eet]'.[235] Alhoewel hierdie vertrek in Cloppenburg se geval taamlik karig gemeubileer was, met net kaarte aan die mure, was daar in elk geval 'n vierkantige tafel en agt stoele met los kussings.

Verdere elemente in Cloppenburg se huis naas die kamerindeling, die guéridons en die los stoelkussings wat die indruk van 'n moderne Kaapse woning gee, is die ewe modieuse optrek- in plaas van toeskuifgordyne, en in die 'voorcamer' is vier rooi sygordyne gespesifiseer. In die kombuis word twintig tinskottels aangegee, maar vir tafelgebruik is dit klaarblyklik deur die nuwerwetse porselein vervang, en Cloppenburg het nie minder as 97 porseleinborde besit nie, naas 27 porseleinskottels, asook 33 silwervurke en 35 silwerlepels waarmee Barkat die tafel moes dek: interes-

9. Aletta Beck in die Tafelvallei, 1726–1752

sant genoeg is daar geen vermelding in die inventaris van messe nie. Cloppenburg se silwerware is terloops op 936 riksdaalders getakseer, met ander woorde byna 3000 gulden.

Ten slotte word daar in hierdie boedelinventaris 'in de thuijn' ses stoele en '1 tafeltje met 1 rakje met wat glaasen' genoem, wat die indruk van 'n 'speelhuisie' of somerhuisie gee, en dit is 'n element wat omstreeks hierdie tyd meerdere kere in soortgelyke dokumente voorkom en die indruk van toenemende elegansie onder 'n sekere seksie van die bevolking in die Tafelvallei versterk. Ook die gegoede amptenaar J.N. von Dessin, wat in 1761 oorlede is, het byvoorbeeld 'n 'speelhuijsje' op sy erf op die hoek van die huidige Waal- en Koningin Victoriastraat gehad, wat onder andere twaalf stoele met stoelkussings en 'n ombertafeltjie bevat het, laasgenoemde 'n verwysing na 'n destyds gewilde kaartspel.[236]

Nog interessanter in hierdie verband is egter die geval van Nicolaas van Willigh, wat in die blok tussen Lang-, Hout-, Loop- en Kasteelstraat gewoon het, dus nes Von Dessin naby die rand van die destydse nedersetting.[237] Hier het hy met sy dood in 1743 'n huis en erf besit, wat hy in 1715 gekoop het, maar ook 'n 'huijs en thuijn' wat hy eers in 1732 aangeskaf het, en die inhoud van die huis 'in voormelde thuijn', wat betreklik klein was, gee die indruk dat dit hoofsaaklik vir kuier en onthaal benut is. Hier teken die boedelinventaris naamlik 25 stoele aan, sowel as 'n 'parthij thuijngereetschap' in die keldertjie, maar daarnaas ook 'n taroktafel 'met sijne stocken en ballen en bort', twee triktrakborde met hul skywe, 'n dambord met sy skywe, en 'n stel 'speelkeegels' met hul balle.

Wat die burgerraad Cloppenburg betref, was hy ten slotte op haas onvermydelike wyse ook in besit van sestien manslawe, drie vroue en een kind: van die mans was vyf 'in 't pakhuijs' en 'n verdere vyf 'over de berg', met ander woorde op sy plaas, sodat die origes vermoedelik al nege in die huis in Heerenstraat werksaam was. Julij, in 'n ander bron as Julij van Persië aangedui,[238] word trouens ook as kok beskryf, terwyl Floris 'in de combuijs' aangeteken is. Die gesamentlike waarde van die slawe was meer as 2400 riksdaalders, met ander woorde 7200 gulden.

Ná hierdie ekskurs oor koloniale elegansie onder die gegoedes is dit egter nodig om weer aan die bittere erns van die lewe in die koloniale slawemaatskappy te herinner.

Soos hierbo getoon is, is dit moontlik om Cloppenburg se lewenstyl in verbasende detail te herkonstrueer aan die hand van die boedelinventaris wat in 1743 met die oog op sy voorgenome hertroue opgestel is. Naas wat as agtergrond of dekor beskryf sou kan word, bestaan daar egter ook betreklik uitgebreide inligting oor 'n klein tragedie wat net vier maande later in hierdie deftige Kaapse milieu afgespeel het, kort nadat die huwelik plaasgevind het,[239] en dit is wat Cloppenburg selfs nog meer geskik maak om as voorbeeld te dien van 'n welgestelde Kapenaar in die middelveertigerjare van die agttiende eeu. Van die groepie slawe wat so summier in die inventaris met hul name en waarde opgenoem is, het Barkat of Parkat na wie daar reeds verwys is naamlik 'n sekere ongewenste onsterflikheid in die dokumentasie verkry deurdat Cloppenburg hom met sy tuiskoms na die galdery ontbied en berispe het oor die feit dat die tafel nog nie gedek was nie; en dit is ook die rede waarom daar naas die inventaris meer as gebruiklik van Cloppenburg se huislike omstandighede bekend is.

Aangesien Barkat 'met eenige brutaliteijt' gereageer het, het Cloppenburg die slaaf Achilles geroep 'om een sjambock te haalen ten eijnde meergemelten Parcat over sijn assurantie [*astrantheid*] in de combuijs te laaten corrigeeren [*regsien*]'— 'domestieke korreksie' of huishoudelike tugtiging van hierdie aard was onder die VOC naamlik nie net geoorloof nie, maar ook algemeen, aan die Kaap sowel as in die Ooste. In die kombuis het Barkat egter vir Cloppenburg met 'n mes aangeval, waarna hy gevlug en op die solder weggekruip het, tussen die rys, koffieboontjies, seildoeksakke, witkwaste, ysterhoepels en 'partjij leedige kelders en kasjes, en witte bottels' wat slegs enkele maande tevore in die inventaris opgeteken is. Die luik uit die kombuisplafon het hy met kiste gebarrikadeer en die mense buite deur die soldervenster met 'potten, bottels, steenen, etc.' bestook, terwyl hy later verder genoem het dat hy 'n 'bamboese sommereelstok' (sambreelstok) wat hy hier gevind het as wapen gebruik het. Hier is hy die volgende oggend oorweldig deur 'n sogenaamde kaffer of geregsdienaar, Pannaij van Boegies, 'n mede-Oosterling en slaaf van die VOC.[240]

In sy verklaring, wat in Maleis afgelê is en getolk moes word, het Barkat op onthullende wyse vollediger inligting oor sy woordewisseling met sy meester gegee uit sy oogpunt as slaaf:

> krijgende gemelten sijn lijfheer hierop hem immediaat [*onmiddellik*] bij het hair [*hare*] en, naar hem eenige slaagen met de hand in 't gesigt gegeeven te hebben, bragt hy den confessant [*verklaarder*] dusdaanigh inde combuijs, ordonneerende aan eenige sijner medeslaaven hem confessant uijt te trecken en op een, in de combuijs staande, leer te binden.

Hy het bygevoeg dat hy van plan was om homself met die mes om die lewe te bring, 'om daardoor selfs [*self*] uijt de waarelt [*wêreld*] te koomen, dewijl [*aangesien*] [hij] 't niet langer bij gemelten sijn lijfheer uithouden konde'.

Vir sy poging om sy meester aan te rand, is Barkat veroordeel om geradbraak te word, met die genadeslag, wat beteken dat hy nie op die kruis gelaat is om aan sy verminkings te beswyk nie; dog nadat die gesag van die slawe-eienaars op hierdie wyse gehandhaaf is, het die Raad van Justisie nogtans kommentaar gelewer op Cloppenburg se 'al te driftige en brusque behandeling' van sy slawe en hom hieroor laat aanspreek. Twee jaar later was daar desondanks 'n soortgelyke insident in

Cloppenburg se huis waarby 'n ander slaaf, Galant van Malabar, 'n mes gegryp het nadat Cloppenburg hom met 'n loesing gedreig het: die slaaf is weens verset teen sy meester gehang.[241]

Dit was toevallige episodes, terloops opgeteken en bewaar; maar volgens die beskikbare getuienis was episodes van lukrake huishoudelike geweldpleging soos hierdie alles behalwe seldsaam in die slawemaatskappy van die Kaap, en in die winter van 1731 het die owerheid reeds 'n plakkaat uitgevaardig oor die feit

> dat zommige deeser ingeseetenen, vergeetende haren christelijken pligt, sig niet hebben ontzien hunne leijfeijgenen door wreede slagen en andere barbarisse tractamenten [*behandeling*] soodanig te mishandelen dat deese elendige het leeven daarbij komen in te schieten (...).[242]

Daar is dus bepaal dat geen slaaf begrawe mag word sonder dat die lyk eers deur die fiskaal of landdros ondersoek is nie, en dat niemand 'n slaaf sonder toestemming in kettings mag laat klink nie.

In hierdie konteks kan mens miskien afsluit met 'n paar opeenvolgende inskrywings uit die Kaapse Dagregister vir die einde van 1730, in Leibbrandt se weergawe, waarin daar verder herinner word aan die onmisbaarheid wat slawe teen hierdie tyd in die Kaapse samelewing verkry het, die gedurige gevaar wat hul aanwesigheid terselfdertyd vir hul meesters ingehou het, en die drastiese middele waarmee laasgenoemdes steeds hul gesag moes probeer handhaaf.

> *November 11.*
> Three slaves sentenced to be broken [on the cross].
> Three to be hanged.
> One female slave to be scourged and branded, and fixed to a block all her life.
> One slave to be scourged, branded and placed in irons for 10 years.
> One male and one female slave to be scourged and branded.
> One male slave to be scourged, and so sent home [*na sy meester*].
> One male slave to be scourged, branded, and placed in irons for his whole life.
>
> *November 30.*
> Died during this month one of the Company's slaves, banished hither, named Rebecca of Sambona [*Soembawa in die Klein Soenda-eilande?*].
>
> *December 24.*
> Sunday. The S.E. winds continuing, and blowing very stiffly the whole day. Two beautiful sermons were preached by the Revs. Franciscus Le Sueur and Henricus Bek [*sic*]; the one as a preparation for the approaching Holy Supper, and the other from the Catechism.

December 25.
> Clear sky, and a beautiful sea breeze the whole day. Towards evening clouds began to gather.
> As this day is the anniversary of the birth of our Saviour Christ Jesus, the Revs. Franciscus Le Sueur and Henricus Bek preached twice on this subject, and after the morning service conducted by the Rev. Le Sueur, the Holy Sacrament was administered to the congregation.

December 26.
> Cloudy weather. Same wind. S.E. at noon, sky cleared. This morning the Rev. Franciscus Le Sueur continued the subject of yesterday in a very applicable sermon.

December 31.
> The S.E. continuing. Subsides during the afternoon. The Revs. Henricus Bek and Franciscus Le Sueur preached twice this day to the edification of the congregation.
> During this month one of the Company's slaves, Constantia, the daughter of Grietje of Constantia, a school-girl, departed this life.[243]

Dit was die gebruiklike strawwe vir die oortredings van slawe; dog in die geval van ernstiger oortredings is kwaaier strawwe sonder aarseling toegepas. 'This Morning being Execution Day,' berig 'n Engelse besoeker byvoorbeeld in 1742, 'a Slave was burnt alive for setting his Master's house on fire, he was not long in pain, as he was presently suffocated by the fiersness [sic] of the flames.'[244] Dit gaan hier om Fortuin van Bengale, oor wie se oortreding Heese verder berig: 'Sy minnares [Christijn] het 'n nuwe minnaar, en hy steek uit woede die huis van [Pieter] Venter aan die brand. Aan paal geketting, lewend verbrand, reste in ysterpot.'[245] Tussen 1738 en 1742 is altesaam vyf slawe weer geëmpaleer—'op spit geplaas' of 'lewendig gespit' soos Heese dit omskrywe—in drie gevalle vir die moord op blankes, en in twee vir moord op 'n Khoi gepaard met drostery.[246]

Aletta Beck het ongeveer twaalf jaar op Leeuwenhof gewoon. In 1738 het sy in 'n brief aan Balthazar Nolthenius in Nederland egter met verwysing na haar skoondogter, sy broer se vrou in Malakka, reeds opgemerk: "t Zou mijn wel hartewensch [zijn] haar Ed. hier te zien passeeren. Maar mijne dagen, die reeds 70 gepasseerd zijn, doen mijne wenschen stille staan, en mij onderwerpen aan 't eeuwig besluit Godes',[247] en dieselfde jaar maak sy verskonings vir haar slordige skrif, aangesien sy nie meer by kerslig kon skryf nie.[248] Twee jaar later berig sy weer: 'Wij zijn op onze oude dagen nog redelijk in staat; hoewel naar de jaren, met één voet in 't graf',[249] en in 1743 het sy dit oor 'de zwakke memorie, die genoegzaam versleten is'.[250]

In 1740 verskyn daar in haar broer se skuldboek onder die naam van Daniël Godfried Carnspek dan ook die inskrywing: '10 Octob. Wegens de gekogte tuyn gelegen onder de Tafelberg gen[aam]t Leeuwenhoff, by [*deur*] syn E. ingemijnt [*aangekoop*] tot 13 400 [gulden]. Nota: te betalen in vier egale pajen [*gelyke paaiemente*].' Die verskuldigde bedrag is inderdaad oor die jare 1740-43 afbetaal soos onderneem.[251] Waarom die transaksie deur haar broer onder syne opgeteken is, is onduidelik.

Die nuwe eienaar van die landgoed was 'n Duitser wat in 1721 as soldaat na die Kaap gekom het,[252] betreklik vinnig opgang gemaak het in die administratiewe diens van die Kompanjie, en getroud is met 'n dogter van kaptein Oloff Bergh en sy vrou: teen hierdie tyd was hy sekretaris van die Raad van Justisie.

In die uitgebreide argiewe van die VOC kom daar oor die jare bes moontlik nog toevallige en verspreide verwysings na Aletta Beck voor, maar sover dit die geredelik beskikbare bronne betref, verdwyn sy met die verkoping van Leeuwenhof uit die plaaslike rekords, terwyl haar briewe aan Balthazar Nolthenius slegs tot 1743 bewaar gebly het. Dit is waarskynlik dat sy hierna na die beboude kom van die Tafelvallei verhuis het, en moontlik het sy met haar broer saam gewoon om hul oudag so deur te bring,[253] wat vir albei 'n praktiese reëling sou gewees het. Hierdie vermoede word bevestig waar Georg Schmidt, die Morawiër wat by die latere Genadendal in die Overberg onder die Khoikhoi gewerk het, in sy dagboek verslag lewer van die formele besoeke wat hy aan die einde van 1742 in die Tafelvallei afgelê het, in die loop waarvan hy hulle klaarblyklik saam aangetref het. Sy ontvangs word verklaar deur die feit dat hy vroeër daardie jaar 'n aantal van sy bekeerlinge gedoop en sodoende die woede van die kerklike establishment uitgelok het.

> Die 14de Desember. (…) Om 9-uur het ek die ou predikant Beck besoek. Toe ek daar aankom, het ek hom en sy suster vol bitterheid teen ons bevooroordeeld gevind. Hulle het dadelik met die doop onder die Hottentotte begin en ek sou dan nie daartoe in staat wees nie en ek sou dan selfs vir my die reg toegeëien het wat aan 'n kerk gegee is. Ek het gesê: Dit is tog nie waar dat ek die reg vir myself toegeëien het nie, maar ek is daartoe georden. Ja, het hulle gesê, daar is 'n groot hoogmoed in u. Ek het gevra: En hoe kan dit bewys word? Ja, het hulle gesê, daar is genoeg om te bewys. U het in 'n ander huis ingekruip en het van u leer geen rekenskap gegee nie en nou wil u nie aan die orde van die plaaslike kerk onderwerp nie, maar u wil iets op u eie doen. (…)[254]

Dit was klaarblyklik 'n lang en heftige gesprek, wat deur Schmidt uitvoerig weergegee is: 'Daar was nog geen end aan hulle nie,' merk hy uiteindelik op, 'toe het ek weer huis toe gegaan.' Wat veral opval, is egter die feit dat hy telkens verwys na wat 'húlle' gesê het, wat beteken dat Aletta Beck ten volle aan die twisgesprek deelgeneem en haar daarin laat geld het, 'n beeld wat goed aansluit by alles wat verder oor haar bekend is. Op hierdie tydstip was albei reeds in die sewentig.

In 1748 is Aletta se stiefseun P.J. Slotsboo oorlede toe hy 37 jaar oud was.[255] In 'n brief vroeg in 1737 het hy die dood van sy destyds enigste seuntjie gemeld, 'oud 16 maanden en 17 dagen',[256] maar met sy eie dood het hy sy vrou met drie verdere seuntjies agtergelaat, van wie die oudste agt was.[257] Teen die einde van dieselfde jaar het sy vir 5700 riksdaalders deel van 'een huijs en erf met sijn daarneevens staande stal in deese Tafelvalleij' gekoop uit die boedel van die welgestelde Debora de Koning,[258] vermoedelik die gedeelte met die huis daarop: volgens die omskrywing was dit die eiendom in die huidige Parlementstraat waar sy vier jaar later self oorlede is.

Vroeg dieselfde jaar het Daniël Nolthenius die Kaap op pad terug na Nederland besoek as admiraal van die retoervloot, aangesien hy besluit het om ná 24 jaar die diens van die VOC te verlaat: 'n aanstelling tot die hoë amp van direkteur-generaal het hy kort tevore van die hand gewys.[259] Hy was vergesel van sy tweede vrou, want in 1742 het hy as wewenaar in die huwelik getree met die agtienjarige Balthazarina Johanna Pasques de Chavonnes, dogter van die voormalige goewerneur van Malakka, kleindogter van die voormalige goewerneur van die Kaap, en weduwee, ten spyte van haar jeug, van 'n pakhuismeester in diens van die Kompanjie.[260] 'Haar Ede. is van een zoet, vrolijk humeur,' het Aletta Beck geskryf toe sy van die huwelik verneem, 'zoodat de wonde onder Gods zegen gezalfd is.'[261]

Nolthenius het uit Batavia vertrek met vyf skepe belaai met tekstiel, peper, speserye en koffie ter waarde van net onder 900 000 gulden,[262] en het ongeveer vyftien weke, van 7 Januarie tot 23 April, 'aan dien uithoek' deurgebring, soos hy dit noem, terwyl daar aan die Kaap gewag word op aanwysings uit Nederland, vermoedelik in verband met die Oostenrykse Suksessie-oorlog waarin Nederland op daardie tydstip in bondgenootskap met Engeland teen Frankryk verwikkeld was.[263] Hier het verdere skepe gedurende die wagtyd by hulle aangesluit, en uiteindelik het die vloot aangegroei tot 'n totaal van agtien 'kostelijke kielen', soos Nolthenius hulle self poëties beskryf.[264] Die Dagregister meld dat hy gedurende hierdie tyd by sy swaer De Grandpreez tuisgegaan het.[265]

Terselfdertyd is Nolthenius ook benoem as kommissaris om ondersoek in te stel na plaaslike sake, en die Dagregister gee 'n uitvoerige beskrywing van die seremonieel wat met sy openbare voorstelling gepaard gegaan het—'n aantal hoë amptenare het hom in 'n koets met ses perde hiervoor by De Grandpreez se huis gaan afhaal en na die Kasteel gebring.[266] Nolthenius, skryf dr. Böeseken opsommend oor sy verslag, 'beveel onder meer aan: vryhandel vir die vryburgers, beter besoldiging van die Independente Fiskaal, beter behandeling van die Hottentotte [*Khoikhoi*] en die uitvoer van Kaapse wyn.'[267]

Naas sy amptelike verslag oor die Kaap aan die Here XVII het Nolthenius met sy terugkeer in Nederland egter ook 'n algemene verslag aan die State-Generaal voorgelê waarin hy dit, met 'n terugblik op sy vorige besoek tydens sy uitreis in 1724, nogal liries het oor den florissanten [*bloeiende*] welstand van dien Afrikaanschen uithoek, die meer als tachtig [Nederlandse] mijlen [*400 kilometer*] in het rond bewoond wordt door Christen Gereformeerde onderdanen van Uw Hoogmogenden, zijnde dezelve in 25 jaar tot viermaal zooveel menschen in getal vermenigvuldigd, zich meest geneerende [*onderhou*] met den land- en veebouw, waardoor men aldaar overvloed vindt van koorn en wijn, zeer veel aardvruchten, schapen, runderen [*beeste*] en pluimgedierte (…).[268]

In hierdie verslag verwys hy ook na 'n 'landrijsje' wat hy tydens sy verblyf onderneem het, alhoewel dit uit die beskikbare inligting nie duidelik is of dit hom verder gevoer het nie as die Paradysbos in die Liesbeekvallei,[269] en Simonsbaai, waar die owerheid 'n buitepos ingerig het om as winterhawe te dien.[270]

Voorts het tien of twaalf skepe uit Nederland tydens Nolthenius se oponthoud Tafelbaai bereik op pad na die Ooste,[271] en het die Kaap besoek ontvang van die Engelse admiraal Edward Boscawen, opperbevelvoerder van die Britse magte in Oos-Indië, wat dit in die konteks van die Oostenrykse Suksessie-oorlog met 'n totaal van 26 oorlog- en transportskepe aangedoen het op pad na Indië om die Franse handelsposte daar te gaan aanval, en ongeveer vyf weke hier deurgebring het.[272] Ook hý is plegtig ontvang en in 'n koets met ses perde van die seehoof na die Kasteel gebring, en met sy vertrek het hy op sy vlagskip 'n afskeidsmaal ter ere van die goewerneur en amptenare gegee.

Die bedoëling was dat daar aan die Kaap nou voorbereidings getref sou word vir 'n gesamentlike Anglo-Nederlandse aanval op die Franse in die Maskarene, die eilandgroep wat Mauritius ingesluit het, en totdat die vloot vertrek het, was daar intense bedrywigheid in sowel Tafelbaai as die Tafelvallei. Die Nederlandse ekspedisieleër, wat Kaapse troepe ingesluit het, het onder bevel gestaan van majoor Isaac Meinertzhagen, bevelvoerder van die plaaslike garnisoen, maar alhoewel die skepe saam uitgeseil het, is die beoogde aanval nie verwesenlik nie.[273]

Ten slotte moet ook nog die aankoms in hierdie tyd vermeld word van Constantia Helena ten Damme, weduwee van die raad van Indië Maurits van Aarden en skoonsuster van goewerneur Swellengrebel:[274] sy en haar suster is aan die Kaap gebore as dogters van Willem ten Damme, opperchirurgyn onder W.A. van der Stel, en Helena Gulix, en hulle dien as verdere voorbeelde van huwelike binne die hiërargie van die VOC.

Dit wil voorkom dat die weduwee haar tydelik weer hier gevestig het, waar haar bejaarde moeder nog gelewe het,[275] want terselfdertyd het sy 'n bedrag van meer as 150 000 gulden van Batavia hierheen laat oormaak, wat uitvoerige besprekings oor die uitbetaling aan die kant van die Politieke Raad geverg het.[276] In die wêreld van die VOC, waar geld, rykdom, besittings en status van die allergrootste belang was, is besondere waarde aan sulke dinge geheg.

Die implikasies wat die koms van die weduwee met haar klein fortuin vir die eenvoudige ekonomie van die Kaap gehad het, word uiteengesit in die berig wat die burgerraad J.H. Blanckenberg vroeg in 1748 hieromtrent gestuur het aan J.A. Sichterman, voormalige direkteur van Bengale, in Nederland, vir wie hy as agent opgetree het.

> Mevrouw wed. der Edelen H[ee]r Van Aarden is ter deese plaatse aangeland en blijft hier woonen, welke een goed capitaal (gelijk Uw Wel Edele wel bewust is datse besit) meed gebragt heeft en dat geld teegens 4 pro cento uijtset [belê], waaroomme [ik] dan genoodsaakt sal zijn Uw Wel Eds. gelderen die [ik] dus tot 5 pro cto. niet houden kan van tijd soo als 't inkomt weeder aan Uw Wel Edele te remitteeren [terugstuur], gelijk [ik] met volgende scheepen reets een aanvang sal moeten maken.[277]

Alles in ag genome, was die paar maande van Nolthenius se oponthoud vroeg in 1748 dus 'n tyd van volgehoue bedrywigheid en seremonieel op 'n skaal wat die klein nedersetting betreklik selde beleef het, en gesien haar status en die besondere familiebetrekkings tussen haar en die kommissaris was Aletta Beck ten spyte van haar hoë ouderdom miskien nog vir 'n deel by die seremonies in verband met sy besoek betrokke. 'Table Bay had never before seen so many ships at anchor,' soos Boucher opmerk, maar hy temper die geheelindruk deur te wys op die oortredings waaraan die Engelse matrose en soldate hulle skuldig gemaak het, en voeg by dat Boscawen vanweë die gevaar van geslagsiektes tydens sy oponthoud 'n formele bevel uitgevaardig het 'prohibiting any of the People belonging to the Fleet of going to the Company's Slave House'.[278]

Nolthenius het Nederland vroeg in September bereik, kort nadat 'n wapenstilstand met Frankryk gesluit is, met 'n vloot van wat hy later self beskryf het as 'achttien rijk geladen en op diverse tijden, mitsgaders van differente plaatsen uit Indië vertrokken schepen',[279] en het van die VOC die gebruiklike goue ketting en penning ter waarde van 600 gulden ontvang.[280] Sy algemene rapport aan die Here XVII het soek geraak,[281] maar die lewendige verslag is bewaar waarin hy aan die State-Generaal 'n oorsig gee van die handelsryk van die VOC vanaf Persië in die weste tot China en Japan in die ooste.[282]

Die dividend wat die Kompanjie uitbetaal het op die handelsgoedere wat hy saamgebring het, het slegs 25 persent bedra, 'n skamele syfer vergeleke met dié in vroeër jare, dog selfs dit was nog hoog vir daardie tyd.[283] Ten spyte van al Nolthenius se optimisme was die bloeityd van die VOC naamlik finaal verby.

Hierna het Nolthenius hom soos soveel ander welgestelde oudamptenare van die Kompanjie op 'n buiteverblyf teruggetrek en nog enkele jare in sy geboorteland geniet: hy is in 1754 oorlede en in die Nieuwe Kerk in Amsterdam begrawe.[284] Sy weduwee het na die Ooste teruggekeer waar sy gebore is, en daar nog twee verdere huwelike aangegaan.

9. Aletta Beck in die Tafelvallei, 1726-1752

Constantia Helena ten Damme het 'n paar jaar later haar eie reis na Nederland voortgesit, en alhoewel dit kort ná Aletta Beck se dood was, gee die plegtighede wat daarmee gepaard gegaan het 'n lewendige beeld van die amptelike wêreld waarvan Aletta self soveel jare lank deel uitgemaak het.

In 1752 het hierdie hooggeplaaste weduwee 'een groot silver doopbekken, met een koopere standaard' aan die plaaslike gemeente geskenk, en is twee diakens afgevaardig om haar namens die kerkraad te bedank:[285] moontlik was dit as afskeidsgeskenk bedoel, want dit was vroeg die volgende jaar dat sy haar reis na Europa met die retoervloot aangepak het. Sy is vergesel deur haar moeder, Helena Gulix, wat aan die Kaap gebore is, in die tyd van W.A. van der Stel groot plaaslike prominensie geniet het, en in die proses 'n baie ryk vrou geword het. Aangesien sy negentien was ten tye van haar huwelik in 1684, moet sy teen hierdie tyd na aan die negentig gewees het, ewe oud as Henricus Beck en 'n paar jaar ouer as sy suster, en die rede dat sy saam met haar dogter vertrek het, was moontlik dat sy geen oorlewende familie meer aan die Kaap gehad het nie. Met haar vertrek is die laaste skakel met die era van die Van der Stels vermoedelik verbreek.

Die inskeping van hierdie twee dames het met heelwat plegtigheid gepaard gegaan, omrede die weduwee Van Damme vanweë haar man se posisie as raad van Indië aansienlike status in die plaaslike gemeenskap besit het. By wyse van uitsondering het vroue hierby nie net 'n sentrale plek beklee nie, maar het die volledige verslag van die verrigtinge wat in die Dagregister opgeneem is ook ongebruiklike prominensie aan hul deelname verleen.[286]

Op die dag van die twee dames se vertrek het die goewerneur, Rijk Tulbagh, en die sekunde, Sergius Swellengrebel, hulle in die laatmiddag in 'n koets bespan met ses perde gaan afhaal, gevolg deur 'n tweede, soortgelyke rytuig met Swellengrebel se eggenote, luitenant-kolonel Meinertzhagen en die voormalige predikant Le Sueur en sy vrou: die aanwesigheid van laasgenoemdes moet vermoedelik verklaar word deur die onderlinge huweliksverwantskappe tussen die Le Sueurs, Swellengrebels en Ten Dammes.

Agter hulle het vyf verdere rytuie gevolg, met twee perde elk, wat die verdere lede van die Politieke Raad met hul vroue en dogters vervoer het, elkeen in die Dagregister op naam genoem. In een van die laaste rytuie was onder andere 'de camer juffrouwen van de Vrouw Weduwe Van Aarden', waarmee moontlik die slavinne bedoel is wat haar op die reis sou vergesel, alhoewel die bewoording ongebruiklik is.

'In deeser voegen aan 't zeehoofd gekomen', skryf die Dagregister aangaande hierdie indrukwekkende stoet,

> en aldaar uijt de koetsen getreeden sijnde, wierden welgem[elde] Vrouw Weduwe van Aarden, nevens de geciteerde [*genoemde*] juffrouwen, door den Edelen Heer Gouverneuir en verderen heeren geconduiseert [*begelei*] langs 't

selve zeehooft tot aan de trap, beneeden dewelke de klaar gemaakte schuijten tot transport van Haar Ed. laagen te wagten.

Terwyl die dames na die skip geroei is, is sewentien skote van die Kasteel afgevuur, beantwoord deur sewentien van die skip self toe hulle aan boord gaan. Die agterblywende lede van die geselskap is hierna terug na die Kasteel, waar hulle by die sekunde aan huis onthaal is, aangesien Tulbagh se vrou ongesteld was en nie aan die afskeid deelgeneem het nie: sy is trouens dieselfde jaar nog oorlede.

Soos gesê, was dit die plegtige, formele wêreld waarvan Aletta Beck self deel uitgemaak het sedert haar aankoms aan die Kaap byna 'n halfeeu tevore, agtereenvolgens as suster van die Stellenbosse predikant, eggenote van die landdros van Stellenbosch, en eggenote en weduwee van 'n lid van die Politieke Raad.

Dit was eers ná haar aankoms in Nederland dat die weduwee Van Aarden opdrag gegee het om die slawe wat sy aan die Kaap agtergelaat het, te laat vrystel. Volgens Leibbrandt het dit gegaan om 'Philander, son of Nias, and Regina, daughter of Mandaar, as well as their two children, Lea and Engela of the Cape';[287] dog die slawe was waarskynlik eerder Philander van Nias en Regina van Mandar, albei plekke in die huidige Indonesië. Haar moeder het haar agente aan die Kaap ewe goed laat weet dat vier van die slawe wat sy hier agtergelaat het wat gedoop was ná twee jaar hul vryheid kon bekom, mits hulle 200 riksdaalders sou betaal. Dit het in 1757 uiteindelik gebeur.[288]

Dit was moontlik as gevolg van Daniël Nolthenius se verblyf aan die Kaap dat Aletta Beck se gedigte in 1750 in Nederland in druk verskyn het onder die titel *Mengeldigten*: dit lyk in elk geval aanvaarbaar dat hy afskrifte van die tekste by haar of by haar niggie Stevelina gekry en saamgeneem het.

Die manuskripboek waarin Aletta oor die jare 1699–1703 haar Arnhemse gedigte opgeteken het, het met haar vertrek moontlik in Nederland agtergebly, aangesien sy hierna geen verdere werk bygevoeg het nie, maar Stevelina het dit in 1733 gebruik om 'n aantal van haar eie verse op te teken.[289] In een of ander stadium het dit egter aan die Kaap beland, waar dit uiteindelik, soos reeds genoem, in die versameling van die Nasionale Biblioteek in Kaapstad opgeneem is,[290] en die geleentheidsgedigte wat in later jare aan die Kaap ontstaan het, kon maklik genoeg aan die inhoud toegevoeg word.

Die feit dat die bundel by die VOC se drukkers, Adriaan Wor & De Erve G. Onder de Linden, verskyn het,[291] sou op die bemiddeling van sowel Balthazar as Daniël Nolthenius kan dui, en so ook, volgens Tutein Nolthenius, die feit dat die gedigte 'in zo 'n royaal kleed zijn gestoken'.

Dit moest niet enkel haar zelve, maar ook waardig zijn haar schoonzoon (…).

9. Aletta Beck in die Tafelvallei, 1726–1752

Het verklaart ook waarom heel aan 't einde van 't boek staan de dichtregels gericht tot hem en zijne bruid in 1724 bij hun vertrek naar Batavia, enkel nog gevolgd door een jubelzang, geschreven 'Toen de morgenstarren vrolijk zongen en de kinderen Gods juichten'.[292]

Dit was 'n betreklik lywige boekdeel van 233 bladsye, wat moontlik in 'n beperkte oplaag uitgegee is, want slegs twee eksemplare daarvan het sover bekend behoue gebly, onderskeidelik in die Nasionale Biblioteek in Kaapstad en die Universiteitsbiblioteek in Leiden.[293] Pieters & Schutte beskryf dit as 'n 'min of meer private uitgave kennelijk, in familiekring gewaardeerd en via dergelijke familierelaties gerealiseerd [verwesenlik].'[294] Mens moet aanneem dat dit met medewete van die digteres verskyn het, tensy dit as 'n verrassing vir haar uitgegee is, want die agttiende eeu het nie baie nougeset met kwessies van kopiereg omgegaan nie. Moontlik is daar in hierdie tyd egter ook gevoel dat daar 'n beperkte mark vir die werk van 'n minder bekende digteres bestaan, want *De geestelyken nachtegaal* van J. Adriana van der Veer, wat in 1741 verskyn het, is in 1752 en 1765 byvoorbeeld opnuut uitgegee, sodat De Jeu haar beskryf as 'een van de weinige vrouwen wier bundel meerdere keren herdrukt is'.[295]

Die *Mengel-digten* bevat 64 gedigte, waarvan 56 die werk van Aletta Beck is, en 47 hiervan is in Arnhem geskrywe.[296] Van hierdie werke is, volgens Tutein Nolthenius, 'niet minder dan vijf-en-twintig vervaardigd voor heuglijke gelegenheden' oftewel geleentheidsverse. 'Zijn een negental gedichten gewijd aan zuiver godsdienstige onderwerpen,' gaan hy verder, '(geschreven in haast oud-testamentische stijl), een zestal andere aan staatkundige gebeurtenissen, ook een zestal zijn herderszangen': 'haast alle zijn van godsdienstig bespiegelenden aard'.[297]

Dit is waarskynlik dat Aletta Beck kort voor haar dood nog 'n eksemplaar van hierdie bundel uit Nederland ontvang het; dog die einde van haar lewe was naby. Tussen die boedeldokumente van haar broer, wat in 1755 oorlede is, is daar 'n stukkie papier met die volgende aantekening:

> 1752
> Op Donderdag den 24 February is overleeden mejuffrouw Slotsboo de jonge, en begraven op Saterdagh den 26 do. in de kerk.
>   Den 11 Maart, Saterdagh nagt, is overleeden mejuffrouw Slotsboo de oude, en begraven op Dingsdag den 14 Maart in de kerk.
>   C. van der Schelde[298]

Christiaan van der Schelde was die koster van die Kaapse kerk,[299] en hy was getroud met 'n gekleurde vrou,[300] 'n verskynsel wat vermeldenswaardig is as aanduiding van die soepelheid wat teen die middel van die eeu nog op die gebied van 'gemengde' huwelike bestaan het, ook al is dit miskien nie in die hoogste kringe aanvaar nie.

Die verwysings in Van der Schelde se nota is onderskeidelik na die veertigjarige Stevelina van Oudenaarden, weduwee van P.J. Slotsboo, van wie bekend is dat sy in hierdie jaar oorlede is,[301] en haar tante en stiefskoonmoeder Aletta Beck, weduwee van K.J. Slotsboo, wat ten tye van haar dood 84 moes gewees het.

Wat miskien in hierdie konteks relevant is, en gesien die skaarste aan inligting volledigheidshalwe in elk geval genoem moet word, is die feit dat die besoekende Franse sterrekundige De la Caille juis in Februarie 1752 in die joernaal van sy verblyf aan die Kaap aangeteken het: 'During this month almost everyone was sick of heavy head-colds, and there were a considerable number of inflammations of the chest, and of catarrhs.'[302] Dit sou moontlik op 'n klein griepepidemie kan dui.

Dit was eers twee jaar ná die dood van die twee vroue dat Beck op versoek van die Weeshere aan hul sekretaris J.N. von Dessin 'n verklaring gerig het waarvolgens hy en sy suster saam 'twee besondere beslote testamenten' opgestel het, 'waarvan ik de laatste onder andere papiere onweetende hebben [sic] verscheurd': daarin het sy hul niggie as haar enigste erfgenaam aangewys, en in geval van dié se dood haar drie seuntjies, terwyl sy, soos Beck skryf, 'aan mij alleen het vrugtgebruijk heeft nagelaten'. Indien verlang, was hy bereid om die nodige inligting oor sy suster se boedel te verskaf, 'mits dat ik in het volle besit daarvan tot mijn doot toe verblijf'. Hy het die dokument self onderteken, maar dit is in 'n ander hand vir hom opgestel, met verskeie taal- en skryffoute, waarvan 'n aantal verbeter is.[303]

Hierdie gegewens versterk die vermoede dat Beck en sy suster tydens die laaste jare van haar lewe saam gewoon het.

Of Aletta Beck se digbundel in haar eie tyd baie aandag getrek het, is onbekend, en gesien die beperkte oplaag lyk dit onwaarskynlik. In 'n boek wat nie soseer die lewens van Aletta Beck en haar broer behandel nie as die wêreld waarin hulle albei geleef het, bied die verskyning daarvan egter die geleentheid vir 'n verdere oënskynlike ekskurs.

In 1750 het die destyds gevierde Nederlandse digter Dirk Smits 'n lang gedig met die titel *De Rottestroom* uitgegee, 'n sogenaamde 'stroomsang' in tradisionele agttiende-eeuse styl oor die rivier waaraan sy geboortestad Rotterdam geleë is, vol Klassieke verwysings vermeng met Hollandse pleknames.

> *Kiest nu, blyde Zanggodinnen,*
> *Voor den galm van Febus luit,*
> *Toontjes, die 't gevogelt' fluit,*
> *Bloemersdyk voor Pindus tinnen* [kantele]:

9. Aletta Beck in die Tafelvallei, 1726–1752

> *Ruilt uw' groenen Helikon*
> *En Thessalische valeijen*
> *Nu voor Schielands klaverweijen* [weilande],
> *'t Ruijschen van de Hengstebronn'*
> *Voor het kabbelen der baren*
> *Van de* ROTTE, *die ik thans*
> *Poog te tooijen met uw' glans',*
> *Wensch te roemen op myn snaren* ...[304]

Dit was opgedra aan die stadhouer, Willem IV, in 'n inleidende gedig tien bladsye lank, en Smits het die geleentheid gekry om 'n eksemplaar persoonlik te oorhandig aan 'zijne Doorluchtige Hoogheid den Heere Prinse Erfstathouder, Willem Karel Hendrik Friso', soos hy hom sélf noem, diep beïndruk en vereer:

> na aldus wat vertoeft te hebben, zeide de gemelde heer Secretaris De Baeck dat ik in het kabinet van zijn Hoogheid konde gaen, voegende daerbij: 'Ga maer binnen, gij zult daer iet hooren dat u niet onaengenaem zal zijn!' Ik hierop biinnen tredende, vond Zijne Doorluchtige Hoogheid alleen in 't vertrek, zijnde de deur achter mij gesloten en ik dus met den Vorst alleen. Waerop ik aenvong: 'Doorluchte Vorst! ik bid ootmoedig de eer te mogen hebben van dit Dichtstukje aan u Doorluchtige Hoogheid op te mogen dragen. Uw Hoogheid gelieve de goetheit te hebben van 't zelve gunstig in zijn bescherming te nemen.' Straks [*dadelik*] nam de Vorst het boek, 't welk in blauw turksleer gebonden en op 't plat en sneê sierlijk verguld was, van mij aen, en deed mij de eer aen van te zeggen: 'Mijn Heer, gij kunt verzekert zijn dat het mij zeer aengenaem is, ik zal 't in waerde houden, ik weet dat gij een groot Poëet zijt, waer ik in staat kan zijn om u eenigen dienst te doen, zal ik het nooit nalaten, gij kunt van mijne gust verzekert zijn. Het contrarolleurschap [*sic*] te Hellevoetsluis is vakant: ik zal uw Persoon daartoe aen de Raad ter Admiraliteit laten voordragen.'[305]

Dit is dus wat dit omstreeks die middel van die agttiende eeu beteken het om 'n prins en om 'n Poëet te wees.

In 'n moderne artikel voeg Arie Jan Gelderblom egter kommentaar hierby wat ewe onthullend van die tydperk is. Hierin wys hy op Smits se eenvoudige herkoms, die armoede wat hy vir 'n deel van sy lewe ervaar het, en die struikelblokke wat dit in die agttiende eeu uitgemaak het; en met betrekking tot die oudiënsie by die prins voeg hy dan by:

> Deze gebeurtenis is tekenend voor de achttiende-eeuwse verhoudingen. Wat iemands artistieke verdiensten ook zijn, nooit kan hij op eigen kracht de maatschappelijke ladder beklimmen, daar is bescherming van boven voor nodig.

Ondanks zijn omgang met de betere burgerij treedt er voor Dirk Smits, geacht poëet van lage komaf, pas lotsverbetering in als de stadhouder persoonlijk ingrijpt.[306]

Ook hier was daar vir Smits egter nie veel geluk beskore nie, want in die loop van die jaar ná hierdie oudiënsie is Willem IV oorlede, sodat sy guns niks verder kon beteken nie. Smits het dus as amptenaar in die hawestadjie Hellevoetsluis gekwyn, 'n banneling van sy geliefde Rotterdam, en is in 1752 daar oorlede nadat hy deur 'n skeepshond gebyt is.

Onder die massiewe seksie drempeldigte wat Smits se bundel inlei en ongeveer 'n kwart daarvan uitmaak, was daar een deur Lucretia Wilhelmina van Merken (1721–1789).

> *Welk een bekoorelyk gezicht*
> *Verschynt ons uit een lieflyk licht?*
> *Wat luister streelt van verre onze oogen?*
> *Ik zie de* Rotte *grootsch bekranst.*
> *Daer, om haer waterkoets, door zwanen voortgetoogen,*
> *Haer blyde Stroomstoet danst ...*

Van Merken het destyds heelwat roem en aansien as digteres geniet,[307] maar het ná haar dood saam met die meeste van haar digtende tydgenote grotendeels in die vergetelheid geraak, vir sover daar namate letterkundige standaarde en modes verander, nie sonder meer op hul werk neergesien is nie. Selfs die digter Kloos, wat vroeg in die twintigste eeu 'n poging aangewend het om haar reputasie te rehabiliteer, het met verwysing na haar lewe bygevoeg: 'Van Lucretia van Merken's leven valt evenmin iets bijzonders te vertellen als van dat van iedere andere rustige Hollandsche vrouw. Zij werd geboren, werkte, trouwde, werkte verder, en verdween.'[308]

Die oordeel kan as juis én onjuis beskou word, na gelang van wat mens met 'iets bijzonders' verstaan; en in hierdie lig beskou, kan dit ewe goed op Aletta Beck toegepas word.

Ná haar dood het Aletta nog 'n sekere sporadiese, beperkte en baie lokale bekendheid geniet as digteres. In die *Geldersche Volksalmanak* vir 1848 het W.J.C. van Hasselt byvoorbeeld 'n regionaal gekleurde artikel oor haar gepubliseer as 'Geldersche dichteresse uit de XVII en XVIII eeuw', en in 1912 het 'n kort stukkie oor haar in volume 2 van die *Nieuw Nederlandsch biografisch woordenboek* verskyn,[309] wat eweneens kort stukkies wy aan haar grootvader en grootoom, die digters Hendrik en David Beck, en haar oom, die skilder David. In Tersteeg se deeglike oorsig van die Gelderse letterkunde tot en met die agtiende eeu, wat in 1975 verskyn het en waarin talle 'middelmatige figuren', soos hy hulle self beskryf,[310] aan die vergetelheid ontruk word, word sy egter nie genoem nie, en in meer algemene literatuurgeskiedenisse natuurlik nog minder.

In 'n familiegeskiedenis wat oor die jare 1914–30 in drie dele verskyn het, het R.J.P. Tutein Nolthenius in 'n uitgebreide voetnoot wat byna drie bladsye beslaan oor die bundel en sy inhoud uitgewei;[311] dog aangesien hierdie inligting in 'n gespesialiseerde werk verskyn het, waarvan daar bowendien slegs 'n honderd eksemplare gedruk is vir privaat verspreiding, het dit vanselfsprekend nie veel aandag getrek nie.[312]

Sover dit Suid-Afrika betref, verskyn Aletta Beck in 1968 in die eerste volume van die *Suid-Afrikaanse biografiese woordeboek*, maar in 'n artikel oor haar broer, en dan ook bloot as die suster 'wat saam met hom na die Kaap kom', en met Slotsboo getroud en voor haar broer oorlede is.[313] In die tweede deel, wat in 1972 verskyn het, is 'n kort biografiese skets in die artikel oor Slotsboo opgeneem, maar haar geboortedatum is as 1679 aangegee en daar word herhaal dat sy in 1702 met haar broer na die Kaap gekom het; oor haar gedigte word niks gesê nie.[314] Eers in 1977 word sy as 'die Gelderse digteres' geïdentifiseer in 'n artikel deur dr. Anna Böeseken in die derde volume van dieselfde naslaanwerk,[315] maar hier verskyn sy nog meer terloops as die skoonmoeder van Daniël Nolthenius, en in 'n verwysing wat verskeie foute bevat.

Dit was eers teen die einde van die twintigste eeu dat Aletta Beck aandag gekry het as digteres, sy dit in beperkte kring, in 'n tweedelige artikel deur Vybeke Pieters in die maandblad *Zuid-Afrika* (1997–98), maar kort hierna het sy ook op enigsins wyer vlak erkenning geniet in 'n uitvoeriger artikel oor haar lewe en werk deur Pieters & Schutte wat in 1999 in die *Tydskrif vir Wetenskappe* gepubliseer is.

Hierna het De Jeu in Nederland ook na haar verwys in haar studie oor 'netwerken en publicatiemogelijkheden van schrijvende vrouwen in de Republiek' oor die tydperk 1600–1750, wat in die jaar 2000 verskyn het,[316] alhoewel sy nouliks aandag trek te midde van die talle ander skrywende en digtende vroue wat hier behandel word. Die *Digitaal vrouwenlexicon van Nederland* (DVN), wat inligting bevat oor 'de opmerkelijkste vrouwen uit de geschiedenis van Nederland en zijn overzeese gebiedsdelen van de vroegste tijden tot circa 1850', het in 2009 egter 'n uitgebreide biografiese artikel deur Pieter van Wissing oor haar opgeneem,[317] en 'n artikel oor haar deur dieselfde skrywer het in 2011 in die *Arnhems Historisch Tijdschrift* verskyn.[318] Dit wil dus voorkom dat sy stadig maar seker aan die vergetelheid ontruk word, in elk geval sover dit Nederland betref.

Die beperkte aandag wat Aletta Beck sedert haar dood ontvang het, was egter van biografiese aard, en sy is steeds as digtende of as Gelderse vrou betrag. Slegs één keer oor 'n tydperk van nagenoeg driehonderd jaar het ook haar wérk aandag en implisiete waardering geniet, toe Gerrit Komrij drie van haar gedigte in sy besonder avontuurlike en katolieke bloemlesing insluit, naamlik 'Een klip in zee, een baak op strant', 'Klinkdicht' ('Wat dwaalt gij doffe Ziel') en 'Wint krakeel'.[319]

Dit is onwaarskynlik dat Aletta Beck se gedigte gou aandag in Nederland sal geniet, gesien die kompetisie wat sy ervaar van tientalle eietydse digteresse wat op die oomblik herontdek word; dog in die konteks van 'n ontluikende Kaaps-koloniale letterkunde en kultuur staan sy egter uit as eensame figuur. Daarby gee haar werk blyk van 'n heel eie persoonlikheid en is dit gekenmerk deur 'n eweneens eiesoortige toon. Dit verdien nadere en meer deskundige aandag as wat dit tot dusver ontvang het of in die huidige boek kan geniet, en dit is Suid-Afrikaanse literatore op wie die verpligting rus om verder ondersoek in te stel.

10.
'Dat cieraat van het Oosten':
Batavia en die Oosterse agtergrond

Nadat ds. Valentijn vir Aletta Beck in 1705 veilig by haar broer aan die Kaap besorg het, het hy en sy gesin hul reis voortgesit na Batavia, 'n feit waaraan daar op hierdie punt weer herinner kan word, want dit dien as aanleiding om iets meer te sê oor die veelvoudige verbintenisse wat dwarsdeur die VOC-tyd tussen die Kaap en die Kompanjie se handelsryk in die Ooste bestaan het.

In die loop van hierdie boek het die verskynsel wel by herhaling in die verbygaan te sprake gekom, met verwysings na kledingstowwe, houtsoorte, kossoorte, slawe, bannelinge, en persoonlike kontakte soos dié in die familie van Henricus en Aletta Beck; dog terloopse verwysings is ten spyte van hul kumulatiewe uitwerking nie voldoende om die intensiewe aard van hierdie kontak weer te gee nie.

Sover dit Valentijn betref, het hy ten spyte van die ambisieuse voornemens waarmee hy in 1705 opnuut uitgereis het, nie daarin geslaag om sy Maleise Bybelvertaling goedgekeur te kry nie, en bowendien het hy gebots met sowel Adriaan van der Stel, seun van Simon en jonger broer van W.A. van der Stel, wat goewerneur van Ambon was, as die destydse goewerneur-generaal, Abraham van Riebeeck, seun van Jan van Riebeeck[1]—insidentele gegewens wat opnuut toon hoe innig Kaapse sake ingevleg was in dié van die VOC se bestuurs- en handelsgebied as geheel.

Die gevolg van die struwelinge in hierdie verband was dat Valentijn in 1714 ontslaan en met sy gesin na Nederland teruggestuur is. Aan die Kaap het hy by dié geleentheid, sy vierde en laaste oponthoud, as lid van 'n groot geselskap Constantia besoek, wat skynbaar onbewoon was sedert die dood van Simon van der Stel twee jaar tevore; maar sy verblyf is grotendeels oorheers deur die ongesteldheid van sy dogter, wat in 'n stoel aan land gedra moes word, en hy kla uitgebreid oor die koste van hul verblyf.[2]

In Dordrecht het die Valentijns hierna stylvol gelewe, maar hy het in Nederland nooit 'n beroep gekry nie, alhoewel hy verskeie kere probeer het, en as gevolg van erfporsies wat hy ná sy vrou se dood moes uitbetaal, het hy finansiële probleme ondervind en was dit vir hom nodig om te besuinig. In 1717 moes hy sy rariteitekabinet verkoop, en twee jaar later die herehuis wat die gesin aan die Drapierskade (die huidige Wolwevershaven) bewoon het.

Naas allerlei kuriositeite het Valentijn volgens sy biograaf egter ook 'n groot kis na Nederland saamgebring 'die was volgepropt met manuscripten, kaarten, documenten en aantekenboeken', en aan die hand hiervan het hy hom in die jare ná sy terugkeer gewy aan wat in eerste instansie bedoel was om die omvangryke boek oor Ambon te word wat hy lankal reeds beplan het. In werklikheid het dit gou egter uitgegroei tot 'n ensiklopediese werk oor die hele uitgestrekte handelsryk van die VOC, vanaf die Kaap tot Japan, waar hy kompulsief alle inligting ingeprop het waaroor hy self beskik het of wat hy uit gepubliseerde of ongepubliseerde bronne of van persoonlike informante kon bekom.

Hierdie ensiklopediese werk sou oor die jare 1724–26 in 'n oplaag van 750–800 eksemplare verskyn onder die titel *Oud en nieuw Oost-Indiën*, in vyf dele oor agt foliobande verdeel,[3] 'n breedsprakige en verwarde maar uiters waardevolle werk wat 'n skatkis van inligting uitmaak oor die tyd en die plekke wat dit behandel, onder andere die Kaap. Laasgenoemde kom ter sprake in die tweede band van die vyfde deel, wat die titel dra *Beschryving van 't Nederlandsch comptoir op de Kust van Malabar, en van onzen handel in Japan, mitsgaders een beschryving van Kaap der Goede Hoope, en 't Eyland Mauritius*.

'Zoo buitengewoon is de massa stof door hem opeengestapeld,' het Busken Huet teen die einde van die negentiende eeu oor Valentijn geskryf, 'dat het nu levend geslacht, wanneer het met hem in kennis komt, zich tweemalen bedenkt alvorens hem te berispen';[4] terwyl Kalff die kompilasie aan die begin van die twintigste eeu 'een litterarisch reuzenwerk' genoem het, ''t welk door een drom van epigonen alleen in de onderdeelen is geëvenaard, als geheel nimmer overtroffen'.[5] Vroeg in die een-en-twintigste eeu is dit opnuut uitgegee in 'n faksimilee-uitgawe wat in 'n oplaag van 1800 eksemplare gedruk is.[6]

Die lewe en werk van ds. Valentijn dien hier egter slegs as gerieflike klein brug, een van vele wat gekies sou kan word, om die oorgang van die Becks en die Kaap na die VOC se ryk in die Ooste te vergemaklik. Wat volg, is 'n baie summiere en oppervlakkige skets van laasgenoemde soos dit in hulle tyd bestaan het, waarin daar sover doenlik gekonsentreer word op mense en gebeure wat met hul eie Kaapse wêreld verband hou.

Voorbeelde van die Kaap se noue verbondenheid met die handelswêreld van die Kompanjie, soos reeds in hierdie boek verstrek, en soos nogmaals geïllustreer deur die titel van Valentijn se werk hierbo, sou onbeperk vermenigvuldig kan word. Toe die Kaap in Augustus 1702 tyding gekry het van die oorlog in Europa, is die briewe van die Here XVII hieromtrent byvoorbeeld met 'n galjoot verder gestuur na 'Batavia, Colombo, Nagapatnam, Couchin, Ougli, Gamron en Suratte',[7] wat verwys na han-

10. Batavia en die Oosterse agtergrond

delsvestings van die VOC in die huidige Indonesië, Sri Lanka, Indië en Iran; en meer as 'n halfeeu later, toe die plakkaat teen 'pragt en praal' in 1754 in Batavia uitgevaardig is, kon die 'twaalfde titul', waarin die toepassing daarvan op 'de buyten comptoiren van India [Oos-Indië]' behandel word, heel vanselfsprekend verwys na 'Ceylon, Cornmandel [sic], Amboina, Banda, Ternaten, Macasser, Malacca, Javas Oostcust, Cabo de Goede Hoop, Mallabaar en Sumatras Westcust', in 'n enkele asem saamgevat.[8]

Die Kaap se bande met die Ooste en die regstreekse kontak wat Tafelbaai sowel met Batavia (Jakarta) as die hawestad Galle in Ceylon (Sri Lanka) gehad het, is op talle maniere in stand gehou, in eerste instansie natuurlik deur besoekende skepe, en die geweldige hoeveelheid besoekers waarom dit in sulke gevalle gegaan het, is reeds genoem.[9] Ongeveer die helfte van hulle was mense wat teruggekeer het uit die Ooste, en wat hier veral beduidend is, alhoewel dit nie altyd aandag geniet nie, is dat van die hoër amptenare aan boord dikwels gevra het om om gesondheidsredes of die bevalling van hul vrouens aan die Kaap te mag oorbly.[10] Hier het hulle dan dikwels vertoef totdat hulle met die volgende retoervloot 'n jaar later verder kon reis, en gedurende hul oponthoud is hulle tydelik in die plaaslike samelewing opgeneem, sodat hulle 'n verdere band met die Ooste verskaf het.

Nóg 'n beduidende band was die oorplasing van amptenare. Mens dink in hierdie opsig byvoorbeeld aan die stormvoël ds. Le Boucq wat die Kaapse gemeenskap agttien maande lank in beroering gehou het voordat hy teruggestuur is na Batavia; en kaptein Van der Laan met wie die Becks in 1709 na die warmbad in die Overberg gereis het, was sopas daarvandaan oorgeplaas en het binne enkele jare daarheen teruggekeer. K.J. Slotsboo, Aletta Beck se tweede man, het meer as drie jaar in die Ooste deurgebring voordat hy in 1698 vir 'n tweede keer in diens van die VOC uitgeseil en hierdie keer aan die Kaap beland het,[11] en die moontlikheid is trouens genoem dat haar eerste man, S.M. de Meurs, ook daar diens gedoen het.[12]

Dit is natuurlik die amptenare wie se loopbane met al hul meervoudige oorplasings die noukeurigste in die rekords vasgelê is en wat gevolglik die aandag trek; maar van tyd tot tyd word mens in stambome en genealogieë herinner aan die feit dat dit weduwees, dogters en susters van amptenare was wat met hul dikwels herhaalde huwelike omvangryke en komplekse netwerke van 'Kompanjiesfamilies' tot stand gebring en in stand gehou het wat dikwels ook meerdere kontinente oorspan het.

So vind mens in die konteks wat hier onder bespreking is Sebastiana Theodora le Boucq (in die rekords ook 'de le Boucq' genoem), wie se geboorte aan die Kaap in 1708 die oorsaak was dat haar vader nie eerder gedeporteer kon word nie,[13] wat agtereenvolgens getroud was met Jacob Lursenius, hoof van Saparoea, 'n klein eiland oos van Ambon in Indonesië, Jeronimus Cruse, koopman en fiskaal te Malakka in Maleisië, en Jan Schreuder, direkteur van Soerat in Indië, voordat sy in 1743 te Soerat in kraambed oorlede is.[14] Mens let hier veral op haar tweede man, wat self ook aan die Kaap gebore is as seun van 'n amptenaar en kleinseun van die destydse fiskaal, Joan Blesius, en lid van 'n wyd vertakte amptenarefamilie uitgemaak het.[15]

Sover dit laasgenoemde betref, is Blesius se dogter Gijsberta Johanna in 1723 getroud met die destydse goewerneur van Ceylon, Isaak Augustijn Rumpf,[16] terwyl Anna Henrietta van Beaumont, 'n dogter van een van haar susters en 'n ander Kaapse fiskaal, Cornelis van Beaumont,[17] in 1755 oorlede is as vrou van 'n latere bekleër van dieselfde goewerneursamp, J.G. Loten.[18] Loten sou die Kaap terloops drie jaar later op pad terug na Nederland as kommissaris aandoen.[19] François van Beaumont, wat moontlik familie sou kan wees, maar nie in die genealogieë aangegee word nie, is in 1722 op 24-jarige leeftyd in Colombo oorlede,[20] en 'n suster word weer genoem in 'n brief wat die destydse goewerneur-generaal, baron Van Imhoff, in 1744 aan sy neef Jacob Boreel in Amsterdam geskryf het.

> Volbergen, bij UWGeb. briefje van den 2en October 1743 op versoek van den Heer Karsseboom van Dordregt gerecommandeert, is reeds tweede administrateur of pakhuysmeester op het hooftcomptoir [*kantoor*] van Java, *stricte sic dictum* [*streng gesproke*] Samarang genaamt, en heeft de jongste dogter van wijlen den fiscaal Beaumont, suster van Loten's vrouw, getrouwt, sodat hem het ampt des te beter te passe gekomen is, want de vrouw heeft niets.[21]

Dit gaan hier om 'n nuwe aankomeling in Batavia wat deur Boreel by Van Imhoff aanbeveel is op versoek van ene Karsseboom, wat op sy beurt weer 'n guns aan een van Van Imhoff se swaers in Nederland bewys het. Die passasie gee dus 'n interessante insig in die werking van die VOC, en in die stelsel van invloed, begunstiging en nepotisme wat in die agttiende eeu waarskynlik sy hoogste bloei bereik het.

Die kinders van die opperchirurgyn Willem ten Damme is ewe goed as die Blesiusse aan die Kaap gebore, maar toe hy in 1714 oorlede is, was sy oudste seun, Hendrik ten Damme, in die Ooste,[22] en een van sy dogters het haar broer kort hierna gevolg met haar nuwe man, die regsgeleerde Maurits van Aarden.[23] Laasgenoemde sou uiteindelik raad van Indië word, en dertig jaar ná haar vertrek het Constantia Helena ten Damme as gesiene en geëerde weduwee na haar geboorteplek teruggekeer, soos reeds beskryf is.[24] Die oudste dogter van die amptenaar Willem Corssenaar en sy Kaaps gebore vrou is getroud met die latere goewerneur van die Kaap Adriaan van Kervel, maar hul seun, wat in 1702 gebore is, het na Batavia gegaan, en twee ander dogters is albei getroud met predikante in dieselfde stad.[25]

Minder bekend is miskien die geval van Anna Margaretha Möller,[26] aan die Kaap gebore en hier in 1687 gedoop as dogter van die vryburger H.C. Möller, stamvader van die familie waarmee Henricus en Aletta Beck ook verbintenisse gehad het.[27] Sy is eers getroud met ene Pieter van der Berg wat verbonde was aan die VOC se hoofkwartier te Negapatnam (Nâgapattinam) aan die Koromandel- of ooskus van Indië, en later, ná 1723, met Michiel Gallart,[28] opperhoof van die Kompanjie se nedersetting te Paliakatte (Pulicat) in Koromandel. Sy is in 1737 oorlede, en oor haar lyk in die Kompanjie se begraafplaas te Poelikat is daar 'n praalgraf in die vorm van 'n grafkoepel opgerig wat deur 'n moderne besoeker steeds as 'de opvallendste op deze begraafplaats' beskryf word.[29]

Ten slotte kan ook nog die obskure maar interessante geval genoem word van Christina Bouman, wat aan die Kaap gebore is as dogter van 'n welgestelde vryburger van Duitse herkoms en 'n Duitse moeder,[30] maar ná haar huwelik in 1711 met sersant J.H. Vos, eweneens 'n Duitser, uiteindelik in Batavia beland het, waar hul seun gebore is.[31] Met haar terugkeer na die Kaap as weduwee is sy met 'n Opperkoopman getroud en het sy opnuut na Batavia uitgereis,[32] maar sy is van haar tweede man geskei, en het haar weer aan die Kaap gevestig, waar haar seun in 1748 getroud is met die dogter van 'n Duitse immigrant en 'n oudslavin uit Bengale.[33] Daar moet onder die VOC nog meer gevalle soos hierdie gewees het; maar die besonderhede van hierdie familie het bewaar gebly omdat een van die seuns uit laasgenoemde huwelik die later bekende predikant M.C. Vos was.[34]

By huwelike soos hierdie was dit meestal seker die geval, soos met Daniël Nolthenius en sy bruid, Maria Judith Slotsboo, dat die bruidegom sy vrou tydens sy kort oponthoud aan die Kaap op pad na die Ooste leer ken het en hulle dus op baie kort kennisgewing getroud is.

Ewe goed is daar egter kinders van die Kaap na familielede in die Ooste gestuur wat hul belange kon bevorder, soos reeds genoem is; Jeronimus Cruse, byvoorbeeld, die fiskaal van Makassar, wat met Sebastiana Theodora le Boucq getroud is, en sy broer Johannes Jacobus, wat in diens van die Kompanjie mettertyd sou vorder tot kassier in Colombo, met die rang van Onderkoopman.[35] In soortgelyke trant het die Kaapse Weeskamer in 1724 versoek dat die sestien- of sewentienjarige Hendrik Diemer, 'n kleinseun van die stamvader, wat onder voogdy van sy swaer, die gewese burgerraad Frederik Russouw, gestaan het, by die VOC in diens geneem sou word: 'feels no inclination for farming, but is anxious to take a voyage to Batavia, where he has another brother-in-law.'[36]

Dit is net die meer aanskoulike gevalle van migrasie tussen Batavia en die Kaap, maar ook gewone vryburgers het met die nodige amptelike toestemming heen en weer beweeg, en in 1712 reeds moes die Raad van Indië opdrag gee 'geen behoeftige vrijluyden voortaan herwaerts te licentieeren, dewijl [aangesien] se gemenelijk [meestal] komen tot lasten der diaconije', oftewel deur die kerk daar onderhou moes word.[37]

Ook immigrasie uit die Ooste het by geleentheid plaasgevind: 'n toevallige voorbeeld wat uit Leibbrandt se uitgawe van die rekweste bekend is, is dié van Helena Douw, weduwee van Jacob Verhaijk, voormalige administrateur van Jaffnapatnam en kommandeur van Trinkomalee in Ceylon, wat in 1718 toestemming gevra het om by haar dogter te kom woon, wat getroud was met Pieter de Meijer, sekretaris van die Politieke Raad.[38]

Tot sover die betreklik kleinskaalse insidentele gependel van blankes tussen die Ooste en die Kaap. Baie gou in sy koloniale geskiedenis het egter ook geblyk dat die Kaap 'n gerieflike bestemming was vir almal wat die Raad van Indië om watter redes dan ook liefs uit die Ooste verwyder wou hê, maar nogtans onder toesig van die Kompanjie wou behou, en dit sou lei tot immigrasie op veel groter skaal. Terwyl hierdie groot en uiteenlopende groep bannelinge grotendeels uit Oosterlinge bestaan het, was daar ten minste één opvallende blanke banneling aan die Kaap gedurende die Becks se tyd, naamlik die Duitser Coenraad Frederick Hofman (Conrad Friedrich Hoffmann).[39]

Hofman het in 1685 as adelbors by die VOC in diens getree, maar is na die administratiewe diens oorgeplaas: hy het tot Opperkoopman en opperhoof van die Kompanjie se handelskantoor te Padang aan die weskus van Sumatra gevorder teen die tyd toe hy in 1717 saam met ses ander amptenare aangekla is van 'morshandel' of onwettige privaat handel waarby goedere ter waarde van 44 000 riksdaalders betrokke was. Onder die aangeklaagdes was daar terloops 'n Onderkoopman met die naam Vlasvath, wat herinner aan Tobias Vlasvath wat oor die tydperk 1677–82 aan die Kaap werksaam was as fiskaal, met die dogter van 'n prominente vryburger getroud is, en mettertyd na Batavia vertrek het:[40] ook hiér is daar moontlik dus 'n herinnering aan die onderlinge verbondenheid tussen die Kaap en die Ooste.

Naas betrokkenheid by verbode handel is Hofman ook van die vervalsing van resolusies beskuldig, en hy is veroordeel tot geseling en verbanning vir vyftien jaar. Vroeg in 1721, nadat sy appèl teen die vonnis van die hand gewys is, het hy met die jaarlikse 'rijst- of provisieschip' aan die Kaap beland, waar die teenwoordigheid van 'n betreklik senior amptenaar in hierdie omstandighede vir goewerneur De Chavonnes en sy Raad skynbaar 'n verleentheid uitgemaak het.[41] Daar is besluit dat hy vir groter veiligheid op Robbeneiland aangehou moes word, alhoewel dit nie nodig geag is om hom te keten nie, en in hierdie barre ballingsoord het Hofman, wat reeds in die vyftig moes gewees het, 'n onbestemde tyd te midde van misdadigers, bandiete en veroordeelde slawe deurgebring. Dit was toe Aletta Beck in die Tafelvallei gewoon het, haar man lid was van die Politieke Raad en sy dogters albei getroud is, en Henricus Beck nog predikant was in Stellenbosch.

Die plaaslike owerheid was Hofman skynbaar egter goedgesind, en teen 1725 was hy in elk geval op die vasteland woonagtig en het daar 'n dramatiese verandering en verbetering in sy situasie ingetree. Hy is naamlik toegelaat om 'n plaas van 176 morg in die Liesbeekvallei te koop, en hierna was daar niks in sy lewenstyl wat hom van die meer gegoede koloniste onderskei het nie, soos blyk uit sy boedelinventaris, 'n nogal verrassende dokument wat die indruk skep dat hy met behulp van die geld wat hy van sy swaer, 'n hoë amptenaar in die Ooste, ontvang het, 'n lewenstyl volgehou het soos dié waaraan hy daar gewoond geraak het. Wat die inrigting van die huis betref, was daar onder andere agttien stoele, twee rusbanke met hul matrasse, heelwat silwer, 'n taamlik groot hoeveelheid tafel- en bedlinne, en 'n verbasende hoeveelheid porselein: onder andere 85 borde, twintig skottels en sestien spoelkomme in die huis, en partye van 'n verdere 198, 38 en 28 borde onderskeidelik 'op solder'.[42]

Oor Hofman se klere kan mens geen oordeel vorm nie, aangesien die 'gemaakte klederen' ná sy dood na sy familie in Batavia gestuur is,[43] iets wat die betrokkenes in elk geval die moeite en onkoste werd geag het, maar in die inventaris lees mens van 22 paar katoenkouse, drie nuwe en agt ou pruike, vier rottangs, twee daarvan met goue knoppe, goue en silwerknope, ses brille, 'n verlakte skeerbekken, 'n kokertjie met drie skeermesse en 'n ivoorpypdoos, alles besittings van 'n deftige en gegoede man. Die 'partij boeken' wat genoteer is, is vreemd genoeg in die wynkelder aangetref, maar in die huis was daar '7 bossen schagten', wat vermoedelik op penskagte dui, en dat hy 'n ontwikkelde en oplettende man was, blyk uit 'n manuskrip met 'n titel 'Korte beschryving van de Kaap de Goede Hoop' wat uit sy nalatenskap behoue gebly het.[44]

Ten slotte was Hofman met sy dood in besit van twaalf manslawe en twee slavinne.

Hofman se besittings lyk só oordadig vir 'n alleenstaande man op 'n plaas dat mens geneig is om te vermoed dat dit vir 'n deel ook handelsgoedere behels het; maar aan die ander kant was hierdie lewenstyl ook nie buitensporig nie vir 'n voormalige Opperkoopman in diens van die VOC in die Ooste.

Wat spesiaal genoem moet word in 'n hoofstuk wat spesifiek oor Oosterse invloede gaan, is voorts al die Oosterse items wat in Hofman se boedel aanwesig was, in 'n nog meer opvallende verskeidenheid miskien as by die gewone Kaapse burger die geval was. In die volgorde waarin dit in die inventaris voorkom, vind mens hier naas die gebruiklike tekstielware en die reeds genoemde porselein ook Chinese kopergewigte, Japanse en siskabaaie (waarskynlik die kamerjasse wat mans destyds binnenshuis gedra het), 'linne Moorse rokken met broeken' (waarskynlik iets soortgelyks), sisspreie, Chinese seilgaring, kiaatbalke, saki (Japanse ryswyn), soja, nege sakke rys, Chinese dammers (harsfakkels), Indiese matte, 'Chineese taatjes, Indiese teeketels, 'n koper-ryspot en 'n bottel kajapoet-olie.

Die vendusie van Hofman se besittings het altesaam meer as 4000 riksdaalders (oor die 12 000 gulden) opgelewer, 'n beduidende bedrag.[45]

Hofman was getroud met ene Constantia Meijburgh, lid van 'n amptenarefamilie in die Ooste, wat ná sy verbanning met hul twee kinders daar agtergebly het, waar sy in 1722 oorlede is.[46] Dit wil voorkom dat sy seun in een of ander stadium na Nederland gestuur is vir sy opvoeding,[47] en moontlik het Hofman se dogter by dieselfde geleentheid by haar vader aangesluit aan die Kaap, dog sy is in 1733 oorlede.[48] In die inventaris is daar 'n opvallende hoeveelheid vrouklere gespesifiseer, waaronder agttien 'kabaaie', vyftien 'rokke' en agttien frokkies, en word genoem dat 'de gemaakte klederen van d'heer Hofman en desselfs overledene dogter' na Batavia gestuur is.[49]

Terwyl Hofman in die jaarlikse opgaaf of sensus steeds as 'gecondemneerde' of veroordeelde aangeteken is, is hy volgens mev. Cairns desondanks altyd as 'den heer', 'sieur' of 'sijn edele' aangedui. In 'n testament wat in 1726 opgestel is, het hy die vryburgers Johannes Needer, van wie hy sy plaas gekoop het, en Daniel Pfeil, Henricus Beck se 'Neev Pfeil' en vroeëre boerdery-vennoot, as eksekuteurs benoem, en hy was ook goed bevriend met die burgerraad Johannes Blanckenberg,[50] wat sy sake vir hom behartig het. Aangesien hierdie mans al drie vooraanstaande lede van die burgerbevolking was, gee hierdie inligting 'n aanduiding van Hofman se eie status in die gemeenskap.

Mev. Cairns skryf die aanvanklik strenge optrede teenoor Hofman en die verslapping wat mettertyd ingetree het toe aan die antagonisme van Frans Castelijn,[51] wat van 1715 tot 1727 direkteur-generaal in Batavia was.[52] Terwyl die aanklag teen Hofman en sy kollegas moontlik op inisiatief van Castelijn ingedien is, is die vonnis egter uitgespreek en uitgevoer onder Henricus Zwaardecroon, wat van 1718 tot sy aftrede in 1725 die amp van goewerneur-generaal beklee het, en onder wie daar oor die algemeen streng teen korrupsie opgetree is.[53] Moontlik is daar aan die Kaap egter gevoel dat die strengheid teenoor Hofman onder sy opvolger, Mattheus de Haan, verslap kon word.

Ongeag wie sy teenstanders was, is dit verder duidelik dat Hofman in die Ooste ook hoë konneksies gehad het, wat hulle ná Zwaardecroon se dood in sy guns sou kan laat geld het; in eerste instansie sy swaer Frederik Julius Coyett, wat Hofman volgens Hoge tydens sy verblyf aan die Kaap onderhou het, of hom in elk geval geld laat kry het.[54] Coyett was in feite 'n halfbroer van Hofman se vrou, maar soos Remmelink dit stel, was hy 'a descendant of a family of Company servants',[55] en hy het betreklik hoë posisies beklee, sodat hy 'n waardevolle kontak was.[56] Ná die dood van Hofman se vrou is hy dan ook as eksekuteur en voog van die egpaar se onmondige kinders benoem saam met 'n voormalige goewerneur van Ambon wie se naam deur mev. Cairns as 'Balthazar Cojett' aangegee word, maar wat waarskynlik lid was van dieselfde familie.

Teen 1736 is Coyett tot raad van Indië bevorder en het hy op die punt gestaan om in die huwelik te tree met Geertruid Margaretha Goossens, die weduwee van die vroeëre direkteur-generaal Michiel Westpalm. Hy is egter dieselfde jaar nog oorlede, en sy aanstaande bruid, wat reeds tot sy enigste erfgenaam benoem was, is binne enkele maande getroud met Johannes Thedens wat in 1741–43 as goewerneur-generaal sou dien. Volgens De Haan was sy 'waarschijnlijk eene mixtische', dit wil sê van gemengde herkoms, en daarby 'n besonder ryk vrou wat deur haar moeder onder andere diamante ter waarde van 85 000 riksdaalders geërf het. Onder die geskenke van Oosterse lekkernye wat die Kaap kort ná Hofman se dood nog uit Batavia bereik het,[57] was daar besendings nie net van haar nie, maar ook van niemand minder nie as 'sijn hoog edelheijt den edele grootagtbare here Abram Patras' wat kort tevore goewerneur-generaal geword het, maar voorheen lank op Sumatra diens gedoen en Hofman vermoedelik uit daardie jare geken het.[58] Teen die tyd van sy dood het Hofman se vriende en ondersteuners dus die allerhoogste range in Batavia bereik, ongelukkig nét te laat vir hom om nog daarby te kan baat.

Sover dit die situasie aan die Kaap betref, kan die verbetering wat omstreeks 1725 in Hofman se situasie merkbaar geword het in groot mate miskien ook toegeskryf word aan die feit dat De la Fontaine die vorige jaar vir De Chavonnes opgevolg het as goewerneur, terwyl die Kaapse fiskaal Cornelis van Beaumont, wat verantwoordelik was vir regspleging, in 1724 oorlede is en Adriaan van Kervel sy plek ingeneem het. Juis rondom hierdie tyd was daar dus 'n hele aantal veranderings in amptelike kringe wat Hofman kon geraak het.

Dit is terloops ook opvallend dat P.G. Noodt, wat volgens mev. Cairns lid was van die Raad van Justisie in Batavia wat in 1720 Hofman se appèl verwerp het,[59] dit nie nodig geag het om verder teen hom op te tree nadat hy in 1727 as De la Fontaine se opvolger uit Batavia aangekom het nie. Moontlik was daar verborge oorwegings by die veroordeling gewees wat die simpatie van tydgenote en mede-amptenare uitgelok het, of het die meeste senior amptenare maar net te goed geweet dat hulle self baie maklik deur 'n soortgelyke lot getref sou kan word.

Hofman se ballingskap het in 1735 formeel geëindig, waarna hy skynbaar in privaat hoedanigheid aan die Kaap aangebly het sonder om vryburgerstatus aan te vra, moontlik in afwagting van toestemming om na Batavia terug te keer: in elk geval verskyn daar geen gegewens vir hom in die plaaslike opgaaf of sensus nie.[60] In die winter van 1736 is hy egter oorlede,[61] en ná sy dood is die beduidende bedrag van 25 300 gulden na sy swaer oorgemaak. Vyf van sy slawe is in opdrag van sy testament ook arbitrêr soontoe verskeep, drie mans en die twee dogters van een van hulle, voorsien van 'eenige gedroogde vissen' en vyfhonderd pond rys 'tot provisie voor de reijse'.[62]

Ten slotte kan daar nog aandag gevestig word op 'n interessante dokument in die versameling 'Funeral notices' in die Kaapstad-argiefbewaarplek,[63] naamlik 'n sogenaamde 'oplees rol' of begrafnislys vir 'n begrafnis wat in 'n latere hand geannoteer is 'Order of funeral procession, 1736', met die opmerking dat die lys self in die handskrif van Hofman se vriend Johannes Blanckenberg opgestel is.[64]

Om wie se begrafnis dit gaan, word nie gesê nie, maar die 'bloed vrinden' of naaste verwante wat onmiddellik op die kis gevolg het, was (soos hul name daar gespel is) Coenrad Fredrik Hofman, Fredrik Julius Coyet en Johannes Fredrik en George Melchior Hofman, gevolg deur goewerneur De la Fontaine en die hele Politieke Raad, die plaaslike predikante, met inbegrip van 'den eerw. heer Henricus Bek', en wat lyk soos die voltallige Kaapse amptenary, alhoewel laasgenoemdes interessant genoeg bloot met hul name hier aangeteken is, sonder die gebruiklike vermelding van rang of amp. Die eerste twee name onder die 'bloedvriende' dui klaarblyklik op Hofman se gelyknamige seun en sy swaer, en aangesien dit onmoontlik is dat hulle betyds uit die Ooste sou kon oorgekom het om sy begrafnis by te woon, is hul name waarskynlik net as formaliteit op die lys aangeteken. Dit is dus moontlik dat hierdie stoet werklik die roubeklaers op Hofman se begrafnis aangee, wat in nie-amptelike hoedanigheid daar verskyn het, 'n gebaar wat as 'n uitsonderlike blyk van agting, solidariteit of eerherstel vertolk moet word.

Hofman se seun het die Kaap in die winter van 1737 aangedoen op pad terug na Batavia met die rang van Onderkoopman, en die goedere wat van sy vader se boedelvendusie oorgebly het, is toe aan hom oorhandig.[65]

Interessant soos wat Hofman ook is, was hy as blanke en as amptenaar egter 'n uitsondering op die reël wat bannelinge betref, veral aan die Kaap, want die meeste mense wat formeel hierheen verban is, was Oosterlinge, en hoofsaaklik afkomstig van die Indonesiese argipel, Ceylon en die Koromandel- of ooskus van Indië.[66]

'n Taamlik willekeurige voorbeeld van 'n politieke banneling uit dié tyd, wat in hierdie besondere konteks egter ook nie heeltemal irrelevant is nie, is *pangéran* of prins Saloringpasar ('Loring Pasar'),[67] seun van Pakoeboewana I, *soesoehoenan* of sultan van Mataram op Java, wat na bewering met Balinese opstandelinge aan 'n komplot teen sy vader deelgeneem het.[68] Op versoek van sy vader, wat 'n bondgenoot van die VOC was, het laasgenoemde hom in 1715 dus op sy gebruiklik hooghartige en arbitrêre wyse na die Kaap verban.

Wanneer dit gaan om gevalle soos hierdie, waarvan daar gedurende die Kompanjiestyd talle was, was dit egter nie 'n kwessie van 'n handjie vol ongeletterde Oosterse oproermakers nie. Mataram het byvoorbeeld 'n heel eie kultuur en 'n komplekse bestuurstelsel gehad, en die bannelinge wat hulle so onverwags op *Poelo Kap* of 'Kaapeiland' bevind het, was lede van die hoogste inheemse adel, slagoffers van 'n eindeloos verwikkelde en uitgerekte reeks intriges, vetes en komplotte in en óm hofkringe

Iets van die wêreld waaruit die groepie Mataramse bannelinge van 1715 afkomstig was, kan geïllustreer word deur 'n beskrywing van die stoet waarmee die *soesoehoenan* 'n generasie later, in 1739, op 'n amptelike pelgrimstog na die grafte van sy voorvaders vertrek het, gekleed in 'n Nederlandse pak van swart fluweel met wit leerhandskoene, en met 'n kroon van soliede goud oor sy 'Maleise muts'. Hy was gesete in 'n kar wat deur twaalf buffels getrek is, voorafgegaan deur 'n olifant, oskarre met bagasie, vier staatsieperde met geel behangsels, tweehonderd piekeniers in geel, tweehonderd musketiers in skarlaken en vyf geslote draagbare wat die vroue van sy gevolg bevat het. Die stoet agter hom het bestaan uit die Mataramse prinse en 'n Europese erewag te perd, twintigduisend [sic] piekeniers en 'n duisend musketiers te perd en te voet, 'dressed in Javanese manner in yellow, red and blue skirts and hats,' in Remmelink se samevatting, 'marching in ranks and files under more than one hundred [and] fifty silken banners and flags'.[69]

Ten einde sy eie handelsbelange te kan verdedig, het die VOC in Mataram soos elders noodgedwonge nóú by alle interne intriges betrokke geraak,[70] en dit was byvoorbeeld in die loop van hierdie verwikkelings dat kaptein Dominicus de Chavonnes ná sy oorplasing van die Kaap in 1718 sy lewe verloor het.[71] P.G. Noodt was as kommandeur van die noordooste van Java besig om onderhandelings met Mataram te voer toe hy in 1726 berig ontvang dat hy tot goewerneur van die Kaap bevorder is,[72] en F.J. Coyett, swaer van die banneling Hofman, is in 1730 as gesaghebber van die Kompanjie te Semarang in Oos-Java aangestel en as ambassadeur na die hof van die *soesoehoenan* afgevaardig.[73] Wat mens aan die hand van Kaapse bannelinge soos Saloringpasar te sien kry, is met ander woorde slegs insidentele flitse uit 'n groter werklikheid.

Saloringpasar het die Kaap bereik met 'n groepie van twaalf of veertien volgelinge wat sy moeder, twee eggenotes en skoonmoeder ingesluit het,[74] en is aanvanklik in die Kasteel aangehou. Daar is egter opdrag gegee dat hy in die binneland geplaas moes word, 'om alzo geen ockagie [*geleentheid*] te hebben den een ofte anderen tijd met een vreemd schip te eschapeeren [*ontsnap*]',[75] en daar is op Stellenbosch besluit, sodat hy regstreeks onder toesig van die landdros sou staan.

Dit was in die tyd toe Henricus Beck hier predikant was, en die huis van Beck se aangetroude familielid en vennoot Daniel Pfeil is vir 'n bedrag van 1500 gulden vir die bannelinge aangekoop, 'n kwessie waaraan die Politieke Raad heelwat aandag bestee het. Dit het bestaan uit 'n 'bequaam voorhuijs' met 'n 'kleen kamertje tot bottelarij [*spens*]', twee sykamers en 'een gemakkelijke keuken [*kombuis*] regt agter het voorhuijs', asook 'n afsonderlike stal vyftien by dertig voet groot wat vir lede van die prins se gevolg ingerig kon word. Die geboue het op twaalf morg grond gestaan, 'daar goed koorn en wijn van kan werden getrokken', aan die oewers van die Eersterivier.[76]

Volgens Remmelink moes die *soesoehoenan* vir die onderhoud van hierdie bannelinge betaal;[77] volgens eietydse Kaapse rekords is hulle voorsien van 520 pond rys, en sou hulle voorrade teen kosprys uit die Kompanjie se magasyn kan kry.

Mettertyd het 'n ander seun van Pakoeboewana, *pangéran* Dipanagara ('Dipa Nagara'), wat weens sy geleerdheid op die gebied van die godsdiens en mistiek 'n besondere reputasie geniet het, die titel van 'n messianiese koning aangeneem en hom op sý beurt teen sy vader se gesag gekant.[78] Ook hý is ná die onderdrukking van die rebellie deur die VOC gevange geneem, volgens homself deur toedoen van een van sy broers, en in 1723 na die Kaap verban, 'to remain away as long as the latter lived, that he might be rid of him for good':[79] hy het hier aangekom ná 'n rampspoedige reis, in die loop waarvan sy twee vroue, sy drie seuns en twee van sy dienaars om die lewe gekom het. Op twee ander skepe wat die Kaap in hierdie tyd aangedoen het, was daar verdere groepies verbanne rebelle wat deur die VOC as besonder gevaarlik beskou is, sodat hulle geketen en oor afsonderlike werkplekke in die Kompanjiestuin, Nuweland en Rondebosch versprei moes word om daar by die arbeiders ingeskakel te word.[80]

Aan Dipanagara en sy behoeftes het die owerheid heelwat minder aandag geskenk as aan sy broer, en daar is skynbaar taamlik summier aangeneem dat hy in sy ballingskap deur laasgenoemde onderhou sou word: dit was in elk geval eers jare later dat die Kompanjie die *soesoehoenan* gevra het om vir sy onderhoud te betaal.[81] Saloringpasar kon egter nouliks homself en sy gevolg na behore onderhou, en teen die herfs van 1724 moes Dipanagara hom reeds by die owerheid oor sy lot bekla met 'n heftigheid wat klaarblyklik as onbehoorlik beskou is vir iemand in sy posisie: die notule van die Politieke Raad het dit oor sy 'turbulent en onvoorsigtig gedrag' en 'oneerbiedige behandelingen tegens de E. Comp.'[82] Hierteenoor kon die ongelukkige banneling egter slegs volhou dat sy herhaalde versoeke om hulp, soos hy dit noem,

> nergens anders vandaan waren gekomen als van de groote nood, honger en gebrek die soowel hij als zijne vrouwen en kinderen quamen te leijden, dewelke dan oorsaak waren geweest van zijn aandringend smeken en aanhouden om onderhoud, waar [hij] alsnog volherde [*volhard*].[83]

Die VOC was egter nooit geneë om onnodig geld uit te gee nie, en die Kaapse owerheid was reeds nie baie ingenome oor die feit dat hulle Loring Pasar moes onderhou nie.[84] Dit het nog enige weke geduur voordat die Politieke Raad dit goedgevind het om elkeen van die bannelinge veertig pond rys per maand toe te staan, wat die rantsoen van die Kompanjieslawe was, 'en dat tot beetere deckinge van haar [*hul*] lichaam tegens de aannaderende koude aan haar zal werden afgegeven zoodanige kleedinge als aan 's Comps. lijfeijgenen werd verrigt'.[85]

Teen 1733 is die twee adellike bannelinge, wie se broer teen hierdie tyd 'Keijser van Java' geword het, soos die VOC dit genoem het,[86] toegelaat om na die Tafelvallei te verhuis,[87] met ander woorde gedurende die bewind van goewerneur De la Fontaine en terwyl Henricus en Aletta Beck albei hier gewoon het: hulle was dus onsigbaar aanwesig in die gemeenskap wat in hierdie tyd deur sowel Mentzel as die Lammens-susters beskryf is. Albei mans was egter al bejaard, en hulle het die owerheid gereeld versoek om na Java te mag terugkeer. Saloringpasar, wat sestig jaar oud was en die Kaapse winters besonder kwaai gevoel het, is oorlede voordat die benodigde toestemming uit Batavia ontvang is en een van sy vroue is dood terwyl die oorblywende lede van die groepie hulle op hul terugkeer voorberei het: in 1737 het sewentien mense uit sy gevolg egter die terugreis aangepak, en die prins se lyk met hulle saamgeneem.[88]

In dieselfde jaar is daar uit Batavia toestemming verkry om 'n maandelikse toelaag van 13 riksdaalders (39 gulden) aan Dipanagara uit te betaal 'uijt consideratie sijner behoeftigheijd en armoede',

> dat de helft is van hetgeene sijnen overleedenen broeder, Loring Passir, genoten heeft, waarmede men oordeelt dat hij het, ten alderspaarsaamste gereekent, voor hem en de sijne [*sy mense*] ter deeser plaatse, daar alles soo[wel] van

huijshuur als andersints seer duur valt, maar eventjes suijnig huijshoudende sal kunnen uitschieten [*uitkom*].⁸⁹

In 1743 is sy versoek aan Van Imhoff om met sy vrou, seun en vier kleinseuns na Java te mag terugkeer egter nog van die hand gewys, alhoewel hy daarop gewys het dat sy broer die *soesoehoenan* op wie se aandrang hy verban is reeds sestien jaar tevore dood is.⁹⁰

Die individue met hul gesinne en volgelinge waaroor daar op hierdie wyse uitgewei is, was egter slegs verteenwoordigers van meerdere groepe bannelinge wat dwarsdeur die VOC-tyd na die Kaap verskeep is, en wie se lot in ballingskap dikwels nog heelwat meer kommervol was as dié van die Javaanse prinse in Stellenbosch. Sommige van hierdie Oosterse aristokrate en howelinge het trouens nes C.F. Hofman in die mees troostelose omstandighede as bandiete op Robbeneiland beland, alhoewel die eiland in die eerste plek as strafkolonie vir veroordeelde misdadigers bedoel was. Hierdie verskynsel het toegeneem, en teen 1760 het dit so 'n probleem geword dat daar onder goewerneur Tulbagh besluit sou word om 'n spesiale huis op die eiland te laat oprig waar 'inlandse ballingen van distinctie' ondergebring sou kan word, 'afgesondert van d'ordinaire ballingen'.⁹¹

Terwyl daar in bogenoemde gevalle nog politieke redes vir die verbanning aangegee kon word, hoe vaag van aard hulle miskien ook was, kon mense onder die VOC op nog meer summiere wyse na die Kaap versend word. Heel tipies het Cornelis Chastelein, 'n raad van Indië wat in 1714 oorlede is, in 'n geskrif oor plaaslike probleme in Batavia byvoorbeeld 'bondig en afdoende', soos sy redakteur dit beskryf, aangedui hoe om 'de veiligheid van personen en goederen' in die omgewing van die stad te verseker.

> De slechtste sujetten [*individue*] had men eenvoudig op te pakken en zonder vorm van proces [*verhoor*] naar de Kaap te transporteeren. Dit zou een heilzamen indruk maken en iedereen de overtuiging schenken dat het der regeering ernstig gemeend was.⁹²

In dieselfde gees is daar in 1732 besluit om alleenlopende Chinese arbeiders in Batavia of Ceylon wat as gevaar vir die gemeenskap beskou is na die Kaap stuur,⁹³ en in 1722 is oproerige studente van die Kompanjie se kweekskool vir inlandse predikante in Ceylon daarmee gedreig 'naar de Caab te sullen gebannen werden indien zy by hare roerloosheid blyven volharden'.⁹⁴

Die bannelinge aan die Kaap het egter nie net politieke oortreders en ander ongewenstes ingesluit nie, maar ook veroordeeldes, misdadigers en uitgesproke kriminele tipes. In eerste instansie was verbanning natuurlik 'n praktiese manier om veroordeeldes te verwyder en is dit op willekeurige wyse op hulle toegepas; maar dit kon ook eksplisiet as onderdeel van die vonnis voorgeskryf word. 'n Plakkaat wat in 1721 teen onwettige koffiehandel in Ceylon uitgevaardig is, het byvoorbeeld bepaal dat oortreders 'voor de eerste maal gegeesseld en voor den tijd van tien jaaren na Caab de Goede Hoop gebannen werden'.[95]

Sommige van hierdie bannelinge het hul verdere lewens in gevangenskap geslyt, aangesien niemand bewus was van die feit dat hulle hul vonnis uitgedien het nie, en 'n aantal willekeurige gevalle kan hier gebruik word om die hele groep te verteenwoordig: dit gaan om mense wat in 1743, tydens die oponthoud aan die Kaap van goewerneur-generaal Van Imhoff, versoek het om na die Ooste te mag terugkeer, en wie se versoeke in Leibbrandt se vertaling om chronologiese en alfabetiese redes toevallig sáám beland het en sodoende die aandag trek.

> Braim, Dagang and Saual, free Malays, had for certain misdeeds been banished hither 13 years ago; they pray for pardon, and permission to return to Java.
>
> Bappa Tampar of Java, banished hither 3 years ago for some crime; suffers much; asks for pardon, and permission to return to Batavia.
>
> Beppa Klimarij Jamali of Mandaar, and Daniel of Sumbawa, had been banished hither for some crime; had suffered much, but had been obedient in every way. They pray to be pardoned, and sent back to Batavia.[96]
>
> (…)
>
> Derpa Wangsa and War Jadita, both free Javanese, had for certain misdeeds, 18 years ago, been banished hither; had since passed their lives in great misery and poverty, and as wanderers, not knowing to whom to turn in the midst of their misery, they therefore with folded hands and bended knees, humbly pray to be pardoned, and permitted to return to Batavia.
>
> Djoa Djewa and Ombak, free Javanese, were banished hither 20 years ago for some crime. Ask for pardon, and permission to return to Batavia.
>
> Daijn Toada, a free 'Boegis' [*Boeginees*], banished hither 5 years ago; asks for pardon and permission to return to Batavia, with his wife Batar of Mandaar and 3 children.
>
> Dangin of Bali, free woman, had 5 years ago, for some crime, been banished hither; asks for pardon, and permission to return to Batavia.[97]
>
> (…)
>
> Jannas of Tagal; is now 19 years in banishment here, while his sentence was 10 years; all these 9 years he has been serving the company (as convict). He looks upon the Governor-General (Van Imhoff) as a King placed to rule over them, and as the saviour of himself and his fellow-sufferers, and if he does not help them as the ruler appointed by God, there will be no help for them at all; he prays that he may be allowed to return to Batavia.
>
> (…)
>
> The Chinaman Hakko, and 37 others, banished hither from Batavia. The first eight had served here in chains their term of punishment, and are now

earning their living as free persons; the rest are still serving their time, and beg to be pardoned. All ask permission to return to Batavia.[98]

Dit is 'n uitvoerige reeks aanhalings, al verteenwoordig dit slegs 'n deel van die versoek wat deur bannelinge aan Van Imhoff gerig is: dit is egter slegs deur die kumulatiewe uitwerking van opgestapelde gegewens soos hierdie dat die omvang van die verskynsel van ballingskap geïllustreer en die wesenlike rol van Oosterse bannelinge en bandiete in die agttiende-eeuse Kaapse gemeenskap enigsins duidelik gemaak kan word. Al hierdie mense was terloops afkomstig uit dele van die Indonesiese argipel, terwyl Hakko en sy metgeselle vermoedelik lede was van die Chinese gemeenskap in Batavia.

Die beslissing in bogenoemde geval is aan die owerheid in Batavia oorgelaat.[99]

Selfs al die hand van die beperkte en willekeurige inligting oor die onderwerp van Oosterse ballingskap wat sonder argivale navorsing geredelik beskikbaar is, sou dit moontlik wees om op verbasende wyse oor die onderwerp uit te wei, en dit sou die moeite werd wees om dit te doen ten einde 'n idee te probeer gee van hoeveel ballinge daar in werklikheid op enige gegewe oomblik gedurende die agttiende eeu aan die Kaap aanwesig was. Hier moet egter volstaan word met 'n enkele reeks verdere voorbeelde, hierdie keer uit 1751, naby die einde van die tydperk wat in hierdie boek behandel word.

In hierdie jaar is vyftien bandiete op Robbeneiland aangekla van 'wreede conspiratie ter vermoordinge van alle ten voormelten [*voorgenoemde*] eijlande en op dies schuijt bescheijdene [*geplaaste*] Europeesen'. Agt van hierdie mans was Boeginese, twee was afkomstig van Makassar, en een elk van Boeton, Padang, Ternate en Mandar, almal plekke in die Indonesiese argipel, terwyl een afkomstig was van 'Portovara', wat nie geïdentifiseer is nie; vermoedelik was dit Porto Novo (tans Parangipettai) aan die Koromandelkus van Indië. Veertien het hul verklarings in Maleis afgelê en die vyftiende in Boeginees, alhoewel hy klaarblyklik ook Maleis verstaan het.[100]

In dieselfde jaar kom daar in die aanverwante dokumentasie ook verwysings na die volgende individue voor.

> Robbo van Batavia, 'vrij Boutonder [*van Boeton*], volgens vonnis van heeren scheepenen tot Batavia de dato 27 Mei 1739 voor vijf en twintig jaaren in de ketting gecondemneert'.
>
> Joerbattow, Toermoedi, Tannowar, Toecoeba, Ladoe—'alle vijf over zeeroverij bij vonnis van de E. agtb. Raad van Just[itie] des Casteels van Batavia v[an] d[en] 17 Julij 1748'.
>
> Radja Boekit, 'geweesen Regent van Padang, blijkens Extract uijt de generale Resolutien des Casteels Batavia de dato [*gedateer*] 26 Junij 1749 weegens rebellie tot nader dispositie herwaarts gerelegeert [*verban*] (…).

Carre Toijeeng en Crain Mangalon, 'in de wandeling [*algemeen*] op 't Eijland gen[aam]t Djan Maarowang, beijde in de ketting [*geketting*] van Macassar naar Batavia gesonden, den eerst gem[elde] volgen sententie [*vonnis*] van den Macassaarsen Raad van Justitie de dato 20 Des. 1749, en den laatstgen[oemde] ter saake van gepleegte geweldenarijen (…) herwaarts gerelegeert'.

Daing Mangenam, 'Macassaars prins, bij missive van haar wel Ed. groot agtb. de heeren van de hooge Indische regeering sub dato 25 Nov. 1749 aan deese Regeering aangeschreeven om alhier tot naader ordre van haar Hoog-Edelens als een gevangen van staat aangehouden, en aan deselven maandelijk tot sijn onderhoud verstrekt te werden thien Rijksd[aalder]s.'[101]

'Crain' (*karaéng*) was 'n adellike titel in Makassar wat koninklike herkoms aandui. Die plekke waarna hier verwys word, was almal in die Indonesiese argipel, en die 'Eijland' was Robbeneiland.

In die konteks van Van Imhoff se besoek is daar ten minste op amptelike vlak 'n mate van elementêre aandag aan die situasie geskenk; dog meer dikwels is veroordeeldes eenvoudig aan hul lot oorgelaat en het hulle tot hul dood aan die Kaap gekwyn. Sommige van hulle het ná die uitdiening van hul termyn van ballingskap of vonnis hier aangebly, soos die agt Chinese wat hierbo genoem is, waar hulle saam met die vrygestelde slawe in die ontwikkelende gekleurde gemeenskap opgeneem is en daarin verdwyn het. In die mate dat dit om misdadigers en afwykendes gaan, het hulle natuurlik 'n beduidende kriminele element tot die klein plaaslike samelewing bygedra en die reeds bestaande peil van misdaad en geweldpleging in die hawestadjie verhoog.[102]

'Regarding the convicts sent annually from Batavia, Ceylon and other places,' het die Politieke Raad in 1715 reeds aan die XVII geskryf, in 'n brief wat Ward in Engels aanhaal,

> we wish to state that we are being swamped with the rascals, this year again we received twentyone and if it continues at this rate, the number will increase to such an extent that they may do a deal of mischief by running away, as has often occurred[,] to the interior. They daily urge the slaves to run away and even provide them with arms. Further such people are very dangerous should an enemy attack the place and we wish you to consider whether for the future safety of the settlement it would not be advisable to locate these convicts on some convenient spot in India [*Oos-Indië*].[103]

Vir Batavia en Ceylon was die Kaap egter 'n veel te gerieflike ballingsoord om sonder meer prys te gee, en in 1749 moes die Politieke Raad nog in dergelike trant vra om die ballinge en veroordeeldes ná uitdiening van hul vonnisse na hul plekke van herkoms te mag terugstuur, aangesien hulle 'in het hijmelijk veel quaad komen

10. Batavia en die Oosterse agtergrond

te pleeg en, ja, dat deselve in der tijd om hun groot getal seer gevaarlijk voor de rust deeser Colonie souden kunnen weesen'.[104]

Veral die lede van Chinese kolonies in die Ooste wat op hierdie manier aan die Kaap beland en hulle mettertyd hier gevestig het, het 'n ongunstige reputasie verkry, tereg of nie, en die Fransman De la Caille, wat gedurende 1751–53 twee jaar hier deurgebring het, noem onder die vernaamste griewe van die koloniste, naas die verbod op vrye handel en die verbod op die Luthersse erediens, 'that Chinese banished from Batavia are allowed here, who live only from the thefts made by the slaves, buying and reselling the stolen goods'.[105] Dit is egter ewe moontlik dat Chinese kleinhandelaars vir die blankes 'n ekonomiese bedreiging uitgemaak het.

Die oorplasing van amptenare en die verbanning van misdadigers en ander ongewenstes was 'n kwessie van die Kompanjie se voordeel en gerief. Hiernaas was die Kaap egter in 'n aansienlike mate van die Ooste afhanklik vir 'n verskeidenheid handelsartikels, waarvan slawe waarskynlik die prominentste was en waarskynlik 'n heelwat groter invloed op die daaglikse lewe uitgeoefen het as amptenare of besoekers.

Dwarsdeur die Kompanjiestyd het opseilendes op skepe uit die Ooste slawe saamgebring om aan die Kaap te verkoop, maar dit is 'n geskikte plek om aan die feit te herinner dat hierdie verkeer ook in die teenoorgestelde rigting plaasgevind het, sy dit op heelwat kleiner skaal, wanneer emigrante of oorgeplaaste amptenare hul slawe na die Ooste saamneem, en hierdie groepie kon mense insluit wat aan die Kaap gebore was.

Die geval van die vyf slawe wat volgens C.F. Hofman se testament na sy swaer gestuur moes word, is reeds genoem, en in 'n hofsaak wat in 1739/40 in Batavia plaasgevind het, is daar verwys na die 28-jarige 'Harman van Cabo de Goede Hoop', ook bekend as Aron Papoea, wat aan die weduwee 'Elizabeth Angelica Burlamachi' behoort het.[106] Waarskynlik gaan dit hier om die weduwee van die voormalige Kaapse sekunde, Abraham Cranendonk, wat oor die jare 1715–21 hier diens gedoen het, en Harman is moontlik in hierdie tyd as kind aangeskaf en deur die weduwee saamgeneem toe sy teruggekeer het na die Ooste. Ward vermoed egter dat sy bynaam op 'n herkoms in Nieu-Guinee dui, en in dié geval sou die toponiem 'van die Kaap' nie die plek van geboorte aangee nie, maar dié van onlangse herkoms, soos meerdere kere met slawename die geval blyk te wees.

Die handelsgoedere wat uit die Ooste verkry is, het egter ook 'n wye verskeidenheid gebruiksartikels ingesluit, wat in eerste instansie amptelik deur die Kompanjie ingevoer is: belangrik in hierdie geval was veral die kolonie se rysvoorraad, wat jaarliks deur 'n 'rysskip' uit Batavia voorsien is, dog daar is ook terloopse verwysings na ander goedere soos katoenstowwe, peper en Javaanse rottangs,[107] en na die porselein wat in hierdie tyd so algemeen gebruik is.

Wat die Kaap betref, is porselein as roetinesaak van Batavia gestuur, en slegs in 1751 is daar by wyse van uitsondering porselein spesifiek vir die Kaap bestel en as sodanig in die skeepslyste aangeteken, naamlik tweeduisend borde, seshonderd middelslag skottels, tweehonderd groot komme en vierhonderd kleineres, met 'n totale waarde van meer as 1000 gulden. 'n Deel van hierdie bestelling het intak behou gebly, aangesien die *Geldermalsen* wat dit vervoer het tussen Kanton en Batavia gesink het en sy vrag meer as tweehonderd jaar later vir 'n groot deel geberg kon word.[108] Interessant genoeg het dit hierby nie soseer om kosbare versamelobjekte gegaan soos dié wat vir die Europese mark uitgevoer is nie, maar om items vir alledaagse gebruik, 'crudely painted provincial bowls and saucers' in Carswell se woorde,[109] of 'plates, dishes and bowls made regionally in South China of thick porcelain or stoneware', soos Jörg dit beskrywe.[110]

> There are dishes with a dragon amid flames, dishes with flowersprays and a few dishes with a decoration of two fishes. The small bowls show four varieties in decoration: stylised flowersprays, peonies, precious objects and a river landscape. The bigger bowls have crudely executed flowersprays.[111]

Informeel is die invoerhandel egter ook deur individuele amptenare en vryburgers in privaat hoedanigheid bedrywe, en moontlik op selfs nog groter skaal, en dit is waarskynlik deur hulle dat fyner porselein, met inbegrip van ornamente, die Kaap bereik het.[112]

Hierby was ander handelsware inbegrepe, en volgens sy brieweboek oor die jare 1733–34 het die Kaapse amptenaar J.N. von Dessin deur bemiddeling van die stuurman en latere kaptein Arij van Stolk 'n uiteenlopende maar kenmerkende aantal goedere uit die Ooste bestel.

> Een draagstoel met boomen op sijde [*draagstokke aan die kante*]; twee Chinees Japanse sommereelen [*sambrele*]; een canasser [*kanaster*] wit poeijer zuijker; do. [*dieselfde*] candij[zuijker]; twee pickol [*gewig*] coffijboonen; drie stukken rood gingan [*katoensoort*]; een duijsent lb. [*pond*] witte tafelrijst; do. gemeene [*gewone*]; wat sago, laxa [*noedels*], vogelnestjes; wat atchiar [*atjar*] en confeijt in soort [*gesorteer*].[113]

En by 'n ander geleentheid, in dieselfde konteks:

> Twee volwassene slaave jongens van een goede caste, soo 't voegelijk geschieden kan [*doenlik is*], of een kok, of een timmerman, of een kleermaker, of een metselaar, liefst dat sij bijde differente [*verskillende*] ambagten hebben. Een slaave meijd van een goede caste, die wel [*goed*] naaijen kan.[114]

'De volgende goederen sijn seer profitabel [*winsgewend*] voor de Caabse negotie [*handel*],' berig Von Dessin elders in algemene trant, op 'n wyse wat daarop dui dat hy die goedere nie net vir eie gebruik bestel het nie, maar soos feitlik alle Kapenaars ook kleinhandel bedrywe het:

> blaauwe en ruuwe zijlkleeden [*seildoek*]; blaauwe sal[em]poerissen [*soort sis*]; jatij [*kiaat*] balken en planken; groove Japanse schootels en tafelborden in soort; groote groove stucken wit linnen, 't welk anders wit guinees of goede maanden linnen genoemt word, van 48 à 50 ellen; voerchitsen [*voersis*] met swarte en roode gronden; slaave jongens; bruijne porceleijne coffij en theegoed tot negotie voor de Deenen; coffij boonen worden hier bij 't gros of de pickol teegens 6 à 7 stwe. [*stuiwers*] 't lb. betaalt.[115]

'Guinese linne' of 'guinees' was 'n growwe tekstielsoort wat algemeen in die handel met Wes-Afrika gebruik is, en kennelik ook deur die plaaslike soldate en matrose aangekoop is wanneer hulle hul sesmaandelikse kontantuitbetalings of 'goeie maande' ontvang.

Dat Von Dessin se handelskontakte met die Ooste nie uitsonderlik was nie, word getoon deur die boedelinventaris van die eweneens gegoede Debora de Koning, weduwee van die ekwipasiemeester Jacobus Möller, toe sy in 1748 oorlede is,[116] want sy was in soortgelyke transaksies verwikkeld. Onder haar nalatenskap was daar sestien stukke 'Kustguinees' van 'd'heer Jan François Rijnjak tot Batavia', 'ter verkooping herwaarts gesonden', en van 'd'heer Anthonij Dernout in Bengalen' die volgende, met dieselfde annotasie: 73 stuks 'doesoetijs of fijne zijlkleeden', 208 stuks gekleurde en 92 stuks swart voersis, twaalf stukke Pattanase sis en tweehonderd stuks fyn wit bafta.

Daar was egter ook drie Oosterse slawe onder Debora de Koning se handelsware: April van Bengale en Fortuin van Nias is waarskynlik deur repatriërendes hier agtergelaat om verkoop te word, want hul eienaars was in Nederland; maar die derde was '1 slaave jonge volgens aanschrijvens Toemiga gen[aam]t, dog volgens dies jongens seggen gent. Fortuijn, met 't schip 't *Huis den Duyne* ter verkoopinge herwaarts gesonden', en hy was die eiendom van 'd'heer Colombijn tot Batavia'. Die *Huis ter Duine*, wat die Kaap kort tevore aangedoen het uit Batavia, het volgens die rekords een passasier aan boord gehad, en mens wonder of dit na hierdie slaaf verwys.[117]

Wat eersgenoemde twee mans betref, moes daar opdragte van hul onderskeie eienaars verkry word; maar die derde is summier van die hand gesit.

> Particuliere vendurolle van soodanige slavejonge als door de onderget[eekende] gecomm[itteerde] Weesm[eeste]ren aan Cabo de Goede Hoop in dato 7e Augustus ten huijse van den burger Frederik Willem Butticher [*Böttiger*] aan de

meestbiedende publiquelijk is verkogt, voor reecq[ening] van d'heer Colombijn tot Batavia, nament[lijk]:

1 slavejonge gent. Fortuijn alias Toerniga [sic] van Bougies, Fredk. Kurrij, Rds92.[118]

Saam met die mense en die goedere is daar egter ook 'n koloniale lewenstyl en lewenshouding ingevoer soos dit in die loop van die sewentiende eeu onder die VOC in die Ooste ontwikkel het: terwyl die leefwyse aan die Kaap soos Henricus en Aletta Beck dit geken het basies Nederlands was, het dit dus 'n sterk Oosterse inslag gehad, veel sterker as wat twee- of driehonderd jaar later nog vir 'n Suid-Afrikaanse leser voorstelbaar is. Om hierdie inslag duideliker tot sy reg te laat kom, is dit miskien nuttig om vir 'n tydjie uitsluitlik op gebeure in die Ooste en spesifiek in Batavia te konsentreer, en die Kaap vir die verandering vanuit hierdie perspektief te beskou.

Wanneer mens die situasie aan die Kaap met sy klein maar redelik stabiele en goed gevestigde blanke bevolking as maatstaf gebruik, is dit bykans onmoontlik om te besef hoe 'n minderheid die groepie Europese koopmanne en amptenare van die VOC in die Ooste uitgemaak het en hoe onseker hul posisie daar was. Ten spyte van hul ekonomiese invloed en militêre mag is hulle naamlik verreweg oortref deur die inheemse volkere tussen wie hulle gevestig was: op die eiland Java alleen het die plaaslike bevolking teen die middel van die sewentiende eeu volgens Valentijn se skatting reeds 3½-miljoen mense bedra.[119]

Op Java het die VOC die stad Batavia in 1619 op heel funksionele wyse as hawe en administratiewe en militêre sentrum uitgelê en ingerig, met min aandag vir kwessies soos stadsverfraaiing. In hoofsaak het die stad sy aansien te danke gehad aan die mag van die Kompanjie en die waarde van die handelsgoedere wat hier gekonsentreer was, want na uiterlik was dit ten spyte van sy uitgestrektheid en sy talryke bevolking onaansienlik en onopvallend. Oor die algemeen was die geboue kleinskaals, en nes aan die Kaap was die enkele groter en meer imponerende bouwerke openbare geboue wat met die Kompanjie en sy werksaamhede verband gehou het.[120]

As skepping van 'n Nederlandse handelsmaatskappy was Batavia na uiterlik 'n wesenlik Nederlandse stad, met 'straten en grachten met bomen en aan elkaar gebouwde "Hollandse" stenen huizen', soos Van der Brug dit evokatief beskryf, 'witgepleisterd en vaak [dikwels] met fraaie gevels versierd'.

> Er was een stadhuis en er waren kerken, hospitalen, een weeshuis, pakhuizen en molens, kades en kroegen, ophaalbruggen en een werf, kortom alles wat hoorde bij een Nederlandse stad. Als de straten geplaveid waren geweest in plaats van met koraalzand en kiezel [klippies] verhard, als langs de grachten

lindebomen in plaats van tamarindes hadden gestaan en als de daken niet zo ver hadden uitgestoken tegen de regen en de tropenzon, dan had men zich in een Nederlandse stad kunnen wanen.[121]

Met verwysing na die ekwivalente Portugese stigting aan die weskus van Indië beskryf Van der Brug Batavia dan ook as 'in de zeventiende en achttiende eeuw, naast Goa, de enige stad in Azië die Europeanen enigszins het gevoel gaf van een Europese samenleving'.[122]

Deur middel van sy oppervlakkig Europese voorkoms, stadsmure en bolwerke in Europese trant, sy reëlmatige strate en kanale, sy uitgestrektheid, bedrywigheid en welvaart het Batavia oor die algemeen mettertyd tog daarin geslaag om 'n sekere indruk op besoekers te maak. 'Reizigers uit de zeventiende en het begin van de achttiende eeuw,' skryf Van der Brug, 'prezen de stad om haar schoonheid, haar welvaart en gezondheid',[123] en volgens Abeyesekere in haar geskiedenis van die stad het dit omstreeks 1730 sy 'goue eeu' belewe.[124]

Alles in ag genome, was dit waarskynlik dus met slegs 'n geringe mate van gepaste oordrywing dat Daniël Nolthenius dit in sy verslag aan die Nederlandse State-Generaal in 1748 oor 'de groote en volkrijke stad Batavia' kon hê, 'dat cieraat van het Oosten en de verzamelplaats van genoegzaam [*bykans*] alle volkeren des aardbodems'.[125] In dieselfde tyd, en in dieselfde trant, kon die goewerneur-generaal, baron Van Imhoff, nog welluidender beweer dat die stad 'zo[wel] door hare volkrijkheyd en aansien als door haren luyster van binnen en van buyten tot eene vorstinne onder de landschappen van 't Oosten is opgewasschen [*uitgegroei*]'.[126] Moontlik was hierdie lof oordrewe, en waarskynlik het die betrokke amptenare met hul lofprysings bybedoelings gehad, maar nogtans was dit nie heeltemal uit voeling met die werklikheid nie.

'Aziatische elementen ontbraken echter niet,' moet Van der Brug onmiddellik in sy beskrywing van Batavia byvoeg: 'er waren *pasars* [*basaars*] met Oosterse handelswaar, in de grachten voeren [*vaar*] inlandse prauwen [*skuite*] af en aan en veel huizen waren in Chinese stijl gebouwd.[127] Of soos Raben meer veralgemenend in die konteks van die VOC-vestigings dwarsdeur die Ooste skryf:

> A formal, tripartite structure of fort, town, and indigenous settlement is visible in all the Company establishments. The core of the Dutch establishments was made up by the fort. Attached to this fort was a town, more or less European in layout and inhabited by a (conditionally) mixed population who could boast of certain social and economic privileges assigned to them by the government. Outside this urbanized zone, the amount of planning and the impact of the Company's government on the environment slackened considerably; the Asian landscape and way of life took over.[128]

Buite die stadsmure van Batavia is daar sedert die einde van die vorige eeu toenemend groentetuine en suikerplantasies uitgelê, wat dikwels deur Chinese bedrywe is, en dit het ook toenemend die gewoonte geword dat hoë amptenare en welgestelde vryburgers hier vir hulle buiteverblywe en landgoedere aanskaf. Daniël Nolthenius en sy vrou het byvoorbeeld vir 5000 riksdaalders een aangekoop,[129] en met verwysing na Adriaan Valckenier, wat van 1737 tot 1741 goewerneur-generaal was, skryf De Roo:

> Valckenier (…) had zich aan de Antjolsche vaart een fraai buitenverblijf doen bouwen, met prachtigen tuin en vogelhuis, geschoren hagen [*gesnoeide heinings*] en waterwerk, op zijn Chineesch met knutselgrotwerk prijkend, waarop een Neptunus was aangebracht, terwijl woonhuis en biljartzaal gastheer en gasten aangename verpoozing schonken.[130]

In 1729 het die totale bevolking van Batavia net oor die 100 000 mense bedra, van wie 23 000 in die ou ommuurde binnestad rondom die Kasteel gewoon het. Van dié totaal was net 1755 of 1,71 persent blankes,[131] alhoewel hierdie statistieke slegs die burgerbevolking behels, en ongeveer vierduisend blanke Kompanjiesdienaars bygereken moet word.[132]

Naas Javane het die bevolking van Batavia mense uit all ander dele van die Indonesiese argipel ingesluit, en ook van talle ander plekke in die intra-Asiatiese handelswêreld wat van die Rooi See tot Japan uitgestrek het. Chinese en slawe het trouens die twee grootste bevolkingsgroepe in die stad uitgemaak,[133] wie se getalle in 1729 onderskeidelik twaalf- en dertigduisend bedra het.[134] Die slawe het vir 'n deel aan blanke eienaars behoort, wie se slawebesit dikwels verbasend groot was, en die raad van Indië Cornelis Chastelein, wat in 1705 oorlede is, het byvoorbeeld tweehonderd besit, wat met sy dood almal vrygestel is.[135] Ewe goed is slawe egter deur Chinese, Arabiere of Moslems, en Indiërs aangekoop, en veral die Chinese het as slawe-eienaars bekend gestaan.[136]

Hier, soos elders in die Ooste, het die posisie van die blankes dus volkome verskil van dié aan die Kaap, waar die blankes in die Boland tot dusver slegs met betreklik klein Khoi-stamme te make gekry het, naas verspreide Boesmans dieper in die binneland, en nog nie op beduidende wyse met die Bantoesprekende stamme na die noordooste kontak gemaak het nie. Met ander woorde was daar aan die Kaap tot dusver nog geen werklik doeltreffende weerstand tot die vestiging en uitbreiding van die blankes gewees nie, en ook geen kompetisie van selfstandige inheemse kulture in die sin waarin Europeërs hierdie begrip sou verstaan het nie: die grootste dreigement het van die blankes se eie slawe uitgegaan, en tydens insidentele oorloë in Europa die gevaar van 'n vyandelike oorval. In Batavia en elders in die Ooste was die blankes daarenteen gedurig van hul minderheidstatus bewus en gedurig bedreig.

10. Batavia en die Oosterse agtergrond

Die wesenlike onsekerheid van die blankes se situasie kan geïllustreer word deur die feit dat 'n sogenaamde 'halfbloed', Pieter Erbervelt, die seun van 'n Duitse vader en Siamese moeder, in 1722 tereggestel is op aanklag dat hy 'n komplot beraam het vir die opruiing van die slawe, oorname van Batavia en uitmoording van alle blankes op Java.[137] Uit praktiese oogpunt sou so iets geensins onuitvoerbaar gewees het nie, en die bedreiging wat die beweerde komplot ingehou het, word getoon deur die hardhandigheid waarmee daar teen die beweerde samesweerders opgetree is, al was die getuienis wat teen Erbervelt ingebring is twyfelagtig van aard, en bowendien grotendeels deur middel van foltering verkry is.

Negentien mense is in verband met die komplot tereggestel, en die beweerde aanvoerders het al die eksemplariese wreedheid ondervind wat destyds gebruiklik was:

> agterwaarts op een kruys gebonden, de regterhand afgekapt, met gloeyende tangen op de armen, benen en borsten geknepen en het vlees daeruyt gehaelt; dan, van onderen op, het ligchaam g'opent, het hart daeruyt gehaald en hun in 't gesight geworpen, en wyders [voorts] haer [hulle] het hoofd afgekapt en hun ligchamen ider in stukken gehouwen [gekap] te werden, om de quartieren [van die stad] opgehangen en haer hoofden op staeken [pale] te werden geset buyten deese stad ter plaetse daer het de Edele Regeringen deser landen gelieven sal te statueeren [beveel], ten proye der vogelen gelaten.[138]

Naas die potensiële gevaar wat sowel die slawe as verskeie van die ander bevolkingsgroepe vir die blankes uitgemaak het, moes die VOC op Java egter ook rekening hou met die vyandskap van die onafhanklike ryke Bantam (Banten) na die weste en Mataram na die ooste, wat albei nog beduidende magte was.

In Batavia het die VOC sy handelsgoedere ter waarde van miljoene guldens gekonsentreer om vroeg elke jaar met die retoervloot na Nederland verskeep te word, hier was die militêre mag van die Kompanjie in die Kasteel gevestig, en eweneens was die Kasteel die setel en woonplek van die goewerneur-generaal en die lede van sy raad, wat vir die hele handelsgebied van die Kompanjie verantwoordelik was, ondergeskik slegs aan die Here XVII. Feitlik al die VOC se skeepvaart tussen Nederland en die Ooste is deur Batavia gekanaliseer, en dit was ook die sentrum van skeepvaart en handel in die Indonesiese argipel en Suidoos-Asië oor die algemeen, met inbegrip van die plaaslike slawehandel.

Gedurende die sewentiende eeu was Batavia die 'Koningin van die Ooste', maar teen die middel van die agtiende het twyfel oor die toekoms van die stad en selfs van die VOC begin ontstaan, ook binne die geledere van die Kompanjie self. In November 1752 het die goewerneur-generaal, Jacob Mossel, reeds vir die Here XVII

'Bedenkingen' oor die situasie opgestel, en toe laasgenoemdes in 1755 besluit om die handel met China self te onderneem in plaas van dit nog langer deur Batavia te laat doen, het hulle dit volgens De Hullu gehad oor

> den ontzettend zwaren last dien alleen het hoofdcomptoir Batavia aan de Compagnie oplegde—een last die naar hun berekening niet minder beliep dan 37 ton [3 700 000] gouds per jaar, en daar huns inziens [*volgens hulle*] niets tegenover stond dat als equivalent kon gelden. Men verkeerde wel in het begrip, zoo schreven zij in Maart 1754 aan Mossel, dat 'deze hoofdplaats nog tegenwoordig zoo voordeelig en noodzakelijk was voor het bestaan van den staat van de Maatschappij [*VOC*]' dat zij zulk een reusachtige uitgave rechtvaardigde, maar zij zelf stemden met dit gevoelen volstrekt niet in.[139]

Intussen het die onkeerbare agteruitgang van die stad reeds begin.

Hoe gering die blanke bevolking van Batavia verhoudingsgewys ook was, het hulle op sigself tog 'n aansienlike klein gemeenskap uitgemaak. Van der Brug beskryf die Kompanjiesdienaars in hierdie tyd as vyfduisend nuwelinge wat elke jaar uit Europa aangekom het en slegs tydelik in die stad woonagtig was totdat hulle oor die handelsryk van die Kompanjie versprei is, naas 'n totaal van vier- tot vyfduisend man wat min of meer permanent hier gevestig was, en drie- of vierhonderd lede van die hoër amptenary.[140] Sover dit die VOC betref, gaan dit hier dus om onvergelyklik groter getalle as in die nedersetting aan die Kaap en, uit die oogpunt van hierdie boek, bowenal met 'n veel hoër konsentrasie van senior amptenare.

Die Kasteel van Batavia was die ekwivalent van dié aan die Kaap, maar die formaliteit, pronk en vertoon wat die hofhouding van die goewerneur-generaal en die lede van sy raad gekenmerk het, was veel groter as enigiets wat in die Tafelvallei moontlik was of nagestreef is. Vanweë die klimaat en die dikwels dodelike tropiese siektes is die blanke samelewing verder gekenmerk deur vroeë sterftes, vinnige bevorderings, gereelde huwelike deur wewenaars en weduwees, en die herhaalde ondertrouery binne die klein blanke gemeenskap wat aanleiding gegee het tot die netwerke van 'Kompanjiesfamilies' wat reeds genoem is.

Hierteenoor was die vryburgemeenskap in Batavia heelwat kleiner as aan die Kaap, is hulle deur die Kompanjie nie net verbied om handel te dryf nie, maar was daar vir hulle geen moontlikhede om by die plaaslike landbou betrokke te raak nie, sodat hulle grotendeels deur drankvoorsiening 'n bestaan moes maak of hulle deur onwettige privaat handel probeer verryk. Desondanks was daar 'n hele aantal welgestelde mans onder hulle wat in hul lewenstyl met die hoër amptenare gekompeteer het, sodat die owerheid van tyd tot tyd in selfbeskerming moes probeer om dit deur middel van wetgewing aan bande te lê.

Sowel die Kasteel as die stad is in hierdie tyd uitgebeeld deur die Duitse kunstenaar J.W. Heydt,[141] wat nadat hy die Kompanjie 'n aantal jare as korporaal in Ceylon gedien het, na Batavia oorgeplaas is en twee jaar daar deurgebring het. Hier, skryf sy biograaf, 'kom sy werk as tekenaar onder die aandag van die goewerneur-generaal Adriaan Valckenier, 'n vriend van tekenaars en skilders, wat hom in 1738 benoem tot tekenaar en "argitek van alle bouwerke in Batavia"'.[142] Sy jare in die Ooste het aanleiding gegee tot 'n album met 115 kopergravures van Batavia, Ceylon en ander plekke in die gesagsgebied van die VOC (vyf daarvan van die Kaap) met uitgebreide byskrifte wat hy in 1744 op eie koste in Europa uitgegee het,[143] en dit is in hierdie werk dat mens 'n aantreklike beskrywing teëkom van die Tijgersgracht waar die deftigste burgers van Batavia gewoon het,

> met fraaie tamarindebome beplant, wat onvergelyklike skadu in die straat verskaf. Tussen die huise is daar grotendeels banke of sitplekke aangebring, sodat mens nadat jy genoegsaam op en neer gestap het ook kan gaan sit. Onder die bome langs die kanaal staan daar voor sommige van die huise mooi uitgesnyde pale met lanterns wat in die nag verligting verskaf en met betrokke weer aangesteek word.[144]

Kenmerkend van die koloniale stad was die wyse waarop mense in die koelte van die aand op die stoepe voor die huise bymekaargekom en snags ook daar geslaap het, of op skuite met musikante en sangers langs die gragte rondgevaar het, dikwels dwarsdeur die nag.[145]

Van die tipe Europeërs wat die klein blanke gemeenskap in Batavia uitgemaak het, moet daar oor die algemeen nie te hoë verwagtings gekoester word nie, sy dit senior amptenare of welgestelde vryburgers. Dit was lankal reeds bekend dat mans wat in Europa nie 'n bestaan kon maak nie of wat dringende redes gehad het om uit hul geboorteland te wil wegkom geredelik 'n heenkome by die VOC as matrose of soldate kon vind. As hul families die regte konneksies besit het, en genoeg geld, kon dit egter ook bewerkstellig word dat ongewenstes uitgestuur word met 'n rang wat in ooreenstemming was met hul sosiale status en wat die moontlikheid van latere vordering gebied het.

In werke oor die sewentiende- en agttiende-eeuse Nederlandse samelewing kom terloopse voorbeelde van hierdie verskynsel voor met 'n reëlmaat wat toon hoe algemeen dit was. So beskryf Sjoerd Faber in sy beskouing van strafregpleging en kriminaliteit in Amsterdam byvoorbeeld, om 'n willekeurige geval te noem, die geskiedenis van die 55-jarige Dries Anne, 'beschuldigd van mishandeling van zijn zuster en zwager', wat in 1750 tot aanhouding in die sogenaamde 'rasphuis' of tughuis van Amsterdam veroordeel is, dog by wie se vonnis die aantekening gevoeg is: 'Deese gev[angene], versogt hebbende om een reysje nae Oost Indiën te doen, hebben Scheepenen dit versoek geaccordeert [*toegestaan*]'.[146] Sowel die veroordeelde as die stadsowerheid het diens in die Ooste met ander woorde as gelykstaande aan gevangenisstraf met dwangarbeid beskou.

J.J. de Jong noem in sy sosiale geskiedenis van die Nederlandse stad Gouda in die agttiende eeu 'n soortgelyke geval.

> In 1751 werd de 20-jarige dr. juris [*regsgeleerde*] Christiaan Reijnier van Groenendijk 'om sijn quaad gedrag des avonds van Gouda na het beterhuijs tot Delft overgebracht'. De magistraat had daarvoor toestemming verleend op verzoek van zijn vader, grootvader en een oom. Hij werd 'na een tweejaerige detentie op speciaal verzoek van sijn vader … uijt het beterhuijs (mids [hij] gesegt weerd sig nu schikkelijker te gedragen) ontslaegen', en in de daaropvolgende september als onderkoopman voor de VOC naar [Oost-]Indië gezonden.[147]

Die beskeie rang van Onderkoopman was 'n paar grade beter as dié van Assistent, wat dikwels in gevalle soos hierdie toegeken is. Dit was terloops ook dié waarmee Daniël Nolthenius in 1724 uitgeseil het en wat hom geskik gemaak het om met 'n dogter van kaptein Slotsboo in die huwelik te tree, en dié waarmee die latere goewerneur-generaal Van Imhoff die volgende jaar sy eie loopbaan in Kompanjiesdiens begin het. Naas eerbare, toegewyde en ontwikkelde mans soos Nolthenius of Van Imhoff, wat albei ver sou kom in diens van die VOC, was daar onder sy werknemers egter ook 'n onbepaalde aantal mislukkelinge uit Europa wat dit sowel in die Ooste as aan die Kaap reggekry het om hul nuwe kanse te benut en hulle te rehabiliteer, en na wie se verlede daar geen ondersoek ingestel is nie; die moontlikheid is reeds genoem dat Aletta Beck se eerste man, die latere landdros De Meurs, een van hulle was.

Onder die VOC het die samelewing met al sy prag, praal en amptelike hovaardy nogtans 'n noemenswaardige aantal twyfelagtige figure bevat; en op die kleiner gemeenskap aan die Kaap is hierdie uitspraak na verhouding ewe goed van toepassing.

Meer as 'n honderd jaar ná die stigting van Batavia het die lewenstyl van die amptenare wat met hul gesinne daar gewoon het nog altyd 'n sterk Europese inslag gehad, en oor die jare het hulle verbasend min aanpassings by hul omgewing gemaak wat hul huise, kleding of eet- en leefgewoontes betref. 'Never were national prejudices and national taste so injudiciously misapplied,' kon die Engelse besoeker John Barrow heel aan die einde van die eeu nog opmerk, 'as in the attempt to assimilate those of Holland to the climate and soil of Batavia. Yet such has been the aim of the settlers, which they have endeavoured to accomplish with indefatigable industry.'[148]

Hierdie opmerking is egter ewe goed van toepassing op die betreklik groot Nederlandse kolonie in Ceylon as op dié in Batavia. Onder die goedere wat die VOC amptelik deur Galle, die vernaamste hawe van Ceylon, ingevoer het, was daar teen die middel van die eeu 'n wye verskeidenheid Europese tekstielware, soolleer, mans- en kinderhoede, goud- en silwerdraad, 'n groot hoeveelheid kamfer 'voor het veilig opbergen van kleding', stysel, verfstowwe, glasruite, lampglase, drinkglase en ander glaswerk, rekenboekies en ander skryfbehoeftes, talle soorte wyn en bier, kurkproppe, olyfolie, lynolie en botter:[149] in Ceylon wou die Nederlanders met ander woorde sover doenlik nog lewe soos in Nederland.

Diegene wat sulke invoerartikels kon bekostig, het egter meer benodig as wat in die pakhuise van die Kompanjie verkrygbaar was, en uit die briewe van Daniël Nolthenius aan sy broer Balthazar blyk byvoorbeeld wat hy en sy vrou nodig geag het om in Batavia volgens hul stand te lewe: dit behels onder andere wit- en rooiwyn, Rynwyn, 'fijne pijpen', hoede, sykouse, leerhandskoene vir dames sowel as here, pruike, blou lakenstof vir slawekleding, linne vir lakens en slope, damas vir tafellakens en servette, en wit en rooi geblomde tryp vir die bekleedsel van 'n berlyn ('n soort rytuig).[150] Willem de Boneval in Batavia, wat in vennootskap met Balthazar Nolthenius in Amsterdam betrokke was by privaat handel in tee, het weer voorgestel dat laasgenoemde hom uit Nederland ekstra-fyn Franse linne vir onderbaadjies, sygreinsoorte, 'nieuwste mode van couleur', goud- en silwerkant, en goue en silweromboorsel moes laat kry, 'alles nieuwste mode', klaarblyklik met die oog op verkoop.[151]

Baron Van Imhoff het oor die jare 1743–50, terwyl hy goewerneur-generaal was, onder andere 1350 gulden aan drank van oorsee bestee, naas versnaperings soos ansjovis, truffels en amandels, terwyl hy klere en tekstiel ter waarde van meer as 4000 gulden laat kom het, waarby 1416 gulden vir kant betaal is, en silwertafelgerei, silwerperdetuig, livreikoord en -omboorsel en marmerbeelde ewe goed in Nederland aangekoop is.[152] Hiernaas is dit interessant om te sien dat Van Imhoff se pruikmaker oor dieselfde tydperk 681 riksdaalders ontvang het.[153]

In hierdie konteks is daar heelwat inligting beskikbaar oor J.A. Sichterman, lid van 'n gesiene Nederlandse familie, wat in 1716 na die Ooste uitgewyk het nadat hy sy teenstander in 'n tweegeveg gedood het, en gedurende die jare 1734–44 diens gedoen het as direkteur van Bengale, 'n geweste wat ook in die konteks van die VOC berug was vir die moontlikhede tot verryking wat dit gebied het en vir die korrupsie van sy amptenare.[154] Selfs die Here XVII het dit in 'n skrywe uit 1754 as voorbeeld gebruik van die gebrekkige toesig wat Batavia oor die buitekantore uitoefen. Volgens De Hullu se samevatting:

> Men had bijvoorbeeld maar het oog te slaan op de directie van Bengalen, zoo dicht bij Batavia en vlak 'onder deszelfs bestier en toezicht' gelegen. Welnu, daar hadden de eene directeur voor en na de andere zich sinds tal van jaren schuldig gemaakt aan de 'enormste uitstappen en morserijen' [*buitensporighede en privaat handel*], de bezittingen en belangen van de Compagnie als roofgoed behandelend, de inkoopsprijzen van de goederen willekeurig en door de meest

geraffineerde practijken opdrijvende, en de uitdrukkelijke orders en reglementen door de Bewindhebbers op het stuk [*ten opsigte*] van den inkoop van lijnwaden [*tekstiel*] en andere artikelen vastgesteld op de schreeuwendste 'violeerende zonder het minste regard [*inagneming*] op eed en plicht', om te zwijgen 'van 's Compagnie's avancen [*winste*] op het zilver, dewelke een geheele reeks van jaren verduisterd waren gebleven'.[155]

Wat meer spesifiek Sichterman betref, het hy naas ander maniere van verryking in privaat hoedanigheid 'n aantal tekstielfabrieke besit waaruit hy ná sy aftrede nog inkomste geniet het,[156] en dit is vermoedelik die bron van die tekstielsoort *Sichtermans zaai* wat soms in Kaapse boedelinventarisse voorkom.[157] Ook het hy betreklik gou in een van die groot Kompanjiesfamilies ingetrou, en hy kon Van Imhoff byvoorbeeld as 'neef' aanspreek omdat hul onderskeie eggenotes niggies was.[158]

Oor Sichterman se lewenstyl gedurende die 27 jaar wat hy altesaam in Bengale deurgebring het, bestaan daar nie veel inligting nie, maar oor die jare het hy aansienlike hoeveelhede Oosterse kunsvoorwerpe na Nederland teruggestuur, en volgens familie-oorlewering was drie skepe van die retoervloot waarmee hy ná sy aftrede teruggekeer het met sy persoonlike besittings belaai. Hy het hom in sy geboortestad Groningen gevestig, waar hy vir hom 'n huis laat bou het wat as 'n 'klein paleisie' beskryf word, 'n landgoed aangeskaf het, 'n aantal van sy voormalige slawe uit die Ooste aangehou het, en onder meer opspraak verwek het deur ses perde voor sy koets te laat inspan, wat in Nederland ongebruiklik was.

Noemenswaardig onder Sichterman se besittings was vyf lewensgroot portrette van hom en lede van sy gesin wat hy laat skilder en van kosbare vergulde rame voorsien het: die eksemplaar wat in die Rijksmuseum bewaar gebly het, word beskryf as 'a magnificent, contemporary frame, with the coats of arms of the sitters at the top. The lavishness of the frame is enhanced by the use of smoothly burnished gold-leaf gilding together with the more classical oil gilding, creating the effect of mirrors.'[159] Met sy dood in 1764 was daar onder andere sprake van 404 skilderye,[160] 'n 'uitgebreide biblioteek', tien 'ruim 180 delige' eetserviese, 43 tee- en koffieserviese, en sewentien kwispedoors in sy nalatenskap;[161] alhoewel die aanwesigheid van 127 tafellakens en 1330 servette ook vermeldenswaardig is.

Soos uit hierdie min of meer terloopse gegewens reeds duidelik word, is die lewenstyl van hoër amptenare in die Ooste deur groot swierigheid en opsigtigheid gekenmerk, en terwyl daar aan die Kaap heelwat minder kanse vir verryking was, was dit die algemene standaard, wat ook dáár so goed doenlik in plaaslike omstandighede nagestreef is.

Hierdie kenmerkende koloniale lewenstyl word weerspieël in die reeds genoemde plakkate wat by herhaling uitgevaardig is om te verhoed dat amptenare 'n lewenstyl vertoon wat nie vir hul rang geskik geag is nie is, dat laer amptenare in uiterlikhede met die hoër amptenary kompeteer, of dat gegoede vryburgers 'n deftiger styl aan die dag lê as senior amptenare. Herhaaldelik is daar byvoorbeeld aanwysings gegee oor die manier waarop begrafnisse ingerig moes word, waarby die oordadige gebruik van lang roumantels en lanfers, die eweneens lang linte wat aan die mans se hoede vasgemaak is, veral aanstoot gegee het.[162] Teen 1719 het die gebruik van rytuie in die stad so toegeneem dat 'n uitgebreide plakkaat weer aandag moes skenk aan die 'vrymoedigheyt en dertelheyd' in dié verband.[163] In 1729 moes hierdie wetgewing egter hernuwe word, en moes die gebruik van 'groote sombreelen of quitasollen', die tradisionele pajongs van die Ooste, opnuut beperk word tot amptenare met die rang van Koopman of hoër en hul eggenotes.[164] Welluidend verwys dié plakkaat na die heersende 'hovaerdye, pragt, pompe en kostelykheyt' en 'hovaerdye en buytensporigheyt'.

Dit alles het gekulmineer in die groot omvattende plakkaat bestaande uit twaalf 'tituls' en 124 artikels wat aan die einde van 1754 in Batavia uitgevaardig is as samevatting en herhaling van soortgelyke wetgewing uit die jare 1647, 1680, 1704, 1719, 1729 en 1735 wat klaarblyklik geen uitwerking gehad het nie.[165]

Met verwysing na die 'pragt en praal' wat sowel in die stad as op verskeie van die Kompanjie se buitekantore 'zodanig toegenomen en ten toppunt van aanstoot en ergernisse geklommen is', is daar nou uitvoerige aanwysings gegee aangaande die vertoon waarop elke lid van die blanke samelewing kragtens sy rang geregtig was ten opsigte van mans- en vrouekleding (waarby daar veral aandag geskenk is aan die gebruik van fluweel vir kledingstowwe, sierelemente soos knope, gespes of omboorsel, pêrelhalssnoere en diamante), asook rytuie, koetsiers, koets- en ryperde, tuie, voorlopers, draagstoele, huweliks- en rougebruike, kiepersolle, 'wassen dammers' (fakkels), die aantal slawe wat hul meesters in die openbaar mog begelei, die gebruik van livreie, en die kleding van slawe.

Die verontwaardiging oor beweerde misbruike in verband met hierdie dinge wat in dié wetgewing tot uiting kom, hoef seker nie te ernstig opgeneem te word nie, alhoewel dit volle erns was vir diegene wat gemeen het dat hul eer en waardigheid deur hul minderes aangetas is. Die waarde van die voorskrifte skuil eerder in die feit dat dit in taamlike detail weergee wat teen die middel van die eeu onder die gegoede amptenare en vryburgers van Batavia gebruiklik geword het, en wat in daardie weelderige en opsigtige koloniale gemeenskap belangrik geag is. Terselfdertyd sê dit veel van die bont en wydstrekkende wêreld van die VOC dat hierdie wetgewing bedoel is om nie net op Batavia van toepassing te wees nie, maar ewe goed op 'buyten comptoiren' van die Kompanjie wat oor 'n groot deel van die huidige Indonesië, Maleisië, Sri Lanka en Indië versprei was, en dat dit nie net 'in de Nederduytsche tale' afgekondig is nie, maar ook, 'in zo verre nodig zy, in de Portugeesche, Maleydse, Javaanse en Chineese talen'.

Die salarisse wat die suinige VOC sy amptenare betaal het, was in die meeste gevalle ontoereikend, selfs wanneer dit met kosgeld, subsidies en emolumente aangevul is, terwyl die vryburgers deur die monopolistiese Kompanjie nie toegelaat is om handel te dryf nie. Feitlik die enigste manier vir blankes met enige ambisies of pretensies om in die Ooste ryk te word en daar te kan lewe in die styl wat hulle begeer het, was dus deur middel van oneerlikheid, en dit was hoe die aansienlike rykdom van die blankes in die meeste gevalle dan ook tot stand gekom het. Aangesien die Here XVII, die enigste mense wat besorgd was oor hierdie verskynsel, op 'n veilige afstand in Nederland was, waar hulle geen toesig of beheer kon uitoefen nie, en amptenare in die Ooste oor die algemeen met mekaar saamgewerk en mekaar se oortredings gedek het, het dit dikwels skouspelagtige afmetings aangeneem.

Gesien die omvang van die VOC se werksaamhede was daar verskeie winsgewende vorms van omkopery, oneerlikheid en korrupsie, wat almal onuitroeibaar geblyk het, ongeag die wetgewing wat herhaaldelik daarteen uitgevaardig en die strengheid waarmee van tyd tot tyd daarteen opgetree is. In 1722 het die goewerneur-generaal Henricus Zwaardecroon, onder wie C.F. Hofman na die Kaap verban is, selfs 26 mense ter dood laat veroordeel in 'n poging om die euwel van korrupsie uitgeroei te kry, afgesien van verderes aan wie daar swaar strawwe opgelê is;[166] dog ook dit het geen blywende verbetering meegebring nie. Soos Pieter van Dam, wat oor die jare 1652–1706 as advokaat van die VOC in Nederland opgetree het, teen die einde van sy lang dienstyd filosofies moes opmerk:

> Het zijn all [alles] menschen daermede de Compagnie haer werck moet doen en verrigten, en die menschen hebben alle haere fouten en gebreecken, d'eene min en d'andere meer. Maer derselver oogwith, na Indiën gaende, is genoegsaam een en hetselvige: niet alleen om te kunnen subsisteren [bestaan], maar om daerbeneffens gelt en goet byeen te vergaderen, en daerna, thuys komende, ryckelijck daervan te leven. Door wetten sal men die begeerlijckheyt [hebsug] uyt de menschen niet krygen; oock selffs niet door straffen off hoger beloningen.[167]

In die konteks van die Becks en hul familiekring kan in hierdie verband net in die verbygaan spesifiek na die verkoop van ampte verwys word. In 1740 het Aletta Beck, wat lewendig in die bevorderingkanse van haar stiefkoonseun Daniël Nolthenius geïnteresseerd was, naamlik hieromtrent geskryf '[dat] de klachten algemeen zijn'.

> 25000 Rijksdaalders voor een officietje [amp] te geven, is niets; dat moet er weer uit. Zoo wordt het gemeen [gewone mense] verarmd, de koophandel slecht, de zeevaart bedroeft, hebbende tot verversching geen stuiver te verteeren.[168]

10. Batavia en die Oosterse agtergrond

Privaat handel deur sowel amptenare as vryburgers het sedert die ontstaan van die Kompanjie 'n ernstige probleem uitgemaak, waarby diamante veral 'n gewilde handelsartikel was, omrede dit maklik vervoer- en verbergbaar was en daarby besonder winsgewend. Enige goedere waarmee daar wins gemaak kon word, kon egter hierby ingeskakel word, soos porselein, lakwerk, tekstielware, speserye en tee, om maar net die vernaamstes te noem, en omstreeks hierdie tyd is 250 000 pond tee byvoorbeeld na bewering elke jaar deur Kompanjiesdienaars en privaat persone na Europa uitgesmokkel.[169]

Nie net amptenare het egter aan hierdie handel deelgeneem nie, maar ook hul vroue, en Marion Peters noem die geval van Aletta Golius, weduwee van 'n onderkoopman, in wie se huis daar in 1714 drie kiste met naeltjies gevind is wat bestem was om na Bengale gestuur te word.

> Bij de ondervraging gedroeg ze zich zeer 'hardnekkig' en wilde zelfs onder tortuur [*foltering*] niet vertellen hoe zij aan die kruidnagelen kwam. Ze werd op de gerechtsplaats aan een paal gebonden met een bord om haar hals waarop stond 'Helpster van particuliere handelaars in 's Compagnies garioffel-nagelen'. Vervolgens werd zij voor vijf jaar naar het vrouwentuchthuis verbannen met confiscatie van de helft van haar bezittingen en voldoening van de gerechtskosten.[170]

Aletta Golius was 'n weduwee wie se man tydens sy lewe slegs 'n beskeie rang beklee het, sodat sy vermoedelik niemand gehad het met genoeg invloed en aansien om haar te beskerm nie. In 'n soortgelyke geval in 1727 wat Peters noem, het dit egter om 'n heelwat aansienliker weduwee gegaan teenoor wie daar dan ook heelwat minder streng opgetree is, naamlik Elisabeth Burlamacchi, weduwee van die voormalige Kaapse sekunde Abraham Cranendonk.

> Zij werd aanvankelijk wegens smokkelhandel veroordeeld tot terugzending naar patria [*Nederland*] en moest een boete van 2000 rijksdaalders betalen. Hierover ging zij in hoger beroep [*appelleer*] en een jaar later staat in de missiven alleen nog te lezen dat 'op de weduwe Cranendonck wordt gelet'.[171]

In vergelyking met Bengale, Colombo of Batavia was die Kaap weliswaar 'n betreklik armoedige landboukolonie en verversingspos, maar dit het deel van dieselfde bestuurstelsel uitgemaak, wat as gevolg van oorplasings, huwelike en familieverbintenisse 'n besonder hegte netwerk uitgemaak het, soos byvoorbeeld deur Aletta Beck met haar huwelike en haar stiefskoonseuns geïllustreer word, besonderlik die ambisieuse Daniël Nolthenius.

In sekere gevalle is daar sporadiese veldtogte geloods teen laer amptenare wat hulle aan korrupsie skuldig gemaak het, soos dié waarvan Aletta Golius of C.F.

Hofman 'n slagoffer geword het, of is daar op nogal onreëlmatige en onvoorspelbare wyse teen spesifieke hoë amptenare opgetree, alhoewel die optrede hier selde so drasties was soos dié teenoor ondergeskiktes.

'n Goeie voorbeeld hiervan is Johannes van Steeland,[172] 'n goewerneur van Koromandel wat later tot raad van Indië bevorder is. Ná sy vertrek na Batavia het sy opvolger ondersoek laat instel na sy optrede in Koromandel, in die loop waarvan tweeduisend getuies verhoor is, en vasgestel is dat hy en 'n aantal van sy ondergeskiktes, onder wie die fiskaal, hulle op formidabele skaal aan privaat handel, korrupsie, afpersing en geweldpleging skuldig gemaak het. Die Raad van Indië het egter besluit om nie teen hom op te tree nie, en hy kon selfs 17 000 gulden na Nederland oormaak en na Europa terugkeer as bevelvoerder van die retoervloot van 1713, die vloot waarmee 'n verwoestende pokke-epidemie terloops na die Kaap gebring is,[173] terwyl hy self op gebruiklike wyse hier as kommissaris opgetree het.

Oor Van Steeland se inheemse handlangers is daar meedoënlose vonnisse uitgespreek, wat in die praktyk egter versag is, in die geval van ene 'Tiagappa' byvoorbeeld tot geseling en verbanning 'voor den tijdt van 25 jaeren in de ketting over Ceylon naer de Caab'.[174] Hierdie man sou die tydperk 1714–39 dus as sogenaamde 'bandiet' aan die Kaap deurgebring het, 'n obskure tydgenoot van Henricus en Aletta Beck.

Die optrede teen Van Steeland se medewerkers in 1712, en dié teen Hofman en sy kollegas in 1717, kan nog as sporadiese insidente beskou word, dog in 1730 het die Here XVII klaarblyklik besluit om doelgerig teen die heersende wantoestande op te tree, en het hulle in 'n brief aan die Raad van Indië hul besorgdheid uitgespreek oor die verwaarlosing van die Kompanjie se belange en die nalatigheid van sy amptenare in die Ooste, klagtes wat hulle aan die einde van 1731 herhaal het. 'n Maand later het hulle in 'n verdere skrywe 'n volledige uiteensetting van hul griewe gegee, met verwysing na 'het groot verval dat wy tot ons smertelijk leetwezen verneemen alomme in Indiën en wel byzonder aan de hooftcomptoiren tot Batavia en op Ceylon te wesen', en die 'menigvuldige excessen [*buitensporighede*] die omtrent het een en 't ander worden begaan off getolereert [*toegelaat*] door luyden [*mense*] van hoogen en lagen stand'.[175]

Nadat hulle uitvoerig op dit alles ingegaan het, het die XVII ten slotte tot die haas ongehoorde stap oorgegaan om die destydse goewerneur-generaal, Diederik Durven,[176] wat eers twee jaar tevore aangestel was, sy tweede-in-bevel, die direkteur-generaal en twee lede van die Raad van Indië te ontslaan, en hulle saam met agt amptenare, drie vryburgers en vier vroue aan te sê om sonder verwyl na Nederland terug te keer, 'zonder gagie [*salaris*] of eenig commando [*gesag*] op de vloot of aan de Caap te voeren'. Aan die goewerneur- en direkteur-generaal is elkeen ses kiste van vyf voet toegestaan 'tot berging van haar meubelen en kleederen, zonder koopmanschappen [*handelsgoedere*]', aan die amptenare na verhouding; '[e]n aan de resteerende, zoo[wel] mans- als vrouwsperzonen, ieder een kist van 5 voeten, sonder coopmanschappen'.[177]

Alhoewel die VOC uit die staanspoor reeds geneig was om hooghartig en arbitrêr op te tree teenoor sowel sy eie werknemers as die vryburgers onder sy gesag, was sodanige optrede teenoor sy hoogste amptenare uitsonderlik. Die redes vir Durven se ontslag is nooit openbaar gemaak nie, en terwyl sy biografie in die Winkler Prins-ensiklopedie hom nogal vaag en algemeen as 'een bekwaam doch weinig scrupuleus man' beskryf,[178] en daar elders vasgestel word 'dat er op Durvens zedelijk leven heel wat viel aan te merken',[179] was hy beslis nie die eerste of enigste amptenaar van die Kompanjie van wie dit alles gesê kon word nie, indien niks ergers nie.

De Jonge verwys na eietydse vlugskrifte waarin Durven van 'allerlei gruwelen' beskuldig is,[180] maar vermoed self dat sy ontslag verband sou kan hou met die verkoop van ampte, en noem ook die bewering 'dat een lid van den Raad van Justitie, Cornelis van Gaesbeek, en diens huisvrouw, brieven vol lasterlijke aantijgingen tegen D. Durven aan het Opperbestuur [XVII] heimelijk hadden opgezonden'.[181] Godée Molsbergen wys weer op die feit dat Durven die vyandskap van drie lede van die Raad van Indië uitgelok het deurdat hy oor hul hoofde bevorder is, en dat hy nie oor invloedryke kontakte in Nederland beskik het wat hul op gebruklike wyse in sy guns kon laat geld nie:[182] dit was inderdaad faktore soos hierdie wat in die agttiende eeu 'n mens se lewenslot bepaal het.

Dat die XVII hier so vinnig en meedoënloos aan die hand van blote aantygings en gerugte toegeslaan het, en op so 'n groot skaal, was moontlik omdat die VOC se oktrooi in 1740 weer deur die Nederlandse State-Generaal hernuwe sou moet word, en hulle verkies het om alle opspraak oor die Kompanjie en sy sake te vermy. Dit is egter tekenend van die situasie dat Durven met sy terugkeer na Nederland nie minder as agttien kiste met persoonlike besittings en invoergoedere saamgebring het nie in plaas van die ses wat hom toegestaan is.[183] Hy het hom in sy geboortestad Delft gevestig, waar sy deftige groot huis aan die Oude Delft nog altyd bestaan,[184] en 'n duidelike aanklag, eerherstel en skadeloosstelling van die VOC geëis. Toe hy hier geen genoegdoening kon kry nie, het hy hom tot die State-Generaal gewend, maar daar was nog niks beslis toe hy in 1740 as gegoede man te Delft oorlede is nie. 'Los en in sieraden,' skryf Wijsenbeek-Olthuis, 'bezat deze man 1425 diamanten en 2 briljanten met een gewicht van 12,4 en 29,5 karaat. Zijn grootste diamant, een exemplaar van 24 karaat, was gezet in een horlogeketting.'[185]

Die mees skouspelagtige ingryp van die owerheid teen een van sy ondergeskiktes in hierdie tydperk het kenmerkend genoeg egter nie om 'n geval van privaat handel of omkopery gegaan nie. Dit gaan hier inteendeel om die sonderlinge geval van Pieter Vuyst,[186] self in die Ooste gebore as seun van 'n senior amptenaar van die VOC, wat ná 'n regsopleiding in Nederland en wat Godée Molsbergen as 'n 'vuurpijl-loopbaan' beskryf,[187] in 1727 goewerneur van Ceylon geword het. Só gou het dit daar egter bedenkings oor sy bewind ontstaan dat hy twee jaar later reeds na Batavia ontbied is, en by nadere ondersoek het geblyk dat hy arbitrêr en op eie gesag 'n aantal amptenare en burgers ter dood veroordeel het: onder die bonte mengeling strawwe wat verder op beweerde oortreders toegepas is, noem Godée Molsbergen heel tekenend van die tyd 'verbanning, geeseling, met den strop om den hals aan den stijl van de galg [galgpaal] staan, brandmerken en verbanning naar de Kaap voor twintig jaren'.[188]

Dieselfde skrywer het dit oor 'een geval van krankzinnigheid',[189] terwyl De Haan skryf van 'door tropenwaanzin ingegeven wreedheden';[190] maar hoe dan ook, in 1732, die jaar waarin Diederik Durven na Nederland teruggekeer het met sy metgeselle, is Vuyst in Batavia in die openbaar tereggestel met al die gestrengheid wat die VOC tot sy beskikking gehad het wanneer hy die dag besluit het om hom te laat geld:

> sijn sententie (...) gepronuntieert [uitspreek] weesende, wierd hy door den scherpregter [beul] gantschelijk ontkleed, en vervolgens, op een stoel agterover gebonden zijnde, met een kromachtig mes de keel afgesneden, sonder dat men aan den patiënt tot verwondering van de aanschouwers eenige de minste ontsteltenisse heeft konnen merken, van zijn komst aff op de executieplaats tot synen dood toe.[191]

Die lyk is gevierendeel en saam met sy klere en die stoel, tafel, mes en byl wat by die teregstelling gebruik is, verbrand: 'de assche wierd des avonds bij malkanderen gesameld, in een zak gedaan en, per roeyschuyt buyten deze steede gevoert zijnde, aldaer in zee geworpen'.[192]

Vuyst was weliswaar 'n sonderlinge en 'n uitsonderlike geval, maar met sy teregstelling was die probleme in Ceylon nie opgelos nie; want in dieselfde brief waarin hulle Durven se ontslag en die ander stappe in verband hiermee aangekondig het, het die Here XVII vervolgens opdrag gegee dat Stephanus Versluys,[193] die man wat in 1729 aangestel is om hom as goewerneur te vervang, saam met sy fiskaal na Batavia ontbied moes word sodat daar ondersoek ingestel kon word na hul bestuur.[194] Indien hierdie twee amptenare intussen reeds op pad terug sou wees na Nederland, het die goewerneur en Raad aan die Kaap opdrag gekry om hulle daar voor te keer:

> [dat] zy deselve zullen aanhouden en met hun goederen na Batavia terug hebben te zenden, ten waren [tensy] zy verkosen hare goederen aan de Caab te laten verblyven, in welken gevalle die onder behoorlyke inventaris op een secure plaats zullen moeten geburgen [gebêre] en voor verderff bewaard worden zooveel als mogelyk is.[195]

Dit was dieselfde prosedure wat so 'n tien jaar later gevolg sou word met 'n ander onfortuinlike amptenaar teen wie daar op dieselfde drastiese wyse opgetree is, naamlik die voormalige goewerneur-generaal Adriaan Valckenier.[196] Versluys kon egter betyds in hegtenis geneem en in Batavia aangehou word, waar hy teen 'n borgtog van 50 000 riksdaalders ontslaan is, en hy is in 1736 daar oorlede.[197]

Maar liewer as om lukrake brokkies inligting oor verspreide individue, instellings en verskynsels hier aan te bied, hoe interessant of evokatief dit op sigself ook mag wees, sal dit miskien nuttig wees om inligting oor die VOC se ryk in die Ooste te konsentreer in die lewensloop van 'n enkele hoë amptenaar wat gedurende die tyd wat in hierdie boek ter sprake is ook aan die Kaap 'n belangrike rol sou speel, naamlik die latere goewerneur-generaal baron Van Imhoff.

11.
'De Herstelder':
G.W. baron van Imhoff

Gustaaf Willem baron Van Imhoff (Gustav Wilhelm Freiherr von Imhoff) is in 1705 gebore in Oos-Friesland,[1] 'n grensstreek onmiddellik ten ooste van die Nederlandse Republiek wat onder die gesag van plaaslike vorste gestaan het. Hierdie geweste het altyd noue verbintenisse met die aangrensende Nederlandse Republiek gehad, en die stad Leer, sy geboorteplek, is deur die Leda met die Noordsee verbind, sodat Nederland maklik per skip bereik kon word in 'n tyd toe kommunikasie per land dikwels moeisaam of selfs onmoontlik was. Oos-Friesland het dan ook talle werknemers vir die VOC opgelewer.[2]

Die familie Von Imhoff was 'n Duitse patrisiërsgeslag uit Neurenberg (Nürmberg), wat in die dertiende eeu vir die eerste keer vermeld is,[3] en Van Imhoff se vader is as gevolg van diplomatieke opdragte wat hy uitgevoer het deur die Keiser met 'n adellike titel en 'n nominale amp in Oos-Friesland beloon. Die familie se adel moet miskien nie oordryf word nie, alhoewel dit in 'n agttiende-eeuse konteks beslis status verleen het, en aangesien daar ses seuns en vier dogters in die familie was wat in die lewe gevestig moes word, was daar vermoedelik ook finansiële probleme.

Van Imhoff se moeder was egter uit 'n Amsterdamse patrisiërsfamilie afkomstig en deur haar eie moeder verwant aan 'n tweede, en skynbaar was hy ewe goed verwant aan Daniël Nolthenius, die man van Aletta Beck se oudste stiefdogter.[4] Klaarblyklik is hierdie Nederlandse kontakte dankbaar beetgegryp, en dit is opmerklik dat al Van Imhoff se oorlewende broers en susters, soos Dibbits dit stel, 'hun geboorteland verlieten om elders hun geluk te beproeven'.[5] Die dogters is met Nederlanders getroud, terwyl die seuns hulle na die Ooste begewe het waar soveel onvermoënde edelmanne en patrisiërs in hierdie tyd hul heil gesoek het.

Volgens die adellike standaarde van sy tyd het Van Imhoff 'n goeie opvoeding geniet, soos blyk uit die feit dat hy redelik Frans en Latyn geken het, maar toe hy agttien was het hy hom na Amsterdam begewe om die invloed van sy moeder se familie te benut. Waarskynlik is dit op hierdie manier dat hy in 1725 teen betaling van 'n borgsom van 2000 gulden as Onderkoopman in diens van die VOC na die

Ooste kon uitseil. Watter rol familie-invloed daarby gespeel het dat die jong buitelander betreklik gou in Kompanjieskringe gevestig kon raak, sy vinnige opgang het hy vermoedelik eerder aan sy verdienste te danke gehad, want volgens sy eie getuienis het hy dit verstandiger geag om nie van sy adellike titel gebruik te maak nie.[6] Reeds 'n jaar ná sy aankoms is hy in rang verhoog tot Koopman, en in 1727 is hy getroud met die agttienjarige dogter van Anthony Huysman,[7] 'n 'zeer vermogende Bataafse notaris' soos Dibbits hom beskryf,[8] en vroeëre direkteur van Bengale in Kompanjiesdiens, wat deur sy afkoms en sy huwelike talle nuttige konneksies in die hoër kringe van die VOC besit het.[9]

In 1729 is Van Imhoff tot Opperkoopman bevorder, terwyl hy die volgende jaar sekretaris van die Raad van Indië geword het en in 1735 raad-ekstraordinaris. Toe die Here XVII in hierdie tyd hul groot veldtog teen oneerlikheid onderneem en goewerneur-generaal Durven saam met ander amptenare na Nederland ontbied is, het Van Imhoff egter vrygespring met wat Dibbits omskrywe as 'een vermaning wegens slordig optrede als waterfiscaal'.[10] In 1736 is hy ten slotte benoem tot goewerneur van Ceylon, die hoogste posisie onder die VOC naas dié van die goewerneur-generaal en direkteur-generaal in Batavia.[11]

In Ceylon het Van Imhoff gedurende die vier jaar wat hy daar deurgebring het onder andere privaat handel deur die vryburgers aangemoedig, ondanks die feit dat dit sterk teen die beleid van die VOC ingedruis het, en besondere aandag aan godsdienskwessies geskenk, wat noodsaaklik gemaak is deur die feit dat die vroeëre sendingwerksaamhede van die Portugese 'n groot inheemse Christenbevolking op die eiland agtergelaat het.[12] Dwarsdeur sy loopbaan het hy aktiewe belangstelling in en betrokkenheid by kerksake getoon, en die godsdienstige verwysings wat in sy redevoerings, amptelike geskrifte en persoonlike briewe voorkom, klink soos blyke van opregte gelowigheid eerder as blote formules. Ook het Van Imhoff drie lang inspeksietogte van die eiland onderneem: 'Te paard, te voet of per palankijn werd dagelijks verder gereisd, tot in streken waar nooit tevoren een Europeaan een voet had gezet.'[13]

Dit is gedurende sy ampstermyn in Ceylon dat daar 'n duidelike beeld van Van Imhoff begin uitstaan, danksy sy gereelde briefwisseling vanaf 1738 met sy neef Jacob Boreel, advokaat-fiskaal van die Amsterdamse Admiraliteit, 'Welgeboren Heer en Seer g'eerde Neeff!' soos Van Imhoff hom self aanspreek.[14]

Afgesien van persoonlike oorwegings van verpligting of geneentheid was Boreel 'n besonder nuttige kontak, sowel wat betref Van Imhoff se loopbaan in die Ooste as 'n moontlike verdere loopbaan in Nederland ná sy aftrede, en naas lang, lewendige briewe in 'n besonder ornamentele Nederlands vol Franse uitdrukkings is daar oor die jare gereeld geskenke vanaf Ceylon en Batavia na Amsterdam versend: 'n kassie tee, 'n mandjie voëlnessies, potte met ingemaakte neut en gemmer, plantjies, boompies, en by een geleentheid 'wat bolle (...) van seekeren Indiase tulp, die men hier wilde uyen of ajuin noemt en waarvan de bol medicinaal is; de blom is fraay rood en geel, en na mijne gedagten in Nederland nog niet bekend, de inlandse naam is *bawang oetang*'.[15] Ook word daar van tyd tot tyd verwys na 'n verskeidenheid diere, wat hul bestemming nie altyd lewend bereik het nie: 'n slingeraap, 'kroonvogels', Chinese fisante, 'twee Javaanse papegayen, beyde groen en wat cacatoeachtig', en 'twee Javaanse bergduijven of grote tortelduijven, beyde grauw, zijnde een paar'.[16]

Boreel se vrou, 'Mevrouwe en seer g'eerde nigte' of, minder formeel, 'nigt Boreel', is egter nie vergeet nie, en vir haar was daar onder die geskenke byvoorbeeld

> een paar chitsen [*stukke sis*] med een stukje neteldoek en een stuk gekepert linnen, waarvan het laatste, so men segt, admirabel [*uitstekend*] tot luyers is. (…) De chitsen zijn van een Lions-stoffe-patroon dat ik selfs naar Chormandel gesonden hebbe om de chitsen daarna te fabriceeren.[17]

Die verwysing is vermoedelik na tekstiel uit die Franse stad Lyon wat by hierdie bestelling as patroon gedien het.

Van Imhoff se bestuur in Ceylon het klaarblyklik 'n goeie indruk op sy tydgenote gemaak. 'Men hoort van alle kanten dat de heer Imhoff diegeene zou wezen die de vervallen zaken in Indië zou terecht helpen,' het Aletta Beck aan die hand van berigte en gerugte uit die Ooste vroeg in 1740 reeds vanaf die Kaap na Nederland geskryf,[18] en hierdie indruk is versterk toe hy dieselfde jaar nog na Batavia oorgeplaas is. Vanselfsprekend is die oorplasing deur sy meer ambisieuse kollegas as dreigement gesien, in eerste instansie deur Adriaan Valckenier,[19] 'n effens ouer tydgenoot wat in 1714 op negentienjarige leeftyd by die VOC in diens getree, en in 1736 direkteur-generaal en 'n jaar later goewerneur-generaal geword het.

'Valckenier, die een driftig en despotiek man was, maakte veel vijanden', meld sy biograaf.[20] Bowendien was hy lid van wat hy self as 'n 'bekende en welverdiende oude Nederlandsche familie' beskryf het,[21] en Van Imhoff se biograaf wys op die feit dat laasgenoemde aan moederskant aan die Valckeniers verwant was en dat die twee families 'niet op al te besten voet met elkander stonden',[22] 'n faktor wat in die agtiende eeu groot invloed om sake kon hê, ook dié van die VOC.

Valckenier self het geglo dat Van Imhoff sy eie bevordering in Kompanjiesdiens in die verlede teëgewerk het, terwyl Van Imhoff aan sy kant gemeen het dat hy ewe goed reg op bevordering gehad het as Valckenier,[23] en in Batavia was daar gerugte dat die Here XVII Valckenier nou kans sou gee om af te tree ten einde hom deur Van Imhoff te kan vervang.[24]

Interessant in hierdie verband is die brief vol aantygings oor Van Imhoff wat Valckenier in 1740 aan die Here XVII geskryf het, alhoewel dit natuurlik geensins as objektief of onpartydig beskou kan word nie, veral vanweë die spesifieke verwysing na sy teenstander se bekende gelowigheid. 'Niettegenstaande dit alles,' sluit hy naamlik af, wilde desen heer altijdt voor godvreesende en devoot [*vroom*] te boek staan, twee à drie maal ter week in het huys des Heeren gaande, om met betraende oogen daar weder uytcomende, daarnae alle avonden in dobbel- en drinkgeselschappen doorbrengende, waarin [hij] soo sterk is, dat [hij] sijn gasten en adorateurs [*bewonderaars*] komt aff te maaken 't geen aan de geestelijken discoursen geeft, om door deese hoedanigheden het character van een huychelaar te denôteren [*aandui*].[25]

Twis, geskinder en pogings tot ondermyning was egter geensins ontipies van amptelike kringe in Batavia of elders nie: 'haat en nijd waren schering en inslag in de verhoudingen der leden van de hooge regeering,' merk Godée Molsbergen op.[26] Dit was trouens omstreeks dieselfde tyd dat die nogal onverkwiklike toutrekkery in verband met die opvolging van goewerneur Van der Kervel aan die Kaap plaasgevind het.

Op hierdie tydstip, en in hierdie omstandighede, het die sogenaamse 'Chinesemoord' in Batavia 'n krisis in plaaslike bestuursake te weeg gebring.[27]

Sedert die vroeë jare van die VOC se werksaamhede is die stad reëlmatig besoek deur groot jonke uit China wat hier kom handel dryf het: dit was eers in 1728 dat die VOC regstreeks met China in verbinding getree en dat sy skepe jaarliks Kanton (Gwangzjoe) besoek het vir die aankoop van tee.[28] Saam met hierdie jonke het daar ook mans gekom wat in Batavia kom werk soek en hulle dikwels blywend daar gevestig het. Eer lank het hulle 'n talryke gemeenskap uitgemaak, en naas arbeiders het hulle 'n aantal welgestelde mans en groot slawe-eienaars ingesluit wat veral by suikerplantasies, die bounywerheid en finansiële transaksies betrokke was.

Omstreeks hierdie tyd is die suikerplantasies egter getref deur die feit dat Batavia sy aansienlike afsetgebied in Persië (Iran) verloor het, terwyl suiker van Java al hoe meer van die Europese mark verdring is deur dié uit die Karibiese gebied.[29] Die toenemende werkloosheid en ekonomiese probleme wat hierdeur ontstaan het, het ontevredenheid onder die Chinese gemeenskap en onrus onder die blankes veroorsaak, en aan die einde van 1740 het die Raad van Indië op Van Imhoff se inisiatief, en ten spyte van teenkanting deur Valckenier, besluit om 'alle suspecte swerwende Chinezen' te laat aanhou.

Die aankondiging en gedeeltelike toepassing van hierdie maatreël het die onrus onder die Chinese vergroot, met die gevolg dat hulle gewapende bendes in die omstreke van die stad begin vorm het, en dit weer het die angs van die betreklik klein groepie blanke inwoners aangewakker. Die resultaat van al hierdie vrese en onsekerhede was 'n spontane bloedbad, 'een afgrijselijke moordpartij' soos Dibbits dit beskryf,[30] waarin bykans die hele Chinese bevolking van die stad deur bewapende blanke vryburgers afgeslag is. Valckenier het na bewering sý deel bygedra deur opdrag te gee om alle Chinese in die gevangenis om die lewe te bring en dié in die hospitale op straat te sit om vermoor te word.[31]

Vanselfsprekend was dit 'n partydige en sensasioneel oordrewe verslag van hierdie gebeure wat die buitewêreld bereik het. So het 'n opvarende op een van die Engelse Oos-Indiese Kompanjie se skepe aan die Kaap byvoorbeeld verneem van

> the Chineas and Mallays rising against the Dutch; and that the Chineas had burnt all the Arrack Stills and Sugar Mills and the best part of the Town is burnt down, and the Dutch have killed 20 000 Chineas and Mallays, and that there was 15 000 more in Arms in the Field, they say there was not above 500 Dutch killed in all, the Dutch got great Plunder from the Chineas.[32]

In dieselfde trant het die bejaarde Aletta Beck 'n ontstelde en enigsins verwarde brief aan Balthazar Nolthenius gestuur waarin sy dit het oor 'de fatale tijding van het verraad der Chineezen' en die feit dat die blankes 'een vervaarlijk bloedbad onder dat gespuis hebben aangericht'.[33] 'n Ander korrespondent van Nolthenius in Batavia, Joh. van der Linden, 'koopman en eerste administrateur van de Westzijdsche negotie pakhuizen', het weer die hoop uitgespreek 'op verderen bijstand van God, om niet ten prooi te worden der gruwelijke Chineezen of andere heidensche natiën, hoewel God's straffe rechtvaardig zou zijn, zoo hij ons had verdelgd om onzer zware zonde wille'.[34] Die gebeure het in elk geval dwarsdeur die wêreld van die VOC paniek veroorsaak, en aan die einde van die jaar is 'n amptelike dankdag vir die afwending van die vermeende onheil in Batavia voorgeskryf.[35]

Dit was eers 'n week nadat die slagting begin het dat Valckenier tydens 'n raadsvergadering die vraag gestel het of dit nie tyd geword het vir die owerheid om in te gryp nie, en Van Imhoff as woordvoerder van die raadslede alle aanspreeklikheid vir die gebeure afgewys het en laat blyk dat hulle Valckenier verantwoordelik hou. Dit skyn sedertdien ook die algemeen aanvaarde siening te wees; dog in alle billikheid moet aandag gevestig word op die kommentaar wat argivaris De Haan in 'n voetnoot hierby maak: 'Eigenaardig is dat de Chineesche geschiedenis van Batavia de schuld van den Chineezenmoord uitsluitend op van Imhoff legt en Valckenier als diens dupe [sondebok] voorstelt. Zelfs neemt zij Valckenier in bescherming.'[36] 'Vast staat dat de moordpartij op de Chineezen niet door Valckenier was geordoneerd [beveel], zooals zijn vijanden beweerden,' merk sy biograaf op. 'Hij heeft echter evenmin iets gedaan om den gruwel te beëindigen.'[37]

Hierdie openlike konfrontasie in die Raad het die reeds bestaande spanning natuurlik verhoog, en daartoe gelei dat Valckenier vir Van Imhoff en twee ander raadslede tydens 'n raadsvergadering op dramatiese wyse in hegtenis laat neem het op aanklag van ongehoorsaamheid aan sy gesag tydens die onluste.

In haar brief aan Balthazar Nolthenius beskryf Aletta Beck aan die hand van berigte uit Batavia op dieselfde ontstelde en verwarde wyse hoe Valckenier,

> na in 6 weken in de Vergadering niet geweest zijnde, in de Vergadering ko-

mende, gewapend met den kapitein en 40 gewapenden, die de tafel in 't ronde omsloegen [omring], de drie voornaamste heeren ordinaire raden van Indië arresteerde om op de punt [bastion van die Kasteel] gebracht te worden. (...) Onderwijl had hij al de poorten laten sluiten, de bruggen ophalen, 't kanon op de wallen geplant, 't vuur daarbij. Met dit toestel was heel Batavia in de grootste consternatie, niet wetende waar dit alles op doelde.[38]

'Zo ziet men wat de schraapzucht [winsbejag] voor vruchten teelt,' het sy moraliserend voortgegaan;

want daar 't gemeen [gewone mense] gedrukt wordt, het recht gecorrumpeerd [misbruik], de waardigheden voor geld verkocht, en de gierigheid geen grond kan peilen, bijgevolg [sodat] onwetenden en lichtmissen [losbolle] verheven [worden]; zoo een te gronde moet gaan. Hoe wenschelijk ware het een daaraan de machtige hand te leggen [kragtig optree]; maar dat neefschap [nepotisme] dat in alle staten elkander de hand biedt, baart het verderf van land en kerk. Ik twijfel niet of 't is alles genoeg bewezen. (...) Doch het kwaad ingekankerd zijnde, schijnt van de geneesheeren als verlaten, of met een lid af te snijden, 't overige niet willende behouden.

Ellendigen, die onder zulke pers moeten zuchten! De Almachtige God, die de harten der menschen in Zijne hand heeft, doe haar [hulle] voorzichtige en spoedige raadslagen nemen tot herstel van zulk een dierbaar land dat zooveel bloed en zorgen gekost heeft, en waarvan zoovele duizenden hun brood moeten hebben. Ja, wij zuchten voor hen, dat recht en eendracht malkand'ren de hand mogen geven om 't vervallene, zoo[wel] om te straffen als om te beloonen; opdat waarheid en vrede de zitstoel der eere moge betreden, en alles aangeleid worden tot eere van God en redding zijns naastens.[39]

Ook hier is sowel die gedagtegang as die uitdrukkingswyse enigsins verward as gevolg van emosie en ouderdom; maar die beslistheid en kragdadigheid van haar skryfstyl is onmiskenbaar.

Vroeg in 1741 is die drie gearresteerde mans met hul vroue op drie afsonderlike skepe na Nederland gestuur:[40] hul degens en rottangs of ampstawwe, 'n kenmerkende gesagsimbool onder die VOC, is met hulle saam gestuur, maar afsonderlik, in 'n 'langwerpig houten kistje' verpak, wat as 'n opsetlike deemoediging gesien moet word.

Die skipper van die *Watervliet*, wat een van die rade vervoer het, het skriftelik opdrag gekry om die betrokkenes

in militair arrest te houden, met een à twee schildwachten voor de deur, en in geen geval, door wien dit ook mogt worden versocht, hem aan wal te laten gaan, en hem daertoe medegeven een sergeant, twee corporaels en twaelf soldaten, en die vrij van wacht [*skeepswag*] te houden.[41]

Aan die skipper van die *Adrichem*, waarop Van Imhoff geseil het, is daar uitdruklik opdrag gegee om nie die Kaap aan te doen nie, 'ingevalle hy sich soms aan de Kaap siek houdende, soude willen achterblyven door hulp van den Gouverneur Swellengrebel'.[42] Hieraan is daar egter geen gehoor gegee nie, en die skepe het mekaar aan die Kaap ingewag en op 10 Mei saam hiervandaan vertrek: spesifiek die *Adrichem* het meer as twee weke hier vertoef.

In hierdie ongebruiklike situasie het dit vir die drie raadslede nodig geword om nadat hulle reeds meer as 'n week lank op hul onderskeie skepe deurgebring het, hul aanwesigheid formeel aan die Politieke Raad bekend te maak, in 'n besonder lang en omslagtige skrywe waarin hulle verwys na 'den rang en het caracter dat zij in den dienst van ons aller Meester [*die Kompanjie*] bekleeden' en na die 'geweldenarije' van Valckenier wat hulle ondervind het.[43] Die Raad het dieselfde aand nog in 'n buitengewone sitting vergader om dit te bespreek, maar kon net daarop wys dat hulle nie amptelik deur Batavia van die drie raadslede se koms in kennis gestel is nie, en dit dus ook nie amptelik kon erken nie. Nie-amptelik het die gebeure natuurlik egter die nodige opspraak verwek, en in die winter van 1741 het Aletta Beck berig dat die drie mans

> van hier in gezondheid vertrokken zijn. Wij hopen dat ze een voorspoedige reis zullen hebben en in gezondheid de haven bereiken. (…) Dit weten we, dat de heeren zeer misnoegd vertrokken zijn, en revengie [*wraak*] over alle de affronten haar UEde. [sic] aangedaan, zullen zoeken. (…) Alle welmeenenden zullen ze met verlangen zien retourneeren [*terugkeer*] tot welstand van de Compy. en 't gemeen [*die samelewing*]; hebbende in 't algemeen de goedkeuring zoo[wel] over de regeering [*hul bestuur*] als hunne Ede. persoonen. Doch dewijl de hooge machten zulk een zaak moeten beslissen, zal wat tijd verloopen; terwijl 't verval der Compy. hoe langer hoe meer voortgaat, en, God beware, niet geheel te gronde zinkt.[44]

Skynbaar is Van Imhoff en sy vrou op die reis vergesel van nie minder as ses slawe nie, wat met sy dood in Batavia nege jaar later nog altyd by hom in diens was;[45] die gegewens vir die *Adrichem* verwys na 'n totaal van elf passasiers, maar verstrek geen besonderhede nie.

Intussen het die Here XVII, onbewus van die ontwikkelinge in Batavia, aan Valckenier op sy eie versoek eervolle ontslag verleen, en Van Imhoff nog voor sy onverwagte verskyning in Nederland as opvolger aangewys teen 'n salaris van 1200 gulden per maand.[46] Die berigte oor die Chinesemoord wat intussen in Nederland ontvang is, het niks aan hierdie reëlings verander nie, en met hul aankoms is die drie gedeporteerdes met groot eerbetoon deur die XVII ontvang en toegelaat om hul eie saak te stel. Veral verdien dit vermelding dat hul degens en ampstawwe onmiddellik deur die Bewindhebbers aan hulle teruggegee is.

Van hierdie opwindende verwikkelings in Nederland het Balthazar Nolthenius op sy beurt weer vir Aletta Beck op hoogte gehou.[47]

Nie net is Van Imhoff se aanstelling nou gehandhaaf nie, maar hy het ook 'n vergoeding van 24 000 gulden aangebied gekry, wat hy van die hand gewys het, alhoewel hy in die plek daarvan 'n silwertafelservies ter waarde van 15 000 gulden aanvaar het.[48] Volgens Godée Molsbergen het hy ook toestemming gekry om 'n rytuig na Batavia te laat uitstuur, wat egter eers ná sy dood daar sou aankom.[49]

Die byval wat Van Imhoff in Nederland gekry het, die summiere stappe wat teen Valckenier onderneem is en die ongebruiklike angsvalligheid wat die Here XVII hierin getoon het, hou waarskynlik verband met die toenemende spanning tussen hierdie liggaam en die Nederlandse State-Generaal rondom die verlenging van sy oktrooi in 1740 waarna daar reeds verwys is.[50] 'Gaandeweg werden de relaties met die Staten-Generaal stroever,' meld Gaastra hieromtrent.

> Berichten over de slechte gang van zaken in Azië konden niet verborgen blijven en in 1740 eiste de regering meer inzicht in de positie van de Maatschappij [Kompanjie] alvorens tot verlenging van het octrooi over te gaan. Pas in 1742 werd overeenstemming bereikt over een hernieuwing van het octrooi tot 1756 tegen betaling van een jaarlijks bedrag ter waarde van drie procent van het dividend.[51]

Die aandag wat hierdie ontwikkelings in Nederland getrek het, of die manier waarop daar probeer is om die openbare mening daaroor te manipuleer, word getoon deur die feit dat die Friese edelman en digter Willem van Haren, 'n man met dieselfde herkoms en agtergrond soos Van Imhoff, juis in hierdie tyd 'n gedig gepubliseer het met die titel *Op den moord gepleegd aan de Chineezen te Batavia den 9 October Anno 1740*, en 'n verdere gedig om Van Imhoff teen Valckenier se ondersteuners te verdedig:

> *Die rein van wandel is en zuiver van geweten,*
> *Die is, in 't midden van het doodsgevaar gezeten,*
> *Zo weinig trefbaar als vervaard* [bevrees].[52]

Van Haren het deel uitgemaak van die kring rondom die prins van Oranje, wat enkele jare later as Willem IV tot die amp van stadhouer verhef sou word en kort daarna ook opperbewindhebber van die VOC sou word. Gedurende sy verblyf in Nederland is Van Imhoff aan die prins voorgestel en deur hom onthaal, en klaarblyklik het daar 'n goeie verstandhouding tussen die twee mans ontstaan wat later die vorm van briefwisseling sou aanneem.⁵³ Dit was eweneens in hierdie tyd dat die indrukwekkende staatsieportret van Van Imhoff op 39-jarige leeftyd vervaardig is deur die modieuse hofskilder Philip van Dijk, een van Van Dijk se kenmerkende portrette 'full of objects and people in stage-like spaces', soos Earl Roger Mandle dit beskryf,⁵⁴ en wyer versprei in die vorm van 'n gravure wat Pieter Tanjé aan die hand daarvan gemaak het. In die woorde van De Roo toon dit

> een deftig, zelfbewust regent, (...) rustig, met een welwillenden glimlach om de lippen, en imponeerend in zijn staatsiegewaad—zwart fluweelen met goud bestikten rok [*lang baadjie*] over roodlakensch onderkleed [*onderbaadjie*] en getooid met een grijzen allonge-pruik, den kommandostaf in den hand, terwijl een zwaar bepluimde helm naast hem prijkt. Ter zijde een globe [*aardbol*]; op den achtergrond een beeld van Mercurius met gevleugelden staf en wiekjes [*vlerke*] aan de voeten, zinspelingen op Van Imhoff's bemoeiingen ten opzichte van de zeevaart en den handel.⁵⁵

Waarby ten slotte ook nog die aanwesigheid op die skildery genoem kan word van 'n swart dienaar in livrei, vermoedelik 'n slaaf, half agter 'n gordyn verskole op die agtergrond.

Sover dit Valckenier betref, was dit eers aan die einde van 1741 dat hy, 'na veel twist over tijd en wijze van aftreding', soos Godée Molsbergen dit beskryf, uit Batavia vertrek het; 'met de uiterste pompe en magnificentie' volgens Daniël Nolthenius, wat een van die amptenare was wat hom uitgeleide gedoen het.⁵⁶ Hy was onder andere vergesel van vyf bediendes (moontlik die blanke hofmeester en vier Oosterse slawe wat in Kaapse rekords vermeld word),⁵⁷ en 'n lyfwag van dertien man.⁵⁸

'n Engelse besoeker aan Tafelbaai, Francis d'Abbadie, het 'n beskrywing van Valckenier se aankoms hier op 25 Januarie 1742 nagelaat (in Boucher se parafrase),

> as the salutes boomed out across the bay when 'Myn heer Falconier' came ashore to be received on the jetty by Swellengrebel, his council and all the British commanders in port. Valckenier, who 'was very much out of Order', was carried in a sedan-chair to the Castle past the ranks of the Cape militia and two squadrons of cavalry.

D'Abbadie maak vervolgens self vermelding van

> ye Honour [I had] also to Compliment him in the Name of all the English Commanders there present, to which he gave a Most Corteous [*sic*] and favourable Answer, returning us thanks for our Salute (...). The Garrison being

under Arms upon the Parade,⁵⁹ march'd before his Window, and being ranged in Order of Battle, made a very fine appearance as a compleat Body of Men, and saluted him with a triple Discharge of their Small Arms (...).⁶⁰

Toe die Engelse besoekers twee dae later kom afskeid neem, het Valckenier hulle in die bed ontvang, en 'bij indispositie' het hy een vergadering van die Politieke Raad nie bygewoon nie,⁶¹ maar verder het hy op gebruiklike wyse by raadsvergaderings voorgesit,⁶² en as besoekende kommissaris skynbaar taamlik deeglik ondersoek na plaaslike toestande begin instel.⁶³ Minder as drie weke ná sy aankoms is dringende aanwysings egter van die Here XVII uit Nederland ontvang waarvolgens hy summier in militêre hegtenis geneem moes word ten einde na Batavia teruggestuur te word vir verhoor:⁶⁴ die voormalige fiskaal en waarnemende goewerneur, Daniël van den Henghel, wat op pad terug was na Europa met die retoervloot nadat hy as gevolg van Swellengrebel se benoeming ontslag aangevra het,⁶⁵ sou hom as admiraal vervang.⁶⁶

Dit verdien vermelding dat die *Amsterdam*, die skip waarop Valckenier self sou geseil het, met die aankoms in Europa in die nabyheid van die Shetland-eilande vergaan het;⁶⁷ en 'n interessante voetnoot hierby is die feit dat 2377 stuks sogenaamde wapenporselein saam daarmee ondergegaan het, dit wil sê, porselein wat in opdrag vervaardig en met Valckenier se familiewapen versier is, alhoewel meer as 'n duisend stuks behoue gebly het.⁶⁸ Dit is egter twyfelagtig of die lot wat op Valckenier self gewag het uiteindelik verkieslik was.

Valckenier het verskeie kragdadige pogings aangewend om terugsending na Batavia te voorkom, onder andere deur vol te hou dat hy slegs in Nederland aan die XVII verantwoording kon gee en hom op sy status as burger van Amsterdam te beroep: met hierdie doel het hy meerdere omslagtige versoekskrifte tot die Politieke Raad gerig, en hom ook op sy liggaamlike toestand beroep. Soos genoem, was hy met sy aankoms reeds siek gewees, en in die mediese verslae word daar verwys na 'de derden daagse coortse' en 'een soorte van swakheijd aan desselfs beenen', wat in laasgenoemde geval egter as 'een oude kwaal' beskryf is. Dit sou onderskeidelik kan dui op malaria, wat op daardie tydstip algemeen was in Batavia, en die gebreksiekte beri-beri, wat ook wydverspreid in die Ooste voorgekom het.

Met Valckenier se inhegtenisneming is die opperkoopman en hoof van die medisinale winkel in die Kasteel van Batavia, Gerrit Hackeberg, wat saam met die retoervloot geseil het, ten spyte van sy besware aan die Kaap aangehou om vir hom te sorg en hom op die terugreis te vergesel,⁶⁹ maar Hackeberg het daarin geslaag om 'op eene clandestiene wijse' met een van die skepe van die vloot weg te kom, sodat die Raad besluit het om op die besittings en die slaaf wat hy hier agtergelaat het beslag te lê en hulle te laat verkoop.⁷⁰ Die eerste en tweede opperchirurgyns aan die Kaap, Jan van Schoor en Renault Berthault de St. Jean, moes dus van tyd tot tyd verslag gelewer oor die gevangene se toestand, en dit was eers teen die einde van

Junie dat hulle hom geskik geag het vir die terugreis. Daar is besluit om hom terug te stuur met 'n uitseilende skip wie se vertrek van die Kaap as gevolg van die aantal siekes aan boord vertraag is.

Nadat goewerneur Swellengrebel en die sekunde Tulbagh hom in sy gevangenskap van hierdie besluit verwittig het, het Valckenier heftig beswaar aangeteken, met 'n beroep op sy liggaamstoestand,

> als bedleegerig leggende in een overmatigen swacken stand van gesteldheijd in gesondheijd en kragten, (...) vermits [*aangesien*] bij deezen den onderget[eekenden] moet verklaren eensdeels niet alleen te kunnen staan nog gaan, maar anderdeels sig ook sodanig is bevindende dat met woorden van waarheijd over des ondergeteekendens lichaamsconstitutie van 't hoofd tot de voeten toe lam is leggende, en sonder behulp van sijne leijfeijgenen [*slawe*] sig niet in staat bevind van de reg- tot de slincker, en van de slinker- tot de regtersijde om te wenden [*omdraai*].

Aangesien die chirurgyns egter bevind het dat hy geskik is vir die reis kon hy op 12 Augustus 1742 desondanks op die *Sara Jacoba* teruggestuur word na Batavia, nadat hy meer as ses maande lank hier aangehou is, vermoedelik in die Kasteel:[71] 'de onverwachte slag had hem geweldig getroffen,' skryf Van Imhoff se biograaf, 'en een tijdlang in geestesverwarring gebracht. Als een gebroken man ging hij aan boord en men twijfelde aan de Kaap of hij wel levend zou overkomen.'[72] Hierdie inligting berus in eerste instansie waarskynlik op wat Van Imhoff self die volgende jaar op pad terug tydens sy oponthoud aan die Kaap verneem het. 'Hij was eenen langen tijdt geheel buyten 't centrum [*buite homself*] geweest,' het hy aan Boreel berig,

> dog is het laatste weder bijgekomen. Zijne meeste besigheden waren het nasien van zijne inventaris, en zijne grootste bekommeringe scheen over zijn goed te wesen. Van het overige hadde hij maar eenige weet [*bewus wees*] bij tussenposingen, en dan seyde hij wel eens dat hij wel wenschte reeds over een paar jaar ['*n paar jaar eerder*] na Holland te zijn gegaan, maar voor zijn vertrek wat bijkomende, soude hij ook wat gevoeliger geworden zijn en gesegt hebbe: Mijn God! waartoe kan een mensch niet al komen? Hij heeft den Gouverneur [*Swellengrebel*] vermaand dese lesse van hem over te nemen: God te vreesen, niet schraapsugtig te zijn, en sig niet over te geven aan quade [*slegte*] raadslieden; drie heylsame dingen, dewelke meer indruk soude gedaan hebben so [*indien*] zij wat vroeger in hem waren opgekomen.[73]

Die inventaris waarna Van Imhoff verwys, was vermoedelik die uitgebreide lys van Valckenier se bagasie en besittings wat ná sy inhegtenisneming amptelik aan die

Kaap opgestel is en sestig bladsye manuskrip beslaan.⁷⁴ Terwyl dit vir 'n groot deel uit verseëlde kiste bestaan het, waarvan die inhoud nie verder aangegee word nie, was daar ook 'n groot hoeveelheid amptelike dokumente, meestal ingebind, wat hy vermoedelik saamgeneem het om hom ten opsigte van sy optrede in Batavia te kan regverdig, asook dokumentasie oor sy persoonlike finansies.

Wat persoonlike besittings betref, word daar in die lys verwys na drie kiste wat onderskeidelik klere en 'tafelgoed' bevat het, sonder verdere opgaaf van die inhoud, maar daar was ook 'n verbasende hoeveelheid silwerwerk en goud in die vorm van sierade en andersins, en 'n nog meer verbasende hoeveelheid bewerkte en onbewerkte diamante, in sommige gevalle ook in die vorm van sierade en bykomstighede, soos byvoorbeeld 'n diamantkruis met dertien stene, 'n goue kam met diamante, 'n goue 'hoofdcieraad' met 28 diamante, 'n paar oorkrabbetjies met agt diamante elk, en 'n goue snuifdosie versier met diamante en perlemoen. Soos genoem, het amptenare van die Kompanjie wat dit kon bekostig graag hul geld in diamante belê.

Onder Valckenier se verdere besittings wat net in die verbygaan genoem kan word, was drie goue horlosies, 33 rottangs van swart ebbehout met knoppe en handvatsels, 65 handrottangs sonder knoppe en twee rottangs met goue knoppe, 'n kissie met drie pousterte met goue handvatsels, wat vermoedelik as waaiers bedoel is, en 'n langwerpige kis in goiing toegewerk 'waarin door den Hofmeester gesegt wordt het portrait van Zijn Hoog Edelheijd te zijn'.

Van dit alles is daar, naas die kiste met klere en tafelgoed en die vier slawe wat ewe goed onder die besittings opgeteken is, 'n ruim sortering aan Valckenier afgestaan vir sy persoonlike gebruik, hoofsaaklik in die vorm van silwerwerk, wat messegoed, kandelare, kwispedoors, 'n skeerbekken en 'n spieël met 'n silwerraam ingesluit het, tesame met 'n goue ring met 'n groot diamant, goue knope en gespes, die goue snuifdosie en een van die goue horlosies. Daar is klaarblyklik gevoel dat iemand in sy posisie die lewenstyl moes kan handhaaf waaraan hy gewoond was, ook in aanhouding.

Volgens Van Imhoff was Valckenier 'reeds half lam (...) wanneer [hij] van hier vertrok'; dog toe eersgenoemde kort hierna self Batavia bereik, moes hy sy teenstander 'tegen gedagten en verwagting' nog aan die lewe vind, 'op een der bolwerken van dit casteel en dus onder mijne bewaring; thans siekelijk, omdat hij den geheelen dag legt en geen beweging sig geeft, dog nog sonder gevaar'.⁷⁵

Die amptelike aanklag teen Valckenier het in hoofsaak bestaan uit aanspreeklikheid vir die Chinesemoord en handel in ampte, en die straf wat geëis is, was onthoofding en verbeuring van al sy besittings;⁷⁶ sy geskrewe repliek het nie minder as 12 233 artikels behels nie.⁷⁷ Hierbenewens het Van Imhoff egter ook 'n eis teen hom ingedien vir die bedrag aan emolumente, kosgeld en rantsoene wat hy as gevolg van sy arrestasie en deportasie verloor het, wat 'n totaal van byna 40 000 gulden beloop het.⁷⁸

Nadat Valckenier meer as nege jaar lank op hierdie wyse in die Kasteel van Batavia aangehou is, 'schrijvend aan ellenlange rekesten en remonstraties,' soos De Haan opmerk, 'die van geene uitwerking konden zijn, omdat de bedoeling was hem preventief [*voorkomend*] te laten zitten tot de dood er op volgde',[79] is hy in 1751 in gevangenskap oorlede, waarmee die saak teen hom verval het. Dit wil dus voorkom dat hy ten spyte van die aansienlike familie waarop hy hom geroem het, geen konneksies meer in Nederland gehad het wat hulle op doeltreffende wyse teen Van Imhoff se aansien en gesag kon laat geld nie.

Gedurende sy oponthoud in Nederland het Van Imhoff reeds vir die Here XVII 'n uitvoerige verslag opgestel met die titel 'Consideratiën over den tegenwoordigen staat van de Nederlandsche Oost Indische Maatschappij'.[80] 'Het uitgangspunt is het algemene verval,' skryf sy biograaf, 'en het bestaan daarvan wordt als vaststaand aangemerkt.' Onverbiddelik stel die openingsin dan ook vas,

> Dat de tegenwoordig kwijnende staat van de Nederlandsch Oost Indische Maatschappij tegens haare bloeyende gesteltheyd in vorige tijden vergeleeken aan een igelijk die belang daarbij heeft een billijke bekommering, en in de gemoederen van alle buyten haar de uytterste verwondering verwekt, is seker en buyten alle twyffel.[81]

In hierdie dokument het Van Imhoff onder andere die bou van 'n nuwe en meer doelmatige tipe Oosindiëvaarder en die instelling van privaat handel in die gebiede onder die VOC aanbeveel, en ook aandag aan godsdiens en onderwys geskenk: 'Aan ideeën ontbrak het Van Imhoff niet,' soos Dibbits opmerk.[82]

Aan die meeste van hierdie voorstelle het die XVII welwillend gehoor gegee, en aan die einde van 1742 het Van Imhoff dus van Nederland uitgeseil op 'n oorlogskip wat spesiaal vir hom van die Amsterdamse Admiraliteit oorgeneem is en die simboliese naam *De Herstelder* ontvang het, terwyl daar onder die vier skepe wat hom vergesel het 'n tweede was wat volgens sy spesifikasies gebou is.

Van Imhoff se vertrek is herdenk deur 'n spesiale penning met sy portret op die een kant, en op die ander 'n allegoriese voorstelling van sy uitsending:

> de Nederlandze Geoctroyeerde Oost-Indische Compagnie onder de gedaante eener vrouw, hebbende [tot teeken haarer][83] verscheide heerschappyen in die van Europa verre afgelegen landen eenige kroonen zoo[wel] op haar hooft als in haar schoot, en aan haar zyde een anker verbeeldende d'Hoop, mitsgaders de weegschale des gerigts in hare regterhand, en bescheenen van een hemelligt, ten bewyze dat zy van daar tegemoedt ziet hetgeene het omschrift uitdrukt met deze woorden, *spes meliorum temporium*, of de hoop op betere tyden.[84]

Die *Herstelder* is ook op die penning uitgebeeld.

Van Imhoff het op 21 Januarie 1743 die Kaap bereik, waar hy tydens sy verblyf as kommissaris sou optree,[85] en die Dagregister meld hoe die *Herstelder* die wimpel bo die vlag aan die groot steng van sy mas laat waai het, 'te teeken dat zig daarop bevond Zijn Hoog Edelheijd den Hoog Edelen Heere Gouverneur Generaal Gustaaf Willem Baron van Imhoff'. Josephus de Grandpreez, in sy hoedanigheid as sekretaris van die Politieke Raad, en die ekwipasiemeester Jacobus Möller het dadelik aan boord gegaan om vas te stel wat sy planne was, en nadat daar met seintekens te kenne gegee is dat hy sonder versuim wou land, het die sekunde, Rijk Tulbagh, en die orige lede van die Raad hulle gevolg, terwyl goewerneur Swellengrebel op die seehoof by die Kasteel gewag het. Hier kon hy Van Imhoff om agtuur dié aand welkom heet, terwyl 'Mevrouw Zijn Hoog Edelheijts gemalinne' die volgende oggend eers aan land gekom het, 'onder het losbranden van het geschut der hier ter rheede leggende scheepen'.

Dit is terloops een van die min kere dat daar selfs in die verbygaan aandag geskenk word aan die enigsins skimagtige figuur van Van Imhoff se vrou, Catharina Magdalena Huysman. Die eggenotes van Van Swellengrebel, Tulbagh en De Grandpreez het haar vermoedelik tydens haar verblyf onthaal, en heel waarskynlik is Aletta Beck ook hierby ingeskakel.

Die volgende oggend het daar 'n byeenkoms van die Politieke Raad plaasgevind wat deur Van Imhoff voorgesit is, waarby De Grandpreez in die notule die feit vasgelê het dat hy 'tot onser aller vreugde en blijdschap' veilig aangekom het, tesame met die teks van die 'seer kragtige en beweegelijke aanspraak' waarin Van Imhoff verslag gelewer het van die redes wat hom daartoe beweeg het om sy benoeming te aanvaar, 'als ten opsigte van den desolaten toestant waarinne de saaken der E. Comp. sig thans comen te bevinden'.[86] Ook die skrywer van die Dagregister maak diep beïndruk melding van die 'kragtige en beweegelijke aanspraak' en de 'blijdschap' waarmee die voorlees van Van Imhoff se kommissie aangehoor is.

Hierdie toon van oorblufte vreugde is dwarsdeur Van Imhoff se verblyf volgehou en verwysings na hom is telkens van sy volledige titels vergesel, want vir die Kaap, waar selfs die oponthoud van 'n voormalige goewerneur-generaal soos Joan van Hoorn dertig jaar tevore 'n seldsame gebeurtenis was, was dit uitsonderlik om besoek te mag ontvang van 'n werklike ampsdraer, die hoogste amptenaar in die hiërargie van die Kompanjie onder die XVII self. Die beskrywing van sy plegtige installering 'n paar dae ná sy aankoms en die teks van sy toespraak by hierdie geleentheid soos dit in die Dagregister weergegee is, het later selfs in Amsterdam in druk verskyn as 'n brosjure met die titel *Relaas van de plegtigheden gebruikt tot de installatie den den Hoog Edelen Heere, Gouverneur Generaal Gustaaf Wilhelm, Baron van Imhof* [sic].[87] Alles getuig van die hoë noot waarop sy bewind begin het, en die onrealisties hoë verwagtings wat daarvan gekoester is, deur homself trouens ewe goed as deur andere.

Van Imhoff se installering as goewerneur-generaal het op 26 Januarie om nege-uur die oggend plaasgevind in die saal van die goewerneurswoning in die Kasteel waar die Politieke Raad vergader het, en alle amptenare was vir die geleentheid aanwesig, met inbegrip van die predikante. In hierdie waarskynlik oorvol en benoude vertrek het Van Imhoff 'n 'voortreffelyke aanspraak' gemaak, wat volgens berig 'door alle de omstanders met eerbied en de uiterste aandoening' aangehoor is.[88] Hierin het hy herinner aan sy vorige oponthoud aan die Kaap twee jaar tevore tydens sy terugsending na Nederland, 'in zeer verschillende omstandigheden', en met kenmerkende Bybelse beeldspraak op die simboliese betekenis van sy herstel gesinspeel.

Ja, ik moest misschien aan inhalige en woeste Midianieten verkogt worden, om beide Egipten en Kanaän in een groote nood te hulp te komen, want zoo behaagt het den Almagtigen veeltyds zyn kragt in de zwakheid van het arme schepzel te volbrengen. O dat wy all ons herte mogte stellen op deze wegen. O dat wy alle wys waren en verstandiglyk mogten letten op de goedertierentheid des Heeren.

Ook hier het Van Imhoff die kritieke situasie van die VOC egter onomwonde te kenne gegee.

Want deze nood is niet gelyk doenmaals [*destyds*] nog voor handen, zy is reets, en wie uwer [*van julle*] kan daarvan onkundig zyn, zy is reets tot zoo verre dat men al radeloos geworden is, niet wetende waar men eenig zoulaas [*verligting*] zoeken zal, zy is reets tot zoo verre dat men geen brood hebben zoude, gelyk eertyds in Egipten en Kanaän, zy is reets tot zoo verre dat zulk een gevaarlyke en byna hopelooze gesteldheid van zaken my billyk terug had konnen houden om dezen last, waarvan ik reeds eenigermaten al ontbonden was, vrywillig weder te aanvaarden.

Dog volgende het beroep waarin my de Goddelyke Voorzienigheit heeft gesteld, en van dezelve [*d.w.s. die Voorsienigheid*] afhangende [*afhanklik*], staa ik heden hier voor Ulieder aangezigte afwagtende eenen zegen van boven, waaraan alles gelegen is [*afhang*].

Intussen is die soldate van die garnisoen en die lede van die burgermilisie met hul perde, vlae en standaarde opgestel op die voorste binneplein van die Kasteel, 'voor de puye [*stoep*] van het gouvernement of zoogenaamde Kat', met ander woorde die Katbalkon wat toegang tot die goewerneurswoning en raadskamer verleen het, met die goewerneur se lyfwag aan weerskante van die balkon. Hierheen het Van Imhoff hom vervolgens begewe, gevolg deur die amptenary, en hier is die kommissie as goewerneur-generaal wat hy van die Nederlandse State-Generaal ontvang het deur De Grandpreez voorgelees, 'n terloopse herinnering aan die feit dat die VOC, hoeseer hy hom in die praktyk ook soewerein gedra het, sy gesag uiteindelik aan hierdie liggaam te danke gehad het. Daarna is ook die gebruiklike eed van trou voorgelees, ''t geen door de gantsche gemeinte [*gemeenskap*] volvaardig, met het uitroepen van Ja, beantwoord en bezworen werd'.

Ná afloop is al die hooggeplaastes op die gebruiklike eetmaal onthaal, en het elkeen van die gaste 'ter gedagtenisse deezer heerlyke en heugelyke solemniteit' 'n eksemplaar van die silwergedenkpenning ontvang.

Gedurende die tyd van ongeveer vyf weke wat hy aan die Kaap deurgebring het, het Van Imhoff onder andere Simonsbaai besoek in verband met die onlangse voorstel om dit in die winter as ankerplek te gebruik ten einde die gebruiklike storms in Tafelbaai te ontkom. By hierdie geleentheid is die nabygeleë IJsselsteijnbaai in sy eer omgedoop tot Gustaaf Willems-baai, alhoewel dit hierdie naam nie lank behou het nie en algemeen as Vishoek bekend sou raak.[89] Hiernaas het hy egter ook 'n langer reis onderneem 'om van de gesteldheyd deeser landen oculaire inspectie te nemen', oftewel persoonlik ondersoek in te stel.[90]

Oor hierdie reis bestaan daar in die beskikbare bronne nie baie inligting nie, maar dr. Böeseken het dit oor 'n 'vierdaagse tog' tussen 8 en 12 Februarie,[91] en op 10 Februarie was Van Imhoff in elk geval op Stellenbosch,[92] waar ds. Willem van Gendt in sy aanwesigheid en tot sy eer gepreek het.

Van Gendt was 'n middeljarige Nederlander wat 'n paar jaar tevore as predikant van Stellenbosch aangestel is.[93] In Nederland was hy werksaam gewees in die Gelderse universiteitstadjie Harderwijk, waar hy vermoedelik kontakte in akademiese kringe gehad het, en na bewering het hy oor 'n goeie boekery beskik.[94] Oor die jare is 'n hele aantal van sy eie preke en boeke wat hy geskryf of vertaal het, gepubliseer, onder andere 'n poging om die leer van die Gereformeerde en die Luthersekerk te versoen, en laasgenoemde werk het in 1740 in druk verskyn, met 'n opdrag aan goewerneur Swellengrebel, wat kort tevore sy traktement verhoog het.[95]

Van Gendt se preek ter ere van Van Imhoff se besoek is mettertyd ook in boekvorm uitgegee, en het dieselfde jaar nog in Amsterdam verskyn onder 'n lang titel wat begin met die woorde *Predicatie over Jesaia XLV:1–9*, en voortgaan in die geswolle styl van die tyd.[96] In die titel word daar reeds melding gemaak van Van Imhoff se 'cierlyke aanspraak aan de hooge regeerders' tydens sy installasie, waarby Van Gendt vermoedelik self teenwoordig was, en in die teks word daar eweneens na hierdie 'cierlijke, bondige, welgepaste en minnelijke aanspraak' verwys, en verklaar die prediker bewoë dat dit

> myn hart en siel geheel en al verrukte, en in eene blyde verwonderinge deedt opgetogen staan, en daarin zulke diepe wortelen geschoten [heeft] dat geen verloop des tyds myn leven lang nog iets in staat is de aangename wedergedagtenis daar uyt te roeyen.

So het 'n dorpspredikant in diens van die VOC in die middel van die agtiende eeu 'n besoekende goewerneur-generaal aangespreek.

Die inhoud van Van Gendt se lang en geleerde preek verdien egter ewe goed aandag, want dit is nie minder tipies van die tyd nie: dit beslaan in gedrukte vorm naamlik meer as vyftig bladsye, en neem die vorm aan van 'n besonder geleerde ontleding van en kommentaar op die betrokke Skrifgedeelte, 'deur en deur analities' soos Du Toit dit beskryf,[97] wat in talle seksies en subseksies onderverdeel is en vir die toehoorders waarskynlik moeilik was om te volg. Gesien die besondere omstandighede waarin dit gegee is, is dit vermoedelik egter bedoel om te beïndruk eerder as om te stig.

'In die toepassing,' skryf Du Toit, 'wat feitelik los van die liggaam van die preek staan, kom [Van Gendt] tot Baron van Imhoff om hom te vergelyk by Kores, wat sy volk moet uithelp en red',[98] en die lang, beeldende passasie wat hy in dié verband aanhaal, kan hier as voorbeeld van welluidende kanseltaal en hoofse vleiery herhaal word.

> Moeten we het niet voor een groot geluk en zegen schatten dat onze Hooge Magten en Souveraine Gebieders, hun Hoog-mogende, de Heeren Staten-Generaal der zeven Verenigde Nederlandsche Provintiën en der onderhorige Landt-schappen, de Vaders des Vaderlandts en Voedster-Heeren van Godts kerke, alsook de Wel Edele Grootagtbare Heeren Bewindhebbers van Neerlants-Indiën en de Ressorten [*afhanklike gebiede*] van dien, door Gods wyze en aanbiddelyke bestiering hun oog hebben laten vallen op zyn Hoog Edele Hoogwelgebore Gestrenge, den Hoog Welgeboren Heer Baron, Gustaaf Wilhelm van Imhof [*sic*], om syn Hoog Edele, Hoog Welgebore te verkiezen en werkelyk aan te stellen tot Gouverneur Generaal van Neerlandts Indiën en de daar onder horende landen? Wie uwer die een patriottisch en eerlyk hart in zynen boesem voedt, verheugt zich niet met my, en dankt Godt dat onse oogen zyn Hoog Edele Hoog Welgebore Gestrenge hier thans aan deeze plaats (waarnaa alle welmenende soo lang hebben verlangt en gewenscht), nevens de Edele Agtbare Heeren de tweede persoon [*sekunde*] der Regeeringe van Africa, en den Fiscaal, medelidt van Politie [*Politieke Raad*] en andere aansienlyke Heeren van syn gevolg meugen [*mag*] aanschouwen?

Ten slotte is die gemeente, in Du Toit se samevatting, 'vermaan om dankbaar te wees dat hulle so rustig onder hulle wynstokke en vyebome nog kan woon en aangemoedig om getrou die erediens by te woon, "want hoe opregter christen, hoe getrouwer onderdaan"'.[99]

Dit moet 'n groot dag vir die dorpie gewees het, en veral verblydend vir die predikant om sy grasdakkerkie vol bepruikte hoogwaardigheidsbekleërs te sien voor wie hy in die somerhitte vanaf sy hoë kansel met sy geleerdheid kon skitter.

Waarskynlik was dit ook in Stellenbosch dat Van Imhoff 'n oefening van die burgermilisie bygewoon het, want hy noem in sy latere Memorie '[dat] ik deselve onlangs bij mijn aanweesen in het land [*platteland*] heb sien exerceeren, verre boven hetgeene ik van deese landmilitie konde verwagten, en overzulx [ik] ook een bijzonder genoegen daarin hebbe genoomen'.[100]

Hoe ver Van Imhoff se reis hom gevoer het, is onduidelik; dog hy het diep genoeg in die destyds gekoloniseerde gebied gereis, vermoedelik langs die Bergrivier, om bekommerd te raak oor die 'groote sorgelooshijd en onweetenthijd' van 'een groote gedeelte der buijten luijden' wat nie binne geredelike bereik van die bestaande kerke in Stellenbosch en Drakenstein was nie.[101] Op 14 Februarie was hy in elk geval egter terug aan die Kaap, waar hy tydens 'n byeenkoms van die Raad na 'de door hem jongst [*onlangs*] hier in 't land gedaan zijnde vooijagie [*reis*]' kon verwys.[102]

Soos gebruiklik by kommissarisse het Van Imhoff teen die einde van sy besoek verder 'n Memorie met opmerkings, aanbevelings en aanwysings vir die goewerneur en Raad opgestel wat 'In 't Casteel de Goedehoop' gedateer is.[103]

In hierdie dokument het Van Imhoff in eerste instansie besondere aandag geskenk aan kwessies van skeepsbou en skeepvaart, waarin hy klaarblyklik besonderlik belang gestel het, en veral 'n daadwerklike poging onderneem om 'door het ophogen en aanvullen van het riff dat sig volgens de pijling noordoost en zuijdwest van de Leeuwenstaert af naar de overwal komt te strecken deese baaij wat meer voor de slag van de zee te decken', 'n stap wat hy reeds in sy 'Consideratiën' vir die Here XVII aanbeveel het.[104]

Dit gaan hier om 'n seehoof of 'moelje' wat moes dien om Tafelbaai 'n veiliger ankerplek te maak: die werk, waarvoor ook die hulp van die koloniste opgekommandeer is, is onmiddellik aangepak, en volgens Sleigh is die 'sterkste en handigste bandiete' met hierdie doel van Robbeneiland ontbied;[105] 'n 'strong gang of convicts' is volgens Theal ook van Batavia uitgestuur om hiermee te help, alhoewel hy moet byvoeg dat hulle binne 'n paar jaar 'had nearly all died from change of climate and excessive fatigue'.[106] Die ambisieuse projek is desondanks nooit voltooi nie, en in 1751 het die Here XVII opdrag gegee om die werk te staak;[107] dog dit word in die pleknaam Mouillepunt (Moeljepunt) herdenk.

Van Imhoff se planne vir die doeltreffende verdediging van Tafelbaai het meer duursame gevolge gehad en sou in die loop van die volgende jaar uitgevoer word.[108] Op 'n afstand oos van die Kasteel is 'n fortjie met die naam Fort De Knokke bokant die strand gebou, voorsien van sestien kanonne, met tussenin 'n reeks van vier batterye al langs die kus, onderling verbind deur borswerings, terwyl daar op die strand voor die Kasteel 'n sogenaamde *couvre-face* of beskermende buitewerk geplaas is wat die Imhoff-battery genoem is. Ten slotte is 'n klein redoute of veldskans wat as Heer Hendriks Kinderen bekend gestaan het agter die duine aan die oorkant van Roggebaai opgerig.

Met ewe groot geesdrif het Van Imhoff hom egter gewerp op planne vir die ontginning van die silwer wat na bewering aan die Kaap aanwesig sou wees,[109] alhoewel daar hiervan uiteindelik selfs nog minder sou kom as van die seehoof.

Voorts het die Memorie aandag geskenk aan bestuurskwessies en oneerlikheid onder die amptenare tot nadeel van die Kompanjie, en aan die hand van sy besoek aan die binneland het Van Imhoff uitgewei oor 'n verskeidenheid onderwerpe wat die burgerbevolking geraak het, naamlik die beperkte uitvoermoontlikhede van die kolonie, die skaarsheid van brandhout, wat veral vir besoekende skepe benodig is, die bevaarbaarheid van die Bergrivier, en vervoerprobleme in 'een uijtgestrekthijd als deese, daer men wel 120 uuren verre landwaerts in nog Europische Coloniërs komt aan te treffen',[110] die boere se probleme met die blanke knegte wat hulle nog altyd van die VOC geleen het,[111] vernaamlik om as huisonderwysers, kleremakers of opsigters oor die slawe te dien, en die onwettige verooftogte wat groepies bewapende vryburgers teen Khoi-stamme in die binneland onderneem het.[112]

Dat Van Imhoff die owerheid kon magtig om 100 000 gulden 'van de Weescamer, de Diaconij en vermoogende particulieren' te leen, is egter 'n aanduiding van die welvaart wat teen hierdie tyd reeds in die kolonie bestaan het, ook al het nie alle inwoners daarin gedeel nie.[113] Dat hy kon opmerk 'hoe weeldrig hier te lande de eykeboomen groeyen, verre boven hetgeene men daarvan in de landprovinciën van Nederland ziet', gee 'n verdere aanduiding van die mate waarin kolonisering gevorder het, vyftig jaar nadat Simon van der Stel met doelmatige boomaanplanting begin het.[114] Hoeseer die koloniale leefwyse en mentaliteit reeds vorm aangeneem het, kan ten slotte afgelei word van die feit dat Van Imhoff, soos meerdere ander besoekers aan die Kaap, getref is deur 'het gebrek aan gemeene [*gewone*] landbouwers of arbeijdslieden en boereknegts': 'nu men slaven geïntroduceert heeft, worden de gemeene Europeërs heeren, en willen eerts [sic] selfs wel gedient zijn eer zy denken een ander te dienen'.[115]

Waar Sleigh goewerneur Swellengrebel se bewind in sy oorsig van die VOC se buiteposte beskryf as 'n 'lewenskragtige tyd waarin nuwe ontwikkelings en uitbreidings gemaak is', voeg hy by: 'Goewerneur-generaal Van Imhoff se inspirasie moet nie buite rekening gelaat word nie'.[116] Aan die hand van sy Memorie is dit egter Van Imhoff se ondernemingsgees en energie wat bewonder moet word eerder as enige spesifieke nuwighede of verbeterings wat hy hier ingevoer het. Dit was dan ook nie in sy amptelike Memorie nie, maar op minder formele wyse tydens 'n byeenkoms van die Politieke Raad dat hy sy besorgdheid oor die geestelike toestand van die blankes in die binneland uitgespreek het, en dat die stappe tot verdere uitbreiding van die Kompanjie se gesag onderneem is wat moontlik sy mees blywende en beduidende bydrae tot die ontwikkeling van die kolonie sou uitmaak.[117]

Ten slotte het Van Imhoff sy neef Boreel en twee ander kontakte in Nederland tydens sy oponthoud aan die Kaap elkeen 'n bak 'met planten en gewassen van desen uythoek' laat kry, asook 'Caab wijn'—'het is niet veel,' het hy met betrekking tot laasgenoemde bygevoeg, 'dog omdat zij zo goed is, verbeelde ik mij, als men deselve van hier bekomen kan'; met ander woorde, die beste wat daar bekombaar was.[118] In 'n tweede brief wei hy in hierdie verband uit oor 'eene tot nog toe onbekende soort van Caab-wijn, niet soet, maar na mijne gedagte veel beter als Madera met den aankleve van dien [*wat daarmee gepaard gaan*]'.[119]

Alhoewel die besoek van 'n goewerneur-generaal natuurlik uitsonderlik was in die annale van die Kaap, kan dit by wyse van steekproef egter verhelderend wees om in die verbygaan aandag te skenk aan die roetinesake wat gedurende sy aanwesigheid en onder sy voorsitterskap deur die Politieke Raad behandel moes word, want die daaglikse lewe van die kolonie het intussen sy gang gegaan.[120]

Eerstens is daar besluit 'Dat voortaan niemant meer ter deeser plaatse in eenig emplooij sal worden gesteld die niet in staat sal sijn om hetzelve in persoon te konnen waarneemen':[121] dit het aangesluit by die plakkaat wat die vorige jaar deur die Here XVII uitgevaardig is, en was deel van 'n hernieude poging dwarsdeur die gesagsgebied van die Kompanjie om aanstellings soos dié van K.J. Slotsboo se sesjarige seuntjie uit te skakel.[122]

Verder moes 'n groot hoeveelheid beskadigde goedere wat met die jaarlikse provisieskip uit Batavia uitgestuur is, afgeskryf word, waarby dit insiggewend is om te let sowel op die goedere self as die hoeveelhede waarom dit gaan en die skynbare sorgeloosheid waarmee daarmee omgegaan is.[123] Daar is melding gemaak van 51 gebreekte porseleinskottels uit 'n besending van vierhonderd, 119 pierings uit 'n duisend, 3769 kanne arak wat te kort was op vyftig leers, 13 858 pond rys bederf of te kort op 450 000 pond, en nat of bedorwe tekstielware wat by 'n openbare veiling 'hier ten Casteele' verkoop moes word en net onder 70 riksdaalders gehaal het. Hierteen het die pakke niquanias wat gelewer is sestig stukke meer bevat as wat op die faktuur aangegee is: dit gaan om goedkoop gestreepte katoen wat veral vir slawekleding gebruik is.

Opvallend is verder die aantal persone wat toestemming aangevra het om hulle na Batavia te verplaas, alleen of met hul onderskeie gesinne, wat opnuut aan die lewendige onderlinge verkeer tussen die Kaap en die Ooste herinner.[124] By een spesifieke sitting van die Politieke Raad is nege afsonderlike gevalle behandel, waaronder daar twee vroue was, die weduwee van K.J. Slotsboo se eertydse militêre kollega Evert Walraven Cochius en die gekleurde vrou Sara van die Kaap 'neevens haer dogtertje': die twee vroue het albei gratis passaat aangevra, eersgenoemde vanweë die status van haar oorlede man en laasgenoemde 'vermits haare armoede'. Afgesien van vaandrig Hans Lange, wat in amptelike hoedanigheid wou uitreis, 'met desselfs familie', was die orige mans almal burgers, waarvan een skeepsdiens sou verrig vir sy passaat en die ander almal sou betaal; die meeste het vroue en kinders by hulle gehad.[125]

Nog interessanter is egter vier ander individue wie se aansoeke in die volgende sitting van die Raad behandel is:[126] die Assistent Johan Boijens wat in 1739 uit Batavia aangekom het, maar hier geen emolumente ontvang het nie en nou wou teruggaan;[127] 'n regsgeleerde, Carel Isak Courtonne Brossard of de Brossaaret, wat in 1741 sonder pos uitgekom het van Nederland, 'n aanstelling in die Raad van Justisie in Batavia verlang het, en nou toegelaat is om 'onder betaalinge van het daartoe staande transport- en costgeld' verder te reis, 'neevens desselfs familie';[128] en twee vryburgergesinne, 'Jan Barthel Hertzog, (…) burger, met desselfs soontje, onder betaalinge van het daartoe staande transport- en costgeld', en 'Jan Wit, burger, met zijne huijsvrouwe en twee kinderen, hij voor de kost scheepsdienst doende, dog voor zijn vrouw en kinderen kost- en transportgeld betaalende'.

Wat die lotgevalle van die laaste twee individue betref, het Hertzog verklaar dat hy aan die Kaap geen bestaan as wamaker kon maak nie: sy seuntjie was vyf jaar oud, maar vier dogtertjies van wie die oudste vier was het met hul moeder aan die Kaap agtergebly. Teen 1748 was Hertzog egter dood en het sy vrou hertrou, terwyl sy seuntjie klaarblyklik teruggekom het na sy familie en hier op sy beurt die ambag van wamaker sou beoefen.[129] Op Wit het daar egter 'n tragieser lot gewag, soos blyk uit Hoge se biografiese register van Duitse immigrante: 'Went 1745 to Batavia with his wife and two children. His wife died there and W. was remarried. He was drowned on his passage back to the Cape (about 1749) with his wife and three children'.[130]

In hierdie terloopse menselewens word heelwat van die ongedurige en onsekere aard van die lewe aan die Kaap treffend geïllustreer.

Ten slotte moes die Politieke Raad in hierdie tyd aandag skenk aan 'het quaad van opdrossen van Europeanen en wel voornamentlijk van leijfeijgenen [slawe], soo[wel] van d'E. Comp. als van particulieren', en stappe onderneem teen diegene wat op skepe van die retoervloot probeer wegkom na Europa.[131]

Op 21 Februarie het die afskeidsmaal ter ere van die hoë besoeker plaasgevind, en die volgende dag is daar besluit om in sy eer op gebruiklike wyse kwytskelding te verleen aan alle veroordeeldes wat hulle nie skuldig gemaak het aan oortredings waarop daar lyfstraf berus nie.[132]

Op die 25ste het Van Imhoff formeel afskeid geneem van die Politieke Raad, hulle aanbeveel om die Kompanjie trou te dien, die versekering gegee dat hy sou voortgaan om die belange van die kolonie te behartig, en sy Memorie, wat dieselfde dag gedateer was, aan hulle oorhandig. Drie dae later, 'n bietjie meer as vyf weke ná sy aankoms, het hy weer aan boord skip gegaan om sy reis na Batavia voort te sit,

> wordende derwaarts begeleijd door den Edelen Heer Gouverneur Hendrik Swellengrebel en alle de leeden van den Politicquen Raad, mitsgaders door 's Comps. verdere gequalificeerde dienaaren en voornaamste burgers tot op het zeehoofd, staande de militie op het pleijn binnen het Casteel, en de burgerij soo[wel] te paard als te voet tot aan het gem[elde] zeehoofd onder hunne vaandels en standaarden geposteerd.[133]

11. Baron van Imhoff

Van Imhoff het die kolonie inderdaad nie vergeet nie, en aan die einde van 1744 het hy reeds afkeurend uit Batavia aan die Kaap geskryf 'dat 't zoo schoorvoetende met het opregten van schoolen ter platten lande toegong; egter hoopen wij dat door een gedurige ijver hetselve eenmaal zal aan de gang raken'.[134] Toe Daniël Nolthenius in 1748 benoem is om die Kaap as kommissaris te besoek, het hy spesiaal opdrag gekry om te let op sake wat uit Van Imhoff se eie besoek vyf jaar vroeër voortspruit.[135]

Die agteruitgang van die VOC is 'n tema wat in hierdie tyd so reëlmatig in Van Imhoff se redevoerings en geskrifte, amptelik sowel as nie-amptelik, terugkeer dat dit moeilik is om aan die indruk te ontkom dat sy dramatiese uitbeelding daarvan vir 'n groot deel bedoel is om sy eie rol as hersteller te beklemtoon. Op sy terugreis het hy nog vir sy neef Boreel in hierdie trant ingelig oor die nuus uit Batavia wat hy aan die Kaap ontvang het:

> de tijdingen uyt Indiën zijn nog al even boos [sleg] (...); niettemin blijve ik in dat vaste vertrouwen dat God de Heere de Comp. nog sparen en niet te gronde sal laten gaan, wanneer ook geen swarigheyt is voor het redres [herstel] van hare saken, so men met dien selfden iever [ywer] maar blijft doordringen.[136]

In hierdie geloof het hy in alle eerlikheid egter nie alleen gestaan nie, want heelwat van sy tydgenote het dit gedeel. Aan Balthazar Nolthenius in Amsterdam het Aletta Beck byvoorbeeld berig gestuur van Van Imhoff se vertrek, 'staat makende op Paschen het nachtmaal des Heeren op Batavia te genieten', en hom laat weet dat sy broer Daniël van plan was om Van Imhoff daar aan te spreek oor die feit dat hy nie as ordinaris of volle lid van die Raad van Indië benoem is nie, iets waaroor hy klaarblyklik sterk gevoel het: hierdie bevordering sou dan ook in 1744 volg.

'Wij hopen dat God het werk zegenen zal,' het Aletta kenmerkend genoeg met betrekking tot Van Imhoff se aanstelling bygevoeg,

> en wijze desseins [planne] welgelukken mogen tot redres [herstel] van de vervallen zaken en herstelling der Compy. God geve dat ze allen de handen in malkander slaande, de eigenbaat mag ingetoomd worden, dat het meeste verval veroorzaakt heeft.[137]

In 'n tweede brief aan Boreel van die Kaap het Van Imhoff egter reeds laat blyk dat hy self al hoe minder moed begin voel vir die uitdaging wat op hom wag.

> Wat mij aangaat, so kan ik niet ontveynsen [ontken] dat [ik] door de tijdingen van Batavia al vrij wat gederangeert [ontstel] ben, en meenigmaal swakheyt

genoeg hebbe om te dencken *qu'avois je à faire dans la galère* [*wat soek ek hier*]? Als ik dan overwege de aangename omgang die ik [in Nederland] verlaten hebbe, de geheel andere levenswijse waarin ik mij nu sal bevinden, met een woord: als ik te veel vooruyt sie, so bevinde ik mij als iemand die van een gevaarlijke precipice [*krans*] nederwaarts siet, en dat is een swak [*swakheid*] dat ik nog sal moeten leeren meester worden.[138]

Met sy aankoms in Batavia, 'met maar één dode van onse equipagie [*bemanning*] en een meijd [*slavin*] van den aan de Caab getrouwden domine [*sieketrooster*]',[139] is hy dan inderdaad ook gekonfronteer met wat hy teenoor Boreel as 'sulk een beslommerde en verwarde boedel' beskryf het, 'dat ik met sugten en veelmaals met swakheden die ik niet van mij weeren kan mijn dienst moet verrigten'.[140] Maar soos hy in dieselfde brief bygevoeg het:

> so God met ons is, wie sal het keren? en dat bidde en hope ik, en in dat vertrouwen hope ik ook nog de saken door den tijdt beter te sien gaan, waardoor de Comp. misschien nog wel weder tot haren vorigen luyster soude kunnen komen.[141]

Op hierdie tydstip was daar in die wydgestrekte ryk van die VOC naas die Kaap nog sewe goewerneurs, naamlik in Ambon, Banda, Ternate en Makassar in die Indonesiese argipel, Malakka (Melaka) in Maleisië, Koromandel in Indië, en Ceylon (Sri Lanka). Daar was kommandeurs, die rang wat die bevelvoerders aan die Kaap vroeër besit het, aan die Ooskus van Java en Bantam (Banten) in Indonesië en Malabar in Indië; opperhoofde (die titel waarmee Van Riebeeck oorspronklik aangestel is) in Palembang en Jambi in Indonesië, Siam (Thailand), en Japan; direkteure in Bengale en Soerat in Indië, en Persië (Iran); residente in Timor en Cheribon in Indonesië, en Tonkin (Viëtnam) en 'n gesaghebber aan die Weskus van Sumatra in Indië.[142] Hierdie lys dek nie die kleiner plekke waarmee die Kompanjie handelsbetrekkings gehad het nie, maar dit gee nogtans 'n goeie idee van die omvang van sy werksaamhede, en van die gebied waarvoor Van Imhoff nou verantwoordelik geword het.

Gedurende die sewe jaar dat hy as goewerneur-generaal gedien het, het Van Imhoff, alle ontmoediging ten spyt, met heelwat van sy gebruiklike ondernemingsgees opgetree. So het hy byvoorbeeld kragdadige stappe teen onwettige privaat handel onderneem, en in een van sy eerste briewe ná sy aankoms meld hy dat hy geen geskenke aan sy vriende in Nederland stuur nie, 'omdat ik dit schip sonder een stuk particulier goed wil laten vertrekken, om te tonen dat het niet onmogelijk is de gestelde ordres uyt te voeren, [of]schoon het moeyte en oplettentheyt vereyscht'.[143]

Die jaar ná sy terugkeer kon hy 'n retoervloot van 27 skepe na Nederland laat vertrek, negentien van Batavia, drie elk van Ceylon en Bengale en twee van China,[144] en dit was in groot mate aan sy inspanning te danke dat terwyl die VOC in hierdie tyd nog altyd teen 'n algehele verlies bedrywe is, die verlies tydelik kleiner geword en die wins begin toeneem het.[145] Ook het hy 'n dapper poging aangewend om die silwer wat die VOC vir die intra-Asiatiese handel nodig gehad het, te bekom deur twee skepe op ongeoorloofde wyse en op eie gesag oor die Stille Oseaan na Acapulco in die Spaanse kolonie Nieu-Spanje (Mexiko) te stuur, moontlik aangemoedig deur die feit dat die Dene kort tevore van die Spanjaarde toestemming hiervoor gekry het.[146]

By al hierdie ondernemings moes Van Imhoff egter gedurig kla dat hy geen praktiese steun uit Nederland ontvang nie, en oor die tekort aan sowel mense as goedere.[147] Aan die einde van 1745 het hy in 'n brief aan Boreel reeds met laasgenoemde saamgestem 'dat onse Comp. door de gebrekkelijke constitutie [*toestand*] én van ons land en van haar selfs ten deele ongeneeslijk is'.[148]

Op plaaslike vlak het Van Imhoff twee inspeksietogte op Java aangepak soortgelyk aan dié wat sy bewind in Ceylon gekenmerk het,[149] en op een daarvan, wat kennelik minder veeleisend was, alhoewel dit byna drie weke geduur het, is hy deur 'n aantal ongespesifiseerde dames vergesel. Die geselskap het rytuie benut, oor 'n pad wat by geleentheid spesiaal vir hulle gemaak is, maar oor moeiliker terrein was 'de Heeren van 't gezelschap te paardt, alsmede de Juffrouwen met draagstoelen'; die here het ook geesdriftig deelgeneem aan jagtogte en dryfjagte wat vir hulle georganiseer is, en op rusdae, noteer die joernaal, 'diverteerde [*vermaak*] zig het gezelschap eenelyk met wandelingen en andere divertissante exercitiën [*onderhoudende oefeninge*]'.[150]

Ook het Van Imhoff aktiewe pogings aangewend om kolonisasie te bevorder en privaat handel deur die vryburgers aan te moedig, hoeseer dit ook deur die beleid van die VOC teengestaan is. In Batavia het hy 'n akademie opgerig vir die opleiding van skeepsoffisiere, wat 'n blou en rooi uniform gekry het, met degen en pruik, en heel kenmerkend van die tyd ook onderrig in Latyn, dans, skerm en perdry ontvang het.[151] Daar is 'n Latynse skool in die lewe geroep, en pogings aangewend om 'n plaaslike nuusblad met die naam *Bataviase Nouvelles* op te rig, wat volgens Zuiderweg bedoel was om as Imhoff se spreekbuis te dien.[152]

In die 'Consideratiën' wat hy vir die Here XVII opgestel het, het Van Imhoff hom op kenmerkende wyse reeds oor godsdienskwessies bekommer,[153] en sy lewendige belangstelling hierin is getoon deur die totstandkoming van 'n Lutherse gemeente in Batavia. Tot dusver is hierdie stap steeds deur die Here XVII en die Gereformeerde predikante teengestaan, maar die feit dat al hoe meer Duitsprekende Lutherane by die VOC in diens getree het, het dit noodsaaklik gemaak: in 1747 is die eerste steen van 'n kerkgebou gelê, en twee jaar later kon die inwyding plaasvind.[154] In hierdie konteks prys Jonathan Israel Van Imhoff terloops lapidêr as 'a Lutheran of broad cultural interests who started the habit of reading, as a fashionable activity, at Batavia, and established a news-bulletin'.[155]

'Kenmerkend voor Van Imhoff,' skryf De Haan opsommend,

> is steeds, dat hij van alles verstand heeft (...) en zich pleegt [gewoond is] in te beelden dat eene zaak haar beslag heeft gekregen zoodra door hem eene order daarop is uitgevaardigd (...).[156]

'Van Imhoff's ijver, veelzijdigheid en bemoeizucht blijken hieruit,' merk hy in 'n ander boek oor die Kompanjiestyd op:

> eigenhandig vertaalt hij eene Compagniespublicatie in het Fransch, stelt hij een reglement op voor het vertuien in de Tafelbaai,[157] waarbij heelwat nautische [skeepvaart] kennis te pas kwam, corrigeert hij drukproeven van den Maleischen Bijbel en ontwerpt hij het project voor een gelegenheidspredicatie op die 'verovering' [van Batavia in 1619], 30 Mei 1748.[158]

'Ontleedt men echter eens een zijner reglementen,' voeg hy op tipies snedige wyse by, 'bijvb. voor het postkantoor (...), dan zal men wel tot het besluit komen dat hij òf overhaast [te haastig] arbeidde òf dat een logische gedachtengang hem vreemd was.' En in nagenoeg dieselfde trant oordeel die biograaf Krom aan die hand van Van Imhoff se diensttyd in Ceylon:

> Snel overleg en snel handelen is altijd een der kenmerken van dezen regeerder geweest, en het ligt voor de hand dat deze voortvarendheid ook wel eens tot al te snelle beslissingen leidde, en later inzicht het eenmaal genomen besluit deed betreuren en zoonoodig wijzigen.[159]

Coolhaas skryf opsommend: 'hij blijkt vooral een paperassenman [dokumentasiemens] te zijn, die, zodra hij er toe moet komen fraai lijkende projecten tot uitvoering te brengen, ernstige misslagen begaat, vooral in het contact met Aziaten',[160] en merk op dat die groot historikus van Nederlands-Indië, J.K.J. de Jonge, 'eigenlijk alleen [Van Imhoffs] werkkracht roemde en met name zijn bemoeizucht, zijn drift, en "niet altijd even nadenkende staatkunde tegenover den inlander" laakte'.[161]

Dit was dan ook in groot mate aan Van Imhoff te wyte dat die Nederlanders teen die einde van sy bewind opnuut verwikkeld was in oorlog met die ryke Mataram en Bantam op Java,[162] grotendeels as gevolg van onrus wat daar veroorsaak is deur Javaanse opstandelinge teen die gesag van die Kompanjie en die Chinese wat van Batavia daarheen uitgewyk het.[163] Nogmaals was dit dus nodig om kragdadig op te tree, 'n feit wat hier summier vermeld moet word omdat dit verdere grootskaalse verbannings na die Kaap tot gevolg gehad het.

11. Baron van Imhoff

Onder andere is twee hoë Moslem-geestelikes aan die Mataramse hof, Saïd Alowie (Aloewi, Aluwi) en *hadji* Mattavaan (Mataram), in 1744 as 'politieke opruiers' oor Batavia na die Kaap gestuur, waar hulle aanvanklik vasgeketting aan mekaar op Robbeneiland moes werk.[164] Ironies genoeg het Saïd Alowie later aan die Kaap diens gedoen as 'kaffer', een van die owerheid se Oosterse geregsdienaars, 'n feit wat, soos Ward opmerk, 'reveals the complexity of political allegiance operating in the VOC's imperial network of exile.'[165] Dit is egter 'n opmerking wat geensins net op hierdie geval van toepassing is nie, want in die sake van die Kompanjie kan die verskynsel telkens weer vasgestel word.

'Said Aloewie,' skryf Ward verder,

> who is now known to Cape Muslims as Tuan Sayeed Alawie, became a *caffer* in town. But legend has it that he also became a religious leader amongst the small Muslim community. His *kramat* in the Muslim cemetery in town is testament to this status, although little is known about how he conducted his role.[166]

Teen 1762 het hy skynbaar egter as vry ingesetene in die Kaapse gemeenskap geleef, en Armstrong beskryf hom as 'the leading Islamic figure at the Cape at this time'.[167]

Daar bestaan vollediger dokumentasie oor die geval van Cakraningrat (Tjakra-Ningrat), regent van Madoera op Java, wat in die loop van hierdie oorlog in 1746 na die Kaap verban is, terwyl een van sy seuns na Ceylon gestuur is.[168] In die resolusies van die Politieke Raad word hy 'voorheen Radeen Tomogong Tsjacraningrat en thans Radeen Djoerit' genoem, waarby 'radeen' of *raden* 'n adellike titel is: in die Kaapse dokumentasie verskyn hy deurgaans onder laasgenoemde naam.

Radeen Djoerit is as 'staatsgevangenen' uitgestuur, met 'n toelaag van 30 riksdaalders per maand,[169] en toegelaat om sy rys teen kosprys in die Kompanjie se magasyn te laat koop, 'als niet brood kunnende eeten', met verwysing na die presedent wat in hierdie opsig reeds in die geval van die verbanne *pangéran* Saloringpasar geskep is.[170] Aangesien daar spesiaal teen sy moontlike ontsnapping gewaak moes word, het die Raad egter besluit om 'n vertrek in die Kasteel aan hom beskikbaar te stel, 'en daarvoor een schildwagt te plaatsen, gelijk hij ook niet sal moogen uijtgaan als [behalwe] met voorkennis van den officier van de hoofdwagt, en dan nog niet anders als met twee soldaten ver[ge]seld'.[171]

Radeen Djoerit is ná ongeveer twee jaar van ballingskap oorlede en 'naar der Mahommetaanse wijse' begrawe, en in die winter van 1749 is daar met Batavia gekorrespondeer oor die moontlike terugsending van sy lyk.[172] Dit was die jaar nadat Daniël Nolthenius die Kaap as kommissaris besoek het en P.J. Slotsboo oorlede is.

'Nog 'n besending Oosterse edellui het in 1747 opgedaag,' skryf Sleigh.

Hulle was die Macassarse prins Dain Mangaleke, die regent Dain Manompo, sy twee seuns en sy gevaarlike raadsman, Motjong Kombo. Almal was 'seer moordadig, roof- en muijtsugtige' persone, en is daarom op Robbeneiland aangehou. 'n Jaar later het die Macassarse banneling, Aroe Toepaserij, ook aangekom. Hy was 'n man van aansien en die poshouer moes hom in die poshuis loseer en goed behandel. Die gevangene het 'n maandelikse toelae van tien ryksdalers gekry om benodigdhede mee aan te skaf. (Dit was baie meer as wat die poshouer gekry het.) Hy moes geen werk doen nie, en die poshouer moes sorg dat hy nie ontsnap nie.[173]

Sleigh beklemtoon egter die feit dat hy in sy oorsig 'net 'n breukdeel' van die adellike bannelinge uit die Ooste kon noem. Met verwysing na die kragdadige optrede van die VOC in en óm die residensie Cheribon (Tjirebon, die huidige Cirebon) ten ooste van Batavia, noem Ward weer met betrekking tot dieselfde tydperk:

> between 1745 and 1747 one hundred prisoners were exiles from Cheribon in Java to the Cape; 95 of these were indigenous *Indiaanen* and 5 were Chinese. Of the 95 indigenous Asians, 67 were free Javanese, which I estimate is the highest influx of Javanese prisoners to the Cape for the entire Company period. Many of these people were sent without accompanying case notes, but in one case of thirty Javanese, they were condemned to exile 'by the princes' to a place of banishment to be chosen by Batavia, and 24 were sent onto [sic] the Cape. In another case of 23 prisoners sent in 1747, the General Resolutions from Batavia detail that they had been condemned by the Cheribon resident, the highest Company official in that town.[174]

Na verhouding tot die getalsterkte van die klein gemeenskap aan die Kaap was daar dus 'n beduidende toestroming van Oosterse ballinge oor 'n tydperk van enkele jare. Dit is moeilik om die invloed wat hulle sowel regstreeks as onregstreeks daarop moes gehad het na waarde te skat.

Oor Van Imhoff se lewenstyl as goewerneur-generaal is daar danksy die navorsing van Hester Dibbits heelwat inligting beskikbaar.[175] Waar Dibbits 'n oorsig gee van die inhoud van die 28 vertrekke van die amptelike goewerneurswoning in die Kasteel in Batavia en Van Imhoff se verskeie eiendomme buite die stad, is dit opvallend dat dit nie noemenswaardig verskil van wat mens in dieselfde tyd aan die Kaap kon vind nie: ook hier is daar 'n groot aantal stoele, rusbanke, katels, 'n opmerklike hoeveelheid bed- en tafellinne, modieuse guéridons of kersstaanders, horlosies, spieëls met vergulde lyste, skilderye en 'Chinese printjes'.[176]

Volgens Terwen-Loos, met verwysing na die Kasteel, 'ergerde [Van Imhoff] zich aan de ouderwetse toestand en maakte volgens Heydt plannen tot modernisering van de vergaderzaal en de ambtswoning in het Kasteel'.[177] 'Van Imhoff zelf woonde eigenlijk niet meer in het benauwde Kasteel,' skryf De Roo in aansluiting hierop,

> dat gedeeltelijk bouwvallig was geworden en als citadel [*vesting*] alle waarde had verloren. (…) [Hij] had zich aan den Jacatraschen weg een mooie plaats [*plek*] gekozen, waar het groote, zeer commodieuze [*ruim*] huis lag te midden van bosschagiën en vijvers, terwijl aan de achterzijde de slavenvertrekken, kombuis, dispens, stal- en wagenhuis, koestal en speelhuis [*somerhuisie*] aan de rivier zich bevonden. In dit landhuis woonde hij vrij geregeld, zich een of meermalen 's weeks naar het Kasteel begevend om zaken af te doen (…).[178]

Wat omtrent Van Imhoff se privaat besittings opval, is veral sy biblioteek, wat met sy dood nie minder as 794 titels behels het nie, vir Batavia miskien 'n nog meer sonderlinge verskynsel as wat dit selfs aan die Kaap sou gewees het. Bowendien het dit vir ongeveer 'n kwart uit teologiese werke bestaan.[179]

Opvallend is verder die blanke personeel wat Van Imhoff in eie diens gehad het en wat in sy testament opgeneem is: 'de hofmeester, de eerste kock, de confiturir [*konfytmaker*], de huysopsigter of mandoor, de piqueur of fourir [*stalopsigter*], en mijn lijfkoetsier, tweede koetsier Toontje en voorrijder', terwyl die aantal slawe wat in sy onderskeie wonings aanwesig was 'n tipies Oosterse oordadigheid getoon het. Met sy dood is meer as 160 slawe as sy persoonlike eiendom in die boedelinventaris opgeteken, naas 'n aantal wat as 'fugatief' beskryf is, met ander woorde voortvlugtig.[180]

Dibbits wys verder op die feit dat daar in een van Van Imhoff se buiteverblywe vyf viole, twee basviole, drie hobo's en twee fagotte gevind is,[181] wat die indruk van 'n slaweorkes gee.

Twee van Van Imhoff se broers het hom op gebruiklike wyse na die Ooste gevolg om in sy voorspoed te deel:[182] van die een skryf Dibbits bondig, 'Een succesvolle carrière [*loopbaan*] lag niet voor hem in het verschiet [*vooruitsig*].'[183] Die ander het in 1743 saam met sy vrou, met wie hy kort tevore getroud is, sy skoonsuster en laasgenoemde se diensmeisie omgekom toe die skip waarmee hulle uitgeseil het kort ná die vertrek voor die Engelse kus vergaan het.[184] 'Gods wille moet billijk voorgaan,' het Van Imhoff aan Boreel geskryf nadat die tyding hom bereik het,

> en [of]schoon Hij vreeslijk is in Zijne oordeelen, soo is Hij dog altijdt regtvaardig en heylig in alle Zijne wegen. Gelukkig sal ik mij rekenen so het mij gegunt word Hem in dit ongeval te verheerlijken en mijne ziele daardoor op te bouwen, want Hij heeft het gedaan, en daarvoor staan alle menschelijke redeneringen stil.[185]

Wat sy eie gesin betref, is al vier Van Imhoff se kinders vroeg oorlede, in 1744 gevolg deur sy 35-jarige vrou, wat lank sieklik was.[186] Hierna het hy 'n 'verbintenis aangegaan', soos sy biograaf dit stel, met 'n slavin wat hy as amptelike geskenk van die vorstin van Boni in Celebes (Sulawesi) ontvang en teen vergoeding van die Kompanjie oorgeneem het. Die vrou is vrygestel en gedoop onder die naam Helena Pieters, en sou altesaam ook aan vier kinders die lewe skenk.[187]

Sy bande met familie en vriende in Nederland het Van Imhoff intussen egter behou, en reeds tydens sy dienstyd in Ceylon die moontlikheid oorweeg om 'n landgoed in Nederland aan te skaf en burgerreg van Amsterdam te verkry met die oog op 'n loopbaan in die stadsbestuur.[188] Die kontak wat hy tydens sy besoek aan Nederland met die prins van Oranje gemaak het, het ook nuttig voorgekom met die oog op sowel sy loopbaan in die Ooste as 'n moontlike toekoms in Nederland ná sy aftrede, en is in stand gehou deur middel van 'n briefwisseling wat soos gebruiklik onder wellewende mense in daardie tyd in Frans gevoer is. Dit is waarskynlik na die prins se vrou, 'n dogter van die koning van Engeland, dat Van Imhoff verwys waar hy dit in 'n brief aan Boreel het oor die versending van 'sestien kastjes Japans lak-werk voor de princes'.[189]

Alhoewel die prins Van Imhoff persoonlik in kennis gestel het toe hy in 1747 tot stadhouer verhef is en hom op eervolle wyse tot generaal van die infanterie 'ten dienste van den Staat der Vereenigde Nederlanden' benoem het,[190] sou die kontak met hom egter nie lank genoeg duur om praktiese voordeel in te hou nie. Terwyl hy nog oor sy toekoms wik en weeg, is Van Imhoff naamlik aan die einde van 1750, 'na een uytteerende ziekte van omtrent twee maanden',[191] oorlede in sy landhuis 'aan den Jacatraschen weg', slegs 45 jaar oud. Volgens sy testament moes sy hele groot personeel, slawe en blankes, 'na 's lands wijse' van roukleding voorsien word.[192]

In sy testament het Van Imhoff sy twee oorlewende kinders met Helena Pieters erken, die wens uitgespreek dat hulle in Den Haag opgevoed sou word, onder toesig van twee van sy susters, en die stadhouer versoek om hulle te wettig en as sy universele erfgename te erken, en die twee kleuters is dus na Nederland gestuur.[193] 'Aan den wensch des vaders is gevolg gegeven,' berig Krom: 'beide kinderen zijn als baron en barones van Imhoff opgegroeid',[194] terwyl Dibbits byvoeg dat die wettiging, wat in 1757 plaasgevind het, 30 000 gulden gekos het.[195] Die dogtertjie is skynbaar vroeg oorlede, maar die seuntjie het later 'n kolonel in die Nederlandse leër geword en is met 'n vrou uit 'n patrisiese Nederlandse familie getroud.[196]

Dit is nie bekend of die wense van die kinders se moeder geken is toe hulle op hierdie wyse weggestuur is nie, maar sy het in Van Imhoff se testament nie vergete gebly nie, en volgens Dibbits het haar erfporsie 'onder andere' bestaan uit 'een bedrag van 10.000 rijksdaalders, een huis en stal in de stad, een buiten [*buiteverblyf*], de inkomsten van drie Chinese winkeltjes (…), een grote hoeveelheid roerende goederen en juwelen'.[197] Elders spesifiseer dieselfde bron voorts nog 'een belangrijk deel van de inboedel van twee van zijn landhuizen, zestig slaven, een grote hoeveelheid goud- en zilverwerken en diverse juwelen'.[198] Sy is in elk geval welgesteld genoeg nagelaat om 'n goeie huwelik met 'n blanke man te kan aangaan.[199]

Met sy dood, som Dibbits op,

> kon Van Imhoff zich miljonair noemen: ongerekend een groot aantal kostbaarheden die hij per testament aan onder andere Helena Pieters vermaakte, zou hij bij zijn overlijden 554.985 rijksdaalders (=ƒ1.331.964) aan onroerende en roerende goederen, juwelen, contanten, obligaties en aandelen in Batavia nalaten. Daarnaast had hij nog een aanzienlijk vermogen in Nederland. Het precieze bedrag is niet bekend, maar in 1748, twee jaar voor zijn dood, was dit bijna vier ton [*400 000 gulden*].[200]

Volgens die bondige en oorsigtelike oordeel van die ou *Encyclopaedie van Nederlandsch-Indië*, 'werd door Van Imhoff groote werkzaamheid aan den dag gelegd',[201] en dit is miskien die algemene indruk wat van sy loopbaan in diens van die VOC bewaar gebly het, ook wat betref sy kort besoek aan die Kaap.

Meer genuanseerd moes J.K.J. de Jonge in die negentiende eeu toegee dat Van Imhoff die hoop wat op hom gevestig is, nie kon vervul nie, maar hom desondanks as 'hooger dan velen zijner voorgangers' beskryf.

> Hij was een man van buitengewone werkkracht en bedrijvigheid; maar voor eene hervorming van de Comp. in Indië zou meer vereischt zijn geweest dan wat hij bedoelde. Doch ook voor een gedeeltelijk herstel werd hem de tijd niet gelaten. Tevens had hij getoond het gebrek te bezitten veelal aan zijne hoedanigheden gepaard, van namelijk alles tegelijk te willen aanvatten en daardoor alles ook tegelijk op lossen schroeven te stellen [*te ontwrig*]: bovendien schiep hij zich illusiën en twijfelde hij niet aan de mogelijkheid van nieuwe muren te kunnen optrekken op oude grondslagen.[202]

Wijnaendts van Resandt noem Van Imhoff in sy naslaanwerk oor die gesaghebbers van die VOC onomwonde 'Een der bekwaamste dienaren van de O.I. Compagnie',[203] maar ander uitsprake in die twintigste eeu toon dieselfde terughoudendheid en dieselfde vermengeling van waardering en kritiek soos De Jonge s'n. So moes sy biograaf Krom byvoorbeeld vasstel, 'dat Van Imhoff niet de groote taak van herstel heeft uitgevoerd waartoe hij meende in staat te zijn, en dat hij zelf zijn werk door zijn eigenwijsheid en bemoeizucht ernstig heeft geschaad. Daardoor echter,' voeg hy by, 'wordt wat hij gedaan heeft nog niet opeens waardeloos gemaakt.'[204]

'Hij was eerlijk, rechtschapen, ijverig, vol werklust,' skryf Godée Molsbergen in dieselfde tyd oor Van Imhoff se prestasies, kort voordat die ou Nederlands-Indië vir goed van die toneel verdwyn het. 'De vele plakkaten getuigen voor zijn inzicht en energie, en van zijn hardnekkigen wil tot verbetering.'²⁰⁵ En waar hy die tydperk vanaf die einde van die sewentiende eeu tot die finale ineenstorting van die VOC meer as 'n eeu later in oënskou neem en opsom, bestempel Krom hom by alle kritiek ten slotte tog as 'onze meest belangwekkende koloniale figuur, niet alleen omdat hij in bekwaamheid en inzicht boven vele voorgangers en opvolgers heeft uitgeblonken, maar bovenal door hetgeen hij voor de toekomst heeft beteekend'.²⁰⁶

Dit was slegs sewe of agt maande ná Van Imhoff se dood dat sy ou teenstander Valckenier oorlede is, nog altyd in aanhouding in 'n bastion van die Kasteel in Batavia. 'Door de bemiddeling van zijn neef, den lateren G.-G. van Riemsdijk,' skryf De Haan,

> werd hij ter wille van zijne vroegere waardigheid en om zijne familie in Amsterdam geene oneer aan te doen, met staatsie begraven. Eenige jaren later is zelfs zijn wapenbord met de bijbehoorende ornamenten in de Hollandse kerk opgehangen bij die der andere hier overleden landvoogden.²⁰⁷

Wat betref Valckenier se boedel, waarop die Kompanjie beslag gelê het, is daar in 1760 'n ooreenkoms met sy seun aangegaan waarvolgens 'n bedrag van 725 000 gulden aan laasgenoemde uitbetaal is.²⁰⁸

Ten spyte van die doelgerigte pogings van welmenende enkelinge soos Van Imhoff kon die agteruitgang van die VOC teen die middel van die agttiende eeu nie meer gekeer word nie.

Wat inwendige oorsake betref, was verouderde en omslagtige werkmetodes 'n bydraende faktor, sowel as die oneerlikheid of onbevoegdheid van baie van die Kompanjie se eie werknemers waarna daar reeds meermale verwys is. Ook is dit opvallend hoeveel van die Kompanjie se skepe in hierdie tyd skipbreuk gely of andersins verongeluk het, 'n feit waarna Aletta Beck in haar briewe verwys.²⁰⁹ Die skip waarop Van Imhoff se broer en sy metgeselle hul lewens verloor het, was slegs een van vele, en in Van Imhoff se korrespondensie met Boreel val dit op hoe dikwels briewe of geskenke om hierdie rede nie hul bestemming bereik het nie, en dat meerdere kopieë van dieselfde brief veiligheidshalwe oor verskillende skepe verdeel is.

Hiernaas was daar ook beduidende ekonomiese faktore soos die al hoe kragdadiger mededinging van die Engelse Oos-Indiese Kompanjie, asook veranderings in die Europese mark waarmee die Nederlanders geen tred kon hou nie, byvoorbeeld wat betref die aanvraag na koffie en suiker uit die Ooste.

Terwyl die Kompanjie se waardevolle en winsgewende handel met China nie blywend onder die Chinesemoord van 1740 gely nie, het dit nogtans 'n ernstige knou gekry, want soos Blussé opmerk: 'A large part of the infrastructure and the organization of the [junk] trade in Batavia simply disappeared because many of the Chinese brokers and key figures had been either killed of [sic] banished.'[210]

Ook het die VOC se hoofstad Batavia teen hierdie tyd sigbaar begin agteruitgaan.[211]

Deurdat die onmiddellike omgewing van Batavia vir landboudoeleindes skoongemaak is, het daar grondverspoeling ontstaan, sodat die Tjiliwoeng (Ciliwung), die groot rivier waarlangs die stad uitgelê is, vermodder en vervuil het, en die opdamming van bergstrome en riviere in die binneland het die probleem vererger. Die gevolg was dat die stad se waterweë toegespoel het, en die pittoreske stadsgragte moes byvoorbeeld gereeld skoongemaak word, 'n onwelriekende prosedure wat terselfdertyd met groot sterftes onder die arbeiders gepaard gegaan het. Deur die aanspoel van 'n modderbank langs die kus het Batavia ook al hoe verder afgesonder geraak van die see, en die stank wat sodoende ontstaan het, het in die agttiende eeu reeds klagtes uitgelok.

Hierby kom ten slotte nog die verwaarlosing van leegstaande huise ná die Chinesemoord en die gevolglike agteruitgang van higiëniese toestande in die ou stadsdeel.

Al hierdie veranderings het finaal 'n einde gemaak aan die buitemuurse lewe wat in vroeër jare so kenmerkend van Batavia was. Ironies genoeg was dit juis gedurende hierdie tyd dat Jan de Marre se uitgebreide lofsang op Batavia in 1740 in druk verskyn het;[212] maar daar moet dan ook in gedagte gehou word dat hy die stad in 1731 laas besoek het.

Bowenal was daar in hierdie jare egter 'n dramatiese toename in die reeds hoë sterftesyfer onder die plaaslike blankes, wat vanaf 1733 gekonstateer is, en wat deur Van der Brug toegeskryf word aan malaria veroorsaak deur muskiete wat uitgebroei het in die kunsmatige soutwater-visvywers wat al hoe meer langs die kus uitgelê is.[213] Gedurende die twee jaar van begin Oktober 1734 tot einde September 1736 is nie minder as 3542 'loontrekkende dienaren' van die Kompanjie in die stad oorlede nie.[214] "'t Staat op Batavia heden slecht, en sterft al wat er komt,' het Aletta Beck in 1738 in 'n brief opgemerk.[215] Nie net het die Kompanjie vinniger werknemers verloor as wat hul getalle uit Europa aangevul kon word nie, maar diegene wat die aanvalle deurstaan het, het in 'n kwynende en verswakte toestand oorleef en was tot betreklik min in staat.

Al hoe meer het die blankes in hierdie omstandighede verkies om die ou binnestad van Batavia te ontvlug vir landgoedere buite die stadsmure wat met die 'tuine' van die Tafelvallei ooreengekom het, en in Van Imhoff se tyd is daar begin om ook die werksaamhede van die Kompanjie uit die binnestad te verplaas.[216] Dit was die einde van die ou Batavia.

12.
'Swak aan ziels- en lighaamskragten':
Henricus Beck in die Tafelvallei

Met die dood van ds. D'Ailly in die winter van 1726 is Henricus Beck, soos reeds genoem, van Stellenbosch na die Tafelvallei oorgeplaas, waar hy die volgende 29 jaar sou deurbring en sy lang lewe ten slotte ook sou beëindig. Dit is dus nodig om terug te gaan en sy verdere lotgevalle te volg.

Intussen het daar kortstondig 'n verbetering plaasgevind wat die voorsiening van predikante vir die Kaapse gemeentes betref, want in 1721 is die voormalige predikant Lambertus Slicher, wat tot dusver as rektor van die Latynse skool gedien het, toegelaat om wanneer benodig, te preek, wat hy volgens die Dagregister 'to the great satisfaction of a large congregation' gedoen het.[1] Twee jaar later is hy formeel deur ds. D'Ailly as kollega georden,[2] en is hy bowendien getroud met 'n dogter van die prominente vryburger Pieter van der Bijl,[3] waarmee sy posisie in die plaaslike gemeenskap gestabiliseer is.

Hierdie ontwikkelings het die las op die Kaapse predikante voorlopig effens verlig, want saam met di. D'Ailly, Beck en Van Aken was daar nou altesaam vier predikante in die kolonie. In 1724 is Van Aken, wat tien jaar tevore onder die hoede van goewerneur De Chavonnes uitgekom het, egter oorlede, sodat Slicher die volgende jaar in sy plek na Drakenstein oorgeplaas is. In 1726 is ds. D'Ailly op sy beurt oorlede, en is Beck in die Tafelvallei aangestel, terwyl Slicher opdrag gekry het om ook die gemeente Stellenbosch te behartig.[4]

Op die ouderdom van vroeg in die sestig het Beck nou aan die hoof van die belangrikste van die drie Kaapse gemeentes gestaan, 'aan 't Kasteel', soos Valentijn dit omskryf,[5] en elke Sondag gepreek voor 'n gehoor wat die goewerneur en die lede van die Politieke Raad ingesluit het, naas alle hoë besoekers wat van tyd tot tyd hier vertoef het. Bowendien sal dit vir hom waarskynlik ook 'n verligting gewees het om ná al die jare verlos te wees van Stellenbosch, waar sowel die gemeenskap as die gemeente nog altyd 'n aansienlike seksie bevat het wat hom danksy ou griewe uit die tyd van W.A. van der Stel nie besonder goedgesind was nie.

Soos reeds genoem, is die gesag en aansien van die Gereformeerde Kerk kunsmatig deur die VOC gehandhaaf, en by amptelike geleenthede het predikante byvoorbeeld onmiddellik op die goewerneur en lede van die Politieke Raad gevolg, iets wat in die amptenarewêreld van die Tafelvallei vanselfsprekend meer sigbare glorie en eerbetoon ingehou het as in die klein gemeenskappie van Stellenbosch. Op bloot wêreldse vlak was daar ook heelwat meer kans om hier nuttige kontakte op te bou, soos getoon word deur die feit dat twee latere goewerneurs, Hendrik Swellengrebel en Rijk Tulbagh, agtereenvolgens lede van Beck se kerkraad in die Tafelvallei was, en 'n veel ruimer sosiale kring vir iemand wat die amp van predikant beklee het.

Met verwysing na die tydperk 1715–25 wat sy nader ondersoek het, noem Storm de Grave trouens die interessante feit dat die Kompanjiesdienaars wat lede van die kerkraad geword het, afkomstig was uit wat sy die 'midden- en hogere kader' van die amptenary, en die vryburgers uit die 'bestuurlijke elite' noem, aangesien hulle ook ander ampte beklee het. 'De kerkelijke en publieke ambten vielen vaak [*dikwels*] samen: alleen de sociale bovenlaag maakte deel uit van het bestuur.'[6]

Die predikante self was goed bewus van hul waardigheid en het dit noulettend gehandhaaf, soos tot in die twintigste eeu trouens nog die geval sou bly, en dit wil trouens voorkom dat dit juis teen die einde van Beck se bediening omstreeks 1730 was dat 'n proses van 'aristokratisering' hier soos elders in die kolonie merkbaar begin word het. Van ds. Salomon van Echten, wat van 1732 tot 1736 predikant van Stellenbosch was en daarna lank in die Paarl gedien het, skryf Mentzel byvoorbeeld, 'He always stood in the pulpit with powdered hair and white kid gloves',[7] en waar vroeëre predikante soos Beck in wind en weer te perd tussen Stellenbosch en Drakenstein moes pendel, het Van Echten toe hy in 1736 na Drakenstein oorgeplaas is, verwag dat een van die kerkraadslede sy koets moes stuur om hom te haal wanneer hy in Stellenbosch moes gaan preek. Toe die eienaar van die koets nie self die rytuig vergesel nie, het Van Echten geweier om daarvan gebruik te maak en hom as 'grootelyks geaffronteert' beskrywe.[8]

Iets van die omstandighede waarin 'n Kaapse predikant in hierdie tyd geleef het, kan afgelei word uit die vendurol ná die dood in 1733 van die weduwee van ds. D'Ailly, Beck se onmiddellike voorganger in die Tafelvallei, wat van 1708 tot sy dood in 1726 hier diens gedoen het.[9]

In eerste instansie bevat die opgawe 'n groot aantal nugtere en praktiese huishoudelike objekte soos besems, rysblok, kapbord, 'n tabakmes, 'n erdewerkbotterpot, 'n vlieëkassie en twee kassies met sout en ertjies as heilsame herinnering aan die feit dat dit gaan om 'n huis waarin mense hul lewens van dag tot dag voortgesit het, nie om stylkamers in 'n museum nie. Hiernaas is daar egter ook heelwat wat 'n aanduiding gee van die styl waarin 'n predikant of die weduwee van 'n predikant in hierdie tyd aan die Kaap geleef het: 34 stoele, 35 stoelkussings, tien guéridons, die hoë kersstaanders wat juis modieus begin raak het, vier daarvan met bybehorende kwispedoors, sestien skilderye, twee groot vierkantige spieëls en vier kleineres, naas die gebruiklike kombuisgereedskap ook heelwat ander items van koper, soos 'n handewasfonteintjie met sy bekken, ses kwispedoors, 'n hanglamp en twee lanterns, en ten slotte heelwat boeke, wat op die vendusie in ongespesifiseerde 'partye' verkoop is.

Dog alhoewel bostaande as nuttige aanduiding kan dien, kan mens nie aan die hand daarvan veralgemeen nie. Wat spesifiek Beck betref, moet daar onthou word dat hy met sy vestiging in die Tafelvallei 'n kinderlose man van teen die sestig was wie se vrou reeds etlike jare in Nederland gewoon het, en die nodige toelatings en aanpassings moet hiervoor gemaak word. Voorts is sy suster se man oorlede kort voordat hy self oorgeplaas is, en dit is dus moontlik dat hulle om praktiese redes uit die staanspoor reeds besluit het om saam te woon.

Sover dit kerksake betref: met die koms van ds. D'Ailly in 1708 het die gemeente in die Tafelvallei volgens hom, 'zoals [ik] in de huisbezoeking voor het H. Avondmaal ondervonden heb', bestaan uit

> omtrent hondert en dertig leedematen, waarvan d'er elf na de kant van den Tafelberg woonen, en nog tien buiten de Tafel-valley verre afgeleegen en van malkanderen verstroit zijn, daar men—na ik onderrigt ben—in den reegentijd niet wel huis-bezoeking zal konnen doen.[10]

In 1713 was daar 170 lidmate,[11] en in 1730 'over d'200';[12] in Augustus 1731, en in die tyd toe Beck sy emeritaat aanvaar het, het die gemeente volgens die kerkraad uit 'bij de drie honderd leedemaaten' bestaan, 'en neemt dagelijx sodanig toe dat ze binnenkorte dit getal verre zal te booven gaan'.[13] Soos reeds genoem, was kerklidmaatskap in hierdie tyd egter 'n kwessie van oorwoë keuse en besluit, en was lidmaatskap en kerkbywoning twee duidelik onderskeie sake wat heel verskillende statistieke opgelewer het.

'Het ampt van een Predikant hier,' skryf ds. Valentijn bondig oor die Kaap, 'bestaat in Sondags tweemaal te prediken, en verder de jeugd te catechizeeren',[14] waarby mens huisbesoek saam met 'n ouderling kan byvoeg ten einde lidmate na die Nagmaalsviering te nooi, soos reeds in die konteks van Beck se bediening in Stellenbosch genoem is. Verder het hy kerkraadsvergaderings bygewoon, waarvan daar in 1710 vasgestel is dat dit, sover dit die Tafelvallei betref, wekliks of elke twee weke 'na voorgaande klokgeluij' sou plaasvind.[15]

Alhoewel ds. D'Ailly vir 'n jaar of twee die bystand van ds. Slicher geniet het, moes Beck die werk in sy nuwe gemeente vir die grootste deel van sy bediening alleen behartig. Eers in Oktober 1729 het hy op sý beurt die bystand gekry van die jong predikant Franciscus le Sueur,[16] in Gelderland gebore as seun van Franse immigrante en lid van 'n familie van predikante wat skynbaar van patrisiese herkoms was, want toe die predikant se seun hom aan die einde van die eeu in Nederland gaan vestig het, het die familie hulle Le Sueur de la Croix begin noem.[17]

12. Henricus Beck in die Tafelvallei

Franciscus le Sueur het hom ook aan die Kaap baie gou nog stewiger in die plaaslike samelewing gevestig deur binne ses maande van sy aankoms reeds in die huwelik te tree met Johanna Swellengrebel, waarmee hy die swaer geword het van Hendrik Swellengrebel en Rijk Tulbagh, albei reeds lid van die Politieke Raad en toekomstige goewerneurs van die Kaap.

Voorts is Beck in sy bediening ondersteun deur sogenaamde sieketroosters of krankbesoekers, wat sekere meer meganiese take by hom oorgeneem het,[18] en dit wil voorkom dat hulle ook kategetiese onderrig gegee het.[19] In 1718 was daar twee van hulle, 'one performing the church services and attending the sick, and the other, a very old man, employed at the Fortress [*Kasteel*] and the Hospital', alhoewel daar voorheen drie was, en is die Politieke Raad versoek om die getal weer aan te vul, alhoewel dit skynbaar nooit gedoen is nie.[20]

Wat die Tafelvallei betref, het die werksaamhede van die sieketroosters verder die leiding ingesluit van gebedsdienste vir die garnisoen in die Kasteel, wat vermoedelik betrekking het op die daaglikse aanddiens in die vergadersaal van die Katgebou wat ook deur die goewerneur en hoër amptenare bygewoon is. Mentzel teken in elk geval aan dat die koster van die Kaapse kerk 4 riksdaalders per maand moes uitbetaal

> to the individual who lights the candles, spreads the carpet, and puts the chairs in position for the evening prayers at the Castle. This perquisite used to belong to the master-plumber but, owing to neglect or bad behaviour on his part, it has been handed over to the book-binder.[21]

'Every evening after the lamps are lighted', skryf Mentzel verder, het een van die twee sieketroosters wat in sý tyd in die Tafelvallei diens gedoen het ook in die groot hospitaal oorkant die kerk aan die Heerengracht 'n gebedsdiens gelei, waarby daar 'n paar verse van 'n psalm gesing is, en al om die ander Sondag het een van hulle hier 'n preek gelewer wat hy van buite geleer het.[22] Ten slotte was dit die sieketroosters wat ter dood veroordeeldes na die teregstellingsplek begelei het.[23]

Volgens Mentzel, wat oor die tyd nét ná Beck se bediening skryf, was die besoldiging van die sieketroosters '*f*35 salary and twelve reals kostgeld per month with free quarters'.[24] In die rangorde van Kompanjiesdienaars het hulle saam met die 'opperstuurlieden' een van die allerlaagste posisies beklee, ná die Boekhouers, Assistente en brandmeesters, en voor die 'scheepsopperchirurgijns, onderstuurlieden, derdewaaks',[25] en in die begrafnisstoet van die sekunde Sergius Swellengrebel in 1760 het hulle die dertigste posisie ingeneem, vlak voor die 'base' of opsigters en die 'gemeene [*gewone*] burgers'.[26] Met betrekking tot hul ondergeskikte posisie in sowel die kerklike as die burgerlike samelewing wys Storm de Grave op die veelseggende verskynsel dat sieketroosters gedurende die tydperk wat sy ondersoek het wel tot diaken gekies is, maar nooit tot ouderling nie.[27]

Die sieketroosters in die Tafelvallei gedurende Beck se kort bediening was Jan van den Oever (1710–27), Adolph Hofman (1728–51), en Pieter Strigt of Stricht (1730–33).[28] Hofman, oor wie se lewe die meeste bekend is, het die Kaap uit Batavia bereik en in 1719 is daar vermeld dat '[he] has for some time earned his living here by teaching the children to read, write, and cypher'.[29] Hy is skynbaar in daardie jaar as assistent in Slicher se Latynse skool benoem, en is in 1724 getroud met 'n gekleurde vrou wat haar as weduwee van 'n blanke man met visvangs onderhou het, 'n algemene bron van inkomste in die gekleurde gemeenskap.[30] Uit klein insidentele gegewens soos hierdie blyk telkens hoe 'oop' die Kaapse gemeenskap vroeg in die agtiende eeu in baie of in elk geval in sékere opsigte nog altyd was.

Dit is noemenswaardig dat die kerkraad ná Strigt se vertrek in sy versoek aan die Klassis vir 'n plaasvervanger in 1734 spesifiek gevra het 'dat we hier geen scheepskrankbezoeker krijgen, maer een man van beproevde deugt en bequaemheden, volkomen in staet om de kerk en school te konnen waerneemen; met kranken en ter dood veroordeelde te konnen omgaen',[31] wat die indruk skep dat Strigt geen groot voldoening gegee het nie.

Dit wil nie voorkom dat die sieketroosters in die Tafelvallei ampshalwe ook onderwys gegee het, soos in Stellenbosch en Drakenstein dikwels gebruiklik was nie, maar skole was aan die Kerk gekoppel, en in 1714 het die 'Ordonnantie van de schoolordening' wat onder De Chavonnes vir die skool in die Tafelvallei uitgevaardig is, bepaal dat onderwys onder toesig van 'de Secunde persoon, predicant en capitain als scholarchen' sou staan.[32]

Op hierdie terrein is daar verdere interessante individue wat heelwat sê oor sowel tyd en plek, sy dit ook effens ná Beck se bediening. So was daar byvoorbeeld ene Dirk Ambuuren uit Amsterdam, wat in 1733 aan 'n vryburger uitverhuur is as privaat onderwyser,[33] en die volgende jaar toestemming gevra het om 'n skool te begin

> om de jeugt niet alleenlijk te leeren leesen, schrijven (en 't geen haar [*hulle*] wijders [*verder*] nut en dienstig is, soo en in dier voegen als in alle Gereformeerde schoolen wordt geleert), maar wel bijsonderlijk te onderwijsen in de gronden van de mathesis.[34]

Die nodige toestemming is verleen, maar die skool was klaarblyklik nie geslaagd nie, want oor die jare 1735–37 word Ambuuren as klerk van die Slawelosie vermeld.[35] In laasgenoemde jaar het die skolarge, wat op daardie tydstip die twee plaaslike predikante ingesluit het, verklaar dat hy 'door zijn godloos gedrag sig het schoolhouden onwaardig gemaakt heeft', en gevra dat hy verbied word om langer skool te hou.[36] Hy was nog altyd in diens van die Kompanjie, en in 1738 het hy aansoek gedoen om as boekhouer op 'n retoerskip aangestel te word.[37]

Skynbaar was dit eers ná Beck se tyd dat die aantal arm kinders waarvoor die diakonie verantwoordelik was so toegeneem het dat 'n spesiale diakonieskool deur die kerk in die lewe geroep is, waar die sieketrooster gewoonlik as skoolmeester opgetree het.[38]

Ook was daar aan 'n kerk nog 'n koster verbonde, wat volgens Mentzel 'n klein salaris van die kerk self gekry het. 'The verger makes a good deal out of the New Year gifts from members of the congregation,' voeg hy egter by, 'and more particularly from the ladies for the work he has in arranging or removing their chairs in the church.'[39]

Ten slotte berig Mentzel: 'A burgher who acts as bell-ringer receives 10 rds. monthly; the bells are to be rung on Sunday mornings and afternoons and on holydays, and the work is carried out by two slaves';[40] ook hierdie ampsdraer moes deur die kerk self besoldig word.[41] Lambert van der Schelde is in 1703 teen 6 gulden per maand as klokluier aangestel, en het hierdie pos lank beklee. Hy het die werk vermoedelik deur sy slawe laat verrig, maar hy moes ook 'honden en andere heidenis [hindernis?]' uit die kerk verwyder, sodat hy as Kaapse ekwivalent van die Nederlandse 'hondeslaner' opgetree het.[42]

Die kerkgebou in die Tafelvallei in Beck se tyd was nog dié wat vroeg in 1704, drie jaar ná sy aankoms aan die Kaap, ingewy is,[43] aan die bopunt van die Heerengracht (Adderleystraat), vlak langs die Kompanjie se Slawelosie en oorkant die straat van die groot kruisvormige hospitaal. Aan die westekant het dit gegrens aan die uitgemeselde grag wat aan die straat sy naam gegee het, alhoewel dit nie veel meer was nie as 'n gekanaliseerde sloot waarlangs 'n bergstroom uitgeloop het na die see; aan die oostekant was daar voor die gebou 'n oop ruimte, die huidige Kerkplein.

Die perseel waarop die kerk gestaan het, binne 'n hoë ringmuur,[44] is sedert 1678 reeds as algemene begraafplaas van die blanke gemeenskap gebruik.[45] Onmiddellik daarlangs, 'op 't kerkhoff', was die eenvoudige woning van die koster, wat in eietydse dokumente as 'n 'huysje' en 'n 'woninkje' beskryf is, dog vanaf 1724 is die klokluier Van der Schelde, wat steun van die diakonie ontvang het, weens sy 'onvermogenheyt' toegelaat om daar te woon.[46] Bax onderskei aan die hand van sy navorsing tussen 'het huis naast de kerk waarin in 1724 koster [Noach] Bakker was gaan wonen, en het kosterhuisje op het kerkhof bij de kerk, waarin in datzelfde jaar de klokkenluider zijn intrek had genomen'.[47]

'Zy is ten naastenby agtkantig van gedaante,' berig Valentijn oor die kerk,

> hebbende 4 groote vakken [fronte, fasades], en tegen yder vak, van in de 30 of 30 voeten muurs hoogte, 2 groote glasraamen, die na myne gissing tusschen de 20 en 30 voeten hoog zyn. (…) Zy heeft 4 gevels, byna op de wyze der gevels van de gemeene [gewone] huizen in Holland, opgehaald. Ook ziet men 'er by de deuren in N[oorden] en Z[uiden] twee schoone portaalen, 10 of 12 voeten hoog, die rood en wit zeer fraai gemarmert zyn.[48]

Valentijn noem ten slotte aan die noordoostekant van die gebou 'n 'fraajen vierkanten tooren', sewentig of tagtig voet hoog 'na gissing', 'boven met een mooje korte spits, met een groote kopere vaan':[49] aanvanklik kon dit van binne uit met lere bereik word, wat in 1721 met 'n vaste trap vervang is.[50] In vroeë afbeeldings van die Tafelvallei rys die toring duidelik bo die grasdakhuise van die gemeenskap uit.

Kort voordat Beck vir ds. D'Ailly opgevolg het, het die kerkklok wat hier gehang en 1125 pond geweeg het, neergestort nadat die kramme wat dit vashou, ingegee het, en die kerkraad het toestemming gevra om dit na Nederland te stuur om opnuut gegiet te word en om die spaarklok in die Kasteel teen kosprys te mag koop; in 1725 het hulle 'n nuwe klok ontvang met 'n gewig van 1052 pond.[51] Moontlik het hulle die aangekoopte klok hierna behou, maar hulle het die Here XVII ook gevra om 'n tweede klok te voorsien. Mentzel het dit so 'n twintig jaar later oor 'n 'plain square tower' met twee klokke: 'they are rung only before the services, but their peal is heard throughout the Table Valley.'[52]

Sover dit die interieur van die kerk betref, merk Valentijn op dat daar geen plafon in die gebou was nie, maar die balke en dekriet onbedek gelaat is,[53] terwyl dit volgens 'n ander eietydse bron van 'vloersteenen' voorsien was oftewel geplavei.[54] Veral prys Valentijn die preekstoel, vier of vyf voet hoog, met 'n klankbord, 'en de Bybel legt op een koperen lessenaar, zoo fraai als ik 'er zeer weinig gezien heb'.[55]

'De kerk in sigselfs is niet groot,' skryf die Lammens-susters in 1736, enkele jare nadat Beck sy emeritaat aanvaar het,

> maar heel net [*netjies*] van binnen, van buijten is sij wit geplaasterd met een stroo dak, soo als hier al de huijsen, de preekstoel staat int midden, maar geen tuijn [*afskorting*] daar ront, aan de eene kant een pilaar daar de gouverneurs bogt [*kerkbank*] voor staat, voor welk een tapijt is gespreijt, daar de jonge juffrouw alleenig met een stoel haar plaats heeft, daar tegenover is nog een bogt daar de Raden in sitten, alwaer Broeder een plaats in wiert geweesen, voorders [*voorts*] rontom bogten voor de mans, soo als bij ons, en in het middel ook stoelen voor de vrouwen.[56]

Die Nederlandse skeepschirurgyn Nicolaus de Graaff het teen die einde van die sewentiende eeu reeds die opsigtige kerkgang van gegoede vroue in Batavia gehekel,[57] en dit het seker kort hierna ook aan die Kaap 'n al hoe meer opvallende element in die sosiale lewe begin word namate die ekonomiese posisie van baie van die vryburgers verbeter. Die Lammens-susters dui in elk geval op die deftigheid van die geselskap wat hulle met hul bywoning van die diens aangetref het.[58]

Die plegtige binnekoms van die goewerneur en sy gevolg in die kerk is reeds beskrywe,[59] en vermoedelik het die kerkgangers die gebou ook volgens rang verlaat. Toe daar in 1755 'n aanklag ingedien word teen 'n jong slaaf wat die gebou 'na volbragte Godsdienst' met sy meester se jas en kiepersol probeer binnegaan het, is daar op grafiese en omslagtige wyse beskrywe hoe die aangeklaagde

> wanneer den heer Fiscaal, neevens de verdere kerckgemeente (...), sig naar huijs wilde begeeven, en neevens geciteerde [*genoemde*] gemeente ook reets tot aan 't binnen portaal van de kerk gekoomen was, (...) heeft kunnen goed vinden tusschen den heer Fiscaal ende sommige der meede, ende neevens sijn edele tegelijk uijt de kerck gaande, principaale heeren deeser regeering ende derselver huijsvrouwen, alsook een meenigte van andere juffrouwen, (...) sig selven tot in de kerck door te dringen.[60]

Mentzel noem vervolgens dat die goewerneur die eerste aan die Nagmaalstafel aangesit het, gevolg deur lede van die Politieke Raad en ander hoër amptenare:

> the mass of the citizens follow without any order of precedence. After all the men present have received the sacrament, the ladies follow, and in their case much greater punctilio is observed in the order of rank and precedence.[61]

Ten slotte kan nog genoem word dat die kerkgebou gedurende Beck se bediening geen orrel gehad het nie, alhoewel 'n aantal lidmate in 1720 reeds aangebied het om die koste hiervan te dra. Die kerkraad het die owerheid, volgens Leibbrandt se samevatting, daarop gewys 'that a place for such an instrument had been purposely provided in the edifice', en gevra dat 'an organ with 16 stops and two key-boards' van Nederland uitgestuur word;[62] dog dit was eers in 1737 dat 'n orrel aangekoop en 'n galery daarvoor gebou is, en 'n voormalige soldaat aangestel is as orrelis.[63]

Die kerk het 'n sekere inkomste verkry deur die verhuur van sitplekke, en deur 60 gulden te vra vir die teraardebestelling van prominente lede van die plaaslike gemeenskap binne die gebou,[64] naas hoogwaardigheidsbekleërs soos die oudgoewerneur Simon van der Stel en goewerneur De Chavonnes: 'de gequalificeerdens [*amptenare*] en fatsoendelijkste ingesetenen alhier', soos die kerkraad dit by geleentheid gestel het.[65] In Nederland, waar dieselfde gebruik in swang was, is daar in hierdie tyd egter toenemend gekla oor die stank wat dikwels ontstaan het wanneer grafte vir verdere begrafnisse oopgemaak word.[66] Die perseel binne die ringmuur sou desondanks tot 1770 as openbare begraafplaas gebruik word,[67] terwyl begrafnisse onder die plaveisel van die kerk tot 1836 toegelaat is, toe die ou kerkgebou gesloop en deur die huidige Groote Kerk vervang is.[68]

Terwyl dit die hoë amptenare en prominente burgers was wat met hul opvallende kerkgang die aandag van besoekers getrek het en binne die kerk begrawe is met heraldiese wapenborde aan die mure, het die gemeente naas eenvoudiger lidmate ook gekleurdes en slawe ingesluit, alhoewel verwysings na hulle nie geredelik bekombaar is nie, in elk geval wat betref die tyd van Beck se bediening in die Tafelvallei. Sover inligting uit die dekade of twee onmiddellik daarvoor in gepubliseerde bronne beskikbaar is, kry mens die indruk dat hulle steeds 'n klein maar duidelik merkbare groepie uitgemaak het, en dat hulle bowendien 'n wesenlike deel van die gemeente was, teen wie daar nie op grond van kleur of ras gediskrimineer is nie.

Sover dit gekleurdes betref, moet daar nogmaals duidelik gestel word dat die arbitrêre skeidslyn tussen 'blank' en 'nie-blank' wat later aan die Kaap ontwikkel het en in Suid-Afrika mettertyd amptelik ingevoer sou word, in die VOC-tyd nie bestaan het nie. Skeidslyne was vloeibaar, veral in die vroeë agttiende het kleur en ras nie sonder meer as rede vir diskriminasie gedien nie. Dit word duidelik genoeg geïllustreer deur die feit dat ene Carel Jansz van Bengale, volgens sy naam klaarblyklik 'n gewese slaaf, in 1722 byvoorbeeld aansoek kon doen om wat Leibbrandt opsom as 'the freehold of an erf in Table Valley, situated between those of Rev. D'Ailly and the burgher Durand Sollier; wants to build a house on it'.[69]

Vrygestelde slawe en hul nakomelinge het kerklidmaatskap sedert die vroeë jare reeds as 'n vereiste vir assimilasie in die Kaapse kleinburgery gesien, en is ook geredelik as lidmate aanvaar: in 1734 het Adolph Jonker, skynbaar die seun van 'n blanke vader en 'n gekleurde moeder, byvoorbeeld belydenis afgelê saam met Maria Magdalena Pasques de Chavonnes, 'n broerskind van die voormalige goewerneur,[70] en Ansla (Angela) van Bengale, wat as slavin nog aan die egpaar Van Riebeeck behoort en in 1668 reeds lidmaat geword het, is eers in 1720 oorlede. Onder die lidmate van die Kaapse gemeente gedurende Beck se ampstermyn wat van slaweherkoms was, was haar dogter, Anna de Koning, wat in 1734 dood is as weduwee van die gegoede amptenaar Oloff Bergh, en op meer beskeie vlak Armosyn Claasz of Armosyn van die Kaap, voormalige slavin van die Kompanjie en skoolmeesteres in die Slawelosie, wie se familie met haar dood in 1733 6 riksdaalders betaal het 'voor een graft op het kerkhof en het gebruijck van doot cleet en baar', en 1 riksdaalder 6 skellings 'voor den doodgraver', ewe goed as enige blanke lidmaat.[71]

As voorbeeld van die beskeie welvaart wat in hierdie kringe moontlik was, selfs in die eerste generasie vrygestelde slawe, al is daar niks oor die kerkverband van die betrokkenes bekend nie, kan mens verwys na Simon van Makassar en sy vrou Esperence van Malabar, 'beide vrijgegevene leijff[ei]genen van juffw. Christina Diemer, wed[uwe] wijlen den heer Joan Blesius'.[72] Toe Simon in 1729 as wewenaar dood is, die jaar waarin Beck sy emeritaat aangevra het, was daar in die boedelinventaris geen vermelding van 'n huis nie, maar die egpaar het wel ses stoele, twee vierkantige tafeltjies, twee katels, twee kiste, twee rakkies, beddegoed, drie sygordyne en 'n blou gordyn nagelaat, tesame met 'n klein hoeveelheid breekgoed, kombuisgerei en timmermansgereedskap, twaalf ballasmandjies en vyf visvate.

Wat klerasie betref, is daar in die inventaris naas twee 'witte vrouwehemden', drie 'vrouwe rokken', ses 'vrouwe cabaijen' en '2 trekmutsen en [een] voorschotie' ook die volgende mansklere genoem: '5 lakense mansrocken en duffeltjes, 3 lakense en 1 gingams lakense broeken, 4 witte en 1 blauwe manshemden, 6 hemdrokken waaronder 1 met 30 silvere kno[o]pjes, 4 dassen, 4 pr. koussen, 8 neusdoeken en een baatje'. Ten slotte was die egpaar in besit gewees van 'n paar goue oorkrabbertjies, twee goue hoepringe, tien verdere silwerknopies en 'n silwersleutelhaak en -ketting.

Die egpaar se erfgenaam was terloops Cornelis van Bengale, wat in hul testament gevra is om twee slawe vry te stel, en self 'n slavin geërf het op voorwaarde dat hy haar ná drie jaar ook haar vryheid skenk.[73] Cornelis kon dit hierna bekostig om borg te staan vir die slawe in die boedel van die oudlanddros Johannes Mulder, wat in dieselfde tyd oorlede is,[74] en het verder oor die tydperk 1732–37 op verskeie vendusies aankope gedoen: sy teenwoordigheid op die groot Van Dam-vendusie in eersgenoemde jaar is reeds genoem. Onder andere het hy in 1733 ná die dood van ds. D'Ailly se weduwee 'n 'jongetje gen[aam]t Florus van de Caab' uit haar boedel aangeskaf vir 69 riksdaalders,[75] en in 1745 word daar verwys na sy voormalige slaaf Daniël van die Kus.[76]

Ewe min as in die geval van Simon van Makassar en sy vrou is dit bekend of Cornelis 'n Christen en lidmaat van Beck se gemeente was, maar hul lewens is 'n treffende illustrasie van die welvaart wat in hierdie tyd reeds onder 'n deel van die vry gekleurde gemeenskap aanwesig was.

Gekleurdes het hul kinders dikwels ook laat doop en daarby self as doopgetuies opgetree of familie of vriende gekry om dit te doen, en die doop van hierdie kinders is saam met dié van blanke kinders in die doopregister opgeteken. Hierna is daar nog geen sistematiese navorsing aangeneem nie, maar daar is wel inligting beskikbaar oor die doop van buite-egtelike kinders in die Kaapse gemeente in die jare 1713 tot en met 1742 wat gedeeltelik lig op die verskynsel werp, aangesien dit hier sover daar aan die name van die ouers geoordeel kan word oorwegend om gekleurde kinders gaan.[77] Die aantal buite-egtelike kinders wat per jaar gedoop is, wissel as persentasie van die geheel, maar het in 1726, die eerste jaar van Beck se aanwesigheid in die gemeente, byvoorbeeld tien uit 86 bedra, en 'n totaal van 54 oor die sewe volle jare 1726–32 wat hy sy amp hier beklee het. In byna al die gevalle was die moeder gekleurd, en dikwels het sy ook as doopgetuie opgetree; soms word geen vader aangegee nie, soms 'n 'genoemde' of 'zoo gesegde' vader, en soms woon 'n blanke of gekleurde man die doopplegtigheid by.

Wanneer die volle dertig jaar wat deur hierdie doopboek gedek word in oënskou geneem word, is dit opvallend dat buite-egtelike geboortes gereeld voorkom by takke van die families Colijn, Appel en Van Deventer, wat almal van blanke vaders en gekleurde moeders afgestam het.

In 1721 reeds het goewerneur De Chavonnes afkeurend gewys op die feit 'dat de kinderen van de vrije swarten en slaven deurgaans met meerder cieraad van kledagie [klerasie] wanneer [zij] gedoopt sullen werden, werden opgeschikt als die van onze natie', wat volgens hom tot 'groote ergernis en ook klijnagting en disrespect der Europeaanse natie' bygedra het.[78] Dit is dan ook as verdere rede beskou om die doop van gekleurde kinders afsonderlik te laat plaasvind.

Sover dit die slawebevolking betref, het die outomatiese doop van die Kompanjie se slawekinders uit die aangrensende Losie vermoedelik nog altyd in die kerk plaasgevind,[79] alhoewel dit moeilik is om verwysings na gebeurtenisse wat in hul eie tyd as vanselfsprekend en alledaags beskou is vandag nog in die rekords op te spoor. Onder die vele klagtes wat ds. Le Boucq tydens sy kort oponthoud aan die Kaap in 1707 verwoord het, was egter een oor die 'afweesentheyt' een Sondag van Oloff Bergh wat namens die Kompanjie as getuie moes optree by die doop van 'een Comps. slavekind', sodat die kind weggestuur moes word, 'tot confusie in den godsdienst':[80] met 'godsdienst' is dit hier spesifiek die kerkdiens wat bedoel is.

In 1721 het goewerneur De Chavonnes tydens 'n vergadering van die Politieke Raad misnoeë uitgespreek oor die feit,

> dat er geen onderscheijd wierd gemaakt in 't doopen der slaven kinderen, of deselve van Christen ouders zijn gebooren ofte niet, als meede dat slaven ofte kinderen in bekende hoererije geteelt mede met de Europeanen ten doop werden gebragt, ja selfs dat de slaven over het doopen van haare ofte andere kinderen als getuijgen komen te staan.[81]

Dit het die ou strydpunt oor die doop van slawekinders oftewel kinders van nie-Christene opnuut ter sprake gebring, en in 'n omslagtige verklaring oor die onderwerp het di. D'Ailly en Beck, op daardie tydstip die enigste twee predikante in die kolonie, gewys op die vroeëre beslissing 'dat de kinderen der heijdenen op het geloof van hunne eijgenaars mogen gedoopt worden enz.'.[82] Hulle het egter genoeë geneem met die voorstel van die Raad 'dat zoodanigen kinderen, als ook hoeren kinderen, op eene andere tijd als die der Europeanen gedoopt worden, en soude men sulx Sondaags voormiddag (…) konnen doen'.[83] Hieruit lei mens af dat die doop teen daardie tyd normaalweg ná die middagdiens bedien is, en as hierdie voorstel aanvaar is, sou dit beteken dat 'n mate van segregasie binne die Kaapse gemeente reeds etlike jare voor Beck se koms ingevoer is.

Die Lammens-susters noem in 1736 die doop van 'n 'groote' of volwasse slavin ná die diens,[84] wat minder gebruiklik was, aangesien daar aan die Kaap geen doel-bewuste en doelgerigte bekeringswerk onderneem is nie; maar as sy aan privaat eienaars behoort het, het húlle haar miskien hierby aangemoedig.

In 1685 reeds is daar bepaal dat die kinders uit die Slawelosie die kerkdiens met hul skoolmeester moes bywoon,[85] en in 1697 was dit kennelik nog altyd die gebruik:[86] dit was voor die oprigting van die kerkgebou aan die Heerengracht, en in albei gevalle het die dienste nog in die vergadersaal van die Kasteel plaasgevind. In later jare wil dit egter voorkom dat wit en swart kinders ewe goed op Sondag-middae die katkisasiediens in die kerk bygewoon het, alhoewel die vrae deur 'een

Europeaans kint alleen voor den predikstoel bij beurten' beantwoord is. 'Kunnende de andere kinderen, soo[wel] Europeaansche als die der slaven, ook wel deselve gevraagt werden van de voorleser eer hij begint voor te leesen, gelijk op Batavia,' het 'n besoekende predikant op pad terug van die Ooste voorgestel;[87] dog dit is nie duidelik in hoe 'n mate hieraan gehoor gegee is nie.

Volgens die beskikbare inligting vir die jare 1715–25 in Storm de Grave se skripsie, dus in die tyd onmiddellik voordat Beck na die Tafelvallei oorgeplaas is, was die gemeente as geheel welvarend, en die diakonie het gemiddeld oor ongeveer 112 000 gulden per jaar beskik, 'Een heel aanzienlijk bedrag voor die tijd,' soos sy opmerk.[88] Naas die noodlenigingswerk wat met hierdie geld gedoen is, is dit ook teen ses persent rente uitgeleen, waardeur die diakonie saam met die Weeskamer 'n belangrike bydrae tot die stimulering van die ontwikkelende Kaapse ekonomie gelewer het.[89] Die kerkrade van Stellenbosch en Drakenstein het in 1719 en 1720 eweneens hulp uit hierdie bron ontvang met die bou van hul onderskeie kerke, al is dit slegs onder druk van die owerheid verleen.[90]

Die gemeente se vernaamste bronne van inkomste was aalmoese en rente op beleggings, aangevul deur kollektes, skenkings en bemakings, die gedeelte van boetes wat die armfonds toegekom het,[91] en bydraes in die armbusse wat in herberge en taphuise en op besoekende skepe geplaas is,[92] asook die verhuur van stoele en sitplekke in die kerk,[93] die verhuur of verkoop van grafte in en om die kerkgebou, en die uitleen van die lykkleed vir begrafnisse,[94] soos in die geval van Armosyn Claasz. Sover dit kollektes betref, het dit teen 1724 omstreeks 200 gulden per maand opgelewer, wat egter oor die 400 gulden kon bedra in maande waarin daar 'n Nagmaalsviering plaasgevind het.[95]

Storm de Grave sien die hoë kollekte-opbrengste, die gestadig stygende kapitaal van die diakonie en die feit dat die meeste mense wat hier lenings aangegaan het geen probleme met die betaling van rente of die uiteindelike aflossing ervaar het nie alles as tekens van 'n veerkragtige ekonomie.[96] Dit is trouens ook die indruk wat mens uit ander bronne kry, ten spyte van die sombere uitlatings van hoër amptenare oor die heersende stelsel van skuld en krediet en die armoede onder die koloniste, soos byvoorbeeld goewerneur De la Fontaine in sy kommentaar op die opgaaf van 1731.

Ten spyte van sulke belowende verskynsels was die owerheid egter bewus van die wérklike en wydverspreide armoede en nood aan die Kaap, en die Politieke Raad het die kerkraad in 1687 reeds aangewys om 'verlatene, weduwen en weesen, en alle benodigde persoonen hier geseeten', by te staan, waarmee die diakonie verantwoordelik gemaak is vir alle hulpbehoewendes aan die Kaap, ongeag hul kerkverband.[97] Dit was in die tydperk wat in baie opsigte nog as die pioniersjare beskou sou kan word, en terwyl algemene welvaart en stabiliteit intussen toegeneem het, dien die diakonie se werksaamhede in hierdie verband as nuttige korrektief op die eensydige beeld van rykdom, opsigtigheid en vertoon wat so maklik ontstaan wanneer mens op die prominente kerkgangers in Beck se gemeente konsentreer.[98]

Ongelukkig het die gegewens vir die tyd van Beck se bediening in die Tafelvallei nie behoue gebly nie, maar in die jaar 1724, kort voordat hy hierheen oorgeplaas is, het 27 individue finansiële steun van die Kaapse diakonie ontvang: hulle het twaalf weeskinders, sewe bejaarde mans en vier weduwees ingesluit, en daar was slegs twee gekleurdes in die groepie.[99] Opvallend is in hierdie verband enkele name in Storm de Grave se ondersoek wat dwarsdeur die tydperk 1715–24 voorkom waaroor sy besonderhede verstrek: die voormalige klokluier Lambert van der Schelde; Johannes Voogt; Gerrit Dirksz; 'Frans Hendriksz en vrouw'; en ten slotte 'Rebecka', die vrou van 'Swarte Louis', wat dui op Rebecca van Makassar, vrou en later weduwee van die vry gekleurde Louis van Bengale.[100] Die blote name moet dien om hierdie swygende en grotendeels versweë gedeelte van die destydse blanke en gekleurde gemeenskap te verteenwoordig.

Onder andere is steun verleen in die vorm van eenvoudige kledingstowwe soos sis, geras, bafta, boeling en seildoek, kouse en skoene, naas onderwys of vakopleiding.[101] Soms is kos ook voorsien, soos blyk uit die beeldende klein uittreksel uit die diakonie se skuldboek vir 1718 wat Marais aanhaal: '*Januarie*. Aan Jacob Bissu over leverantie van 31 broode à 9 stuivers ijder voor Jacob Langenbergh en sijn vrouw'; '*Aug*. La Febre voor 2 mde. vleesch voor de Wed. Abrahamsz'; '*Des*. Aan Herkules voor Geertruy Willemse voor leverantie van vis; aan Wed. Kina voor 2 mde. brood aan Wed. Abrahamsz.'[102] Een van die plaaslike chirurgyns is voorts ook elke jaar aangestel om die armes namens die diakonie gratis te behandel en van medikamente te voorsien, en het in hierdie tyd 'n jaarlikse traktement van 50 riksdaalders gekry.[103]

'n Verdere terloopse maar interessante blik in die wêreld van Kaapse armlastiges en behoeftiges gedurende Beck se bediening word gebied deur 'n brief wat ds. Slicher en die Drakensteinse kerkraad in 1729 aan hom en sy kerkraad gerig het oor 'eene Charl Le Long, en deszelfs huijsvrou Wina Francina van El', synde 'zeer behoeftig en armoedig', wat op een of ander tydstip in elk van die drie plaaslike gemeentes gewoon en oral hulp aangevra het.

In Drakenstein, waar hul seun Johannes in 1726 gedoop is,[104] is die egpaar 'n paar keer 'met koorn en andere behoeftigheden' ondersteun en is daar aangebied om hul oudste dogter uit te bestee, maar het die moeder verklaar 'dat zij niet van zins [*geneë*] was haar kint bij andere als een slaaf te laten wonen'. In Stellenbosch weer het ene Jan Groenewald hulle van kos en drank voorsien, 'zoo dat zij alleen maar voor de kleedinge hadde te zorgen', en het hulle dit volgens die Drakensteinse kerkraad 'soo wel gehadt als arme en nooddriftige menschen zouden kunnen wenschen', en in die Kaapse gemeente was verskeie mense na bewering bereid om te help, en het die ouddiaken Jan Cruywagen aangebied het om hulle op sy plaas in die Tygerberg te laat bly en daar te onderhou, 'mits zij maar een weijnig zouden oppassen ende toezien'. Volgens Slicher en sy kerkraad het 'de geest van luijheijt' egter van die egpaar besit geneem, en het hulle geen steun van die diakonie verdien nie.[105]

Onder al hierdie versukkeldes, hulpbehoewendes, gestremdes en gebreklikes, het daar egter ook individue met wesenlike geestelike of morele probleme voorgekom wat oor 'n lang termyn sowel vir die gemeenskap as geheel as die diakonie in die besonder probleme veroorsaak het. Storm de Grave noem byvoorbeeld ene Cornelia Schreubenius wat met haar drie kinders gedurende 1721 en 1722 telkens vir 'n paar maande deur die diakonie ondersteun moes word,[106] terwyl daar volgens haar in 1723 sprake was van wat sy as 'de krankzinnigheid van Cornelia Screeuwenius' beskryf. 'Zij werd voor de duur van haar krankzinnigheid geplaatst in het slavenlogie van de compagnie en haar kinderen zouden zolang door de diakonie verzorgd worden'.[107]

In 1734, 1735 en 1739 verskyn 'n vrou wie se naam afwisselend as Cornelia Scherwerius, Schriverin of Schrijverius opgeteken of getranskribeer is telkens in die Kaapse doopboek as die moeder van buite-egtelike kinders wie se beweerde vader onderskeidelik as Jacobus Gelf, Jacob Gelf en Jacobus Gelv aangeteken is.[108] H.F. Heese identifiseer haar verder waar hy in 'n ander verband verwys na 'slavinne wat wel oor 'n van beskik het wat op die oog af van Europese eerder as 'n slaweherkoms sou getuig, bv. Cornelia Schriverius'.[109] Hoge noteer weer die feit dat ene Jacoba van Gogh, buite-egtelike dogter van Geleyn van Gogh uit Den Haag en die vryswart vrou Cornelia Schreverius, wat in 1725 gedoop is, in 1740 met die Duitse kwartiermeester Hans Harms in die huwelik getree het,[110] terwyl Heese verwys na haar seun met die naam Corijn de Bruijn wat in 1744 matroos geword en 'n mede-matroos ná 'n rusie met 'n mes doodgesteek het, sodat hy uit die kolonie verban is.[111]

Bostaande is egter bloot aanvullende en agtergrondinligting, want oor Beck se kort bediening in die Tafelvallei is daar in feite byna niks bekend nie. Nadat die kerkraad in Mei 1724, gedurende die bediening van ds. D'Ailly, 'n oorsig van hul werksaamhede aan die Klassis Amsterdam gestuur het, het hulle vir meer as vyf jaar nie weer van hulle laat hoor nie:[112] toe hulle in Oktober 1729 hul dank vir die uitsending van ds. Le Sueur uitspreek, moes hulle die Klassis se 'goedertierene excuus' hiervoor vra, dog sonder vermelding van redes.[113] Weer kry mens die vae maar onmiskenbare indruk van nalatigheid en versuim of op sy allerminste ondoeltreffendheid wat aan soveel van Beck se amptelike werksaamhede kleef.

Mens sou ook sinies kan vermoed dat een van die beweegredes by die skryf van hierdie brief ná 'n stilswye van meer as vyf jaar was dat Beck kort tevore ontslag uit die diens van die VOC aangevra het, met verwysing na die feit dat sy 'laa[t]ste verband' of jongste dienskontrak op 8 Februarie verstryk het, en dat hy hierby die steun van die Klassis verlang het. Op 8 Maart 1729 het hy naamlik met gepaste onderdanigheid die versoek tot goewerneur Noodt en die Politieke Raad gerig, en hulle 'seer deemoedig en ernstig' gesmeek om dit voor te lê aan en aan te beveel by die Here XVII wat hom aangestel het. In hierdie skrywe verwys Beck na die feit

> dat de suppliant reeds de 64 jaren gepasseert [is], sig swak bevind aan ziels- en lighaamskragten, daarbij t'elkens met de jigt geplaagt [is], en met reeden bedugt [is] dat [hij] sijnen kerkendienst hoe langer hoe minder tot genoegen en behoorlicke pligtvereijs mogte waarneemen, en beswijken.[114]

Wat hier veral interessant is, is die feit dat Beck sy ouderdom so ondubbelsinnig as 64 jaar weergee, wat 1664 as sy geboortejaar bevestig.

Hy het verder gevra om ná sy ontslag aan die Kaap te mag aanbly, desnoods sonder verdere vergoeding, wat impliseer dat hy ná 27 jaar ewe min rede gevoel het as sy suster om na Nederland terug te keer, en dat sy privaat inkomste voldoende was om hom in gepaste gerief te onderhou.

Die Raad het besluit om die versoek te steun, 'sijnde dat gemelten predicant Beck uijt hoofde sijner hooge jaaren, mitsg[ade]rs swakheijd van lighaam en gemoedskragten, niet veel langer in staat sal sijn om den predikdienst alhier na behooren te kunnen blijven waarnemen'.[115] Ook die kerkraad het die versoek in sy brief aan die Klassis gesteun, 'weegens zijn hooge jaaren, swak lighaam en swakkere memorie', soos die brief dit stel, en die Klassis se voorspraak aangevra.[116] In Junie van die volgende jaar, ná die skielike dood van ds. Slicher van Drakenstein, kon die Kaapse kerkraad die Klassis laat weet dat drie predikante dringend vir die Kaap benodig word, 'dewijl do. Beck oud en afgeleeft [is], en daarbij reets zijn ontslag heeft versogt'.[117]

Die berigte van Beck se aftakeling was moontlik juis genoeg, want in die agttiende eeu was sestig 'n betreklik gevorderde leeftyd: 'n halfeeu later kon die Kompanjie se apteker byvoorbeeld nog 'n pensioen aanvra omdat, in Leibbrandt se vertaling, '[he] is fully 57 old, and unable any longer to discharge his duties properly', en het die sieketrooster van die Swartlandse kerk 'n soortgelyke versoek ingedien: 'in consequence of his great age—having already reached his 62nd year—he cannot any longer discharge his duties properly'.[118] In die gegewe omstandighede is dit egter ook nie onmoontlik dat die betrokkenes Beck se verval vir hul eie doeleindes enigsins oordryf het nie.

Hoe dan ook, op 13 Maart 1731 kon die Politieke Raad, te midde van meerdere aanstellings, bevorderings en verhogings van gasie, met verwysing na Beck kennis neem van die XVII se 'genereusiteijt omtrent sijn persoon gebruikt, met hem behoudens sijn gagie tot emeritus te verklaren':[119] elders word verwys na die besluit om hom 'van den dienst soo[wel] in kerk als kerkenraad [te] ontslaan'.[120] Sy 'costgeld en verdere emolumenten' sou egter 'volgens het gebruijk in diergelijke gevallen' aan die einde van die lopende maand stopgesit word.¹²¹ Op 1 Augustus 1731 kon Beck die Klassis in 'n kort, formele brief wat vanweë sy plegtigheid bykans ondeurdringbaar is, bedank 'voor haar VeelEerwns. goedertierene en vermoogende voorspraak bij d'Ed. Hoog-Agtb. Heeren Bewinthebberen [*Here XVII*] ter verwervinge van mijn ootmoedig versoek, gunstiger uytgevallen als [ik] derfde [*durf*] te versoeken'.¹²²

Nadat sy ontslag toegestaan is, is daar egter geverg dat Beck sy verpligtings nog 'na vermogen' sou waarneem tot sy plaasvervanger aangewys is en by hom sou kan oorneem.¹²³ In April 1731 het J.W. Hertzogenraedt,¹²⁴ 'n predikant uit die Nederlands-Duitse grensgebied, intussen die Kaap bereik, alhoewel hy taamlik gou in Drakenstein geïnstalleer sou word, en op 24 April kon die Politieke Raad die Kaapse kerkraad ten opsigte van 'den ouden leeraar' meegedeel,

> dat wij niet en twijffelen of Sijn Eerw. sal niet nalatig sijn om aan de oogmerken van welgem[elde] [*bogenoemde*] Haar WelEdele Hoog Agtb. [*die XVII*] te voldoen, met bij voorvallende geleegentheeden van noodsakelijkheijd ofte andersints na mate dat sijne kragten en swacke gesteldheijd hetselve sullen willen toelaten, somwijlen eens te prediken.¹²⁵

Self het Beck hom volgens die kerkraad, 'nietteegenstaande ZijnEerw. hoogen ouderdom', eweneens bereid verklaar 'den predikdienst in tijden van noodzakelijkheid na vermogen te willen waarneemen'.¹²⁶

Beck se emeritaat het vermoedelik eers finaal geword met die aankoms, presies 'n jaar later, van die jong Nederlander Henricus Cock as tweede predikant in die Tafelvallei. Teen hierdie tyd sou Beck reeds teen die sewentig gewees het.

Dit was 'n paar jaar hierna, in die winter van 1736, dat die Lammens-susters albei die gebruiklike Sondagse dienste bygewoon het, waarvan die eerste om nege-uur begin het.

> Wij hoorden de Heer Le Seur [*sic*] preeken, heel kort, maar soo het ons voorquam goet, vóór elve waren wij thuijs, en na [wij] wat gegeten hadden, gingen wij om half twee weer ter devosie, hoorden de heer Kok [*sic*] preeken, maer [hij] behaagde gans soo wel niet als 't voorige, sagen een groote [*volwasse*] slavin doopen, waaren al vroeg weer thuijs, dronken een copje thee en gingen nog eens wandelen.¹²⁷

Nie net het ds. Le Sueur egter besonder goed getrou nie, soos reeds vermeld, maar het hy dit ook nie nodig geag om lank in die bediening te bly nie. 'Hy het aan graweel gely, sy amp neergelê en in 1744 die plaas Ekelenburg op Rondebosch gekoop,' verklaar 'n biografiese noot bondig met betrekking tot sy verdere lewensloop;¹²⁸ volgens 'n ander berig het hy die plaas aangeskaf uit die boedel van sy skoonvader, die voormalige amptenaar Johannes Swellengrebel vir wie dit nodig was om in 1716 uit Kompanjiesdiens te tree ter wille van sy grondbesit.[129] Mentzel, wat Le Sueur voor dié tyd reeds geken het, beskryf hom as 'a worthy and learned man and an interesting preacher', en 'immensely rich'.[130]

Henricus Cock, wat tot 1742 aan die Kaap gestaan het, het volgens Mentzel ewe 'learned and polished sermons' gepreek as Le Sueur;[131] maar hy was nie getroud met 'a daughter of the retired predikant Beck' soos dieselfde bron meedeel nie.[132] Wel was die vrou van Eduard Arentsz, wat in 1747 predikant van Stellenbosch geword het, 'n susterskind van Beck se vrou, Johanna Constantia Elsevier;[133] dog dit hou verband met 'n tyd nadat Mentzel die Kaap verlaat het.

Dit is nie nodig om die gemeentegeskiedenis van die Tafelvallei gedurende Beck se verdere lewe hier na te gaan nie, want genoeg is gesê om die algemene gees en styl waarin die bediening in sy tyd waargeneem is aan te dui. Gedurende die loop van die agtiende eeu het daar in Europa egter baie verander, en so ook die houding teenoor kerk en godsdiens oor die algemeen, en meer spesifiek die behoeftes van die gemeentelede en hul siening van die predikant se rol in hul midde.

Aan die Kaap is die nuwe opvattings versprei deur toedoen van die aansienlike Lutherse gemeenskap, wat eers in 1780 toegelaat is om hier soos in Batavia 'n eie gemeente te stig, maar hul kerk in die tussentyd getrou gebly het: hulle het piëtistiese leesstof ingevoer, em besoekende Lutherse sendelinge met piëtistiese neigings op pad na die Deense handelskolonies in die Ooste het tydens hul oponthoud aan die Kaap vir hulle gepreek.

In Nederland is al hoe meer lidmate van die Gereformeerde Kerk en ook 'n aantal predikante gedurende die loop van die sewentiende en agtiende eeu beïnvloed deur sowel die piëtisme as die evangelistiese beweging in Engeland, en dit wil voorkom dat hierdie ontwikkeling ewe goed na die Kaap deurgesyfer het deur middel van besoekende Nederlandse sieketroosters, wat oor die algemeen minder geleerde mans was en 'n minder amptelike status besit het. Die Morawiese sendeling Georg Schmidt, wat van 1737 tot 1744 op die latere Genadendal in die Overberg onder die Khoikhoi gewerk het, het op soortgelyke wyse kans gehad om tydens sy besoeke aan die Tafelvallei langer en degliker 'n soortgelyke invloed op 'n seksie van die blanke bevolking uit te oefen.

Veralgemenend sou mens waarskynlik kan sê dat daar in Beck se tyd aan die Kaap uit kerklike oogpunt vier breë groepe bestaan het: amptenare en andere vir wie Kerk en predikante deel van die amptelike *establishment* onder die VOC uitgemaak het wat as sodanig gehandhaaf moes word; 'n onbepaalde aantal kerklidmate met tradisionele verwagtings aangaande leerstellings en bediening; 'n groeiende groep betrokke Christene wat 'n meer persoonlike geloofsbelewing nagestreef het en losweg as 'piëtiste' beskryf kan word; en ten slotte die onverskilliges, wat op hierdie tydstip na alle waarskynlikheid seker die grootste gedeelte van die blanke bevolking aan die Kaap behels het.

12. Henricus Beck in die Tafelvallei

Waar die sendeling Schmidt in sy dagboek gereeld verslag doen van die formele besoeke wat hy in die Tafelvallei by verskeie ampsdraers afgelê het, skryf hy uitvoeriger oor een aan Beck vroeg in 1742: 'Die 28ste Februarie. (…) Die aand het ek die ou predikant Beck besoek. Die predikant De Kock [*Henricus Cock*] was ook by hom. Sonder twyfel het hy die ou man ook aangesteek. Want hy was verder 'n gawe man, maar nou was hy baie bevooroordeeld teen ons.'[134] Dit was kort voordat Schmidt opspraak verwek het deur 'n aantal van sy bekeerlinge te doop, maar sy verslag van sy uitgebreide twisgesprek met die twee predikante gee duidelik blyk van die agterdog wat reeds teen hom en die Morawiese Broederskap bestaan het en die ortodokse menings wat Beck gehuldig het.

Eers met die koms van ds. Helperus Ritsema van Lier as derde predikant in die Tafelvallei in 1786, dertig jaar ná die dood van Henricus Beck en meer as 'n halfeeu nadat Beck sy emeritaat aanvaar het, het die Kaap 'n predikant gekry wat self deur die nuwer stromings beïnvloed is. Dit was deur Van Lier se evangeliese ywer dat die pad gebaan is vir die hervatting van die Morawiese sending in 1792, die koms van die eerste sendelinge van die Londense Sendinggenootskap in 1799, en die daaropvolgende stigting van 'n eie Suid-Afrikaanse sendinggenootskap aan die Kaap; en met die verdwyning van die VOC, en daarmee ook die bevoorregting van die Gereformeerde Kerk, in dieselfde tyd het nog verdere veranderings in die kerklike situasie ingetree. Dog dit is 'n afsonderlike verhaal waarvoor daar in die lewensbeskrywing van Henricus Beck geen plek is nie.[135]

Oor Beck se privaat lewe en persoonlike sake gedurende die bykans dertig jaar dat hy in die Tafelvallei gewoon het, is daar tot heel aan die einde van sy lang lewe ewe goed feitlik niks bekend nie.

In sy verhandeling oor die sending aan die Moslems, wat in 1955 verskyn het, skryf Haasbroek geesdriftig en taamlik uitvoerig oor Beck se werksaamhede op hierdie gebied, sy dit met baie min bronneverwysings, en noem hom selfs 'die baanbreker van die sendingarbeid onder die Mohammedane'.[136] Volgens hom het '[d]ie omgewing van tussen Langmarkstraat en Houtstraat, net anderkant Langstraat, (…) die meeste van sy aandag geniet', terwyl hy ook verwys na byeenkomste wat in die latere Mostertstraat en aan die Waterkant plaasgevind het, asook die steun wat Beck hierby sou ontvang het van Aaltje van der Heijden, weduwee van die besonder welgestelde H.O. Eksteen was in 1741 dood is, en wat self eers in 1784 oorlede is.

Hierdie gegewens word volledigheidshalwe genoem, en so iets sou waarskynlik ook 'n aangename werkie vir die tyd ná Beck se emeritaat uitgemaak het; maar terwyl mens hom geen postume onreg wil aandoen nie, laat niks wat oor sy pastorale werksaamhede of sy persoonlikheid bekend is inisiatief van hierdie aard baie waarskynlik lyk nie. Om geloofwaardig te wees, sou dit ondubbelsinnig uit eietydse bronne bevestig moet word.

Wat Beck se leefomstandighede betref, meld die Duitser Mentzel, wat nie regstreeks betrokke was by die gebeure wat hy hier beskryf nie, hoe goewerneur Noodt omstreeks 1730 eendag die Kasteel verlaat het,

> [and] went to the real 'Cape', where live the burghers and the greater number of the Company's civil servants. He intended to call upon Predicant Beck, but did not find him at home, so from there he went past the Company's Dockyard and Marine Warehouse (…).[137]

Die verwysing is na die ekwipasiehuis waar die Kompanjie se skeepsvoorrade aangehou is, wat in Strandstraat by die onderent van die Heerengracht was, aan die rand van Tafelbaai, ongeveer op die terrein van die huidige stasie, en met die 'real Cape' word die vryburgernedersetting anderkant die huidige Parade bedoel. Dit gee natuurlik slegs 'n baie algemene aanduiding van die deel van die klein nedersetting waar Beck se huis op daardie tydstip geleë was.

Aan die ander kant skryf Mentzel, wat gedurende die tydperk 1733–41 aan die Kaap woonagtig was, ewe goed soos volg:

> I knew Beck well as an old man, and he gave me the impression of having been a man of the world. He had a very fine garden near the city and was fond of gunnery. He owned six 'Prince's guns' of 1½ to 2lb. calibre and these were fired at all festivities. Eventually he sold both garden and 'Prince's guns'. When the garden had been sold, the pieces were fired, and when the same buyer also purchased the 'Prince's guns' at the auction, they had by request of the old man to be loaded once more with powder and fired.[138]

Dit sou baie goed na Leeuwenhof kan verwys, en daarop dui dat Beck nadat hy sy emeritaat aanvaar het daar by sy suster gaan woon het.

In 1740 het Aletta Leeuwenhof egter verkoop, en uit die volgende jaar kom weer baie insidentele en fragmentariese inligting oor die huis wat Beck teen daardie tyd bewoon het, klaarblyklik weer in die beboude gemeenskap, maar ook sonder nadere vermelding van die ligging.[139] 'n Veelseggende detail wat hierin vasgelê is, is egter dat die kombuis deur 'n trap vanuit die agterplaas bereik is, wat die indruk gee dat dit teen 'n helling gebou was, byvoorbeeld aan die seekant van die huidige Strandstraat. In hierdie bron word ook verwys na 'n 'agter poort' waardeur die agterplaas van die huis bereikbaar was, en uit dieselfde dokument kan mens verdere afleidings maak. Die indruk ontstaan naamlik dat daar op die perseel ook 'n pakhuis was wat deur Jan van Schoor,[140] eerste opperchirurgyn in diens van die Kompanjie, gebruik is, en buitekamers ('agterste vertrekken') waar Van Schoor se eie slawe ondergebring is.[141]

Dit is onbekend of die huis waarin Beck met sy dood in 1755 gewoon het dieselfde gebou was as dié wat hierbo beskryf is, en die ligging daarvan word in die boedelinventaris ook nie aangegee nie.[142] Dit is egter interessant dat dit as 'n dubbelverdiepinghuis beskryf word, in 'n stadium toe sulke geboue nog nie algemeen was in die Tafelvallei nie, en alhoewel niks bewys kan word nie, sluit dit ewe goed aan by wat bekend is oor die destydse Strandstraat. Op 'n tekening van die hoek van Strandstraat en die Heerengracht deur Johannes Rach, 'n Deense kunstenaar wat die Kaap in 1762 besoek het, kom daar reeds 'n opvallende aantal dubbelverdiepinggeboue voor,[143] en in breë trekke is sy weergawe seker akkuraat genoeg, al het hy en sy leerlinge sommige van sy Kaapse sketse later in Batavia oorgeteken en bygewerk. Die Nederlandse sieketrooster Jacob Francken, wat in 1759–60 etlike maande hier deurgebring het, skilder 'n soortgelyke prentjie van die nedersetting as geheel.

> Veele der gebouwen zyn van klip-, anderen van gebakken steenen, sommige een, sommige twee verdiepingen hoog, bedekt met rieten daken of een plat [*plat dak*]: de meesten van buiten met witte kalk bepleisterd, hetgeen van de reede [*ankerplek*] een fraay gezicht vertoond.[144]

Op die waterverfskildery van Strandstraat vanaf die Lutherse pastorie wat die besoekende Lutherse predikant Jan Brandes in 1786 gemaak het, dus 'n generasie en meer later, is dit ongelukkig hoofsaaklik die huise aan die bergkant wat sigbaar is, maar teen hierdie tyd was meer as die helfte van die betrokke geboue dubbelverdieping, alhoewel daar steeds 'n aansienlike aantal ouer gewelhuise met grasdakke tussen hulle gestaan het.[145]

Strandstraat, of Zeestraat soos dit destyds bekend was, was vroeg reeds een van die deftigste strate in die klein nedersetting, en die baie ryk oudburgerraad Johannes Blanckenberg, eienaar van Henning Hüsing se ou plaas Meerlust, het met sy dood in 1737 byvoorbeeld hier 'n dorpshuis besit. Dit was nog 'n enkelverdiepinggebou, maar het naas die kombuis altesaam ses vertrekke bevat, waaronder 'n sogenaamde galdery,[146] en in die 'kamer aan de linkerhand' was daar onder andere sestig stoele, 44 daarvan met kussings, 'n hemelbed, 'n kis met koperbeslag, twaalf koperkwispedoors, en 'n klavesimbel en 'n klavichord, instrumente wat mens aan die Kaap terloops selde teëkom, sodat dit 'n besonder ruim vertrek moet gewees het.[147] Die stoele is moontlik egter ná Blanckenberg se dood hier bymekaargebring vir die begrafnisgangers.

Tussen die herehuise in Strandstraat was daar egter ook eenvoudiger wonings van gekleurdes en vissermanne in die stegies wat langs die helling af gelei het na die huidige Waterkant en Roggebaai (die huidige Thibaultplein) aan die destydse kus.[148] In 1752 het die burgerrade aanbeveel dat taphuise slegs toegelaat word 'along the sea shore in the outermost houses standing to the leeward of the Cape and the S. Easters',[149] en alhoewel dit in eerste instansie met die oog op brandgevaar bedoel was, is dit kennelik ook as 'n geskikte plek daarvoor beskou: in 'n repliek hierop is dit beskryf as 'a dismal spot (*in eene naare situatie*)' langs die strand.[150]

Toe die Politieke Raad in 1755 ondersoek laat instel na die heersende pokke-epidemie is daar in soortgelyke trant beweer dat dit begin het in die 'langs 't strand staande plat huijsjes van den burger Jan de Waal d'oude',[151] wat dui op platdakhuise in hierdie omgewing. Vermoedelik was dit ook met verwysing na die stegies in die omgewing van die destydse Roggebaai dat daar in die konteks van die epidemie kommer uitgespreek is oor die 'bastaarthottentottinne', vroue van gemengde blanke en Khoi-herkoms, wat, 'sig in de taphuijsen of sogen[aamde] schaggerijen [*drinkplekke*] ophoudende, in deselve vooral een schandeleus en ergerlijk leeven komen te voeren', en 'tot agt à thien toe tesaamen' woon in 'stank en onreijnigheijd'.[152]

Die aanwesigheid van meerdere klein huisies, dikwels met plat dakke, en ander aanbousels op 'n perseel, wat deur slawe of huurders bewoon is, was trouens 'n algemene verskynsel in hierdie tyd,[153] en dra beduidend by tot die kleurryke, veelsydige en rommelige beeld van nedersetting onder die Kompanjie.

In die huis waar Beck met sy dood in 1755 gewoon het, was daar 'n sentrale 'voorhuijs', wat kennelik nie veel meer as 'n ingangsportaal was nie, want dit het slegs 'n ovaal tafel, vier arm- of muurblakers en 'n kopernagblaker bevat.[154] Aan elke kant daarvan was 'n kamer, en laasgenoemdes moet betreklik ruim gewees het, want elkeen het twee vensters gehad, soos afgelei kan word van die vermelding van twee ophaalgordyne in elk, en een daarvan het naas ander meubelstukke nog 'n hemelbed, 'n katel, 32 stoele en 'n draagstoel bevat. Waarskynlik moet mens jou iets in die trant van die voorste gedeelte van die Koopmans-de Wethuis voorstel.

Verder word daar net 'n dispens of voorraadkamer op die grondverdieping genoem, met geen vermelding van 'n kombuis nie, alhoewel 'n groot hoeveelheid kombuisgerei later ná Beck se dood verkoop is,[155] en drie kamers op die eerste verdieping, sodat die geheelindruk ontstaan van 'n ruim woning wat moontlik L-vormig was. Dit klink in elk geval te groot vir 'n bejaarde, alleenwonende man, en dit versterk die vermoede dat hy dit ná die verkoop van Leeuwenhof met sy suster gedeel het tot haar dood in 1752.

Die inrigting van die huis word nie slegs in die boedelinventaris weergegee nie, maar in nog groter besonderhede in die lys goedere wat ná Beck se dood verkoop is. 'n Inventaris kon naamlik betreklik oorsigtelik wees, na gelang van die noukeurigheid, pligsgetrouheid en geduld van die amptenare wat dit moes opstel, en die vernaamste voordeel wat dit bied, is dat die inboedel meestal kamersgewys opgeteken is. Die vendusie was daarenteen 'n handelstransaksie, en elke afsonderlike objek wat verkoop is, moes afsonderlik aangeteken word, tot die planke en leë bottels toe. Gesamentlik gee hierdie twee bronne in Beck se geval dus 'n betreklik duidelike en volledige beeld nie net van die huis waarin hy dood is nie, maar ook van die milieu waarin hy sy laaste jare deurgebring het, want mens kry die indruk dat die inboedel wat hier beskryf word oor 'n tydperk van jare tot stand gekom het.

Hoe dan ook, uit hierdie twee bronne ontstaan 'n beeld van 'n goed en gerieflik ingerigte Kaapse huis, met die gebruiklike groot aantal stoele, 'n hemelbed en 'n 'paveljoentje' of klein hemelbed, elkeen met sy behangsel, 'n katel, drie matrasse, veertien veerkussings, kaste van Ambonse hout met porselein daarop gerangskik, 'kantoortjies' of skryfkassies, lakwerk, sewe koperkwispedoors en twee klein handkwispedoors, skilderye, spieëls, 'n 'huijshorologie', twee verrekykers, 'n paar pistole, 'n klisteerspuit, wat vir die toedien van lavemente gebruik is, en heelwat silwer, waaronder twee kandelare, vyftien silwerlepels en 22 vurke: 'n verdere lysie noem sewe lepels en ses vurke, wat skynbaar as bykomend beskou moet word.[156]

Uit die vendurol bekom mens ten slotte inligting oor die uitsonderlike hoeveelheid porselein, linne en boeke wat die ou man besit het. 'n Vinnige en summiere telling van wat hier aangeteken staan, lewer op die gebied van porselein naas ander items 49 borde, vyftien skottels, veertien komme, elf potte, 'n teeservies en 'n kamerpot op; en sover dit linne betref, naas drie tafellakens nie minder as nege dosyn servette nie, tesame met 39 lakens en 45 kussingslope. Ook wat die linne betref, moet mens wonder of dié oorvloed nie uit die samevoeging van twee huishoues kon ontstaan het nie, soos byvoorbeeld dié van Beck en sy suster.

Terwyl buitengewoon groot hoeveelhede porselein en linne sowel in Nederland as aan die Kaap egter nie ongebruiklik was onder gegoede mense nie, word mens wel getref deur die ou man se boekbesit. Waar die boedelinventaris hom tot die vermelding van 'n 'partij boeken' in die 'tweede bovecamer' beperk, teken die vendurol daarenteen die verkoop aan van ongeveer vyftig enkelbande en nie minder as 63 'partye' boeke nie. Wat presies hiermee verstaan moet word, is onduidelik, maar as mens 'n 'party' op vyf bande reken, kom jy by 'n groottotaal van ver oor die driehonderd boeke uit, 'n aansienlike aantal vir die Kaap teen die middel van die agtiende eeu. Sestien boekrakke, waaroor die inventaris swyg, is ewe goed by die vendusie van die hand gesit.

Uit albei bronne ontstaan voorts, as mens noukeuriger lees, 'n sekere indruk van rommeligheid en verwaarlosing: dit is die beskrywing van 'n huis waar 'n hoogbejaarde man gedurende die laaste jare van sy lewe alleen gewoon het met sy slawe.[157]

In 'n reeks aantekeninge wat Beck skynbaar in die winter van 1755 gemaak het, onmiddellik voor sy dood, vind mens die inskrywing 'het loopende huys huur à 13 rds 's maand'. Ná sy dood het Josephus de Grandpreez op 1 Augustus nege maande huishuur teen hierdie bedrag van die boedel geëis en ontvangs van 117 riksdaalders erken, sodat die huis klaarblyklik sý eiendom was, en dit lyk heeltemal moontlik dat hy 'n pakhuis en buitekamers op dieselfde perseel afsonderlik verhuur het. Naas die erf van sy eie woonhuis, waarop daar drie verdere huise gestaan het, was De Grandpreez in besit van nog drie ander erwe met huise in die Tafelvallei, waarvan die transportdatums onderskeidelik as 1742, 1757 en 1761 aangegee is.[158] Eersgenoemde transaksie sou in hierdie geval ter sake kan wees, waarby mens onthou dat dit in 1740 was dat Aletta Beck haar buiteverblyf Leeuwenhof verkoop het.

Met sy dood het Beck sy klere aan sy slawe nagelaat, sodat dit nie in die boedelinventaris opgeneem is nie. In hierdie verband sou mens nuttige inligting verwag uit die inventaris wat ná die dood van die amptenaar Von Dessin in 1761 opgestel is, maar sy klere is taamlik summier opgeteken en verdwyn haas onder al die ander besittings en beleggingsobjekte in sy oorvol huis. Wat daar is, is egter baie in die trant van wat in ander Kaapse inventarisse van die tyd opgeteken is:

> 22 manshemden; 12 borstrocken; 36 strop dassen; 7 onderbroeken; 90 neusdoecken in zoort; 12 pr. kousen in zoort; 10 mutsen in zoort; 6 slaap cabaijen; 1 moorse rok; 4 broeken in zoort; 1 jas; 6 ongemaakte neusdoecken.[159]

Die 'cabaijen' (soms as 'n 'moorse rok' weergegee) en die 'mutsen' dui waarskynlik op die 'japon' of Oosterse kamerjas, in navolging van die Japanse kimono, en huismus wat mans sowel in die Ooste en Nederland as aan die Kaap by die huis gedra het wanneer hulle van hul swaar gevoerde baadjies en pruike ontslae kon raak.[160] Von Dessin se slawe en slavinne het vir hom musse en onderkouse gehekel of gebrei.[161]

Verder het alle deftige en gegoede mans natuurlik hoede gedra, en een of meer pruike besit, ses in Von Dessin se geval, want dit het nog altyd 'n onmisbare deel van die uitrusting uitgemaak. Pruikbolle of -staanders is gereeld in inventarisse genoem, en soms ewe goed 'paruijke doosen', waarin die pruike vermoedelik oor 'n langer termyn gebêre is: ook in Beck se boedel kom dit voor.

Soms vind mens voorts vermelding van 'n 'scheerbeecker', terwyl daar by Von Dessin in dieselfde tyd op meer gebruiklike wyse 'n porseleinskeerbekken gespesifiseer is, asook 'scheerdoecken'.[162] Gegoede mans is meestal op vaste basis deur 'n barbierchirurgyn geskeer, wat hulle by hul huise besoek het,[163] en volgens die opgaaf wat aan die einde van 1731 saamgestel is, was daar in die Tafelvallei destyds vier barbiers,[164] terwyl Mentzel die interessante inligting verskaf dat 'n spesifieke lid van die garnisoen aangewys is om die goewerneur, die sekunde, die kaptein en ander offisiere te skeer: 'He must be prepared to wait upon the great men referred to at any time until 3 in the afternoon.'[165] Pruikmakers se dienste is vermoedelik weer benodig om pruike gereeld te poeier en te krul.

Barbiers en pruikmakers is, nes geneeshere, jaarliks betaal, en in Von Dessin se skuldboek kom daar inskrywings voor soos 'Lageberg voor 't baardscheeren betalt Rs 9', en 'aan den paruijkemaaker Jan Roode voor 1 jaar betaalt Rs 6, aan den barbier Daniel Root over 't jaar scheeren bet. Rs 10.9'.[166]

Hiernaas kan mens ten slotte ook 'n beeld probeer improviseer oor die maaltye wat deur Beck se slawe vir hom voorberei en opgedien is, by die tafel wat gedek is met die tafelklede en servette, die porselein en tafelsilwer wat in die boedelinventarisse

12. Henricus Beck in die Tafelvallei

van die tyd voorkom; in elk geval in sy jonger jare en toe sy gesondheid nog goed was.[167]

In inventarisse en op vendurolle is daar verrassend baie inligting oor die voorrade wat op 'n gegewe oomblik werklik in Kaapse huise aanwesig was, dikwels in aansienlike hoeveelhede, in vate, sakke, kiste, balies en kanasters, en mens kan 'n goeie oorsig hiervan kry uit die vendurolle van die twaalf vendusies in die huise van gegoede Kapenaars waar Aletta Beck oor die jare 1726–32 aankope gedoen het.[168]

Ook wat kos betref, was die huis van die weduwee Hermina Herwig besonder goed voorsien, en hier vind mens die volgende, regstreeks oorgeneem uit die betrokke dokument:

> scheepskaasen; 1 kist met wat boonen; 1 kist met erweten; 8 sacken met garst; 2 sacken met meel; 1 kist met ajuijen [*uie*]; 1 sak met gedroogde persiken; 1 aarde pot met boter; ½ legger met azijn; 2 doosjes met saffraan; 1 partij specerije; 1 sak met peper; 2 atchiaar potten met wat confijt.[169]

In die huis van Josina van Dam kort hierna is weer die volgende gevind: 'n kelder en 'n sakkie 'rasijnen', 'n kassie gedroogde perskes, 'n vaatjie vye, drie flesse olywe, meerdere sakkies koffieboontjies, drie vate Vaderlandse en twee met Engelse bier, drie pype suur bier en 'n legger suur rooiwyn.[170]

Dit alles word aangevul en die geheelindruk grotendeels bevestig deur die inhoud van die verdere boedels in hierdie groep, wat hier summier saamgevat kan word: 'erweten; grauwe erweten; witte bonen; rogmeel; coffij bonen; groene thee; poeijer zuijker; theezuijker; borrie; kardemom; tamarinde; soija; zout; vet; komynekaas; 3 bosjes stokvis; 3 flessen waaronder een met lamoensop; 1 mant met rozijnen.'

Die indruk wat 'n kwarteeu later uit Von Dessin se skuldboek ontstaan, is soortgelyk, want intussen het daar aan die Kaap niks verander wat kosvoorsiening en -bewaring betref nie, en veral is dit interessant om die groot hoeveelheid en verskeidenheid kos te sien wat hy volgens 'n voorraadopname aan die einde van Februarie 1754 in huis gehad het.[171]

Vars groente en vrugte sou slegs kortstondig in die regte seisoen beskikbaar gewees het, terwyl vleis en vis bederfbaar was, en in die beskikbare dokumentasie speel gedroogde en ingelegde eetware 'n oorheersende rol. Volgens Von Dessin se aantekeninge is vleis by die huis ingelê of gerook, wat noodsaaklik was in die afwesigheid van ander bewaarmetodes, en vis ingelê of tot pekelharing verwerk.[172] Suurkool is by die huis gemaak, en blomkool ingelê, terwyl daar verder verwysings na basiese kossoorte soos droë-ertjies en -bone, lensies, gort, droëvrugte, amandels en ingelegde olywe voorkom.[173]

Naas Constantia-wyn was gedroogde eetware skynbaar ook onder die belangrikste uitvoerprodukte. So het De Grandpreez in 1758 byvoorbeeld aan 'n korrespondent op Mauritius gerookte skaapvleis, skaapboude, bees- en skaaprib, tonge, gedroogde pere, vye en appels, rosyntjies en amandels gestuur.[174] Toe baron Van Imhoff teen die einde van sy lewe sy terugkeer uit Batavia beplan, het hy sy neef Boreel in Nederland egter gevra om vir hom 'n voorraad gedroogde groente vooruit te stuur na die Kaap as proviand, 'want daar hebben zij geen regte slag van het drogen'.[175]

Die algemene indruk wat uit hierdie verspreide inligting ontstaan, is Europees, en dit word versterk deur die verskeie soorte Nederlandse, Duitse en Deense bier wat Von Dessin uit Europa bestel het;[176] dog hier soos elders aan die Kaap was daar ook 'n sterk Oosterse invloed aanwesig. So was rys, wat in groot hoeveelhede deur die VOC uit die Ooste ingevoer is, 'n stapelvoedsel genoem, en 'n rysblok en -stamper was volgens die getuienis van boedelinventarisse dwarsdeur die agttiende eeu in byna elke Kaapse kombuis aanwesig.

Naas die speserye, wat in groot hoeveelhede in die Kaapse keuken gebruik is, verwys Von Dessin se skuldboek ook na betreklik eksotiese items soos voëlnessies, klapperolie 'tot huijsgebruik', gemmerkonfyt en tamarinde, en onder die lekkernye wat die banneling C.F. Hofman van vriende in die Ooste ontvang het, was daar naas tee ook 'platte geconfijte Chinaas appelen' ('sinaasappelen' of lemoene), gekonfyte gemmer en neut, atjar van bamboes en van neut, neutmarmelade, en '1 fles met Bandaas bacasang' (vissous).[177] Ná sy dood was daar trouens 'n klein vendusie waarby daar net tee, 'theesuijker' en 'n verskeidenheid Oosterse bykosse en smaakmiddels verkoop is;[178] alhoewel mens in hierdie geval moet onthou dat Hofman self baie lank in die Ooste gewoon het en waarskynlik 'n kenner was op dié gebied.

Naas 'Javaanse coffij boonen' kom 'n verskeidenheid teesoorte insgelyks in die Kaapse dokumentasie voor, veral nadat die VOC se regstreekse teehandel met Kanton in 1730 begin het. Groen tee en 'tee boei' word die meeste in Kaapse boedelinventarisse genoem, maar 'thee Soetjong [*Souchong*]', 'thee Congo', 'fijne thee', 'thee mindere soort' en 'gemeene [*gewone*] thee' is ook opgeteken.[179]

Die Kaapse keuken in die agttiende eeu was klaarblyklik dus 'n vermenging van Nederlandse en Oosterse elemente, en op dié gebied, soos op die meeste, was dit eers tydens die negentiende eeu dat daar onder Engelse invloed 'n verandering ingetree het.

'n Negatiewe maar nogtans insiggewende beeld van Kaapse eetgewoontes is afkomstig van 'n besoeker wat twee jaar hier moes deurbring, naamlik die *abbé* De la Caille, wat as Fransman natuurlik heel ander standaarde van kos en kookkuns gehad het, nie met die Nederlandse keuken vertroud was nie, en geen toelatings vir die beperkings van die koloniale bestaan gemaak het nie.

> Although fresh meat and fish are very cheap at the Cape, the Dutch take no pleasure but in salted or smoked meat or fish, or even dried fish which they eat lightly grilled with much pepper and bread soaked in hot water. The women are especially fond of achards [*atjar*], that is to say vegetables or fruits salted and preserved in vinegar, with an abundance of spices. I was the guest at

several banquets where the main dishes were hard yellow stockfish [*stokvis*] and half-putrid European ham with the fat entirely yellow and rancid. Everyone carefully avoided the fresh foods, which were indeed served in profusion, but merely to make up the number of dishes.[180]

In die huis van J.F. Kirsten, poshouer en resident te Simonsbaai, is die Sweed Sparrman effens later onthaal op 'a very moderate supper, consisting of stewed red cabbage, meat preserved with pepper, and gritty bread'.[181] De la Caille het dit ewe goed oor growwe brood, wat hy as 'very bad' beskryf, asook die skaarste van vars botter en kaas, en hy is ook nie besonder geesdriftig oor die vrugte nie, alhoewel hy die kool en geelwortels goedkeur.[182]

Die Sweed Thunberg het eweneens met waardering na die 'great perfection' van die Kaapse blomkool verwys, alhoewel hy byvoeg dat dit dikwels in asyn en rissiepeper ingelê en as bykos geëet is,[183] en hy skryf die herstel van die siekes in die Kompanjie se hospitaal in groot mate aan die 'excellent refreshments of fresh meat and vegetables' toe.[184]

Apples, pears, and other European fruits, are mellower and riper, but do not reach that considerable goodness in flavour which they have in Europe, neither will they keep for long. Nor are the peaches produced here equal in goodness to those of the south of Europe. They are sometimes dried like pears, with or without their stones.[185]

Volgens hom was die melk egter van 'n swak gehalte;[186] 'and the butter-milk, excellent as it is, is thrown out to the calves and dogs',[187] alhoewel sy land- en tydgenoot Sparrman dit weer beskryf as 'greasy and rank in comparison with ours'.[188] Ook meld laasgenoemde hoe daar vir hom koffie bedien is 'full of grouts [*moer*], and, according to the custom of the country, as weak as small beer'.[189]

Tot sover dus wat Beck se huis, woninginrigting en leefwyse betref, al bestaan dit noodgedwonge in groot mate uit afleidings en vermoedens. Ten slotte moet die kwessie van sy slawebesit egter ook behandel word.

Teen hierdie tyd het slawe vir die gegoede inwoners van die Kaap nie minder onontbeerlik geword as hemelbeddens of porselein nie, en alhoewel daar van tyd tot tyd reeds aandag op dié feit gevestig is, bly dit moeilik om vir lesers van 'n latere generasie duidelik te maak hoe alledaags en vanselfsprekend die verskynsel van slawerny met al sy implikasies was, asook die aanwesigheid van 'n groter of kleiner aantal slawe in bykans elke Kaapse huishouding.

Insidentele en betreklik summiere inligting oor slawebesit in die Tafelvallei kort ná die einde van Beck se lewe kan verkry word uit 'n lys slawe wat die inwoners volgens 'n opname wat in die winter van 1762 gedoen is veronderstel was om by te dra 'om te arbeijden tot het vereffenen van 't Pleijn voor het Casteel', want in hierdie tyd het die huidige Parade opnuut aandag geniet.[190] Die lys is waarskynlik nie volledig nie, want vermoedelik het slegs diegene wat in besit was van manlike slawe in aanmerking gekom, en hierby word die slawebesit slegs relatief aangedui deur die feit dat daar van 'n spesifieke individu na gelang van die geval een, twee of drie slawe verwag is: binne hierdie beperkings is die inligting nogtans interessant en insiggewend.

Volgens hierdie opname het altesaam 248 burgerlike slawe-eienaars in aanmerking gekom, van wie twintig 'In de thuijnen' buite die nedersetting gewoon het, en dit is opmerklik dat die groep as geheel nie minder as 38 weduwees ingesluit het nie: die gegoede weduwee, soos Aletta Beck, was vroeg reeds 'n kenmerkende verskynsel in die Kaapse gemeenskap. Slegs vyf individue in hierdie groep kan duidelik as gekleurdes uitgeken word, maar onder hulle is ene Frans Lens van wie slegs toevallig bekend is dat hy 'n gekleurde was, en miskien is daar in die lys nog andere soos hy wie se name nie ondubbelsinnig op 'n slaweherkoms dui nie.

Hiernaas was daar egter ook nie minder as 73 "'s E. Comps. dienaren' wat aan die hand van hul privaat slawebesit 'n bydrae moes lewer nie: van hierdie groepie, wat ook die weduwees van amptenare ingesluit het, het sewe in die Kasteel gewoon, 63 in die nedersetting en een in die tuine.

Sover dit Henricus Beck betref, is daar in 1741 terloopse vermelding van twee slawe in sy besit, Maria van Malakka (Malaka in die huidige Maleisië) en Hoesaar van Boegies ('n Boeginees uit Celebes of Sulawesi in die huidige Indonesië),[191] wat slegs bekend is omdat hulle getuienis gelewer het oor 'n klein uitbarsting van geweld wat skynbaar in of naby die agterplaas van sy huis plaasgevind het.[192]

In wese het dit gegaan oor onenigheid tussen die gekleurde Frans Lens wat in daardie stadium skynbaar nog 'n jong man was en in diens van die opperchirurgyn Van Schoor gestaan het, en een van Van Schoor se slawe, Lapaaij van Boegies, oor wie Lens onduidelike gesag besit het. 'Als ik jou nu een heldere maling [*taai klap*] gaff,' het Lens die slaaf toegesnou in die weergawe van die amptenaar wat hierdie getuienis opgeteken het, 'soude dat niet jouw verdiende loon sijn?', waarop Lapaaij geantwoord het 'dat als [hij] hem slaan wilde, hij sulx maar moest doen'. Uiteindelik het Lens vir Lapaaij geklap, en laasgenoemde het 'n mes uitgetrek en hom in die arm gewond en agternagesit: 'Nu sal ik jouw vermoorden,' het hy 'in sijn tael' gesê, 'en kort daaraan in 't Portugeesch, Tajolij, vanavond sal ik jouw vermoorden.' Dit was in hierdie omstandighede dat Lens skuiling gesoek het in Beck se kombuis toe die slavin Maria die rumoer hoor en die kombuisdeur oopmaak.

Hierby was Beck self geensins betrokke nie, en toe Maria hom wou gaan inlig, het Lens trouens geantwoord, 'Dat is niet nodig dat jouw heer dat weet, want het is daar agter gebeurt': dit was negeuur in die aand, en vermoedelik was Beck by kerslig besig om sy pruik op die pruikbol te hang en hom in sy naghemp te hul voordat hy

12. Henricus Beck in die Tafelvallei

hom vir die aand agter die gordyne van sy hemelbed teen die veerkussings terugtrek. Ook sy twee slawe het slegs by die episode betrokke geraak omdat hulle die rumoer gehoor het waar hulle daardie Sondagaand saam in die kombuis sit; dog hierdie episode is nie minder onthullend van die destydse Kaapse werklikheid as die boedelinventaris of die vendurol nie. Mens let byvoorbeeld op die spanning tussen die vry gekleurde man en die slaaf, en op Lapaaij se klag teenoor sy medeslawe, 'Frans heeft mij uijtgescholden en geslaagen, en dat kan ik niet verdraagen'; mens let op die gebruik van Portugees en van die beledigende Maleise skelterm *tajoli*,[193] en op die verwysing na woorde 'in sijn tael', waarmee vermoedelik Boeginees bedoel is. Het Maria vir Lapaaij in Maleis of in Kaaps-Nederlands aangespreek, wonder mens; en wat van sy streekgenoot Hoesaar?

Op sigself is die episode onbeduidend en oor Henricus Beck sê dit min, maar dit bevat tog heelwat inligting oor die meerrassige gemeenskap aan die Kaap onder die VOC, oor onderlinge verhoudings tussen die lede daarvan, en oor die uitbarstings van geweld wat so 'n kenmerkende deel daarvan uitgemaak het.

Wat Beck se slawebesit gedurende die laaste fase van sy lewe betref, was daar later in sy testament 'n ruim bemaking aan 'n vrygestelde slavin Henderica of Henrica van die Kaap, en in sy boedelinventaris word daar verwys na die bedrag van 200 riksdaalders wat hy verskuldig was aan die erfgename van die vrygestelde slavin Alida van die Kaap: dit word beskryf as 'n 'door wijle derselver vader aan haar geschonkene en aan wijlen d'hr. Henricus Bek in bewaring gegeven' bedrag.[194]

Hierdie interessante vrou is in 1755 oorlede, in dieselfde tyd soos Beck, tydens die groot pokke-epidemie, en het toe klaarblyklik by hom in die huis gewoon, waar die vendusie van haar besittings ook plaasgevind het.[195] Dit het geen meubels ingesluit nie, nie eers die gebruiklike beddegoed nie, maar wel 'n kis, heelwat klerasie, en 'n verrassend groot hoeveelheid goue en silwersierade en ander silwerware, en mens kry die indruk dat sy moontlik die dogter was van een van Beck se slavinne, en dus 'n sogenaamde 'huisboorling', terwyl haar vader 'n gegoede blanke man was met groter verantwoordelikheidsgevoel teenoor sy kind as die meeste mans in so 'n geval.

Ten tye van Beck se dood in 1755 is drie slawe spesifiek genoem, bogenoemde Hoesaar van Boegies en ene Carel van die Kaap, wat albei tydens die pokke-epidemie van 1755 oorlede is, en Coridon van Makassar, wat uit die boedel verkoop is, alhoewel daar onder die boedeldokumente 'n doktersrekening is vir die behandeling van altesaam sewe slawe tydens die epidemie.[196] Die 'meijd' Alida wat hier genoem word, was vermoedelik Alida van die Kaap.

Waar Beck se stoele, vurke en kussingslope so noukeurig opgeteken is, val die gebrek aan nadere inligting oor hierdie individue des te meer op. Miskien kan daar dus probeer word om enigsins daarvoor te vergoed met gegewens oor die beter gedokumenteerde slawebesit van die eietydse Kaapse amptenaar Joachim Nicolaus von Dessin.[197]

Von Dessin was 'n Duitse edelman wat in 1727 as soldaat in diens van die VOC die Kaap bereik en na die administratiewe diens van die Kompanjie oorgegaan het. Daar het hy as opgevoede man, en danksy nuttige kontakte wat hy deur sy huwelik met 'n plaaslike vrou verkry het,[198] ten spyte van sy nie-Nederlandse herkoms vinnige vordering gemaak, totdat hy in 1737 uiteindelik as sekretaris van die Weeskamer aangestel is. Dit is tekenend van die tyd dat die ouditering waarop hy aangedring het voordat hy diens aanvaar 'n tekort van 140 000 gulden aangewys het wat deur sy voorgangers in die amp verduister is. In 1743 is Von Dessin weens sy 'onkreukbaarheid en verdienstelikheid' deur baron Van Imhoff tot die rang van Onderkoopman bevorder.

Alhoewel Von Dessin se biograaf hierdie pos as 'belangrik' beskryf,[199] was dit verantwoordelik eerder as aansienlik, en die feit word op ondubbelsinnige en veelseggende wyse getoon deur die 'Ordre van een begraffenis leijst' wat in 1760, kort ná sy aftrede, vir die begrafnis van die sekunde Sergius Swellengrebel opgestel is.[200] Hier verskyn die sekretaris van die Weeskamer eers in die 21ste plek, voor die boekhouers, diakens, offisiere van die burgermilisie, siektroosters en werkbase in diens van die Kompanjie, met die 'gemeene [gewone] burgers' heel laaste in die 31ste plek.[201]

Gedurende die grootste deel van Beck se verblyf in die Tafelvallei het Von Dessin 'n eerbare en redelik prominente posisie in die plaaslike gemeenskap beklee; en alhoewel hy geensins onder die hoër amptenare gereken kon word nie, was hy volgens sy briewe- en skuldboeke 'n gegoede man,[202] wat as treffende voorbeeld dien van die rykdom wat deur middel van doelgerigte improvisasie, diversifikasie en spekulasie teen die middel van die eeu in die Tafelvallei onder sowel amptenare as vryburgers ontstaan het en in stand gehou is.

In 1754, die jaar voor Beck se dood, het Von Dessin se slawebesit uit vyf mans, drie vroue en vyf kinders bestaan:[203] van die mans was drie onderskeidelik van Bengale, Koromandel en Malabar afkomstig, dus al drie van Indië (die orige twee se herkoms is onbekend), en die vroue onderskeidelik van Bengale, Indonesië en die Kaap, terwyl al die kinders plaaslik gebore was. Privaat slawe-eienaars was hiervolgens dus kennelik nog altyd in groot mate afhanklik van ingevoerde slawe uit die Ooste, soos trouens ewe goed blyk in Beck se geval.

Daar is egter ook vermelding van Jason van Madagaskar, dus 'n Malgassiese slaaf en nie een uit 'n meer verfynde Oosterse milieu nie, wat nie net kon kook nie, maar ook 'alderhanden gebacken van taarten, banketten, marsepijnen en ander zuijkerwerk' maak. Bowendien kon hy op die fluit, hobo en waldhoring speel, 'waarvan ik 't eerste deesen avond ook gehoort hebbe,' soos Von Dessin op die dag van hierdie voordelige aankoop aangeteken het; 'die jonge kost mij dus wijnig gelt, naam[lijk] Rs.112, 12'. Met Von Dessin se dood was daar onder sy nalatenskap twee waldhorings, twee viole, 'n hobo, twee trompette en 'n basviool, wat Franken laat vermoed dat hy nes heelwat ander gegoede slawe-eienaars 'n slaweorkessie gehad het.

Von Dessin se skuldboek verstrek verbasend volledige inligting oor die kleding wat aan sy slawe voorsien is: broeke en baadjies van blou karsaai, rooi baadjies, geelkoperknope, leerbroeke, en blou en wit hemde vir die mans, en vir die vroue wit hemde of bloeses, sisrokke en -baadjies, rooi of gestreepte baairokke, blou geblomde baadjies en blou geruite uitsette. Mansklere is deur 'n kleremaker gemaak, en vroue- en kinderklere en manshemde deur die slavinne by die huis, soos destyds gebruiklik was.

Blou en rooi was volgens die beskikbare inligting die algemene kleure vir slawedrag, en in Batavia is dit selfs voorgeskryf, 'gestreept en ongestreept', waarby die gebruik van sis of beskilderde tekstiel vir dié doel verbied was.[204]

Alhoewel daar dikwels beweer word dat slawe aan die Kaap geen hoede mog dra nie, was dit waarskynlik egter 'n kwessie van konvensie eerder as voorskrif, en Von Dessin het sy manslawe meer as een keer van hoede voorsien. Ten slotte het die slawe ook bultsakke of matrasse, wolkomberse, sakdoeke en kamme gekry.

Volgens die beskikbare getuienis het Von Dessin binne die wesenlike maar onvermydelike beperkings van die slawestelsel goed vir sy slawe gesorg, en dit wil voorkom asof daar binne dieselfde beperkings ook werklike geneentheid tussen meester en slawe bestaan het. Dit kon egter moeilik anders as dat sy welwillendheid van paternalistiese aard was, en dat hy die volstrekte gesag wat hy as meester oor hulle besit het by geleentheid ook laat geld het. So is Isak van Malabar byvoorbeeld 'over sijn dronkensuijpen en gepleegde brutaliteijten' na die fiskaal se kantoor gestuur om gekasty, opgesluit en aangehou te word, en so ook Kietjil vir ongespesifiseerde oortredings, bestrawwing waarvoor Von Dessin telkens moes betaal.

Verskynsels soos hierdie moet in gedagte gehou word by al die tafelsilwer en die porselein, die hoepelrokke en die pruike van die blankes en die klerasie, komberse en kamme wat die goedhartige Von Dessin aan sy slawe voorsien het; en nie bloot insidenteel op die agtergrond nie, maar as wesenlike deel van die veelsydige, afwisselende, rumoerige en brute alledaagse werklikheid op die voorgrond.

Iets van die ingeboude gewelddadigheid van die slawemaatskappy is reeds geïllustreer in die voorval tussen die vryburger Abraham van Cloppenburg en sy slaaf Barkat van Timor, en dié tussen die vry gekleurde Frans Lens en die slaaf Lapaaij van Boegies. Geweld het egter so 'n wesenlike deel van die lewe in die Tafelvallei en elders in die kolonie uitgemaak, dat dit meer spesifieke aandag verdien, en 'n steekproef vir die laaste jare voor Henricus Beck se dood kan hier dus onderneem word met behulp van die inligting in Heese se oorsig van hofsake, alhoewel laasgenoemde nie bedoel is om volledig te wees nie.

So verwys Heese op beeldende wyse na die geval van Simon van Kotsjin uit 1753: 'Simon en ander slawe dreig die [blanke] kneg Pieter van Nel wat 'n slaaf January vasgebind en geslaan het. Gehang.'[205] In dieselfde jaar kom die geval van October van Madagaskar voor, wat aan die weduwee van Andries Grové behoort het: 'Dros van die plaas by Rondebosch en word deur seun van Grové gehaal. Hy verset hom met 'n mes. Mandoors by slawe losie arresteer hom. Gehang.'[206]

In 1755 vind mens weer die veroordeling van December van Boegies: 'Diefstal van wapens, dros, maar keer self terug. Gegèsel, 10 jaar in kettings na eienaar.'[207] Sy maat, Patientie van Manacabo (waarskynlik Manangkabau of Minangkabau op Sumatra), het dieselfde vonnis gekry.[208] 'This case again demonstrates the difficulties of survival for runaway slaves in the (relatively) settled regions of the colony,' merk die redakteurs van die betrokke dokumente op, met verwysing na die feit dat die drosters in die omgewing van Valsbaai probeer uithou het, 'and graphically illustrates the obsessive fear Cape society had of armed and uncontrolled slaves.'[209]

'n Ander aspek van die daaglikse werklikheid van slawerny, en een wat nie altyd die aandag geniet wat dit verdien nie, word geïllustreer deur die geval van die middeljarige January van Boegies, wat beskryf is as 'Slaaf van erfgename van wyle wed. van luitenant Gottfried Gerhard Schindelaar. 'Moord op sy gewese minnares,' lui Heese se samevatting. 'Gehang';[210] waarby mens onthou dat slawe kragtens wet geen huwelike kon aangaan nie en die verhoudings wat in die praktyk tussen hulle bestaan het uiters prekêr was, des te meer omdat mans onder die privaat slawe verreweg in die meerderheid was en daar groot kompetisie vir die gunste van die beskikbare slavinne bestaan het.

Nie alles wat in hierdie tyd in ondergeskiktes soos slawe as strafbaar beskou is, het egter met drostery of geweldpleging te make gehad nie. Oneindig trivialer uit moderne perspektief is die beweerde oortreding van die tienderjarige seun Jephta van die Kaap, 'n slaaf van die Kompanjieschirurgyn Renault Berthault de St. Jean: 'Hy kom die kerk binne met sy eienaar se jas en sambreel ['*sommereel*', *kiepersol*] toe die gemeente die kerk verlaat. Gegèsel, terug na eienaar.'[211] Dit was vermoedelik in onwetendheid of oorywerigheid dat jong Jephta oortree het deur op hierdie ongeoorloofde wyse tussen die blanke kerkgangers in te dring, maar optrede soos syne is as heeltemal ongehoord beskou en ondermynend van die blankes se aansien en gesag. Dit is in dieselfde trant dat die Kaapse fiskaal die nuwe Britse owerheid in 1813 nog kon meedeel:

> Such is the law enacting that a constable seeing a slave wilfully jostle or push against a European, even of the lowest class (that is actually European or descended from one) or otherwise insult him, is obliged, in the absence of the master, immediately to apprehend such a slave and have him punished with flogging by order of the magistrate.[212]

Tot sover dus die gepoogde herkonstruksie van Beck se privaat lewe gedurende sy laaste jare, aanvanklik miskien nog saam met sy suster, maar ná haar dood vermoe-

12. Henricus Beck in die Tafelvallei

delik in toenemende isolasie met sy slawe namate sy liggaamskragte afneem. As oudpredikant het hy egter nog 'n duidelike omskrewe status in die plaaslike samelewing besit, en waarskynlik is dit van hom verwag om na vermoë by openbare geleenthede te verskyn en aan openbare plegtighede deel te neem, terwyl hy self op sy regte sou gestaan en die voorregte van sy posisie opgeëis het, des te meer aangesien hy as persoon klaarblyklik besonder op sulke dinge gesteld was.

Terwyl die VOC gedurende die tweede helfte van die eeu al hoe vinniger agteruitgegaan het en die proses al hoe meer besef en openlik erken is, is die uiterlikhede voorlopig nog gehandhaaf, en die amptelike vertoon wat sy optrede omring het, was miskien selfs groter as voorheen, soos deur 'n aantal openbare gebeure juis om hierdie tyd getoon is.

In 1747, ná 'n lang stadhouerlose tydperk in Nederland wat sedert die dood van Willem III geduur het, is prins Willem IV, Van Imhoff se begunstiger, in hierdie amp herstel, wat terselfdertyd oorerflik gemaak is. In 'n sitting van die Politieke Raad wat nog deur Daniël Nolthenius gepresideer is terwyl hy die Kaap as kommissaris besoek het, is daar bepaal dat hierdie feit ook in plaaslike regsformules erken moes word, en dat daar voortaan in die kerk gebid moes word,

> Voor haar Hoog Moogende de Heeren Staaten Generaal der Vereenigde Nederlanden, onse hoogste en souverijne overheijd, zijne Doorlugtigste Hoogheijd den Heere Prince van Orange als derselver Stadhouder, Capitain en Admiraal Generaal, de Wel Edele Hoog Achtbaare Heeren Bewinthebberen van de Oostindische Compagnie, onse bijsondere Heeren en Meesteren, Zijn Edelheijd den Edelen Heere Gouverneur Generaal ende de Edele Heeren Raaden van India, en insonderheijd voor den Edelen Heer Gouverneur en Achtb[aa]re Raade van deese plaats.[213]

'At the Cape the officers of government were enthusiastic partisans of the Orange, as against the pure republican faction,' merk Theal op met verwysing na hierdie ontwikkeling op,

> and intelligence of the resumption of the stadtholderate was received with great rejoicing. The 29th of November 1747 was kept on this account as a public holiday. There were processions through the streets, ringing of bells, and firing of salutes, every person being decorated with orange cockades, while above the towers of the church and the castle orange banners were streaming. In the evening the houses were illuminated. For two nights in succession there were balls at the governor's residence; but in those days guests retired before midnight.[214]

Die volgende jaar is prins Willem tot opperbewindhebber van sowel die VOC as die WIC benoem, wat hom en sy opvolgers die kans sou gee om hulle aktief met die sake van albei liggame te bemoei.

'De Afgezondenen [*afgevaardigdes van die VOC*] begaven zich ten Hove gezeten in twaalf koetsen,' lees mens aangaande die plegtigheid in Den Haag waarmee dit alles ingeklee is,

> en overreikten Zyne Doorlugtige Hoogheid zyne Commissie in eene doos van Oostersch agaat, op eene kostbaare wyze in goud gezet; ook deed by deeze gelegenheid de Advocaat Hartman, uit naam zyner Meesteren, eene deftige aanspraak, die door den Stadhouder op eene zeer minzaame wyze werd beantwoord.[215]

Hierna is daar bepaal dat daar in openbare gebede na die prins verwys sou word as 'Erfstadhouder van de Republicq, onsen opper Gouverneur, Capitain en Admiraal',[216] en dat amptelike briewe aan die Here XVII geadresseer sou word,

> Aan Sijne Doorlugtigste Hoogheijd Willem Carel Hendrik Friso, Prins van Orange, Erff Stadhouder, Capitain en Admiraal Generaal der Geunieerde Provintien, Opperbewindhebber en Gouverneur Generaal van de geheele Neederlandsche Geoctroijeerde Oost-Indische Compagnie; mitsgaders aan de Wel Edele Hoog Agtb[aare] Heeren Bewindhebberen gecommitteert ter illustre vergadering van Seventhienen.

Die aanhef sou lui: 'Doorlugtigsten Vorst en Heere, en Wel Edele Hoog Agtb[aa]re Heeren'.[217] Op sigself lyk dit miskien soos klein dingetjies, maar vir die betrokkenes was dit belangrik, en dit sê heelwat oor die formele en statusbewuste aard van die tyd waarin hulle gelewe het.

Teen die einde van 1751 is Willem IV egter op 'n vroeë leeftyd oorlede en opgevolg deur sy enigste seun, wat nog 'n kind was, wat weer daartoe gelei het dat die Politieke Raad uitvoerige aanwysings moes opstel vir die roudrag wat deur alle lede van die Raad en ander amptelike liggame en hul vroue gedra moes word.[218] Vir die mans het formele drag bestaan uit swart lakense baadjies en lang onderbaadjies met oorgetrekte knope, swart wolkouse en mansjette van dowwe kamerdoek, 'zwarte deegens en gespen, poeder in de paruijken, en een lanfer om de hoed', en die informele drag uit lang blou of donkergrys baadjies met swart omslae en knope; vir vroue is tabberds van swart bombasyn of ander swart wolstof met swart skoengespes, 'oorringen en halszieraaden' voorgeskryf, en vir informele drag donkergrys wolstof, of 'n mengsel van sy en wol. Ook die roudrag van offisiere is vasgelê.

In Batavia is daar soortgelyke aanwysings gegee, met die bepaling dat daar drie maande lank rou gedra moes word, en is daar bowendien bepaal dat alle kerkklokke agt dae lank drie keer per dag vir 'n uur gelui moes word.[219]

12. Henricus Beck in die Tafelvallei

Dit was baie kort ná die dood van Aletta Beck vroeg in 1752 dat die tyding van die Stadhouer se oorlyde die Kaap bereik het en hierdie voorskrifte uitgevaardig is. Dit was van hierdie plegtige, formele amptelike wêreld met sy talle voorskrifte dat sy en haar broer vir die grootste deel van hul onderskeie lewens deel uitgemaak het, en teen hierdie agtergrond dat hulle albei hul laaste jare deurgebring het.

Hierna sou die Kaap nóú by die sake van die Oranjehuis betrokke bly, en in sy joernaalinskrywing op die dag van sy vertrek van die Kaap vroeg in 1753 teken die Fransman De la Caille aan: 'At noon a cannon-salute was fired from the Fort, the batteries, and all the ships in the roads, in honour of the birthday of the young Prince Stathouder [sic].'[220] Dit was die vyfjarige Willem V.

13.
'Geworden tot duyzenden':
die Kaapkolonie teen die middel van die eeu

In 1751 het die kolonie aan die Kaap volgens die jaarlikse opgaaf 'n totale blanke bevolking van 5024 mense gehad, teenoor 1334 met Beck se aankoms net 'n bietjie meer as 'n halfeeu tevore,[1] en die aantal Kompanjiesdienaars op die 'landmonsterrol' van die VOC het 1334 bedra, teenoor 531 in 1701.[2] Volgens Shell se berekenings, 'admittedly based on heroic assumptions', soos hy self toegee, was die statistieke vir die totale aantal slawe in die kolonie in hierdie twee jare, Kompanjieslawe sowel as dié in privaat besit, ten slotte 1838 en 6867 onderskeidelik.[3] Die totale bevolking van die gekoloniseerde gebied was dus oor die dertienduisend, waarby Khoikhoi wat nog tussen die blankes versprei was, as werknemers of in geïsoleerde stammetjies, soos gewoonlik nie ingereken is nie.

Henricus Beck en sy suster het tydens die halfeeu van hul verblyf in die kolonie met ander woorde 'n tyd van besondere ontwikkeling meegemaak.

Teen die middel van die eeu het die burgernedersetting in die Tafelvallei ook reeds genoegsaam uitgegroei om besoekers in eie reg te kan beïndruk. 'Het Vlek niet verre van het Kasteel gelegen, is zeer uitgestrekt,' skryf die sieketrooster Francken aan die hand van sy oponthoud in 1759–60, 'en word bewoond tot omtrent aan des Tafelbergs hoogte; sedert 25 jaaren is hetzelve met verscheide straaten vermeerderd, zoodat het eerder een stad dan een dorp schynt':[4] twee jaar later kon die burgerrade vasstel dat dit reeds 534 huise bevat.[5]

Spesifiek noem Francken dat 'onder anderen uitmunt de Heeregragt, waarop verscheide schoone gebouwen staan, en welke met eikenboomen beplant is';[6] dog hoe kleinskaals en landelik dit alles in feite nog was, kan afgelei word van Bowler se tekening van die Heerengracht vanaf die hoek van Kasteelstraat in 1842. Byna 'n eeu later toon dit nog altyd niks meer nie as 'n betreklik smal straat langs 'n uitgeplaveide grag met bome weerskante,[7] dog na verhouding was die vooruitgang wat die agtiende eeu meegemaak het aansienlik.

Wat betref die dorp Stellenbosch, '6 uuren buiten de Kaap gelegen' soos Francken dit beskryf, het dit volgens die *abbé* De la Caille teen sy eie tyd uitgegroei tot 'a village comprised of some thirty houses and a Church. There are two principal streets, bordered by large oaks which give a very dense shade.'[8] 'n Paar jaar later beeld Francken dit in dieselfde trant uit:

> een schoon dorp, vercierd met twee groote laanen van zwaare eikenboomen, en aan weerzyden met huizen bebouwd; aan het einde van hetzelve is de kerk gesticht, welke niet groot is, maar van binnen met zitplaatsen zeer wel geschikt [*uitgerus*], en geeft door de wyde laan een fraay gezicht.[9]

Soos reeds genoem, kon daar in die vroeë dekades van die eeu in die onmiddellike omgewing van Stellenbosch en in Hottentots-Holland reeds 'n aanmerklike mate van welvaart by spesifieke individue aangetref word, en wat hier oor die ontwikkeling van 'n koloniale kultuur gesê word, het in eerste instansie betrekking op die destydse Kaapse Distrik, met ander woorde die Tafelvallei, die Skiereiland en die kusstrook sover soos Saldanhabaai, en die distrik Stellenbosch. Dit is ook as welvarende gevestigde gebied dat Francken hierdie deel van die kolonie aan die hand van sy verblyf beskrywe, met spesiale verwysing na Hottentots-Holland,

> hetwelk moet geroemd worden, soo[wel] vanwegen deszelfs fraaije plantagiën, wyngaarden en koornlanden, als allerlei vruchtboomen en moestuinen [*groentetuine*], byzonderlyk de eikenlaanen en bosschagiën [*bosgasies*].[10]

Individuele voorbeelde van die welvaart in hierdie geweste is reeds aan die hand van inventarisse gegee, maar op breër vlak kan mens ook 'n goeie aanduiding daarvan kry deur middel van slawebesit, wat byna altyd 'n betroubare kriterium uitmaak. Teen die middel van die agttiende eeu was 424 van die 681 slawe-eienaars in die kolonie naamlik in die Kaapse Distrik en die distrik Stellenbosch gekonsentreer, waarvan 25 individue in eersgenoemde en ses in laasgenoemde distrik elkeen 25 slawe of meer besit het, beduidende totale vir die Kaap.[11]

Drakenstein daarenteen was nog steeds niks meer nie as 'n versameling plase, ten spyte van kerk, pastorie en meul in die Paarlvallei: 'de gebouwen en kerk staan daar alle een vierde myls en verder van malkanderen', soos Francken berig.[12] In hierdie distrik was daar 'n groter aantal slawe-eienaars as in Stellenbosch, maar die distrik self was ook groter, en die gemiddelde slawebesit was kleiner: min van die betrokkenes hier het meer as vyf slawe gehad, en niemand meer as 25 nie.

Anderkant die kerk en meul van Drakenstein was die kolonie as 't ware nog pioniersgebied, oorwegend deur verspreide veeboere bewoon en sy grense ongedefinieer, en sonder die gevestigdheid of die mate van merk- en tasbare welvaart wat in die onmiddellike omgewing van Tafelbaai aanwesig was. Ná sy besoek aan die binneland in 1743 het baron Van Imhoff dan ook teenoor die Politieke Raad die feit genoem dat hy met verwondering en leetweesen hadde ontwaard [*waarneem*] hoe wijnig werk aldaar van den publicquen [*openbare*] godsdienst word gemaakt, en soo ook in welke groote sorgeloosh[e]ijd en onweetenth[e]ijd een groote gedeelte der buijten luijden [*plattelanders*], in dien opsigte leeven, sig aan den godsdienst w[e]ijnig of niet bekreunende [*steur*], invoegen dat [*sodat*] het aldaer eerder na een versaameling van blinde heijdenen als naa een colonie van Europeërs en Christenen komt te gelijken.[13]

Hy het die saak bespreek met ds. Van Gendt in Stellenbosch, asook ds. Le Sueur in die Tafelvallei, wat volgens sy biograaf kennis van die 'bearbeiding van die buitedistrikte' gehad het en self in die twee plattelandse gemeentes diens gedoen het.[14] Volgens hulle was die toestand daaraan te wyte dat die koloniste dieper in die binneland te ver van die bestaande kerke gewoon het, 'als zijnde sommige wel drie dagreijsens en verder van de voorsz[egde] twee eenigste kerken af geleegen', en ná uitvoerige bespreking deur die Politieke Raad, wat dui op die belang wat Van Imhoff self aan hierdie saak geheg het, is daar dus tot verdere gemeentestigting besluit.

Twee nuwe kerke sou met die goedkeuring en aktiewe samewerking van die owerheid 'landwaerts in' gevestig word, naamlik 'Swartlands Kerk' (die huidige Malmesbury), wat moes dien vir die streek waar daar teen hierdie tyd 'n taamlik hoë konsentrasie graanboere gevestig was, en 'Roodezands Kerk' (die latere Tulbagh) anderkant Roodezandskloof, wat gestig is vir die meer afgeleë koloniste van die Waverenvallei (Tulbaghvallei) en dié wat reeds hiervandaan langs die valleie van die Bo-Breede- en Hexrivier verder begin beweeg het. Op elk van hierdie plekke sou 'n predikant geplaas word met 'n sieketrooster of voorleser wat as skoolmeester moes dien, en ds. A.M. Meiring, wat die Kaap juis in hierdie tyd aangedoen het op pad na Batavia, is deur Van Imhoff dadelik as predikant van Waveren benoem.[15]

Intussen het blanke veeboere oor die afgelope dertig jaar egter ook al hoe dieper anderkant die Hottentots-Hollandberge in die Overberg ingedring, en in húlle behoeftes sou daar gedeeltelik voorsien word deur 'n sieketrooster en voorleser 'op den afgeleegensten oirt [*oord*]' te plaas, 'aan het soogenaamde Grootvadersbosch': dit was naby die Kompanjie se veepos Rietvallei aan die Buffeljagsrivier (in die omgewing van die latere dorp Suurbraak).

Kort hierna het die VOC sy gesag dus ook formeel na die Overberg uitgebrei. Nadat daar aanvanklik besluit is om 'n subdrosdy van Stellenbosch vir die verspreide blanke bevolking van hierdie 'verre afgelegene districten' in die lewe te roep, is dit in 1745 tot volwaardige drosdy verhef, waardeur die twis om voorrang wat onmiddellik tussen die onderlanddros, J.T. Rhenius, en die heemrade ontstaan het tewens beëindig kon word.

Twee jaar later is die plek waar die landdros se setel gevestig was Swellendam genoem ter ere van goewerneur Swellengrebel en sy vrou, Helena ten Damme, 'n dogter van die opperchirurgyn uit W.A. van der Stel se tyd,[16] en die sieketrooster van Grootvadersbos is hierheen oorgeplaas.

Hierdie geweste was egter nog grensgebied, waar leeus, luiperds en hiënas skade onder die vee op die Kompanjie se buiteposte aangerig het. In 1743, kort ná Van Imhoff se besoek, kon 'n leeutjie wat naby die pos Riviersonderend gevang is na Batavia verskeep word om as geskenk te dien vir die 'keiser van Japan', soos die VOC die sjogoen in Kioto (Tokio) genoem het.[17]

Intussen het nomadiese vee- en trekboere in 'n onkeerbare beweging al hoe dieper in die binneland in voortbeweeg op soek na weiding en water, en die Bokkeveld, Roggeveld en Hantam ingedring, sonder dat die owerheid hulle kon keer, alhoewel hy nog steeds rekognisiegeld op hul leningsplase opgeëis het.[18] Teen 1750 is die eerste plaas op die terrein van die huidige Calvinia reeds uitgegee.

Dog terwyl dit ontwikkelings in die binneland gedurende die tweede helfte van die eeu sou wees wat die verdere geskiedenis van Suid-Afrika uiteindelik bepaal het, kon niemand nog so iets vermoed nie. Voorlopig was die middelpunt van die koloniale samelewing nog altyd die Kaapse Kasteel, en die welvarende amptenare, burgers en boere van die Tafelvallei en sy onmiddellike agterland wat die onderwerp van hierdie relaas uitmaak.

In 1751 het goewerneur Swellengrebel verlof gekry om af te tree: sy vrou was reeds oorlede, en hy en sy kinders het nou na Nederland vertrek, waar hulle hul onderskeie lewens sou eindig.[19] Mens moet wonder hoe hierdie familie, wat almal aan die Kaap gebore is en grootgeword het, daar reggekom het, in 'n ander kultuur en klimaat, en bowenal in 'n wêreld van gehuurde, besoldigde en volkome vry bediendes.

Swellengrebel is opgevolg deur sy swaer, Rijk Tulbagh, 'n gebore Nederlander wat reeds 35 jaar aan die Kaap in diens van die Kompanjie gestaan en voorheen as sekunde gedien het. Swellengrebel se neef, Sergius Swellengrebel, wat vroeër reeds diens gedoen het aan die Kaap maar intussen na Europa teruggekeer het, is in Tulbagh se plek as sekunde benoem,[20] alhoewel Josephus de Grandpreez se biograaf meld dat De Grandpreez 'met behulp van sy swaer, die Kaapse kommissaris Daniël Nolthenius, 'n poging aangewend [het] om Tulbagh (...) op te volg'.[21]

Die jaar ná die bewindsoorname van Rijk Tulbagh het die eeufeesviering van die volksplanting in 1752 gevolg, en die goewerneur en Politieke Raad het besluit dat daar ter ere hiervan in al vyf koloniale kerke plegtige dienste gehou sou word, '[om] met eenpaarige herten den Alderhoogsten te danken voor alle groote weldaaden en zegeningen geduurende zoo een lange reex van jaaren aan dit land en dies inwoonderen beweesen'.[22]

Die diens in die Tafelvallei is waargeneem deur ds. Petrus van der Spuij,[23] wat in 1722 aan die Kaap gebore is as seun van 'n gegoede vryburger van Nederlandse herkoms, en op agtjarige leeftyd na Nederland gestuur is vir sy opvoeding, waar hy meer as vyftien jaar sou deurbring. Aan die einde van 1746 het hy teruggekeer as eerste plaaslik gebore predikant, sewe jaar nadat Hendrik Swellengrebel as eerste Kaaps gebore goewerneur aangestel is, en is hy in die Tafelvallei geplaas in die plek van ds. Le Sueur wat kort tevore ontslag gekry het.

Van der Spuij se preek ter ere van die eeufees, in die hoë preekstoel van die grasdakkerk langs die Slawelosie, voor die goewerneur, lede van die Raad en saamgeskaarde hoogwaardigheidsbekleërs van die klein gemeenskap, het bewaar gebly, want dit het die volgende jaar in Amsterdam in druk verskyn onder die titel *Dank-altaar Gode ter eere opgericht, of Eene plegtige redenvoering van 's Ed. Comps. hondert jaarige possessie des gouvernements van Cabo de Goede Hoop, in eene verklaring en toepassing van Ps. CXLVII vers 12, 12, en 14*.[24] Dit is opgedra aan Rijk Tulbagh, en bedra 28 bladsye.

'Roept ons niet deze dag tot dankzeggingen die ons gansche leven niet moeten eindigen?' het Van der Spuij die redevoering retories begin. 'Hoe zyn ook de kinderen van dit land zedert die dagen gezeegent binnen onze muuren?' het hy sy historiese oorsig voortgesit.

> Begon niet na verloop van weinig tyd dit Tafel-dal te naauw en te klein te vallen om aan zo veel inwoonders onderhout te verschaffen, die dienvolgens genoodzaakt wierden zig verder uyttebreiden en de naastgelegene dalen en valeien te bezetten, zo dat ze nauwelyks meer de naam van een colonie voeren mag?[25] Zoo [*sodat*] onze honderden geworden tot duyzenden en onze duyzenden tot tienduyzenden.[26]

Die Dagregister het dit as 'een treffende dankpredicatie' beskryf;[27] alhoewel die bevolkingsyfers waarna Van der Spuy in sy begeestering verwys het, nie letterlik opgeneem moet word nie. Daardie middag is al die kanonne van die Kasteel, op die batterye en redoutes langs die kus en op die skepe in die baai afgevuur, waarby die Dagregister meld dat 'soo[wel] 's Comps. als Engelsche, Fransche en Deensche scheepen [sig] lustig met hun grof geschut lieten hooren', en die hoë amptenare en skeepsoffisiere is 'door den Edelen Heer Gouverneur zeer vriendelyk ter maaltyd onthaald'.[28] Ter ere van die gaste is heildronke hierby op die konings van Frankryk, Engeland en Denemarke ingestel.[29]

Dit is miskien veelseggend dat die besoekende Fransman De la Caille in dieselfde tyd in Drakenstein moes vasstel dat daar onder die afstammelinge van die Franse Vlugtelinge niemand onder veertig was wat nog Frans kon praat nie: 'those who did speak French assured me that in another 20 years there will be no-one at Drakenstein who can speak it'.[30] Volgens Boucher weer is een van die laaste oorlewendes van die oorspronklike immigrante, Jean le Roux, juis in die eeufeesjaar oorlede, 'after a successful farming career in the Stellenbosch district'.[31]

Ewe veelseggend op 'n heel ander manier is egter die feit dat vaandrig A.F. Beutler vroeër daardie jaar van die owerheid opdrag gekry om met 'n groot geselskap die 'binnenwaarts leggende landen' anderkant Mosselbaai te gaan verken waar goewerneur De la Fontaine in 1734 'n baken van die VOC geplant het.[32] Toe die eeufees van die koms van Van Riebeeck op 6 April herdenk is, het Beutler se geselskap simbolies genoeg juis die laaste blanke plaas aan die destydse oostelike grens van die kolonie agtergelaat en hulle by Attakwaskloof bevind, waar hulle in hul joernaal vollediger verslag van die tog begin doen het, 'weegens dat het land verder gelegen maar seer weynig bekend is'.[33]

Terwyl dankdienste in die Kaaps kerke gehou word en ds. Van der Spuij voor die goewerneur en lede van die Politieke Raad preek, het die geselskap met hul waens gesukkel om deur die kloof te kom,

> dewijl [*aangesien*] deselve uyt verscheyde hoogtens met daalen tusschen beyde bestaat, en dat de weg daarby soo slegt en ruw is dat de wagens, om te beletten dat die niet soude omver vallen, geduurig met touwen moesten tegengehouden worden (...).[34]

Op ewe simboliese wyse het hulle goewerneur Tulbagh se verjaardag op 21 Mei 'plegtelijk' in die omgewing van die huidige Boesmansrivier herdenk,[35] 'en staaken tegens den avond een klijn vuurwerk aan'.[36]

'n Paar maande ná die eeufeesviering is Jacob Mossel in die plek van die onlangs oorlede baron Van Imhoff aan die Kaap as goewerneur-generaal geproklameer. 'The garrison and the Burgher Militia were assembled in the Fort [*Kasteel*],' skryf De la Caille hieromtrent,

> and the Letters of Nomination were read in the Council Chamber in the presence of the principal Burghers. These took the oath, and the Letters were again read on the stairway in the Fort square, at the entrance of the Government Offices [*die Katbalkon*]. This done, and the new Governor-General acclaimed, three musket-volleys were fired, each accompanied with a cannon-shot, and then all the guns of the Fort and the batteries were fired. At noon a large banquet was given to the Officers and the principal Burghers: I was the only foreigner present.[37]

Wesenlik het al hierdie plegtighede, huldigings, ontvangste en ander vorms van eerbetoon geensins van mekaar verskil nie, en in die klein gemeenskap was dit natuurlik ook altyd dieselfde amptenare, offisiere en prominente vryburgers wat daaraan deelgeneem het; wat die beperkte lewe in en om die Kasteel vermoedelik nog meer kloustrofobies gemaak het. Daarby was die belang wat die betrokkenes by hierdie gebeure aan dit alles en aan hul eie status en waardigheid geheg het ewe goed van tydelike en verbygaande aard; dog in die Tafelvallei en sy agterland was daar ander gebeure wat vir tydgenote minder opvallend is, maar vir die moderne waarnemer des te belangriker lyk, naamlik die ontstaan van 'n eiesoortige Kaapskoloniale kultuur gedurende die eerste helfte van die eeu.

Sover die beskikbare getuienis strek, was dit in hierdie tyd van toenemende welvaart, stabiliteit en selfvertroue dat merkbare verfynings in die woon- en leefstyl van die Kaapse koloniste teweeg gebring is wat teen die einde van die eeu sou lei tot die opbloei van die Kaapse Barokkultuur wat so kenmerkend van die Kompanjiestyd is, en wat bowenal in die simmetriese 'Kaaps-Hollandse' gewelhuis beliggaam sou word.

Namate omstandighede dit toelaat, is die eenvoudige huis van die pionierstyd met sy twee of drie kamers op 'n ry, waarmee selfs welgestelde mense soos Adam Tas en sy vrou in die vroeë dekades van die eeu nog genoeë geneem het, verder vergroot na die agterkant, soms in U-, L- of T-vorm, maar in ander gevalle eenvoudig met 'n tweede ry vertrekke agter die eerste. Die mees ingrypende verandering wat hierin teweeg gebring sou word, was moontlik egter die verskyning van die groot sentrale vertrek wat die 'galderij' genoem is en 'n kenmerk daarvan sou word.

In die groter en deftiger koloniale woonhuise van Batavia is die Europese galery oorgeneem in die vorm van 'n breë gang wat van voor na agter deur die huis geloop het, en die voor- en agtergalerye verbind het, wat in feite oordekte stoepe of verandas was. Omstreeks die wisseling van die agttiende eeu begin iets wat skynbaar met hierdie 'binnegalery' ooreengestem het ook in Kaapse rekords voorkom.

Volgens Woodward word 'n 'gallerije' vir die eerste keer vermeld in die boedelinventaris van die gegoede vryburger Hendrik Sneewind of Sneewindt, 'n man van Duitse herkoms, nes sy vrou, wat in 1701 oorlede is.[38] Hul huis, wat 'aan de Liesbeecqse Rivier' geleë was, gee die indruk van 'n groot, onreëlmatige ouer gebou wat vermoedelik oor die jare vergroot is, en het bestaan uit 'n 'voorhuijs', waar daar twee stoele was en verder slegs bykomstighede soos '1 vogelkoijtjen met een vogeltjen daarin', 'n 'voorkamer aan de lincker zijde', 'n 'kamer aan de linckhand', 'n 'kinderkamertje', 'n 'wijnkamertje' wat afgesien van 'n 'slaap-kooij' skynbaar as spens gebruik is, die 'slaap-kamertjie van de weduwe', 'n 'bottelarije' waar die tafelgerei bewaar is, 'n 'kombuijs' en twee solders, maar hiernaas ook 'n 'gallerije'.

Volgens haar herkonstruksie van die huis, het Woodward hierdie vertrek as 'n buitegalery of soort veranda vertolk, maar dit stem nie ooreen met die inhoud nie. Dit was naamlik ingerig met 'n ronde tafel, 'n rusbank, agt stoele met hul kussings, omraamde skilderye en prente, 'n omraamde spieël, en heelwat rakke porselein, met inbegrip van '2 porsselijne segge roode treckpotten, twee met silver beslagh': dit was dus duidelik 'n kamer binne die huis, en een waar gaste in eerste instansie ontvang is en wat bedoel was om 'n indruk op hulle te maak.

Twee jaar later, in 1703, word 'n 'galderij' aangetref in die huis in die Tafelvallei van luitenant Adriaan van Reede en sy vrou Christina Does, die besonder gegoede egpaar na wie se besittings daar reeds verwys is.[39] Hierna is dit eers in 1713 dat 'n vertrek van hierdie aard weer in 'n boedelinventaris vermeld word, dog vanaf 1719 is daar gereeld een of meer keer per jaar verwysings na 'n galdery, en begin daar 'n duideliker beeld na vore tree en 'n waarneembare patroon ontstaan. In die vroeë jare is dit in die vorm 'galdery' dat hierdie naam meestal voorkom. Dit gaan hier steeds om huise van prominente en gegoede inwoners van die Tafelvallei, en huise wat waarskynlik nog nie simmetries was nie, maar reeds in hierdie rigting beweeg het, met 'n sentraal geplaaste voorhuis wat meestal as leefruimte benut is en ander vertrekke aan weerskante daarvan.

Die inrigting van die vroeë Kaapse galderye, en die feit dat daar hoofsaaklik porselein, skilderye en dergelike kleiner items aangetref word, en betreklik min meubelstukke in vergelyking met die res van die huis, gee die indruk van 'n vertrek wat grotendeels as deurgangsruimte of gang benut is; met ander woorde iets nog baie in die trant van die Bataviase 'binnegalery'. Dit is egter opvallend dat daar ook gereeld melding gemaak word van 'n 'voetbank', wat hier nie as 'n klein, afsonderlike bankie vertolk moet word nie, maar as 'n soort los houtvloer in die vorm van 'n podium of verhoging:[40] in 'n kamer waar daar sittend gewerk is, het dit as beskerming teen koue vloere of optrekkende vog gedien, en mens sien dit dikwels in eietydse Nederlandse skilderye uitgebeeld in die hoekie van die vertrek waar die huisvrou normaalweg gesit het.[41]

Voetbanke kom vanaf 1713 gereeld in die boedelinventarisse van gegoede Kapenaars voor,[42] en die verskyning daarvan in die galdery gee die indruk dat hierdie vertrek vroeg reeds vir die gebruik van die huisvrou toegeëien is, waarskynlik omdat dit sentraal geleë was en sodoende gerieflik vir toesig oor die huisslawe. In hierdie verband is dit opvallend dat dit in meer as een boedelinventaris saam met 'n teetafel genoem word: '1 voetebank met 1 thee tafel en een theebakje',[43] en '1 voetebank en 1 theetafel';[44] en nog meer uitdruklik, in 'n later tydperk: 'In de voorhuijs, een voetebank met zijn tee tavel'.[45]

Algaande begin die aantal stoele en ander meubelstukke wat in die galdery genoem word egter toeneem, en mens kry die indruk dat wat aanvanklik miskien nie veel meer was nie as 'n funksionele deurgang en vertoonruimte in 'n groter woning, nou meer doelgerig vir onthaaldoeleindes benut is. Teen die vyftigerjare kom die benaming 'galderij' so gereeld in boedelinventarisse voor dat dit duidelik is dat hierdie vertrek ten volle ingeburger geraak het as onderdeel van die Kaapse huis, terwyl die alternatiewe benaming 'gaanderij' vanaf 1762 verskyn.[46] Hiermee het die voorhuis al hoe meer as 'n blote ingangsportaal begin dien, alhoewel dit wil voorkom dat dit dikwels ook as eetkamer gebruik is.

Sy apoteose het hierdie vertrek waarskynlik so vroeg reeds soos 1748 bereik in die huis van Debora de Koning, weduwee van die baie ryk Jacobus Möller,[47] magasynmeester in diens van die VOC, wat deur huwelike aan die Becks verwant was. Hier vind mens naamlik dertien stoele, twaalf daarvan met siskussings, twee rusbanke met matrasse, vyf tafels, 'n groot 'pofetkas' (buffetkas), twee ophaalgordyne, twee groot verkykers, twaalf skilderye, twee spieëls, agt armblakers, wat aan die mure vasgemaak was, en 'n koperhanglamp.[48]

Namate die voorhuis saam met die sentraal geleë galdery daaragter 'n vaste onderdeel van die huis word, vind mens 'n oorgang van die funksionele, asimmetriese en 'vormlose' grasdakwoning van die vroeë jare na wat as 'n gestileerde, selfbewuste bouvorm beskryf sou kan word, tesame met 'n lewenstyl wat beter daarby aansluit en die welvaart van die eienaars tewens ook duideliker vertoon en weerspieël.

In die loop van hierdie ontwikkeling het die anonieme Kaapse bouaannemers en bouers voorts ook begin om die sentraal geplaaste voordeur van die nuwe simmetriese wonings deur middel van 'n siergewel in die fasade te onderskei, en terwyl hierdie proses nie meer presies nagegaan kan word nie, is die oudste twee gedateerde gewels wat bewaar gebly het volgens Fransen albei uit 1756 afkomstig.[49]

Hierdie ontwikkeling verdien des te meer vermelding omrede Henricus Beck se lewe en loopbaan aan die Kaap en die verblyf van sy suster dus saamgeval het met die vroeë fase van Kaaps-koloniale kultuur, met ander woorde dit wat Fitchett in argitektoniese konteks as die 'proto-Cape Dutch period' beskryf,[50] en hulle oorlede is op die vooraand van 'n groot opbloei. 'In 1751,' skryf Bax, 'begint in Kaapstad een tijdperk van grote bouwbedrijvigheid, o.a. door het uitgeven van een groot aantal huiserven aan burgers.'[51]

Nes die bouers van die 'Kaaps-Hollandse' tydperk is die plaaslike meubelmakers en houtsnywerkers wat in hierdie tyd toenemend hul verskyning gemaak het anoniem, en meubelstukke van plaaslike of ingevoerde houtsoorte kan hoogstens op algemene wyse gedateer word: in baie gevalle gaan dit na alle waarskynlikheid om gekleurde vakmanne of ambagsmanne of selfs slawe, alhoewel die vryheid van keuse wat hulle in hul werk geniet het, nie meer nagegaan kan word nie. Slegs wat Kaapse silwerwerk betref, is die omstandighede in hierdie opsig gunstig, danksy die verpligte gebruik van geregistreerde silwermerke.

Daar was in die vroeë jare wel 'n aantal silwersmede aan die Kaap,[52] en so vroeg soos 1715 het goewerneur De Chavonnes dit as deel van sy ordenende werksaamhede reeds nodig geag om amptelike bepalings vir goud- en silwersmede uit te vaardig, aangesien hierdie ambag, soos daar beweer is, 'tot den huijdigen dage maar is g'exerceert [*beoefen*] na 't welgevallen van diegeene sigh daarmede ernerende [*onderhou*]'.[53]

Die stigter van die Kaapse silwersmeekuns was egter Matthias Lotter,[54] lid van 'n familie van Duitse silwersmede, wat in diens van die VOC na die Kaap gekom het, in 1735 vryburgerskap verkry het, en hier die stamvader geword het van 'n geslag wat oor die volgende eeu nie minder as veertien silwersmede sou oplewer nie.[55]

Johann Hasse, wat eweneens in diens van die Kompanjie was, is in 1752 as silwersmid uitgeleen aan Lotter se weduwee, en het haar nog dieselfde jaar getrou en haar man se bedryf voortgesit.[56] Dit was hy wat in 1752 die 'groot silver doopbekken, met (...) koopere standaard [*staander*]' vervaardig het wat Constantia Helena ten Damme aan die Kaapse kerk geskenk het.[57]

Veel meer algemeen as silwer in Kaapse huise, ook dié van betreklik eenvoudige mense, was natuurlik egter die koperitems vir alledaagse huishoudelike gebruik waaroor die boedelinventarisse soveel inligting verskaf, vermoedelik in die vorm van sowel geelkoper as die sterker en meer duursame rooikoper, alhoewel dit normaalweg nie gespesifiseer is nie: blakers, kandelare, snuiters, dompers, hanglampe, lanterns, kwispedoors, komfore, vuurtessies, tee-, koffie- en sjokoladekanne, skinkborde, strykysters; maar bowenal in die vorm van kombuisgereedskap: bekers, skottels, komme, ketels, tertpanne, poffertjiespanne, braai- en stowepanne, steelpannetjies, skuimspane, vysels en stampers, raspers, tregters, vuurtange, asskoppe en emmers, naas beslag vir kiste, deure, en houtemmers en -balies. In die meeste gevalle was dit waarskynlik ook die werk van plaaslike kopersmede, anoniem soos byna alle ambagsmanne van hul tyd.[58]

Waar daar in hierdie boek so dikwels van boedelinventarisse gebruik gemaak is om die Kaapse lewenstyl te illustreer, is dit nuttig om op hierdie punt van inligting uit die onmiddellike familiekring van Aletta en Henricus Beck gebruik te kan maak, aan die hand van die boedelinventarisse wat vroeg in 1752 opgestel is ná die dood van hul niggie Stevelina van Oudenaarden, weduwee van P.J. Slotsboo.[59]

Met haar dood was die weduwee in besit van twee huise en erwe aan die oostekant van die huidige Parlementstraat, oorkant die Kompanjiestuin.[60] Dit was naby die kerk en die Slawelosie, die Kompanjiestal en die buiteverblyf van die goewerneur (die huidige Tuynhuys) was aan die bopunt van die straat, en juis in dieselfde jaar kon die burgerrade die aandag egter vestig op die ongewenste aanwesigheid van ses taphuise in hierdie omgewing.[61]

Die huis waar Stevelina met haar jong seuns gewoon het, het bestaan uit twee vertrekke weerskante van 'n 'voorhuijs', tesame met 'n galdery, 'agtercamer', bottelary en kombuis. Hier ook was die voorhuis klaarblyklik net 'n ingangsportaal, wat naas vier stoele met kussings slegs 'n 'staande horologie', 'n barometer, 'n draagstoel en 'n aantal skilderye bevat het. In die galdery was onder andere ses stoele, 'n buffetkas, 'n groot kis met koperbeslag en 'n 'partijtje porcelijn en glaswerk in soort', maar dit is kennelik hier ook nie as volwaardige vertrek ingerig of gebruik nie, en die twee voorkamers van die huis is skynbaar as sodanig gebruik. In die kamer op regterhand was daar onder andere twaalf stoele met trypkussings, en in dié op linkerhand ses stoele, asook twee hemelbeddens met hul behangsels en 'n katel, almal van veermatrasse en -kussings voorsien. Ook hiér kom mens die reeds vertroude guéridons, ophaalgordyne en spieëls teë, naas nie minder as 41 skilderye nie, waaronder agt wat as 'familie stucken' beskryf is. Verder was daar twee slawemans, twee vroue en drie kinders in die boedel.

Wat hierdie boedelinventaris nog interessanter maak, is egter ook die feit dat Stevelina op gebruiklike wyse kleinhandel bedryf het, en dit op taamlik uitgebreide skaal, en haar winkelvoorraad het 'n bont verskeidenheid van die praktiese handelsartikels bevat wat aan die Kaap gebruiklik was, waaronder klavier- en vioolsnare, witkwaste, strykysters, vyftien paar pistole, kopergordynringe, sekels, drinksjokolade, saffraan, blousel, sestien 'Avondmaalsboekjes', Bybels, en 249 ysterkastrolle.

Ná haar dood het daar nog 'n verdere hoeveel tekstiel, knope, koord en garing aangekom wat sy uit Nederland bestel het, waaronder naas swart en blou laken ook 'n stuk 'nieuw mode coul[eu]r laaken', lakenstof in die jongste modekleur,[62] en haar handelsbedrywighede trek veral die aandag deur die deftige aard van die stowwe en bykomstighede wat sy ewe goed aangehou het. Dit het naamlik kniebande en waaier-, bors- en degenstrikke, *point d'Espagne* of 'Spaanse kant' en omboorsel in sowel goud as silwer ingesluit, asook as knope van goud- en silwerdraad, silwerdoek, fyn stowwe soos kamerdoek, sy en betilles, sylinte, handskoene van kabretleer (fyn bokvel), sykouse vir mans, 'n groot verskeidenheid stowwe vir roukleding, 'n ewe grote verskeidenheid band, 'vercierbloemen', 27 waaiers, vyf 'balijne rocken', 'n 'partij balijn', en Indiese en Nederlandse sis.

Gesien hierdie verstommende verskeidenheid lyk dit moontlik dat dit vir haar nodig was om die galdery van haar huis as verkooplokaal in te rig, eerder as een van die voorkamers soos teen hierdie tyd aan die Kaap gebruiklik was.

Waarskynlik moet aangeneem word dat Kaapse huise soos hierdie by gebrek aan bouhout lank kleivloere gehad het, alhoewel dit moontlik is dat daar later van vloerteëls uit Nederland of Batavia gebruik gemaak is. Dit is interessant dat daar volgens twee afsonderlike rekenings van die Duitser Jan Pardeis, wat klaarblyklik 'n skrynwerker of timmerman was, juis in 1754 by Jan Needer onder ander werksaamhede 'n 'vloer in de huis geleijt' of 'een camer gevloert' is.[63] In hoe 'n mate houtvloere reeds hulle verskyning aan die Kaap gemaak het, kan onmoontlik nog vasgestel word, maar tot dusver was ten minste een vertrek in Needer se huis klaarblyklik nog ongevloer gewees.

In hierdie verband kan terloops genoem word dat 'n item soos 'n 'vloerkleet' of 'vloermatten' volgens die getuienis van die boedelinventarisse teen die middel van die eeu nog nuwighede was, terwyl daar by Stevelina van Oudenaarden slegs 'op de solder' 'n 'camermat' gevind is.

Volgens die verslag van die burgerrade oor taphuise en brandgevaar in 1752 het die meeste huise in die Tafelvallei teen hierdie tyd ook nog grasdakke gehad,[64] alhoewel dit besig was om te verander. Nadat vyf huise in 1736 deur slawe afgebrand is, het die inwoners volgens Mentzel met die oog op die gedurige gevaar van brandstigting begin om hul grasdakke met 'flat stone roofs' te vervang,[65] en in die jare 1751–53 kon De la Caille vasstel, 'The houses of Cape Town are roofed with strong and thick reeds ... or are flat-roofed, with two layers of brick and lime'.

Hierdie ontwikkeling het moontlik ook die konstruksie van dubbelverdiepinghuise aangemoedig,[66] en Rach se tekening van die omgewing van die Heerengracht en Strandstraat in 1762 toon, sover dit 'n betroubare rekord is, reeds 'n opmerklike aantal deftige meerverdiepingwonings. Waarskynlik moet dit gesien word as 'n poging aan die kant van die gegoede inwoners om die klein erwe in die ou gedeelte van die nedersetting beter te benut, en volgens Fransen is heelwat ouer huise van die tradisionele tipe mettertyd met 'n tweede verdieping vergroot, onder andere ook die huidige Koopmans-de Wethuis in Strandstraat.[67]

Terwyl die lewenstyl van die gegoede Kapenaars wat hierdie huise bewoon het in eerste instansie van hul boedelinventarisse afgelei kan word, waarby die besit van silwerware en van slawe in die meeste gevalle taamlik betroubare indikators is, het daar juis in hierdie tyd egter 'n verdere interessante aanduiding beskikbaar geword van die swierigheid en opsigtigheid wat onder die amptenary en 'n deel van die blanke bevolking ingeburger geraak het. Dit is die sogenaamde 'prag-en-praal-wetgewing' wat in 1755 aan die Kaap afgekondig is; dog hierby moet daar nie soseer op die oorspronklike wetgewing gelet word soos dit in hoofsaak vir Batavia opgestel en hierbo reeds bespreek is nie, as die veranderings wat plaaslik daarin nodig geag is.

Toe die wetgewing wat van Batavia deurgestuur is in die winter van 1755 deur die Politieke Raad in oënskou geneem is,[68] is daar reeds teen die eerste artikels oor rytuie meerdere besware ingebring. So is daar gewys op die noodsaak van koetse vir lede van die Raad, gesien 'het slordige weer in den winter, en de felle ZOte winden gedurende den somer', en verklaar dat die 'langwijlige [vermoeiende] en moeylijke weegen' die gebruik van ses perde voor 'n rytuig nodig maak, dat die boere op hul waens noodgedwonge van blanke drywers gebruik maak, dat sjese (ligte tweepersoonsrytuie) nie belas kan word nie, aangesien die koloniste dit benodig 'om daarmeede spoedig van hunne woonplaatsen van buyten herwaards op te komen en weeder na het land terug te keeren', en dat geen kolonis 'n 'rytuig tot zijn plaisier' aanhou nie, maar slegs 'sodanige die men tot zijn kostwinning of daarmeede naer zijn bouwplaatsen [plase] te ryden komt te benoodigen'.

Waaroor die Raad blykens sy bespreking wel sterk gevoel het, was enkele ontwikkelings wat meer spesifiek op die klein kringetjie Kompanjiesdienaars en burgerlike amptenare in die Tafelvallei betrekking gehad het, wat hulle volgens hul eie mening in hul waardigheid aangetas of hul statussimbole bedreig het. So is daar spesifiek gewag gemaak van 'het misbruijk dat teegenwoordig aan deese plaats sterk in swang gaat ten opsigte van het doen dragen van groote sommereels', en is die gebruik van die groot kiepersol of pajong beperk tot amptenare met die rang van Onderkoopman en hoër, burgerlike amptenare wat aan hulle gelykstaan, en die vroue en dogters van sodanige mans.

Klaarblyklik was dit veral die plaaslike vroue wat in dinge soos hierdie oortree het, want dieselfde beperking is opgelê wat betref 'n verdere 'aen deese plaats in swang gaande misbruijk', soos dit beskryf is, naamlik 'het draagen van zijde kleederen met zijde geborduurd ofte gestikt, alsmeede van fluweele schoudermantels', asook van rokke met slepe, 'welk misbruijk ook onlangs onder de vrouwen is ingesloopen', en wat nou volstrek verbied is.

Aan die ander kant is daar interessant genoeg wel 'n toegewing ten opsigte van die slawebevolking gemaak en is daar besluit dat bestaande kledingsgebruike met die oog op 'dit koude climaat' gehandhaaf moet bly.[69]

Die Bataviase wetgewing is dus aan die Kaap uitgevaardig met 'n bykomende plakkaat waarin dertien paragrawe met wysigings en toevoegings vervat is.[70] Tipies genoeg het die sekunde, Sergius Swellengrebel, daarop gewys dat die sekundes aan die Kus van Koromandel kragtens die oorspronklike wetgewing toegelaat is 'om haare kleeding en andere ceremoniën op den vorigen voet te mogen aanhouden', en voorgestel dat hy eweneens van die nuwe beperkings vrygestel moes word. Hierdie voorreg is dus aan hom, die fiskaal en die luitenant-kolonel toegestaan, en daar is verder besluit dat lede van die Raad toegelaat sou word om dieselfde klere te dra soos in die verlede ten einde hulle van 'andere bediendens' of laer amptenare te onderskei.[71]

Dit sou egter verkeerd wees om hiermee te wil volstaan en die lewenstyl van gegoede Kapenaars as afgehandel te beskou. As voorbeeld van die soort aanvulling wat moontlik is, kan mens kyk na die groot huis in die Tafelvallei waar Catharina Martha Beck, dogter van die besonder gegoede Duitse immigrant J.Z. Beck en weduwee van die burgerraad Anthonij Martensz, gewoon het toe sy in 1755 tydens die pokke-epidemie kort ná haar man oorlede is.[72]

Soos die gedetailleerde boedelinventarisse getuig, het hierdie huis naamlik nie net bestaan uit vertrekke gevul met die gebruiklike silwer, porselein en waar die egpaar self geleef en hul besoekers onthaal het nie; en die inligting wat dit oor die meer funksionele dele van die huis verskaf, is nie minder beeldend en onthullend nie. Die solder is byvoorbeeld as pakkamer gebruik, soos in Kaapse huise die gewoonte was, en vermoedelik met behulp van 'n leer uit die huis bereik, en hier was daar ses bottervate, 'n kis sout, vier sakke meel, 'n bondel bindrottangs, 'n kis suiker, 'n 'partij touwerk', 'n vat met meel, koring, twee pruikstaanders en 'n wieg.

By Stevelina van Oudenaarden is daar 'op de solder' volkome in dieselfde trant kombuisgerei, latte, boeke, seep, koffieboontjies, kerse, leë kiste, 'n kis met hoendervoer, 'n skerm, 'n snaphaan en 'n stilletjie bewaar.

By die huis van die egpaar Martensz was daar verder 'op d'agterplaats', vermoedelik in 'n buitekamer of ten minste onder 'n afdak, drie balies, 'n leer, twee mandjies, 'n rysblok met sy stamper en 'n bakkis. En sodoende kom mens dan ook, dwarsdeur die deftige Kaapse huis, by die wêreld van agterplase, agterkamers, buitekamers en afdakke uit waaraan daar in ander eietydse dokumentasie selde aandag geskenk is en wat ook vandag die gerieflikste verswyg word, dié waarvan mens 'n toevallige klein glimp opvang in die episode tussen die gekleurde man Frans Lens en die slaaf Lapaaij van Boegies wat reeds beskryf is.[73]

Dit is waarskynlik ook hierdie skemerwêreld waarna die Fransman De la Caille verwys waar hy dit losweg en veralgemenend het oor die ontug en immoraliteit, dronkenskap en gevegte onder die slawe: 'the houses [are] rare in which there is not some uproar almost every day,' skryf hy,[74] wat interessant is as indruk van 'n besoeker wat twee jaar hier deurgebring het, alhoewel hy deur sy onkunde van Nederlands vermoedelik nie alles kon verstaan en vertolk wat hy óm hom hoor en sien nie.

Hier in die agterplase was ten slotte ook die gemakshuisies wat in eietydse dokumentasie genoem word,[75] en die nagvuilbalies wat saans na negeuur deur die slawe in die baai geledig moes word, alhoewel hulle dit soms ook in die gragte uitgegooi het.[76]

Gedurende hierdie tyd het Beck nog altyd in die Tafelvallei gewoon, alhoewel hy gesien sy hoë ouderdom waarskynlik al hoe minder aan die openbare lewe deelgeneem het. Sy finansiële transaksies het hy egter tot die einde voortgesit, en in 1750 het hy byvoorbeeld 100 dukatons (150 riksdaalders of 450 gulden) aan 'Juffrouw Elisabeth Kloppenburg' geleen. Dit was Elizabeth Lenaerts, weduwee van die predikant Ruardus Cloppenburgh wat in 1748 op versoek van die Kaapse kerkraad geskors is as gevolg van die 'langdurige twis' tussen hulle 'vanweë sy vinnige humeur en haar drankmisbruik', soos sy biograaf dit omskryf.[77] Cloppenburgh het toe na Nederland teruggekeer, waar hy in 1751 oorlede is, maar sy vrou het kennelik met haar kinders agtergebly aan die Kaap.[78] By die inskrywing aangaande hierdie transaksie het Beck in 'n bewerige handskrif die verontwaardigde annotasie gevoeg: 'Nota. Dese 100 ducatons sijn voldaan. H. Beck (quansuys by myn sinnen niet synde, also [aangesien] noit eenige penning gesien heb).'[79]

Rekords van Beck se wydstrekkende transaksies is egter nie net in sy rekeningboek opgeteken nie, maar kan ook versprei in ander bronne gevind word. So kom daar byvoorbeeld vroeg in 1751 in die resolusies van die Politieke Raad die besluit voor,

> dat men uijt 's Comps. cassa alhier sal laaten betaalen seekere wisselbrieff groot Rs.144, dewelke door de Regeeringe des Eylands Ceijlon is verleent aan den Eerw. Predikant Johan Smit, om alhier te worden voldaan aan den meedePredikant Henricus Beck.[80]

Tot die winter van 1754 is daar in 'n steeds beweriger handskrif nog insidentele inskrywings in die rekeningboek gemaak, die laaste daarvan met betrekking tot die opperchirurgyn Hermanus Keeve en die vry smid Hermanus Vermaak, wat onderskeidelik 6000 en 5000 gulden by Beck geleen het.[81] In Desember van daardie jaar, enkele maande voor sy dood, het hy weer 100 riksdaalders (300 gulden) geleen aan ds. Gerhardus Croeser, 'n jong Nederlander wat kort tevore as predikant van die gemeente in die Tafelvallei aangekom het.[82]

14.
'De planken voor de dood kist liggen in voorraad':
die dood van Henricus Beck

Aan die begin van 1755 was Beck reeds ongesteld, want die chirurgyn Johannes van der Riet het later 'n rekening vir die tydperk vanaf 1 Januarie ingedien, 'voor gedaane practijk en geleverde medicamente in zijn langdurende ziekte', 'ook voor geduerige gedaane dienste en nagt waken'.[1] Dit is natuurlik moontlik dat sy ongesteldheid langer geduur het, maar waarskynlik het Van der Riet se boekjaar met die nuwe kalenderjaar begin.[2] Die ou man was al negentig, 'n formidabele ouderdom vir daardie tyd, en op 10 Mei het hy 'n kodisil by sy testament gemaak,[3] en onder die verdere geskrifte wat tussen sy boedeldokumente bewaar gebly het, is 'n lysie 'bloed vrienden' wat skynbaar in dieselfde tyd deur hom self in 'n onsekere handskrif opgestel is.

Die begrip 'bloedvriende', wat in Beck se tyd gebruiklik was, verwys na bloedverwante, diegene wat in 'n roustoet onmiddellik op die kis gevolg het, voor die hoogwaardigheidsbekleërs uit, en sy lys bestaan in eerste instansie uit die drie jong Slotsboo-seuns, wat as kinders van sy niggie werklike bloedfamilie was. Naas hulle behels die lysie kenmerkend genoeg die name van die amptenaar Josephus de Grandpreez, wat met die stiefdogter van Beck se suster getroud was, en vyf ander lede van die plaaslike amptenary, wie se verbintenisse met hom nie onmiddellik duidelik is nie. Hul name, soos dit bewerig en taamlik onduidelik onder mekaar opgeteken is, lui soos volg: 'Christoffel Brand; Jan Raek; Schok; Hendrik Moller; Van Riet.'

Van hierdie vyf mans kan verwantskap, vaag soos wat dit in 'n moderne konteks ook is, die maklikste getoon word in die geval van Möller, want in 'n brief aan een van die Slotsboo-seuns het hul oom De Grandpreez in 1761 verwys na die onlangse huwelike van 'u Muller-nefies', met spesiale vermelding van Hendrik, wat op die punt gestaan het om met 'n dogter van die gegoede J.L. Bestbier te trou, en Cobus.[4] Volgens die genealogieë gaan dit om twee seuns van Jacobus Möller,[5] seun van die Duitse stamvader en magasynmeester in diens van die VOC, en die 'Hendrik Moller' wat Beck in gedagte gehad het, was waarskynlik ook 'n kleinseun van die stamvader en hierdie twee jong mans se ouer neef, wat 'n Boekhouer in Kompanjiesdiens was.⁶ Dit is opvallend dat een van Hendrik Möller se seuns in 1748 met die name Petrus Jesse gedoop is,⁷ vermoedelik ter gedagtenis van P.J. Slotsboo wat daardie jaar oorlede is.

Wat 'n nadere verbintenis tussen die twee families betref, kan daarop gewys word dat die stamvader van die Möllers soos reeds genoem in 1680 in Duitsland getroud is met Margaretha Marquardt uit Hamburg, en sy was moontlik verwant aan die familie van K.J. Slotsboo se eerste vrou, Anna Regina Hartz, die grootmoeder van die Slotsboo-seuntjies, wie se eie moeder Judith Marquardt geheet het.⁸

'Jan Raek' was waarskynlik die Duitser Johan Raeck, wat in 1764 as Onderkoopman en keldermeester in diens van die Kompanjie oorlede is.⁹ Sy eerste vrou was naamlik Johanna Möller gewees, 'n dogter van die stamvader en Margaretha Marquardt, en sodoende 'n suster van Hendrik Möller hierbo.¹⁰ Intussen was sy klaarblyklik reeds oorlede en het Raeck in 1746 opnuut in die huwelik getree, dog die bande met haar eie en aangetroude familie het nie verslap nie.

Christoffel Brand is in 1700 aan die Kaap gebore,¹¹ en het in 1728 reeds lid van die Politieke Raad geword. Hy was ook die seun van 'n Duitse vader, wat nes die egpaar Möller afkomstig was uit Hamburg, terwyl sy moeder, Catharina Hartz, moontlik 'n suster was van die Duitser Heinrich Hartz wat met Judith Marquardt getroud was:¹² in dié geval was sy dus 'n tante van K.J. Slotsboo se eerste vrou. In die testament wat K.J. Slotsboo en Aletta Beck in 1723 onderteken het, is hy en Beck saam benoem as voogde van Slotsboo se kinders uit sy vorige huwelik.¹³

Hierdie lysie toon op interessante wyse hoe wyd die net van verwantskap in die agtiende eeu gegooi kon word wanneer dit nodig was en op watter yle bande die verwantskap self in baie gevalle berus het; dog dit was die 'bloedvriende' wat Beck in sy Kaapse afsondering by gebrek aan nader verwante noodgedwonge moes aanvaar.

Van 'Schok' op Beck se lysie moet mens by gebrek aan alternatief aanvaar dat dit dui op die Duitser Johan Nicolaas Schott, wat in 1749 as Boekhouer in diens van die VOC genoem word:¹⁴ ten tye van sy dood in 1768 was hy egter 'n vryburger en 'n besonder gegoede man, wat op uitgebreide skaal kleinhandel gedryf het en onder andere in besit was van verskeie erwe in die Tafelvallei en die plaas Bergvliet in die Liesbeekvallei.¹⁵ Schott het aan die Kaap vier keer in die huwelik getree, maar geen verwantskap met Beck kon aan die hand van die beskikbare bronne opgespoor word nie.

Dit is ook die geval met Johannes van der Riet,¹⁶ 'n Nederlandse chirurgyn in diens van die Kompanjie, wat in 1753 getroud is met 'n dogter van die opperchirurgyn Renault Berthault de St. Jean. Hy was 'n betreklik jong man van vroeg in die dertig, en as Beck se huisdokter het hy skynbaar so 'n vertroulike posisie ten opsigte van hom beklee dat hy onder Beck se 'bloedvriende' gereken kon word: mens dink in hierdie verband aan die 'geduerige gedaane dienste en nagt waken' wat later in sy rekening gespesifiseer is.

14. Die dood van Henricus Beck

Van der Riet was terloops die enigste gebore Nederlander in hierdie groepie, want naas Beck se nefies, wat aan die Kaap gebore is, en die Fransman De Grandpreez, was hulle almal Duitsers; dog almal was amptenare of oudamptenare en gesiene lede van die plaaslike gemeenskap. Die groepie toon op verhelderende wyse in hoe 'n mate die VOC teen die middel van die eeu van Duitsers afhanklik geword het, en hoe 'n belangrike rol hulle in die plaaslike gemeenskap gespeel het.

Dit wil voorkom dat Beck met die samestelling van hierdie lysie besig was om hom op praktiese wyse voor te berei op die naderende dood; dog gou is hy, en die hele Kaapse gemeenskap saam met hom, opgevang in 'n groter krisis, in die vorm van 'n pokke-epidemie wat na bewering aan die begin van die jaar deur die retoerskepe uit Ceylon saamgebring is:[17] in 'n latere plakkaat is die epidemie spesifiek toegeskryf aan 'de rukeloosheijd [*onversigtigheid*] sommiger [*van sommige*] baetsugtige ingeseetenen, door het opkoopen van kleederen en andere goederen der aen voormelde siekte binnen scheepsboord overleedene menschen'.[18]

Die dramatiese gebeure van die volgende maande kan die beste in chronologiese volgorde beskryf word.[19]

Die jaar 1755 het normaal genoeg begin, en vroeg in Maart is die voormalige Franse goewerneur van Pondichéri, Joseph-François Dupleix,[20] met gepaste eerbetoon hier ontvang en onthaal op pad terug na Europa. Hy het roem behaal deur die Franse belange in Indië gedurende die Oostenrykse Suksessie-oorlog met groot ywer teen die Engelse te verdedig, en het sedertdien ambisieuse planne ontwerp om dit uit te brei, 'intervening in native politics, intrigues, and warfare', maar is in 1754 deur die Franse regering teruggeroep aangesien hulle 'n konfrontasie met Engeland wou vermy.

Dupleix het 'n maand aan die Kaap deurgebring saam met sy vrou, wat van gedeeltelik Oosterse herkoms was, ander familielede, en wat Boucher beskryf as 'a considerable retinue including Indian musicians and a vast quantity of valuables. Even a menagerie was included.'[21] 'With Dupleix,' berig 'n ander bron egter, 'the last hope of a French empire in India vanished. He ended his days in poverty and neglect.'[22]

Op 7 Mei, aan die begin van die Kaapse winter, het die Dagregister besorgdheid uitgespreek oor die algemene voorkoms van 'swaare verkouwentheijd die met heete coortsen ver[ge]seld gaat': bes moontlik was Beck onder diegene wat hierdeur aangetas is, en was dit die rede vir die kodisil wat hy laat opstel het. Dit was 'n tyd van ernstige droogte, en in ooreenstemming met die mediese kennis van die tyd is die siekte aan die 'door veele stinkende mistdampen geïnfecteerde lucht' toegeskryf.[23]

Op 13 Mei moes verskeie sterfgevalle aangeteken word, veral onder jongmense, en is daar geskryf dat min huise nie deur die siekte geraak is nie, en op 20 Mei is daar vermeld dat oor die vyftig slawe reeds dood is—of dit privaat of Kompanjieslawe was of albei is nie duidelik nie.

Waarskynlik gaan dit hier om voortekens van die epidemie, wat deur hoes en nies versprei is,[24] maar dit is eers op laasgenoemde datum dat die Dagregister die aanwesigheid van 'kinderpocken' in die gemeenskap konstateer, soos pokke in hierdie tyd algemeen genoem is, vermoedelik om dit van 'Spaanse pokke' of sifilis te onderskei: die naam 'kindersiekte' is ewe goed gebruik. Dit was 'n aandoening met dikwels dodelike gevolge wat die oorlewendes meestal swaar vermink agtergelaat het, en wat in die tyd voor inenting algemeen was in Europa, maar aan die Kaap tot dusver nog slegs een keer voorgekom het, nadat dit in 1713 deur die retoervloot onder Van Steeland hierheen oorgedra is. Slegs ouer Kapenaars het egter nog herinnerings aan die vroeëre epidemie gehad, en verder was net immigrante uit Europa met pokke vertroud: vir die grootste deel van die Kaapse bevolking was dit 'n onbekende verskynsel, en daardeur des te meer verskrikkend.

Eers op 29 Mei kon daar in die Dagregister opgeteken word,

> geliefde het God (…) dit daarna[ar] seer verlangende land met een overvloedigen reegen te zeegenen, des [*sodat*] men hoopt dat hierdoor de lugt sal werden gesuijvert, ende alsnog continueerende siekte en sterfte komen te cesseeren [*ophou*].

Die reën het egter nie die gehoopte verligting meegebring nie, en die epidemie het inteendeel toegeneem. In so 'n mate is die armer lede van die gemeenskap daardeur geraak dat die plaaslike diakonie, wat vir hulle verantwoordelik was, op 2 Junie reeds besluit het om 'n leegstaande huis op die plaas Vredenhof wat aan Jan de Waal behoort het vir die versorging van besmettes te huur. Die diakoniedokter sou ekstra vergoeding vir sy dienste hier ontvang, en 'opsigters, eetware en ander benodigdhede' sou voorsien word.[25] Terselfdertyd is daar ook besluit om 'n hoeveelheid planke by die Kompanjie in te koop vir die maak van doodkiste, en agt draers is aangestel wat 'n halwe dukaton elk per teraardebestelling ontvang het.[26] Binne 'n paar weke was hierdie geïmproviseerde hospitaal egter reeds te klein, en moes 'n aangrensende pakhuis ook in gebruik geneem word.[27]

Kort hierna het die siekte hom ook in Beck se huishouding vertoon, want Saul van Bali, vermoedelik 'n vry gekleurde, het later 15 riksdaalders ontvang vir 'een maand oppassens in 't sterfhuijs van wijlen den eerw. predicant Henricus Beck ter gaadeslaninge van den aldaar aan de pokjes ziek geleegen en voort op de 4de [Julij] van voorm. ziekte overleedenen slaaf Carel van d'Caab, toebehoord hebbende aan wijle welgem[elde] heer Henricus Beck'.[28] Saul het die kwitansie met sy merk onderteken.

Op 7 Junie is, blykens 'n rekening wat ná Beck se dood voorgelê is, 'n 'slaaven meijd' van Cornelis Roosendaal gehuur,[29] moontlik vir die huiswerk, terwyl die los

14. Die dood van Henricus Beck

aantekeninge op die vel papier wat met bostaande lys 'bloed vrienden' begin, soos volg verder gaan.

> No.: den 10 Junij een meijd gehuurt van Sr. Artoijs tot het oppassen der aan de pocken leggende slaven à een rx. 's daags.
>   Twee kisten by Zeeman in voorraad laaten maaken en betaalt voor deselve slaven.
>   Van mij in huys een staltje [*stelletjie?*] en een porrselijne lampet,
>   en so meede geleent een slaaf genaamt Mentor.
>   Drie familie portretjes voor d'kinderen.
>   Het loopende huijshuur à 13 rx. 's maand[s].
>   Van Riet en een ondermeester wel te betaalen.
>   De planken voor de dood kist leggen in voorraad.[30]

Kennelik gaan dit hier om versorging van slawe wat deur pokke geraak is, alhoewel die reëlings in hierdie verband nie duidelik is nie. 'Sr. Artoijs' was vermoedelik die senior burgerraad Paulus Artois, 'n lid van Beck se eie sosiale kring, wat terloops welgesteld genoeg was om 15 000 gulden te kan leen vir die oprigting van 'n nuwe burgerwaghuis (die huidige Michaelisgalery aan Groentemarkplein), waarvan die hoeksteen nog aan die einde van dieselfde jaar gelê sou word.[31] Detlof Zeeman was skynbaar 'n skrynwerker, en hy sou ook Beck se eie doodkis vervaardig.[32]

Die familieportretjies waarna Beck verwys het, was, soos uit ander boedeldokumente blyk, erfstukke: die boedelinventaris noem egter vier, 'van mijnheer en mejuffw. Slotsboo, van des overleedene broeder David Beck en desselfs suster Aletta Bek, laatst Slotsboo', wat 'Aan zijn eerwaardens nigt juffw. Louisa d'Grandpreez' nagelaat is,[33] om oorgedra te word aan die drie Slotsboo-seuns wat oorsee was, soos uit nog ander dokumentasie blyk.[34] Die egpaar Slotsboo na wie verwys word, was vermoedelik P.J. Slotsboo en Stevelina van Oudenaarden, en Louisa de Grandpreez was Louisa Slotsboo wat met De Grandpreez getroud was.

Johannes van der Riet was natuurlik Beck se geneesheer, en met die 'ondermeester' is eweneens 'n geneesheer bedoel.

Hoe die gemiddelde blanke Kapenaar die epidemie in hierdie tyd ervaar het, blyk grafies uit die briewe van die Kaapse bakker Pieter Bosman.

Op 13 Junie, drie dae nadat Beck 'n slavin moes huur, het Bosman naamlik aan sy broer Abraham Bosman in Drakenstein berig:

> Wat ons aangaat, de Heere is in het midde van ons met Sijn wan in de hand en neemt veele siele o[n]verwagt schielijk [*ongeveer ses woorde swaar doodgetrek*] na een eeuwigheid. De kinderpokkies regeert sterk aan de Caap, is ook al in de

Logie [*Slawelosie*] en in 's Comp[agnies] Hospitaal. Dese siekte begint met een schielijke aanval van koorts, hooft[pijn], pijn in de rug, overgeve [*braking*], daar na ontdek zig de pokkies, twederlij, of grote of klijne, de klijnste soort is zeer gevaarlijk, wort genoemd gierst[?] koorts.

(…) Wat onse huijsgesin, familie en bekende vrienden daar wij meede verkeeren, aangaat, zijn [zij] tot nog toe bevrijt van dese gemene plage, behalve onse Broeder De Koning leijd aan de pokkies,[35] die hij gister morgen eerst ontdekt heeft, na een strekke [*sic*] aanval van koorts en hooftpijn zedert Sondag begonne.[36]

Die Bosmans was kinders van die voormalige sieketrooster van Drakenstein, Hermanus Bosman, en sterk beïnvloed deur die piëtistiese stromings van hul tyd. Juis op hierdie tydstip was lede van die familie in 'n klandestiene en ongeoorloofde briefwisseling betrokke met die bekende Nederlandse piëtis ds. Theodorus van der Groe,[37] en op kenmerkende wyse het hulle die heersende epidemie vertolk as blyk van hemelse misnoeë met kerklike toestande aan die Kaap. 'Nu wort aan ons vervuld hetgene de Heere in Sijn Woort bedrijgt,' het Pieter Bosman voortgegaan, '(seggende): Een volk dat zijn necke verhart sal schielijk verbrooke worde.'

Ik wens Uliede nogmaals toe een hert, mont en tong om Godes oordeele over onse sonde te billikke, en zal hiermeede een eijnde make, met een toegekeert herte tot Hem wiens geregtigheede overvloedig zijn en tot wien ik wens in noot en doodsgevaar mijn toevlugt te nemen om een arme, elendige en in zig selve dood gevonniste sondaar voor een eeuwig gevaar te redde.[38]

Op 16 Junie het die Dagregister melding gemaak van swaar reën en koue, en die feit dat sestien mense daardie dag begrawe is, 'dat waarlijk tot een beklaagelijk gesigt verstrekt'. Die volgende dag het Abraham Bosman sy broer uit Drakenstein geantwoord:

Ik hebbe uijt UE. brieff verstaan hoe de regveerdige Godt reets begonnen heeft om bezoekingen te doen over 's lants inwoonderen hooggaande en steets aanwassende zonden en grueldaden, en het schijnt mijn toe of Gods lang geter[g?]de langmoedigheijt reets met vele een eijnde genomen heeft en nog neemt.[39]

In teenstelling tot die Bosmans met hul veelvoudige familiebetrekkings, wat deur hul moeder bowendien ook verwant was aan die uitgebreide familie De Villiers, het die amptenaar Von Dessin as alleenwonende wewenaar wie se enigste dogter sover bekend reeds oorlede was die epidemie baie soos Beck ervaar, en ook by hom het alles om die slawe gedraai van wie hy afhanklik was. Toe hy op 20 Junie verneem dat die negejarige slawedogtertjie Johanna van die Kaap koorsagtig is,[40] het hy haar ná die middagete egter uit die huis laat verwyder en volgens afspraak na ene 'Jan de Timmerman' gestuur, 'ten eijnde aldaar behoorlijk gade geslagen en soo wanneer de pokjes haar mogten bijkoomen, behoorlijk gecureert [*genees*] te werden'. Sy is voorsien van 'een kadel met gedraaijde pooten, een bultsak, en een witte combaars met eenige cussens'.[41]

Op 21 Junie het die situasie so ernstig geword dat die Politieke Raad 'n spesiale vergadering belê het om 'n plakkaat op te stel 'als men menschelijkerwijze oordeelt dienstig te zullen weesen om de alsnog sterk om zig tastende kinderpocken te stuijten of ten minste desselfs voortgang te beletten'.[42] Dit is op 24 Junie uitgevaardig, en bied met sy voorskrifte interessante bykomende inligting oor die lewe aan die Kaap.[43]

In hierdie wetgewing is voorgeskryf dat wasgoed uit huise waar daar pokke was, slegs gewas mog word 'in de langs 't sogen[aamde] Roodehek afkomende rivier of sloot', vanaf die teregstellingsterrein 'en van daer de stroom langs agter 't Casteel tot beneden aen het strand'; met ander woorde in die omgewing van die huidige Buitenkantstraat en Sir Lowryweg. Slagoffers van die epidemie mog nie uitgetrek word om begrawe te word nie, maar moes gekis word in die klere waarin hulle oorlede is, binne 48 uur in die geval van blankes en 'absoluut binnen het etmaal' in dié van slawe, en geen lyke mog van elders na die Tafelvallei gebring word om ter aarde bestel te word nie.

Ook is 'het verhuuren van swarte kleederen aen slaaven en andere, om daarmeede ter begravingen te gaen', verbied, en tewens 'om soolang als deese siekte zal blyven duuren (...) eenige kleederen, 't zy swartte of andere, te vercopen, verhuuren ofte leenen', wat verdere interessante lig werp op die kleinskaalse handelsbedrywighede aan die Kaap.

Voorts is daar voorskrifte aan bakkers en slagters gegee, aangesien daar geglo is dat brood en vleis besonder vatbaar was vir 'quaade humeuren', soos dit destyds genoem is, en sodoende 'n bron van besmetting kon uitmaak.

Spesiale voorskrifte is vir die slawebevolking opgestel, en vir die eerste keer in 'n honderd jaar is daar aandag aan hul huisvesting geskenk, al was dit in hoofsaak natuurlik ten behoewe van die blanke gemeenskap. Daar is verwys na die feit 'dat in de meeste huijsen geen apartementen tot berging der slaaven' bestaan nie en 'de menschen dus gehouden [*verplig*] zyn de voorseyde [*voorgenoemde*] slaaven in de vertrekken der huysen self te laaten verblyven', en dat waar afsonderlike 'vertrekken voor slaven' wel aanwesig was, 'dese doorgaans soo bekrompen zyn dat de slaaven, gezond zijnde, daarin maer even [*nét*] lyfberging kunnen vinden'. Die owerheid se oplossing hiervoor was om nes die diakonie 'n 'huys of huysen' as hospitaal af te sonder waarheen 'aen meergem[elde] siekte laboreerende slaaf ofte slaaven' gestuur kon word om teen 16 stuiwers per dag versorg te word.

Die aandag wat in hierdie wetgewing aan slawe bestee is, getuig van sowel hul alomteenwoordigheid as die swak leefomstandighede waardeur hulle so maklik draers van die siekte kon word. Intussen het die Kaapse winter in volle krag ingetree, en die plakkaat verwys na die 'koude en sterke reegen die men verscheijde daagen agter den anderen heeft gehad'.

Op 26 Junie het Pieter Bosman opnuut berig aan sy broer gestuur.

> Wat nu onse suster aangaat, is [zij] geheel stil, beter als toe se ondekte dat haar man de pokkies hadde, toen ging zij op eene sondige wijse aan [*een reël onleesbaar gemaak*]. Wat onse Suster De Vries haar huishouden betreft,[44] [deze] is ook nog bevrijt, dog de weduwe Wijnant Victor en haar soontje is overleede,[45] en het is niet dinkelijk dat onse Neef Faure lang make zal.[46] Ik heb mijn afschijt van hem genome voor de tijd, gelijk ik ook gedaan heb van de Wed. Victor, en haar kindere gewaarschout dat hare moeder slegt was en soo het mij toescheen sterve sou. Voorts sterven er nog dagelijks veele menschen aan de pokkies.
>
> Mijn is verhaald van [*deur*] Hendrik Snijder,[47] die het uijt de mont van de doodgraver heeft gehoort hadde, soo als hij seijde, dar 'er binne drie dage 42 menschen, door elkander gerekent, gestorve ware, hetgeen ik geloof waarheid te sijn.
>
> N.B., Muij ['*moei', tante*] Faure is aan de Caap, en onse neef Faure wordt soo ik vertrouwe wel [*goed*] opgepast.[48]

'Ik moet mijn verwondere over de filesovise,[49] ja, mag ik met regt zegge, practicale athe-istise aanmerkinge over de oorsprong en besmetting van dese gevaarlijke pokkiessiekte,' het Bosman voortgegaan, 'daar het niet anders is als de vinger Gods en een regveerdige en duijsentmale welverdiende straffe.'[50]

Hoe verwoestend die epidemie was, kan dramaties getoon word aan die hand van die familie Van Reenen, want met verwysing na Jacob van Reenen, kleinseun van die stamvader, wat in die jaar van die epidemie gebore is, meld die familiegeskiedenis: 'Gedurende die tydperk van sy geboorte is sy ouma Johanna Siekermans, asook drie van sy vader se susters en hulle mans (...), en sy ouer broer Jacob oorlede aan dié gevreesde siekte.'[51] Aan die einde van Junie, toe die Dagregister vir die eerste keer maandelikse statistieke van sterftes in die Tafelvallei verstrek, was 137 blankes, 23 gekleurdes en 93 slawe reeds oorlede.

Gedurende Juliemaand het die gestadige en onverbiddelike sterftes voortgeduur. Op 1 Julie het Von Dessin die veertienjarige slawemeisie Alida van die Kaap eweneens na Jan die Timmerman gestuur,[52] en wat Beck se slawe betref, het dr. Van der Riet later 'n rekening ingedien 'voor gedaane practijk en geleverde medicamente voor seve slave met de kinder pokjes en swaare acisdenten ['*accidenten', kwale*] van primo [*1ste*] Julij 1755 tot in de maand van September daaraan volgende'. Op die 4de is Carel van die Kaap oorlede, soos hierbo genoem, maar ten minste nog twee van Beck se slawe het beswyk, want Detlof Zeemann het op 11 Julie reeds 'n rekening ingedien vir doodkiste vir die 'jonges' Carel en Hoesaar en die 'meijd' Alida,[53] waar-

14. Die dood van Henricus Beck

by laasgenoemde vermoedelik verwys na die vrygestelde vrou Alida van die Kaap wat reeds genoem is.[54]

Beck se orige slawe het klaarblyklik swaar herstel, alhoewel dit nie duidelik is dat hulle almal pokke gehad het nie, want slegs een van hulle kon met die veiling van Beck se besittings aan die einde van Julie reeds uit die boedel verkoop word.

Op 7 Julie kon die Dagregister opteken,

> dat men thans van vroeg in den voordemiddag tot laat in den avond langs de straaten lijken siet ten graave brengen, dat waarlijk tot een seer nadenkkelijk [sic] en droevig gesigt strekt voor de overige nog gesonde overblijvende persoonen, sijnde heeden eenlijk aan vrije ingeseetenen deeser stede verthien [sic] persoonen en bovensdien nog agt slaven van vrije lieden begraven geworden.

In die plakkaat van 24 Junie is reeds genoem dat die siekte 'op eenige plaatsen ten plattenlande' voorgekom het,[55] maar dit verwys moontlik na die Kaapse Distrik, in die omgewing van die Tafelvallei. Volgens die Dagregister was dit eers op 9 Julie dat die vroegste berigte van sterftes in die distrikte Stellenbosch en Drakenstein ontvang is,[56] en op 22 Julie het die siekte sy verskyning in die dorp Stellenbosch gemaak.

So baie Kompanjieslawe was intussen siek dat die owerheid bekommerd geraak het en 'n klein komitee van vyf geneeshere aangesê het om ondersoek in te stel, waarskynlik die eerste keer dat toestande in die Losie aandag geniet het sedert die uitreiking van die 'reglementje' om brand te verhoed in 1716.[57] Hulle het 180 siekes daar gevind, groot en klein, maar in 'n verslag wat 10 Julie gedateer is, het hulle min hoop gekoester dat enigeen sou herstel, aangesien dit hulle ervaring was dat 'van diegeene aan dewelke sig swartte, blaauwe of paarsse vlakken [vlekke] vertoond hebben, niet één enige 't leeven ervan gebragt heeft'.[58] Verder het hulle geen raad gehad nie.

Kort hierna is 24 blankes en vyftien van hul slawe op 'n enkele dag in die Tafelvallei dood, 'en dit nog sonder de leijfeijgenen der E. Comp. te reekenen', en het die Dagregister die sterfgetal daagliks begin aanteken.

Op die 15de moes daar tydens 'n vergadering van die Politieke Raad gekonstateer word dat aangesien daar geen plek vir verdere teraardebestellings meer in die begraafplaas rondom die kerk was nie,

> sonder dusdanige doode lighaamen op andere nog onverteerde kisten te plaatsen; waardoor deselve dan geensints ter vereijschte diepte onder d'aarde kunnende werden gebragt, men by de nu voorhanden zijnde warme daagen niet [niks anders] als een vehemente stank en gevaarlijke besmetting soude te [ver]-wagten hebben.[59]

Reeds is daar met die oog hierop egter 'n stuk grond 'nevens de Soldaatekerkhoff' aan die diakonie afgestaan 'om te dienen tot een algemeen kerkhoff, waarin nadat het oude ten eenemaal vol sal weesen, de lijken deeser Caabse ingeseetenen sullen moeten begraven werden'.[60] Die verwysing is na die omgewing van die huidige Somersetweg, destyds nog heeltemal buite die woongebied.

'n Verdere aanduiding van die omvang van die epidemie is dat die drie sogenaamde aansprekers, wat in die praktyk as begrafnisondernemers opgetree het, 'door de voorseijde continueerende swaare sterfte' die werk nie meer kon behartig nie: een van was naamlik ook as vendumeester of afslaer werksaam, en as sodanig ewe goed oorbelas as gevolg van die toename in sterfgevalle en gevolglik ook vendusies. Daar moes dus nóg 'n voltydse aanspreker in sy plek benoem word.[61]

Aangesien daar geen teken was dat die epidemie afneem nie, het Von Dessin op 25 Julie die orige drie slawekinders in sy huis veiligheidshalwe ook weggestuur, alhoewel hulle oënskynlik nog gesond was,[62] en die volgende dag het hy sy skoonsuster Susanna Kina, weduwee van C.L. Rhenius,[63] by hom in huis geneem omdat sy sieklik was en daar beter versorg sou kan word. Dieselfde middag nog moes daar vasgestel word 'dat sij met den aanslag van de pokjes was beset'.[64]

Die sterftesyfer vir die Tafelvallei vir die maand Julie, Kompanjiesdienaars, vryburgers, 'vrij-swarten en onchristenen' en slawe tesame, was nie minder as 1102 nie. Hoe dramaties hierdie sterftes was, en hoe meedoënlose die dood, kan getoon word aan die feit dat Johannes Needer, wat die rang van Boekhouer onder die VOC besit het, op 31 Julie op 33-jarige leeftyd oorlede is, sy vrou op 12 Augustus, en hul tweejarige dogtertjie op dieselfde dag.[65] 'God den Heere sij gebeeden sig over ons te willen ontfermen en van dit land af te wende deese soo droevige en al vernielen plaagen. Amen,' het die skrywer van die Dagregister versug.

Hiermee was die ergste egter agter die rug: in die diakoniehospitaal kon sommige van die opsigters en verpleërs reeds ontslaan word, en teen die begin van Augustus was daar net nog elf siekes oor.[66]

Op 11 Augustus moes Von Dessin aanteken: "'s avonds is mijn slaavejongetje Pieter, dewelke [ik] om sijn goed gemoed en bijsonder talent seer bemind hebbe, in den ouderdom van vier jaaren overleeden',[67] dog gedurende die loop van hierdie maand was daar oor die algemeen 'n gestadige afname in die aantal siekes. Op 30 Augustus het Von Dessin die drie slawemeisies dus laat terugkom huis toe 'met haar geschilderde tronies', wat waarskynlik op een of ander behandelingswyse dui, alhoewel die seuntjie Willem voorlopig nog by Jan die Timmerman gelaat is, en het hy laasgenoemde 'uit mijn vrije wil' die aansienlike bedrag van 75 riksdaalders betaal.[68] Min ander Kaapse slawe is waarskynlik so goed deur hul meesters versorg soos hierdie groepie.

Die totale sterftesyfer vir Augustus was slegs 468, en op 1 September het die plaaslike doodgrawer hom vry gevoel om by wyse van opsomming aan die kerkraad 'n rekening voor te lê vir al die armes wat hy tot dusver op diakoniekoste begrawe het: dit het 194 'Christene' en 65 gekleurdes en 'bastard-Hottentotten' behels. Die bedrag van 150 riksdaalders is uitbetaal aan hom en die messelaar wat hom bygestaan het.[69]

Vanaf September is daar in die Dagregister nie meer daaglikse syfers verstrek nie, slegs die totaal aan die einde van die maand, wat 107 beloop het. Op 26 September kon Von Dessin se skoonsuster as genese na haar eie huis terugkeer, 'sullende nog wel een paar maanden verslijten aalvoorens tot haar volle kragten te geraaken', soos hy aangeteken het; alhoewel sy 'n terugval gehad het en nog voor die einde van die jaar te sterwe sou kom, 42 jaar oud.[70]

Teen die 15de September het die offisiere van die plaaslike burgermilisie egter besef dat dit nogtans nie moontlik sou wees om die jaarlikse optrek in Oktober te laat plaasvind soos gebruiklik nie. In Leibbrandt se Engelse opsomming:

> the plague is still continuing, so that the men who arrive here from the country, lodge and sleep in houses and on beds which have not been thoroughly disinfected, and so spread the plague in the country, thus making it general. Moreover, should the disease show itself in the country, and there have already been a few infected farms, the healthy men will be obliged to remain at home for the assistance of their sick, and keeping the country safe from all evil doers and vagabonds who, wishing to profit from the weak condition of the public, might commit violence and mischief.[71]

Voorts het hulle gewys op die verliese wat die milisie as gevolg van die epidemie aan manskappe, trompetters en fluit- en tamboerspelers gely het, en dus toestemming van die owerheid gevra om die optrek tot 'n onbepaalde latere datum uit te stel.

Ná die ontwrigting van die afgelope vier of vyf maande kon die normale gang van sake egter geleidelik in die Tafelvallei herstel word: 'middelerwijl,' soos die Dagregister aan die einde van September opgemerk het, 'siet men thans de landlieden [*mense van die platteland*], dewelke seedert een maand of vijf geschroomd hebben met hunne producten Caabwaards te koomen, en waardoor men alhier in geen kleijne verleegentheijd omtrent leevensmiddelen is geweest, te merkt [*mark*] koomen'.

Op 21 Oktober, dieper in die lente, is daar nog 'n plakkaat uitgevaardig waarin opdrag gegee word om huise gereeld te lug, ten einde te verhoed dat daar 'bij deese warme dagen' nuwe besmetting uitbroei.[72] Aan die einde van hierdie maand is dit egter veilig geag om die finale statistieke vir die epidemie te bereken. Dit het in die Tafelvallei altesaam 2072 mense bedra, 963 vryburgers en 'n totaal van 1109 gekleurdes en slawe, 'n beduidende verlies vir so 'n klein gemeenskap,[73] en daarby ook 'n gevoelige ekonomiese slag vir slawe-eienaars. Wat meer spesifiek die diakoniehospitaal betref waar die armes versorg is, is daar uit die 237 mense wat hier opgeneem is 142 oorlede.[74] Dit was eers in Maart van die volgende jaar dat die Politieke Raad 7 April formeel as 'n 'algemeene Dank-, Vast- en Beede-Dag' vir die hele kolonie aangewys het.[75] 'The day set aside,' skryf Viljoen, 'also signified the normalisation of life in Cape Town.'[76]

Dit was gedurende hierdie veelbewoë maande, terwyl meerdere van sy eie slawe siek gelê het en oorlede is, behoorlike sorg waarskynlik ontbreek het en daar oor die algemeen seker nie veel tyd was om aandag aan 'n sieklike ou man te skenk nie, dat Henricus Beck in Junie 1755 oorlede is, 91 jaar oud. Of hy uiteindelik ook aan die pokke beswyk het, is onbekend.

Die presiese dag van sy dood kan binne 'n week vasgestel word, tussen 10 Junie, die datum waarna hy verwys in sy aantekening 'een meijd gehuurt van Sr. Artoijs', en 17 Junie, toe sy nagelate 'contanten, goud en silverwerk, mitsg[a]d[e]rs principale [*vernaamste*] papieren', in 'n lessenaar verseël is.[77] Dit was dus in die tyd toe die Dagregister melding gemaak het van 'swaare reegens, en daarmeede ver[ge]seld gegaan hebbende koude',[78] en Pieter Bosman vir sy broer geskryf het oor die siektes en sterftes in hul familie- en vriendekring. Waarom dr. Van der Riet se rekening tot 27 Julie geloop het, is onduidelik, want die behandeling van Beck se slawe word afsonderlik hiervan vermeld. Eersgenoemde rekening het terloops 150 riksdaalders vermeld, 'n aansienlike bedrag.

Van die 'meijd gehuurt van Sr. Artoijs' en die 'slaaf genaamt Mentor' van wie daar in Beck se aantekeninge sprake is, word niks meer verneem nie, maar Cornelis Roosendaal het later 'n gespesifiseerde rekening ingestuur 'Wegens 54 dagen en nagten huur voor een slaaven meijd tot 32 stuijvers voor ieder dag en nagt, als van den 7 Junie tot den 31 Julie incluijs'. Maria van die Kaap, vermoedelik 'n vry gekleurde vrou, het ná Beck se dood 8 riksdaalders 12 stuiwers geëis vir 'dagelijxe ingekogte en besorgde groente, mitsg[aders] andere klijnigheeden tot de huijshouding van wijlen den Eerwaarde predikant Henricus Beck'. Ook sy het met haar merk geteken. Hendrik la Fèbre, wat sierlik sy naam kon skryf, het weer 5 riksdaalders 32 stuiwers vir 'gelevert versvleesch en staertvet' gekry.

Mens moet dus aanneem dat Beck gedurende die laaste weke van sy lewe deur gehuurde slawe en gekleurdes versorg is, behalwe in die mate dat die egpaar De Grandpreez en hul eie slawe moontlik hulp kon verleen. Die boedelinventaris wat op 28 Junie opgestel is, meld in die 'derde bovecamer' van die huis egter in nogal verrassende veelsydigheid '1 kist met wat ijserwerk, 1 bakkist, 2 racken, 1 partij rommeling, 1 slave jonge gen[aem]t Coridon van Macasser',[79] wat sou kan beteken dat hy in die huis gewoon het omdat hy die enigste van Beck se slawe was wat nie siek was nie. Geen ander slawe word in die inventaris vermeld nie.

Wat die begrafnis betref, is dit ten spyte van die omstandighede klaarblyklik met 'n sekere styl uitgevoer, soos dit 'n oudpredikant betaam. Detlof Zeemann, wat sy naam onhandig in Gotiese skrif geteken het, het 'n rekening voorgelê vir 'n doodkis, vertinde beslag, tien el fyn linne vir die bekleding en twintig el swart floretlint, 'n deftige soort lint wat van sy gemaak is. 'B. Mijburg weduwe Van Rooijen' het 'n rekening vir 7 riksdaalders ingedien vir 'n duisend gesorteerde koekies, ses pond pepernote en vier gerasperde brode, tradisionele gebak by begrafnismaaltye. Ook is daar egter 'n baie slordige rekening van P. van Breda vir 7 riksdaalders 'voor het geback in soort op de begrafenis gebruijckt' (moontlik dit wat hy aan die weduwee Van Rooijen voorsien het), en 20 riksdaalders 'aen de 2 aensprekers present gedaen', wat alles op 'n redelik groot opkoms dui. Die 'vragt brandhout' wat Pieter Teron aan die boedel gelewer het, het moontlik ook met die begrafnis in verband gestaan, met die oog op die Kaapse winter.

Die weduwee Van Rooijen se rekening is terloops dieselfde dag gedateer waarop die plakkaat oor die epidemie uitgevaardig is wat die bediening van 'gebak' by begrafnisse as moontlike bron van besmetting verbied het,[80] terwyl twee aansprekers die aantal was wat die Politieke Raad dieselfde winter nog in sy bespreking van die prag-en-praalwette goedgekeur het vir lede van die Politieke Raad, kapteins en kapteins-luitenant ter see en te land, en predikante.[81]

Die feit dat die boedelinventaris wat op 28 Junie opgestel is, vermoedelik ná die begrafnis, 32 stoele in die 'camer ter linkerhand' noem, kan moontlik op reëlings vir die begrafnismaaltyd dui.

Op die agterkant van die vel papier met die los aantekeninge wat hierbo reeds aangehaal is, het Beck met verwysing na sy eie begrafnis verder genoteer: 'De slaven niet in d' rouw te kleeden nog ook zand te strooijen.' Laasgenoemde verwys na 'n plaaslike gebruik waarteen lede van die Politieke Raad beswaar gemaak het toe hulle aanpassings van die prag-en-praalwette bespreek, en opmerk,

> hoedat seedert eenigen tijd herwaarts is ingekroopen het misbruijk dat door een ygelijk sonder onderschijd niet alleen voor de sterfhuijzen maar selfs een groot gedeelte van de weg waarover de lijken staan gedragen te werden, de straaten met strandzand werden bestrooit, welk zand vervolgens, door de wind overal heen gevoerd werdende, veel ongemak komt te veroorsaaken.[82]

In die aangepaste wetgewing wat vervolgens vir die Kaap uitgevaardig is, is hierdie gebruik dan ook verbied, 'Behalven by het begraven van een Heere Gouverneur, mits-[gader]s van de respectieve raadsleeden'.[83]

In die loop van dieselfde bespreking is egter daarop gewys dat die regulasies vir begrafnisse wat in Batavia opgestel is, nie op die Kaap van toepassing was nie, 'Dewijl de begravingen hier te lande niet anders als by daag en nooijt met rijtuijgen geschieden', alhoewel daar met die begrafnis van die fiskaal Cornelis van Beaumont in 1723 twaalf koetse vermeld is.[84] Normaalweg het die begrafnisstoet egter bestaan uit die manlike roubeklaers, gekleed in die tradisionele lang roumantels, wat die kis te voet van die sterfhuis na die kerk vergesel, in hierdie geval deur die modderige strate van die Kaapse winter na die kerkgebou bo aan die Heerengracht.

In Beck se testament is die gebruiklike 50 riksdaalders aan die armefonds van die plaaslike diakonie nagelaat. Verder het sy slawe 'alle hetgeene tot sijn lijff behoort heeft' gekry, 'soo[wel] wolle als linnegoed', waarmee bo- en onderkleding bedoel word,[85] en die reeds vermelde Henderica van de Caab, 'vrij gegevene slavinne van wijle den eerwaarde predicant d'hr. Henricus Bek', 500 gulden ontvang, asook 'meubels en huijsraad'. In die boedelinventaris is dit gespesifiseer as 'een tafelcasje, 1 combuijscasjen, d'slegte [*eenvoudige*] stoelen, en wat meerder tot de haart behoort en potkook dienstig vereijscht wort [*d.w.s. kookgerei*], benevens 1 opgeslage ledekantje, 1 tafeltje, 1 mattras en 1 deeken'.[86] Sy het die kwitansie hiervoor eiehandig maar nogal onseker geteken met 'herca van', gevolg deur wat lyk soos die woord 'pas' wat doodgetrek is. Verder is alles aan die Slotsboo-seuns nagelaat.

Soos gebruiklik, is die goedere wat nie uitdruklik in die testament bemaak is nie op 'n openbare vendusie verkoop, wat skynbaar eers aan die einde van Julie plaasgevind het. Die boedeldokumente meld vergoeding uitbetaal 'aan coelijs [*koelies*] tot 't schoonmaaken van 't huijs en de goederen', en uitgawes in verband met ''t maaken van geltsacken', ''t sorteeren der boeken', ''t schrijven van 12 billietten [*biljette*] tot de vendutie en indaging', ''t aanplacken van 12 billietten' en 'tweemaal omklinkens', wat verwys na die aankondiging met klokgelui. Verder is daar meer as 11 riksdaalders bestee aan 'n gros langsteelpype, ses pond tabak en 'n kelder wyn, en Johannes van Aarde het drie vragte brandhout teen 8 riksdaalders gelewer, wat herinner aan die feit dat dit nog winter was.

Die pokke-epidemie het nog gewoed en die sterftesyfer in die Tafelvallei het daardie maand, soos genoem, 1102 beloop. 'The value of property was so depreciated,' berig Theal,

> that there was a difficulty in disposing of houses, and articles of luxury, such as plate and jewellery, were quite unsaleable. The orphan chamber at length resolved not even to offer things of this kind at public auctions, but to preserve them until more favourable times, as otherwise their value would be lost to heirs.[87]

Desondanks was daar nie minder as 66 kopers op die vendusie in Beck se huis nie, afgesien van 'n onbekende aantal toeskouers. Onder die kopers was daar vier vroue, 'n enkele vry gekleurde, naamlik Johannes van Bengale, en 'de Chin[ee]s Onkonko'.

Naas die gebruiklike groot hoeveelhede porselein en linne is dit veral die boeke wat in hierdie nalatenskap opval, en hier was die kompulsiewe boekversamelaar Von Dessin en 'D'Hr. van Oudshoorn' die vernaamste kopers, in laasgenoemde geval vermoedelik die destydse fiskaal, baron Van Reede van Oudtshoorn, wie se

14. *Die dood van Henricus Beck*

biograaf melding maak van sy 'goeie opvoeding' en 'wetenskaplike opvoeding'.[88] Bes moontlik het die bundel van Aletta Beck se gedigte wat kort tevore in druk verskyn het en die twee manuskripbundels met gedigte by hierdie geleentheid in Von Dessin se besit gekom en sodoende in die huidige Nasionale Biblioteek Kaapstad beland.[89] Ewe goed was daar egter 'n opvallende hoeveelheid leë bottels, kalbasse en kiste, wat bydra tot die algemene indruk van rommeligheid en onversorgdheid in die ou man se huis wat reeds genoem is.

Die slaaf Coridon van Makassar is deur Jan Cromhout aangeskaf, saam met die draagstoel en sy stokke en 'n tafel, vir 'n totaal van 36 riksdaalders en een stuiwer; waarby dit interessant is om op die feit te let dat Cromhout of Kromhout die seun was van 'n Duitse immigrant en die kleinseun aan moederskant van 'n voormalige slavin van die Kompanjie wat op haar beurt 'n Nederlandse vader gehad het.[90]

Net interessantheidshalwe kan hier bygevoeg word dat een van Cromhout se susters, Sara Margaretha, in 1768 toe sy twintig jaar oud was, getroud is met Christoffel Fredrik (of Fredrik Christoffel) baron Van Knuth, 'n regsgeleerde, wat haar vermoedelik leer ken het op sy terugreis van die Ooste waar hy by die Kompanjie in diens was.[91] Sy is saam met hom Europa toe, maar in 1772 het die egpaar na die Ooste teruggekeer met hul dogtertjie, en albei is oorlede voordat hul skip die Kaap bereik het. Hulle het 'n koffer en vier kiste met 'n groot hoeveelheid goedere, hoofsaaklik klerasie, nagelaat, en Sara Margaretha se moeder, 'Sara Magdalena Olofsz., wed[uwe] Jan Michiel Cromhoud', het 'eygenhandig' met haar merk vir die ontvangs daarvan geteken.[92]

Elke menselewe uit die Kompanjiestyd waarby mens in die verbygaan vir 'n oomblik bly staan, kan die Kaapse samelewing onder die VOC verder belig; wat die rede is waarom 'n boek soos hierdie so baie skynbare ekskurse bevat.

Vermoedelik was Coridon wat op die vendusie deur Jan Cromhout aangekoop is die enigste van Beck se slawe wat die epidemie oorleef het, of het die ander drie nog nie genoegsaam herstel nie, want Zeemann se rekening vir die doodkiste wat hy vir Alida, Hoesaar en Carel verskaf het, is 11 Julie gedateer.

Die totale opbrengs van die vendusie was byna 1000 riksdaalders.

Beck het 53 jaar aan die Kaap deurgebring en meer as dertig jaar as predikant gedien, maar opsommend is daar verbasend min oor hom te sê, en as hy enige beduidende bydrae tot die lewe in die kolonie gemaak het, blyk dit nêrens in die beskikbare dokumentasie nie. Hoogstens het sy bestaan as gerieflike raamwerk gedien vir die inligting oor die koloniale samelewing van sy tyd wat in hierdie boek aangebied is, en toon dit nogmaals hoeveel gegewens oor 'n spesifieke individu in eietydse dokumente opgespoor kan word om tot 'n geheelbeeld by te dra.

Oor Henricus Beck is daar dus niks verder te sê nie; maar iets oor sy naaste verwante kan ten slotte nog bygevoeg word.

Wat die drie Slotsboo-seuns betref, was hulle ná die dood van hul moeder in 1752, toe hulle onderskeidelik twaalf, tien en ses jaar oud was, volslae wese.[93] Die middelste van die drie, Daniël Josephus Slotsboo is intussen reeds in 1748 op sesjarige leeftyd na Europa gestuur, vermoedelik onder die hoede van die egpaar Nolthenius, vergesel van die slavin Pegie van Kalikut;[94] en mens neem aan dat hy hiervoor uitgesoek is omrede hy na Nolthenius vernoem was. Sy twee agterblywende broertjies is voorlopig in die sorg van hul tante en oom, die egpaar De Grandpreez, geplaas, en 'n katel met 'n veerbed, onderkussing, ses kopkussings en kombers, asook 'n boekstaander, is uit hul moeder se huis 'tot gebruij van die kinderen' saam gestuur.[95]

Sover die kinders se verdere lotgevalle afgelei kan word uit die rekweste aan die Politieke Raad wat deur Leibbrandt saamgevat en in Engels vertaal is, het hul moeder in haar testament bepaal dat die twee agterblywende seuns ook na Nederland gestuur moet word 'for an honest [*eerbare*] Christian education', iets wat klaarblyklik nog steeds nie aan die Kaap verkrygbaar was nie. Sodra hulle vertrek het, kon die slavinne Candace en Speranza vrygestel word, en in 1753 het die Weeskamer die owerheid aan hierdie feit herinner, 'as both her children have now left':[96] die vrystelling van Candace van die Kaap en haar kinders Aspasia (Spasia), Damon en Alida van die Kaap is vervolgens aangevra, sonder verdere verwysing na Speranza.[97]

Vroeg in 1756 het De Grandpreez aan die Weeskamer geskryf aangaande die sake 'van mijnen neef Dantje Slotsboo' en 'sijne twee andere broederen', wat hiervolgens in Arnhem was.[98]

Josephus de Grandpreez het vroeg in 1757, toe hy ongeveer sestig moes gewees het, as sekretaris van die Politieke Raad afgetree, 'seer instantig [*dringend*] versogt hebbende om uijt hoofde van desselfs aanhoudende indispositie, behoudens desselfs gagie [*salaris*] en emolumenten, mitsg[ader]s den rang naast het jongste lidt in deeser Raade'.[99] Hy is opgevolg deur Oloff Martini Bergh, 'n kleinseun van kaptein Oloff Bergh uit 'n vroeër era en sy gekleurde vrou Anna de Koning.

Die styl waarin De Grandpreez en sy vrou, die vroeëre Louisa Slotsboo, teen hierdie tyd geleef het, word beeldend weergegee deur die boedelinventaris wat opgestel is toe sy in 1762, slegs 'n jaar ná hom, oorlede is.[100]

Altesaam tien vertrekke word in die huis aangegee, met inbegrip van die reeds gebruiklike 'galderij', naas 'n 'bottelerij', wat skynbaar as algemene pakkamer gebruik is, 'n 'provisie camer', 'n 'dispens', 'n kombuis, en 'n solder. Alhoewel dit nêrens eksplisiet gestel word nie, skep kameraanduidings soos 'boven voorhuijs' en 'beneeden voorhuijs' in die inventaris die indruk dat dit hier gaan om 'n dubbelverdiepinghuis, waarby eersgenoemde benaming dan op 'n trapportaal betrekking sou hê, en die 'camer ter linkerhand' (by implikasie op die boverdieping) moet 'n ruim vertrek gewees het, want vyf ophaalgordyne impliseer vyf vensters. 'n Sekere

14. Die dood van Henricus Beck

mate van duplisering, soos byvoorbeeld die aanwesigheid van twee draagstoele op elk van die verdiepings, sou egter kan beteken dat die verdiepings afsonderlik bewoon is.

Wat die inrigting van die huis betref, is dit nie nodig om spesifiek te wees nie, want alles wat teen hierdie tyd in die huis van 'n welgestelde Kapenaar verwag sou kan word, was hier in ruim mate aanwesig, tesame met 'n aantal betreklike nuwighede soos 'n barometer, 'n towerlantern en twee 'vloercarpetten', asook 'n formidabele hoeveelheid tafelsilwer, waaronder twaalf kandelare en drie skinkborde: mens onthou in hierdie verband die navraag oor die prys van silwer wat De Grandpreez jare tevore, ná sy bevordering deur Swellengrebel, na Nederland gestuur het.[101] Slegs die boekrak met 426 boeke is 'n vreemdsoortige element in 'n Kaapse woning, wat herinner aan die huise van ander buitelandse amptenare soos Beck en Von Dessin. Ses koperkwispedoors en nege handkwispedoors, drie van koper en ses van porselein, toon egter dat die ouer gebruike geensins uitgesterf het nie.

In die meeste vertrekke was daar 'n groot aantal stoele, 87 in totaal, afgesien van leunstoele en dergelike meer, in sommige gevalle met los kussings. Die groot hoeveelheid bed- en tafellinne—79 lakens, 124 kussingslope en nie minder as 292 servette en handdoeke nie,—die tien strykysters, en die elf kamerpotte, sewe van porselein en vier van tin, lyk ewe oordadig in die huishouding van 'n kinderlose egpaar, en laat die vraag ontstaan of die huis miskien ingerig was om losies te verskaf aan hooggeplaaste besoekers soos De Grandpreez se swaer Daniël Nolthenius in 1748. Hierteenoor was daar egter 'n betreklik klein aantal beddens van verskillende tipes: twee hemelbeddens, drie katels en 'n 'paveljoentje'.

Op Wentzel se plattegrond van Kaapstad uit 1755 word 'n blok aan die rand van die gemeenskap na die Kasteel se kant, op die oostelike hoek van die Keizersgracht (Darlingstraat) en Pleinstraat, as 'Thuyn van den Raad en heer de Grandpreez' aangedui,[102] en bes moontlik is dit ook waar hy en sy vrou gewoon het, met 'n uitsig oor die paradeplein na die baai. Op dieselfde erf as hul woonhuis was daar volgens die boedelinventaris 'nog drie huijsen', 'n koetshuis met 'n koets en ses stelle perdetuig, 'n perdestal, waar geen perde aangegee is nie, 'n 'timmermans winkel' en 'n kafsolder, sodat dit 'n groot stuk grond moet gewees het.

As bostaande lokalisering reg is, het die huis waarskynlik die volle blok tussen die huidige Darling-, Plein-, Langmark- en Corporationstraat beslaan. Die groot panorama van die Tafelvallei wat omstreeks 1810 gemaak is deur Josephus Joon of Jone (later verengels tot Jones) toon op hierdie perseel 'n dubbelverdiepinghuis vyf vensters breed met 'n verlenging na agter en 'n elegante kroonlys versier met 'n balustrade en urne.[103] Of dit die gebou is wat De Grandpreez en sy vrou bewoon het, is onbekend, maar dit is moontlik, want dit is groot en deftig genoeg, en bowendien in dieselfde styl gebou soos byvoorbeeld die nuwe kostershuis en biblioteek wat in 1764 langs die kerk in die Heerengracht opgerig is.[104] Johannes Rach se tekening 'Het gezigt van het Ambags [sic] Quartier benevens de Equipagie werf' uit 1762, die jaar ná De Grandpreez se dood, toon trouens 'n soortgelyke huis met 'n golwende kroonlys aan die Heerengracht naby die hoek van die huidige Strandstraat, terwyl die huis van die ekwipasiemeester skuins oorkant in Strandstraat 'n soortgelyke ry urne op sy kroonlys het.[105]

Naas sy woonerf het De Grandpreez drie verdere erwe in die Tafelvallei besit, op elk waarvan daar 'n huis gestaan het,[106] en een daarvan was vermoedelik dié waarin Beck met sy dood woonagtig was.

Ten slotte was die egpaar ten tye van die weduwee se dood in besit van tien manslawe, ses slavinne en vyf slawekinders.

Toe die boedelinventaris opgestel is, was De Grandpreez se klere nie meer in die huis aanwesig nie, maar sy weduwee het 'n verstommende hoeveelheid nagelaat, en 'n vinnige telling lewer onder vele andere die volgende op: omstreeks sewentig tabberds van verskillende tipes, 59 'hals doeken', waarvan elf met kant afgewerk was, 43 mussies en kappies, 35 ondermussies en veertien 'gekapte mutsen', 46 hemde of frokkies, drie onderbroeke, 127 gekleurde sakdoeke, 21 paar handskoene, sewentien waaiers en 26 paar kouse. Mens wonder waar dit alles gebêre is, veral as mens die volumineuse aard van vroueklere in ag neem, in 'n tyd toe hoepels nog in die mode was.[107] Ten slotte was sy ook in besit van juwele, meestal met diamante versier, alhoewel dit ook twee pêrelkettings ingesluit het.

Dit is dus wat De Grandpreez gedurende sy verblyf van veertig jaar aan die Kaap vir hom bymekaargekry het; dit is hoe daar teen die middel van die agtiende eeu aan die Kaap geleef kon word, en dit is hoe 'n senior amptenaar en sy vrou inderdaad ook geleef het.

'n Interessante punt waarop daar vir die laaste keer nog aandag gevestig kan word, is die Oosterse elemente wat hier soos orals aan die Kaap in die koloniale huishouding merkbaar was: die lakwerk, die 'Japanse commen' en 'porc[elein]e potten' op die kaste, die porseleinware (onder andere 67 borde en 41 skottels), die alkatiewe, die Japanse rys, kurkoma (geelwortel), soja en voëlnessies in die pakkamers, die martavaan en rysblok met sy stamper in die kombuis, die bondel rottangs en 'oude sommereelen' of kiepersolle op die solder, en bowenal die slawe. Van die sestien volwasse slawe was nie minder as nege uit die Ooste afkomstig nie: naas 'n Boeginees is Bali, Soembawa, Mandar, Bengale en Malabar almal in die groepie verteenwoordig, sowel as Madagaskar en die Kaap.

Dat die lewenstyl van die egpaar De Grandpreez geensins uitsonderlik was nie, word geïllustreer deur die eietydse geval van sy voormalige kollega in die Politieke Raad, die sekunde Sergius Swellengrebel, wat in 1760 oorlede is.[108] Met die dood van Swellengrebel se weduwee, Anna Fothergill, vier jaar later het die Weeskamer toestemming gevra om vyf kaste met meubels, huisraad, bed- en tafellinne en klerasie na die egpaar se seun te stuur, wat met die rang van Onderkoopman as resident van Boelekombe en Bonthain in Makassar diens gedoen het. Dit het 'n groot hoeveelheid silwerware, juwele en vrouekleding ingesluit, naas kaste met boeke,

14. Die dood van Henricus Beck

familieportrette en 'family statues', soos Leibbrandt dit vertaal, terwyl Bax dit oor 134 skilderye het, '[h]et grootste aantal dat ik tot nu toe in één huis aantrof, (...) waaronder 18 familieportretten',[109] en 'n nog groter hoeveelheid verdere klerasie is aan Anna Fothergill se suster in Londen bemaak.[110]

Wat De Grandpreez betref, word iets oor sy newebedrywighede gesket in die brieweboek, tans in die Kaapstad-argiefbewaarplek,[111] waarin hy oor die jare 1757-61, die laaste jare van sy lewe, kladkopieë van 99 uitgaande briewe in Nederlands en Frans gemaak het,[112] wat op 'n betreklik intensiewe korrespondensie dui vir 'n afgetrede man.

Onder De Grandpreez se korrespondente in hierdie jare was sy Slotsboo-nefies in Nederland, en in 1761 het hy C.P. Slotsboo in Frans meegedeel,

> dat hier geen teken meer is van die skade wat 'n paar jaar gelede deur die pokkies-epidemie (*la petite verole*) aangerig is nie. Die Kaap is tans so dig bevolk soos vantevore, en wat die vooruitgang van hierdie plek nog meer bevorder, is die groot aantal Franse skepe wat elke jaar hier aandoen, sowel as die goeie koring- en wynoeste wat ons agtereenvolgens gehad het.[113]

Van die tien Franse briewe in die brieweboek wat Sienaert-van Reenen in Afrikaans opgesom of vertaal het,[114] is die mees insiggewende waarskynlik dié wat gerig is aan ene Candos, amptenaar op die eiland Île de France (Mauritius), destyds 'n Franse kolonie, van wie De Grandpreez onder andere ebbehoutplanke en wit ebbehout ontvang het. Van die wit ebbehout, skryf hy, het hy vir sy vrou 'n laaikas laat maak, 'die mooiste stuk houtwerk wat ons in hierdie land het', en hy het ook kaneel- en without en kokos- en ander boompies en plantjies van sy korrespondent aangevra.

Hierby het dit egter nie net om die uitruil van geskenke gegaan nie, maar was dit ook op tipies Kaapse wyse 'n kwessie van doelgerigte handel, waarby 'groot rosyne', gedroogde vye en 'wit lyn' na Mauritius gestuur is. In die boedelinventaris van De Grandpreez se weduwee verskyn daar nog altyd 'n lys uiteenlopende 'Goederen door d'heer Jan Cok, coopman tot Amsterdam, p[e]r 't schip *Amelisweert* gesonden', wat klink asof dit gedeeltelik vir De Grandpreez se eie gebruik bedoel was en gedeeltelik vir handelsdoeleindes: 1100 glasruite, 'n stuk blou karsaai, twee manshoede, drie waaiers, sestien pakkies garing, twee paar kapokkaarde vir die uitkam van kapok, twee vate bier en 528 bottels rooiwyn.[115] Die bier en die wyn kon op nuttige wyse ingeskakel word vir gebruik op die vendusie ná haar dood.

In hierdie briewe is daar verwysings na die feit dat De Grandpreez in dié tyd voortdurend deur rumatiek en podagra gepla is, sodat hy skaars nog sy hande kon gebruik, en elders het hy dit teen die einde van sy lewe oor sy 'dagelijxe indispositie' en die feit dat hy sy regterarm gebreek het.[116] In die testament wat die egpaar in 1761 opgestel het, het hulle dan ook 20 000 gulden nagelaat aan hul huishoudster, Johanna Elisabeth Spelling, vir wat Pheiffer omskryf as 'die trou en ywer waarmee sy jare lank hul huislike sake waargeneem het en vir die groot dienste en behulpsaamheid wat sy aan hulle bewys het'.[117] Verder is een van die huise op hul woonerf aan haar bemaak, met die reg om die ander twee vir 6000 gulden aan te koop.[118]

Johanna Elisabeth Spellingen, soos sy self haar naam geteken het,[119] verdien spesiale aandag as een van die interessante figure uit die koloniale geskiedenis van hierdie tyd, al is dit van 'n tipe wat in die sewentiende eeu miskien meer algemeen was as die agttiende. Sy was naamlik 'n Duitse vrou wat in 1744 as soldaat verklee die Kaap bereik het onder die naam Johann Elias Spelling, interessant genoeg op 'n skip waarop daar ook 'n Vlaamse vrou was wat op soortgelyke wyse verklee was.[120] Sy het hier agtergebly en in 1750 'n buite-egtelike dogter gehad met ene Rudolf Ditmar Möller,[121] 'n Duitser wat as timmerman by die VOC in diens was, maar 'n vrou en seun in Nederland gehad het wat later by hom aangesluit het.

In 1755 maak 'Elisabeth Spellingen' 'n vlugtige verskyning by die vendusie van Beck se goedere, waar sy twee porseleinpotte en 'n 'tafelcasje met sy kleetje' aangeskaf het,[122] naas '1 partij silvere en goude kanten' op die vendusie van sy vrygestelde slavin Alida van die Kaap by dieselfde geleentheid,[123] maar verder is daar geen inligting oor haar gevind nie, en dit is ook nie bekend wanneer die egpaar De Grandpreez hulle oor haar ontferm het nie.

De Grandpreez is in 1761 dood, en volgens sy weduwee, 'on his death bed, [he] desired that his clothes, linen, gold pocket watch, sword, etc. were to be sent to her three nephews in Holland, viz.: Cajus Petrus, Daniel Josephus and Henricus Jacobus Slotsboo, in order to be divided among them'.[124]

Louisa Slotsboo is die jaar ná haar man oorlede,[125] en dit was mevrou Spellingen wat die amptenare met die opstel van haar boedelinventaris behulpsaam was.[126] Naas die geld en die huis wat aan haar nagelaat is, is De Grandpreez se boekrak en sy 426 boeke aan haar buite-egtelike dogter bemaak, saam met die slavin Manuar van Mandar, terwyl Clara van Mandar aan moeder en dogter saam nagelaat is. Die twee het voorts Louisa Slotsboo se menigte klere geërf, en dit is duidelik dat mevrou Spellingen die besondere agting van die egpaar De Grandpreez geniet het en met laasgenoemdes se dood as deftige en gegoede vrou nagelaat is, alhoewel sy en haar dogter seker al eerder aan dié lewenstyl gewoond geraak het. Moontlik het hulle selfs een van die twee verdiepings in die De Grandpreezs se huis bewoon, waar daar soos genoem op elke verdieping byvoorbeeld twee draagstoele gevind is.

Dit is duidelik dat hierdie erfenis 'n aanmerklike verskil aan mevrou Spellingen se lewe gemaak het, want 'n jaar later is sy getroud met sersant Johann Leonhard Riel,[127] 'n Duitser in diens van die Kompanjie, wat met hierdie geleentheid ook vryburgerskap bekom het, maar wat in 1767 reeds oorlede is. Sy het in 1780 nog gelewe, want 'Johanna Elisabeth Spillinger' was een van die 27 vroue wat in daardie jaar onder die lidmate van die nuwe Lutherse gemeente aan die Kaap aangeteken is.[128]

Haar dogter, Johanna Elisabeth Muller, het in 1771 in die huwelik getree met 'n verdere Duitser, Joseph Anton Becker,[129] onderchirurgyn in die hospitaal, wat mettertyd ook vryburgerskap aangevra het en volgens Hoge as gegoede man oorlede is. Hierdie klein familiegeskiedenis illustreer opnuut die leidende aandeel van Duitsers in die plaaslike gemeenskap, en die kanse wat daar aan die Kaap vir immigrante bestaan het.

In Louisa Slotsboo se testament is bepaal dat die slaaf Daniël van die Kaap vrygestel moes word, 'for his faithful services, and because he had been baptized, (…) provided he serves his mistress until her death, when he is also to receive Rds.100 out of the Estate'; die burger Hendrik Geerhard en die vryswarte Valentijn van Dapoer het hierby borg gestaan.[130] Kort hierna het Daniel toestemming gevra om sy suster, Juliana van die Kaap, en haar twee kinders Candace en Jacob, uit die boedel vry te koop en homself as borg aangebied.[131]

In die boedelinventaris was daar ten slotte ook 'n opmerklike aantal portrette. Dit was egter eers in 1765 dat die Weeskamer toestemming gevra het om twaalf familieportrette wat vir die Slotsboo-seuns bestem was na Nederland te stuur: 'home to Arnhem, to the Magistrate there, under whose guardianship the three children were'.[132] Vermoedelik gaan dit hier om die agt portrette uit hul moeder se huis en die vier uit die boedel van hul grootoom, ds. Beck.

Sover dit die verdere lotgevalle van die Slotsboo-seuns betref, het C.P. Slotsboo blykens 'n brief van sy oom De Grandpreez uit 1759 besluit om hom 'in Amsterdam by 'n besigheidsonderneming aan te sluit om sodoende [sy] kennis van die handel uit te brei', waarby De Grandpreez aangebied het om indien nodig vir hom borg te staan.[133] Hy het in 1767 in die huwelik getree met Gerharda Theodora de Lalane de Duthay, lid van 'n adellike familie van vermoedelik Frans-Protestantse herkoms wat 'n redelik prominente rol in die openbare lewe van die provinsie Gelderland gespeel het. 'Hij was bij zijn trouwen "voornaam koopman" te Amsterdam,' berig Tutein Noltenius. 'Uit dit huwelijk twee dochters, die niet getrouwd schijnen te zijn.'[134]

Sy broer D.J. Slotsboo is in 1759 ingeskryf as student in die regte aan die universiteit van Franeker in Friesland; hy het geleentheidsgedigte en verse oor lede van die Oranjehuis gepubliseer,[135] en die negentiende-eeuse biografiese woordeboek van Van der Aa meld 'een *vreugdegalm der zegevierende Vrijheid* gegeven, die van niet veel beteekenis is'.[136] In 1766, toe hy in Leeuwarden gewoon het, is hy getroud met Romelia Elisabeth van Burmania, lid van 'n prominente Friese familie, en die egpaar het hulle gevestig in 'n 'herenhuis', 'staande aan de Brink in het midden van Zuidlaren', 'n gebou wat oorleef het en nog altyd die Slotsboohuis genoem word; Slotsboo se beroep is aangegee as advokaat.[137]

In 1773 is 'n skeiding van tafel en bed egter tussen die egpaar uitgespreek, en kort hierna is Slotsboo met verwysing na sy drankmisbruik en verkwisting onder kuratele van sy ouer broer geplaas, terwyl sy vrou op versoek van haar moeder eweneens onder kuratele geplaas is aangesien sy nie meer haar eie sake kon behartig nie. Nadere besondere oor hierdie verwikkelinge is nie bekend nie; maar aan die einde van 1777 het die egpaar van Zuidlaren na Hoogezand verhuis, en die volgende jaar het hulle albei gevra dat die kuratele opgehef moes word. Slotsboo het sy lewe skynbaar in Nederland geëindig,[138] en spesifiek in die noordoostelike hoek van die land, en in die provinsies Drenthe, Friesland en Groningen gewoon.

'De derde zoon, Henricus Jacobus Slotsboo, schijnt jong gestorven,' berig Tutein Noltenius ten slotte.[139]

Die verhaal eindig egter met 'n onverwagte draai, want anders as sy broers het C.P. Slotsboo in 'n later stadium na die Kaap teruggekeer, waar hy vanaf 1790 gereeld in die resolusies van die Politieke Raad as sekretaris van die burgerkrygsraad genoem word.[140] In 1799, tydens die eerste Britse besetting, was hy onder die direkteure van die pas gestigte sendingliggaam wat tot die Suid-Afrikaanse Sendinggenootskap sou uitgroei,[141] terwyl die uitgawes van die amptelike Kaapse jaarboek *Lyst der collegiën* vir 1805 en 1806 hom aangee as sekretaris van die 'raad der gemeente' of stadsraad onder die Bataafse bewind, wat in 1803 kortstondig herstel is. Intussen het die VOC egter tot niet gegaan, en met die tweede Britse besetting in 1806 het die Kaap sy eertydse verbintenisse met Nederland verloor, waarmee die wêreld van die Becks, Slotsboos, De Grandpreezs en Noltheniusse onherroeplik verlede tyd geword het. Toe 'Cajus Petrus Slotsbo' op 27 Januarie 1812 in Kaapstad oorlede is, vroeg in die sewentig, was die land onder Britse bestuur.

Met sy dood was Slotsboo woonagtig in die huis van ene Cornelis de Kock, vermoedelik die man met dieselfde naam wat aan die begin van die eeu in Kaapstad as skoolmeester aangegee is.[142] Volgens die boedelinventaris was hy in besit van 'n aansienlike hoeveelheid klere, drie pruike, 'n paar silwerskoengespes, 'n degen met 'n silwerhandvatsel, 'n wandelstok, heelwat beddegoed, 'n gemakstoel, 'n tafeltjie, 'twee en zestig boeken in zoort', 'n 'restant schryfpapier', en 'een oude draagstoel met stokken en banden'. As die item 'twee houte krukken' reg vertolk is, was hy teen die einde van sy lewe moontlik kruppel. Sy vrou en een van sy dogters was skynbaar oorlede, en sy enigste erfgenaam was sy oorlewende dogter Stevelina Henrietta Alida Slotsboo, wat in Zwolle gewoon het en klaarblyklik ongetroud was. Dit was 'n troostelose einde vir 'n man wat veertig jaar vroeër as 'n 'voornaam koopman' in Amsterdam beskryf kon word.

Met hierdie eensame sterfte van 'n bejaarde man in 'n gehuurde kamer in Kaapstad het die familie wie se lotgevalle in hierdie boek beskryf is binne drie generasies uitgesterf, in elk geval wat Suid-Afrika betref. Sover bekend, bestaan daar geen afstammelinge van Henricus of Aletta Beck, hul niggie Stevelina van Oudenaarden of K.J. Slotsboo nie.

Endnote

1. Henricus Beck en die bediening, pp.11–32

1 Vir biografiese inligting oor die familie Beck, sien Beck:Spiegel, pp.8–12, 232–236; NNBW II, 108–109 (David Beck sr. & jr., Hendrik Beck); Poelmans:Hendrik en David Beck; Ulrich Thieme & Felix Becker, *Allgemeines Lexikon der bildenden Künstler* (1907–50) III, 137 (David Beck jr.).
2 Beck:Spiegel. Vir 'n samevattende oorsig hiervan, sien Schoeman:Patrisiërs, pp.73–78. Keblusek:Haags stilleven, is 'n meditatiewe artikel oor die dagboek.
3 'Ruys', in NNBW II, 109.
4 Poelmans:Hendrik en David Beck, p.75, 76; A.J. Böeseken, *Jan van Riebeeck en sy gesin* (Kaapstad: Tafelberg, 1974), p.233; W.C. Mees, *Maria Quevellerius, huisvrouw van Jan van Riebeeck, en haar omgeving* (Assen: Van Gorcum, 1952), pp.84–85.
5 Aangehaal in Poelmans:Hendrik en David Beck, p.77, waar 'n paar reëls deur Vondel ook aangehaal word.
6 Gelders Archief, Arnhem: Blok nr. 2003, Invent. nr. 519 pp.102v, 103r.
7 Vgl. Hoge:Personalia, pp.302–303.
8 Sien vir hom SABW I, 62–63; Engelbrecht:Kaapse predikante, pp.36–37; Tas:Dagboek, p.38 n17.
9 Pieters & Schutte:Vergeten Kaapse dichteres, p.70. F.C. Fensham gee sy geboortedatum as 7.12.1664; in SABW I, 62. Volgens Pieters & Schutte was dit egter sy doopdatum; *ibid.*, p.69.
10 Resolusies 8, 20.
11 Pieters & Schutte:Vergeten Kaapse dichteres, pp.69–70.
12 Sien vir hierdie hele kwessie Pieters & Schutte:Vergeten Kaapse dichteres, pp.69–70.
13 Pieters & Schutte:Vergeten Kaapse dichteres, pp.69–70.
14 KA, MOOC 8/8.12a.
15 Pieters & Schutte:Vergeten Kaapse dichteres, p.69.
16 KA, CJ 2963 p.46.
17 Pieters & Schutte:Vergeten Kaapse dichteres, p.70.
18 Tutein Nolthenius:Geslacht Nolthenius, pp.527, 1028.
19 Tutein Nolthenius:Geslacht Nolthenius, p.1029.
20 Tutein Nolthenius:Geslacht Nolthenius, p.1035.
21 Sien hiervoor verder p.408 hierbo.
22 Pieters & Schutte:Vergeten Kaapse dichteres, p.70.
23 Inligting van die Gelders Documentatiecentrum, Arnhem (11.1.2006); met verwysing na Menno Potjer, 'Zingt een nieuw lied; Arnhemse voorzangers en schoolmeesters, 1585–1726', *Arnhem de Genoeglijkste* (tydskrif) 25,3 (2005), 115–121.
24 Aangehaal in Poelmans:Hendrik en David Beck, p.75 n2.
25 Pieters & Schutte:Vergeten Kaapse dichteres, p.70.

26 Pieters & Schutte:Vergeten Kaapse dichteres, p.70.
27 Van Petersen:Reizen is tol betalen, pp.365–374 *passim*.
28 John Farrington (1710), aangehaal in Touring the Low Countries.
29 John Talman, aangehaal in Touring the Low Countries, p.77.
30 Kotte:Gelderse bloem, p.36. Sien ook Touring the Low Countries, pp.75–81 *passim*.
31 Vir Arnhem, sien Dorens:Oud Arnhem; Holthuizen-Seeger & Nusteling:Arnhem; Kotte: Gelderse bloem; Markus:Arnhem.
32 Van Petersen:Reizen is tol betalen, p.366.
33 Aangehaal in Bierens de Haan:Rosendael, pp.33–34.
34 Holthuizen-Seeger & Nusteling:Arnhem, p.84.
35 Kotte:Gelderse bloem, p.33.
36 Bierens de Haan:Rosendael, p.28.
37 Hertogdom Gelderland, p.451.
38 Aangehaal in Te Winkel:Geschiedenis II, 80.
39 Zijlmans:Muziekcollege, p.50.
40 Sien Zijlmans:Muziekcollege, *passim*.
41 Zijlmans:Muziekcollege, pp.54, 55, 57.
42 Zijlmans:Muziekcollege, p.56.
43 'Congreve's comedies', in Virginia Woolf, *The moment, and other essays* (London: Hogarth pr., 1947), p.33.
44 Markus:Arnhem, pp.308–309.
45 Sien Israel:Dutch Republic, p.796–806; Korte:Gelderland in het rampjaar; Kotte:Gelderse bloem.
46 Aangehaal in Van der Kemp:Kerkelijk leven, p.84.
47 Zijlmans:Muziekcollege, p.53.
48 Letters despatched 1696, p.227.
49 Die Engelsman John Maxwell, wat die Kaap onder W.A. van der Stel besoek het, beskryf Beck (sonder om sy naam te noem) eenvoudig as 'a Dutchman who speaks French'; John Maxwell, 'An account of the Cape of Good Hope', *Philosophical Transactions of the Royal Society of London* 25 (1706–07), p.2429.
50 Die inligting wat volg, is afkomstig uit Van Hoorn & Van Drunen:Latijnse school.
51 Van Hoorn & Van Drunen:Latijnse school, p.241.
52 Sien Van der Kemp:Kerkelijk leven.
53 Van der Kemp:Kerkelijk leven, p.96.
54 Van der Kemp:Kerkelijk leven, p.92.
55 Schotel:Kerkelijk Dordrecht II, 130–131. Sien vir hom verder *ibid.*, pp.119–160; NNBW II, kolom 1047–1049. Sien ook *Biografisch lexicon voor de geschiedenis van het Nederlandse Protestantisme* I (Kampen: J.H. Kok, 1978), 237–239
56 KA, MOOC 14/19.124 p.13.
57 Van der Kemp:Kerkelijk leven, p.40.
58 Bierens de Haan:Rosendael, p.54.
59 *Ceylonees plakkaatboek: plakkaten en andere wetten uitgevaardigd door het Nederlandse bestuur op Ceylon, 1638–1796*; red. L. Hovy (Hilversum: Verloren, 1991), I, 343.
60 Lequin:Personeel (2de dr.), p.269 nr.201.
61 Willem J. van Zijl, *Van skeepskis na wakis tot boekrak* (Kaapstad: Lux Verbi, 1992), p.159.
62 KA, MOOC 8/21.33.
63 KA, MOOC 8/34.44.
64 Schotel:Kerkelijk Dordrecht II, 119–122.

65 Schotel:Kerkelijk Dordrecht II, 125.
66 *Winkler Prins encyclopaedie*; 6e, geh. nieuw dr., XV (1952), 43.
67 Biografisch lexicon (sien n55 hierbo) I, 237.
68 NNBW II, kolom 1047.
69 NNBW IX, kolom 589–590. Vir 'n meer genuanseerde oorsig van die kontroverse, sien Jonathan I. Israel, *Radical Enlightenment; philosophy and the making of modernity, 1650–1750* (Oxford: Oxford Univ. pr., 2001), pp.406–435.
70 Israel:Radical Enlightenment (sien vorige endnoot), p.406.
71 Israel:Radical Enlightenment (sien vorige endnoot), p.430.
72 Beck:Mengel-digten, p.168.
73 Van Lieburg:Profeten, pp.75–76.
74 Sien hiervoor W.Th.M. Frijthoff, in Gelders Athene, p.27; Van Lieburg:Profeten, pp.74–75.
75 Groenhuis:Predikanten, p.168.
76 J. Duinkerken, in Gelders Athene, p.47.
77 Sien hiervoor W.Th.M. Frijthoff, in Gelders Athene, pp.27, 31; J. Duinkerken, in *ibid.*, p.47; F.A. van Lieburg, in *ibid.*, pp.169–170; Van Lieburg:Profeten, pp.76–78.
78 Aanhaling van F.A. van Lieburg, in Gelders Athene, p.169.
79 Van Lieburg:Profeten, pp.77–78.
80 F.A. van Lieburg, in Gelders Athene, p.169.
81 Vgl. Valentyn:Beschryvinge I, 2.
82 Fred van Lieburg, in Golf van beroering, p.25.
83 Groenhuis:Predikanten, pp.137–177, spesifiek p.65; Van Lieburg:Profeten, pp.98–103; lg. met verwysing na Willem Frijhoff, 'Non satis dignitatis ...; over de maatschappelijke status van geneeskundigen tijdens de Republiek', *Tijdschrift voor Geschiedenis* 96 (1983), pp.379–406.
84 Van Rooden:Van geestelijke stand, p.391.
85 Van Lieburg:Profeten, p.101.
86 W.Th.M. Frijhoff, in Gelders Athene, p.20.
87 Groenhuis:Predikanten, p.163.
88 Van Lieburg:Profeten, p.99.
89 Joke Spaans, in Golf van beroering, pp.7–8. Vgl. Van Rooden:Van geestelijke stand, pp.390–391.
90 Sien vir hom p.34 hierbo.
91 D'Outrein:Korte beschryving, [ongepagineer].
92 Van der Kemp:Kerkelijk leven, p.41.
93 Aangehaal in Franken:Hugenote, p.64 n25.
94 O.F. Mentzel, *Vollständige (...) Beschreibung (...)*, II (1787), p.86. Hanna Botha, destyds verbonde aan die Africana-afdeling van die Universiteitsbiblioteek in Stellenbosch, was so vriendelik om hierdie passasie vir my na te slaan.
95 Mentzel:Description 3, 63.
96 Pieters & Schutte:Vergeten Kaapse dichteres, p.70.
97 Pieters & Schutte:Vergeten Kaapse dichteres, pp.68–69.
98 Letters received 1695, p.286.
99 Pieters & Schutte:Vergeten Kaapse dichteres, p.69.
100 Sien Van Lieburg:Profeten, pp.88–90.
101 Teks uit 1636, aangehaal in Van Boetzelaer:Gereformeerde Kerken, pp.290–291 *passim*.
102 Van Boetzelaer:Gereformeerde Kerken, p.115.
103 Van Boetzelaer:Gereformeerde Kerken, pp.108–109. Vir voorbeelde van die instruksiebriewe,

sien *ibid.*, pp.281–291.
104 Israel:Dutch Republic, p.901.
105 Letters received 1695, pp.292–293.
106 Gelders Archief, Arnhem: Blok nr. 2003, Invent. nr. 519 pp.102v, 103r. Sien verder $ hierbo.
107 'Beroeps brief voor die pred[icanten])' (teks van 1636), aangehaal in Van Boetzelaer: Gereformeerde Kerken, p.290.

2. *Aletta Beck en die digkuns*, pp.33–57

1 Vir Aletta Beck, sien die twee artikels deur Pieters, en die twee deur Van Wissing.
2 Stronks:Stichten of schitteren, p.221.
3 Met en zonder lauwerkrans, p.324.
4 Poelmans:Hendrik en David Beck, p.75.
5 Pieters & Schutte:Vergeten Kaapse dichteres, p.71.
6 Blokland:Willem Sluiter, pp.22, 348.
7 Gelders Archief, Arnhem: Blok nr. 2003, Invent. nr. 519 pp.102v, 103r. Sien verder vir dié familie pp.13–14.
8 Blokland:Willem Sluiter, p.194.
9 De Jeu:Spoor, p.82; sien ook p.224.
10 Aangehaal in De Jeu:Spoor, p.37.
11 Van de Graft:Agnes Block, p.159. Vir 'n gedig op haar 'papiere snijkunst' deur Kaspar Brandt (1660–1696), sien Nederlandse poëzie, pp.741–743.
12 Joseph Taylor, aangehaal in Touring the Low Countries, p.327.
13 Kloek:Vrouwen en kunst, p.160.
14 Zijlmans:Muziekcollege, p.49.
15 Sien De Jeu:Spoor; Met en zonder lauwerkrans.
16 De Jeu:Spoor, p.17.
17 De Jeu:Spoor, p.32.
18 Sien Tersteeg:Cultuurgeschiedenis.
19 Prinsen:Idylle, p.47.
20 Kalff:Geschiedenis 4, 565.
21 Robert Fruin, in Droste:Overblyfsels, p.526.
22 Droste:Overblyfsels, p.527.
23 Van Wissing:Ik gelove niet, p.223.
24 Prinsen:Idylle, p.106.
25 *De Hollandsche Spectator* 24 (14.1.1732); <http://www.dbnl.org>.
26 Smit:Pieter Langendijk, p.165.
27 Smit:Pieter Langendijk, p.140; vgl. *ibid.*, pp.159–160.
28 Aangehaal in Smit:Pieter Langendijk, p.44.
29 De Jeu:Spoor, p.224.
30 Met en zonder lauwerkrans, p.290.
31 Aangehaal in Met en zonder lauwerkrans, p.291.
32 De Jeu:Spoor, pp.195, 225.
33 De Jeu:Spoor, p.203; Met en zonder lauwerkrans, p.27.
34 De Jeu:Spoor, p.204; Met en zonder lauwerkrans, p.28.
35 De Jeu:Spoor, p.183; Met en zonder lauwerkrans, p.396.
36 De Jeu:Spoor, p.231.

37 Stronks:Stichten of schitteren, p.228.
38 Vgl. Geyl:Geschiedenis III, 800.
39 De Jeu:Spoor, pp.231–232.
40 De Jeu:Spoor, pp.251–252,
41 Met en zonder lauwerkrans, pp.51–52.
42 Hierdie predikant (1642–1722) moet onderskei word van sy gelyknamige amps- en tydgenoot Melchior Leydecker (oorlede 1701), wat in diens gestaan het van die VOC en met 'n dogter van Jan van Riebeeck getroud is.
43 De Jeu:Spoor, pp.253–254; Digitale bibliotheek voor de Nederlandse letteren (DBNL), <http://www.dbnl.nl>.
44 'Ahasuerus van den Berg', Wikipedia (Ned.).
45 Prinsen:Idylle, p.84.
46 Stronks:Stichten of schitteren, p.203.
47 Stronks:Stichten of schitteren, p.234.
48 De Neyn:Vrolyke uuren, pp.127–139 en 'Aen den leser'.
49 Sien vir hulle Stronks:Stichten of schitteren, pp.183–219 & 221–260 onderskeidelik.
50 Kalff:Geschiedenis 4, 586.
51 Stronks:Stichten of schitteren, p.241.
52 Sien Blokland:Willem Sluiter.
53 Te Winkel:Geschiedenis II, 82.
54 Vir sy gesange, sien Stronks:Stichten of schitteren, pp.85–106.
55 Te Winkel:Geschiedenis II, 83–84.
56 Kalff:Geschiedenis 4, p.588.
57 Aangehaal in Kalff:Geschiedenis 4, 592.
58 Geyl:Geschiedenis III, 820.
59 Sien De Jong:Natuur en kunst.
60 Vir hierdie werk en die passasies wat hier aangehaal word, sien De Jong:Natuur en kunst, pp.17/21.
61 Sien De Jong:Natuur en kunst, pp.18/26; Van Veen:Soeticheydt.
62 Van Veen:Soeticheydt, p.117.
63 Vgl. Van Veen:Soeticheydt, pp.211–212.
64 Van Veen:Soeticheydt, p.24.
65 Van Veen:Soeticheydt, p.32.
66 Van Veen:Soeticheydt, p.30.
67 Jan van Riebeeck, *Daghregister*, I; red. H.B. Thom (Kaapstad: A.A. Balkema, 1952), pp.72, 78, 114, 123.
68 *Letters despatched from the Cape, 1652–1662*; ed. H.C.V. Leibbrandt (Cape Town: W.A. Richards, 1900), I, 91. Die formele briefaanhef kom uit *ibid.*, 79.
69 Prinsen:Idylle, p.97.
70 Prinsen:Idylle, p.98.
71 J. Kuijlen, C.S. Oldenburger-Ebbers & D.O. Wijnands, *Bibliografie van plantencatalogi van onderwijstuinen, particuliere tuinen en kwekerscollecties in de Noordelijke en Zuidelijke Nederlanden (1550–1839)* (Wageningen: Pudoc, 1983), p.124.
72 Bógaert:Historische reizen, p.100.
73 Sien Israel:Dutch Republic, pp.886–887.
74 Valentyn:Beschryvinge I, 102.
75 Sien Blommendaal:Zachte toon; Prinsen:Idylle.
76 Prinsen:Idylle, p.103.

77   Knuvelder:Beknopt handboek, p.333. Vgl. Blommendaal:Zachte toon, p.14; Te Winkel: Geschiedenis V, 138.
78   Blommendaal:Zachte toon, p.180.
79   Stronks:Stichten of schitteren, p.224.
80   Sien vir hom verder pp.305–307 hierbo.
81   De Marre:Eerkroon, pp.143, 145.
82   Sien Geerars:H.K. Poot. Verder ook Van Veen:Soeticheydt, pp.76–78.
83   Aangehaal in Geerars:H.K. Poot, p.23.
84   Geerars:H.K. Poot, pp.55, 418, 424.
85   De Jeu:Spoor, p.26; sien ook *ibid.*, pp.26–27.
86   In die ondertitel van Van Westrem:Astrea.
87   Vir hierdie liggaam, sien Van Wissem:Aletta Beck (2011).
88   Met en zonder lauwerkrans, pp.488–490. Sien ook De Jeu:Spoor, *passim*; van Wissing:Ik gelove niet, p.226. Verder L.F. Groenendijk & F.A. van Lieburg, *Voor edeler staat geschapen; levens- en sterfbedbeschryvingen van gereformeerde kinderen en jeugdigen uit de 17e en 18e eeuw* (Leiden: Groen, 1991), pp.32–33.
89   Pieters & Schutte:Vergeten Kaapse dichteres, p.71.
90   Hoftijzer:P. van der Aa, p.15.
91   Van Wissing:Aletta Beck, p.121, & *passim*.
92   Persoonlike mededeling van Pieter van Wissing, Arnhem (10.6.2009).
93   Schotel:Kerkelijk Dordrecht II, 126–127 *passim*.
94   *Winkler Prins encyclopaedie*; 6e, geh. nieuw dr. (1952), 43. Vir 'n gelykluidende oordeel, sien *Biografisch lexicon voor de geschiedenis van het Nederlandse Protestantisme* I (Kampen: J.H. Kok, 1978), 238.
95   NNBW II, kolom 1048.
96   Nederlandse poëzie, pp.752–755.
97   Aanhaling (ongeïdentifiseer) in Schotel:Kerkelijk Dordrecht II, 160.
98   Pieters & Schutte:Vergeten Kaapse dichteres, p.72.
99   De Jeu:Spoor, pp.234–236 *passim*.
100 De Jeu:Spoor, p.235; vgl. p.243.
101 Pieters & Schutte:Vergeten Kaapse dichteres, p.71.
102 Beck:Mengel-digten, p.19.
103 Van Westrem:Astrea, p.4.
104 Van Westrem:Astrea, p.8.
105 Van Westrem:Astrea, p.5.
106 Vgl. Van Westrem:Astrea.
107 Van Westrem:Astrea, p.5.
108 Stronks:Stichten of schitteren, p.226.
109 Nasionale Biblioteek, MSD 23,1(1); vir hierdie manuskrip, sien Pieters & Schutte:Vergeten Kaapse dichteres. Daar is skynbaar 'n tweede, ongekatalogiseerde eksemplaar van hierdie werk in die Von Dessin-versameling van die Biblioteek; persoonlike mededeling van H.G.A. Dawe (2.2.2009).
110 Pieters & Schutte:Vergeten Kaapse dichteres, p.75.
111 Dit het betrekking op die tyd toe ek dit self hanteer het (omstreeks 1998).
112 Sien Bierens de Haan:Rosendael, pp.23–38.
113 Bierens de Haan:Rosendael, p.29.
114 D'Outrein:Korte beschryving, [ongepagineer].
115 Aangehaal in Bierens de Haan:Rosendael, p.54 (eie vertaling).

116   A.J. van der Aa, *Biographisch woordenboek der Nederlanden*, I (Haarlem: J.J. van Brederode, 1852), 381.
117   D'Outrein:Korte beschryving, [ongepagineer].
118   D'Outrein:Korte beschryving, [ongepagineer].
119   Sien NNBW II, kolom 1106–1108; Van Veen:Soeticheydt, pp.51–52.
120   Sien daarvoor Van Veen:Soeticheydt, pp.54–55.
121   Die aanhalings wat volg, is uit die eerste uitgawe.
122   Murris:Hollande et les Hollandais, p.53. Vgl. ook Van Veen:Soeticheydt, p.61.
123   Van Westrem:Astrea, p.4.
124   Droste:Overblyfsels, p.206 reël 5935.
125   John Farrington, in Touring the Low Countries, pp.79–81 *passim*.
126   Valentyn:Beschryving I, 98.
127   Pieters & Schutte:Vergeten Kaapse dichteres, pp.78–79.
128   Bierens de Haan:Rosendael, p.33.
129   Bierens de Haan:Rosendael, p.38.
130   F.J. van Westrem, in Afscheids-reeden.
131   Bierens de Haan:Rosendael, p.33.
132   Aangehaal (in vertaling) in Edwin Grew & Marion Sharpe Grew, *The Court of William III* (London: Mills & Boon, pref.1910), pp.59–60. Vir die oorspronklike Franse teks, sien Bierens de Haal:Rosendael, p.34.
133   Aangehaal in Bierens de Haan:Rosendael, p.38.
134   NNBW II, kolom 1048.
135   Aangehaal in Bierens de Haan:Rosendael, p.34.
136   Israel:Dutch Republic, p.815.
137   Anonieme student, aangehaal in Touring the Low Countries, p.78; sien ook *ibid.*, pp.77–78.
138   Walter Harris, *A description of the King's royal palace and gardens at Loo* (…) (London: R. Roberts, 1699), p.7.
139   Böeseken:Simon van der Stel, p.157.
140   Met en zonder lauwerkrans, p.449.
141   Pieters & Schutte:Vergeten Kaapse dichteres, p.71.

3. Henricus Beck in Drakenstein, pp.58–92

1   DAS 1879.4.
2   Winkler Prins 6, 702–703.
3   Sien pp.98–99 hierbo.
4   O. Dapper, *Naukeurige beschrijvinge der Afrikaensche gewesten* (Amsterdam: Jacob van Meurs, 1668), p.626.
5   Van Duin & Ross:Economy, p.112.
6   Van Duin & Ross:Economy, p.113 (358 in 1702).
7   Letters despatched 1696, p.189.
8   Letters despatched 1696, p.196.
9   Letters despatched 1696, pp.189–190.
10   Sleigh:Buiteposte, p.40.
11   Journal 1699, pp.47–48 *passim*.
12   Heese:Reg en onreg, pp.91,125, 229, 248, 265.
13   Journal 1699, p.46.

14 Journal 1699, p.53; Letters despatched 1696, pp.191–192.
15 Journal 1699, p.51 *passim*.
16 Contra-deductie, p.5.
17 Journal 1699, p.50. Op 9 April het Pierre Simond, Beck se voorganger in Drakenstein, aan die Kaap gepreek.
18 Aangehaal in Franken:Hugenote, p.60. Vgl. Letters despatched 1696, p.203.
19 Sien hiervoor Moorrees:Ned. Geref. Kerk, pp.51–82; Vorster:Kerkregtelike ontwikkeling, pp.35–45.
20 Vorster:Kerkregtelike ontwikkeling, p.60.
21 Vir die teks, sien Bouwstoffen II, 582–598.
22 Vorster:Kerkregtelike ontwikkeling, p.56.
23 Resolusies 2, 121.
24 Dit word duidelik en uitdruklik gestel in Vorster:Kerkregtelike ontwikkeling, p.55–59; sien veral die slotsom op p.59. 'Het probleem van de te volgen kerkorde werd aan de Heren XVII voorgelegd, die hier nooit een antwoord op hebben gegeven'; Storm- de Grave:Capitael der Caebsen armen, p.17.
25 Moorrees:Ned. Geref. Kerk, p.51.
26 Vorster:Kerkregtelike ontwikkeling, pp.35, 37, 68.
27 Vorster:Kerkregtelike ontwikkeling, p.93.
28 Moorrees:Ned. Geref. Kerk, p.59.
29 *Chronicles of Cape Commanders*, p.137; aangehaal in Vorster:Kerkregtelike ontwikkeling, p.39.
30 Vorster:Kerkregtelike ontwikkeling, p.38.
31 Moorrees:Ned. Geref. Kerk, p.64–65; Vorster:Kerkregtelike ontwikkeling, pp.38–39.
32 Storm- de Grave:Capitael der Caebsen armen, p.3.
33 Vorster:Kerkregtelike ontwikkeling, p.42. Sedert 1674 volgens Storm- de Grave:Capitael der Caebsen armen, p.3.
34 Vorster:Kerkregtelike ontwikkeling, p.39.
35 Storm- de Grave:Capitael der Caebsen armen, p.4.
36 Vgl. Vorster:Kerkregtelike ontwikkeling, pp.43–44.
37 Theal:History, pp.321–322. Vir die vroeë geskiedenis van Drakenstein, sien ook C.G. de Wet, in Paarlvallei, pp.13–22.
38 Sien Botha:French Refugees; Franken:Hugenote.
39 Franken:Hugenote, p.13.
40 Botha:French Refugees, pp.135, 154. Sien ook De Wet:Vryliede, p.18; en die eietydse aanhaling in Franken:Hugenote, p.24.
41 Israel: Dutch Republic, pp.627–628.
42 Franken:Hugenote, p.23.
43 Aangehaal in Franken:Hugenote, p.16.
44 Theal:History, pp.321–322.
45 Botha:French Refugees, p.23.
46 'H.A. van Reede tot Drakenstein: Journaal van zijn verblijf aan de Kaap'; red. A. Hulshoff, *Bijdragen en Mededelingen van het Historisch Genootschap (gevestigd te Utrecht)* 62 (1941), p.141.
47 Resolusies 4, 334.
48 Aangehaal in Botha:French refugees, pp.133–134.
49 Franken:Hugenote, p.21.
50 Franken:Hugenote, p.21.
51 C.G. de Wet, in Paarlvallei, p.19.

52 C.G. de Wet, in Paarlvallei, pp.19–20. Vir die plase wat in 1685(?)–1700 hier uitgegee is, sien *ibid.*, pp.16–18. Vir die 'most notable inhabitants of Drakenstein' in hierdie tyd, sien Theal:History, pp.363–365.
53 Bouwstoffen I, 39–40. Vgl. *ibid.*, 68.
54 Kolb:Beschryving I, 120–121.
55 Franken:Hugenote, p.135.
56 Henry C. Bredekamp in '"Tot afschrik van andre": die V.O.C.-regstelsel en geweld ten opsigte van die Khoisan aan die Kaap, 1677–1705', *Kronos* 12 (1987), pp.18–19.
57 Letters despatched 1696, p.203.
58 Franken:Hugenote, p.176.
59 Aangehaal in Franken:Hugenote, p.147.
60 Franken:Hugenote, p.16.
61 Sien Boedelinventarisse I, *passim*.
62 Boedelinventarisse I, 32. Vgl. *ibid.*, p.40.
63 Boedelinventarisse I, 33. Hy moet klaarblyklik onderskei word van die Pierre Jourdan wat in 1723 oorlede is; Botha:French Refugees, p.73.
64 KA, MOOC 8/1.37.
65 KA, MOOC 8/1.38.
66 Boedelinventarisse I, 54.
67 Boedelinventarisse I, 50.
68 Vir die besittings wat ná sy dood op 'n veiling verkoop is, sien Boedelinventarisse I, 82–83.
69 Bouwstoffen I, 33.
70 Resolusies 4, 333.
71 Letters despatched 1696, p.221.
72 Resolusies 4, 333. Sien hiervoor die tekening deur Elias van Stade (1711), o.a. in Stellenbosch drie eeue, pp.246–247.
73 Resolusies 4, 334.
74 Aangehaal in Franken:Hugenote, p.176.
75 Aangehaal in Franken:Hugenote, p.175. Vgl. Resolusies 4, 334.
76 Franken:Hugenote, pp.175–176.
77 SABW III, 743; Boucher:French speakers, pp.182, 183.
78 Vir uittreksels, sien Botha:French Refugees, pp.101–110.
79 A.M. Hugo, in SABW III, 743.
80 Franken:Hugenote, pp.32–33; vgl. *ibid.*, p.60.
81 Franken:Hugenote, pp.60, 198; Journal 1699, p.27; Letters despatched 1696, pp.150–151, 157.
82 Letters despatched 1696, p.242.
83 Letters despatched 1696, p.271; Tas:Dagboek, p.80 n106.
84 Journal 1699, p.78. Sien ook Letters despatched 1696, p.271.
85 Bouwstoffen I, 39.
86 Franken:Hugenote, p.13.
87 P.F. Therond, aangehaal in Franken:Hugenote, p.169.
88 Aangehaal in Franken:Hugenote, p.33.
89 Vir die dringendheid, en die Politieke Raad se kommentaar daarop, sien Franken:Hugenote, pp.198–199; Letters despatched 1696, pp.192–193.
90 Engelbrecht:Kaapse predikante, p.36.
91 Letters received 1695, p.286. Vgl. Letters despatched 1696, pp.192, 227. 'Om die taal mettertyd te laat uitsterf' sou miskien 'n gelukkiger vertaling wees.

92   Bouwstoffen I, 33.
93   Franken:Hugenote, p.61.
94   Sien vir hierdie ontwikkelinge Franken:Hugenote, pp.59–66 *passim*.
95   Bouwstoffen I, 61.
96   Franken:Hugenote, p.65.
97   Franken:Hugenote, p.117.
98   Franken:Hugenote, p.117.
99   Bouwstoffen I, 33–34 (teks).
100 Bouwstoffen I, 33.
101 Bouwstoffen I, 34.
102 Willem J. van Zijl, *Van skeepskis na wakis tot boekrak* (Kaapstad: Lux Verbi, 1992), pp.159, 160.
103 Dit was in Europa nog gebruiklik dat predikante hiervoor 'n fooi ontvang.
104 Kolb:Beschryving II, 204.
105 Resolusies 4, 69.
106 Valentyn:Beschryvinge II, 244.
107 Letters despatched 1696, p.215.
108 Journal 1699, pp.60–61; Letters despatched 1696, p.226.
109 Resolusies 4, 141.
110 Bouwstoffen I, 41.
111 Bouwstoffen I, 113.
112 Bouwstoffen I, 62.
113 Bosmans van Drakenstein, p.33. Vir De Villiers, sien Valentyn:Beschryvinge I, pp.160–161 n157.
114 Resolusies 3, 396; vgl. Journal 1699, p.61. Daar is hier geen vermelding van 'n 'woning (…) wat hy voornemens is om vir homself te bou' nie; Franken:Hugenote, p.61.
115 Letters despatched 1696, p.237.
116 Sien p.69 hierbo.
117 Franken:Hugenote, pp.52–53.
118 Aangehaal in Böeseken:Simon van der Stel, p.173.
119 Vir die transaksie, sien Van der Bijl:Eienaars van plase, p.78.
120 Tas:Dagboek, p.144 n206.
121 Vir wat volg, sien Franken:Hugenote, pp.15, 16, 51–59 *passim*, 193–194.
122 Franken:Hugenote, p.15; vgl. *ibid.*, p.193.
123 Sien A.J. Böeseken, *Slaves and free blacks at the Cape, 1658–1700* (Cape Town: Tafelberg, 1977), pp. 157, 164, 166, 167, 172, 181, 182, 183.
124 Franken:Hugenote, p.54.
125 Franken:Hugenote, p.55.
126 Bouwstoffen I, 64.
127 Aangehaal in Franken:Hugenote, p.64 n25.
128 Boedelinventarisse I, 52.
129 Boedelinventarisse I, 56–60.
130 KA, MOOC 10/1.27, *passim*.
131 Valentyn:Beschryvinge II, 274.
132 KA, MOOC 10/1.27, *passim*.
133 KA, MOOC 10/1.30.
134 Vir Badenhorst, sien Schoeman:Duitser, pp.192–196.
135 Hoge:Personalia, p.81; Korte deductie, 119, 121 ('Michael Dirksz').
136 Franken:Hugenote, p.64 n25.

137　Heese:Reg en onreg, p.191.
138　Journal 1699, p.67. Sien ook Letters despatched 1696, p.240; Letters received 1695, pp.326–327 *passim*.
139　Vgl. Journal 1699, p.69; Kolb:Beschryving II, 325b.
140　SABW I, 867.
141　Valentyn:Beschryvinge II, 278.
142　Tas:Dagboek, p.168.
143　SABW IV, 398–399; Tas:Dagboek, p.62 n68.
144　SABW IV, 398.
145　Tas:Dagboek, p.62 n68.
146　Adam van der Duijn; sien vir hom pp.183–184 hierbo.
147　Elsevier se latere vrou het lidmaat van 'n Nederlandse gemeente geword 'met attestatie uit die Indiën'; Schutte:Ad fontes, pp.359–360.
148　A.M. Hugo, in Tas:Dagboek, p.62 n68.
149　SABW IV, 398.
150　De Wet:Vryburgers, p.143.
151　Kolb:Beschryving I, 117b.
152　Kolb:Beschryving I, 117b–118b.
153　SABW III, 279–280; Schutte:Ad fontes.
154　Schutte:Ad fontes, p.366.
155　Elf van sy gedigte is opgeneem in Gerrit Komrij se bloemlesing, *De Nederlandse poëzie van de zeventiende en achttiende eeuw in duizend en enige gedichten* (Amsterdam: Bert Bakker, 1986), pp.405–417.
156　SABW III, 279. Sien hiervoor verder ook Franken:Hugenote, p.65 n28; Sleigh:Buiteposte, pp.202–203.
157　Vir die ligging van hierdie plaas en 'n aantal van die ander wat hier genoem word, sien Tas:Dagboek, pp.16/17 (voublad).
158　Vir besonderhede, sien Schutte:Ad fontes, p.347 n2.
159　J.L. Hattingh, "n Ontleding van sekere aspekte van slawerny aan die Kaap in die sewentiende eeu', *Kronos* 1 (1979), p.42.
160　Robert C.-H. Shell, 'Rangton van Bali (1673–1720); roots and resurrection', *Kronos* 19 (Nov. 1992), p.183 n93.
161　Korte deductie, pp.111, 116, 118, 120, 124.
162　Contra-deductie, p.8 (par.21).
163　In Tas:Dagboek, p.348.
164　Vir 'n voorbeeld van die lewenstyl van 'n hoër amptenaar omstreeks hierdie tyd (1703), sien die boedelinventaris van luitenant Adriaan van Reede en sy pas oorlede vrou; Boedelinventarisse I, 56–60.
165　Valentyn:Beschryvinge I, 198; ook *ibid.*, 154.
166　Hattingh:Eerste vryswartes, p.71.
167　Shell:Rangton van Bali, p.185.
168　Die amptenaar Johannes Elsevier wat in 1706 aan die Kaap oorlede is, was nie familie van Elsevier nie, en nie dieselfde persoon as lg. se gelyknamige seun nie; Schutte:Ad fontes, p.360 n64.
169　Schutte:Ad fontes, p.357.
170　Vir Blesius, sien SABW III, 74; Heese/Lombard 1, 300.
171　Kolb:Beschryving I, 118b.
172　Valentyn:Beschryvinge I, 160.

173 KA, MOOC 10/1.55.
174 Heese/Lombard 1, 300.
175 Catharina Blesius en Jacobus Cruse.
176 SABW II, 362.
177 Valentyn:Beschryvinge II, 254.
178 Letters despatched 1696, p.365.
179 Valentyn:Beschryvinge I, 198.
180 Contra-deductie, pp.5–6.
181 Contra-deductie, p.174.
182 Tas:Dagboek, p.80.
183 Sien verder die verwysing na Van Benthem in Bouwstoffen I, 96.
184 Schutte:Ad fontes, p.357 n47.
185 *Kaapse plakkaatboek*, III; red. S.D. Naudé (1949), p.182 (ranglys van 1786).
186 Boedelinventarisse I, 241–243.
187 Resolusies 3, 325.
188 Johan E. Elias, *De vroedschap van Amsterdam, 1578–1795*; [herdr.] (Amsterdam: N. Israel, 1963), I, 457.
189 KA, MOOC 8/2.8.
190 KA, MOOC10/1.9.
191 Journal 1699, pp.75–76.
192 Sien KA, MOOC 8/2.8.
193 KA, MOOC 8/1.69.
194 Sien hiervoor die afsonderlike boedelinventaris KA, MOOC 8/1.84.
195 Valentyn:Beschryvinge II, 278.
196 Journal 1699, p.150.
197 Valentyn:Oud en nieuw Ost-Indiën 4, 2(2), 160–161. Hierdie passasie is weggelaat in die verkorte weergawe in Valentyn:Beschryvinge II.
198 Franken:Huisonderwys, p.11; Hoge:Personalia, p.297.
199 Mentzel:Description 1, 125.
200 Vgl. Op reis, pp.127 *passim*.
201 Op reis, p.127; ook *ibid.*, p.144.
202 *Briewe van Johanna Maria van Riebeeck, en ander Riebeeckiana*; red. D.B. Bosman (Amsterdam: D.B. Bosman, 1952), pp.48, 52.
203 Sien verder p.304 en 422 hierbo.
204 Vgl die *Woordenboek der Nederlandsche taal* onder 'verkeerbord' en 'verkeerspel'; <www.wnt.inl.nl>.
205 KA, MOOC 8/1.62 (1701).
206 KA, MOOC 10./3.87.
207 KA, MOOC 8/4.75 (1725).
208 Afgedruk as aanhangsel by sy *Roosendaalsche vermakelykheden*.
209 Sien Schoeman:Here & boere, pp.352–363 *passim*.
210 Tas:Dagboek, p.186.
211 Sien Schoeman:Early slavery, pp.89–102.
212 Sien vir hom Hoge:Personalia, pp.370–371 (Schneewind); de Wet:Vryliede, *passim*.
213 KA, MOOC 8/1.69.
214 De Wet:Vryliede, p.165.
215 Van der Byl:Eienaars van plase, p.78.
216 J.L.M. Franken, *Piet Retief se lewe in die Kolonie* (Kaapstad: HAUM, 1949), p.44.

217 Journal 1699, p.69.
218 Valentyn:Beschryvinge II, 258.
219 Valentyn:Beschryvinge I, 152/154.
220 Kolb:Beschryving II, 204.
221 Letters despatched 1696, p.255.
222 Bouwstoffen I, 156 (25.12.1729).
223 Bouwstoffen I, 62.
224 Letters despatched 1696, pp.255, 257.
225 Franken:Hugenote, pp.62–6 *passim*.
226 Letters despatched 1696, pp.295–296.
227 Vir hierdie transakasie, sien Van der Byl, p.78. Vir Van der Lith, sien Tas:Dagboek,
228 Franken:Hugenote, p.64 nn25.
229 Tas:Dagboek, *passim*.
230 Tas:Dagboek, p.38.
231 Bouwstoffen I, 100.

4. *Die agitasie teen die goewerneur,* pp.93–121

1 Sien Memoriën, pp.90, 124 *passim*, 145, 153, 158–159, 185.
2 Memoriën, p.243.
3 Sien hiervoor en vir volgende paragraaf, Schoeman:Here & boere, pp.62–64.
4 De Wet:Vryliede, pp.149–150.
5 Letters despatched 1696, p.186.
6 Journal 1699, pp.79–80. Dit was David Pannesmit; Tas:Dagboek, p.105 n144.
7 Letters despatched 1696, p.209.
8 Letters despatched 1696, p.251.
9 Letters despatched 1696, p.253.
10 Letters despatched 1696, p.226.
11 De Wet: Vryliede, p.186.
12 Hoge:Personalia, p.21.
13 Journal 1699, pp.42–43.
14 Aangehaal in Biewenga:Kaap de Goede Hoop, p.83. Sien ook Resolusies 3, 388–389.
15 Journal 1699, p.53; Letters despatched 1696, p.209; Letters received 1695, pp.306–307.
16 Sien Biewenga:Kaap de Goede Hoop, pp.144, 195–196, 229, 260.
17 Resolusies 3, 389 n12.
18 Letters despatched 1696, p.310. Vgl. Resolusies 3, 388–389.
19 Letters despatched 1696, p.210–211 *passim*, 213. Vgl. Journal 1699, p.55.
20 Letters despatched 1696, p.248.
21 Vgl. die inventaris uit 1689; Boedelinventarisse I, 5.
22 Biewenga:Kaap de Goede Hoop, pp.68–71 *passim*, 223; vir vader en seun, sien verder *ibid.*, pp.95, 97, 99.
23 Aangehaal in Biewenga:Kaap de Goede Hoop, p.223.
24 Resolusies 4, 144–145.
25 Biewenga:Kaap de Goede Hoop, pp.150, 152.
26 Journal 1699, p.76. Vgl. Biewenga:Kaap de Goede Hoop, pp.71, 221. Sien in hierdie verband verder pp.157–158 hierbo.
27 Bouwstoffen I, 43, 50–56, 60–63; Franken:Hugenote, pp.126–127.

28 SABW IV, 724. Vir hierdie tog, sien verder Defence of W.A. van der Stel, pp.133–152; Korte deductie, pp.113–133; Letters despatched 1696, pp.219–220, 256–257; Resolusies 3, 389–391.
29 Defence of W.A. van der Stel, p.133; Korte deductie, p.113.
30 Theal:History of Africa II, 416–417; Theal:History and ethnography III, 144. Ook in ander uitgawes van dieselfde werke.
31 Resolusies 3, 390; 'geparteert en verdeeld' is sinonieme. Vgl. Letters despatched 1696, p.219.
32 Letters despatched 1696, p.220.
33 Schoeman:Wêreld, p.182.
34 Theal:History I, 396.
35 Verslae daarvan kan o.a. gevind word in Böeseken:Simon van der Stel, pp.170–205; Franken: Hugenote, pp.66–127; Leo Fouché, in Tas:Dagboek, pp.206/391 (Nederlands en Engels); Theal:History I, 395–409. Eietydse verslae is Contra-deductie; Defence of W.A. van der Stel; Journal 1699, *passim*; Korte deductie; Letters despatched 1696, *passim*; Resolusies 3, 389–463 *passim*.
36 H.F. Heese, *Groep sonder grense; die rol en status van die gemengde bevolking aan die Kaap, 1652–1795* (Kaapstad: Instituut vir Geskiedkundige Navorsing UWK, 1984), p.20.
37 Theal:History I, 395.
38 Sien Schoeman:Here & boere, pp.424–425.
39 Tas:Dagboek, pp.8, 48–49 n42, met verwysing na die latere ondervraging van Adam Tas (1706); KA, CJ 310 pp.17–36.
40 Böeseken:Simon van der Stel, p.184; Tas:Dagboek, p.48.
41 Vgl. Letters despatched 1696, pp.282–283; Resolusies 3, 420. Sien verder ook Resolusies 3, 443–444.
42 Bógaert:Historische reizen, p.285.
43 Böeseken:Simon van der Stel, p.185.
44 Journal 1699, p.88. Vgl. Franken:Hugenote, p.67; Resolusies 3, 429–430; Tas:Dagboek, pp.114/116, 156.
45 Vir die teks, sien Contra-deductie, pp.4–14.
46 Theal:History I, 398. Dertig Franse uit 63 volgens Franken; Franken:Hugenote, p.71; maar vgl. *ibid.*, p.74.
47 Sien hiervoor Franken:Hugenote, pp.115–122.
48 Theal:History I, 399.
49 Franken:Hugenote, p.71.
50 Defence of W.A. van der Stel, p.180 (teks); Franken:Hugenote, p.119; Korte deductie, p.158 (teks).
51 Letters despatched 1696, p.271.
52 Resolusies 3, 435.
53 Vgl. Van der Stel se verslag aan Nederland in Letters despatched 1696, pp.283–290, 296–299.
54 Resolusies 3, 438.
55 Sien hiervoor Franken:Hugenote, pp.79–100; Resolusies 3, 446–447 & 446 n45.
56 Aangehaal in Franken:Hugenote, p.82.
57 Resolusies 3, 446.
58 Resolusies 3, 445–446. Sien ook Letters despatched 1696, pp.304–305.
59 Resolusies 3, 446.
60 Resolusies 3, 447.
61 Journal 1699, p.98; Letters despatched 1696, p.305; Resolusies 3, 447, 451–452.
62 Journal 1699, p.100.

63 Aangehaal in Theal:History I, 403 n1.
64 Letters despatched 1696, p.308.
65 Vgl. p.22 hierbo.
66 De Wet:Vryliede, p.143; Resolusies 3, 400, 411, 431–432. Vir De Grevenbroek (nie in De Wet nie), sien ook Tas:Dagboek, p.116 n165.
67 Vgl. Franken:Hugenote, pp.123–127.
68 Geschrift, f.1041v–1042r.
69 Tas:Dagboek, p.190. Dit is hieruit egter nie duidelik dat dit 'in Beck se bysyn' gebeur het nie; Franken:Hugenote, p.70.
70 Sien hiervoor Franken:Hugenote, pp.115–122 (met transkripsies van die betrokke dokumente).
71 Bogaert:Historische reizen, p.537.
72 Bouwstoffen I, 61.
73 Tas:Dagboek, p.162. Van der Bijl se 'hofsteede aan Drakesteijn', waar daar toe seshonderd skape geloop het, word in 1701 in die boedelinventaris van sy eerste vrou genoem; Boedelinventarisse I, 52.
74 Tas:Dagboek, pp.164/166.
75 Franken:Hugenote, p.66.
76 Contra-deductie, p.48.
77 Bogaert:Historische reizen, pp.537–538.
78 Contra-deductie, p.96.
79 Journal 1699, p.114.
80 Franken:Hugenote, pp.104–105, Journal, pp.117–118; Resolusies 3, 460–462.
81 Aangehaal in Franken:Hugenote, p.105.
82 Resolusies 3, 461.
83 Resolusies 3, 462. Vgl. Journal 1699, p.118.
84 Journal 1699, p.115.
85 Journal 1699, p.120.
86 Vir die teks, sien Letters received 1695, pp.432–436.
87 Letters despatched 1696, p.323.
88 Sien Geschrift.
89 Geschrift, p.12 (folio 1035v).
90 Bouwstoffen I, 43.
91 Self het hy sy naam 'Joan Corn. D'Ableing' geteken; sien Resolusies 4, 2–47 *passim*.
92 SABW IV, 319–320; Engelbrecht:Kaapse predikante, pp.38–49.
93 Contra-deductie, p.102.
94 Resolusies 3, 463.
95 Journal 1699, pp.121–122 *passim*.
96 J.P. Claasen, in SABW IV, 320.
97 Theal:History I, 390 n1.
98 Biewenga:Kaap se Goede Hoop, p.130.
99 Theal:History I, 410.
100 Vir die dokumentasie in hierdie verband, sien Bouwstoffen I, 38–125 *passim*. Vir 'n bondige oorsig, sien Biewenga:Kaap de Goede Hoop, pp.130–131.
101 J.P. Claasen, in SABW IV, 320.
102 Bouwstoffen I, 39.
103 Bouwstoffen I, 39.
104 Bouwstoffen I, 40.

105 Vgl. Journal 1699, p.152.
106 Vgl. Journal 1699, p.130.
107 Theal:History I, 411.
108 Sien vir hom Bosmans van Drakenstein.
109 Bouwstoffen I, 64.
110 Journal 1699, p.130.
111 Journal 1699, p.136.
112 Vgl. Resolusies 4, 69–70.
113 Valentyn:Beschryvinge II, 228.
114 Resolusies 4, p.26.
115 Bouwstoffen I, 107. Vgl. Journal 1699, pp.139–140. Verder ook Geyer:Stellenbosse gemeente, pp.41–43.
116 Bouwstoffen I, 75.
117 Bouwstoffen I, 82.
118 Bouwstoffen I, 99.
119 Bouwstoffen I, 99; vergelyk ook die uitvoerige verslag van sy uitlatings in KA, CJ 2963 pp.46–51. 'n *Masmorra* was 'n kerker, en dié van die Moslemseerowers in Algiers was onder Christene veral berug.
120 J.P. Claasen, in SABW IV, 320.
121 Aangehaal in Biewenga:Kaap de Goede Hoop, p.131.
122 Theal:History I, 412.
123 Bouwstoffen I, 85.
124 Bouwstoffen I, 85.
125 Bouwstoffen I, 60. Vir Du Buisson, sien Hoge:Privaatskoolmeesters I, 2–3.
126 Journal 1699, p.137.
127 Journal 1699, pp.154–155.
128 Resolusies 4, 65. Vgl. Journal 1699, p.167.
129 Kalden:Afgeperste verweering, p.58.
130 Contra-deductie, p.96. Die verwysings na die 'boekje' en die 'paruik' is in hierdie konteks vermoedelik figuurlik. Vgl. ook Kolb:Beschryving II, 409.
131 Roodenburg:Onder censuur, pp.130, 138, 148.
132 Bouwstoffen I, 54.
133 Kolb:Beschryving II, 381.
134 Kolb:Beschryving II, 411.
135 Mentzel:Description 3, 62.
136 Engelbrecht:Kaapse predikante, p.36. Vgl. hiervoor verder Bosmans van Drakenstein, *passim*; veral in verband met die Theronsaak, pp.68–80 *passim*.
137 Bouwstoffen I, 113.
138 Kolb:Beschryving II, 412.
139 Geyer:Stellenbosse gemeente, p.44.
140 Bouwstoffen I, 101.
141 Bouwstoffen I, 101.
142 Sien Journal 1699, pp.150–151.
143 Bouwstoffen I, 103.
144 Bouwstoffen I, 103.
145 Journal 1699, p.150.
146 Sien vir hom Heese/Lombard 1, 39; SABW III, 198. Vir sy herkoms, sien Franken:Kaapse huishoue, p.8.

147 Heese/Lombard 1, 39; Franken:Kaapse huishoue, pp.7–8. Vir die beskeie boedelinventaris van sy weduwee (1718), sien KA, MOOC 8/3.88. Vir 'n 'Sara Maria D'aillij' wie se broer in 1721 op pad na Batavia aan die Kaap oorlede is, sien Requesten 1, 356.
148 Bouwstoffen I, 121.
149 Valentyn:Beschryvinge I, 198.
150 Sien pp.170–171 hierbo.
151 SABW IV, 320; Bouwstoffen I, 122–123; Letters despatched 1696, p.390.
152 Letters despatched 1696, p.392.
153 Hendrik E. Niemeijer, *Batavia; een koloniale samenleving in de zeventiende eeuw* (Amsterdam: Balans, 2005), p.278.
154 Bouwstoffen I, 123.
155 Briewe J.M. van Riebeeck, p.78.
156 Briewe J.M. van Riebeeck, p.100.
157 Valentijn:Beschrijvinge II, 228.
158 Contra-deductie, 'Voorreden' [p.12] (teks en name).
159 Contra-deductie, 'Voorreden' [p.11].
160 Franken:Hugenote, p.114; met verwysing na 'n artikel deur hom in *Die Huisgenoot* (31.8.1928), p.48. Ongelukkig het hy skynbaar nooit verder op hierdie interessante gedagte ingegaan nie. Vir De Grevenbroek, sien verder pp.208–209 hierbo.
161 KA, C 1457 Uitgaande briewe 1714–1715 p.256.

5. *Aletta Beck se koms na die Kaap,* pp.122–141

1 Sien hiervoor, en vir die aanhalings wat volg, Van Schevichaven:Aanslag.
2 Journal 1699, pp.58–59.
3 Schotel:Kerkelijk Dordrecht, p.136.
4 Tutein Nolthenius:Geslacht Nolthenius, p.1037.
5 Aangehaal (ongeïdentifiseer) in Schotel:Kerkelijk Dordrecht, p.144.
6 D'Outrein:Afscheids-reeden.
7 'n Verwysing na die mislukte aanval op Nijmegen.
8 Van Wissing:Ik gelove niet, p.226.
9 Journal 1699, p.48.
10 DAS 6077.1.
11 Contra-deductie, p.174. Vir Kalden se ontkenning, sien Kalden:Afgeperste verweering, pp.48–50.
12 Letters despatched 1696, p.224.
13 Vgl. Tutein Nolthenius:Geslacht Nolthenius, pp.1049, 1055.
14 Pieters & Schutte:Vergeten Kaapse dichteres, p.74.
15 NNBW V, kolom 989–990; SABW III, 86–87; De Haan:Priangan I (Personalia), 270–280; Habiboe:Tot verheffing. Sien verder ook Encyclopaedie van Nederlandsch-Indië 4, 501–508; Busken Huet, Litterarische fantasiën en kritieken XI (Haarlem: Tjeenk Willink 1–33); S. Kalff, *Karakters uit den pruikentijd* (Rotterdam: B. van de Watering, 1902), pp.205–250; P. Serton, in Valentyn:Beschryvinge I, 2/30.
16 Sien vir haar p.139 hierbo.
17 De Haan:Priangan I (Personalia), 275.
18 Vgl. hiervoor Habiboe:Tot verheffing, p.93; en die aanhalings in Encyclopaedie van Nederlandsch-Indië 4, 504a.

19 Aangehaal in De Haan:Priangan, p.273. Oor sy finansiële posisie, sien *ibid.*, I(2), 271, 273; Habiboe:Tot verheffing, p.43.
20 Valentyn:Oud en nieuw Oost-Indien III(1), 95.
21 Die kerk volgens Kalff:Karakters, p.227.
22 Ek is dank verskuldig aan Ellen Paulson van die Koninklijke Bibliotheek, Den Haag, vir inligting oor hierdie publikasie (14.6.2006).
23 Habiboe:Tot verheffing, p.93.
24 De Haan:Priangan, 1(2), 277–278.
25 Aangehaal in Valentyn:Oud en nieuw Oost-Indien III(1), 96.
26 De Jeu:Spoor, pp.79–80 *passim*.
27 Dit word afgedruk in Valentyn:Oud en nieuw Oost-Indien III(1), 97.
28 Habiboe:Tot verheffing, p.59.
29 DAS 1977.4.
30 Valentijn:Oud en nieuw Oost-Indiën 4, 2(2), 136. Habiboe beskryf Aletta in sy register as 'dienstbode van François'; Habiboe:Tot verheffing, p.143; sien egter *ibid.*, p.59. Hierdie seksie van Valentijn se boek is onvolledig weergegee in Valentyn:Beschryvinge II; en die 'dienstmaagd' woord o.a. deur drie punte verteenwoordig (p.282).
31 Valentyn:Beschryvinge II, 282.
32 Winkler Prins 1, 591.
33 Journal 1699, p.80. Sien verder DAS 1961.4.
34 Sien Op reis met de VOC.
35 Busken Huet:Francois Valentyn, p.28.
36 Vgl. Valentyn:Beschryvinge I, 20.
37 Vgl. De Haan:Priangan I(2), 272; Encyclopaedie van Nederlandsch-Indië 4, 502a; Habiboe: Tot verheffing, pp.20, 45.
38 Busket Huet:Francois Valentyn, pp.30, 31.
39 Bogaert:Historische reizen, p.100.
40 Valentyn:Beschryvinge I, 112.
41 Valentyn:Beschryvinge I, 112/114 *passim*.
42 Briewe J.M. van Riebeeck, p.79.
43 Aangehaal in *Encyclopaedie van Nederlandsch-Indië* (sien n15 hierbo) 4, 504a. Ook in Habiboe:Tot verheffing, p.114.
44 Die algemene strekking van hierdie reël is dat die beweerde primitiwiteit van die Khoikhoi benadruk word.
45 Valentyn:Beschryvinge I, 40.
46 Briewe J.M. van Riebeeck, p.78. Vgl. Journal 1699, pp.209–210.
47 Tas:Dagboek, p.49 n43.
48 Op reis, p.95.
49 Valentyn:Beschryvinge II, 282.
50 Bogaert:Historische reizen, p.100.
51 Briewe J.M. van Riebeeck, p.100.
52 Valentyn:Beschryvinge I, 140.
53 Valentyn:Beschryvinge II, 284.
54 Valentyn:Beschryvinge II, 284.
55 Journal 1699, p.80.
56 Valentyn:Beschryvinge II, 284.
57 Journal 1699, p.81.
58 Valentyn:Beschryvinge II, 284; vgl. *ibid.*, 202. Vir sy indrukke van Vergelegen, sien

ibid. I, 150/152.
59 Valentyn:Beschryvinge II, 284.
60 SABW IV, 261.
61 Vir die onfortuinlike lot van Anna Maria Valentijn, wat haar lewe in die Ooste sou eindig, sien De Haan:Oud Batavia I, 317–318; De Haan:Priangan I (Personalia), 280; Habiboe:Tot verheffing, pp.73–74.
62 Schutte:Ad fontes, p.358.
63 In Tas:Dagboek, p.79 n105.
64 Schutte:Ad fontes, p.362.
65 Journal 1699, p.115.
66 Schutte:Ad fontes, p.362 n73.
67 Journal 1699, p.125; Letters despatched 1696, p.356; Schutte:Ad fontes, p.362 n73.
68 Letters received 1695, p.469. Vgl. Letters despatched 1606, p.323.
69 Vgl. pp.170–171 hierbo.
70 Schutte:Ad fontes, p.362.

6. *Henricus en Aletta Beck in Stellenbosch (i),* pp.142–192

1 Sien Böeseken:S. van der Stel, pp.54–64 *passim*. Verder ook Biewenga:Kaap de Goede Hoop, *passim*; Hattingh:Eerste vryswartes; Stellenbosch drie eeue, *passim*.
2 Vgl. Stellenbosch drie eeue, p.68 (tabel, 1679–1796).
3 Resolusies 3, 25.
4 Resolusies 3, 46–47.
5 Aangehaal in Stellenbosch drie eeue, p.291–292 *passim*, met 'n fotografiese kopie op die voorafgaande bladsy.
6 Resolusies 3, 72–73 *passim*.
7 SABW III, 592–593.
8 H.A. van Reede, in Memoriën, p.212.
9 Resolusies 3, 97.
10 Valentijn:Beschryvinge I, 138 & 139 n82.
11 Mentzel:Description 3, 44.
12 Valentijn:Beschryvinge I, 114.
13 Hattingh:Eerste vryswartes, p.25.
14 SABW IV, 398–399. Vir sy Instruksie, sien Memoriën, pp.223–225.
15 Memoriën, p.212.
16 Memoriën, p.212.
17 C.L. Temminck Groll, *The Dutch overseas architectural survey*; tr. Language Centre, University of Groningen (Zwolle: Waanders, 2002), p.446. Vgl. Hans Fransen, in Stellenbosch drie eeue, p.83.
18 Aangehaal in Hugo:Kerk van Stellenbosch, p.9.
19 Aangehaal in Hugo:Kerk van Stellenbosch, p.6.
20 Vir laasgenoemdes, sien Fitchett:Early architecture, pp.467–469.
21 Hugo:Kerk van Stellenbosch, p.10.
22 Vir hierdie eiland, sien Hugo:Kerk van Stellenbosch, pp.206–210.
23 Fitchett:Early architecture, p.476.
24 Vir die vroeë kerkgeskiedenis en kerkgebou, sien Fitchett:Early architecture, pp.492–502; Hugo:Kerk van Stellenbosch, pp.1–44; F.C. Fensham, in Stellenbosch drie eeue, pp.245–251.

25 In Stellenbosch drie eeue, p.84.
26 Hugo:Kerk van Stellenbosch, pp.20, 28.
27 Hugo:Kerk van Stellenbosch, p.97.
28 Hugo:Kerk van Stellenbosch, pp.27–28.
29 Vir hierdie panorama, sien n42 hieronder.
30 Fitchett:Early architecture, pp.492–493.
31 Hugo:Kerk van Stellenbosch, p.14.
32 Hugo:Kerk van Stellenbosch, p.14.
33 Hugo:Kerk van Stellenbosch, 29.
34 Sien die Politieke Raad hieroor, Resolusies 3, 185–186.
35 Hugo:Kerk van Stellenbosch, p.15. Vgl. Biewenga:Kaap de Goede Hoop, pp128–129, 162–163.
36 Biewenga:Kaap de Goede Hoop, p.62.
37 Biewenga:Kaap de Goede Hoop, p.62.
38 Biewenga:Kaap de Goede Hoop, p.163; sien ook *ibid.*, pp.62, 201.
39 Stellenbosch drie eeue, p.68.
40 Valentyn:Beschryvinge I, 140.
41 Biewenga:Kaap de Goede Hoop, pp.90–91; sien verder *ibid.*, pp.89–93 *passim*.
42 Die Van Stade-panorama is o.a. afgedruk in Hugo:Kerk van Stellenbosch, t/o p.16; Stellenbosch drie eeue, pp.80 (detail), 84–85 (volledig, met kommentaar, pp.83–84); en Tas:Dagboek, t/o p.208. Vir 'n geannoteerde afdruk, sien Vos:Historical and archaeological perspective, p.42 (fig.8); en 'n plattegrond aan die hand hiervan, *ibid.*, p.43 (fig.9). Daar is voorts 'n moderne panorama deur A.M. Hugo en M.C. Stander, in Hugo:Kerk van Stellenbosch, p.16; herdruk in Tas:Dagboek, pp.16–17 (voublad); en 'n plattegrond deur Stander in Hugo:Kerk van Stellenbosch, p.32, en Stellenbosch drie eeue, p.50. 'n Verdere plattegrond deur H. Fransen verskyn in Stellenbosch drie eeue p.86. Vir 'n foto van 'n model van die vroeë dorp, sien *Stellenbossiana* 3,1 (Okt. 1979), p.2. Vir die vroeë argitektoniese ontwikkeling, en 'n bespreking van bogenoemde herkonstruksies, met verdere afdrukke, sien Fitchett:Early architecture, pp.459–527 (spesifiek 471–483 vir die Van Stade-panorama), 981–992 (illustrasies); Vos:Historical and archaeological perspective.
43 Fitchett:Early architecture, p.471.
44 Vir wat volg, sien Vos:Historical and archaeological perspective, pp.191–193 ('Conclusion'); Vos:Myths.
45 Schoeman:Armosyn, pp.405–406.
46 Fitchett:Early architecture, p.483.
47 Hugo:Kerk van Stellenbosch, pp.23–24.
48 Fitchett:Early architecture, p.470.
49 Volgens Hugo se eie nogal willekeurige uitspraak was 'Van Staden [sic] se weergawe van bome en plantegroei (…) baie willekeurig, soos elkeen self kan sien'; Hugo:Kerk van Stellenbosch, p.24.
50 Sien hiervoor Karel Schoeman, *Kolonie aan die Kaap: Jan van Riebeeck en die vestiging van die eerste blankes, 1652–1662* (Pretoria: Protea Boekhuis, 2010), pp.160–183 *passim*.
51 Thuijs:Ware Jaco, p.286.
52 Thuijs:Ware Jaco, pp.14–15.
53 Thuijs:Ware Jaco, p.160.
54 Vgl. Thuijs:Ware Jaco, p.425 (Register, onder 'Jansz, Hendrik'), & die bladsynommers waarna hier verwys word.

55 Thuijs:Ware Jaco, p.183.
56 Resolusies 3, 320.
57 KA, MOOC 8/2.31.
58 Vir hom en sy familie, sien Schoeman:Kinders, pp.393–402, 562 (bronne).
59 Aangehaal in Hugo:Kerk van Stellenbosch, p.14.
60 Resolusies 3, 185.
61 Hugo:Kerk van Stellenbosch, p.13; vgl. ook *ibid.*, p.14.
62 Van Oordt (KA, CJ 1028 no.547).
63 Aangehaal in Hoge:Personalia, p.290. Vgl. vir hom *VOC-opvarendes*.
64 Hoge:Personalia, p.290.
65 Sien hiervoor Hattingh:Eerste vryswartes, veral pp.48–56. Vir 'n oorsigtelike maar insiggewende artikel wat dieselfde tipe inligting oor onderlinge verhoudings in die Bolandse gemeenskap verskaf, sien Susan Newton-King, 'Sodomy, race and respectability in Stellenbosch and Drakenstein, 1689–1762: the story of a family, loosely defined', in Contingent lives, pp.305–341.
66 Sien veral Hattingh:Eerste vryswartes, pp.67–75.
67 Hattingh:Eerste vryswartes, pp.51–52. Sien vir hom ook Shell:Rangton van Bali.
68 Hattingh:Eerste vryswartes, pp.68/70, 72.
69 Hattingh:Eerste vryswartes, p.48.
70 Hattingh:Eerste vryswartes, p.67.
71 Hattingh:Eerste vryswartes, p.39.
72 Biewenga:Kaap de Goede Hoop, p.183. Vir Groot Armosyn, sien verder Schoeman:Wêreld, *passim*.
73 Hattingh:Eerste vryswartes, p.65. Vir H.H. Hattingh, sien Tas:Dagboek, p.181 n268.
74 Hattingh:Eerste vryswartes, p.65.
75 Bv. Hattingh:Eerste vryswartes, pp.53–54.
76 Hattingh:Eerste vryswartes, p.53, 70.
77 Vgl. Hattingh:Eerste vryswartes, pp.39, 48, 61, 73, 74.
78 Hattingh:Eerste vryswartes, p.63; hy verwys hier self na die 'monsterrolle'.
79 In Tas:Dagboek, p.144 n207. Vgl. Heese:Groep, p.106.
80 In Tas:Dagboek, p.144 n207.
81 Hattingh:Eerste vryswartes, p.65; Heese:Groep, p.109.
82 Boedelinventarisse II, 353–354.
83 Hattingh:Eerste vryswartes, p.74; vgl. *ibid.*, p.71 (tabel). Ook Heese:Groep, p.115; Hoge:Personalia, p.220 (Kreutzmann).
84 Hoge:Personalia, p.220; Tas:Dagboek, p.131 n190.
85 Heese/Lombard 8, 358 (b3).
86 Vgl. De Villiers/Pama, p.1083. Vir hierdie twee vroue, sien verder *Die Vosloos, nuttige landsburgers; deel 1, Die familiegeskiedenis*; navorser en samesteller: Daniël Jacobs (Kaapstad: Ton Vosloo, 2003), pp.78–84, en spesifiek pp.81–82.
87 Heese/Lombard 1, 654; Hoge:Personalia, p.63.
88 Groenewald:Database.
89 Heese/Lombard 1, 258 (Andries Beyers, alhoewel haar moeder hier aangegee word as 'Catharina Vryman van Kaapstad'), 654 (Conterman). Haar herkoms kan ook op omslagtige wyse opgespoor word deur terug te werk deur Hoge:Personalia, pp.63 (Conterman), 442 (Jacob Vry), 134 (J.H. Harting), 30 (Andries Beyers).
90 Heese:Groep, p.131.
91 Tas:Dagboek, p.43 n23. Vgl. Heese:Groep, p.124.

92 Hattingh:Eerste vryswartes, pp.29, 44, 63, 64; Heese:Groep, p.109. Vir Clara Herbst se talryke blanke nasate, sien Hattingh:Eerste vryswartes.
93 Hattingh:Eerste vryswartes, pp.64–65; Heese:Groep, p.100; Heese/Lombard 1, 603.
94 Biewenga:Kaap de Goede Hoop, p.233; Hattingh:Eerste vryswartes, p.39; Heese:Groep, p.117; Heese/Lombard 1, 47; Hugo:Kerk van Stellenbosch, p.71.
95 Sien pp.101–102 hierbo.
96 Hoge:Personalia, p.441.
97 Sien p.105 hierbo.
98 Sien p.97 hierbo.
99 Tas:Dagboek, pp.124–125 n180.
100 Bouwstoffen II, 376 *passim*.
101 Tas:Dagboek, pp.120–122 *passim*.
102 Tas:Dagboek, p.124.
103 KA, MOOC 8/3.9.
104 Sien bv. Schoeman:Patrisiërs, pp.250, 261–262.
105 R.B. Evenhuis, *Ook dat was Amsterdam; de kerk der hervorming in de gouden eeuw*, 2 (Amsterdam: W. ten Have, 1967), p.96.
106 Geyer:Stellenbosse gemeente, p.38.
107 Geyer:Stellenbosse gemeente, p.38.
108 In Tas:Dagboek, pp.120–121 n172.
109 Biewenga:Kaap de Goede Hoop, pp.219–220.
110 Journal 1699, p.444.
111 Vir hierdie verwantskap, sien Heese/Lombard 1, 314–315 (Bockelenberg), 341 (van den Bosch); *ibid.* 3, 286 (Hans Helm); De Villiers/Pama, p.1149 (van Wyk).
112 Journal 1699, pp.444–445. Vgl. Tas:Dagboek, pp.50–51 n47.
113 Biewenga:Kaap de Goede Hoop, p.70.
114 Tas:Dagboek, p.40.
115 In Tas:Dagboek, pp.40–41 n20.
116 Biewenga:Kaap de Goede Hoop, pp.94, 151.
117 Biewenga:Kaap de Goede Hoop, p.237. Sien verder ook die verwysing na 'the case of Jacob van den Berge and his wife' in 'n brief van landdros De Meurs (1707); Letters received 1695, p.448.
118 Biewenga:Kaap de Goede Hoop, pp.66, 105.
119 Sien pp.97–98 hierbo.
120 Biewenga:Kaap de Goede Hoop, p.71.
121 In Tas:Dagboek, pp.40–41 n20.
122 Niks verder is oor haar bekend nie.
123 Hoge:Personalia, p.259 (Christian Martens).
124 Boedelinventarisse I, 30. Sien verdere verwysings uit hierdie tyd in Hattingh:Eerste vryswartes, pp.18–19 *passim*.
125 Hoge:Personalia, p.259; Biewenga:Kaap de Goede Hoop, pp.69–70.
126 Sien pp.151–152 hierbo.
127 Biewenga:Kaap de Goede Hoop, p.71.
128 Biewenga:Kaap de Goede Hoop, p.221.
129 Boedelinventarisse I, 5.
130 Biewenga:Kaap de Goede Hoop, p.170.
131 Biewenga:Kaap de Goede Hoop, p.221.
132 Biewenga:Kaap de Goede Hoop, p.237.

133 Hattingh:Eerste vryswartes, p.39.
134 Biewenga:Kaap de Goede Hoop, p.237.
135 Sien pp.110–111 hierbo.
136 Sien pp.96–98 hierbo.
137 Tas:Dagboek, pp.66–67 n76.
138 Bouwstoffen II, 373; Resolusies 5, 135.
139 Tas:Dagboek, p.58; vgl. ook *ibid.*, p.74.
140 Bouwstoffen II, 377.
141 Tas:Dagboek, pp.66–67 n76, 71 n90.
142 Tas:Dagboek, p.66.
143 In Tas:Dagboek, pp.66–67 n76.
144 Biewenga:Kaap de Goede Hoop, p.197 (tabel).
145 Sien p.155 hieronder.
146 Bouwstoffen I, 377.
147 Vgl. Bouwstoffen II, 371, 374.
148 Tas:Dagboek, p.62.
149 Bouwstoffen II, 371.
150 Sien Fitchett:Early architecture, pp.492–502.
151 Resolusies 5, 135.
152 Hugo:Kerk van Stellenbosch, p.28.
153 Sien Fitchett:Early architecture, p.495.
154 Hugo:Kerk van Stellenbosch, p.28.
155 Bouwstoffen II, 375–376.
156 Requesten 1, 62–63; Resolusies 8, 9..
157 Resolusies 8, 9–10.
158 Sien pp.201–202 hierbo.
159 Hugo:Kerk van Stellenbosch, p.43.
160 Fitchett:Early architecture, pp.497–502
161 Resolusies 5, 135.
162 Resolusies 5, 163. Vir hierdie gebou, sien Fitchett:Early architecture, pp.512–514; Hugo:Kerk van Stellenbosch, pp.47–48, 211–215; Stellenbosch drie eeue, p.249B. Verder ook Hans Fransen & Mary Cook, *The old buildings of the Cape* (Cape Town: A.A. Balkema, 1980), p.146 ('4/6 Ryneveld Street').
163 Aangehaal in Hugo:Kerk van Stellenbosch, p.49.
164 Resolusies 5, 135–136. Vir die lang vertraging, sien Hugo:Kerk van Stellenbosch, pp.49–50; en vir 'n ongunstige vergelyking met eietydse ontwikkelings in Drakenstein, *ibid.*, pp.61–62. Vir die nuwe kerkgebou, sien Bouwstoffen II, 373–374; Hugo:Kerk van Stellenbosch, pp.45–113 *passim*.
165 Resolusies 5, 135–136; vgl. *ibid.*, 163–164. Ook Requesten 2, 624–626 *passim*; *ibid.* 4, 1040–1041.
166 Hugo:Kerk van Stellenbosch, pp.51–52.
167 Resolusies 5, 135–136. Vgl. Hugo:Kerk van Stellenbosch, p.52; Requesten 2, 663–664; *ibid.*, 4, 1226, 1238 *passim* ('Van Gros').
168 Aangehaal in Hugo:Kerk van Stellenbosch, p.52.
169 Hugo:Kerk van Stellenbosch, p.52.
170 Bouwstoffen II, 374; Hugo:Kerk van Stellenbosch, pp.74–75.
171 Vgl. bv. Fensham in SABW I, 63.
172 A.Th. van Deursen, *Bavianen en slijkgeuzen*; 2e dr. (Franeker: Van Wijnen, 1991), pp.105, 216–217.

173 *Gestalten van de Gouden Eeuw: een Hollands groepsportret;* red. H.M. Beliën, A.Th. van Deursen & G.J. van Setten (Amsterdam: Bert Bakker, 1995), pp.116–117.
174 Sien hiervoor R. Fruin, in Droste:Overblyfsels, pp.489–496.
175 S.J. Fockema Andreae, *De Nederlandse staat onder de Republiek* (Amsterdam: Noord-Hollandsche uitg. mij., 1962), p.169.
176 Kaapse plakkaatboek IV, 19.
177 Godée Molsbergen:Geschiedenis, p.151.
178 Boucher:Foreign shipping, p.23 n161.
179 Journal 1699, p.297.
180 Requesten 3, 1046.
181 Bouwstoffen II, 375. Vgl. Hugo:Kerk van Stellenbosch, p.74.
182 In SABW I, 63.
183 Hugo:Kerk van Stellenbosch, p.68.
184 Hugo:Kerk van Stellenbosch, p.68.
185 Bouwstoffen II, 373.
186 Hugo:Kerk van Stellenbosch, p.63.
187 Hugo:Kerk van Stellenbosch, p.63.
188 Hugo:Kerk van Stellenbosch, p.79.
189 Hugo:Kerk van Stellenbosch, p.89.
190 Aangehaal in Hugo:Kerk van Stellenbosch, p.72.
191 Bouwstoffen II, 374.
192 Hugo:Kerk van Stellenbosch, p.77.
193 Bouwstoffen II, 377.
194 Hugo:Kerk van Stellenbosch, pp.78–82. Vir afbeeldings, sien *ibid.*, frontispies (kleur); Stellenbosch drie eeue, p.251.
195 Boedelinventarisse III, 650.
196 Bouwstoffen II, 374.
197 Bouwstoffen II, 375.
198 Hugo:Kerk van Stellenbosch, p.97.
199 Aangehaal in Hugo:Kerk van Stellenbosch, p.57.
200 Bouwstoffen II, 373, 373–374 (die 'juffr. de wed. Bosman' waarna twee keer verwys word, is kennelik 'n transkripsiefout), 377; Hugo:Kerk van Stellenbosch, pp.48, 49, 212–215.
201 Heese/Lombard 5, 399; Claasen:Sieketroosters, *passim*; Tas:Dagboek, p.39 n18.
202 Letters despatched 1696, p.176.
203 Sien vir hom Boedelinventarisse I, 20–21 (Kouthoff); De Wet:Vryliede, *passim* ('Meyhuizen'); Heese/Lombard 5, 614–615; Resolusies 3, 249.
204 Heese/Lombard 5, 615.
205 Vir die getuienis teen Meijhuisen, sien KA, CJ 780, pp.1265–1279. Ek het 'n transkripsie hiervan aan Gerald Groenwald te danke. Vgl. ook Schoeman:Early slavery, pp.252–253.
206 Letters despatched 1696, p.72.
207 Vgl. Boedelinventarisse I, 20–21.
208 Tas:Dagboek, p.104.
209 Tas:Dagboek, p.105 n143.
210 Tas:Dagboek, p.39 n18.
211 Sien Fitchett:Early architecture, pp.468–469.
212 Tas:Dagboek, pp.39 n18, 136/138. Sien egter ook Fitchett:Early architecture, pp.507–508.
213 Stellenbosse doderegister.
214 KA, MOOC 8/3.28.

215 Vgl. Tas:Dagboek, p.39 n18.
216 Petrus:Afgeperste verweering, p.58.
217 Vgl. Tas:Dagboek, pp.134–135 (Des. 1705).
218 Tas:Dagboek, p.39 n18.
219 Biewenga:Kaap de Goede Hoop, p.61. Vgl. Resolusies 4, 292 & 292 n133, 299 & 299 n10.
220 Claasen:Sieketroosters, p.191.
221 Le Vaillant:Reize I, 95; vgl. *ibid.*, 93–95.
222 Resolusies 4, 292.
223 Tas:Dagboek, p.66.
224 Tas:Dagboek, p.138.
225 Tas:Dagboek, p.158.
226 Die twee weergawes verskil; sien Bouwstoffen II, 371–372.
227 Vroeg in 1715 is daar reeds oor sy opvolger gekla; sien p.168 hierbo.
228 Requesten II, 737; vgl. VOC-opvarenden. Jong Hercules Mahieu sou mettertyd vorder tot Assistent in diens van die Kompanjie; *ibid.*, 746.
229 Resolusies 5, 279–280. Sien ook Sleigh:Buiteposte, p.248.
230 Claasen:Sieketroosters, p.198.
231 Sien Biewenga:Kaap de Goede Hoop, pp.128, 163, 205.
232 Biewenga:Kaap de Goede Hoop, p.163.
233 Aangehaal in Biewenga:Kaap de Goede Hoop, p.205.
234 KA, C1457 Uitgaande briewe 1714–1715 pp.256–257.
235 Franken:Huisonderwys, p.11.
236 Requesten I, 353 (twee inskrywings).
237 Aangehaal in Claasen:Sieketroosters, p.160.
238 Hugo:Kerk van Stellenbosch, pp.200–201. Sien vir hom verder Boucher:French speakers, pp.182, 183; Stellenbosch drie eeue, p.293.
239 Bouwstoffen II, 370; vgl. *ibid.*, 375.
240 Bouwstoffen II, 375–376.
241 Bouwstoffen I, 65.
242 Bouwstoffen II, 371.
243 In Tas:Dagboek, p.77 n100.
244 Hoge:Privaatskoolmeesters II, 3–5, 37. Volgens Franken:Huisonderwys (p.14) word die Stellenbosse koster deur sy handtekening onderskei van die soldaat, kneg en kleremaker met dieselfde naam wat vanaf 1693 aan die Kaap was. Volgens Hoge (wie se weergawe hier gevolg is), gaan dit 'waarskynlik' egter om dieselfde persoon; Hoge:Privaatskoolmeesters II, 3.
245 Letters despatched 1696, pp.384–385.
246 Bouwstoffen II, 371.
247 Aangehaal in Franken, 'Huisonderwys', p.14.
248 Bouwstoffen I, 69.
249 Resolusies 5, 14.
250 Requesten I, 232. Vgl. Hoge:Privaatskoolmeesters II, 5; Resolusies 5, 14.
251 Hoge:Privaatskoolmeesters II, 37 (vier inskrywings).
252 Resolusies 5, 14–15.
253 Hoge:Privaatskoolmeesters, p.46.
254 Resolusies 5, 15.
255 Resolusies 4, 69–70.
256 Resolusies 4, 140–141.

257 Vgl. Resolusies 5, 335.
258 Kolb:Beschryving II, 238.
259 Tas:Dagboek, p.54.
260 KA, 1/STB 18/155 ongepagineer (verklaring van Joost Hendrik Frits, 16.12.1710). Ek is dank verskuldig aan dr. Susan Newton-King wat my aandag op hierdie dokumente gevestig het. Dit was moontlik as gevolg van onduidelikheid in hierdie verklaring dat Franken vir Lamotius beskryf het as die 'skoonvader van ds. Henri [sic] Beck'; J.L. Franken, *Taalhistoriese bydraes* (Kaapstad: Balkema, 1953), p.114.
261 Tas:Dagboek, p.66.
262 In Tas:Dagboek, p.67 n81.
263 Tas:Dagboek, p.156.
264 Tas:Dagboek, p.174.
265 Tas:Dagboek, p.186.
266 Kolb:Beschryving II, 238.
267 Sien byvoorbeeld Bouwstoffen I, 33–34 (aan die Klassis Amsterdam, 1703); Resolusies 7, 13–14 (aan die Politieke Raad, 1724).
268 Tas:Dagboek, p.66.
269 Collectanea, pp.77, 78.
270 Bouwstoffen I, 158. Vgl. ook die aanhaling oor die gedrag van die voorleser Jan Kien op p.168 hierbo.
271 Tas:Dagboek, pp.158/160 *passim*.
272 In Tas:Dagboek, p.38 n17.
273 In Tas:Dagboek, p.71 n89.
274 In SABW I, 63. Vgl. egter Biewenga:Kaap de Goede Hoop, pp.201–202.
275 Sien p.155 hierbo.
276 Hugo:Kerk van Stellenbosch, p.45.
277 Resolusies 4, 378–386.
278 Resolusies 4, 419–421.
279 Resolusies 5, 115–116.
280 KA, C1457 Uitgaande briewe 1714–1715 pp.252–253. Vir die ontoereikende katkisasie deur die sieketrooster, sien Biewenga:Kaap de Goede Hoop, p.163.
281 KA, C 1457 Uitgaande briewe 1714–1715 pp.255–257.
282 F.C. Fensham, in Stellenbosch drie eeue, p.251.
283 Geyer:Stellenbosse gemeente, p.41.
284 Hugo:Kerk van Stellenbosch, p.82.
285 Dit volgens Fitchett:Early architecture, p.467.
286 Fitchett:Early architecture, pp.467–468; Hugo:Kerk van Stellenbosch, pp.31/33.
287 Hugo:Kerk van Stellenbosch, p.143.
288 Boedelinventarisse II, 521–522. Vgl. KA, MOOC 8/6.92, 10/5.56, 10/5.56½, 10/5.57, 10/5.57½.
289 KA, MOOC 8/7.52.
290 Fitchett:Early architecture, p.512.
291 Fitchett:Early architecture, p.510.
292 Fitchett:Early architecture, pp.509–512, 992 (figg.210–213).
293 Dit is nie duidelik hoe hierdie aanwysings vertolk moet word nie.
294 Fitchett:Early architecture, p.510.
295 Fitchett:Early architecture, pp.518–519.
296 Hattingh:Eerste vryswartes, p.68.
297 Fitchett:Early architecture, pp.518–519.
298 Hugo:Kerk van Stellenbosch, p.201.

299 SABW I, 860–861.
300 SABW I, 22.
301 KA, MOOC 8/7.52.
302 KA, MOOC 10/3.68 (vendurol van Engela Quint, 1726).
303 Kolb:Beschryving II, 239.
304 Requesten II, 471–472 (1732).
305 Vir talle foto's van kombuisgereedskap deur Kaapse kopersmede, sien Le Roux:Kaapse kopersmid.
306 KA, MOOC 10/1.50.
307 KA, MOOC 10/1.55.
308 KA, MOOC 10/1.66 (1710).
309 KA, MOOC 10/1.74 (1712).
310 Sien hiervoor Bruno E.J.S. Werz, 'Een bedroefd, en beclaaglijck ongeval'; de wrakken van de VOC-schepen Oosterland en Waddinxveen (1697) in de Tafelbaai (Zutphen: Walburg Pers, 2003), pp.141, 152 (foto).
311 KA, MOOC 8/2.84.
312 KA, CJ 2963 p.46.
313 KA, MOOC 10/1.58, MOOC 10/1.59.
314 Vgl. die 'koopmanschappen' in sy boedel; KA, MOOC 8/2.8.
315 Sien pp.170–171 hierbo.
316 Hofmeyr:Libertas, ongepagineer ('Vroeë boedel-inventarisse van Libertas').
317 Kwitansie (24.12.1709) gevind in die Joubertversameling; KA, MOOC 14/5.71 (ongesorteer). Sien verder ook die kwitansie wat in 1712 deur I.J. Lamotius onderteken is; KA, M 68(c).
318 Franken:Hugenote, p.64 n23. As enigste verwysing gee hy '[KA,] Test. Stell., 1698–1701', wat impliseer dat die bemaking voor haar huwelik gedoen is.
319 KA, MOOC 14/19.124 p.1[a]. Sien vir haar verder Wijnaendts van Resandt:Gezaghebbers, p.251.
320 KA, MOOC 14/19 vol.3 no.124 p.6[a]; vgl. ook ibid., p.10.
321 Sien De Haan:Oud Batavia II, 120–121.
322 Maar sien De Haan se opmerking hierby; De Haan:Oud Batavia, p.121 n3.
323 KA, MOOC 10/1.100.
324 KA, MOOC 10/3.77.
325 KA, 8/2.70.
326 KA, MOOC 8/3.16.
327 'Maai' was die aanspreekvorm vir 'n ouer gekleurde vrou.
328 KA, MOOC 14/19, vol.3,124 folio 8 (dubbelblad). Ek is Gerald Groenewald dankbaar vir sy hulp met die transkripsie van hierdie inskrywings.
329 Sien bv. die eerste inskrywing in sy skuldboek; KA, MOOC 14/19 vol.3 no.124.
330 Sien Heese/Lombard 7, 532; verder ook Resolusies 6, 129 n142. Vir Pfeil se noue verbintenisse met die destydse Lutherse gemeenskap aan die Kaap, sien Hoge:Geskiedenis, pp.23, 24, 31, 33, 43, 44, 55, 56 n82, 59.
331 Schutte:Ad fontes, p.354 n33.
332 KA, MOOC 14/19 vol.3 no.124; sien bv. p.20[a].
333 Die datum van hul huwelik (in Stellenbosch) is in die genealogie dieselfde soos die doopdatum van hul eerste kind, wat in beginsel nie onmoontlik is nie, maar in hierdie geval tog onwaarskynlik lyk; Heese/Lombard 7, 532.
334 Wijnaendts van Resandt:Gezaghebbers, pp.187–188; waar sy tweede huwelik nie genoem word nie.

335 Schutte:Ad fontes, p.360 n62.
336 Cape slave transactions.
337 Cape slave transactions.
338 Resolusies 7, 13–14 (met Beck se eie verslag), 16.
339 Resolusies 6, 72. Sien hiervoor ook sy skuldboek, KA, MOOC 14/19 vol.3 no.124 p.11[a].
340 Van der Bijl:Eienaars van plase, p.78.
341 KA, MOOC 14/19 vol.3 no.124 p.20; vgl. ook *ibid.*, p.21.
342 KA, MOOC 10/1.72.
343 Jean G. le Roux & Willem G. le Roux, *Ons Drakensteinse erfgrond* (Paarl: Drakenstein Heemkring, 1999), pp.[220], [217]. Vgl. verder KA, MOOC 14/19 vol.3 no.124 p.21[a] (nota).
344 Laura J. Mitchell, *Belongings; property, family, and identity in colonial South Africa (an exploration of frontiers, 1725–c.1830)* (New York: Columbia Univ. pr., 2009), p.42.
345 KA, MOOC 14/19 vol.3 no.124.
346 Habiboe:Tot verheffing, p.43.
347 Tas:Dagboek, pp.38–40.
348 Tas:Dagboek, pp.40 n19, 54–55 n56. Vir Oude Molen, sien Fitchett:Early architecture, p.528.
349 Tas:Dagboek, p.52.
350 Tas:Dagboek, p.53 n53.
351 Tas:Dagboek, pp.53 n53, 187 n278.
352 Tas:Dagboek, p.70.
353 Tas:Dagboek, p.104.
354 In Tas:Dagboek, p.105 n143.
355 Tas:Dagboek, pp.168–169 n246.
356 Heese/Lombard 5, 399.
357 Tas:Dagboek, pp.78 n103, 82–83 n110.
358 Die huis word genoem in die boedelinventaris met haar dood in 1709, terwyl haar plaas in die Tygerberg kennelik nie bewoon was nie; KA, MOOC 8/2.28. Sien vir haar verder KA, CJ 299 pp.699–710, 717–729, 753–754; CJ 780, pp.1166–1172.
359 Heese/Lombard 8, 357; Tas:Dagboek, pp.52–53 n51.
360 Tas:Dagboek, p.72.
361 Tas:Dagboek, pp.58/60.
362 Tas:Dagboek, p.130.
363 Tas:Dagboek, p.152.
364 Tas:Dagboek, p.188.
365 Tas:Dagboek, pp.148, 150.
366 Tas:Dagboek, pp.114/116, 156/158 *passim*.
367 Tas:Dagboek, pp.190, 194.
368 Sien hiervoor Collectanea, pp.72–78, 91–97 (Engelse vertaling). Waar geen ander bron aangegee word nie, is die aanhalings hieruit afkomstig.
369 Sien Collectanea, pp.60–71, 79–90.
370 Sien vir Appel, SABW III, 29–30; Collectanea, p.80 n3; Sleigh:Buiteposte, p.539.
371 Collectanea, p.91 n20; Resolusies 4, 122 n148.
372 SABW III, 835; Resolusies 3, 337 & 337 n15; Tas:Dagboek, pp.34–35 n7.
373 Tas:Dagboek, p.34.
374 Contra-deductie, p.86; sien verder *ibid.*, pp.20, 25, 38, 65, 82, 84–86 *passim*, 94, 116, 200–201, 279.

375 Bógaert:Historisch reizen, p.527.
376 Nationaal Archief: VOC-archief 4057 p.1075v.
377 Tas:Dagboek, p.132.
378 Bógaert:Historische reizen, pp.485-486.
379 Contra-deductie, p.278.
380 Contra-deductie, pp.130, 132.
381 Valentyn:Beschryvinge I, 144.
382 Collectanea, p.70.
383 Collectanea, p.64.
384 Collectanea, p.68.
385 Resolusies 4, 155–157, 215. Die teks van hierdie verslae is nie opgespoor nie; *ibid.*, voetnote t.a.p.
386 Sleigh:Buiteposte, pp.551–552.
387 Resolusies 5, 164.
388 Franken:Hugenote, p.64 n25.
389 Gelders Archief, Arnhem: Blok nr. 2003, Invent. nr. 479 pp.88–90.
390 KA, MOOC 14/19 vol.3 no.124 p.18.
391 Resolusies 5, 184.
392 KA, MOOC 14/19 vol.3 no.124 *passim*.

7. Henricus en Aletta Beck in Stellenbosch (ii), pp.193–227

1 Vir hierdie verklaring, sien KA, CJ 2963, pp.46–51. Ek is Gerald Groenewald dankbaar vir die moeite wat hy gedoen het om dit op te spoor.
2 Vgl. die boedelinventarisse in KA, MOOC 10/4.126 & 127.
3 Contra-deductie, p.32.
4 Sien p.413 hierbo.
5 Vir De Meijer, sien Resolusies 4, xix; KA, MOOC 8/6, 104.
6 Valentyn:Beschrijvinge I, 139 n80.
7 Kolb:Beschryving II, 419a; vgl. *ibid.*, 433b.
8 <http://vocopvarenden.nationaalarchief.nl>.
9 DAS, no.1833.3.
10 DAS, no.6112.2.
11 DAS, no. 6112.2
12 Vergelyk 'Janus Montanus uit Schoonhoven', VOC-opvarenden.
13 Kolb:Beschryving II, 433b.
14 Contra-deductie, pp.78, 98–99 *passim*.
15 Franken:Hugenote, p.97; Letters received 1695, p.326.
16 Resolusies 4, 144.
17 Letters received 1695, pp.440–445 *passim*.
18 Journal 1699, p.123. Ook in Letters received 1695, pp.440–441.
19 Letters received 1685, pp.442–443 *passim*.
20 Kolb:Beschryving II, 419b.
21 Kolb:Beschreibung, p.820.
22 Vgl. Manon van der Heijden, *Huwelijk in Holland; stedelijke rechtspraak en kerkelijke tucht, 1550–1700* (Amsterdam: Bert Bakker, 1998), pp.54–55, 61–63, 182–187.
23 Franken transkribeer dit as 'Willem Pagt'; Franken:Hugenote, p.64 n24.

24 Mansell Upham, 'Mooij [sic] Ansela & the black sheep of the family' (sien n34 hieronder), pp.26–27.
25 Vgl. bv. 'Marij de Zweed' en 'Lena de Zweed', dogters van die Sweed Matthijs Michiels; Tas:Dagboek, pp.161–162 n231.
26 Heese/Lombard 1.
27 Sien hieronder.
28 Tas:Dagboek, p.133 n194. Met sy dood in 1713 was hy in besit van 'twee plaetsen geleegen in de Houtbaij' en 'een opstal meede aldaar geleegen', asook 'n huis en tuin in die Tafelvallei; KA, MOOC 8/2.76 & 77.
29 Bogaert:Historische reizen, p.492.
30 Sien hiervoor Defence, p.180 (Engelse vertaling); Korte deductie, p.158.
31 Bouwstoffen I, 125.
32 Heese/Lombard 5, 616 ('Matthys Michiels van Stockholm'). Vir haar identifisering as blanke, sien verder H.F. Heese, *Groep sonder grense; die rol en status van die gemengde bevolking aan die Kaap, 1652–1795* (Kaapstad: Instituut vir Historiese Navorsing UWK, 1984), p.12 (diagram).
33 Tas:Dagboek, pp.161–162 n231.
34 KA, MOOC 8/1.60 (Klement); Heese/Lombard 1, (Van As); *ibid.* 5, 616 (Michiels); Mansell Upham:'Mooij [sic] Ansela and the black sheep of the family' I–VII, *Capensis* 4/1997–2/1999, *passim* (Van As).
35 Heese/Lombard 1, 160.
36 KA, MOOC 10/2.9.
37 Cape slave transactions.
38 Heese/Lombard 1, 160. Ook met Basson se dood in 1713 is slegs twee minderjarige seuns as erfgename aangegee; KA, MOOC 8/2.76 & 77.
39 Sien pp.240–241 hierbo.
40 *'einen guten teutschen Vers, wie man saget, machen konte'*.
41 Kolb:Beschreibung, p.820 (eie vertaling).
42 Biewenga:Kaap de Goede Hoop, p.52.
43 Heese/Lombard 5, 597. '1719' is fout.
44 Pieters & Schutte:Vergeten Kaapse dichteres, p.70.
45 Pieters & Schutte:Vergeten Kaapse dichteres, p.70.
46 Sien p.14 hierbo.
47 Biewenga:Kaap de Goede Hoop, p.52.
48 Resolusies 4, 144.
49 Vgl. Kolb:Beschryving II, 433b.
50 Resolusies 4, 155–157.
51 Vir die drosdy, sien Fitchett:Early architecture, p.484–492, 988–989 (planne); Hugo:Kerk van Stellenbosch, pp.10–13, 206–210; Vos:Historical and archaeological perspective, p.81 (fig.28) (plan). Lg. is ook afgedruk in *Stellenbossiana* 20,2 (Jan. 1997), p.2.
52 Sien Fitchett, t.a.p.
53 Fitchett:Early architecture, p.485.
54 Fitchett:Early architecture, p.490.
55 Vgl. Hugo:Kerk van Stellenbosch, pp.54, 58.
56 Resolusies (20.9.1707), KA C26.
57 Letters received 1695, p.472. Vir die besluit waarna verwys word, sien Resolusies 5, 357.
58 Sien in hierdie verband Vos:Historical and archaeological perspective, pp.191–193; Vos: Myths.
59 Fitchett:Early architecture, p.988 (fig.205).

60   Fitchett:Early architecture, p.491.
61   KA, MOOC 10.1/48, 10.1.51, 10.1/59, 10/1.64 & 10.1/55.
62   Theal:History III, 469 (chronologiese lys landdroste in Register).
63   Vgl. *Nederduitsch Zuid-Afrikaansch Tijdschrift* II,1 (July–Aug. 1825), pp.273–274.
64   Hugo gee 'n evokatiewe aanhaling hieromtrent uit die Dagregister; Hugo:Kerk van Stellenbosch, p.34.
65   Kolb:Beschryving II, 437b. Sien verder Hugo:Kerk van Stellenbosch, pp.35–36; Mentzel: Description 3, 44.
66   Valentyn:Beschryvinge I, 138.
67   Hugo:Kerk van Stellenbosch, p.34; Vos:Myths, par.15.
68   Fitchett:Early architecture, p.508.
69   Hugo:Kerk van Stellenbosch, p.36.
70   Hugo:Kerk van Stellenbosch, p.50 & p.50 n2.
71   Hugo:Kerk van Stellenbosch, p.35.
72   Biewenga:Kaap de Goede Hoop, p.218.
73   Valentyn:Beschrijvinge I, 139 n80.
74   Tas:Dagboek, pp.42–43 n22; Vos:La Gratitude, pp.7–8.
75   Vgl. Tas:Dagboek, pp.132–133 n192.
76   Volgens Hugo, in Tas:Dagboek, p.42 n22.
77   Sien hiervoor Fitchett:Early architecture, pp.232–235, 483; Vos:Historical and archaeological perspective, p.193. Verder ook James Walton, *Old Cape farmsteads* (Cape Town: Human & Rousseau, 1989), p.16.
78   In Stellenbosch drie eeue, p.83.
79   Fitchett:Early architecture, p.527.
80   Fitchett:Early architecture, p.527.
81   Sien veral hiervoor die reproduksies in Stellenbosch drie eeue, pp.80, 84–85.
82   Vos:La Gratitude, p.8.
83   Hugo:Kerk van Stellenbosch, p.55 n1.
84   In *Het Nederlandse interieur in beeld, 1600–1900*; red. C. Willemijn Fock (Zwolle: Waanders, 2001), p.217 (afb.168).
85   Jörg:Geldermalsen, pp.66–67 (met foto's).
86   Journal 1699, p.263.
87   Hugo:Kerk van Stellenbosch, p.55 n1.
88   Hoge:Geskiedenis, p.23. Dit weerspreek G.C. de Wet, wat skryf: 'Dit is egter nie duidelik of hy toe lidmaat van die laasgenoemde kerk word en of hy net toegang tot die nagmaalsviering kry nie'; SABW II, 685.
89   Kolb:Beschryving II, 301.
90   KA, MOOC 10/1.51.
91   Kolb:Beschryving I, 49.
92   Kolb:Bescryving II, 419.
93   Böeseken:Simon van der Stel, p.158.
94   SABW III, 487–488.
95   Vir 'n oorsig van die kritiek, sien SABW III, 488.
96   Sien Karel Schoeman, *Kinders van die Kompanjie* (Pretoria: Protea, 2006), pp.451–468 *passim*, 564–565 (bronne).
97   Vir sy posisie hier, sien Bógaert:Historische reizen, pp.516, 546; Schutte:Ad fontes, p.354 n33.
98   Sien hiervoor Resolusies 5, 253; Valentijn:Beschryvinge I, 154.

99 *De kleurrijke wereld van de VOC*; red. Leo Akveld & Els M. Jacobs (Bussum: Thoth, 2002), p.68. Sien ook R.N. Grove, *Green imperialism; colonial expansion, tropical island Edens and the origins of environmentalism, 1600–1860* (Cambridge: Cambridge Univ. pr., 1995), pp.138–151 *passim*.
100 SABW III, 207; Van Stekelenburg:Intellectueel.
101 In *Early Cape Hottentots* (Van Riebeeckvereniging).
102 Aangehaal in Van Stekelenburg:Intellectueel, p.13.
103 Van Stekelenburg:Intellectueel, p.13.
104 Van Stekelenburg:Intellectueel, p.14.
105 Tas:Dagboek, p.130; sien verder *ibid.*, *passim*.
106 Van Stekelenburg:Intellectueel, p.19.
107 Sien p.121 hierbo.
108 In Tas:Dagboek, p.130 n188.
109 Van Stekelenburg:Intellectueel, pp.16–18.
110 Boedelinventarisse II, 313. Die inventaris is eers in 1728 opgestel.
111 SABW IV, 639.
112 Heese/Lombard 8, 357 ('Pretorius'). Nie 1697 soos in SABW IV, 639 nie.
113 SABW IV, 639.
114 Kolb:Beschryving I, 54a.
115 Korte deductie, p.148 ('P.1.'). Sien ook Tas:Dagboek, pp.64, 65 n74.
116 Kolb:Beschryving I, 54a.
117 Kolb:Beschriving I, 54b; sien ook *ibid.*, 54–56 *passim*.
118 Geschrift, f.1038r.
119 Kolb:Beschryving I, 54a.
120 Kolb:Beschryving I, 54a.
121 Tas:Dagboek, pp.34, 64.
122 British Library, Sloane MSS 1064 folio 105 (2.4.1706). Die briewe is versprei in die versamelings Sloane 1063 & 1064.
123 Mary Gunn & L.E. Codd, *Botanical exploration of Southern Africa* (Cape Town: Balkema, 1981), pp.53, 332–333; Mia C. Karsten, *The Old Company's Garden at the Cape and its superintendents* (Cape Town: Maskew Miller, 1951), pp.77–78, 85. Vir Starrenburg se werksaamhede op hierdie gebied, sien Schoeman:Here & boere, pp.406–407.
124 Böeseken:Simon van der Stel, pp.157–159 *passim*.
125 KA, MOOC 8/2.8.
126 Boedelinventarisse II, 313.
127 Van Stekelenburg:Intellectueel, p.23.
128 Van Stekelenburg:Intellectueel, p.24; sien ook *ibid.*, pp.22–24 *passim*.
129 Tas:Dagboek, pp.70/72.
130 Van Stekelenburg:Intellectueel, p.24.
131 KA, MOOC 8/2.112.
132 Resolusies 6, 372.
133 KA, MOOC 8/2.33.
134 Tas:Dagboek, pp.34, 64; sien ook *ibid.*, p.54.
135 Aangehaal in Tas:Dagboek, p.68 n82.
136 SABW II, 751.
137 Mentzel:Life, p.128.
138 Mentzel:Description 1, 12 ('fully two years'); vgl. egter SABW I, 554.
139 Heese/Lombard 4, 258; Hoge:Personalia, 201.

140 Vgl. Schoeman:Portrait, pp.608–614 & *passim*.
141 Mentzel:Description 1, 11.
142 Mentzel:Description 3, 118.
143 Vir vroue te perd, sien Tas:Dagboek, pp.130, 140.
144 Sien 'n voorbeeld van 'n reisroete in Tas:Dagboek, p.110 n153.
145 In Tas:Dagboek, p.71 n87 ('iets meer as 1½ myl').
146 Tas:Dagboek, p.100.
147 Tas:Dagboek, p.96.
148 KA, MOOC 8/2.33.
149 Tas:Dagboek, p.68.
150 KA, MOOC 10/1.51.
151 Tas:Dagboek, pp.98/100.
152 Tas:Dagboek, p.84.
153 Sien Tas:Dagboek, pp.51 n49, 55 n57, 85 n113.
154 Tas:Dagboek, pp.116/118.
155 In Tas:Dagboek, p.118 n167.
156 Sien die voorbeelde uit die laat agttiende eeu in Bosmans van Drakenstein, *passim*.
157 Boucher:French speakers, pp.269–271.
158 Aangehaal in Franken:Hugenote, p.168; sien verder *ibid.*, pp.167–169, 172, 177. Volgens Sienaert-van Reenen is die verse oorspronklik in Frans geskryf; Sienaert-van Reenen:*Franse bydrae*, p.214.
159 Tas:Dagboek, p.144 n207.
160 Boedelinventarisse I, 122–124. Vgl. hiervoor ook Caroline Woodward, 'Domestic arrangements at the Cape as revealed in the inventories for 1709–1712', *Africana Aantekeninge & Nuus* 24,1 (Maart 1980), pp.5–6.
161 Tas:Dagboek, p.144.
162 Boedelinventarisse II, 344–346.
163 Boedelinventarisse II, 344–345.
164 Vgl. bv. 'n aantal boedelinventarisse uit 1700–02; Boedelinventarisse 1, 41, 50, 53, 54.
165 Boedelinventarisse I, 102–104 ('Claas').
166 Boedelinventarisse I, 122–124.
167 Boedelinventarisse 1, 197–202.
168 Franken:Hugenote, p.68 n7.
169 Vir die inventaris, sien Boedelinventarisse II, 504–514.
170 Vir die 'galdery', sien pp.434–436 hierbo.
171 Vir 'n kleurfoto van tipiese kwispedoors soos nog gereeld in hierdie boek genoem sal word (deur 'n Kaapse kopersmid), sien Le Roux:Kaapse kopersmid, p.96.
172 Heese/Lombard 1, 314–315; Hoge:Personalia, p.37.
173 Barnwell:Visits and despatches, p.36.
174 Letters received 1695, p.339.
175 KA, MOOC 8/2.33.
176 Boedelinventarisse I, 122.
177 KA, MOOC 8/3.30. Vir Diemer, sien Tas:Dagboek, p.83 n111. Vir 'n oorsig van sy amptelike loopbaan, sien De Wet:Vryliede, p.190.
178 Boedelinventarisse I, 133.
179 Boedelinventarisse I, 133–135.
180 Tas:Dagboek, pp.82/84 *passim*.
181 KA, MOOC 8/1.62.

182 KA, MOOC 8/1.69.
183 KA, MOOC 8/2.28.
184 KA, MOOC 8/6.85½; vgl. *ibid.*, 85, 86 & 86½. Vir die betrokke vendureolle, sien *ibid.*, 10/5.47 & 48.
185 Tas:Dagboek, p.110.
186 Tas:Dagboek, p.74 n95.
187 Tas:Dagboek, p.116.
188 Tas:Dagboek, p.122.
189 Tas:Dagboek, p.123 n177.
190 Tas:Dagboek, p.126.
191 Tas:Dagboek, p.78.
192 Tas:Dagboek, p.100; sien ook *ibid.*, p.88.
193 Bouwstoffen I, 65.
194 Vir sy joernaal, sien Valentyn:Beschryvinge II, 8/56.
195 Valentyn:Beschryvinge II, 56.
196 Vgl. Tas:Dagboek, p.116.
197 Tas:Dagboek, pp.108/110.
198 KA, C 391 p.245.
199 Tas:Dagboek, p.92.
200 Tas:Dagboek, p.178.
201 Hattingh:Eerste vryswartes, p.37.
202 Hattingh:Erste vryswartes, p.72.
203 Hattingh:Eerste vryswartes, p.52.
204 Resolusies 7, 13.
205 A.J. Böeseken, in SABW IV, 262.
206 Tas:Dagboek, p.35 n4
207 De la Fontaine report (Huijsing, (wed.) Henning).
208 L.B. Odendaal, in SABW II, 751.
209 Heese/Lombard 2, 174 (dat sy dogter Catharina Rosina met 'ds. Hendrik Beck' getroud was, is 'n fout); Hoge:Personalia, p.86; Groenewald:Early modern entrepreneur.
210 Heese:Groep, p.103.
231 Vgl. Heese/Lombard 3, 384; Hoge:Personalia, p.161. Sara Heijns (gebore 1686) word nie in die eietydse Kaapse doopregister vermeld nie (KA, VC 603); maar oor die jare 1688–97 het Heijns verskeie ander kinders laat doop van wie die moeder telkens aangegee is as die vrygestelde slavin Maria Schalk, self die dogter van 'n Nederlander en 'n slavin, met wie Heijns in 1696 getroud is; inligting van Gerald Groenewald, wat met dank erken word.
212 Groenewald:Database.
213 Hy word in haar boedelinventaris, wat met 'n merk geteken is, as Eksteen se skoonvader beskryf; KA, MOOC 8/3.93.
214 Sien n216 hieronder.
215 KA, MOOC 8/3.93.
216 Leonard Guelke & Robert Shell: 'An early colonial landed gentry; land and wealth in the Cape Colony, 1682–1731', *Journal of Historical Geography* 9,3 (1983), pp.277–278 *passim*.
217 De la Fontaine report.
218 Vgl. Resolusies 5, 335.
219 Resolusies 5, 335.
220 Resolusies 6, 34–35.
221 DAS 6468.1, 6471.2.

222 Resolusies 5, 45.
223 Sien p.183 hierbo.
224 Schutte:Ad fontes, p.363.
225 Schutte:Ad fontes, pp.360–361.
226 Sien p.170 hierbo.
227 Sien bv. KA, MOOC 8/4.71 (1725).
228 KA, MOOC 14/19 vol.3 no.124 pp.10–12. Vgl. ook ander inskrywings i.v.m. regskoste, soos bv. *ibid*. pp.14–15.
229 Bouwstoffen II, 376.
230 Tutein Nolthenius:Geslacht Nolthenius, p.457.
231 Resolusies 7, 23 n96.
232 Resolusies 8, 9.
233 Dit was Salomon van Echten; Hugo:Kerk van Stellenbosch, p.57.
234 Resolusies 8, 155.
235 In Tas:Dagboek, p.38 n37. Sien hiervoor verder Bouwstoffen I, 377; Requesten 1, 61–63; Resolusies 8, 3–4, 9–10.
236 Hugo:Kerk van Stellenbosch, p.75.

8. *Aletta Beck in die Tafelvallei, 1715–1726,* pp.228–269

1 Sien vir hom SABW II, 684–685; Resolusies 3, n23; Resolusies 3–7, *passim*.
2 Kolb:Beschryving II, 312–313.
3 Bógaert:Historische reizen, pp.527–528.
4 Contra-deductie, pp.17, 35–37 *passim*, 97.
5 Contra-deductie, p.53.
6 Contra-deductie, pp.139–140.
7 KA, C 391 pp.244–247. Ek het die transkripsie hiervan aan Gerald Groenewald te danke.
8 Sien hiervoor Dagverhaal in die eerste seksie van die Bronnelys.
9 Resolusies 5, 298.
10 Resolusies 5, 322.
11 Heese/Lombard 3, 111; Hoge:Personalia, p.137.
12 Heese/Lombard 5, 490 ('Ongekoppeldes').
13 Heese/Lombard 5, 651; Hoge:Personalia, p.278.
14 Hoge:Personalia, pp.258–259.
15 Die hipotese oor Slotsboo as een van die min amptenare met 'n gekleurde vrou verval dus; Schoeman:Early slavery, p.343.
16 Vir die testament wat hulle daardie jaar opgestel het, sien KA, MOOC 7/1/2.65.
17 Heese/Lombard, p.876.
18 Mentzel:Life, 4.
19 Sien hiervoor C.S. Woodward, '"And pretty apartments": die binnekant van die dorpshuis, 1665–1699', *Tydskrif vir Geesteswetenskappe* 3 (Sept. 1975), pp.175–179.
20 Mentzel:Description 1, 105. Vir verwysings na die kaptein se huis en die 'Captain's quarters', sien Mentzel:Life, 4,122.
21 KA, MOOC 8/5.63.
22 Valentyn:Beschryvinge I, 80.
23 Woodward, 'And pretty apartments' (sien n19 hierbo), p.175.
24 SABW III, 835.

25 Boucher:Unexpected visitor, p.24.
26 Mentzel:Description 2, 75.
27 Resolusies 4, 16 n107.
28 Mentzel:Description 1, 86/87 (gevoue plattegrond); en 'n hertekende weergawe in G.E. Pearse, *Eighteenth century architecture in South Africa*; repr. (Cape Town: Balkema, 1957), p.3. Sien verder ook die moderne plattegrond 'Tuine in die Tafelvallei, 1659–1710' in Hattingh:Grondbesit, p.33; en (onder die letter S) die plattegrond in George McCall Theal, *Chronicles of the Cape Commanders* (Cape Town: W.A. Richards, 1882), pp.298/299. Vir Slotsboo se tuin, sien verder Picard:Gentleman's Walk, p.26.
29 Sien *Die Kaap in 1776–1777: akwarelle van Johannes Schumacher uit die Swellengrebel-argief te Breda*; red. A. Hallema (Johannesburg: Constantia, 1951), no.50–51.
30 Journal 1699, p.282. Vgl. die moderne plattegrond 'Tuine in die Tafelvallei, 1659–1710' in Hattingh:Grondbesit, p.33.
31 Resolusies 7, 71.
32 Resolusies 5, 28.
33 Böeseken:Nederlandse kommissarisse, pp.26–29.
34 Böeseken:Nederlandse kommissarisse, p.29.
35 'n Sterk verkorte weergawe hiervan (Nederlands en Engels) is opgeneem in Valentyn:Beschryvinge II, 268/289. Vir die volledige teks, sien Valentyn:Oud en nieuw Oost-Indiën 4, 2(2), 95–166 *passim*.
36 Res (9.2.1723), WCPA C63.
37 Valentyn:Beschryvinge I, 78/80.
38 Requesten I, 46.
39 Valentyn:Beschryvinge I, 78/80.
40 Vgl. bv. Briewe J.M. van Riebeeck, pp.78, 100.
41 Briewe van J.M. van Riebeeck, p.69.
42 Briewe van J.M. van Riebeeck, p.78.
43 Journal 1699, p.285.
44 Resolusies 4, 242–243.
45 Aangehaal in Böeseken:Nederlandse kommissarisse, p.94.
46 Kaapse plakkaatboek II, 24–25. Vgl. Resolusies 4, 365–366.
47 Kaapse plakkaatboek II, 163.
48 Kolb:Beschryving II, 233. Sien ook Resolusies 6, 82.
49 Resolusies 6, 81–83.
50 Resolusies 6, 72.
51 Kaapse plakkaatboek II, 103–104.
52 Resolusies 8, 64–65.
53 Resolusies (12.1.1747); KA, C125.
54 Journal 1699, p.205; Heese:Reg en onreg, p.67.
55 Mentzel:Description 1, 118; vgl. *ibid.*, 133, en die plattegrond tussen pp.86/87 (no.36).
56 Sien hiervoor Mentzel:Description 2, 75–80.
57 KA, MOOC 8/4.8.
58 KA, MOOC 8/4.22.
59 Boedelinventarisse 2, 478.
60 Mentzel:Description 2, 76, 77.
61 Resolusies 9, 45 n260.
62 KA, MOOC 8/4/12.
63 Heese/Lombard 1, 667. Vir sy vroeëre loopbaan, sien Resolusies 3, 337.

64 KA, MOOC 8/3.37.
65 *Collectanea*, first series; pref. C. Graham Botha (Capetown: Van Riebeeck Society, 1924), p.115.
66 Aangehaal in Coolhaas:Van Imhoff en Mossel, p.40.
67 Mentzel:Description 2, 78–79.
68 KA, MOOC 8/4.75.
69 KA, MOOC 8/1.63.
70 KA, MOOC 8/3.14.
71 KA, MOOC 8/3.6.
72 KA, MOOC 8/2.120.
73 KA, MOOC 8/4.8.
74 Sien vir hom SABW III, 395; Heese/Lombard 2, 500; Letters despatched 1696, p.296; Resolusies 3, 337.
75 KA, MOOC 8/2.43–45.
76 Die inventaris is op 15 Maart 1710 opgestel, terwyl Helot eers die volgende maand as sekunde aangestel is en die betrokke ampswoning naas die goewerneurswoning in die Kasteel sou betrek; vgl. SABW III, 395. Bowendien was die sekunde se woning ook betreklik beknop, en het Helot dit laat vergroot terwyl hy ná goewerneur Van Assenburgh se dood in 1711 as waarnemende goewerneur opgetree het; Valentyn:Beschryvinge I, 84/86.
77 KA, MOOC 8/2.43.
78 Journal 1699, p.64. Sien vir hom Resolusies 3, 336–337, 397.
79 Sien Resolusies 8, 84 n307; Sleigh:Buiteposte, pp.383–386 *passim*.
80 DAS, no.2410.3; Resolusies 6, 84 n307.
81 Heese/Lombard 3, 384. Heese/Lombard 12, 288 gee Flora van der Storm van Batavia aan as haar moeder; en Delia, vrou van Hendrik Heijns (in werklikheid haar dogter), Margaretha, vrou van Pieter Erberveld, wat gekleurd was, en Barend ('woon op die eiland Amboina, Nederlands Oosindië') as haar susters en broer.
82 KA, MOOC 8/4.75.
83 KA, MOOC 8/4.75.
84 Vorms van die naam onderskeidelik uit KA, MOOC 8/4.75; en Heese/Lombard 3, 384. Volgens 'n ander inskrywing in lg. bron, was Aletta en Delila van der Storm twee van die vier dogters van Flora van der Storm van Batavia (geen vader vermeld); *ibid.* 12,288. Sien ook n81 hierbo.
85 KA, VC 603 (doopregister, met dank aan Gerald Groenewald vir die inligting); Heese/Lombard 3, 384; Schoeman:Wêreld, p.535.
86 Vir Doessen, sien Resolusies 6, 63 & 63 n239.
87 Sien vir hom pp.223–224 hierbo.
88 KA, MOOC 8/4.5.
89 Requesten 2, 539.
90 KA, MOOC 8/2.43.
91 KA, CJ 2760 pp.243–244 (kodisil van 6.3.1762).
92 Sien Schoeman:Wêreld, p.277.
93 KA, MOOC 8/2.43.
94 KA, MOOC 8/4.75.
95 Sien hiervoor die volgende Internet-adresse: <de.wikipedia.org> ('Sänfte'); <www.sedanchair.co.uk>; <www.georgianindex.net> ('Sedan chair') (Londen); en <members.fortunecity.com> (Skotland). Vir die gebruik van draagstoele in Berlyn, en die moderne

herkonstruksie van 'n draagstoel met die hand teen 'n koste van €31 700 (met foto's), sien <www.saenfte.info>. Vir Wene, sien Gustav Gugitz. 'Die Sesseltrager in Wien', *Jahrbuch des Vereins fur die Geschichte der Stadt Wien* 8 (1949–50). Oor Nederland kon daar ongelukkig geen inligting opgespoor word nie; persoonlike mededeling van Hein Maassen, Koninklijke Bibliotheek (18.2.2009), met verwysing na die Digitale Bibliografie Nederlandse Geschiedenis, <http://www.dbng.nl>.

96 KA, MOOC 8/4.35, 8/4.75, 8/4.122.
97 KA, MOOC 10/3.68.
98 KA, MOOC 8/33.2.
99 Boedelinventarisse III, 840 (1767).
100 Ongeïdentifiseerde aanhaling, <members.fortunecity.com>.
101 César de Saussure, aangehaal in 'Sedan chairs', *Regency History, Landscape and Property*, <http://www.janeausten.co.uk>. Sien ook die getuienis van Leopold Mozart in hierdie verband (Londen, 1764): *The letters of Mozart and his family*; ed. Emily Anderson; 2nd ed., prepared by A. Hyatt King & Monica Carolan (London: Macmillan, 1966), I, 51.
102 Sien Gugitz:Sesseltrager (n95) hierbo.
103 *Mozart op reis: de tournee van een wonderkind, 1763–1766*; bezorgd door Piet Verwijmeren (Zutphen: Walburg Pers: 2005), p.181 n10.
104 Nederlandsch-Indisch plakaatboek VI, 777 (art.7).
105 KA, MOOC 6/39.31.
106 Sien Gugitz:Sesseltrager (n95) hierbo.
107 Heese/Lombard 6, 111.
108 Hoge:Personalia, p.258.
109 Heese/Lombard 5, 651–653.
110 Sien pp.443–444 hierbo.
111 As voorbeeld van die eerbetoon waarop 'n weduwee danksy haar man se status nog altyd aanspraak kon maak, sien die besonderhede oor die besoek van Constantia Helena ten Damme, weduwee van die raad van Indië Maurits van Aarden, pp.319–320 hierbo.
112 Journal 1699, p.256.
113 Journal 1699, pp.256–257 *passim*.
114 Vgl. Theal:History II, 8.
115 Valentyn:Beschryvinge II, 248. Vgl. hiervoor die Dagregister; KA, VC 20 pp.71–72; Journal 1699, p.259.
116 Valentyn:Oud en nieuw Oost-Indiën 4, 2(2), 161. In Valentyn:Beschryvinge (II, 288) is o.a. die 'meyden' weggelaat.
117 Dagregister; KA, VC 20, p.76. Vgl. Journal 1699, p.259.
118 Valentyn:Oud en nieuw Oost-Indiën 4, 2(2), 161.
119 SABW II, 170–171.
120 Wijnaendts van Resandt:Gezaghebbers, p.217.
121 SABW II, 169–170.
122 Die naam is 'Lanij' volgens haar boedelinventaris. Elders word dit as 'Lamy van Dunkenay (Dunkary)' weergegee, wat miskien meer waarskynlik is; SABW II, 169.
123 KA, MOOC 8/3.16.
124 Met die *Standvastigheid*, in Augustus; DAS no.2220.3. Vgl. SABW V, 836.
125 SABW V, 836.
126 SABW II, 169. Albei vroue was afkomstig van Beusichem in Gelderland.
127 KA, MOOC 8/3.16.
128 Journal 1699, p.261.

129 SABW II, 169.
130 SABW II, 684.
131 Sien hiervoor Bouwstoffen I, 137–144, 146–151.
132 Vgl. die notariële akte met handtekeninge in hierdie verband; Historisch Centrum Het Markiezenhof, Bergen op Zoom: inventaris no.391/ L. van Sambeek, akte no.34 (9.10.1714), <http://www.archboz.nl>. Vir Tulbagh, sien SABW II, 774–776.
133 Vir wat volg, sien Journal 1699, pp.258–298 *passim*.
134 Journal 1699, p.267.
135 Resolusies 4, 400 n126.
136 Journal 1699, p.273. Sien vir hierdie egpaar Wijnaendts van Resandt:Gezaghebbers, pp.153–154.
137 Sien 'Amok', *Zuid-Afrikaansche tijdschrift* (Oct. 1883), pp.160–168. Vir die wyer konteks, sien Remmelink:Chinese War, p.33.
138 De Villiers/Pama, p.876.
139 Requesten 3, 1057; Resolusies 8, 85 n26.
140 Memoriën, p.168.
141 Resolusies 8, 85 n26.
142 Wijnaendts van Resant:Gezaghebbers, p.37.
143 Lequin:Personeel I, 42.
144 Resolusies 10, n99.
145 Resolusies 10, 1 n1; SABW II, 745.
146 Requesten 1, 356. Vir sy geboortejaar, sien Franken:Kaapse huishouding, pp.7–8.
147 Lequin:Personeel I, 42.
148 Cape transcripts; Heese/Lombard 12, 567 (b1 c1).
149 Sien hiervoor Resolusies IV, 419–421.
150 Sien hiervoor Du Toit:Onderwys aan die Kaap, pp.103–104.
151 Requesten 3, 1037, 1038–1039.
152 Bouwstoffen I, 141.
153 Bouwstoffen I, 141.
154 Resolusies 5, 281. Vir Cruse, sien SABW II, 153. Vir Rumph, sien Wijnaendts van Resandt: Gezaghebbers, p.67.
155 Vir die rang van kaptein en wat dit ingehou het, sien Mentzel:Description 1, 141–142; Mentzel:Life, pp.3–6, 10–11.
156 SABW II, 685; Resolusies 6, 26. Vir sy versoek om bevordering (1718), sien Resolusies 5, 259.
157 Resolusies 5, 298.
158 Mentzel:Life, p.149; sien verder *ibid.*, pp.149–153. Ook Mentzel:Description 1, 161–166; Mentzel:Description 2, 58–74.
159 Böeseken:Nederlandse kommissarisse, p.243 (tabel); Van Duin & Ross:Economy, p.112 (tabel). Vir die gebruik van die benaming 'garnisoen' in hierdie sin, sien De Wet:Vryliede, p.1.
160 Sien die kritiek op hom in Briewe J.M. van Riebeeck, pp.69, 78, 115.
161 Resolusies IV, 378–386. Vir 'n beskrywing van die roetine in die Kasteel in 'n effens later tydperk, sien Mentzel:Life, pp.157–162.
162 Resolusies IV, 422–423.
163 Aangehaal in Van der Brug:Malaria en malaise, p.45.
164 Kaapse plakkaatboek II, 64.
165 Sien hiervoor Sleigh:Governor M.P. Chavonnes, pp.41–43.
166 Sleigh:Governor M.P. de Chavonnes, pp.42–43 *passim*.

167 Mentzel:Description 2, 61.
168 Sleigh:Governor M.P. de Chavonnes, p.42.
169 Sleigh:Governor M.P. de Chavonnes, p.42.
170 Mentzel:Description 2, 61.
171 Mentzel:Description 1, 140; Mentzel:Description 2, 59, 69, 70; Mentzel:Life, p.4.
172 Krom:G.W. van Imhoff, pp.104–105.
173 Mentzel:Description 2, 61.
174 Engelbrecht:Kaapse predikante, p.31.
175 SABW II, 784.
176 SABW II, 153.
177 SABW II, 746–747.
178 SABW I, 223; Resolusies 9, xxi.
179 Vgl. Valentyn:Beschryvinge II, 249, 250 n316.
180 Aangehaal in SABW III, 395.
181 Sien ook Journal 1699, p.263–264.
182 SABW II, 152.
183 Vir eersgenoemde twee families, sien Mansell Upham, 'Creolisation & indigenisation—Burlamacchi & Diodati, family ties in the Dutch VOC empire', *Capensis* 4/99. Vir die Calendrini's, sien Kooijmans:Vriendschap, *passim*.
184 Journal 1699, p.275. Vir Noodt, sien SABW II, 531–532.
185 Resolusies 6, 253 n53.
186 Resolusies 6, 253.
187 Vir sowel Noodt se verslag as die reaksie, sien Resolusies 5, 253–268.
188 Sien hiervoor Resolusies 5, 288–292 *passim*.
189 Sien Report Chavonnes, pp.44–47.
190 Report Chavonnes, p.[5].
191 Report Chavonnes, p.44.
192 Journal 1699, p.268.
193 G.C. de Wet, in SABW II, 152.
194 G.C. de Wet, in SABW II, 171.
195 Mentzel:Life, p.132.
196 Briewe J.M. van Riebeeck, p.69.
197 Journal 1699, p.297.
198 DASA, p.144 (tabel).
199 Sien vir albei Mentzel:Life, p.112.
200 Mentzel:Description 1, 138.
201 Ergötzende Passagier, p.50.
202 Sien Mentzel:Life, pp.157–162 *passim*; Mentzel:Description 2, 63–69 *passim*.
203 Mentzel:Description 2, 109 (x).
204 Schoeman:Early slavery, p.184.
205 Mentzel:Description 2, 93.
206 Sien bv. Journal 1699, p.311(2x).
207 Mentzel:Description 1, 123.
208 Mentzel Description 1, 133.
209 Kaapse plakkaatboek I, 295.
210 Sien Taylor:Scapegoat.
211 Boucher:Unexpected visitor, p.25.
212 Wijnaendts van Resandt:Gezaghebbers, p.155.

213 SABW II, 153.
214 Journal 1699, p.297.
215 SABW II, 152, 153 (datum foutief aangegee as '1772').
216 Sien vir hom SABW I, 71–72.
217 Journal 1699, p.271.
218 Journal 1699, p.272.
219 Worden:Strangers ashore, p.72.
220 Vir 'n lewendige oorsig van besoekende skepe oor die tydperk 1714–23, sien Boucher:Cape and foreign shipping.
221 Boucher:Cape and foreign shipping. Vir 'n effens later tydperk (1735–55), sien Boucher: Cape and foreign contacts.
222 Boucher:Cape and foreign contacts, p.9, & 53–97 *passim*.
223 Boucher:Cape and foreign shipping, p.6.
224 Boucher:Cape and foreign shipping, p.19 n117, en pp.16–19 *passim*.
225 Boucher:Cape and foreign contacts, p.36, & pp.33–52 *passim*.
226 Boucher:Cape and foreign contacts, pp.6, 16. Sien verder Peter Ravn Rasmussen, *Tranquebar; the Danish East India Company, 1616–1669; a brief essay, chiefly in narrative form* (1996), <http://www.scholiast.org/tra-narr.htn>.
227 Beyers:Kaapse Patriotte, p.334 (tabelle). Vir hierdie liggaam, sien Hermansson:Great East India adventure; 'Swedish East India Company', <http://www.en.wikipedia.org>.
228 Boucher:Cape and foreign shipping, pp.9–11.
229 Beyers:Kaapse Patriotte, p.334 (tabel). Vir hierdie kompanjie, sien Companies and trade, pp.159–176; *Onder den Oranje boom*; red. Markus Schacht & Jörg Meiner (München: Hirmer, 1999), pp.301–302.
230 Jörg:Geldermalsen, p.26.
231 Beyers:Kaapse Patriotte, p.333 (tabel).
232 Journal 1699, pp.274, 276.
233 Journal 1699, pp.275, 277(2x).
234 Bv. Journal 1699, p.318.
235 Theal:History 2, 78.
236 Nege keer gedurende die jare 1700–49, volgens James Armstrong, in Shaping, p.112. Vgl. Journal 1699, pp.265, 267.
237 Blanckenberg papers (ongedateer, ongepagineer).
238 Sien Jan Parmentier & Jozefien de Bock, 'Sailors and soldiers at the Cape: an analysis of the maritime and military population in the Cape Colony during the first half of the eighteenth century', in Contingent lives, pp.549–558.
239 Worden:Strangers ashore, p.81.
240 Worden:Strangers ashore, pp.77 & 77 n36.
241 Sien Taylor:Scapegoat, p.17; Worden:Strangers ashore.
242 Worden:Strangers ashore, p.79; Nederlandse aanhaling uit die voetnoot (*ibid.*, p.79 n47).
243 Worden:Strangers ashore, p.80 & p.80 n49.
244 Worden:Strangers ashore, pp.78–79. In hierdie passasie is die Engelse vertaling in die regstreekse aanhalings vervang met die oorspronklike Nederlands wat in die voetnote aangegee word; *ibid.*, p79 n45.
245 Vgl. hiervoor Schoeman:Duitser, pp.138–143.
246 Sien Baartman, *passim*.
247 Mentzel:Description 2, 86.
248 Requests 1, 85–86.

249 Sien hiervoor Trials of slavery, pp.250–263 (Ned. & Eng.).
250 Trials of slavery, p.251.
251 Sien vir hom Schoeman:Duitser.
252 Sien hiervoor Mentzel:Description 2, 115–116.
253 SABW V, 180. Sien verder ook Pheiffer:Gebroke Nederlands, pp.67–70; Resolusies 9, xxiii.
254 Resolusies 6, 204 n172.
255 Vgl. Franken:Taalhistoriese bydraes, p.52 *passim*.
256 Mentzel:Life, p.116.
257 Pheiffer:Gebroke Nederlands, p.68. Die weergawe in SABW V, 180 verskil effens, n217.
258 Beck:Mengel-digten, pp.187–191 *passim*.
259 SABW III, 672–673; Tutein Nolthenius:Geslacht Nolthenius, pp.489–556.
260 Tutein Nolthenius:Geslacht Nolthenius, p.454. Sien verder ook die verwysing na 'neven, bewindhebbers der Kamer Amsterdam', in *ibid.*, p.522.
261 Lequin:Personeel, p.141.
262 Inligting uit die gerekenariseerde katalogus van die Koninklijke Bibliotheek, <http:www.kb.nl>. Die rakmerke van die twee items is onderskeidelik 853 B 189, en 853 G 177 (Leeszaal Bijzondere Collecties).
263 SABW III, 672.
264 Resolusies 7, 63 & 63 n63.
265 In De Villiers/Pama (p.876) word dit as 26.7.1724 aangegee, wat klaarblyklik foutief is.
266 Beck:Mengel-digten, pp.225–227.
267 Sien hiervoor Mentzel:Description 2, 117–118.
268 Mentzel:Description 2, 117.
269 Mentzel:Description 2, 120–121.
270 Nederlandsch-Indisch plakaatboek VI, 790–792 *passim*.
271 SABW III, 672.
272 KA, VC 22 p.127.
273 Dagregister; KA, VC 22 pp.162–164. Vgl. Journal 1699, p.298.
274 Dagregister; KA, VC 22 pp.167–168, & pp.166–175 *passim* vir die volledige verslag van die begrafnis.
275 Aangehaal in Godée Molsbergen:Geschiedenis IV, 74–75. Vir 'n volledige verslag van hierdie begrafnis, sien *ibid.*, pp.57–75.
276 Beck:Mengel-digten, p.198. Vir die gedig as geheel, sien *ibid.*, pp.198–202.
277 Cape slave transactions (1724.10.11—1725.04.07 *passim*).
278 Wijnaendts van Resandt:Gezaghebbers, p.38.
279 Journal 1699, p.299.
280 Resolusies 7, 222.
281 Resolusies 7, 185. Vir die testament wat hy en sy vrou in Maart 1723 opgestel het, waarin hy beskryf is as 'siekelijk te bedde leggende', sien KA, MOOC 7/1/4.4.
282 Journal 1699, p.303.
283 KA, VC 22 pp.116–117.
284 Nederlandsch-Indisch plakaatboek 4, 178.

9. *Aletta Beck in die Tafelvallei, 1726–1752*, pp.270–326

1 KA, CJ 2881 p.225. Gerald Groenewald het hierdie dokument onder my aandag bring.
2 Requesten 3, 1057.

3   Sien hiervoor Mentzel:Description 1, 97, 98–99; Sleigh:Buiteposte, pp.273–283 ('Leeuwencop').
4   Mentzel:Description 2, 87–88.
5   Sien die panorama van die landgoedere langs die hange van Tafelberg, vanaf Zonnebloem tot Schotsche Kloof, in 'De Kaap Stad of Tafel Valey' (hier gedateer 'c.1804'), *The Josephine Mill and its owners*; ed. James Walton (Cape Town: Historical Society, 1978), p.7 (met sleutel).
6   Heese/Lombard 3, 220; De Wet:Vryliede, *passim*; Resolusies 2, 283 n8.
7   SABW II, 537–538.
8   Volgens C.G. de Wet het hy in 1701 hier 'n huis gebou; SABW III, 74.
9   Afgebeeld in De Klerk:Leeuwenhof, t/o p.16.
10 KA, MOOC 8/3.92.
11 Fransen & Cook:Old buildings, p.78.
12 Stewart Harris, 'Layering Nooitgedacht (part I)', *Kwartaalblad S.A. Biblioteek* 52,3 (Maart 1998), 112 (sketsplan), 113.
13 KA, MOOC 8/10.9. Vir die moord, sien Trials of slavery, pp.355–384.
14 KA, MOOC, soektog op 'Slotsboo' en jaartalle tot en met 1726.
15 KA, MOOC 10.2/9.
16 SABW I, 71–72; Schoeman:Wêreld, pp.645–646.
17 SABW IV, 679–680; De la Fontaine report.
18 Sien pp.240–241 hierbo.
19 SABW II, 774–776.
20 Franken:Kaapse huishoue, pp.5–6.
21 SABW V, 366–367.
22 KA, MOOC 8/5.112.
23 Hoge:Personalia, p.23; le Roux:Kaapse kopersmid, p.80 (Berentsz; sy vrou word hier as 'Hermina Huwig' aangegee).
24 Vir haar huwelike, sien Hoge:Personalia, pp.23 (Behrens), 220 (Kretzschmar), 259 (Martens).
25 Groenewald:Database,
26 In hierdie geval MOOC 8/5.110 (inventaris), 10/4.116 (vendurol).
27 Hoge:Personalia, p.269.
28 Hoge:Personalia, pp.171 (J.M. Holtz), 407 (F.H. Stapelberg).
29 Sien Schoeman:Wêreld, pp.447, 638.
30 Schoeman:Early slavery, pp.312–313 & *passim*.
31 Vir wat volg, sien die volgende vendurolle: KA, MOOC 10/3.60, 10/3.68, 10/3.72, 10/3.76, 10/3.81, 10/3.87, 10/3.82, 10/3.85, 10/3.88, 10/4.104, 10/3.95.
32 KA, MOOC 10/4.119.
33 KA, MOOC 8/7.71 3/4a.
34 KA, MOOC 10/4.119.
35 Sien vir hom p.398 hierbo.
36 KA, MOOC 8/5.99 (selektief en effens herrangskik).
37 Fransen & Cook:Old buildings, p.77.
38 Sien Trials of slavery, pp.119–129, 133–139, 143 n3.
39 De Klerk:Leeuwenhof, p.39.
40 Pieters & Schutte:Vergeten Kaapse dichteres, p.74.
41 Pieters & Schutte:Vergeten Kaapse dichteres, p.74.
42 Tutein Nolthenius:Geslacht Nolthenius, pp.497, 500, 508.
43 Tutein Nolthenius:Geslacht Nolthenius, p.1049 *passim*.

44 Tutein Nolthenius:Geslacht Nolthenius, p.1055.
45 Requesten 3, 1057.
46 Lequin:Personeel, p.143.
47 Kaapse plakkaatboek III, 182–184.
48 Moorrees:Ned. Geref. Kerk, p.190.
49 Tutein Nolthenius:Geslacht Nolthenius, p.1028.
50 Tutein Nolthenius:Geslacht Nolthenius, p.498.
51 Tutein Nolthenius:Geslacht Nolthenius, p.1046; vgl. ook *ibid.*, pp.1028–1030 *passim*.
52 SABW III, 672.
53 Tutein Nolthenius:Geslacht Nolthenius, p.1033; vgl. *ibid.*, pp.1034, 1035, 1048 *passim*.
54 Sien hiervoor Tutein Nolthenius:Geslacht Nolthenius, pp.453–463. Vir Aletta Beck se briewe aan hom, wat volledig op die Internet beskikbaar is, sien <http://www.tuteinnolthenius.org/VOC-Brievenboek>.
55 Persoonlike mededeling van Karel Tutein Nolthenius, Baarn (27.8.2003).
56 Tutein Nolthenius:Geslacht Nolthenius, pp.1027–1056 *passim*.
57 Sien Beck:Brieven.
58 Tutein Nolthenius:Geslacht Nolthenius, pp.454, 458, 1038.
59 M.a.w., waarmee Slotsboo vir Balthazar lastig geval het.
60 Tutein Nolthenius:Geslacht Nolthenius, p.454.
61 Tutein Nolthenius:Geslacht Nolthenius, pp.1028, 1029.
62 Tutein Nolthenius:Geslacht Nolthenius, p.1030.
63 Tutein Nolthenius:Geslacht Nolthenius, p.1029.
64 Tutein Nolthenius:Geslacht Nolthenius, p.1030.
65 Sien Tutein Nolthenius:Geslacht Nolthenius, pp.1046–1049.
66 Tutein Nolthenius:Geslacht Nolthenius, pp.1047–1048 *passim*, 1050.
67 Tutein Nolthenius:Geslacht Nolthenius, p.1048.
68 Tutein Nolthenius:Geslacht Nolthenius, p.1048.
69 Tutein Nolthenius:Geslacht Nolthenius, pp.526–527.
70 Tutein Nolthenius:Geslacht Nolthenius, p.1034.
71 Tutein Nolthenius:Geslacht Nolthenius, p.1034.
72 Tutein Nolthenius:Geslacht Nolthenius, p.530.
73 Journal 1699, pp.305–306.
74 Mentzel:Life, p.53.
75 Theal:History II, 5.
76 SABW II, 532.
77 Mentzel:Life, p.88 n1.
78 Sien Sleigh:Buiteposte, pp.553 e.v.
79 Vir die tent, sien Mentzel:Life, pp.56–57.
80 Mentzel:Life, p.63.
81 Journal 1699, p.308.
82 Sleigh:Buiteposte, p.555.
83 Mentzel:Life, p.66.
84 Journal 1699, pp.315, 317.
85 Sien hiervoor Mentzel:Life, pp.77–89; SABW II, 532; Theal:History II, 6–7.
86 Aangehaal in A.M. Lewin Robinson, *None daring to make us afraid; a study of English periodical literature in the Cape Colony from its beginnings in 1824 to 1835* (Cape Town: Maskew Miller, 1962), p.198n.
87 Cape slave transactions (1728.09.21%1729.12.23 passim), & een ongedateerde transaksie

(999.99.08). Let daarop dat Noodt se voorname in byna al hierdie transaksies as Dirk Gysbert aangegee word, i.p.v. Pieter Gysbert.
88 Journal 1699, p.317.
89 Sien vir hom nn184 & 252 hierbo.
90 Journal 1699, p.317.
91 Mentzel:Life, pp.94–98; Sleigh:Buiteposte, pp.598–599; Theal:History II, 16–17.
92 Journal 1699, p.318.
93 Mentzel:Life, p.103.
94 Mentzel:Description 1, 125.
95 Sleigh:Buiteposte, p.250.
96 Mentzel:Description 2, 98.
97 Mentzel:Description 2, 115–116.
98 Gabriëls:Heren als dienaren, pp.142, 471.
99 Vgl. Tutein Nolthenius:Geslacht Nolthenius, pp.1028–1029, 1030.
100 SABW II, 809–810; Heese/Lombard 4, 253; Resolusies 9, xxi.
101 Theal:History II, 27.
102 Op reis, p.101.
103 Mentzel:Life, p.105. Vir haar verdere lewe, sien *ibid*, p.126 n2;
104 Tutein Nolthenius:Geslacht Nolthenius, p.1041.
105 Theal:History II, 26–27.
106 Mentzel:Life, p.105.
107 SABW II, 809.
108 Mentzel:Life, p.106. Sien vir haar verder Heese/Lombard 4, 253.
109 KA, MOOC 8/75.56.
110 Vir die voetbank, sien p.485 hierbo.
111 Vgl. Resolusies 9, 143–146.
112 Sien vir hom Mentzel:Life, pp.93–94; Resolusies 8, 144 n71; Resolusies 9, xxi–xxii.
113 Mentzel:Life, p.93.
114 Mentzel:Life, p.94.
115 Mentzel:Life, p.107.
116 Resolusies (12.8.1771), KA C149.
117 Resolusies (rekenaarweergawe) (19.2.1739), KA C109.
118 Mentzel:Description 3, 220.
119 Mentzel:Life, pp.106–107. Vir Allemann, sien verder SABW III, 19; Resolusies 10, 18 n96.
120 Vir hierdie briefwisseling, sien Tutein Nolthenius:Geslacht Nolthenius, pp.458, 1039–1043 *passim*.
121 Boucher:Unexpected visitor, pp.24–24.
122 Tutein Nolthenius:Geslacht Nolthenius, p.1042.
123 Tutein Nolthenius:Geslacht Nolthenius, pp.458–459, 1046.
124 Tutein Nolthenius:Geslacht Nolthenius, p.1028.
125 Tutein Nolthenius:Geslacht Nolthenius, p.1039.
126 Tutein Nolthenius:Geslacht Nolthenius, p.457.
127 Tutein Nolthenius:Geslacht Nolthenius, pp.458, 1030.
128 SABW II, 745–746.
129 Mentzel:Life, p.111.
130 Mentzel:Life, p.110.
131 Mentzel:Life, p.111.
132 Mentzel:Life, p.128.

133 Cape transcripts.
134 SABW II, 746.
135 Mentzel:Life, pp.118, 128.
136 Theal:History 2, 65.
137 Resolusies 9, 152 (1737).
138 SABW II, 800.
139 Resolusies 8, 86 & 86 n30.
140 Tutein Nolthenius:Geslacht Nolthenius, p.543.
141 SABW III, 798. Datum uit Tutein Nolthenius:Geslacht Nolthenius, p.543.
142 Resolusies 10, 1.
143 Tutein Nolthenius:Geslacht Nolthenius, p.1047 (geparafraseer).
144 Tutein Nolthenius:Geslacht Nolthenius, p.1030.
145 Tutein Nolthenius:Geslacht Nolthenius, p.1043.
146 Tutein Nolthenius:Geslacht Nolthenius, p.1043.
147 Tutein Nolthenius:Geslacht Nolthenius, pp.1046, 1047.
148 Tutein Nolthenius:Geslacht Nolthenius, p.1055.
149 Resolusies 8, 144 n71.
150 Sien vir die aanhalings wat volg Op reis, pp.97–102 *passim*.
151 Sien vir hulle Heese/Lombard 5, 598; Mentzel:Life, pp.39–40; Resolusies 8, 151–152 & voetnote.
152 Mentzel:Life, p.68.
153 Mentzel:Life, pp.71–72 *passim*.
154 Aangehaal in Elisabeth Burton, *The Georgians at home* (London: Longmans, 1967), p.337.
155 Op reis, p.100.
156 Mentzel:Description 1, 125.
157 Alexander Hamilton, *A new account of the East Indies* (London: Argonaut pr., 1930), I, 5.
158 Godée Molsbergen:Geschiedenis, p.26.
159 Aangehaal in Franken:Taalhistoriese bydraes.
160 KA, MOOC 8/3.37.
161 KA, MOOC *passim*: rekenaarsoektog op 'balijn' (27 vermeldings) en 'baleijn' (een vermelding)
162 Aangehaal in Franken:Kaapse huishoue, p.18.
163 Aangehaal in Franken:Kaapse huishoue, p.18.
164 Aangehaal in Franken:Kaapse huishoue, p.14.
165 Mentzel:Description 1, 129.
166 KA, MOOC 8/3.37.
167 KA, MOOC 10/2.9.
168 Joan Wildeblood, *The polite world; a guide to the deportment of the English in former times*; rev. ed. (London: Davis-Poynter, 1973), p.137 (met verwysing na 'n publikasie uit 1771), & pp.136–137 *passim*.
169 Mentzel:Life, pp.124–126; Theal:History II, 61. Sien die uitvoerige bespreking van die skildery uit die oogpunt van kostuum in Daphne H. Strutt, *Fashion in South Africa, 1652–1900* (Cape Town: Balkema, 1975), pp.78–84, met 'n kleurafbeelding t/o p.101. Daar is ook 'n swartwit afbeelding in Mentzel:Life, frontispies. Die oorspronklike is in die Nasionale Biblioteek, Kaapstad.
170 Theal:History II, 61.
171 Tutein Nolthenius:Geslacht Nolthenius, p.1048.
172 Sleigh:Buiteposte, pp.283–284.
173 Malcolm Turner, *Shipwrecks and salvage in South Africa* (Cape Town : C. Struik, 1988), p.164.

174 Mentzel:Life, p.126.
175 Aangehaal in Franken:Kaapse huishoue, p.18.
176 Franken:Kaapse huishoue, p.47.
177 Deur Frans van der Mijn (Rijksmuseum, SK-A-2248).
178 Mentzel:Life, p.81.
179 Heese/Lombard 5
180 Vgl. KA, MOOC 8/6.104.
181 KA, MOOC 8/6.104.
182 Mentzel:Life, p.73.
183 Mentzel:Description 2, 119–120.
184 Mentzel:Life, p.106.
185 Sien hiervoor p.424 n211 hieronder.
186 Aangehaal Franken:Taalhistoriese bydraes, pp.80–81 (effens aangepas). Dieselfde inligting word verstrek in Edith H. Raidt, *Historiese taalkunde* (Johannesburg: Witwatersrand Univ. pr., 1994), pp.204–205.
187 Raidt (sien vorige noot), pp.195 n19.
188 In verskeie boeke gereproduseer; bv. (detail) Karel Schoeman, *Dogter van Sion* (Kaapstad: Human & Rousseau, 1997), no.12.
189 Worden:Cape Town, p.50.
190 Vgl. die beskikbare syfers in Van Duin & Ross:Economy, p.113 (tabel). Volgens Robert Shell het ongeveer 85 persent van die Kompanjie se slawe in die Losie gewoon; Robert C.-H. Shell, *Children of bondage* (Johannesburg: Witatersrand Univ. pr., 1994), p.178.
191 Shaping, p.134 (tabel).
192 Sien Shaping, p.300 (Tabel); Worden:Cape Town, p.57 (tabel).
193 De la Fontaine report; Shaping, pp.299–300.
194 Shaping, p.300 (tabel).
195 In Shaping, p.50.
196 Op reis, p.95.
197 Mentzel:Life, p.129. Sien ook Mentzel:Description 1, 133.
198 Op reis, p.97.
199 Op reis, p.102.
200 Thomas:True and impartial journal, p.322.
201 NNBW I, kolom 1312–1313; De Haan:Priangan I (Personalia), 233–234; Te Winkel: Geschiedenis III, 263–266.
202 Op reis, p.32.
203 DAS, no.6820.3.
204 In NNBW I, kolom 1312. Vgl. Te Winkel:Geschiedenis III, 263.
205 In NNBW I, kolom 1313. Vir die gedig, sien De Marre:Batavia.
206 De Roo de la Faille:Iets over Oud-Batavia, p.35.
207 Te Winkel:Geschiedenis III, 265.
208 De Haan:Priangan I (Personalia), 234.
209 Te Winkel:Geschiedenis III, 266.
210 Sien hiervoor Jerzy Gawronski, *De equipagie van de* Hollandia *en de* Amsterdam (Amsterdam: De Bataafsche Leeuw, 1996), pp.68 (portret), 69.
211 Sien pp.42 & 46 hierbo.
212 Te Winkel:Geschiedenis III, 264.
213 De Marre:Eerkroon, p.138.
214 De Marre:Eerkroon, p.140.

215 Op reis, p.32.
216 De Marre:Eerkroon, 'Aanteekeningen, bl.178, reg.1'.
217 De la Fontaine report.
218 SABW IV, 680. Sien ook Tas:Dagboek, p.44 n27.
219 De Marre:Eerkroon, pp.177–178.
220 Op reis, p.32.
221 Sien Groenewald:Friends old and new, pp.165–167. Verder ook Schoeman:Duitser, *passim*.
222 Op reis, p.102.
223 Heese/Lombard 1, 597; Trials of slavery, p.220 n1.
224 Sien p.296 hierbo.
225 Sien VOC-opvarenden.
226 A.K.A. Gijsberti Hodenpijl, 'Het ontslag en het opontbod van den gouverneur-generaal Mr. Diderik Durven op 9 october 1731' (1917), pp.203–206; teks beskikbaar by <http://www.kitlv-journals.nl>.
227 Resolusies (8.4.1731), KA C87.
228 Mentzel:Life, pp.48–49.
229 De Villiers/Pama, p.1065; Resolusies 8, 152 n94.
230 Requesten I, 81, 242(2x), 246, 249.
231 Resolusies 8, 151 n92.
232 Vir die boedelinventaris waaruit die volgende inligting afkomstig is, sien KA, MOOC 8/6.67.
233 Trials of slavery, p.224.
234 Vir die verskyning van die galdery in Kaapse huise, sien pp.434–436 hierbo.
235 Op reis, p.97.
236 MOOC 8/10.76.
237 MOOC 8/6.57.
238 Trials of slavery, p.221 n6.
239 Vir wat volg, sien Trials of slavery, pp.220–231 (Nederlandse teks en Engelse vertalings).
240 Sien vir hom Gerald Groenewald, 'Panaij van Boegies: slave—bandiet—caffer', *Kwartaalblad Nasionale Biblioteek* 59 (2005), pp.50–62.
241 Baartman (17.2.1746).
242 Kaapse plakkaatboek II, 149–150 *passim*.
243 Journal 1699, p.319.
244 Francis d'Abbadie, aangehaal in Boucher:Cape and foreign contacts, p.97 (met regstellings).
245 Heese:Reg en onreg, p.199; aangevul uit Boucher:Cape and foreign contacts, p.97.
246 Heese:Reg en onreg, pp.210, 218, 236, 258, 259, 265, 267.
247 Aangehaal in Tutein Nolthenius:Geslacht Nolthenius, p.527; vgl. *ibid.*, p.1028.
248 Tutein Nolthenius:Geslacht Nolthenius, p.1029.
249 Tutein Nolthenius:Geslacht Nolthenius, pp.527–528, 1031.
250 Tutein Nolthenius:Geslacht Nolthenius, p.1035.
251 KA, MOOC 14/19 vol.3 no.124 p.24[a].
252 Sien vir hom De Klerk:Leeuwenhof, pp.40–45; Heese/Lombard 4, 214; Hoge:Personalia, p.194; Resolusies 9, 261 n108.
253 Vir sy latere woonomstandighede, sien pp.412–413 & 420–421 hierbo.
254 Tagebuch, p.449; Duitse teks, *ibid.*, p.448.
255 Resolusies 8, 85 n26.
256 Tutein Nolthenius:Geslacht Nolthenius, p.1047.
257 Heese/Lombard 1, 353.

258 KA, MOOC 8/7.71.
259 Tutein Nolthenius:Geslacht Nolthenius, p.538.
260 Tutein Nolthenius:Geslacht Nolthenius, p.532.
261 Tutein Nolthenius:Geslacht Nolthenius, p.1035.
262 Tutein Nolthenius:Geslacht Nolthenius, p.539.
263 Tutein Nolthenius:Geslacht Nolthenius, p.540.
264 Tutein Nolthenius:Geslacht Nolthenius, p.541.
265 KA, VC 26 (7.1.1748).
266 KA, VC 26 (12.1.1748).
267 SABW III, 673. Vir die volledige (ongepubliseerde) Memorie, sien KA, VC 36 pp.725–788.
268 Aangehaal in Tutein Nolthenius:Geslacht Nolthenius, p.540.
269 Böeseken:Nederlandse kommissarisse, p.21.
270 Sleigh:Buiteposte, p.308.
271 Tutein Nolthenius:Geslacht Nolthenius, p.541.
272 *Dictionary of national biography* (repr. 1937–38), II, 878–879; KA, VC 26 (Dagregister, 8, 10 & 16.4.1748); Boucher:Cape and foreign contacts, pp.133–138; Theal:History 2, 60; Tutein Nolthenius:Geslacht Nolthenius, p.541.
273 Boucher:Cape and foreign contacts, pp.135–138; SABW V, 537 (Meinertzhagen).
274 KA, VC 26 (9.1.1748).
275 Sien hieronder.
276 Resolusies (3.9.1748), KA C126; *ibid.* (26.8.1749), KA C127; *ibid.* (19.5.1750), KA C128.
277 Blanckenberg papers (16.4.1748).
278 Boucher:Cape and foreign contacts, pp.136–137 *passim*.
279 Tutein Nolthenius:Geslacht Nolthenius, p.1056.
280 Tutein Nolthenius:Geslacht Nolthenius, p.549.
281 Tutein Nolthenius:Geslacht Nolthenius, p.549.
282 Tutein Nolthenius:Geslacht Nolthenius, pp.551–553.
283 Tutein Nolthenius:Geslacht Nolthenius, p.550. Vgl. Godée Molsbergen:Geschiedenis, p.116.
284 Tutein Nolthenius:Geslacht Nolthenius, pp.555, [557] (afbeelding van sy grafsteen).
285 Bouwstoffen II, 279.
286 KA, VC 27 (13.2.1753).
287 Requesten 1, 89.
288 Requesten 2, 477.
289 Pieters & Schutte:Vergeten Kaapse dichteres, pp.76–77.
290 Sien p.50 hierbo.
291 Pieters & Schutte:Vergeten Kaapse dichteres, p.77.
292 Tutein Nolthenius:Geslacht Nolthenius, p.1036.
293 Pieters & Schutte:Vergeten Kaapse dichteres, p.77.
294 Pieters & Schutte:Vergeten Kaapse dichteres, p.77.
295 De Jeu:Spoor, p.62.
296 Van Wissem:Aletta Beck (2011), p.124.
297 Tutein Nolthenius:Geslacht Nolthenius, pp.1037–1038.
298 KA, MOOC 14/19.124.
299 Vgl. Hopkins:Moeder, p.121. Sien vir hom verder Heese/Lombard 10, 479. Sover bekend, was hy nie verwant aan die vroeëre klokluier van die kerk, Lambert van der Schelde, nie; sien pp.399(2x) & 406 hierbo.
300 Heese/Lombard 8, 357 (b4 onder 'Andries Pretorius'). Sy was nie die dogter van 'Johannes (Dirk) Pretorius en Constantia van Bengale' nie, soos aangegee in *ibid*. 10, 479; Johannes en

Dirk Pretorius was haar broers. Sover bekend, was hierdie familie nie verwant aan die familie Pretorius in die distrik Stellenbosch nie.
301 Resolusies 9, 44 n249. Sien verder KA, MOOC 8/7.72a & b.
302 De la Caille:Travels, p.15.
303 KA, MOOC 14/19.124.
304 'n Faksimilee van die werk is beskikbaar by <http//:books.google.co.za>.
305 Aangehaal in Kloos:Daad, p.193.
306 Arie Jan Gelderblom, 'Over de grens: de Orpheus van Hellevoetsluis', *Literatuur* 11 (1994, pp.95–96; teks beskikbaar by <http://www.dbnl.org>.
307 Sien vir haar <http://www.dbnl.org>.
308 Kloos:Daad, p.256.
309 NNBW II, kolom 108.
310 Tersteeg:Cultuurgeschiedenis, p.431.
311 Tutein Nolthenius:Geslacht Nolthenius, pp.1036–1038.
312 Ek is besondere dank verskuldig aan dr. Olf J. Praamstra van Leiden, wat hierdie werk onder my aandag gebring het.
313 SABW I, 62.
314 SABW II, 685.
315 SABW III, 673.
316 Sien De Jeu:Spoor, pp.210–211.
317 http://www.inghist.nl/Onderzoek/Projecten/DVN/voltooide_lemmata.
318 Van Wissing:Aletta Beck (2011).
319 *De Afrikaanse poëzie in duizend en enige gedichten*; red. Gerrit Komrij (Amsterdam: Bert Bakker, 1999), pp.22–26.

10. *Batavia en die Oosterse agtergrond*, pp.327–361

1 Vir hierdie fase in Valentijn se lewe, sien Habiboe:Tot verheffing, pp.63–114.
2 Valentyn:Oud en nieuw Oost-Indiën 4, 2(5), 160–161 *passim*. Die samevatting in Valentyn: Beschryvinge II is onvolledig.
3 Vir 'n oorsig van die onlogiese en verwarrende indeling en paginering, sien Habiboe:Tot verheffing, pp.124–125.
4 Busken Huet:François Valentyn, p.10.
5 Kalff:Karakters, p.205.
6 Deur die firma Van Wijnen, Franeker (2002–2004). Dit was vergesel van 'n 'commentaardeel'; sien Habiboe:Tot verheffing. Vir 'n moderne uitgawe spesifiek van die teksgedeelte oor die Kaap (Nederlands, met Engelse vertaling), sien Valentyn:Beschryvinge.
7 Resolusies 3, 387.
8 Nederlandsch-Indisch plakaatboek VI, 795.
9 Sien p.258 hierbo.
10 Sien Requesten, *passim*.
11 SABW II, 684.
12 Sien p.195 hierbo.
13 Sien p.118 hierbo.
14 Wijnaendts van Resandt:Gezaghebbers, p.80 (datum as 1744 aangegee). Sien egter H. Terpstra, *De Nederlanders in Voor-Indië* (Amsterdam, P.N. van Kampen, 1947), p.165; Lodewijk Wagenaar, *Galle; VOC-vestiging in Ceylon* (Amsterdam: Bataafsche Leeuw, 1994), pp.27–28.

15 SABW II, 153.
16 Wijnaendts van Resandt:Gezaghebbers, p.67; Lewis:List of inscriptions, p.108 (no.371).
17 SABW II, 784; Wijnaendts van Resandt:Gezaghebbers, p.78. Daar is ook genealogiese inligting oor die familie in Alexander J.P. Raat, *The life of Governor Joan Gideon Loten (1730–1789); a personal history of a Dutch virtuoso* (Hilversum: Verloren, 2010), p.577.
18 Vir haar graf en grafskrif, sien Lewis:List of inscriptions, pp.111–112 (no.379).
19 Bax:Openbare verzameling, p.108; Böeseken:Nederlandse kommissarisse, p.231.
20 Lewis:List of inscriptions, p.107 (no.370).
21 Van Imhoff:Briefwisseling, p.359 *passim*.
22 KA, MOOC 8/2 no.117.
23 Requesten 4, 1228, 1229.
24 Sien p.319 hierbo.
25 Heese/Lombard 1, 667.
26 Heese/Lombard 5, 653 (b5).
27 Sien hiervoor p.244 hierbo.
28 Peters:In steen geschreven, p.186. Heese/Lombard (sien n26 hierbo) gee sy van as 'Gallant'.
29 Peters:In steen geschreven, pp.221–222; vir foto's, sien *ibid.*, pp.220, 221, & *passim* (ongeïdentifiseer).
30 Hoge:Personalia, p.18 (Baumann, Hinrich).
31 Hoge:Personalia, p.441.
32 Vgl. Requesten 1, 414 (Engelsen).
33 Sien hiervoor Margaret Cairns, 'Geringer and Bok—a genealogical jigsaw', *Familia* XIII, 2 (1976, pp.27–40.
34 Sien vir hom SABW II, 844–846 (waar egter niks oor sy herkoms gesê word nie). Verder Karel Schoeman, *Dogter van Sion* (Kaapstad: Human & Rousseau, 1997), pp.179, 245 & *passim*.
35 SABW II, 153; Heese/Lombard 1, 698.
36 Requesten I, 362. Vgl. Heese/Lombard 2, 82.
37 Realia I, 209 (1.10.1712).
38 Requesten I, 347–348, 352.
39 Cairns:C.F.Hofman; Hoge:Personalia, pp.166–167 (Hoffmann). Sien ook Franken:Kaapse huishoue, p.78 n22.
40 Sien Schoeman:Armosyn, pp.483–484.
41 Sien hiervoor Resolusies 6, 91–101 *passim*.
42 KA, MOOC 8/5.139a, 139b, 139 1/2, 139 3/4.
43 KA, MOOC 1/13 (20.9.1736).
44 Daar is 'n afskrif in die Nasionale Biblioteek, Kaapstad; manuskripversameling MSD 5.
45 Vir die vendurolle, sien KA, MOOC 10/4.146 & 147.
46 Cairns:C.F. Hofman, p.10; De Haan:Priangan I (Personalia), 36.
47 Sien hieronder.
48 Sterfdatum in Heese/Lombard 3, 421.
49 KA, MOOC 1/13 (10.9.1736).
50 Sien vir hom Heese/Lombard 1, 295–296; Hoge:Personalia, pp.33–34; Resolusies 5, 28 n116; *ibid.* 6, 87 n319.
51 Wijnaendts van Resandt:Gezaghebbers, pp.250–251.
52 Sien Cairns:C.F. Hofman, pp.15–16.
53 Sien hiervoor p.356 hierbo.
54 Hoge:Personalia, p.166.

55 Remmelink:Chinese War, p.76 & *passim*.
56 Vir Coyett, sien De Haan:Priangan I (Personalia), 35–37.
57 KA, MOOC 8/5.139 1/2.
58 Van Putten:Ambitie en onvermogen, pp.144–148; Wijnaendts van Resandt:Gezaghebbers, p.40; Winkler Prins 15, 215.
59 Cairns:C.F. Hofman, p.10.
60 Dit is die voorstel van Gerald Groenewald (persoonlike mededeling, 12.2.2007).
61 Ek is Gerald Groenewald veral dankbaar vir die moeite wat hy gedoen het om hierdie feite aan die hand van argivale bronne te verifieer: in Cairns:C.F. Hofman bly dit onseker. Sien in hierdie verband KA, MOOC 8/5.139a & b (27 & 31.8.1736), 139 1/2 & 3/4; *ibid.*, 1/13 'Notulen boek van 't jaar 1739' (10 & 20.9.1736).
62 KA, MOOC 1/13 (20.9.1736).
63 KA, M 41(b).
64 Gerald Groenewald (persoonlike mededeling, 5.2.2007).
65 KA, MOOC 8/5.139 3/4. Vir sy skip (*Diemermeer*), sien DAS 3044.1.
66 Sien hiervoor Ward:Bounds of bondage; Ward:Networks of empire.
67 Hy moet onderskei word van die gelyknamige broer van die latere *soesoehoenan* Pakoeboewana II wat 'n prominente rol in die sake van Mataram gespeel het; vgl. die inskrywings in die register van Remmelink:Chinese War, p.290.
68 Vir wat volg, tensy anders vermeld, sien Ward:Bounds of bondage, pp.149–165; Ward: Networks of empire, pp.213–221 *passim*. Vir die agtergrond van die gebeure op Java, sien verder ook Remmelink:Chinese War, *passim*.
69 Remmelink:Chinese War, pp.121–122.
70 Vir Mataram in die vroeë agttiende eeu, sien Remmelink:Chinese War. Vir die vorige eeu, sien bv. *Javaense reyse: de bezoeken van een VOC-gezant aan het hof van Mataram, 1648–1654*, red. Darja de Wever (Amsterdam: Terra Incognita, 1995).
71 Sien p.248 hierbo.
72 Remmelink:Chinese War, p.40 & *passim*.
73 Remmelink:Chinese War, pp.64, 271 & *passim*.
74 Vgl. Resolusies 5, 13 n69.
75 Resolusies 5, 13.
76 Resolusies 5, 22–23.
77 Remmelink:Chinese War, p.19.
78 Godée Molsbergen:Geschiedenis, pp.108–109 *passim*.
79 Requesten I, 374.
80 Sleigh:Buiteposte, p.234.
81 Remmelink:Chinese War, p.232 n98.
82 Resolusies 5, 40.
83 Resolusies 5, 40–41.
84 Ward:Bounds of bondage, p.158.
85 Resolusies 5, 51. Vgl. Journal 1699, p.297.
86 Resolusies 5, 41.
87 Resolusies 8, 276.
88 Remmelink:Chinese War, p.232.
89 Resolusies 9, 97.
90 Requesten I, 374; Resolusies 10, 229–230.
91 Resolusies (8.1.1760); KA, C 138. Vgl. Sleigh:Buiteposte, p.368.
92 Batavia in het begin, p.192.

93   Tutein Nolthenius:Geslacht Nolthenius, p.511.
94   Aangehaal in Godée Molsbergen:Geschiedenis, p.182.
95   *Ceylonese plakkaatboek*, 1638–1796; red. L. Hovy (Hilversum: Verloren, 1991), I, 380–381.
96   Requesten 1, 74.
97   Requesten 1, 374.
98   Requesten 1, 246.
99   Resolusies 10, 229–230.
100 Franken:Taalhistoriese bydraes, p.61.
101 Franken:Taalhistoriese bydraes, pp.61–62 (volgorde gewysig).
102 Vgl. Mentzel:Description 2, 149–150.
103 Ward:Bounds of bondage, pp.230–231.
104 Resolusies (16.9.1749), KA, C 127.
105 De la Caille:Travels, p.35.
106 Ward:Bounds of bondage, p.210.
107 Resolusies 10, 169.
108 Sien hiervoor Jörg:Geldermalsen, pp.94–97 (met foto's).
109 Carswell:Blue & white, p.186.
110 Jörg:Geldermalsen, p.95.
111 Jörg:Geldermalsen, p.97.
112 Vgl. die ander items wat in die wrak van die *Geldermalsen* gevind is; Jörg:Geldermalsen, *passim*.
113 Aangehaal in Franken:Kaapse huishoue, p.17.
114 Aangehaal in Franken:Kaapse huishoue, p.17.
115 Aangehaal in Franken:Kaapse huishoue, p.17.
116 Sien spesifiek hiervoor KA, MOOC 8/7.71 3/4b.
117 DAS nr.7290.4.
118 KA, MOOC 10/5.81.
119 Persoonlike mededeling van James Armstrong (13.9.2004); met verwysing na Anne Kumar, *Java and modern Europe* (1997), pp.16–17.
120 Vgl. Raben:Batavia, p.38.
121 Van der Brug:Malaria en malaise, p.31.
122 Van der Brug:Malaria en malaise, p.36.
123 Van der Brug:Malaria en malaise, p.31.
124 Susan Abeyesekere, *Jakarta: a history* (Singapore: OUP, 1987); verwysing in Ward:Networks, p.93.
125 Aangehaal in Tutein Nolthenius:Geslacht Nolthenius, p.552.
126 Aangehaal in Krom:G.W. van Imhoff, p.91.
127 Van der Brug:Malaria en malaise, p.31. Sien hiervoor ook Raben:Batavia, p.37.
128 Raben:Batavia, p.39.
129 Tutein Nolthenius:Geslacht Nolthenius, p.1031.
130 De Roo de la Faille:Iets over Oud-Batavia, p.39.
131 Raben:Batavia, tabelle 4.4, 4.5, & 4.6.
132 Raben:Batavia, tabel 4.8.
133 Van der Brug:Malaria en malaise, p.33.
134 Raben:Batavia, Tabel 4.5 (afgerond).
135 Batavia in het begin, p.177.
136 Van der Brug:Malaria en malaise, p.33.
137 Sien Godée Molsbergen:Geschiedenis, pp.77–82. Verder ook De Roo de la Faille:Iets over

Oud-Batavia, pp.28–29.
138 Aangehaal in Godée Molsbergen:Geschiedenis, p.81.
139 De Hullu:Instelling, pp.523–524.
140 Van der Brug:Malaria en malaise, pp.45, 55.
141 SABW 1, 398–399; A. Hallema, in Schumacher:Kaap in 1776–1777, pp.12–13. Volgens lg. was hy 'n Deen.
142 SABW I, 398 (anoniem).
143 Vir die afbeeldings van Batavia, sien De Haan:Oud Batavia III. Vir dié van die Kaap, sien Heydt:Scenes of the Cape of Good Hope.
144 Aangehaal in De Roo de la Faille:Iets over Oud-Batavia, p.33 (eie vertaling).
145 Van der Brug:Malaria en malaise, p.81.
146 Sjoerd Faber, *Strafrechtspleging en criminaliteit te Amsterdam, 1680–1811; de nieuwe menslievendheid* (Arnhem: Gouda Quint, 1983), p.106.
147 J.J. de Jong, *Met goed fatsoen; de elite in een Hollandse stad, Gouda 1700–1780* (Amsterdam: Bataafsche Leeuw, 1985), p.158.
148 Aangehaal in Raben:Batavia, p.37.
149 Lodewijk Wagenaar, *Galle; VOC-vestiging in Ceylon* (Amsterdam: Bataafsche Leeuw, 1994), pp.89–90.
150 Tutein Nolthenius:Geslacht Nolthenius, pp.520–521.
151 Tutein Nolthenius:Geslacht Nolthenius, p.1039.
152 Dibbits:Als men sooverre, pp.68, 71–72.
153 Dibbits:Als men sooverre, p.72.
154 Vir Sichterman, sien Kühne-van Diggelen:Sichterman.
155 De Hullu:Instelling, p.525.
156 Kühne-van Diggelen:Sichterman, p.90.
157 Sien ook die verwysings in Kühne-van Diggelen:Sichterman, pp.67, 69.
158 Kühne-van Diggelen:Sichterman, p.48.
159 Wiepke Loos e.a., *The Age of Elegance; paintings from the Rijksmuseum in Amsterdam, 1700–1800*; tr. Michael Hoyle & Yvette Rosenberg (Zwolle: Waanders, 1995), pp.50–51 (met twee afbeeldings, een in kleur); Nederlandse uitgawe onder die titel *Het galante tijdperk*.
160 'n Ander bron het dit oor 480; Loos:Age of Elegance (sien n159 hierbo), p.50.
161 <http://www.grunn.nl>.
162 Nederlandsch-Indisch plakaatboek IV, 57–59 (1714).
163 Nederlandsch-Indisch plakaatboek IV, 136–137.
164 Nederlandsch-Indisch plakaatboek IV, 239–255.
165 Nederlandsch-Indisch plakaatboek VI, 773–795. Vgl. hiervoor Robert Ross, 'Sumptuary laws in Europe, the Netherlands and the Dutch colonies', in Contingent lives, pp.382–390.
166 Godée Molsbergen:Geschiedenis, p.77.
167 Aangehaal in Godée Molsbergen:Geschiedenis, p.160.
168 Tutein Nolthenius:Geslacht Nolthenius, p.1031.
169 Blussé:Strange company, p.141.
170 Peters:VOC-vrouwen, p.72.
171 Peters:VOC-vrouwen, p.72. Hier word sy 'weduwe van de extra-ordinaris raad' genoem.
172 Delft en de OIC, pp.196–198; Peters:In steen geschreven, pp.43–44, 180–181; Wijnaendts van Resandt:Gezaghebbers, pp.105–106.
173 Vgl. Journal 1699, pp.255–256. Sien oor sy oponthoud ook Peters:In steen geschreven, p.181.

174   Peters:In steen geschreven, pp.43–44.
175   Opkomst IX, xxxi–xxxiii, 167–169. Sien ook Godée Molsbergen:Geschiedenis, p.113; Krom:G.W. van Imhoff, p.19.
176   Delft en de OIC, pp.198–200; Winkler Prins 7, 667.
177   Opkomst IX, 169.
178   Winkler Prins 7, 667.
179   K.L. van Schouwenburg, in Delft en de OIC, p.200.
180   In Opkomst IX, xxxiii.
181   Opkomst IX, xxxiii n1.
182   Godée Molsbergen:Geschiedenis, p.116. Vgl. Krom:G.W. van Imhoff, p.21.
183   Godée Molsbergen:Geschiedenis, p.115.
184   'Nr.95 op de hoek van de Smoorcoolsteeg (Smitssteeg)'; Delft en de OIC, p.200.
185   Thera Wijsenbeek-Olthuis, *Achter de gevels van Delft; bezit en bestaan van rijk en arm in een periode van achteruitgang (1700–1800)* (Hilversum: Verloren, 1987), p.146.
186   Godée Molsbergen:Geschiedenis, pp.121–136; Godée Molsbergen:Tijdens de OIC I, 170–184; Wijnaendts van Resandt:Gezaghebbers, pp.38–40.
187   Godée Molsbergen:Geschiedenis, p.122.
188   Godée Molsbergen:Geschiedenis, p.134.
189   Godée Molsbergen:Geschiedenis, p.121.
190   De Haan:Oud Batavia I, 285.
191   Aangehaal in Godée Molsbergen:Geschiedenis, p.136.
192   Aangehaal in Godée Molsbergen:Geschiedenis, p.136.
193   Wijnaendts van Resandt:Gezaghebbers, pp.69–70.
194   K.J. de Jonge, in Opkomst IX, xxx,169–170.
195   Opkomst IX, 170.
196   Sien pp.371–374 *passim* hierbo.
197   Wijnaendts van Resandt:Gezaghebbers, p.70.

11. *G.W. baron van Imhoff,* pp.362–393

1   SABW II, 804–804; Coolhaas:Van Imhoff en Mossel, pp.27–34; Dibbits:Als mens sooverre, pp.7–30, 85 (stamboom); Krom:G.W. van Imhoff; Tielke:G.W. von Imhoff; Wijnaendts van Resandt:Gezaghebbers, p.72. Sien verder die bronne genoem in Coolhaas:Van Imhoff en Mossel, pp.29–30; en *Encyclopaedie van Nederlandsch-Indië*, II, 135.
2   Vgl. Bosmans van Drakenstein, p.13; Karel Schoeman, *Kolonie aan die Kaap* (Pretoria: Protea Boekhuis, 2010), pp.218–219.
3   'Imhoff (Patrizier)', Wikipedia (Duits).
4   Vgl. Tutein Nolthenius:Geslacht Nolthenius, p.456; waar hy 'n 'neef' genoem word.
5   Dibbits:Als men sooverre, p.48.
6   Dibbits:Als men sooverre, p.10.
7   Wijnaendts van Resandt:Gezaghebbers, pp.37–38.
8   Dibbits:Als men sooverre, p.9.
9   Sien ook Jean Gelman Taylor, *The social world of Batavia; European and Eurasian in Dutch Asia* (Madison: Univ. of Wisconsin pr., 1983), p.191 (stamboom); Wijnaendts van Resandt: Gezaghebbers, pp.32–33, 35–36.
10   Dibbits:Als men sooverre, p.12. Vgl. Opkomst IX, 170.
11   Godée Molsbergen:Geschiedenis, p.121. Vir sy bewind in Ceylon, sien A.K.A. Gijsberti

Hodenpijl, in *Bijdragen tot de Taal-, Land- en Volkenkunde van Nederlandsch Indië* 75 (1919), 481-626 (nie geraadpleeg nie). Vir die graf en grafskrif van sy seuntjie, wat in 1736 hier dood is toe hy nog nie twee jaar oud was nie, sien Lewis:List of inscriptions, pp.109–110 (no.374).

12 Vgl. Krom:G.W. van Imhoff, pp.52–53.
13 Krom:G.W. van Imhoff, p.37. Sien hiervoor veral Gouverneur van Imhoff op Dienstreis.
14 Sien Van Imhoff:Briefwisseling.
15 Van Imhoff:Briefwisseling, p.346.
16 Van Imhoff:Briefwisseling, p.365.
17 Van Imhoff:Briefwisseling, p.327.
18 Tutein Nolthenius:Geslacht Nolthenius.
19 NNBW VII, kolom 1219–1221; Winkler Prins 17, 821.
20 NNBW VII, kolom 1220.
21 Aaangehaal in Dibbits:Als men sooverre, p.13.
22 Krom:G.W. van Imhoff, p.55.
23 Vgl. Van Imhoff:Briefwisseling, pp.332–333.
24 Dibbits:Als men sooverre, pp.13–15.
25 Aangehaal in Dibbits:Als men sooverre, p.75.
26 Godée Molsbergen:Geschiedenis, p.110.
27 Sien hiervoor Blussé:Strange company, pp.90–95; Dibbits:Als men sooverre, pp.15–16; Godée Molsbergen:Geschiedenis, pp.165–171; Remmelink:Chinese War, pp.125–128; Van Putten:Ambitie, pp.152–153; Ward:Bounds of bondage, pp.194–196; Ward:Networks of empire, pp.85–101 *passim*.
28 Blussé:Strange company, p.135; Gaastra:Geschiedenis, pp.60, 78/80.
29 Blussé:Strange company, pp.91/93.
30 Dibbits:Als men sooverre, p.16.
31 Vgl. NNBW VII, kolom 1221.
32 Gabriel Steward, aangehaal in Boucher:Cape and foreign contacts, p.87.
33 Tutein Nolthenius:Geslacht Nolthenius, p.1031.
34 Tutein Nolthenius:Geslacht Nolthenius, p.1044 (parafrase).
35 Remmelink:Chinese War, p.127.
36 De Haan:Oud Batavia I, 200 n1. Vgl. Blussé:Strange company, pp.96, 138–139.
37 F.W. Stapel, in NNBW VII, kolom 1220–1221.
38 Tutein Nolthenius:Geslacht Nolthenius, p.1032.
39 Tutein Nolthenius:Geslacht Nolthenius, p.1032.
40 Sien hiervoor Leupe:Raden van Indië.
41 Aangehaal in Leupe:Raden van Indië, p.364.
42 Aangehaal in Leupe:Raden van Indië, pp.362–363.
43 Resolusies (6.5.1741), WCPA C118.
44 Tutein Nolthenius:Geslacht Nolthenius, p.1033.
45 Dibbits:Als men sooverre, p.69.
46 Dibbits:Als men sooverre, p.33.
47 Tutein Nolthenius:Geslacht Nolthenius, p.537.
48 Godée Molsbergen:Geschiedenis, p.175; Krom:G.W. van Imhoff, p.97.
49 Godée Molsbergen:Geschiedenis, p.175.
50 Sien p.359 hierbo.
51 Gaastra:Geschiedenis VOC, p.164.
52 Aangehaal in Te Winkel:Geschiedenis III, 356.

Endnote by pp.370–377

53 Dibbits:Als men sooverre, pp.53–54.
54 In *Dutch masterpieces from the eighteenth century: paintings & drawings, 1700–1800* (Minneapolis: Minneapolis Institute of Arts, 1971), p.38.
55 De Roo de la Faille:Iets over Oud-Batavia, p.34.
56 Godée Molsbergen:Geschiedenis, p.173; Tutein Nolthenius:Geslacht Nolthenius, p.1027.
57 Hul name word aangegee in die inventarisse by KA, CJ 3034 pp.95–155.
58 Vir die lyfwag, sien Resolusies 10, 168. Vir die verdere avonture van 'n lid daarvan, Christian Ludwig Clots, sien Boucher:Cape and foreign contacts, p.94.
59 In hierdie geval waarskynlik die binneplein van die Kasteel.
60 Aangehaal in Boucher:Cape and foreign contacts, p.87.
61 Resolusies 10, 154.
62 Resolusies 10, 154–187 *passim*.
63 Vgl. Sleigh:Buiteposte, pp.338, 721–722.
64 Resolusies 10, 159.
65 Sien p.295 hierbo.
66 Resolusies 10, 164; vgl. Boucher:Cape and foreign contacts, pp.85, 87.
67 Boucher:Cape and foreign contacts, p.87; DAS 7130.1.
68 'Wapengekletter op porselein', <http://www.gemeentemuseum.nl>.
69 Resolusies 10, 159–160.
70 Resolusies 10, 182.
71 DAS 3241.2; Tutein Nolthenius:Geslacht Nolthenius, p.536.
72 Krom:G.W. van Imhoff, p.82.
73 Van Imhoff:Briefwisseling, p.337.
74 KA, CJ 3034 no.'s.23, 24 & 25 (pp.95–155). Ek is Gerald Groenewald dankbaar vir sy transkripsie van hierdie dokumente.
75 Van Imhoff:Briefwisseling, p.343.
76 NNBW VII, kolom 1220.
77 Godée Molsbergen:Geschiedenis, p.176.
78 Dibbits:Als men sooverre, p.33.
79 De Haan:Oud Batavia I, 200.
80 Vir die teks, geredigeer deur J.E. Heeres, sien *Bijdragen tot de Taal-, Land- en Volkenkunde van Nederlandsch-Indië* LXVI (1912), 441–621. Ook beskikbaar by <http://www.kitlv-journals.nl>.
81 Aangehaal in Krom:G.W. van Imhoff, p.84.
82 Dibbits:Als men sooverre, p.20.
83 Hierdie woorde is uit die verslag in die Dagregister oorgeneem; in die Relaas lui dit 'het teken hare'.
84 Relaas, pp.7–8. Ook in Dagregister (26.1.1743); KA, VC 25. Vgl. Bax:Openbare verzameling, pp.82–83. Vir 'n foto van die penning, sien Gaastra:Geschiedenis, p.62.
85 Vir sy besoek, sien Böeseken:Kommissarisse, pp.34–35 & *passim*; Dagregister, *passim* (KA, VC 25); Dreyer:Baron Van Imhoff; Resolusies 10, 216–237 *passim*. Vir twee briewe wat hy van die Kaap vir Boreel geskryf het, sien Van Imhoff:Briefwisseling, pp.335–341.
86 Resolusies 10, 216–217 *passim*.
87 Dit staan gelyk aan Dagregister (26.1.1753); KA, VC 25.
88 Die betrokke verslag word hier uit die Relaas aangehaal, aangesien die spelling in lg. enigsins moderner is as dié van die Dagregister en die teks dus toegankliker
89 Sleigh:Buiteposte, p.291; sien ook *ibid.*, p.302–303. Die baai wat in vroeër jare as Vishoek bekend gestaan het, was die huidige Gordonsbaai.
90 Aangehaal in Dreyer:Baron G.W. van Imhoff, p.19.

91   Böeseken:Nederlandse kommissarisse, pp.34–35 & 34 n58.
92   SABW II, 861.
93   Sien vir hom SABW II, 860–861; Du Toit:Predikers, pp.100–109.
94   Willem J. van Zijl, *Van skeepskis na wakis tot boekrak* (Kaapstad: Lux Verbi, 1992), pp.24–25.
95   Du Toit:Predikers, pp.102-103.
96   Alle aanhalings afkomstig uit Du Toit:Predikers, pp.103–108, waar hierdie preek bespreek word.
97   Du Toit:Predikers, p.108.
98   Du Toit:Predikers, p.107.
99   Du Toit:Predikers. pp.107–108.
100 Reports Chavonnes, p.69.
101 Resolusies 10, 226.
102 Resolusies 10, 226.
103 Vir die teks, sien Reports Chavonnes, pp.53–76 (Nederlands), 129–148 (Engelse vertaling).
104 Reports Chavonnes, p.55 para.3.
105 Sleigh:Buiteposte, p.384.
106 Theal:History 2, 47.
107 Sleigh:Buiteposte, pp.304, 308.
108 Sien hiervoor U.A. Seemann, *Fortifications of the Cape Peninsula, 1647–1829* (Cape Town: Castle Military Museum, 1997), pp.36–37.
109 Reports Chavonnes, pp.65–66. Vgl. Van Imhoff:Briefwisseling, pp.340–341.
110 Reports Chavonnes, p.59.
111 Reports Chavonnes, pp.62–63.
112 Reports Chavonnes, pp.66–67.
113 Reports Chavonnes, p.58; Resolusies 10, 231.
114 Reports Chavonnes, p.61.
115 Reports Chavonnes, p.62.
116 Sleigh:Buiteposte, p.339.
117 Sien hiervoor pp.429–430 hierbo.
118 Van Imhoff:Briefwisseling, p.338–339 *passim*.
119 Van Imhoff:Briefwisseling, p.341.
120 Vir wat volg, sien Resolusies 10, 216–237 *passim*.
121 Resolusies 10, 218.
122 Lequin:Personeel I, 42.
123 Resolusies 10, 223.
124 Resolusies 10, 231.
125 Resolusies 10, 229.
126 Resolusies 10, 211.
127 Vgl. Requesten 1, 74.
128 Vgl. Requesten 1, 75.
129 Heese/Lombard 3, 350; Requesten 2, 52.
130 Hoge:Personalia, p.467.
131 Resolusies 10, 232.
132 Kaapse plakkaatboek II, 206; Resolusies 10, 237.
133 Dagregister (28.2.1743); KA, VC 25.
134 Aangehaal in Böeseken:Nederlandse kommissarisse, p.52 n94; vgl. *ibid.*, p.35.
135 Böeseken:Nederlandse kommissarisse, pp.3–4.
136 Van Imhoff:Briefwisseling, p.337.

137 Tutein Nolthenius:Geslacht Nolthenius, p.1036.
138 Van Imhoff:Briefwisseling, p.339.
139 Van Imhoff:Briefwisseling, p.342.
140 Van Imhoff:Briefwisseling, p.342.
141 Van Imhoff:Briefwisseling, p.343.
142 Situasie in 1755; Ruud Paesie, *Het VOC-fluitschip* Stavenisse *en de ontdekking van Terra Natal* (Amsterdam: De Bataafsche Leeuw, 2002), p.57 (lys).
143 Van Imhoff:Briefwisseling, p.345.
144 Van Imhoff:Briefwisseling, p.348.
145 Gaastra:Geschiedenis, pp.132–133.
146 Boucher:Cape and foreign contacts, pp.27, 128–129. Sien hiervoor verder A.K.A. Gijsberti Hodenpijl, 'De mislukte pogingen van G.G. van Imhoff tot het aanknoopen van handelsbetrekkingen met Spaansch-Amerika in 1745 en 1746', *Bijdragen tot de Taal-, Land- en Volkenkunde van Nederlandsch-Indië* LXXIII (1917), pp.502–557; E.C. Godée Molsbergen, 'De Nederlandsche expeditie naar Manilla in 1735', *Feestbundel uitgegeven door het Koninklijk Bataviaasch Genootschap van Kunsten en Wetenschappen, 1778–1928*, II (Weltevreden, 1929), pp.182–195.
147 Van Imhoff:Briefwisseling, pp.347, 348, 353, 385.
148 Van Imhoff:Briefwisseling, p.378.
149 Sien die joernale in De Haan:Priangan II, 480–529.
150 De Haan:Priangan II, 519–527 *passim*.
151 Krom:G.W. van Imhoff, p.109.
152 Sien hiervoor Adrienne Zuiderweg, 'Nieuwsgaring in Batavia tijdens de VOC', pp.111–117, <http://tijdschriftstudies.library.uu.nl/index.php/TS/article/view/14/16>.
153 Vgl. Krom:G.W. van Imhoff, pp.93–94,
154 Krom:G.W. van Imhoff, p.111.
155 Israel:Dutch Republic, p.258.
156 De Haan:Priangan II, 481 n4.
157 D.w.s. die vaslê van 'n skip tussen twee ankers op 'n afstand van mekaar; vgl. Reports Chavonnes, p.54.
158 De Haan:Oud Batavia III, byskrif by afb.E 12.
159 Krom:G.W. van Imhoff, p.29.
160 Coolhaas:Van Imhoff en Mossel, p.31.
161 Coolhaas:Van Imhoff en Mossel, p.30.
162 Vgl. Coolhaas:Van Imhoff en Mossel, pp.48–49.
163 Sien hiervoor Remmelink:Chinese War, p.127 e.v.; Ward:Network of empire, pp.179–238 *passim*. Verder ook Dibbits:Als men sooverre, p.24; Krom:G.W. van Imhoff, pp.122–124 *passim*.
164 Sien vir hulle Remmelink:Chinese War, *passim*; Sleigh:Buiteposte, p.386.
165 Ward:Bounds of bondage, p.256.
166 Ward:Bounds of bondage, p.256.
167 Armstrong:Estate, (ongepagineer).
168 Ward:Bounds of bondage, pp.163–164.
169 Resolusies (29.12.1746), KA C124.
170 Resolusies (12.1.1747), KA C125.
171 Resolusies (29.12.1746), KA C124. Vgl. ook Sleigh:Buiteposte, p.386.
172 Resolusies (26.8.1749), KA C127.
173 Sleigh:Buiteposte, p.386.

174	Ward:Bounds of bondage, p.247; vgl. Ward:Network of empire, pp.260–261.
175	Sien Dibbits:Als men sooverre.
176	Dibbits:Als men sooverre, pp.64–67.
177	J. Terwen-de Loos, *Het Nederlandse koloniale meubel; studie over de meubels in de voormalige Nederlandse koloniën Indonesië en Sri Lanka* (Franeker: Wever, 1985), p.89.
178	De Roo de la Faille:Iets over Oud-Batavia, p.39. Vgl. De Haan:Priangan II, 511–514.
179	Dibbits:Als men sooverre, pp.75–78.
180	Dibbits:Als men sooverre, p.69.
181	Dibbits:Als men sooverre, p.70.
182	Krom:G.W. van Imhoff, pp.102, 151.
183	Dibbits:Als men sooverre, p.11.
184	Dibbits:Als men sooverre, p.11.
185	Van Imhoff:Briefwisseling, p.352.
186	De Haan:Priangan II, 480; Dibbits:Als men sooverre, pp.44–45.
187	De Haan:Priangan II, 512; Dibbits:Als men soo verre, pp.45–47.
188	Krom:G.W. van Imhoff, pp.45, 128.
189	Van Imhoff:Briefwisseling, p.415.
190	Dibbits:Als men sooverre, p.30.
191	Van Imhoff:Briefwisseling, p.425.
192	Dibbits:Als men sooverre, p.69. Vir 'n foto van sy grafsteen, sien De Haan:Oud Batavia III, afb.E 12.
193	Van Imhoff:Briefwisseling, p.425.
194	Krom:G.W. van Imhoff, pp.150–151.
195	Dibbits:Als men sooverre, p.47.
196	NNBW VII, kolom 634.
197	Dibbits:Als men sooverre, p.42.
198	Dibbits:Als men sooverre, p.47; sien verder ook *ibid.*, pp.72–73.
199	Krom:G.W. van Imhoff, p.151.
200	Dibbits:Als men sooverre, p.31.
201	*Encyclopaedie van Nederlandsch-Indië* II, 135.
202	Aangehaal in Krom:G.W. van Imhoff, p.156.
203	Wijnaendts van Resandt:Gezaghebbers, p.72.
204	Krom:G.W. van Imhoff, p.157.
205	Godée Molsbergen:Geschiedenis, p.182.
206	Krom:G.W. van Imhoff, p.165.
207	De Haan:Oud Batavia I, 200.
208	NNBW VII, kolom 1221.
209	Tutein Nolthenius:Geslacht Nolthenius, p.1030.
210	Blussé:Strange company, pp.139–140.
211	Sien hiervoor Van der Brug:Malaria en malaise.
212	Sien p.305 hierbo.
213	Sien Van der Brug:Malaria en malaise.
214	Van der Brug:Malaria en malaise, p.191 (tabel).
215	Tutein Nolthenius:Geslacht Nolthenius, p.1029. Vgl. Van Imhoff:Briefwisseling, p.353.
216	Van der Brug:Malaria en malaise, p.147.

12. *Henricus Beck in die Tafelvallei,* pp.394–427

1. Journal 1699, p.284.
2. Journal 1699, p.293. Vgl. Bouwstoffen I, 137–151; *ibid*. II, 275–276.
3. De Villiers/Pama, p.876.
4. Theal:History II, 20–21.
5. Valentyn:Beschryvinge II, 238.
6. Storm de Grave:Capitael der Caebsen armen, pp.6–7.
7. Mentzel:Description 3, 45.
8. *Drie eeue van genade*; red. F.C. Fensham (Kaapstad: N.G. Kerk-uitgewers, 1986), p.18.
9. MOOC 10/4.113.
10. Bouwstoffen I, 121.
11. Bouwstoffen I, 126.
12. Bouwstoffen I, 162.
13. Bouwstoffen I, 166.
14. Valentyn:Beschryvinge I, 92.
15. Resolusies 4, 148 (par.1).
16. SABW IV, 324; De Villiers/Pama, pp.945–946.
17. Vgl. <http://www.genealogieonline.nl/stamboom-cardinaal/I11710.php>.
18. Claasen:Sieketroosters, pp.128–129.
19. Vgl. Claasen:Sieketroosters, pp.167–173.
20. Requesten 2, 627.
21. Mentzel:Description 1, 130.
22. Mentzel:Description 1, 113–114, 129.
23. Mentzel:Description 2, 133.
24. Mentzel:Description 1, 129, 157.
25. Kaapse plakkate III, 184.
26. KA, M 41 'Funeral notices' (a).
27. Storm de Grave:Capitael der Caebsen armen, p.7.
28. Claasen:Sieketroosters, pp.160, 270 ('J. Hofman' hier is foutief).
29. Requesten 2, 516, 519.
30. Heese/Lombard 5, 615 (Meyn); Resolusies 6, 232–233 & 232 n256.
31. Bouwstoffen I, 175.
32. Resolusies 4, 421.
33. Hooge:Privaatskoolmeesters II, 'Aanhangsel'.
34. Resolusies 8, 336.
35. Resolusies 9, 153 n281.
36. Resolusies 9, 152–153.
37. Resolusies 9, 206.
38. Marais:Armesorg, pp.21, 48.
39. Mentzel:Description 1, 129–130.
40. Mentzel:Description 1, 123.
41. Mentzel:Description 1, 157.
42. Storm de Grave:Capitael der Caebsen armen, p.39. Vir Van der Schelde, sien Heese/Lombard 10, 479.
43. Journal 1699, p.65.
44. Mentzel:Description 1, 123 (10 voet); Valentyn:Beschryvinge I, 92 (4–7 voet).
45. Vgl. Resolusies 2, 255 (goewerneur Bax).

46   Hopkins:Moeder, pp.67, 123.
47   Bax:Openbare verzameling, pp.98–99.
48   Valentyn:Beschryvinge I, 88. Vir herkonstrueerde vloerplanne (waarvolgens die ingange aan die ooste en weste was) en 'n aksonometriese tekening, sien Fitchett:Early architecture, pp.931–932.
49   Valentyn:Beschrijvinge I, 92.
50   Storm de Grave:Capitael der Caebsen armen, p.40.
51   Requesten 1, 240 (twee inskrywings).
52   Mentzel:Description 1, 123.
53   Valentyn:Beschryvinge I, 92.
54   Hopkins:Moeder, p.53.
55   Valentyn:Beschryvinge I, 88.
56   Op reis, p.100.
57   Nicolaus de Graaff, *Oost-Indise spiegel.*, pp.13–15 *passim*. Gebind met *Reisen van Nicolaus de Graaff*; red. J.C.M. Warnsinck ('s-Gravenhage: Martinus Nijhoff, 1930).
58   Sien p.297 hierbo.
59   Sien pp.297–298 hierbo.
60   Trials of slavery, p.319.
61   Mentzel:Description 1, 124–125.
62   Requesten 2, 628.
63   Hopkins:Moeder, p.105. Vgl. Hoge:Personalia, pp.318, 407; Mentzel:Description 1, 125.
64   Valentyn:Beschryvinge I, 92.
65   Aangehaal in Storm de Grave:Capitael der Caebsen armen, p.32.
66   Leo Noordegraaf & Gerrit Valk, *De gave Gods; de pest in Holland vanaf de late middeleeuwen*; 2e dr. (Amsterdam: Bert Bakker, 1996), p.203.
67   Theal:History II, 85, 97.
68   Theal:History II, 97.
69   Requesten 2, 602.
70   A.H. Jonker, 'Die stamvader—Adolph Jonker', *Familia* 2 (1965–66), 41. Vir Jonker se herkoms, sien Sparrman:Voyage I, 96; vgl. die weergawe in Heese/Lombard 4, 120.
71   KA, MOOC 14/5.76.
72   KA, MOOC 8/5.9.
73   Requesten 1, 241, 242.
74   Requesten 1, 241.
75   KA, MOOC 10/4.113.
76   KA, MOOC 8/6.104.
77   Wat volg, is gebaseer op getranskribeerde uittreksels uit KA, VC 605 'Doop boek' (1713–42), deur mev. V.C. Malherbe, waarin ek danksy Gerald Groenewald insae gehad het.
78   Resolusies 6, 116.
79   Vir 'n beskrywing hiervan, sien Kolb:Beschrywing II, 322–323.
80   Bouwstoffen I, 71. Vgl. Resolusies 4, 12–13.
81   Resolusies 6, 116.
82   Resolusies 6, 138.
83   Resolusies 6, 138; vgl. *ibid.*, 116.
84   Op reis, p.101.
85   Memoriën, p.189.
86   Schoeman:Early slavery, p.370.
87   Resolusies 4, 150 (para.8).

88 Storm de Grave:Capitael der Caebsen armen, p.10; sien verder *ibid.*, pp.29–33.
89 Vgl. Storm de Grave:Capitael der Caebsen armen, pp.25–28.
90 Storm de Grave:Capitael der Caebsen armen, pp.21, 23–25.
91 Storm de Grave:Capitael der Caebsen armen, p.33.
92 Storm de Grave:Capitael der Caebsen armen, p.32.
93 Storm de Grave:Capitael der Caebsen armen, p.33.
94 Storm de Grave:Capitael der Caebsen armen, p.30. Vir die grafte en doodskleed, sien ook *ibid.*, pp.18–19, 32.
95 Storm de Grave:Capitael der Caebsen armen, p.31 (tabel).
96 Storm de Grave:Capitael der Caebsen armen, pp.29–31.
97 Storm de Grave:Capitael der Caebsen armen, p.20; met verwysing na Kaapse plakkaatboek I, 245–246.
98 Sien Marais:Armsorg; Storm de Grave:Capitael der Caebsen armen. Let egter op lg. se voetnoot: 'Maria Marais is wel meer onnauwkeurig met haar bronverwijzingen en haar interpretaties: zij dient dus met de nodige voorzichtigheid te worden gelezen'; *ibid.*, p.9 n39.
99 Storm de Grave:Capitael der Caebsen armen, pp.42 (tabel), pp.45–46 (tabel).
100 Storm de Grave:Capitael der Caebsen armen, p.53.
101 Marais:Armesorg, pp.17–18.
102 Marais:Armesorg, p.16.
103 Marais:Armesorg, p.21; vgl. *ibid.*, pp.52–53.
104 Heese/Lombard 5, 201. Die moeder se naam word hier aangegee as 'van Nel'.
105 Ned. Geref. Kerk-argief, Stellenbosch: G1 5/6 (GEM-K 1196): Inlandse ingekomene brieven, 1700–1779, no.42. Gerald Groenewald het hierdie dokument onder my aandag gebring.
106 Storm de Grave:Capitael der Caebsen armen, p.46.
107 Storm de Grave:Capitael der Caebsen armen, pp.21–22.
108 KA, VC 650. Vir Gelf, sien ook Heese/Lombard 2, 413; hier word die moeder van twee kinders (1735, 1739) as 'Cornelia Schryverus' aangegee.
109 H.F. Heese, *Groep sonder grense; die rol en status van die gemengde bevolking aan die Kaap, 1652–1795* (Kaapstad: Instituut vir Historiese Navorsing UWK, 1984). p.11; sien ook die lys vroue was as 'van die Kaap' bekend gestaan het, op dieselfde bladsy.
110 Hoge:Personalia, p.134.
111 H.F. Heese, 'Kriminele sake; hofuitsprake aan die Kaap, 1700–1750', *Kronos* 12 (1987), p.37.
112 Vgl. Bouwstoffen I, 152 n1.
113 Bouwstoffen I, 152.
114 Resolusies 8, 20.
115 Resolusies 8, 20.
116 Bouwstoffen I, 152.
117 Bouwstoffen I, 162. Vgl. Resolusies 8, 102–103.
118 Requesten 1, 109.
119 Resolusies 8, 141.
120 Resolusies 8, 154.
121 Resolusies 8, 141–142.
122 Bouwstoffen I, 164.
123 Resolusies 8, 141–142.
124 SABW V, 367–368; Resolusies 8, 154 n105.
125 Resolusies 8, 154–155.
126 Bouwstoffen I, 166.

127 Op reis, pp.100–101. Vir die eerste gedeelte van hierdie verslag, sien pp.297–298 hierbo.
128 De Villiers/Pama, p.945.
129 SABW II, 746; *ibid.* IV, 324.
130 Mentzel:Description 1, 79.
131 Mentzel;Description 1, 80.
132 Bestendig in Engelbrecht:Kaapse predikante, p.56; SABW V, 145.
133 Schutte:Ad fontes, p.361 n70.
134 Tagebuch, p.195; Duitse teks, *ibid.*, pp.194/196.
135 Sien vir hierdie ontwikkelings Bosmans van Drakenstein, *passim*; Schoeman:Dogter van Sion, *passim*.
136 Haasbroek:Sending, p.58; en *ibid.*, pp.56–60.
137 Mentzel:Life, p.68.
138 Mentzel:Description 3, 63.
139 In KA, CJ 346, pp.255, 265–267. Ek het die transkripsie van hierdie dokumente aan Gerald Groenewald te danke.
140 Resolusies 9, 157 n301; vgl. *ibid.* 10, 169–170, 175.
141 Volgens 'n plan by Mentzel, wat die Kaap omstreeks hierdie tyd geken het, was die wonings van die opper-, onder- en derde chirurgyn in die hospitaal aan die bopunt van die Herengracht (Adderleystraat); Mentzel:Description I, 109–110.
142 Sien hieronder.
143 Hierdie tekening, wat een van sy minder bekende werke is, word o.a. gereproduseer in A. Staring, *Damiaan Hugo Staring, een zeeman uit de achttiende eeuw* (Zutphen: W.J. Thieme, 1948), t/o p.33.
144 Francken:Rampspoedige reize, p.97. Vir beperkte biografiese gegewens van 'Jacobus Franken uit Gouda', sien VOC-opvarenden.
145 Vir 'n afbeelding in kleur, sien *The world of Jan Brandes, 1743–1808: drawings of a Dutch traveller in Batavia, Ceylon and Southern Africa*; ed. Max de Bruijn & Remco Raben (Zwolle: Waanders, 2004), pp.364–365.
146 Vir die galdery, sien pp.434–436 hierbo.
147 Boedelinventarisse II, 415.
148 Vgl. H.F. Heese, 'Die inwoners van Kaapstad in 1800', *Kronos* 7 (1983), pp.45–46; Worden: Space and identity, pp.80, 83.
149 Requesten I, 86.
150 Requesten II, 679.
151 Resolusies (21.6.1755), KA C133.
152 Kaapse plakkaatboek III, 15–16.
153 Sien bv. Francken:Kaapse huishoue, p.56; Trials of slavery, p.329 n9.
154 KA, MOOC 8/8.12a.
155 Vir die vendusie ná sy dood, sien $ hierbo.
156 KA, MOOC 8/8.12b.
157 Beck:Boedeldokumente.
158 KA, MOOC 8/11.26.
159 KA, MOOC 8/10.76.
160 Sien A.M. Lubberhuizen-van Gelder, 'Japonsche rocken', *Oud-Holland* (1947) pp.137–152, (1949) pp.25–38; *Sits: Oost-West relaties in textiel*; red. Ebeltje Hartkamp–Jonxis (Zwolle: Waanders, 1987), pp.55–58, & illustrasies *passim*.
161 Francken:Kaapse huishoue, p.66 *passim*.
162 Francken:Kaapse huishoue, p.57.

163 Vgl. Franken:Hugenote, p.163 (Gideon le Grand).
164 Shaping, p.300.
165 Mentzel:Description 2, 70.
166 Franken:Kaapse huishoue, p.48.
167 Sien hiervoor H.W. Claassens, *Die geskiedenis van Boerekos, 1652–1806* (Pretoria: Protea, 2006), *passim*.
168 Sien pp.272–279 *passim* hierbo.
169 KA, MOOC 8/5.72.
170 KA, MOOC 10/4/116.
171 Franken:Kaapse huishoue, pp.53–54; oorsigtelik as tabel aangebied in Claassens:Geskiedenis van Boerekos (sien n167 hierbo), p.118.
172 Vir wat volg, sien Franken:Kaapse huishoue, pp.51–54 *passim*.
173 Franken:Kaapse huishoue, pp.43–44.
174 Sienaert-van Reenen:Franse bydrae, p.113.
175 Van Imhoff:Briefwisseling, pp.585–596.
176 Franken:Kaapse huishoue, pp.43–44.
177 KA, MOOC 8/5.139½.
178 KA, MOOC 10.4/149.
179 Voorbeelde uit die boedelinventaris van Johan Nicolaas Schott, wat skynbaar op groot skaal handel gedryf het (1768); KA, MOOC 8/13.66.
180 De la Caille:Travels, p.29.
181 Sparrman:Voyage I, 52.
182 De la Caille:Travels, pp.29–31 *passim*, 34.
183 Thunberg:Travels, p.123; vgl. *ibid*., p.27.
184 Thunberg:Travels, p.133.
185 Thunberg:Travels, p.27.
186 Thunberg:Travels, p.134.
187 Thunberg:Travels, p.57.
188 Sparrman:Voyage I, 233.
189 Sparrman:Voyage I, 92.
190 Sien hiervoor KA, C 2764 pp.8–29. Gerald Groenewald het hierdie dokument onder my aandag gebring.
191 JA, CJ 346 pp.265–267.
192 Vir die bron, sien n190 hierbo.
193 Sien hiervoor Franken:Taalhistoriese opstelle, p.84; Mentzel:Description 3, 300.
194 KA, MOOC 8/8.12a.
195 MOOC 8/8.13½.
196 KA, MOOC 14/19.124.
197 SABW I, 889–890; Franken:Kaapse huishoue. Vir vollediger besonderhede oor sy slawe, sien Schoeman:Portrait, pp.379–385 *passim* & elders.
198 Sien hiervoor Franken:Kaapse huishoue, pp.5–8.
199 W. Tyrrell-Glynn, in SABW I, 889.
200 Sien p.397 hierbo.
201 KA, M 41(a).
202 Sien Franken:Kaapse huishoue.
203 Vir wat volg, sien Franken:Kaapse huishoue, pp.60–67.
204 *Nederlandsch-Indisch plakaatboek* 6, 789.
205 Heese:Reg en onreg, p.259.

206 Heese:Reg en onreg, p.239.
207 Heese:Reg en onreg, p.193.
208 Heese:Reg en onreg, p.244.
209 Trials of slavery, p.330.
210 Heese:Reg en onreg, p.217. Vir nadere besonderhede van hierdie geval, sien Trials of slavery, pp.323–330.
211 Heese:Reg en onreg, p.221; sien ook Trials of slavery, pp.318–322. Hierdie geval het die verontwaardiging van die eienaar se vrou uitgelok; sien p.302 hierbo.
212 D. Denyssen, 'Statement of the laws of the Colony of the Cape of Good Hope regarding slavery' (16.3.1813), in *Records of the Cape Colony* IX (1901), p.153 (para.39).
213 Resolusies (13.4.1748), KA C126.
214 Theal:History 2, 65.
215 Batavia I, 10; vgl. *ibid.*, pp.10–12.
216 Resolusies (12.1.1751), KA C129.
217 Resolusies (2.10.1749), KA C127.
218 Resolusies (4.4.1752), KA C130.
219 *Nederlandsch-Indisch plakaatboek* 6, 241–243.
220 De la Caille:Travels, p.24.

13. *Die Kaapkolonie teen die middel van die eeu*, pp.428–442

1 Van Duin & Ross:Economy, pp.114–155 (tabel).
2 Van Duin & Ross:Economy, p.112 (tabel). In 1700 en 1753 het die Kompanjiesdienaars 544 en 1439 onderskeidelik bedra volgens die tabel in Gaastra:Geschiedenis, p.86 (die '1783' boaan die middelste kolom moet '1753' wees). Daar was egter tussen negehonderd en 'n duisend volgens die syfers in die 'landmonsterrolle' aangegee in Lequin:Personeel, pp.240–241 (tabelle, kolom 12). Toevallig word geen syfers vir die jare 1701 en 1751 hier verstrek nie.
3 Robert C.-H. Shell, *Children of bondage; a social history of the slave society at the Cape of Good Hope, 1652–1838* (Johannesburg: Witwatersrand Univ. pr., 1994), pp.446–447 (tabelle).
4 Francken:Rampspoedige reize, p.97.
5 Joubert:Kaapkolonie, p.46.
6 Francken:Rampspoedige reize, p.98.
7 Sien Picard:Gentleman's Walk, tussen pp.46 & 47.
8 De la Caille:Travels, p.13.
9 Francken:Rampspoedige reize, p.98.
10 Francken:Rampspoedige reize, pp.98–99.
11 Sien Shaping, p.136 (tabel).
12 Francken:Rampspoedige reize, p.99.
13 Resolusies 10, 128.
14 A.J. Böeseken, in SABW IV, 324.
15 SABW II, 473–474
16 Sien hiervoor Schoeman:Duitser, pp.345–351; Theal:History 2, 51–54.
17 Sleigh:Buiteposte, p.560.
18 Vir 'n oorsig van hierdie beweging, sien Karel Schoeman, *Cape lives of the eighteenth century* (Pretoria: Protea Book House, 2011), pp.326–353, 637–638 (bronne).
19 Sien hiervoor Deon Viljoen, 'Hendrik Swellengrebel (1700–1760) and his Cape cabinet in Holland', in Contingent lives, pp.450–459.

Endnote by pp.431–437

20 SABW 2, 747.
21 M. Boucher, in SABW V, 180.
22 Aangehaal in Dreyer:Eerste eeufeesviering, p.445.
23 SABW II, 800.
24 Petrus van der Spuy, *Dank-altaar* ... (Utrecht: Gysbert Tieme van Paddenburg & Abraham van Paddenburg, 1753), p.21. Sien ook Du Toit:Predikers, pp.119–124.
25 Die bedoeling is dat dit in omvang tot meer as net 'n enkele volksplanting, vestiging of 'kolonie' uitgegroei het.
26 Aangehaal in Dreyer:Eerste eeufeesviering, p.447.
27 Aangehaal in Dreyer:Eerste eeufeesviering, p.447.
28 Aangehaal in Dreyer:Eerste eeufeesviering, p.447. Vgl. Boucher:Cape and foreign contacts, p.41; De la Caille:Travels, p.15.
29 Boucher:Cape and foreign contacts, p.25.
30 De la Caille:Travels, p.16.
31 Boucher:Cape and foreign contacts, p.3. Vgl. vir hom Heese/Lombard 10, 225.
32 Vir sy opdrag en reisjoernaal, sien Reizen in Zuid-Afrika III, 257–336.
33 Reizen in Zuid-Afrika III, 273.
34 Reizen in Zuid-Afrika III, 273.
35 Vgl. Vergon G. Forbes, *Pioneer travellers of South Africa, 1750–1800* (Cape Town: Balkema, 1965), p.14.
36 Reizen in Zuid-Afrika III, 285.
37 De la Caille:Travels, pp.18–19.
38 Sien Woodward:Interior, pp.27–28, met 'n tentatiewe vloerplan van die huis. Vir Sneewind, sien Hoge:Personalia, pp.370–371 (Heinrich Schneewind); en vir die inventaris, MOOC 8/1.69.
39 MOOC 8/1.74.
40 Vgl. *Woordenboek der Nederlandsche taal*, XXII (1976), kolom 419, 'voetbank, 4'.
41 Kamermans:Materiële cultuur, p.79.
42 Sien MOOC, 'Free search'.
43 Boedelinventarisse II, 495 (1742).
44 Boedelinventarisse III, 644 (1753).
45 Boedelinventarisse IV, 908 (1771).
46 Sien MOOC. Op rekenaar moet onder 'gaander' gesoek word vir inskrywings onder 'gaandery' en 'gaanderij'.
47 Heese/Lombard 5, 653; Resolusies 10, 18 n99.
48 KA, MOOC 8/7.71 3/4a.
49 Fransen:Drie eeue kuns, p.32.
50 Fitchett:Early architecture, p.483.
51 Bax:Openbare verzameling, p.110.
52 Vgl. De Wet:Vryliede, pp.74–75. Vir Kaapse silwersmede, sien verder David Heller, *Further researches in Cape silver* (Cape Town: Maskew Miller, 1953); David Heller, *A history of Cape silver, 1700–1870* (Cape Town: David Heller, 1949); Mollie N. Morrison, *The silversmiths and goldsmiths of the Cape of Good Hope, 1652–1850* (Johannesburg: The Author, 1936); Stephan Welz, *Cape silver & silversmiths* (Cape Town: Balkema, 1976).
53 Kaapse plakkaatboek II, 56; sien verder *ibid.*, 56–60.
54 SABW V, 493–495; Hoge:Personalia, p.249.
55 David Heller, *A history of Cape silver* (sien n52 hierbo), pp.18–19.
56 Hoge:Personalia, p.138.

57 Hopkins:Moeder, pp.62, 91 (foto met byskrif).
58 Sien Le Roux:Kaapse kopersmid, met talle foto's in swartwit en kleur.
59 KA, MOOC 8/7.72a & b.
60 Blok W; sien die plattegrond 'Huiserwe in Tafelvallei¯1710', in J.L. Hattingh, 'Grondbesit in die Tafelvallei', *Kronos* 10 (1985), 35.
61 Requesten 1, 85–86.
62 Hierdie goedere is geïnventariseer in KA, MOOC 8/7.72b.
63 Van Oordt (KA, CJ 1092 no.47 & 48).
64 Requesten 1, 86.
65 Mentzel:Life, p.102.
66 De la Caille:Travels, p.43.
67 Fransen:Drie eeue kuns, p.27.
68 Vir wat volg, sien Resolusies: KA, C133(15.7.1755).
69 Sien hiervoor p.455 hierbo.
70 Kaapse plakkaatboek III, 12–15.
71 Resolusies (15.7.1755); KA, C 133.
72 Heese/Lombard 1, 172; KA, MOOC 8/9.13 a & b, 14 & 15.
73 Vgl. ook die getuienis in die saak van Tryntje van Madagaskar (1713); Heese:Reg en onreg, pp.113–121.
74 De la Caille:Travels, p.35.
75 Vgl. Heese:Reg en onreg, p.117.
76 Schoeman:Armosyn, pp.419–420.
77 J.P. Claasen, in SABW IV, 90. Vgl. Engelbrecht:Kaapse predikante, pp.62–63; Requesten 1, 249–250, 250.
78 Heese/Lombard 1, 598.
79 KA, MOOC 14/19.124 p.29[b].
80 Resolusies (23.2.1751); KA, C 129.
81 KA, MOOC 14/19.124 pp.27–31. Vgl. KA, MOOC 8/8.12a.
82 KA, MOOC 8/8.12a. Vir Croeser, sien Engelbrecht:Kaapse predikante, pp.72–73; Moorrees: Ned. Geref. Kerk, p.213.

14. *Die dood van Henricus Beck*, pp.443–464

1 Alle boedeldokumente waarna daar in hierdie hoofstuk verwys word, is afkomstig uit KA, MOOC 14/19, 124.
2 Vir die jaarlikse betaling van geneeshere, sien Thunberg:Travels, pp.168–169.
3 KA, MOOC 8/8.12a.
4 Sienaert-van Reenen:Franse bydrae, p.117. Vir Bestbier, sien Heese/Lombard 1, 244.
5 Heese/Lombard 5, 653 (b12 c3 & 4).
6 Heese/Lombard 5, 651 (b3 c1).
7 Heese/Lombard 5, 651 (b3 c1 d7).
8 Sien hiervoor p.230 hierbo.
9 Heese/Lombard 9, 80; Hoge:Personalia, p.323; KA, MOOC 8/11.29a.
10 Heese/Lombard 5, 653 (b10), sonder vermelding hier van haar huwelik.
11 Heese/Lombard 1, 409–410; Hoge:Personalia, p.43; Resolusies 5, 187 n170; *ibid.* 9, xxii.
12 Hoge:Personalia, p.137.
13 KA, MOOC 7/1/4.4.

14 Heese/Lombard 11, 96; Hoge:Personalia, p.376.
15 KA, MOOC 8/13.66, 67 & 68.
16 Heese/Lombard 9, 436.
17 Vgl. Dagregister (20.5.1755), KA VC 27. Ook Resolusies (21.6.1755); KA, C133.
18 Kaapse plakkaatboek III, 8.
19 Sien hiervoor Ross:Smallpox; Viljoen:Disease.
20 Vir 'n kort biografie, sien <http://www.aadi-mx.org>.
21 Boucher:Cape and foreign contacts, p.49.
22 <http://www.aadi-mx.org> (Engelse teks).
23 Die bron van uittreksels uit die Dagregister is deurgaans KA, VC 27 (ongepagineer).
24 Viljoen:Disease, p.24.
25 Marais:Armesorg, p.56.
26 Marais:Armesorg, p.57. Die waarde van 'n dukaton het gewissel, maar dit gaan hier om 'n betreklik hoë vergoeding.
27 Marais:Armesorg, p.56.
28 KA, MOOC 14/19.124.
29 KA, MOOC 14/19.124.
30 KA, MOOC 14/19.124.
31 William Fehr, *Die Burger Raad- en Waghuis; sy plek in die geskiedenis van Kaapstad* (Kaapstad: Raad van Trustees van die Michaelis-versameling, [voorw. 1955]), p.23.
32 Hoge:Personalia, p.389 (Seemann). Vir 'n verklaring deur hom, sien Van Oordt (KA, CJ 1101 no.129).
33 KA, MOOC 8/8.12a.
34 KA, MOOC 14/19.124.
35 Bartholomeus de Koning, wat getroud was met hul suster Hester Bosman.
36 Bosmans van Drakenstein, p.146.
37 Sien hiervoor Bosmans van Drakenstein.
38 Bosmans van Drakenstein, p.147.
39 Bosmans van Drakenstein, pp.148–149.
40 Die gepubliseerde teks sê '20 Julie', maar in die konteks lyk dit asof Junie eerder bedoel is; Franken:Kaapse huishoue, p.62.
41 Franken:Kaapse huishoue, p.62.
42 Resolusies (21.6.1755), KA, C 133.
43 Kaapse plakkaatboek III, 8–11.
44 Susanna Bosman, 'n weduwee met agt kinders.
45 Susanna Verdeau, weduwee van Wynand Victor. Die egpaar het in totaal sewe kinders gehad.
46 Christiaan Faure. Hy was die seun van Antoine Fauré, die vroeëre voorleser en onderwyser te Stellenbosch; sy moeder, Rachel de Villiers, was 'n suster van die Bosmans se moeder, Elisabeth de Villiers, en sy is die 'Muij Faure' na wie daar hieronder verwys word. In 'n naskrif by hierdie brief meld Pieter Bosman Faure se dood.
47 Waarskynlik J.H. Snyder (Schneider), 'n Duitse immigrant.
48 Bosmans van Drakenstein, pp.150–151.
49 'Filosofiese', hier in die afkeurende sin van 'rasionele' of 'ateïstiese'.
50 Bosmans van Drakenstein, p.50.
51 J.D. van Renen, *Van Reenen, Van Renen, Vanrenen familie/family, 1722–1994* (Port Elizabeth: Universiteit van Port Elizabeth, 1994), p.39.
52 Franken:Kaapse huishoue, p.62.

53 MOOC 14/19, 124.
54 Sien p.421 hierbo.
55 Kaapse plakkaatboek III, 10.
56 Vgl. Joubert:Kaapkolonie, p.126.
57 Sien hiervoor Schoeman:Early slavery, pp.184–185.
58 Vir die geneeshere se verslag, sien Resolusies (15.7.1755); KA, C133.
59 Resolusies (15.7.1755), KA C133.
60 Resolusies (21.6.1755), KA C133.
61 Resolusies (21.6.1755), KA C133.
62 Franken:Kaapse huishoue, p.62.
63 Sien Franken:Kaapse huishoue, p.7.
64 Franken:Kaapse huishoue, p.62.
65 Resolusies (19.2.1739), KA C109 n23. Vgl. MOOC 8/12.17 (Beatrix Needer).
66 Marais:Armesorg, p.56.
67 Franken:Kaapse huishoue, p.62.
68 Franken:Kaapse huishoue, p.63.
69 Marais:Armesorg, pp.56–57.
70 Franken:Kaapse huishoue, p.63.
71 Requesten 1, 89.
72 Kaapse plakkaatboek III, 16–17.
73 Viljoen haal dit aan as die 'Mortality figures' vir die epidemie sonder meer (Viljoen:Disease, p.26); maar in die Dagregister word taamlik duidelik gestel dat dit syfers vir sterftes 'alhier in deese Tafelvalleij' is wat telkens verstrek word; Dagregister (31.7.1755), KA, VC 27. Vgl. ook Theal:History III, 39. Vir Ross se syfers vir die kolonie as geheel en vir die onderskeie distrikte, sien Ross:Smallpox, pp.424–425 (tabel).
74 Marais:Armesorg, p.56.
75 Kaapse plakkaatboek III, 17–18; Resolusies (11.3.1756), KA, C 134.
76 Viljoen:Disease, p.35.
77 KA, MOOC 8/8.12b.
78 Dagregister (16.6.1755); KA, VC 27.
79 KA, MOOC 8/8.12a.
80 Kaapse plakkaatboek III, 9.
81 Resolusies (15.7.1755), KA C133.
82 Resolusies (15.7.1755), KA C133.
83 Kaapse plakkaatboek III, 15.
84 Sien p.269 hierbo.
85 KA, MOOC 8/8.12a.
86 KA, MOOC 8/8.12a.
87 Theal:History III, 39.
88 J.H. Mienie, in SABW II, 816–817 *passim*.
89 Sien pp.50 & 320 n290 hierbo.
90 Heese/Lombard 4, 474–475; Hoge:Personalia, p.222. Vir sy grootmoeder, Sara van Gijselen, sien Schoeman:Early slavery, pp.326, 346, 360; Schoeman:Kinders, pp.443–444, 449, 533.
91 VOC-opvarenden.
92 MOOC 8/14.36.
93 Vir hierdie inligting en dié wat volg, sien MOOC 8/7.72a.
94 Resolusies (20.2.1748), KA C126; Boucher:Cape and foreign contacts, p.109.
95 KA, MOOC 8/7.72a.

96 Vir Stevelina van Oudenaarden se slawebesit, sien MOOC 8/7.72a.
97 Requesten 2, 854–844.
98 KA, MOOC 14/19.124.
99 Resolusies (25.1.1757), KA C133.
100 KA, MOOC 8/11.26.
101 Sien pp.294–295 hierbo.
102 Hymen W.J. Picard, *Gentleman's Walk* (Cape Town: Struik, 1968), p.37; plattegrond (gevoue) afgebeeld tussen pp.38 & 39. Die opskrif meld duidelik 1755, maar Picard gee die jaar deurgaans as 1751 aan.
103 Vir 'n afbeelding, sien A. Gordon-Brown, *Pictorial Africana* (Cape Town: Balkema, 1975), p.252 (die huis heel links). Dit verskyn ook gedeeltelik (eweneens heel links) op die groter, gekleurde afbeelding in *ibid.*, tussen pp.150/151. Vir die moontlike datering van die panorama, sien Hans Fransen, 'The Josephus Jones panorama of Cape Town and environs', *Africana Aantekeninge & Nuus* 21,5 (Maart 1975), pp.171–180.
104 Vir hierdie gebou, sien Bax:Openbare versameling, pp.98–116, fig.4 (herkonstruksie-tekening). Sien ook Hopkins:Moeder van ons almal, pp.76 (met herkonstruksietekening), 123–124.
105 Vir 'n afbeelding, sien A. Staring, *Damiaan Hugo Staring, een zeeman uit de achttiende eeuw* (Zutphen: W.J. Thieme, 1948) t/o p.33.
106 Sien ook Pheiffer:Gebroke Nederlands, p.68.
107 Vir die hoeveelheid vroueklere, met inbegrip van '2 balijne rocken', wat in 'n enkele 'kist met cooper beslag' gebêre kon word, sien egter die boedelinventaris van Pieter Meijer (1745); KA, MOOC 8/6.104.
108 SABW 2, 747.
109 Bax:Openbare verzameling, p.116.
110 Requesten 2, 450–453 *passim*.
111 KA, MOOC 14/229.
112 Vir 'n bespreking van die brieweboek, sien Pheiffer:Gebroke Nederlands, pp.67–8; Sienaert-van Reenen:Franse bydrae, pp.46–47, 112–117.
113 Sienaert-van Reenen:Franse bydrae, p.116.
114 Sienaert-van Reenen:Franse bydrae, pp.112–117.
115 KA, MOOC 8/11.26.
116 Pheiffer:Gebroke Nederlands, p.68.
117 Pheiffer:Gebroke Nederlands, p.68.
118 KA, MOOC 8/11.26.
119 KA, MOOC 8/11.26. Sien vir haar verder Hoge:Personalia, p.491.
120 Boucher:Cape and foreign contacts, p.107.
121 Hoge:Personalia, p.279.
122 KA, MOOC 14/19.124.
123 KA, MOOC 8/8.13½.
124 Requesten 3, 1092.
125 KA, MOOC 8/11.26.
126 KA, MOOC 8/11.26.
127 Hoge:Personalia, p.337.
128 J. Hoge, *Die geskiedenis van die Lutherse Kerk aan die Kaap* (Argiefjaarboek 1938, II), p.229.
129 Hoge:Personalia, p.21.
130 Requesten 2, 859. Sy volle naam word in die boedelinventaris aangegee; KA, MOOC 8/11.26.

131 Requesten 1, 387. 'n Derde kind, Susanna van die Kaap, word in die boedelinventaris genoem.
132 Requesten 2, 859–860.
133 Sienaert-van Reenen:Franse bydrae, p.113.
134 Tutein Nolthenius:Geslacht Nolthenius, p.1028 n.1.
135 Persoonlik inligting van G.J. Schutte (1999).
136 Op die webblad van die Digitale bibliotheek voor de Nederlandse letteren, <hhhp://www.dbnl.org>.
137 Sien vir wat volg Jaap Bos e.a., *Huizen van stand: geschiedenis van de Drentse havezaten en andere herenhuizen en hun bewoners* (Meppel: Boom, 1989), pp.539–540.
138 Tutein Nolthenius:Geslacht Nolthenius, p.1028 n.1.
139 Tutein Nolthenius:Geslacht Nolthenius, p.1028 n.1.
140 Vgl. Resolusies (3.8.1790), KA C188.
141 Karel Schoeman, *Die vroeë sending in Suid-Afrika, 1799–1819* (Pretoria: Protea, 2005), p.16.
142 MOOC 8/31.74.

Bronne

1. Henricus en Aletta Beck en hul familie
2. Nederland: primêr
3. Nederland: sekondêr
4. Die Kaap: primêr
5. Die Kaap: sekondêr
6. Die VOC en die Ooste

1. Henricus en Aletta Beck en hul familie

Beck, Aletta: 'Brieven geschreven door Aletta Beck, weduwe Slotsboo, vanuit Cabo de Goede Hoop aan Balthasar Nolthenius, Boekhouder der VOC te Amsterdam' (1738–43). *Teks beskikbaar by* <http://www.tuteinnolthenius.org/VOC-Brievenboek>.

—: *Mengel-digten* (Amsterdam: Adriaan Wor & De erve G. Onder de Linden, 1750). *Nasionale Biblioteek, Kaapstad.*

Beck, David: 'Journael, ofte dag-boekie, inhoudenden mijnen ontfanck ende uytgaef, mits-gaders mijne voornaemste daden, wedervaringen ende ontmoetingen, als oock de fortuynen van mijne vrienden' (1626–28). *Ms., Gelders Archief, Arnhem; teks beskikbaar by* <http://www.geldersarchief.nl>.

—: *Spiegel van mijn leven; een Haags dagboek uit 1624*; red. Sv. E. Veldhuijzen (Hilversum: Verloren, 1993)

Beck, Henricus: Boedeldokumente (1750–55); KA, MOOC 14/19.124. *Ongesorteer en ongepagineer.*

—: Boedelinventarisse (28.6.1755); KA, MOOC 8/8.12a & 12b

Böeseken, A.J.: 'Daniël Nolthenius', in SABW III

Dagverhaal van luitenant Kaje Jesse Slotsboo, bygehou tydens die ekspedisie na die Groot-Namakwas, 1712; red. P.L. Scholtz (Bellville: P.L. Scholtz, 2002). *Teks beskikbaar by* <http://www.geocities.ws/hendrik_louw/lt_slotsboo.pdf>.

de Wet, G.C.: 'Kaje Jesse Slotsboo', in SABW II

Fensham, F.C.: 'Henricus Beck', in SABW I

Keblusek, Marika: 'Haags stilleven met boeken', in *Bladeren in andermans hoofd; over lezers en leescultuur*; red. Theo Bijvoet e.a. (Nijmegen: SUN, 1996). *Oor David Beck.*

Pieters, Vybeke: 'Gelderse herderszangen aan de Kaap; de dichteres Aletta Beck', *Zuid-Afrika* 75,2 (febr. 1998), pp.34–35, 37

—: 'De dichteres Aletta Beck', *ibid.* 75,3 (maart 1998), p.58
—, & G.J. Schutte: 'Een vergeten Kaapse dichteres: Aletta Beck', *Tydskrif vir Geesteswetenskappe* 39, 1 (1999) 67–84
Poelmans, W.J.L.: 'Hendrik en David Beck', *Rotterdamsch Jaarboekje*, reeks 2, jaargang 5 (1917), pp.74–80
Schutte, G.J.: '"Ad fontes": over Samuel Elsevier, zijn vrouwen en zijn slaven; een voorstel tot herinterpretatie', *Historia* 45,2 (Nov. 2000)
—: 'Een vergeten Kaapse dichteres: Aletta Beck', *Zuid-Afrika* 74,9 (okt. 1997)
Touring the Low Countries: accounts of British travellers, 1660–1720; ed. Kees van Strien (Amsterdam: Amsterdam University Press, 1998)
Tutein Nolthenius, R.J.P.: *Het geslacht Nolthenius (Tutein Nolthenius)*; 3 delen (Haarlem: Enschedé, 1914–30). *'Als handschrift honderdvoudig gedrukt.'*
van Westrem, Francina Jacoba: *Astrea, of Veldklagte van de Arnheimsche Maatschappy, over het vertrek van mejuffrou Aletta Bek, na de Caap van Goede Hoop* (Arnhem, 1705). Openbare Biblioteek, Arnhem.
van Wissing, Pieter: 'Aletta Beck', in *Digitaal vrouwenlexicon van Nederland*, <http://www.inghist.nl/Onderzoek/Projecten/DVN>.
—: 'Aletta Beck (1667–1752); een Arnhemse in Zuid-Afrika', *Arnhems Historisch Tijdschrift* 31,3 (sept. 2011), pp.117–140. 'Dit artikel verscheen eerder in verkorte vorm in *Mededelingen van de Stichting Jacob Campo Weyerman* 33 (2010), nr.2 (winter 2010), 147–164).'

2. Nederland: primêr

Bicker-Raye, Jacob: *Het dagboek van Jacob Bicker Ray, 1732–1772*; red. F. Beijrinck & M.G. de Boer; 2e dr. (Amsterdam: H.J. Paris, 1935). Teks beskikbaar by <http://www.dbnl.org>.
de Lannoy, Juliana Cornelia: 'Aan mynen geest' (Breda: Willem Oukoop, 1766). Teks beskikbaar by <http://www.dbnl.org>.
de Neyn, Pieter: *Vrolijke uuren, bestaande uit verscheiden soorten van mengel-dichten* (Amsterdam: Jan Bouman, 1681)
d'Outrein, Johannes: *Afscheids-reeden gedaan tot de bloeijende gemeente tot Arnhem; ende de intreeds-reeden tot de blo[e]ijende gemeente van Dordregt* (Amsteldam: Gerardus Borstius, 1703). Koninklijke Bibliotheek, Den Haag.
—: *De Roosendaalsche vermakelykheden, met een geestelyk oog beschouwd* (…) (Amsterdam: Gerardus Borstius, 1700). Koninklijke Bibliotheek, Den Haag.
—: 'Eene korte beschryving van den leevens-loop, van den Hoogwelgebooren Gestrengen Heere Johan Baron van Arnhem, Vry-Heer van Roosendael enz., enz.', in *De Roosendaalsche vermakelykheden* (hieronder)
—: *De Roosendaalsche vermakelykheden, met een geestelyk oog beschouwd* (…) (Amsterdam: Gerardus Borstius, 1700). Koninklijke Bibliotheek, Den Haag.
Droste, Coenraet: *Overblyfsels van geheugchenis, der bisonderste voorvallen, in het leeven van den heere Coenraet Droste* (…); 3e dr.; [red. R. Fruin] (Leiden: E.J. Brill, 1879)
Nederlandse (De) poëzie van de zeventiende en achttiende eeuw in duizend en enige gedichten; red. Gerrit Komrij (Amsterdam: Bert Bakker, 1986)

Touring the Low Countries: accounts of British travellers, 1660–1720; ed. Kees van Strien (Amsterdam: Amsterdam University Press, 1998)

van Alkemade, Cornelis: *Inleidinge tot het ceremonieel, en de plegtigheden der begraavenissen* (...) (Delft: Andries Voorstad, 1713). Teks beskikbaar by <http://books.google.co.za>.

van Arnhem, Jan: *Gedagten en gedigten, geestelyke en zedelyke, van Jan van Arnhem, heer van Rosendaal* ... (Leyden: Pieter van der Aa, 1707)

van Haren, Onno Zwier: *De Geuzen*; voorzien van een inleiding en aanteekeningen (...) door Arnold Stakenburg (Santpoort: Mees, 1943). *Proefskrif, Leiden (1943).*

3. Nederland: sekondêr

Anna Maria van Schurman (1607–1678): een uitzonderlijk geleerde vrouw; red. Mirjam de Baar e.a. (Zutphen: Walburg Pers, 1992)

Bierens de Haan, J.C.: *Rosendael, groen hemeltjen op aerd; kasteel, tuinen en bouwers sedert 1579* (Zutphen: Walburg Pers, 1994)

Biografisch woordenboek van Nederland ('s-Gravenhage: Instituut voor Nederlandse Geschiedenis, 1989)

Blokland, C.: *Willem Sluiter, 1627–1673* (Assen: Van Gorcum, 1965)

Blommendaal, J.L.P.: *De zachte toon der herdersfluit; de pastorale poëzie van Jan Baptista Wellekens (1658–1726)* (Utrecht: HES, 1987)

Clothing for ladies and gentlemen of higher and lower standing: a working pamphlet to aid the imitators of New England citizens of the eighteenth century; compiled by Marjorie Hicks]; prepared by Minute Man National Historical Park, Mass. [1976]

Cunnington, C. Willet, & Phyllis Cunnington: *Handbook of English costume in the eighteenth century* (London: Faber & Faber, 1957)

DAS—J.R. Bruijn, F.S. Gaastra & I. Schöffer: *Dutch-Asiatic shipping in the 17th and 18th centuries* (The Hague: Martinus Nijhoff, 1979–87). Wanneer slegs 'n reeksnommer hierby aangegee word, verwys dit na die Internetteks by <http://www.inghist.nl/Onderzoek/Projecten/DAS>.

de Jeu, Annelies: *''t Spoor der dichteressen'; netwerken en publicatiemogelijkheden van schrijvende vrouwen in de Republiek (1600–1750)* (Hilversum: Verloren, 2000)

de Jong, Erik.: *Natuur en kunst; Nederlandse tuin- en landschapsarchitectuur, 1650–1740*; 2de dr. (Bussum: Thoth, 1995)

de Jong, Wil: *Kijk op en om Arnhem* (Zwolle: Waanders, c1982)

der Kinderen-Besier, J.H.: *Spelevaart der mode; de kledij onzer voorouders in de zeventiende eeuw* (Amsterdam: Querido, 1950)

Dorens, A. van Erven: 'Oud Arnhem', *Bulletin van het Oudheidkundige Bond* (1915), pp.77–117

du Mortier, Bianca: '"À la mode"; het uiterlijk in de 18de eeuw', in *Nederlandse kunst in het Rijksmuseum, 3: 1700–1800*; red. Reinier Baarsen (Zwolle: Waanders, 2006), pp.232–241

Gabriëls, A.J.C.M.: *De heren als dienaren en de dienaar als heer; het stadhouderlijk stelsel in die tweede helft van de achttiende eeuw* ('s-Gravenhage: Stichting Hollandse Historische Reeks, 1990)

Geerars, C.M.: *Hubert Korneliszoon Poot* (Assen: Van Gorcum, 1954)

Gelders Athene (Het): bijdragen tot de geschiedenis van de Gelderse universiteit in Harderwijk (1648–1811); red. J.A.H. Bots e.a. (Hilversum: Verloren, 2000)

Gelderse gezichten: drie eeuwen portretkunst in Gelderland, 1550–1850; eindred. Johan Carel Bierens de Haan (Zwolle: Waanders, 2002)

Geschiedenis van Gelderland, 1492–1795; red. J.J. Poelhekke e.a.; boek II (Zutphen: Walburg Pers, 1975)

Geyl, P.: *Geschiedenis van de Nederlandse stam, III (1648–1701)* (Amsterdam: Wereldbibliotheek, 1962)

—: *Geschiedenis van de Nederlandse stam, IV (1701–1751)* (Amsterdam: Wereldbibliotheek, 1962

Golf (Een) van beroering: de omstreden religieuze opwekking in Nederland in het midden van de achttiende eeuw; red. Joke Spaans (Hilversum: Verloren, 2001)

Grant, M.H.: *Rachel Ruysch, 1664–1750* (Leigh-on-Sea: F. Lewis, 1956)

Groenhuis, Gerrit: *De predikanten; de sociale positie van de gereformeerde predikanten in de Republiek van de Verenigde Nederlanden voor ±1700* (Groningen: Wolters-Noordhoff, 1977)

Grootes, E.K.: *Het literaire leven in de zeventiende eeuw* (Culemborg: Educaboek, 1984)

Hertogdom Gelderland (Het): geschiedenis, kunst en cultuur tussen Maas, Rijn en IJssel; eindred. I.D. Jacobs (Utrecht: Matrijs, 2003)

Historische plattegronden van Nederlandse steden; Gelderland, deel 8.1: De steden van de Veluwe (Lisse: Stichting Historische Stadsplattegronden, 1997)

Holthuizen-Seegers, G.H.J., & H.P.H. Nusteling: 'Arnhem tussen 1665 en 1744', *Gelre*, 78 (1987), pp.65–105

Israel, Jonathan I.: *The Dutch Republic; its rise, greatness and fall, 1477–1806* (Oxford: Clarendon pr., 1995)

Kalff, G.: *Geschiedenis der Nederlandsche letterkunde*, 4 (Groningen: J.B. Wolters, 1909)

—: *Geschiedenis der Nederlandsche letterkunde*, 5 (Groningen: J.B. Wolters, 1910)

Kalff, S.: *Karakters uit den pruikentijd* (Rotterdam: B. van de Watering, 1902)

—: *Oud-Hollandsche karakters* (Rotterdam: B. van de Watering, 1905)

Kijk op Nederland—Gelderland; red. Tom Bouws (Amsterdam: Elsevier, 1977)

Kloek, Els: *Vrouwen en kunst in de Republiek; een overzicht* (Hilversum: Verloren, 1998)

Kloos, Willem: *Een daad van eenvoudige rechtvaardigheid; studies over onze 18e eeuwsche dichters, met bloemlezing van hun werken* (Amsterdam: S.L. van Looy, 1909)

Knuvelder, G.P.M.: *Beknopt handboek tot de geschiedenis der Nederlandse letterkunde*; 2de dr. (Den Bosch: Malmberg, 1974)

Kooijmans, Luuc: *De doodskunstenaar; de anatomische lessen van Frederik Ruysch* (Amsterdam: Bert Bakker, 2004)

—: *Vriendschap en de kunst van het overleven in de zeventiende en de achttiende eeuw* (Amsterdam: Bert Bakker, 1997)

Kotte, Wouter: *Gelderland in het rampjaar 1672* (Zutphen: Walburg Pers, 1972)

—: *Van Gelderse bloem tot Franse lelie; de Franse bezetting van de stad Arnhem, 1672–1674, en haar voorgeschiedenis* (Arnhem: Gemeentearchief, 1972)

Maria Sibylla Merian, 1647–1717: kunstenares en natuuronderzoekster; eindred. Kurt Wettengl (Haarlem: Becht, 1998)

Markus, A.: *Arnhem omstreeks het midden der vorige eeuw; met geschiedkundige aanteekeningen* (Arnhem: Nieuwe Arnhemsche Courant, 1907)

Met en zonder lauwerkrans: schrijvende vrouwen uit de vroegmoderne tijd, 1550–1850 (…); hoofdred. Riet Schenkeveld-van der Dussen (Amsterdam University Press, 1997)

Murris, Roelof: *La Hollande et les Hollandais au XVIIe et au XVIIIe siècles, vus par des Français* (Paris: Edouard Champion, 1925)

Nederlandse literatuur: een geschiedenis; hoofdred. M.A. Schenkeveld-van der Dussen; 2de dr. (Amsterdam: Contact, 1993)

NNBW—*Nieuw Nederlandsch biografisch woordenboek* (1911–37). Beskikbaar op die Internet by <http://www.inghist.nl/retroboeken/nnbw>.

Oorkonden over Vondel en zijn kring; verz. en uitgeg. door J.F.M. Sterck (Bussum: Uitg.-mij. v/h Paul Brand, 1918)

Prinsen, Marie Madeleine: *De idylle in de achttiende eeuw in het licht der aesthetische theorieën* (Amsterdam: De Spieghel, 1934)

Schenkeveld-van der Dussen, M.A.: 'Poëzie als gebruiksartikel: gelegenheidsgedichten in de zeventiende eeuw', in *Historische letterkunde;* red. M. Spies (Groningen: Wolters-Noordhoff, 1984)

Schoorl, Marc: 'Het theater van de dood', *De Groene Amsterdammer* (4.12.1996). *Die Kunstkabinet van Frederick Ruysch.*

Schotel, G.D.J.: *Kerkelijk Dordrecht* (Utrecht: N. van der Monde, 1841 45)

Smit, C.G.M.: *Pieter Langendijk: een wetenschappelijke proeve op het gebied van de Letteren* (Hilversum: Verloren, 2000)

Spies, Marijke: 'Betaald werk? Poëzie als ambacht in de 17e eeuw', *Holland: regionaal-historisch tijdschrift van de Historische Vereniging Holland,* 23 (1991)

Stakenburg, Arnold, *sien* van Haren, Onno Zwier: *De Geuzen*

STCN—*Short Title Catalogue Netherlands* (Koninklijke Bibliotheek, Den Haag). Toeganklik via <http://www.bibliopolis.nl>.

Stronks, Els: *Stichten of schitteren; de poëzie van zeventiende-eeuwse gereformeerde predikanten* (Houten: Den Hertog, 1996)

te Winkel, J.: *Geschiedenis der Nederlandsche letterkunde van de Republiek der Vereenigde Nederlanden,* II (*De ontwikkelingsgang der Nederlandsche letterkunde;* 2e dr.) (Haarlem: Erven F. Bohn, 1924)

—: *ibid.,* III (Haarlem: Erven F. Bohn, 1924) (*De ontwikkelingsgang der Nederlandsche letterkunde,* V; 2e dr.)

ter Molen, J.R.: *Thema thee; de geschiedenis van de thee en het theegebruik in Nederland* (Rotterdam: Museum Boymans-van Beuningen, 1978)

Tersteeg, J.: 'Cultuurgeschiedenis: letterkunde in Gelderland gedurende de 12de tot en met de 18de eeuw', in *Geschiedenis van Gelderland,* II (sien hierbo), pp.429–447

Thuijs, Frans: *De ware Jaco; Jacob Frederik Muller, alias Jaco (1690–1718), zijn criminele wereld, zijn berechting en zijn leven na de dood* (Hilversum: Verloren, 2008)

van de Graft, C. Catharina: *Agnes Block, Vondels nicht en vriendin* (Utrecht: A.W. Bruna, 1943)

van der Aa, A.J.: *Biographisch woordenboek der Nederlanden* (Haarlem: J.J. van Brederode, 1852–78)
van der Kemp, A.C.J.: *Kerkelijk leven te Arnhem (1578 tot 1815)* (Arnhem: G.W. van der Wiel, voorw. 1896)
van Deursen, A.Th.: *Bavianen en slijkgeuzen; kerk en kerkvolk ten tijde van Maurits en Oldebarnevelt*; 2e dr. (Franeker: Van Wijnen, 1991)
—: 'De dominee', in *Gestalten van de Gouden Eeuw; een Hollands groepsportret*; red. H.M. Beliën e.a. (Amsterdam: Bert Bakker, 1995)
van Hamel, A.G.: *Zeventiende-eeuwse opvattingen en theorieën over litteratuur in Nederland*; herdr. (Utrecht: Hes, 1973)
van Hoorn, Marijn, & Dirk van Drunen: 'De Latijnse School te Arnhem, 1579–1815', in *Een onderzoek naar zeventien Gelderse Latijnse scholen, 1580–1815*; red. R. Bastiaanse e.a. (Zutphen: Walburg Pers, 1985), pp.232–267
van Lieburg, F.A.: *Profeten en hun vaderland; de geografische herkomst van de gereformeerde predikant in Nederland van 1572 tot 1816* (Zoetermeer: Boekencentrum, 1996)
—: *Repertorium van Nederlandse hervormde predikanten tot 1816* (Dordrecht: Van Lieburg, 1996)
—: 'Vrouwen uit het Gereformeerde piëtisme van Nederland (4): Sara Nevius (1632–1706)', *Documentatieblad Nadere Reformatie* 12 (1988), pp.116–127
van Petersen, J.W.: *Reizen is tol betalen; de verkeersontwikkeling in en om het gebied van Rijn en IJssel tot de Bataafse omwenteling van 1795* (Aalten: Fagus, 2002)
van Rooden, Peter: 'Van geestelijke stand naar beroepsgroep; de professionalisering van de Nederlandse predikant, 1625–1874', *Tijdschrift voor Sociale Geschiedenis* 17,4 (nov. 1991), pp.361–393
van Schevichaven, H.D.J.: 'Aanslag der Franschen op Nijmegen, Zondag 11 Juni 1702', in *Penschetsen uit Nijmegen's verleden*, 2 (Nijmegen: Ten Hoet, 1901), pp.93–103
van Wissing, Pieter: '"Ik gelove niet dat 'er in een land van de waereld, zo veel, ik zeg niet Digters, maar Vaerzemakers gevonden worden, als in 't onze"; over gelegenheidspoëzie in het Gelders Archief', *Arnhem de genoeglijkste* (2006/4), pp.223–228.
Winkler Prins encyclopaedie; 6e, geh. nieuwe dr. (Amsterdam: Elsevier, 1947–55)
Zijlmans, Jori (Johanna Maria): 'Muziekcollege rond Jan Brouwer', in *Vriendenkringen in de zeventiende eeuw; verenigingsvormen van het informele culturele leven te Rotterdam* (Den Haag: Dsu, 1999), pp.43–58

4. Die Kaap: primêr

Blanckenberg papers, KA MOOC 14/36.6: J.A. Sichterman folder (ongepagineer). *Korrespondensie e.a. dokumente, 1745-51.*
Boedelinventarisse (Die) van erflaters in die distrik Stellenbosch, 1679–1806; verwerk deur Annemarie Krzesinski-de Widt (Stellenbosch: Stellenbosch Museum, 2002). *Gedeeltelik ook op die Internet beskikbaar; sien* Inventories *hieronder*.
Bógaert, A.: *Historische reizen door d'oostersche deelen van Asia (…); mitsgaders (…) 't geen aan Kaap de Goede Hoop in den jaare 1706 is voorgevallen, tot aan het opontbod des Gouver-*

neurs Willem Adriaan van der Stel (Amsterdam: Nicolaas ten Hoorn, 1711). Universiteitsbiblioteek, Stellenbosch.

Bosmans (Die) van Drakenstein; persoonlike dokumente van die familie Bosman van Drakenstein, 1705–1842; red. Karel Schoeman (Pretoria: Protea Boekhuis, 2010)

Bouwstoffen voor de geschiedenis der Nederduitsch-Gereformeerde Kerken in Zuid-Afrika; red. C. Spoelstra (Amsterdam: H.A.U.M., 1906–07)

Briewe van Johanna Maria van Riebeeck, en ander Riebeeckiana; red. D.B. Bosman (Amsterdam: D.B. Bosman, 1952)

Collectanea, first series; pref. C. Graham Botha (Cape Town: Van Riebeeck Society, 1924)

Contra-deductie, ofte Grondige demonstratie van de valsheit der uitgegevene Deductie, by den Ed. Heer Willem Adriaan van der Stel … (Amsterdam: Nicolaas ten Hoorn, 1712). 'Opdracht' onderteken deur Jacob van der Heyden & Adam Tas. Universiteitsbiblioteek, Stellenbosch.

Cape slave transactions; based upon research by Prof. R. Shell; sale deeds, 1658–1731; project co-ordinator A.M. van Rensburg. *Teks beskikbaar by* <http://www.stamouers.com>.

Cape transcripts (TEPC Project, 2008). CD. *'Transcription of manuscripts from the Cape Archives about people and places of the Cape of Good Hope 1673–1834.'*

Dapper, O.: *Naukeurige beschrijvinge der Afrikaansche gewesten (…)* (Amsterdam: Jacob van Meurs, 1668). Africana-biblioteek, Universiteit van die Vrystaat, Bloemfontein.

de la Caille, Nicolas Louis: *Travels at the Cape, 1751–53*; tr. & ed. R. Raven-Hart (Cape Town: Balkema, 1976)

De la Fontaine report (The), 30th January 1732; ed. Leonard Guelke, Robert Shell & Anthony Whyte (New Haven: Opgaaf project, 1990)

de Marre, Jan: 'Eerkroon voor de Caab de Goede Hoop', in *Bespiegelingen over Gods wysheid in 't bestier der schepselen* (Amsterdam: Adriaan Wor, 1746), pp.133–178, met 6pp. 'Aanteekeningen' (ongepagineer). Nasionale Biblioteek, Kaapstad.

Defence (The) of Willem Adriaan van der Stel; ed. H.C.V. Leibbrandt (Cape Town: W.A. Richards, 1897) (Precis of the Archives of the Cape of Good Hope). *Engelse samevatting en vertaling van die* Korte deductie *(sien hieronder). Register beskikbaar op die Internet by* <http://www.gendata.co.za>

Ergötzende und lehrende Passagier (Der), welcher seine Morgenländischen Reisen (…) kürzlich erzählet (…) (Frankfurt & Leipzig, 1748). Nasionale Biblioteek, Kaapstad (kopie). Die skrywer was Johan Godliet uit Tibel (Döbeln).

Francken, Jacob: *Rampspoedige reis van het O.I. schip De Naarstigheid (…)* (Haarlem: J. Bosch, 1761). Universiteitsbiblioteek, Leiden.

'Geschrift door Adam Tas en veertien andere vrije landbouwers aan de Caap opgestelt en getekent houdende aen de vergadering der Seventiene [April 1707]'. MS; Nationaal Archief, Archief VOC, inventarisnr. 4057, toegangsnr. 1.04.02, ff.1030–1050.

Heydt, Johann Wolffgang: *Scenes of the Cape of Good Hope in 1741*; ed. & tr. R. Raven-Hart (Cape Town: Struik, 1967)

Inventories of the Orphan Chamber of the Cape of Good Hope. Transkripsies van die dokumente in die argivale reeks MOOC *(hieronder), op die Internet beskikbaar by* <http://www.tanap.net/content/activities/documents/Orphan_Chamber-Cape_of_Good

_Hope/index.htm>. *Gedeeltelik ook beskikbaar in* Boedelinventarisse *(sien hierbo).*
Journal, 1699–1732; ed. H.C.V. Leibbrandt (1896) (Precis of the Archives of the Cape of Good Hope). *Register (tot 1707) beskikbaar op die Internet by* <http://www.gendata.co.za>
Kaapse plakkaatboek, I (1652–1706); red. M.K. Jeffreys (1944)
—, II (1707–1753); red. S.D. Naudé (1948)
—, III (1754–1786); red. S.D. Naudé (1949)
Kalden, Petrus: *Afgeperste verweering en nodige verantwoording tegen twee nu onlangs uytgekomene laster-schriften* (Utrecht: gedrukt voor den Autheur by Willem Broedelet, 1713), p.58
Kindersley, Jemima: *Letters from the Island of Teneriffe, Brazil, the Cape of Good Hope, and the East Indies, by Mrs Kindersley* (London: pr. for J. Nourse, 1777)
Kolb:Beschreibung—Peter Kolb: *Beschreibung des Vorgeburges der Guten Hoffnung (…)* (Franckfurt: P.C. Monath, 1745). *Africana-biblioteek, Universiteit van die Vrystaat, Bloemfontein.*
Kolb:Beschryving—Peter Kolb: *Naaukeurige en uitvoerige beschryving van de Kaap de Goede Hoop*; vert. uit Duits (Amsterdam: Balthazar Lakeman, 1727). *Africana-biblioteek, Universiteit van die Vrystaat, Bloemfontein.*
Korte deductie van Willem Adriaen van der Stel, (…) tot destructie en wederlegginge van alle de klaghten, die enige vry-luyden (…) over hem hadden gedaen (…) (ca. 1710). *Universiteitsbibliotheek, Stellenbosch. Vertaal as* The Defence of W.A. van der Stel *(sien hierbo).*
Le Vaillant, François: *Reize in de binnenlanden van Afrika (…) door den heer Le Vaillant*; vert. J.D. Pasteur; deel 1 (Leyden: Honkoop & Allart, 1781). *Eksemplaar in die Universiteitsbibliotheek, Amsterdam; teks beskikbaar by* http://www.earlydutchbooksonline.nl.
Letters despatched, 1696–1708; ed. H.C.V. Leibbrandt (1896) (Precis of the Archives of the Cape of Good Hope). *Register beskikbaar op die Internet by* <http://www.gendata.co.za>
Letters received, 1695–1708; ed. H.C.V. Leibbrandt (1896) (Precis of the Archives of the Cape of Good Hope) *Register beskikbaar op die Internet by* <http://www.gendata.co.za>
[Meiring, A.M.] *Mededelings omtrent en 'n reisbeskrywing deur Arnoldus Mauritius Meiring, die eerste predikant in 't Land van Waveren (…)*; saamgestel deur J.G. Meiring (1943). *Geleentheidspublikasie i.v.m. die dubbeleeufees van die Gemeente Tulbagh.*
Memoriën en instructiën, 1657–1699; red. A.J. Böeseken (1966) (S.A. Argiefstukke: Belangrike Kaapse dokumente, I)
[Mentzel:Description] O.F. Mentzel: *A geographical and topographical description of the Cape of Good Hope*; tr. H.J. Mandelbrote, G.V. Marais & J. Hoge (Cape Town: Van Riebeeck Society, 1921, 1925, 1944)
[Mentzel:Life] O.F. Mentzel: *Life at the Cape in mid-eighteenth century; being the biography of Rudof Siegfried Allemann*; tr. Margaret Greenlees (Cape Town: Van Riebeeck Society, 1919)
Mentzel, O.F.: *Vollständige und zuverlässige geographische und topographische Beschreibung des (…) afrikanischen Vorgeburges der Guten Hoffnung (…)* (Glogau: Christian Friedrich Günther, 1785–87). *Teks beskikbaar by* <http://books.google.co.za>.
MOOC—*Dit verwys na die reeks 'Master of the Orphan Chamber' in die Kaapstad-argiefbewaarplek, waarvan 'n transkripsie op rekenaar beskikbaar is by* <http://www.tanap.net/content/activities/documents/Orphan_Chamber-Cape_of_Good_Hope/index.htm>.

Sien verder ook Boedelinventarisse *(hierbo).*

Oortmans, Nicolaas: brief aan die Here XVII (12.4.1707); Nationaal Archief: VOC-archief, Overgekomen brieven en papieren (inv. nr. 4057), pp.1071r–1076r

Op reis met de VOC: de openhartige dagboeken van de zusters Lammens en Swellengrebel; red. M.L. Barend-van Haeften (Zutphen: Walburg Pers, 1996) (Van Linschoten Vereeniging)

'Ordre van een begraffenis leijst, soo als die bij wijl. den E. Agtbre. Heer Sergius Swellengrebel is g'observeert' (10.12.1760); KA, M41/1

Realia: register op de generale resolutiën van het Kasteel Batavia, 1632–1805 (Batavia: Bataviaasch Genootschap van Kunsten en Wetenschappen, 1882–86)

Reizen in Zuid-Afrika in de Hollandse tijd; red. E.C. Godée Molsbergen; III, *Tochten langs de z.o. kust en naar het oosten, 1670–1752* ('s-Gravenhage: Martinus Nijhoff, 1922)

Relaas van de plegtigheden gebruikt tot de installatie van Zyn Hoog Edelheid den Hoog Edelen Heer Gouverneur Generaal Gustaaf Wilhelm, Baron van Imhof, by Zyn Hoog Edelheids aankomst aan de Kaap de Goede Hoop, op Zaturdag den 26 January 1743 (…) (Amsterdam: Hendrik Boussiere, [1743]). *Nasionale Biblioteek, Kaapstad.*

Reports (The) of Chavonnes and his Council, and of Van Imhoff, on the Cape, with incidental correspondence (Cape Town: Van Riebeeck Society, 1918)

Requesten (memorials), 1715–1806; ed. H.C.V. Leibbrandt; 5 vols. (1903–06,1988–89)

Resolusies van die Politieke Raad, I–8; ed. A.J. Böeseken & C.G. de Wet (Suid-Afrikaanse argiefstukke, 1957–75). *Verwysings wat nie deur 'n volumenommer gevolg word nie, maar deur 'n datum tussen hakies en 'n lêernommer, het betrekking op die rekenaartranskripsie by* <http://www.tanap.net>.

Sparrman, Anders: *A voyage to the Cape of Good Hope;* tr. rev. J. & I. Rudner; ed. V.S. Forbes (Cape Town: Van Riebeeck Society, 1975)

Stellenbosse dode- en grafregisters, met verwante registers en agtergrondinligting; saamgestel deur Ockert Malan. *Beskikbaar by* <www.heemkring.org.za>.

Tagebuch (Das) und die Briefe von Georg Schmidt, dem ersten Missionar in Süd-Afrika (1737–1744); red. H.C. Bredekamp & J.L. Hattingh; vert. J. du P. Boeke (Bellville: Wes-Kaaplandse Instituut vir Historiese Navorsing, 1981). *Duitse & Afrikaanse teks.*

Tas, Adam: *Die dagboek van Adam Tas, 1705–1706;* red. Leo Fouché; hers. A.J. Böeseken (Kaapstad: Van Riebeeckvereniging, 1970)

Thomas, Pascoe: *A true and impartial journal of a voyage to the South Seas and round the globe* (London: S. Birt, 1745). *Nasionale Biblioteek, Kaapstad.*

Thunberg, Carl Peter: *Travels at the Cape of Good Hope, 1772–1775;* ed. V.S. Forbes (Cape Town: Van Riebeeck Society, 1986)

Trials of slavery: selected documents concerning slaves from the criminal records of the Council of Justice at the Cape of Good Hope, 1705–1794; ed. Nigel Worden & Gerald Groenewald (Cape Town: Van Riebeeck Society, 2005)

Valentyn, François: *Beschryvinge van de Kaap der Goede Hoope met de zaaken daar toe behoorende, Amsterdam 1726;* eindred. E.H. Raidt (Kaapstad: Van Riebeeck-vereniging, 1971–73). *Uittreksels uit sy* Oud en nieuw Oost-Indiën *(sien laaste seksie hieronder).*

van Oordt—*rekenaartranskripsies van argivale dokumente uit die agtiende eeu vir taalkundige doeleindes deur L.C. van Oordt (ca. 1960). Verwysings hierna word gevolg deur die betrokke KA-nommer soos deur Van Oordt aangegee.*

5. Die Kaap: sekondêr

Baartman—Index of the criminal records of the Court of Justice in Cape Town in the eighteenth century, 1730–59 (3 parts); comp. Teun Baartman (Cape Town History Project (UCT), 1994). *Rekenaarteks; eksemplaar verkry van Nigel Worden, UK.*

Barnwell, P.J.: *Visits and despatches (Mauritius, 1598–1948)* (Port Louis: Standard Printing Establishment, 1948)

Bax, D.: *Zuid-Afrika's eerste openbare verzameling op het gebied van kunst en etnologie, 1764–1821* (Amsterdam: North-Holland Publishing Co., 1970)

Beyers, Coenraad: *Die Kaapse Patriotte*; 2de hers., verm. uitg. (Pretoria: Van Schaik, 1967)

Biewenga, Ad: *De Kaap de Goede Hoop; een Nederlandse vestigingskolonie, 1680–1730* (Amsterdam: Prometheus/Bert Bakker, 1999). *Register op persoonsname beskikbaar op die Internet by* <http://www.gendata.co.za>.

Böeseken, Anna J.: *Die Nederlandse kommissarisse en de 18de eeuse samelewing aan die Kaap* (Argiefjaarboek, 1944)

—: *Simon van der Stel en sy kinders* (Kaapstad: Nasou, 1964)

Botha, Colin Graham: *The French Refugees at the Cape* (Cape Town: Cape Times, 1919). Afrikaanse uitgawe: *Die Kaapse Hugenote*; vert. Marie Malherbe-Lelieveld (1939).

Boucher, M.: 'The Cape and foreign shipping, 1714–1723', *SA Historiese Joernaal* 6 (Nov. 1974), pp.3–29

—: *The Cape of Good Hope and foreign contacts, 1735–1755* (Pretoria: Unisa, 1985)

—: *French speakers at the Cape in the first hundred years of Dutch East India Company rule; the European background* (Pretoria: University of South Africa, 1981)

—: 'An unexpected visitor; Charles Barrington at the Cape in 1737', *SA Historiese Joernaal* 13 (Nov. 1981), 20–35

Cairns, Margaret: 'Appolonia of the Cape, c.1716–1762', *Familia* XXIV,4 (1987), pp.85–89

—: 'Coenraad Frederik Hofman, an exile at the Cape, 1721–1734', *Cabo* 2,4 (Feb. 1978), pp.7–17

Cape slave transactions, based upon research by Prof. R. Shell; sale deeds, 1658–1731; project co-ordinator A.M. van Rensburg. *Op die Internet beskikbaar by* <http://www.stamouers.com>.

Claasen, J.P.: *Die sieketroosters in Suid-Afrika, 1652–1866* (Pretoria: N.G. Kerkboekhandel, 1977)

Contingent lives: social identity and material culture in the VOC world; ed. Nigel Worden (Cape Town: Historical Studies Dept. UCT, 2007)

de Klerk, A.J.B.: *Leeuwenhof; die kronieke van 'n Kaapse herehuis* (Kaapstad: Balkema, 1954)

de Villiers/Pama—G.C. de Villiers: *Geslagsregisters van die ou Kaapse families*; red. C. Pama (Kaapstad: A.A. Balkema, 1981)

de Wet, C.G.: *Die vryliede en vryswartes in die Kaapse nedersetting, 1657–1707* (Kaapstad: Historiese Publikasie-vereniging, 1981)

Dreyer, A.: 'Baron Gustaaf Willem van Imhoff, goewerneur-generaal van Nederlands-Indië; sy besoek aan die Kaap in 1743', *Huisgenoot* (25.4.1924), pp.17–20

—: 'Die eerste eeufeesviering in Suid-Afrika, 1652–1759 [sic]', *Kerkbode* (7.9.1932), pp.445–448 du Toit, H.D.A.: 'Predikers en hul prediking in die Nederduitse Gereformeerde Kerk van Suid-Afrika'. *DD-verhandeling, UP (1942).*

du Toit, P.S.: *Onderwys aan die Kaap onder die Kompanjie, 1652–1795; 'n kultuur-historiese studie* (Kaapstad: Juta, voorw. 1937)

Engelbrecht, S.P.: *Die Kaapse predikante van die sewentiende en agtiende eeu* (Kaapstad: HAUM, 1952)

Fitchett, Rowallan Hugh: 'Early architecture at the Cape under the VOC (1652–1710); the characteristics and influence of the proto-Cape Dutch period'. *Ph.D.-verhandeling, Universiteit van die Witwatersrand (1996).*

Franken, J.L.M.: *Die Hugenote aan die Kaap* (Argiefjaarboek 1978)

—: 'Huisonderwys aan die Kaap (1692–1732)', *Annale van die Universiteit van Stellenbosch* XII, reeks B, afl.1 (Julie 1934), 1–59. Herdruk uit Die Huisgenoot (5,12.8.1932).

—: *'n Kaapse huishoue in die 18de eeu; uit Von Dessin se briefboek en memoriaal* (Argiefjaarboek 1940, I)

—: *Taalhistoriese bydraes* (Amsterdam: A.A. Balkema, 1953)

Fransen, Hans, & Mary Alexander Cook: *The old buildings of the Cape* (Cape Town: Balkema, 1980). *Rugtitel*: Early buildings at the Cape.

Fransen, Hans: *Drie eeue kuns in Suid-Afrika* (Pietermaritzburg: Anreith, 1981)

Geyer, A.L.: 'Die Stellenbosse gemeente in die agtiende eeu', *Annale van die Universiteit van Stellenbosch* IV, reeks B, 1 (Junie 1926)

Groenewald, Gerald: 'Database of alcohol pachters at the Cape of Good Hope, 1680–1795' (2003). *Rekenaardrukstuk.*

—: 'An early modern entrepreneur: Hendrik Oostwald Eksteen and the creation of wealth in Dutch colonial Cape Town, 1702–39', *Kronos* 35 (2009), pp.6–31

—: 'Een dienstig inwoonder; entrepreneurs, social capital and identity in Cape Town, c. 1720–1750', *Suid-Afrikaanse Historiese Joernaal* 59, 1 (2007), pp.126–152

—: 'Friends old and new; the Lammens sisters at the Cape', *Kwartaalblad Nasionale Biblioteek* 59,4 (2005)

Guelke. L.: 'A computer approach to mapping the *opgaaf*; the population of the Cape in 1731', *South African Journal of Photogrammetry, Remote Sensing and Cartography* 13,4 (1983), pp.227–237

Haasbroek, L.C.S.: 'Die sending onder die Mohammedane in Kaapstad en omgewing ('n historiese oorsig)'. *Verhandeling, US (1955).*

Hattingh, J.L.: *Die eerste vryswartes van Stellenbosch, 1679–1720* (Bellville: Instituut vir Historiese Navorsing, 1981)

—: 'Grondbesit in die Tafelvallei; deel 1, Die eksperiment: vryswartes as grondeienaars, 1652–1719', *Kronos* 10 (1985), pp.32–48.

Heese, H.F.: *Groep sonder grense; die rol en status van die gemengde bevolking aan die Kaap, 1652–1795* ; 2de uitg. (Pretoria: Protea, 2005)

—: *Reg en onreg; Kaapse regspraak in die agtiende eeu* (Bellville: Instituut vir Historiese Navorsing UWK, 1994). *Volledige register beskikbaar by* <http://www.gendata.co.za>.

Heese/Lombard: J.A. Heese, *Suid-Afrikaanse genealogieë*, 1–4; red. R.T.J. Lombard (Pretoria: RGN, 1986–92)

—: *Suid-Afrikaanse genealogieë*, 5–17; gered. en bygewerk deur GISA (Stellenbosch: Genealogiese Vereniging van Suid-Afrika, 1999-2008)

Hofmeyr, George: 'Libertas, distrik Stellenbosch; erfenis-impakstudie en evaluering' (2002). *Rekenaarteks*.

Hoge, J.: *Die geskiedenis van die Lutherse Kerk aan die Kaap* (Argiefjaarboek, 1938/II)

—: *Personalia of Germans at the Cape (1652-1806)* (Argiefjaarboek 1946). *Volledige register beskikbaar by* <http://www.gendata.co.za>.

—: 'Privaatskoolmeesters aan die Kaap in die 17de eeu'; [1ste deel], *Annale van die Universiteit van Stellenbosch* XII, reeks B, afl.1 (Julie 1934), 1-59

—: 'Privaatskoolmeesters aan die Kaap in die 17de en 18de eeu'; 2de deel, *Annale van die Universiteit van Stellenbosch* XV, reeks B, afl.2 (Junie 1937), pp.1-27

Hopkins, H.C.: *Die moeder van ons almal; geskiedenis van die gemeente Kaapstad, 1665-1965* (Kaapstad: N.G. Kerk-uitgewers, [1965])

Hugo, A.M.: *Die kerk van Stellenbosch, 1686-1963*; met medew. van J. van der Bijl (Kaapstad: Tafelberg, 1963)

Joubert, J.J.F.: *'Die Kaapkolonie onder Ryk Tulbagh, 1751-1771'. MA-verhandeling, US (1942)*.

KA—Western Cape Archives and Records Service, Kaapstad (voorheen Kaapstad-argiefbewaarplek)

Koeman, C.: *Landgiften uit de eerste helft van de XVIIIe eeuw op een manuscriptkaart uit het archief der VOC* (Argiefjaarboek 1955, II)

Marais, Maria M.: *Armesorg aan die Kaap onder die Kompanjie, 1652-1795* (Argiefjaarboek 1943)

Moorrees, A.: *Die Nederduitse Gereformeerde Kerk in Suid-Afrika, 1652-1873* (Kaapstad: S.A. Bybelvereniging, 1939)

Paarlvallei, 1687-1987; red. A.G. Oberholster (Pretoria: Raad vir Geesteswetenskaplike Navorsing, 1987)

Pheiffer, R.H.: *Die gebroke Nederlands van Franssprekendes aan die Kaap in die eerste helfte van die agtiende eeu* (Kaapstad: Academica, 1980)

Picard, Hymen W.J.: *Gentleman's Walk; the romantic story of Cape Town's oldest streets, lanes and squares* (Cape Town: Struik: 1968)

Raven-Hart, R.: 'The Cape in 1759; from the "Disastrous journey" of Jacob Francken', *Kwartaalblad S.A. Biblioteek* XXII, 1 (Sept. 1967), pp.23-25. Sien verder onder Francken hierbo.

Ross, Robert: 'Smallpox at the Cape of Good Hope in the eighteenth century', *African Historical Demography* I (Edinburgh: Centre for African Studies, 1977), pp.415-428

SABW—*Suid-Afrikaanse biografiese woordeboek*, I-V (1968-87)

Schoeman, Karel: *Armosyn van die Kaap: die wêreld van 'n slavin, 1652-1733* (Kaapstad: Human & Rousseau, 2000)

—: *'n Duitser aan die Kaap, 1724-1765; die lewe en loopbaan van Hendrik Schoeman* (Pretoria: Protea, 2004)

—: *Early slavery at the Cape of Good Hope, 1652-1717* (Pretoria: Protea Book House, 2007)

—: *Here & boere; die kolonie aan die Kaap onder die Van der Stels, 1679-1712* (Pretoria: Protea Boekhuis, 2013)

—: *Patrisiërs & prinse; die Europese samelewing en die stigting van 'n kolonie aan die Kaap, 1619-1715* (Pretoria: Protea Boekhuis, 2008)

—: *Portrait of a slave society; the Cape of Good Hope, 1717–1795* (Pretoria: Protea, 2012)
Scholtz, J. du P.: *Afrikaans-Hollands in die agtiende eeu; verdere voorstudies tot 'n geskiedenis van Afrikaans* (Kaapstad: Nasou, voorw.1970)
Shell, Robert C.H.: 'Rangton van Bali (1673–1720); roots and resurrection', *Kronos* 19 (Nov. 1992), pp.167–199
Sienaert-van Reenen, Marilet: *Die Franse bydrae tot die Africana-literatuur, 1622–1902* (Kaapstad: Human & Rousseau, 1989)
Sleigh, D.: *Die buiteposte; VOC-buiteposte onder Kaapse bestuur, 1652–1795* (Kaapstad: HAUM, 1993); met 'n afsonderlike register (Stellenbosch: Stellenbosch-erfenis Stigting, 2002)
—: *ibid.*; 2de oplaag, met 'n register (Pretoria: Protea, 2004).
—: 'Governor Mauritz Pasques de Chavonnes and the first military uniforms at the Cape', *Krygshistoriese Tydskrif* 6,2 (Des. 1983), pp.41–43
Stellenbosch drie eeue: amptelike gedenkboek; red. Francois Smuts (Stellenbosch: Stadsraad van Stellenbosch, 1979)
Storm de Grave, Henriëtte: "'t Capiteel der Caebsen armen; werking en beleid van de diaconie van Kaap de Goede Hoop, 1715–1725'. *Skripsie, VU Amsterdam (1996)*
Taylor, Nicola: 'A scapegoat of status on the streets of 18th century Cape Town', *Historical approaches (UCT)* 4 (2005–6), pp.12–18
Theal, George McCall: *History and ethnography of Africa south of the Zambesi*, III; 3rd ed. (1922) (*History of South Africa*, 4); facs. repr. (Cape Town: Struik, 1964)
—: *History of Africa south of the Zambezi*, II; 3rd ed. (1922) (History of South Africa, 3); facs. repr. (Cape Town: Struik, 1964)
—: *History of South Africa under the administration of the Dutch East India Company (1652–1795)*, I; 2nd ed., rev. & enl. (London: Swan Sonnenschein, 1897)
—: *ibid.*, II (London: Swan Sonnenschein, 1897)
Uit verre streken: furniture and works of art from the East and West Indies, 17th–19th centuries; catalogue 5; text Deon Viljoen (Maastricht: Guus Röell/Cape Town: Deon Viljoen, 2005)
Upham, Mansell: '"… in 't suspens gecontinueerd …"; Alcoholics (non-)Anonymous of Stellenbosch', *Capensis* 4/99, 34–36. Sensuurgevalle, 1700–01, oorgeneem uit Het Nederduitsch Zuid-Afrikaansch Tydschrift 2 *(1825)*.
van der Bijl, J.: 'Eienaars van plase in die distrik Stellenbosch' (1963). MS, Stellenbosch Museum; kopie in die Africana-versameling, Universiteit van Stellenbosch.
van Duin, Pieter, & Robert Ross: *The economy of the Cape Colony in the eighteenth century* (Leiden: Centre for the History of European Expansion, 1987)
van Stekelenburg, A.V.: 'Een intellectueel in de vroege Kaapkolonie; de nalatenschap van Jan-Willem van Grevenbroek (1644–1726)', *Tydskrif vir Nederlands & Afrikaans* 8,1 (2001), pp.3–34
Viljoen, Russel S.: 'Disease and society: VOC Cape Town, its people and the smallpox epidemics of 1713, 1755 and 1767', *Kleio* XXVII (1995), pp.22–45
Vorster, J.D.: *Die kerkregtelike ontwikkeling van die Kaapse kerk onder die Kompanjie, 1652–1792* (Potchefstroom: Pro Rege, 1956)
Vos, H.N.: 'An historical and archaeological perspective of colonial Stellenbosch, 1680–1960'. MA-verhandeling, US (1993).

—: 'La Gratitude, Dorp Street 93–95, Stellenbosch; historical and structural texts of an elegant 1800 homestead' (2001). *Drukstuk.*
—: 'Myths about old Cape architecture with reference to Stellenbosch; lecture presented to the Vernacular Architectural Society of S.A.' (1997). *Drukstuk.*
Woodward, C.S.: 'From multi-purpose parlour to drawing room; the development of the principal voorkamer in the fashionable Cape house, 1670–1820', *Bulletin SA Kultuurhistoriese Museum* 4 (1983)
Worden, Nigel: 'Space and identity in VOC Cape Town', *Kronos* 25 (1998/99), pp.72–87
—: 'Strangers ashore; sailor identity and social conflict in mid-18th century Cape Town', *Kronos* 33 (Nov. 2007), pp.72–83. Ook in Contingent lives *(sien hierbo).*

6. Die VOC en die Ooste

Afscheids-wensch aan den seer eerwaardigen heere den heere Francois Valentyn, ten anderen male sig sullende begeeven na Amboina, om aldaar den dienst des H. Euangeliums te bekleeden (Dordrecht, 1705). *Koninklijke Bibliotheek, Den Haag.*
Batavia, de hoofdstad van Neêrlands O. Indien, in der zelver gelegenheid, opkomst (...) beschreeven (Amsterdam: Petrus Conradi, 1782–83), 4v. *Eksemplaar in die Universiteitsbibliotheek, Leiden; teks beskikbaar by* <http://www.earlydutchbooksonline.nl>.
'Batavia in het begin der achttiende eeuw: Cornelis Chastelein, Raad van Indië', *Tijdschrift voor Nederlandsch Indië*, nieuwe reeks 5 (1876), pp.177–193
Blussé, L.: *Strange company; Chinese settlers, mestizo women and the Dutch in VOC Batavia* (Dordrecht: Foris, 1986)
Busken Huet, C.: 'François Valentyn', in *Litterarische fantasiën en kritieken*, 11 (Haarlem: H.D. Tjeenk Willink, 1909), pp.1–33
Companies and trade: essays on overseas trading companies during the Ancien Régime; ed. Leonard Blussé & Femme Gaastra (Leiden: Leiden Univ. pr., 1981)
Coolhaas, W.Ph.: 'Zijn de gouverneurs-generaal Van Imhoff en Mossel juist beoordeeld?', *Bijdragen tot de Taal-, Land- en Volkenkunde van Nederlandsch Indië* 114 (1958), 29–54
[de Haan, F.]: *Oud Batavia; gedenkboek uitgegeven door het Bataviaasch Genootschap van Kunsten en Wetenschappen naar aanleiding van het driehonderdjarig bestaan der stad in 1919* (Batavia: G. Kolff, 1922).
—: *Priangan; de Preanger-regentschappen onder het Nederlandsch bestuur tot 1811* (Batavia: Bataviasch Genootschap van Kunsten en Wetenschappen, 19110–12). *Vol.I bevat 'Personalia' met afsonderlike paginering.*
de Hullu, J.: 'De instelling van de Commissie voor den Handel der Oost-Indische Compagnie op China in 1756', pp.523–545. *Teks beskikbaar by* <http://www.kitlv-journals.nl>.
de Marre, Jan: *Batavia, begrepen in zes boeken* (Amsteldam: Adriaan Wor & De Erve G. Onder de Linden, 1740). Teks beskikbaar by http://www.cnrs-scrn.org/northern_mariner/vol08/nm_8_3_63-87.pdf.
de Roo de la Faille, P.: *Iets over Oud-Batavia* (Batavia: G. Kolff, [1919])
Delft en de Oostindische Compagnie; red. H.L. Houtzager e.a. (Amsterdam: Rodopi, 1987)
Dibbits, Hester C.: '"Als men sooverre van den anderen is ..."; het maatschappelijk ver-

mogen van Gustaaf Willem Baron van Imhoff, gouverneur-generaal van de Verenigde Oost-Indische Compagnie, 1743-1750'. *Doktoraalskripsie, Amsterdam (1989).*

Encyclopaedie van Nederlandsch-Indië; 2e dr. ('s-Gravenhage: Martinus Nijhoff, 1917-21)

Gaastra, Femme S.: *De geschiedenis van de VOC*; 5e dr. (Zutphen: Walburg Pers, 2002)

Generale missiven van Gouverneurs-Generaal en Raden aan Heren XVII der Verenigde Oostindische Compagne; red. W. Ph. Coolhaas ('s-Gravenhage: Rijks Geschiedkundige publicatiën). *Teks van dele I–VII (1610–1724) beskikbaar by* <http://www.inghist.nl/retroboeken/generalemissiven>.

Godée Molsbergen, E.C.: *Geschiedenis van Nederlandsch Indië*, IV; red. F.W. Stapel (Amsterdam: Joost van den Vondel, 1939)

Gouverneur van Imhoff op dienstreis in 1739 (…); red. Lodewijk Wagenaar e.a. (Zutphen: Walburg Pers, 2007):

Habiboe, R.R.F.: *Tot verheffing van mijne natie; het leven en werk van François Valentijn (1666–1727)* (Franeker: Van Wijnen, 2004). 'Deze uitgave geldt als commentaardeel bij de facsimile-heruitgave van François Valentijns Oud en Nieuw Oost-Indien.'

Hermansson, Robert: *The great East India adventure; the story of the Swedish East India Company* (Gothenburg: Breakwater publishing, 2004)

Jörg, C. J.A.: *The* Geldermalsen*: history and porcelain* (Groningen: Kemper, 1986)

Krom, N.J.: *Gouverneur Generaal Gustaaf Adolf Willem van Imhoff* (Amsterdam: P.N. van Kampen, 1941)

Kühne-van Diggelen, Wiet: *Jan Albert Sichterman; VOC-dienaar en 'koning' van Groningen* (Groningen: Regio-PRojekt, 1995)

Lequin, Frank: 'Het personeel van de Verenigde Oost-Indische Compagnie in Azië in de achttiende eeuw, meer in het bijzonder in de vestiging Bengalen'. *Proefskrif, Leiden (1982).* 'n Tweede, hersiene druk het in 2005 verskyn by Canaletto, Alphen aan den Rijn.

Leupe, P.A.: 'De Raden van Indië Van Imhoff, De Hase en Van Schinne in Holland, 1741-1742', *Bijdragen tot de Taal-, Land- en Volkenkunde* 6,1 (1859), pp.361-370. *Teks beskikbaar by* <http://www.kitlv-journals.nl>.

Lewis, J. Penry: *List of inscriptions on tombstones and monuments in Ceylon, of historical or local interest, with an obituary of persons uncommemorated* (Colombo: pr. by H.C. Cottle, 1913). *Beskikbaar op die Internet by* <http://www.archive.org>.

Nederlandsch-Indisch plakaatboek, 1602–1811; red. J.A. van der Chijs (Batavia: Landsdrukkerij, 1885–1900). *Teks beskikbaar by* <http://www.archive.org>.

Opkomst (De) van het Nederlandsche gezag over Java, VI; red J.K.J. de Jonge ('s-Gravenhage: Martinus Nijhoff, 1877) (*De opkomst van het Nederlandsch gezag in Oost-Indië (1595–1610)*; vol.IX)

Peters, Marion: *In steen geschreven; leven en sterven van VOC-dienaren op de Kust van Coromandel in India* (Amsterdam: Bas Lubberhuizen, 2002)

—: 'VOC-vrouwen op de Kust van Coromandel in India', *Jaarboek van het Centraal Bureau voor Genealogie*, 58 (2004), pp.68–105

Raben, Remco: 'Batavia and Colombo: the ethnic and spatial order of two colonial cities, 1600–1800'. *Proefskrif, Rijksuniversiteit Leiden (1996).*

Remmelink, Willem: *The Chinese War and the collapse of the Javanese state, 1725–1743* (Leiden: KITLV pr., 1994)

VOC-opvarenden. *Webblad* <http://vocopvarenden.nationaalarchief.nl>.

Valentyn, François: *Oud en nieuw Oost-Indiën* (Dordrecht: J. van Braam, 1724–26). *Africana-biblioteek, Universiteit van die Vrystaat, Bloemfontein.* Sien ook sy *Beschryvinge van de Kaap der Goede Hoope* in die seksie 3 hierbo.

van Boetzelaer van Dubbeldam, C.W.Th.: *De Gereformeerde Kerken in Nederland en de zending in Oost-Indië in de dagen der Oost-Indische Compagnie* (Utrecht: P. den Boer, 1906)

van der Brug, P.H.: *Malaria en malaise; de VOC in Batavia in de achttiende eeuw* (Amsterdam: Bataafsche Leeuw, 1994)

van Imhoff, G.W.: 'Briefwisseling van … Gustaaf Willem baron Van Imhoff met … Jacob Boreel Janszoon (1738–1750)'; red. H. van Malsen, *Bijdragen en Mededelingen van het Historisch Genootschap (gevestigd te Utrecht)* (1929), pp.321–426

van Putten, L.P.: *Ambitie en onvermogen; gouverneurs-generaal van Nederlands-Indië, 1610–1796* (Rotterdam: ILCO-productions, 2002)

Ward, Kerry: 'The bounds of bondage: forced migration from Batavia to the Cape of Good Hope during the Dutch East India Company era, c.1652–1795.' Ph.D.-verhandeling, Univ. of Michigan (2002)

—: *Networks of Empire; forced migration in the Dutch East India Company* (New York: Cambridge univ. pr., 2009)

Wijnaendts van Resandt, W.: *De gezaghebbers der Oost-Indische Compagnie op hare buiten-comptoiren in Azië* (Amsterdam: Liebaert, 1944)

Register

aanh.: aanhaling
g.: getroud met
AB: Aletta Beck
HB: Henricus Beck
VOC: Verenigde Oostindische Compagnie

á Brakel, Wilhelmus, 39
a de Haan, Abraham, 276–277
Aan 't Pad (plaas), 214
aankope, *sien* handelsware; vendusies
aanspreekvorms, 28–29, 125, 275, 281; vroue, 29, 76, 113, 267, 286
aansprekers (begrafnisse), *sien onder* begrafnisgebruike
Aaron (slaaf van HB), 182
Abbekerk (skip), 126, 195
Abel, R.J., 231; slawe, 231
Abraham van Makassar, 277
Abrahams, Pieter, van Schagerbergh, 154
Abrahamsz, weduwee, 406
Achilles (slaaf), 312
Adam van die Kus (slaaf van HB), 183
Adam van Kotsjin, 197
administrasie (VOC), 99; bestuurstyl, 93; kritiek, 93–94; range, 352; eerste geswore klerk (amp), 280–281.
　Sien ook amptenare; bakenpale; beskerming (amptelik); besoekende kommissarisse; burgerrade; goewerneur-generaal (Batavia); goewerneursamp; landdroste; omkopery (amptelik); Politieke Raad; Raad van Indië (Batavia); *& onder* veeposte
Adrichem (skip), 368
afskeidsmaal (amptelik), 86, 255, 382

agitasie teen goewerneur (1705–07), 93–121; as beweging van gegoede boere, 120, 146;
　klagskrif aan Raad van Indië, 101, 140; klagskrif aan Here XVII, 102, 107–108, 140, 172, 187, 188; klagskrif van A. Ias e.a. (1707), 106, 110–111, 209–210; ds. Kalden van ontug beskuldig, 127;
　getuigskrif vir goewerneur, 102, 140, 188; Franse vertaling, 107; verklaring deur vry vissers, 197; verbannings & deportasies, 103, 109; optrede teen alleenlopende mans, 103, 109–110, 115; aanranding van J.E. Jering, 229–230;
　& HB, 100, 106–109; volgehoue teenkanting teen hom, 121, 161–162, 188; & S.M. de Meurs, 195–196; & K.J. Slotsboo, 229–230; & J. Starrenburg, 102–110 *passim*, 166, 209–210; & J.G. de Grevenbroek, 208;
　Franse Vlugtelinge, 102, 108; vroue, 103–104, 105, 116–117, 118; vrouepetisie, 118; gekleurdes, 102, 197;
　terugroeping van Van der Stel, 109; *Korte deductie* (Van der Stel) 121; *Contra-deductie* (1711), 120–121, 195–196, 229–230; De Grevenbroek as moontlike skrywer, 121; verdeeldheid in samelewing, 120–121 *passim*, 193–194, 205–206; dood van laaste voormanne, 223

Agter-Paarl, 151, 184
Albertijn, Adam, 152
Alida van die Kaap, 421(2x), 450–451, 458, 462
Allemann, R.S., 290–291, 309
Alowie, Saïd, *sien* Saïd Alowie
Ambon (Indonesië), *sien* Molukke
Ambuuren, Dirk, 398
Amelia van Makassar, 241
Amelisweert (skip), 461
amok, 248
ampstaf (gesagsteken), 367, 369, 370. *Sien ook* rottang (bykomstigheid); & *onder* Khoikaptyns.
ampstitels, 76
amptenare (VOC): hoër amptenare, 189; bevoorregte posisie, 139; as kerkraadslede, 395; as haute-bourgeoisie, 303; kanse vir sosiale styging, 138–139, 224; amptenarefamilies (plaaslik), 252, 262–263, 287; eggenotes, 252; vroue by openbare geleenthede, 245, 286, 319; besoekers uit Ooste, 329;
 sosiale lewe, 77–90, 254, 433–434; voorbeelde van lewenstyl, 286–288 *passim*, 458–460; slawebesit, 300, (1762) 420; in skildery van *De Vis* (skip), 299–300; Nederlandse herkoms, 88, 189, 240, 252, 271;
 gebrek aan toesig, 89; aanstelling van kinders, 248–249, 381; aanklag teen W. Helot, 247–248; kritiek op bestuurstyl, 93–94; botsing van Martha Souilliers met fiskaal, 302; klagtes oor vryburgers, 93;
 huwelike, 81, 240; huwelike met plaaslike vroue, 262; huweliksmaats vir dogters, 262, 287; huisvesting, 231–232; besoldiging, 356; onderlinge verdeeldheid, 289, 294; oorplasing, 329, 343.
 Sien ook goewerneursamp; grondbesit van amptenare; handel:deur amptenare; kerklike ampsbekleërs; Kompanjiesdienaars (alg.); 'prag & praal'-wetgewing (1755), 439–440; presedensie; seremonieel (sosiaal); status (sosiaal); statussimbole. *Sien verder onder* boerdery; & *verwysings onder* administrasie (VOC). *Sien ook* 'Kompanjiesfamilies' (VOC).
Amsterdam (skip), 371
Angela van Bengale, 75, 151, 152, 402; seuns, 196–197 *passim*. *Sien ook* Basson, W.A.

Antonides van der Goes, Johannes, 42, 46, 306
Antonij (slaaf van HB), 183
Appel, Ferdinand, 188, 206
April van Bengale, 345–346
Arentsz, Eduard, 174–176 *passim*; aangetroude verwantskap met HB, 410; boedelinventaris, 176
argitektuur: simmetrie, 288, 434, 435, 436. *Sien ook* 'Kaaps-Hollands' (Kaapse Barok); galdery (vertrek); gewels; woningbou.
Arlequijn van Batavia, 261–262
armesorg, *sien* diakonie
armoede, 120; Tafelvallei, 405–406; Drakenstein, 67; Charl le Long & Wina Francina van El, 406–407; valse trots, 406; in Nederland, 18–19. *Sien ook* diakonie (armesorg).
Armorini, Peter, 274–275
Armosyn van die Kaap (oudslavin), *sien* Claasz, Armosyn, van die Kaap; Groot Armosyn
Arnheimsche Maatschappij (diggenootskap), 48–57 *passim*, 127
Arnhem (Nederland), 12, 14–19, 33, 55–56 *passim*; kerklewe, 21–26; predikante, 29; musieklewe, 16–17, 17–18; poëtiese dadigheid, 48–57; armoede, 18–19; & Franse Oorlog (1672–78), 20; Slotsboo-seuns hier (1765), 463. *Sien ook* Rosendael (landgoed).
Arnst, Christiaan, 158
Aron Papoea (slaaf), 343
Artois, Paulus, 447, 454

Baatjoe van Soembawa, 261–262
Babylons Toren (plaas), 74, 108, 197
Backer, Katharina, 48
Badenhorst, Casper, 76
bakenpale (VOC), 286, 433
balein (walvisbaard), 298, 438
bandiete (veroordeeldes), *sien* Oosterse bannelinge & bandiete; Robbeneiland
Banghoek, 73
bannelinge, *sien* Oosterse bannelinge & bandiete; Robbeneiland
Bantam (Banten) (Java), 386
Bantoesprekendes, *sien* Xhosa-stamme
barbierchirurgyns, 416
Barkat van Timor, 310, 311–312, 423
Barrington, Charles, 232, 256, 291

Bartels, Maria ('Mosterts Marij'), 157
Basson, Michiel, 150
Basson, Willem, 152, 197; & agitasie teen goewerneur, 197
Batavia (Jakarta), 13, 60, 78, 218, 238, 345-361;
[*alfabeties:*] agteruitgang, 393; akademie vir skeepsoffisiere, 385; buiteverblywe, 348; Chinese bevolking, 339, 348, 365; draagstoele, 243; gragte, 393;
Kasteel, 350-351, 388-389; kerkgang, 400; koste vir VOC, 350; kritiek, 358; Latynse Skool, 385; lotery, 163; nuusblad, 385; 'prag en praal'-wetgewing (1754), 265, 329; predikante, 181;
rouvoorskrifte vir Willem IV, 426; slawe, 348; slawebesit, 181; sosiale lewe, 194; sterftesyfer onder blankes, 393; AB hieroor, 393; Tjiliwoeng (Ciliwung), 393; vryburgergemeenskap, 350; woonhuise, 434, 435.
Sien ook Chinesemoord (1740). *Sien verder onder* Ooste (VOC); emigrasie; immigrasie.
Bataviase Nouvelles (nuusblad), 385
Bax, Joan, 87, 245
Beck (familie), 11-15; 28-29, 34, 127
Beck, Aletta (van Ophuijsen) (moeder), 13, 15, 30; dood, 191
Beck, Aletta (Nederland): geboortejaar, 16; vroeë lewe, 20, 23, 49; opvoeding, 33-36; beskrywing (poëties), 50; afskeidsgedig *Astrea* (F. van Westrem, 1705), 127-128, 133-135; volgehoue kontak met Nederland, 280, 321; & baron Van Arnhem, 54; & F. van Leenhof, 25; & J. d'Outrein, 49, 127-128; & F. Valentijn, 131-137
Beck, Aletta (Stellenbosch): vertrek uit Nederland, 126-132 *passim*; aankoms in Suid-Afrika, 135-137;
in Stellenbosch, 137-227 *passim*; inskrywing in gemeente, 165; uitstappie na warmbad (1709), 172, 188-191, 194; Kolb oor AB as digteres, 198; verklaring oor ds. le Boucq, 193-194; huwelik met S.M. de Meurs (q.v.), 198; lewe as weduwee, 203-205, 205; 244, 280; status in gemeenskap, 139, 205; improvisasie aan die hand van 'n skildery, 203-204; huwelik met K.J. Slotsboo (q.v.), 205.
Sien ook Voorgelegen (plaas).

Beck, Aletta (Tafelvallei): in Tafelvallei, 228-322; geboorte van seuntjie, 248;
status in gemeenskap, 244; verwantskappe deur huwelik, 435-436, 443-444; vriendskap met gesin van M.P. de Chavonnes, 267-268; & sendeling G. Schmidt, 315; moontlike samewoning met HB, 315, 322, 396, 412;
'n 'besonder gegoede persoon', 280; aankope op vendusies, 272-279 *passim*, 417; eiendom, 270, 280; slawebesit (vermoedelik), 279; oor G.W. van Imhoff, 383; oor omkopery, 292; oor onenigheid onder amptenare, 294; oor Oosterse sake, 364, 393; kritiek op bestuursake, 283;
dood, 321-322.
Sien ook Leeuwenhof (landgoed). *Vir haar korrespondensie, sien* Nolthenius (familie).
Beck, Aletta (persoonlik): ouderdom, 14, 198, 314, 322; godsdienssin, 283; handskrif, 281-282; testamente, 14, 198, 322, 444; portret genoem, 447.
Vir haar briewe, sien Nolthenius (familie).
Beck, Aletta (werk): kenmerkende styl, 326; 'manlikhcid', 49-50, 126, 282, 367; briewe op Internet, 508 n54; beoordeling deur R.J.P. Tutein Nolthenius, 282; as 'Astrea', 49;
poësie, 33-57 *passim*, 40, 48-57; geleentheidsverse, 54, 56-57, 125; & onrus in Gelderland (1704-05), 123-124; dood van Willem III, 56-57; dood van M.P. de Chavonnes, 267-268 (aanh.); aanhalings, 124, 125-126, 263, 267-268; ontleding van werk, 321; Griekse verwysing, 128;
manuskripalbum, 50, 56-57, 126, 320; publikasie van gedigte (1750), 320-321; posthume aandag, 324-326; in Suid-Afrika, 325-326
Beck, Catharina Martha (Kapenaar; g. A. Martensz), 440-441
Beck, David (dagboekskrywer), 11-12, 324
Beck, David (skilder), 12-13, 324; portret, 13
Beck, David (broer van HB & AB), 14, 14-15, 447
Beck, Hendrik (digter), 12-13, 15, 324
Beck, Henricus (Nederland): geboortejaar, 14; ouderdom, 14, 31, 408; voornaam, 14; vroeë lewe, 13, 31-32; opvoeding, 20-21, 26-32

passim, 30–31; volgehoue kontak met Nederland, 191–192 *passim*
Beck, Henricus (Drakenstein & Stellenbosch): aankoms aan Kaap, 11, 59–60; in Drakenstein, 60, 62–92 *passim*, 115–117; in Stellenbosch, 92–227 *passim*;

betrokkenheid by dorpsake, 156; botsing met Landdros & Heemrade, 169–170; in dagboek van A. Tas, 170–172 *passim*; op Elsenburg, 171; uitstappie na warmbad (1709), 172, 188–191; afwesighede in Kaap, 171, 225; oorplasing na Kaap, 226–227, 270, 394; & agitasie teen goewerneur, 100, 106–109; beweerde dreigemente teen aanvoerders, 108–109; volgehoue teenkanting teen HB, 121, 161–162, 188; verlies van potensiële beskermer (S. Elsevier), 141;

grondbesit, 73–74, 90, 92; boerdery, 75, 76; plaasknegte, 76; vennootskap met D. Pfeil, 184–195;

& S.M. de Meurs, 199; & ds. Kalden, 115–116, 140; & ds. Le Boucq, 114–115, 221; & I.J. Lamotius, 171; & Johannes Starrenburg, 187 (2x); & Peter Kolb, 117; & Adam Tas, 187; & Johanna Meijhuijsen (g. J. Mahieu), 165, 186

Beck, Henricus (Tafelvallei): 394–457 *passim*; vroeë besoeke, 113–114, 193–194; verblyfplek, 412–413; moontlike samewoning met AB, 315, 322, 396, 412; in openbare lewe, 226–227, 335; & O.F. Mentzel, 30, 117, 412; & sendeling G. Schmidt, 315, 411.

Sien ook pokke-epidemie (1755).

Beck, Henricus (lewenstyl): 181–183; 138, 244, 424–425; sosiale lewe, 186–191, 205–212; huis (Tafelvallei), 414, 420–421, 460; huishuur, 415, 447; silwerware, 179; klere, 182 (benadering), 416; boekbesit, 180, 191, 192, 415, 456, 456–457;

aankope op vendusies, 76, 184, 179–180, 226(2x); bestellings van oorsee, 191; slawe, 76–77, 127, 164, 182–184, 416, 419–421, 446–447, 450–451, 456, 457(2x); grondbesit, 412; ryperde, 184

Beck, Henricus (as predikant): dienskontrak, 170, 224–225, 407–408; traktement, 170, 226, 408–409; verhoog, 224–225; emolumente, 113; amptelike Kompanjieslaaf, 184;

werksaamhede, 158–160; romantiese opvatting van sy werk (gedig *Astrea*), 133; prediking genoem, 313–314 *passim*; berigte aan Klassis, 71–72, 111; mening oor doop van slawekinders, 404;

struweling met kerkraad, 227; 'ekskommunikasie', 116–117; Loret-saak, 115; berisping deur M.P. de Chavonnes, 121; kritiek, 170–174 *passim*, 163, 407;

oorplasing na Batavia aangevra, 225(2x); emeritaat, 14, 407–409; beweerde werk onder Moslems, 411;

opsommende oordeel, 160, 174, 227

Beck, Henricus (persoonlike sake): huwelik met Johanna Constantia Elsevier (q.v.), 137, 139, 140; skeiding van vrou, 225–226; verwantskappe deur huwelik, 183–184, 410, 435–436; 'Papa Elsevier', 183(2x); voog van K.J. Slotsboo se kinders, 444; dood van AB, 322; erfdeel van moeder, 191; finansiële transaksies, 75, 180–186, 192, 408, 441–442; skuldboek, 180, 182–186 *passim*, 225–226, 315, 441–442;

kennis van Frans, 21, 71, 107, 466 n49; skryfstyl, 408–409; gesondheid, 408; persoonlikheid, 171; opsommende oordeel, 457

Beck, Henricus (dood): 443–457 *passim*; aantekeninge, 415, 446–447; bloedverwante, 443; 'bloedvriende', 443–444; testament, 443; bemakings, 416, 447, 456; familieportrette, 14, 447, 463; dood, 454; ouderdom, 443, 454; begrafnis, 454–455; boedelinventaris, 412–413, 414, 454; vendusie, 414–415, 451, 456–457, 462

Beck, J.C. (Kapenaar; drankpagter), 308

Beck, Sara Christina (suster), 14, 33, 48, 50, 122, 191, 280; huwelik met Pieter van Oudenaarden, 127. *Sien ook* van Oudenaarden, Stevelina.

Beck, Stephan(us) (vader), 13, 14–15, 21, 280; dood, 30

Becker, J.A., 463

Becker, Pieter, 96–97

Beeckman, Daniel, 237

begrafnisgebruike 149, 153–154, 266–267, 269, 402; aansprekers, 153, 169, 452, 455; begrafnislys, 335, 422; doodkiste, 447(2x), 454–455; lyk-

stoet, 455–456; strooi van sand in straat, 455; gedenkpennings, 84; wapenborde, 290, 401; begrafnis van C.F. Hofman, 335–336
begrafniskoste, 240
begrafnismaal, 153–154, 267, 455
begrafnisse: begrafnis onder vloer van kerk, 160–161, 401; nagtelik, 288; plegtig, 228–229, 397; in Ooste, 355
begunstiging (amptelik), *sien* beskerming
Behrens, J.P., 275
beleggingsobjekte, 84
beligting, 297; kandelare, blakers, ens., 239, 414; hangbakers & -lampe, 290, 436; muurblakers, 414; kerslig, 314; lanterns, 274, 297; slonsie (lantern), 278; fakkels, 297
Bengale (Indië), 252, 264, 353
Bergen op Zoom (Nederland), 246, 247
Bergh (familie), 151, 458
Bergh, O.M., 458
Bergh, Oloff, 96, 137, 151, 152, 231, 232; & doop van slawekinders (VOC), 404; & S.M. de Meurs, 195; dogters, 193, 315; dood, 257
Bergrivier, 65(2x), 222; bevaarbaarheid, 380; in poësie, 306
Bergvliet (plaas), 444
beri-beri (gebreksiekte) 371, 373
berigte oor die Kaap, *sien* verslae oor die Kaap
Berkenrode (skip), 131–132
Berthault de St Jean, Renault, 236, 371–372; vrou, 302; dogter, 444; slawe, 302, 401–402, 424
beskerming (amptelik), 291–292, 295, 323–324, 330, 357; gebrek aan beskerming, 357, 359, 374. *Sien ook* amptenarefamilies (plaaslik); familiegevoel; familie-invloed; familie-komplekse (koloniste); 'Kompanjies-families' (VOC); nepotisme.
beskrywings van die Kaap, *sien* verslae oor die Kaap
besoekende kommissarisse (VOC), 63–64, 93, 99, 120, 232, 234, 255, 316–317, 330, 358, 371; G.W. van Imhoff, 375–383
besoekende kunstenaars, *sien* Brandes, Jan; Heydt, J.W.; Jones, Josephus; Rach, Johannes; van Stade, Elias
besoekende skepe, 148, 257, 277, 303, 317, 329, 432; armbusse, 405; goedere aan passasiers gelewer, 258–259; statistieke (1731), 258. *Sien ook* retoervloot (VOC); *& onder* geweld-dadigheid. *Sien verder onder spesifieke nasionaliteite, bv.* Engelse skepe; Franse skepe.
besoekers: oor Kaapse kos, 418–419
Bestbier, J.L., 443
bestellings uit Europa, 192, 207, 237–238, 283, 294, 298–299, 300, 344, 418
bestuur (VOC), *sien* administrasie
Bethlehem (plaas), 80
Beutler, A.E., 433
bevolkingsyfers, *sien verwysing onder* statistieke
Beyers, Maria, 152
biblioteke (privaat), *sien* boeke
biljartspel, 276; Ooste, 348
Bissu, Jacob, 406
Blanckenberg, J.H., 258–259, 318, 335, 413; & C.F. Hofman, 334
Blankenburg (by afskeidsmaal, 1695), 86
Blauwpaert, Margareta, 182
Blesius, Catharina, 476 n175
Blesius, Christina, 256, 271
Blesius, Deliana, 271
Blesius, Dominicus: boedelinventaris, 178, 180
Blesius, Gijsberta Johanna, 330
Blesius, Joan, 76, 81–82, 219–220, 252; familie, 82, 329–330; dorpshuis, 136, 232; grondbesit, 271 *passim*; koetsier, 81. *Sien ook* Diemer, Christina (g. J. Blesius); Stellengift (plaas).
blindheid, 102, 402
bloedskande, 97, 115
'bloedvriende' (begrip), 244, 244, 269, 443; HB, 443–444
Bockelberg, Johannes, 156, 206, 214, 218; voorheen Bockelenberg, 218; g. Magdalena Zaayman, 218; boekbesit, 211
Bodesteijn, J.P., 156
boedelinventarisse, 67, 84–85, 87, 90, 217, 309; HB, 412–413, 414, 454; Stevelina van Oudenaarde, 437–438, 440; J. de Grandpreez & Louisa Slotsboo, 458–459; as bron van inligting, 233, 414, 439; nie vir amptenare opgestel, 288.

Sien ook wasgoed (boedelinventarisse). *Sien verder onder* boerdery, *& die name van spesifieke individue.*
Boeginese taal, 421

boeke: terloopse vermelding [*selektief*], 85, 166, 176(2x), 200, 211–212, 219, 377; in wynkelder, 306; op solder, 212; godsdienstige werke, 23–24; Psalmboekies, 277;

W.A. van der Stel, 212; C.P. Slotsboo, 464; J. de Grandpreez, 459; versamelaars, 456–457; aankooptoelaag vir predikante, 191–192; boekrakke, 415, 459, 462; biblioteek (Tafelvallei), 459.

Sien ook onder verslae oor die Kaap. *Vir boekbesit, sien ook onder* Beck, Henricus (persoonlik), *& die name van verdere spesifieke individue.*

boerdery, 216–217, 217, 224; deur goewerneur, 100; deur predikante, 73–74, 75; deur ander amptenare, 85–86; in Tafelvallei, 271–272 *passim*, 279; Khoi–seisoenarbeiders, 221–222; koringoes, 221; Stellenbosch as landbousentrum, 143.

Sien ook grondbesit van amptenare; Leeuwenhof (landgoed); plaasknegte; slawehuise (op plase); veeposte; *& onder die name van spesifieke persone.*

Boesmans, 60, 221, 230
Boesmansrivier, 433
Bógaert, Abraham, 103, 108, 134, 189, 197; oor K.J. Slotsboo, 229
Boijens, Johan, 381–382
Bokkeveld, 431
Boland, 62. *Sien ook* Bergrivier; Drakenstein; Stellenbosch.
Bolwerk (familie), 246–247 *passim*
Bonavantuur (plaas), 310
boomaanplanting, 95, 146, 201, 380, 429
Boreel, Jacob: korrespondensie met G.W. van Imhoff, 330, 363–364, 372, 380, 383–384, 389, 418
Boscawen, Edward, 317, 318
Bosheuwel (plaas), 271
Boshof (plaas), 308
Bosman, Abraham, 447, 448
Bosman, Hermanus, 73, 113, 186, 448
Bosman, Pieter, 447–448, 450, 454
Bosman, Susanna (g. Izaak de Vries), 450, 533 n44
botaniese ondersoek, *sien* plantkundige ondersoek

Botha, C. Graham, 63
Botha, Theunis, 184
Botma, Jan Stevensz, 96, 161; weduwee, 164
Bottelary (Stellenbosch): in poësie, 306
Botterrivier (Botrivier), 190
Bouer, Godfried, 260
Bouman, Christina, 331
Bouman, Hendrik, 278
bouwerk (alg.), 144, 175; swak gehalte, 199. *Sien verder* woningbou.
Bowler, Thomas, 428
Brakkefontein, 185
Brand, Christoffel, 291, 444
brandbestryding, 256, 413–414
Brandenburgh (plaas), 184
Brandenburgse Kompanjie (handelsmaatskappy), 258
Brandes, Jan, 413
brandstigting, 257, 314, 438–439
Breda, Engela 197, 299; boedelinventaris, 271–272; vendusie, 272–273
Breederivier, 430
briefskryfkuns, *sien* epistolêre konvensies
bronne van inligting (histories), 232–233; dagboek van A. Tas, 88, *& aanhalings passim. Sien ook* boedelinventarisse; vendurolle; verslae oor die Kaap.
Brossard, C.I.C., 381–392
Brouwer, J.A., 98, 157–158
buite-egtelike kinders, 403, 407, 462
burgermilisie, 104–106 *passim*; status van offisiere, 89–90; by openbare plegtighede, 285, 376, 382, 422, 433; gekleurde lede, 151. *Sien verder verwysings onder* optrek (burgermilisie).
burgerrade (burgerlike amptenare), 234
burgerwag, *sien* Tafelvallei:nagwagte
Burlamacchi, Elisabeth Angelica (g. A. Cranendonk), 252, 256, 343, 357
bykomstighede (kleding), 84, 179, 241–242, 300–301, 333, 438; gekleurde kouse, 237; handskoene, 242, 277, 395, 438; knope, 76, 84, 84–85, 438; maskers, 236; sierade, 180, 279, 460; moesiesdosie, 242. *Sien ook* kopbedekkings; pruike; rottangs; waaiers.
byname, *sien onder* persoonsname

Caatje (slavin van HB), 183(2x)
'Cabucquaes' (Xhosa), 98–99
Caledon, *sien* warmbad (Overberg)
Calendrini (familie), 252, 504 n183
Calvinia, 431
Campher, weduwee, 260, 261
Candace van die Kaap, 458
Candos (Mauritius), 461
Carel van die Kaap, 421, 446, 450
Carnspek, D.G., 315
Carteniers (Cardeniers), Jacomina, 156–157
Castelijn, Frans, 334
Catharina van die Kus van Koromandel, 152–153
Catharina van Makassar, 225
Centurion (skip), 304
Cevaal, Bastiaan, 169; moontlike naamgenoot, 489 n244
Ceylon (Sri Lanka): skeepsverbinding met Kaap, 282, 329, 385, 445; migrasie tussen Ceylon & Kaap, 69, 78, 79, 87, 195, 228, 250, 252, 330, 331, 350–351;
 G.W. van Imhoff hier, 363–364, 385, 386, 390; bewind van P. Vuyst, 359–360; D. Nolthenius as moontlike goewerneur, 292; korrupsie, 308, 358;
 invoer uit Nederland, 352–353; as ballingsoord, 97–98, 387; verbanning na Kaap, 336, 339–342 *passim*, 358.
 Sien ook Galle (Ceylon).
Chainokwa (Khoi-stam), 190–191 *passim*
Chastelein, Cornelis, 348
Cheribon (Cirebon) (Java): bannelinge na Kaap, 388
China, 258, 392–393
Chinese gemeenskap, 277, 343; bannelinge & bandiete, 340, 388. *Sien ook onder* Batavia.
Chinesemoord (Batavia, 1740), 365–367, 392, 393; kommentaar deur AB, 366–368 *passim*; gedig deur W. van Haren, 369
chirurgyns, 406. *Sien ook* barbierchirurgyns; van der Riet, Johannes.
Christijn (slavin), 314
Cirebon (Java), *sien* Cheribon
Claas van Paliacatte, 165
Claase, Cornelis, 153
Claasz, Armosyn, van die Kaap, 402

Claasz, Susanna, van die Kaap, 151–152, 157, 158
Clara van Mandar, 462
Clements, Helena, 197
Clements, Maria, 197
Cloetesdal (plaas), 214
Cloppenburg, Abraham, 308–313, 423; & Barkat van Timor, 311–312, 423; slawe, 311; reputasie as slawe-eienaar, 312–313; boedelinventaris, 309–311
Cloppenburgh, Ruardus, 441
Clots, C.L., 521 n58
Cnoll, Govert, 188
Cochius, E.W., 253. 266; weduwee, 381
Cock, Henricus, 409(2x), 410, 411
Coebergen, Augustinus, 220–221
Coets, F.P., 48
Coetzee, Dirk, 167
Coetzee, Jacobus, 150
Cojett, Balthazar, 334
Cok, Jan, 461
Colijn, Anna Maria, 223–224
Constantia (landgoed), 59, 86–87, 138, 327; wyn, 294, 295, 417; afbeelding deur E. van Stade, 271; in die poësie, 306
Constantia van Grietje (slavin), 314
Conterman, Hans, 107, 152, 188
Coopman, Albert, 76; weduwee, 193–194
Coopmans, Francina, 97
Cordier, Louis, 67–68
Coridon/Corilon van Makassar, 183(2x), 421, 454
Cornelia van die Kaap, 76
Cornelis van Bengale, 277, 403
Corssenaar, Aletta (g. A. van Kervel), 287, 288, 330
Corssenaar, Catharina, 298, 299
Corssenaar, Willem, 76, 102, 236, 287, 330
Costeux, Esaie, 66, 68
Coyett, F.J., 334, 335, 337
Crakaningrat ('Radeen Djoerit'), regent van Madoera, 387
Cranendonk, Abraham, 252–253; in Ooste, 343; dood, 256
Croeser, Gerhardus, 442
Cromhout, J.M., 457
Cromhout, Jan, 457
Cromhout, Sara Margaretha (g. baron Van Knuth), 457

Cruijtsman (familienaam), *sien* Kruysman
Cruse, Catharina, 236, 287
Cruse, J.J., 250, 331
Cruse, Jacobus, 96, 250, 252, 271, 476 n175; dood, 256
Cruse, Jeronimus, 329–330, 331
Cruywagen, J.M., 224, 406–407; vendusie, 182
Cuijper, Andries, 158

d'Abbadie, Francis, 370–371
d'Ableing, J.C., 111, 114, 119, 140, 194, 200–201; spelling van naam, 111, 479 n91
d'Ailly, David, 249
d'Ailly, J.G., 119, 191–192, 396, 402; mening oor doop van slawekinders, 404; boekbesit, 396; dood, 159, 226, 394(2x); boedelinventaris & vendurol van weduwee, 395–396, 491 n147; slawe van weduwee, 403; familielede, 119
d'Ailly, Sara Maria, 491 n147
d'Outrein, Joannes: in Arnhem, 22–26, 48–56 *passim*, 124–125; & AB, 49, 127–128; & F. Valentijn, 129–130; & kaartspel, 87;
 gedigte, 48–49; publikasies, 72, 123, 125–126, 211; titel deur W.A. van der Stel bestel, 211; *Korte schets* in gemeente Drakenstein gebruik, 23, 70.
 Sien ook Sluiter, Geertruida (g. J. d'Outrein).
Dal Josafat, 65, 67
Damon van Batavia, 261–262
Dampier, William, 210
Daniël van die Kaap, 463
Daniël van Koromandel, 77
dans, 87, 105, 264, 297, 304
dansmusiek, 87, 304. *Sien ook* slawemusikante.
Dapper, Olfert, 59, 133
Darling, 221
David (slaaf van H. Beck), 76–77
de Beer, Christina (g. W. Helot): boedelinventaris, 239–242 *passim*; klere, 241–242
de Beer, Jan Dirckx: 239–240; slawe, 238
de Bie, Cornelis, 13
de Boneval, Willem, 353
de Brossaaret, C.I.C., 381–382
de Bruijn, Jan, 76
de Buisson, David, 115
de Chavonnes, Anna Maria Pasques, 248
de Chavonnes, Balthazarina Johanna Pasques (g. D. Nolthenius), 316, 318
de Chavonnes, Dominicus (sr.), 246
de Chavonnes, Dominicus (jr.), 245–248 *passim*; & navraag van Here XVII (1717), 253; dood, 248, 336–337
de Chavonnes, Johanna Arnoudina Pasques, 256
de Chavonnes, M. Pasques, 164, 168, 242–246 *passim*, 269; aankoms, 245; gelowigheid, 254; & HB, 121; verwante, 182, 245, 246; slawe, 184, 268;
 hervormings, 168, 173, 247, 249–251, 398, 436; oor doop van gekleurdes, 403–404; oor doop van slawekinders, 404; oor vee in strate, 234; dood, 266; gedig deur AB, 267–268; graf, 401.
 Sien ook Kien, Balthazarina (g. M.P. de Chavonnes).
de Chavonnes, Maria Magdalena Pasques, 402
de Chavonnes, Pieter Rochus, 245, 246, 281
de Geus, Maarten, 150, 151
de Goyer, Hugo, 240
de Grandpreez, Josephus, 262–263, 316; huwelik met Louisa Adriana Slotsboo (q.v.), 262–263; & Slotsboo-seuns, 458; loopbaan, 282, 294, 458; openbare optrede, 375, 376–377;
 brieweboek, 461; familieportrette, 463; huis, 458–459, 459–460; grondbesit, 415, 460; klere & silwerware uit Europa bestel, 294–295; slawe, 460;
 ongesteldheid, 461; dood, 458; bemakings, 462; boedelinventaris, 458–459; boekbesit, 459, 462. *Sien ook* Nolthenius (familie).
de Grevenbroek, J.G., 106, 114, 118, 120, 121, 208–209; & agitasie teen goewerneur, 208; as moontlike skrywer van die *Contra-deductie*, 121, 208; boekbesit, 211; slawe, 209; testament, 209
de Groot, Ferdinand, 248
de Groot, Jacobus, 69
de Haan, Mattheus, 268, 334
De Herstelder (skip), 374, 375
de Kock, Cornelis, 464
de Koning, Anna, 75, 151, 152, 273, 402; dood, 193
de Koning, Bartholomeus, 448

de Koning, Debora: boedelinventaris, 278–279, 316, 435–436; slawe, 345–346, 435–436
De Kuilen (Kuilsrivier), 137, 189
de la Caille, N.L., 322, 418–419, 419, 427, 428–429, 432, 433, 441
de la Fontaine, Barbara Elizabeth, 286, 287, 296; sitplek in kerk, 400 ('jonge juffrouw'); huwelik, 287
de la Fontaine, Jan, 87, 184, 252, 268, 335, 335; as goewerneur, 286; & Rustenburg (buiteverblyf), 286–287; inspeksietog, 286, 433; op vendusies, 273; fluweelbaadjie, 300. *Sien ook* de Man, Maria Elizabeth (g. J. de la Fontaine); *& onder* opgaaf (sensus).
de Lalane de Duthay, Gerharda Theodora (g. C.P. Slotsboo), 463
de Man, Andries, 271
de Man, Maria Elizabeth (g. J. de la Fontaine), 252, 273, 286
de Marre, Jan, 46–47, 305–307; *Batavia* (gedig), 305, 393; gedig oor die Kaap, 46–47, 305–307
de Meijer, Pieter, 194, 331
de Meurs, Samuel Martini, herkoms, 194–198, 329, 352; ouderdom, 198;
& agitasie teen goewerneur, 195–196; as landdros, 198, 201; bevordering, 198–199; verslag oor houtbosse, 199; klagtes oor hom, 195–196;
huwelik met AB, 198; aanneming in Gereformeerde Kerk, 198; op vendusies, 200–201, 206; & HB, 171, 199; & Joan van Hoorn, 199; dood, 202; testament, 198
de Neyn, Pieter, 41, 46
de Rens, Jacob, 168; beweerde verwantskap met J. Mulder, 168
de Savoije, Rudolf: slawe, 300
de Savoye, Jacques, 70
de Villiers, Abraham, 66, 73, 104
De Vis (skip): stranding, 299; skildery van stranding, 299–300
de Vos, Wouter, 216
de Vries, Maria, 130–131
de Vries, Susanna (Bosman), *sien* Bosman, Susanna
de Waal, Jan, 445
de Waal, Jan, d'oude, 414
de Wit, Jan, 293

de Wit, P.J., 293
de Witt, Geertruij, 278, 279
Deense handelskompanjie, 345, 385, 410
Deense skepe, 257
Delagoabaai (Maputo-baai), 240
Delft (Nederland), 359
Den Haag (Nederland), 426
Denemarke, 228
deportasie (straf), 97, 155. *Sien ook* verbanning, *& onder* agitasie teen goewerneur (1705–07).
Derham, William, 191
Dernout, Anthonij, 345
des Prez, Jeanne, 215
Deventer (Nederland), 33, 41
diakonie (armesorg), 298–299, 405–407; finansies, 405; bemakings in testamente, 456; armbusse, 405; vorms van steunverlening, 406; uitbesteding, 406
diakonieskool, 398–399
diamante, 94, 357, 359; as handelsartikel, 357; sierade, 355, 373, 460
Diana (slavin van HB), 182
Diemer, Abraham, 76, 219–220; slawe, 220
Diemer, Christina (g. J. Blesius), 81, 88, 402
diensmeisies, 217
Diepenauw, C.H., 118
digkuns, *sien* Nederlandse poësie
digteresse (Nederland), *sien onder* Nederlandse poësie
Dipanagara, *pangéran*, 337–339
Dirksz, Gerrit, 406
diskriminasie (rassisties), *sien* rasseverhoudings
dissiplinering van slawe, *sien* domestieke korreksie (tugtiging van slawe); *& onder* geweldpleging; strawwe
diversifikasie (ekonomies), *sien onder* ekonomie
dobbel, 87, 260–261
Does, Christina, 75–76, 81, 219, 435
Doessen, Cornelis, 241
domestieke korreksie (tugtiging van slawe), 77, 312, 424
Doode Kraal (Door de Kraal) (plaas): boedelinventaris, 217
doop: van buite-egtelike kinders, 403; gekleurde ouers, 403–404; slawe, 320, 404, 409; slawekinders, 404; 'heidene', 62
Doorwerth (landgoed), 54–55

Dordrecht (Nederland), 124, 128, 131, 327–328
Douglas, Abraham, 184, 232
Douw, Helena, 331–332
draagstoele, 240, 242–243, 288, 310, 437, 458–459; toebehore, 243, 279, 344, 457, 464; draers, 243, 302; in HB se huis, 414; in aksie, 302; vir vervoer teen Hottentots-Hollandberge, 285; plaaslik gebou, 243; uit Ooste bestel, 344; uitgebeeld deur J. Rach, 302; in buiteland, 242–243
Drabbe, Johanna (g. P.G. Noodt), 286; slawe, 285–286
Drakenstein (distrik), 62–68 *passim*, 94; beskrywings, 429; in poësie, 306; meul, 429; emigrasie na Tafelvallei, 148; statistieke, 65, 68; vry gekleurdes, 65; slawe, 65.
    Sien ook Bergrivier; Dal Josafat; Wagenmakersvallei (Wellington).
Drakenstein (gemeente), 23, 63, 68–73; 68–69, 73, 108; (Paarlvallei), 246; predikantswoning, 69, 73, 90, 113, 126, 246; begraafplaas, 69; ampsbekleërs, 69, 73, 113; HB hier, 60–92 *passim*, 115–117; F. le Boucq hier, 65, 69, 73(2x), 111–114; verdere predikante, 246, 274, 394, 395, 409; voorleser & onderwyser, 69;
    finansies, 405; armesorg, 406–407; Nederlandse taal, 69, 72, 107; Franse taal, 30, 63, 69, 70–71, 92, 107–108 *passim*; *Korte schets* van D'Outrein in gebruik, 23, 70; as moeilike gemeente, 70, 115, 117
drankgebruik, *sien* drinkgewoontes
drankhandel, 90, 148. *Sien ook* drankpagte.
drankpagte, 101, 140, 152, 165, 189, 224, 241, 275–276, 308
drempeldigte (versvorm), 37, 38, 324
Drieankerbaai, 299
drinkgewoontes, 89, 154–155, 214, 216, 219, 255; dronkenskap van Elizabeth Lenaerts, 441; onderskeid tussen 'beskonkenheid' & 'dronkenskap', 155. *Sien ook* taphuise; tee & koffie.
Droste, Coenraet, 36–37, 54
drostery (Kompanjiesdienaars), 94–95, 99, 204, 382
drostery (slawe), 60, 76–77, 204, 257, 261–262, 280, 382; & Oosterse bannelinge, 342
drukker (VOC), *sien* Wor, Adriaan, & De Erve G. Onder de Linden (drukkers)

drukwerk: gotiese lettertipe, 48, 125
du Plessis, Jean Prieur, 64
du Preez, Hercules, 68
du Preez, Jeanne, *sien* des Prez
Du Toit (stasie), 90
du Toit, Guillaume, 66, 106
du Toit, Helena, 214, 214–215
'Duitse eer', 260
Duitssprekende gebied (alg.): immigrante, 262, 445, 463. *Sien ook* Nederlandse grensgebied.
dukaton (munt), 533 n26
Dupleix, J.-F., 445
Düring, Michael, 76
Durven, Diederik, 308, 358–359

ebbehout, *sien onder* meubelkuns
Eelders, Cornelis, 261
'Eerkroon voor de Caap de Goede Hoop' (J. de Marre, 1746), *sien onder* de Marre, Jan
Eersterivier, 62, 64, 82, 144
eetgerei: tinware, 180, 239, 310. *Sien ook* porselein.
eetgewoontes, *sien* kos & drank
egskeiding, 331; HB & vrou, 225–226
Ehlers, Christina, 274
Ekelenburg (plaas), 409–410
ekonomie: diversifikasie & improvisasie, 422; stelsel van skuld & krediet, 405. *Sien ook* finansiële transaksies; rentekoers.
ekskurse (histories), *sien onder* geskiedskrywing
Eksteen, H.O., 198, 223–22, 411; eerste vrou (Sara Heijns), 224, 241; weduwee 411; slawe, 224
Elbertsz, Aaltje (Alida ter Meulen), 104, 221
Elbertsz, Geertruy, 105
Elbertsz-boers, 104, 206
Elias (slaaf van HB), 183
Elisabeth (VOC-skip), 240
Elizabeth (Engelse skip), 258
Elsenburg (plaas), 79–80, 81, 83, 119, 139, 152, 179, 183, 185, 221; plaasknegte, 80; HB hier, 171; verkoop, 141. *Sien ook* Lamotius, I.J.
Elsevier, Anna, *sien* Elsevier, Johanna (Anna)
Elsevier, Jan, 158
Elsevier, Johanna Constantia (g. H. Beck), 139; huwelik, 139, 140; verklaring oor ds. le Boucq, 193–194;
    status in gemeenskap, 205; lewenstyl, 181–

183; aankope op vendusies, 179–180; erfenisse, 180; klere (benadering), 182; kledingstowwe & bykomstighede, 180; sierade, 180; slawe, 183, 184, 225;
    vertrek na Nederland, 184–185, 225–226; laaste verwysing, 292

Elsevier, Johanna (Anna), 80, 83, 178–179, 193–194, 236; vendusie, 179–180

Elsevier, Johannes (amptenaar), 178, 475 n168

Elsevier, Samiela Jacoba, 180 *passim*, 225

Elsevier, Samuel, 77–81 *passim*, 137, 138; dood van vrou (1705), 140; verklaring oor ds. Le Boucq, 193–194;
    dorpshuis, 140, 170–171; grondbesit, 79–80 *passim*; boerdery, 100; slawe, 80, 150, 170–171; terugroeping, 110, 119, 140; kosgeld, 140; kritiek, 80; dood, 141, 225.
    Sien ook Elsenburg (plaas); Lamotius, I.J.

emigrasie: van binneland na Tafelvallei, 148; van Kaap, 331; Franse Vlugtelinge na Europa, 69–70; Maria Lindenhovius na Nederland, 223; Helena Gulix na Nederland, 319; familie Swellengrebel na Nederland, 307, 431; na Ooste, 256, 343, 381–382; kinders na Ooste gestuur, 331

empalering (straf), 314

Engelbregt, Maria (g. H. van Loon), 78, 83, 160, 166, 186–187, 252; hertrou met W. Helot (q.v.), 247–248; bemaking van Johanna Elsevier, 180

Engelse Oos-Indiese Kompanjie, 257

Engelse skepe, 257, 292, 317

Engelse taal, 210

epistolêre konvensies, 201, 282

Erbervelt, Pieter, 349, 501

erfporsie (erfreg), 309

Esperence van Malabar, 402

Europa: lofsang in gedig *Astrea*, 134

Eva (Khoi-tolkin), *sien* Krotoa

evangelisme (stroming), 410–411

Evert van Guinee, 148–149; 'Swart Evers Lijs', 148–149

Everts, Maria, 275

familiegevoel, 81, 184, 291, 293, 357. *Sien ook* Nolthenius (familie).

familie-invloed (alg.), 281. *Sien ook* amptenarefamilies (plaaslik); beskerming (amptelik); 'bloedvriende'; 'Kompanjiesfamilies' (VOC).

familiekomplekse (koloniste), 243–244, 293, 331, 443–444. *Sien ook* amptenarefamilies (plaaslik).

familiesolidariteit, *sien* familiegevoel

Faure, Anthonie, 159, 164, 168; boekbesit, 211

Faure, Christiaan, 450, 533 n46

Faure, Rachel (geb. de Villiers), 450

feestelikhede, 292, 425–427, 432. *Sien ook* vuurwerkvertonings.

Feyerabend, J.D., 266, 269

finansiële transaksies, 317; diakonie, 405. *Sien ook* rentekoers; *& onder* Beck, Henricus (persoonlike sake).

Fleck, Christiaan, 23–24

Floris (slaaf), 311

Florus van die Kaap, 403

Fort De Knokke, 379

Fortuin van Bengale, 314

Fortuin van Boegies, 345–346

Fortuin van Nias, 345–346

Fothergill, Anna (g. S. Swellengrebel), 460–461

Francken, Jacob, 413, 428–429 *passim*

Francker (Nederland), 463

Franschhoek, 67

Franse besoekers, 445

Franse Oorlog (1672–78), 19–20, 41(2x), 55

Franse Oos-Indiese Kompanjie, 257

Franse skepe, 257, 461

Franse taal, 21, 51, 362, 386, 390, 432, 461, 466 n49; 'dood van die Franse taal' (1723), 69. *Sien ook onder* Drakenstein (gemeente).

Franse Vlugtelinge (Hugenote), 63, 64–68; as bestendige element in gemeenskap, 94; ekonomiese situasie, 67–68; & agitasie teen die goewerneur, 102, 108; onwettige ruiltogte, 98; kritiek, 70; statistieke, 63;
    terugkeer na Europa, 69–70; afstammelinge, 432; in Nederland, 17, 119; elders in Europa, 242, 396

Frappé, Hendrik, 230

Frederiksberg (plaas), 197

Frederiksz, Beeletje: 184

Frisnet, Guiliam, 151

Frits, J.H., 489 n260

gaandery (vertrek), *sien* galdery

Galant van Malabar, 312–313
galdery (vertrek), 217, 288, 310, 413, 434–436, 438; vroegste vermelding (1701), 434; benaming 'gaandery' (1762), 435; inrigting, 435, 435–436; apoteose (1748), 435–436; in Batavia, 434, 435. *Sien ook* voetbank (verhoging).
Gallart, Michiel, 330–331
Galle (Ceylon), 329, 352
Gam (Bybels), 133
garnisoen (administratief), 503 n159
garnisoen (militêr), 250–252; bevelvoerder, 230–231; grenadiers, 251; lyfwag van goewerneur, 251, 266; militêre wag (nagwag), 256; uniforms, 251; hervormings van De Chavonnes, 250–251
Gauche, Andries, 67
gedenkpennings: G.W. van Imhoff, 374, 377; begrafnisse, 84
gedigte, *sien* Beck, Aletta (werk); Kaaps-Nederlandse letterkunde; Nederlandse poësie
gedwonge diens (straf, VOC), 97–98, 103, 351–352
Geerhard, Hendrik, 463
geestelike lewe: verwaarlosde toestand, 429–430. *Sien ook* evangelisme (stroming); piëtisme (stroming).
gekleurde gemeenskap, *sien* vry gekleurde gemeenskap
Gelderland (provinsie), 17, 27, 28, 56, 123–124; letterkunde, 36, 41. *Sien ook* Arnhem; Doorwerth (landgoed); Het Loo (paleis); Veluwe (streek).
Geldermalsen (skip), 344
geleentheidsverse, 215; AB, 263, 267–268, 321; Nederland, 36–39, 41, 50, 56, 82, 88, 122–132 *passim*
geleerdenetwerk (internasionaal), 210
geletterdheid, *sien* ongeletterdheid
Gelf, Jacobus, 407
gelyktydigheid van gebeure (histories), *sien onder* geskiedskrywing
'gemengde' huwelike & verhoudings, 65, 76, 151–155 *passim*, 241, 275, 276, 321–322, 331, 398, 407, 457; Maria Mouton & Titus van Bengale, 247; ds. Kalden van ontug beskuldig, 127; kritiek, 110, 111. *Sien verder* vry gekleurde bevolking.

Genadendal (sendingstasie), 315, 410
geneeshere, *sien* chirurgyns
George III, Britse koning, 297
Gereformeerde (Hervormde) Kerk: in Nederland, 62; bevoorregte posisie (VOC), 394–395; 'Indiese Kerk' (naam), 60. *Sien ook* kerkbestuur; kerklike lewe; predikante.
Gerritsz, Albert, 109
geskenke, *sien* omkopery (amptelik); *& onder* Kaap die Goeie Hoop; Ooste (alg.)
geskiedskrywing: gelyktydigheid van gebeure, 262; ontoeganklikheid van verlede, 239; ekskurse, 457. *Sien ook* bronne van inligting; koloniale mites.
geslagsiektes, 318, 445
gewelddadigheid (alg.), 97, 98, 342, 420–421, 423–424; soldate & besoekende matrose, 259–260; teenoor slawe, 312, 313; ketening van slawe, 313; lykskouing op slawe, 313. *Sien ook* domestieke korreksie (tugtiging van slawe).
gewels (argitektuur), 144, 146, 202; endgewels, 201; sentrale gewel, 436; vroegste gedateerde gewels (1756), 436
glasruite, *sien onder* woningbou
glasspuit (implement), 278
Goa (Indië), 347
Godefroy, Paul, 67
'goeie maande' (VOC), 345
goewerneur-generaal (Batavia), 255; plegtighede aan Kaap, 268, 433; voorbidding in kerk, 425
goewerneursamp, 245; onthaalkoste, 255; maaltye, 255; verjaardagviering, 255; bywoning van kerkdiens, 297–298, 400; voorbidding in kerk, 425; begrafnisgebruike, 455; goewerneurswoning (Kasteel), 297, 376; (Kompanjiestuin), 200, 285; hofmeester, 281; lyfwag, 251, 266; slawe, 296, 297–298; rytuig, 296;
enigste gebore Kapenaar (H. Swellengrebel), 293; twis oor opvolging (1737), 289–291; lys goewerneurs dwarsdeur Ooste, 384. *Sien ook* Rustenburg (buiteverblyf).
Golius, Aletta, 357
Gommers, Jasper, 155–156 *passim*
Goossens, Geertruid Margaretha, 334

Gordon, Geetruyd, 39
Gordonsbaai (Valsbaai), 521 n89
Goske, Isbrand, 20
Goudkus, 300
Gouritsrivier, 310
Gous (familienaam), *sien* Gauche
grasdakhuise, 66, 83, 146, 175, 202; Tafelvallei, 233, 238, 413, 438–439
Greeff, Matthjs, 151–152, 157, 219; boedelinventaris, 215–217; slawe, 216–217
grensgebied (Kaap): oosgrens, 433
grensgebied (Nederland), *sien* Nederlandse grensgebied
Grietje van Constantia (slavin), 314
Groenewald, Christoffel, 158
Groenewald, Jan, 406
Groenfontein (plaas), 219
Groenpunt, 299
Groenswaard (skip), 286
groepsolidariteit, *sien* amptenarefamilies (plaaslik); familiegevoel; familie-invloed; familiekomplekse (koloniste); 'Kompanjiesfamilies' (VOC); nepotisme
grondbesit van amptenare, 232, 409 419
Groningen (Nederland), 26, 354
Groot Armosyn (oudslavin), 151
Groot Constantia (landgoed), *sien* Constantia
Grootvadersbos, 430–431
Grové, Andries, 423–424
Gulix, Helena (g. W. ten Damme), 307, 317; & W.A. van der Stel, 273; vertrek, 319
guns (amptelik), *sien* beskerming
Gustaaf Willems-baai (Vishoek), 377
Gwanzjoe (China), *sien* Kanton

Hackeberg, Gerrit, 371; slaaf, 371
Halma, François, 42
handel: deur amptenare, 85–86; met skepe, 303. *Sien ook* drankhandel; ivoorhandel; kleinhandel.
handelsryk (VOC), *sien* Ooste (VOC)
handelsware, 64–65, 68, 236–237 *passim*, 283, 438; gewilde goedere, 237, 345
Hantam, 431
hare (mode), *sien onder* pruike
Harman van Cabo de Goede Hoop, 343
Harms, Hans, 407

Hars (familienaam), *sien* Herfst
Hartenberg (plaas), 212
Hartman, N., 292, 426
Hartog, Jan, 191, 199
Hartz, Anna Regina (g. K.J. Slotsboo), 230, 243–244, 444
Hartz, Catharina, 444
Hartz, Heinrich, 230, 444
Hasewinkel, Christoffel, 77, 103–104
Hasse, Johannes, 436–437
Hattingh, H.H., 151, 152
Heems, Guillaum, 271
Heer Hendriks Kinderen (redoute), 379
Heesburg (skip), 305
Heijning, Nicolaas, 291
Heijns, Anna, 241; slawe, 241
Heijns, Hendrik (sr.), 240–241
Heijns, Hendrik (jr.), 241
Heijns, Paul, 198, 240–241, 273, 498 n231
Heijns, Sara, 224, 241
Heins, Daniël, 93
Helena van Malabar, 152
Helot, Willem, 244, 252, 501 n76; hertrou (met Maria Engelbregt, q.v.), 247–248, aangekla, 247–248; ontslaan, 252; boedelinventaris, 239
Henderica van die Kaap, 421, 456
Hendriksz, Frans, 406
Herbst, Clara, 152
Hercules Pilaar (plaas), 77–78
herdersange (digvorm), 42–43, 45–48, 128, 321; oor Kaap, 306; herderspel, 264, 305
Heren, Cornelis, 157
Herfst, Jan, 152
Herkules (visleweransier), 406
Hertzog, J.B., 382
Hertzogenraedt, J.W., 274. 409
Hervey, Lord, 297
Hervormde Kerk (Nederland), *sien* Gereformeerde (Hervormde) Kerk
Herwig, Hermina, 275 *passim*, 278; slawe, 275
Hesse, Hendrik, 261
Het Loo (paleis), 56
Hexrivier, 430
Heydt, J.W., 350–351, 389
Hoesaar van Boegies, 183, 420, 421, 450
Hof van Ilpendam (skip), 131
hofdigte, 42, 43–45, 305

hoflewe (Engeland), 297
Hofman, Adolph, 398, 418
Hofman, C.F., 332–336; 'Korte beschryving ...', 333; kinders, 333, 335, 336; slawe, 333, 335, 343; dood, 335; boedelinventaris, 332–333; vendusie, 333, 418
Hogenes (skip), 225
Holst, Jan, 261
honde, 88
Hoogstede (plaas), 184
Hoopenburg (plaas), 78, 79
'horing' (strafwerktuig), 77
Hottentots-Holland (streek), 429
Hottentots-Hollandberge, 189–190, 285
'Hottentotte' (naam), 59. Sien verder Khoikhoi.
Houhoek, 223
Housaar (slaaf van HB), *sien* Hoesaar van Boegies
Houtbaai (Kaapse Skiereiland), 261, 494 n28; in die poësie, 46
houtsoorte, *sien onder* meubelkuns
Hugenote, *sien* Franse Vlugtelinge
Hugo, Daniël, 66
Huis ter Duine (skip), 345
huisboorling (benaming), 421
huise, *sien* woningbou; woninginrigting
huislike lewe, *sien onder* koloniale kultuur
huisraad, *sien* woninginrigting
Hüsing, Henning, 109, 120, 146; as voorbeeld van sosiale styging, 138; guns van Van der Stels, 139; vleiskontrak, 101–102; dorpshuis (Tafelvallei), 101, 118, 136, 167; boerdery, 100; knegte, 100, 154; slawe, 100; agitasie teen die goewerneur, 101–109, 118; dood, 223. *Sien ook* Lindenhovius, Maria (g. H. Hüsing).
huurknegte, *sien* plaasknegte
huwelik: sosiaal voordelige huwelike, 244–245; 273–274, 315, 362, 397, 422. *Sien verder* amptenarefamilies (plaaslik); familiekomplekse (koloniste); 'Kompanjiesfamilies' (VOC). *Sien ook* egskeiding.
huweliksange (digvorm), 264 *passim*
huweliksvierings, 87, 264–265, 301
Huygens, Constantijn, 43
Huysman, Anthony, 249, 363
Huysman, Catharina Magdalena (g. G.W. van Imhoff): verwysings, 363, 367, 368; naam genoem, 375; dood, 390

Île de France (Mauritius), 461
Imbert, Jean, 66
immigrasie, 62–63, 64, 254; beweerde oogmerk van immigrante, 254. *Sien ook* Franse Vlugtelinge; & *onder* Duitsprekende gebied; Ooste (alg.).
improvisasie (ekonomies), *sien onder* ekonomie
Indië (subkontinent), 328–329. *Sien ook* Bengale; Koromandel; Malabar.
'Indië' (naam), 60
Indonesiese argipel, 328–329; bannelinge & bandiete, 336, 340–341, 341–342. *Sien ook* Batavia; Java; Makassar; Molukke (Melaku); Sumatra.
intra-Asiatiese handelswêreld, *sien* Ooste (VOC)
invloed (amptelik), *sien* beskerming
invoergoedere: uit Nederland, 438, 461; bome & plante van Mauritius, 461. *Sien ook* bestellings uit Europa; Oosterse invoergoedere.
Iran, *sien* Persië
Isack van Ternate, 261
Isak van Malabar, 423
Islam, *sien* Moslems
ivoorhandel, 230

jaarmarkte, 153
Jacob (kneg van A. Tas), 221
Jacob van die Kaap, 241
Jacobsz, Titus, 277
Jagt, Moeder (bynaam), 197
Jagt, Willem (bynaam), *sien* Basson, W.A.
Jakarta (Indonesië), *sien* Batavia
Jakob van Makassar, 223
Jamess, Isabel, 279
Jan de Jonkershoek, 143
Jan die Timmerman, 449, 450, 452
Jan van Bali (slaaf van HB), 183(2x)
Jan van Ceylon, 150, 222–223
Jan van Malabar, 76
Janse, Francina, van die Kaap, 276
Jansz, Carel, van Bengale, 402
Jansz, Hendrik, 147
Jansz, Lijsbeth, van die Kaap, 152, 158
Januarij van Boegies (droster), 261–262

Januarij van Makassar, 261–262
January van Boegies, 424
Japan, 431
Jason van Madagaskar, 422
Jason van Makassar, 261–262
Java (Indonesiese argipel): statistieke, 346. *Sien ook* Bantam (Banten); Batavia (Jakarta); Ceribon (Cirebon); Mataram.
Jephta van Batavia, 261–262
Jephta van die Kaap, 401–402, 424
Jering, J.E., 229–230
Johanna van die Kaap, 448–449
Jones, Josephus, 459
Jonker, Adolph, 402
Jonkershoek, *sien* Jan de Jonkershoek
Joostenberg, 219
Joostenbergvlakte, 77
Jordaan, Pieter, 67
Joubert, Pierre, 66, 115; dogter, 115
Jubse (slavin), 183; 'Maij Jubse', 183
Juliana van die Kaap, 463
Julij van Persië, 311

Kaap die Goeie Hoop (kolonie): algemene ontwikkeling, 428; ekonomiese vooruitgang, 64, 380, 405, 434; vooruitgang onder M.P. de Chavonnes, 254; lewenskoste, 338–339;
eeufeesviering (1752), 431–432; in die poësie, 42, 46–47, 133–135; as landbou- en vestigingskolonie, 143; rangorde in handelsryk VOC, 257; 'Kaapeiland' (ballingsoord), 336;
verslag deur D. Nolthenius (1748), 316–317; Memorie van G.W. van Imhoff (1743), 379–380; statistieke, 58, 428;
geskenke na Nederland, 280, 380–381; beskikbare inligting in Nederland, 58–59, 133–135; kontak met Nederland, 92; gebrek aan Europese geriewe, 206–207; inwoners, 277; laaste skakels met pionierstyd, 75.
Sien ook Gereformeerde (Hervormde) Kerk; koloniale kultuur; Ooste (VOC); rasseverhoudings; vryburgerbevolking; *& verwysings onder* besoekende kunstenaars; bestuur (VOC); verslae oor die Kaap.
Kaapse Barok (styl), *sien* 'Kaaps-Hollands' (Kaapse Barok)

Kaapse Distrik, 429(2x), 451
Kaapse Vlek (naam), 233. *Sien verder* Tafelvallei.
'Kaaps-Hollands' (Kaapse Barok), 83, 200, 201, 215, 220, 271; 'proto-Kaaps-Hollands', 146, 436
Kaaps-koloniale kultuur, *sien* koloniale kultuur
Kaaps-Nederlandse letterkunde, 41, 46–47, 215; gepubliseerde preke, 377, 432. *Sien ook* Beck, Aletta (werk).
Kaapstad (moderne stad) [*alfabeties*]: Adderleystraat, 193; Belmontweg, 272; Bo-Kloofstraat, 279–280; Buitenkant, 449; Corporationstraat, 459; Darlingstraat, 193, 459; Groentemarkplein, 235, 302, 447; Groote Kerk, 79, 401; Hofstraat, 232, 279; Houtstraat, 311, 411; Kasteelstraat, 309, 311, 428; Kerkplein, 399;
Kloofnekweg, 270; Koningin Victoriastraat, 232, 311; Koopmans-de Wethuis, 239, 439; Langmarkstraat, 411, 459; Langstraat, 232, 233, 311, 411; Leeukop, 271; Loopstraat, 311; Meulstraat, 232; Michaelisgalery, 447; Mostertstraat, 411; Oranjezicht (buitewyk), 270, 272; Parade, 233, 235;
Parlementstraat, 233, 261, 437; Pleinstraat, 233, 459; Sir Lowryweg, 449; Somersetweg, 234, 452; St Cyprian-skool, 272; stasie, 412; Strandstraat, 193, 235, 412–414 *passim*, 439, 459–460; Thibaultplein, 136, 413; Tuine (buitewyk), 270; Tuynhuys, 200, 285; Waalstraat, 309, 311; Waterkant, 411, 413.
Sien verder Tafelvallei.
Kaap-Verdiese eilande, 195
kaartspel, 213–214; speelkaarte, 237, 239; kaarttafels, 276, 311
kaffers (geregsdienaars), 105, 259, 312; Oosterse bannelinge, 387
'Kaffers' (Bantoesprekendes): naam, 59
Kalden, Catharina (Keetje), 82–83
Kalden, Petrus, 60, 74, 75, 81–82, 138; klagtes & kritiek, 60, 82, 106, 138; beskuldiging van ontug, 127; oor J. Mahieu, 166; & ds. Le Boucq, 118; & HB, 115–116; slawe, 127; terugroeping, 110, 119; as hulppredikant (1707–08), 113
Kanonkop, *sien* Simonsberg
Kanton (Gwanzjoe) (China), 258, 365, 418
Kasteel (Tafelvallei), 20, 101, 197, 255; woon-

ruimte (alg.), 231–232, 420; goewerneurswoning, 297, 376; vergadersaal, 290, 376, 397, 404–405, 433; sekunde se woning, 296, 501 n76; ampswoning van bevelvoerder van garnisoen, 231; slawekwartier, 231;

Katbalkon, 376, 433; Donker Gat, 103; Imhoff-battery, 379; kritiek op gebou, 253; militêre roetine, 231, 251; onthaal van besoekers, 296; openbare plegtighede: 285, 375–376, 433; kerkdiens, 60, 404–405; aandgebed, 397; vendusie, 381;

aanhouding van gevangenes, 103, 118; A. Valckenier, 371–372; Oosterse bannelinge, 337, 387

Kattendijk (skip), 110

Keestok, Marinus, 119

Keeve, Hermanus, 442

Keijser, Paul, 212

Keizer, Christoffel, 149

kerkbestuur, 60–61; gemeentestigting, 429–430; kerkraadslede, 395; afsnyding van gemeente, 116–117; toepassing van sensuur, 98; skorsing van R. Cloppenburgh, 441; kontak met Nederland, 58, 61, 71–72; Kerkorde van Batavia, 60–61.

Sien ook kerklike ampsbekleërs; *& onder* kerklike lewe.

kerkdienste: kanseltaal, 378; aanwesigheid van goewerneur, 297–298; gebed vir owerheid, 425; in Kasteel, 60, 404–405; in Nederland, 22, 124, 124–125. *Sien ook* kerkstoele; preke; *& verwysings na afsonderlike gemeentes onder* kerklike lewe.

kerkgang (plegtigheid), 169

kerkgebou (Tafelvallei), 399–402; preekstoel, 400; wapenborde, 290; orrel, 286, 401; toring, 400 *passim*; klokke, 399, 400; begraafplaas, 451. *Sien verder* kerkdienste; Tafelvallei (gemeente).

kerklike ampsbekleërs, 61–62. *Sien verder* kosters; predikante; sieketroosters; voorlesers.

kerklike lewe: kerklidmaatskap, 22, 396; breë groepe aan Kaap, 410; in Nederland, 21–22. *Sien ook* evangelisme (stroming); piëtisme (stroming) *& verder* Drakenstein (gemeente); Stellenbosch (gemeente); Tafelvallei (gemeente)

kerkstoele, 160, 164, 169, 212, 240, 242, 253, 399, 400

kermis, *sien* jaarmarkte

Khoi-kaptyns: ontvang ampstawwe, 247

Khoi-stamme (alg.), 221. *Sien ook* Chainokwa; Kochokwa.

Khoikhoi, 65–66, 220–221, 230; & Nederlandse taal, 190, 230; in diens van blankes, 65–66, 98, 190; botsings met blankes, 59, 66, 230; D. Nolthenius oor behandeling, 316; aantekeninge van J.G. de Grevenbroek, 208; in poësie, 133, 135; sendingwerk, 315, 410; 'bastaarthottentottinne' in Tafelvallei, 414. *Sien ook* veeroof; veeruil.

Kichelaar, Jacoba, 78

Kien, Balthazarina (g. M.P. de Chavonnes), 268; gedig deur AB, 267–268; slawe, 184, 268

Kien, Johannes (Jan), 168; boekbesit, 211

kiepersol (sommereel), 85, 238, 240, 278, 310; 'prag & praal'-wetgewing (1755), 439–440; uit Ooste bestel, 344; sambreelstok as wapen, 312. *Sien ook* pajong (staatsiesambreel).

Kietjil (slaaf van J.N. von Dessin), 423

Kighelaar, Jacoba, 78

Kijtema, P.H., 238

Kina, Susanna, 452, 453

kindersiekte (naam), 445

Kirsten, J.F., 419

Klaasenbosch (plaas), 307, 308

Klapmutsberg, 74; plase van hoër amptenare, 77–89

Klapmutsrivier, 220

Klassis Amsterdam, 58, 61, 111, 407, 408–409

Klassis Walcheren (Zeeland), 61

kleding: 'prag & praal'-wetgewing (1755), 440; in skildery van *De Vis* (skip), 299–300; roudrag, 153, 426, 449, 455–456;

mansklere, 182; militêre mans, 204, 300; bestelling van J. de Grandpreez, 294–295; boedelinventaris van Pieter Meijer, 300–301; baadjie van J. de la Fontaine, 300; 'Japonse rok', 84, 416; kabaai, 416;

vroueklere, 182, 241, 333, 460; baleinrokke, 297–298, 299–200, 535 n106; hoeveelheid vroueklere in 'n koffer gebêre, 535 n107;

vry gekleurdes, 402–403, 403–404; tweedehandse klere, 445, 449; verhuur van klere,

449; klere tuis gemaak, 241; kledingstowwe, 283, 438; kleur rooi, 204, 300; styflinne (vir mansbaadjies), 300.
  Sien ook bykomstighede; slawekleding; wasgoed (boedelinventarisse).
kledingstowwe, 68, 438. Sien ook Oosterse tekstiel; & onder kleding.
Kleine Kaptein (Khoi-kaptyn), 66
kleinhandel, 179, 235–237, 438, 444, 529 n179; magasyne van VOC, 235; Chinese, 343. Sien ook handelsgoedere.
Kleinveld, Valentijn, 194
klere, sien kleding
kleur ..., sien rasseverhoudings
Kloos, Willem, 324
knegte, sien plaasknegte
knope, sien onder bykomstighede
Kochokwa (Khoi-stam), 62, 142, 221
Koelenhof (plaas), 74, 76–77, 90, 139, 215–216; verkoop, 92, 104, 126, 138, 164, 186
Koerten, Johanna, 35, 56
koffie, sien tee & koffie
koffieboontjies, 276, 344, 345, 417, 418
Kolb, Peter, 72, 78–79, 81, 121, 166, 207; vorms van naam, 207; reputasie volgens Le Vaillant, 166–167; *Caput Bonae Spei hodiernum* (1719), 207, 233; ontoereikendheid van Nederlandse vertaling, 198;
  & HB, 117–118, 171, 177; oor AB as digteres, 198; & W.A. van der Stel, 207; oor J. Starrenburg, 209; oor S.M. de Meurs, 194, 198
koloniale kultuur, 213, 346; meerderwardigheidsgevoelens van blankes, 406; gebrek aan Europese geriewe, 206–207; huislike lewe, 304; lewenstyl van 'n senior amptenaar (1762), 458–460;
  meubelkuns, 436; kopersmeekuns, 437; silwersmeekuns, 436–437; Oosterse invloede, 240 *passim*, 289, 333, 418, 460.
  Sien ook argitektuur; gewelddadigheid; gewels (argitektuur); 'Kaaps-Hollands' (Kaapse Barok); Kaaps-Nederlandse letterkunde; kos & drank; ontspanning & vermaak; Oosterse slawe; 'prag & praal'-wetgewing; rasseverhoudings; slawebesit; sosiale lewe; woningbou; woninginrigting.

koloniale mites: *gracious living*, 239. Sien ook 'Kaaps-Hollands' (Kaapse Barok).
koloniale styl, sien koloniale kultuur
koloniseringsproses: eerste plaaslik gebore goewerneur (H. Swellengrebel), 293; eerste plaaslik gebore predikant (P. van der Spuij), 293, 431–432; eeufeesviering (1752), 431–432; gemeentestigting, 429–430; uitbreiding van kolonie, 430–431; rooftog teen 'Cabucquaes' (1702), 99; oosgrens (1752), 433; skakels met verlede, 75, 307, 319
kommandostaf (embleem van gesag), sien ampstaf
kommunikasie (tussen Kaap & Nederland), 126, 127; kopieë van briewe versend, 392
kommunikasiemiddele, 92
Kompanjiesdienaars (alg.), 94, 351; duisterheid van herkoms, 194; maatskaplike randfigure, 147–148; Duitssprekendes, 445; edelmanne, 362; ambisie, 198; kans vir sosiale & ekonomiese vooruitgang, 138–139, 224; besoldiging, 356; benaming 'garnisoen', 503 n159; statistieke, 428.
  Sien ook amptenare (VOC); 'goeie maande'; gedwonge diens. Sien verder Eksteen, H.O.; Hüsing, Henning.
'Kompanjiesfamilies' (VOC), 183–184, 245–247, 329–330, 334, 350, 354. Sien ook amptenarefamilies (plaaslik).
Kompanjieslawe (VOC), 223; in diens van amptenare, 184, 223, 300; diens by goewerneur, 296, 297–298; statistieke, 230, 303;
  pokke-epidemie (1755), 447–448, 451; klere, 338; rantsoen, 338; doop van kinders, 404; slawekinders, 404–405.
  Sien ook Slawelosie (Tafelvallei).
Kompanjiestuin (Tafelvallei), 45, 54, 134, 233–234, 304; Oosterse bannelinge hier, 337; in die poësie, 306
Komrij, Gerrit, 49, 326
Koning, Martinus, 249
kontrakbreuk, 217
kopbedekkings: fontange (hooftooisel), 241–242. Sien ook pruike.
kopersmeekuns, 437
Koromandel (Indië), 330, 358; bannelinge, 336
korrupsie (VOC), 422; AB hieroor, 356–357, 367;

in Ooste, 308, 353–354; veldtog, 356. *Sien ook* privaat handel.
kos & drank: huishoudelike voorrade, 416–417; huweliksvierings, 265; besoekers oor Kaapse kos, 418–419.
Sien ook begrafnismaal; drinkgewoontes; maaltye; slawe:rantsoen; tee & koffie.
kosters, *sien onder* Stellenbosch (gemeente); Tafelvallei (gemeente)
krankbesoekers (kerklike amptenare), *sien* sieketroosters
kranksinnigheid, 220–221, 407
kroeë, *sien* taphuise
Kromhout (familienaam), *sien* Cromhout
Kromme Rhee (plaas), 90, 139, 171; verkoop, 184
Krotoa (Khoi-tolkin), 218
Kruysman, Arnoldus, 152
Kuilsrivier, 137
kunstenaars, *sien verwysings onder* besoekende kunstenaars
Kurrij, Frederik, 346
kwispedoors (spuugbakke), 85, 217, 278, 288, 395–396, 415, 459

la Febre (vleisleweransier), 406
la Fèbre, Hendrik, 454
la Fèbre, *sien ook* le Febre
La Motte (plaas), 67
Labat, Jacob, 67
Lageberg (barbier), 416
Lammens-susters (besoekers), 132, 136, 295–298, 303–304, 400, 404, 409
Lamotius, I.J., 207–208, 491 n317; as saakwaarnemer van S. Elsevier, 170–171, 207–208; & HB, 171; foutiewe identifisering, 489 n260
Land van Waveren, *sien* Tulbaghvallei
landbou, *sien* boerdery
landdroste: rang, 244
landmeters, 230
Lange, Hans, 381
Langenbergh, Jacob, 406
Langendijk, Pieter, 38, 45–46
Lanij, Maria: boedelinventaris, 182
Lapaaij van Boegies, 411, 420–421
Latynse gedigte, 82
Latynse taal, 208, 250, 362, 385

le Boucq, E.F., 92, 111–112; in Drakenstein, 65, 69, 73(2x), 112–114; episode in Kaapstad (1707), 193–194; & ds. Kalden, 118; & HB, 114–115, 221;
klagtes van Le Boucq, 169(2x); kritiek op predikante, 75, 113; oor doop van slawekinders, 404;
slawe, 118; deportasie, 118, 119–120, 329; in Ooste, 92, 119–120
le Boucq, Sebastiana Theodora, 329–330, 331
le Febre, Marie, 68
le Febre, *sien ook* la Febre
le Long, Charl, 406–407
le Roux, Jean, 432
le Sage, Jean, 236, 239; slawe, 239
le Sueur, Franciscus, 313–314 *passim*, 319, 396–397, 407, 430; huwelik met Johanna Swellengrebel, 397
le Vaillant, François: oor P. Kolb, 166–167
Lécrivin (familienaam), *sien* Lekkerwijn
leenknegte, *sien* plaasknegte
leesstof, *sien* boeke
leeus, 143, 190, 222, 431
Leeuwarden (Nederland), 463
Leeuwenhof (landgoed), 270–279 *passim*, 314; naam, 271; geskiedenis van perseel, 271; aangekoop deur AB, 270; (moontlike) huisgenote, 281, 322, 396, 412; verkoop, 315, 412; (ver)kooppryse, 271 *passim*, 315
Leiden (Nederland), 14, 26, 30, 31–32, 60, 129; botaniese tuin, 31; *Mengeldigten* van AB in universiteitsbibioteek, 321
Leidsman (skip), 247
Lekkerwijn, Arie, 67
'Lena die Sweed' (bynaam), *sien* Clements, Helena
Lenaerts, Elizabeth (g. R. Cloppenburgh), 441
leningsplase, 431
Lens, Frans, 420, 420–421, 441
lewenstyl (koloniaal), *sien onder* koloniale kultuur
Ley, Michiel, 189, 197, 206, 271
Leydecker, Cornelia, 39–40, 56
Leydecker, Melchior, 39–40, 469 n42
Libertas (plaas), 187, 208, 216
Liefrinck, Theunis, 88
Liesbeekvallei, 90, 434, 444; C.F. Hofman hier,

332–336 *passim. Sien ook* Ekelenburg (plaas); Klaasenbosch (plaas); Nuweland; Paradysbos; Rondebosch; Wynberg.
Lijs ('Swart Evers Lijs'), 148–149
Lindenhovius, Maria (g. H. Hüsing), 138; guns van Van der Stels, 139; & agitasie teen goewerneur, 118; terug na Nederland, 223
Lobenstein (Loevenstein) (plaas), 224
Lodewyk XIV, koning van Frankryk, 18, 19, 56, 114; dood, 254
Londense Sendinggenootskap, 411
Loos, Geertruij, 152
Loots, Hendrik, 158
Loret, Guillaume, 98, 115
Loring Pasar, *pangéran* (banneling), *sien* Saloringpasar
Loten, J.G., 330
loterye, 162–163
Lotter, Matthias, 436–437
Louis de Hottentot, 221
Louis van Bengale, 143, 152, 406
Lozee, Maria (g. Paul Heijns), 273
Lursenius, Jacob, 329
Lutherse Kerk, 317, 343, 419, 462, 491 n330; Batavia, 385
Lynedoch, 98

maaltye: begrafnismaal, 153–154. *Sien ook* afskeidsmaal (amptelik); kos & drank.
Maartens, Christiaan, 157, 157–158
Madagaskar, 60, 257. *Sien verder* slawehandel (met buiteland); slawetogte (VOC).
Mahieu, Hercules, 167–168, 489 n228
Mahieu, Jan, 78, 145, 156, 165–168, 206; & agitasie teen goewerneur, 166; insident in kerk, 167; kritiek deur A. Tas, 167;
  huis in Stellenbosch, 165–166, 166; huwelik met Johanna Meijhuijsen (q.v.), 165; vroeëre huwelik, 165; oorplasing na Kaap, 167–168, 270;
  slawe, 166; dood, 168; boedelinventaris, 166
Makassar (Inonesiese argipel): bannelinge na Kaap, 388
Malabar (Indië), 78, 183
Malakka, 265, 281
malaria, 371, 393
Maleise taal, 129, 138, 312, 355, 386, 421

Malmesbury, 222, 430
Mancadan, Sybrandus, 142–142, 144–145
Manuar van Mandar, 462
Maputo-baai, 240
Marais, Charles, 66
Marcus (Kompanjieslaaf by HB), 184, 223
Maria II Stuart, Britse koningin, 36, 55, 56
Maria van die Kaap, 454
Maria van Madagaskar, 275
Maria van Malakka, 420–421
Maria van Negapatnam/Bengale, 151
Marise (slavin? van HB), 183(2x)
Marquardt, Joachim, 230–231, 244
Marquardt, Judith, 230, 444(2x)
Marquardt, Margaretha (Grietje), 230–231, 244, 444
Marquardt, Tobias, 230–231
Martensz, Anthonij: boedelinventaris, 440–441
Maskarene (eilandgroep), 317
Mataram (Java), 336–337, 386–387, 516 n67 & n70
Matjieskuil (plaas), 77–78
matrose, 318. *Sien ook onder* gewelddadigheid.
Mauritius, 207, 218, 317, 461; invoer van Kaap, 417–418; as ballingsoord, 96, 109
Maxwell, John, 476 n49
mediese dienste, *sien* chirurgyns
Meerlust (plaas), 100, 413
Meijboom, Abbetje (g. R.S. Allemann), 301; slawe, 301
Meijboom, Geertruijda, 308, 309
Meijboom, Gezina (Geesje), 296
Meijburgh, Constantia (g. C.F. Hofman), 333
Meijer, Gerrit, 238
Meijer, Pieter: boedelinventaris, 300–301
Meijhuijsen, Godfried, 84, 165; huwelike, 165; slawe, 165; dood van slaaf, 165
Meijhuijsen, Johanna (g. J. Mahieu), 165–166; & A. Tas, 165; & HB, 165, 186; dood, 165, 167–168
Meinertzhagen, Isaac, 317, 318
Meiring, A.M., 430
Meister, Kasper, 149
Melaku (Indonesië), *sien* Molukke
Mentor (slaaf van HB), 447
Mentzel, O.F., 212; & HB, 30, 117, 412
Mercurius (skip), 123

mesvegtery, 97, 154–155, 157, 420–421
meubelkuns, 436; Kaapse houtsoorte, 85, 217; Oosterse houtsoorte, 85; ebbehout, 218, 238, 240, 461
meubels, *sien* woninginrigting
Mexiko, *sien* Nieu-Spanje
Meyer, Andreas, 276
Meyer, Gerrit, 68
Michiels, Matthys, 197
Middeleeuse manuskrip, 50–51
Miera van Malabar, 276
Mijburg, B. (wed. Van Rooijen), 455
mishandeling van slawe, 97, 165, 313; beweerde 'brutaliteit', 312. *Sien ook* Cloppenburg, Abraham; Meijhuijsen, Godfried; *& onder* geweldpleging.
mites (histories), *sien onder* koloniale mites
Moddergat, 206
Möller, Anna Margaretha, 330–331; praalgraf (Poelikat), 331
Möller, Cobus, 443
Möller, H.C., 230–231, 244, 330
Möller, Hendrik, 443
Möller, Hendrik ('bloedvriend' HB), 443–444
Möller, Jacobus, 249, 345, 375, 435–436
Möller, Johanna (g. J. Raeck), 444
Möller, P.J., 444
Möller, R.D., 462
Molukke (Indonesië), 129; finansiële transaksies, 185–186
Molvanger, weduwee, 261
Montanus, J.A., 195
Moonen, Arnold, 33, 39–41 *passim*, 46, 50
Morawiese Broederskap, 315, 410, 411
Morian, Anna, 39
'morshandel' (term), 332
Mos, Jan, 206
Mosambiek, 240
Moslems, 72, 411
Mossel, Jacob, 237, 349–350, 433
Mosselbaai, 286
Mouillepunt (Tafelbaai), 379
Mouton, Maria, 247
Mozart, Leopold, 502 n101
Mulder, Anna Christina, 79
Mulder, Hendrik, *sien* Möller, H.C.
Mulder, Johannes, 77, 78–79, 111; & HB, 171; aanstelling as landdros, 143, 201; verwantskappe, 78, 79, 168, 183; slawe, 77, 403
Mulder, N.J., 270
Muldersvlei (plaas), 78
Muller, Johanna Elisabeth, 462, 463
Munckerus (familie), 21, 84
Munckerus, Hendrik, 76, 83–85, 102; boekbesit, 211; slawe, 86; dood, 84
musiekbeoefening, 86–87, 119, 255, 286; sang, 165, 166, 168; in Nederland, 16–19, 35. *Sien ook* dansmusiek; slawemusikante.
musiekinstrumente, 219, 413, 422(2x)
Myburgh, Albert, 149
mylpale in kolonisering, *sien* koloniseringsproses

Nachtigall, Bartholomäus, 149
name, *sien* persoonsname
Nasionale Biblioteek (Kaapstad): manuskripboek van AB hier, 50, 320; *Mengeldigten* hier, 321
natuurkunde: belangstelling van W.A. van der Stel, 207; P. Kolb, 207. *Sien ook* geleerdenetwerk (internasionaal); geskiedskrywing; plantkundige ondersoek.
natuurskoon, 63–64, 90–91
Nederland, 11–57 *passim*; begin van agteruitgang, 135; einde van rol as internasionale moondheid (1713), 245; lofsang in gedig *Astrea*, 135; stadhouerskap, 425–427; loterye, 162–163; begrafnisse in kerk, 401; maatskaplike indeling, 28–29, 34, 127, 147; sosiale randfigure, 147–148; reputasie van Nederlanders, 154–155; versending van mans na Ooste, 351–352.
   Sien ook onderwys; predikante; State-Generaal; vroue (Nederland). *Sien verder* Arnhem; Bergen op Zoom; Delft; Den Haag; Dordrecht; Franeker; Groningen; Leeuwarden; Leiden; Nijmegen; Veluwe; Zwolle.
Nederlandse grensgebied: 11, 13–15 *passim*, 19–20; predikante, 81–82, 90, 409; G.W. van Imhoff, 362. *Sien verder* Duitssprekende gebied (alg.).
Nederlandse letterkunde, *sien* Kaaps-Nederlandse letterkunde; Nederlandse poësie.
Nederlandse poësie, 36–57 *passim*, 122–123;

taalgebruik, 40–41, 56–57; poëtiese skuilname, 50; digtersgroepe, 40; 'eerste moderne digter' (H.K. Poot), 47; ontvangs van D. Smits deur Willem IV (1750), 323; gedigte deur D.J. Slotsboo, 463–464; poësie deur vroue, 130–132; herdrukke van werk deur vroue, 321.

Sien ook Arnheimsche Maatschappij (diggenootskap); Beck, Aletta (werk); van Merken, Lucretia Wilhelmina.

Nederlandse taal, 72; kanseltaal, 378; digtertaal, 40–41, 56–57; Khoikhoi, 190, 230. Sien ook Kaaps-Nederlandse letterkunde; Nederlandse poësie.

Needer, Johannes, 334, 438; familiesterftes in pokke-epidemie (1755), 452

Negejarige Oorlog (1688–97), 70

nepotisme: AB hieroor, 367. Sien verder beskerming (amptelik); familiegevoel; familieinvloed; familiekomplekse (koloniste).

netwerk van geleerdes (internasionaal), 210

Nevius, Sara, 33–34, 39

Nict Voorbij (plaas), 152

Nieu-Spanje (Mexiko), 385

Nieuwhoff, Claas, 240

Nijmegen (Nederland), 13, 15, 122, 208, 253

Nolthenius (familie): onderlinge korrespondensie (o.a. met HB & AB), 281–284, 290–295, 353, 356–357, 383, 431; 'bedelbriewe', 282

Nolthenius, Balthazar, 264, 280; brieweboek, 281; korrespondensie met Kaap (alg.), 281–284, 290–295; & digbundel AB, 320. Sien verder Nolthenius (familie).

Nolthenius, Daniël, 262–263, 265; oponthoud aan Kaap (1724), 263–266, 352, 458; as besoekende kommissaris (1748), 316–317, 425; verslag, 316–317, 347; huisvesting aan Kaap, 316, 459;

deur AB genoem, 294; 'Daantje', 282, 292; & gedigte AB, 320; & digbundel AB, 321; in Ooste, 337, 348, 353; lewenstyl, 353; loopbaan, 281, 282, 292, 357, 383; moontlike aanstelling aan Kaap, 282, 287; privaat handel, 353;

huwelik met Maria Judith Slotsboo, 263–264; tweede huwelik, 316; aangenome dogtertjies, 284; verwantskap met G.W. van Imhoff, 362; dood, 318 ; weduwee, 318. Sien verder Nolthenius (familie).

Noodt, Pieter Gysbert, 268–269, 296–297, 335; as goewerneur, 284–285; vroeë besoek aan Kaap, 253; tog na Overberg, 284–285; slawe, 285–286; dood, 285. Sien ook Drabbe, Johanna (g. P.G. Noodt).

Nooitgedacht (plaas), 215–216

Noord, Jan Hendrik, 87

Noordgauw (skip), 60

Nuwejaarsviering, 86, 118–119, 254–255

Nuweland (Kaapse Skiereiland): Boshofhek, 308; buitepos (VOC), 286–287; Oosterse bannelinge, 337; in die poësie, 46

October van Madagaskar, 423–424

Oldenland, Hendrik, 271

olifante, 60, 137. Sien ook ivoorhandel.

Olifantpad (Franschhoek), 67

Olifantsrivier, 221, 222, 230

Olivier, Jan, 149

Olofsz, Sara Magdalena, 457

omkopery (amptelik), 291–292, 294, 295

ondertrouery, sien amptenarefamilies (plaaslik); familiekomplekse (koloniste); 'Kompanjiesfamilies' (VOC)

onderwys, 212, 430; & G.W. van Imhoff, 383; hervormings van M.P. de Chavonnes, 247, 249–250, 398; leerplan, 249, 398(2x); Latynse Skool, 249, 398; privaat onderwysers, 398; kinders na Europa gestuur, 250, 293–294, 432, 458; onderwys in Nederland, 20–21, 33–34. Sien ook diakonieskool; skoolmeesters.

oneerlikheid (VOC), sien korrupsie

ongeletterdheid, 224; merk as handtekening, 149, 446, 454, 457

Onsjonko (Chinees), 277

onthaal van besoekers (amptelik), sien seremonieel

onthaal van besoekers (privaat persone), sien sosiale lewe

ontspanning & vermaak: bordspeletjies, 87, 311; keëlspel, 311; 'piekniek' genoem, 244. Sien ook dans; dobbel; kaartspel; musiekbeoefening; papegaaiskiet; verkeerspel.

onvermoëndes, sien armoede

Oortmans, Nicolaas, 189, 194

oortredings, 90. *Sien ook* bloedskande; geweldpleging (alg.).
Oos-Friesland, 362
oosgrens (Kaapkolonie), 433
Ooste (VOC), 81; intra-Asiatiese handelswêreld, 348; geografiese omvang, 328–329; basiese plan van VOC-vestigings, 347; 'complexity of political allegiance' (K. Ward), 387; lys bevelvoerders, 384; amptenare, 94; eggenotes, 267;
    lewenstyl, 352–355; finansiële transaksies, 186; rentekoers, 186; geskenke uit Ooste, 280, 334, 363–364, 384, 418; taalgebruik, 355; onsekerheid van blanke bevolking, 346;
    korrupsie, 252, 334; privaat handel, 100–101; strafkolonie, 207; strawwe, 332, 358, 360; teregstellings, 349;
    immigrasie vanuit Kaap, 331; kontak met Kaap, 282, 327–393 *passim*; verbanning na Kaap, 339, 340, 360;
    A. Cranendonk, 343; S.M. de Meurs, 195, 329; ds. Le Boucq, 112, 119–120, 329; P.G. Noodt, 337; K.J. Slotsboo, 228; Dilila van der Storm, 240.
    Sien ook (mense) Nolthenius, Daniël; Sichterman, J.A.; Valentijn, Anna Maria; Valentijn, François; van Imhoff, G.W.; Vuyst, Pieter. *Sien ook (streke)* Bengale (Indië); Ceylon (Sri Lanka); Indonesiese argipel; Indië; Malakka; Persië (Iran). *Sien verder* korrupsie; Oosterse slawe; privaat handel; *& onder* emigrasie; woninginrigting; *& ander algemene onderwerpe; bv.* begrafnisse; korrupsie; rytuie.
Oostendse Kompanjie (handelsmaatskappy), 258
Oostenrykse Suksessie-oorlog (1741–48), 254, 316, 317, 328, 445; wapenstilstand, 318
Oosterse bannelinge & bandiete, 276–277, 332, 336–343, 379, 387–388; moontlike terugsending van Kaap, 342–343
Oosterse invoergoedere, 89, 343–346; beskadigde goedere, 381
Oosterse slawe, 89 , 262, 355, 422, 460; kleding, 353; kleure, 423; na Kaap gestuur vir verkoop, 345–346; uit Ooste bestel, 343–346 *passim*; slawe as geskenke, 390; in skildery, 370

Oosterse tekstiel, 89, 345
openbare plegtighede, *sien* seremonieel
opgaaf (sensus), 95, 100, 146, 185; bekommentarieerde opgaaf (J. de la Fontaine, 1731), 223, 224, 303, 307
optrek (burgermilisie), 95–97, 144, 379; & pokke-epidemie (1755), 453. *Sien verder onder* Drakenstein (dorp); Stellenbosch (dorp); Tafelvallei (nedersetting).
opvoeding, *sien* skoolmeesters
opvoedingspeil, *sien* ongeletterdheid
Oranjehuis (Nederland), 425, 463
ouderdom, 408
oudslawe: aanpassingsprobleme, 150. *Sien verder* vry gekleurde gemeenskap.
Overberg, 178, 222, 310; buiteposte (VOC), 284; houtbosse, 191, 199, 284; inspeksietogte, 191, 199, 284–285, 286; Khoikhoi, 190; sendingwerk, 315; natuurlewe, 190; roofdiere, 190, 223, 431.
    Sien ook Riviersonderend (buitepos); Sonderendrivier; Swellendam; warmbad.
Overneij, Johannes, 143, 144
Overnij/Overwij, Jacobus, 230

paaie, 91, 439
Paarl, *sien* Agter-Paarl; Drakenstein
Paarl Vallei (plaas), 189
Paarlberg, 69
Paarlvallei, 246, 429. *Sien verder* Drakenstein.
pagstelsel, *sien* drankpagte; vleiskontrak
pajong (staatsiesambreel), 85, 300; 'prag & praal'-wetgewing (1755), 439–440; in Ooste, 355
Pakoewoebana I, *soesoehoenan* van Mataram, 336
Palmer, Harman, 154
Palmietrivier, 190
papegaaiskiet, 97, 105, 153; in Nederland, 16
Paradysbos (Liesbeekvallei), 317
Pardeis, Jan, 438
Parkat van Timor, *sien* Barkat
Pasques de Chavonnes (familienaam), *sien* de Chavonnes
pastorale poësie, *sien* herderdigte
Patras, Abraham, 334
Pegie van Kalikut, 458
Persië (Iran), 180, 328–329, 365

persoonsname: byname, 148, 196–197; vadersname (patronieme), 194
Petiver, James, 210
Pfeil, Daniël, 183, 185; huwelik (met Anna Maria Six van Chandelier), 183, 491 n333; vennootskap met HB, 184–185; & C.F. Hofman, 334; huis in Stellenbosch, 337; slawe, 183
Phijffer, Johannes, 101, 140, 214
Philander van Nias, 320
Piet Snap (plaas), 189
Pieter en Paul (skip), 109
Pieter van Bengale, 276
Pieters, Helena, 390, 390–391
Pieterse, Maria Elisabeth, 276
piëtisme (stroming), 410–411, 448
plaasknegte, 66, 74, 76, 80, 115, 148, 157, 169, 262; kleding, 68; drostery, 99; testament van kneg, 149; wrywing met slawe, 423; gekleurdes, 151
Plankenbrugrivier, 202
plantkundige ondersoek, 210; bolle & sade na Nederland, 31, 380
plegtighede, *sien* seremonieel
Pluimer, Joan, 52, 53
Poeloe Kap (ballingsoord), 336
poësie, *sien* Kaaps-Nederlandse letterkunde; Nederlandse poësie.
pokke-epidemie (1713), 166, 358, 445
pokke-epidemie (1755), 414, 440, 445, 445–454, 461; in huishouding van HB, 421(2x), 446–447, 450– 451; familie Needer, 452; familie Van Reenen, 450; Bosman-familiekompleks, 450;
   Kaapse Distrik, 451; platteland, 451, 453; Khoikhoi, 453; slawe, 445–452 *passim*; voorsorgmaatreëls, 449; & diakonie, 445, 452; statistieke, 450–454 *passim*; teraardebestellings, 446, 449, 451; vendusies, 452, 456–457; dank- & biddag (1756), 454
politieke kommissaris (amptenaar), 61
Politieke Raad: & 'prag & praal'-wetgewing (1755), 439, 440; & G.W. van Imhoff (1741), 368; (1743), 375; & opvolging van Willem IV, 425; & navraag van Here XVII (1717), 253–254;
   lede (1715), 252; sekretaris, 294, 375, 458; sitplekke in kerk, 400; voorbidding in kerk, 425; begrafnisgebruike, 455–456; onderlinge verwantskappe, 248, 252
Poot, Hubert Kornelisz, 47
porselein [*selektief*], 85, 89, 177, 178(2x), 180, 209, 239, 276, 278, 289; in HB se huis, 415; & C.F. Hofman, 332–333; invoer uit Ooste, 344; wapenporselein, 371
Portugese skepe, 258
Portugese taal, 112, 262–263, 355, 420, 421
Potgieter, J.H., 152
'prag-en-praal'-wetgewing (Batavia, 1754), 265, 329; Kaap (1755), 298, 455; plaaslike aanpassings, 439–440; soortgelyke wetgewing, 354–355
Pranger, Jan: portret, 300
predikante: status aan Kaap, 62, 395; rang, 244, 394–395; traktement & emolumente, 72–73; toelaag vir boeke, 191;
   lewenstyl, 181, 395–396; 'aristokratiseringsproses', 395; huwelike, 139; boekbesit, 211; kritiek deur ds. le Boucq, 75, 113; eerste plaaslik gebore predikant (P. van der Spuij), 293, 431–432.
   Sien ook Beck, Henricus; boerdery deur amptenare; *& onder* Drakenstein (gemeente); Stellenbosch (gemeente); Tafelvallei (gemeente).
predikante (Nederland), 28–29; opleiding, 26–27; as amptenare van VOC, 30–31, 61, 72; as digters, 40, 41, 122–123; sosiale aansien, 28; in Ooste, 181. *Sien ook* d'Outrein, Joannes; Valentijn, François.
preke: gepubliseer, 377, 432
presedensie (amptelik), 83, 281, 301; by Nagmaalsdiens, 401; dispuut tussen P.G. Noodt & A. Cranendonk, 253; onder vroue, 401; voorrang in verkeer, 301. *Sien ook* kerkstoele.
Pretorius, Dirk, 513–514 n300
Pretorius, Johannes, 513–514 n300
Pretorius, Wessel, 97, 152, 187, 206, 213; & agitasie teen goewerneur, 114, 118, 120; vrou, 105
Prins van Bengale (slaaf van HB), 183
Prins, J.D., 293
privaat handel (VOC), 332, 357 *passim*, 384; & G.W. van Imhoff, 363; in Ooste, 353–354
privaatheid (ruimtelik), 177

prostitusie: 'bastaarthottentottinne', 414. *Sien ook* Slawelosie:as bordeel.
provisieskip (VOC), 332, 381
pruike, 176, 178, 181, 191, 283, 300, 333, 464; allonge-pruik, 370; haarsakkies, 300; pruikbolle, 416, 440; pruikdose, 274, 416; gepoeierde hare, 395, 426; haarpoeier, 236; poeierdose (vir hare), 180; in Ooste, 353, 385
pruikmakers, 289, 416
Pruisiese skepe, 258
psigiese steurnisse, *sien* kranksinnigheid
publikasies, *sien onder* preke
pype (tabak), *sien* rookgewoontes

Questiers, Catharina, 39
Quevellerius, Abraham, 12
Quint, Engela, 243

Raad van Indië (Batavia), 281, 358; voorbidding in kerk, 425
Rach, Johannes, 302, 413, 439, 459–460; veranderings aan sy tekeninge, 413
'Radeen Djoerit' (banneling), *sien* Crakaningrat, regent van Madoera
Raeck, Johan, 444
rang & stand, *sien* status (sosiaal)
ranglys, *sien* presedensie
Rantong van Bali, 150
Ras, Tryn, 77
rasseverhoudings, 158; afwesigheid van formele kleurbewussyn, 401–402; aanval op gekleurde bevolking (1707), 110–111; goewerneur De Chavonnes oor doop van kleurlingkinders, 403–404; maatskaplike kwetsbaarheid van gekleurde vroue, 158; verwysing na Gam (Bybels), 133; wrywing tussen matrose & kaffers (geregsdienaars), 259
ratelwag, *sien* Tafelvallei:nagwagte
Rebecca, Maai (gekleurde vrou), 277
Rebecca van Makassar, 277, 406
Rebecca van Sambowa, 313
Regina van Mandar, 320
Reigersdaal (skip), 58, 59, 195
reistoestande, *sien* paaie
rekognisiegeld (leningsplase), 431
rentekoers, 185, 405

Retief, Piet, 90
retoervloot (VOC), 185, 231, 255, 258, 349; (1713), 358; (1736), 259; (1744), 385; (1748), 316–317, 318; & drostery, 382; statistieke, 255
Rhenius, C.L., 452
Rhenius, Frederik, 266
Rhenius, J.T., 279, 430–431
Riel, J.L., 462
Rijnjak, J.F., 345
Riviersonderend (buitepos), 431
Robbeneiland, 96, 165, 290; C.F. Hofman hier, 332; Oosterse bannelinge, 339, 387, 388; komplot (1751), 341–342; in die poësie, 306
Robbertsz, Pieter, 77, 187
Roggebaai (Tafelbaai), 136, 302–30, 379, 413–414
Roggeveld, 431
Rondebosch (Kaapse skiereiland), 201, 409–410; Oosterse bannelinge, 337; in die poësie, 46
Roode, Jan, 416
Roodezand (gemeente), 430
Roodezandskloof, 430
roofdiere, 60, 66, 89, 190, 222, 431; belonings, 222–223; in die poësie, 135
rooftogte, *sien* veeroof
rook: komfoor, 295
rookgewoontes, 186–187 *passim*, 214, 264, 265: 261, 292, 296; pype, 200, 214, 237, 456; tabakskonfore, 200, 201, 261. *Sien ook* kwispedoors (spuugbakke); snuifgewoontes.
Roosendaal, Cornelis, 446, 454
Root, Daniel, 416
Rosendael (landgoed), 51–55
Rotgans, Lucas, 41–42, 56
rottang (bykomstigheid), 96, 209, 333, 373; rottangknoppe, 84; rottangstrikke, 300. *Sien ook* ampstaf (gesagsteken).
Rotterdam (Nederland): stroomsang (1750), 322–323
rouklere, *sien onder* kleding; slaweklere
Roux, Paul, 69
rowaan (kleur), 283
Ruijter, Dirk, 223
ruiltogte (veeruil), *sien* veeruil
Rumph, I.A., 250, I.A., 330
Russouw, —, 276
Russouw, Frederik, 331
Rustenburg (buiteverblyf), 286–287

rykdom, *sien* welvaart
rysskip (VOC), 332, 343–344
rytuie, 178; T.D. van Schalkwijk, 217; Geertruij de Witt, 279; in begrafnisstoet, 455; ekspedisie P.G. Noodt na Overberg, 284–285; drywers, 439; vrou as drywer, 301; aantal perde genoem, 189, 308, 317, 319, 439; goewerneur se koets, 296; lykkoets, 269; kinderrytuig, 290; 'prag & praal'-wetgewing, 439; in Nederland, 453; in Ooste, 355

Saïd Alowie (banneling), 387
Saloringpasar, *pangéran*, 336–338, 387
saluutskote: misnoeë van Raad van Indië, 269
sambok (as tugmiddel), 312
sambrele, *sien* kiepersolle; pajong (staatsiesambreel)
Sanders, Lijsbeth (Lijsbeth van die Kaap), 152
sanitêre voorsienings: kamerpotte, 218, 220, 459; stilletjies, 288, 440; gemakshuisies, 441; leegmaak van nagvuilbalies, 234, 441
Sara (slavin), 183
Sara Jacoba (skip), 372
Sara van die Kaap, 381
Saul van Bali, 446
'schaggerij' (benaming), 75, 261 *passim*, 414
Schalk, Maria, van die Kaap, 241, 498 n231
Scheel, Hendrik, 94–95
Scheepers, Isaak, 163
Scherwerius, Cornelia, *sien* Schrijverius
Schindelaar, G.G., 424
Schmidt, Georg, 315, 410; & HB, 411
Schoeman, Hendrik, 262
Schott, J.N., 444; boedelinventaris, 418, 529 n179
Schreuder, Jan, 329
Schrijverius, Cornelia, 407
Sederberge, 185
seep, 277, 278; as handelswaar, 236
seerowers, 257
segregasie, *sien* rasseverhoudings
seine & sinjale, 255–256, 270
selfmoord, 76, 84, 102; slawe, 76, 312
sendingwerk, 315, 410. *Sien ook* Morawiese Broederskap.
sensus, *sien* opgaaf
seremonieel (sosiaal), 205, 245, 285, 286, 316, 317, 319, 382, 433; ontvangs van G.W. van Imhoff, 375–376; vertrek van die weduwee Van Aarden, 319–320; vroue by plegtighede, 319–320, 375. *Sien ook* begrafnisse:plegtig.
Serrurier, J.P., 243
Sewejarige Oorlog (1741–48), 254
Sichterman, J.A., 258–259, 318, 353–354; & G.W. van Imhoff, 354; portrette, 354; slawe, 354; nalatenskap, 354
Sichtermans zaai (tekstiel), 354
Siekermans, Johanna (g. J. van Reenen), 450
sieketroosters (kerklike amptenare), 279, 430; & onderwys, 212; boekbesit, 211; openbare optrede, 422; rang, 397; besoekers, 410; 'scheepskrankbezoeker', 398. *Sien verder onder* Stellenbosch (gemeente); Tafelvallei (gemeente).
sifilis, 445
silwerontginning, 379–380
silwersmeekuns, 436–437; amptelike voorskrifte (1715), 436
silwerware [*selektief*], 178(2x), 180: 179–180, 218, 246, 275, 459; in HB se boedel, 415; besit van A. Valckenier, 373; bestelling van J. de Grandpreez, 294 295
Simmer, Wouter, *sien* Zimmers
simmetrie (argitektonies), *sien onder* argitektuur
Simon van Kotsjin, 423
Simon van Makassar, 402
Simond, Pierre, 60, 63, 68, 70(2x); grondbesit, 73–74, 80; boerdery, 74–75; slawe, 74; vertrek van Kaap, 126
Simondium, 68
Simonis, Johannes, 170, 186
Simonsbaai, 317, 377, 419
Simonsberg, 62, 66, 68, 74
Simonsvlei (plaas), 81
Simonsz, C.J., 120, 271
Simonsz, Dirk, 154, 169
Simonsz, Hans, 261, 262
sinjale, *sien* seine & sinjale
Siphron (slaaf van HB), 183
Six, Alida, 84
Six, Cornelia, 84
Six van Chandelier (familie), 79, 180
Six van Chandelier, Anna Maria (g. D. Pfeil), 183, 491 n333
skakels met verlede, *sien onder* koloniseringsproses

skeepsbou, 374(2x), 379
skeepskiste, 177, 225
skeepvaart: Nederland na Kaap, 131–13; skeepsdiens in ruil vir passaat, 381; bagasie, 225, 358–359, 359; proviand vir slawe, 335; beskadigde goedere, 381; skeepsinjale, 270; vertrek van vloot na Batavia (1724), 265.

   Sien ook besoekende skepe; provisieskip (VOC); retoervloot; rysskip (VOC); seerowers; slaweskepe; stranding van skepe; wêreldomseiling; winterhawe (Simonsbaai).

skeergewoontes, 416; skeerbekkens, 416; skeerdoeke, 416
skepe: nuwe tipe Oosindiëvaarder, 374(2x). *Sien verder onder* skeepvaart.
skêrkuns, 35, 56
skilderye: in boedelinventarisse, 219 *passim* [*nie verder geïndekseer*]; groot groepe, 85, 275, 437–438, 460–461; pryse op vendusies, 200, 278; familieportrette, 437–438, 460–461, 463; familieportrette HB, 447; anonieme skildery van groep rondom teetafel, 203–204; vergulde raam beskryf, 354. *Sien ook onder* De Vis (skip).
skoenmakers, 275
skoolmeesters, 69, 115, 168(2x), 293, 464
skoonheidsgevoel, *sien* natuurskoon
slawe: & blanke voetgangers op straat, 424; & Chinese, 343, 348; as bedreiging, 303; diefstal, 343; doop, 404, 409;

   huisboorlinge (benaming), 421; persoonlike verhoudings, 314, 424; onmoontlikheid van huwelik, 424; selfmoord, 76, 312; kos, 335; klere, 259, 300, 381; 'prag & praal'-wetgewing (1755), 440; huisvesting, 449–450;

   vryetydsbesteding, 104–105; in taphuise, 260–261, 261; klagtes oor gedrag (1706), 104–105; in die poësie, 47; statistieke, 65, 89, 303, 428.

   Sien ook brandstigting; domestieke korreksie (tugtiging van slawe); doop van slawe; drostery (slawe); Kompanjieslawe; mishandeling van slawe; Oosterse slawe; oudslawe; vry gekleurde gemeenskap; vrystelling van slawe; *& onder* pokke-epidemie (1755); strawwe.

slawearbeid, *sien* werksaamhede van slawe
slawebesit, 67, 68, 86; as aanduiding van welvaart, 429; 'meenigte' slawe (J.C. Beck), 308; rekwisisie vir slawearbeid (1762), 419–420; vry gekleurdes as slawe-eienaars, 403, 420; statistieke, 59, 429(2x); in Ooste, 181. *Sien ook onder die name van spesifieke persone.*
slawe-eienaars: beweerde goeie behandeling van slawe, 301. *Sien verder* slawebesit.
slawehandel (met buiteland): vir VOC, 60, 89, 247, 258; slawe na Kaap gestuur vir verkoop, 345–346
slawehuise (op plase), 220, 271–272
slawekinders: doop, 404; kerkbywoning, 404–405
slawekleding: 259, 300, 338, 423; kleure (Ooste), 423; rouklere, 449, 455; huur van klere, 449; hoede, 423; beddegoed ens., 423
Slawelosie (Tafelvallei), 173, 399; 'reglementjie' (1716), 173, 451; opsigters, 229, 230, 250; mandoors, 423–424; klokgelui, 255–256; as bordeel, 255–256, 318; pokke-epidemie (1755), 447–448, 451; statistieke, 303, 511 n190
slawemusikante, 87, 304, 422; slaweorkes (Batavia), 389
slaweopstande, 258
slaweorkeste, *sien* slawemusikante
slawepryse en -waardasies, 68, 74, 76, 184, 197, 239, 275, 276, 311, 403, 422, 457
slawerny (instelling), 89; as wesenlike deel van koloniale kultuur (1717), 89, 254; regverdiging, 133
slaweskepe, 258
slawetogte (VOC), *sien onder* slawehandel (met buiteland)
slawetransaksies (plaaslik), 183–184 *passim*, 197; bemaking van slawe, 403, 462; uit boedel verkoop, 451; konfiskasie & verkoop, 371; verkoop op vendusies, 273, 345–346, 457. *Sien ook* slawehandel (met buiteland).
slawevervoer, 343, 354; uit Ooste bestel, 343–346 *passim*; na Kaap vir verkoop, 345–346; slavin met blanke kind oorsee gestuur, 458; na Batavia verskeep, 335
Slicher, Lambertus, 168, 172, 226, 249–250, 396, 406; agtergrond, 246–247; aangestel as predikant, 247, 394; huwelik, 394; boekbesit,

211; dood, 408
slonsie (begrip), 278
Slotsboo, C.P., 443, 447, 456, 458, 461–463 *passim*;
   terugkeer na Kaap, 464; boedelinventaris, 464; dood, 464
Slotsboo, Cajus Henricus, 248
Slotsboo, D.J., 443, 447, 456, 458, 461–463 *passim*;
Slotsboo, H.J., 443, 447, 456, 458, 461–463 *passim*;
   dood, 464
Slotsboo, K.J., 253; ouderdom, 228; vroeë lewe, 228–231, 329; kommentaar van A. Bógaert, 229;
   as landmeter, 230; opsigter oor Kompanjieslawe, 250; aanranding van J.E. Jering, 229–239; tog na binneland (1712), 222, 230; verslag oor openbare geboue, 234; & navraag van Here XVII (1717), 253, 254;
   eerste huwelik, 230–231, 244; kinders (alg.), 316; huwelik met AB, 205; seuntjie, 248; oorgang na Gereformeerde Kerk, 205; op vendusies, 200–201; grondbesit, 232; testament, 444; dood, 268–269
Slotsboo, Louisa Adriana (g. J. de Grandpreez), 231, 447; huwelik, 262–263; gedig deur AB, 262 (aanh.); familieportrette, 463; klere, 460; slawe, 463; dood, 462; vendusie, 461. *Sien ook onder* de Grandpreez, Josephus.
Slotsboo, Maria Judith (g. D. Nolthenius), 231, 265–266; huwelik, 263–264; gedig deur AB, 264, 321; dood, 284–285. *Sien ook onder* Nolthenius, Daniël.
Slotsboo, P.J., 231, 270, 299; aanstelling in Kompanjiesdiens, 248–249; loopbaan, 280–281; huwelik met Stevelina van Oudenaarden (q.v.), 280;
   grondbesit, 316; handelsgoedere uit Nederland bestel, 283; Möller-seun na hom vernoem, 444; portret genoem, 447; dood, 316.
   Sien ook Nolthenius (familie).
Slotsboo, Stevelina Henrietta Alida, 464
Sluiter, Geertruida (g. J. d'Outrein), 49, 125, 126
Sluiter, Willem, 17, 25, 29, 34, 41, 214–215
Smit, Johan (predikant), 441
Smits, Dirk, 322–324
smokkelhandel (VOC), *sien* privaat handel

Smuts, Michiel, 272, 279; slawe, 272
Snaets, Cornelia, *sien onder* Valentijn, François
Snap, Piet, *sien* Piet Snap (plaas)
Sneewind, Hendrik, 85, 90, 220, 434
Snijder, Hendrik, 450
snuif, 277
snuifgewoontes, 204, 246; snuifdosies, 84, 204, 242, 246, 279, 298, 300–301; besit van A. Valckenier, 373(2x)
soldate: 'Duitse eer', 260; vroue in manskleding, 462. *Sien ook* garnisoen; *& onder* gewelddadigheid.
Sollier, Durand, 402
Somerset-Oos, 99
sommerele, *sien* sambrele
Sonderendrivier, 191, 217, 284
sosiale lewe (alg.), 86–88, 193–194, 213, 295–296, 295–297; kloustrofobiese aard, 433–434; verdeeldheid a.g.v. agitasie teen goewerneur, 120–121 *passim*, 193–194, 205–206; 'aristokratisering', 395; anonieme skildery van groep rondom teetafel, 203–204; hitte en stank (Engelse Hof), 297.
   Sien ook amptenare (VOC); begrafnisgebruike; drinkgewoontes; huwelik; huweliksvierings; Nuwejaarsviering; rookgewoontes; seremonieel (sosiaal); snuifgewoontes; status (sosiaal); vendusies.
Souilliers, Martha (g. R. Berthault de St Jean), 302
Spaanse pokke (naam), 445
Spaanse Suksessie-oorlog (1702–13), 122, 125, 131–132 *passim*, 135, 244
Sparrman, Anders, 419(2x)
speelhuisies, *sien* tuinhuisies
Spelling, Johanna Elisabeth, 461–462
Spier (plaas), 152
Spiering (skip), 225
stadhouerskap (Nederland), 425–427
Stamhorst (besoeker), 187
stand (sosiaal), *sien* status
Starrenburg, Johannes, 102–110 *passim*, 166, 188, 214, 222; herkoms, 209; huwelik met Johanna Victor (q.v.), 209; stiefseuns, 152; veeruilekspedisie (1705), 221–222;
   & agitasie teen die goewerneur, 102–110 *passim*, 166, 209–210; klagtes van vryburgers,

209–210; & A. Tas, 209–210, 210; & HB, 187(2x); terugroeping, 110, 210
State-Generaal (Nederland): & VOC, 369, 376–377; voorbidding in kerk, 425
Statevertaling (Bybel), 48
statistieke, *sien* opgaaf (sensus); & *onder spesifieke onderwerpe, bv.* Franse Vlugtelinge (Hugenote); Kaap die Goeie Hoop; slawebesit
status (sosiaal), 89–90, 205, 301; statusbewustheid van vroue, 205, 252–253, 301, 301–302, 440. *Sien ook onder* Beck, Aletta; Beck, Henricus; *en onder spesifieke ampte, bv.* landdroste; predikante.
statussimbole, 84, 85, 180; kerkgang, 400; begrafnis onder vloer van kerk, 160–161, 164. *Sien ook* 'prag & praal'-wetgewing (1755); seremonieel (sosiaal); silwerware; slawebesit.
Steijn, Jacobus, 261
Stellenbosch (bestuur): amptenare-élite, 196; Landdros & Heemrade, 62, 95; landdroste, 142, 143, 144, 167, 178, 209; heemrade, 151–152 *passim*; sekretaris, 145, 166–167, 207; botsings met kerkraad, 169–170;

drosdy, 143, 144, 146, 150, 199–201; inventaris van onderdele, 199; vendusie van inhoud (1713); herbouing (1707), 199–200, (1715), 202;

Kolonieshuise, 92, 144, 156, 165–165, 174–175; veldwagters, 105, 195; kaffers (geregsdienaars), 105; gevangenis, 199; Kompanjiestal, 199.

Sien ook de Meurs, Samuel Martini; Mulder, Johannes; Starrenburg, Johannes.
Stellenbosch (distrik), 62, 94; stigting van kolonie, 142;

blanke samelewing, 205–221; boerebevolking, 212–213; alleenlopendes, 149 *passim*; ongeseglikheid van bevolking, 94–99; emigrasie na Tafelvallei, 148;

vry gekleurdes, 150, 206, 222–223; O.F. Mentzel hier, 212–213; vendusies, 200–201; omswerwings van gedroste slaaf, 77; roofdiere, 222–223; statistieke, 142, 145; in poësie, 306.

Sien ook Banghoek; Eersterivier; Klapmutsberg; Simonsberg. *Sien verder* agitasie teen goewerneur (1705–07).

Stellenbosch (dorp): naam, 142; dorpsbevolking, 148; vry gekleurdes, 150–153; Oosterse bannelinge, 337; slawe, 146; statistieke, 145–146;

eiland in Eersterivier, 142, 143, 144, 146, 199; brug, 202; meul, 95, 110, 144; boomaanplanting, 95, 146, 201; beskrywings, 428–429; panorama deur E. van Stade (1710), 144, 146, 175, 178;

as landbousentrum, 143; onderwys, 142, 143, 168–169 *passim*; optrek (burgermilisie), 95–96, 105, 144, 153; jaarmark, 153;

verkeerslawaai, 161–162; gewelddadigheid, 156–158 *passim*; brand (1710), 145, 146, 161, 201–202; reis vanaf Kaapstad, 137;

HB hier, 92–227 *passim*; AB hier, 137–227 *passim*; besoek van G.W. van Imhoff, 377–379; pokke-epidemie (1755), 451.

Sien ook Voorgelegen (plaas).
Stellenbosch (gemeente): predikante, 226–226; eerste predikant (1700), 145; vroeë kerkdienste, 143, 144; HB hier, 92–227 *passim*; teenkanting teen HB, 121, 161–162, 188; ds. Le Boucq as predikant aangevra, 114; pastorie, 92, 174–178, 188, 226–227;

kerkraad, 101–102, 106, 115, 159, 172, 188, 205–206, 208, 226, 227; botsings met landdros & heemrade, 169–170; voorlesers & sieketroosters, 142–143, 159, 164, 165–168; kosters, 154, 161, 168–169;

kerkgeboue, 143 144(2x), 159, 160–161, 163; tydelike ruimtes, 159, 161, 164, 176; lotery vir nuwe kerk, 162–163, 227; nuwe gebou (1719), 162–164, 173; grafte in kerk, 160–161, 163, 164; kerkbywoning, 91;

berigte aan Klassis Amsterdam, 111; kerkdienste, 153, 158–159; insident met J. Mahieu (1713), 167; katkisasieonderrig, 121; Nagmaalviering, 159–160, 206, 208, 221; Nagmaalsilwer, 161;

gemeentewerksaamhede, 158–160; finansies, 405; toepassing van tug, 155, 160, 173; slawe in gemeente, 160; statistieke, 144, 159, 160, 172–173; besoek van G.W. van Imhoff, 377–379.

Sien ook van Loon, Hercules.
Stellenbosch (modern): Dorpstraat, 144, 174,

175, 178, 165–166, 202; Drosdystraat, 199; Kerkstraat, 144, 161, 163; Louwstraat, 202; Oude Werf-hotel, 161; Ryneveldstraat, 144, 161, 165–166, 174, 175; Teologiese Fakulteit, 144

Stellengift (plaas), 81, 271

Stevens, Jeronimus, 158

Steyn, Douwe Gerbrandsz, 152

Stichter, Cornelis, 69

stigtelike werke (boeke), *sien* boeke:godsdienstige leesstof

Stokvliet, J.J, 275

stranding van skepe, 257, 344, 382, 389, 392. *Sien ook* De Vis (skip).

strawwe (alg.), 60, 77, 110, 149–150, 152–153, 165; teregstelling van vrou (verwurging), 247; in Nederland, 19, 147. *Sien ook* deportasie; gedwonge diens (VOC); teregstellings; verbanning; & *onder* Ooste (VOC).

strawwe (slawe), 247, 257, 289, 312, 313–314, 423, 423–424; strengheid benodig, 289; verminkingstrawwe, 247; vuurdood, 314. *Sien ook* domestieke korreksie (tugtiging van slawe); & *onder* Ooste (VOC).

Stricht/Strigt, Pieter, 279, 398

Strooidakkerk (Paarl), 69

stroomsang (digvorm), 322–323

Stuart, Maria, Britse koningin, *sien* Maria II Stuart

Suid-Afrikaanse Sendinggenootskap, 411, 464

Sumatra (Indonesië), 332

Swart, Jan Jansz, 145

'Swarte Louis', *sien* Louis van Bengale

Swartland (streek), 222

Swartland (gemeente), 430

swartmense, *sien* Xhosa-stamme

Sweedse skepe, 257–258

Swellendam, 430–431

Swellengrebel (familiekompleks), 76, 87, 87–88, 317, 319

Swellengrebel, Elizabeth (g. R. Tulbagh), 242, 273; dood, 320

Swellengrebel, Hendrik, 249, 289, 290, 307, 395; aanstelling as goewerneur, 292; twis oor benoeming, 289–292; enigste Kaaps gebore goewerneur, 293; oordeel oor sy bewind, 289–290, 291, 380; nepotisme 293; middagslapie, 256; vrou dood, 431; & A. Valckenier, 372 *passim*; aftrede & vertrek, 307, 431; in gedig genoem, 306.

Sien ook ten Damme, Helena (g. H. Swellengrebel).

Swellengrebel, Johanna (g. F. de Sueur), 397

Swellengrebel, Johannes (sr.), 184, 276, 409–410; & aanstelling van seun, 292

Swellengrebel, Johannes (jr.), 249, 293–294

Swellengrebel, Sergius, 319, 431, 439; begrafnis, 397, 422; nalatenskap, 460

taalgebruik: slawe, 421. *Sien ook* Nederlandse taal.

tabak: as handelswaar, 236–237 *passim*; as ruilmiddel, 190, 236; prys, 236, 237

tabakverbruik, *sien* rookgewoontes; snuifgewoontes

Tafelbaai: kuslyn, 233, 235; seehoof, 319–320, 375, 382; beplande moelje (seehoof), 379; aankoms in Tafelbaai, 132–133, 135–136; landing van passasiers, 136;

reglement vir skeepvaart (G.W. van Imhoff), 386; nagvuilbalies aan strand uitgegooi, 441; vertrek van vloot na Batavia (1724), 265.

Sien ook Roggebaai.

Tafelvallei (nedersetting): HB hier, 394–457 *passim*; vroeë besoeke, 113–114, 193–194, 297; AB hier, 118–119, 228–322 *passim*;

kritiek op toestand van nedersetting, 136–137; gebrek aan Europese geriewe, 206–207; [*alfabeties:*] ambagskwartier (VOC), 459–460; ambagsmanne, 303; begraafplase, 79, 234, 399, 401, 402, 451–452; bergstrome, 449; beskrywings, 232–233, 302–308 *passim*, 428; bestuur, 234; biblioteek, 459; boedelinventarisse, 238–242; boubedrywigheid (1751), 436; brandbestryding, 256; burgerwaghuis, 447; dubbelverdiepinghuise, 233, 288, 413, 439, 458–459;

ekwipasiehuis, 412; ekwipasiewerf, 459–460; Fort De Knokke, 379; goewerneurswoning (Kompanjiestuin), 200, 285; gragte, 399, 428, 441; Heer Hendriks Kinderen (redoute), 379; Heerengracht, 193, 233, 239, 233, 304, 399, 412, 413, 428, 439, 459–460; Heerenstraat, 309;

hospitaal, 168, 397, 399, 447–448, 528 n141; huise (alg.), 238, 309–310, 413; huis van H. Hüsing, 101, 118, 136, 167; van J. Blesius, 136, 232; van S. Elsevier, 140, 170–171;

immigrasie uit binneland, 148; Kaapse Vlek (naam), 233; Keizersgracht, 193, 459; Khoi-khoi, 414, 453; Kloofnek, 261–262, 280; Leeuberg, 271; markplein, 235, 302; nagvuilbalies, 441; nagwagte, 256; Nooitgedacht (buiteverblyf), 272;

optrek (burgermilisie), 97, 255; panorama, 507 n5; paradegrond, 233, 235, 256, 233, 304, 419–420, 459; Rheezicht (buiteverblyf), 272; Roodehek, 449; slawe, 303; slawe-eienaars (1762), 420; 'Soldatekerkhof', 452; sosiale klasse, 303; sosiale lewe, 193–194; statisteke, 233, 303, 428; steenbakkery, 232; strate (alg.), 233–235 passim, 242, 304;

taphuise, 260–261, 437; teregstellingsterrein, 449; tuine (teen berghang), 232, 244, 270–272, 279–280, 420, 507 n5; op panorama aangedui, 507 n5; uitspanplekke, 235; verkeer, 235; vlaggemanshuisie, 261–262, 270, 280; wasplekke, 449; watervoorsiening, 235, 261; welvaart, 148; woninginrigting, 238–242; woonpatrone, 402; Zeestraat, 193, 413–414.

Sien ook geweldpleging; grasdakhuise; Kasteel; kerkgebou (Tafelvallei); Kompanjiestuin; Leeuwenhof (landgoed); Roggebaai; sanitêre voorsienings; seremonieel; Slawelosie; Tafelbaai; *& die verwysings onder* besoekende kunstenaars.

Tafelvallei (gemeente), 81, 112, 396–411 *passim*; predikante, 396, 409, 411, 442; HB hier (1707–08), 113–114; HB hier, 394–457 *passim*; werksaamhede van predikant, 396; prediking, 313–314 *passim*;

kerkraad, 113, 120, 396; sieketroosters, 397–399 *passim*; koster, 397, 398; kostershuis, 399, 459; klokluier, 399(2x);

kerkbywoning, 159; kerkdiens, 297–298, 409; kerkgang, 400; Nagmaalsvierings, 396, 401; slawe, 401–402; doop van slawe, 404; doopbekken, 319, 437;

rasseverhoudings, 404; vry gekleurdes, 401–402; insident by uitgaan van kerk (1755),

400–401, 424; finansies, 401, 405; statistieke, 396, 403; verslag aan Klassis Amsterdam, 407. *Sien ook* d'Ailly, J.G.; diakonie (armesorg); Kalden, Petrus; kerkgebou (Tafelvallei); kerkstoele.

Tamboer, Piet, 206

Tambora, sultan van, 276–277

Tanjé, Pieter, 370

taphuise, 154–155, 238, 260–261; & prostitusie, 414; slawe, 260–261, 261; armbusse, 405. *Sien ook* 'schaggerij' (benaming).

Tas, Adam, 82, 146, 154, 206, 211, 213, 219; & HB, 187; & J.G. de Grevenbroek, 208; & agitasie teen goewerneur, 101–109 *passim*, 118, 121, 166; inhegtenisneming, 209–210; volmag van vryburgers, 120;

sosiale lewe, 155, 213; boekbesit, 211, 211–212; dagboek as bron van inligting, 88 *& aanhalings passim*; vrou, 178; knegte, 221; slawe, 221; dood, 223; boedelinventaris, 180. *Sien ook* Libertas (plaas).

Tas, Sara, 118

tee & koffie: skildery van groep rondom teetafel, 203–204; teekoppies, 204; koffie, 419

tekstiel, *sien* kledingstowwe

Tempel, Jan, 243

ten Damme, Constantia Helena (g. Maurits van Aarden), 317–318, 319–320, 330, 437; slawe, 320

ten Damme, Helena (g. H. Swellengrebel), 430–431

ten Damme, Hendrik, 330

ten Damme, Willem, 330. *Sien ook* Gulix, Helena (g. W. ten Damme).

ter Meulen, Alida, sien Elbertsz, Aaltje

ter Winkel, Hester, 105, 118, 178, 222; herkoms, 217; huwelik met P. van der Bijl (q.v.), 217; boedelinventaris, 217; slawe, 217

teregstellings, 397

Teron, Pieter, 455

testamente: bemaking aan diakonie, 456

Theal, G.M., 63

Thedens, Johannes, 334

Therond, Jacques, 215

Thomas van Soembawa, 261–262

Thomas, Pascoe, 304–305

Thunberg, C.P., 419

Tijgerberg, *sien* Tygerberg
titulatuur, *sien* aanspreekvorms
Titus (slaaf van HB), 183
Titus van Bengale, 247
Titus van Makassar, 277
Tjakra-Ningrat, regent van Madoera, *sien* Crakaningrat
Toemiga van Boegies, 345–346
toiletgeriewe, *sien* sanitêre voorsienings
trekboere, 431
Tryntje van Madagaskar, 532 n73
tuinbou, 79; lemoenbome, 133–134; in Nederland, 42–45, 51–52, 55, 56. *Sien ook* boomaanplanting.
tuinbouapparaat, 278
tuinhuisies, 311; Batavia, 389
Tulbagh, 430
Tulbagh, Rijk, 242, 247, 290, 319, 372, 375, 395; g. Elizabeth Swellengrebel (q.v.), 273–274; op vendusies, 273–274; as goewerneur, 431; verjaardag, 433
Tulbaghvallei, 60, 430
Tulken, Hans, 158
Tygerberg, 84, 86, 90, 217, 224, 406–407

uitbeeldings van die Kaap, 507 n5. *Sien verder* besoekende kunstenaars.
uitvoer, 31, 60, 417–418, 461

VOC: verslag deur G.W. van Imhoff, 374; oktrooi, 369; opperbewindhebber (Willem IV), 369, 425–426; bestuurstyl, 359; dividend, 318, 369; adres & aanhef van briewe, 426; drukker, 305, 320;
 agteruitgang, 374, 375, 376, 383, 392, 425; begin van proses (1713), 245; redes, 392–393; VOC in gedigte genoem, 38–39, 42, 306.
 Sien ook amptenare; amptenarefamilies (plaaslik); bestuur; Gereformeerde (Hervormde) Kerk; Kompanjiesdienaars (alg.); 'Kompanjiesfamilies'; Kompanjieslawe; Ooste (VOC); retoervloot; *& onder* veeposte.
Valckenier, Adriaan, 281, 351, 361; vyandskap met G.W. van Imhoff, 364–365; & Chineesmoord (1740), 365–366;
 oponthoud aan die Kaap, 370–373; gevolg, 370; 370, 372; bagasie, 371–372; portret, 373; wapenporselein, 371; arrestasie, 371; aanklag, 373; dood, 374, 392
Valentijn, Anna Maria, 139; 483 n61
Valentijn, François, 27, 45, 54, 59, 81, 128–131, 327–328; & J. d'Outrein, 129–130; as begeleier van AB, 131–137; besoek aan die Kaap (1705), 137–138; (1714), 327; *Oud en nieuw Oost-Indien* (1724–26), 129, 130, 207, 233, 328; opdrag, 135; verwarrende indeling, 514 n3; onvolledige uitgawe, 482 n30;
 Bybelvertaling, 129(2x), 327; huwelik met Cornelia Snaets, 129; vrou genoem, 130, 132, 138; kennis van Maleis, 129, 138; kritiek op bediening, 129; menslike swakhede, 132; suster, 139
Valentijn van Dapoer, 463
Valk, Cornelis, 296, 309
Valsbaai, 82, 154. *Sien ook* Simonsbaai; Vishoek.
van Aarden, Maurits, 330. *Sien verder* ten Damme, Constantia Helena (g. Maurits van Aarden).
van Aken, Pieter, 246; dood, 394
van Almonde, Philips, 131
van Arnhem, Jan baron, 17, 51–56 *passim*, 123; & A. Beck, 54
van As, Jacobus, 197
van Assenburgh, Louis, 117, 119
van Beaumont, Anna Henrietta, 330
van Beaumont, Cornelis, 246, 271, 330, 335, 455; dood, 256; begrafnis, 269
van Beaumont, François, 330
van Benthem (sieketrooster), 82–83
van Benthem, Cornelia, 82
van Brakel, Barbara, 214
van Brakel, Elizabeth, 118
van Breda, P., 455
van Burmania, Romelia Elisabeth (g. D.J. Slotsboo), 463
van Dam, Josina: vendusie, 275–276, 417
van Dam, Pieter, 356
van den Berg, Jacobus, 156–157, 486 n117
van den Henghel, Daniël, 289–290, 295; strengheid teenoor slawe, 289; vertrek, 371
van den Oever, Jan, 398
van der Berg, Pieter, 330
van der Bijl, Pieter, 75, 163, 167, 170, 206, 213, 214, 222; agitasie teen die goewerneur,

105–108 *passim*, 114, 118, 120; huwelik met Hester ter Winkel (q.v.), 217; dogters, 214, 214–215; plaas, 108, 479 n73; dood, 223
van der Duijn, Adam, 183–184, 475 n146; slawe, 183–184
van der Groe, Theodorus, 448
van der Heiden, Jacob, 98, 102, 146, 213–214 *passim*, 219, 222; agitasie teen die goewerneur, 103, 108, 109, 114, 118, 121; volmag van vryburgers, 120; & J.G. de Grevenbroek, 208; vrou (Abigail Vroom), 222; knegte, 157; dood, 223
van der Heijden, Aaltje, 411
van der Laan, A.J., 188–191 *passim*, 329
van der Linden, Joh., 366
van der Linden, Pieter, 157
van der Lith, Anthonie, 88, 92, 104, 138
van der Lith, Geertruyt Elisabeth, 186
van der Merwe, W.S., 241
van der Poel, Pieter, 238
van der Riet, Johannes, 443, 444–445, 447, 454
van der Schelde, Christiaan, 321–322
van der Schelde, Lambert, 399(2x), 406, 513 n299
van der Schijff, —, 261
van der Schilden/Schelden, 169–170
van der Spuij, Melt, 293
van der Spuij, Petrus, 293, 431–432
van der Stel, Adriaan, 102, 327
van der Stel, Frans, 86–87, 189; terugroeping, 110, 119
van der Stel, Simon: agtergrond, 99; familie, 84; & Stellenbosch, 142, 144; kritiek op Franse Vlugtelinge, 70; kritiek op sy bewind, 94, 99; ontslag (1696), 94; tuinbou, 42–43, 45; verjaardag, 138; dood, 327; graf, 401. *Sien ook* Constantia (landgoed).
van der Stel, W.A.: aankoms, 228; & Helena Gulix, 273; & P. Kolb, 207; bestuurstyl, 99–100, 100; kritiek, 88; gebrek aan ervaring, 99; aanranding van J.E. Jering, 229–239; bestellings uit Nederland, 207, 211; leesstof, 56; boek van ds. D'Outrein, 211; tuinbou, 42–43, 45; boerdery, 100; terugroeping, 110, 119. *Sien ook* agitasie teen goewerneur (1705–07); Vergelegen (landgoed).

van der Storm, Aletta, 240–241; boedelinventaris, 240, 242; slawe, 240
van der Storm, Delila/Delia, 240–241
van der Storm, Johannes, 240
van der Swijn, Jan, 275
van der Tant, Abraham, 259–260
van der Veer, J. Adriana, 321
van Dijk, Philip, 370
van Dishoeck, Ewout, 268
van Doorn, Willem, 264
van Echten, Salomon, 395, 499 n233
van Effen, Justus, 37
van El, Wina Francina, 406–407
van Ellewee, Jan, 161
van Emmenes, Albert Gerritsz, 109
van Gaesbeek, Cornelis, 359
van Gendt, Willem, 174–176 *passim*, 377–378, 430; preek (1743), 377, 378(aanhs.); boedelinventaris, 176; slawe, 178
van Gijselen, Susanna, 534 n90
van Godewyck, Margareta, 35, 38, 42
van Gogh, Geleyn, 407
van Gogh, Jacoba, 407
van Halmale, Geertruida, 56
van Haren, Willem, 369
van Hattem, Pontiaan, 39
van Heeckeren van Brantsenburg, Walraven Robbert, 287
van Herwerden, Jan, 75
van Hoetingh, Roeloff, 236
van Hoolwerff, Henrica, 39
van Hoorn, Jan (siekerooster), 69, 82–83, 112
van Hoorn, Joan (oudgoewerneur-generaal), 120, 136–137, 162, 112, 233, 233, 375; & S.M. de Meurs, 199
van Hoorn, N.J., 256
van Imhoff, G.W., 251, 347, 361, 362–393; agtergrond, 362;
  in Ceylon, 363–364, 386; getroud met Catharina Magdalena Huysman (q.v.), 363; vyandskap van A. Valckenier, 364–365; privaat handel, 363; & Chinesemoord (1740), 365–366; inhegtenisneming, 366–367;
  oponthoud aan Kaap (1741), 368, 376; in Nederland, 368–370, 374; & Willem IV, 369–370, 390; aanstelling as goewerneur-generaal, 368–369; verslag oor VOC, 374; ontwerp

Oosindiëvaarder, 374(2x); portret, 370; gedenkpenning, 374, 377;
  amptelike besoek aan Kaap (1743), 340, 342, 375–383; toespraak, 376(aanh.), 377; Memorie oor Kaap, 379, 380, 382;
  reglement vir skeepvaart in Tafelbaai, 386; beplande moelje (seehoof) in Tafelbaai, 379; Gustaaf Willems-baai (Vishoek), 377; gemeentestigting, 429–430; stimulerende invloed, 380; volgehoue belangstelling, 383;
  as goewerneur-generaal, 384–390; lewenstyl, 388–389; personeel, 389; slawe, 368, 389, 390; beoordeling, 386, 391–392; kommentaar deur AB, 364, 368;
  bestellings uit Europa, 353; boekbesit, 388; godsdienssin, 363, 363–364; kennis van tale, 362, 386; vertaalwerk, 386; korrespondensie met J. Boreel, 330, 363–2644, 372, 380, 383–384, 389, 418;
  verhouding met Helena Pieters (q.v.), 390; kinders, 390 *passim*, 519–520 n11; familie, 362, 389; dood, 390
van Kervel, Adriaan, 225–226, 282, 286, 287; dood, 288, 289; boedelinventaris, 288; wapenbord, 290; twis oor opvolging, 289–292, 365. *Sien ook* Corssenaar, Aletta (g. A. van Kervel).
van Kervel, Anna Catharina, 287–289 *passim*, 296; in skildery van *De Vis* (skip), 299–300
van Kinkel, Nicholas, 260
van Knuth, C.F. baron, 457
van Leenhof, Frederik, 25; gedig deur A. Beck, 25
van Lier, H. R., 411
van Loon, Hercules, 73, 75–78 *passim*, 95; in Stellenbosch, 155, 160, 161, 173, 174; boeke, 211; diensmeisie, 217; slawe, 77; dood, 73, 91; vendusie, 211.
  Sien ook Engelbregt, Maria (g. H. van Loon).
van Meerhoff, Pieter, 218
van Merken, Lucretia Wilhelmina, 324
van Ophuijsen (familie), 13–14, 34
van Ophuijsen, Aletta, *sien* Beck, Aletta (van Ophuijsen)
van Oudenaarden, Pieter, 127, 191; dood, 280. *Sien ook* Beck, Sara Christina (g. P. van Oudenaarden).

van Oudenaarden, Stevelina, 191; doop, 127; voornaam, 280; huwelik met P.J. Slotsboo (q.v.), 280; verse, 320; familieportrette, 463; eie portret genoem, 447; grondbesit, 437; slawe, 438, 458;
  dood, 321–322; boedelinventaris, 437–438, 440
van Putten, Willem, 172, 188–189, 232
van Reede van Oudtshoorn, Pieter baron, 302; aankoop van boeke, 456–457
van Reede, Adriaan, 75–76, 435
van Reede, H.A., 63–64, 143
van Reenen (familie): sterftes in pokke-epidemie (1755), 450
van Reenen, Jacob, 243
van Riebeeck, Abraham, 120, 267, 327
van Riebeeck, Jan, 12, 43–44, 75, 271; vermeende portret, 13; slawe, 196–197, 402
van Riebeeck, Johanna Maria, 120, 134, 136(2x), 233–234
van Riemsdijk, Jeremias, 392
van Rooijen, wed., *sien* Mijburg, B. (wed. Van Rooijen)
van Schalkwijk, Theunis Dirckz: boedelinventaris, 217
van Schoor, Jan, 371–372, 412, 420–421
van Stade, Elias, 146; uitbeelding van Constantia, 271. *Sien verder onder* Stellenbosch (dorp).
van Steeland, Johannes, 234, 358
van Stolk, Arij, 344
van Suerwaerden, Elsje, 84, 86
van Westkerkens (vader & seun), 97–98, 157
van Westrem, Francina, 48–50 *passim*, 54, 54–55, 125, 126, 131 *passim*; afskeidsgedig *Astrea* (1705), 127–128, 133–135
van Wijk, Ary, 156
van Willigh, Nicolaas, 311
veeposte, 107–108, 127, 188, 190, 216, 219–220, 284; VOC, 284, 430
veerooftogte, 380; ekspedisie van 1702, 59, 98–99, 188
veeruil, 98, 99, 189, 190, 221–222 *passim*; ruilmiddels, 190; ruiltog van J. Starrenburg (1705), 221–222
veilings, *sien* vendusies
Veluwe (Nederland), 29, 52–53, 55, 68

vendurolle: as bron van inligting, 233, 272, 273, 278, 414, 417
vendusies, 75–76, 81, 84, 178, 179, 197, 200, 206, 272–277; as sosiale geleentheid, 256; tydens pokke-epidemie (1755), 452, 456–457; van beskadigde goedere, 381; AB op vendusies, 272–279 *passim*, 417; gekleurde kopers, 276. *Sien ook onder* slawetransaksies.
Venter, Pieter, 314
verbanning (straf), 96, 97–98, 103. *Sien ook* agitasie teen die goewerneur (1705–07); Oosterse bannelinge.
Verdeau, Susanna, 533 n45
verdedigingstelsel, 253, 379; moontlikheid van aanval, 348. *Sien ook* garnisoen.
Vergelegen (landgoed), 59, 79, 138; veeposte, 188, 190, 284; verkoop, 119
Verhaijk, Jacob, 331
verkeer: in Tafelvallei, 235, 301; voorrang, 301; klap met swepe, 235, 235; lawaai (Stellenbosch), 161–162. *Sien ook* vervoer.
verkeerspel, 87 *passim*, 310; verkeerborde, 276; verkeertafels, 310
verkenningstogte, 433
Verkolje, Nicolaes, 203–204
vermaak, *sien* ontspanning & vermaak
Vermaak, Hermanus, 442
verslae oor die Kaap (gepubliseer), *sien* Dapper, Olfert; Kolb, Peter; Valentijn, François. Vir 'n gedig, *sien* de Marre, Jan.
verslae oor die Kaap (ongepubliseer), *sien* Hofman, C.F.; Nolthenius, Daniël; Van Imhoff, G.W.
Versluys, Stephanus, 360–361
versteurdheid (geestelik), *sien* kranksinnigheid
vertui van skepe, 386, 523 n157
vervoer van slawe, *sien* slawevervoer
vervoer, 137; tussen Kaap & Stellenbosch, 143; in binneland, 380; te voet, 213. *Sien ook* draagstoele; paaie; rytuie.
vestingswerke, *sien* verdedigingstelsel
Victor, Christiaan: slawe, 261
Victor, Gerrit: boekbesit, 211
Victor, Johanna (g. J. Starrenburg), 148, 187, 220; boedelinventaris, 200–201
Victor, Wijnand: weduwee, 450
Victoria & Albert Museum (Londen): skildery van Verkolje, 203–204
Vier-en-twintig Riviere, 103, 217
Vincent, Levinus, 210
Vis (skip), sien *De Vis*
Vishoek (Valsbaai), 377; ou naam vir Gordonsbaai, 521 n89
Visser, J.C., 151
Visser, Susanna, 151, 152
Vissers, Aaltie, 156
vissery, 102, 197, 398
Vlasvath, Tobias, 332
vleiskontrak, 101–102, 152, 189, 224
vloere, 438; houtvloere, 438; teëls, 161, 400, 438; vloerbedekkings, 438, 459; alkatief oor voetbank, 289
Vlottenburg, 221(2x)
voertuie, *sien* rytuie
voetbank (verhoging), 289, 435
Volbergen (pakhuismeester), 330
Vollenhove, Johannes, 40, 41
von Dessin, J.N., 311, 322; vroeë lewe, 422; bestellings uit Ooste, 344–345; aankoop van boeke, 456–457; aankoop van voorrade, 417; g. Christina Ehlers, 274, 422; & pokkeepidemie (1755), 448–449, 450–451, 452; slawe, 421–423; boedelinventaris, 416
Vondel, Joost van den, 13, 40, 306
Voogt, Johannes, 406
Voorgelegen (plaas), 152, 202–203, 280
voorlesers (kerklik), 430; rang, 281. *Sien ook onder* Drakenstein (gemeente); Stellenbosch (gemeente); Tafelvallei (gemeente).
Voormeester, Andreas, 152–153
voorrang (sosiaal), *sien* presedensie
voorspraak (amptelik), *sien* beskerming
Vos, J.H., 331
Vos, M.C., 331
Vosloo, Helena, 152
Vosloo, Maria, 152, 197
Vredenburg (plaas), 108, 213, 221; boedelinventaris, 217
Vredenhof (plaas), 445
vriendskap (amptelik), *sien* beskerming
Vroom, Abigail, 222
vroue: Nederlandse diensmeisies, 217; in manskleding, 462; vroeë huwelike, 262; kerkgang (plegtigheid), 169; kleinhandel, 236; by

openbare geleenthede, 268; verse van Jeanne des Prez, 215; sterftes in kraambed, 80, 231; teregstelling van blanke vrou, 247.

Sien ook agitasie teen die goewerneur (1705–07); egskeiding; weduwees. *Sien verder* Gulix, Helena (g. W. ten Damme); Lindenhovius, Maria. *Sien ook onder* amptenare (VOC); seremonieel.

vroue (Nederland), 19, 34–36; intellektuele ondergeskiktheid, 128; opvoeding, 33–34; publikasie, 39. *Sien ook* van Westrem, Francina; *& onder* Nederlandse poësie.

vroue (Ooste): in die openbaar, 267. *Sien ook* Valentijn, Anna Maria.

vrouestoele (kerkgang), *sien* kerkstoele

'vry gekleurde' (benaming), 150. *Sien verder* vry gekleurde gemeenskap.

vry gekleurde gemeenskap: & agitasie teen die goewerneur, 102; aanval op vry gekleurde bevolking (1707), 110–111;

familie Bergh, 151; familie Heijns, 240–241; amptenare van vry gekleurde herkoms, 151, 241; bannelinge, 276–277; doop van kinders, 403–404; boedelinventaris, 402–403; bemaking aan vry gekleurde vrou, 456;

individue, 148–149; vroue, 151; welvaart, 402–403; kopers op vendusies, 276–277, 403; slawebesit, 403; slawe-eienaars in Tafelvallei, 420; hulpbehoewendes, 406.

Sien ook Angela van Bengale; de Koning, Anna. *Sien verder* 'gemengde' huwelike & verhoudings; rasseverhoudings; *& spesifieke onderwerpe*, bv. burgermilisie; plaasknegte; *& onder* Drakenstein (distrik); Stellenbosch (distrik); Stellenbosch (dorp); Tafelvallei (gemeente).

vry handel, 343

vryburgergemeenskap: herkoms, 146–147; alleenlopende mans, 94, 103, 109–110, 115, 149–150; trek na Tafelvallei, 148;

beperkte regte onder VOC, 93; gewelddadigheid, 147–148, 156–158 *passim*; meerderwaardigheidsgevoelens van blankes, 110–111, 406; botsing van Martha Souilliers met fiskaal, 302; onbestendigheid van gemeenskap, 94;

'tipiese geslaagde loopbaan' (J.J. Stokvliet), 275–276; élite, 395; prominente inwoners van distrik Stellenbosch, 205–212; dood van Christina Does (1703), 75; kerkraadslede, 395; in die Ooste, 100–101.

Sien ook agitasie teen goewerneur (1705–07); armoede; burgerrade; emigrasie; familiekomplekse (koloniste); immigrasie; mesvegtery; rasseverhoudings; welvaart.

Sien ook inskrywings onder Drakenstein (distrik); Stellenbosch (distrik); Stellenbosch (distrik); Stellenbosch (dorp); & *verwysings onder* kos & drank.

vryknegte, *sien* plaasknegte

vrystelling van slawe, 241, 320, 403, 458, 463; voorwaardes, 320; versuim, 320

'vryswarte' (naam), 150. *Sien verder* vry gekleurde bevolking.

vuurdood (straf), 314

vuurwapens, 177

vuurwerkvertonings, 244, 433

Vuyst, Pieter, 359–360

WIC, *sien* Wes-Indiese Kompanjie

waaiers, 236, 299; 'taal' van die waaier, 299; waaierstrikke, 438; groot huiswaaiers, 304; Bengaalse waaier, 310

Waarburg (plaas), 77–78

Wagenmakersvallei (Wellington), 65

wamakers, 382

wapenskou, *sien verwysings onder* optrek (burgermilisie)

warmbad (Overberg), 172, 188–191, 194, 223

wasgoed (boedelinventarisse), 220–221, 279

Wassenaar (skip), 131

Wasteau, Maria, 80

Watervliet (skip), 367–368

Waverenvallei, 430

weduwees, 223, 273, 307; in Tafelvallei (1762), 420. *Sien ook* Beck, Aletta; ten Damme, Constantia Helena (g. Maurits van Aarden).

Weeskamer, 405, 456

Wellekens, Jan Baptista, 40, 46

Wellington, *sien* Wagenmakersvallei

Welmoed (plaas), 98, 121

Welters, Nicolaas, 228

welvaart, 89–90, 146, 429; gegoede boere, 120; vroue, 223, 273, 307; Tafelvallei, 148; volgens opgaaf van J. de la Fontaine (1731), 223, 224, 303, 307; A. Cloppenburg as voorbeeld, 311–312; welvaart in vendurolle onthul, 272. *Sien ook* drankhandel; drankpagte.

Wentsel, J.F., 259–260

wêreldomseiling, 304

werknemers (VOC), *sien* amptenare; Kompanjiesdienaars (alg.)

werksaamhede van slawe, 238, 247, 254, 309–310; afhanklikheid van slawearbeid, 254, 380, 419; huisbediendes, 304, 308–311 *passim*; brei & hekel, 416; kook, 422;

    as begeleiers op straat, 297; venters, 270; draagstoeldraers, 243; kinderkoetsier, 290; klokluiers, 399; werk aan paradeplein (1762), 419–420; kruiers, 190; in poësie verheerlik, 307

Wes-Indiese Kompanjie (WIC), 30–31, 131, 425–426; poësie, 38–39

Wessel, Marthinus, 261

Wessels, Johanna, 86–87

Westerhof, Dirk, 23–24

Westpalm, Michiel, 334

wilde diere, 190–191. *Sien ook* olifante; roofdiere.

Willem III, stadhouer-koning, 16, 36, 42, 51, 55, 55–56; geleentheidsverse, 56–57; dood, 122, 123

Willem IV, stadhouer, 323, 324, 390, 425; & G.W. van Imhoff, 369–370; voorbidding in kerk, 425; vrou, 390; dood, 426, 427

Willem V, stadhouer, 427

Willemse, Geertruy, 406

Willemsz, Pieter, 94–95

winkelgoedere, *sien* handelsware

winkels, *sien* kleinhandel

winterhawe (Simonsbaai), 317, 377

Wit, Jan, 382

Witsburg (skip), 167–168

woningbou, 66–66, 83, 215; privaatheid, 177, 281; ongerieflikheid, 200; boubedrywigheid (1751), 436;

    [*alfabeties:*] 'afdakkies', 216; aanbouings, 434; afmetings, 69, 74, 175, 175, 272; bottelary, 216; buitekombuis, 200, 201; dubbelverdiepinghuise (Tafelvallei), 233, 288, 423, 439, 458–459; glasruite, 200, 278; kaggels, 216, 239; kamerindeling, 83, 174–175, 217, 239, 288, 309–310, 434; plat dakke, 439;

Tafelvallei, 238; tuinhuise (Tafelvallei), 271–272; voorhuis, 215–217 *passim*, 238, 288, 434, 435, 437; voorhuis as eetvertrek, 310.

Sien ook argitektuur; bouwerk (alg.); galdery (vertrek); gewels; grasdakhuise; vloere; simmetrie.

woninginrigting: 217–218, 224; Tafelvallei, 238–242; HB se huis, 415; ampswoning van bevelvoerder van garnisoen, 231;

    bemaking aan vry gekleurde vrou, 456; solders, 312, 440; agterplase, 278–279, 441; historiese rommeligheid, 218–220, 238–239;

    [*alfabeties:*] alkatiewe (tapyte), 289; bed- & tafellinne, 218, 459; beddens, 176, 217–218, 218, 289, 415; beddens & beddegoed, 179, 449, 458; boekrakke, 415, 462; gordyne, 175, 176–177, 216, 274, 289, 310, 414; gordynringe, 438; guéridons (staanders), 288, 310, 395; huishoudelike apparaat, 278; Oosterse elemente, 240 *passim*, 289, 333, 460; skeepskiste, 177; stoele, 459; voëlkoutjies, 239, 434; voetstofies, 217.

Sien ook beleggingsobjekte; beligting; boedelinventarisse; eetgerei; kerkstoele; koloniale mites; kwispedoors (spuugbakke); porselein; sanitêre geriewe; skeergewoontes; skilderye; vendusies; voetbanke; *& onder* kaartspel; vloere; waaiers.

Woolf, Virginia, 18

woonkultuur, *sien* woninginrigting

Wor, Adriaan, & De Erve G. Onder de Linden (drukkers), 305, 320

Wynberg (Liesbeekvallei), 271, 307

wynbou, 89, 101, 102, 316, 380–381; Constantia-wyn, 294, 295, 417

wynpag, *sien* drankpag

Xhosa-stamme, 98–99

Zaayman, Magdalena, 218

Zandvliet (plaas), 82, 138; verkoop, 119

Zeekoe Valleij (plaas), 185

Zeemann, Detlof, 447(2x), 450, 454–455

Zimmers, Wouter, 48, 50, 126

Zorgvliet (plaas), 78–79

Zuidlaren (Nederland), 463, 464

Zwaardecroon, Henricus, 334, 356

Zwolle (Nederland), 464